1994
Standard Guide to
Cars & Prices

6th edition

James T. Lenzke and Ken Buttolph, Editors

National Advisory Panel:

Terry V. Boyce
Dale "Spike" Erickson
Deane Fehrman
Jerry Heasley
Dennis S. Kirban

Robert Lichty
Robert McAtee
Don Owens
Dennis Schrimpf
Oscar Schwartz

© 1993 by Krause Publications, Inc.

All rights reserved. No part of this book may be reproduced or transmitted in any form or by any means, electronic or mechanical, including photocopying, recording, or by an information storage and retrieval system with permission in writing from the publisher.

Published by

krause publications

700 E. State Street • Iola, WI 54990-0001
Telephone: 715/445-2214

INTERNATIONAL STANDARD BOOK NUMBER: 0-87341-265-6

LIBRARY of CONGRESS CATALOG NUMBER: 89-80091

Printed in the United States of America

Contents

Introduction 4
How Old Car Prices Are Gathered 5
How To Use CARS & PRICES 6
Vehicle Condition Scale 7
Editor Profiles 10
Top Ten Tips 11

Domestic Cars

American Austin-Bantam 21
AMC 312
Auburn 22
Buick 30
Cadillac 64
Checker 90
Chevrolet 92
(Chevrolet) Corvair 121
(Chevrolet) Corvette 122
Chrysler 125
Cord 150
Crosley 150
DeSoto 152
Dodge 158
Edsel 183
Essex 185
Ford 186
(Ford) Mustang 216
Franklin 221
Frazer 226
Gardner 227
Graham 229
Graham-Paige 234
Henry J 234
Hudson 235
Hupmobile 247
Jeffery 253
Kaiser 254
LaSalle 87
Lincoln 255
Locomobile 270
Marmon 276
Mercury 281
Metropolitan 299
Nash 300
Oakland 324
Oldsmobile 328
Packard 357
Pierce-Arrow 376
Plymouth 390
Pontiac 410
Rambler 435
REO 437
Studebaker 441
(Studebaker) Avanti &
    Avanti II 459

Stutz 460
Terraplane 465
Whippet 467
Willys 468

Domestic Trucks

Chevrolet Trucks 478
Dodge Trucks 484
Ford Trucks 488
GMC Trucks 493
Hudson Trucks 499
IHC Trucks 499

Imported Cars

AC/ACE/Ford Shelby-Cobra 502
Acura 503
Alfa Romeo 503
Allard 507
Amphicar 508
Aston Martin 508
Audi 511
Austin 514
Austin-Healey 517
Bentley 519
BMW 523
Borgward 532
Datsun/Nissan 533
De Tomaso 535
Facel Vega 536
Fiat 537
Ford-British 544
Ford-Capri/Capri II 548
Hillman 548
Honda 550
Isuzu 552
Jaguar 553
Lamborghini 558
Maserati 559
Mazda 560
Mercedes-Benz 564
Merkur 570
Mitsubishi 571
Morgan 571
Morris 572
MG 574
Nash-Healey 577
Opel 577
Peugeot 579
Porsche 581
Rolls-Royce 586
Toyopet/Toyota 589
Triumph 590
Volkswagen 594
Volvo 601
Yugo 605

Introduction

The market for cars more than 15 years old remains quite strong. Some buyers of pre-1980 cars are collectors who invest in vehicles they feel are likely to increase in value the older they get. Other buyers prefer the looks, size, performance and reliabililty of what they perceive as yesterday's better-built automobiles.

With a typical 1994 model selling for around $14,000, many Americans find themselves priced out of the new car market. Late-model used cars are pricey too, although often short on distinctive looks and roominess. The older cars may use a little more gas, but they sure cost a lot less.

New cars and late-model used cars depreciate rapidly in value. Many can't tow large trailers or mobile homes. Their high-tech engineering is often expensive to maintain or repair. In contrast, well-kept older cars are mechanically simpler, but very powerful. In addition, they tend to appreciate in value as they grow more scarce and collectible. Insuring them is cheaper, too.

Selecting a car and paying the right price for it are two considerations old car buyers face. Are Cords worth anything today? What about that old Hudson dad was so proud of? What series did DeSoto offer in 1953? Which model Mustang is most sought after today? What is a fair price to pay for a '73 Eldorado convertible?

The 1994 edition of the **Standard Guide to Cars & Prices**, from Krause Publications, answers these questions and many more. It shows the most popular models made between 1901 and 1986 and points out what they sell for today in six different, graded conditions.

Contained herein are the same data gathered for publication in **Old Cars Price Guide**, a highly-specialized magazine used by collectors, dealers, appraisers, auctioneers and insurers to determine valid pricing levels for older vehicles. Representing up-to-date market research, it is presented here in a convenient-sized format that is easy to read, easy to use and easy to store on your bookshelf.

1967 Jaguar XKE convertible

How old car prices are gathered

Thousands of old cars change hands each year. People who follow these transactions include collectors, Classic car dealers and auctioneers. They can often estimate any car's value, within a plus or minus 10 percent range, with amazing accuracy.

The Standard Guide to Cars & Prices has been produced by Krause Publications of Iola, Wis., a company involved in publishing specialized magazines and books on which collectors, dealers and auctioneers regularly rely.

Figures listed in this book should be taken as "ballpark" prices. They are amounts that fall within a reasonable range of each car's value to buyers and sellers. The figures reflect what an informed buyer might pay a knowledgeable seller for his car under normal market conditions. Special cases, where nostalgia or other factors enter the picture, must be judged on an individual basis.

This guide can help you decide which old car you'd like to own and how much to pay for it based on year, make, model and condition. If provides a concensus of old car values determined by careful research.

Research sources used to compile this data include:

- Advertised asking prices
- Documented private sales
- Professional appraisers
- Auction results
- **Old Cars Price Guide** advisors
- Contact with dealers
- Contact with collectors
- Networking with value sources

1936 Cord 810 Sportsman convertible

HOW TO USE CARS & PRICES

Price estimates are listed for cars in six different states of condition. These conditions (1-6) are illustrated and explained in the **VEHICLE CONDITION SCALE** on the following three pages.

Prices are for complete vehicles; not parts cars, except as noted. Modified-car prices are not included, but can be estimated by figuring the cost of restoring to original condition and adjusting the figures shown here.

Appearing below is a section of chart taken from the **CARS & PRICES** price estimate listings to illustrate the following elements:

A. MAKE: The make of car, or marque name, appears in large, boldface type at the beginning of each price section.

B. DESCRIPTION: The extreme left-hand column indicates vehicle year, model name, body type, engine configuration and, in some cases, wheelbase.

C. CONDITION CODE: The six columns to the right are headed by the numbers one through six (1-6) which correspond to the conditions described in the **VEHICLE CONDITION SCALE** on the following three pages.

D. PRICE: The price estimates, in dollars, appear below their respective condition code headings and across from the vehicle descriptions.

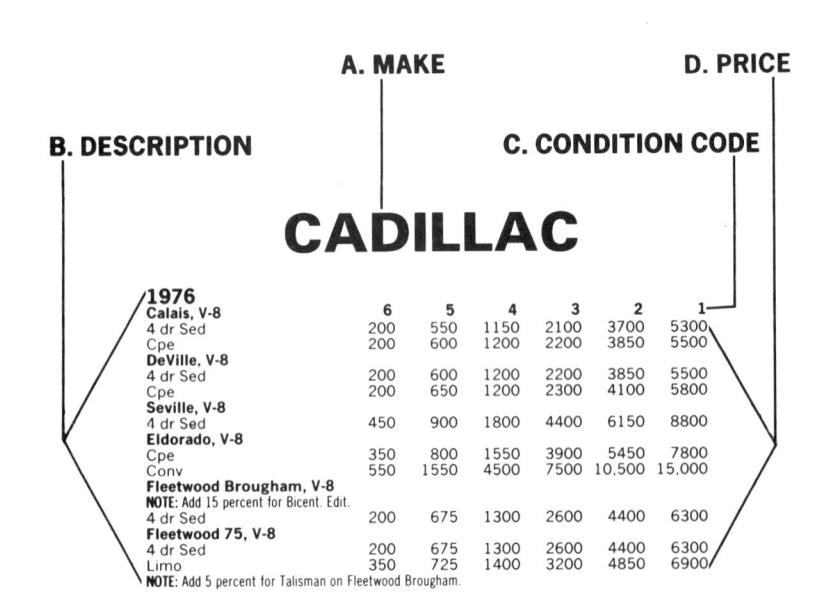

A. MAKE   D. PRICE

B. DESCRIPTION   C. CONDITION CODE

CADILLAC

1976

	6	5	4	3	2	1
Calais, V-8						
4 dr Sed	200	550	1150	2100	3700	5300
Cpe	200	600	1200	2200	3850	5500
DeVille, V-8						
4 dr Sed	200	600	1200	2200	3850	5500
Cpe	200	650	1200	2300	4100	5800
Seville, V-8						
4 dr Sed	450	900	1800	4400	6150	8800
Eldorado, V-8						
Cpe	350	800	1550	3900	5450	7800
Conv	550	1550	4500	7500	10,500	15,000
Fleetwood Brougham, V-8						
NOTE: Add 15 percent for Bicent. Edit.						
4 dr Sed	200	675	1300	2600	4400	6300
Fleetwood 75, V-8						
4 dr Sed	200	675	1300	2600	4400	6300
Limo	350	725	1400	3200	4850	6900

NOTE: Add 5 percent for Talisman on Fleetwood Brougham.

VEHICLE CONDITION SCALE

Excellent

1) EXCELLENT: Restored to current maximum professional standards of quality in every area, or perfect original with components operating and appearing as new. A 95-plus point show car that is not driven.

Fine

2) FINE: Well-restored, or a combination of superior restoration and excellent original. Also, an *extremely* well-maintained original showing very minimal wear.

Very Good

3) VERY GOOD: Completely operable original or "older restoration" showing wear. Also, a good amateur restoration, all presentable and serviceable inside and out. Plus, combinations of well-done restoration and good operable components or a partially restored car with all parts necessary to complete and/or valuable NOS parts.

Good

4) GOOD: A driveable vehicle needing no or only minor work to be functional. Also, a deteriorated restoration or a very poor amateur restoration. All components may need restoration to be "excellent," but the car is mostly useable "as is."

Restorable

5) RESTORABLE: Needs *complete* restoration of body, chassis and interior. May or may not be running, but isn't weathered, wrecked or stripped to the point of being useful only for parts.

Parts Car

6) PARTS CAR: May or may not be running, but is weathered, wrecked and/or stripped to the point of being useful primarily for parts.

EDITOR PROFILES

Ken Buttolph

Ken has loved old cars for as long as he can remember. From the time he bought his first one, a '27 Nash that he paid $50 for, and on through well over 400 vehicles since then, he has never owned a new car. He has simply always felt that old cars are a lot more fun.

Numbering around 60-odd vehicles, his collection currently spans nearly 50 years of automotive history. Among the oldest is a pair of '40 Buicks — a Century convertible coupe and a Special two-door sedan — while the "newest" cars hail from the '80s and include an '80 Cadillac Eldorado, an '81 Chrysler LeBaron coupe, some '83 Eagles and an '85 Chrysler LeBaron convertible. In between there are Cadillacs, Chrysler, Corvette and Kaiser, as well as more Buicks, Fords, Chevrolets, Oldsmobiles and a Lincoln. Rounding out the domestic selection are two Corvairs, two Pontiacs, a Dodge and a Nash. Import nameplates represented include Metropolitan, MG, Opel and Volkswagen.

Trucks also have a place in the Buttolph stable with a '72 C-10 Chevy pickup, '66 Ford Bronco and '86 GMC S-15 sharing storage space with a GMC moving van.

Old car fans all over the country are familiar with Ken from his extensive travels as editor of **Old Cars Price Guide** and research editor for **Old Cars Weekly News & Marketplace**.

James T. Lenzke

An early childhood automotive memory is being helped by his older brother to build a Hudson's Miniatures model of a 1903 curved-dash Oldsmobile. Many other car models followed; notably Revell's Highway Pioneers series of the time. All led to the purchase of his first real car, a '49 Mercury convertible, bought with hoarded paper route money.

Whille attending college in the early '60s, daily transportaion was a 1930 Dodge Series DA two-door sedan. That car was a proud possession for over 19 years. Over the years, other marques have occupied the Lenzke garage and yard. They have included Pontiacs, Porsches and a Plymouth. Trucks as well as cars from both Chevrolet and Ford, along with a smattering of Oldsmobiles, Buicks, Studebakers, Cadillacs and a Corvette, another Mercury and a Volkswagen have also appeared there. Convertibles have included Mercury (1), Chevrolet (3) and Cadillac (1).

His old car fever still burning brightly, Jim finds some relief in his duties as technical editor of **Old Cars Weekly News & Marketplace** and senior editor of **Old Cars Price Guide**..

The **Standard Guide to Cars & Prices** is brought to you by the staff of **Old Cars Weekly News & Marketplace** and **Old Cars Price Guide**. Together, your editors represent something on the order of 100 years experience in the old car hobby. Through these years of experience, some valuable lessons have been learned.

We firmly believe that the following ten tips, thoroughly studied, digested and understood, will give any old car hobbyist, novice or veteran, a real leg up in this fascinating, rewarding, but sometimes devastating hobby. So, what follows is the best advice we can give you. Use it in good health!

Top Ten Tips on Buying and Selling Collector Cars

1933 Packard Twelve club sedan

1. If it was popular when it was new, it will be popular when it's old.

Consider the Chevrolet Corvette. A collector car show or auction of any significant size without Corvette representation is almost unheard of. Corvette has to be one of the most consistently-recognized collectible marques of the past 20-25 years.

As another example, Ford Mustang is arguably *the* most collected individual make/model today. Add to these rank upon rank of Ford Model Ts, Model As, '55-'57 Chevys, '59 Cadillacs, Big Three muscle cars, VW bugs, plus many more

1931 Ford Model A cabriolet

widely collected vehicles, and we begin to see the pattern. Each of these cars was produced in the tens, even hundreds of thousands. In the cases of Model Ts, Model As and VWs, we're talking millions. These cars have been, and continue to be, passionately sought after by fans all over the world.

What do these cars have in common, then, that seems to have earmarked them for posterity? The answer is popularity.

You may ask how "popular" was the SJ Duesenberg, but who would deny that it is a prime collectible today? While not "popular" in terms of number sold, the SJ, and other capital "C" Classics, excited the popular imagination, largely through Hollywood and the movies, by symbolizing a life style that was envied, but unattainable for the majority of citizens. The auto buyer of the Depression-plagued '30s dreamed of Duesenbergs and Packards while actually buying Model As and Chevys. But it was living with those Model As and Chevys day by day, year by year that inspired the nostalgia for these times that occurred in later years. For many, buying these cars once again later in life is a way of returning to what may be remembered as simpler, happier times. This pattern has been repeated by succeeding generations including Mustang and Camaro buyers of the '60s who may actually have fantasized about Corvettes, Ferraris and GT-40s, with the same result. And it still goes on.

1932 Nash Model 1094 seven-passenger sedan

Popularity, then, whether through mass ownership or mass mystique, is the primary force that determines which cars will be most collected over time and what values will be placed on them.

1948 Chrysler Town & Country convertible

2. Never buy a car you don't like.

This may seem obvious at first, until we consider that many collector car purchases are made only with an eye toward reselling for a profit. This is not the way to go unless you are in a position to deal in volume and are prepared to take an occasional loss. If you regularly own a small handful of vehicles, buying only for profit may find you saddled with a make and model that you grow to hate with each passing day as it sits in your yard unsold; it may even require expensive repairs you didn't anticipate before purchase. On the other hand, If you buy a car you actually like and it doesn't increase in value as you may hope, the very least that can be said is that you own something you enjoy.

Buy a car you like and you are never "stuck" with it.

1951 Hudson Hornet Convertible Brougham

3. Don't buy for rarity.

There is a widely and, we feel, incorrectly held notion in some segments of the old car hobby. The notion is that rarity is the prime determinant of collector car worth. If this were true, some of today's most collected vehicles wouldn't be worth the powder to blow them up (Tip No. **1**).

Rarity only impresses statisticians. Some models that had low production runs are rare because few wanted them when they were new. This may have been true because a particular car was unreasonably expensive compared to its competition or maybe because it was set up in a way that nobody found enticing (such as bench seats in a muscle car when buckets were no-cost options). Many of the thousands of makes and models introduced over the years were dropped before they could excite enough buyer interest to assure financial success. Others were simply eclipsed by superior competitive products. For today's old car hobbyist, the more rare a vehicle is, the more difficult it is likely to be to find parts and information relative to it. Also, those who do place a very high premium on certain aspects of rarity are few and far between. So, a premium price paid for such a vehicle may be hard to recover when you eventually do try to find a buyer.

Buying for rarity may get you farther out on a limb than you care to be.

1953 Buick Skylark convertible

4. Sell when you have a buyer.

Whether you have the most commonly collected car in the Western Hemisphere or the rarest "Ferrari only made one like this" prototype, sell when there's cash being waved under your nose *if* you are even remotely considering parting with it some day. If you refuse a reasonable offer when made, the day will come when you are looking to sell and buyers are as scarce as a dry spot at Hershey.

Take the money and run.

5. If it sounds too good to be true, it probably is.

We all like to buy into the dream that a real bargain on an old car will come our way just for being in the right place at the right time. Typical of such dreams might be: the Duesenberg SJ that the farmer wants out of the barn because it

1954 MG TF roadster

scares his cows; the 427 Cobra sitting on a used car lot in a really cold part of the country with a sign that reads, "Sorry, it's a convertible with no heater — make offer"; and the $50 Jaguar D-type being sold by an irate soon-to-be-divorced wife. The reality is that these are just dreams and they can cost you a lot of money and heartache if you don't recognize them for what they are. What are the actual chances that the fastback you are looking at with a $20,000 asking price is a *real* Shelby Mustang G.T. 500, when that model is bringing twice as much at auction? Not good. More likely, you are about to buy an expensive replica because you didn't do your homework on determining authenticity.

Get real. Most sellers have a pretty fair idea of what they have and what it is actually worth.

1956 Ford Country Squire four-door station wagon

1956 Ford Thunderbird convertible (w/detachable hardtop)

6. If the top goes down, the price goes up.

This ancient axiom holds true in today's collector market as well as at the used car lot. Expect to pay anywhere from 50 to 75 percent or more extra for droptop models over what you can find them for in hardtop form. The glitz and glamour of top-down driving has traditionally made these cars of greater interest to collectors. If you're eager to feel a breeze through your hair as you scoot down the road, you could buy a hair dryer with a cigarette lighter plug-in adapter with the money you save by buying a hardtop.

But, if you buy a convertible up front, it will most likely sell better when you are ready to.

1957 Dodge Royal Lancer two-door hardtop

1960 Chevrolet Corvette convertible

7. There are no instant collectibles.

By "instant collectible," we mean a new car that, bought at or over manufacturer's suggested retail price (MSRP), will continue to appreciate in value and turn a profit when sold. There is no such animal, as speculators keep finding out. Even the once-invincible Ferrari name does not always ward off that demon depreciation, especially when you consider the high cost of getting into one to begin with. Through the years, investors have gambled on many different cars as guaranteed money makers. The list includes: the "last" American convertible, the '76 Cadillac Fleetwood Eldorado; Chrysler's TC by Maserati; the '78 Corvette Indy Pace Car replica; and the '87 Buick Regal Grand National. Any one of these cars can still be bought for less than original sticker price and many speculative early buyers are still waiting for them to return to the inflated prices paid when new, let alone any appreciation. As an investment, instead of buying a Dodge Viper, you'd probably come out ahead with a '57 Chevy convertible and a nice house, for the same money.

Don't get caught in the "instant collectible" trap.

1966 Mercedes-Benz 230SL convertible

1970 Plymouth Road Runner SuperBird

8. Never buy sight unseen.

It may not always be possible or practical, but it *is* always a good idea to examine a potential purchase yourself. A seller's perception of his vehicle may vary considerably from that of a prospective buyer, so be wary of written descriptions or ones made via the telephone. Even photographs often glorify a vehicle's high points while downplaying its flaws. If personal examination simply isn't in the cards, having a trusted acquaintance or paid consultant stand in for you would be the next best alternative. If you do proceed with an unexamined purchase that, once seen, does not live up to your expectations, and the seller has made no blatant misrepresentations, you should not expect to be able to back out of the deal.

You bought it, Jack!

1970 Plymouth 'Cuda two-door hardtop

1976 Cadillac Fleetwood Eldorado convertible

9. Beware of modifications.

As a general rule, the closer a vehicle approaches absolute, box-stock authenticity, the greater is its value. This is true except in those hobby circles actually involved in modifying or preserving modified vehicles. Any deviation from factory stock, be it as simple as paint color, upholstery pattern or rug texture, represents an expression of the owner's individual taste and preference. This taste may not be shared with a future potential buyer. The **Standard Guide to Cars & Prices** assumes that any subject vehicle is in completely stock condition. It warns that, should any modifications exist, the cost of returning the vehicle to stock condition should be *deducted* from the value estimate shown, in order to arrive at an approximation of current market value. While ownership of a modified vehicle can be quite enjoyable and worthwhile, be prepared to pay a price penalty when it comes time to sell.

Authenticity and originality sell best.

1977 Pontiac Firebird Trans Am coupe

1946 Pontiac Streamliner station wagon

10. Buyer beware.

Your $10,000 is worth exactly that. With that money, you can buy a lot of things or start a nice nest egg with a successful mutual fund, a few well-chosen certificates of deposit or an IRA account. The car you are looking at may not be worth $10,000. It is up to you as the buyer to protect yourself by being educated. Read everything you can find on a particular car before you buy. Talk to people who own that type of car. Join a club devoted to the marque and, if possible, have an expert accompany you for the initial inspection. If you get stuck with less than you bargained for, it will be your own fault.

Caveat emptor. Do your homework.

1931 Studebaker Dictator 8 4pass coupe

DOMESTIC CARS

AMC

NOTE: AMC listings follow NASH listings.

AMERICAN AUSTIN-BANTAM

1930-1931 American Austin
4-cyl., 15 hp, 75" wb

	6	5	4	3	2	1
Rds	500	1550	2600	5200	9100	13,000
Cpe	350	900	1550	3050	5900	8500
DeL Cpe	450	1000	1650	3350	6300	9000

1932 American Austin

Rbt	500	1550	2600	5200	9100	13,000
Bus Cpe	350	900	1550	3050	5900	8500
Cabr	450	1450	2400	4800	8400	12,000
Std Cpe	350	900	1550	3050	5900	8500
DeL Cpe	450	1000	1650	3350	6300	9000

1933 American Austin
4-cyl., 15 hp, 75" wb

Rds	500	1550	2600	5200	9100	13,000
Bus Cpe	350	900	1550	3050	5900	8500
Spl Cpe	450	1100	1700	3650	6650	9500
Cpe	450	1000	1650	3350	6300	9000

1934 American Austin
4-cyl., 15 hp, 75" wb

Bus Cpe	350	900	1550	3050	5900	8500
Std Cpe	450	1100	1700	3650	6650	9500
DeL Cpe	450	1100	1700	3650	6650	9500

1935 American Austin
4-cyl., 15 hp, 75" wb

Bus Cpe	350	900	1550	3050	5900	8500
Std Cpe	450	1000	1650	3350	6300	9000
DeL Cpe	450	1100	1700	3650	6650	9500

1938 American Bantam
Model 60 - 4-cyl., 19 hp, 75" wb

Rds	400	1300	2200	4400	7700	11,000
Cpe	350	900	1550	3050	5900	8500

1939 American Bantam
Model 60, 4-cyl., 20 hp, 75" wb

Std Cpe	350	800	1450	2750	5600	8000
Std Rds	450	1450	2400	4800	8400	12,000
Spl Cpe	350	900	1550	3050	5900	8500
Spl Rds	500	1550	2600	5200	9100	13,000
Spds	550	1700	2800	5600	9800	14,000
DeL Cpe	450	950	1600	3250	6150	8800
DeL Rds	550	1700	2800	5600	9800	14,000
DeL Spds	550	1800	3000	6000	10,500	15,000
Sta Wag	400	1200	2000	3950	7000	10,000

1940-1941 American Bantam
Model 65 - 4-cyl., 22 hp, 75" wb

Std Cpe	350	800	1450	2750	5600	8000
Master Cpe	350	900	1550	3050	5900	8500
Master Rds	450	1450	2400	4800	8400	12,000
Conv Cpe	400	1300	2200	4400	7700	11,000
Conv Sed	450	1450	2400	4800	8400	12,000
Sta Wag	400	1200	2000	3950	7000	10,000

AUBURN

	6	5	4	3	2	1
1904						
Model A						
Tr	1150	3600	6000	12,000	21,000	30,000
1905						
Model B, 2-cyl.						
Tr	1100	3500	5800	11,600	20,300	29,000
1906						
Model C, 2-cyl.						
Tr	1100	3500	5800	11,600	20,300	29,000
1907						
Model D, 2-cyl.						
Tr	1100	3500	5800	11,600	20,300	29,000
1908						
Model G, 2-cyl., 24 hp						
Tr	1100	3500	5800	11,600	20,300	29,000
Model H, 2-cyl.						
Tr	1150	3600	6000	12,000	21,000	30,000
Model K, 2-cyl.						
Rbt	1150	3700	6200	12,400	21,700	31,000
1909						
Model G, 2-cyl., 24 hp						
Tr	1150	3600	6000	12,000	21,000	30,000
Model H, 2cyl.						
Tr	1150	3600	6000	12,000	21,000	30,000
Model K						
Rbt	1100	3500	5800	11,600	20,300	29,000
Model B, 4-cyl., 25-30 hp						
Tr	1100	3500	5800	11,600	20,300	29,000
Model C, 4-cyl.						
Tr	1150	3700	6200	12,400	21,700	31,000
Model D, 4-cyl.						
Rbt	1200	3850	6400	12,800	22,400	32,000
1910						
Model G, 2-cyl., 24 hp						
Tr	1050	3350	5600	11,200	19,600	28,000
Model H, 2-cyl.						
Tr	1100	3500	5800	11,600	20,300	29,000
Model K, 2-cyl.						
Rbt	1150	3600	6000	12,000	21,000	30,000
Model B, 4-cyl., 25-30 hp						
Tr	1150	3600	6000	12,000	21,000	30,000
Model C, 4-cyl.						
Tr	1100	3500	5800	11,600	20,300	29,000
Model D, 4-cyl.						
Rbt	1150	3600	6000	12,000	21,000	30,000
Model X, 4-cyl., 35-40 hp						
Tr	1150	3600	6000	12,000	21,000	30,000
Model R, 4-cyl.						
Tr	1150	3700	6200	12,400	21,700	31,000
Model S, 4-cyl.						
Rds	1150	3700	6200	12,400	21,700	31,000
1911						
Model G, 2-cyl., 24 hp						
Tr	1050	3350	5600	11,200	19,600	28,000
Model K, 2-cyl.						
Rbt	1100	3500	5800	11,600	20,300	29,000
Model L, 4-cyl., 25-30 hp						
Tr	1100	3500	5800	11,600	20,300	29,000
Model F, 4-cyl.						
Tr	1100	3500	5800	11,600	20,300	29,000
Model N, 4-cyl., 40 hp						
Tr	1150	3600	6000	12,000	21,000	30,000
Model Y, 4-cyl.						
Tr	1100	3500	5800	11,600	20,300	29,000
Model T, 4-cyl.						
Tr	1100	3500	5800	11,600	20,300	29,000
Model M, 4-cyl.						
Rds	1150	3600	6000	12,000	21,000	30,000
1912						
Model 6-50, 6-cyl.						
Tr	1150	3700	6200	12,400	21,700	31,000

Auburn

	6	5	4	3	2	1
Model 40H, 4-cyl., 35-40 hp						
Tr	1100	3500	5800	11,600	20,300	29,000
Model 40M, 4-cyl., 35-40 hp						
Rds	1100	3500	5800	11,600	20,300	29,000
Model 40N, 4-cyl., 35-40 hp						
Tr	1150	3600	6000	12,000	21,000	30,000
Model 35L, 4-cyl., 30 hp						
Tr	1050	3350	5600	11,200	19,600	28,000
Model 30L, 4-cyl., 30 hp						
Rds	1100	3500	5800	11,600	20,300	29,000
Tr	1150	3600	6000	12,000	21,000	30,000

1913
	6	5	4	3	2	1
Model 33M, 4-cyl., 33 hp						
Rds	1150	3600	6000	12,000	21,000	30,000
Model 33L, 4-cyl., 33 hp						
Tr	1150	3700	6200	12,400	21,700	31,000
Model 40A, 4-cyl., 40 hp						
Rds	1150	3700	6200	12,400	21,700	31,000
Model 40L, 4-cyl.						
Tr	1200	3850	6400	12,800	22,400	32,000
Model 45, 6-cyl., 45 hp						
Tr	1200	3850	6400	12,800	22,400	32,000
Model 45B, 6-cyl., 45 hp						
Rds	1150	3700	6200	12,400	21,700	31,000
TwnC	1050	3350	5600	11,200	19,600	28,000
Cpe	1000	3250	5400	10,800	18,900	27,000
Model 50, 6-cyl., 50 hp						
Tr	1250	3950	6600	13,200	23,100	33,000

1914
	6	5	4	3	2	1
Model 4-40, 4-cyl., 40 hp						
Rds	1050	3350	5600	11,200	19,600	28,000
Tr	1100	3500	5800	11,600	20,300	29,000
Cpe	900	2900	4800	9600	16,800	24,000
Model 4-41, 4-cyl., 40 hp						
Tr	1150	3600	6000	12,000	21,000	30,000
Model 6-45, 6-cyl., 45 hp						
Rds	1150	3600	6000	12,000	21,000	30,000
Tr	1150	3700	6200	12,400	21,700	31,000
Model 6-46, 6-cyl., 45 hp						
Tr	1200	3850	6400	12,800	22,400	32,000

1915
	6	5	4	3	2	1
Model 4-36, 4-cyl., 36 hp						
Rds	1050	3350	5600	11,200	19,600	28,000
Tr	1100	3500	5800	11,600	20,300	29,000
Model 4-43, 4-cyl., 43 hp						
Rds	1100	3500	5800	11,600	20,300	29,000
Tr	1150	3600	6000	12,000	21,000	30,000
Model 6-40, 6-cyl., 50 hp						
Rds	1150	3700	6200	12,400	21,700	31,000
Tr	1200	3850	6400	12,800	22,400	32,000
Cpe	950	3000	5000	10,000	17,500	25,000
Model 6-47, 6-cyl., 47 hp						
Rds	1150	3600	6000	12,000	21,000	30,000
Tr	1150	3700	6200	12,400	21,700	31,000

1916
	6	5	4	3	2	1
Model 4-38, 4-cyl., 38 hp						
Rds	1100	3500	5800	11,600	20,300	29,000
Tr	1150	3600	6000	12,000	21,000	30,000
Model 6-38						
Rds	1150	3600	6000	12,000	21,000	30,000
Tr	1150	3700	6200	12,400	21,700	31,000
Model 6-40, 6-cyl., 40 hp						
Rds	1200	3850	6400	12,800	22,400	32,000
Tr	1250	3950	6600	13,200	23,100	33,000
Model Union 4-36, 6-cyl., 36 hp						
Tr	1200	3850	6400	12,800	22,400	32,000

1917
	6	5	4	3	2	1
Model 6-39, 6-cyl., 39 hp						
Rds	1000	3250	5400	10,800	18,900	27,000
Tr	1050	3350	5600	11,200	19,600	28,000
Model 6-44, 6-cyl., 44 hp						
Rds	1050	3350	5600	11,200	19,600	28,000
Tr	1100	3500	5800	11,600	20,300	29,000

Model 4-36, 4-cyl., 36 hp

	6	5	4	3	2	1
Rds	1000	3100	5200	10,400	18,200	26,000
Tr	1000	3250	5400	10,800	18,900	27,000

1918
Model 6-39, 6-cyl.

Tr	950	3000	5000	10,000	17,500	25,000
Rds	950	3000	5000	10,000	17,500	25,000
Spt Tr	1000	3100	5200	10,400	18,200	26,000

Model 6-44, 6-cyl.

Tr	950	3000	5000	10,000	17,500	25,000
Rds	950	3000	5000	10,000	17,500	25,000
Spt Tr	1000	3100	5200	10,400	18,200	26,000
Sed	650	2050	3400	6800	11,900	17,000

1919
Model 6-39

Tr	950	3000	5000	10,000	17,500	25,000
Rds	950	3000	5000	10,000	17,500	25,000
Cpe	550	1800	3000	6000	10,500	15,000
Sed	600	1900	3200	6400	11,200	16,000

1920
Model 6-39, 6-cyl.

Tr	950	3000	5000	10,000	17,500	25,000
Spt Tr	1000	3100	5200	10,400	18,200	26,000
Rds	1000	3100	5200	10,400	18,200	26,000
Sed	700	2150	3600	7200	12,600	18,000
Cpe	700	2300	3800	7600	13,300	19,000

1921
Model 6-39

Tr	950	3000	5000	10,000	17,500	25,000
Spt Tr	1000	3250	5400	10,800	18,900	27,000
Rds	1000	3250	5400	10,800	18,900	27,000
Cabr	1000	3250	5400	10,800	18,900	27,000
Sed	700	2150	3600	7200	12,600	18,000
Cpe	700	2300	3800	7600	13,300	19,000

1922
Model 6-51, 6-cyl.

Tr	1000	3250	5400	10,800	18,900	27,000
Rds	1050	3350	5600	11,200	19,600	28,000
Spt Tr	1050	3350	5600	11,200	19,600	28,000
Sed	700	2300	3800	7600	13,300	19,000
Cpe	750	2400	4000	8000	14,000	20,000

1923
Model 6-43, 6-cyl.

Tr	1050	3350	5600	11,200	19,600	28,000
Sed	700	2150	3600	7200	12,600	18,000

Model 6-63, 6-cyl.

Tr	1100	3500	5800	11,600	20,300	29,000
Spt Tr	1150	3600	6000	12,000	21,000	30,000
Brgm	700	2300	3800	7600	13,300	19,000
Sed	700	2150	3600	7200	12,600	18,000

Model 6-51, 6-cyl.

Phae	1150	3600	6000	12,000	21,000	30,000
Tr	1100	3500	5800	11,600	20,300	29,000
Spt Tr	1150	3700	6200	12,400	21,700	31,000
Brgm	750	2400	4000	8000	14,000	20,000
Sed	700	2300	3800	7600	13,300	19,000

1924
Model 6-43, 6-cyl.

Tr	1050	3350	5600	11,200	19,600	28,000
Spt Tr	1100	3500	5800	11,600	20,300	29,000
Sed	700	2150	3600	7200	12,600	18,000
Cpe	700	2300	3800	7600	13,300	19,000
2 dr	700	2150	3600	7200	12,600	18,000

Model 6-63, 6-cyl.

Tr	1100	3500	5800	11,600	20,300	29,000
Spt Tr	1150	3700	6200	12,400	21,700	31,000
Sed	700	2300	3800	7600	13,300	19,000
Brgm	750	2400	4000	8000	14,000	20,000

1925
Model 8-36, 8-cyl.

Tr	1300	4100	6800	13,600	23,800	34,000
2 dr Brgm	700	2150	3600	7200	12,600	18,000
4 dr Sed	700	2150	3600	7200	12,600	18,000

Model 6-43, 6-cyl.	6	5	4	3	2	1
Phae	1200	3850	6400	12,800	22,400	32,000
Spt Phae	1250	3950	6600	13,200	23,100	33,000
Cpe	750	2400	4000	8000	14,000	20,000
4 dr Sed	700	2300	3800	7600	13,300	19,000
2 dr Sed	700	2150	3600	7200	12,600	18,000
Model 6-66, 6-cyl.						
Rds	1200	3850	6400	12,800	22,400	32,000
Brgm	650	2050	3400	6800	11,900	17,000
4 dr	700	2150	3600	7200	12,600	18,000
Tr	1250	3950	6600	13,200	23,100	33,000
Model 8-88, 8-cyl.						
Rds	1250	3950	6600	13,200	23,100	33,000
4 dr Sed 5P	700	2300	3800	7600	13,300	19,000
4 dr Sed 7P	700	2300	3800	7600	13,300	19,000
Brgm	700	2150	3600	7200	12,600	18,000
Tr	1250	3950	6600	13,200	23,100	33,000

1926
Model 4-44, 4-cyl., 42 hp						
Tr	1150	3700	6200	12,400	21,700	31,000
Rds	1200	3850	6400	12,800	22,400	32,000
Cpe	750	2400	4000	8000	14,000	20,000
4 dr Sed	700	2300	3800	7600	13,300	19,000
Model 6-66, 6-cyl., 48 hp						
Rds	1300	4200	7000	14,000	24,500	35,000
Tr	1300	4100	6800	13,600	23,800	34,000
Brgm	700	2300	3800	7600	13,300	19,000
4 dr Sed	750	2400	4000	8000	14,000	20,000
Cpe	800	2500	4200	8400	14,700	21,000
Model 8-88, 8-cyl., 88 hp, 129" wb						
Rds	1400	4450	7400	14,800	25,900	37,000
Tr	1350	4300	7200	14,400	25,200	36,000
Cpe	800	2500	4200	8400	14,700	21,000
Brgm	750	2400	4000	8000	14,000	20,000
5P Sed	750	2400	4000	8000	14,000	20,000
7P Sed	750	2400	4000	8000	14,000	20,000
Model 8-88, 8-cyl., 88 hp, 146" wb						
7P Sed	800	2500	4200	8400	14,700	21,000

1927
Model 6-66, 6-cyl., 66 hp						
Rds	1300	4200	7000	14,000	24,500	35,000
Tr	1300	4100	6800	13,600	23,800	34,000
Brgm	750	2400	4000	8000	14,000	20,000
Sed	800	2500	4200	8400	14,700	21,000
Model 8-77, 8-cyl., 77 hp						
Rds	1350	4300	7200	14,400	25,200	36,000
Tr	1300	4200	7000	14,000	24,500	35,000
Brgm	800	2500	4200	8400	14,700	21,000
Sed	800	2500	4200	8400	14,700	21,000
Model 8-88, 8-cyl., 88 hp, 129" WB						
Tr	1450	4550	7600	15,200	26,600	38,000
Rds	1450	4700	7800	15,600	27,300	39,000
Cpe	800	2500	4200	8400	14,700	21,000
Brgm	750	2400	4000	8000	14,000	20,000
Sed	750	2400	4000	8000	14,000	20,000
Spt Sed	800	2500	4200	8400	14,700	21,000
Model 8-88, 8-cyl., 88 hp, 146" wb						
7P Sed	800	2500	4200	8400	14,700	21,000
Tr	1450	4700	7800	15,600	27,300	39,000

1928
Model 6-66, 6-cyl., 66 hp						
Rds	1450	4700	7800	15,600	27,300	39,000
Cabr	1450	4550	7600	15,200	26,600	38,000
Sed	750	2400	4000	8000	14,000	20,000
Spt Sed	800	2500	4200	8400	14,700	21,000
Model 8-77, 8-cyl., 77 hp						
Rds	1500	4800	8000	16,000	28,000	40,000
Cabr	1450	4700	7800	15,600	27,300	39,000
Sed	800	2500	4200	8400	14,700	21,000
Spt Sed	850	2650	4400	8800	15,400	22,000
Model 8-88, 8-cyl., 88 hp						
Rds	1550	4900	8200	16,400	28,700	41,000
Tr	1500	4800	8000	16,000	28,000	40,000
Cabr	1500	4800	8000	16,000	28,000	40,000
Sed	800	2500	4200	8400	14,700	21,000
Spt Sed	850	2650	4400	8800	15,400	22,000

Auburn

Model 8-88, 8-cyl., 88 hp, 136" wb

	6	5	4	3	2	1
7P Sed	850	2750	4600	9200	16,100	23,000

SECOND SERIES
Model 76, 6-cyl.

	6	5	4	3	2	1
Rds	1700	5400	9000	18,000	31,500	45,000
Cabr	1600	5150	8600	17,200	30,100	43,000
Sed	850	2650	4400	8800	15,400	22,000
Spt Sed	850	2750	4600	9200	16,100	23,000

1929 Auburn, Model 115 Victoria, 8-cyl

Model 88, 8-cyl.

	6	5	4	3	2	1
Spds	3250	10,300	17,200	34,400	60,200	86,000
Rds	1950	6250	10,400	20,800	36,400	52,000
Cabr	1600	5150	8600	17,200	30,100	43,000
Sed	850	2650	4400	8800	15,400	22,000
Spt Sed	850	2750	4600	9200	16,100	23,000
Phae	1900	6000	10,000	20,000	35,000	50,000

Model 115, 8-cyl.

	6	5	4	3	2	1
Spds	3450	11,050	18,400	36,800	64,400	92,000
Rds	2050	6600	11,000	22,000	38,500	55,000
Cabr	1850	5900	9800	19,600	34,300	49,000
Sed	900	2900	4800	9600	16,800	24,000
Spt Sed	950	3000	5000	10,000	17,500	25,000
Phae	2000	6350	10,600	21,200	37,100	53,000

1929

Model 76, 6-cyl.

	6	5	4	3	2	1
Rds	1800	5750	9600	19,200	33,600	48,000
Tr	1750	5500	9200	18,400	32,200	46,000
Cabr	1700	5400	9000	18,000	31,500	45,000
Vic	1150	3600	6000	12,000	21,000	30,000
Sed	850	2650	4400	8800	15,400	22,000
Spt Sed	850	2750	4600	9200	16,100	23,000

Model 88, 8-cyl.

	6	5	4	3	2	1
Spds	3750	12,000	20,000	40,000	70,000	100,000
Rds	2350	7450	12,400	24,800	43,400	62,000
Tr	2050	6600	11,000	22,000	38,500	55,000
Cabr	2150	6850	11,400	22,800	39,900	57,000
Vic	1200	3850	6400	12,800	22,400	32,000
Sed	850	2650	4400	8800	15,400	22,000
Spt Sed	850	2750	4600	9200	16,100	23,000
Phae	2150	6850	11,400	22,800	39,900	57,000

Model 115, 8-cyl.

	6	5	4	3	2	1
Spds	4150	13,200	22,000	44,000	77,000	110,000
Rds	2700	8650	14,400	28,800	50,400	72,000
Cabr	2150	6850	11,400	22,800	39,900	57,000
Vic	1250	3950	6600	13,200	23,100	33,000
Sed	850	2650	4400	8800	15,400	22,000
Spt Sed	850	2750	4600	9200	16,100	23,000
Phae	2550	8150	13,600	27,200	47,600	68,000

Model 6-80, 6-cyl.

	6	5	4	3	2	1
Tr	2150	6850	11,400	22,800	39,900	57,000
Cabr	2000	6350	10,600	21,200	37,100	53,000

Auburn 27

	6	5	4	3	2	1
Vic	1050	3350	5600	11,200	19,600	28,000
Sed	850	2650	4400	8800	15,400	22,000
Spt Sed	850	2750	4600	9200	16,100	23,000
Model 8-90, 8-cyl.						
Spds	3750	12,000	20,000	40,000	70,000	100,000
Tr	2550	8150	13,600	27,200	47,600	68,000
Cabr	2500	7900	13,200	26,400	46,200	66,000
Phae	2550	8150	13,600	27,200	47,600	68,000
Vic	1250	3950	6600	13,200	23,100	33,000
Sed	850	2750	4600	9200	16,100	23,000
Spt Sed	900	2900	4800	9600	16,800	24,000
Model 120, 8-cyl.						
Spds	3750	12,000	20,000	40,000	70,000	100,000
Cabr	2700	8650	14,400	28,800	50,400	72,000
Phae	2850	9100	15,200	30,400	53,200	76,000
Vic	1300	4200	7000	14,000	24,500	35,000
Sed	900	2900	4800	9600	16,800	24,000
7P Sed	1000	3100	5200	10,400	18,200	26,000
Spt Sed	950	3000	5000	10,000	17,500	25,000
1930						
Model 6-85, 6-cyl.						
Cabr	1650	5300	8800	17,600	30,800	44,000
Sed	850	2650	4400	8800	15,400	22,000
Spt Sed	850	2750	4600	9200	16,100	23,000
Model 8-95, 8-cyl.						
Cabr	2150	6850	11,400	22,800	39,900	57,000
Phae	2200	7100	11,800	23,600	41,300	59,000
Sed	900	2900	4800	9600	16,800	24,000
Spt Sed	950	3000	5000	10,000	17,500	25,000
Model 125, 8-cyl.						
Cabr	2350	7450	12,400	24,800	43,400	62,000
Phae	2850	9100	15,200	30,400	53,200	76,000
Sed	950	3000	5000	10,000	17,500	25,000
Spt Sed	1000	3100	5200	10,400	18,200	26,000
1931						
Model 8-98, 8-cyl., Standard, 127" wb						
Spds	3450	11,050	18,400	36,800	64,400	92,000
Cabr	2400	7700	12,800	25,600	44,800	64,000
Phae	2950	9350	15,600	31,200	54,600	78,000
Cpe	1000	3100	5200	10,400	18,200	26,000
2 dr Brgm	850	2750	4600	9200	16,100	23,000
5P Sed	900	2900	4800	9600	16,800	24,000
Model 8-98, 8-cyl., 136" wb						
7P Sed	950	3000	5000	10,000	17,500	25,000
Model 8-98A, 8-cyl., Custom, 127"wb						
Spds	3750	12,000	20,000	40,000	70,000	100,000
Cabr	2700	8650	14,400	28,800	50,400	72,000
Phae	3100	9850	16,400	32,800	57,400	82,000
Cpe	1100	3500	5800	11,600	20,300	29,000
2 dr Brgm	1000	3250	5400	10,800	18,900	27,000
4 dr Sed	1050	3350	5600	11,200	19,600	28,000
Model 8-98, 8-cyl., 136" wb						
7P Sed	1150	3600	6000	12,000	21,000	30,000

1932 Auburn 8-100 Brougham

1932
Model 8-100, 8-cyl., Custom, 127" wb

	6	5	4	3	2	1
Spds	4000	12,700	21,200	42,400	74,200	106,000
Cabr	3000	9600	16,000	32,000	56,000	80,000
Phae	3600	11,500	19,200	38,400	67,200	96,000
Cpe	1150	3600	6000	12,000	21,000	30,000
2 dr Brgm	1050	3350	5600	11,200	19,600	28,000
4 dr Sed	1100	3500	5800	11,600	20,300	29,000

Model 8-100, 8-cyl., 136" wb

7P Sed	1200	3850	6400	12,800	22,400	32,000

Model 8-100A, 8-cyl., Custom Dual Ratio, 127" wb

Spds	4150	13,200	22,000	44,000	77,000	110,000
Cabr	3150	10,100	16,800	33,600	58,800	84,000
Phae	3750	12,000	20,000	40,000	70,000	100,000
Cpe	1450	4550	7600	15,200	26,600	38,000
2 dr Brgm	1150	3600	6000	12,000	21,000	30,000
4 dr Sed	1150	3700	6200	12,400	21,700	31,000

Model 8-100A, 8-cyl., 136" wb

7P Sed	1350	4300	7200	14,400	25,200	36,000

Model 12-160, 12-cyl., Standard

Spds	4500	14,400	24,000	48,000	84,000	120,000
Cabr	3750	12,000	20,000	40,000	70,000	100,000
Phae	4000	12,700	21,200	42,400	74,200	106,000
Cpe	1300	4200	7000	14,000	24,500	35,000
2 dr Brgm	1150	3600	6000	12,000	21,000	30,000
4 dr Sed	1150	3700	6200	12,400	21,700	31,000

Model 12-160A, 12-cyl., Custom Dual Ratio

Spds	4500	14,400	24,000	48,000	84,000	120,000
Cabr	3850	12,250	20,400	40,800	71,400	102,000
Phae	4150	13,200	22,000	44,000	77,000	110,000
Cpe	1450	4550	7600	15,200	26,600	38,000
2 dr Brgm	1300	4200	7000	14,000	24,500	35,000
4 dr Sed	1350	4300	7200	14,400	25,200	36,000

1933
Model 8-101, 8-cyl., Standard, 127" wb

Spds	3450	11,050	18,400	36,800	64,400	92,000
Cabr	2550	8150	13,600	27,200	47,600	68,000
Phae	2800	8900	14,800	29,600	51,800	74,000
Cpe	1150	3600	6000	12,000	21,000	30,000
2 dr Brgm	950	3000	5000	10,000	17,500	25,000
4 dr Sed	1000	3100	5200	10,400	18,200	26,000

Model 8-101, 8-cyl., 136" wb

7P Sed	1000	3250	5400	10,800	18,900	27,000

Model 8-101A, 8-cyl., Custom Dual Ratio, 127" wb

Spds	4000	12,700	21,200	42,400	74,200	106,000
Cabr	3250	10,300	17,200	34,400	60,200	86,000
Phae	3300	10,550	17,600	35,200	61,600	88,000
Cpe	1300	4100	6800	13,600	23,800	34,000
2 dr Brgm	1000	3250	5400	10,800	18,900	27,000
4 dr Sed	1050	3350	5600	11,200	19,600	28,000

Model 8-101A, 8-cyl., 136" wb

7P Sed	1150	3600	6000	12,000	21,000	30,000

Model 8-105, 8-cyl., Salon Dual Ratio

Spds	4450	14,150	23,600	47,200	82,600	118,000
Cabr	4000	12,700	21,200	42,400	74,200	106,000
Phae	3850	12,250	20,400	40,800	71,400	102,000
2 dr Brgm	1200	3850	6400	12,800	22,400	32,000
4 dr Sed	1150	3600	6000	12,000	21,000	30,000

Model 12-161, 12-cyl., Standard

Spds	4500	14,400	24,000	48,000	84,000	120,000
Cabr	4150	13,200	22,000	44,000	77,000	110,000
Phae	4350	13,900	23,200	46,400	81,200	116,000
Cpe	1500	4800	8000	16,000	28,000	40,000
2 dr Brgm	1250	3950	6600	13,200	23,100	33,000
4 dr Sed	1300	4100	6800	13,600	23,800	34,000

Model 12-161A, 12-cyl., Custom Dual Ratio

Spds	4750	15,100	25,200	50,400	88,200	126,000
Cabr	4350	13,900	23,200	46,400	81,200	116,000
Phae	4500	14,400	24,000	48,000	84,000	120,000
Cpe	1600	5150	8600	17,200	30,100	43,000
2 dr Brgm	1400	4450	7400	14,800	25,900	37,000
4 dr Sed	1500	4800	8000	16,000	28,000	40,000

Model 12-165, 12-cyl., Salon Dual Ratio

Spds	4750	15,100	25,200	50,400	88,200	126,000
Cabr	4500	14,400	24,000	48,000	84,000	120,000
Phae	4750	15,100	25,200	50,400	88,200	126,000

Auburn   29

	6	5	4	3	2	1
2 dr Brgm	1500	4800	8000	16,000	28,000	40,000
4 dr Sed	1550	4900	8200	16,400	28,700	41,000

1934
Model 652X, 6-cyl., Standard
Cabr	1900	6000	10,000	20,000	35,000	50,000
2 dr Brgm	700	2300	3800	7600	13,300	19,000
4 dr Sed	750	2400	4000	8000	14,000	20,000

Model 652Y, 6-cyl., Custom
Cabr	1950	6250	10,400	20,800	36,400	52,000
Phae	2200	7100	11,800	23,600	41,300	59,000
2 dr Brgm	850	2650	4400	8800	15,400	22,000
4 dr Sed	800	2500	4200	8400	14,700	21,000

Model 850X, 8-cyl., Standard
Cabr	2150	6850	11,400	22,800	39,900	57,000
2 dr Brgm	850	2750	4600	9200	16,100	23,000
4 dr Sed	850	2650	4400	8800	15,400	22,000

Model 850Y, 8-cyl., Dual Ratio
Cabr	2550	8150	13,600	27,200	47,600	68,000
Phae	2700	8650	14,400	28,800	50,400	72,000
2 dr Brgm	1300	4200	7000	14,000	24,500	35,000
4 dr Sed	1350	4300	7200	14,400	25,200	36,000

Model 1250, 12-cyl., Salon Dual Ratio
Cabr	3750	12,000	20,000	40,000	70,000	100,000
Phae	4150	13,200	22,000	44,000	77,000	110,000
2 dr Brgm	1300	4200	7000	14,000	24,500	35,000
4 dr Sed	1350	4300	7200	14,400	25,200	36,000

1935
Model 6-653, 6-cyl., Standard
Cabr	2050	6600	11,000	22,000	38,500	55,000
Phae	2550	8150	13,600	27,200	47,600	68,000
Cpe	1150	3700	6200	12,400	21,700	31,000
2 dr Brgm	1150	3600	6000	12,000	21,000	30,000
4 dr Sed	1100	3500	5800	11,600	20,300	29,000

Model 6-653, 6-cyl., Custom Dual Ratio
Cabr	2350	7450	12,400	24,800	43,400	62,000
Phae	2650	8400	14,000	28,000	49,000	70,000
Cpe	1250	3950	6600	13,200	23,100	33,000
2 dr Brgm	1150	3700	6200	12,400	21,700	31,000
4 dr Sed	1150	3600	6000	12,000	21,000	30,000

Model 6-653, 6-cyl., Salon Dual Ratio
Cabr	2550	8150	13,600	27,200	47,600	68,000
Phae	2800	8900	14,800	29,600	51,800	74,000
Cpe	1300	4100	6800	13,600	23,800	34,000
2 dr Brgm	1200	3850	6400	12,800	22,400	32,000
4 dr Sed	1250	3950	6600	13,200	23,100	33,000

Model 8-851, 8-cyl., Standard
Cabr	2400	7700	12,800	25,600	44,800	64,000
Phae	2650	8400	14,000	28,000	49,000	70,000
Cpe	1300	4200	7000	14,000	24,500	35,000
2 dr Brgm	1250	3950	6600	13,200	23,100	33,000
4 dr Sed	1300	4100	6800	13,600	23,800	34,000

Model 8-851, 8-cyl., Custom Dual Ratio
Cabr	2650	8400	14,000	28,000	49,000	70,000
Phae	2700	8650	14,400	28,800	50,400	72,000
Cpe	1250	3950	6600	13,200	23,100	33,000
2 dr Brgm	1200	3850	6400	12,800	22,400	32,000
4 dr Sed	1250	3950	6600	13,200	23,100	33,000

Model 8-851, 8-cyl., Salon Dual Ratio
Cabr	2700	8650	14,400	28,800	50,400	72,000
Phae	2950	9350	15,600	31,200	54,600	78,000
Cpe	1300	4100	6800	13,600	23,800	34,000
2 dr Brgm	1250	3950	6600	13,200	23,100	33,000
4 dr Sed	1300	4100	6800	13,600	23,800	34,000

Model 8-851, 8-cyl., Supercharged Dual Ratio
Spds	3750	12,000	20,000	40,000	70,000	100,000
Cabr	3450	11,050	18,400	36,800	64,400	92,000
Phae	3700	11,750	19,600	39,200	68,600	98,000
Cpe	1350	4300	7200	14,400	25,200	36,000
2 dr Brgm	1300	4200	7000	14,000	24,500	35,000
4 dr Sed	1350	4300	7200	14,400	25,200	36,000

1936
Model 6-654, 6-cyl., Standard
Cabr	2150	6850	11,400	22,800	39,900	57,000
Phae	2700	8650	14,400	28,800	50,400	72,000
Cpe	1250	3950	6600	13,200	23,100	33,000

Auburn

1936 Auburn 8-852 sedan

	6	5	4	3	2	1
2 dr Brgm	1200	3850	6400	12,800	22,400	32,000
4 dr Sed	1150	3700	6200	12,400	21,700	31,000
Model 6-654, 6-cyl., Custom Dual Ratio						
Cabr	2550	8150	13,600	27,200	47,600	68,000
Phae	2700	8650	14,400	28,800	50,400	72,000
Cpe	1300	4100	6800	13,600	23,800	34,000
2 dr Brgm	1200	3850	6400	12,800	22,400	32,000
4 dr Sed	1250	3950	6600	13.200	23.100	33.000
Model 6-654, 6-cyl., Salon Dual Ratio						
Cabr	3100	9850	16,400	32,800	57,400	82,000
Phae	3300	10,550	17,600	35,200	61,600	88,000
Cpe	1300	4200	7000	14,000	24,500	35,000
2 dr Brgm	1250	3950	6600	13,200	23,100	33,000
4 dr Sed	1300	4100	6800	13,600	23.800	34.000
Model 8-852, 8-cyl., Standard						
Cabr	3300	10,550	17,600	35,200	61,600	88,000
Phae	3450	11,050	18,400	36,800	64,400	92,000
Cpe	1350	4300	7200	14,400	25,200	36,000
2 dr Brgm	1300	4100	6800	13,600	23,800	34,000
4 dr Sed	1300	4200	7000	14,000	24,500	35,000
Model 8-852, 8-cyl., Custom Dual Ratio						
Cabr	3450	11,050	18,400	36,800	64,400	92,000
Phae	3750	12,000	20,000	40,000	70,000	100,000
Cpe	1450	4550	7600	15,200	26,600	38,000
2 dr Brgm	1300	4200	7000	14,000	24,500	35,000
4 dr Sed	1350	4300	7200	14,400	25,200	36,000
Model 8-852, 8-cyl., Salon Dual Ratio						
Cabr	3750	12,000	20,000	40,000	70,000	100,000
Phae	4000	12,700	21,200	42,400	74,200	106,000
Cpe	1500	4800	8000	16,000	28,000	40,000
2 dr Brgm	1350	4300	7200	14,400	25,200	36,000
4 dr Sed	1400	4450	7400	14,800	25.900	37.000
Model 8, 8-cyl., Supercharged Dual Ratio						
Spds	4350	13,900	23,200	46,400	81,200	116,000
Cabr	3850	12,250	20,400	40,800	71,400	102,000
Phae	4000	12,700	21,200	42,400	74,200	106,000
Cpe	1600	5050	8400	16,800	29,400	42,000
2 dr Brgm	1400	4450	7400	14,800	25,900	37,000
4 dr Sed	1450	4550	7600	15,200	26,600	38,000

BUICK

1904
Model B, 2-cyl.
Tr   value not estimable

Buick   31

1905
Model C, 2-cyl.

	6	5	4	3	2	1
Tr	1050	3350	5600	11,200	19,600	28,000

1906
Model F & G, 2-cyl.
| Tr | 1000 | 3250 | 5400 | 10,800 | 18,900 | 27,000 |
| Rds | 1000 | 3100 | 5200 | 10,400 | 18,200 | 26,000 |

1907
Model F & G, 2-cyl.
| Tr | 1000 | 3250 | 5400 | 10,800 | 18,900 | 27,000 |
| Rds | 1000 | 3100 | 5200 | 10,400 | 18,200 | 26,000 |

Model D, S, K & H, 4-cyl.
| Tr | 1050 | 3350 | 5600 | 11,200 | 19,600 | 28,000 |
| Rds | 1000 | 3250 | 5400 | 10,800 | 18,900 | 27,000 |

1908
Model F & G, 2-cyl.
| Tr | 1250 | 3950 | 6600 | 13,200 | 23,100 | 33,000 |
| Rds | 1200 | 3850 | 6400 | 12,800 | 22,400 | 32,000 |

Model D & S, 4-cyl.
| Tr | 1100 | 3500 | 5800 | 11,600 | 20,300 | 29,000 |
| Rds | 1150 | 3600 | 6000 | 12,000 | 21,000 | 30,000 |

Model 10, 4-cyl.
| Tr | 1050 | 3350 | 5600 | 11,200 | 19,600 | 28,000 |

Model 5, 4-cyl.
| Tr | 1250 | 3950 | 6600 | 13,200 | 23,100 | 33,000 |

1909
Model G, (only 6 built in 1909).
| Rds | 1300 | 4100 | 6800 | 13,600 | 23,800 | 34,000 |

Model F & G
| Tr | 1200 | 3850 | 6400 | 12,800 | 22,400 | 32,000 |
| Rds | 1250 | 3950 | 6600 | 13,200 | 23,100 | 33,000 |

Model 10, 4-cyl.
| Tr | 1150 | 3700 | 6200 | 12,400 | 21,700 | 31,000 |
| Rds | 1200 | 3850 | 6400 | 12,800 | 22,400 | 32,000 |

Model 16 & 17, 4-cyl.
| Rds | 1250 | 3950 | 6600 | 13,200 | 23,100 | 33,000 |
| Tr | 1200 | 3850 | 6400 | 12,800 | 22,400 | 32,000 |

1910
Model 6, 2-cyl.
| Tr | 1250 | 3950 | 6600 | 13,200 | 23,100 | 33,000 |

Model F, 2-cyl.
| Tr | 1150 | 3700 | 6200 | 12,400 | 21,700 | 31,000 |

Model 14, 2-cyl.
| Rds | 1150 | 3600 | 6000 | 12,000 | 21,000 | 30,000 |

Model 10, 4-cyl.
| Tr | 1050 | 3350 | 5600 | 11,200 | 19,600 | 28,000 |
| Rds | 1050 | 3350 | 5600 | 11,200 | 19,600 | 28,000 |

Model 19, 4-cyl.
| Tr | 1300 | 4100 | 6800 | 13,600 | 23,800 | 34,000 |

Model 16 & 17, 4-cyl.
| Rds | 1250 | 3950 | 6600 | 13,200 | 23,100 | 33,000 |
| Tr | 1200 | 3850 | 6400 | 12,800 | 22,400 | 32,000 |

Model 7, 4-cyl.
| Tr | 1400 | 4450 | 7400 | 14,800 | 25,900 | 37,000 |

Model 41, 4-cyl.
| Limo | 1200 | 3850 | 6400 | 12,800 | 22,400 | 32,000 |

1911
Model 14, 2-cyl.
| Rds | 1000 | 3250 | 5400 | 10,800 | 18,900 | 27,000 |

Model 21, 4-cyl.
| Tr | 1050 | 3350 | 5600 | 11,200 | 19,600 | 28,000 |

Model 26 & 27, 4-cyl.
| Rds | 1100 | 3500 | 5800 | 11,600 | 20,300 | 29,000 |
| Tr | 1000 | 3250 | 5400 | 10,800 | 18,900 | 27,000 |

Model 32 & 33
| Rds | 1050 | 3350 | 5600 | 11,200 | 19,600 | 28,000 |
| Tr | 1000 | 3250 | 5400 | 10,800 | 18,900 | 27,000 |

Model 38 & 39, 4-cyl.
Rds	1150	3700	6200	12,400	21,700	31,000
Tr	1200	3850	6400	12,800	22,400	32,000
Limo	1050	3350	5600	11,200	19,600	28,000

1912
Model 34, 35 & 36, 4-cyl.
| Rds | 1000 | 3100 | 5200 | 10,400 | 18,200 | 26,000 |

Buick

	6	5	4	3	2	1
Tr	1000	3250	5400	10,800	18,900	27,000
Model 28 & 29, 4-cyl.						
Rds	1000	3250	5400	10,800	18,900	27,000
Tr	1050	3350	5600	11,200	19,600	28,000
Model 43, 4-cyl.						
Tr	1100	3500	5800	11,600	20,300	29,000
1913						
Model 30 & 31, 4-cyl.						
Rds	950	3000	5000	10,000	17,500	25,000
Tr	1000	3100	5200	10,400	18,200	26,000
Model 40, 4-cyl.						
Tr	1050	3350	5600	11,200	19,600	28,000
Model 24 & 25, 4-cyl.						
Rds	1050	3350	5600	11,200	19,600	28,000
Tr	1100	3500	5800	11,600	20,300	29,000
1914						
Model B-24 & B-25, 4-cyl.						
Rds	1000	3100	5200	10,400	18,200	26,000
Tr	1000	3250	5400	10,800	18,900	27,000
Model B-36, B-37 & B-38, 4-cyl.						
Rds	1000	3250	5400	10,800	18,900	27,000
Tr	1050	3350	5600	11,200	19,600	28,000
Cpe	950	3000	5000	10,000	17,500	25,000
Model B-55, 6-cyl.						
7P Tr	1100	3500	5800	11,600	20,300	29,000
1915						
Model C-24 & C-25, 4-cyl.						
Rds	1000	3250	5400	10,800	18,900	27,000
Tr	1050	3350	5600	11,200	19,600	28,000
Model C-36 & C-37, 4-cyl.						
Rds	1050	3350	5600	11,200	19,600	28,000
Tr	1100	3500	5800	11,600	20,300	29,000
Model C-54 & C-55, 6-cyl.						
Rds	1100	3500	5800	11,600	20,300	29,000
Tr	1150	3600	6000	12,000	21,000	30,000
1916						
Model D-54 & D-55, 6-cyl.						
Rds	1050	3350	5600	11,200	19,600	28,000
Tr	1100	3500	5800	11,600	20,300	29,000
1916-1917						
Model D-34 & D-35, 4-cyl.						
Rds	1000	3100	5200	10,400	18,200	26,000
Tr	1000	3250	5400	10,800	18,900	27,000
Model D-44 & D-45, 6-cyl.						
Rds	1000	3250	5400	10,800	18,900	27,000
Tr	1050	3350	5600	11,200	19,600	28,000
Model D-46 & D-47, 6-cyl.						
Conv Cpe	900	2900	4800	9600	16,800	24,000
Sed	650	2050	3400	6800	11,900	17,000
1918						
Model E-34 & E-35, 4-cyl.						
Rds	900	2900	4800	9600	16,800	24,000
Tr	950	3000	5000	10,000	17,500	25,000
Model E-37, 4-cyl.						
Sed	650	2050	3400	6800	11,900	17,000
Model E-44, E-45 & E-49, 6-cyl.						
Rds	950	3000	5000	10,000	17,500	25,000
Tr	1000	3100	5200	10,400	18,200	26,000
7P Tr	1000	3250	5400	10,800	18,900	27,000
Model E-46, E-47 & E-50, 6-cyl.						
Conv Cpe	850	2750	4600	9200	16,100	23,000
Sed	700	2150	3600	7200	12,600	18,000
7P Sed	700	2200	3700	7400	13,000	18,500
1919						
Model H-44, H-45 & H-49, 6-cyl.						
Rds	900	2900	4800	9600	16,800	24,000
Tr	950	3000	5000	10,000	17,500	25,000
7P Tr	1000	3100	5200	10,400	18,200	26,000
Model H-46, H-47 & H-50, 6-cyl.						
Cpe	600	1900	3200	6400	11,200	16,000
Sed	400	1300	2200	4400	7700	11,000
7P Sed	450	1450	2400	4800	8400	12,000

Buick   33

1920
Model K, 6-cyl.

	6	5	4	3	2	1
Cpe K-46	450	1400	2300	4600	8100	11,500
Sed K-47	400	1300	2200	4400	7700	11,000
Rds K-44	800	2500	4200	8400	14,700	21,000
Tr K-49	850	2750	4600	9200	16,100	23,000
Tr K-45	850	2650	4400	8800	15,400	22,000
7P Sed K-50	400	1250	2100	4200	7400	10,500

1921
Series 40, 6-cyl.

Rds	850	2650	4400	8800	15,400	22,000
Tr	850	2750	4600	9200	16,100	23,000
7P Tr	900	2900	4800	9600	16,800	24,000
Cpe	400	1200	2000	3950	7000	10,000
Sed	350	800	1450	2750	5600	8000
Ewb Cpe	400	1300	2200	4400	7700	11,000
7P Sed	450	1450	2400	4800	8400	12,000

1921-1922
Series 30, 4-cyl.

Rds	750	2400	4000	8000	14,000	20,000
Tr	800	2500	4200	8400	14,700	21,000
Cpe OS	400	1200	2000	4000	7100	10,100
Sed	350	800	1450	2750	5600	8000

Series 40, 6-cyl.

Rds	850	2750	4600	9200	16,100	23,000
Tr	900	2900	4800	9600	16,800	24,000
7P Tr	950	3000	5000	10,000	17,500	25,000
Cpe	400	1300	2200	4400	7700	11,000
Sed	350	750	1300	2450	5250	7500
Cpe	400	1300	2200	4400	7700	11,000
7P Sed	400	1300	2200	4400	7700	11,000
50 7P Limo	450	1450	2400	4800	8400	12,000

1923
Series 30, 4-cyl.

Rds	700	2300	3800	7600	13,300	19,000
Spt Rds	750	2400	4000	8000	14,000	20,000
Tr	750	2400	4000	8000	14,000	20,000
Cpe	400	1200	2000	4000	7100	10,100
Sed	350	800	1450	2750	5600	8000
Tr Sed	350	750	1300	2450	5250	7500

Series 40, 6-cyl.

Rds	800	2500	4200	8400	14,700	21,000
Tr	850	2650	4400	8800	15,400	22,000
7P Tr	850	2750	4600	9200	16,100	23,000
Cpe	350	950	1600	3200	6050	8700
Sed	350	850	1500	2900	5700	8200

Master Series 50, 6-cyl.

Spt Rds	850	2650	4400	8800	15,400	22,000
Spt Tr	850	2750	4600	9200	16,100	23,000
7P Sed	350	900	1550	3050	5900	8500

1924 Buick Sport Touring

Buick

1924
Standard Series 30, 4-cyl.

	6	5	4	3	2	1
Rds	800	2500	4200	8400	14,700	21,000
Tr	850	2650	4400	8800	15,400	22,000
Cpe	350	900	1550	3050	5900	8500
Sed	350	800	1450	2750	5600	8000
Master Series 40, 6-cyl.						
Rds	800	2500	4200	8400	14,700	21,000
Tr	850	2650	4400	8800	15,400	22,000
7P Tr	850	2750	4600	9200	16,100	23,000
Cpe	400	1250	2100	4200	7300	10,400
Sed	400	1200	2050	4100	7100	10,200
Demi Sed	400	1250	2050	4100	7200	10,300
Master Series 50, 6-cyl.						
Spt Rds	850	2750	4600	9200	16,100	23,000
Spt Tr	900	2900	4800	9600	16,800	24,000
Cabr Cpe	750	2400	4000	8000	14,000	20,000
TwnC	600	1900	3200	6400	11,200	16,000
7P Sed	400	1250	2100	4200	7400	10,500
Brgm Sed	400	1300	2200	4400	7700	11,000
Limo	450	1400	2300	4600	8100	11,500

1925
Standard Series 20, 6-cyl.

Rds	750	2400	4000	8000	14,000	20,000
Spt Rds	800	2500	4200	8400	14,700	21,000
Encl Rds	850	2650	4400	8800	15,400	22,000
Tr	750	2400	4000	8000	14,000	20,000
Encl Tr	800	2500	4200	8400	14,700	21,000
Bus Cpe	400	1300	2200	4400	7700	11,000
Cpe	450	1400	2300	4600	8100	11,500
Sed	400	1200	2000	3950	7000	10,000
Demi Sed	400	1200	2000	4000	7100	10,100
Master Series 40, 6-cyl.						
Rds	800	2500	4200	8400	14,700	21,000
Encl Rds	850	2650	4400	8800	15,400	22,000
Tr	850	2650	4400	8800	15,400	22,000
Encl Tr	850	2750	4600	9200	16,100	23,000
Cpe	450	1400	2300	4600	8100	11,500
2 dr Sed	400	1250	2100	4200	7400	10,500
Sed	400	1300	2150	4300	7500	10,700
Master Series 50, 6-cyl.						
Spt Rds	850	2750	4600	9200	16,100	23,000
Spt Tr	900	2900	4800	9600	16,800	24,000
Cabr Cpe	750	2400	4000	8000	14,000	20,000
7P Sed	400	1200	2000	4000	7100	10,100
Limo	400	1250	2100	4200	7300	10,400
Brgm Sed	400	1250	2100	4200	7300	10,400
TwnC	600	1850	3100	6200	10,900	15,500

1926
Standard Series, 6-cyl.

Rds	750	2400	4000	8000	14,000	20,000
Tr	800	2500	4200	8400	14,700	21,000
2P Cpe	450	1450	2400	4800	8400	12,000
4P Cpe	400	1300	2200	4400	7700	11,000
2 dr Sed	400	1250	2100	4200	7400	10,500
Sed	400	1200	2000	3950	7000	10,000
Master Series, 6-cyl.						
Rds	850	2650	4400	8800	15,400	22,000
Tr	850	2750	4600	9200	16,100	23,000
Spt Rds	850	2750	4600	9200	16,100	23,000
Spt Tr	900	2900	4800	9600	16,800	24,000
4P Cpe	400	1300	2200	4400	7700	11,000
Spt Cpe	450	1450	2400	4800	8400	12,000
2 dr Sed	400	1200	2000	3950	7000	10,000
4 dr Sed	400	1250	2100	4200	7400	10,500
Brgm	400	1300	2150	4300	7500	10,700
7P Sed	450	1400	2300	4600	8100	11,500

1927
Series 115, 6-cyl.

Rds	800	2500	4200	8400	14,700	21,000
Tr	850	2650	4400	8800	15,400	22,000
2P Cpe	400	1300	2200	4400	7700	11,000
4P RS Cpe	450	1450	2400	4800	8400	12,000
Spt Cpe	450	1400	2300	4600	8100	11,500
2 dr Sed	400	1200	2000	3950	7000	10,000

Buick 35

	6	5	4	3	2	1
4 dr Sed	400	1200	2050	4100	7100	10,200
Brgm	400	1250	2100	4200	7400	10,500
Series 120, 6-cyl.						
4P Cpe	450	1500	2500	5000	8800	12,500
2 dr Sed	400	1250	2100	4200	7400	10,500
4 dr Sed	400	1300	2200	4400	7700	11,000
Series 128, 6-cyl.						
Spt Rds	900	2900	4800	9600	16,800	24,000
Spt Tr	950	3000	5000	10,000	17,500	25,000
Conv	800	2500	4200	8400	14,700	21,000
5P Cpe	450	1450	2400	4800	8400	12,000
Spt Cpe RS	500	1550	2600	5200	9100	13,000
7P Sed	400	1250	2100	4200	7400	10,500
Brgm	400	1300	2200	4400	7700	11,000

1928
Series 115, 6-cyl.

Rds	800	2500	4200	8400	14,700	21,000
Tr	850	2650	4400	8800	15,400	22,000
2P Cpe	400	1300	2200	4400	7700	11,000
Spt Cpe	450	1400	2300	4600	8100	11,500
2 dr Sed	400	1200	2000	3950	7000	10,000
4 dr Sed	400	1200	2050	4100	7100	10,200
Brgm	400	1250	2050	4100	7200	10,300
Series 120, 6-cyl.						
Cpe	500	1550	2600	5200	9100	13,000
4 dr Sed	400	1300	2200	4400	7700	11,000
Brgm	450	1450	2400	4800	8400	12,000
Series 128, 6-cyl.						
Spt Rds	950	3000	5000	10,000	17,500	25,000
Spt Tr	1000	3100	5200	10,400	18,200	26,000
5P Cpe	450	1450	2400	4800	8400	12,000
Spt Cpe	500	1550	2600	5200	9100	13,000
7P Sed	450	1400	2300	4600	8100	11,500
Brgm	450	1450	2400	4800	8400	12,000

1929 Buick, Series 121 roadster, 6-cyl

1929
Series 116, 6-cyl.

Spt Tr	1100	3500	5800	11,600	20,300	29,000
Bus Cpe	550	1700	2800	5600	9800	14,000
RS Cpe	600	1900	3200	6400	11,200	16,000
2 dr Sed	400	1300	2200	4400	7700	11,000
4 dr Sed	450	1450	2400	4800	8400	12,000
Series 121, 6-cyl.						
Spt Rds	1150	3600	6000	12,000	21,000	30,000

Buick

	6	5	4	3	2	1
Bus Cpe	550	1800	3000	6000	10,500	15,000
RS Cpe	650	2050	3400	6800	11,900	17,000
4P Cpe	550	1800	3000	6000	10,500	15,000
4 dr Sed	500	1550	2600	5200	9100	13,000
CC Sed	500	1550	2600	5200	9100	13,000
Series 129, 6-cyl.						
Conv	1200	3850	6400	12,800	22,400	32,000
Spt Tr	1250	3950	6600	13,200	23,100	33,000
7P Tr	1150	3600	6000	12,000	21,000	30,000
5P Cpe	700	2150	3600	7200	12,600	18,000
CC Sed	600	1900	3200	6400	11,200	16,000
7P Sed	650	2050	3400	6800	11,900	17,000
Limo	700	2150	3600	7200	12,600	18,000

1930
Series 40, 6-cyl.

	6	5	4	3	2	1
Rds	1150	3700	6200	12,400	21,700	31,000
Phae	1200	3850	6400	12,800	22,400	32,000
Bus Cpe	550	1700	2800	5600	9800	14,000
RS Cpe	650	2050	3400	6800	11,900	17,000
2 dr Sed	500	1550	2600	5200	9100	13,000
4 dr Sed	500	1600	2700	5400	9500	13,500
Series 50, 6-cyl.						
4P Cpe	550	1800	3000	6000	10,500	15,000
4 dr Sed	550	1700	2800	5600	9800	14,000
Series 60, 6-cyl.						
RS Rds	1250	3950	6600	13,200	23,100	33,000
7P Tr	1300	4100	6800	13,600	23,800	34,000
RS Spt Cpe	700	2300	3800	7600	13,300	19,000
5P Cpe	650	2050	3400	6800	11,900	17,000
4 dr Sed	550	1800	3000	6000	10,500	15,000
7P Sed	600	1900	3200	6400	11,200	16,000
Limo	650	2050	3400	6800	11,900	17,000
Marquette - Series 30, 6-cyl.						
Spt Rds	1000	3100	5200	10,400	18,200	26,000
Phae	1000	3250	5400	10,800	18,900	27,000
Bus Cpe	400	1300	2200	4400	7700	11,000
RS Cpe	550	1700	2800	5600	9800	14,000
2 dr Sed	400	1250	2100	4200	7400	10,500
4 dr Sed	400	1300	2150	4300	7600	10,800

1931
Series 50, 8-cyl.

	6	5	4	3	2	1
Spt Rds	1150	3600	6000	12,000	21,000	30,000
Phae	1150	3700	6200	12,400	21,700	31,000
Bus Cpe	600	1900	3200	6400	11,200	16,000
RS Cpe	650	2050	3400	6800	11,900	17,000
2 dr Sed	550	1700	2800	5600	9800	14,000
4 dr Sed	550	1800	3000	6000	10,500	15,000
Conv	1150	3700	6200	12,400	21,700	31,000
Series 60, 8-cyl.						
Spt Rds	1200	3850	6400	12,800	22,400	32,000
Phae	1250	3950	6600	13,200	23,100	33,000
Bus Cpe	650	2050	3400	6800	11,900	17,000
RS Cpe	700	2150	3600	7200	12,600	18,000
4 dr Sed	600	1900	3200	6400	11,200	16,000
Series 80, 8-cyl.						
Cpe	750	2400	4000	8000	14,000	20,000
4 dr Sed	650	2050	3400	6800	11,900	17,000
7P Sed	700	2150	3600	7200	12,600	18,000
Series 90, 8-cyl.						
Spt Rds	1700	5400	9000	18,000	31,500	45,000
7P Tr	1650	5300	8800	17,600	30,800	44,000
5P Cpe	1050	3350	5600	11,200	19,600	28,000
RS Cpe	1100	3500	5800	11,600	20,300	29,000
Conv	1600	5150	8600	17,200	30,100	43,000
5P Sed	800	2500	4200	8400	14,700	21,000
7P Sed	850	2650	4400	8800	15,400	22,000
Limo	850	2750	4600	9200	16,100	23,000

1932
Series 50, 8-cyl

	6	5	4	3	2	1
Spt Phae	1350	4300	7200	14,400	25,200	36,000
Conv	1400	4450	7400	14,800	25,900	37,000
2 dr Phae	1450	4550	7600	15,200	26,600	38,000
Bus Cpe	600	1900	3200	6400	11,200	16,000
RS Cpe	650	2050	3400	6800	11,900	17,000
Vic Cpe	600	1900	3200	6400	11,200	16,000

	6	5	4	3	2	1
4 dr Sed	550	1700	2800	5600	9800	14,000
Spt Sed	550	1800	3000	6000	10,500	15,000
Series 60, 8-cyl.						
Spt Phae	1450	4700	7800	15,600	27,300	39,000
Conv	1500	4800	8000	16,000	28,000	40,000
2 dr Phae	1550	4900	8200	16,400	28,700	41,000
Bus Cpe	650	2050	3400	6800	11,900	17,000
RS Cpe	700	2150	3600	7200	12,600	18,000
Vic Cpe	700	2150	3600	7200	12,600	18,000
4 dr Sed	600	1900	3200	6400	11,200	16,000
Series 80, 8-cyl.						
Vic Cpe	700	2300	3800	7600	13,300	19,000
4 dr Sed	650	2050	3400	6800	11,900	17,000
Series 90, 8-cyl.						
7P Sed	800	2500	4200	8400	14,700	21,000
Limo	1000	3250	5400	10,800	18,900	27,000
Clb Sed	1000	3100	5200	10,400	18,200	26,000
Spt Phae	1750	5650	9400	18,800	32,900	47,000
2 dr Phae	1750	5500	9200	18,400	32,200	46,000
Conv Cpe	1800	5750	9600	19,200	33,600	48,000
RS Cpe	1050	3350	5600	11,200	19,600	28,000
Vic Cpe	1000	3100	5200	10,400	18,200	26,000
5P Sed	800	2500	4200	8400	14,700	21,000
1933						
Series 50, 8-cyl.						
Conv	1200	3850	6400	12,800	22,400	32,000
Bus Cpe	550	1700	2800	5600	9800	14,000
RS Spt Cpe	550	1800	3000	6000	10,500	15,000
Vic Cpe	550	1800	3000	6000	10,500	15,000
4 dr Sed	500	1550	2600	5200	9100	13,000
Series 60, 8-cyl.						
Conv Cpe	1150	3600	6000	12,000	21,000	30,000
Phae	1150	3700	6200	12,400	21,700	31,000
Spt Cpe	550	1800	3000	6000	10,500	15,000
Vic Cpe	650	2050	3400	6800	11,900	17,000
4 dr Sed	550	1700	2800	5600	9800	14,000
Series 80, 8-cyl.						
Conv	1200	3850	6400	12,800	22,400	32,000
Phae	1250	3950	6600	13,200	23,100	33,000
Spt Cpe	750	2400	4000	8000	14,000	20,000
Vic	750	2400	4000	8000	14,000	20,000
4 dr Sed	700	2150	3600	7200	12,600	18,000
Series 90, 8-cyl.						
Vic	850	2750	4600	9200	16,100	23,000
5P Sed	700	2300	3800	7600	13,300	19,000
7P Sed	750	2400	4000	8000	14,000	20,000
Clb Sed	800	2500	4200	8400	14,700	21,000
Limo	900	2900	4800	9600	16,800	24,000
1934						
Special Series 40, 8-cyl.						
Bus Cpe	450	1450	2400	4800	8400	12,000
RS Cpe	500	1550	2600	5200	9100	13,000
2 dr Tr Sed	400	1200	2000	4000	7100	10,100
Tr Sed	450	1450	2400	4800	8400	12,000
4 dr Sed	400	1300	2200	4400	7700	11,000
Series 50, 8-cyl.						
Conv	1150	3600	6000	12,000	21,000	30,000
Bus Cpe	500	1550	2600	5200	9100	13,000
Spt Cpe	550	1700	2800	5600	9800	14,000
Vic Cpe	500	1550	2600	5200	9100	13,000
4 dr Sed	450	1450	2400	4800	8400	12,000
Series 60, 8-cyl.						
Conv	1150	3600	6000	12,000	21,000	30,000
Phae	1100	3500	5800	11,600	20,300	29,000
Spt Cpe	600	1900	3200	6400	11,200	16,000
Vic	550	1800	3000	6000	10,500	15,000
4 dr Sed	500	1550	2600	5200	9100	13,000
Clb Sed	500	1600	2700	5400	9500	13,500
Series 90, 8-cyl.						
Conv	1250	3950	6600	13,200	23,100	33,000
Phae	1200	3850	6400	12,800	22,400	32,000
Spt Cpe	800	2500	4200	8400	14,700	21,000
5P Sed	750	2400	4000	8000	14,000	20,000
7P Sed	800	2500	4200	8400	14,700	21,000
Clb Sed	850	2650	4400	8800	15,400	22,000
Limo	850	2750	4600	9200	16,100	23,000

Buick

	6	5	4	3	2	1
Vic	850	2650	4400	8800	15,400	22,000

1935
Special Series 40, 8-cyl.

	6	5	4	3	2	1
Conv	850	2750	4600	9200	16,100	23,000
Bus Cpe	450	1450	2400	4800	8400	12,000
RS Spt Cpe	500	1550	2600	5200	9100	13,000
2 dr Sed	400	1200	2000	3950	7000	10,000
2 dr Tr Sed	400	1250	2100	4200	7400	10,500
4 dr Sed	400	1300	2200	4400	7700	11,000
4 dr Tr Sed	450	1400	2300	4600	8100	11,500

Series 50, 8-cyl.

	6	5	4	3	2	1
Conv	900	2900	4800	9600	16,800	24,000
Bus Cpe	500	1550	2600	5200	9100	13,000
Spt Cpe	550	1700	2800	5600	9800	14,000
Vic	500	1550	2600	5200	9100	13,000
4 dr Sed	450	1450	2400	4800	8400	12,000

Series 60, 8-cyl.

	6	5	4	3	2	1
Conv	950	3000	5000	10,000	17,500	25,000
Phae	900	2900	4800	9600	16,800	24,000
Vic	550	1700	2800	5600	9800	14,000
4 dr Sed	500	1550	2600	5200	9100	13,000
Clb Sed	500	1600	2700	5400	9500	13,500
Spt Cpe	600	1900	3200	6400	11,200	16,000

Series 90, 8-cyl.

	6	5	4	3	2	1
Conv	1000	3100	5200	10,400	18,200	26,000
Phae	950	3000	5000	10,000	17,500	25,000
Spt Cpe	700	2150	3600	7200	12,600	18,000
Vic	650	2050	3400	6800	11,900	17,000
5P Sed	600	1900	3200	6400	11,200	16,000
7P Sed	600	2000	3300	6600	11,600	16,500
Limo	700	2150	3600	7200	12,600	18,000
Clb Sed	650	2050	3400	6800	11,900	17,000

1936
Special Series 40, 8-cyl.

	6	5	4	3	2	1
Conv	950	3000	5000	10,000	17,500	25,000
Bus Cpe	450	1450	2400	4800	8400	12,000
RS Cpe	500	1550	2600	5200	9100	13,000
2 dr Sed	400	1300	2200	4400	7700	11,000
4 dr Sed	450	1400	2300	4600	8100	11,500

Century Series 60, 8-cyl.

	6	5	4	3	2	1
Conv	1000	3250	5400	10,800	18,900	27,000
RS Cpe	600	1900	3200	6400	11,200	16,000
2 dr Sed	550	1700	2800	5600	9800	14,000
4 dr Sed	550	1750	2900	5800	10,200	14,500

Roadmaster Series 80, 8-cyl.

	6	5	4	3	2	1
Phae	1000	3250	5400	10,800	18,900	27,000
4 dr Sed	600	1900	3200	6400	11,200	16,000

Limited Series 90, 8-cyl.

	6	5	4	3	2	1
4 dr Sed	650	2050	3400	6800	11,900	17,000
7P Sed	700	2150	3600	7200	12,600	18,000
Fml Sed	700	2300	3800	7600	13,300	19,000
7P Limo	800	2500	4200	8400	14,700	21,000

1937
Special Series 40, 8-cyl.

	6	5	4	3	2	1
Conv	1100	3500	5800	11,600	20,300	29,000
Phae	1150	3600	6000	12,000	21,000	30,000
Bus Cpe	500	1550	2600	5200	9100	13,000
Spt Cpe	550	1700	2800	5600	9800	14,000
2 dr FsBk	500	1550	2600	5200	9100	13,000
2 dr Sed	450	1450	2400	4800	8400	12,000
FsBk Sed	500	1600	2700	5400	9500	13,500
4 dr Sed	500	1550	2600	5200	9100	13,000

Century Series 60, 8-cyl.

	6	5	4	3	2	1
Conv	1200	3850	6400	12,800	22,400	32,000
Phae	1250	3950	6600	13,200	23,100	33,000
Spt Cpe	600	1900	3200	6400	11,200	16,000
2 dr FsBk	550	1700	2800	5600	9800	14,000
2 dr Sed	500	1600	2700	5400	9500	13,500
FsBk Sed	550	1750	2900	5800	10,200	14,500
4 dr Sed	550	1700	2800	5600	9800	14,000

Roadmaster Series 80, 8-cyl.

	6	5	4	3	2	1
4 dr Sed	550	1800	3000	6000	10,500	15,000
Fml Sed	600	1900	3200	6400	11,200	16,000
Phae	1400	4450	7400	14,800	25,900	37,000

Limited Series 90, 8-cyl.

	6	5	4	3	2	1
4 dr Sed	650	2050	3400	6800	11,900	17,000

Buick   39

	6	5	4	3	2	1
7P Sed	700	2150	3600	7200	12,600	18,000
Fml Sed	700	2300	3800	7600	13,300	19,000
Limo	850	2650	4400	8800	15,400	22,000

1938
Special Series 40, 8-cyl.
Conv	1050	3350	5600	11,200	19,600	28,000
Phae	1150	3600	6000	12,000	21,000	30,000
Bus Cpe	500	1550	2600	5200	9100	13,000
Spt Cpe	550	1700	2800	5600	9800	14,000
2 dr FsBk	500	1600	2700	5400	9500	13,500
2 dr Sed	500	1550	2600	5200	9100	13,000
FsBk Sed	550	1750	2900	5800	10,200	14,500
4 dr Sed	550	1700	2800	5600	9800	14,000

Century Series 60, 8-cyl.
Conv	1250	3950	6600	13,200	23,100	33,000
Phae	1300	4100	6800	13,600	23,800	34,000
Spt Cpe	600	1900	3200	6400	11,200	16,000
2 dr Sed	550	1800	3000	6000	10,500	15,000
FsBk Sed	600	1850	3100	6200	10,900	15,500
4 dr Sed	600	1900	3200	6400	11,200	16,000

Roadmaster Series 80, 8-cyl.
Phae	1300	4200	7000	14,000	24,500	35,000
FsBk Sed	700	2150	3600	7200	12,600	18,000
4 dr Sed	650	2100	3500	7000	12,300	17,500
Fml Sed	700	2300	3800	7600	13,300	19,000

Limited Series 90, 8-cyl.
4 dr Sed	750	2400	4000	8000	14,000	20,000
7P Sed	800	2500	4200	8400	14,700	21,000
Limo	900	2900	4800	9600	16,800	24,000

1939
Special Series 40, 8-cyl.
Conv	1200	3850	6400	12,800	22,400	32,000
Phae	1300	4100	6800	13,600	23,800	34,000
Bus Cpe	550	1800	3000	6000	10,500	15,000
Spt Cpe	600	1900	3200	6400	11,200	16,000
2 dr Sed	550	1750	2900	5800	10,200	14,500
4 dr Sed	550	1800	3000	6000	10,500	15,000

Century Series 60, 8-cyl.
Conv	1300	4200	7000	14,000	24,500	35,000
Phae	1350	4300	7200	14,400	25,200	36,000
Spt Cpe	700	2150	3600	7200	12,600	18,000
2 dr Sed	650	2100	3500	7000	12,300	17,500
4 dr Sed	700	2150	3600	7200	12,600	18,000

Roadmaster Series 80, 8-cyl.
Phae FsBk	1450	4700	7800	15,600	27,300	39,000
Phae	1500	4800	8000	16,000	28,000	40,000
FsBk Sed	700	2300	3800	7600	13,300	19,000
4 dr Sed	700	2300	3800	7600	13,300	19,000
Fml Sed	800	2500	4200	8400	14,700	21,000

Limited Series 90, 8-cyl.
8P Sed	800	2500	4200	8400	14,700	21,000
4 dr Sed	750	2400	4000	8000	14,000	20,000
Limo	850	2750	4600	9200	16,100	23,000

1940
Special Series 40, 8-cyl.
Conv	1350	4300	7200	14,400	25,200	36,000
Phae	1200	3850	6400	12,800	22,400	32,000
Bus Cpe	500	1550	2600	5200	9100	13,000
Spt Cpe	650	2050	3400	6800	11,900	17,000
2 dr Sed	600	1850	3100	6200	10,900	15,500
4 dr Sed	550	1800	3000	6000	10,500	15,000

Super Series 50, 8-cyl.
Conv	1250	3950	6600	13,200	23,100	33,000
Phae	1300	4100	6800	13,600	23,800	34,000
Cpe	600	1900	3200	6400	11,200	16,000
4 dr Sed	550	1800	3000	6000	10,500	15,000
Sta Wag	1150	3600	6000	12,000	21,000	30,000

Century Series 60, 8-cyl.
Conv	1300	4200	7000	14,000	24,500	35,000
Phae	1350	4300	7200	14,400	25,200	36,000
Bus Cpe	700	2300	3800	7600	13,300	19,000
Spt Cpe	750	2400	4000	8000	14,000	20,000
4 dr Sed	650	2050	3400	6800	11,900	17,000

Roadmaster Series 70, 8-cyl.
Conv	1350	4300	7200	14,400	25,200	36,000

Buick

	6	5	4	3	2	1
Phae	1400	4450	7400	14,800	25,900	37,000
Cpe	800	2500	4200	8400	14,700	21,000
4 dr Sed	750	2400	4000	8000	14,000	20,000
Limited Series 80, 8-cyl.						
FsBk Phae	1450	4700	7800	15,600	27,300	39,000
Phae	1450	4550	7600	15,200	26,600	38,000
FsBk Sed	800	2500	4200	8400	14,700	21,000
4 dr Sed	850	2750	4600	9200	16,100	23,000
Fml Sed	900	2900	4800	9600	16,800	24,000
Fml FsBk	950	3000	5000	10,000	17,500	25,000
Limited Series 90, 8-cyl.						
7P Sed	900	2900	4800	9600	16,800	24,000
Fml Sed	950	3000	5000	10,000	17,500	25,000
Limo	1000	3100	5200	10,400	18,200	26,000

1941 Buick 50 Series Conv Sed

1941

	6	5	4	3	2	1
Special Series 40-A, 8-cyl.						
Conv	1050	3350	5600	11,200	19,600	28,000
Bus Cpe	550	1700	2800	5600	9800	14,000
Spt Cpe	550	1800	3000	6000	10,500	15,000
4 dr Sed	550	1750	2900	5800	10,200	14,500
Special Series 40-B, 8-cyl.						
Bus Cpe	550	1750	2900	5800	10,200	14,500
2 dr S'net	550	1800	3000	6000	10,500	15,000
Torp Sed	600	1850	3100	6200	10,900	15,500
Sta Wag	1100	3500	5800	11,600	20,300	29,000
NOTE: Add 5 percent for SSE.						
Super Series 50, 8-cyl.						
Conv	1200	3850	6400	12,800	22,400	32,000
Phae	1300	4100	6800	13,600	23,800	34,000
Cpe	700	2150	3600	7200	12,600	18,000
4 dr Sed	650	2050	3400	6800	11,900	17,000
Century Series 60, 8-cyl.						
Bus Cpe	700	2150	3600	7200	12,600	18,000
2 dr S'net	700	2300	3800	7600	13,300	19,000
4 dr Sed	650	2100	3500	7000	12,300	17,500
Roadmaster Series 70, 8-cyl.						
Conv	1450	4700	7800	15,600	27,300	39,000
Phae	1500	4800	8000	16,000	28,000	40,000
Cpe	750	2400	4000	8000	14,000	20,000
4 dr Sed	700	2300	3800	7600	13,300	19,000
Limited Series 90, 8-cyl.						
7P Sed	800	2500	4200	8400	14,700	21,000
4 dr Sed	850	2650	4400	8800	15,400	22,000
Fml Sed	900	2900	4800	9600	16,800	24,000
Limo	1000	3250	5400	10,800	18,900	27,000

Buick 41

1942
Special Series 40-A, 8-cyl.

	6	5	4	3	2	1
Bus Cpe	400	1250	2100	4200	7400	10,500
2 dr S'net	400	1300	2200	4400	7700	11,000
3P S'net	400	1250	2100	4200	7400	10,500
Conv	900	2900	4800	9600	16,800	24,000
4 dr Sed	400	1250	2100	4200	7400	10,500
Special Series 40-B, 8-cyl.						
3P S'net	400	1250	2100	4200	7400	10,500
2 dr S'net	450	1400	2300	4600	8100	11,500
4 dr Sed	450	1400	2300	4600	8100	11,500
Sta Wag	1000	3250	5400	10,800	18,900	27,000
Super Series 50, 8-cyl.						
Conv	950	3000	5000	10,000	17,500	25,000
2 dr S'net	450	1500	2500	5000	8800	12,500
4 dr Sed	450	1500	2500	5000	8800	12,500
Century Series 60, 8-cyl.						
2 dr S'net	500	1550	2600	5200	9100	13,000
4 dr Sed	500	1550	2600	5200	9100	13,000
Roadmaster Series 70, 8-cyl.						
Conv	1050	3350	5600	11,200	19,600	28,000
2 dr S'net	550	1750	2900	5800	10,200	14,500
4 dr Sed	550	1750	2900	5800	10,200	14,500
Limited Series 90, 8-cyl.						
8P Sed	550	1750	2900	5800	10,200	14,500
4 dr Sed	500	1600	2700	5400	9500	13,500
Fml Sed	600	1850	3100	6200	10,900	15,500
Limo	700	2200	3700	7400	13,000	18,500

1946-1948
Special Series 40, 8-cyl.

2 dr S'net	400	1200	2000	3950	7000	10,000
4 dr Sed	400	1200	2000	4000	7100	10,100
Super Series 50, 8-cyl.						
Conv	950	3000	5000	10,000	17,500	25,000
2 dr S'net	450	1450	2400	4800	8500	12,100
4 dr Sed	450	1450	2400	4800	8400	12,000
Sta Wag	1050	3350	5600	11,200	19,600	28,000
Roadmaster Series 70, 8-cyl.						
Conv	1100	3500	5800	11,600	20,300	29,000
2 dr S'net	550	1700	2800	5600	9900	14,100
4 dr Sed	550	1700	2800	5600	9800	14,000
Sta Wag	1150	3700	6200	12,400	21,700	31,000

1949 Buick Roadmaster convertible

1949
Special Series 40, 8-cyl.

2 dr S'net	400	1200	2000	4000	7100	10,100
4 dr Sed	400	1200	2050	4100	7100	10,200
Super Series 50, 8-cyl.						
Conv	1000	3100	5200	10,400	18,200	26,000
2 dr S'net	450	1450	2400	4800	8500	12,100
4 dr Sed	450	1450	2400	4800	8400	12,000

Buick

	6	5	4	3	2	1
Sta Wag	1000	3250	5400	10,800	18,900	27,000
Roadmaster Series 70, 8-cyl.						
Conv	1200	3850	6400	12,800	22,400	32,000
2 dr Riv HdTp	850	2750	4600	9200	16,100	23,000
2 dr S'net	600	1950	3200	6400	11,300	16,100
4 dr Sed	600	1900	3200	6400	11,200	16,000
Sta Wag	1150	3600	6000	12,000	21,000	30,000

NOTE: Add 10 percent for sweap spear side trim on late 1949 Roadmaster models.

1950
Special Series 40, 8-cyl., 121 1/2" wb

Bus Cpe	350	700	1150	2300	4550	6500
2 dr S'net	350	750	1300	2500	5300	7600
4 dr S'net	350	750	1300	2450	5250	7500
4 dr Tr Sed	350	750	1300	2500	5300	7600
Special DeLuxe Series 40, 8-cyl., 121 1/2" wb						
2 dr S'net	350	850	1500	2800	5650	8100
4 dr S'net	350	800	1450	2750	5600	8000
4 dr Tr Sed	350	750	1250	2400	5050	7200
Super Series 50, 8-cyl.						
Conv	900	2900	4800	9600	16,800	24,000
2 dr Riv HdTp	500	1550	2600	5200	9100	13,000
2 dr S'net	350	900	1550	3100	6000	8600
4 dr Sed	350	900	1550	3050	5900	8500
Sta Wag	1000	3100	5200	10,400	18,200	26,000
Roadmaster Series 70, 8-cyl.						
Conv	1000	3100	5200	10,400	18,200	26,000
2 dr Riv HdTp	650	2050	3400	6800	11,900	17,000
2 dr S'net	500	1550	2600	5200	9100	13,000
4 dr Sed 71	450	1100	1700	3650	6650	9500
4 dr Sed 72	400	1200	2000	3950	7000	10,000
Sta Wag	1050	3350	5600	11,200	19,600	28,000
4 dr Riviera Sed DeLuxe	400	1200	2000	3950	7000	10,000

1951-1952
Special Series 40, 8-cyl., 121 1/2" wb

Bus Cpe (1951 only)	350	700	1150	2300	4550	6500
2 dr Sed (1951 only)	200	650	1050	2250	4200	6000
4 dr Sed	200	675	1050	2250	4350	6200
Spt Cpe	350	750	1200	2350	4900	7000
Special DeLuxe Series 40, 8-cyl., 121 1/2" wb						
4 dr Sed	200	675	1100	2250	4400	6300
2 dr Sed	200	675	1050	2250	4350	6200
2 dr Riv HdTp	500	1500	2550	5100	8900	12,700
Conv	700	2300	3800	7600	13,300	19,000
Super Series 50, 8-cyl.						
Conv	800	2500	4200	8400	14,700	21,000
2 dr Riv HdTp	500	1650	2750	5500	9600	13,700
Sta Wag	1000	3250	5400	10,800	18,900	27,000
4 dr Sed	350	800	1450	2750	5600	8000
Roadmaster Series 70, 8-cyl.						
Conv	850	2750	4600	9200	16,100	23,000
2 dr Riv HdTp	650	2050	3400	6800	11,900	17,000
Sta Wag	1050	3350	5600	11,200	19,600	28,000
4 dr Riv Sed	400	1300	2200	4400	7700	11,000

1953
Special Series 40, 8-cyl.

4 dr Sed	200	650	1050	2250	4200	6000
2 dr Sed	200	650	1000	2200	4150	5900
2 dr Riv HdTp	500	1550	2600	5200	9000	12,900
Conv	850	2650	4400	8800	15,400	22,000
Super Series 50, V-8						
2 dr Riv HdTp	500	1600	2650	5300	9200	13,200
Conv	850	2750	4600	9200	16,100	23,000
Sta Wag	1050	3350	5600	11,200	19,600	28,000
4 dr Riv Sed	350	800	1450	2750	5600	8000
Roadmaster Series 70, V-8						
2 dr Riv HdTp	700	2300	3800	7600	13,300	19,000
Skylark	1750	5500	9200	18,400	32,200	46,000
Conv	1000	3100	5200	10,400	18,200	26,000
DeL Sta Wag	1100	3500	5800	11,600	20,300	29,000
4 dr Riv Sed	400	1200	2000	3950	7000	10,000

1954
Special Series 40, V-8

4 dr Sed	350	700	1150	2300	4550	6500
2 dr Sed	350	700	1100	2300	4500	6400

Buick 43

	6	5	4	3	2	1
2 dr Riv HdTp	550	1700	2800	5600	9800	14,000
Conv	950	3000	5000	10,000	17,500	25,000
Sta Wag	400	1200	2000	3950	7000	10,000
Century Series 60, V-8						
4 dr DeL	350	725	1150	2300	4700	6700
2 dr Riv HdTp	550	1800	3000	6000	10,500	15,000
Conv	1200	3850	6400	12,800	22,400	32,000
Sta Wag	400	1300	2200	4400	7700	11,000
Super Series 50, V-8						
4 dr Sed	350	800	1450	2750	5600	8000
2 dr Riv HdTp	600	2000	3300	6600	11,600	16,500
Conv	950	3000	5000	10,000	17,500	25,000
Roadmaster Series 70, V-8						
4 dr Sed	400	1200	2000	3950	7000	10,000
2 dr Riv HdTp	750	2350	3900	7800	13,700	19,500
Conv	1150	3700	6200	12,400	21,700	31,000
Skylark Series, V-8						
Spt Conv	1700	5400	9000	18,000	31,500	45,000

1955
Special Series 40, V-8
	6	5	4	3	2	1
4 dr Sed	350	700	1100	2300	4500	6400
4 dr Riv HdTp	400	1250	2100	4200	7400	10,500
2 dr Sed	350	700	1150	2300	4550	6500
2 dr Riv HdTp	650	2050	3400	6800	11,900	17,000
Conv	1050	3350	5600	11,200	19,600	28,000
Sta Wag	400	1200	2050	4100	7100	10,200
Century Series 60, V-8						
4 dr Sed	350	700	1150	2300	4550	6500
4 dr Riv HdTp	450	1400	2300	4600	8100	11,500
2 dr Riv HdTp	750	2400	4000	8000	14,000	20,000
Conv	1300	4100	6800	13,600	23,800	34,000
Sta Wag	400	1250	2100	4200	7300	10,400
Super Series 50, V-8						
4 dr Sed	350	800	1450	2750	5600	8000
2 dr Riv HdTp	700	2300	3800	7600	13,300	19,000
Conv	1150	3700	6200	12,400	21,700	31,000
Roadmaster Series 70, V-8						
4 dr Sed	400	1200	2050	4100	7100	10,200
2 dr Riv HdTp	750	2450	4100	8200	14,400	20,500
Conv	1300	4200	7000	14,000	24,500	35,000

1956 Buick Special 4-door station wagon

1956
Special Series 40, V-8
	6	5	4	3	2	1
4 dr Sed	350	750	1300	2450	5250	7500
4 dr Riv HdTp	450	1450	2400	4800	8400	12,000
2 dr Sed	350	700	1100	2300	4500	6400
2 dr Riv HdTp	650	2050	3400	6800	11,900	17,000
Conv	1150	3600	6000	12,000	21,000	30,000
Sta Wag	400	1200	2000	3950	7000	10,000
Century Series 60, V-8						
4 dr Riv HdTp	500	1550	2600	5200	9100	13,000
4 dr Sed	350	800	1450	2750	5600	8000
2 dr Riv HdTp	750	2400	4000	8000	14,000	20,000
Conv	1200	3850	6400	12,800	22,400	32,000

Buick

	6	5	4	3	2	1
Sta Wag	400	1250	2100	4200	7300	10,400
Super Series 50						
4 dr Sed	350	800	1450	2750	5600	8000
2 dr Riv HdTp	700	2300	3800	7600	13,300	19,000
Conv	1150	3600	6000	12,000	21,000	30,000
4 dr Riv HdTp	550	1800	3000	6000	10,500	15,000
Roadmaster Series 70, V-8						
4 dr Sed	400	1200	2000	4000	7100	10,100
4 dr Riv HdTp	550	1800	3000	6000	10,500	15,000
2 dr Riv HdTp	800	2500	4200	8400	14,700	21,000
Conv	1250	3950	6600	13,200	23,100	33,000
1957						
Special Series 40, V-8						
4 dr Sed	350	700	1150	2300	4550	6500
4 dr Riv HdTp	400	1300	2200	4400	7700	11,000
2 dr Sed	350	700	1100	2300	4500	6400
2 dr Riv HdTp	700	2300	3800	7600	13,300	19,000
Conv	1100	3500	5800	11,600	20,300	29,000
4 dr Sta Wag	450	1450	2400	4800	8400	12,000
4 dr HdTp Wag	700	2150	3600	7200	12,600	18,000
Century Series 60, V-8						
4 dr Sed	350	750	1200	2350	4900	7000
4 dr Riv HdTp	450	1450	2400	4800	8400	12,000
2 dr Riv HdTp	850	2650	4400	8800	15,400	22,000
Conv	1200	3850	6400	12,800	22,400	32,000
4 dr HdTp Wag	750	2400	4000	8000	14,000	20,000
Super Series 50, V-8						
4 dr Riv HdTp	500	1550	2600	5200	9100	13,000
2 dr Riv HdTp	850	2650	4400	8800	15,400	22,000
Conv	1150	3700	6200	12,400	21,700	31,000
Roadmaster Series 70, V-8						
4 dr Riv HdTp	550	1700	2800	5600	9800	14,000
2 dr Riv HdTp	900	2900	4800	9600	16,800	24,000
Conv	1300	4200	7000	14,000	24,500	35,000
NOTE: Add 5 percent for 75 Series.						
1958						
Special Series 40, V-8						
4 dr Sed	200	650	1050	2250	4200	6000
4 dr Riv HdTp	350	900	1550	3050	5900	8500
2 dr Sed	200	650	1050	2250	4200	6000
2 dr Riv HdTp	600	1900	3200	6400	11,200	16,000
Conv	850	2650	4400	8800	15,400	22,000
Sta Wag	350	700	1100	2300	4500	6400
4 dr HdTp Wag	550	1700	2800	5600	9800	14,000
Century Series 60, V-8						
4 dr Sed	200	675	1050	2250	4350	6200
4 dr Riv HdTp	450	1000	1650	3350	6300	9000
2 dr Riv HdTp	650	2050	3400	6800	11,900	17,000
Conv	900	2900	4800	9600	16,800	24,000
4 dr HdTp Wag	600	1900	3200	6400	11,200	16,000
Super Series 50, V-8						
4 dr Riv HdTp	350	950	1600	3200	6050	8700
2 dr Riv HdTp	600	1900	3200	6400	11,200	16,000
Roadmaster Series 75, V-8						
4 dr Riv HdTp	450	1100	1700	3650	6650	9500
2 dr Riv HdTp	700	2150	3600	7200	12,600	18,000
Conv	1050	3350	5600	11,200	19,600	28,000
Limited Series 700, V-8						
4 dr Riv HdTp	550	1800	3000	6000	10,500	15,000
2 dr Riv HdTp	750	2400	4000	8000	14,000	20,000
Conv	1450	4700	7800	15,600	27,300	39,000
1959						
LeSabre Series 4400, V-8						
4 dr Sed	200	650	1000	2200	4150	5900
4 dr HdTp	350	700	1150	2300	4600	6600
2 dr Sed	200	650	1050	2250	4200	6000
2 dr HdTp	350	750	1300	2450	5250	7500
Conv	750	2400	4000	8000	14,000	20,000
Sta Wag	200	675	1050	2250	4350	6200
Invicta Series 4600, V-8						
4 dr Sed	200	675	1050	2250	4300	6100
4 dr HdTp	350	725	1200	2350	4800	6800
2 dr HdTp	350	800	1450	2750	5600	8000
Conv	900	2900	4800	9600	16,800	24,000
Sta Wag	350	700	1150	2300	4550	6500

Buick   45

Electra Series 4700, V-8

	6	5	4	3	2	1
4 dr Sed	350	750	1300	2450	5250	7500
4 dr HdTp	350	900	1550	3050	5900	8500
2 dr HdTp	400	1300	2200	4400	7700	11,000

Electra 225 Series 4800, V-8

4 dr Riv HdTp 6 window	450	1050	1650	3500	6400	9200
4 dr HdTp 4 window	450	1100	1700	3650	6650	9500
Conv	900	2900	4800	9600	16,800	24,000

1960 Buick LeSabre Conv

1960

LeSabre Series 4400, V-8

4 dr Sed	200	650	1050	2250	4200	6000
4 dr HdTp	350	725	1150	2300	4700	6700
2 dr Sed	200	650	1050	2250	4200	6000
2 dr HdTp	350	750	1300	2500	5300	7600
Conv	850	2650	4400	8800	15,400	22,000
Sta Wag	200	650	1050	2250	4200	6000

Invicta Series 4600, V-8

4 dr Sed	200	675	1050	2250	4300	6100
4 dr HdTp	350	725	1200	2350	4850	6900
2 dr HdTp	450	1000	1650	3400	6350	9100
Conv	1000	3100	5200	10,400	18,200	26,000
Sta Wag	350	700	1150	2300	4550	6500

Electra Series 4700, V-8

4 dr Riv HdTp 6 window	350	900	1550	3000	5850	8400
4 dr HdTp 4 window	350	950	1600	3200	6050	8700
2 dr HdTp	450	1400	2300	4600	8100	11,500

Electra 225 Series 4800, V-8

4 dr Riv HdTp 6 window	450	1050	1700	3550	6500	9300
4 dr HdTp 4 window	450	1100	1800	3700	6700	9600
Conv	1000	3100	5200	10,400	18,200	26,000

NOTE: Add 5 percent for bucket seat option.

1961

Special Series 4000, V-8, 112" wb

4 dr Sed	200	550	900	2100	3700	5300
Cpe	200	675	1100	2250	4400	6300
Sta Wag	200	550	900	2100	3700	5300

Special DeLuxe Series 4100, V-8, 112" wb

4 dr Sed	200	550	900	2150	3800	5400
Skylark Cpe	350	700	1100	2300	4500	6400
Sta Wag	200	550	900	2150	3800	5400

NOTE: Deduct 5 percent for V-6.

LeSabre Series 4400, V-8

4 dr Sed	200	650	1050	2250	4200	6000
4 dr HdTp	350	750	1200	2350	4900	7000
2 dr Sed	200	675	1050	2250	4300	6100
2 dr HdTp	350	800	1450	2750	5600	8000
Conv	650	2050	3400	6800	11,900	17,000
Sta Wag	200	650	1050	2250	4200	6000

Invicta Series 4600, V-8

4 dr HdTp	350	750	1300	2450	5250	7500
2 dr HdTp	350	900	1550	3050	5900	8500
Conv	700	2150	3600	7200	12,600	18,000

Electra Series 4700, V-8

4 dr Sed	350	700	1150	2300	4600	6600

46 Buick

	6	5	4	3	2	1
4 dr HdTp	350	800	1450	2750	5600	8000
2 dr HdTp	450	1000	1650	3350	6300	9000
Electra 225 Series 4800, V-8						
4 dr Riv HdTp 6 window	350	800	1450	2750	5600	8000
4 dr Riv HdTp 4 window	350	900	1550	3050	5900	8500
Conv	750	2400	4000	8000	14,000	20,000

1962
Special Series 4000, V-6, 112.1" wb

4 dr Sed	200	600	950	2200	3900	5600
Cpe	350	700	1100	2300	4500	6400
Conv	450	1450	2400	4800	8400	12,000
Sta Wag	200	600	950	2200	3900	5600
Special DeLuxe Series 4100, V-8, 112.1" wb						
4 dr Sed	200	650	1000	2200	4100	5800
Conv	550	1700	2800	5600	9800	14,000
Sta Wag	200	650	1000	2200	4100	5800
Special Skylark Series 4300, V-8, 112.1" wb						
2 dr HdTp	200	675	1100	2250	4400	6300
Conv	550	1800	3000	6000	10,500	15,000
LeSabre Series 4400, V-8						
4 dr Sed	200	650	1050	2250	4200	6000
4 dr HdTp	350	750	1200	2350	4900	7000
2 dr Sed	200	650	1000	2200	4100	5800
2 dr HdTp	350	800	1450	2750	5600	8000
Invicta Series 4600, V-8						
4 dr HdTp	350	750	1300	2450	5250	7500
2 dr HdTp	400	1200	2000	4000	7100	10,100
Wildcat 2 dr HdTp	400	1250	2100	4200	7400	10,500
Conv	700	2150	3600	7200	12,600	18,000
Sta Wag*	200	650	1050	2250	4200	6000

NOTE: Add 10 percent for bucket seat option where offered.

Electra 225 Series 4800, V-8

4 dr Sed	200	650	1050	2250	4200	6000
4 dr Riv HdTp 6 window	350	800	1450	2750	5600	8000
4 dr HdTp 4 window	350	900	1550	3050	5900	8500
2 dr HdTp	450	1100	1700	3650	6650	9500
Conv	750	2400	4000	8000	14,000	20,000

1963 Buick Riviera

1963
Special Series 4000, V-6, 112" wb

4 dr Sed	200	600	950	2200	3900	5600
Cpe	200	600	1000	2200	4000	5700
Conv	400	1200	2000	4000	7100	10,100
Sta Wag	200	600	950	2150	3850	5500
Special DeLuxe Series 4100, V-6, 112" wb						
4 dr Sed	200	600	1000	2200	4000	5700
Sta Wag	200	600	950	2200	3900	5600
Special DeLuxe Series 4100, V-8, 112" wb						
4 dr Sed	200	650	1000	2200	4100	5800
Sta Wag	200	600	1000	2200	4000	5700
Special Skylark Series 4300, V-8, 112" wb						
2 dr HdTp	350	750	1250	2400	5050	7200
Conv	400	1300	2200	4400	7700	11,000
LeSabre Series 4400, V-8						
4 dr Sed	200	600	1000	2200	4000	5700
4 dr HdTp	350	700	1150	2300	4550	6500
2 dr Sed	200	600	950	2150	3850	5500
2 dr HdTp	350	750	1200	2350	4900	7000

Buick 47

	6	5	4	3	2	1
Sta Wag	200	650	1050	2250	4200	6000
Conv	550	1800	3000	6000	10,500	15,000
Invicta Series 4600, V-8						
Sta Wag	350	700	1150	2300	4550	6500
Wildcat Series 4600, V-8						
4 dr HdTp	350	750	1300	2450	5250	7500
2 dr HdTp	350	900	1550	3050	5900	8500
Conv	650	2050	3400	6800	11,900	17,000
Electra 225 Series 4800, V-8						
4 dr Sed	200	550	900	2150	3800	5400
4 dr HdTp 6 window	350	750	1200	2350	4900	7000
4 dr HdTp 4 window	350	750	1300	2450	5250	7500
2 dr HdTp	350	800	1450	2750	5600	8000
Conv	700	2150	3600	7200	12,600	18,000
Riviera Series 4700, V-8						
2 dr HdTp	500	1550	2600	5200	9100	13,000
1964						
Special Series 4000, V-6, 115" wb						
4 dr Sed	200	500	850	1850	3350	4900
Cpe	200	500	850	1950	3600	5100
Conv	400	1300	2200	4400	7700	11,000
Sta Wag	200	500	850	1850	3350	4900
Special Deluxe Series 4100, V-6, 115" wb						
4 dr Sed	200	500	850	1900	3500	5000
Cpe	200	550	900	2000	3600	5200
Sta Wag	200	500	850	1950	3600	5100
Special Skylark Series 4300, V-6, 115" wb						
4 dr Sed	200	550	900	2000	3600	5200
2 dr HdTp	200	600	1000	2200	4000	5700
Conv	500	1550	2600	5200	9100	13,000
Special Series 4000, V-8, 115" wb						
4 dr Sed	200	500	850	1900	3500	5000
Cpe	200	550	900	2000	3600	5200
Conv	450	1450	2400	4800	8400	12,000
Sta Wag	200	550	900	2000	3600	5200
Special DeLuxe Series 4100, V-8, 115" wb						
4 dr Sed	200	500	850	1950	3600	5100
Cpe	200	550	900	2150	3800	5400
Sta Wag	200	600	950	2150	3850	5500
Skylark Series 4300, V-8, 115" wb						
4 dr Sed	200	550	900	2100	3700	5300
2 dr HdTp	350	725	1150	2300	4700	6700
Conv	550	1800	3000	6000	10,500	15,000
Skylark Series 4200, V-8, 120" wb						
4 dr Spt Wag	200	550	900	2150	3800	5400
4 dr Cus Spt Wag	200	600	1000	2200	4000	5700
LeSabre Series 4400, V-8						
4 dr Sed	200	550	900	2000	3600	5200
4 dr HdTp	350	700	1150	2300	4550	6500
2 dr HdTp	350	750	1300	2450	5250	7500
Conv	550	1700	2800	5600	9800	14,000
Spt Wag	200	500	850	1950	3600	5100
Wildcat Series 4600, V-8						
4 dr Sed	200	550	900	2100	3700	5300
4 dr HdTp	350	750	1300	2450	5250	7500
2 dr HdTp	400	1200	2000	3950	7000	10,000
Conv	550	1800	3000	6000	10,500	15,000
Electra 225 Series 4800, V-8						
4 dr Sed	200	550	900	2150	3800	5400
4 dr HdTp 6 window	350	700	1150	2300	4550	6500
4 dr HdTp 4 window	350	750	1200	2350	4900	7000
2 dr HdTp	400	1200	2000	4000	7100	10,100
Conv	600	1900	3200	6400	11,200	16,000
Riviera Series 4700, V-8						
2 dr HdTp	550	1700	2800	5600	9800	14,000
1965						
Special, V-6, 115" wb						
4 dr Sed	150	350	750	1450	3000	4200
Cpe	150	350	750	1350	2800	4000
Conv	400	1300	2200	4400	7700	11,000
Sta Wag	150	350	750	1450	2900	4100
Special DeLuxe, V-6, 115" wb						
4 dr Sed	150	400	750	1600	3100	4400
Sta Wag	150	350	750	1450	3000	4200
Skylark, V-6, 115" wb						
4 dr Sed	150	450	800	1750	3250	4700

48 Buick

	6	5	4	3	2	1
Cpe	200	500	850	1900	3500	5000
2 dr HdTp	200	650	1050	2250	4200	6000
Conv	500	1550	2600	5200	9100	13,000
Special, V-8, 115" wb						
4 dr Sed	150	400	750	1600	3100	4400
Cpe	150	350	750	1450	2900	4100
Conv	450	1450	2400	4800	8400	12,000
Sta Wag	150	350	750	1450	3000	4200
Special DeLuxe, V-8, 115" wb						
4 dr Sed	150	450	800	1750	3250	4700
Sta Wag	150	400	750	1600	3100	4400
Skylark, V-8, 115" wb						
4 dr Sed	200	500	850	1900	3500	5000
Cpe	200	550	900	2000	3600	5200
2 dr HdTp	350	725	1150	2300	4700	6700
Conv	550	1700	2800	5600	9800	14,000

NOTE: Add 20 percent for Skylark Gran Sport Series (400 CID/325hp V-8). Deduct 5 percent for V-6.

Sport Wagon, V-8, 120" wb						
2S Sta Wag	150	400	750	1550	3050	4300
3S Sta Wag	150	400	750	1600	3100	4400
Custom Sport Wagon, V-8, 120" wb						
2S Sta Wag	150	400	750	1650	3150	4500
3S Sta Wag	150	450	750	1700	3200	4600
LeSabre, V-8, 123" wb						
4 dr Sed	150	450	750	1700	3200	4600
4 dr HdTp	200	500	850	1900	3500	5000
2 dr HdTp	200	650	1050	2250	4200	6000
LeSabre Custom, V-8, 123" wb						
4 dr Sed	150	450	800	1800	3300	4800
4 dr HdTp	200	600	950	2150	3850	5500
2 dr HdTp	200	675	1100	2250	4400	6300
Conv	450	1450	2400	4800	8400	12,000
Wildcat, V-8, 126" wb						
4 dr Sed	200	500	850	1850	3350	4900
4 dr HdTp	200	600	1000	2200	4000	5700
2 dr HdTp	350	700	1150	2300	4550	6500
Wildcat DeLuxe, V-8, 126" wb						
4 dr Sed	200	500	850	1900	3500	5000
4 dr HdTp	200	650	1050	2250	4200	6000
2 dr HdTp	350	700	1150	2300	4550	6500
Conv	500	1550	2600	5200	9100	13,000
Wildcat Custom, V-8, 126" wb						
4 dr HdTp	200	675	1050	2250	4350	6200
2 dr HdTp	350	750	1200	2350	4900	7000
Conv	550	1700	2800	5600	9800	14,000
Electra 225, V-8, 126" wb						
4 dr Sed	200	550	900	2100	3700	5300
4 dr HdTp	350	700	1150	2300	4550	6500
2 dr HdTp	350	750	1200	2350	4900	7000
Electra 225 Custom, V-8, 126" wb						
4 dr Sed	200	600	950	2150	3850	5500
4 dr HdTp	350	725	1150	2300	4700	6700
2 dr HdTp	350	750	1250	2400	5100	7300
Conv	550	1700	2800	5600	9800	14,000
Riviera, V-8, 117" wb						
2 dr HdTp	450	1450	2400	4800	8400	12,000
Gran Sport 2 dr HdTp	500	1550	2600	5200	9100	13,000

NOTE: Add 20 percent for 400.

1966

Special, V-6, 115" wb						
4 dr Sed	150	300	700	1250	2600	3700
Cpe	125	250	700	1150	2500	3600
Conv	450	1450	2400	4800	8400	12,000
Sta Wag	150	300	700	1250	2600	3700
Special DeLuxe, V-6, 115" wb						
4 dr Sed	150	300	700	1250	2650	3800
Cpe	150	300	700	1250	2600	3700
2 dr HdTp	200	500	850	1900	3500	5000
Sta Wag	150	300	700	1250	2650	3800
Skylark, V-6, 115" wb						
4 dr HdTp	150	350	750	1450	2900	4100
Cpe	150	350	750	1350	2800	4000
2 dr HdTp	200	500	850	1900	3500	5000
Conv	500	1550	2600	5200	9100	13,000
Special, V-8, 115" wb						
4 dr Sed	150	350	750	1350	2800	4000

Buick 49

1966 Buick Riviera, 2 dr hardtop, V-8

	6	5	4	3	2	1
Cpe	150	300	700	1250	2650	3800
Conv	450	1450	2400	4800	8400	12,000
Sta Wag	150	300	750	1350	2700	3900
Special DeLuxe, V-8						
4 dr Sed	150	350	750	1350	2800	4000
Cpe	150	350	750	1450	2900	4100
2 dr HdTp	200	600	950	2150	3850	5500
Sta Wag	150	300	750	1350	2700	3900
Skylark, V-8						
4 dr HdTp	150	400	750	1550	3050	4300
Cpe	150	350	750	1450	3000	4200
2 dr HdTp	200	650	1050	2250	4200	6000
Conv	550	1700	2800	5600	9800	14,000
Skylark Gran Sport, V-8, 115" wb						
Cpe	350	750	1200	2350	4900	7000
2 dr HdTp	450	1000	1650	3350	6300	9000
Conv	550	1800	3000	6000	10.500	15.000
Sport Wagon, V-8, 120" wb						
2S Sta Wag	150	350	750	1450	3000	4200
3S Sta Wag	150	400	750	1550	3050	4300
Custom 2S Sta Wag	150	400	750	1600	3100	4400
Custom 3S Sta Wag	150	400	750	1650	3150	4500
LeSabre, V-8, 123" wb						
4 dr Sed	150	400	750	1550	3050	4300
4 dr HdTp	200	500	850	1900	3500	5000
2 dr HdTp	200	650	1050	2250	4200	6000
LeSabre Custom, V-8, 123" wb						
4 dr Sed	150	400	750	1600	3100	4400
4 dr HdTp	200	550	900	2000	3600	5200
2 dr Hd Tp	200	675	1050	2250	4350	6200
Conv	450	1450	2400	4800	8400	12,000
Wildcat, V-8, 126" wb						
4 dr Sed	150	400	750	1650	3150	4500
4 dr HdTp	200	600	950	2150	3850	5500
2 dr HdTp	350	700	1150	2300	4550	6500
Conv	500	1550	2600	5200	9100	13,000
Wildcat Custom, V-8, 126" wb						
4 dr Sed	150	450	750	1700	3200	4600
4 dr HdTp	200	650	1000	2200	4150	5900
2 dr HdTp	350	725	1200	2350	4850	6900
Conv	550	1700	2800	5600	9800	14,000

NOTE: Add 20 percent for Wildcat Gran Sport Series.

Electra 225, V-8, 126" wb						
4 dr Sed	200	550	900	2150	3800	5400
4 dr HdTp	200	650	1050	2250	4200	6000
2 dr HdTp	350	750	1200	2350	4900	7000
Electra 225 Custom, V-8						
4 dr Sed	200	600	950	2150	3850	5500
4 dr HdTp	350	700	1150	2300	4550	6500
2 dr HdTp	350	750	1300	2450	5250	7500
Conv	550	1800	3000	6000	10,500	15,000
Riviera, V-8						
GS 2 dr HdTp	400	1200	2000	3950	7000	10,000
2 dr HdTp	350	750	1300	2450	5250	7500

NOTE: Add 20 percent for 400.

1967
Special, V-6, 115" wb

	6	5	4	3	2	1
4 dr Sed	150	300	750	1350	2700	3900
Cpe	150	300	700	1250	2650	3800
Sta Wag	150	300	700	1250	2600	3700
Special DeLuxe, V-6, 115" wb						
4 dr Sed	150	350	750	1350	2800	4000
2 dr HdTp	200	500	850	1900	3500	5000
Skylark, V-6, 115" wb						
Cpe	150	450	800	1800	3300	4800
Special, V-8, 115" wb						
4 dr Sed	150	350	750	1450	2900	4100
Cpe	150	400	750	1650	3150	4500
Sta Wag	150	300	750	1350	2700	3900
Special DeLuxe, V-8, 115" wb						
4 dr Sed	150	350	750	1450	3000	4200
2 dr HdTp	200	600	950	2150	3850	5500
Sta Wag	150	350	750	1350	2800	4000
Skylark, V-8, 115" wb						
4 dr Sed	150	400	750	1550	3050	4300
4 dr HdTp	150	400	750	1650	3150	4500
Cpe	200	500	850	1900	3500	5000
2 dr HdTp	200	650	1050	2250	4200	6000
Conv	500	1550	2600	5200	9100	13,000
Sport Wagon, V-8, 120" wb						
2S Sta Wag	150	350	750	1450	2900	4100
3S Sta Wag	150	350	750	1450	3000	4200
Gran Sport 340, V-8, 115" wb						
2 dr HdTp	450	1000	1650	3350	6300	9000
Gran Sport 400, V-8, 115" wb						
Cpe	350	750	1200	2350	4900	7000
2 dr HdTp	450	1100	1700	3650	6650	9500
Conv	550	1700	2800	5600	9800	14,000
LeSabre, V-8, 123" wb						
4 dr Sed	150	400	750	1600	3100	4400
4 dr HdTp	150	400	750	1650	3150	4500
2 dr HdTp	150	450	750	1700	3200	4600
LeSabre Custom, V-8, 123" wb						
4 dr Sed	150	400	750	1650	3150	4500
4 dr HdTp	150	450	750	1700	3200	4600
2 dr HdTp	200	600	950	2150	3850	5500
Conv	450	1450	2400	4800	8400	12.000
Wildcat, V-8, 126" wb						
4 dr Sed	150	450	750	1700	3200	4600
4 dr HdTp	150	450	800	1750	3250	4700
2 dr HdTp	350	700	1150	2300	4550	6500
Conv	500	1550	2600	5200	9100	13,000
Wildcat Custom, V-8, 126" wb						
4 dr HdTp	150	450	800	1800	3300	4800
2 dr HdTp	350	750	1200	2350	4900	7000
Conv	550	1700	2800	5600	9800	14,000
Electra 225, V-8, 126" wb						
4 dr Sed	150	450	800	1750	3250	4700
4 dr HdTp	200	500	850	1850	3350	4900
2 dr HdTp	350	750	1200	2350	4900	7000
Electra 225 Custom, V-8, 126" wb						
4 dr Sed	200	500	850	1950	3600	5100
4 dr HdTp	200	550	900	2100	3700	5300
2 dr HdTp	350	750	1300	2450	5250	7500
Conv	550	1800	3000	6000	10,500	15,000
Riviera Series, V-8						
HdTp GS	350	900	1550	3050	5900	8500
HdTp Cpe	350	800	1450	2750	5600	8000

NOTE: Add 20 percent for 400.

1968
Special DeLuxe, V-6, 116" wb, 2 dr 112" wb

4 dr Sed	150	300	700	1250	2600	3700
2 dr Sed	125	250	700	1150	2500	3600
Skylark, V-6, 116" wb, 2 dr 112" wb						
4 dr Sed	150	300	700	1250	2650	3800
2 dr HdTp	150	400	750	1650	3150	4500
Special DeLuxe, V-8, 116" wb, 2 dr 112" wb						
4 dr Sed	150	300	700	1250	2650	3800
2 dr Sed	150	300	700	1250	2600	3700
Sta Wag	150	300	700	1250	2650	3800

Buick 51

Skylark, V-8, 116" wb, 2 dr 112" wb	6	5	4	3	2	1
4 dr Sed	150	300	750	1350	2700	3900
4 dr HdTp	150	350	750	1350	2800	4000
Skylark Custom, V-8, 116" wb, 2 dr 112" wb						
4 dr Sed	150	350	750	1350	2800	4000
4 dr HdTp	150	350	750	1450	2900	4100
2 dr HdTp	200	500	850	1900	3500	5000
Conv	450	1450	2400	4800	8400	12,000
Sport Wagon, V-8, 121" wb						
2S Sta Wag	150	350	750	1450	2900	4100
3S Sta Wag	150	350	750	1450	3000	4200
Gran Sport GS 350, V-8, 112" wb						
2 dr HdTp	450	1100	1700	3650	6650	9500
Gran Sport GS 400, V-8, 112" wb						
2 dr HdTp	400	1200	2000	3950	7000	10,000
Conv	500	1550	2600	5200	9100	13,000
LeSabre, V-8, 123" wb						
4 dr Sed	150	400	750	1550	3050	4300
4 dr HdTp	150	400	750	1650	3150	4500
2 dr HdTp	200	550	900	2150	3800	5400
LeSabre Custom, V-8, 123" wb						
4 dr Sed	150	400	750	1600	3100	4400
4 dr HdTp	150	450	750	1700	3200	4600
2 dr HdTp	200	650	1050	2250	4200	6000
Conv	450	1450	2400	4800	8400	12,000
Wildcat, V-8, 126" wb						
4 dr Sed	150	400	750	1650	3150	4500
4 dr HdTp	150	450	800	1750	3250	4700
2 dr HdTp	350	700	1150	2300	4550	6500
Wildcat Custom, V-8, 126" wb						
4 dr HdTp	200	500	850	1950	3600	5100
2 dr HdTp	350	750	1200	2350	4900	7000
Conv	550	1700	2800	5600	9800	14,000
Electra 225, V-8, 126" wb						
4 dr Sed	200	500	850	1850	3350	4900
4 dr HdTp	200	500	850	1950	3600	5100
2 dr HdTp	350	750	1250	2400	5100	7300
Electra 225 Custom, V-8, 126" wb						
4 dr Sed	200	500	850	1950	3600	5100
4 dr HdTp	200	600	950	2150	3850	5500
2 dr HdTp	350	750	1300	2450	5250	7500
Conv	550	1800	3000	6000	10,500	15,000
Riviera Series, V-8						
HdTp GS	350	900	1550	3050	5900	8500
HdTp Cpe	350	800	1450	2750	5600	8000

Add 20 percent for 400.
Add 15 percent for Skylark GS Calif. Spl.

1969

Special DeLuxe, V-6, 116" wb, 2 dr 112" wb						
4 dr Sed	150	300	700	1250	2600	3700
2 dr Sed	125	250	700	1150	2500	3600
Skylark, V-6, 116" wb, 2 dr 112" wb						
4 dr Sed	150	300	700	1250	2650	3800
2 dr HdTp	150	350	750	1350	2800	4000
Special DeLuxe, V-8, 116" wb, 2 dr 112" wb						
4 dr Sed	150	300	700	1250	2650	3800
2 dr Sed	150	300	700	1250	2600	3700
Sta Wag	150	300	700	1250	2650	3800
Skylark, V-8, 116" wb, 2 dr 112" wb						
4 dr Sed	150	300	750	1350	2700	3900
2 dr HdTp	200	500	850	1900	3500	5000
Skylark Custom, V-8, 116" wb, 2 dr 112" wb						
4 dr Sed	150	350	750	1350	2800	4000
4 dr HdTp	150	350	750	1450	2900	4100
2 dr HdTp	200	650	1050	2250	4200	6000
Conv	450	1450	2400	4800	8400	12,000
Gran Sport GS 350, V-8, 112" wb						
2 dr Calif GS	400	1200	2000	3950	7000	10,000
2 dr HdTp	400	1300	2200	4400	7700	11,000
Gran Sport GS 400, V-8, 112" wb						
2 dr HdTp	450	1450	2400	4800	8400	12,000
Conv	550	1800	3000	6000	10,500	15,000

NOTE: Add 15 percent for Stage I option.

Sport Wagon, V-8, 121" wb						
2S Sta Wag	150	350	750	1450	2900	4100
3S Sta Wag	150	350	750	1450	3000	4200

Buick

LeSabre, V-8, 123.2" wb	6	5	4	3	2	1
4 dr Sed	150	350	750	1450	3000	4200
4 dr HdTp	150	400	750	1550	3050	4300
2 dr HdTp	150	450	800	1800	3300	4800
LeSabre Custom, V-8, 123.2" wb						
4 dr Sed	150	400	750	1550	3050	4300
4 dr HdTp	150	400	750	1600	3100	4400
2 dr HdTp	200	500	850	1900	3500	5000
Conv	450	1450	2400	4800	8400	12,000
Wildcat, V-8, 123.2" wb						
4 dr Sed	150	400	750	1650	3150	4500
4 dr HdTp	150	450	800	1750	3250	4700
2 dr HdTp	200	600	950	2150	3850	5500
Wildcat Custom, V-8, 123.2" wb						
4 dr HdTp	200	500	850	1850	3350	4900
2 dr HdTp	200	650	1050	2250	4200	6000
Conv	500	1550	2600	5200	9100	13,000
Electra 225, V-8, 126.2" wb						
4 dr Sed	150	450	750	1700	3200	4600
4 dr HdTp	150	450	800	1750	3250	4700
2 dr HdTp	350	700	1150	2300	4550	6500
Electra 225 Custom, V-8, 126.2" wb						
4 dr Sed	150	450	800	1800	3300	4800
4 dr HdTp	200	500	850	1950	3600	5100
2 dr HdTp	350	750	1200	2350	4900	7000
Conv	550	1800	3000	6000	10,500	15,000
Riviera Series, V-8						
GS Cpe	350	800	1450	2750	5600	8000
Cpe HdTp	350	900	1550	3050	5900	8500

NOTE: Add 20 percent for 400.

1970

Skylark, V-6, 116" wb, 2 dr 112" wb						
4 dr Sed	150	300	700	1250	2650	3800
2 dr Sed	150	300	700	1250	2600	3700
Skylark 350, V-6, 116" wb, 2 dr 112" wb						
4 dr Sed	150	300	750	1350	2700	3900
2 dr HdTp	150	400	750	1650	3150	4500
Skylark, V-8, 116" wb, 2 dr 112" wb						
4 dr Sed	150	300	750	1350	2700	3900
2 dr Sed	150	300	700	1250	2650	3800
Skylark 350, V-8, 116" wb, 2 dr 112.2" wb						
4 dr Sed	150	350	750	1350	2800	4000
2 dr HdTp	200	600	950	2150	3850	5500
Skylark Custom, V-8, 116" wb, 2 dr 112" wb						
4 dr Sed	150	350	750	1450	2900	4100
4 dr HdTp	150	350	750	1450	3000	4200
2 dr HdTp	350	700	1150	2300	4550	6500
Conv	600	1900	3200	6400	11,200	16,000
Gran Sport GS, V-8, 112" wb						
2 dr HdTp	400	1300	2200	4400	7700	11,000
Gran Sport GS 455, V-8, 112" wb						
2 dr HdTp	450	1450	2400	4800	8400	12,000
Conv	650	2050	3400	6800	11,900	17,000
Gran Sport 455 Stage I						
2 dr HdTp	500	1550	2600	5200	9100	13,000
Conv	700	2300	3800	7600	13,300	19,000
GSX V-8 Stage I						
2 dr HdTp	650	2050	3400	6800	11,900	17,000
GSX, V-8, 112" wb						
2 dr HdTp	600	1900	3200	6400	11,200	16,000
Sport Wagon, V-8, 116" wb						
2S Sta Wag	150	350	750	1450	3000	4200
LeSabre, V-8, 124" wb						
4 dr Sed	150	400	750	1600	3100	4400
4 dr HdTp	150	450	750	1700	3200	4600
2 dr HdTp	200	600	950	2150	3850	5500
LeSabre Custom, V-8, 124" wb						
4 dr Sed	150	400	750	1650	3150	4500
4 dr HdTp	150	450	800	1750	3250	4700
2 dr HdTp	200	650	1050	2250	4200	6000
Conv	450	1450	2400	4800	8400	12,000
LeSabre Custom 455, V-8, 124" wb						
4 dr Sed	150	450	800	1750	3250	4700
4 dr HdTp	200	500	850	1900	3500	5000
2 dr HdTp	200	675	1100	2250	4400	6300

Buick 53

	6	5	4	3	2	1
Estate Wagon, V-8, 124" wb						
2S Sta Wag	150	450	800	1750	3250	4700
3S Sta Wag	150	450	800	1800	3300	4800
Wildcat Custom, V-8, 124" wb						
4 dr HdTp	200	500	850	1850	3350	4900
2 dr HdTp	350	700	1150	2300	4550	6500
Conv	500	1550	2600	5200	9100	13,000
Electra 225, V-8, 127" wb						
4 dr Sed	150	450	800	1800	3300	4800
4 dr HdTp	200	550	900	2000	3600	5200
2 dr HdTp	350	700	1150	2300	4550	6500
Electra Custom 225, V-8, 127" wb						
4 dr Sed	200	500	850	1850	3350	4900
4 dr HdTp	200	550	900	2150	3800	5400
2 dr HdTp	350	750	1200	2350	4900	7000
Conv	600	1900	3200	6400	11,200	16,000
Riviera Series, V-8						
GS Cpe	350	750	1300	2450	5250	7500
HdTp Cpe	350	800	1450	2750	5600	8000

NOTE: Add 40 percent for 455.

1971 Buick Riviera Sport Coupe two-door hardtop

1971-1972

Skylark, V-8, 116" wb, 2 dr 112" wb						
4 dr Sed	125	200	600	1100	2250	3200
2 dr Sed	125	200	600	1100	2200	3100
2 dr HdTp	150	350	750	1350	2800	4000
Skylark 350, V-8, 116" wb, 2 dr 112" wb						
4 dr Sed	125	250	700	1150	2400	3400
2 dr HdTp	200	500	850	1900	3500	5000
Skylark Custom, V-8						
4 dr Sed	125	200	600	1100	2300	3300
4 dr HdTp	125	250	700	1150	2450	3500
2 dr HdTp	200	650	1050	2250	4200	6000
Conv	450	1450	2400	4800	8400	12,000
Gran Sport, 350, V-8						
2 dr HdTp	400	1300	2200	4400	7700	11,000
Conv	550	1800	3000	6000	10,500	15,000

NOTE: Add 40 percent for Stage I & GS-455 options.
Add 5 percent for folding sun roof.

Sport Wagon, V-8, 116" wb						
2S Sta Wag	125	250	700	1150	2400	3400
LeSabre						
4 dr Sed	150	300	700	1250	2650	3800
4 dr HdTp	150	350	750	1350	2800	4000
2 dr HdTp	150	350	750	1450	3000	4200
LeSabre Custom, V-8						
4 dr Sed	150	300	750	1350	2700	3900
4 dr HdTp	150	350	750	1450	2900	4100
2 dr HdTp	150	400	750	1600	3100	4400
Conv	400	1200	2000	3950	7000	10,000

54　Buick

1972 Buick Skylark Custom 4dr hardtop

Centurion, V-8

	6	5	4	3	2	1
4 dr HdTp	150	400	750	1550	3050	4300
2 dr HdTp	150	450	750	1700	3200	4600
Conv	400	1200	2000	3950	7000	10,000
Estate Wagon, V-8, 124" wb						
2S Sta Wag	150	350	750	1350	2800	4000
3S Sta Wag	150	350	750	1450	2900	4100
Electra 225, V-8, 127" wb						
4 dr HdTp	150	400	750	1600	3100	4400
2 dr HdTp	150	450	800	1750	3250	4700
Electra Custom 225, V-8						
4 dr HdTp	150	400	750	1650	3150	4500
2 dr HdTp	200	500	850	1900	3500	5000
Riviera, V-8						
2 dr HdTp GS	350	700	1150	2300	4550	6500
2 dr HdTp	200	600	950	2150	3850	5500
Wagons						
2S	150	300	700	1250	2650	3800
4S	150	300	750	1350	2700	3900

NOTE: Add 40 percent for 455.

1973 Buick Electra 225 Custom Limited four-door hardtop

1973

Apollo, 6-cyl., 111" wb

4 dr Sed	125	200	600	1100	2250	3200
2 dr Sed	125	250	700	1150	2400	3400

Buick 55

	6	5	4	3	2	1
Hatchback	125	250	700	1150	2500	3600
Apollo, V-8						
4 dr Sed	125	200	600	1100	2300	3300
2 dr Sed	125	250	700	1150	2450	3500
Hatchback	150	300	700	1250	2600	3700
Century, V-8, 116" wb, 2 dr 112" wb						
Cpe	125	250	700	1150	2500	3600
4 dr Sed	125	250	700	1150	2450	3500
3S Sta Wag	125	250	700	1150	2400	3400
Century Luxus, V-8						
4 dr HdTp	125	250	700	1150	2500	3600
Cpe	150	300	700	1250	2600	3700
4 dr Wag 3S	125	250	700	1150	2450	3500
Century Regal, V-8						
2 dr HdTp	150	400	750	1650	3150	4500
NOTE: Add 25 percent for Stage I.						
LeSabre, V-8, 124" wb						
4 dr Sed	125	200	600	1100	2200	3100
4 dr HdTp	125	200	600	1100	2250	3200
2 dr HdTp	125	250	700	1150	2450	3500
LeSabre Custom, V-8						
4 dr Sed	150	300	700	1250	2600	3700
4 dr HdTp	150	300	700	1250	2650	3800
2 dr HdTp	150	400	750	1550	3050	4300
Est Wag 3S	150	300	700	1250	2600	3700
Centurion, V-8						
4 dr HdTp	150	300	750	1350	2700	3900
2 dr HdTp	150	400	750	1600	3100	4400
Conv	450	1100	1700	3650	6650	9500
Electra 225, V-8, 127" wb						
4 dr HdTp	150	350	750	1350	2800	4000
2 dr HdTp	150	450	800	1750	3250	4700
Electra Custom 225, V-8						
4 dr HdTp	150	350	750	1450	2900	4100
2 dr HdTp	150	450	800	1800	3300	4800
Riviera, V-8						
2 dr HdTp GS	200	650	1050	2250	4200	6000
2 dr HdTp	200	500	850	1900	3500	5000

1974 Buick Century Luxus Estate station wagon

1974

	6	5	4	3	2	1
Apollo, 6-cyl., 111" wb						
4 dr Sed	125	200	600	1100	2200	3100
2 dr Sed	125	200	600	1100	2200	3100
Hatchback	125	200	600	1100	2250	3200
Apollo, V-8, 111" wb						
4 dr Sed	125	200	600	1100	2250	3200
2 dr Sed	125	200	600	1100	2250	3200
Hatchback	125	200	600	1100	2300	3300
Century, V-8						
Cpe	125	250	700	1150	2500	3600
4 dr HdTp	125	250	700	1150	2450	3500
4 dr Sta Wag	125	250	700	1150	2450	3500

56 Buick

Century Luxus, V-8, 112" wb	6	5	4	3	2	1
2 dr HdTp	125	250	700	1150	2450	3500
4 dr HdTp	125	250	700	1150	2400	3400
4 dr Sta Wag	125	200	600	1100	2250	3200
Gran Sport, V-8						
Cpe	150	350	750	1350	2800	4000
Century Regal, V-8, 112" wb						
2 dr HdTp	150	350	750	1450	2900	4100
4 dr HdTp	150	300	700	1250	2650	3800
LeSabre						
4 dr Sed	100	150	450	1000	1900	2700
4 dr HdTp	100	175	525	1050	1950	2800
2 dr HdTp	100	175	525	1050	2050	2900
LeSabre, V-8, 123" wb						
4 dr Sed	125	250	700	1150	2500	3600
4 dr HdTp	150	300	700	1250	2600	3700
2 dr HdTp	150	300	750	1350	2700	3900
LeSabre Luxus, V-8, 123" wb						
4 dr Sed	150	300	700	1250	2600	3700
4 dr HdTp	150	300	700	1250	2650	3800
2 dr HdTp	150	350	750	1350	2800	4000
Conv	450	1000	1650	3350	6300	9000
Estate Wagon, V-8						
4 dr Sta Wag	150	300	700	1250	2650	3800
Electra 225, V-8						
2 dr HdTp	150	400	750	1650	3150	4500
4 dr HdTp	150	350	750	1350	2800	4000
Electra 225 Custom, V-8						
2 dr HdTp	150	450	750	1700	3200	4600
4 dr HdTp	150	350	750	1450	2900	4100
Electra Limited, V-8						
2 dr HdTp	150	450	800	1750	3250	4700
4 dr HdTp	150	350	750	1450	3000	4200
Riviera, V-8						
2 dr HdTp	150	400	750	1650	3150	4500

NOTES: Deduct 5 percent for Apollo V-8.
 Add 10 percent for Apollo GSX.
 Add 10 percent for Century Grand Sport.
 Add 15 percent for Century GS-455.
 Add 20 percent for GS-455 Stage I.
 Add 5 percent for sunroof.
 Add 15 percent for Riviera GS or Stage I.

1975

	6	5	4	3	2	1
Skyhawk, V-6						
2 dr Hatch 'S'	125	200	600	1100	2300	3300
2 dr Hatch	125	200	600	1100	2300	3300
Apollo, V-8						
4 dr Sed	125	200	600	1100	2250	3200
4 dr 'SR' Sed	125	200	600	1100	2300	3300
Skylark, V-8						
Cpe	125	250	700	1150	2400	3400
2 dr Hatch	125	250	700	1150	2450	3500
'SR' Cpe	125	250	700	1150	2450	3500
2 dr 'SR' Hatch	100	150	450	1000	1800	2600
Century, V-8						
4 dr Sed	125	200	600	1100	2200	3100
Cpe	125	200	600	1100	2200	3100
4 dr Cus Sed	125	250	700	1150	2400	3400
Cus Cpe	125	250	700	1150	2450	3500
2S Sta Wag	125	200	600	1100	2200	3100
3S Sta Wag	125	200	600	1100	2250	3200
Regal, V-8						
4 dr Sed	125	200	600	1100	2300	3300
Cpe	125	250	700	1150	2400	3400
LeSabre, V-8						
4 dr Sed	125	200	600	1100	2300	3300
4 dr HdTp	125	250	700	1150	2450	3500
Cpe	125	250	700	1150	2450	3500
LeSabre Custom, V-8						
4 dr Sed	125	250	700	1150	2450	3500
4 dr HdTp	150	300	700	1250	2650	3800
Cpe	150	300	750	1350	2700	3900
Conv	450	1000	1650	3350	6300	9000
Estate Wagon, V-8						
2S Sta Wag	150	300	700	1250	2600	3700
3S Sta Wag	150	300	750	1350	2700	3900

Buick 57

	6	5	4	3	2	1
Electra 225 Custom, V-8						
4 dr HdTp	150	350	750	1350	2800	4000
Cpe	150	350	750	1450	3000	4200
Electra 225 Limited, V-8						
4 dr HdTp	150	350	750	1450	2900	4100
Cpe	150	400	750	1600	3100	4400
Riviera, V-8						
2 dr HdTp	150	400	750	1650	3150	4500

NOTE: Add 15 percent for Park Avenue DeLuxe.
Add 5 percent for Park Avenue, Century, GS or Riviera GS options.
Add 5 percent for Apollo/Skylark V-8.

1976 Buick Skylark S/R coupe

1976

	6	5	4	3	2	1
Skyhawk, V-6						
2 dr Hatch	125	250	700	1150	2400	3400
Skylark S, V-8						
Cpe	125	250	700	1150	2500	3600
Skylark, V-8						
4 dr Sed	125	250	700	1150	2500	3600
Cpe	150	300	700	1250	2600	3700
2 dr Hatch	150	300	700	1250	2650	3800
Skylark SR, V-8						
4 dr Sed	150	300	700	1250	2600	3700
Cpe	150	300	700	1250	2650	3800
2 dr Hatch	150	300	750	1350	2700	3900
Century Special, V-6						
2 dr	125	250	700	1150	2450	3500
Century, V-8						
4 dr	150	350	750	1350	2800	4000
2 dr	150	300	700	1250	2600	3700
Century Custom, V-8						
4 dr	150	300	700	1250	2600	3700
2 dr	150	300	700	1250	2650	3800
2S Sta Wag	125	250	700	1150	2500	3600
3S Sta Wag	150	300	700	1250	2600	3700
Regal, V-8						
4 dr	150	300	700	1250	2600	3700
2 dr	150	300	700	1250	2650	3800
LeSabre, V-6						
4 dr Sed	150	300	700	1250	2600	3700
4 dr HdTp	150	350	750	1350	2800	4000
Cpe	150	350	750	1450	2900	4100
LeSabre Custom, V-8						
4 dr	150	350	750	1450	2900	4100
4 dr HdTp	150	350	750	1450	3000	4200
Cpe	150	400	750	1550	3050	4300
Estate, V-8						
2S Sta Wag	150	300	750	1350	2700	3900
3S Sta Wag	150	350	750	1350	2800	4000
Electra 225, V-8						
4 dr HdTp	150	400	750	1550	3050	4300

58 Buick

	6	5	4	3	2	1
Cpe	150	400	750	1600	3100	4400
Electra 225 Custom, V-8						
4 dr HdTp	150	400	750	1650	3150	4500
Cpe	150	450	800	1750	3250	4700
Riviera, V-8						
2 dr Spt Cpe	200	500	850	1900	3500	5000

NOTE: Deduct 5 percent for 6 cylinder.

1977

	6	5	4	3	2	1
Skyhawk, V-6						
2 dr Hatch	100	150	450	1000	1750	2500
Skylark S, V-8						
Cpe	100	150	450	1000	1900	2700
Skylark, V-8						
4 dr Sed	100	150	450	1000	1900	2700
Cpe	100	175	525	1050	1950	2800
2 dr Hatch	100	175	525	1050	2050	2900
Skylark SR, V-8						
4 dr Sed	100	175	525	1050	1950	2800
Cpe	100	175	525	1050	2050	2900
2 dr Hatch	100	175	525	1050	2100	3000
Century, V-8						
4 dr Sed	125	250	700	1150	2450	3500
Cpe	125	250	700	1150	2500	3600
Century Custom, V-8						
4 dr Sed	125	250	700	1150	2500	3600
Cpe	150	300	700	1250	2600	3700
2S Sta Wag	125	250	700	1150	2400	3400
3S Sta Wag	125	250	700	1150	2450	3500
Regal, V-8						
4 dr Sed	150	300	700	1250	2650	3800
Cpe	150	300	750	1350	2700	3900
LeSabre, V-8						
4 dr Sed	125	250	700	1150	2500	3600
Cpe	150	300	700	1250	2600	3700
LeSabre Custom, V-8						
4 dr Sed	150	300	700	1250	2600	3700
Cpe	150	300	700	1250	2650	3800
Spt Cpe	150	300	750	1350	2700	3900
Electra 225, V-8						
4 dr Sed	150	300	750	1350	2700	3900
Cpe	150	350	750	1350	2800	4000
Electra 225 Limited, V-8						
4 dr Sed	150	350	750	1450	2900	4100
Cpe	150	400	750	1550	3050	4300
Riviera, V-8						
Cpe	150	400	750	1600	3100	4400

NOTE: Deduct 5 percent for V-6.

1978

	6	5	4	3	2	1
Skyhawk						
2 dr 'S' Hatch	125	200	600	1100	2250	3200
2 dr Hatch	125	250	700	1150	2400	3400
Skylark						
'S' Cpe	125	200	600	1100	2300	3300
4 dr Sed	125	250	700	1150	2400	3400
Cpe	125	250	700	1150	2400	3400
2 dr Hatch	125	250	700	1150	2450	3500
Skylark Custom						
4 dr Sed	125	250	700	1150	2400	3400
Cpe	125	250	700	1150	2450	3500
2 dr Hatch	125	250	700	1150	2500	3600
Century Special						
4 dr Sed	125	250	700	1150	2450	3500
Cpe	125	250	700	1150	2500	3600
Sta Wag	125	250	700	1150	2400	3400
Century Custom						
4 dr Sed	125	250	700	1150	2500	3600
Cpe	150	300	700	1250	2600	3700
Sta Wag	125	250	700	1150	2450	3500
Century Sport						
Cpe	150	300	750	1350	2700	3900
Century Limited						
4 dr Sed	150	300	700	1250	2650	3800
Cpe	150	300	750	1350	2700	3900
Regal						
Cpe	150	300	700	1250	2600	3700
Spt Cpe	150	300	700	1250	2650	3800

Buick 59

	6	5	4	3	2	1
Regal Limited						
Cpe	150	350	750	1350	2800	4000
LeSabre						
4 dr Sed	150	300	700	1250	2600	3700
Cpe	150	300	700	1250	2650	3800
Spt Turbo Cpe	150	350	750	1450	2900	4100
LeSabre Custom						
4 dr Sed	150	300	700	1250	2650	3800
Cpe	150	300	750	1350	2700	3900
Estate Wagon						
Sta Wag	150	300	700	1250	2600	3700
Electra 225						
4 dr Sed	150	300	750	1350	2700	3900
Cpe	150	350	750	1450	3000	4200
Electra Limited						
4 dr Sed	150	350	750	1350	2800	4000
Cpe	150	400	750	1650	3150	4500
Electra Park Avenue						
4 dr Sed	150	350	750	1450	3000	4200
Cpe	150	450	800	1800	3300	4800
Riviera						
Cpe	200	600	950	2150	3850	5500

1979

	6	5	4	3	2	1
Skyhawk, V-6						
2 dr Hatch	125	250	700	1150	2450	3500
2 dr 'S' Hatch	125	250	700	1150	2400	3400
Skylark 'S', V-8						
'S' Cpe	125	200	600	1100	2300	3300
Skylark, V-8						
4 dr Sed	125	250	700	1150	2450	3500
Cpe	125	250	700	1150	2450	3500
Hatch	125	250	700	1150	2500	3600
Skylark Custom, V-8						
4 dr Sed	125	250	700	1150	2500	3600
Cpe	125	250	700	1150	2500	3600
NOTE: Deduct 5 percent for 6 cyl.						
Century Special, V-8						
4 dr Sed	125	250	700	1150	2500	3600
Cpe	125	250	700	1150	2450	3500
Sta Wag	125	250	700	1150	2500	3600
Century Custom, V-8						
4 dr Sed	150	300	700	1250	2600	3700
Cpe	125	250	700	1150	2500	3600
Sta Wag	150	300	700	1250	2600	3700
Century Sport, V-8						
Cpe	150	350	750	1350	2800	4000
Century Limited, V-8						
4 dr Sed	150	300	750	1350	2700	3900
NOTE: Deduct 7 percent for 6-cyl.						
Regal, V-6						
Cpe	150	300	750	1350	2700	3900
Regal Sport Turbo, V-6						
Cpe	150	400	750	1600	3100	4400
Regal, V-8						
Cpe	150	350	750	1350	2800	4000
Regal Limited, V-8 & V-6						
V-6 Cpe	150	300	750	1350	2700	3900
V-8 Cpe	150	350	750	1450	3000	4200
LeSabre, V-8						
4 dr Sed	150	300	750	1350	2700	3900
Cpe	150	300	700	1250	2650	3800
LeSabre Limited, V-8						
4 dr Sed	150	350	750	1350	2800	4000
Cpe	150	300	750	1350	2700	3900
NOTE: Deduct 7 percent for V-6.						
LeSabre Sport Turbo, V-6						
Cpe	150	400	750	1650	3150	4500
LeSabre Estate Wagon						
Sta Wag	150	350	750	1350	2800	4000
Electra 225, V-8						
4 dr Sed	150	350	750	1450	2900	4100
Cpe	150	400	750	1550	3050	4300
Electra Limited, V-8						
4 dr Sed	150	400	750	1550	3050	4300
Cpe	150	450	750	1700	3200	4600

Buick

Electra Park Avenue, V-8	6	5	4	3	2	1
4 dr Sed	150	450	750	1700	3200	4600
Cpe	200	500	850	1850	3350	4900
Riviera, V-8						
Cpe 'S'	200	600	1000	2200	4000	5700

NOTE: Deduct 10 percent for V-6.

1980
Skyhawk, V-6

	6	5	4	3	2	1
2 dr Hatch S	150	300	700	1250	2600	3700
2 dr Hatch	150	300	700	1250	2650	3800
Skylark, V-6						
4 dr Sed	150	300	700	1250	2650	3800
2 dr Cpe	150	300	750	1350	2700	3900
4 dr Sed Limited	150	300	750	1350	2700	3900
2 dr Cpe Limited	150	350	750	1350	2800	4000
4 dr Sed Spt	150	350	750	1450	2900	4100
2 dr Cpe Spt	150	350	750	1450	3000	4200

NOTE: Deduct 10 percent for 4-cyl.

Century, V-8

	6	5	4	3	2	1
4 dr Sed	125	250	700	1150	2500	3600
2 dr Cpe	150	300	700	1250	2650	3800
4 dr Sta Wag Est	150	300	700	1250	2600	3700
2 dr Cpe Spt	150	300	750	1350	2700	3900

NOTE: Deduct 12 percent for V-6.

Regal, V-8

	6	5	4	3	2	1
2 dr Cpe	150	300	750	1350	2700	3900
2 dr Cpe Limited	150	350	750	1350	2800	4000

NOTE: Deduct 12 percent for V-6.

Regal Turbo, V-6

	6	5	4	3	2	1
2 dr Cpe	200	600	950	2150	3850	5500

LeSabre, V-8

	6	5	4	3	2	1
4 dr Sed	150	350	750	1450	2900	4100
2 dr Cpe	150	350	750	1450	3000	4200
4 dr Sed Limited	150	400	750	1550	3050	4300
2 dr Cpe Limited	150	400	750	1600	3100	4400
4 dr Sta Wag Est	150	400	750	1550	3050	4300

LeSabre Turbo, V-6

	6	5	4	3	2	1
2 dr Cpe Spt	200	500	850	1850	3350	4900

Electra, V-8

	6	5	4	3	2	1
4 dr Sed Limited	150	450	750	1700	3200	4600
2 dr Cpe Limited	150	450	800	1750	3250	4700
4 dr Sed Park Ave	150	450	800	1750	3250	4700
2 dr Cpe Park Ave	150	450	800	1800	3300	4800
4 dr Sta Wag Est	200	500	850	1850	3350	4900

Riviera S Turbo, V-6

	6	5	4	3	2	1
2 dr Cpe	200	675	1050	2250	4350	6200

Riviera, V-8

	6	5	4	3	2	1
2 dr Cpe	350	725	1150	2300	4700	6700

1981
Skylark, V-6

	6	5	4	3	2	1
4 dr Sed Sport	150	350	750	1450	3000	4200
2 dr Cpe Sport	150	400	750	1550	3050	4300

NOTE: Deduct 10 percent for 4-cyl.
 Deduct 5 percent for lesser model.

Century, V-8

	6	5	4	3	2	1
4 dr Sed Limited	150	300	700	1250	2650	3800
4 dr Sta Wag Est	150	300	750	1350	2700	3900

NOTE: Deduct 12 percent for V-6.
 Deduct 5 percent for lesser model.

Regal, V-8

	6	5	4	3	2	1
2 dr Cpe	150	300	750	1350	2700	3900
2 dr Cpe Limited	150	350	750	1350	2800	4000

NOTE: Deduct 12 percent for V-6.

Regal Turbo, V-6

	6	5	4	3	2	1
2 dr Cpe Sport	200	600	950	2200	3900	5600

LeSabre, V-8

	6	5	4	3	2	1
4 dr Sed Limited	150	400	750	1550	3050	4300
2 dr Cpe Limited	150	400	750	1600	3100	4400
4 dr Sta Wag Est	150	400	750	1650	3150	4500

NOTE: Deduct 12 percent for V-6 except Estate Wag.
 Deduct 5 percent for lesser models.

Electra, V-8

	6	5	4	3	2	1
4 dr Sed Limited	150	400	750	1600	3100	4400
2 dr Cpe Limited	150	400	750	1650	3150	4500
4 dr Sed Park Ave	150	450	750	1700	3200	4600

Buick 61

	6	5	4	3	2	1
2 dr Cpe Park Ave	150	450	800	1750	3250	4700
4 dr Sta Wag Est	150	450	800	1750	3250	4700

NOTE: Deduct 15 percent for V-6 except Estate Wag.

Riviera, V-8
2 dr Cpe	350	725	1200	2350	4800	6800

Riviera, V-6
2 dr Cpe	200	650	1050	2250	4200	6000
2 dr Cpe Turbo T Type	200	675	1100	2250	4400	6300

1982
Skyhawk, 4-cyl.
4 dr Sed Limited	150	300	750	1350	2700	3900
2 dr Cpe Limited	150	350	750	1350	2800	4000

NOTE: Deduct 5 percent for lesser models.

Skylark, V-6
4 dr Sed Sport	150	400	750	1600	3100	4400
2 dr Cpe Sport	150	400	750	1650	3150	4500

NOTE: Deduct 10 percent for 4-cyl.
  Deduct 5 percent for lesser models.

Regal, V-6
4 dr Sed	150	400	750	1600	3100	4400
2 dr Cpe	150	400	750	1650	3150	4500
2 dr Cpe Turbo	200	600	950	2150	3850	5500
2 dr Grand National	850	2650	4400	8800	15,400	22,000
4 dr Sed Limited	150	450	800	1750	3250	4700
2 dr Cpe Limited	150	450	800	1800	3300	4800
4 dr Sta Wag	150	450	800	1800	3300	4800

NOTE: Add 10 percent for T-top option.

Century, V-6
4 dr Sed Limited	200	500	850	1850	3350	4900
2 dr Cpe Limited	200	500	850	1900	3500	5000

NOTE: Deduct 10 percent for 4-cyl.
  Deduct 5 percent for lesser models.

LeSabre, V-8
4 dr Sed Limited	200	500	850	1850	3350	4900
2 dr Cpe Limited	200	500	850	1900	3500	5000
4 dr Sta Wag Est	200	500	850	1900	3500	5000

NOTE: Deduct 12 percent for V-6 except Estate Wag.
  Deduct 5 percent for lesser models.

Electra, V-8
4 dr Sed Limited	200	500	850	1850	3350	4900
2 dr Cpe Limited	200	500	850	1950	3600	5100
4 dr Sed Park Ave	200	550	900	2000	3600	5200
2 dr Cpe Park Ave	200	550	900	2150	3800	5400
4 dr Sta Wag Est	200	550	900	2150	3800	5400

NOTE: Deduct 15 percent for V-6 except Estate Wag.

Riviera, V-6
2 dr Cpe	350	700	1150	2300	4550	6500
2 dr Cpe T Type	350	725	1200	2350	4800	6800
2 dr Conv	650	2050	3400	6800	11,900	17,000

Riviera, V-8
2 dr Cpe	350	750	1200	2350	4900	7000
2 dr Conv	700	2150	3600	7200	12,600	18,000

1983
Skyhawk, 4-cyl.
4 dr Sed Limited	150	350	750	1450	3000	4200
2 dr Cpe Limited	150	400	750	1550	3050	4300
4 dr Sta Wag Limited	150	400	750	1550	3050	4300
2 dr Cpe T Type	200	500	850	1850	3350	4900

NOTE: Deduct 5 percent for lesser models.

Skylark, V-6
4 dr Sed Limited	150	350	750	1450	3000	4200
2 dr Cpe Limited	150	400	750	1550	3050	4300
2 dr Cpe T Type	200	500	850	1950	3600	5100

NOTE: Deduct 10 percent for 4-cyl. except T Type.
  Deduct 5 percent for lesser models.

Century, V-6
4 dr Sed T Type	200	500	850	1900	3500	5000
2 dr Cpe T Type	200	600	950	2150	3850	5500

NOTE: Deduct 12 percent for 4-cyl. except T Type.
  Deduct 5 percent for lesser models.

Regal, V-6
4 dr Sed T Type	200	650	1000	2200	4100	5800
2 dr Cpe T Type	200	675	1050	2250	4350	6200
4 dr Sta Wag	150	450	800	1750	3250	4700

NOTE: Add 10 percent for T-top option.
  Deduct 5 percent for lesser models.

Buick

LeSabre, V-8

	6	5	4	3	2	1
4 dr Sed Limited	200	550	900	2000	3600	5200
2 dr Cpe Limited	200	550	900	2100	3700	5300
4 dr Sta Wag	200	550	900	2100	3700	5300

NOTE: Deduct 12 percent for V-6 except Estate.
Deduct 5 percent for lesser models.

Electra, V-8

4 dr Sed Limited	200	550	900	2000	3600	5200
2 dr Cpe Limited	200	550	900	2100	3700	5300
4 dr Sed Park Ave	200	550	900	2150	3800	5400
2 dr Cpe Park Ave	200	600	950	2150	3850	5500
4 dr Sta Wag Est	200	600	950	2150	3850	5500

NOTE: Deduct 15 percent for V-6.

Riviera, V-6

2 dr Cpe	350	700	1150	2300	4550	6500
2 dr Conv	650	2050	3400	6800	11,900	17,000
2 dr T Type	350	750	1300	2450	5250	7500

NOTE: Add 20 percent for XX option.

Riviera, V-8

2 dr Cpe	350	750	1200	2350	4900	7000
2 dr Conv	700	2150	3600	7200	12,600	18,000

1984

Skyhawk Limited, 4-cyl.

4 dr Sed	150	400	750	1550	3050	4300
2 dr Sed	150	400	750	1550	3050	4300
4 dr Sta Wag	150	400	750	1550	3050	4300

NOTE: Deduct 5 percent for lesser models.

Skyhawk T Type, 4-cyl.

2 dr Sed	200	500	850	1900	3500	5000

Skylark Limited, V-6

4 dr Sed	150	400	750	1600	3100	4400
2 dr Sed	150	400	750	1650	3150	4500

NOTE: Deduct 5 percent for lesser models.
Deduct 8 percent for 4-cyl.

Skylark T Type, V-6

2 dr Sed	200	550	900	2000	3600	5200

Century Limited, 4-cyl.

NOTE: Deduct 5 percent for lesser models.
Deduct 8 percent for 4-cyl.

Century Limited, V-6

4 dr Sed	150	400	750	1650	3150	4500
2 dr Sed	150	450	750	1700	3200	4600
4 dr Sta Wag Est	150	450	750	1700	3200	4600

Century T Type, V-6

4 dr Sed	200	500	850	1950	3600	5100
2 dr Sed	200	600	950	2200	3900	5600

Regal, V-6

4 dr Sed	150	400	750	1600	3100	4400
2 dr Sed	150	400	750	1650	3150	4500
2 dr Grand National	850	2750	4600	9200	16,100	23,000

Regal Limited, V-6

4 dr Sed	150	400	750	1650	3150	4500
2 dr Sed	150	450	750	1700	3200	4600

Regal T Type, V-6

2 dr Sed	200	650	1000	2200	4150	5900

LeSabre Custom, V-8

4 dr Sed	200	550	900	2000	3600	5200
2 dr Sed	200	550	900	2000	3600	5200

LeSabre Limited, V-8

4 dr Sed	200	550	900	2100	3700	5300
2 dr Sed	200	550	900	2100	3700	5300

NOTE: Deduct 10 percent for V-6 cyl.

Electra Limited, V-8

4 dr Sed	200	600	950	2200	3900	5600
2 dr Sed	200	600	1000	2200	4000	5700
4 dr Est Wag	200	600	1000	2200	4000	5700

Electra Park Avenue, V-8

4 dr Sed	200	600	950	2200	3900	5600
2 dr Sed	200	600	1000	2200	4000	5700

NOTE: Deduct 10 percent for V-6 cyl.

Riviera, V-6

2 dr Cpe	350	700	1150	2300	4600	6600
2 dr Conv	650	2100	3500	7000	12,300	17,500

Riviera, V-8

2 dr Cpe	350	750	1200	2350	4900	7000
2 dr Conv	700	2200	3700	7400	13,000	18,500

Buick 63

Riviera T Type, V-6 Turbo	6	5	4	3	2	1
2 dr Cpe	350	750	1350	2600	5400	7700

1985
Skyhawk, 4-cyl.

Limited 4 dr Sed	150	400	750	1600	3100	4400
Limited 2 dr	150	400	750	1600	3100	4400
Limited 4 dr Sta Wag	150	400	750	1600	3100	4400
T Type 2 dr	200	500	850	1950	3600	5100

NOTE: Deduct 5 percent for lesser models.

Skylark, V-6

Custom 4 dr Sed	150	400	750	1600	3100	4400
Limited 4 dr Sed	150	400	750	1650	3150	4500

NOTE: Deduct 10 percent for 4-cyl.

Century, V-6

Limited 4 dr Sed	150	450	750	1700	3200	4600
Limited 2 dr	150	450	750	1700	3200	4600
Estate 4 dr Sta Wag	150	450	800	1800	3300	4800
T Type 4 dr Sed	200	600	950	2150	3850	5500
T Type 2 dr	200	600	1000	2200	4000	5700

NOTE: Deduct 10 percent for 4-cyl. where available.
  Deduct 5 percent for lesser models.

Somerset Regal, V-6

Custom 2 dr	150	450	800	1750	3250	4700
Limited 2 dr	150	450	800	1800	3300	4800

NOTE: Deduct 10 percent for 4-cyl.

Regal, V-6

2 dr	150	450	750	1700	3200	4600
Limited 2 dr	150	450	800	1750	3250	4700
T Type 2 dr	150	450	800	1750	3250	4700
T Type Grand National 2 dr	900	2900	4800	9600	16,800	24,000

LeSabre, V-8

Limited 4 dr Sed	200	550	900	2150	3800	5400
Limited 2 dr	200	550	900	2150	3800	5400
Estate 4 dr Sta Wag	200	600	1000	2200	4000	5700
Estate Electra 4 dr Sta Wag	200	650	1000	2200	4100	5800

NOTE: Deduct 20 percent for V-6.
  Deduct 5 percent for lesser models.

Electra, V-6

4 dr Sed	200	600	950	2150	3850	5500
2 dr	200	600	950	2200	3900	5600

Electra Park Avenue, V-6

4 dr Sed	200	600	950	2200	3900	5600
2 dr Sed	200	600	1000	2200	4000	5700

Electra T Type, V-6

Turbo 4 dr Sed	200	650	1000	2200	4100	5800
Turbo 2 dr	200	650	1000	2200	4150	5900

Riviera T Type, V-6

Turbo 2 dr	350	750	1350	2650	5450	7800

Riviera, V-8

2 dr	350	750	1300	2500	5300	7600
Conv	700	2300	3800	7600	13,300	19,000

NOTE: Deduct 30 percent for diesel where available.

1986
Skylark

Cus 2 dr Cpe	150	400	750	1600	3100	4400
Ltd 4 dr Sed	150	400	750	1650	3150	4500

Somerset

Cus 2 dr Cpe	150	450	800	1800	3300	4800
T Type 2 dr Cpe	200	550	900	2000	3600	5200

Century Custom

2 dr Cpe	200	500	850	1850	3350	4900
4 dr Sed	150	450	800	1800	3300	4800
4 dr Sta Wag	200	500	850	1900	3500	5000

Century Limited

2 dr Cpe	200	500	850	1900	3500	5000
4 dr Sed	200	500	850	1850	3350	4900
4 dr Sta Wag	200	500	850	1950	3600	5100
T Type 4 dr Sed	200	550	900	2150	3800	5400

Regal

2 dr Cpe	150	450	800	1750	3250	4700
Ltd 2 dr Cpe	200	500	850	1850	3350	4900
T Type 2 dr Cpe	200	600	950	2150	3850	5500
T-Type Grand National 2d	1000	3250	5400	10,800	18,900	27,000

LeSabre Custom

2 dr Cpe	200	600	950	2150	3850	5500
4 dr Sed	200	550	900	2150	3800	5400

64 Buick

LeSabre Limited

	6	5	4	3	2	1
2 dr Cpe	200	600	950	2200	3900	5600
4 dr Sed	200	600	950	2150	3850	5500
4 dr Est Sta Wag	200	650	1050	2250	4200	6000
Electra						
2 dr Cpe	200	600	950	2200	3900	5600
4 dr Sed	200	600	950	2200	3900	5600
Electra Park Avenue						
2 dr Cpe	200	600	1000	2200	4000	5700
4 dr Sed	200	600	1000	2200	4000	5700
T Type 4 dr Sed	200	650	1000	2200	4150	5900
4 dr Est Sta Wag	200	675	1050	2250	4350	6200
Riviera						
2 dr Cpe	350	750	1350	2650	5450	7800
T Type 2 dr Cpe	350	800	1450	2750	5600	8000

NOTES: Add 10 percent for deluxe models.
Deduct 5 percent for smaller engines.

CADILLAC

1903
Model A, 1-cyl.

Rbt	1250	3950	6600	13,200	23,100	33,000
Ton Rbt	1300	4100	6800	13,600	23,800	34,000

1904
Model A, 1-cyl.

Rbt	1200	3850	6400	12,800	22,400	32,000
Ton Rbt	1250	3950	6600	13,200	23,100	33,000

Model B, 1-cyl.

Rbt	1250	3950	6600	13,200	23,100	33,000
Tr	1300	4100	6800	13,600	23,800	34,000

1905
Models B-E

Rbt	1200	3850	6400	12,800	22,400	32,000
Ton Rbt	1250	3950	6600	13,200	23,100	33,000

Model D, 4-cyl.

Rbt	1300	4100	6800	13,600	23,800	34,000
Ton Rbt	1300	4200	7000	14,000	24,500	35,000

1906
Model K-M, 1-cyl.

Rbt	1150	3600	6000	12,000	21,000	30,000
Tr	1150	3700	6200	12,400	21,700	31,000

Model H, 4-cyl.

Rbt	1150	3700	6200	12,400	21,700	31,000
Tr	1200	3850	6400	12,800	22,400	32,000

Model L, 4-cyl.

7P Tr	1300	4100	6800	13,600	23,800	34,000
Limo	1200	3850	6400	12,800	22,400	32,000

1907
Model G, 4-cyl. 20 hp.

Rbt	1150	3600	6000	12,000	21,000	30,000
Tr	1150	3700	6200	12,400	21,700	31,000
Limo	1100	3500	5800	11,600	20,300	29,000

Model H, 4-cyl. 30 hp.

Tr	1200	3850	6400	12,800	22,400	32,000
Limo	1150	3700	6200	12,400	21,700	31,000

Model K-M, 1-cyl.

Rbt	1050	3350	5600	11,200	19,600	28,000
Tr	1100	3500	5800	11,600	20,300	29,000

1908
Model G, 4-cyl. 25 hp.

Rbt	1150	3600	6000	12,000	21,000	30,000
Tr	1150	3700	6200	12,400	21,700	31,000

Model H, 4-cyl. 30 hp.

Rbt	1200	3850	6400	12,800	22,400	32,000
Tr	1250	3950	6600	13,200	23,100	33,000
Cpe	1150	3600	6000	12,000	21,000	30,000
Limo	1100	3500	5800	11,600	20,300	29,000

Model S-T, 1-cyl.

Rbt	1100	3500	5800	11,600	20,300	29,000
Tr	1150	3600	6000	12,000	21,000	30,000
Cpe	1000	3250	5400	10,800	18,900	27,000

Cadillac 65

1909
Model 30, 4-cyl.

	6	5	4	3	2	1
Rds	1150	3600	6000	12,000	21,000	30,000
demi T.C.	1150	3700	6200	12,400	21,700	31,000
Tr	1200	3850	6400	12,800	22,400	32,000

Model T, 1-cyl.
| Tr | 1050 | 3350 | 5600 | 11,200 | 19,600 | 28,000 |

1910
Model 30, 4-cyl.
Rds	1250	3950	6600	13,200	23,100	33,000
demi-T.C.	1300	4100	6800	13,600	23,800	34,000
Tr	1200	3850	6400	12,800	22,400	32,000
Limo	1150	3600	6000	12,000	21,000	30,000

1911
Model 30, 4-cyl.
Rds	1250	3950	6600	13,200	23,100	33,000
demi-T.C.	1300	4100	6800	13,600	23,800	34,000
Tr	1300	4200	7000	14,000	24,500	35,000
Cpe	1150	3700	6200	12,400	21,700	31,000
Limo	1200	3850	6400	12,800	22,400	32,000

1912 Cadillac, Touring

1912
Model 30, 4-cyl.
Rds	1450	4550	7600	15,200	26,600	38,000
4P Phae	1450	4700	7800	15,600	27,300	39,000
5P Tr	1500	4800	8000	16,000	28,000	40,000
Cpe	1200	3850	6400	12,800	22,400	32,000
Limo	1300	4100	6800	13,600	23,800	34,000

1913
Model 30, 4-cyl.
Rds	1450	4550	7600	15,200	26,600	38,000
Phae	1450	4700	7800	15,600	27,300	39,000
Torp	1500	4800	8000	16,000	28,000	40,000
5P Tr	1550	4900	8200	16,400	28,700	41,000
6P Tr	1600	5050	8400	16,800	29,400	42,000
Cpe	1150	3700	6200	12,400	21,700	31,000
Limo	1300	4100	6800	13,600	23,800	34,000

1914
Model 30, 4-cyl.
Rds	1450	4700	7800	15,600	27,300	39,000
Phae	1500	4800	8000	16,000	28,000	40,000
5P Tr	1550	4900	8200	16,400	28,700	41,000
7P Tr	1600	5050	8400	16,800	29,400	42,000
Lan Cpe	1200	3850	6400	12,800	22,400	32,000
Encl dr Limo	1300	4100	6800	13,600	23,800	34,000
Limo	1300	4200	7000	14,000	24,500	35,000

1915
Model 51, V-8
| Rds | 1550 | 4900 | 8200 | 16,400 | 28,700 | 41,000 |
| Sal Tr | 1600 | 5050 | 8400 | 16,800 | 29,400 | 42,000 |

66 Cadillac

	6	5	4	3	2	1
7P Tr	1600	5150	8600	17,200	30,100	43,000
3P Cpe	1150	3700	6200	12,400	21,700	31,000
Sed Brgm	1150	3600	6000	12,000	21,000	30,000
7P Limo	1300	4200	7000	14,000	24,500	35,000
Berl Limo	1400	4450	7400	14,800	25,900	37,000

1916
Model 53 V-8

	6	5	4	3	2	1
Rds	1550	4900	8200	16,400	28,700	41,000
5P Tr	1600	5050	8400	16,800	29,400	42,000
7P Tr	1600	5150	8600	17,200	30,100	43,000
3P Cpe	1150	3700	6200	12,400	21,700	31,000
Sed Brgm	1150	3600	6000	12,000	21,000	30,000
7P Limo	1300	4200	7000	14,000	24,500	35,000
Berl Limo	1400	4450	7400	14,800	25,900	37,000

1917
Model 55, V-8

	6	5	4	3	2	1
Rds	1500	4800	8000	16,000	28,000	40,000
Clb Rds	1550	4900	8200	16,400	28,700	41,000
Conv	1450	4700	7800	15,600	27,300	39,000
Cpe	1150	3600	6000	12,000	21,000	30,000
Vic	1150	3700	6200	12,400	21,700	31,000
Brgm	1150	3600	6000	12,000	21,000	30,000
Limo	1250	3950	6600	13,200	23,100	33,000
Imp Limo	1300	4200	7000	14,000	24,500	35,000
7P Lan'let	1400	4450	7400	14,800	25,900	37,000

1918-19
Type 57, V-8

	6	5	4	3	2	1
Rds	1450	4700	7800	15,600	27,300	39,000
Phae	1500	4800	8000	16,000	28,000	40,000
Tr	1450	4550	7600	15,200	26,600	38,000
Conv Vic	1400	4450	7400	14,800	25,900	37,000
Brgm	1100	3500	5800	11,600	20,300	29,000
Limo	1150	3600	6000	12,000	21,000	30,000
Twn Limo	1150	3700	6200	12,400	21,700	31,000
Lan'let	1250	3950	6600	13,200	23,100	33,000
Twn Lan'let	1300	4200	7000	14,000	24,500	35,000
Imp Limo	1300	4100	6800	13,600	23,800	34,000

1920-1921
Type 59, V-8

	6	5	4	3	2	1
Rds	1350	4300	7200	14,400	25,200	36,000
Phae	1400	4450	7400	14,800	25,900	37,000
Tr	1300	4200	7000	14,000	24,500	35,000
Vic	1000	3250	5400	10,800	18,900	27,000
Sed	1000	3100	5200	10,400	18,200	26,000
Cpe	1000	3250	5400	10,800	18,900	27,000
Sub	1000	3100	5200	10,400	18,200	26,000
Limo	1150	3600	6000	12,000	21,000	30,000
Twn Brgm	1150	3700	6200	12,400	21,700	31,000
Imp Limo	1200	3850	6400	12,800	22,400	32,000

NOTE: Coupe and Town Brougham dropped for 1921.

1922-1923
Type 61, V-8

	6	5	4	3	2	1
Rds	1250	3950	6600	13,200	23,100	33,000
Phae	1300	4100	6800	13,600	23,800	34,000
Tr	1250	3950	6600	13,200	23,100	33,000
Cpe	1000	3100	5200	10,400	18,200	26,000
Vic	1000	3200	5300	10,600	18,600	26,500
5P Cpe	900	2900	4800	9600	16,800	24,000
Sed	900	2800	4700	9400	16,500	23,500
Sub	1050	3350	5600	11,200	19,600	28,000
7P Limo	1050	3400	5700	11,400	20,000	28,500
Imp Limo	1100	3500	5800	11,600	20,300	29,000
Lan'let Sed	1100	3550	5900	11,800	20,700	29,500

1924-1925
V-63, V-8

	6	5	4	3	2	1
Rds	1450	4700	7800	15,600	27,300	39,000
Phae	1600	5050	8400	16,800	29,400	42,000
Tr	1450	4550	7600	15,200	26,600	38,000
Vic	1150	3700	6200	12,400	21,700	31,000
Cpe	1150	3600	6000	12,000	21,000	30,000
Limo	1050	3400	5700	11,400	20,000	28,500
Twn Brgm	1100	3500	5800	11,600	20,300	29,000
Imp Sed	1050	3350	5600	11,200	19,600	28,000

Custom models, (V-8 introduced Oct., 1924)

	6	5	4	3	2	1
Cpe	1100	3500	5800	11,600	20,300	29,000

Cadillac   67

	6	5	4	3	2	1
5P Cpe	1150	3600	6000	12,000	21,000	30,000
5P Sed	1100	3550	5900	11,800	20,700	29,500
Sub	1100	3500	5800	11,600	20,300	29,000
Imp Sub	1100	3550	5900	11,800	20,700	29,500
Other models, V-8						
7P Sed	1100	3500	5800	11,600	20,300	29,000
Vic	1100	3550	5900	11,800	20,700	29,500
Lan Sed	1150	3600	6000	12,000	21,000	30,000
2 dr Sed	1000	3100	5200	10,400	18,200	26,000
8P Imp Sed	1000	3250	5400	10,800	18,900	27,000

(All Custom and post-Dec. 1924 models have scrolled radiators).

1926-1927
Series 314, V-8

Cpe	1350	4300	7200	14,400	25,200	36,000
Vic	1400	4450	7400	14,800	25,900	37,000
5P Brgm	1350	4300	7200	14,400	25,200	36,000
5P Sed	1050	3350	5600	11,200	19,600	28,000
7P Sed	1100	3500	5800	11,600	20,300	29,000
Imp Sed	1050	3350	5600	11,200	19,600	28,000

Custom Line, V-8

Rds	3250	10,300	17,200	34,400	60,200	86,000
Tr	3250	10,300	17,200	34,400	60,200	86,000
Phae	3300	10,550	17,600	35,200	61,600	88,000
Cpe	1750	5500	9200	18,400	32,200	46,000
Sed	1450	4700	7800	15,600	27,300	39,000
Sub	1500	4800	8000	16,000	28,000	40,000
Imp Sed	1650	5300	8800	17,600	30,800	44,000

1927
Series 314 Std., V-8, 132" wb

Spt Cpe	1500	4800	8000	16,000	28,000	40,000
Cpe	1400	4450	7400	14,800	25,900	37,000
Sed	1150	3600	6000	12,000	21,000	30,000
Spt Sed	1150	3700	6200	12,400	21,700	31,000
Brgm	1100	3500	5800	11,600	20,300	29,000
Imp	1150	3700	6200	12,400	21,700	31,000

Std. Series, V-8, 132" wb

7P Sed	1150	3600	6000	12,000	21,000	30,000

Custom, 132" wb

RS Rds	2850	9100	15,200	30,400	53,200	76,000
RS Conv	2350	7450	12,400	24,800	43,400	62,000
Phae	3100	9850	16,400	32,800	57,400	82,000
Spt Phae	3250	10,300	17,200	34,400	60,200	86,000
Tr	3000	9600	16,000	32,000	56,000	80,000
Conv	2200	6950	11,600	23,200	40,600	58,000
Cpe	1600	5050	8400	16,800	29,400	42,000
5P Sed	1200	3850	6400	12,800	22,400	32,000
Sub	1250	3950	6600	13,200	23,100	33,000
Imp Sed	1300	4100	6800	13,600	23,800	34,000
Brn Twn Cabr	1300	4100	6800	13,600	23,800	34,000
Wilby Twn Cabr	1450	4550	7600	15,200	26,600	38,000

Fleetwood Bodies

Limo Brgm	1600	5150	8600	17,200	30,100	43,000
Twn Cabr	1700	5400	9000	18,000	31,500	45,000
Trans Twn Cabr	1850	5900	9800	19,600	34,300	49,000
Coll Twn Cabr	1900	6000	10,000	20,000	35,000	50,000
Vic	1600	5050	8400	16,800	29,400	42,000

1928
Fisher Custom Line, V-8, 140" wb

Rds	4000	12,700	21,200	42,400	74,200	106,000
Tr	4050	12,950	21,600	43,200	75,600	108,000
Phae	4150	13,200	22,000	44,000	77,000	110,000
Spt Phae	4350	13,900	23,200	46,400	81,200	116,000
Conv RS	3600	11,500	19,200	38,400	67,200	96,000
2P Cpe	1500	4800	8000	16,000	28,000	40,000
5P Cpe	1400	4450	7400	14,800	25,900	37,000
Twn Sed	1300	4200	7000	14,000	24,500	35,000
Sed	1300	4100	6800	13,600	23,800	34,000
7P Sed	1300	4200	7000	14,000	24,500	35,000
5P Imp Sed	1350	4300	7200	14,400	25,200	36,000
Imp Cabr	3750	12,000	20,000	40,000	70,000	100,000
7P Imp Sed	2250	7200	12,000	24,000	42,000	60,000
7P Imp Cabr	4150	13,200	22,000	44,000	77,000	110,000

Fisher Fleetwood Line, V-8, 140" wb

Sed	1450	4550	7600	15,200	26,600	38,000
5P Cabr	4000	12,700	21,200	42,400	74,200	106,000
5P Imp Cabr	4150	13,200	22,000	44,000	77,000	110,000

Cadillac

	6	5	4	3	2	1
7P Sed	1500	4800	8000	16,000	28,000	40,000
7P Cabr	4050	12,950	21,600	43,200	75,600	108,000
7P Imp Cabr	4200	13,450	22,400	44,800	78,400	112,000
Trans Twn Cabr	4150	13,200	22,000	44,000	77,000	110,000
Trans Limo Brgm	2850	9100	15,200	30,400	53,200	76,000

1929
Series 341-B, V-8, 140" wb

	6	5	4	3	2	1
Rds	4150	13,200	22,000	44,000	77,000	110,000
Phae	4300	13,700	22,800	45,600	79,800	114,000
Spt Phae	4650	14,900	24,800	49,600	86,800	124,000
Tr	3750	12,000	20,000	40,000	70,000	100,000
Conv	3750	12,000	20,000	40,000	70,000	100,000
2P Cpe	2650	8400	14,000	28,000	49,000	70,000
5P Cpe	2000	6350	10,600	21,200	37,100	53,000
5P Sed	1600	5150	8600	17,200	30,100	43,000
7P Sed	1600	5050	8400	16,800	29,400	42,000
Twn Sed	1650	5300	8800	17,600	30,800	44,000
7P Imp Sed	1700	5400	9000	18,000	31,500	45,000

Fleetwood Custom Line, V-8, 140" wb

	6	5	4	3	2	1
Sed	1600	5150	8600	17,200	30,100	43,000
Sed Cabr	4350	13,900	23,200	46,400	81,200	116,000
5P Imp Sed	1900	6000	10,000	20,000	35,000	50,000
7P Imp Sed	1900	6100	10,200	20,400	35,700	51,000
Trans Twn Cabr	3750	12,000	20,000	40,000	70,000	100,000
Trans Limo Brgm	2850	9100	15,200	30,400	53,200	76,000
Clb Cabr	4000	12,700	21,200	42,400	74,200	106,000
A/W Phae	4900	15,600	26,000	52,000	91,000	130,000
A/W State Imp	5100	16,300	27,200	54,400	95,200	136,000

1930 Cadillac, V-16 Roadster

1930
Series 353, V-8, 140" wb
Fisher Custom Line

	6	5	4	3	2	1
Conv	4150	13,200	22,000	44,000	77,000	110,000
2P Cpe	2700	8650	14,400	28,800	50,400	72,000
Twn Sed	1600	5150	8600	17,200	30,100	43,000
Sed	1600	5050	8400	16,800	29,400	42,000
7P Sed	1650	5300	8800	17,600	30,800	44,000
7P Imp Sed	1900	6000	10,000	20,000	35,000	50,000
5P Cpe	1950	6250	10,400	20,800	36,400	52,000

Fleetwood Line, V-8

	6	5	4	3	2	1
Rds	4900	15,600	26,000	52,000	91,000	130,000
5P Sed	1700	5400	9000	18,000	31,500	45,000
Sed Cabr	4150	13,200	22,000	44,000	77,000	110,000
5P Imp	1900	6000	10,000	20,000	35,000	50,000
7P Sed	1700	5400	9000	18,000	31,500	45,000
7P Imp	1900	6000	10,000	20,000	35,000	50,000

Cadillac 69

	6	5	4	3	2	1
Trans Cabr	4800	15,350	25,600	51,200	89,600	128,000
Trans Limo Brgm	4600	14,650	24,400	48,800	85,400	122,000
Clb Cabr	4750	15,100	25,200	50,400	88,200	126,000
A/W Phae	5250	16,800	28,000	56,000	98,000	140,000
A/W State Imp	5450	17,400	29,000	58,000	101,500	145,000

Fleetwood Custom Line, V-16, 148" wb

	6	5	4	3	2	1
Rds	16,900	54,000	90,000	180,000	315,000	450,000
Phae	17,050	54,600	91,000	182,000	318,500	455,000

"Flat Windshield" Models

	6	5	4	3	2	1
A/W Phae	17,250	55,200	92,000	184,000	322,000	460,000
Conv	16,900	54,000	90,000	180,000	315,000	450,000
Cpe	4750	15,100	25,200	50,400	88,200	126,000
Clb Sed	4500	14,400	24,000	48,000	84,000	120,000
5P OS Sed	4500	14,400	24,000	48,000	84,000	120,000
5P Sed Cabr	14,450	46,200	77,000	154,000	269,500	385,000
Imp Cabr	14,450	46,200	77,000	154,000	269,500	385,000
7P Sed	5100	16,300	27,200	54,400	95,200	136,000
7P Imp Sed	5250	16,800	28,000	56,000	98,000	140,000
Twn Cabr 4212	14,650	46,800	78,000	156,000	273,000	390,000
Twn Cabr 4220	14,650	46,800	78,000	156,000	273,000	390,000
Twn Cabr 4225	14,650	46,800	78,000	156,000	273,000	390,000
Limo Brgm	10,900	34,800	58,000	116,000	203,000	290,000
Twn Brgm 05	10,900	34,800	58,000	116,000	203,000	290,000

"Cane-bodied" Model

	6	5	4	3	2	1
Twn Brgm	10,900	34,800	58,000	116,000	203,000	290,000

Madame X Models

	6	5	4	3	2	1
A/W Phae	18,000	57,600	96,000	192,000	336,000	480,000
Conv	17,250	55,200	92,000	184,000	322,000	460,000
Cpe	9950	31,800	53,000	106,000	185,500	265,000
5P OS Imp	8050	25,800	43,000	86,000	150,500	215,000
5P Imp	7900	25,200	42,000	84,000	147,000	210,000
Twn Cabr 4312	14,800	47,400	79,000	158,000	276,500	395,000
Twn Cabr 4320	14,800	47,400	79,000	158,000	276,500	395,000
Twn Cabr 4325	14,800	47,400	79,000	158,000	276,500	395,000
Limo Brgm	11,250	36,000	60,000	120,000	210,000	300,000

1931
Series 355, V-8, 134" wb
Fisher Bodies

	6	5	4	3	2	1
Rds	5200	16,550	27,600	55,200	96,600	138,000
Phae	4950	15,850	26,400	52,800	92,400	132,000
2P Cpe	2850	9100	15,200	30,400	53,200	76,000
5P Cpe	2800	8900	14,800	29,600	51,800	74,000
Sed	1700	5400	9000	18,000	31,500	45,000
Twn Sed	1750	5650	9400	18,800	32,900	47,000
7P Sed	1850	5900	9800	19,600	34,300	49,000
Imp Limo	1900	6000	10,000	20,000	35,000	50,000

Fleetwood Bodies V-8

	6	5	4	3	2	1
Rds	5450	17,400	29,000	58,000	101,500	145,000
Conv	5450	17,400	29,000	58,000	101,500	145,000
Phae	5800	18,600	31,000	62,000	108,500	155,000
A/W Phae	6000	19,200	32,000	64,000	112,000	160,000

Series 370, V-12, 140" wb

	6	5	4	3	2	1
Rds	10,300	33,000	55,000	110,000	192,500	275,000
Phae	10,300	33,000	55,000	110,000	192,500	275,000
Conv	9400	30,000	50,000	100,000	175,000	250,000
A/W Phae	10,500	33,600	56,000	112,000	196,000	280,000
2P Cpe	5650	18,000	30,000	60,000	105,000	150,000
5P Cpe	5650	18,000	30,000	60,000	105,000	150,000
Sed	4900	15,600	26,000	52,000	91,000	130,000
Twn Sed	5100	16,300	27,200	54,400	95,200	136,000

Series 370, V-12, 143" wb

	6	5	4	3	2	1
7P Sed	5450	17,400	29,000	58,000	101,500	145,000
Imp Sed	5650	18,000	30,000	60,000	105,000	150,000

Series V-16, 148" wb

	6	5	4	3	2	1
2P Rds	17,050	54,600	91,000	182,000	318,500	455,000
Phae	17,250	55,200	92,000	184,000	322,000	460,000
A/W Phae	19,150	61,200	102,000	204,000	357,000	510,000
4476 Cpe	5250	16,800	28,000	56,000	98,000	140,000
4276 Cpe	5450	17,400	29,000	58,000	101,500	145,000
5P Cpe	5250	16,800	28,000	56,000	98,000	140,000
Conv	17,250	55,200	92,000	184,000	322,000	460,000
4361 Clb Sed	7150	22,800	38,000	76,000	133,000	190,000
4161 Clb Sed	7150	22,800	38,000	76,000	133,000	190,000
4330 Imp	7300	23,400	39,000	78,000	136,500	195,000
4330 Sed	4000	12,700	21,200	42,400	74,200	106,000
4130 Sed	4150	13,200	22,000	44,000	77,000	110,000

Cadillac

	6	5	4	3	2	1
4130 Imp	4150	13,200	22,000	44,000	77,000	110,000
4335 Sed Cabr	15,000	48,000	80,000	160,000	280,000	400,000
4355 Imp Cabr	15,200	48,600	81,000	162,000	283,500	405,000
4155 Sed Cabr	15,200	48,600	81,000	162,000	283,500	405,000
4155 Imp Cabr	15,400	49,200	82,000	164,000	287,000	410,000
4375 Sed	4000	12,700	21,200	42,400	74,200	106,000
4175 Sed	4150	13,200	22,000	44,000	77,000	110,000
4375 Imp	4350	13,900	23,200	46,400	81,200	116,000
4175 Imp	4500	14,400	24,000	48,000	84,000	120,000
4312 Twn Cabr	15,200	48,600	81,000	162,000	283,500	405,000
4320 Twn Cabr	15,200	48,600	81,000	162,000	283,500	405,000
4220 Twn Cabr	15,200	48,600	81,000	162,000	283,500	405,000
4325 Twn Cabr	15,000	48,000	80,000	160,000	280,000	400,000
4225 Twn Cabr	15,000	48,000	80,000	160,000	280,000	400,000
4391 Limo Brgm	10,700	34,200	57,000	114,000	199,500	285,000
4291 Limo Brgm	11,250	36,000	60,000	120,000	210,000	300,000
4264 Twn Brgm	11,450	36,600	61,000	122,000	213,500	305,000
4264B Twn Brgm C/N	11,650	37,200	62,000	124,000	217,000	310,000

1932
Series 355B, V-8, 134" wb

	6	5	4	3	2	1
Rds	4800	15,350	25,600	51,200	89,600	128,000
Conv	4000	12,700	21,200	42,400	74,200	106,000
2P Cpe	1900	6000	10,000	20,000	35,000	50,000
Sed	1550	4900	8200	16,400	28,700	41,000

Fisher Line, 140" wb

	6	5	4	3	2	1
Std Phae	4150	13,200	22,000	44,000	77,000	110,000
D W Phae	4350	13,900	23,200	46,400	81,200	116,000
D C Spt Phae	4500	14,400	24,000	48,000	84,000	120,000
A/W Phae	4500	14,400	24,000	48,000	84,000	120,000
Cpe	2050	6600	11,000	22,000	38,500	55,000
Spec Sed	1600	5050	8400	16,800	29,400	42,000
Twn Sed	1600	5150	8600	17,200	30,100	43,000
Imp Sed	1700	5400	9000	18,000	31,500	45,000

Fleetwood Bodies, 140" wb

	6	5	4	3	2	1
Sed	1700	5400	9000	18,000	31,500	45,000
Twn Cpe	2150	6850	11,400	22,800	39,900	57,000
7P Sed	1900	6000	10,000	20,000	35,000	50,000
7P Limo	2150	6850	11,400	22,800	39,900	57,000
5P Twn Car	4000	12,700	21,200	42,400	74,200	106,000
Twn Cabr	4500	14,400	24,000	48,000	84,000	120,000
Limo Brgm	2500	7900	13,200	26,400	46,200	66,000

Series 370-B, V-12, 134" wb

	6	5	4	3	2	1
Rds	7500	24,000	40,000	80,000	140,000	200,000
Conv	7150	22,800	38,000	76,000	133,000	190,000
2P Cpe	2650	8400	14,000	28,000	49,000	70,000
Std Sed	1900	6000	10,000	20,000	35,000	50,000

Series 370-B, V-12, 140" wb
Fisher Bodies

	6	5	4	3	2	1
Std Phae	7500	24,000	40,000	80,000	140,000	200,000
Spec Phae	7700	24,600	41,000	82,000	143,500	205,000
Spt Phae	8050	25,800	43,000	86,000	150,500	215,000
A/W Phae	7900	25,200	42,000	84,000	147,000	210,000
5P Cpe	3000	9600	16,000	32,000	56,000	80,000
Spec Sed	2850	9100	15,200	30,400	53,200	76,000
Twn Sed	2500	7900	13,200	26,400	46,200	66,000
7P Sed	2550	8150	13,600	27,200	47,600	68,000
7P Imp	2650	8400	14,000	28,000	49,000	70,000

Series 370-B, V-12, 140" wb
Fleetwood Bodies

	6	5	4	3	2	1
Tr	9400	30,000	50,000	100,000	175,000	250,000
Conv	9550	30,600	51,000	102,000	178,500	255,000
Sed	3250	10,300	17,200	34,400	60,200	86,000
Twn Cpe	3300	10,550	17,600	35,200	61,600	88,000
7P Sed	2950	9350	15,600	31,200	54,600	78,000
Limo	3250	10,300	17,200	34,400	60,200	86,000
5P Twn Cabr	9550	30,600	51,000	102,000	178,500	255,000
7P Twn Cabr	9750	31,200	52,000	104,000	182,000	260,000
Limo Brgm	7500	24,000	40,000	80,000	140,000	200,000

Series 452-B, V-16, 143" wb
Fisher Bodies

	6	5	4	3	2	1
Rds	13,700	43,800	73,000	146,000	255,500	365,000
Conv	12,400	39,600	66,000	132,000	231,000	330,000
Cpe	8650	27,600	46,000	92,000	161,000	230,000
Std Sed	7150	22,800	38,000	76,000	133,000	190,000

Cadillac 71

	6	5	4	3	2	1
Series 452-B, V-16, 149" wb						
Fisher Bodies						
Std Phae	15,750	50,400	84,000	168,000	294,000	420,000
Spec Phae	15,950	51,000	85,000	170,000	297,500	425,000
Spt Phae	16,150	51,600	86,000	172,000	301,000	430,000
A/W Phae	16,300	52,200	87,000	174,000	304,500	435,000
Fleetwood Bodies, V-16						
5P Sed	10,150	32,400	54,000	108,000	189,000	270,000
Imp Limo	10,300	33,000	55,000	110,000	192,500	275,000
Twn Cpe	10,500	33,600	56,000	112,000	196,000	280,000
7P Sed	10,300	33,000	55,000	110,000	192,500	275,000
7P Twn Cabr	15,950	51,000	85,000	170,000	297,500	425,000
5P Twn Cabr	15,750	50,400	84,000	168,000	294,000	420,000
Limo Brgm	10,500	33,600	56,000	112,000	196,000	280,000
1933						
Series 355C, V-8, 134" wb						
Fisher Bodies						
Rds	4500	14,400	24,000	48,000	84,000	120,000
Conv	3600	11,500	19,200	38,400	67,200	96,000
Cpe	1700	5400	9000	18,000	31,500	45,000
Series 355C, V-8, 140" wb						
Fisher Bodies						
Phae	4000	12,700	21,200	42,400	74,200	106,000
A/W Phae	4150	13,200	22,000	44,000	77,000	110,000
5P Cpe	1750	5500	9200	18,400	32,200	46,000
Sed	1650	5300	8800	17,600	30,800	44,000
Twn Sed	1700	5400	9000	18,000	31,500	45,000
7P Sed	1750	5500	9200	18,400	32,200	46,000
Imp Sed	1850	5900	9800	19,600	34,300	49,000
Series 355C, V-8, 140" wb						
Fleetwood Line						
5P Sed	1700	5400	9000	18,000	31,500	45,000
7P Sed	1750	5500	9200	18,400	32,200	46,000
Limo	1850	5900	9800	19,600	34,300	49,000
5P Twn Cabr	4050	12,950	21,600	43,200	75,600	108,000
7P Twn Cabr	4150	13,200	22,000	44,000	77,000	110,000
Limo Brgm	2350	7450	12,400	24,800	43,400	62,000
Series 370C, V-12, 134" wb						
Fisher Bodies						
Rds	4900	15,600	26,000	52,000	91,000	130,000
Conv	4750	15,100	25,200	50,400	88,200	126,000
Cpe	2800	8900	14,800	29,600	51,800	74,000
Series, 370C, V-12, 140" wb						
Fisher Bodies						
Phae	4800	15,350	25,600	51,200	89,600	128,000
A/W Phae	4900	15,600	26,000	52,000	91,000	130,000
5P Cpe	2950	9350	15,600	31,200	54,600	78,000
Sed	2500	7900	13,200	26,400	46,200	66,000
Twn Sed	2500	7900	13,200	26,400	46,200	66,000
7P Sed	2350	7450	12,400	24,800	43,400	62,000
Imp Sed	2550	8150	13,600	27,200	47,600	68,000
Series 370C, V-12, 140" wb						
Fleetwood Line						
Sed	2550	8150	13,600	27,200	47,600	68,000
7P Sed	2550	8150	13,600	27,200	47,600	68,000
Limo	2650	8400	14,000	28,000	49,000	70,000
5P Twn Cabr	4900	15,600	26,000	52,000	91,000	130,000
7P Twn Cabr	4950	15,850	26,400	52,800	92,400	132,000
7P Limo Brgm	3000	9600	16,000	32,000	56,000	80,000
Series 452-C V-16, 154" wb						
Dual Cowl Spt Phae	12,200	39,000	65,000	130,000	227,500	325,000
Fleetwood Bodies, 149" wb						
Conv	11,450	36,600	61,000	122,000	213,500	305,000
A/W Phae	11,650	37,200	62,000	124,000	217,000	310,000
Sed	7700	24,600	41,000	82,000	143,500	205,000
7P Sed	7700	24,600	41,000	82,000	143,500	205,000
Twn Cab	10,300	33,000	55,000	110,000	192,500	275,000
7P Twn Cab	10,500	33,600	56,000	112,000	196,000	280,000
7P Limo	8250	26,400	44,000	88,000	154,000	220,000
Limo Brgm	8250	26,400	44,000	88,000	154,000	220,000
5P Twn Cpe	7500	24,000	40,000	80,000	140,000	200,000
Imp Cab	10,500	33,600	56,000	112,000	196,000	280,000

Cadillac

1934
Series 355D, V-8, 128" wb
Fisher Bodies

	6	5	4	3	2	1
Conv	3250	10,300	17,200	34,400	60,200	86,000
Conv Sed	3300	10,550	17,600	35,200	61,600	88,000
2P Cpe	1500	4800	8000	16,000	28,000	40,000
Twn Cpe	1450	4550	7600	15,200	26,600	38,000
Sed	1250	3950	6600	13,200	23,100	33,000
Twn Sed	1300	4100	6800	13,600	23,800	34,000

Series 355D, V-8, 136" wb
Fisher Bodies

Conv	3400	10,800	18,000	36,000	63,000	90,000
Conv Sed	3450	11,050	18,400	36,800	64,400	92,000
Cpe	1550	4900	8200	16,400	28,700	41,000
Sed	1200	3850	6400	12,800	22,400	32,000
Twn Sed	1200	3850	6400	12,800	22,400	32,000
7P Sed	1250	3950	6600	13,200	23,100	33,000
Imp Sed	1300	4200	7000	14,000	24,500	35,000

1934
Series 355D, V-8, 146" wb
Fleetwood bodies with straight windshield

Sed	1300	4100	6800	13,600	23,800	34,000
Twn Sed	1300	4200	7000	14,000	24,500	35,000
7P Sed	1350	4300	7200	14,400	25,200	36,000
7P Limo	1550	4900	8200	16,400	28,700	41,000
Imp Cab	3600	11,500	19,200	38,400	67,200	96,000
7P Imp Cab	3700	11,750	19,600	39,200	68,600	98,000

Series 355D, V-8, 146" wb
Fleetwood bodies with modified "V" windshield

Conv	3550	11,300	18,800	37,600	65,800	94,000
Aero Cpe	3000	9600	16,000	32,000	56,000	80,000
Cpe	2250	7200	12,000	24,000	42,000	60,000
Spl Sed	1300	4200	7000	14,000	24,500	35,000
Spl Twn Sed	1350	4300	7200	14,400	25,200	36,000
Conv Sed Div	3600	11,500	19,200	38,400	67,200	96,000
7P Spl Sed	1350	4300	7200	14,400	25,200	36,000
Spl Limo	1400	4450	7400	14,800	25,900	37,000
Sp Twn Cab	3600	11,500	19,200	38,400	67,200	96,000
7P Twn Cab	3700	11,750	19,600	39,200	68,600	98,000
5P Spl Imp Cab	3700	11,750	19,600	39,200	68,600	98,000
7P Spl Imp Cab	3750	12,000	20,000	40,000	70,000	100,000
Limo Brgm	2850	9100	15,200	30,400	53,200	76,000

1934
Series 370D, V-12, 146" wb
Fleetwood bodies with straight windshield

Sed	1700	5400	9000	18,000	31,500	45,000
Twn Sed	1750	5500	9200	18,400	32,200	46,000
7P	1750	5650	9400	18,800	32,900	47,000
7P Limo	1850	5900	9800	19,600	34,300	49,000
5P Imp Cab	3600	11,500	19,200	38,400	67,200	96,000
7P Imp Cab	3700	11,750	19,600	39,200	68,600	98,000

Series 370D, V-12, 146" wb
Fleetwood bodies with modified "V" windshield

Conv	3700	11,750	19,600	39,200	68,600	98,000
Aero Cpe	3400	10,800	18,000	36,000	63,000	90,000
RS Cpe	2400	7700	12,800	25,600	44,800	64,000
Spl Sed	1600	5050	8400	16,800	29,400	42,000
Spl Twn Sed	1600	5150	8600	17,200	30,100	43,000
Conv Sed	3750	12,000	20,000	40,000	70,000	100,000
7P Spl Sed	1650	5300	8800	17,600	30,800	44,000
Spec Limo	1700	5400	9000	18,000	31,500	45,000
5P Twn Cab	4000	12,700	21,200	42,400	74,200	106,000
7P Twn Cab	4050	12,950	21,600	43,200	75,600	108,000
5P Spl Imp Cab	4150	13,200	22,000	44,000	77,000	110,000
7P Spl Imp Cab	4450	14,150	23,600	47,200	82,600	118,000

Series 452D, V-16, 154" wb
Fleetwood bodies with straight windshield

Sed	5800	18,600	31,000	62,000	108,500	155,000
Twn Sed	6000	19,200	32,000	64,000	112,000	160,000
7P Sed	6000	19,200	32,000	64,000	112,000	160,000
Limo	6000	19,200	32,000	64,000	112,000	160,000
5P Imp Cab	7900	25,200	42,000	84,000	147,000	210,000

Series 452D, V-16, 154" wb
Fleetwood bodies with modified "V" windshield

4P Conv	8650	27,600	46,000	92,000	161,000	230,000
Aero Cpe	7900	25,200	42,000	84,000	147,000	210,000

Cadillac 73

	6	5	4	3	2	1
RS Cpe	9750	31,200	52,000	104,000	182,000	260,000
Spl Sed	9400	30,000	50,000	100,000	175,000	250,000
Spl Twn Sed	6200	19,800	33,000	66,000	115,500	165,000
Conv Sed	8450	27,000	45,000	90,000	157,500	225,000
7P Spl Sed	6000	19,200	32,000	64,000	112,000	160,000
Spl Limo	6400	20,400	34,000	68,000	119,000	170,000
5P Twn Cab	7500	24,000	40,000	80,000	140,000	200,000
7P Twn Cab	7500	24,000	40,000	80,000	140,000	200,000
5P Spl Imp Cab	7900	25,200	42,000	84,000	147,000	210,000
7P Spl Imp Cab	7500	24,000	40,000	80,000	140,000	200,000
Limo Brgm	6750	21,600	36,000	72,000	126,000	180,000

1935
Series 355E, V-8, 128" wb
Fisher Bodies

	6	5	4	3	2	1
RS Conv	2500	7900	13,200	26,400	46,200	66,000
Conv Sed	2400	7700	12,800	25,600	44,800	64,000
RS Cpe	1900	6000	10,000	20,000	35,000	50,000
5P Twn Cpe	1700	5400	9000	18,000	31,500	45,000
Sed	1500	4800	8000	16,000	28,000	40,000
Twn Sed	1550	4900	8200	16,400	28,700	41,000

Series 355E, V-8, 136" wb
Fisher Bodies

	6	5	4	3	2	1
RS Conv	2650	8400	14,000	28,000	49,000	70,000
Conv Sed	2550	8150	13,600	27,200	47,600	68,000
RS Cpe	2000	6350	10,600	21,200	37,100	53,000
Sed	1600	5050	8400	16,800	29,400	42,000
Twn Sed	1600	5150	8600	17,200	30,100	43,000
7P Sed	1850	5900	9800	19,600	34,300	49,000
Imp Sed	2050	6500	10,800	21,600	37,800	54,000

Series 355E, V-8, 146" wb
Fleetwood bodies with straight windshield

	6	5	4	3	2	1
Sed	1600	5150	8600	17,200	30,100	43,000
Twn Sed	1650	5300	8800	17,600	30,800	44,000
7P Sed	1700	5400	9000	18,000	31,500	45,000
Limo	1750	5500	9200	18,400	32,200	46,000
5P Imp Cabr	3450	11,050	18,400	36,800	64,400	92,000
7P Imp Cabr	3550	11,300	18,800	37,600	65,800	94,000

Series 355E, V-8, 146" wb
Fleetwood bodies with modified "V" windshield

	6	5	4	3	2	1
4P Conv	2850	9100	15,200	30,400	53,200	76,000
4P Cpe	1950	6250	10,400	20,800	36,400	52,000
Spec Sed	1650	5300	8800	17,600	30,800	44,000
Spec Twn Sed	1700	5400	9000	18,000	31,500	45,000
Conv Sed	3600	11,500	19,200	38,400	67,200	96,000
7P Spec Sed	1700	5400	9000	18,000	31,500	45,000
Spec Limo	1800	5750	9600	19,200	33,600	48,000
5P Twn Cabr	2850	9100	15,200	30,400	53,200	76,000
7P Twn Cabr	2850	9100	15,200	30,400	53,200	76,000
5P Imp Cabr	3100	9850	16,400	32,800	57,400	82,000
7P Imp Cabr	3150	10,100	16,800	33,600	58,800	84,000
Limo Brgm	2000	6350	10,600	21,200	37,100	53,000

Series 370E, V-12, 146" wb
Fleetwood bodies with straight windshield

	6	5	4	3	2	1
Sed	2050	6600	11,000	22,000	38,500	55,000
Twn Sed	2100	6700	11,200	22,400	39,200	56,000
7P Sed	2150	6850	11,400	22,800	39,900	57,000
Limo	2250	7200	12,000	24,000	42,000	60,000
5P Imp Cabr	4000	12,700	21,200	42,400	74,200	106,000
7P Imp Cabr	4050	12,950	21,600	43,200	75,600	108,000

Series 370E, V-12, 146" wb
Fleetwood bodies with modified "V" windshield

	6	5	4	3	2	1
Conv	3600	11,500	19,200	38,400	67,200	96,000
4P Cpe	2250	7200	12,000	24,000	42,000	60,000
Spec Sed	2100	6700	11,200	22,400	39,200	56,000
Spec Twn Sed	2200	6950	11,600	23,200	40,600	58,000
Conv Sed	4150	13,200	22,000	44,000	77,000	110,000
7P Spec Sed	2250	7200	12,000	24,000	42,000	60,000
7P Spec Limo	2500	7900	13,200	26,400	46,200	66,000
5P Twn Cabr	3400	10,800	18,000	36,000	63,000	90,000
7P Twn Cabr	3400	10,800	18,000	36,000	63,000	90,000
5P Spec Imp Cabr	3600	11,500	19,200	38,400	67,200	96,000
7P Spec Imp Cabr	3600	11,500	19,200	38,400	67,200	96,000
Limo Brgm	2950	9350	15,600	31,200	54,600	78,000

Series 452E, V-16, 154" wb
Fleetwood bodies with straight windshield

	6	5	4	3	2	1
Sed	4000	12,700	21,200	42,400	74,200	106,000

Cadillac

	6	5	4	3	2	1
Twn Sed	4050	12,950	21,600	43,200	75,600	108,000
7P Sed	4050	12,950	21,600	43,200	75,600	108,000
7P Limo	4150	13,200	22,000	44,000	77,000	110,000
5P Imp Cabr	5650	18,000	30,000	60,000	105,000	150,000
7P Imp Cabr	5800	18,600	31,000	62,000	108,500	155,000

Series 452D, V-16, 154" wb
Fleetwood bodies with modified "V" windshield

	6	5	4	3	2	1
2-4P Cpe	6400	20,400	34,000	68,000	119,000	170,000
4P Cpe	6200	19,800	33,000	66,000	115,500	165,000
Spec Sed	4800	15,350	25,600	51,200	89,600	128,000
Spec Twn Sed	4900	15,600	26,000	52,000	91,000	130,000
7P Spec Sed	4950	15,850	26,400	52,800	92,400	132,000
Spec Limo	5050	16,100	26,800	53,600	93,800	134,000
5P Twn Cabr	8050	25,800	43,000	86,000	150,500	215,000
7P Twn Cab	8250	26,400	44,000	88,000	154,000	220,000
5P Spec Imp Cabr	8450	27,000	45,000	90,000	157,500	225,000
7P Spec Imp Cabr	8650	27,600	46,000	92,000	161,000	230,000
Limo Brgm	6000	19,200	32,000	64,000	112,000	160,000
5P Conv	9000	28,800	48,000	96,000	168,000	240,000
Conv Sed	9200	29,400	49,000	98,000	171,500	245,000

1936
Series 60, V-8, 121" wb

	6	5	4	3	2	1
Conv	2250	7200	12,000	24,000	42,000	60,000
2P Cpe	1150	3600	6000	12,000	21,000	30,000
Tr Sed	900	2900	4800	9600	16,800	24,000

Series 70, V-8, 131" wb, Fleetwood bodies

	6	5	4	3	2	1
Conv	2400	7700	12,800	25,600	44,800	64,000
2P Cpe	1150	3700	6200	12,400	21,700	31,000
Conv Sed	2500	7900	13,200	26,400	46,200	66,000
Tr Sed	1050	3350	5600	11,200	19,600	28,000

Series 75, V-8, 138" wb, Fleetwood bodies

	6	5	4	3	2	1
Sed	1450	4550	7600	15,200	26,600	38,000
Tr Sed	1450	4700	7800	15,600	27,300	39,000
Conv Sed	2650	8400	14,000	28,000	49,000	70,000
Fml Sed	1450	4550	7600	15,200	26,600	38,000
Twn Sed	1450	4700	7800	15,600	27,300	39,000
7P Sed	1500	4800	8000	16,000	28,000	40,000
7P Tr Sed	1600	5150	8600	17,200	30,100	43,000
Imp Sed	1650	5300	8800	17,600	30,800	44,000
Imp Tr Sed	1700	5400	9000	18,000	31,500	45,000
Twn Car	1900	6000	10,000	20,000	35,000	50,000

Series 80, V-12, 131" wb, Fleetwood bodies

	6	5	4	3	2	1
Conv	2650	8400	14,000	28,000	49,000	70,000
Conv Sed	2800	8900	14,800	29,600	51,800	74,000
Cpe	1700	5400	9000	18,000	31,500	45,000
Tr Sed	1600	5050	8400	16,800	29,400	42,000

Series 85, V-12, 138" wb, Fleetwood bodies

	6	5	4	3	2	1
Sed	1600	5150	8600	17,200	30,100	43,000
Tr Sed	1650	5300	8800	17,600	30,800	44,000
Conv Sed	2850	9100	15,200	30,400	53,200	76,000
Fml Sed	1750	5650	9400	18,800	32,900	47,000
Twn Sed	1800	5750	9600	19,200	33,600	48,000
7P Sed	1750	5650	9400	18,800	32,900	47,000
7P Tr Sed	1800	5750	9600	19,200	33,600	48,000
Imp Sed	1900	6000	10,000	20,000	35,000	50,000
Imp Tr Sed	1950	6250	10,400	20,800	36,400	52,000
Twn Car	2250	7200	12,000	24,000	42,000	60,000

Series 90, V-16, 154" wb, Fleetwood bodies

	6	5	4	3	2	1
2P Conv	5650	18,000	30,000	60,000	105,000	150,000
Conv Sed	5800	18,600	31,000	62,000	108,500	155,000
2P Cpe	4150	13,200	22,000	44,000	77,000	110,000
Aero Cpe	4650	14,900	24,800	49,600	86,800	124,000
Sed	3600	11,500	19,200	38,400	67,200	96,000
Twn Sed	3600	11,500	19,200	38,400	67,200	96,000
7P Sed	3700	11,750	19,600	39,200	68,600	98,000
5P Imp Cabr	5650	18,000	30,000	60,000	105,000	150,000
7P Imp Cabr	5650	18,000	30,000	60,000	105,000	150,000
Imp Sed	5800	18,600	31,000	62,000	108,500	155,000
Twn Cabr	6000	19,200	32,000	64,000	112,000	160,000
Twn Lan	5450	17,400	29,000	58,000	101,500	145,000
5P Conv	5650	18,000	30,000	60,000	105,000	150,000

1937
Series 60, V-8, 124" wb

	6	5	4	3	2	1
Conv	1850	5900	9800	19,600	34,300	49,000
Conv Sed	1900	6000	10,000	20,000	35,000	50,000
2P Cpe	1150	3600	6000	12,000	21,000	30,000

Cadillac 75

	6	5	4	3	2	1
Tr Sed	950	3000	5000	10,000	17,500	25,000
Series 65, V-8, 131" wb						
Tr Sed	1000	3250	5400	10,800	18,900	27,000
Series 70, V-8, 131" wb, Fleetwood bodies						
Conv	1900	6000	10,000	20,000	35,000	50,000
Conv Sed	2000	6350	10,600	21,200	37,100	53,000
Spt Cpe	1250	3950	6600	13,200	23,100	33,000
Tr Sed	1100	3500	5800	11,600	20,300	29,000
Series 75, V-8, 138" wb, Fleetwood bodies						
Tr Sed	1200	3850	6400	12,800	22,400	32,000
Twn Sed	1250	3950	6600	13,200	23,100	33,000
Conv Sed	2250	7200	12,000	24,000	42,000	60,000
Fml Sed	1300	4200	7000	14,000	24,500	35,000
Spec Tr Sed	1350	4300	7200	14,400	25,200	36,000
Spec Imp Tr Sed	1400	4450	7400	14,800	25,900	37,000
7P Tr Sed	1450	4550	7600	15,200	26,600	38,000
7P Imp	1400	4450	7400	14,800	25,900	37,000
Bus Tr Sed	1350	4300	7200	14,400	25,200	36,000
Bus Imp	1700	5400	9000	18,000	31,500	45,000
Twn Car	2500	7900	13,200	26,400	46,200	66,000
Series 85, V-12, 138" wb, Fleetwood bodies						
Tr Sed	1700	5400	9000	18,000	31,500	45,000
Twn Sed	1750	5500	9200	18,400	32,200	46,000
Conv Sed	2850	9100	15,200	30,400	53,200	76,000
7P Tr Sed	1800	5750	9600	19,200	33,600	48,000
Imp Tr Sed	2000	6350	10,600	21,200	37,100	53,000
Twn Car	2800	8900	14,800	29,600	51,800	74,000
Series 90, V-16, 154" wb, Fleetwood bodies						
2P Conv	6200	19,800	33,000	66,000	115,500	165,000
5P Conv	6200	19,800	33,000	66,000	115,500	165,000
Conv Sed	6200	19,800	33,000	66,000	115,500	165,000
Cpe	4500	14,400	24,000	48,000	84,000	120,000
Twn Sed	3750	12,000	20,000	40,000	70,000	100,000
7P Sed	3850	12,250	20,400	40,800	71,400	102,000
Limo	4050	12,950	21,600	43,200	75,600	108,000
5P Imp Cabr	6000	19,200	32,000	64,000	112,000	160,000
5P Twn Cabr	6200	19,800	33,000	66,000	115,500	165,000
7P Imp Cabr	6200	19,800	33,000	66,000	115,500	165,000
7P Twn Cabr	6400	20,400	34,000	68,000	119,000	170,000
Aero Cpe	4800	15,350	25,600	51,200	89,600	128,000
Limo Brgm	4500	14,400	24,000	48,000	84,000	120,000
Fml Sed	4750	15,100	25,200	50,400	88,200	126,000

1938
Series 60, V-8, 124" wb

Conv	1850	5900	9800	19,600	34,300	49,000
Conv Sed	1900	6100	10,200	20,400	35,700	51,000
2P Cpe	1150	3600	6000	12,000	21,000	30,000
Tr Sed	1100	3500	5800	11,600	20,300	29,000
Series 60 Special, V-8, 127" wb						
Tr Sed	1300	4200	7000	14,000	24,500	35,000
Series 65, V-8, 132" wb						
Tr Sed	1150	3600	6000	12,000	21,000	30,000
Div Tr Sed	1300	4200	7000	14,000	24,500	35,000
Conv Sed	2350	7450	12,400	24,800	43,400	62,000
Series 75, V-8, 141" wb, Fleetwood bodies						
Conv	2200	7100	11,800	23,600	41,300	59,000
Conv Sed	2350	7450	12,400	24,800	43,400	62,000
2P Cpe	1700	5400	9000	18,000	31,500	45,000
5P Cpe	1600	5150	8600	17,200	30,100	43,000
Tr Sed	1300	4200	7000	14,000	24,500	35,000
Div Tr Sed	1400	4450	7400	14,800	25,900	37,000
Twn Sed	1350	4300	7200	14,400	25,200	36,000
Fml Sed	1350	4300	7200	14,400	25,200	36,000
7P Fml Sed	1500	4800	8000	16,000	28,000	40,000
7P Tr Sed	1450	4550	7600	15,200	26,600	38,000
Imp Tr Sed	1450	4700	7800	15,600	27,300	39,000
8P Tr Sed	1450	4700	7800	15,600	27,300	39,000
8P Imp Tr Sed	1500	4800	8000	16,000	28,000	40,000
Twn Car	2100	6700	11,200	22,400	39,200	56,000
Series 90, V-16, 141" wb, Fleetwood bodies						
Conv	4000	12,700	21,200	42,400	74,200	106,000
Conv Sed Trk	4050	12,950	21,600	43,200	75,600	108,000
2P Cpe	2850	9100	15,200	30,400	53,200	76,000
5P Cpe	2950	9350	15,600	31,200	54,600	78,000
Tr Sed	2650	8400	14,000	28,000	49,000	70,000
Twn Sed	2700	8650	14,400	28,800	50,400	72,000

Cadillac

	6	5	4	3	2	1
Div Tr Sed	2850	9100	15,200	30,400	53,200	76,000
7P Tr Sed	2800	8900	14,800	29,600	51,800	74,000
Imp Tr Sed	2950	9350	15,600	31,200	54,600	78,000
Fml Sed	2950	9350	15,600	31,200	54,600	78,000
Fml Sed Trk	3000	9600	16,000	32,000	56,000	80,000
Twn Car	3600	11,500	19,200	38,400	67,200	96,000

1939 Cadillac 60 Special 4-door touring sedan

1939
Series 61, V-8, 126" wb

Conv	2050	6500	10,800	21,600	37,800	54,000
Conv Sed	2100	6700	11,200	22,400	39,200	56,000
Cpe	1150	3600	6000	12,000	21,000	30,000
Tr Sed	1000	3250	5400	10,800	18,900	27,000

Series 60 Special, V-8, 127" wb, Fleetwood

Sed	1500	4800	8000	16,000	28,000	40,000
SR Sed	1600	5050	8400	16,800	29,400	42,000
SR Imp Sed	1700	5400	9000	18,000	31,500	45,000

Series 75, V-8, 141" wb, Fleetwood bodies

Conv	2350	7450	12,400	24,800	43,400	62,000
Conv Sed Trk	2550	8150	13,600	27,200	47,600	68,000
4P Cpe	1300	4200	7000	14,000	24,500	35,000
5P Cpe	1350	4300	7200	14,400	25,200	36,000
Tr Sed	1250	3950	6600	13,200	23,100	33,000
Div Tr Sed	1300	4100	6800	13,600	23,800	34,000
Twn Sed Trk	1300	4200	7000	14,000	24,500	35,000
Fml Sed Trk	1350	4300	7200	14,400	25,200	36,000
7P Fml Sed Trk	1450	4550	7600	15,200	26,600	38,000
7P Tr Sed	1400	4450	7400	14,800	25,900	37,000
7P Tr Imp Sed	1450	4550	7600	15,200	26,600	38,000
Bus Tr Sed	1300	4200	7000	14,000	24,500	35,000
8P Tr Imp Sed	1500	4800	8000	16,000	28,000	40,000
Twn Car Trk	1550	4900	8200	16,400	28,700	41,000

Series 90, V-16, 141" wb, Fleetwood bodies

Conv	4150	13,200	22,000	44,000	77,000	110,000
Conv Sed	4500	14,400	24,000	48,000	84,000	120,000
4P Cpe	3250	10,300	17,200	34,400	60,200	86,000
5P Cpe	3150	10,100	16,800	33,600	58,800	84,000
5P Tr Sed	2650	8400	14,000	28,000	49,000	70,000
Twn Sed Trk	2700	8650	14,400	28,800	50,400	72,000
Div Tr Sed	2700	8650	14,400	28,800	50,400	72,000
7P Tr Sed	2700	8650	14,400	28,800	50,400	72,000
7P Imp Tr Sed	2800	8900	14,800	29,600	51,800	74,000
Fml Sed Trk	2800	8900	14,800	29,600	51,800	74,000
7P Fml Sed Trk	2850	9100	15,200	30,400	53,200	76,000
Twn Car Trk	3400	10,800	18,000	36,000	63,000	90,000

1940
Series 62, V-8, 129" wb

Conv	2000	6350	10,600	21,200	37,100	53,000
Conv Sed	2050	6600	11,000	22,000	38,500	55,000
Cpe	1150	3700	6200	12,400	21,700	31,000
Sed	1000	3250	5400	10,800	18,900	27,000

Series 60 Special, V-8, 127" wb, Fleetwood

Sed	1500	4800	8000	16,000	28,000	40,000
SR Sed	1600	5150	8600	17,200	30,100	43,000

	6	5	4	3	2	1
Imp Sed	1600	5150	8600	17,200	30,100	43,000
SR Imp Sed	1750	5500	9200	18,400	32,200	46,000
MB Twn Car	1900	6000	10,000	20,000	35,000	50,000
LB Twn Car	1900	6000	10,000	20,000	35,000	50,000
Series 72, V-8, 138" wb, Fleetwood						
Sed	1450	4550	7600	15,200	26,600	38,000
4P Imp Sed	1450	4700	7800	15,600	27,300	39,000
7P Sed	1500	4800	8000	16,000	28,000	40,000
7P Bus Sed	1450	4550	7600	15,200	26,600	38,000
7P Imp Sed	1500	4800	8000	16,000	28,000	40,000
7P Fml Sed	1550	4900	8200	16,400	28,700	41,000
7P Bus Imp	1450	4700	7800	15,600	27,300	39,000
5P Fml Sed	1600	5050	8400	16,800	29,400	42,000
Series 75, V-8, 141" wb, Fleetwood						
Conv	2850	9100	15,200	30,400	53,200	76,000
Conv Sed	2950	9350	15,600	31,200	54,600	78,000
2P Cpe	2100	6700	11,200	22,400	39,200	56,000
5P Cpe	2050	6600	11,000	22,000	38,500	55,000
Sed	2000	6350	10,600	21,200	37,100	53,000
5P Imp Sed	2050	6600	11,000	22,000	38,500	55,000
7P Sed	2050	6500	10,800	21,600	37,800	54,000
7P Imp Sed	2100	6700	11,200	22,400	39,200	56,000
5P Fml Sed	2050	6600	11,000	22,000	38,500	55,000
7P Fml Sed	2150	6850	11,400	22,800	39,900	57,000
Twn Sed	2250	7200	12,000	24,000	42,000	60,000
Twn Car	2400	7700	12,800	25,600	44,800	64,000
Series 90, V-16, 141" wb, Fleetwood						
Conv	4750	15,100	25,200	50,400	88,200	126,000
Conv Sed	4800	15,350	25,600	51,200	89,600	128,000
2P Cpe	3250	10,300	17,200	34,400	60,200	86,000
5P Cpe	3150	10,100	16,800	33,600	58,800	84,000
Sed	3100	9850	16,400	32,800	57,400	82,000
7P Sed	3150	10,100	16,800	33,600	58,800	84,000
7P Imp Sed	3150	10,100	16,800	33,600	58,800	84,000
5P Fml Sed	3300	10,550	17,600	35,200	61,600	88,000
7P Fml Sed	3300	10,550	17,600	35,200	61,600	88,000
5P Twn Sed	3400	10,800	18,000	36,000	63,000	90,000
7P Twn Car	3400	10,800	18,000	36,000	63,000	90,000

1941
Series 61, V-8, 126" wb

	6	5	4	3	2	1
2 dr FBk	850	2650	4400	8800	15,400	22,000
2 dr DeL FBk	850	2750	4600	9200	16,100	23,000
4 dr Sed FBk	800	2500	4200	8400	14,700	21,000
4 dr DeL Sed FBk	850	2650	4400	8800	15,400	22,000
Series 62, V-8, 126" wb						
Conv	1900	6100	10,200	20,400	35,700	51,000
Conv Sed	1900	6000	10,000	20,000	35,000	50,000
Cpe	1000	3250	5400	10,800	18,900	27,000
DeL Cpe	1050	3350	5600	11,200	19,600	28,000
4 dr Sed	850	2750	4600	9200	16,100	23,000
4 dr DeL Sed	900	2900	4800	9600	16,800	24,000
Series 63, V-8, 126" wb						
4 dr Sed FBk	950	3000	5000	10,000	17,500	25,000
Series 60 Special, V-8, 126" wb, Fleetwood						
4 dr Sed	1500	4800	8000	16,000	28,000	40,000
4 dr SR Sed	1600	5150	8600	17,200	30,100	43,000

NOTE: Add $1,500.00 for division window.

Series 67, V-8, 138" wb

	6	5	4	3	2	1
4 dr 5P Sed	850	2750	4600	9200	16,100	23,000
4 dr Imp Sed	900	2900	4800	9600	16,800	24,000
4 dr 7P Sed	850	2750	4600	9200	16,100	23,000
4 dr 7P Imp Sed	950	3000	5000	10,000	17,500	25,000
Series 75, V-8, 136-1/2" wb, Fleetwood						
4 dr 5P Sed	900	2900	4800	9600	16,800	24,000
4 dr 5P Imp Sed	950	3050	5100	10,200	17,900	25,500
4 dr 7P Sed	950	3050	5100	10,200	17,900	25,500
4 dr 9P Bus Sed	950	3000	5000	10,000	17,500	25,000
4 dr 7P Imp Sed	1000	3100	5200	10,400	18,200	26,000
4 dr Bus Imp Sed	900	2900	4800	9600	16,800	24,000
4 dr 5P Fml Sed	1000	3100	5200	10,400	18,200	26,000
4 dr 7P Fml Sed	1000	3100	5200	10,400	18,200	26,000

1942
Series 61, V-8, 126" wb

	6	5	4	3	2	1
2 dr FBk	700	2300	3800	7600	13,300	19,000
4 dr FBk	700	2150	3600	7200	12,600	18,000

Cadillac

Series 62, V-8, 129" wb

	6	5	4	3	2	1
2 dr DeL FBk	800	2500	4200	8400	14,700	21,000
2 dr FBk	750	2400	4000	8000	14,000	20,000
DeL Conv Cpe	1300	4100	6800	13,600	23,800	34,000
4 dr Sed	750	2400	4000	8000	14,000	20,000
4 dr DeL Sed	800	2500	4200	8400	14,700	21,000

Series 63, V-8, 126" wb

4 dr FBk	700	2300	3800	7600	13,300	19,000

Series 60 Special, V-8, 133" wb, Fleetwood

4 dr Sed	900	2900	4800	9600	16,800	24,000
4 dr Imp Sed	950	3000	5000	10,000	17,500	25,000

Series 67, V-8, 139" wb

4 dr 5P 4 dr Sed	700	2300	3800	7600	13,300	19,000
4 dr 5P 4 dr Sed Div	850	2650	4400	8800	15,400	22,000
4 dr 7P 4 dr Sed	750	2400	4000	8000	14,000	20,000
4 dr 7P 4 dr Sed Imp	850	2650	4400	8800	15,400	22,000

Series 75, V-8, 136" wb, Fleetwood

4 dr 5P Imp	850	2650	4400	8800	15,400	22,000
4 dr 5P Imp Sed	850	2750	4600	9200	16,100	23,000
4 dr 7P Sed	850	2650	4400	8800	15,400	22,000
4 dr 9P Bus Sed	850	2650	4400	8800	15,400	22,000
4 dr 7P Imp Sed	900	2900	4800	9600	16,800	24,000
4 dr 9P Bus Imp	850	2750	4600	9200	16,100	23,000
4 dr 5P Fml Sed	950	3000	5000	10,000	17,500	25,000
4 dr 7P Fml Sed	1000	3100	5200	10,400	18,200	26,000

1946-1947

Series 61, V-8, 126" wb

2 dr FBk	700	2150	3600	7200	12,600	18,000
4 dr FBk	650	2050	3400	6800	11,900	17,000

Series 62, V-8, 129" wb

Conv	1300	4100	6800	13,600	23,800	34,000
2 dr FBk	700	2300	3800	7600	13,300	19,000
4 dr 5P Sed	700	2300	3800	7600	13,300	19,000

Series 60 Special, V-8, 133" wb, Fleetwood

4 dr 6P Sed	750	2400	4000	8000	14,000	20,000

Series 75, V-8, 136" wb, Fleetwood

4 dr 5P Sed	850	2650	4400	8800	15,400	22,000
4 dr 7P Sed	850	2750	4600	9200	16,100	23,000
4 dr 7P Imp Sed	1000	3250	5400	10,800	18,900	27,000
4 dr 9P Bus Sed	850	2750	4600	9200	16,100	23,000
4 dr 9P Bus Imp	950	3000	5000	10,000	17,500	25,000

1948

Series 61, V-8, 126" wb

2 dr FBk	700	2300	3800	7600	13,300	19,000
4 dr 5P Sed	700	2300	3800	7600	13,300	19,000

Series 62, V-8, 126" wb

Conv	1300	4100	6800	13,600	23,800	34,000
Clb Cpe	750	2400	4000	8000	14,000	20,000
4 dr 5P Sed	750	2400	4000	8000	14,000	20,000

Series 60 Special, V-8, 133" wb, Fleetwood

4 dr Sed	800	2500	4200	8400	14,700	21,000

Series 75, V-8, 136" wb, Fleetwood

4 dr 5P Sed	850	2650	4400	8800	15,400	22,000
4 dr 7P Sed	850	2750	4600	9200	16,100	23,000
4 dr 7P Imp Sed	1000	3250	5400	10,800	18,900	27,000
4 dr 9P Bus Sed	850	2750	4600	9200	16,100	23,000
4 dr 9P Bus Imp	950	3000	5000	10,000	17,500	25,000

1949

Series 61, V-8, 126" wb

2 dr FBk	750	2400	4000	8000	14,000	20,000
4 dr Sed	750	2400	4000	8000	14,000	20,000

Series 62, V-8, 126" wb

4 dr 5P Sed	800	2500	4200	8400	14,700	21,000
2 dr FBk	800	2500	4200	8400	14,700	21,000
Cpe DeV (2 dr HdTp)	1000	3250	5400	10,800	18,900	27,000
Conv	1300	4200	7000	14,000	24,500	35,000

Series 60 Special, V-8, 133" wb, Fleetwood

4 dr 5P Sed	850	2650	4400	8800	15,400	22,000

Series 75, V-8, 136" wb, Fleetwood

4 dr 5P Sed	850	2750	4600	9200	16,100	23,000
4 dr 7P Sed	900	2900	4800	9600	16,800	24,000
4 dr 7P Imp Sed	1050	3350	5600	11,200	19,600	28,000
4 dr 9P Bus Sed	900	2900	4800	9600	16,800	24,000
4 dr 9P Bus Imp	1000	3100	5200	10,400	18,200	26,000

Cadillac 79

1949 Cadillac 60 Special Fleetwood sedan.

1950-1951
Series 61, V-8

	6	5	4	3	2	1
4 dr 5P Sed	550	1800	3000	6000	10,500	15,000
2 dr HdTp Cpe	700	2300	3800	7600	13,300	19,000
Series 62, V-8						
4 dr 5P Sed	600	1900	3200	6400	11,200	16,000
2 dr HdTp Cpe	850	2750	4600	9200	16,100	23,000
Cpe DeV (2 dr HdTp)	950	3000	5000	10,000	17,500	25,000
Conv	1250	3950	6600	13,200	23,100	33,000
Series 60-S, V-8						
4 dr Sed	900	2900	4800	9600	16,800	24,000
Series 75 Fleetwood						
4 dr 8P Sed	950	3000	5000	10,000	17,500	25,000
4 dr 8P Imp	1000	3250	5400	10,800	18,900	27,000

1952
Series 62, V-8

4 dr 8P Imp	1000	3250	5400	10,800	18,900	27,000
2 dr HdTp	850	2750	4600	9200	16,100	23,000
Cpe DeV (2 dr HdTp)	950	3000	5000	10,000	17,500	25,000
Conv	1300	4100	6800	13,600	23,800	34,000
Series 60-S, V-8						
4 dr Sed	900	2900	4800	9600	16,800	24,000
Series 75, V-8, Fleetwood						
4 dr Sed	950	3000	5000	10,000	17,500	25,000
4 dr Imp Sed	1000	3250	5400	10,800	18,900	27,000

1953
Series 62, V-8

4 dr Sed	600	1900	3200	6400	11,200	16,000
2 dr HdTp	900	2900	4800	9600	16,800	24,000
Cpe DeV (2 dr HdTp)	1000	3100	5200	10,400	18,200	26,000
Conv	1350	4300	7200	14,400	25,200	36,000
Eldo Conv	3150	10,100	16,800	33,600	58,800	84,000
Series 60-S, V-8						
4 dr Sed	950	3000	5000	10,000	17,500	25,000
Series 75, V-8, Fleetwood						
4 dr 7P Sed	1000	3100	5200	10,400	18,200	26,000
4 dr Imp Sed	1050	3350	5600	11,200	19,600	28,000

1954
Series 62, V-8

4 dr Sed	550	1800	3000	6000	10,500	15,000
2 dr HdTp	950	3000	5000	10,000	17,500	25,000
Cpe DeV (2 dr HdTp)	1000	3250	5400	10,800	18,900	27,000
Conv	1500	4800	8000	16,000	28,000	40,000
Eldo Conv	2500	7900	13,200	26,400	46,200	66,000
Series 60-S, V-8						
4 dr Sed	900	2900	4800	9600	16,800	24,000
Series 75, V-8, Fleetwood						
4 dr 7P Sed	1000	3250	5400	10,800	18,900	27,000
4 dr 7P Imp Sed	1100	3500	5800	11,600	20,300	29,000

1955
Series 62, V-8

4 dr Sed	550	1800	3000	6000	10,500	15,000
2 dr HdTp	1000	3100	5200	10,400	18,200	26,000

Cadillac

	6	5	4	3	2	1
Cpe DeV (2 dr HdTp)	1000	3250	5400	10,800	18,900	27,000
Conv	1450	4550	7600	15,200	26,600	38,000
Eldo Conv	1500	4800	8000	16,000	28,000	40,000
Series 60-S, V-8						
4 dr Sed	900	2900	4800	9600	16,800	24,000
Series 75, V-8, Fleetwood						
4 dr 7P Sed	1000	3250	5400	10,800	18,900	27,000
4 dr 7P Imp Sed	1100	3500	5800	11,600	20,300	29,000

1956 Cadillac Series 62 sedan

1956
Series 62, V-8

4 dr Sed	600	1900	3200	6400	11,200	16,000
2 dr HdTp	900	2900	4800	9600	16,800	24,000
Sed DeV (4 dr HdTp)	700	2150	3600	7200	12,600	18,000
Cpe DeV (2 dr HdTp)	950	3000	5000	10,000	17,500	25,000
Conv	1600	5050	8400	16,800	29,400	42,000
Eldo Sev (2 dr HdTp)	1300	4100	6800	13,600	23,800	34,000
Biarritz Conv	1450	4700	7800	15,600	27,300	39,000
Series 60-S, V-8						
4 dr Sed	900	2900	4800	9600	16,800	24,000
Series 75, V-8, Fleetwood						
4 dr 7P Sed	1000	3250	5400	10,800	18,900	27,000
4 dr 7P Imp Sed	1100	3500	5800	11,600	20,300	29,000

1957
Series 62, V-8

4 dr HdTp	550	1700	2800	5600	9800	14,000
2 dr HdTp	950	3000	5000	10,000	17,500	25,000
Cpe DeV (2 dr HdTp)	1000	3250	5400	10,800	18,900	27,000
Sed DeV (4 dr HdTp)	700	2300	3800	7600	13,300	19,000
Conv	1450	4550	7600	15,200	26,600	38,000
Eldorado, V-8						
Sev (2 dr HdTp)	1000	3250	5400	10,800	18,900	27,000
Biarritz Conv	1350	4300	7200	14,400	25,200	36,000
Fleetwood 60 Special, V-8						
4 dr HdTp	750	2400	4000	8000	14,000	20,000
Eldorado Brougham, V-8						
4 dr HdTp	1100	3500	5800	11,600	20,300	29,000
Series 75						
8P Sed	800	2500	4200	8400	14,700	21,000
8P Imp Sed	850	2750	4600	9200	16,100	23,000

1958
Series 62, V-8

Sh Dk 4 dr HdTp	450	1450	2400	4800	8400	12,000
6W Sed	500	1550	2600	5200	9100	13,000
4 dr Sed DeV	550	1700	2800	5600	9800	14,000
Cpe	850	2650	4400	8800	15,400	22,000
Cpe DeV	900	2900	4800	9600	16,800	24,000
Conv	1200	3850	6400	12,800	22,400	32,000
Eldorado, V-8						
Sev (2 dr HdTp)	900	2900	4800	9600	16,800	24,000
Biarritz Conv	1200	3850	6400	12,800	22,400	32,000

Cadillac

Fleetwood 60 Special, V-8	6	5	4	3	2	1
4 dr HdTp	750	2400	4000	8000	14,000	20,000
Eldorado Brougham, V-8						
4 dr HdTp	1050	3350	5600	11,200	19,600	28,000
Series 75						
8P Sed	700	2300	3800	7600	13,300	19,000
8P Imp Sed	800	2500	4200	8400	14,700	21,000

1959
Series 62, V-8
	6	5	4	3	2	1
4W 4 dr HdTp	550	1800	3000	6000	10,500	15,000
6W 4 dr HdTp	550	1700	2800	5600	9800	14,000
2 dr HdTp	750	2400	4000	8000	14,000	20,000
Conv	1750	5650	9400	18,800	32,900	47,000
Series 62 DeVille, V-8						
Cpe DeV (2 dr HdTp)	1000	3100	5200	10,400	18,200	26,000
4W 4 dr HdTp	600	1900	3200	6400	11,200	16,000
6W 4 dr HdTp	550	1800	3000	6000	10,500	15,000
Series Eldorado, V-8						
Brgm 4 dr HdTp	1150	3700	6200	12,400	21,700	31,000
Sev 2 dr HdTp	1300	4200	7000	14,000	24,500	35,000
Biarritz Conv	2700	8650	14,400	28,800	50,400	72,000
Fleetwood 60 Special, V-8						
6P Sed	950	3000	5000	10,000	17,500	25,000
Fleetwood Series 75, V-8						
9P Sed	1000	3250	5400	10,800	18,900	27,000
Limo	1100	3500	5800	11,600	20,300	29,000

1960
Series 62, V-8
	6	5	4	3	2	1
4W 4 dr HdTp	550	1700	2800	5600	9800	14,000
6W 4 dr HdTp	500	1550	2600	5200	9100	13,000
2 dr HdTp	800	2500	4200	8400	14,700	21,000
Conv	1650	5300	8800	17,600	30,800	44,000
Series 62 DeVille, V-8						
4W Sed	550	1800	3000	6000	10,500	15,000
6W Sed	550	1700	2800	5600	9800	14,000
Cpe DeV (2 dr HdTp)	850	2750	4600	9200	16,100	23,000
Eldorado Series, V-8						
Brgm 4 dr HdTp	1150	3700	6200	12,400	21,700	31,000
Sev (2 dr HdTp)	1300	4100	6800	13,600	23,800	34,000
Biarritz Conv	2500	7900	13,200	26,400	46,200	66,000
Fleetwood 60 Special, V-8						
6P 4 dr HdTp	900	2900	4800	9600	16,800	24,000
Fleetwood Series 75, V-8						
9P Sed	950	3000	5000	10,000	17,500	25,000
Limo	1000	3250	5400	10,800	18,900	27,000

1961
Series 62, V-8
	6	5	4	3	2	1
4W 4 dr HdTp	400	1250	2100	4200	7400	10,500
6W 4 dr HdTp	400	1250	2100	4200	7300	10,400
2 dr HdTp	600	1900	3200	6400	11,200	16,000
Conv	1150	3600	6000	12,000	21,000	30,000
Series 62 DeVille, V-8						
4W 4 dr HdTp	400	1300	2150	4300	7500	10,700
6W 4 dr HdTp	400	1250	2100	4200	7400	10,600
Sh Dk 4 dr HdTp	400	1250	2100	4200	7400	10,500
Cpe DeV (2 dr HdTp)	700	2150	3600	7200	12,600	18,000
Eldorado Series, V-8						
Biarritz Conv	1300	4200	7000	14,000	24,500	35,000
Fleetwood 60 Special, V-8						
6P 4 dr HdTp	550	1800	3000	6000	10,500	15,000
Fleetwood Series 75, V-8						
9P Sed	650	2050	3400	6800	11,900	17,000
9P Limo	850	2650	4400	8800	15,400	22,000

1962
Series 62, V-8
	6	5	4	3	2	1
4W 4 dr HdTp	400	1300	2150	4300	7500	10,700
6W 4 dr HdTp	400	1250	2100	4200	7400	10,500
Sh Dk 4 dr HdTp	400	1250	2100	4200	7400	10,500
2 dr HdTp	600	1900	3200	6400	11,200	16,000
Conv	1150	3600	6000	12,000	21,000	30,000
Series 62 DeVille, V-8						
4W 4 dr HdTp	400	1350	2250	4500	7800	11,200
6W 4 dr HdTp	450	1450	2400	4800	8400	12,000
Pk Ave 4 dr HdTp	450	1400	2300	4600	8100	11,500
Cpe DeV (2 dr HdTp)	700	2150	3600	7200	12,600	18,000

82 Cadillac

	6	5	4	3	2	1
Eldorado Series, V-8						
Biarritz Conv	1300	4200	7000	14,000	24,500	35,000
Fleetwood 60 Special, V-8						
6P 4 dr HdTp	600	1900	3200	6400	11,200	16,000
Fleetwood 75 Series, V-8						
9P Sed	650	2050	3400	6800	11,900	17,000
9P Limo	850	2650	4400	8800	15,400	22,000

1963
	6	5	4	3	2	1
Series 62, V-8						
4W 4 dr HdTp	350	750	1350	2650	5450	7800
6W 4 dr HdTp	350	750	1300	2500	5300	7600
2 dr HdTp	450	1450	2400	4800	8400	12,000
Conv	900	2900	4800	9600	16,800	24,000
Series 62 DeVille, V-8						
4W 4 dr HdTp	350	850	1500	2800	5650	8100
6W 4 dr HdTp	350	800	1450	2750	5600	8000
Pk Ave 4 dr HdTp	350	800	1450	2750	5600	8000
Cpe DeV (2 dr HdTp)	500	1550	2600	5200	9100	13,000
Eldorado Series, V-8						
Biarritz Conv	900	2900	4800	9600	16,800	24,000
Fleetwood 60 Special, V-8						
6P 4 dr HdTp	500	1550	2600	5200	9100	13,000
Fleetwood 75 Series, V-8						
9P Sed	550	1800	3000	6000	10,500	15,000
9P Limo	700	2300	3800	7600	13,300	19,000

1964
	6	5	4	3	2	1
Series 62, V-8						
4W 4 dr HdTp	350	800	1450	2750	5600	8000
6W 4 dr HdTp	350	750	1350	2650	5450	7800
2 dr HdTp	500	1550	2600	5200	9100	13,000
Series 62 DeVille, V-8						
4W 4 dr HdTp	350	850	1500	2900	5700	8200
6W 4 dr HdTp	350	800	1450	2750	5600	8000
Cpe DeV (2 dr HdTp)	550	1700	2800	5600	9800	14,000
Conv	850	2650	4400	8800	15,400	22,000
Eldorado Series, V-8						
Conv	950	3000	5000	10,000	17,500	25,000
Fleetwood 60 Special, V-8						
6P 4 dr HdTp	500	1550	2600	5200	9100	13,000
Fleetwood 75 Series, V-8						
9P Sed	550	1800	3000	6000	10,500	15,000
9P Limo	700	2300	3800	7600	13,300	19,000

1965
	6	5	4	3	2	1
Calais Series, V-8						
4 dr Sed	350	750	1350	2650	5450	7800
4 dr HdTp	350	800	1450	2750	5600	8000
2 dr HdTp	400	1200	2000	3950	7000	10,000
DeVille Series, V-8						
6P Sed	350	800	1450	2750	5600	8000
4 dr HdTp	350	900	1550	3000	5850	8400
2 dr HdTp	400	1300	2200	4400	7700	11,000
Conv	700	2300	3800	7600	13,300	19,000
Fleetwood 60 Special, V-8						
6P Sed	450	1400	2300	4600	8100	11,500
Brgm Sed	450	1450	2400	4800	8400	12,000
Fleetwood Eldorado, V-8						
Conv	750	2400	4000	8000	14,000	20,000
Fleetwood 75 Series, V-8						
9P Sed	550	1800	3000	6000	10,500	15,000
9P Limo	700	2300	3800	7600	13,300	19,000

1966
	6	5	4	3	2	1
Calais Series, V-8						
Sed	350	800	1350	2700	5500	7900
4 dr HdTp	350	800	1450	2750	5600	8000
2 dr HdTp	400	1200	2000	3950	7000	10,000
DeVille Series, V-8						
Sed	350	800	1450	2750	5600	8000
4 dr HdTp	350	850	1500	2900	5700	8200
2 dr HdTp	400	1300	2200	4400	7700	11,000
Conv	700	2300	3800	7600	13,300	19,000
Eldorado, V-8						
Conv	800	2500	4200	8400	14,700	21,000
Fleetwood Brougham, V-8						
Sed	400	1300	2200	4400	7700	11,000

1966 Cadillac, Convertible

Sixty Special, V-8

	6	5	4	3	2	1
Sed	400	1300	2200	4400	7700	11,000

Seventy Five, V-8

| Sed | 550 | 1800 | 3000 | 6000 | 10,500 | 15,000 |
| Limo | 700 | 2300 | 3800 | 7600 | 13,300 | 19,000 |

1967
Calais, V-8, 129.5" wb

| 4 dr HdTp | 350 | 800 | 1450 | 2750 | 5600 | 8000 |
| 2 dr HdTp | 450 | 1100 | 1700 | 3650 | 6650 | 9500 |

DeVille, V-8, 129.5" wb

4 dr HdTp	350	900	1550	3050	5900	8500
2 dr HdTp	400	1200	2000	3950	7000	10,000
Conv	700	2300	3800	7600	13,300	19,000

Fleetwood Eldorado, V-8, 120" wb

| 2 dr HdTp | 400 | 1300 | 2200 | 4400 | 7700 | 11,000 |

Sixty-Special, V-8, 133" wb

| Sed | 400 | 1200 | 2000 | 3950 | 7000 | 10,000 |

Fleetwood Brougham, V-8, 133" wv

| Sed | 400 | 1200 | 2000 | 3950 | 7000 | 10,000 |

Seventy-Five Series, V-8, 149.8" wb

| Sed | 400 | 1300 | 2200 | 4400 | 7700 | 11,000 |
| Limo | 450 | 1450 | 2400 | 4800 | 8400 | 12,000 |

1968
Calais, V-8, 129.5" wb

| 4 dr HdTp | 350 | 850 | 1500 | 2800 | 5650 | 8100 |
| 2 dr HdTp | 450 | 1100 | 1700 | 3650 | 6650 | 9500 |

DeVille, V-8 129.5 wb

4 dr	350	850	1500	2900	5700	8200
4 dr HdTp	350	900	1550	3050	5900	8500
2 dr HdTp	400	1200	2000	3950	7000	10,000
Conv	700	2300	3800	7600	13,300	19,000

Fleetwood Eldorado, V-8, 120" wb

| 2 dr HdTp | 400 | 1300 | 2200 | 4400 | 7700 | 11,000 |

Sixty-Special, V-8, 133" wb

| Sed | 400 | 1200 | 2000 | 3950 | 7000 | 10,000 |

Fleetwood Brougham, V-8, 133" wb

| Sed | 400 | 1200 | 2000 | 3950 | 7000 | 10,000 |

Series 75, V-8, 149.8" wb

| Sed | 400 | 1300 | 2200 | 4400 | 7700 | 11,000 |
| Limo | 450 | 1450 | 2400 | 4800 | 8400 | 12,000 |

1969-1970
Calais, V-8, 129.5" wb

| 4 dr HdTp | 200 | 600 | 950 | 2150 | 3850 | 5500 |
| 2 dr HdTp | 350 | 700 | 1150 | 2300 | 4550 | 6500 |

DeVille, V-8, 129.5" wb

4 dr Sed	200	600	950	2200	3900	5600
4 dr HdTp	200	650	1000	2200	4150	5900
2 dr HdTp	350	750	1200	2350	4900	7000
Conv	600	1900	3200	6400	11,200	16,000

Fleetwood Eldorado, V-8, 120" wb

| 2 dr HdTp | 400 | 1300 | 2200 | 4400 | 7700 | 11,000 |

Sixty-Special, V-8, 133" wb

| Sed | 350 | 750 | 1200 | 2350 | 4900 | 7000 |
| Brgm | 350 | 750 | 1300 | 2450 | 5250 | 7500 |

84 Cadillac

Series 75, V-8, 149.8" wb	6	5	4	3	2	1
Sed	350	750	1300	2450	5250	7500
Limo	350	800	1450	2750	5600	8000
1971-1972						
Calais						
4 dr HdTp	200	650	1000	2200	4150	5900
2 dr HdTp	350	750	1200	2350	4900	7000
DeVille						
4 dr HdTp	200	675	1100	2250	4400	6300
2 dr HdTp	350	750	1300	2450	5250	7500
Fleetwood 60 Special						
Brgm	350	750	1200	2350	4900	7000
Fleetwood 75						
9P Sed	350	750	1200	2350	4900	7000
Limo	350	750	1300	2450	5250	7500
Fleetwood Eldorado						
2 dr HdTp	450	1000	1650	3350	6300	9000
Conv	550	1800	3000	6000	10,500	15,000
1973						
Calais V8						
2 dr HdTp	200	650	1050	2250	4200	6000
4 dr HdTp	200	650	1000	2200	4100	5800
DeVille V8						
2 dr HdTp	350	700	1150	2300	4550	6500
4 dr HdTp	200	650	1050	2250	4200	6000
Fleetwood 60S V8						
4 dr Brgm Sed	350	700	1100	2300	4500	6400
Fleetwood Eldorado V8						
2 dr HdTp	350	900	1550	3050	5900	8500
Conv	550	1800	3000	6000	10,500	15,000
Fleetwood 75 V8						
NOTE: Add 20 percent for Pace Car Edition.						
4 dr Sed	350	750	1200	2350	4900	7000
Limo	350	750	1300	2450	5250	7500
1974						
Calais V-8						
2 dr HdTp	200	650	1000	2200	4100	5800
4 dr HdTp	200	650	1050	2250	4200	6000
DeVille V-8						
2 dr HdTp	200	650	1050	2250	4200	6000
4 dr HdTp	350	700	1150	2300	4550	6500
Fleetwood Brougham V-8						
4 dr Sed	200	675	1100	2250	4400	6300
Fleetwood Eldorado V-8						
2 dr HdTp	350	900	1550	3050	5900	8500
Conv	600	1900	3200	6400	11,200	16,000
Fleetwood 75 V-8						
4 dr Sed	350	750	1200	2350	4900	7000
Limo	350	750	1300	2450	5250	7500

NOTES: Add 20 percent for Talisman Brougham.
  Add 10 percent for padded top on Series 75.
  Add 10 percent for sun roof on DeVille/60/Eldorado.

1975						
Calais V-8						
2 dr HdTp	200	600	1000	2200	4000	5700
4 dr HdTp	200	550	900	2100	3700	5300
DeVille V-8						
2 dr HdTp	200	650	1000	2200	4150	5900
4 dr HdTp	200	600	950	2150	3850	5500
Fleetwood Brougham V-8						
4 dr Sed	200	650	1050	2250	4200	6000
Fleetwood Eldorado V-8						
2 dr HdTp	450	1000	1650	3350	6300	9000
Conv	600	1900	3200	6400	11,200	16,000
Fleetwood 75 V-8						
4 dr Sed	350	750	1200	2350	4900	7000
Limo	350	750	1300	2450	5250	7500
1976						
Calais, V-8						
4 dr HdTp	200	650	1000	2200	4100	5800
2 dr HdTp	200	650	1050	2250	4200	6000
DeVille, V-8						
4 dr HdTp	200	650	1050	2250	4200	6000
2 dr HdTp	200	675	1100	2250	4400	6300

Seville, V-8	6	5	4	3	2	1
4 dr Sed	450	1050	1700	3550	6500	9300
Eldorado, V-8						
Cpe	400	1200	2000	3950	7000	10,000
Biarritz Cpe	550	1700	2800	5600	9800	14,000
Conv	650	2050	3400	6800	11,900	17,000

NOTE: Add 15 percent for Bicent. Edit.

Fleetwood Brougham, V-8						
4 dr Sed	350	725	1200	2350	4800	6800
Fleetwood 75, V-8						
4 dr Sed	350	750	1200	2350	4900	7000
Limo	350	750	1300	2450	5250	7500

NOTE: Add 5 percent for Talisman on Fleetwood Brougham.

1977 Cadillac Seville 4dr sedan

1977
DeVille, V-8

4 dr Sed	200	600	950	2150	3850	5500
Cpe	200	650	1050	2250	4200	6000
Seville, V-8						
4 dr Sed	350	700	1150	2300	4550	6500
Eldorado, V-8						
Cpe	350	750	1300	2450	5250	7500
Biarritz Cpe	450	1100	1700	3650	6650	9500
Fleetwood Brougham, V-8						
4 dr Sed	350	700	1150	2300	4550	6500
Fleetwood 75, V-8						
4 dr Sed	350	725	1150	2300	4700	6700
Limo	350	725	1200	2350	4850	6900

NOTE: Add 10 percent for Biarritz.

1978
Seville

4 dr Sed	350	700	1150	2300	4600	6600
DeVille						
4 dr Sed	150	450	750	1700	3200	4600
Cpe	150	450	800	1750	3250	4700
Eldorado						
Cpe	350	800	1450	2750	5600	8000
Biarritz Cpe	450	1100	1700	3650	6650	9500
Fleetwood Brougham						
4 dr Sed	200	550	900	2000	3600	5200
Fleetwood Limo						
4 dr	350	725	1150	2300	4700	6700
4 dr Formal	350	725	1200	2350	4850	6900

NOTE: Add 10 percent for Biarritz.

1979
Seville, V-8

4 dr Sed	350	750	1200	2350	4900	7000
DeVille, V-8						
4 dr Sed	200	550	900	2000	3600	5200
Cpe	200	600	950	2150	3850	5500
Eldorado, V-8						
Cpe	350	750	1300	2400	5200	7400

86 Cadillac

	6	5	4	3	2	1
NOTE: Add $1,000. for Biarritz.						
Fleetwood Brougham, V-8						
4 dr Sed	200	600	950	2150	3850	5500
Fleetwood Limo						
4 dr Sed	350	725	1150	2300	4700	6700
4 dr Formal Sed	350	725	1200	2350	4850	6900
NOTES: Deduct 12 percent for diesel.						
Add 10 percent for Biarritz.						
1980						
Seville, V-8						
4 dr Sed	350	700	1100	2300	4500	6400
DeVille, V-8						
4 dr Sed	200	550	900	2150	3800	5400
2 dr Cpe	200	600	950	2150	3850	5500
Eldorado, V-8						
2 dr Cpe	350	750	1300	2450	5250	7500
NOTE: Add $1,000. for Biarritz.						
Fleetwood Brougham, V-8						
4 dr Sed	200	650	1000	2200	4150	5900
2 dr Cpe	200	650	1050	2250	4200	6000
Fleetwood, V-8						
4 dr Limo	350	725	1200	2350	4850	6900
4 dr Formal	350	750	1250	2350	5000	7100
1981						
Seville, V-8						
4 dr Sed	350	700	1150	2300	4550	6500
DeVille, V-8						
4 dr Sed	200	600	950	2150	3850	5500
2 dr Cpe	200	600	950	2200	3900	5600
Eldorado, V-8						
2 dr Cpe	350	750	1300	2400	5200	7400
NOTE: Add $1,000. for Biarritz.						
Fleetwood Brougham, V-8						
4 dr Sed	200	650	1050	2250	4200	6000
2 dr Cpe	200	675	1050	2250	4300	6100
Fleetwood, V-8						
4 dr Limo	350	750	1200	2350	4900	7000
4 dr Formal	350	750	1250	2400	5050	7200
1982						
Cimarron, 4-cyl.						
4 dr Sed	200	550	900	2000	3600	5200
Seville, V-8						
4 dr Sed	350	700	1150	2300	4600	6600
DeVille, V-8						
4 dr Sed	200	600	1000	2200	4000	5700
2 dr Cpe	200	650	1000	2200	4100	5800
Eldorado, V-8						
2 dr Cpe	350	750	1300	2400	5200	7400
NOTE: Add $1,000. for Biarritz.						
Fleetwood Brougham, V-8						
4 dr Sed	200	675	1050	2250	4350	6200
2 dr Cpe	200	675	1100	2250	4400	6300
Fleetwood, V-8						
4 dr Limo	350	750	1250	2400	5050	7200
4 dr Formal	350	750	1300	2400	5200	7400
1983						
Cimarron, 4-cyl.						
4 dr Sed	200	600	950	2150	3850	5500
Seville, V-8						
4 dr Sed	350	725	1150	2300	4700	6700
DeVille, V-8						
4 dr Sed	200	650	1000	2200	4150	5900
2 dr Cpe	200	650	1050	2250	4200	6000
Eldorado, V-8						
2 dr Cpe	350	750	1350	2600	5400	7700
NOTE: Add $1,000. for Biarritz.						
Fleetwood Brougham, V-8						
4 dr Sed	350	700	1100	2300	4500	6400
2 dr Cpe	350	700	1150	2300	4550	6500
Fleetwood, V-8						
4 dr Limo	350	750	1300	2400	5200	7400
4 dr Formal	350	750	1300	2500	5300	7600
1984						
Cimarron, 4-cyl.						
4 dr Sed	200	600	950	2200	3900	5600

	6	5	4	3	2	1
Seville, V-8						
4 dr Sed	350	725	1200	2350	4800	6800
DeVille, V-8						
4 dr Sed	200	650	1050	2250	4200	6000
2 dr Sed	200	675	1050	2250	4300	6100
Eldorado, V-8						
2 dr Cpe	350	800	1450	2750	5600	8000
2 dr Conv	550	1700	2800	5600	9800	14,000

NOTE: Add $1,000. for Biarritz.

	6	5	4	3	2	1
Fleetwood Brougham, V-8						
4 dr Sed	350	700	1150	2300	4550	6500
2 dr Sed	350	700	1150	2300	4600	6600
Fleetwood, V-8						
4 dr Sed	350	750	1300	2450	5250	7500
4 dr Formal Limo	350	750	1350	2600	5400	7700

1985

	6	5	4	3	2	1
Cimarron, V-6						
4 dr Sed	200	600	1000	2200	4000	5700

NOTE: Deduct 15 percent for 4-cyl.

	6	5	4	3	2	1
Seville, V-8						
4 dr Sed	350	725	1200	2350	4850	6900
DeVille, V-8						
4 dr Sed	200	675	1050	2250	4300	6100
2 dr Cpe	200	675	1050	2250	4350	6200
Eldorado, V-8						
2 dr Cpe	350	900	1550	3050	5900	8500
Conv	550	1800	3000	6000	10,500	15,000

NOTE: Add 10 percent for Biarritz.

	6	5	4	3	2	1
Fleetwood, V-8						
4 dr Sed	350	725	1150	2300	4700	6700
2 dr Cpe	350	725	1200	2350	4800	6800
Fleetwood Brougham, V-8						
4 dr Sed	350	750	1300	2500	5300	7600
2 dr Cpe	350	750	1350	2600	5400	7700
Fleetwood 75, V-8						
4 dr Limo	350	900	1550	3050	5900	8500

NOTE: Deduct 30 percent for diesel where available.

1986

	6	5	4	3	2	1
Cimarron						
4 dr Sed	200	650	1000	2200	4100	5800
Seville						
4 dr Sed	350	750	1200	2350	4900	7000
DeVille						
2 dr Cpe	200	675	1050	2250	4350	6200
4 dr Sed	200	675	1050	2250	4300	6100
Fleetwood						
2 dr Cpe	350	750	1350	2650	5450	7800
4 dr Sed	350	750	1350	2600	5400	7700
Fleetwood 75						
4 dr Limo	350	900	1550	3050	5900	8500
4 dr Fml Limo	450	1000	1600	3300	6250	8900
Fleetwood Brougham						
4 dr Sed	350	750	1350	2650	5450	7800
Eldorado						
2 dr Cpe	450	1000	1600	3300	6250	8900

LaSALLE

1927

	6	5	4	3	2	1
Series 303, V-8, 125" wb						
RS Rds	3150	10,100	16,800	33,600	58,800	84,000
Phae	3250	10,300	17,200	34,400	60,200	86,000
Spt Phae	3300	10,550	17,600	35,200	61,600	88,000
2P Conv Cpe	2850	9100	15,200	30,400	53,200	76,000
RS Cpe	1500	4800	8000	16,000	28,000	40,000
4P Vic	1300	4200	7000	14,000	24,500	35,000
Sed	900	2900	4800	9600	16,800	24,000
Twn Sed	1000	3100	5200	10,400	18,200	26,000
Series 303, V-8, 134" wb						
Imp Sed	1100	3500	5800	11,600	20,300	29,000
7P Sed	1050	3350	5600	11,200	19,600	28,000
7P Imp Sed	1150	3600	6000	12,000	21,000	30,000

La Salle

1928
Series 303, V-8, 125" wb

	6	5	4	3	2	1
Rds	3150	10,100	16,800	33,600	58,800	84,000
Phae	3250	10,300	17,200	34,400	60,200	86,000
Spt Phae	3300	10,550	17,600	35,200	61,600	88,000
Conv	2850	9100	15,200	30,400	53,200	76,000
Bus Cpe	1300	4100	6800	13,600	23,800	34,000
RS Cpe	1500	4800	8000	16,000	28,000	40,000
Vic	1250	3950	6600	13,200	23,100	33,000
5P Sed	1150	3600	6000	12,000	21,000	30,000
Fam Sed	1050	3350	5600	11,200	19,600	28,000
Twn Sed	1100	3500	5800	11,600	20,300	29,000

Series 303, V-8, 134" wb

	6	5	4	3	2	1
5P Cpe	1450	4550	7600	15,200	26,600	38,000
Cabr Sed	2700	8650	14,400	28,800	50,400	72,000
Imp Sed	1550	4900	8200	16,400	28,700	41,000
7P Sed	1500	4800	8000	16,000	28,000	40,000
Fam Sed	1350	4300	7200	14,400	25,200	36,000
Imp Fam Sed	1550	4900	8200	16,400	28,700	41,000

Series 303, V-8, 125" wb
Fleetwood Line

	6	5	4	3	2	1
Bus Cpe	1450	4700	7800	15,600	27,300	39,000
Sed	1350	4300	7200	14,400	25,200	36,000
Twn Cabr	2700	8650	14,400	28,800	50,400	72,000
Trans Twn Cabr	2800	8900	14,800	29,600	51,800	74,000

1929
Series 328, V-8, 125" wb

	6	5	4	3	2	1
Rds	3900	12,500	20,800	41,600	72,800	104,000
Phae	4000	12,700	21,200	42,400	74,200	106,000
Spt Phae	4050	12,950	21,600	43,200	75,600	108,000
Trans FW Twn Cabr	3600	11,500	19,200	38,400	67,200	96,000

Series 328, V-8, 134" wb

	6	5	4	3	2	1
Conv	3850	12,250	20,400	40,800	71,400	102,000
RS Cpe	1650	5300	8800	17,600	30,800	44,000
5P Cpe	1550	4900	8200	16,400	28,700	41,000
Sed	1450	4550	7600	15,200	26,600	38,000
Fam Sed	1450	4700	7800	15,600	27,300	39,000
Twn Sed	1500	4800	8000	16,000	28,000	40,000
7P Sed	1500	4800	8000	16,000	28,000	40,000
7P Imp Sed	1550	4900	8200	16,400	28,700	41,000
Conv Lan Cabr	4300	13,700	22,800	45,600	79,800	114,000
FW Trans Twn Cabr 1	4300	13,700	22,800	45,600	79,800	114,000

1930
Series 340, V-8, 134" wb
Fisher Line

	6	5	4	3	2	1
Conv	3900	12,500	20,800	41,600	72,800	104,000
RS Cpe	1850	5900	9800	19,600	34,300	49,000
Cpe	1650	5300	8800	17,600	30,800	44,000
Sed	1450	4700	7800	15,600	27,300	39,000
Imp Sed	1500	4800	8000	16,000	28,000	40,000
7P Sed	1550	4900	8200	16,400	28,700	41,000
7P Imp Sed	1650	5300	8800	17,600	30,800	44,000

Series 340, V-8, 134" wb
Fleetwood Line
RS Rds | 4050 | 12,950 | 21,600 | 43,200 | 75,600 | 108,000

Fleetcliffe

	6	5	4	3	2	1
Phae	4000	12,700	21,200	42,400	74,200	106,000
7P Tr	3700	11,750	19,600	39,200	68,600	98,000

Fleetlands
A/W Phae | 4300 | 13,700 | 22,800 | 45,600 | 79,800 | 114,000

Fleetway
S'net Cabr 4081 | 3700 | 11,750 | 19,600 | 39,200 | 68,600 | 98,000

Fleetwind
S'net Cabr 4082 | 3700 | 11,750 | 19,600 | 39,200 | 68,600 | 98,000

1931
Series 345A, V-8, 134" wb
Fisher Line

	6	5	4	3	2	1
RS Cpe	2050	6500	10,800	21,600	37,800	54,000
Cpe	1900	6100	10,200	20,400	35,700	51,000
Sed	1500	4800	8000	16,000	28,000	40,000
Twn Sed	1550	4900	8200	16,400	28,700	41,000
7P Sed	1600	5050	8400	16,800	29,400	42,000
7P Imp Sed	1600	5150	8600	17,200	30,100	43,000

La Salle 89

1931 LaSalle, Fleetwood Roadster

Series 345A, V-8, 134" wb
Fleetwood Line

	6	5	4	3	2	1
RS Rds	4050	12,950	21,600	43,200	75,600	108,000
Conv	3750	12,000	20,000	40,000	70,000	100,000
Tr	4050	12,950	21,600	43,200	75,600	108,000
A/W Phae	4300	13,700	22,800	45,600	79,800	114,000
S'net Cabr 4081	3750	12,000	20,000	40,000	70,000	100,000
S'net Cabr 4082	3900	12,500	20,800	41,600	72,800	104,000

1932
Series 345B, V-8, 130" wb

Conv	3700	11,750	19,600	39,200	68,600	98,000
RS Cpe	1850	5900	9800	19,600	34,300	49,000
Twn Cpe	1650	5300	8800	17,600	30,800	44,000
Sed	1300	4100	6800	13,600	23,800	34,000

Series 345B, V-8, 136" wb

7P Sed	1300	4100	6800	13,600	23,800	34,000
7P Imp Sed	1650	5300	8800	17,600	30,800	44,000
7P Twn Sed	1700	5400	9000	18,000	31,500	45,000

1933
Series 345C, V-8, 130" wb

Conv	3450	11,050	18,400	36,800	64,400	92,000
RS Cpe	1500	4800	8000	16,000	28,000	40,000
Twn Cpe	1400	4450	7400	14,800	25,900	37,000
Sed	1250	3950	6600	13,200	23,100	33,000

Series 345C, V-8, 136" wb

Twn Sed	1650	5300	8800	17,600	30,800	44,000
Sed	1350	4300	7200	14,400	25,200	36,000
7P Imp Sed	1300	4200	7000	14,000	24,500	35,000

1934
Series 350, 8 cyl., 119" wb

Conv	2650	8400	14,000	28,000	49,000	70,000
Cpe	1250	3950	6600	13,200	23,100	33,000
Clb Sed	1000	3100	5200	10,400	18,200	26,000
Sed	950	3000	5000	10,000	17,500	25,000

1935
Series 50, 8 cyl., 120 wb

Conv	2550	8150	13,600	27,200	47,600	68,000
Cpe	1150	3600	6000	12,000	21,000	30,000
2 dr Sed	800	2500	4200	8400	14,700	21,000
4 dr Sed	850	2650	4400	8800	15,400	22,000

1936
Series 50, 8 Cyl., 120" wb, LaSalle

Conv	1900	6100	10,200	20,400	35,700	51,000
RS Cpe	900	2900	4800	9600	16,800	24,000
2 dr Sed	700	2300	3800	7600	13,300	19,000
4 dr Sed	750	2400	4000	8000	14,000	20,000

1937
Series 50, V-8 124" wb, LaSalle

Conv	2000	6350	10,600	21,200	37,100	53,000
Conv Sed	2050	6600	11,000	22,000	38,500	55,000
4P Cpe	900	2900	4800	9600	16,800	24,000
2 dr Sed	750	2400	4000	8000	14,000	20,000
4 dr Sed	800	2500	4200	8400	14,700	21,000

La Salle

1938
Series 50, V-8, 124" wb, LaSalle

	6	5	4	3	2	1
Conv	2050	6600	11,000	22,000	38,500	55,000
Conv Sed	2150	6850	11,400	22,800	39,900	57,000
4P Cpe	950	3000	5000	10,000	17,500	25,000
2 dr Sed	800	2500	4200	8400	14,700	21,000
4 dr Sed	850	2650	4400	8800	15,400	22,000

1939
Series 50, V-8, 120" wb

Conv	2050	6600	11,000	22,000	38,500	55,000
Conv Sed	2150	6850	11,400	22,800	39,900	57,000
Cpe	1050	3350	5600	11,200	19,600	28,000
2 dr Sed	800	2500	4200	8400	14,700	21,000
2 dr SR Sed	800	2600	4300	8600	15,100	21,500
4 dr Sed	850	2650	4400	8800	15,400	22,000
4 dr SR Sed	850	2700	4500	9000	15,800	22,500

1940
Series 50, V-8, 123" wb

Conv	2050	6600	11,000	22,000	38,500	55,000
Conv Sed	2150	6850	11,400	22,800	39,900	57,000
Cpe	1050	3350	5600	11,200	19,600	28,000
2 dr Sed	800	2500	4200	8400	14,700	21,000
2 dr SR Sed	800	2600	4300	8600	15,100	21,500
4 dr Sed	850	2650	4400	8800	15,400	22,000
4 dr SR Sed	850	2700	4500	9000	15,800	22,500

"Special" Series 52 LaSalle V-8, 123" wb

Conv	2050	6600	11,000	22,000	38,500	55,000
Conv Sed	2150	6850	11,400	22,800	39,900	57,000
Cpe	1100	3500	5800	11,600	20,300	29,000
4 dr Sed	850	2650	4400	8800	15,400	22,000

CHECKER

1960
Checker Superba Std.

Sed	350	750	1300	2450	5250	7500
Sta Wag	350	750	1300	2500	5300	7600

Checker Superba Spl.

Sed	350	750	1300	2500	5300	7600
Sta Wag	350	750	1350	2600	5400	7700

1961
Checker Superba

Sed	350	750	1300	2450	5250	7500
Sta Wag	350	750	1300	2500	5300	7600

Checker Marathon

Sed	350	750	1300	2500	5300	7600
Sta Wag	350	750	1350	2600	5400	7700

1962
Checker Superba

Sed	350	750	1300	2450	5250	7500
Sta Wag	350	750	1300	2500	5300	7600

Checker Marathon

Sed	350	750	1300	2500	5300	7600
Sta Wag	350	750	1350	2600	5400	7700

1963
Checker Superba

Sed	350	750	1300	2500	5300	7600
Sta Wag	350	750	1350	2600	5400	7700

Checker Marathon

Sed	350	750	1300	2500	5300	7600
Sta Wag	350	750	1350	2600	5400	7700
Limo	350	800	1450	2750	5600	8000

1964
Checker Marathon

Sed	350	750	1300	2450	5250	7500
Sta Wag	350	750	1300	2500	5300	7600
Limo	350	850	1500	2800	5650	8100
Aerobus	350	750	1350	2600	5400	7700

1965
Marathon Series

Sed	350	800	1350	2700	5500	7900

Checker 91

	6	5	4	3	2	1
DeL Sed	350	750	1300	2450	5250	7500
Sta Wag	350	750	1300	2500	5300	7600
Limo	350	800	1450	2750	5600	8000

1966
Marathon Series

	6	5	4	3	2	1
Sed	350	750	1300	2400	5200	7400
DeL Sed	350	750	1300	2450	5250	7500
Sta Wag	350	750	1300	2500	5300	7600
Limo	350	800	1450	2750	5600	8000

1967
Marathon Series

	6	5	4	3	2	1
Sed	350	750	1300	2400	5200	7400
Sta Wag	350	750	1300	2450	5250	7500

1968
Marathon Series

	6	5	4	3	2	1
Sed	350	750	1300	2400	5200	7400
Sta Wag	350	750	1300	2450	5250	7500
DeL Sed	350	750	1300	2450	5250	7500

1969
Marathon Series

	6	5	4	3	2	1
Sed	350	750	1300	2400	5200	7400
Sta Wag	350	750	1300	2450	5250	7500

DeLuxe Series

	6	5	4	3	2	1
Sed	350	750	1300	2450	5250	7500
Limo	350	800	1450	2750	5600	8000

1970
Marathon Series

	6	5	4	3	2	1
Sed	350	750	1300	2450	5250	7500
Sta Wag	350	750	1300	2500	5300	7600

DeLuxe Series

	6	5	4	3	2	1
Sed	350	750	1300	2500	5300	7600
Limo	350	800	1450	2750	5600	8000

1971
Marathon Series

	6	5	4	3	2	1
Sed	350	750	1200	2350	4900	7000
Sta Wag	350	750	1250	2350	5000	7100

DeLuxe Series

	6	5	4	3	2	1
Sed	350	750	1250	2400	5050	7200
Limo	350	800	1450	2750	5600	8000

NOTE: Add 5 percent for V8.

1972
Marathon Series

	6	5	4	3	2	1
Sed	350	750	1200	2350	4900	7000
Sta Wag	350	750	1250	2350	5000	7100

DeLuxe Series

	6	5	4	3	2	1
Sed	350	750	1300	2450	5250	7500

NOTE: Add 5 percent for V8.

1973
Marathon Series

	6	5	4	3	2	1
Sed	350	750	1200	2350	4900	7000
Sta Wag	350	750	1250	2350	5000	7100

DeLuxe Series

	6	5	4	3	2	1
Sed	350	750	1250	2400	5050	7200

NOTE: Add 5 percent for V8.

1974
Marathon Series

	6	5	4	3	2	1
Sed	350	750	1200	2350	4900	7000
Sta Wag	350	750	1250	2350	5000	7100

DeLuxe Series

	6	5	4	3	2	1
Sed	350	750	1250	2400	5050	7200

NOTE: Add 5 percent for V8.

1975
Marathon Series

	6	5	4	3	2	1
Sed	350	725	1200	2350	4800	6800
Sta Wag	350	725	1200	2350	4850	6900

DeLuxe

	6	5	4	3	2	1
Sed	350	750	1200	2350	4900	7000

1976

	6	5	4	3	2	1
4 dr Sed Marathon	350	725	1200	2350	4850	6900
4 dr Sed Marathon Deluxe	350	750	1300	2400	5200	7400

1977

	6	5	4	3	2	1
4 dr Sed Marathon	350	700	1150	2300	4600	6600
4 dr Sed Marathon Deluxe	350	750	1250	2350	5000	7100

Checker

1978

	6	5	4	3	2	1
4 dr Sed Marathon	350	700	1150	2300	4600	6600
4 dr Sed Marathon DeLuxe	350	750	1250	2350	5000	7100

1979

4 dr Sed Marathon	350	700	1150	2300	4600	6600
4 dr Sed Marathon DeLuxe	350	750	1250	2350	5000	7100

1980

4 dr Sed Marathon	350	725	1150	2300	4700	6700
4 dr Sed Marathon DeLuxe	350	750	1250	2400	5050	7200

1981

4 dr Sed Marathon	350	725	1150	2300	4700	6700
4 dr Sed Marathon Deluxe	350	750	1250	2400	5050	7200

1982

4 dr Sed Marathon	350	725	1150	2300	4700	6700
4 dr Sed Marathon Deluxe	350	750	1250	2400	5050	7200

CHEVROLET

1912
Classic Series, 6-cyl.

Tr	1150	3700	6200	12,400	21,700	31,000

1913
Classic Series, 6-cyl.

Tr	1050	3400	5700	11,400	20,000	28,500

1914
Series H2 & H4, 4-cyl.

Rds	700	2150	3600	7200	12,600	18,000
Tr	700	2200	3700	7400	13,000	18,500

Series C, 6-cyl.

Tr	850	2650	4400	8800	15,400	22,000

Series L, 6-cyl.

Tr	800	2500	4200	8400	14,700	21,000

1915
Series H2 & H4, 4-cyl.

Rds	600	1900	3200	6400	11,200	16,000
Tr	700	2150	3600	7200	12,600	18,000

Series H3, 4-cyl.

2P Rds	700	2300	3800	7600	13,300	19,000

Series L, 6-cyl.

Tr	750	2400	4000	8000	14,000	20,000

1916
Series 490, 4-cyl.

Tr	650	2050	3400	6800	11,900	17,000

Series H2, 4-cyl.

Rds	600	2000	3300	6600	11,600	16,500
Torp Rds	700	2150	3600	7200	12,600	18,000

Series H4, 4-cyl.

Tr	700	2300	3800	7600	13,300	19,000

1917
Series F2 & F5, 4-cyl.

Rds	650	2050	3400	6800	11,900	17,000
Tr	700	2150	3600	7200	12,600	18,000

Series 490, 4-cyl.

Rds	600	1900	3200	6400	11,200	16,000
Tr	600	1900	3200	6400	11,200	16,000
HdTp Tr	650	2050	3400	6800	11,900	17,000

Series D2 & D5, V-8

Rds	750	2400	4000	8000	14,000	20,000
Tr	800	2500	4200	8400	14,700	21,000

1918
Series 490, 4-cyl.

Tr	650	2050	3400	6800	11,900	17,000
Rds	600	1900	3200	6400	11,200	16,000
Cpe	350	750	1200	2350	4900	7000
Sed	200	650	1050	2250	4200	6000

Series FA, 4-cyl.

Rds	650	2050	3400	6800	11,900	17,000
Tr	700	2150	3600	7200	12,600	18,000
Sed	350	750	1200	2350	4900	7000

Series D, V-8

4P Rds	800	2500	4200	8400	14,700	21,000
Tr	850	2650	4400	8800	15,400	22,000

Chevrolet 93

1919
Series 490, 4-cyl.

	6	5	4	3	2	1
Rds	500	1550	2600	5200	9100	13,000
Tr	550	1700	2800	5600	9800	14,000
Sed	200	650	1050	2250	4200	6000
Cpe	350	700	1150	2300	4550	6500

Series FB, 4-cyl.
Rds	550	1800	3000	6000	10,500	15,000
Tr	600	1900	3200	6400	11,200	16,000
Cpe	350	800	1450	2750	5600	8000
2 dr Sed	350	750	1300	2450	5250	7500
4 dr Sed	350	750	1200	2350	4900	7000

1920
Series 490, 4-cyl.
Rds	500	1550	2600	5200	9100	13,000
Tr	550	1700	2800	5600	9800	14,000
Sed	350	750	1300	2450	5250	7500
Cpe	350	800	1450	2750	5600	8000

Series FB, 4-cyl.
Rds	550	1800	3000	6000	10,500	15,000
Tr	600	1900	3200	6400	11,200	16,000
Sed	350	900	1550	3050	5900	8500
Cpe	450	1000	1650	3350	6300	9000
Cpe	100	150	450	1000	1750	2500

1921
Series 490, 4-cyl.
Rds	650	2050	3400	6800	11,900	17,000
Tr	650	2050	3400	6800	11,900	17,000
Cpe	350	800	1450	2750	5600	8000
C-D Sed	350	900	1550	3050	5900	8500

Series FB, 4-cyl.
Rds	650	2100	3500	7000	12,300	17,500
Tr	700	2150	3600	7200	12,600	18,000
Cpe	350	900	1550	3050	5900	8500
4 dr Sed	350	900	1550	3050	5900	8500

1922
Series 490, 4-cyl.
Rds	650	2050	3400	6800	11,900	17,000
Tr	700	2150	3600	7200	12,600	18,000
Cpe	350	800	1450	2750	5600	8000
Utl Cpe	200	600	950	2150	3850	5500
Sed	350	900	1550	3050	5900	8500

Series FB, 4-cyl.
Rds	650	2050	3400	6800	11,900	17,000
Tr	700	2150	3600	7200	12,600	18,000
Sed	350	900	1550	3050	5900	8500
Cpe	450	1000	1650	3350	6300	9000

1923
Superior B, 4-cyl.
Rds	650	2050	3400	6800	11,900	17,000
Tr	700	2150	3600	7200	12,600	18,000
Sed	350	750	1200	2350	4900	7000
2 dr Sed	350	750	1200	2350	4900	7000
Utl Cpe	350	750	1300	2450	5250	7500
DeL Tr	400	1300	2200	4400	7700	11,000

1924
Superior, 4-cyl.
Rds	650	2050	3400	6800	11,900	17,000
Tr	700	2150	3600	7200	12,600	18,000
DeL Tr	700	2200	3700	7400	13,000	18,500
Sed	200	650	1050	2250	4200	6000
DeL Sed	200	675	1100	2250	4400	6300
2P Cpe	350	700	1150	2300	4550	6500
4P Cpe	200	650	1050	2250	4200	6000
DeL Cpe	350	725	1150	2300	4700	6700
2 dr Sed	200	650	1050	2250	4200	6000

1925
Superior K, 4-cyl.
Rds	800	2500	4200	8400	14,700	21,000
Tr	850	2650	4400	8800	15,400	22,000
Cpe	350	750	1200	2350	4900	7000
Sed	350	700	1150	2300	4550	6500
2 dr Sed	350	700	1100	2300	4500	6400

Chevrolet

1926
Superior V, 4-cyl.

	6	5	4	3	2	1
Rds	800	2500	4200	8400	14,700	21,000
Tr	850	2650	4400	8800	15,400	22,000
Cpe	350	750	1200	2350	4900	7000
Sed	350	700	1150	2300	4550	6500
2 dr Sed	350	700	1100	2300	4500	6400
Lan Sed	350	800	1450	2750	5600	8000

1927
Model AA, 4-cyl.

Rds	800	2500	4200	8400	14,700	21,000
Tr	850	2650	4400	8800	15,400	22,000
Utl Cpe	350	725	1150	2300	4700	6700
2 dr Sed	350	725	1200	2350	4800	6800
Sed	350	750	1200	2350	4900	7000
Lan Sed	350	750	1250	2400	5100	7300
Cabr	650	2050	3400	6800	11,900	17,000
Imp Lan	550	1800	3000	6000	10,500	15,000

1928
Model AB, 4-cyl.

Rds	800	2500	4200	8400	14,700	21,000
Tr	850	2650	4400	8800	15,400	22,000
Utl Cpe	350	750	1250	2400	5100	7300
Sed	350	750	1300	2450	5250	7500
2 dr Sed	350	750	1200	2350	4900	7000
Cabr	700	2150	3600	7200	12,600	18,000
Imp Lan	550	1800	3000	6000	10,500	15,000
Conv Cabr	700	2300	3800	7600	13,300	19,000

1929
Model AC, 6-cyl.

Rds	850	2650	4400	8800	15,400	22,000
Tr	850	2750	4600	9200	16,100	23,000
Cpe	500	1550	2600	5200	9100	13,000
Spt Cpe	550	1700	2800	5600	9800	14,000
Sed	400	1300	2200	4400	7700	11,000
Imp Sed	450	1450	2400	4800	8400	12,000
Conv Lan	700	2300	3800	7600	13,300	19,000
2 dr Sed	400	1300	2200	4400	7700	11,000
Conv Cabr	750	2400	4000	8000	14,000	20,000

1930
Model AD, 6-cyl.

Rds	850	2750	4600	9200	16,100	23,000
Spt Rds	900	2900	4800	9600	16,800	24,000
Phae	900	2900	4800	9600	16,800	24,000
2 dr Sed	400	1300	2200	4400	7700	11,000
Cpe	500	1550	2600	5200	9100	13,000
Spt Cpe	550	1700	2800	5600	9800	14,000
Clb Sed	450	1500	2500	5000	8800	12,500
Spec Sed	450	1450	2400	4800	8400	12,000
Sed	450	1400	2300	4600	8100	11,500
Con Lan	700	2300	3800	7600	13,300	19,000

1931
Model AE, 6-cyl.

Rds	900	2900	4800	9600	16,800	24,000
Spt Rds	1000	3100	5200	10,400	18,200	26,000
Cabr	850	2750	4600	9200	16,100	23,000
Phae	900	2900	4800	9600	16,800	24,000
2 dr Sed	450	1450	2400	4800	8400	12,000
5P Cpe	550	1700	2800	5600	9800	14,000
5W Cpe	550	1800	3000	6000	10,500	15,000
Spt Cpe	650	2050	3400	6800	11,900	17,000
Cpe	600	1900	3200	6400	11,200	16,000
DeL 2 dr Sed	550	1700	2800	5600	9800	14,000
Sed	450	1500	2500	5000	8800	12,500
Spec Sed	500	1600	2700	5400	9500	13,500
Lan Phae	950	3000	5000	10,000	17,500	25,000

1932
Model BA Standard, 6-cyl.

Rds	1000	3100	5200	10,400	18,200	26,000
Phae	1000	3100	5200	10,400	18,200	26,000
Lan Phae	950	3000	5000	10,000	17,500	25,000
3W Cpe	650	2050	3400	6800	11,900	17,000
5W Cpe	700	2150	3600	7200	12,600	18,000
Spt Cpe	700	2300	3800	7600	13,300	19,000
2 dr Sed	500	1550	2600	5200	9100	13,000

Chevrolet

	6	5	4	3	2	1
Sed	550	1700	2800	5600	9800	14,000
5P Cpe	700	2150	3600	7200	12,600	18,000
Model BA DeLuxe, 6-cyl.						
Spt Rds	1000	3250	5400	10,800	18,900	27,000
Lan Phae	1000	3100	5200	10,400	18,200	26,000
Cabr	950	3000	5000	10,000	17,500	25,000
3W Bus Cpe	700	2150	3600	7200	12,600	18,000
5W Cpe	700	2300	3800	7600	13,300	19,000
Spt Cpe	750	2400	4000	8000	14,000	20,000
2 dr Sed	550	1700	2800	5600	9800	14,000
Sed	550	1800	3000	6000	10,500	15,000
Spec Sed	600	1900	3200	6400	11,200	16,000
5P Cpe	700	2300	3800	7600	13,300	19,000

1933 Chevrolet 2dr sedan

1933
Mercury, 6-cyl.
2P Cpe	400	1200	2000	3950	7000	10,000
RS Cpe	400	1300	2200	4400	7700	11,000
2 dr Sed	350	900	1550	3050	5900	8500

Master Eagle, 6-cyl.
Spt Rds	900	2900	4800	9600	16,800	24,000
Phae	950	3000	5000	10,000	17,500	25,000
2P Cpe	400	1200	2000	3950	7000	10,000
Spt Cpe	400	1300	2200	4400	7700	11,000
2 dr Sed	450	950	1600	3250	6150	8800
2 dr Trk Sed	450	1000	1650	3350	6300	9000
Sed	450	1000	1650	3350	6300	9000
Conv	700	2200	3700	7400	13,000	18,500

1934
Standard, 6-cyl.
Sed	350	900	1550	3050	5900	8500
Spt Rds	800	2500	4200	8400	14,700	21,000
Phae	850	2650	4400	8800	15,400	22,000
Cpe	400	1200	2000	3950	7000	10,000
2 dr Sed	350	900	1550	3000	5850	8400

Master, 6-cyl.
Spt Rds	850	2650	4400	8800	15,400	22,000
Bus Cpe	400	1200	2000	3950	7000	10,000
Spt Cpe	400	1250	2100	4200	7400	10,500
2 dr Sed	450	1000	1650	3400	6350	9100
Twn Sed	450	1050	1650	3500	6400	9200

Chevrolet

	6	5	4	3	2	1
Sed	450	1050	1700	3600	6600	9400
Conv	750	2400	4000	8000	14,000	20,000
1935						
Standard, 6-cyl.						
Rds	650	2050	3400	6800	11,900	17,000
Phae	700	2300	3800	7600	13,300	19,000
Cpe	450	1100	1700	3650	6650	9500
2 dr Sed	350	900	1550	3050	5900	8500
Sed	450	950	1600	3250	6150	8800
Master, 6-cyl.						
5W Cpe	400	1200	2000	3950	7000	10,000
Spt Cpe	400	1250	2100	4200	7400	10,500
2 dr Sed	350	950	1600	3200	6050	8700
Sed	450	1000	1650	3350	6300	9000
Spt Sed	450	1050	1650	3500	6400	9200
Twn Sed	450	950	1600	3250	6150	8800
1936						
Standard, 6-cyl.						
Cpe	450	1100	1700	3650	6650	9500
Sed	350	900	1550	3050	5900	8500
Spt Sed	450	950	1600	3250	6150	8800
2 dr Sed	350	900	1550	3000	5850	8400
Cpe P.U.	450	1000	1650	3350	6300	9000
Conv	450	1450	2400	4800	8400	12,000
Master, 6-cyl.						
5W Cpe	400	1200	2000	3950	7000	10,000
Spt Cpe	400	1250	2100	4200	7400	10,500
2 dr Sed	350	950	1600	3200	6050	8700
Twn Sed	450	950	1600	3250	6150	8800
Sed	450	1000	1600	3300	6250	8900
Spt Sed	450	1000	1650	3350	6300	9000
1937						
Master, 6-cyl.						
Conv	900	2900	4800	9600	16,800	24,000
Cpe	450	1150	1800	3800	6800	9700
Cpe P.U.	400	1250	2050	4100	7200	10,300
2 dr Sed	350	950	1600	3200	6050	8700
2 dr Twn Sed	450	950	1600	3250	6150	8800
4 dr Trk Sed	450	1000	1600	3300	6250	8900
4 dr Spt Sed	450	1000	1650	3350	6300	9000
Master DeLuxe, 6-cyl.						
Cpe	400	1250	2050	4100	7200	10,300
Spt Cpe	400	1250	2100	4200	7400	10,500
2 dr Sed	450	1000	1600	3300	6250	8900
2 dr Twn Sed	450	1000	1650	3350	6300	9000
4 dr Trk Sed	450	1000	1650	3350	6300	9000
4 dr Spt Sed	450	1000	1650	3400	6350	9100
1938						
Master, 6-cyl.						
Conv	950	3000	5000	10,000	17,500	25,000
Cpe	450	1150	1800	3800	6800	9700
Cpe P.U.	400	1250	2050	4100	7200	10,300
2 dr Sed	450	1000	1600	3300	6250	8900
2 dr Twn Sed	450	1000	1650	3350	6300	9000
4 dr Sed	450	1000	1650	3350	6300	9000
4 dr Spt Sed	450	1050	1650	3500	6400	9200
Master DeLuxe, 6-cyl.						
Cpe	400	1250	2100	4200	7400	10,500
Spt Cpe	400	1300	2150	4300	7500	10,700
2 dr Sed	450	1000	1650	3350	6300	9000
2 dr Twn Sed	450	1000	1650	3400	6350	9100
4 dr Sed	450	1000	1650	3400	6350	9100
4 dr Spt Sed	450	1050	1650	3500	6400	9200
1939						
Master 85, 6-cyl.						
Cpe	450	1150	1900	3850	6850	9800
2 dr Sed	450	1050	1650	3500	6400	9200
2 dr Twn Sed	450	1050	1700	3550	6500	9300
4 dr Sed	450	1050	1700	3550	6500	9300
4 dr Spt Sed	450	1050	1700	3600	6600	9400
Sta Wag	850	2650	4400	8800	15,400	22,000
Master DeLuxe, 6-cyl.						
Cpe	400	1250	2050	4100	7200	10,300
Spt Cpe	400	1250	2100	4200	7400	10,500
2 dr Sed	400	1200	2050	4100	7100	10,200

Chevrolet

	6	5	4	3	2	1
2 dr Twn Sed	400	1250	2050	4100	7200	10,300
4 dr Sed	400	1250	2050	4100	7200	10,300
4 dr Spt Sed	400	1250	2100	4200	7300	10,400
Sta Wag	750	2400	4000	8000	14,000	20,000

1940
Master 85, 6-cyl.
Cpe	400	1200	2000	3950	7000	10,000
Twn Sed	450	1000	1650	3350	6300	9000
Spt Sed	450	1100	1700	3650	6650	9500
Sta Wag	950	3000	5000	10,000	17,500	25,000

Master DeLuxe, 6-cyl.
Cpe	400	1250	2100	4200	7400	10,500
Spt Cpe	400	1300	2200	4400	7700	11,000
2 dr Sed	400	1200	2000	3950	7000	10,000
Spt Sed	400	1200	2000	3950	7000	10,000

Special DeLuxe, 6-cyl.
Cpe	400	1300	2200	4400	7700	11,000
Spt Cpe	450	1400	2300	4600	8100	11,500
2 dr Sed	400	1250	2100	4200	7400	10,500
Spt Sed	400	1250	2100	4200	7300	10,400
Conv	800	2500	4200	8400	14,700	21,000
Sta Wag	1000	3100	5200	10,400	18,200	26,000

1941 Chevrolet Special Deluxe coupe

1941
Master DeLuxe, 6-cyl.
2P Cpe	400	1200	2000	3950	7000	10,000
4P Cpe	400	1250	2100	4200	7400	10,500
Twn Sed	450	1000	1650	3350	6300	9000
Spt Sed	450	1050	1700	3550	6500	9300

Special DeLuxe, 6-cyl.
2P Cpe	400	1300	2200	4400	7700	11,000
4P Cpe	450	1450	2400	4800	8400	12,000
Twn Sed	400	1200	2000	3950	7000	10,000
Spt Sed	400	1250	2100	4200	7400	10,500
Flt Sed	400	1300	2200	4400	7700	11,000
Conv	850	2750	4600	9200	16,100	23,000
Sta Wag	1050	3350	5600	11,200	19,600	28,000
Cpe P.U.	450	1450	2400	4800	8400	12,000

1942
Master DeLuxe, 6-cyl.
2P Cpe	450	1000	1650	3350	6300	9000
4P Cpe	450	1050	1650	3500	6400	9200
Cpe P.U.	450	1100	1700	3650	6650	9500

Chevrolet

	6	5	4	3	2	1
Twn Sed	350	750	1300	2450	5250	7500
Spt Sed	350	750	1350	2600	5400	7700
Special DeLuxe, 6-cyl.						
2P Cpe	450	1100	1700	3650	6650	9500
5P Cpe	450	1150	1800	3800	6800	9700
Twn Sed	350	750	1350	2650	5450	7800
Spt Sed	350	800	1450	2750	5600	8000
Conv	850	2650	4400	8800	15,400	22,000
Sta Wag	1000	3100	5200	10,400	18,200	26,000
Fleetline, 6-cyl.						
2 dr Aero	450	1100	1700	3650	6650	9500
4 dr Spt Mstr	450	1050	1650	3500	6400	9200

1948 Chevrolet Fleetline Aerosedan, 6-cylinder

1946-1948
Stylemaster, 6-cyl.

Bus Cpe	350	900	1550	3050	5900	8500
Spt Cpe	350	950	1600	3200	6050	8700
Twn Sed	350	750	1350	2600	5400	7700
Spt Sed	350	750	1350	2650	5450	7800
Fleetmaster, 6-cyl.						
Spt Cpe	450	1000	1650	3350	6300	9000
Twn Sed	350	750	1350	2650	5450	7800
Spt Sed	350	800	1450	2750	5600	8000
Conv	1000	3250	5400	10,800	18,900	27,000
Sta Wag	950	3000	5000	10,000	17,500	25,000
Fleetline, 6-cyl.						
2 dr Aero	350	900	1550	3100	6000	8600
4 dr Spt Mstr	450	950	1600	3250	6150	8800

1949-1950
Styleline Special, 6-cyl.

Bus Cpe	350	800	1450	2750	5600	8000
Spt Cpe	350	900	1550	3000	5850	8400
2 dr Sed	350	750	1200	2350	4900	7000
Sed	350	750	1250	2350	5000	7100
Fleetline Special, 6-cyl.						
2 dr Sed	350	750	1250	2350	5000	7100
4 dr Sed	350	750	1250	2400	5050	7200
Styleline DeLuxe, 6-cyl.						
Spt Cpe	450	1000	1650	3350	6300	9000
2 dr Sed	350	750	1300	2450	5250	7500
Sed	350	750	1300	2500	5300	7600
2 dr HdTp Bel Air (1950 only)	400	1300	2200	4400	7700	11,000
Conv	800	2500	4200	8400	14,700	21,000
Woodie Wag (1949 only)	600	1900	3200	6400	11,200	16,000

	6	5	4	3	2	1
Mtl Sta Wag	400	1250	2100	4200	7400	10,500
Fleetline DeLuxe, 6-cyl.						
2 dr Sed	350	750	1300	2500	5300	7600
4 dr Sed	350	750	1350	2600	5400	7700
1951-1952						
Styleline Special, 6-cyl.						
Bus Cpe	350	850	1500	2800	5650	8100
Spt Cpe	350	900	1550	3050	5900	8500
2 dr Sed	350	750	1250	2350	5000	7100
Sed	350	750	1250	2400	5050	7200
Styleline DeLuxe, 6-cyl.						
Spt Cpe	450	1000	1650	3400	6350	9100
2 dr Sed	350	750	1300	2500	5300	7600
Sed	350	750	1350	2600	5400	7700
2 dr HdTp Bel Air	450	1400	2300	4600	8100	11,500
Conv	800	2500	4200	8400	14,700	21,000
Fleetline Special, 6-cyl						
2 dr Sed (1951 only)	350	750	1250	2400	5050	7200
4 dr Sed (1951 only)	350	750	1250	2400	5100	7300
Sta Wag	400	1300	2200	4400	7700	11,000
Fleetline DeLuxe, 6-cyl.						
2 dr Sed	350	800	1450	2750	5600	8000
4 dr Sed (1951 only)	350	750	1350	2650	5450	7800
1953						
Special 150, 6-cyl.						
Bus Cpe	350	700	1100	2300	4500	6400
Clb Cpe	350	700	1150	2300	4550	6500
2 dr Sed	200	650	1050	2250	4200	6000
Sed	200	675	1050	2250	4300	6100
Sta Wag	450	1000	1650	3350	6300	9000
DeLuxe 210, 6-cyl.						
Clb Cpe	350	900	1550	3050	5900	8500
2 dr Sed	350	750	1300	2450	5250	7500
Sed	350	750	1300	2400	5200	7400
2 dr HdTp	400	1300	2200	4400	7700	11,000
Conv	850	2650	4400	8800	15,400	22,000
Sta Wag	450	1100	1700	3650	6650	9500
210 Townsman Sta Wag	450	1150	1800	3800	6800	9700
Bel Air						
2 dr Sed	450	1000	1650	3350	6300	9000
Sed	350	950	1600	3200	6050	8700
2 dr HdTp	450	1450	2400	4800	8400	12,000
Conv	900	2900	4800	9600	16,800	24,000

1954 Chevrolet Bel Air convertible

1954
Special 150, 6-cyl.
| Utl Sed | 200 | 650 | 1000 | 2200 | 4150 | 5900 |

Chevrolet

	6	5	4	3	2	1
2 dr Sed	200	650	1050	2250	4200	6000
Sed	200	675	1050	2250	4300	6100
Sta Wag	450	1000	1650	3350	6300	9000
Special 210, 6-cyl.						
2 dr Sed	350	750	1300	2450	5250	7500
2 dr Sed Del Rey	450	1000	1650	3350	6300	9000
Sed	350	750	1300	2400	5200	7400
Sta Wag	450	1100	1700	3650	6650	9500
Bel Air, 6-cyl.						
2 dr Sed	350	900	1550	3050	5900	8500
Sed	350	900	1550	3000	5850	8400
2 dr HdTp	450	1450	2400	4800	8400	12,000
Conv	850	2750	4600	9200	16,100	23,000
Sta Wag	450	1450	2400	4800	8400	12,000

1955
Model 150, V-8

Utl Sed	350	700	1150	2300	4550	6500
2 dr Sed	350	750	1200	2350	4900	7000
Sed	350	750	1200	2350	4900	7000
Sta Wag	350	900	1550	3050	5900	8500
Model 210, V-8						
2 dr Sed	350	900	1550	3050	5900	8500
2 dr Sed Del Rey	400	1300	2200	4400	7700	11,000
Sed	350	800	1450	2750	5600	8000
2 dr HdTp	600	1900	3200	6400	11,200	16,000
2 dr Sta Wag	400	1200	2000	3950	7000	10,000
4 dr Sta Wag	450	1150	1900	3850	6850	9800
Bel Air, V-8						
2 dr Sed	400	1350	2250	4500	7800	11,200
Sed	400	1300	2200	4400	7700	11,000
2 dr HdTp	700	2300	3800	7600	13,300	19,000
Conv	1050	3350	5600	11,200	19,600	28,000
Nomad	650	2050	3400	6800	11,900	17,000
4 dr Sta Wag	450	1350	2300	4600	8000	11,400

NOTE: Add 10 percent for A/C; 15 percent for "Power-Pak". Deduct 10 percent for 6-cyl.

1956 Chevrolet Bel Air Nomad station wagon

1956
Model 150, V-8

Utl Sed	350	750	1200	2350	4900	7000
2 dr Sed	350	750	1300	2450	5250	7500
Sed	350	750	1250	2400	5100	7300
Sta Wag	350	900	1550	3050	5900	8500
Model 210, V-8						
2 dr Sed	450	1000	1650	3350	6300	9000
2 dr Sed Del Rey	450	1400	2300	4600	8100	11,500
Sed	450	1000	1600	3300	6250	8900
4 dr HdTp	450	1050	1650	3500	6400	9200
2 dr HdTp	550	1700	2800	5600	9800	14,000

	6	5	4	3	2	1
2 dr Sta Wag	400	1200	2000	3950	7000	10,000
4 dr Sta Wag	450	1150	1800	3800	6800	9700
9P Sta Wag	450	1150	1800	3800	6800	9700
Bel Air, V-8						
2 dr Sed	400	1300	2150	4300	7600	10,800
Sed	400	1300	2150	4300	7500	10,700
4 dr HdTp	450	1400	2300	4600	8100	11,500
2 dr HdTp	700	2300	3800	7600	13,300	19,000
Conv	950	3000	5000	10,000	17,500	25,000
Nomad	550	1700	2800	5600	9800	14,000
4 dr Sta Wag	400	1300	2200	4400	7700	11,000

NOTE: Add 10 percent for A/C; 15 percent for "Power-Pak". Deduct 10 percent for 6-cyl.

1957

Model 150, V-8

	6	5	4	3	2	1
Utl Sed	350	750	1200	2350	4900	7000
2 dr Sed	350	750	1250	2400	5100	7300
Sed	350	750	1250	2400	5100	7300
2 dr Sta Wag	350	900	1550	3050	5900	8500
Model 210, V-8						
2 dr Sed	450	1000	1650	3350	6300	9000
2 dr Sed Del Ray	400	1300	2200	4400	7700	11,000
Sed	450	1000	1600	3300	6250	8900
4 dr HdTp	450	1150	1900	3850	6850	9800
2 dr HdTp	450	1450	2400	4800	8400	12,000
2 dr Sta Wag	400	1200	2050	4100	7100	10,200
4 dr Sta Wag	400	1200	2000	3950	7000	10,000
9P Sta Wag	400	1200	2050	4100	7100	10,200
Bel Air, V-8						
2 dr Sed	450	1400	2300	4600	8100	11,500
Sed	400	1350	2250	4500	7900	11,300
4 dr HdTp	450	1450	2400	4800	8400	12,000
2 dr HdTp	750	2400	4000	8000	14,000	20,000
Conv	1300	4200	7000	14,000	24,500	35,000
Nomad	650	2050	3400	6800	11,900	17,000
4 dr Sta Wag	450	1400	2300	4600	8100	11,500

NOTE: Add 10 percent for A/C; 15 percent for "Power-Pak" and 20 percent for F.I. Deduct 10 percent for 6-cyl.

1958 Chevrolet Del-Ray 2dr sedan

1958

Del-Ray, V-8

	6	5	4	3	2	1
Utl Sed	200	550	900	2100	3700	5300
2 dr Sed	200	600	950	2150	3850	5500
Sed	200	600	950	2150	3850	5500
Biscayne, V-8						
2 dr Sed	200	600	1000	2200	4000	5700
Sed	200	600	950	2200	3900	5600

Chevrolet

Bel Air, V-8

	6	5	4	3	2	1
2 dr Sed	350	900	1550	3050	5900	8500
Sed	350	900	1550	3100	6000	8600
4 dr HdTp	450	1000	1650	3350	6300	9000
2 dr HdTp	450	1450	2400	4800	8400	12,000
Impala	850	2650	4400	8800	15,400	22,000
Imp Conv	1300	4200	7000	14,000	24,500	35,000

Station Wagons, V-8

	6	5	4	3	2	1
2 dr Yeo	350	800	1450	2750	5600	8000
4 dr Yeo	350	750	1350	2650	5450	7800
6P Brookwood	350	850	1500	2900	5700	8200
9P Brookwood	350	900	1550	3050	5900	8500
4 dr Nomad	400	1250	2100	4200	7400	10,500

NOTE: Add 10 percent for Power-Pak & dual exhaust on 283 V-8.
 Add 20 percent for 348.
 Add 30 percent for 348 Tri-Power set up.
 Add 15 percent for A/C.
 Deduct 10 percent for 6-cyl.

1959

Biscayne, V-8

	6	5	4	3	2	1
Utl Sed	200	500	850	1900	3500	5000
2 dr Sed	200	550	900	2000	3600	5200
Sed	200	550	900	2100	3700	5300

Bel Air, V-8

	6	5	4	3	2	1
2 dr Sed	200	600	1000	2200	4000	5700
Sed	200	650	1000	2200	4100	5800
4 dr HdTp	200	650	1050	2250	4200	6000

Impala, V-8

	6	5	4	3	2	1
Sed	200	650	1050	2250	4200	6000
4 dr HdTp	350	850	1500	2950	5800	8300
2 dr HdTp	550	1800	3000	6000	10,500	15,000
Conv	850	2650	4400	8800	15,400	22,000

Station Wagons, V-8

	6	5	4	3	2	1
Brookwood	350	750	1200	2350	4900	7000
Parkwood	350	750	1250	2400	5100	7300
Kingswood	350	750	1300	2450	5250	7500
4 dr Nomad	350	800	1450	2750	5600	8000

NOTE: Add 20 percent for speed options and 10 percent for A/C.
 Add 5 percent for 4-speed transmission.
 Deduct 10 percent for 6-cyl.
 Add 30 percent for 348 Tri-Power set up.

1960

Biscayne, V-8

	6	5	4	3	2	1
Utl Sed	150	450	800	1800	3300	4800
2 dr Sed	200	500	850	1950	3600	5100
Sed	200	550	900	2000	3600	5200

Biscayne Fleetmaster, V-8

	6	5	4	3	2	1
2 dr Sed	200	550	900	2100	3700	5300
Sed	200	550	900	2150	3800	5400

Bel Air, V-8

	6	5	4	3	2	1
2 dr Sed	200	650	1000	2200	4100	5800
Sed	200	650	1000	2200	4150	5900
4 dr HdTp	200	675	1100	2250	4400	6300
2 dr HdTp	350	800	1450	2750	5600	8000

Impala, V-8

	6	5	4	3	2	1
Sed	200	675	1100	2250	4400	6300
4 dr HdTp	350	750	1350	2650	5450	7800
2 dr HdTp	500	1550	2600	5200	9100	13,000
Conv	800	2500	4200	8400	14,700	21,000

Station Wagons, V-8

	6	5	4	3	2	1
Brookwood	350	750	1200	2350	4900	7000
4 dr Kingswood	350	750	1250	2400	5100	7300
4 dr Parkwood	350	750	1300	2450	5250	7500
4 dr Nomad	350	800	1450	2750	5600	8000

NOTE: Add 20 percent for speed options and 10 percent for A/C.
 Deduct 10 percent for 6-cyl.
 Add 30 percent for 348 Tri-Power set up.

1961

Biscayne, V-8

	6	5	4	3	2	1
Utl Sed	200	500	850	1850	3350	4900
2 dr Sed	200	600	950	2150	3850	5500
Sed	200	500	850	1950	3600	5100

Bel Air, V-8

	6	5	4	3	2	1
2 dr Sed	200	600	1000	2200	4000	5700
Sed	200	600	950	2200	3900	5600

Chevrolet 103

	6	5	4	3	2	1
4 dr HdTp	350	750	1200	2350	4900	7000
2 dr HdTp	400	1300	2200	4400	7700	11,000
Impala, V-8						
2 dr Sed	200	650	1050	2250	4200	6000
Sed	200	675	1050	2250	4300	6100
4 dr HdTp	350	750	1300	2450	5250	7500
2 dr HdTp*	450	1450	2400	4800	8400	12,000
Conv*	700	2150	3600	7200	12,600	18,000
Station Wagons, V-8						
Brookwood	350	700	1150	2300	4550	6500
Parkwood	350	725	1200	2350	4850	6900
Nomad	350	800	1450	2750	5600	8000

NOTE: Add 10 percent for Power-Pak & dual exhaust on 283 V-8.
    Add 15 percent for A/C.
    Add 35 percent for 348 CID.
    *Add 20 percent for Super Sport option.
    Add 50 percent for 409 V-8.
    Deduct 10 percent for 6-cyl.

1962
Chevy II, 4 & 6-cyl.

	6	5	4	3	2	1
2 dr Sed	200	500	850	1900	3500	5000
Sed	200	500	850	1850	3350	4900
2 dr HdTp	350	800	1450	2750	5600	8000
Conv	400	1200	2000	3950	7000	10,000
Sta Wag	200	675	1050	2250	4350	6200
Biscayne, V-8						
2 dr Sed	200	550	900	2150	3800	5400
Sed	200	600	950	2150	3850	5500
Sta Wag	200	675	1100	2250	4400	6300
Bel Air, V-8						
2 dr Sed	200	600	950	2200	3900	5600
Sed	200	600	1000	2200	4000	5700
2 dr HdTp	450	1450	2400	4800	8400	12,000
Sta Wag	350	700	1150	2300	4550	6500
Bel Air 409 muscle car						
2 dr Sed (380 hp)	550	1700	2800	5600	9800	14,000
2 dr HdTp (380 hp)	900	2900	4800	9600	16,800	24,000
2 dr Sed (409 hp)	600	1900	3200	6400	11,200	16,000
2 dr HdTp (409 hp)	1000	3100	5200	10,400	18,200	26,000
Impala, V-8						
Sed	200	650	1050	2250	4200	6000
4 dr HdTp	350	800	1450	2750	5600	8000
2 dr HdTp*	550	1800	3000	6000	10,500	15,000
Conv*	750	2400	4000	8000	14,000	20,000
Sta Wag	350	800	1450	2750	5600	8000

*NOTE: Add 15 percent for Super Sport option.
    Add 15 percent for Power-Pak & dual exhaust.
    Add 15 percent for A/C.
    Add 35 percent for 409 CID.
    Deduct 10 percent for 6-cyl except Chevy II.

1963
Chevy II and Nova, 4 & 6-cyl.

	6	5	4	3	2	1
Sed	200	500	850	1900	3500	5000
2 dr HdTp*	350	800	1450	2750	5600	8000
Conv*	400	1300	2200	4400	7700	11,000
Sta Wag	350	700	1100	2300	4500	6400

*NOTE: Add 15 percent for Super Sport option.

Biscayne, V-8

	6	5	4	3	2	1
2 dr Sed	200	500	850	1900	3500	5000
Sed	150	450	800	1800	3300	4800
Sta Wag	200	650	1000	2200	4150	5900
Bel Air, V-8						
2 dr Sed	200	550	900	2150	3800	5400
Sed	200	600	950	2150	3850	5500
Sta Wag	200	675	1100	2250	4400	6300
Impala, V-8						
Sed	200	650	1050	2250	4200	6000
4 dr HdTp	350	800	1450	2750	5600	8000
2 dr HdTp*	550	1800	3000	6000	10,500	15,000
Conv*	750	2400	4000	8000	14,000	20,000
Sta Wag	350	750	1350	2650	5450	7800

NOTE: Add 15 percent for Power-Pak & dual exhaust.
    Add 15 percent for A/C.
    Add 35 percent for 409 CID.
    Add 15 percent for Super Sport option.
    Deduct 10 percent for 6-cyl except Chevy II.

Chevrolet

1964 Chevrolet Impala station wagon

1964
Chevy II and Nova, 4 & 6-cyl.

	6	5	4	3	2	1
2 dr Sed	150	450	800	1800	3300	4800
Sed	200	500	850	1850	3350	4900
2 dr HdTp	350	800	1450	2750	5600	8000
Sta Wag	350	700	1150	2300	4550	6500

NOTE: Add 10 percent for 6-cyl.

Nova Super Sport Series, 6-cyl.

2 dr HdTp	400	1300	2200	4400	7700	11,000

NOTE: Add 25 percent for V8.
Add 10 percent for 4 speed trans.

Chevelle

2 dr Sed	150	300	700	1250	2650	3800
Sed	150	300	700	1250	2650	3800
2 dr Sta Wag	200	550	900	2150	3800	5400
4 dr Sta Wag	200	550	900	2100	3700	5300

Malibu Series, V-8

Sed	150	450	800	1800	3300	4800
2 dr HdTp*	450	1450	2400	4800	8400	12,000
Conv*	700	2300	3800	7600	13,300	19,000
4 dr Sta Wag	200	650	1050	2250	4200	6000

NOTE: Add 15 percent for Super Sport option.
Deduct 10 percent for 6-cyl.

Biscayne, V-8

2 dr Sed	200	500	850	1900	3500	5000
Sed	200	500	850	1950	3600	5100
Sta Wag	200	675	1050	2250	4350	6200

Bel Air, V-8

2 dr Sed	200	550	900	2150	3800	5400
Sed	200	600	950	2150	3850	5500
Sta Wag	350	700	1100	2300	4500	6400

Impala, V-8

Sed	350	700	1100	2300	4500	6400
4 dr HdTp	350	800	1450	2750	5600	8000
2 dr HdTp*	550	1700	2800	5600	9800	14,000
Conv*	800	2500	4200	8400	14,700	21,000
Sta Wag	350	800	1450	2750	5600	8000

*NOTE: Add 15 percent for Super Sport option.
Add 15 percent for Power-Pak & dual exhaust.
Add 15 percent for A/C.
Add 35 percent for 409 CID.
Deduct 10 percent for 6-cyl.

1965
Chevy II, V-8

Sed	150	450	750	1700	3200	4600
2 dr Sed	150	400	750	1650	3150	4500
Sta Wag	150	400	750	1600	3100	4400

Nova Series, V-8

Sed	150	450	800	1750	3250	4700
2 dr HdTp	350	800	1450	2750	5600	8000
Sta Wag	150	450	800	1750	3250	4700

Nova Super Sport, V-8

Spt Cpe	400	1300	2200	4400	7700	11,000

Chevelle

2 dr Sed	150	400	750	1600	3100	4400

Chevrolet 105

	6	5	4	3	2	1
Sed	150	400	750	1650	3150	4500
2 dr Sta Wag	200	500	850	1900	3500	5000
Sta Wag	150	400	750	1650	3150	4500
Malibu, V-8						
Sed	150	450	800	1800	3300	4800
2 dr HdTp	400	1300	2200	4400	7700	11,000
Conv	600	1900	3200	6400	11,200	16,000
Sta Wag	150	450	800	1750	3250	4700
Malibu Super Sport, V-8						
2 dr HdTp	650	2050	3400	6800	11,900	17,000
Conv	850	2650	4400	8800	15,400	22,000
NOTE: Add 50 percent for RPO Z16 SS-396 option.						
Biscayne, V-8						
2 dr Sed	150	400	750	1600	3100	4400
Sed	150	400	750	1650	3150	4500
Sta Wag	150	400	750	1650	3150	4500
Bel Air, V-8						
2 dr Sed	150	450	800	1800	3300	4800
Sed	200	500	850	1850	3350	4900
Sta Wag	200	500	850	1850	3350	4900
Impala, V-8						
Sed	200	650	1050	2250	4200	6000
4 dr HdTp*	350	750	1300	2450	5250	7500
2 dr HdTp	400	1300	2200	4400	7700	11,000
Conv	650	2050	3400	6800	11,900	17,000
Sta Wag	200	600	950	2150	3850	5500
Impala Super Sport, V-8						
2 dr HdTp	450	1450	2400	4800	8400	12,000
Conv	700	2150	3600	7200	12,600	18,000

NOTE: Add 20 percent for Power-Pak & dual exhaust.
       Add 15 percent for A/C.
       Add 35 percent for 409 CID.
       Add 35 percent for 396 CID.
       Deduct 10 percent for 6-cyl.
       Add 15 percent for Caprice models.

1966
Chevy II Series 100

	6	5	4	3	2	1
2 dr Sed	150	450	750	1700	3200	4600
Sed	150	450	800	1750	3250	4700
Sta Wag	150	450	800	1750	3250	4700
Nova Series, V-8						
2 dr HdTp	350	750	1200	2350	4900	7000
Sed	150	450	800	1800	3300	4800
Sta Wag	150	450	800	1800	3300	4800
Nova Super Sport						
2 dr HdTp	350	800	1450	2750	5600	8000
NOTE: Add 60 percent for High Performance pkg.						
Chevelle						
2 dr Sed	150	400	750	1600	3100	4400
Sed	150	400	750	1650	3150	4500
Sta Wag	150	400	750	1650	3150	4500
Malibu, V-8						
Sed	150	450	800	1800	3300	4800
4 dr HdTp	200	500	850	1900	3500	5000
2 dr HdTp	450	1450	2400	4800	8400	12,000
Conv	650	2050	3400	6800	11,900	17,000
Sta Wag	200	500	850	1900	3500	5000
Super Sport, '396' V-8						
2 dr HdTp	800	2500	4200	8400	14,700	21,000
Conv	1000	3100	5200	10,400	18,200	26,000
NOTE: Deduct 10 percent for 6-cyl. Chevelle.						
Biscayne, V-8						
2 dr Sed	200	500	850	1850	3350	4900
Sed	150	450	750	1700	3200	4600
Sta Wag	150	450	750	1700	3200	4600
Bel Air, V-8						
2 dr Sed	200	500	850	1900	3500	5000
Sed	150	450	800	1750	3250	4700
3S Wag	150	450	800	1750	3250	4700
Impala, V-8						
Sed	200	600	950	2150	3850	5500
4 dr HdTp	350	750	1200	2350	4900	7000
2 dr HdTp	450	1450	2400	4800	8400	12,000
Conv	700	2150	3600	7200	12,600	18,000
Sta Wag	200	650	1050	2250	4200	6000

Chevrolet

Impala Super Sport, V-8

	6	5	4	3	2	1
2 dr HdTp	550	1800	3000	6000	10,500	15,000
Conv	750	2400	4000	8000	14,000	20,000

Caprice, V-8

4 dr HdTp	350	900	1550	3050	5900	8500
2 dr HdTp	500	1550	2600	5200	9100	13,000
Sta Wag	350	725	1150	2300	4700	6700

NOTE: Add 40 percent for 396 CID.
Add approx. 40 percent for 427 CID engine when available.
Add 15 percent for A/C.

1967 Chevrolet Camaro

1967

Chevy II, 100, V-8, 110" wb

2 dr Sed	150	400	750	1550	3050	4300
4 dr Sed	150	400	750	1600	3100	4400
Sta Wag	150	400	750	1600	3100	4400

Chevy II Nova, V-8, 110" wb

4 dr Sed	150	400	750	1650	3150	4500
2 dr HdTp	350	900	1550	3050	5900	8500
Sta Wag	150	400	750	1650	3150	4500

Chevy II Nova SS, V-8, 110" wb

2 dr HdTp	450	1100	1700	3650	6650	9500

NOTE: Add 60 percent for High Performance pkg.

Chevelle 300, V-8, 115" wb

2 dr Sed	150	400	750	1600	3100	4400
4 dr Sed	150	400	750	1650	3150	4500

Chevelle 300 DeLuxe, V-8, 115" wb

2 dr Sed	150	450	800	1750	3250	4700
4 dr Sed	150	450	800	1800	3300	4800
Sta Wag	200	500	850	1900	3500	5000

Chevelle Malibu, V-8, 115" wb

4 dr Sed	200	500	850	1900	3500	5000
4 dr HdTp	200	650	1050	2250	4200	6000
2 dr HdTp	400	1200	2000	3950	7000	10,000
Conv	500	1550	2600	5200	9100	13,000
Sta Wag	200	600	950	2150	3850	5500

Chevelle Concours, V-8, 115" wb

Sta Wag	200	600	950	2200	3900	5600

Chevelle Super Sport 396, 115" wb

2 dr HdTp	750	2400	4000	8000	14,000	20,000
Conv	850	2650	4400	8800	15,400	22,000

Biscayne, V-8, 119" wb

2 dr Sed	200	500	850	1900	3500	5000
4 dr Sed	200	500	850	1950	3600	5100
Sta Wag	200	500	850	1950	3600	5100

Bel Air, V-8, 119" wb

2 dr Sed	200	650	1050	2250	4200	6000
4 dr Sed	200	600	950	2200	3900	5600
3S Sta Wag	200	600	950	2200	3900	5600

Impala, V-8, 119" wb

4 dr Sed	200	650	1050	2250	4200	6000
4 dr HdTp	350	700	1150	2300	4550	6500

Chevrolet 107

	6	5	4	3	2	1
2 dr HdTp	400	1200	2000	3950	7000	10,000
Conv	600	1900	3200	6400	11,200	16,000
3S Sta Wag	200	600	950	2150	3850	5500
Impala SS, V-8, 119" wb						
2 dr HdTp	400	1300	2200	4400	7700	11,000
Conv	650	2050	3400	6800	11,900	17,000
Caprice, V-8, 119" wb						
2 dr HdTp	450	1450	2400	4800	8400	12,000
4 dr HdTp	350	800	1450	2750	5600	8000
3S Sta Wag	350	750	1200	2350	4900	7000

NOTE: Add approximately 40 percent for SS-427 engine options when available in all series.
Add 40 percent for SS-396 option.
Add 15 percent for A/C.

Camaro

	6	5	4	3	2	1
Indy Pace Car	900	2900	4800	9600	16,800	24,000
Cpe	500	1550	2600	5200	9100	13,000
Conv	650	2050	3400	6800	11,900	17,000
Z-28 Cpe	1250	3950	6600	13,200	23,100	33,000
Yenko Cpe	2800	8900	14,800	29,600	51,800	74,000

NOTE: Deduct 5 percent for Six, (when available).
Add 10 percent for Rally Sport Package (when available; except incl. w/Indy Pace Car).
Add 5 percent for SS-350 (when available; except incl. w/Indy Pace Car).
Add 15 percent for SS-396 (L-35/325 hp; when available).
Add 35 percent for SS-396 (L-78/375 hp; when available).
Add 10 percent for A/C.
Add 35 percent for the 375 horsepower 396, (L78 option).
Add 25 percent for 396 CID-L35.

1968
Nova Four

	6	5	4	3	2	1
Cpe	200	500	850	1900	3500	5000
Sed	150	400	750	1650	3150	4500

NOTE: Only 1,270 Nova 4's were built in 1968.

Nova Six

Cpe	200	600	950	2150	3850	5500
Sed	150	450	800	1750	3250	4700

NOTE: Add 20 percent for "SS" equipment pkg.
Add 25 percent for 327 CID.
Add 30 percent for 350 CID.
Add 35 percent for 396 CID engine.

Chevelle 300

2 dr Sed	150	300	750	1350	2700	3900
Sta Wag	150	350	750	1350	2800	4000

Chevelle 300 DeLuxe

Sed	150	350	750	1350	2800	4000
4 dr HdTp	150	400	750	1550	3050	4300
Cpe	150	350	750	1350	2800	4000
Sta Wag	150	300	750	1350	2700	3900

Chevelle Malibu

Sed	150	350	750	1450	2900	4100
4 dr HdTp	150	400	750	1650	3150	4500
2 dr HdTp	450	1000	1650	3350	6300	9000
Conv	450	1450	2400	4800	8400	12,000
Sta Wag	150	400	750	1650	3150	4500

Chevelle Concours Estate

Sta Wag	150	300	750	1350	2700	3900

Chevelle SS-396

2 dr HdTp	700	2150	3600	7200	12,600	18,000
Conv	750	2400	4000	8000	14,000	20,000

Biscayne

2 dr Sed	150	350	750	1350	2800	4000
Sed	150	300	750	1350	2700	3900
Sta Wag	150	350	750	1450	2900	4100

Bel Air

2 dr Sed	150	350	750	1450	2900	4100
Sed	150	350	750	1350	2800	4000
2S Sta Wag	150	350	750	1450	3000	4200
3S Sta Wag	150	400	750	1550	3050	4300

Impala

Sed	150	400	750	1650	3150	4500
4 dr HdTp	200	600	950	2150	3850	5500
2 dr HdTp	350	750	1300	2450	5250	7500
Cus Cpe	350	800	1450	2750	5600	8000
Conv	600	1900	3200	6400	11,200	16,000

Chevrolet

	6	5	4	3	2	1
2S Sta Wag	150	400	750	1550	3050	4300
3S Sta Wag	150	400	750	1600	3100	4400
Caprice						
4 dr HdTp	350	700	1150	2300	4550	6500
2 dr HdTp	450	1000	1650	3350	6300	9000
2S Sta Wag	200	600	950	2150	3850	5500
3S Sta Wag	200	650	1050	2250	4200	6000

Chevelle 300
NOTE: Only 1,270 Nova 4's were built in 1968.

Camaro

	6	5	4	3	2	1
Cpe	450	1450	2400	4800	8400	12,000
Conv	600	1900	3200	6400	11,200	16,000
Z-28	700	2300	3800	7600	13,300	19,000
Yenko Cpe	2100	6700	11,200	22,400	39,200	56,000

NOTE: Deduct 5 percent for Six, (when available).
   Add 10 percent for A/C.
   Add 10 percent for Rally Sport Package (when available).
   Add 5 percent for SS-350 (when available; except Z-28).
   Add 15 percent for SS-396 (L35/325 hp; when available).
   Add 35 percent for SS-396 (L78/375 hp; when available).
   Add 40 percent for SS-396 (L89; when available).
   Add approx. 40 percent for 427 engine options when availble.

1969

Nova Four

	6	5	4	3	2	1
Cpe	150	400	750	1550	3050	4300
Sed	150	350	750	1450	3000	4200
Nova Six						
Cpe	150	400	750	1600	3100	4400
Sed	150	400	750	1550	3050	4300
Chevy II, Nova V-8						
Cpe	150	400	750	1650	3150	4500
Sed	150	400	750	1600	3100	4400
Yenko Cpe	2100	6700	11,200	22,400	39,200	56,000

NOTES: Add 25 percent for Nova SS.
   Add 30 percent for 350 CID.
   Add 35 percent for 396 CID.
   Add 25 percent for Impala "SS".
   Add 25 percent for other "SS" equipment pkgs.

Chevelle 300 DeLuxe

	6	5	4	3	2	1
Sed	150	350	750	1350	2800	4000
2 dr HdTp	350	700	1150	2300	4550	6500
Cpe	150	400	750	1650	3150	4500
Nomad	150	450	800	1750	3250	4700
Dual Nomad	200	500	850	1900	3500	5000
GB Wag	150	400	750	1650	3150	4500
GB Dual Wag-6P	150	400	750	1650	3150	4500
GB Dual Wag-9P	150	450	750	1700	3200	4600

Chevelle Malibu, V-8

	6	5	4	3	2	1
Sed	150	400	750	1650	3150	4500
4 dr HdTp	200	500	850	1900	3500	5000
2 dr HdTp	400	1300	2200	4400	7700	11,000
Conv	450	1450	2400	4800	8400	12,000
Estate-9P	150	350	750	1450	2900	4100
Estate-6P	150	350	750	1350	2800	4000

NOTE: Add 10 percent for Concours 4-dr hardtop.

Chevelle Malibu SS-396

	6	5	4	3	2	1
2 dr HdTp	700	2300	3800	7600	13,300	19,000
Conv	800	2500	4200	8400	14,700	21,000

NOTE: Add 60 percent for Yenko Hardtop.

Biscayne

	6	5	4	3	2	1
2 dr Sed	150	350	750	1350	2800	4000
Sed	150	300	750	1350	2700	3900
Sta Wag	150	300	750	1350	2700	3900

Bel Air

	6	5	4	3	2	1
2 dr Sed	150	400	750	1650	3150	4500
Sed	150	350	750	1350	2800	4000
Sta Wag-6P	150	350	750	1350	2800	4000
Sta Wag-9P	150	350	750	1450	2900	4100

Impala, V-8

	6	5	4	3	2	1
Sed	150	400	750	1650	3150	4500
4 dr HdTp	200	600	950	2150	3850	5500
2 dr HdTp	350	750	1200	2350	4900	7000
2 dr Cus Cpe	350	750	1250	2400	5050	7200
Conv	500	1550	2600	5200	9100	13,000
Sta Wag-6P	150	350	750	1450	2900	4100
Sta Wag-9P	150	350	750	1450	3000	4200

	6	5	4	3	2	1
NOTE: Add 35 percent for Impala SS 427 option.						
Caprice, V-8						
4 dr HdTp	350	700	1150	2300	4550	6500
Cus Cpe	350	800	1450	2750	5600	8000
Sta Wag-6P	150	400	750	1650	3150	4500
Sta Wag-9P	150	450	800	1750	3250	4700
Camaro						
Spt Cpe	450	1450	2400	4800	8400	12,000
Conv	550	1700	2800	5600	9800	14,000
Z-28	700	2300	3800	7600	13,300	19,000
Pace Car	600	1900	3200	6400	11,200	16,000
ZL-1*	1700	5400	9000	18,000	31,500	45,000
RS Yenko	1700	5400	9000	18,000	31,500	45,000

NOTE: Deduct 5 percent for Six, (when available).
      Add 5 percent for Rally Sport (except incl. w/Indy Pace Car).
      Add 15 percent for SS-350 (when avail.; except incl. w/Indy Pace Car).
      Add 15 percent for SS-396 (L78/375 hp; when available).
      Add 35 percent for SS-396 (L89/375 hp, alum. heads; when available).
      Add approx. 40 percent for 427 engine options when availble.
*The specially trimmed coupe with the aluminum block 427.

1970 Chevrolet Caprice coupe

1970

	6	5	4	3	2	1
Nova Four						
Cpe	150	350	750	1350	2800	4000
Sed	150	300	750	1350	2700	3900
Nova Six						
Cpe	150	350	750	1450	2900	4100
Sed	150	350	750	1350	2800	4000
Nova, V-8						
Cpe	150	350	750	1450	3000	4200
Sed	150	350	750	1450	2900	4100
Yenko Cpe	700	2300	3800	7600	13,300	19,000
Chevelle						
Cpe	200	650	1000	2200	4100	5800
Sed	150	400	750	1650	3150	4500
Nomad	200	500	850	1900	3500	5000
Greenbrier						
Sta Wag-6P	150	400	750	1650	3150	4500
Sta Wag-8P	150	400	750	1650	3150	4500
Malibu, V-8						
Sed	150	450	750	1700	3200	4600
4 dr HdTp	200	500	850	1900	3500	5000
2 dr HdTp	400	1200	2000	3950	7000	10,000
Conv	450	1450	2400	4800	8400	12,000
Concours	200	600	950	2150	3850	5500

110 Chevrolet

	6	5	4	3	2	1
Estate	200	600	950	2200	3900	5600
Chevelle Malibu SS 396						
2 dr HdTp	500	1550	2600	5200	9100	13,000
Conv	900	2900	4800	9600	16,800	24,000
Chevelle Malibu SS 454						
2 dr HdTp	900	2900	4800	9600	16,800	24,000
Conv	1000	3250	5400	10,800	18,900	27,000

NOTE: Add 30 percent for SS 396 engine option.
Add 35 percent for SS 454-LS6 engine option.

	6	5	4	3	2	1
Monte Carlo						
2 dr HdTp	400	1300	2200	4400	7700	11,000

NOTE: Add 35 percent for SS 454.

	6	5	4	3	2	1
Biscayne						
Sed	150	300	700	1250	2600	3700
Sta Wag	150	300	700	1250	2650	3800
Bel Air						
Sed	150	350	750	1450	2900	4100
Sta Wag-6P	150	350	750	1350	2800	4000
Sta Wag-9P	150	350	750	1450	2900	4100
Impala, V-8						
Sed	150	400	750	1650	3150	4500
4 dr HdTp	200	600	950	2150	3850	5500
Spt Cpe	350	700	1150	2300	4550	6500
Cus Cpe	350	750	1200	2350	4900	7000
Conv	400	1200	2000	3950	7000	10,000
Sta Wag-6P	150	400	750	1650	3150	4500
Sta Wag-9P	150	450	750	1700	3200	4600
Caprice, V-8						
4 dr HdTp	350	700	1150	2300	4550	6500
Cus Cpe	350	800	1450	2750	5600	8000
Sta Wag-6P	150	450	800	1800	3300	4800
Sta Wag-9P	200	500	850	1850	3350	4900

NOTE: Add 35 percent for SS 454 option.
Add 25 percent for Rally Sport and/or Super Sport options.

	6	5	4	3	2	1
Camaro						
Cpe	400	1300	2200	4400	7700	11,000
Z-28	550	1800	3000	6000	10,500	15,000
Sup Spt	500	1550	2600	5200	9100	13,000
Rally Spt	500	1550	2600	5200	9100	13,000

NOTE: Deduct 5 percent for Six, (except Z-28).
Add 35 percent for the 375 horsepower 396, (L78 option).

1971 Chevrolet Chevelle Malibu 2dr hardtop

1971

	6	5	4	3	2	1
Vega						
2 dr	125	250	700	1150	2450	3500
Hatchback	125	250	700	1150	2500	3600
Kammback	150	300	700	1250	2600	3700

NOTE: Add 5 percent for GT.

	6	5	4	3	2	1
Nova, V-8						
4 dr	125	250	700	1150	2450	3500
2 dr	150	300	700	1250	2600	3700
SS 2 dr	450	1000	1650	3350	6300	9000

Chevrolet 111

Chevelle	6	5	4	3	2	1
2 dr HdTp	450	1000	1650	3350	6300	9000
2 dr Malibu HdTp	500	1550	2600	5200	9100	13,000
Malibu Conv	600	1900	3200	6400	11,200	16,000
4 dr HdTp	200	650	1050	2250	4200	6000
4 dr Sed	150	400	750	1650	3150	4500
Est Wag	200	500	850	1900	3500	5000
Chevelle Malibu SS-350						
2 dr HdTp	550	1800	3000	6000	10,500	15,000
Conv	700	2300	3800	7600	13,300	19,000
Chevelle Malibu SS-454						
2 dr HdTp	700	2150	3600	7200	12,600	18,000
Conv	800	2500	4200	8400	14,700	21,000
Monte Carlo						
2 dr HdTp	450	1450	2400	4800	8400	12,000

NOTE: Add 35 percent for SS 454.

Biscayne, V-8, 121" wb						
4 dr Sed	125	200	600	1100	2300	3300
Bel Air, V-8, 121" wb						
4 dr Sed	150	350	750	1350	2800	4000
Impala, V-8, 121" wb						
4 dr Sed	150	350	750	1450	3000	4200
4 dr HdTp	200	500	850	1900	3500	5000
2 dr HdTp	200	600	950	2150	3850	5500
2 dr HdTp Cust	200	600	1000	2200	4000	5700
Conv	400	1300	2200	4400	7700	11,000
Caprice, V-8, 121" wb						
4 dr HdTp	200	650	1050	2250	4200	6000
2 dr HdTp	350	750	1200	2350	4900	7000
Station Wags, V-8, 125" wb						
Brookwood 2-S	125	250	700	1150	2400	3400
Townsman 3-S	150	300	700	1250	2600	3700
Kingswood 3-S	150	300	750	1350	2700	3900
Estate 3-S	150	350	750	1350	2800	4000

NOTE: Add 35 percent for SS 454 option.

Camaro						
Cpe	400	1200	2000	3950	7000	10,000
Z-28	500	1550	2600	5200	9100	13,000

NOTE: Add 15 percent for V-8, (except Z-28).
    Add 35 percent for Rally Sport and/or Super Sport options.

1972

Vega						
2 dr	125	250	700	1150	2450	3500
Hatchback	125	250	700	1150	2500	3600
Kammback	150	300	700	1250	2600	3700

NOTE: Add 15 percent for GT.

Nova						
4 dr	150	300	700	1250	2600	3700
2 dr	150	300	700	1250	2650	3800

NOTE: Add 25 percent for SS.

Chevelle						
Malibu Spt Cpe	450	1450	2400	4800	8400	12,000
Malibu Conv	600	1900	3200	6400	11,200	16,000
4 dr HdTp	200	650	1050	2250	4200	6000
4 dr Sed	150	400	750	1650	3150	4500
Est Wag	150	450	750	1700	3200	4600
Chevelle Malibu SS-350						
2 dr HdTp	550	1800	3000	6000	10,500	15,000
Conv	700	2300	3800	7600	13,300	19,000
Chevelle Malibu SS-454						
2 dr HdTp	650	2050	3400	6800	11,900	17,000
Conv	800	2500	4200	8400	14,700	21,000
Monte Carlo						
2 dr HdTp	450	1450	2400	4800	8400	12,000

NOTE: Add 35 percent for 454 CID engine.
    Add 25 percent for 402 LT CID engine.

Biscayne, V-8, 121" wb						
4 dr Sed	125	200	600	1100	2300	3300
Bel Air, V-8, 121" wb						
4 dr Sed	125	250	700	1150	2400	3400
Impala, V-8, 121" wb						
4 dr Sed	150	350	750	1350	2800	4000
4 dr HdTp	200	500	850	1900	3500	5000
2 dr HdTp Custom	200	550	900	2000	3600	5200
2 dr HdTp	150	450	800	1800	3300	4800
Conv	400	1250	2100	4200	7400	10,500

Chevrolet

Caprice, V-8, 121" wb	6	5	4	3	2	1
4 dr Sed	150	350	750	1450	3000	4200
4 dr HdTp	200	600	950	2150	3850	5500
2 dr HdTp	200	650	1050	2250	4200	6000
Station Wagons, V-8, 125" wb						
Brookwood 2-S	125	250	700	1150	2400	3400
Townsman 3-S	150	300	700	1250	2600	3700
Kingswood 3-S	150	350	750	1350	2800	4000
Estate 3-S	150	400	750	1650	3150	4500

NOTE: Add 35 percent for 454 option.
Add 30 percent for 402 option.

Camaro						
Cpe	400	1200	2000	3950	7000	10,000
Z-28	500	1550	2600	5200	9100	13,000

1973
Vega						
2 dr	125	250	700	1150	2500	3600
Hatchback	150	300	700	1250	2600	3700
Sta Wag	150	300	700	1250	2650	3800
Nova Custom V8						
Cpe	150	300	750	1350	2700	3900
4 dr	150	300	700	1250	2650	3800
Hatchback	150	350	750	1350	2800	4000
Chevelle Malibu V8						
Cpe	150	350	750	1450	2900	4100
4 dr	150	350	750	1350	2800	4000

NOTE: Add 15 percent for SS option.

Laguna V8						
4 dr	150	350	750	1450	2900	4100
Cpe	350	700	1150	2300	4550	6500
DeL Sta Wag 3S	125	250	700	1150	2450	3500
Malibu Sta Wag 3S	125	250	700	1150	2500	3600
Malibu Est 3S	150	300	700	1250	2600	3700
Laguna 3S	150	350	750	1350	2800	4000
Laguna Est 3S	150	350	750	1450	3000	4200
Monte Carlo V8						
Cpe	200	650	1050	2250	4200	6000
Cpe Landau	350	700	1150	2300	4550	6500
Bel Air						
4 dr	150	350	750	1450	2900	4100
Bel Air 2S	150	300	750	1350	2700	3900
Bel Air 3S	150	350	750	1350	2800	4000
Impala V8						
Cpe Sport	200	500	850	1900	3500	5000
Cpe Custom	200	550	900	2000	3600	5200
4 dr	150	350	750	1450	3000	4200
4 dr HdTp	150	400	750	1650	3150	4500
Impala 3S Wag	150	400	750	1600	3100	4400
Caprice Classic V8						
Cpe	200	600	950	2150	3850	5500
4 dr	150	400	750	1550	3050	4300
4 dr HdTp	150	450	800	1750	3250	4700
Conv	400	1250	2100	4200	7400	10,500
Caprice Est 3S	150	450	800	1800	3300	4800
Camaro						
Cpe	400	1200	2000	3950	7000	10,000
Z-28	450	1450	2400	4800	8400	12,000

NOTE: Add 20 percent for V-8, (except Z-28).
Add 35 percent for Rally Sport and/or Super Sport options.

1974
Vega						
Cpe	150	300	700	1250	2600	3700
Hatch	150	300	700	1250	2650	3800
Sta Wag	150	300	750	1350	2700	3900
Nova						
Cpe	150	300	750	1350	2700	3900
Hatch	150	350	750	1450	2900	4100
Sed	150	300	750	1350	2700	3900
Nova Custom						
Cpe	150	350	750	1350	2800	4000
Hatch	150	350	750	1450	2900	4100
Sed	150	350	750	1350	2800	4000

NOTE: Add 10 percent for Spirit of America option where applied.

Malibu						
Col Cpe	150	400	750	1650	3150	4500
Col Sed	150	350	750	1450	2900	4100

Chevrolet

	6	5	4	3	2	1
Sta Wag	150	300	700	1250	2600	3700
Malibu Classic						
Col Cpe	150	450	800	1750	3250	4700
Lan Cpe	150	400	750	1600	3100	4400
Col Sed	150	350	750	1450	2900	4100
Sta Wag	125	250	700	1150	2500	3600
Malibu Classic Estate						
Sta Wag	150	350	750	1450	2900	4100
Laguna						
Type S3	350	750	1300	2450	5250	7500
Monte Carlo						
'S' Cpe	200	600	950	2150	3850	5500
Landau	200	650	1050	2250	4200	6000
Bel Air						
Sed	150	350	750	1350	2800	4000
Sta Wag	150	350	750	1350	2800	4000
Impala						
Sed	150	400	750	1550	3050	4300
HdTp Sed	150	400	750	1600	3100	4400
Spt Cpe	200	500	850	1900	3500	5000
Cus Cpe	200	600	1000	2200	4000	5700
Sta Wag	150	350	750	1450	2900	4100
Caprice Classic						
Sed	150	400	750	1600	3100	4400
HdTp Sed	150	450	800	1750	3250	4700
Cus Cpe	200	650	1050	2250	4200	6000
Conv	400	1250	2100	4200	7400	10,500
Sta Wag	150	400	750	1650	3150	4500

NOTES: Add 20 percent for Nova SS package.
Add 12 percent for Malibu with canopy roof.
Add 35 percent for 454 V-8.
Add 15 percent for Nova with 185 horsepower V-8.
Add 25 percent for Impala 'Spirit of America' Sport Coupe.

Camaro						
Cpe	450	1100	1700	3650	6650	9500
LT Cpe	400	1200	2000	3950	7000	10,000

NOTE: Add 10 percent for Z28 option.

1975

Vega						
Cpe	125	200	600	1100	2250	3200
Hatch	125	200	600	1100	2300	3300
Lux Cpe	125	250	700	1150	2400	3400
Sta Wag	125	250	700	1150	2400	3400
Estate	125	250	700	1150	2450	3500
Cosworth	350	800	1450	2750	5600	8000
Nova						
'S' Cpe	125	250	700	1150	2500	3600
Cpe	125	250	700	1150	2500	3600
Hatch	150	300	700	1250	2600	3700
Sed	150	300	700	1250	2600	3700
Nova Custom						
Cpe	150	300	700	1250	2600	3700
Hatch	150	300	700	1250	2650	3800
Sed	150	300	700	1250	2600	3700
Nova LN, V-8						
4 dr	150	300	700	1250	2650	3800
Cpe	150	300	750	1350	2700	3900
Monza						
2 plus 2	150	350	750	1350	2800	4000
Twn Cpe	150	300	700	1250	2600	3700
Malibu						
Col Cpe	150	350	750	1350	2800	4000
Col Sed	125	250	700	1150	2450	3500
Sta Wag	125	250	700	1150	2500	3600
Malibu Classic						
Col Cpe	150	400	750	1650	3150	4500
Landau	150	450	800	1750	3250	4700
Col Sed	150	300	700	1250	2600	3700
Sta Wag	125	250	700	1150	2500	3600
Estate Wag	150	300	700	1250	2600	3700
Laguna						
Type S3 2 dr	350	750	1300	2450	5250	7500
Monte Carlo						
'S' Cpe	200	600	950	2150	3850	5500
Landau	200	650	1050	2250	4200	6000

114   Chevrolet

Bel Air	6	5	4	3	2	1
Sed	125	250	700	1150	2500	3600
Sta Wag	125	250	700	1150	2450	3500
Impala						
Sed	150	300	700	1250	2650	3800
4 dr HdTp	150	300	750	1350	2700	3900
Spt Cpe	150	400	750	1650	3150	4500
Cus Cpe	150	450	750	1700	3200	4600
Landau	200	500	850	1900	3500	5000
Sta Wag	150	300	750	1350	2700	3900
Caprice Classic						
Sed	150	300	750	1350	2700	3900
4 dr HdTp	150	350	750	1350	2800	4000
Cus Cpe	200	500	850	1900	3500	5000
Landau	200	600	950	2150	3850	5500
Conv	450	1450	2400	4800	8400	12,000
Sta Wag	150	350	750	1350	2800	4000

NOTES: Add 10 percent for Nova SS.
Add 15 percent for SS option on Chevelle wagon.
Add 20 percent for Monte Carlo or Laguna 454.
Add 15 percent for canopy top options.
Add 10 percent for Monza V-8.

Camaro						
Cpe	350	750	1200	2350	4900	7000
Type LT	350	800	1450	2750	5600	8000

NOTE: Add 30 percent for Camero R/S.

1976

Chevette, 4-cyl.						
2 dr Scooter	125	200	600	1100	2250	3200
2 dr Hatch	125	250	700	1150	2400	3400
Vega, 4-cyl.						
2 dr	100	175	525	1050	2100	3000
2 dr Hatch	125	200	600	1100	2200	3100
Cosworth Hatch	350	800	1450	2750	5600	8000
Sta Wag	125	200	600	1100	2250	3200
Est Sta Wag	125	200	600	1100	2300	3300
Nova, V-8						
Cpe	125	250	700	1150	2400	3400
2 dr Hatch	125	250	700	1150	2450	3500
4 dr Sed	125	200	600	1100	2300	3300
Nova Concours, V-8						
Cpe	125	250	700	1150	2450	3500
2 dr Hatch	125	250	700	1150	2500	3600
4 dr Sed	125	250	700	1150	2400	3400
Monza, 4-cyl.						
Twn Cpe	125	250	700	1150	2400	3400
2 dr Hatch	125	250	700	1150	2400	3400
Malibu, V-8						
2 dr	125	250	700	1150	2450	3500
4 dr Sed	125	250	700	1150	2400	3400
2S Sta Wag ES	100	175	525	1050	2050	2900
3S Sta Wag ES	125	200	600	1100	2200	3100
Malibu Classic, V-8						
2 dr	150	350	750	1350	2800	4000
Landau Cpe	150	350	750	1450	3000	4200
4 dr Sed	125	250	700	1150	2450	3500
Laguna Type S-3, V-8						
Cpe	350	750	1300	2450	5250	7500
Monte Carlo, V-8						
Cpe	200	600	950	2150	3850	5500
Landau Cpe	200	650	1050	2250	4200	6000
Impala, V-8						
4 dr Sed	125	200	600	1100	2300	3300
4 dr Spt Sed	125	250	700	1150	2400	3400
Cus Cpe	150	350	750	1350	2800	4000
2S Sta Wag	125	250	700	1150	2400	3400
3S Sta Wag	125	250	700	1150	2450	3500
Caprice Classic, V-8						
4 dr Sed	125	250	700	1150	2450	3500
4 dr Spt Sed	125	250	700	1150	2500	3600
Cpe	150	350	750	1450	3000	4200
Landau Cpe	150	400	750	1650	3150	4500
2S Sta Wag	125	250	700	1150	2450	3500
3S Sta Wag	125	250	700	1150	2500	3600
Camaro						
Cpe	200	650	1050	2250	4200	6000

Chevrolet 115

	6	5	4	3	2	1
Cpe LT	350	750	1200	2350	4900	7000
1977						
Chevette, 4-cyl.						
2 dr Hatch	100	175	525	1050	2050	2900
Vega, 4-cyl.						
Spt Cpe	100	150	450	1000	1800	2600
2 dr Hatch	100	150	450	1000	1900	2700
Sta Wag	100	175	525	1050	1950	2800
Est Wag	100	175	525	1050	2050	2900
Nova, V-8						
Cpe	125	250	700	1150	2450	3500
2 dr Hatch	125	250	700	1150	2500	3600
4 dr Sed	125	250	700	1150	2400	3400
Nova Concours, V-8						
Cpe	125	250	700	1150	2500	3600
2 dr Hatch	150	300	700	1250	2600	3700
4 dr Sed	125	250	700	1150	2450	3500
Monza, 4-cyl.						
Twn Cpe	125	250	700	1150	2450	3500
2 dr Hatch	125	250	700	1150	2450	3500
Malibu, V-8						
Cpe	125	250	700	1150	2400	3400
4 dr Sed	125	250	700	1150	2450	3500
2S Sta Wag	125	200	600	1100	2200	3100
3S Sta Wag	125	200	600	1100	2250	3200
Malibu Classic, V-8						
Cpe	125	250	700	1150	2450	3500
Landau Cpe	150	350	750	1350	2800	4000
4 dr Sed	125	250	700	1150	2500	3600
2S Sta Wag	125	200	600	1100	2300	3300
3S Sta Wag	125	250	700	1150	2400	3400
Monte Carlo, V-8						
Cpe	200	500	850	1900	3500	5000
Landau Cpe	200	600	950	2150	3850	5500
Impala, V-8						
Cpe	150	350	750	1350	2800	4000
4 dr Sed	125	250	700	1150	2450	3500
2S Sta Wag	125	250	700	1150	2450	3500
3S Sta Wag	125	250	700	1150	2500	3600
Caprice Classic, V-8						
Cpe	150	350	750	1450	3000	4200
4 dr Sed	150	300	700	1250	2600	3700
2S Sta Wag	125	250	700	1150	2500	3600
3S Sta Wag	150	300	700	1250	2600	3700
Camaro						
Spt Cpe	350	750	1200	2350	4900	7000
Spt Cpe LT	350	750	1300	2450	5250	7500
Spt Cpe Z28	350	800	1450	2750	5600	8000
1978						
Chevette						
2 dr Scooter	100	175	525	1050	1950	2800
2 dr Hatch	100	175	525	1050	1950	2800
4 dr Hatch	100	175	525	1050	2050	2900
Nova						
Cpe	125	250	700	1150	2400	3400
2 dr Hatch	125	250	700	1150	2400	3400
4 dr Sed	125	200	600	1100	2300	3300
Nova Custom						
Cpe	125	250	700	1150	2450	3500
4 dr Sed	125	250	700	1150	2400	3400
Monza						
Cpe 2 plus 2	125	250	700	1150	2500	3600
'S' Cpe	125	250	700	1150	2450	3500
Cpe	125	250	700	1150	2400	3400
Sta Wag	125	200	600	1100	2200	3100
Est Wag	125	200	600	1100	2250	3200
Spt Cpe 2 plus 2	150	350	750	1350	2800	4000
Spt Cpe	150	300	700	1250	2650	3800
Malibu						
Spt Cpe	125	250	700	1150	2500	3600
4 dr Sed	125	250	700	1150	2450	3500
Sta Wag	125	250	700	1150	2450	3500
Malibu Classic						
Spt Cpe	150	300	700	1250	2600	3700
4 dr Sed	125	250	700	1150	2500	3600
Sta Wag	125	250	700	1150	2500	3600

Chevrolet

	6	5	4	3	2	1
Monte Carlo						
Cpe	150	450	800	1750	3250	4700
Impala						
Cpe	150	350	750	1350	2800	4000
4 dr Sed	150	300	700	1250	2600	3700
Sta Wag	150	300	700	1250	2600	3700
Caprice Classic						
Cpe	150	400	750	1550	3050	4300
4 dr Sed	150	350	750	1350	2800	4000
Sta Wag	150	350	750	1350	2800	4000
Camaro						
Cpe	200	650	1050	2250	4200	6000
LT Cpe	350	700	1150	2300	4550	6500
Z-28 Cpe	350	750	1200	2350	4900	7000

1979
	6	5	4	3	2	1
Chevette, 4-cyl.						
4 dr Hatch	100	175	525	1050	2050	2900
2 dr Hatch	100	175	525	1050	2050	2900
2 dr Scooter	100	175	525	1050	1950	2800
Nova, V-8						
4 dr Sed	125	250	700	1150	2400	3400
2 dr Sed	125	200	600	1100	2300	3300
2 dr Hatch	125	250	700	1150	2450	3500
Nova Custom, V-8						
4 dr Sed	125	250	700	1150	2450	3500
2 dr Sed	125	250	700	1150	2400	3400
NOTE: Deduct 5 percent for 6-cyl.						
Monza, 4-cyl.						
2 dr 2 plus 2 Hatch	150	300	700	1250	2600	3700
2 dr	125	250	700	1150	2500	3600
Sta Wag	125	200	600	1100	2250	3200
2 dr Spt 2 plus 2 Hatch	150	300	700	1250	2650	3800
Malibu, V-8						
4 dr Sed	125	250	700	1150	2500	3600
Spt Cpe	150	300	700	1250	2650	3800
Sta Wag	150	300	700	1250	2600	3700
Malibu Classic, V-8						
4 dr Sed	150	300	700	1250	2600	3700
Spt Cpe	150	300	750	1350	2700	3900
Landau Cpe	150	350	750	1350	2800	4000
Sta Wag	150	300	700	1250	2650	3800
NOTE: Deduct 5 percent for 6-cyl.						
Monte Carlo, V-8						
Spt Cpe	200	500	850	1900	3500	5000
Landau Cpe	200	600	950	2150	3850	5500
NOTE: Deduct 10 percent for 6-cyl.						
Impala, V-8						
4 dr Sed	150	300	700	1250	2650	3800
2 dr Sed	150	300	700	1250	2600	3700
Landau Cpe	150	300	750	1350	2700	3900
2S Sta Wag	150	300	700	1250	2600	3700
3S Sta Wag	150	300	700	1250	2650	3800
Caprice Classic, V-8						
4 dr Sed	150	350	750	1350	2800	4000
2 dr Sed	150	350	750	1450	2900	4100
Landau Cpe	150	350	750	1450	3000	4200
2S Sta Wag	150	350	750	1450	2900	4100
3S Sta Wag	150	350	750	1450	3000	4200
NOTE: Deduct 15 percent for 6-cyl.						
Camaro, V-8						
Spt Cpe	200	650	1000	2200	4100	5800
Rally Cpe	350	700	1100	2300	4500	6400
Berlinetta Cpe	350	700	1150	2300	4600	6600
Z-28 Cpe	350	725	1200	2350	4850	6900
NOTE: Deduct 20 percent for 6-cyl.						

1980
	6	5	4	3	2	1
Chevette, 4-cyl.						
2 dr Hatch Scooter	100	175	525	1050	2100	3000
2 dr Hatch	125	200	600	1100	2200	3100
4 dr Hatch	125	200	600	1100	2250	3200
Citation, 6-cyl.						
4 dr Hatch	125	250	700	1150	2450	3500
2 dr Hatch	125	250	700	1150	2400	3400
2 dr Cpe	125	250	700	1150	2500	3600
2 dr Cpe Clb	150	300	700	1250	2600	3700
NOTE: Deduct 10 percent for 4-cyl.						

Chevrolet   117

Monza, 4-cyl.

	6	5	4	3	2	1
2 dr Hatch 2 plus 2	125	250	700	1150	2400	3400
2 dr Hatch Spt 2 plus 2	125	250	700	1150	2500	3600
2 dr Cpe	125	250	700	1150	2450	3500

NOTE: Add 10 percent for V-6.

Malibu, V-8

4 dr Sed	125	250	700	1150	2500	3600
2 dr Cpe Spt	150	300	700	1250	2650	3800
4 dr Sta Wag	150	300	700	1250	2600	3700

NOTE: Deduct 10 percent for V-6.

Malibu Classic, V-8

4 dr Sed	150	300	700	1250	2600	3700
2 dr Cpe Spt	150	300	750	1350	2700	3900
2 dr Cpe Lan	150	350	750	1350	2800	4000
4 dr Sta Wag	150	300	700	1250	2650	3800

NOTE: Deduct 10 percent for 6-cyl.

Camaro, 6-cyl.

2 dr Cpe Spt	200	675	1050	2250	4300	6100
2 dr Cpe RS	200	675	1100	2250	4400	6300
2 dr Cpe Berlinetta	350	700	1100	2300	4500	6400

Camaro, V-8

2 dr Cpe Spt	350	700	1150	2300	4550	6500
2 dr Cpe RS	350	725	1150	2300	4700	6700
2 dr Cpe Berlinetta	350	725	1200	2350	4800	6800
2 dr Cpe Z28	350	750	1200	2350	4900	7000

Monte Carlo, 6-cyl.

| 2 dr Cpe Spt | 200 | 550 | 900 | 2150 | 3800 | 5400 |
| 2 dr Cpe Lan | 200 | 600 | 950 | 2150 | 3850 | 5500 |

Monte Carlo, V-8

| 2 dr Cpe Spt | 200 | 650 | 1000 | 2200 | 4100 | 5800 |
| 2 dr Cpe Lan | 200 | 650 | 1000 | 2200 | 4150 | 5900 |

Impala, V-8

4 dr Sed	150	300	750	1350	2700	3900
2 dr Cpe	150	350	750	1350	2800	4000
4 dr Sta Wag 2S	150	350	750	1350	2800	4000
4 dr Sta Wag 3S	150	350	750	1450	2900	4100

NOTE: Deduct 12 percent for 6-cyl. sedan and coupe only.

Caprice Classic, V-8

4 dr Sed	150	350	750	1350	2800	4000
2 dr Cpe	150	350	750	1450	3000	4200
2 dr Cpe Lan	150	400	750	1600	3100	4400
4 dr Sta Wag 2S	150	350	750	1450	2900	4100
4 dr Sta Wag 3S	150	350	750	1450	3000	4200

1981

Chevette, 4-cyl.

2 dr Hatch Scooter	125	200	600	1100	2200	3100
2 dr Hatch	125	200	600	1100	2250	3200
4 dr Hatch	125	200	600	1100	2300	3300

Citation, 6-cyl.

| 4 dr Hatch | 125 | 250 | 700 | 1150 | 2500 | 3600 |
| 2 dr Hatch | 125 | 250 | 700 | 1150 | 2450 | 3500 |

NOTE: Deduct 10 percent for 4-cyl.

Malibu, V-8

4 dr Sed Spt	150	300	700	1250	2600	3700
2 dr Cpe Spt	150	300	700	1250	2650	3800
4 dr Sta Wag	150	300	700	1250	2650	3800

NOTE: Deduct 10 percent for 6-cyl.

Malibu Classic, V-8

4 dr Sed Spt	150	300	700	1250	2650	3800
2 dr Cpe Spt	150	300	750	1350	2700	3900
2 dr Cpe Lan	150	350	750	1350	2800	4000
4 dr Sta Wag	150	300	750	1350	2700	3900

Camaro, 6-cyl.

| 2 dr Cpe Spt | 200 | 675 | 1050 | 2250 | 4350 | 6200 |
| 2 dr Cpe Berlinetta | 350 | 700 | 1100 | 2300 | 4500 | 6400 |

Camaro, V-8

2 dr Cpe Spt	350	700	1150	2300	4600	6600
2 dr Cpe Berlinetta	350	725	1200	2350	4800	6800
2 dr Cpe Z28	350	750	1250	2400	5050	7200

Monte Carlo, 6-cyl.

| 2 dr Cpe Spt | 200 | 600 | 950 | 2150 | 3850 | 5500 |
| 2 dr Cpe Lan | 200 | 600 | 950 | 2200 | 3900 | 5600 |

Monte Carlo, V-8

| 2 dr Cpe Spt | 200 | 650 | 1000 | 2200 | 4150 | 5900 |
| 2 dr Cpe Lan | 200 | 650 | 1050 | 2250 | 4200 | 6000 |

118 Chevrolet

Impala, V-8

	6	5	4	3	2	1
4 dr Sed	150	350	750	1350	2800	4000
2 dr Cpe	150	350	750	1450	2900	4100
4 dr Sta Wag 2S	150	350	750	1450	2900	4100
4 dr Sta Wag 3S	150	350	750	1450	3000	4200

NOTE: Deduct 12 percent for 6-cyl. on sedan and coupe only.

Caprice Classic, V-8

4 dr Sed	150	350	750	1450	3000	4200
2 dr Cpe	150	400	750	1550	3050	4300
2 dr Cpe Lan	150	400	750	1650	3150	4500
4 dr Sta Wag 2S	150	400	750	1550	3050	4300
4 dr Sta Wag 3S	150	400	750	1600	3100	4400

NOTE: Deduct 15 percent for 6-cyl. coupe and sedan only.

1982

Chevette, 4-cyl.

2 dr Hatch	125	250	700	1150	2400	3400
4 dr Hatch	125	250	700	1150	2450	3500

NOTE: Deduct 5 percent for lesser models.

Cavalier, 4-cyl.

4 dr Sed CL	150	350	750	1350	2800	4000
2 dr Cpe CL	150	350	750	1450	2900	4100
2 dr Hatch CL	150	350	750	1450	3000	4200
4 dr Sta Wag CL	150	350	750	1450	3000	4200

NOTE: Deduct 5 percent for lesser models.

Citation, 6-cyl.

4 dr Hatch	150	300	700	1250	2650	3800
2 dr Hatch	150	300	700	1250	2600	3700
2 dr Cpe	150	300	700	1250	2650	3800

NOTE: Deduct 10 percent for 4-cyl.

Malibu, V-8

4 dr Sed	150	350	750	1450	2900	4100
4 dr Sta Wag	150	350	750	1450	3000	4200

NOTE: Deduct 10 percent for 6-cyl.

Celebrity, 6-cyl.

4 dr Sed	150	350	750	1450	3000	4200
2 dr Cpe	150	400	750	1550	3050	4300

NOTE: Deduct 10 percent for 6-cyl.

Camaro, 6-cyl.

2 dr Cpe Spt	200	675	1100	2250	4400	6300
2 dr Cpe Berlinetta	350	700	1150	2300	4550	6500

Camaro, V-8

2 dr Cpe Spt	350	725	1150	2300	4700	6700
2 dr Cpe Berlinetta	350	725	1200	2350	4850	6900
2 dr Cpe Z28	350	750	1300	2400	5200	7400

NOTE: Add 20 percent for Indy pace car.

Monte Carlo, 6-cyl.

2 dr Cpe Spt	200	600	1000	2200	4000	5700

Monte Carlo, V-8

2 dr Cpe Spt	200	675	1050	2250	4300	6100

Impala, V-8

4 dr Sed	150	400	750	1600	3100	4400
4 dr Sta Wag 2S	150	400	750	1600	3100	4400
4 dr Sta Wag 3S	150	400	750	1650	3150	4500

NOTE: Deduct 12 percent for 6-cyl. on sedan only.

Caprice Classic, V-8

4 dr Sed	150	450	750	1700	3200	4600
2 dr Spt Cpe	150	450	800	1750	3250	4700
4 dr Sta Wag 3S	150	450	800	1750	3250	4700

NOTE: Deduct 15 percent for 6-cyl. coupe and sedan only.

1983

Chevette, 4-cyl.

2 dr Hatch	125	250	700	1150	2450	3500
4 dr Hatch	125	250	700	1150	2500	3600

NOTE: Deduct 5 percent for lesser models.

Cavalier, 4-cyl.

4 dr Sed CS	150	300	750	1350	2700	3900
2 dr Cpe CS	150	350	750	1350	2800	4000
2 dr Hatch CS	150	350	750	1450	2900	4100
4 dr Sta Wag CS	150	350	750	1450	2900	4100

NOTE: Deduct 5 percent for lesser models.

Citation, 6-cyl.

4 dr Hatch	150	300	700	1250	2650	3800
2 dr Hatch	150	300	700	1250	2600	3700
2 dr Cpe	150	300	700	1250	2650	3800

NOTE: Deduct 10 percent for 4-cyl.

Chevrolet 119

	6	5	4	3	2	1
Malibu, V-8						
4 dr Sed	150	350	750	1450	3000	4200
4 dr Sta Wag	150	400	750	1550	3050	4300
NOTE: Deduct 10 percent for 6-cyl.						
Celebrity, V-6						
4 dr Sed	150	400	750	1550	3050	4300
2 dr Cpe	150	400	750	1600	3100	4400
NOTE: Deduct 10 percent for 4-cyl.						
Camaro, 6-cyl.						
2 dr Cpe Spt	350	700	1100	2300	4500	6400
2 dr Cpe Berlinetta	350	700	1150	2300	4600	6600
Camaro, V-8						
2 dr Cpe Spt	350	725	1200	2350	4800	6800
2 dr Cpe Berlinetta	350	750	1200	2350	4900	7000
2 dr Cpe Z28	350	750	1300	2450	5250	7500
Monte Carlo, 6-cyl.						
2 dr Cpe Spt	200	650	1000	2200	4100	5800
Monte Carlo, V-8						
2 dr Cpe Spt SS	350	725	1200	2350	4800	6800
2 dr Cpe Spt	200	675	1050	2250	4350	6200
Impala, V-8						
4 dr Sed	150	400	750	1650	3150	4500
NOTE: Deduct 12 percent for 6-cyl.						
Caprice Classic, V-8						
4 dr Sed	150	450	800	1750	3250	4700
4 dr Sta Wag	150	450	800	1750	3250	4700
NOTE: Deduct 15 percent for 6-cyl.						

1984
Chevette CS, 4-cyl.
NOTE: Deduct 10 percent for V6 cyl.

	6	5	4	3	2	1
2 dr Hatch	125	250	700	1150	2500	3600
NOTE: Deduct 5 percent for lesser models.						
Cavalier, 4-cyl.						
4 dr Sed	150	300	700	1250	2600	3700
4 dr Sta Wag	150	350	750	1350	2800	4000
Cavalier Type 10, 4-cyl.						
2 dr Sed	150	300	700	1250	2650	3800
2 dr Hatch	150	300	750	1350	2700	3900
2 dr Conv	200	600	950	2150	3850	5500
Cavalier CS, 4-cyl.						
4 dr Sed	150	300	750	1350	2700	3900
4 dr Sta Wag	150	350	750	1350	2800	4000
Citation, V-6						
4 dr Hatch	150	350	750	1450	2900	4100
2 dr Hatch	150	350	750	1450	2900	4100
2 dr Cpe	150	350	750	1450	3000	4200
NOTE: Deduct 5 percent for 4-cyl.						
Celebrity, V-6						
4 dr Sed	150	350	750	1350	2800	4000
2 dr Sed	150	350	750	1350	2800	4000
4 dr Sta Wag	150	350	750	1450	2900	4100
NOTE: Deduct 5 percent for 4-cyl.						
Camaro, V-8						
2 dr Cpe	350	700	1150	2300	4600	6600
2 dr Cpe Berlinetta	350	725	1200	2350	4800	6800
2 dr Cpe Z-28	350	750	1250	2350	5000	7100
NOTE: Deduct 10 percent for V-6 cyl.						
Monte Carlo, V-8						
2 dr Cpe	200	650	1050	2250	4200	6000
2 dr Cpe SS	350	725	1150	2300	4700	6700
NOTE: Deduct 15 percent for V-6 cyl.						
Impala, V-8						
4 dr Sed	150	450	800	1750	3250	4700
NOTE: Deduct 10 percent for V6 cyl.						
Caprice Classic, V-8						
4 dr Sed	200	500	850	1850	3350	4900
2 dr Sed	200	500	850	1900	3500	5000
4 dr Sta Wag	200	500	850	1850	3350	4900
NOTE: Deduct 10 percent for V-6 cyl.						

1985
Sprint, 3-cyl.

	6	5	4	3	2	1
2 dr Hatch	125	250	700	1150	2450	3500
Chevette, 4-cyl.						
4 dr Hatch	125	250	700	1150	2500	3600
2 dr Hatch	125	250	700	1150	2450	3500
NOTE: Deduct 20 percent for diesel.						

Chevrolet

	6	5	4	3	2	1
Spectrum, 4-cyl.						
4 dr Hatch	125	250	700	1150	2500	3600
2 dr Hatch	125	250	700	1150	2500	3600
Nova, 4-cyl.						
4 dr Hatch	125	250	700	1150	2500	3600
Cavalier						
T Type 2 dr Cpe	150	350	750	1450	3000	4200
T Type 2 dr Hatch	150	400	750	1550	3050	4300
T Type Conv	200	600	950	2150	3850	5500

NOTE: Deduct 10 percent for 4-cyl.
NOTE: Deduct 5 percent for lesser models.

	6	5	4	3	2	1
Citation, V-6						
4 dr Hatch	150	350	750	1450	3000	4200
2 dr Hatch	150	350	750	1450	3000	4200

NOTE: Deduct 10 percent for 4-cyl.

	6	5	4	3	2	1
Celebrity, V-6						
4 dr Sed	150	400	750	1550	3050	4300
2 dr Cpe	150	400	750	1550	3050	4300
4 dr Sta Wag	150	400	750	1600	3100	4400

NOTE: Deduct 10 percent for 4-cyl.
Deduct 30 percent for diesel.

	6	5	4	3	2	1
Camaro, V-8						
2 dr Cpe Sport	350	725	1150	2300	4700	6700
2 dr Cpe Berlinetta	350	725	1200	2350	4850	6900
2 dr Cpe Z28	350	750	1250	2400	5050	7200
2 dr Cpe IROC-Z	350	750	1300	2500	5300	7600

NOTE: Deduct 30 percent for 4-cyl.
Deduct 20 percent for V-6.

	6	5	4	3	2	1
Monte Carlo, V-8						
2 dr Cpe Sport	200	675	1050	2250	4300	6100
2 dr Cpe SS	350	725	1200	2350	4800	6800

NOTE: Deduct 20 percent for V-6 where available.

	6	5	4	3	2	1
Impala, V-8						
4 dr Sed	150	450	800	1800	3300	4800

NOTE: Deduct 20 percent for V-6.

	6	5	4	3	2	1
Caprice Classic, V-8						
4 dr Sed	200	500	850	1900	3500	5000
2 dr Cpe	200	500	850	1900	3500	5000
4 dr Sta Wag	200	550	900	2000	3600	5200

NOTE: Deduct 20 percent for V-6.
Deduct 30 percent for diesel.

1986

	6	5	4	3	2	1
Chevette						
2 dr Cpe	125	250	700	1150	2500	3600
4 dr Sed	150	300	700	1250	2600	3700
Nova						
4 dr Sed	150	300	700	1250	2600	3700
4 dr HBk	150	300	700	1250	2650	3800
Cavalier						
2 dr Cpe	150	350	750	1350	2800	4000
4 dr Sed	150	350	750	1450	2900	4100
4 dr Sta Wag	150	350	750	1450	3000	4200
2 dr Conv	200	650	1050	2250	4200	6000
Cavalier Z24						
2 dr Cpe	200	650	1000	2200	4100	5800
2 dr HBk	200	600	1000	2200	4000	5700
Camaro						
2 dr Cpe	350	725	1200	2350	4800	6800
Berlinetta 2 dr Cpe	350	750	1200	2350	4900	7000
Z28 2 dr Cpe	350	750	1300	2450	5250	7500
IROC-Z 2 dr Cpe	350	800	1450	2750	5600	8000
Celebrity						
2 dr Cpe	150	400	750	1600	3100	4400
4 dr Sed	150	400	750	1650	3150	4500
4 dr Sta Wag	150	450	750	1700	3200	4600
Monte Carlo						
2 dr Cpe	350	700	1150	2300	4550	6500
LS 2 dr Cpe	350	750	1200	2350	4900	7000
Monte Carlo SS						
2 dr Cpe	350	800	1450	2750	5600	8000
Aero 2 dr Cpe	450	950	1600	3250	6150	8800
Caprice						
4 dr Sed	200	600	950	2150	3850	5500
Caprice Classic						
2 dr Cpe	200	600	1000	2200	4000	5700
4 dr Sed	200	600	950	2200	3900	5600

Corvair

	6	5	4	3	2	1
4 dr Sta Wag	200	650	1050	2250	4200	6000
Caprice Classic Brougham						
4 dr Sed	200	650	1000	2200	4150	5900
LS 4 dr Sed	200	650	1050	2250	4200	6000

CORVAIR

1960
Standard, 6-cyl.
Sed	200	600	950	2150	3850	5500
Cpe	200	650	1050	2250	4200	6000
DeLuxe, 6-cyl.						
Sed	200	600	950	2200	3900	5600
Cpe	200	675	1050	2250	4350	6200
Monza, 6-cyl.						
Cpe	350	900	1550	3050	5900	8500

1961
Series 500, 6-cyl.
Sed	200	600	950	2150	3850	5500
Cpe	200	650	1050	2250	4200	6000
Sta Wag	200	650	1000	2200	4100	5800
Series 700, 6-cyl.						
Sed	200	650	1000	2200	4150	5900
Cpe	350	700	1150	2300	4550	6500
Sta Wag	200	675	1050	2250	4350	6200
Monza, 6-cyl.						
Sed	200	675	1050	2250	4300	6100
Cpe	350	750	1350	2600	5400	7700
Greenbrier, 6-cyl.						
Spt Wag	350	700	1150	2300	4550	6500

NOTE: Add $1,200. for A/C.

1962-1963
Series 500, 6-cyl.
Cpe	200	675	1050	2250	4300	6100
Series 700, 6-cyl.						
Sed	200	675	1050	2250	4300	6100
Cpe	350	700	1150	2300	4600	6600
Sta Wag (1962 only)	200	675	1100	2250	4400	6300
Series 900 Monza, 6-cyl.						
Sed	350	700	1150	2300	4600	6600
Cpe	350	850	1500	2800	5650	8100
Conv	450	1150	1900	3850	6850	9800
Sta Wag (1962 only)	350	725	1150	2300	4700	6700
Monza Spyder, 6-cyl.						
Cpe	350	900	1550	3100	6000	8600
Conv	450	1100	1800	3700	6700	9600
Greenbrier, 6-cyl.						
Spt Wag	200	675	1100	2250	4400	6300

NOTE: Add $1,600. for K.O. wire wheels.
Add $800. for A/C.

1964
Series 500, 6-cyl.
Cpe	200	675	1100	2250	4400	6300
Series 700, 6-cyl.						
Sed	200	675	1050	2250	4300	6100
Series 900 Monza, 6-cyl.						
Sed	350	700	1150	2300	4550	6500
Cpe	350	850	1500	2800	5650	8100
Conv	450	1000	1650	3350	6300	9000
Monza Spyder, 6-cyl.						
Cpe	350	900	1550	3100	6000	8600
Conv	400	1200	2000	3950	7000	10,000
Greenbrier, 6-cyl.						
Spt Wag	350	700	1150	2300	4600	6600

NOTE: Add $1,600. for K.O. wire wheels.
Add $800. for A/C except Spyder.

1965
Series 500, 6-cyl.
4 dr HdTp	150	450	800	1800	3300	4800
2 dr HdTp	200	600	950	2150	3850	5500
Monza Series, 6-cyl.						
4 dr HdTp	200	600	950	2150	3850	5500
2 dr HdTp	350	750	1300	2450	5250	7500

Corvair

1964 Chevrolet Corvair Monza

	6	5	4	3	2	1
Conv	450	1100	1700	3650	6650	9500
NOTE: Add 20 percent for 140 hp engine.						
Corsa Series, 6-cyl.						
2 dr HdTp	350	750	1300	2450	5250	7500
Conv	450	1100	1700	3650	6650	9500
Greenbrier, 6-cyl.						
Spt Wag	200	650	1050	2250	4200	6000
NOTE: Add $1,000. for A/C.						
1966						
Series 500, 6-cyl.						
4 dr HdTp	200	500	850	1900	3500	5000
2 dr HdTp	200	600	950	2200	3900	5600
Monza Series, 6-cyl.						
4 dr HdTp	200	600	1000	2200	4000	5700
2 dr HdTp	350	750	1300	2450	5250	7500
Conv	450	1100	1700	3650	6650	9500
NOTE: Add 20 percent for 140 hp engine.						
Corsa Series, 6-cyl.						
2 dr HdTp	350	850	1500	2800	5650	8100
Conv	450	1100	1700	3650	6650	9500
NOTE: Add $1,000. for A/C.						
1967						
Series 500, 6-cyl.						
2 dr HdTp	200	600	950	2150	3850	5500
4 dr HdTp	200	500	850	1900	3500	5000
Monza, 6-cyl.						
4 dr HdTp	200	600	1000	2200	4000	5700
2 dr HdTp	350	750	1300	2450	5250	7500
Conv	450	1100	1700	3650	6650	9500
NOTE: Add $1,000. for A/C.						
1968						
Series 500, 6-cyl.						
2 dr HdTp	200	600	950	2150	3850	5500
Monza, 6-cyl.						
2 dr HdTp	350	750	1300	2450	5250	7500
Conv	450	1100	1700	3650	6650	9500
NOTE: Add $1,000. for A/C.						
1969						
Series 500, 6-cyl.						
2 dr HdTp	350	700	1150	2300	4550	6500
Monza						
2 dr HdTp	450	1000	1650	3350	6300	9000
Conv	450	1150	1800	3800	6800	9700

CORVETTE

1953						
6-cyl. Conv	1600	5150	8600	17,200	30,100	43,000

Corvette 123

	6	5	4	3	2	1
NOTE: Add $1,800. & up for access. hardtop.						
1954						
6-cyl. Conv	1500	4800	8000	16,000	28,000	40,000
NOTE: Add $1,800. & up for access. hardtop.						
1955						
6-cyl. Conv	1450	4700	7800	15,600	27,300	39,000
8-cyl. Conv	1550	4900	8200	16,400	28,700	41,000
NOTE: Add $1,800. & up for access. hardtop.						

1956 Corvette C. Picciotti/G. Davis

1956
Conv	1600	5150	8600	17,200	30,100	43,000

NOTE: All post-1955 Corvettes are V-8 powered.
    Add $1,800. & up for removable hardtop.
    Add 20 percent for two 4 barrel carbs.

1957
Conv	1600	5150	8600	17,200	30,100	43,000

NOTES: Add $1,800. for hardtop; 20 percent for F.I.
    Add 20 percent for two 4 barrel carbs.

1958
Conv	1300	4200	7000	14,000	24,500	35,000

NOTES: Add $1,800. for hardtop; 20 percent for F.I.
    Add 20 percent for two 4 barrel carbs.

1959
Conv	1150	3700	6200	12,400	21,700	31,000

NOTES: Add $1,800. for hardtop; 20 percent for F.I.
    Add 15 percent for two 4 barrel carbs.

1960
Conv	1200	3850	6400	12,800	22,400	32,000

NOTES: Add $1,800. for hardtop; 20 percent for F.I.
    Add 15 percent for two 4 barrel carbs.

1961
Conv	1150	3700	6200	12,400	21,700	31,000

NOTES: Add $1,800. for hardtop; 20 percent for F.I.
    Add 15 percent for two 4 barrel carbs.

1962
Conv	1250	3950	6600	13,200	23,100	33,000

NOTE: Add $1,800. for hardtop; 20 percent for F.I.

1963
Spt Cpe	1000	3100	5200	10,400	18,200	26,000
Conv	1150	3700	6200	12,400	21,700	31,000
Grand Sport					value not estimable	

NOTES: Add 20 percent for F.I.; $4,500. for A/C.
    Add $1,800. for hardtop; $3,000. for knock off wheels.
    Z06 option, value not estimable.

1964
Spt Cpe	900	2900	4800	9600	16,800	24,000
Conv	1150	3600	6000	12,000	21,000	30,000

NOTES: Add 20 percent for F.I.; $4,500. for A/C.
    Add $1,800. for hardtop; $3,000. for knock off wheels.

1965
Spt Cpe	900	2900	4800	9600	16,800	24,000
Conv	1100	3500	5800	11,600	20,300	29,000

Corvette

NOTES: Add 20 percent for F.I.; $4,500. for A/C.
Add $3,000. for knock off wheels; 50 percent for 396 engine.
Add $1,800. for hardtop.

1966 Chevrolet Corvette convertible (with detachable hardtop)

	6	5	4	3	2	1
1966						
Spt Cpe	900	2900	4800	9600	16,800	24,000
Conv	1100	3500	5800	11,600	20,300	29,000

NOTES: Add $4,500. for A/C; 20 percent for 427 engine - 390 hp.
Add 50 percent for 427 engine - 425 hp.
Add $3,000. for knock off wheels; $1200. for hardtop.

1967						
Spt Cpe	1500	4800	8000	16,000	28,000	40,000
Conv	1450	4550	7600	15,200	26,600	38,000

NOTES: Add $4,500. for A/C. L88 & L89 option not estimable. 20 percent for 427 engine - 390 hp. Add 40 percent for 427 engine - 400 hp, 60 percent for 427 engine - 435 hp; $4,000. for aluminum wheels; $1800. for hardtop.

1968						
Spt Cpe	700	2300	3800	7600	13,300	19,000
Conv	950	3000	5000	10,000	17,500	25,000

NOTES: Add 40 percent for L89 427 - 435 hp aluminum head option. L88 engine option not estimable.

1969						
Spt Cpe	700	2150	3600	7200	12,600	18,000
Conv	900	2900	4800	9600	16,800	24,000

NOTES: Add 50 percent for 427 - 435 hp aluminum head option. L88 engine option not estimable.

1970						
Spt Cpe	650	2050	3400	6800	11,900	17,000
Conv	700	2300	3800	7600	13,300	19,000

NOTES: Add 20 percent for LT-1 option. ZR1 option not estimable.

1971						
Spt Cpe	600	1900	3200	6400	11,200	16,000
Conv	700	2150	3600	7200	12,600	18,000

NOTES: Add 20 percent for LT-1 option; 20 percent for LS 6 option; ZR1 and ZR2 options not estimable.

1972						
Spt Cpe	550	1800	3000	6000	10,500	15,000
Conv	700	2150	3600	7200	12,600	18,000

NOTES: Add 20 percent for LT-1 option; ZR1 option not estimable.

1973						
Spt Cpe	550	1800	3000	6000	10,500	15,000
Conv	700	2150	3600	7200	12,600	18,000
1974						
Spt Cpe	550	1700	2800	5600	9800	14,000
Conv	650	2050	3400	6800	11,900	17,000
1975						
Spt Cpe	550	1700	2800	5600	9800	14,000
Conv	700	2150	3600	7200	12,600	18,000
1976						
Cpe	550	1700	2800	5600	9800	14,000
1977						
Cpe	550	1700	2800	5600	9800	14,000
1978						
Cpe	600	1900	3200	6400	11,200	16,000

1975 Chevrolet Corvette sport coupe

	6	5	4	3	2	1

Note: Add 10 percent for pace car or anniversary model.
Add 10 percent for L82 engine option.

1979
| Cpe | 600 | 1900 | 3200 | 6400 | 11,200 | 16,000 |

NOTE: Add 10 percent for L82 engine option.

1980
Corvette, V-8
| Cpe | 600 | 1900 | 3200 | 6400 | 11,200 | 16,000 |

NOTE: Add 10 percent for L82 engine option.

1981
Corvette, V-8
| Cpe | 550 | 1700 | 2800 | 5600 | 9800 | 14,000 |

1982
Corvette, V-8
| 2 dr HBk | 550 | 1750 | 2900 | 5800 | 10,200 | 14,500 |

NOTE: Add 10 percent for Collector Edition.

1983
NOTE: None manufactured.

1984
Corvette, V-8
| 2 dr HBk | 500 | 1550 | 2600 | 5200 | 9100 | 13,000 |

1985
Corvette, V-8
| 2 dr HBk | 500 | 1550 | 2600 | 5200 | 9100 | 13,000 |

1986
Corvette, V-8
| 2 dr HBk | 450 | 1450 | 2400 | 4800 | 8400 | 12,000 |
| Conv | 550 | 1800 | 3000 | 6000 | 10,500 | 15,000 |

NOTE: Add 10 percent for pace car.

CHRYSLER

1924
Model B, 6-cyl., 112.75" wb
Rds	700	2300	3800	7600	13,300	19,000
Phae	750	2400	4000	8000	14,000	20,000
Tr	700	2150	3600	7200	12,600	18,000
RS Cpe	400	1200	2000	3950	7000	10,000
4 dr Sed	450	1150	1900	3850	6850	9800
Brgm	450	1150	1900	3900	6900	9900
Imp Sed	400	1200	2000	3950	7000	10,000
Crw Imp	400	1250	2050	4100	7200	10,300
TwnC	500	1550	2600	5200	9100	13,000

Chrysler

1924 Chrysler touring car

1925
Model B-70, 6-cyl., 112.75" wb

	6	5	4	3	2	1
Rds	700	2300	3800	7600	13,300	19,000
Phae	750	2400	4000	8000	14,000	20,000
Tr	700	2150	3600	7200	12,600	18,000
Roy Cpe	400	1300	2200	4400	7700	11,000
4 dr Sed	450	1150	1900	3850	6850	9800
Brgm	450	1150	1900	3900	6900	9900
Imp Sed	400	1200	2000	3950	7000	10,000
Crw Imp	400	1250	2050	4100	7200	10,300
TwnC	500	1550	2600	5200	9100	13,000

1926
Series 58, 4-cyl., 109" wb

Rds	700	2150	3600	7200	12,600	18,000
Tr	700	2300	3800	7600	13,300	19,000
Clb Cpe	350	800	1450	2750	5600	8000
2 dr Sed	350	750	1250	2400	5050	7200
4 dr Sed	350	700	1150	2300	4600	6600

Series 60, 6-cyl., 109" wb
Introduced: May, 1926.

Rds	700	2150	3600	7200	12,600	18,000
Tr	700	2300	3800	7600	13,300	19,000
Cpe	350	900	1550	3050	5900	8500
2 dr Sed	350	750	1350	2650	5450	7800
Lthr Tr Sed	350	800	1450	2750	5600	8000
4 dr Sed	350	750	1300	2500	5300	7600
Lan Sed	350	750	1350	2650	5450	7800

Series G-70, 6-cyl., 112.75" wb

Rds	700	2300	3800	7600	13,300	19,000
Phae	750	2400	4000	8000	14,000	20,000
Roy Cpe	450	1100	1700	3650	6650	9500
2 dr Sed	350	800	1450	2750	5600	8000
Lthr Trm Sed	350	900	1550	3050	5900	8500
Brgm	450	1100	1700	3650	6650	9500
4 dr Sed	350	900	1550	3050	5900	8500
Roy Sed	450	1150	1800	3800	6800	9700

Chrysler 127

	6	5	4	3	2	1
Crw Sed	450	1150	1900	3900	6900	9900
Series E-80 Imperial, 6-cyl., 120" wb						
RS Rds	850	2650	4400	8800	15,400	22,000
Phae	850	2750	4600	9200	16,100	23,000
Cpe	450	1450	2400	4800	8400	12,000
5P Sed	400	1300	2200	4400	7700	11,000
7P Sed	450	1450	2400	4800	8400	12,000
Berl	450	1500	2500	5000	8800	12,500

1927
Series I-50, 4-cyl., 106" wb

	6	5	4	3	2	1
2P Rds	700	2150	3600	7200	12,600	18,000
RS Rds	700	2300	3800	7600	13,300	19,000
Tr	700	2150	3600	7200	12,600	18,000
Cpe	350	900	1550	3050	5900	8500
2 dr Sed	350	750	1300	2450	5250	7500
Lthr Trm Sed	350	800	1450	2750	5600	8000
4 dr Sed	350	750	1250	2400	5100	7300
Lan Sed	350	750	1300	2450	5250	7500
Series H-60, 6-cyl., 109" wb						
2P Rds	800	2500	4200	8400	14,700	21,000
RS Rds	850	2650	4400	8800	15,400	22,000
Tr	800	2500	4200	8400	14,700	21,000
2P Cpe	450	1000	1650	3350	6300	9000
RS Cpe	450	1100	1700	3650	6650	9500
2 dr Sed	350	850	1500	2800	5650	8100
Lthr Trm Sed	350	900	1550	3050	5900	8500
4 dr Sed	350	750	1250	2350	5000	7100
Series 'Finer' 70, 6-cyl., 112.75" wb						
RS Rds	800	2500	4200	8400	14,700	21,000
Phae	850	2650	4400	8800	15,400	22,000
Spt Phae	850	2750	4600	9200	16,100	23,000
Cus Spt Phae	900	2900	4800	9600	16,800	24,000
RS Cabr	750	2400	4000	8000	14,000	20,000
2P Cpe	450	1000	1650	3350	6300	9000
RS Cpe	450	1100	1700	3650	6650	9500
4P Cpe	450	1000	1600	3300	6250	8900
Brgm	350	900	1550	3100	6000	8600
Lan Brgm	350	950	1600	3200	6050	8700
Roy Sed	450	950	1600	3250	6150	8800
Crw Sed	450	1000	1600	3300	6250	8900

1927-Early 1928
Series E-80 Imperial, 6-cyl., 120" & 127" wb

	6	5	4	3	2	1
RS Rds	1000	3100	5200	10,400	18,200	26,000
Spt Rds	1000	3250	5400	10,800	18,900	27,000
5P Phae	1000	3250	5400	10,800	18,900	27,000
Spt Phae	1050	3350	5600	11,200	19,600	28,000
7P Phae	1000	3100	5200	10,400	18,200	26,000
RS Cabr	950	3000	5000	10,000	17,500	25,000
Bus Cpe	500	1550	2600	5200	9100	13,000
4P Cpe	500	1600	2700	5400	9500	13,500
5P Cpe	450	1450	2400	4800	8400	12,000
Std Sed	400	1200	2000	4000	7100	10,100
4 dr Sed	400	1200	2000	3950	7000	10,000
Lan Sed	400	1300	2200	4400	7700	11,000
7P Sed	400	1350	2250	4500	7800	11,200
Limo	500	1550	2600	5200	9100	13,000
TwnC	550	1700	2800	5600	9800	14,000

1928
Series 52, 4-cyl., 106" wb

	6	5	4	3	2	1
RS Rds	850	2750	4600	9200	16,100	23,000
Tr	850	2650	4400	8800	15,400	22,000
Clb Cpe	350	900	1550	3050	5900	8500
DeL Cpe	450	1000	1650	3350	6300	9000
2 dr Sed	350	800	1450	2750	5600	8000
4 dr Sed	350	800	1450	2750	5600	8000
DeL Sed	350	750	1350	2600	5400	7700
Series 62, 6-cyl., 109" wb						
RS Rds	900	2900	4800	9600	16,800	24,000
Tr	850	2750	4600	9200	16,100	23,000
Bus Cpe	350	900	1550	3050	5900	8500
RS Cpe	450	1100	1700	3650	6650	9500
2 dr Sed	350	800	1450	2750	5600	8000
4 dr Sed	350	750	1350	2650	5450	7800
Lan Sed	350	850	1500	2800	5650	8100
Series 72, 6-cyl., 120.5" wb						
RS Rds	850	2750	4600	9200	16,100	23,000

Chrysler

	6	5	4	3	2	1
Spt Rds	950	3000	5000	10,000	17,500	25,000
Conv	800	2500	4200	8400	14,700	21,000
RS Cpe	450	1450	2400	4800	8400	12,000
4P Cpe	400	1300	2200	4400	7700	11,000
CC Sed	400	1300	2200	4400	7700	11,000
Roy Sed	400	1200	2000	3950	7000	10,000
Crw Sed	400	1300	2200	4400	7700	11,000
Twn Sed	450	1400	2300	4600	8100	11,500
LeB Imp Twn Cabr	550	1700	2800	5600	9800	14,000

Series 80 L Imperial, 6-cyl., 136" wb

RS Rds	950	3000	5000	10,000	17,500	25,000
Sed	400	1300	2200	4400	7700	11,000
Twn Sed	450	1400	2300	4600	8100	11,500
7P Sed	450	1450	2400	4800	8400	12,000
Limo	500	1550	2600	5200	9100	13.000

Series 80 L Imperial, 6-cyl., 136" wb, Custom Bodies

LeB DC Phae	2200	6950	11,600	23,200	40,600	58,000
LeB CC Conv Sed	1900	6100	10,200	20,400	35,700	51,000
LeB RS Conv	1800	5750	9600	19,200	33,600	48,000
LeB Clb Cpe	850	2750	4600	9200	16,100	23,000
LeB Twn Cpe	850	2650	4400	8800	15,400	22,000
LeB Lan Limo	1700	5400	9000	18,000	31,500	45,000
Der Conv Sed	1900	6000	10,000	20,000	35,000	50,000
Dtrch Conv. Sed	2050	6600	11,000	22,000	38,500	55,000
Dtrch 4P Phae	2200	6950	11,600	23,200	40,600	58,000
Dtrch 7P Phae	2200	6950	11,600	23,200	40,600	58,000
Dtrch Sed	1150	3700	6200	12,400	21,700	31,000
Lke Phae	1700	5400	9000	18,000	31,500	45,000

1929
Series 65, 6-cyl.), 112.75" wb

RS Rds	1000	3100	5200	10,400	18,200	26,000
Tr	1000	3250	5400	10,800	18,900	27,000
Bus Cpe	550	1700	2800	5600	9800	14,000
RS Cpe	550	1800	3000	6000	10,500	15,000
2 dr Sed	400	1300	2200	4400	7700	11,000
4 dr Sed	450	1400	2300	4600	8100	11,500

Series 75, 6-cyl.

RS Rds	1150	3600	6000	12,000	21,000	30,000
5P Phae	1150	3700	6200	12,400	21,700	31,000
DC Phae	1200	3850	6400	12,800	22,400	32,000
7P Phae	1150	3600	6000	12,000	21,000	30,000
RS Conv	1100	3500	5800	11,600	20,300	29,000
Conv Sed	1050	3350	5600	11,200	19,600	28,000
RS Cpe	550	1800	3000	6000	10,500	15,000
Cpe	550	1700	2800	5600	9800	14,000
Roy Sed	450	1450	2400	4800	8400	12,000
Crw Sed	500	1550	2600	5200	9100	13,000
Twn Sed	500	1600	2700	5400	9500	13,500

1929-30
Series 80 L Imperial, 6-cyl., 136" wb

RS Rds	2200	7100	11,800	23,600	41,300	59,000
Lke DC Spt Phae	2650	8400	14,000	28,000	49,000	70,000
Lke 7P Phae	2500	7900	13,200	26,400	46,200	66,000
Lke Conv Sed	2400	7700	12,800	25,600	44,800	64,000
Lke RS Conv	1950	6250	10,400	20,800	36,400	52,000
2P Cpe	700	2150	3600	7200	12,600	18,000
RS Cpe	800	2500	4200	8400	14,700	21,000
4 dr Sed	550	1800	3000	6000	10,500	15,000
Twn Sed	600	1900	3200	6400	11,200	16,000
7P Sed	550	1800	3000	6000	10,500	15,000
Limo	700	2300	3800	7600	13,300	19,000

1930-1931 (through December)
Series Six, 6-cyl, 109" wb
(Continued through Dec. 1930).

RS Rds	850	2750	4600	9200	16,100	23,000
Tr	850	2650	4400	8800	15,400	22,000
RS Conv	800	2500	4200	8400	14,700	21,000
Bus Cpe	450	1450	2400	4800	8400	12,000
Roy Cpe	500	1550	2600	5200	9100	13,000
Roy Sed	400	1300	2200	4400	7700	11,000

Chrysler 129

1930 Chrysler Series 70 coupe

1930-1931
Series 66, 6-cyl, 112 3/4" wb
(Continued through May 1931).

	6	5	4	3	2	1
RS Rds	1000	3100	5200	10,400	18,200	26,000
Phae	1000	3250	5400	10,800	18,900	27,000
Bus Cpe	500	1550	2600	5200	9100	13,000
Roy Cpe	500	1600	2700	5400	9500	13,500
Brgm	400	1300	2200	4400	7700	11,000
Roy Sed	450	1450	2400	4800	8400	12,000

Series 70, 6 cyl, 116 1/2" wb
(Continued through Feb. 1931).

RS Rds	1150	3600	6000	12,000	21,000	30,000
RS Conv	1000	3250	5400	10,800	18,900	27,000
Phae	1150	3700	6200	12,400	21,700	31,000
Bus Cpe	500	1550	2600	5200	9100	13,000
Roy Cpe	500	1600	2700	5400	9500	13,500
Brgm	450	1450	2400	4800	8400	12,000
Roy Sed	500	1550	2600	5200	9100	13,000

Series 77, 6-cyl., 124.5" wb

RS Rds	1600	5050	8400	16,800	29,400	42,000
DC Phae	1400	4450	7400	14,800	25,900	37,000
RS Conv	1200	3850	6400	12,800	22,400	32,000
Bus Cpe	550	1700	2800	5600	9800	14,000
Roy RS Cpe	550	1750	2900	5800	10,200	14,500
Crw Cpe	550	1700	2800	5600	9800	14,000
Roy Sed	500	1550	2600	5200	9100	13,000
Crw Sed	550	1700	2800	5600	9800	14,000

1931-1932
New Series Six, CM, 6-cyl., 116 wb
(Produced Jan. -- Dec. 1931).

RS Rds	1150	3700	6200	12,400	21,700	31,000
Tr	1150	3600	6000	12,000	21,000	30,000
RS Conv	1100	3500	5800	11,600	20,300	29,000
Bus Cpe	550	1700	2800	5600	9800	14,000
Roy Cpe	550	1750	2900	5800	10,200	14,500
Roy Sed	500	1550	2600	5200	9100	13,000

Series 70, 6-cyl, 116 1/2" wb

Bus Cpe	550	1750	2900	5800	10,200	14,500
Roy Cpe	550	1800	3000	6000	10,500	15,000
Brgm	550	1700	2800	5600	9800	14,000
Roy Sed	550	1700	2800	5600	9800	14,000

First Series, CD, 8--cyl., 80 hp, 124" wb
(Built 7/17/30 -- 1/31).

RS Rds	1250	3950	6600	13,200	23,100	33,000
Spt Rds	1350	4300	7200	14,400	25,200	36,000
Conv	1200	3850	6400	12,800	22,400	32,000
Cpe	550	1800	3000	6000	10,500	15,000
Spec Cpe	550	1700	2800	5600	9800	14,000

130 Chrysler

	6	5	4	3	2	1
Roy Sed	550	1700	2800	5600	9800	14,000
Spec Roy Sed	550	1800	3000	6000	10,500	15,000

Second Series, CD, 8-cyl., 88 hp, 124" wb
(Built 2/2/31 – 5/18/31).

	6	5	4	3	2	1
RS Spt Rds	1900	6100	10,200	20,400	35,700	51,000
Lke DC Phae	1800	5750	9600	19,200	33,600	48,000
RS Conv	1550	4900	8200	16,400	28,700	41,000
Roy Cpe	650	2050	3400	6800	11,900	17,000
Spec Roy Cpe	700	2300	3800	7600	13,300	19,000
Roy Sed	550	1700	2800	5600	9800	14,000

2nd Series CD

	6	5	4	3	2	1
Spec Roy Sed	550	1800	3000	6000	10,500	15,000

DeLuxe Series, CD, 8-cyl., 100 hp, 124" wb
(Built 5/19/31 – 11/31).

	6	5	4	3	2	1
RS Rds	1750	5500	9200	18,400	32,200	46,000
Lke DC Phae	1650	5300	8800	17,600	30,800	44,000
RS Conv	1550	4900	8200	16,400	28,700	41,000
RS Cpe	700	2150	3600	7200	12,600	18,000
Roy Cpe	650	2050	3400	6800	11,900	17,000
4 dr Sed	550	1700	2800	5600	9800	14,000

Imperial, CG, 8-cyl., 125 hp, 145" wb
(Built July 17, 1930 thru Dec. 1931).
Standard Line

	6	5	4	3	2	1
CC Sed	1600	5050	8400	16,800	29,400	42,000
5P Sed	1000	3250	5400	10,800	18,900	27,000
7P Sed	1000	3250	5400	10,800	18,900	27,000
Limo	1150	3600	6000	12,000	21,000	30,000

Custom Line

	6	5	4	3	2	1
LeB RS Rds	13,150	42,000	70,000	140,000	245,000	350,000
LeB DC Phae	12,950	41,400	69,000	138,000	241,500	345,000
LeB Conv Sed	12,750	40,800	68,000	136,000	238,000	340,000
Conv Sed (LeBaron)	12,750	40,800	68,000	136,000	238,000	340,000
LeB RS Cpe	4150	13,200	22,000	44,000	77,000	110,000
Wths Conv Vic	11,650	37,200	62,000	124,000	217,000	310,000
LeB Conv Spds	11,250	36,000	60,000	120,000	210,000	300,000

1932
Second Series, CI, 6-cyl., 116-1/2" wb, 82 hp
(Begun 1/1/32).

	6	5	4	3	2	1
RS Rds	1000	3250	5400	10,800	18,900	27,000
Phae	1000	3100	5200	10,400	18,200	26,000
RS Conv	950	3000	5000	10,000	17,500	25,000
Conv Sed	1000	3100	5200	10,400	18,200	26,000
Bus Cpe	550	1800	3000	6000	10,500	15,000
RS Cpe	600	1900	3200	6400	11,200	16,000
4 dr Sed	500	1550	2600	5200	9100	13,000

Series CP, 8-cyl., 125" wb, 100 hp
(Began 1/1/32).

	6	5	4	3	2	1
RS Conv	1150	3600	6000	12,000	21,000	30,000
Conv Sed	1150	3700	6200	12,400	21,700	31,000
RS Cpe	600	1900	3200	6400	11,200	16,000
Cpe	550	1800	3000	6000	10,500	15,000
4 dr Sed	550	1700	2800	5600	9800	14,000
LeB TwnC	750	2400	4000	8000	14,000	20,000

Imperial Series, CH, 8-cyl., 135" wb, 125 hp
(Began 1/1/32).
Standard Line

	6	5	4	3	2	1
Conv Sed	8650	27,600	46,000	92,000	161,000	230,000
RS Cpe	2350	7450	12,400	24,800	43,400	62,000
4 dr Sed	1550	4900	8200	16,400	28,700	41,000

Imperial Series, CL, 8-cyl., 146" wb, 125 hp
(Began 1/1/32).
Custom Line -- LeBaron bodies

	6	5	4	3	2	1
RS Conv	11,250	36,000	60,000	120,000	210,000	300,000
DC Phae	12,750	40,800	68,000	136,000	238,000	340,000
Conv Sed	12,400	39,600	66,000	132,000	231,000	330,000

1933
Series CO, 6-cyl., 116.5" wb

	6	5	4	3	2	1
RS Conv	700	2150	3600	7200	12,600	18,000
Conv Sed	850	2650	4400	8800	15,400	22,000
Bus Cpe	500	1550	2600	5200	9100	13,000
RS Cpe	550	1800	3000	6000	10,500	15,000
Brgm	450	1450	2400	4800	8400	12,000
4 dr Sed	450	1450	2400	4800	8400	12,000

Royal Series CT, 8-cyl., 119.5 wb

	6	5	4	3	2	1
RS Conv	1000	3250	5400	10,800	18,900	27,000
Conv Sed	1050	3350	5600	11,200	19,600	28,000

Chrysler   131

	6	5	4	3	2	1
Bus Cpe	550	1700	2800	5600	9800	14,000
RS Cpe	550	1750	2900	5800	10,200	14,500
4 dr Sed	500	1550	2600	5200	9100	13,000
7P Sed	550	1700	2800	5600	9800	14,000
Imperial Series CQ, 8-cyl., 126" wb						
RS Conv	1350	4300	7200	14,400	25,200	36,000
Conv Sed	1450	4550	7600	15,200	26,600	38,000
RS Cpe	850	2650	4400	8800	15,400	22,000
5P Cpe	800	2500	4200	8400	14,700	21,000
4 dr Sed	750	2400	4000	8000	14,000	20,000
Imperial Custom, Series CL, 8-cyl., 146" wb						
RS Conv	11,050	35,400	59,000	118,000	206,500	295,000
WS Phae	11,650	37,200	62,000	124,000	217,000	310,000
CC Sed	2550	8150	13,600	27,200	47,600	68,000

1934
Series CA, 6-cyl., 117" wb

	6	5	4	3	2	1
RS Conv	1300	4100	6800	13,600	23,800	34,000
Bus Cpe	550	1700	2800	5600	9800	14,000
RS Cpe	550	1800	3000	6000	10,500	15,000
Brgm	500	1550	2600	5200	9100	13,000
4 dr Sed	450	1450	2400	4800	8400	12,000
Series CB, 6-cyl., 121" wb						
Conv Sed	1350	4300	7200	14,400	25,200	36,000
CC Sed	550	1700	2800	5600	9800	14,000
Airflow, Series CU, 8-cyl., 123" wb						
Cpe	900	2900	4800	9600	16,800	24,000
Brgm	850	2650	4400	8800	15,400	22,000
4 dr Sed	800	2500	4200	8400	14,700	21,000
Twn Sed	850	2750	4600	9200	16,100	23,000
Imperial Airflow, Series CV, 8-cyl., 128" wb						
Cpe	1000	3100	5200	10,400	18,200	26,000
4 dr Sed	850	2650	4400	8800	15,400	22,000
Twn Sed	900	2900	4800	9600	16,800	24,000
Imperial Custom Airflow, Series CX, 8-cyl., 137.5" wb						
4 dr Sed	2500	7900	13,200	26,400	46,200	66,000
Twn Sed	2500	7900	13,200	26,400	46,200	66,000
Limo	2650	8400	14,000	28,000	49,000	70,000
Twn Limo	2850	9100	15,200	30,400	53,200	76,000
Imperial Custom Airflow, Series CW, 8-cyl., 146.5" wb						
4 dr Sed	2200	6950	11,600	23,200	40,600	58,000
Twn Sed	2350	7450	12,400	24,800	43,400	62,000
Limo	2550	8150	13,600	27,200	47,600	68,000

1935 Chrysler Airflow Imperial 4dr sedan

1935
Airstream Series C-6, 6-cyl., 118" wb

	6	5	4	3	2	1
RS Conv	1100	3500	5800	11,600	20,300	29,000

Chrysler

	6	5	4	3	2	1
Bus Cpe	450	1450	2400	4800	8400	12,000
RS Cpe	500	1550	2600	5200	9100	13,000
Tr Brgm	400	1300	2200	4400	7700	11,000
4 dr Sed	400	1200	2000	3950	7000	10,000
Tr Sed	400	1200	2000	3950	7000	10,000

Airstream Series C-Z, 8-cyl., 121" wb

Bus Cpe	500	1550	2600	5200	9100	13,000
RS Cpe	550	1700	2800	5600	9800	14,000
Tr Brgm	450	1450	2400	4800	8400	12,000
4 dr Sed	400	1300	2200	4400	7700	11,000
Tr Sed	400	1300	2200	4400	7700	11,000

Airstream DeLuxe Series C-1, 121" wb

RS Conv	1150	3600	6000	12,000	21,000	30,000
Bus Cpe	550	1700	2800	5600	9800	14,000
RS Cpe	550	1800	3000	6000	10,500	15,000
Tr Brgm	500	1600	2700	5400	9500	13,500
4 dr Sed	450	1400	2300	4600	8100	11,500
Tr Sed	450	1400	2300	4600	8100	11,500

Airstream DeLuxe, Series C-1, 8-cyl., 133" wb

Trav Sed	450	1500	2500	5000	8800	12,500
7P Sed	450	1500	2500	5000	8800	12,500

Airflow Series C-1, 8-cyl., 123" wb

Bus Cpe	750	2400	4000	8000	14,000	20,000
Cpe	800	2500	4200	8400	14,700	21,000
4 dr Sed	750	2400	4000	8000	14,000	20,000

Imperial Airflow Series C-2, 8-cyl., 128" wb

Cpe	850	2650	4400	8800	15,400	22,000
4 dr Sed	800	2500	4200	8400	14,700	21,000

Imperial Custom Airflow Series C-3, 8-cyl., 137" wb

4 dr Sed	1000	3250	5400	10,800	18,900	27,000
Twn Sed	1050	3350	5600	11,200	19,600	28,000
Sed Limo	1350	4300	7200	14,400	25,200	36,000
Twn Limo	1450	4550	7600	15,200	26,600	38,000

Imperial Custom Airflow Series C-W, 8-cyl., 146.5" wb

4 dr Sed	2150	6850	11,400	22,800	39,900	57,000
Sed Limo	2400	7700	12,800	25,600	44,800	64,000
Twn Limo	2500	7900	13,200	26,400	46,200	66,000

1936

Airstream Series C-7, 6-cyl., 118" wb

RS Conv	1000	3100	5200	10,400	18,200	26,000
Conv Sed	1000	3250	5400	10,800	18,900	27,000
Bus Cpe	500	1550	2600	5200	9100	13,000
RS Cpe	550	1700	2800	5600	9800	14,000
Tr Brgm	450	1450	2400	4800	8400	12,000
Tr Sed	500	1550	2600	5200	9100	13,000

Airstream DeLuxe Series C-8, 8-cyl., 121" wb

RS Conv	1050	3350	5600	11,200	19,600	28,000
Conv Sed	1150	3600	6000	12,000	21,000	30,000
Bus Cpe	550	1700	2800	5600	9800	14,000
RS Cpe	550	1800	3000	6000	10,500	15,000
Tr Brgm	500	1550	2600	5200	9100	13,000
Tr Sed	500	1550	2600	5200	9100	13,000

Airstream DeLuxe, 8-cyl., 133" wb

Trav Sed	500	1550	2600	5200	9100	13,000
4 dr Sed	500	1550	2600	5200	9100	13,000
Sed Limo	550	1700	2800	5600	9800	14,000
LeB Twn Sed	550	1800	3000	6000	10,500	15,000

Airflow, 8-cyl., 123" wb

Cpe	800	2500	4200	8400	14,700	21,000
4 dr Sed	750	2400	4000	8000	14,000	20,000

Imperial Airflow, 8-cyl., 128" wb

Cpe	850	2650	4400	8800	15,400	22,000
4 dr Sed	800	2500	4200	8400	14,700	21,000

Imperial Custom Airflow, 8-cyl., 137" wb

4 dr Sed	850	2750	4600	9200	16,100	23,000
Sed Limo	1000	3250	5400	10,800	18,900	27,000

Imperial Custom Airflow, 8-cyl., 146.5" wb

8P Sed	1750	5650	9400	18,800	32,900	47,000
Sed Limo	1850	5900	9800	19,600	34,300	49,000

1937

Royal, 6-cyl., 116" wb

RS Conv	950	3000	5000	10,000	17,500	25,000
Conv Sed	1050	3350	5600	11,200	19,600	28,000
Bus Cpe	400	1300	2200	4400	7700	11,000
RS Cpe	450	1450	2400	4800	8400	12,000
Brgm	400	1200	2000	3950	7000	10,000

Chrysler 133

	6	5	4	3	2	1
Tr Brgm	400	1300	2200	4400	7700	11,000
4 dr Sed	450	1100	1700	3650	6650	9500
Tr Sed	400	1200	2000	3950	7000	10,000
Royal, 6-cyl., 133" wb						
4 dr Sed	400	1300	2200	4400	7700	11,000
Sed Limo	450	1450	2400	4800	8400	12,000
Der TwnC	750	2400	4000	8000	14,000	20,000
Airflow, 8-cyl., 128" wb						
Cpe	850	2750	4600	9200	16,100	23,000
4 dr Sed	850	2650	4400	8800	15,400	22,000
Imperial, 8-cyl., 121" wb						
RS Conv	1050	3350	5600	11,200	19,600	28,000
Conv Sed	1150	3600	6000	12,000	21,000	30,000
Bus Cpe	550	1800	3000	6000	10,500	15,000
RS Cpe	600	1900	3200	6400	11,200	16,000
Tr Brgm	600	1900	3200	6400	11,200	16,000
Tr Sed	550	1800	3000	6000	10,500	15,000
Imperial Custom, 8-cyl., 140" wb						
5P Sed	950	3000	5000	10,000	17,500	25,000
7P Sed	1000	3250	5400	10,800	18,900	27,000
Sed Limo	1450	4550	7600	15,200	26,600	38,000
Twn Limo	1450	4700	7800	15,600	27,300	39,000
Custom Built Models						
Der Fml Conv Twn Car	3550	11,300	18,800	37,600	65,800	94,000
Der Conv Vic	3400	10,800	18,000	36,000	63,000	90,000

1938
Royal (6-cyl.) 119" wb

	6	5	4	3	2	1
RS Conv	850	2750	4600	9200	16,100	23,000
Conv Sed	900	2900	4800	9600	16,800	24,000
Bus Cpe	450	1450	2400	4800	8400	12,000
RS Cpe	500	1550	2600	5200	9100	13,000
Brgm	400	1300	2200	4400	7700	11,000
Tr Brgm	500	1550	2600	5200	9100	13,000
4 dr Sed	400	1200	2000	3950	7000	10,000
Tr Sed	400	1300	2200	4400	7700	11,000
Royal, 6-cyl., 136" wb						
7P Sed	450	1450	2400	4800	8400	12,000
7P Limo Sed	500	1550	2600	5200	9100	13,000
Imperial, 8-cyl., 125" wb						
Rs Conv	900	2900	4800	9600	16,800	24,000
Conv Sed	1000	3100	5200	10,400	18,200	26,000
Bus Cpe	550	1800	3000	6000	10,500	15,000
RS Cpe	600	1900	3200	6400	11,200	16,000
Tr Brgm	500	1550	2600	5200	9100	13,000
Tr Sed	550	1700	2800	5600	9800	14,000
New York Special, 8-cyl., 125" wb						
Tr Sed	550	1800	3000	6000	10,500	15,000
Imperial Custom, 8-cyl., 144" wb						
5P Sed	550	1700	2800	5600	9800	14,000
4 dr Sed	500	1550	2600	5200	9100	13,000
Limo Sed	650	2050	3400	6800	11,900	17,000
Derham customs on C-20 chassis						
Twn Sed	800	2500	4200	8400	14,700	21,000
Twn Limo	1000	3100	5200	10,400	18,200	26,000
Conv Vic	2850	9100	15,200	30,400	53,200	76,000
Conv Sed	3100	9850	16,400	32,800	57,400	82,000

1939
Royal, 6-cyl., 119" wb

	6	5	4	3	2	1
Cpe	450	1450	2400	4800	8400	12,000
Vic Cpe	500	1550	2600	5200	9100	13,000
Brgm	400	1200	2000	3950	7000	10,000
4 dr Sed	400	1300	2200	4400	7700	11,000
Royal, 6-cyl., 136" wb						
7P Sed	450	1450	2400	4800	8400	12,000
Limo	500	1550	2600	5200	9100	13,000
Royal Windsor, 6-cyl., 119" wb						
Cpe	500	1550	2600	5200	9100	13,000
Vic Cpe	550	1700	2800	5600	9800	14,000
Clb Cpe	550	1800	3000	6000	10,500	15,000
4 dr Sed	400	1200	2000	3950	7000	10,000
Imperial, 8-cyl., 125" wb						
Cpe	500	1550	2600	5200	9100	13,000
Vic Cpe	550	1700	2800	5600	9800	14,000
Brgm	400	1300	2200	4400	7700	11,000
4 dr Sed	450	1450	2400	4800	8400	12,000

Chrysler

New Yorker, 8-cyl., 125" wb	6	5	4	3	2	1
Cpe	550	1700	2800	5600	9800	14,000
Vic Cpe	550	1800	3000	6000	10,500	15,000
Clb Cpe	550	1800	3000	6000	10,500	15,000
4 dr Sed	450	1450	2400	4800	8400	12,000
Saratoga, 8-cyl., 125" wb						
Clb Cpe	550	1800	3000	6000	10,500	15,000
4 dr Sed	500	1550	2600	5200	9100	13,000
Imperial Custom, 8-cyl., 144" wb						
5P Sed	550	1700	2800	5600	9800	14,000
7P Sed	550	1800	3000	6000	10,500	15,000
Limo	600	1900	3200	6400	11,200	16,000
Special Derham customs on C-24 chassis						
7P Tr	850	2650	4400	8800	15,400	22,000
Conv Sed	2250	7200	12,000	24,000	42,000	60,000
Conv TwnC	2350	7450	12,400	24,800	43,400	62,000
1940						
Royal, 6-cyl., 122.5" wb						
3P Cpe	400	1300	2200	4400	7700	11,000
6P Cpe	400	1350	2250	4500	7800	11,200
Vic Sed	400	1200	2000	3950	7000	10,000
4 dr Sed	400	1200	2000	3950	7000	10,000
Royal, 6-cyl., 139.5" wb						
8P Sed	400	1300	2200	4400	7700	11,000
8P Limo	450	1450	2400	4800	8400	12,000
Royal Windsor, 6-cyl., 122.5 wb						
Conv Cpe	850	2650	4400	8800	15,400	22,000
3P Cpe	450	1450	2400	4800	8400	12,000
6P Cpe	450	1450	2450	4900	8500	12,200
2 dr Vic Sed	400	1200	2000	3950	7000	10,000
4 dr Sed	400	1200	2000	3950	7000	10,000
Royal Windsor, 6-cyl., 139.5" wb						
8P Sed	400	1300	2200	4400	7700	11,000
8P Limo	450	1450	2400	4800	8400	12,000
Traveler, 8-cyl., 128" wb						
3P Cpe	500	1550	2600	5200	9100	13,000
6P Cpe	550	1700	2800	5600	9800	14,000
2 dr Vic Sed	400	1300	2200	4400	7700	11,000
4 dr Sed	400	1300	2200	4400	7700	11,000
New Yorker, 8-cyl., 128.5" wb						
Conv Cpe	1000	3250	5400	10,800	18,900	27,000
3P Cpe	450	1450	2400	4800	8400	12,000
6P Cpe	500	1550	2600	5200	9100	13,000
2 dr Vic Sed	400	1300	2200	4400	7700	11,000
4 dr Sed	450	1450	2400	4800	8400	12,000
Fml Sed Div	500	1550	2600	5200	9100	13,000
Saratoga, 8-cyl., 128.5" wb						
4 dr Sed	500	1550	2600	5200	9100	13,000
Fml Sed Div	550	1700	2800	5600	9800	14,000
TwnC Der	700	2300	3800	7600	13,300	19,000
Crown Imperial, 8-cyl., 145.5" wb						
6P Sed	700	2150	3600	7200	12,600	18,000
6P Twn Limo	800	2500	4200	8400	14,700	21,000
8P Twn Limo	800	2500	4200	8400	14,700	21,000
8P Sed	700	2300	3800	7600	13,300	19,000
8P Sed Limo	800	2500	4200	8400	14,700	21,000
8P Limo	850	2650	4400	8800	15,400	22,000
Nwpt Parade Phae	11,250	36,000	60,000	120,000	210,000	300,000
Thunderbolt	11,250	36,000	60,000	120,000	210,000	300,000
1941						
Royal, 6-cyl., 121.5" wb						
3P Cpe	400	1300	2200	4400	7700	11,000
6P Clb Cpe	450	1450	2400	4800	8400	12,000
2 dr Brgm	400	1200	2000	3950	7000	10,000
4 dr Sed	400	1250	2100	4200	7400	10,500
Twn Sed	400	1300	2200	4400	7700	11,000
Royal, 6-cyl., 121.5" wb						
Twn & Ctry Wag	1000	3100	5200	10,400	18,200	26,000
Royal, 6-cyl., 139.5" wb						
8P Sed	400	1300	2200	4400	7700	11,000
8P Limo Sed	450	1450	2400	4800	8400	12,000
Windsor, 6-cyl., 121.5" wb						
Conv Cpe	950	3000	5000	10,000	17,500	25,000
3P Cpe	400	1300	2200	4400	7700	11,000
6P Clb Cpe	450	1450	2400	4800	8400	12,000
2 dr Brgm	400	1200	2000	3950	7000	10,000

Chrysler   135

	6	5	4	3	2	1
4 dr Sed	400	1300	2200	4400	7700	11,000
Twn Sed	450	1450	2400	4800	8400	12,000
Windsor, 6-cyl., 139.5" wb						
8P Sed	500	1550	2600	5200	9100	13,000
8P Sed Limo	550	1700	2800	5600	9800	14,000
Saratoga, 8-cyl., 127.5" wb						
3P Cpe	450	1450	2400	4800	8400	12,000
6P Clb Cpe	500	1550	2600	5200	9100	13,000
2 dr Brgm	400	1300	2200	4400	7700	11,000
4 dr Sed	450	1450	2400	4800	8400	12,000
Twn Sed	450	1500	2500	5000	8800	12,500
New Yorker, 8-cyl., 127.5" wb						
Conv Cpe	1050	3350	5600	11,200	19,600	28,000
3P Cpe	500	1550	2600	5200	9100	13,000
6P Cpe	550	1700	2800	5600	9800	14,000
2 dr Brgm	450	1450	2400	4800	8400	12,000
4 dr Sed	500	1550	2600	5200	9100	13,000
Twn Sed	500	1600	2700	5400	9500	13,500
6P Sed	550	1700	2800	5600	9800	14,000
8P Sed	550	1800	3000	6000	10,500	15,000
Sedan Limo 8P	600	1900	3200	6400	11,200	16,000
8P Limo	650	2050	3400	6800	11,900	17,000
Laudalet Limo	700	2300	3800	7600	13,300	19,000
LeB Twn Limo	800	2500	4200	8400	14,700	21,000
New Yorker Special/Crown Imperial, 8-cyl., 127.5" wb						
Twn Sed	750	2400	4000	8000	14,000	20,000
C-33 series.						
1942						
Royal, 6-cyl., 121.5" wb						
3P Cpe	450	1000	1650	3350	6300	9000
6P Clb Cpe	450	1100	1700	3650	6650	9500
2 dr Brgm	350	750	1250	2400	5100	7300
4 dr Sed	350	750	1250	2400	5100	7300
Twn Sed	450	950	1600	3250	6150	8800
Royal, 6-cyl., 139.5" wb						
8P Sed	350	850	1500	2950	5800	8300
8P Limo	450	950	1600	3250	6150	8800
Windsor, 6-cyl., 121.5" wb						
Conv Cpe	700	2300	3800	7600	13,300	19,000
3P Cpe	450	1100	1700	3650	6650	9500
6P Cpe	400	1200	2000	3950	7000	10,000
2 dr Brgm	350	750	1350	2650	5450	7800
4 dr Sed	350	750	1350	2650	5450	7800
Twn Sed	350	850	1500	2950	5800	8300
6P T&C Wag	1300	4200	7000	14,000	24,500	35,000
9P T&C Wag	1400	4450	7400	14,800	25,900	37,000
Windsor, 6-cyl., 139.5" wb						
8P Sed	450	950	1600	3250	6150	8800
8P Limo	450	1050	1700	3550	6500	9300
Saratoga, 8-cyl., 127.5" wb						
3P Cpe	400	1300	2200	4400	7700	11,000
6P Cpe	450	1400	2300	4600	8100	11,500
2 dr Brgm	350	850	1500	2950	5800	8300
4 dr Sed	350	850	1500	2950	5800	8300
Twn Sed	450	1150	1900	3850	6850	9800
New Yorker, 8-cyl., 127.5" wb						
Conv Cpe	850	2650	4400	8800	15,400	22,000
3P Cpe	450	1400	2300	4600	8100	11,500
6P Cpe	450	1450	2400	4800	8400	12,000
2 dr Brgm	450	950	1600	3250	6150	8800
4 dr Sed	450	950	1600	3250	6150	8800
Twn Sed	400	1250	2050	4100	7200	10,300
Der Conv Cpe	1250	3950	6600	13,200	23,100	33,000
Crown Imperial, 8-cyl., 145.5" wb						
6P Sed	400	1300	2200	4400	7700	11,000
8P Sed	450	1450	2400	4800	8400	12,000
8P Sed Limo	550	1700	2800	5600	9800	14,000
Derham Customs						
Conv Sed	1200	3850	6400	12,800	22,400	32,000
TwnC	850	2750	4600	9200	16,100	23,000
Fml TwnC	900	2900	4800	9600	16,800	24,000
1946-1948						
Royal Series, 6-cyl., 121.5" wb						
4 dr Sed	350	750	1300	2450	5250	7500
2 dr Sed	350	750	1250	2400	5100	7300
Clb Cpe	400	1250	2100	4200	7400	10,500

Chrysler

	6	5	4	3	2	1
Cpe	450	1050	1700	3550	6500	9300
Royal Series, 6-cyl., 139.5" wb						
4 dr Sed	400	1250	2100	4200	7400	10,500
Limo	450	1500	2500	5000	8800	12,500
Windsor Series, 6-cyl., 121.5" wb						
4 dr Sed	350	750	1300	2500	5300	7600
Trav Sed	350	750	1350	2650	5450	7800
2 dr Sed	350	750	1300	2450	5250	7500
Clb Cpe	450	1400	2300	4600	8100	11,500
Cpe	400	1300	2200	4400	7700	11,000
Conv	900	2900	4800	9600	16,800	24,000
Windsor Series, 6-cyl., 139.5" wb						
4 dr Sed	400	1300	2200	4400	7700	11,000
Limo	500	1550	2600	5200	9100	13,000
Saratoga Series, 8-cyl., 127.5" wb						
4 dr Sed	350	850	1500	2950	5800	8300
2 dr Sed	350	850	1500	2900	5700	8200
Clb Cpe	450	1450	2400	4800	8400	12,000
3P Cpe	450	1400	2300	4600	8100	11,500
New Yorker, 8-cyl., 127.5" wb						
4 dr Sed	450	950	1600	3250	6150	8800
2 dr Sed	350	950	1600	3200	6050	8700
Clb Cpe	450	1450	2450	4900	8500	12,200
Cpe	450	1400	2350	4700	8200	11,700
Conv	1000	3250	5400	10,800	18,900	27,000
Town & Country						
Conv	3000	9600	16,000	32,000	56,000	80,000
4 dr Sed	1500	4800	8000	16,000	28,000	40,000
Imperial C-40						
Limo	600	1900	3200	6400	11,200	16,000
8P Sed	500	1550	2600	5200	9100	13,000

1949

First Series 1949 is the same as 1948

	6	5	4	3	2	1
Royal - Second Series, 6-cyl., 125.5" wb						
4 dr Sed	350	750	1300	2500	5300	7600
Clb Cpe	450	1000	1650	3350	6300	9000
Sta Wag	800	2500	4200	8400	14,700	21,000
Royal - Second Series, 6-cyl., 139.5" wb						
4 dr Sed	350	900	1550	3000	5850	8400
Windsor - Second Series, 6-cyl., 125.5" wb						
4 dr Sed	350	950	1600	3200	6050	8700
Clb Cpe	450	1050	1650	3500	6400	9200
Conv	750	2400	4000	8000	14,000	20,000
Windsor - Second Series, 6-cyl., 139.5" wb						
4 dr Sed	400	1200	2000	3950	7000	10,000
Limo	400	1300	2200	4400	7700	11,000
Saratoga - Second Series, 8-cyl., 131.5" wb						
4 dr Sed	350	800	1450	2750	5600	8000
Clb Cpe	450	1100	1700	3650	6650	9500
New Yorker - Second Series, 8-cyl., 131.5" wb						
4 dr Sed	450	1000	1650	3350	6300	9000
Clb Cpe	450	1150	1800	3800	6800	9700
Conv	800	2500	4200	8400	14,700	21,000
Town & Country - Second Series, 8-cyl., 131.5" wb						
Conv	1950	6250	10,400	20,800	36,400	52,000
Imperial - Second Series, 8-cyl., 131.5" wb						
Sed - Der	450	1450	2400	4800	8400	12,000
Crown Imperial, 8-cyl., 145.5" wb						
8P Sed	500	1550	2600	5200	9100	13,000
Limo	600	2000	3300	6600	11,600	16,500

1950

	6	5	4	3	2	1
Royal Series, 6-cyl., 125.5" wb						
4 dr Sed	350	750	1250	2400	5100	7300
Clb Cpe	350	800	1450	2750	5600	8000
T&C Sta Wag	700	2150	3600	7200	12,600	18,000
Sta Wag	800	2500	4200	8400	14,700	21,000
Royal Series, 6-cyl., 139.5" wb						
4 dr Sed	450	1000	1650	3350	6300	9000
Windsor Series, 6-cyl., 125.5" wb						
4 dr Sed	350	750	1300	2400	5200	7400
Trav Sed	350	750	1300	2500	5300	7600
Clb Cpe	350	900	1550	3050	5900	8500
HdTp	500	1550	2600	5200	9100	13,000
Conv	750	2400	4000	8000	14,000	20,000
Windsor Series, 6-cyl., 139.5" wb						
4 dr Sed	400	1200	2000	3950	7000	10,000

Chrysler   137

	6	5	4	3	2	1
Limo	450	1450	2400	4800	8400	12,000
Saratoga, 8-cyl., 131.5" wb						
4 dr Sed	350	750	1300	2500	5300	7600
Clb Cpe	450	1000	1650	3350	6300	9000
New Yorker, 8-cyl., 131.5" wb						
4 dr Sed	450	1000	1650	3350	6300	9000
Clb Cpe	450	1100	1700	3650	6650	9500
HdTp	550	1700	2800	5600	9800	14,000
Conv	800	2500	4200	8400	14,700	21,000
Town & Country, 8-cyl., 131.5" wb						
HdTp	1600	5150	8600	17,200	30,100	43,000
Imperial, 8-cyl., 131.5" wb						
4 dr Sed	400	1300	2200	4400	7700	11,000
Crown Imperial, 8-cyl., 145.5" wb						
4 dr Sed	450	1450	2400	4800	8400	12,000
Limo	600	1850	3100	6200	10,900	15,500

1951-1952
Windsor Series, 6-cyl., 125.5" wb

	6	5	4	3	2	1
4 dr Sed	350	750	1250	2400	5100	7300
Clb Cpe	350	800	1450	2750	5600	8000
T&C Sta Wag	650	2050	3400	6800	11,900	17,000
Windsor Series, 6-cyl., 139.5" wb						
4 dr Sed	350	750	1300	2450	5250	7500
Windsor DeLuxe, 6-cyl., 125.5" wb						
4 dr Sed	350	750	1300	2450	5250	7500
Trav Sed	350	750	1350	2600	5400	7700
Clb Cpe (1951 only)	350	900	1550	3050	5900	8500
HdTp	450	1450	2400	4800	8400	12,000
Conv	700	2300	3800	7600	13,300	19,000
Windsor DeLuxe, 6-cyl., 139.5" wb						
4 dr Sed	350	800	1450	2750	5600	8000
Limo	350	900	1550	3050	5900	8500
Saratoga, 8-cyl., 125.5" wb						
4 dr Sed	350	750	1350	2650	5450	7800
2 dr HdTp Nwpt (1952 only)	400	1200	2000	3950	7000	10,000
Clb Cpe (1951 only)	450	1000	1650	3350	6300	9000
Conv (1952 only)	700	2300	3800	7600	13,300	19,000
T&C Sta Wag (1951 only)	700	2300	3800	7600	13,300	19,000
Windsor or Saratoga, 8-cyl., 139.5" wb						
Club Cpe (1952 only)	350	900	1550	3050	5900	8500
4 dr Sed	400	1300	2200	4400	7700	11,000
T&C Sta Wag (1952 only)	650	2050	3400	6800	11,900	17,000
Limo (1951 only)	450	1450	2400	4800	8400	12,000
New Yorker, 8-cyl., 131.5" wb						
4 dr Sed	350	850	1500	2950	5800	8300
Clb Cpe (1951 only)	450	950	1600	3250	6150	8800
HdTp	550	1700	2800	5600	9800	14,000
Conv	850	2650	4400	8800	15,400	22,000
T&C Sta Wag (1951 only)	700	2300	3800	7600	13,300	19,000
Imperial, 8-cyl., 131.5" wb						
4 dr Sed	450	950	1600	3250	6150	8800
Clb Cpe	450	1100	1700	3650	6650	9500
HdTp	500	1550	2600	5200	9100	13,000
Conv (1951 only)	700	2150	3600	7200	12,600	18,000
Crown Imperial, 8-cyl., 145.5" wb						
4 dr Sed	450	1450	2400	4800	8400	12,000
Limo	600	1900	3200	6400	11,200	16,000

1953
Windsor Series, 6-cyl., 125.5" wb

	6	5	4	3	2	1
4 dr Sed	350	750	1200	2350	4900	7000
Clb Cpe	350	800	1450	2750	5600	8000
T&C Sta Wag	650	2050	3400	6800	11,900	17,000
Windsor Series, 6-cyl., 139.5" wb						
4 dr Sed	350	750	1250	2350	5000	7100
Windsor DeLuxe Series, 6-cyl., 125.5" wb						
4 dr Sed	350	750	1250	2400	5100	7300
HdTp	400	1200	2000	3950	7000	10,000
Conv	600	1900	3200	6400	11,200	16,000
New Yorker, 8-cyl., 125.5" wb						
4 dr Sed	350	750	1350	2650	5450	7800
Clb Cpe	350	900	1550	3050	5900	8500
HdTp	450	1450	2400	4800	8400	12,000
T&C Sta Wag	600	1900	3200	6400	11,200	16,000
New Yorker, 8-cyl., 139.5" wb						
4 dr Sed	350	850	1500	2950	5800	8300

138　Chrysler

New Yorker Deluxe, 8-cyl., 125.5" wb

	6	5	4	3	2	1
4 dr Sed	350	850	1500	2800	5650	8100
Clb Cpe	450	1000	1650	3350	6300	9000
HdTp	550	1700	2800	5600	9800	14,000
Conv	850	2650	4400	8800	15,400	22,000

Custom Imperial Series, 8-cyl., 133.5" wb

4 dr Sed	350	900	1550	3050	5900	8500
Twn Limo	450	1450	2400	4800	8400	12,000

Custom Imperial, 8-cyl., 131.5" wb

HdTp	600	1900	3200	6400	11,200	16,000

Crown Imperial, 8-cyl., 145.5" wb

4 dr Sed	450	1450	2400	4800	8400	12,000
Limo	550	1700	2800	5600	9800	14,000

1954 Chrysler New Yorker 4dr sedan

1954

Windsor DeLuxe Series, 6-cyl., 125.5" wb

4 dr Sed	350	750	1200	2350	4900	7000
Clb Cpe	350	750	1300	2450	5250	7500
HdTp	550	1700	2800	5600	9800	14,000
Conv	850	2650	4400	8800	15,400	22,000
T&C Sta Wag	500	1550	2600	5200	9100	13,000

Windsor DeLuxe Series, 6-cyl., 139.5" wb

4 dr Sed	350	900	1550	3050	5900	8500

New Yorker Series, 8-cyl., 125.5" wb

4 dr Sed	350	800	1450	2750	5600	8000
Clb Cpe	450	1000	1650	3350	6300	9000
HdTp	700	2150	3600	7200	12,600	18,000
T&C Sta Wag	550	1700	2800	5600	9800	14,000

New Yorker Series, 8-cyl., 139.5" wb

4 dr Sed	450	1000	1650	3350	6300	9000

New Yorker DeLuxe Series, 8-cyl., 125.5" wb

4 dr Sed	350	900	1550	3050	5900	8500
Clb Cpe	450	1100	1700	3650	6650	9500
HdTp	750	2400	4000	8000	14,000	20,000
Conv	1000	3250	5400	10,800	18,900	27,000

Custom Imperial Line, 8-cyl., 133.5" wb

4 dr Sed	400	1300	2200	4400	7700	11,000
Limo	550	1800	3000	6000	10,500	15,000

Custom Imperial Line, 8-cyl., 131" wb

2 dr HdTp Newport	600	1900	3200	6400	11,200	16,000

Crown Imperial Line, 8-cyl., 145.5" wb

4 dr Sed	450	1450	2400	4800	8400	12,000
Limo	600	1900	3200	6400	11,200	16,000

1955

Windsor DeLuxe Series, V-8, 126" wb

4 dr Sed	350	750	1300	2450	5250	7500
2 dr HdTp Nassau	550	1800	3000	6000	10,500	15,000
2 dr HdTp Newport	600	1900	3200	6400	11,200	16,000
Conv	850	2750	4600	9200	16,100	23,000
T&C Sta Wag	400	1300	2200	4400	7700	11,000

New Yorker Deluxe Series, V-8, 126" wb

4 dr Sed	350	900	1550	3050	5900	8500

Chrysler 139

	6	5	4	3	2	1
2 dr HdTp Newport	600	1900	3200	6400	11,200	16,000
2 dr HdTp St Regis	650	2050	3400	6800	11,900	17,000
Conv	1000	3250	5400	10,800	18,900	27,000
T&C Sta Wag	450	1450	2400	4800	8400	12,000
300 Series, V-8, 126" wb						
Spt Cpe	1350	4300	7200	14,400	25,200	36,000
Imperial Series, V-8						
4 dr Sed	400	1300	2200	4400	7700	11,000
2 dr HdTp Newport	700	2150	3600	7200	12,600	18,000
Crown Imperial Series, V-8						
8P 4 dr Sed	550	1700	2800	5600	9800	14,000
8P Limo	750	2400	4000	8000	14,000	20,000

1956
Windsor Series, V-8

	6	5	4	3	2	1
4 dr Sed	350	750	1350	2600	5400	7700
4 dr HdTp	350	900	1550	3050	5900	8500
2 dr HdTp Nassau	550	1800	3000	6000	10,500	15,000
2 dr HdTp Newport	600	1900	3200	6400	11,200	16,000
Conv	1000	3100	5200	10,400	18,200	26,000
T&C Sta Wag	450	1400	2300	4600	8100	11,500
New Yorker Series, V-8						
4 dr Sed	350	900	1550	3050	5900	8500
4 dr HdTp	450	1450	2400	4800	8400	12,000
2 dr HdTp Newport	700	2150	3600	7200	12,600	18,000
2 dr HdTp St Regis	700	2300	3800	7600	13,300	19,000
Conv	1100	3500	5800	11,600	20,300	29,000
T&C Sta Wag	450	1450	2400	4800	8400	12,000
300 Letter Series "B", V-8						
2 dr HdTp	1350	4300	7200	14,400	25,200	36,000
Imperial Line, V-8						
4 dr Sed	400	1300	2200	4400	7700	11,000
4 dr HdTp S Hamp	550	1700	2800	5600	9800	14,000
2 dr HdTp S Hamp	700	2300	3800	7600	13,300	19,000
Crown Imperial Line, V-8						
8P 4 dr Sed	550	1800	3000	6000	10,500	15,000
8P Limo	700	2300	3800	7600	13,300	19,000

1957
Windsor Series, V-8

	6	5	4	3	2	1
4 dr Sed	350	750	1200	2350	4900	7000
4 dr HdTp	350	900	1550	3050	5900	8500
2 dr HdTp	700	2150	3600	7200	12,600	18,000
T&C Sta Wag	350	800	1450	2750	5600	8000
Saratoga Series, V-8						
4 dr Sed	350	750	1300	2450	5250	7500
4 dr HdTp	400	1300	2200	4400	7700	11,000
2 dr HdTp	700	2300	3800	7600	13,300	19,000
New Yorker Series, V-8						
4 dr Sed	350	750	1300	2450	5250	7500
4 dr HdTp	450	1450	2400	4800	8400	12,000
2 dr HdTp	850	2650	4400	8800	15,400	22,000
Conv	1150	3600	6000	12,000	21,000	30,000
T&C Sta Wag	450	1000	1650	3350	6300	9000
300 Letter Series "C", V-8						
2 dr HdTp	1600	5050	8400	16,800	29,400	42,000
Conv	2050	6500	10,800	21,600	37,800	54,000
Imperial Line, V-8						
4 dr Sed	400	1200	2000	3950	7000	10,000
4 dr HdTp S Hamp	500	1550	2600	5200	9100	13,000
2 dr HdTp S Hamp	800	2500	4200	8400	14,700	21,000
Crown Imperial Line, V-8						
4 dr Sed	400	1300	2200	4400	7700	11,000
4 dr HdTp S Hamp	550	1700	2800	5600	9800	14,000
2 dr HdTp S Hamp	850	2650	4400	8800	15,400	22,000
Conv	1200	3850	6400	12,800	22,400	32,000
Imperial LeBaron Line, V-8						
4 dr Sed	500	1550	2600	5200	9100	13,000
4 dr HdTp S Hamp	550	1800	3000	6000	10,500	15,000
Crown Imperial Ghia, V-8						
8P Limo	1000	3100	5200	10,400	18,200	26,000

1958
Windsor Series, V-8

	6	5	4	3	2	1
4 dr Sed	350	750	1300	2450	5250	7500
4 dr HdTp	400	1200	2000	3950	7000	10,000
2 dr HdTp	600	1900	3200	6400	11,200	16,000
T&C Sta Wag	350	750	1300	2450	5250	7500
T&C Sta Wag	350	750	1350	2600	5400	7700

140 Chrysler

Saratoga Series, V-8	6	5	4	3	2	1
4 dr Sed	350	750	1300	2450	5250	7500
4 dr HdTp	400	1200	2000	3950	7000	10,000
2 dr HdTp	550	1800	3000	6000	10,500	15,000
New Yorker Series, V-8						
4 dr Sed	350	800	1450	2750	5600	8000
4 dr HdTp	400	1300	2200	4400	7700	11,000
2 dr HdTp	700	2150	3600	7200	12,600	18,000
Conv	1100	3500	5800	11,600	20,300	29,000
6P T&C Sta Wag	350	900	1550	3050	5900	8500
9P T&C Sta Wag	350	950	1600	3200	6050	8700
300 Letter Series "D"						
2 dr HdTp	1650	5300	8800	17,600	30,800	44,000
Conv	2050	6600	11,000	22,000	38,500	55,000
NOTE: Add 40 percent for EFI.						
Imperial Line, V-8						
4 dr Sed	400	1200	2000	3950	7000	10,000
4 dr HdTp S Hamp	450	1450	2400	4800	8400	12,000
2 dr HdTp S Hamp	800	2500	4200	8400	14,700	21,000
Crown Imperial Line, V-8						
4 dr Sed	400	1300	2200	4400	7700	11,000
4 dr HdTp S Hamp	500	1550	2600	5200	9100	13,000
2 dr HdTp S Hamp	750	2400	4000	8000	14,000	20,000
Conv	1150	3700	6200	12,400	21,700	31,000
Imperial LeBaron Line, V-8						
4 dr Sed	450	1450	2400	4800	8400	12,000
4 dr HdTp S Hamp	600	1900	3200	6400	11,200	16,000
Crown Imperial Ghia, V-8						
Limo	950	3000	5000	10,000	17,500	25,000

1959 Chrysler Imperial Crown 2 dr hardtop

1959

Windsor Series, V-8						
4 dr Sed	350	750	1200	2350	4900	7000
4 dr HdTp	450	1000	1650	3350	6300	9000
2 dr HdTp	550	1700	2800	5600	9800	14,000
Conv	700	2300	3800	7600	13,300	19,000
Town & Country Series, V-8						
6P Sta Wag	350	750	1200	2350	4900	7000
9P Sta Wag	350	750	1250	2400	5050	7200
Saratoga Series, V-8						
4 dr Sed	350	750	1300	2450	5250	7500
4 dr HdTp	400	1200	2000	3950	7000	10,000
2 dr HdTp	550	1700	2800	5600	9800	14,000
New Yorker Series, V-8						
4 dr Sed	350	800	1450	2750	5600	8000
4 dr HdTp	400	1300	2200	4400	7700	11,000
2 dr HdTp	550	1800	3000	6000	10,500	15,000
Conv	900	2900	4800	9600	16,800	24,000
Town & Country, V-8						
6P Sta Wag	350	750	1300	2450	5250	7500
9P Sta Wag	350	750	1350	2600	5400	7700
300 Letter Series "E", V-8						
2 dr HdTp	1650	5300	8800	17,600	30,800	44,000
Conv	1950	6250	10,400	20,800	36,400	52,000
Imperial Custom Line, V-8						
Sed	450	1100	1700	3650	6650	9500

Chrysler 141

	6	5	4	3	2	1
4 dr HdTp S Hamp	400	1300	2200	4400	7700	11,000
2 dr HdTp S Hamp	550	1800	3000	6000	10,500	15,000
Crown Imperial Line, V-8						
4 dr Sed	400	1200	2000	3950	7000	10,000
4 dr HdTp S Hamp	450	1450	2400	4800	8400	12,000
2 dr HdTp S Hamp	600	1900	3200	6400	11,200	16,000
Conv	1100	3500	5800	11,600	20,300	29,000
Imperial LeBaron Line, V-8						
4 dr Sed	400	1300	2200	4400	7700	11,000
4 dr HdTp S Hamp	500	1550	2600	5200	9100	13,000
Crown Imperial Ghia, V-8						
Limo	950	3000	5000	10,000	17,500	25,000

1960
Windsor Series, V-8

	6	5	4	3	2	1
4 dr Sed	200	600	950	2150	3850	5500
4 dr HdTp	200	650	1050	2250	4200	6000
2 dr HdTp	350	800	1450	2750	5600	8000
Conv	550	1700	2800	5600	9800	14,000
Town & Country Series, V-8						
9P Sta Wag	200	600	950	2150	3850	5500
6P Sta Wag	200	600	950	2150	3850	5500
Saratoga Series, V-8						
4 dr Sed	200	600	1000	2200	4000	5700
4 dr HdTp	350	750	1200	2350	4900	7000
2 dr HdTp	450	1000	1650	3350	6300	9000
New Yorker Series, V-8						
4 dr Sed	200	650	1000	2200	4150	5900
4 dr HdTp	350	750	1300	2450	5250	7500
2 dr HdTp	400	1200	2000	3950	7000	10,000
Conv	600	1900	3200	6400	11,200	16,000
Town & Country Series, V-8, 126" wb						
9P Sta Wag	350	725	1150	2300	4700	6700
6P Sta Wag	350	725	1150	2300	4700	6700
300 Letter Series "F", V-8						
2 dr HdTp	1950	6250	10,400	20,800	36,400	52,000
Conv	2500	7900	13,200	26,400	46,200	66,000

NOTE: 00 Letter Series cars containing the Pont-A-Mousson 4-speed transmission, the value is not estimable.

Custom Imperial Line, V-8

	6	5	4	3	2	1
4 dr Sed	350	750	1300	2450	5250	7500
4 dr HdTp S Hamp	400	1200	2000	3950	7000	10,000
2 dr HdTp S Hamp	450	1450	2400	4800	8400	12,000
Crown Imperial Line, V-8						
4 dr Sed	350	800	1450	2750	5600	8000
4 dr HdTp S Hamp	400	1300	2200	4400	7700	11,000
2 dr HdTp S Hamp	500	1550	2600	5200	9100	13,000
Conv	750	2400	4000	8000	14,000	20,000
Imperial LeBaron Line						
4 dr Sed	450	1000	1650	3350	6300	9000
4 dr HdTp S Hamp	450	1450	2400	4800	8400	12,000
Crown Imperial Ghia, V-8						
Limo	950	3000	5000	10,000	17,500	25,000

1961
Newport Series, V-8

	6	5	4	3	2	1
4 dr Sed	150	450	750	1700	3200	4600
4 dr HdTp	200	600	950	2150	3850	5500
2 dr HdTp	200	650	1050	2250	4200	6000
Conv	450	1450	2400	4800	8400	12,000
9P Sta Wag	150	450	750	1700	3200	4600
6P Sta Wag	150	450	750	1700	3200	4600
Windsor Series, V-8						
4 dr Sed	150	450	800	1800	3300	4800
4 dr HdTp	200	650	1050	2250	4200	6000
2 dr HdTp	350	750	1200	2350	4900	7000
New Yorker Series, V-8						
4 dr Sed	200	500	850	1900	3500	5000
4 dr HdTp	350	700	1150	2300	4550	6500
2 dr HdTp	350	750	1300	2450	5250	7500
Conv	550	1800	3000	6000	10,500	15,000
9P Sta Wag	200	500	850	1900	3500	5000
6P Sta Wag	200	500	850	1900	3500	5000
300 Letter Series "G", V-8						
2 dr HdTp	1500	4800	8000	16,000	28,000	40,000
Conv	1950	6250	10,400	20,800	36,400	52,000

NOTE: Add 20 percent for 400HP engine.

Chrysler

Custom Imperial Line, V-8	6	5	4	3	2	1
4 dr HdTp S Hamp	350	750	1300	2450	5250	7500
2 dr HdTp S Hamp	350	900	1550	3050	5900	8500
Crown Imperial Line, V-8						
4 dr HdTp S Hamp	350	800	1450	2750	5600	8000
2 dr HdTp S Hamp	450	1000	1650	3350	6300	9000
Conv	700	2300	3800	7600	13,300	19,000
Imperial LeBaron Line, V-8						
4 dr HdTp S Hamp	400	1200	2000	3950	7000	10,000
Crown Imperial Ghia, V-8						
Limo	900	2900	4800	9600	16,800	24,000

1962
Newport Series, V-8						
4 dr Sed	150	450	750	1700	3200	4600
4 dr HdTp	200	500	850	1900	3500	5000
2 dr HdTp	350	700	1150	2300	4550	6500
Conv	400	1300	2200	4400	7700	11,000
9P HdTp Wag	200	650	1050	2250	4200	6000
6P HdTp Wag	200	650	1000	2200	4150	5900
300 Series						
4 dr HdTp	350	700	1150	2300	4550	6500
2 dr HdTp	450	1000	1650	3350	6300	9000
Conv	550	1800	3000	6000	10,500	15,000
300 Letter Series "H", V-8						
2 dr HdTp	1450	4700	7800	15,600	27,300	39,000
Conv	1900	6100	10,200	20,400	35,700	51,000
New Yorker Series, V-8						
4 dr Sed	200	500	850	1900	3500	5000
4 dr HdTp	350	700	1150	2300	4550	6500
9P HdTp Wag	350	750	1200	2350	4900	7000
6P HdTp Wag	350	750	1200	2350	4900	7000
Custom Imperial Line, V-8						
4 dr HdTp S Hamp	350	800	1450	2750	5600	8000
2 dr HdTp S Hamp	450	1000	1650	3350	6300	9000
Crown Imperial Line, V-8						
4 dr HdTp S Hamp	350	900	1550	3050	5900	8500
2 dr HdTp S Hamp	450	1100	1700	3650	6650	9500
Conv	700	2150	3600	7200	12,600	18,000
Imperial LeBaron Line, V-8						
4 dr HdTp S Hamp	400	1200	2000	3950	7000	10,000
Crown Imperial Ghia, V-8						
8P 4 dr Sed	450	1450	2400	4800	8400	12,000
Limo	700	2150	3600	7200	12,600	18,000

1963
Newport Series, V-8						
4 dr Sed	150	350	750	1350	2800	4000
4 dr HdTp	200	500	850	1900	3500	5000
2 dr HdTp	200	650	1050	2250	4200	6000
Conv	400	1300	2200	4400	7700	11,000
9P Sta Wag	150	350	750	1350	2800	4000
6P Sta Wag	150	350	750	1350	2800	4000
300 Series, "383" V-8						
4 dr HdTp	350	700	1150	2300	4550	6500
2 dr HdTp	350	900	1550	3050	5900	8500
Conv	550	1700	2800	5600	9800	14,000
300 "Pacesetter" Series, "383" V-8						
2 dr HdTp	350	800	1450	2750	5600	8000
Conv	550	1800	3000	6000	10,500	15,000
300 Letter Series "J", "413" V-8						
2 dr HdTp	1050	3350	5600	11,200	19,600	28,000
New Yorker Series, V-8						
4 dr Sed	150	400	750	1550	3050	4300
4 dr HdTp	200	600	950	2150	3850	5500
4 dr HdTp Salon	200	650	1050	2250	4200	6000
9P HdTp Wag	200	600	950	2150	3850	5500
6P HdTp Wag	200	600	950	2150	3850	5500
Custom Imperial Line, V-8						
4 dr HdTp S Hamp	200	600	950	2150	3850	5500
2 dr HdTp S Hamp	350	750	1200	2350	4900	7000
Crown Imperial Line, V-8						
4 dr HdTp S Hamp	350	750	1200	2350	4900	7000
2 dr HdTp S Hamp	350	800	1450	2750	5600	8000
Conv	600	1900	3200	6400	11,200	16,000
Imperial LeBaron Line, V-8						
4 dr HdTp S Hamp	350	750	1300	2450	5250	7500
Crown Imperial Ghia, V-8						
8P 4 dr Sed	450	1450	2400	4800	8400	12,000

Chrysler 143

	6	5	4	3	2	1
8P Limo	700	2150	3600	7200	12,600	18,000

1964
Newport Series, V-8
4 dr Sed	125	250	700	1150	2450	3500
4 dr HdTp	150	450	750	1700	3200	4600
2 dr HdTp	200	600	950	2150	3850	5500
Conv	450	1100	1700	3650	6650	9500

Town & Country Series, V-8
9P Sta Wag	150	400	750	1650	3150	4500
6P Sta Wag	150	400	750	1650	3150	4500

300 Series
4 dr HdTp	200	600	950	2150	3850	5500
2 dr HdTp	350	750	1300	2450	5250	7500
Conv	550	1700	2800	5600	9800	14,000

300 Letter Series "K", V-8
2 dr HdTp	1050	3350	5600	11,200	19,600	28,000
Conv	1300	4100	6800	13,600	23,800	34,000

New Yorker Series, V-8
4 dr Sed	200	500	850	1900	3500	5000
4 dr HdTp	200	650	1050	2250	4200	6000
4 dr HdTp Salon	350	700	1150	2300	4550	6500

Town & Country Series, V-8
9P HdTp Wag	200	650	1050	2250	4200	6000
6P HdTp Wag	200	650	1050	2250	4200	6000

Imperial Crown, V-8
4 dr HdTp	350	750	1200	2350	4900	7000
2 dr HdTp	350	750	1300	2450	5250	7500
Conv	600	1900	3200	6400	11,200	16,000

Imperial LeBaron, V-8
4 dr HdTp	350	800	1450	2750	5600	8000

Crown Imperial Ghia, V-8
Limo	700	2150	3600	7200	12,600	18,000

1965
Newport Series, V-8
4 dr Sed	125	250	700	1150	2450	3500
6W 4 dr Sed	125	250	700	1150	2450	3500
4 dr HdTp	150	400	750	1650	3150	4500
2 dr HdTp	200	600	950	2150	3850	5500
Conv	450	1100	1700	3650	6650	9500

Town & Country Series, V-8
9P HdTp Wag	200	500	850	1900	3500	5000
6P HdTp Wag	200	500	850	1900	3500	5000

300 Series
4 dr HdTp	200	600	950	2150	3850	5500
2 dr HdTp	350	750	1200	2350	4900	7000
Conv	500	1550	2600	5200	9100	13,000

300 Letter Series "L", V-8
2 dr HdTp	1000	3250	5400	10,800	18,900	27,000
Conv	1200	3850	6400	12,800	22,400	32,000

New Yorker Series, V-8
6W 4 dr Sed	150	350	750	1350	2800	4000
4 dr HdTp	200	500	850	1900	3500	5000
2 dr HdTp	350	700	1150	2300	4550	6500

Town & Country Series, V-8
9P HdTp Wag	200	650	1050	2250	4200	6000
6P HdTp Wag	200	650	1050	2250	4200	6000

Crown Imperial Line, V-8
4 dr HdTp	200	650	1050	2250	4200	6000
2 dr HdTp	350	750	1200	2350	4900	7000
Conv	550	1800	3000	6000	10,500	15,000

Imperial LeBaron Line, V-8
4 dr HdTp	350	750	1300	2450	5250	7500

Crown Imperial Ghia, V-8
Limo	650	2050	3400	6800	11,900	17,000

1966
Newport Series, V-8
4 dr Sed	150	350	750	1350	2800	4000
6W 4 dr Sed	150	350	750	1350	2800	4000
4 dr HdTp	200	600	950	2150	3850	5500
2 dr HdTp	350	700	1150	2300	4550	6500
Conv	450	1100	1700	3650	6650	9500

Town & Country Series, V-8
9P Sta Wag	200	500	850	1900	3500	5000
6P Sta Wag	200	500	850	1900	3500	5000

Chrysler 300, V-8
4 dr HdTp	200	650	1050	2250	4200	6000

Chrysler

	6	5	4	3	2	1
2 dr HdTp	400	1300	2200	4400	7700	11,000
Conv	650	2050	3400	6800	11,900	17,000
New Yorker, V-8						
6W 4 dr Sed	200	600	950	2150	3850	5500
4 dr HdTp	200	650	1000	2200	4100	5800
2 dr HdTp	350	700	1150	2300	4550	6500
Imperial, V-8						
4 dr HdTp	200	650	1050	2250	4200	6000
2 dr HdTp	350	750	1200	2350	4900	7000
Conv	550	1800	3000	6000	10,500	15,000
Imperial LeBaron, V-8						
4 dr HdTp	350	800	1450	2750	5600	8000
1967						
Newport, V-8, 124" wb						
4 dr Sed	150	350	750	1450	2900	4100
4 dr HdTp	200	600	950	2150	3850	5500
2 dr HdTp	350	700	1150	2300	4550	6500
Conv	400	1200	2000	3950	7000	10,000
Sta Wag	200	500	850	1900	3500	5000
Newport Custom, V-8, 124" wb						
4 dr Sed	150	350	750	1450	3000	4200
4 dr HdTp	200	600	950	2150	3850	5500
2 dr HdTp	350	700	1150	2300	4550	6500
300, V-8, 124" wb						
2 dr HdTp	350	750	1300	2450	5250	7500
4 dr HdTp	200	650	1050	2250	4200	6000
Conv	550	1800	3000	6000	10,500	15,000
New Yorker, V-8, 124" wb						
4 dr Sed	150	400	750	1650	3150	4500
2 dr HdTp	350	750	1200	2350	4900	7000
4 dr HdTp	200	650	1050	2250	4200	6000
Imperial, V-8, 127" wb						
4 dr Sed	350	700	1150	2300	4550	6500
Conv	650	2050	3400	6800	11,900	17,000
Imperial Crown						
4 dr HdTp	350	750	1200	2350	4900	7000
2 dr HdTp	450	1100	1700	3650	6650	9500
Imperial LeBaron						
4 dr HdTp	350	750	1300	2450	5250	7500
1968						
Newport, V-8, 124" wb						
2 dr HdTp	350	700	1150	2300	4550	6500
4 dr Sed	150	400	750	1650	3150	4500
4 dr HdTp	200	600	950	2150	3850	5500
Conv	400	1200	2000	3950	7000	10,000
Newport Custom, V-8, 124" wb						
4 dr Sed	150	450	800	1750	3250	4700
4 dr HdTp	200	600	950	2200	3900	5600
2 dr HdTp	350	750	1200	2350	4900	7000
300, V-8, 124" wb						
4 dr HdTp	200	650	1050	2250	4200	6000
2 dr HdTp	350	750	1300	2450	5250	7500
Conv	550	1800	3000	6000	10,500	15,000
Town & Country, V-8, 122" wb						
Sta Wag	200	600	950	2150	3850	5500
New Yorker, V-8, 124" wb						
4 dr Sed	200	500	850	1900	3500	5000
4 dr HdTp	350	700	1150	2300	4550	6500
2 dr HdTp	350	750	1300	2450	5250	7500
Imperial, V-8, 127" wb						
4 dr Sed	200	600	950	2150	3850	5500
4 dr HdTp	350	750	1200	2350	4900	7000
2 dr HdTp	450	1100	1700	3650	6650	9500
Conv	650	2050	3400	6800	11,900	17,000
Imperial LeBaron						
4 dr HdTp	350	900	1550	3050	5900	8500
1969						
Newport, V-8, 124" wb						
4 dr Sed	125	200	600	1100	2250	3200
4 dr HdTp	125	250	700	1150	2400	3400
2 dr HdTp	150	450	750	1700	3200	4600
Conv	450	1000	1650	3350	6300	9000
Newport Custom, V-8, 124" wb						
4 dr Sed	125	200	600	1100	2300	3300
4 dr HdTp	125	250	700	1150	2450	3500
2 dr HdTp	150	350	750	1450	3000	4200

Chrysler

	6	5	4	3	2	1
300, V-8, 124" wb						
2 dr HdTp	200	500	850	1900	3500	5000
4 dr HdTp	150	400	750	1650	3150	4500
Conv	400	1200	2000	3950	7000	10,000
New Yorker, V-8, 124" wb						
4 dr Sed	150	300	700	1250	2650	3800
4 dr HdTp	150	350	750	1350	2800	4000
2 dr HdTp	200	500	850	1900	3500	5000
Town & Country, V-8, 122" wb						
Sta Wag	125	250	700	1150	2450	3500
Imperial Crown, V-8, 127" wb						
4 dr Sed	150	350	750	1350	2800	4000
4 dr HdTp	150	400	750	1650	3150	4500
2 dr HdTp	200	500	850	1900	3500	5000
Imperial LeBaron						
4 dr HdTp	150	400	750	1650	3150	4500
2 dr HdTp	200	600	950	2150	3850	5500
1970						
Newport, V-8, 124" wb						
4 dr Sed	150	300	700	1250	2600	3700
4 dr HdTp	150	350	750	1350	2800	4000
2 dr HdTp	150	400	750	1650	3150	4500
Conv	350	900	1550	3050	5900	8500
Newport Custom						
4 dr Sed	150	350	750	1350	2800	4000
4 dr HdTp	150	450	800	1750	3250	4700
2 dr HdTp	200	500	850	1900	3500	5000
300, V-8, 124" wb						
4 dr HdTp	200	600	950	2150	3850	5500
2 dr HdTp	200	650	1050	2250	4200	6000
2 dr HdTp Hurst	400	1200	2000	3950	7000	10,000
Conv Hurst	700	2300	3800	7600	13,300	19,000
Conv	400	1300	2200	4400	7700	11,000
New Yorker, V-8, 124" wb						
4 dr Sed	150	400	750	1650	3150	4500
4 dr HdTp	200	500	850	1900	3500	5000
2 dr HdTp	200	600	950	2150	3850	5500
Town & Country, V-8, 122" wb						
Sta Wag	150	400	750	1650	3150	4500
Imperial Crown, V-8, 127" wb						
4 dr HdTp	200	600	950	2150	3850	5500
2 dr HdTp	200	650	1050	2250	4200	6000
Imperial LeBaron, V-8, 127" wb						
4 dr HdTp	200	650	1050	2250	4200	6000
2 dr HdTp	350	700	1150	2300	4550	6500
1971						
Newport Royal, V-8, 124" wb						
4 dr Sed	150	300	700	1250	2650	3800
4 dr HdTp	150	300	750	1350	2700	3900
2 dr HdTp	150	350	750	1350	2800	4000
Newport, V-8, 124" wb						
4 dr Sed	150	300	750	1350	2700	3900
4 dr HdTp	150	350	750	1450	3000	4200
2 dr HdTp	200	500	850	1900	3500	5000
Newport Custom						
4 dr Sed	150	350	750	1350	2800	4000
4 dr HdTp	150	400	750	1650	3150	4500
2 dr HdTp	200	600	950	2150	3850	5500
300						
4 dr HdTp	150	350	750	1450	3000	4200
2 dr HdTp	150	450	800	1750	3250	4700
New Yorker						
4 dr Sed	150	350	750	1450	2900	4100
4 dr HdTp	200	500	850	1900	3500	5000
2 dr HdTp	200	650	1050	2250	4200	6000
Town & Country						
Sta Wag	150	300	750	1350	2700	3900
Imperial						
4 dr HdTp	200	600	950	2150	3850	5500
2 dr HdTp	350	700	1150	2300	4550	6500
1972						
Newport Royal						
4 dr Sed	125	250	700	1150	2400	3400
4 dr HdTp	150	350	750	1350	2800	4000
2 dr HdTp	150	400	750	1650	3150	4500

Chrysler

Newport Custom	6	5	4	3	2	1
4 dr Sed	125	250	700	1150	2450	3500
4 dr HdTp	150	400	750	1650	3150	4500
2 dr HdTp	200	500	850	1900	3500	5000
New Yorker Brougham						
4 dr Sed	150	300	750	1350	2700	3900
4 dr HdTp	200	500	850	1900	3500	5000
2 dr HdTp	200	600	950	2150	3850	5500
Town & Country						
Sta Wag	150	300	700	1250	2650	3800
Imperial						
4 dr HdTp	200	600	950	2150	3850	5500
2 dr HdTp	200	650	1050	2250	4200	6000

1973
Newport, V-8, 124" wb
4 dr Sed	125	200	600	1100	2300	3300
4 dr HdTp	125	250	700	1150	2450	3500
2 dr HdTp	125	250	700	1150	2500	3600
Newport Custom V-8						
4 dr	125	250	700	1150	2450	3500
4 dr HdTp	125	250	700	1150	2500	3600
2 dr HdTp	150	300	700	1250	2600	3700
New Yorker Brgm V-8						
4 dr	125	250	700	1150	2500	3600
4 dr HdTp	150	350	750	1350	2800	4000
2 dr HdTp	150	400	750	1650	3150	4500
Town & Country V-8						
Sta Wag 3S	125	200	600	1100	2300	3300
Imperial LeBaron V-8						
2 dr HdTp	150	400	750	1550	3050	4300
4 dr HdTp	150	350	750	1450	3000	4200

1974
Newport V-8
4 dr	125	250	700	1150	2400	3400
4 dr HdTp	125	250	700	1150	2450	3500
2 dr HdTp	150	300	700	1250	2650	3800
Newport Custom V-8						
4 dr	125	250	700	1150	2500	3600
4 dr HdTp	150	300	700	1250	2600	3700
2 dr HdTp	150	350	750	1350	2800	4000
New Yorker V-8						
4 dr	150	300	700	1250	2600	3700
4 dr HdTp	150	350	750	1450	3000	4200
New Yorker Brgm V-8						
4 dr	150	300	750	1350	2700	3900
4 dr HdTp	150	350	750	1350	2800	4000
2 dr HdTp	150	350	750	1450	3000	4200
Town & Country V-8						
3S Sta Wag	150	300	750	1350	2700	3900
Imperial LeBaron						
HdTp	150	400	750	1600	3100	4400
4 dr HdTp	150	400	750	1550	3050	4300

NOTE: Add 20 percent for Crown Coupe package (Orig. price $542.).

1975
Cordoba V-8
2 dr HdTp	150	400	750	1650	3150	4500
Newport V-8						
4 dr	125	250	700	1150	2400	3400
4 dr HdTp	125	250	700	1150	2450	3500
2 dr HdTp	125	250	700	1150	2450	3500
Newport Custom V-8						
4 dr	125	250	700	1150	2450	3500
4 dr HdTp	125	250	700	1150	2500	3600
2 dr HdTp	125	250	700	1150	2500	3600
New Yorker Brgm V-8						
4 dr	125	250	700	1150	2500	3600
4 dr HdTp	150	300	700	1250	2650	3800
2 dr HdTp	150	300	700	1250	2650	3800
Town & Country V-8						
3S Sta Wag	125	250	700	1150	2500	3600
Imperial LeBaron						
HdTp	150	350	750	1450	2900	4100
4 dr HdTp	150	350	750	1350	2800	4000

NOTE: Add 20 percent for Crown Coupe package (Orig. price $569.).

1976
Cordoba, V-8

	6	5	4	3	2	1
2 dr HdTp	200	500	850	1900	3500	5000
Newport, V-8						
4 dr Sed	125	250	700	1150	2450	3500
4 dr HdTp	150	300	750	1350	2700	3900
2 dr HdTp	150	300	700	1250	2600	3700
Newport Custom, V-8						
4 dr Sed	125	250	700	1150	2500	3600
4 dr HdTp	150	300	700	1250	2650	3800
2 dr HdTp	150	350	750	1350	2800	4000
Town & Country, V-8						
2S Sta Wag	125	250	700	1150	2500	3600
3S Sta Wag	150	300	700	1250	2600	3700
New Yorker Brougham, V-8						
4 dr HdTp	150	300	700	1250	2650	3800
2 dr HdTp	150	350	750	1450	3000	4200

1977 Chrysler Cordoba 2dr

1977
LeBaron, V-8

4 dr Sed	150	300	700	1250	2650	3800
Cpe	150	350	750	1350	2800	4000
LeBaron Medallion, V-8						
4 dr Sed	150	350	750	1350	2800	4000
Cpe	150	350	750	1450	3000	4200
Cordoba, V-8						
2 dr HdTp	200	500	850	1900	3500	5000
Newport, V-8						
4 dr Sed	125	250	700	1150	2500	3600
4 dr HdTp	150	300	700	1250	2650	3800
2 dr HdTp	150	350	750	1350	2800	4000
Town & Country, V-8						
2S Sta Wag	150	300	700	1250	2600	3700
3S Sta Wag	150	300	700	1250	2650	3800
New Yorker Brougham, V-8						
4 dr HdTp	150	300	750	1350	2700	3900
2 dr HdTp	150	400	750	1650	3150	4500

1978
LeBaron

4 dr 'S' Sed	125	250	700	1150	2400	3400
'S' Cpe	125	250	700	1150	2450	3500
4 dr Sed	125	250	700	1150	2450	3500
Cpe	125	250	700	1150	2500	3600
Town & Country						
Sta Wag	125	250	700	1150	2450	3500
LeBaron Medallion						
4 dr Sed	125	250	700	1150	2500	3600
Cpe	150	300	700	1250	2600	3700
Cordoba						
Cpe	200	500	850	1900	3500	5000
Newport						
4 dr	150	300	700	1250	2600	3700

Chrysler

	6	5	4	3	2	1
2 dr	150	300	700	1250	2650	3800
New Yorker Brougham						
4 dr	150	300	750	1350	2700	3900
2 dr	150	350	750	1350	2800	4000

1979
LeBaron, V-8
4 dr Sed	125	250	700	1150	2450	3500
Cpe	125	250	700	1150	2500	3600

LeBaron Salon, V-8
4 dr Sed	125	250	700	1150	2500	3600
Cpe	150	300	700	1250	2600	3700

LeBaron Medallion, V-8
4 dr Sed	150	300	700	1250	2650	3800
Cpe	150	300	750	1350	2700	3900

LeBaron Town & Country
Sta Wag	150	300	700	1250	2650	3800

NOTE: Deduct 5 percent for 6-cyl.

Cordoba, V-8
Cpe	200	500	850	1850	3350	4900

NOTE: Add 20 percent for 300 option.

Newport, V-8
4 dr Sed	150	300	750	1350	2700	3900

NOTE: Deduct 7 percent for 6-cyl.

New Yorker, V-8
4 dr Sed	150	350	750	1450	2900	4100

1980
LeBaron, V-8
4 dr Sta Wag T&C	150	350	750	1350	2800	4000
4 dr Sed Medallion	150	300	750	1350	2700	3900
2 dr Cpe Medallion	150	350	750	1350	2800	4000

NOTE: Deduct 5 percent for lesser models.

Cordoba, V-8
2 dr Cpe Specialty	200	650	1050	2250	4200	6000
2 dr Cpe Spl Crown	350	700	1150	2300	4550	6500
2 dr Cpe Spl LS	200	650	1000	2200	4150	5900

NOTE: Deduct 12 percent for 6-cyl.

Newport, V-8
4 dr Sed	150	400	750	1550	3050	4300

New Yorker, V-8
4 dr Sed	150	400	750	1650	3150	4500

1981
LeBaron, V-8
4 dr Sta Wag T&C	150	350	750	1450	2900	4100
4 dr Sed Medallion	150	350	750	1350	2800	4000
2 dr Cpe Medallion	150	350	750	1450	2900	4100

NOTE: Deduct 12 percent for 6-cyl.
Deduct 5 percent for lesser models.

Cordoba, V-8
2 dr Cpe Specialty LS	200	650	1050	2250	4200	6000
2 dr Cpe Specialty	200	675	1050	2250	4300	6100

NOTE: Deduct 12 percent for 6-cyl.

Newport, V-8
4 dr Sed	150	400	750	1600	3100	4400

NOTE: Deduct 10 percent for 6-cyl.

New Yorker, V-8
4 dr Sed	150	450	750	1700	3200	4600

Imperial, V-8
2 dr Cpe	200	650	1050	2250	4200	6000

1982
LeBaron, 4-cyl.
4 dr Sed	150	350	750	1350	2800	4000
2 dr Cpe Specialty	150	350	750	1350	2800	4000
2 dr Conv	200	650	1050	2250	4200	6000
4 dr Sed Medallion	150	350	750	1450	2900	4100
2 dr Cpe Specialty Medallion	150	350	750	1450	2900	4100
2 dr Conv Medallion	200	600	950	2150	3850	5500
4 dr Sta Wag T&C	150	400	750	1600	3100	4400

Cordoba, V-8
2 dr Cpe Specialty LS	200	675	1050	2250	4300	6100
2 dr Cpe Specialty	200	675	1050	2250	4350	6200

NOTE: Deduct 12 percent for 6-cyl.

New Yorker, V-8
4 dr Sed	150	450	800	1750	3250	4700

NOTE: Deduct 11 percent for 6-cyl.

Imperial, V-8
2 dr Cpe Luxury	200	650	1050	2250	4200	6000

1983

LeBaron, 4-cyl.	6	5	4	3	2	1
4 dr Sed	150	350	750	1450	2900	4100
2 dr Cpe	150	350	750	1450	2900	4100
4 dr Limo	200	500	850	1850	3350	4900
4 dr Sta Wag T&C	150	400	750	1650	3150	4500
2 dr Conv	200	675	1050	2250	4300	6100
E Class, 4-cyl.						
4 dr Sed	150	400	750	1650	3150	4500
Cordoba, V-8						
2 dr Cpe	200	675	1100	2250	4400	6300
NOTE: Deduct 12 percent for 6-cyl.						
New Yorker, 4-cyl.						
4 dr Sed	150	450	800	1800	3300	4800
New Yorker Fifth Avenue, V-8						
4 dr Sed	200	500	850	1850	3350	4900
4 dr Sed Luxury	200	500	850	1900	3500	5000
NOTE: Deduct 12 percent for 6-cyl.						
Imperial, V-8						
2 dr Cpe	200	650	1050	2250	4200	6000

1984

LeBaron, 4-cyl.						
4 dr Sed	150	350	750	1450	2900	4100
2 dr Sed	150	350	750	1450	2900	4100
2 dr Conv	200	675	1050	2250	4350	6200
2 dr Conv Marc Cross	350	725	1150	2300	4700	6700
4 dr Sta Wag T&C	150	350	750	1450	3000	4200
2 dr Conv T&C Marc Cross	350	700	1150	2300	4600	6600
Laser, 4-cyl.						
2 dr Hatch	150	350	750	1450	3000	4200
2 dr Hatch XE	150	400	750	1550	3050	4300
E Class, 4-cyl.						
4 dr Sed	150	400	750	1650	3150	4500
New Yorker, 4-cyl.						
4 dr Sed	150	450	800	1800	3300	4800
New Yorker Fifth Avenue, V-8						
4 dr Sed	200	500	850	1900	3500	5000

1985

LeBaron, 4-cyl.						
4 dr Sed	150	350	750	1450	3000	4200
2 dr Cpe	150	350	750	1450	2900	4100
Conv	200	675	1050	2250	4350	6200
Conv Marc Cross	350	725	1150	2300	4700	6700
Conv T&C Marc Cross	350	725	1150	2300	4700	6700
4 dr Sta Wag T&C	150	400	750	1550	3050	4300
Laser, 4-cyl.						
2 dr Hatch	150	400	750	1550	3050	4300
2 dr Hatch XE	150	400	750	1600	3100	4400
LeBaron GTS, 4-cyl.						
4 dr Sport	150	450	750	1700	3200	4600
4 dr Sport Premium	150	450	800	1750	3250	4700
New Yorker, 4-cyl.						
4 dr	200	500	850	1850	3350	4900
Fifth Avenue, V-8						
4 dr Sed	200	500	850	1950	3600	5100

1986

Laser						
2 dr HBk	150	400	750	1550	3050	4300
LeBaron						
2 dr Cpe	150	450	750	1700	3200	4600
4 dr Sed	150	450	800	1750	3250	4700
2 dr Conv	200	675	1050	2250	4350	6200
Mark Cross 2 dr Conv	350	750	1200	2350	4900	7000
T&C 4 dr Sta Wag	150	450	800	1800	3300	4800
New Yorker						
4 dr Sed	200	500	850	1900	3500	5000
Fifth Avenue						
4 dr Sed	200	550	900	2000	3600	5200
Executive						
4 dr Limo	200	600	950	2150	3850	5500

NOTES: Add 10 percent for deluxe models.
Deduct 5 percent for smaller engines.

CORD

1930
Series L-29, 8-cyl., 137.5" wb
4P Cab	4800	15,350	25,600	51,200	89,600	128,000
5P Brgm	2850	9100	15,200	30,400	53,200	76,000
5P Sed	2800	8900	14,800	29,600	51,800	74,000
Sed Phae	6000	19,200	32,000	64,000	112,000	160,000

1931
Series L-29, 8-cyl., 137.5" wb
2-4P Cabr	4800	15,350	25,600	51,200	89,600	128,000
5P Brgm	2950	9350	15,600	31,200	54,600	78,000
5P Sed	2850	9100	15,200	30,400	53,200	76,000
Sed Phae	6000	19,200	32,000	64,000	112,000	160,000

1932
Series L-29, 8-cyl., 137.5" wb
2-4P Cabr	4800	15,350	25,600	51,200	89,600	128,000
5P Brgm	2950	9350	15,600	31,200	54,600	78,000
5P Sed	2850	9100	15,200	30,400	53,200	76,000
Sed Phae	6000	19,200	32,000	64,000	112,000	160,000

1933-34-35
(Not Manufacturing)

1936 Cord Beverly

1936
Model 810, 8-cyl., 125" wb
Phae	4150	13,200	22,000	44,000	77,000	110,000
Sportsman	4200	13,450	22,400	44,800	78,400	112,000
West Sed	1950	6250	10,400	20,800	36,400	52,000
Bev Sed	2050	6500	10,800	21,600	37,800	54,000

1937
Model 812, 8-cyl., 125" wb
Phae	4150	13,200	22,000	44,000	77,000	110,000
Sportsman	4200	13,450	22,400	44,800	78,400	112,000
West Sed	1950	6250	10,400	20,800	36,400	52,000
Bev Sed	2050	6500	10,800	21,600	37,800	54,000

Model 812, 8-cyl., 132" wb
Cus Bev	2050	6600	11,000	22,000	38,500	55,000
Cus Berline	2100	6700	11,200	22,400	39,200	56,000

CROSLEY

1939
2-cyl., 80" wb
Conv	150	350	750	1350	2800	4000

1940
2-cyl., 80" wb

	6	5	4	3	2	1
Conv	150	350	750	1350	2800	4000
Sed	150	300	700	1250	2600	3700
Sta Wag	150	350	750	1450	2900	4100

1941
2-cyl., 80" wb

Conv	150	350	750	1350	2800	4000
Sed	150	300	700	1250	2600	3700
Sta Wag	150	350	750	1450	2900	4100

1942
4-cyl., 80" wb

Conv	150	300	750	1350	2700	3900
Sed	150	300	700	1250	2600	3700
Sta Wag	150	350	750	1350	2800	4000

1946-47-48
4-cyl., 80" wb

Conv	150	400	750	1650	3150	4500
Sed	150	350	750	1350	2800	4000
Sta Wag	150	400	750	1550	3050	4300

1949 Crosley, 2 dr station wagon, 4-cyl

1949
4-cyl., 80" wb

Conv	150	400	750	1650	3150	4500
Sed	150	350	750	1350	2800	4000
Sta Wag	150	400	750	1550	3050	4300

1950
Standard, 4-cyl., 80" wb

Conv	150	400	750	1650	3150	4500
Sed	150	350	750	1350	2800	4000
Sta Wag	150	400	750	1550	3050	4300

Super, 4-cyl., 80" wb

Conv.	150	450	750	1700	3200	4600
Sed	150	350	750	1450	2900	4100
Sta Wag	150	400	750	1600	3100	4400

Hot Shot, 4-cyl., 85" wb

Rdst	200	650	1050	2250	4200	6000

1951
Standard, 4-cyl., 80" wb

Cpe	150	350	750	1350	2800	4000
Sta Wag	150	400	750	1550	3050	4300

Super, 4-cyl., 80" wb

Conv	150	400	750	1650	3150	4500
Sed	150	350	750	1450	3000	4200
Sta Wag	150	400	750	1600	3100	4400

152 Crosley

Hot Shot, 4-cyl., 85" wb

	6	5	4	3	2	1
Rdst	200	650	1050	2250	4200	6000

1952
Standard, 4-cyl., 80" wb

| Cpe | 150 | 350 | 750 | 1350 | 2800 | 4000 |
| Sta Wag | 150 | 400 | 750 | 1550 | 3050 | 4300 |

Super, 4-cyl., 80" wb

Conv	150	450	750	1700	3200	4600
Sed	150	350	750	1450	2900	4100
Sta Wag	150	400	750	1600	3100	4400

Hot Shot, 4-cyl., 85" wb

| Rdst | 200 | 650 | 1050 | 2250 | 4200 | 6000 |

DESOTO

1929
Model K, 6-cyl.

Rds	950	3000	5000	10,000	17,500	25,000
Phae	1000	3100	5200	10,400	18,200	26,000
Bus Cpe	450	1100	1700	3650	6650	9500
DeL Cpe	400	1200	2000	3950	7000	10,000
2 dr Sed	350	950	1600	3200	6050	8700
4 dr Sed	350	950	1600	3200	6050	8700
DeL Sed	450	1000	1650	3350	6300	9000

1930
Model CK, 6-cyl.

Rds	900	2900	4800	9600	16,800	24,000
Tr	950	3000	5000	10,000	17,500	25,000
Bus Cpe	450	1000	1650	3350	6300	9000
DeL Cpe	450	1100	1700	3650	6650	9500
2 dr Sed	350	800	1450	2750	5600	8000
Sed	350	900	1550	3050	5900	8500

Model CF, 8-cyl.

Rds	950	3000	5000	10,000	17,500	25,000
Phae	1000	3100	5200	10,400	18,200	26,000
Bus Cpe	450	1100	1700	3650	6650	9500
DeL Cpe	400	1200	2000	3950	7000	10,000
Sed	450	1100	1700	3650	6650	9500
DeL Sed	400	1200	2000	3950	7000	10,000
Conv	900	2900	4800	9600	16,800	24,000

1931 DeSoto, Model SA roadster, 6-cyl

1931
Model SA, 6-cyl.

	6	5	4	3	2	1
Rds	950	3000	5000	10,000	17,500	25,000
Phae	1000	3100	5200	10,400	18,200	26,000
Cpe	350	800	1450	2750	5600	8000
DeL Cpe	450	1100	1700	3650	6650	9500
2 dr Sed	350	800	1350	2700	5500	7900
Sed	350	800	1350	2700	5500	7900
DeL Sed	350	900	1550	3050	5900	8500
Conv	900	2900	4800	9600	16,800	24,000

Model CF, 8-cyl.

Rds	1000	3100	5200	10,400	18,200	26,000
Bus Cpe	400	1200	2000	3950	7000	10,000
DeL Cpe	400	1250	2100	4200	7300	10,400
Sed	450	1150	1900	3850	6850	9800
DeL Sed	400	1200	2000	3950	7000	10,000
Conv	950	3000	5000	10,000	17,500	25,000

1932
SA, 6-cyl., 109" wb

Phae	1000	3250	5400	10,800	18,900	27,000
Rds	1000	3100	5200	10,400	18,200	26,000
Cpe	400	1250	2100	4200	7400	10,500
DeL Cpe	400	1250	2100	4200	7400	10,500
Conv	950	3000	5000	10,000	17,500	25,000
2 dr Sed	350	800	1450	2750	5600	8000
Sed	350	850	1500	2900	5700	8200
DeL Sed	350	900	1550	3050	5900	8500

SC, 6-cyl., 112" wb

2 dr Conv Sed	950	3000	5000	10,000	17,500	25,000
Rds	1000	3100	5200	10,400	18,200	26,000
Phae	1000	3250	5400	10,800	18,900	27,000
Conv	900	2900	4800	9600	16,800	24,000
Bus Cpe	400	1250	2100	4200	7400	10,500
RS Cpe	450	1400	2300	4600	8100	11,500
Sed	350	800	1450	2750	5600	8000
DeL Sed	350	900	1550	3100	6000	8600

CF, 8-cyl., 114" wb

Rds	1000	3250	5400	10,800	18,900	27,000
Bus Cpe	400	1300	2200	4400	7700	11,000
DeL Cpe	450	1450	2400	4800	8400	12,000
Brgm	350	800	1450	2750	5600	8000
Sed	350	900	1550	3050	5900	8500
DeL Sed	350	950	1600	3200	6050	8700

1933
SD, 6-cyl.

Conv	850	2750	4600	9200	16,100	23,000
2 dr Conv Sed	950	3000	5000	10,000	17,500	25,000
2P Cpe	450	950	1600	3250	6150	8800
RS Cpe	400	1250	2100	4200	7400	10,500
DeL Cpe	400	1200	2000	3950	7000	10,000
2 dr Std Brgm	350	950	1600	3200	6050	8700
Cus Brgm	450	1000	1650	3350	6300	9000
Sed	350	900	1550	3050	5900	8500
Cus Sed	450	950	1600	3250	6150	8800

1934
Airflow SE, 6-cyl.

Cpe	400	1200	2000	3950	7000	10,000
Brgm	400	1300	2200	4400	7700	11,000
Sed	450	1000	1650	3350	6300	9000
Twn Sed	400	1300	2200	4400	7700	11.000

1935
Airstream, 6-cyl.

Bus Cpe	350	750	1250	2400	5100	7300
Cpe	350	750	1350	2650	5450	7800
Conv	850	2750	4600	9200	16,100	23,000
2 dr Sed	200	650	1000	2200	4150	5900
2 dr Tr Sed	200	675	1050	2250	4300	6100
Sed	350	700	1100	2300	4500	6400
Tr Sed	350	700	1150	2300	4550	6500

Airflow, 6-cyl.

Bus Cpe	400	1250	2100	4200	7400	10,500
Cpe	400	1300	2200	4400	7700	11,000
Sed	450	950	1600	3250	6150	8800
Twn Sed	450	1400	2300	4600	8100	11.500

DeSoto

1936
DeLuxe Airstream S-1, 6-cyl.

	6	5	4	3	2	1
Bus Cpe	350	725	1200	2350	4850	6900
Tr Brgm	350	725	1200	2350	4800	6800
Tr Sed	350	750	1250	2350	5000	7100

Custom Airstream S-1, 6-cyl.

Bus Cpe	350	750	1200	2350	4900	7000
Cpe	350	750	1250	2400	5100	7300
Conv	950	3000	5000	10,000	17,500	25,000
Tr Brgm	350	750	1250	2400	5050	7200
Tr Sed	350	750	1300	2400	5200	7400
Conv Sed	1000	3100	5200	10,400	18,200	26,000
Trv Sed	350	750	1350	2600	5400	7700
7P Sed	350	750	1350	2650	5450	7800

Airflow III S-2, 6-cyl.

Cpe	450	1150	1900	3850	6850	9800
Sed	350	900	1550	3050	5900	8500

1937
S-3, 6-cyl.

Conv	1000	3100	5200	10,400	18,200	26,000
Conv Sed	1000	3250	5400	10,800	18,900	27,000
Bus Cpe	350	725	1200	2350	4800	6800
Cpe	350	750	1250	2400	5100	7300
Brgm	350	700	1100	2300	4500	6400
Tr Brgm	350	700	1150	2300	4550	6500
Sed	350	700	1150	2300	4600	6600
Tr Sed	350	725	1150	2300	4700	6700
7P Sed	350	725	1200	2350	4800	6800
Limo	450	1000	1650	3400	6350	9100

1938
S-5, 6-cyl.

Conv	1000	3100	5200	10,400	18,200	26,000
Conv Sed	1000	3250	5400	10,800	18,900	27,000
Bus Cpe	350	725	1200	2350	4850	6900
Cpe	350	750	1300	2400	5200	7400
Tr Brgm	350	725	1200	2350	4800	6800
Sed	350	750	1200	2350	4900	7000
Tr Sed	350	725	1200	2350	4850	6900
7P Sed	350	850	1500	2950	5800	8300
Limo	450	1100	1800	3700	6700	9600

1939
S-6 DeLuxe, 6-cyl.

Bus Cpe	350	750	1250	2400	5100	7300
Cpe	350	750	1300	2450	5250	7500
Tr Sed	350	725	1200	2350	4800	6800
Tr Sed	350	725	1200	2350	4850	6900
Limo	350	750	1350	2600	5400	7700

S-6 Custom, 6-cyl.

Cpe	350	725	1200	2350	4850	6900
Custom Cpe	350	750	1200	2350	4900	7000
Custom Clb Cpe	350	850	1500	2950	5800	8300
2 dr Tr Sed	350	750	1300	2450	5250	7500
Tr Sed	350	750	1300	2500	5300	7600
7P Sed	350	750	1350	2600	5400	7700
Limo	450	1100	1800	3700	6700	9600

1940
S-7 DeLuxe, 6-cyl.

Bus Cpe	350	750	1350	2650	5450	7800
Cpe	350	850	1500	2950	5800	8300
2 dr Tr Sed	350	725	1150	2300	4700	6700
4 dr Tr Sed	350	725	1200	2350	4850	6900
7P Sed	350	900	1550	3000	5850	8400

S-7 Custom, 6-cyl.

Conv	950	3000	5000	10,000	17,500	25,000
2P Cpe	350	750	1200	2350	4900	7000
Clb Cpe	350	750	1250	2350	5000	7100
2 dr Sed	350	750	1200	2350	4900	7000
Sed	350	750	1250	2350	5000	7100
7P Sed	450	950	1600	3250	6150	8800
Limo	450	1050	1700	3550	6500	9300

1941
S-8 DeLuxe, 6-cyl.

Bus Cpe	350	750	1350	2650	5450	7800
Cpe	350	850	1500	2950	5800	8300
2 dr Sed	350	725	1200	2350	4850	6900

DeSoto

	6	5	4	3	2	1
Sed	350	750	1250	2350	5000	7100
7P Sed	350	950	1600	3200	6050	8700
S-8 Custom, 6-cyl.						
Conv	1000	3100	5200	10,400	18,200	26,000
Cpe	350	850	1500	2950	5800	8300
Clb Cpe	450	950	1600	3250	6150	8800
2 dr Brgm	350	750	1250	2400	5100	7300
4 dr Sed	350	750	1250	2400	5100	7300
Twn Sed	350	750	1300	2450	5250	7500
Limo	450	1150	1900	3850	6850	9800
7P Sed	350	850	1500	2950	5800	8300
1942						
S-10 DeLuxe, 6-cyl.						
Bus Cpe	350	750	1300	2450	5250	7500
Cpe	350	800	1450	2750	5600	8000
2 dr Sed	350	750	1250	2350	5000	7100
Sed	350	750	1250	2350	5000	7100
Twn Sed	350	750	1250	2400	5100	7300
7P Sed	450	1100	1800	3700	6700	9600
S-10 Custom, 6-cyl.						
Conv	900	2900	4800	9600	16,800	24,000
Cpe	350	900	1550	3050	5900	8500
Clb Cpe	450	1000	1650	3350	6300	9000
Brgm	350	800	1350	2700	5500	7900
4 dr Sed	350	800	1450	2750	5600	8000
Twn Sed	350	850	1500	2800	5650	8100
7P Sed	400	1200	2000	3950	7000	10,000
Limo	400	1200	2000	4000	7100	10,100
1946-1948						
S-11 DeLuxe, 6-cyl.						
Cpe	350	800	1450	2750	5600	8000
Clb Cpe	350	900	1550	3050	5900	8500
2 dr Sed	200	650	1050	2250	4200	6000
Sed	200	675	1100	2250	4400	6300
S-11 Custom, 6-cyl.						
Conv	850	2650	4400	8800	15,400	22,000
Clb Cpe	450	1000	1650	3350	6300	9000
2 dr Sed	200	675	1100	2250	4400	6300
Sed	350	700	1150	2300	4550	6500
7P Sed	350	750	1200	2350	4900	7000
Limo	350	750	1250	2400	5100	7300
Sub	450	1050	1700	3550	6500	9300
1949						
SECOND SERIES	First series values same as 1947-48					
S-13 DeLuxe, 6-cyl.						
Clb Cpe	350	800	1450	2750	5600	8000
Sed	200	675	1100	2250	4400	6300
C-A Sed	200	675	1050	2250	4350	6200
Sta Wag	450	1450	2400	4800	8400	12,000
S-13 Custom, 6-cyl.						
Conv	700	2150	3600	7200	12,600	18,000
Clb Cpe	350	900	1550	3050	5900	8500
Sed	200	675	1050	2250	4300	6100
8P Sed	350	700	1100	2300	4500	6400
Sub	350	750	1350	2650	5450	7800
1950						
S-14 DeLuxe, 6-cyl.						
Clb Cpe	350	750	1300	2450	5250	7500
Sed	200	650	1050	2250	4200	6000
C-A Sed	350	700	1100	2300	4500	6400
8P Sed	350	725	1200	2350	4850	6900
S-14 Custom, 6-cyl.						
Conv	650	2050	3400	6800	11,900	17,000
Sptman 2 dr HdTp	400	1300	2200	4400	7700	11,000
Clb Cpe	350	800	1450	2750	5600	8000
Sed	200	675	1050	2250	4300	6100
6P Sta Wag	400	1300	2200	4400	7700	11,000
Stl Sta Wag	450	1050	1700	3550	6500	9300
8P Sed	350	725	1200	2350	4800	6800
Sub Sed	350	750	1250	2400	5100	7300
1951-1952						
DeLuxe, 6-cyl., 125.5" wb						
Sed	200	650	1000	2200	4100	5800
Clb Cpe	350	750	1200	2350	4900	7000

DeSoto

	6	5	4	3	2	1
C-A Sed	200	675	1050	2250	4300	6100
DeLuxe, 6-cyl., 139.5" wb						
Sed	200	675	1050	2250	4350	6200
Custom, 6-cyl., 125.5" wb						
Sed	200	650	1000	2200	4100	5800
Clb Cpe	350	750	1300	2450	5250	7500
Sptman 2 dr HdTp	400	1200	2000	3950	7000	10,000
Conv	650	2050	3400	6800	11,900	17,000
Sta Wag	350	750	1250	2400	5100	7300
Custom, 6-cyl., 139.5" wb						
Sed	200	650	1050	2250	4200	6000
Sub	200	675	1100	2250	4400	6300
Firedome, V-8, 125.5" wb (1952 only)						
Sed	350	700	1150	2300	4550	6500
Clb Cpe	350	800	1450	2750	5600	8000
Sptman 2 dr HdTp	400	1300	2200	4400	7700	11,000
Conv	700	2150	3600	7200	12,600	18,000
Sta Wag	350	900	1550	3050	5900	8500
Firedome, V-8, 139.5" wb (1952 only)						
8P Sed	350	725	1200	2350	4800	6800

1953 DeSoto Firedome 2dr

1953-1954
Powermaster Six, 6-cyl., 125.5" wb

Sed	200	675	1050	2250	4350	6200
Clb Cpe	350	700	1150	2300	4550	6500
Sta Wag	350	700	1150	2300	4600	6600
Sptman 2 dr HdTp (1953 only)	450	1000	1650	3350	6300	9000
Powermaster Six, 6-cyl., 139.5" wb						
Sed	200	650	1050	2250	4200	6000
Firedome, V-8, 125.5" wb						
Sed	350	700	1150	2300	4600	6600
Clb Cpe	350	750	1200	2350	4900	7000
Sptman 2 dr HdTp	450	1450	2400	4800	8400	12,000
Conv	800	2500	4200	8400	14,700	21,000
Sta Wag	350	750	1200	2350	4900	7000
Firedome, V-8, 139.5" wb						
Sed	350	700	1150	2300	4550	6500

1955
Firedome, V-8

Sed	200	650	1050	2250	4200	6000
2 dr HdTp	400	1300	2200	4400	7700	11,000
Sptman 2 dr HdTp	550	1800	3000	6000	10,500	15,000
Conv	900	2900	4800	9600	16,800	24,000
Sta Wag	350	750	1200	2350	4900	7000
Fireflite, V-8						
Sed	350	700	1150	2300	4550	6500

DeSoto 157

	6	5	4	3	2	1
Sptman 2 dr HdTp	650	2050	3400	6800	11,900	17,000
Conv	1000	3100	5200	10,400	18,200	26,000

1956
Firedome, V-8
Sed	200	650	1050	2250	4200	6000
4 dr HdTp Sev	350	900	1550	3050	5900	8500
4 dr HdTp Sptman	450	1100	1700	3650	6650	9500
2 dr HdTp Sev	500	1550	2600	5200	9100	13,000
2 dr HdTp Sptman	550	1700	2800	5600	9800	14,000
Conv	850	2650	4400	8800	15,400	22,000
Sta Wag	350	800	1450	2750	5600	8000

Fireflite, V-8
Sed	350	700	1150	2300	4550	6500
4 dr HdTp Sptman	400	1200	2000	3950	7000	10,000
2 dr HdTp Sptman	550	1800	3000	6000	10,500	15,000
Conv	900	2900	4800	9600	16,800	24,000
Conv Pace Car	1000	3250	5400	10,800	18,900	27,000

Adventurer
HdTp	550	1800	3000	6000	10,500	15,000

1957
Firesweep, V 8, 122" wb
Sed	200	600	950	2150	3850	5500
4 dr HdTp Sptman	450	1000	1650	3350	6300	9000
2 dr HdTp Sptman	550	1700	2800	5600	9800	14,000
2S Sta Wag	200	650	1050	2250	4200	6000
3S Sta Wag	200	675	1050	2250	4300	6100

Firedome, V-8, 126" wb
Sed	200	600	1000	2200	4000	5700
4 dr HdTp Sptman	450	1100	1700	3650	6650	9500
2 dr HdTp Sptman	550	1800	3000	6000	10,500	15,000
Conv	850	2750	4600	9200	16,100	23,000

Fireflite, V-8, 126" wb
Sed	200	650	1000	2200	4150	5900
4 dr HdTp Sptman	400	1200	2000	3950	7000	10,000
2 dr HdTp Sptman	600	1900	3200	6400	11,200	16,000
Conv	1050	3350	5600	11,200	19,600	28,000
2S Sta Wag	200	675	1050	2250	4350	6200
3S Sta Wag	200	675	1100	2250	4400	6300

Fireflite Adventurer, 126" wb
2 dr HdTp	850	2650	4400	8800	15,400	22,000
Conv	1450	4550	7600	15,200	26,600	38,000

1958 DeSoto Firesweep convertible

1958
Firesweep, V-8
Sed	200	600	950	2200	3900	5600
4 dr HdTp Sptman	450	1000	1650	3350	6300	9000
2 dr HdTp Sptman	500	1550	2600	5200	9100	13,000
Conv	850	2750	4600	9200	16,100	23,000
2S Sta Wag	200	650	1000	2200	4100	5800
3S Sta Wag	200	650	1000	2200	4150	5900

Firedome, V-8
Sed	200	650	1000	2200	4100	5800

158 DeSoto

	6	5	4	3	2	1
4 dr HdTp Sptman	450	1100	1700	3650	6650	9500
2 dr HdTp Sptman	550	1700	2800	5600	9800	14,000
Conv	900	2900	4800	9600	16,800	24,000
Fireflite, V-8						
Sed	200	650	1050	2250	4200	6000
4 dr HdTp Sptman	400	1200	2000	3950	7000	10,000
2 dr HdTp Sptman	600	1900	3200	6400	11,200	16,000
Conv	1000	3250	5400	10,800	18,900	27,000
2S Sta Wag	200	650	1050	2250	4200	6000
3S Sta Wag	200	675	1050	2250	4350	6200
Adventurer, V-8						
2 dr HdTp	800	2500	4200	8400	14,700	21,000
Conv	1400	4450	7400	14,800	25,900	37,000
1959						
Firesweep, V-8						
Sed	200	600	950	2150	3850	5500
4 dr HdTp Sptman	350	800	1450	2750	5600	8000
2 dr HdTp Sptman	450	1100	1700	3650	6650	9500
Conv	700	2300	3800	7600	13,300	19,000
2S Sta Wag	200	550	900	2100	3700	5300
3S Sta Wag	200	550	900	2150	3800	5400
Firedome, V-8						
Sed	200	600	950	2200	3900	5600
4 dr HdTp Sptman	350	750	1300	2450	5250	7500
2 dr HdTp Sptman	450	1450	2400	4800	8400	12,000
Conv	750	2400	4000	8000	14,000	20,000
Fireflite, V-8						
Sed	200	600	950	2200	3900	5600
4 dr HdTp Sptman	450	1100	1700	3650	6650	9500
2 dr HdTp Sptman	500	1550	2600	5200	9100	13,000
Conv	850	2650	4400	8800	15,400	22,000
2S Sta Wag	200	600	950	2150	3850	5500
3S Sta Wag	200	600	1000	2200	4000	5700
Adventurer, V-8						
2 dr HdTp	550	1700	2800	5600	9800	14,000
Conv	1000	3250	5400	10,800	18,900	27,000
1960						
Fireflite, V-8						
Sed	200	500	850	1900	3500	5000
4 dr HdTp	200	650	1050	2250	4200	6000
2 dr HdTp	450	1100	1700	3650	6650	9500
Adventurer, V-8						
Sed	200	550	900	2000	3600	5200
4 dr HdTp	350	750	1300	2450	5250	7500
2 dr HdTp	400	1250	2100	4200	7400	10,500
1961						
Fireflite, V-8						
4 dr HdTp	350	800	1450	2750	5600	8000
2 dr HdTp	400	1300	2200	4400	7700	11,000

DODGE

	6	5	4	3	2	1
1914						
4-cyl., 110" wb						
(Serial #1-249)						
Tr	700	2300	3800	7600	13,300	19,000
1915						
4-cyl., 110" wb						
Rds	700	2150	3600	7200	12,600	18,000
Tr	700	2300	3800	7600	13,300	19,000
1916						
4-cyl., 110" wb						
Rds	700	2150	3600	7200	12,600	18,000
W.T. Rds	700	2300	3800	7600	13,300	19,000
Tr	750	2400	4000	8000	14,000	20,000
W.T. Tr	800	2500	4200	8400	14,700	21,000
1917						
4-cyl., 114" wb						
Rds	650	2050	3400	6800	11,900	17,000
W.T. Rds	700	2150	3600	7200	12,600	18,000
Tr	700	2300	3800	7600	13,300	19,000

Dodge 159

	6	5	4	3	2	1
W.T. Tr	750	2400	4000	8000	14,000	20,000
Cpe	350	900	1550	3050	5900	8500
C.D. Sed	350	800	1450	2750	5600	8000

1918
4-cyl., 114" wb

	6	5	4	3	2	1
Rds	650	2050	3400	6800	11,900	17,000
W.T. Rds	700	2150	3600	7200	12,600	18,000
Tr	700	2300	3800	7600	13,300	19,000
WT Tr	750	2400	4000	8000	14,000	20,000
Cpe	350	800	1450	2750	5600	8000
Sed	350	750	1300	2450	5250	7500

1919
4-cyl., 114" wb

	6	5	4	3	2	1
Rds	600	1900	3200	6400	11,200	16,000
Tr	650	2050	3400	6800	11,900	17,000
Cpe	350	800	1450	2750	5600	8000
Rex Cpe	350	900	1550	3050	5900	8500
Rex Sed	350	750	1300	2400	5200	7400
4 dr Sed	350	750	1300	2450	5250	7500
Dep Hk	350	750	1200	2350	4900	7000
Sed Dely	350	800	1450	2750	5600	8000

1920
4-cyl., 114" wb

	6	5	4	3	2	1
Rds	550	1800	3000	6000	10,500	15,000
Tr	600	1850	3100	6200	10,900	15,500
Cpe	200	650	1050	2250	4200	6000
Sed	200	600	950	2150	3850	5500

1921
4-cyl., 114" wb

	6	5	4	3	2	1
Rds	550	1700	2800	5600	9800	14,000
Tr	550	1750	2900	5800	10,200	14,500
Cpe	200	500	850	1900	3500	5000
Sed	150	400	750	1650	3150	4500

1922
1st series, 4-cyl., 114" wb, (low hood models)

	6	5	4	3	2	1
Rds	550	1700	2800	5600	9800	14,000
Tr	550	1750	2900	5800	10,200	14,500
Cpe	200	550	900	2000	3600	5200
Sed	200	500	850	1900	3500	5000

2nd series, 4-cyl., 114" wb, (high hood models)

	6	5	4	3	2	1
Rds	500	1600	2700	5400	9500	13,500
Tr	550	1700	2800	5600	9800	14,000
Bus Cpe	200	600	950	2150	3850	5500
Bus Sed	200	500	850	1950	3600	5100
Sed	200	500	850	1900	3500	5000

1923
4-cyl., 114" wb

	6	5	4	3	2	1
Rds	450	1450	2400	4800	8400	12,000
Tr	450	1500	2500	5000	8800	12,500
Bus Cpe	200	550	900	2100	3700	5300
Bus Sed	200	550	900	2000	3600	5200
Sed	200	500	850	1900	3500	5000

1924
4-cyl., 116" wb

	6	5	4	3	2	1
Rds	500	1550	2600	5200	9100	13,000
Tr	500	1600	2700	5400	9500	13,500
Bus Cpe	200	650	1050	2250	4200	6000
4P Cpe	200	675	1050	2250	4350	6200
Bus Sed	200	650	1050	2250	4200	6000
Sed	200	650	1000	2200	4150	5900

Special Series (deluxe equip.-introduced Jan. 1924)

	6	5	4	3	2	1
Rds	500	1600	2700	5400	9500	13,500
Tr	550	1700	2800	5600	9800	14,000
Bus Cpe	200	650	1050	2250	4200	6000
4P Cpe	350	700	1150	2300	4550	6500
Bus Sed	200	650	1050	2250	4200	6000
Sed	200	675	1050	2250	4300	6100

1925
4-cyl., 116" wb

	6	5	4	3	2	1
Rds	450	1450	2400	4800	8400	12,000
Spec Rds	450	1500	2500	5000	8800	12,500
Tr	500	1550	2600	5200	9100	13,000
Spec Tr	500	1600	2700	5400	9500	13,500
Bus Cpe	350	700	1150	2300	4550	6500
Spec Bus Cpe	350	725	1150	2300	4700	6700

Dodge

	6	5	4	3	2	1
4P Cpe	350	700	1100	2300	4500	6400
Sp Cpe	350	700	1150	2300	4550	6500
Bus Sed	200	650	1050	2250	4200	6000
Spec Bus Sed	200	675	1050	2250	4300	6100
Sed	200	675	1050	2250	4350	6200
Spec Sed	200	675	1100	2250	4400	6300
2 dr Sed	200	650	1050	2250	4200	6000
Spec 2 dr Sed	200	675	1050	2250	4300	6100

1926
4-cyl., 116" wb

	6	5	4	3	2	1
Rds	400	1300	2200	4400	7700	11,000
Spec Rds	450	1400	2300	4600	8100	11,500
Spt Rds	450	1450	2400	4800	8400	12,000
Tr	450	1400	2300	4600	8100	11,500
Spec Tr	450	1450	2400	4800	8400	12,000
Spt Tr	500	1550	2600	5200	9100	13,000
Cpe	200	650	1050	2250	4200	6000
Spec Cpe	350	700	1150	2300	4550	6500
2 dr Sed	200	650	1000	2200	4100	5800
2 dr Spec Sed	200	650	1050	2250	4200	6000
Bus Sed	200	600	1000	2200	4000	5700
Spec Bus Sed	200	675	1050	2250	4300	6100
Sed	200	650	1000	2200	4100	5800
Spec Sed	200	650	1050	2250	4200	6000
Del Sed	200	675	1050	2250	4300	6100

1927-28
4-cyl., 116" wb

	6	5	4	3	2	1
Rds	450	1400	2300	4600	8100	11,500
Spec Rds	450	1450	2400	4800	8400	12,000
Spt Rds	450	1500	2500	5000	8800	12,500
Cabr	400	1300	2200	4400	7700	11,000
Tr	400	1300	2200	4400	7700	11,000
Spec Tr	450	1400	2300	4600	8100	11,500
Spt Tr	450	1450	2400	4800	8400	12,000
Cpe	200	675	1050	2250	4300	6100
Spec Cpe	350	700	1150	2300	4550	6500
Sed	200	650	1050	2250	4200	6000
Spec Sed	200	675	1050	2250	4300	6100
DeL Sed	200	675	1050	2250	4350	6200
A-P Sed	350	700	1150	2300	4550	6500

1928
'Fast Four', 4-cyl., 108" wb

	6	5	4	3	2	1
Cabr	400	1200	2000	3950	7000	10,000
Cpe	200	675	1050	2250	4350	6200
Sed	200	650	1050	2250	4200	6000
DeL Sed	200	675	1050	2250	4300	6100

Standard Series, 6-cyl., 110" wb

	6	5	4	3	2	1
Cabr	450	1400	2300	4600	8100	11,500
Cpe	350	750	1200	2350	4900	7000
Sed	350	700	1150	2300	4550	6500
DeL Sed	350	725	1200	2350	4850	6900

Victory Series, 6-cyl., 112" wb

	6	5	4	3	2	1
Tr	600	1900	3200	6400	11,200	16,000
Cpe	350	750	1300	2450	5250	7500
RS Cpe	350	800	1450	2750	5600	8000
Brgm	350	750	1300	2450	5250	7500
Sed	350	750	1200	2350	4900	7000
DeL Sed	350	750	1300	2450	5250	7500

Series 2249, Standard 6-cyl., 116" wb

	6	5	4	3	2	1
Cabr	600	1900	3200	6400	11,200	16,000
RS Cpe	350	750	1300	2400	5200	7400
Sed	350	700	1150	2300	4550	6500
DeL Sed	350	750	1200	2350	4900	7000

Series 2251, Senior 6-cyl., 116" wb

	6	5	4	3	2	1
Cabr	700	2150	3600	7200	12,600	18,000
Spt Cabr	700	2300	3800	7600	13,300	19,000
RS Cpe	350	750	1300	2450	5250	7500
Spt Cpe	350	800	1450	2750	5600	8000
Sed	350	750	1200	2350	4900	7000
Spt Sed	350	750	1300	2450	5250	7500

1929
Standard Series, 6-cyl., 110" wb

	6	5	4	3	2	1
Bus Cpe	450	1100	1700	3650	6650	9500
Cpe	400	1200	2000	3950	7000	10,000
Sed	350	900	1550	3050	5900	8500

Dodge 161

	6	5	4	3	2	1
DeL Sed	450	1000	1650	3350	6300	9000
Spt DeL Sed	450	1100	1700	3650	6650	9500
A-P Sed	450	1150	1800	3800	6800	9700
Victory Series, 6-cyl., 112" wb						
Rds	900	2900	4800	9600	16,800	24,000
Spt Rds	950	3000	5000	10,000	17,500	25,000
Tr	950	3000	5000	10,000	17,500	25,000
Spt Tr	1000	3100	5200	10,400	18,200	26,000
Cpe	450	1100	1700	3650	6650	9500
DeL Cpe	400	1200	2000	3950	7000	10,000
Sed	350	800	1450	2750	5600	8000
Spt Sed	350	900	1550	3050	5900	8500
Standard Series DA, 6-cyl., 63 hp, 112" wb						
(Introduced Jan. 1, 1929).						
Rds	950	3000	5000	10,000	17,500	25,000
Spt Rds	1000	3100	5200	10,400	18,200	26,000
Phae	1000	3250	5400	10,800	18,900	27,000
Spt Phae	1050	3350	5600	11,200	19,600	28,000
Bus Cpe	400	1200	2000	3950	7000	10,000
DeL RS Cpe	400	1250	2100	4200	7400	10,500
Vic	450	1100	1700	3650	6650	9500
Brgm	350	800	1450	2750	5600	8000
Sed	350	750	1300	2450	5250	7500
DeL Sed	350	750	1350	2650	5450	7800
DeL Spt Sed	350	800	1450	2750	5600	8000
Senior Series, 6-cyl., 120" wb						
Rds	1000	3100	5200	10,400	18,200	26,000
2P Cpe	400	1250	2100	4200	7400	10,500
RS Spt Cpe	450	1400	2300	4600	8100	11,500
Vic Brgm	400	1250	2100	4200	7400	10,500
Sed	450	1100	1700	3650	6650	9500
Spt Sed	400	1200	2000	3950	7000	10,000
Lan Sed	400	1250	2100	4200	7400	10,500
Spt Lan Sed	400	1300	2200	4400	7600	10,900
1930						
Series DA, 6-cyl., 112" wb						
Rds	1050	3350	5600	11,200	19,600	28,000
Phae	1100	3500	5800	11,600	20,300	29,000
Bus Cpe	450	1000	1650	3350	6300	9000
DeL Cpe	450	1100	1700	3650	6650	9500
Vic	450	1150	1800	3800	6800	9700
Brgm	350	800	1450	2750	5600	8000
2 dr Sed	350	750	1350	2600	5400	7700
Sed	350	750	1350	2650	5450	7800
DeL Sed	350	800	1450	2750	5600	8000
RS Rds	1100	3500	5800	11,600	20,300	29,000
RS Cpe	400	1250	2100	4200	7400	10,500
Lan Sed	350	900	1550	3050	5900	8500
Series DD, 6-cyl., 109" wb						
(Introduced Jan. 1, 1930).						
RS Rds	1000	3250	5400	10,800	18,900	27,000
Phae	1050	3350	5600	11,200	19,600	28,000
RS Conv	1050	3350	5600	11,200	19,600	28,000
Bus Cpe	450	1100	1700	3650	6650	9500
RS Cpe	400	1200	2000	3950	7000	10,000
Sed	350	750	1300	2450	5250	7500
Series DC, 8-cyl., 114" wb						
(Introduced Jan. 1, 1930).						
Rds	1050	3350	5600	11,200	19,600	28,000
RS Conv	1000	3250	5400	10,800	18,900	27,000
Phae	1100	3500	5800	11,600	20,300	29,000
Bus Cpe	400	1200	2000	3950	7000	10,000
RS Cpe	400	1250	2100	4200	7400	10,500
Sed	350	800	1450	2750	5600	8000
1931						
Series DH, 6-cyl., 114" wb						
(Introduced Dec. 1, 1930).						
Rds	1100	3500	5800	11,600	20,300	29,000
RS Conv	1050	3350	5600	11,200	19,600	28,000
Bus Cpe	400	1200	2000	3950	7000	10,000
RS Cpe	400	1250	2100	4200	7400	10,500
Sed	350	750	1300	2450	5250	7500
Series DG, 8-cyl., 118.3" wb						
(Introduced Jan. 1, 1931).						
RS Rds	1150	3700	6200	12,400	21,700	31,000
RS Conv	1100	3500	5800	11,600	20,300	29,000

162   Dodge

	6	5	4	3	2	1
Phae	1150	3700	6200	12,400	21,700	31,000
RS Cpe	400	1250	2100	4200	7400	10,500
Sed	350	900	1550	3050	5900	8500
5P Cpe	400	1250	2100	4200	7400	10,500

1932
Series DL, 6-cyl., 114.3" wb
(Introduced Jan. 1, 1932).

RS Conv	1000	3250	5400	10,800	18,900	27,000
Bus Cpe	450	1100	1700	3650	6650	9500
RS Cpe	400	1250	2100	4200	7400	10,500
Sed	350	900	1550	3050	5900	8500

Series DK, 8-cyl., 122" wb
(Introduced Jan. 1, 1932).

Conv	1050	3350	5600	11,200	19,600	28,000
Conv Sed	1150	3600	6000	12,000	21,000	30,000
RS Cpe	400	1250	2100	4200	7400	10,500
5P Cpe	400	1200	2000	3950	7000	10,000
Sed	450	1000	1650	3350	6300	9000

1933
Series DP, 6-cyl., 111.3" wb

RS Conv	1150	3600	6000	12,000	21,000	30,000
Bus Cpe	350	900	1550	3050	5900	8500
RS Cpe	450	1100	1700	3650	6650	9500
Sed	350	700	1150	2300	4550	6500
Brgm	350	725	1150	2300	4700	6700
DeL Brgm	350	750	1200	2350	4900	7000

NOTE: Second Series DP introduced April 5, 1933 increasing WB from 111" to 115" included in above.

Series DO, 8-cyl., 122" wb

RS Conv	1250	3950	6600	13,200	23,100	33,000
Conv Sed	1250	3950	6600	13,200	23,100	33,000
RS Cpe	400	1250	2100	4200	7400	10,500
Cpe	400	1200	2000	3950	7000	10,000
Sed	450	1100	1700	3650	6650	9500

1934
DeLuxe Series DR, 6-cyl., 117" wb

RS Conv	1150	3600	6000	12,000	21,000	30,000
Bus Cpe	350	900	1550	3050	5900	8500
RS Cpe	450	1000	1650	3350	6300	9000
2 dr Sed	350	700	1100	2300	4500	6400
Sed	200	675	1050	2250	4350	6200

Series DS, 6-cyl., 121" wb

Conv Sed	1150	3700	6200	12,400	21,700	31,000
Brgm	350	750	1300	2450	5250	7500

DeLuxe Series DRXX, 6-cyl., 117" wb
(Introduced June 2, 1934).

Conv	1100	3500	5800	11,600	20,300	29,000
Bus Cpe	350	900	1550	3050	5900	8500
Cpe	450	1000	1650	3350	6300	9000
2 dr Sed	200	650	1050	2250	4200	6000
Sed	200	650	1050	2250	4200	6000

1935
Series DU, 6-cyl., 116" wb - 128" wb, (*)

RS Conv	1000	3250	5400	10,800	18,900	27,000
Cpe	450	950	1600	3250	6150	8800
RS Cpe	450	1050	1700	3550	6500	9300
2 dr Sed	350	700	1150	2300	4600	6600
2 dr Tr Sed	350	725	1150	2300	4700	6700
Sed	350	725	1200	2350	4800	6800
Tr Sed	350	725	1200	2350	4850	6900
Car Sed (*)	350	850	1500	2950	5800	8300
7P Sed (*)	450	950	1600	3250	6150	8800

1936
Series D2, 6-cyl., 116" wb - 128" wb, (*)

RS Conv	1000	3250	5400	10,800	18,900	27,000
Conv Sed	1050	3350	5600	11,200	19,600	28,000
2P Cpe	350	850	1500	2950	5800	8300
RS Cpe	450	1050	1700	3550	6500	9300
2 dr Sed	350	750	1250	2400	5100	7300
2 dr Tr Sed	350	750	1300	2450	5250	7500
Sed	350	750	1300	2400	5200	7400
Tr Sed	350	750	1300	2500	5300	7600
7P Sed (*)	350	750	1350	2650	5450	7800

1937
Series D5, 6-cyl., 115" wb - 132" wb, (*)

RS Conv	900	2900	4800	9600	16,800	24,000

Dodge 163

	6	5	4	3	2	1
Conv Sed	950	3000	5000	10,000	17,500	25,000
Bus Cpe	450	950	1600	3250	6150	8800
RS Cpe	450	1050	1700	3550	6500	9300
2 dr Sed	200	675	1100	2250	4400	6300
2 dr Tr Sed	350	700	1150	2300	4550	6500
Sed	350	700	1150	2300	4600	6600
Tr Sed	350	725	1200	2350	4800	6800
7P Sed (*)	350	750	1350	2650	5450	7800
Limo (*)	350	800	1450	2750	5600	8000

1938
Series D8, 6-cyl., 115" wb - 132" wb, (*)

	6	5	4	3	2	1
Conv Cpe	900	2900	4800	9600	16,800	24,000
Conv Sed	950	3000	5000	10,000	17,500	25,000
Bus Cpe	350	750	1350	2650	5450	7800
Cpe 2-4	350	850	1500	2950	5800	8300
2 dr Sed	350	700	1150	2300	4550	6500
2 dr Tr Sed	350	725	1150	2300	4700	6700
Sed	350	725	1200	2350	4850	6900
Tr Sed	350	750	1250	2350	5000	7100
Sta Wag	450	1050	1700	3550	6500	9300
7P Sed (*)	350	800	1350	2700	5500	7900
Limo	350	850	1500	2950	5800	8300

1939 Dodge Deluxe 4dr sedan

1939
Special Series D11S, 6-cyl., 117" wb

	6	5	4	3	2	1
Cpe	450	950	1600	3250	6150	8800
2 dr Sed	350	725	1200	2350	4800	6800
Sed	350	750	1200	2350	4900	7000

DeLuxe Series D11, 6-cyl., 117" wb - 134" wb, (*)

	6	5	4	3	2	1
Cpe	450	1000	1650	3350	6300	9000
A/S Cpe	450	1050	1700	3550	6500	9300
Twn Cpe	450	1150	1900	3850	6850	9800
2 dr Sed	350	750	1200	2350	4900	7000
Sed	350	750	1250	2400	5050	7200
Ewb Sed (*)	450	1050	1700	3550	6500	9300
Limo (*)	450	1100	1700	3650	6650	9500

1940
Special Series D17, 6-cyl., 119.5" wb

	6	5	4	3	2	1
Cpe	350	850	1500	2950	5800	8300
2 dr Sed	350	700	1150	2300	4550	6500
Sed	350	725	1150	2300	4700	6700

DeLuxe Series D14, 6-cyl., 119.5" wb - 139.5" wb, (*)

	6	5	4	3	2	1
Conv	900	2900	4800	9600	16,800	24,000

Dodge

	6	5	4	3	2	1
Cpe	350	900	1550	3050	5900	8500
4P Cpe	350	850	1500	2950	5800	8300
2 dr Sed	350	750	1200	2350	4900	7000
Sed	350	750	1250	2400	5100	7300
Ewb Sed (*)	350	750	1250	2400	5100	7300
Limo (*)	350	800	1350	2700	5500	7900

1941 Dodge 4 dr sedan

1941
DeLuxe Series D19, 6-cyl., 119.5" wb
Cpe	350	750	1350	2650	5450	7800
2 dr Sed	350	725	1200	2350	4800	6800
Sed	350	750	1200	2350	4900	7000

Custom Series D19, 6-cyl., 119.5" wb - 137.5" wb, (*)
Conv	950	3000	5000	10,000	17,500	25,000
Clb Cpe	350	900	1550	3050	5900	8500
Brgm	350	750	1250	2400	5050	7200
Sed	350	750	1250	2350	5000	7100
Twn Sed	350	750	1250	2400	5100	7300
7P Sed (*)	350	850	1500	2950	5800	8300
Limo (*)	450	950	1600	3250	6150	8800

1942
DeLuxe Series D22, 6-cyl., 119.5" wb
Cpe	350	800	1450	2750	5600	8000
Clb Cpe	350	900	1550	3050	5900	8500
2 dr Sed	350	700	1150	2300	4550	6500
Sed	350	725	1200	2350	4800	6800

Custom Series D22, 6-cyl., 119.5" wb - 137.5" wb, (*)
Conv	850	2750	4600	9200	16,100	23,000
Clb Cpe	450	1000	1650	3350	6300	9000
Brgm	350	800	1450	2750	5600	8000
Sed	350	750	1350	2650	5450	7800
Twn Sed	350	800	1350	2700	5500	7900
7P Sed (*)	350	850	1500	2950	5800	8300
Limo (*)	450	1100	1800	3700	6700	9600

1946-1948
DeLuxe Series D24, 6-cyl., 119.5" wb
Cpe	350	750	1300	2450	5250	7500
2 dr Sed	350	725	1150	2300	4700	6700
4 dr Sed	350	725	1200	2350	4800	6800

Custom Series D24, 6-cyl., 119.5" wb - 137.5" wb, (*)
Conv	850	2650	4400	8800	15,400	22,000
Clb Cpe	350	800	1450	2750	5600	8000
Sed	350	750	1200	2350	4900	7000
Twn Sed	350	750	1250	2350	5000	7100
7P Sed (*)	350	750	1350	2650	5450	7800

1949
First Series 1949 is the same as 1948
Second Series
Series D29 Wayfarer, 6-cyl., 115" wb
Rds	800	2500	4200	8400	14,700	21,000
Bus Cpe	350	750	1200	2350	4900	7000
2 dr Sed	200	675	1100	2250	4400	6300

Dodge 165

Series D30 Meadowbrook, 6-cyl., 123.5" wb

	6	5	4	3	2	1
Sed	350	700	1150	2300	4550	6500

Series D30 Coronet, 6-cyl., 123.5" wb - 137.5" wb, (*)
Conv	750	2400	4000	8000	14,000	20,000
Clb Cpe	350	750	1300	2450	5250	7500
Sed	350	725	1200	2350	4800	6800
Twn Sed	350	750	1200	2350	4900	7000
Sta Wag	400	1300	2200	4400	7700	11,000
8P Sed (*)	350	800	1450	2750	5600	8000

1950

Series D33 Wayfarer, 6-cyl., 115" wb
Rds	800	2500	4200	8400	14,700	21,000
Cpe	350	750	1300	2450	5250	7500
2 dr Sed	200	675	1100	2250	4400	6300

Series D34 Meadowbrook, 6-cyl., 123.5" wb
Sed	350	700	1150	2300	4550	6500

Series D34 Coronet, 123.5" wb - 137.5" wb, (*)
Conv	750	2400	4000	8000	14,000	20,000
Clb Cpe	350	750	1300	2450	5250	7500
Dipl 2 dr HdTp	400	1300	2200	4400	7700	11,000
Sed	350	725	1150	2300	4700	6700
Twn Sed	350	725	1200	2350	4850	6900
Sta Wag	400	1300	2200	4400	7700	11,000
Mtl Sta Wag	400	1200	2000	3950	7000	10,000
8P Sed (*)	350	850	1500	2800	5650	8100

1951-1952

Wayfarer Series D41, 6-cyl., 115" wb
Rds (1951 only)	800	2500	4200	8400	14,700	21,000
2 dr Sed	350	700	1150	2300	4550	6500
Cpe	350	725	1200	2350	4800	6800

Meadowbrook Series D42, 6-cyl., 123.5" wb
Sed	200	675	1100	2250	4400	6300

Coronet Series D42, 6-cyl., 123.5" wb
Sed	350	700	1150	2300	4600	6600
Clb Cpe	350	750	1300	2450	5250	7500
Dipl 2 dr HdTp	400	1200	2000	3950	7000	10,000
Conv	750	2400	4000	8000	14,000	20,000
Mtl Sta Wag	450	1150	1900	3850	6850	9800
8P Sed	350	750	1250	2400	5100	7300

1953

Meadowbrook Special, 6-cyl., disc 4/53
Sed	200	675	1100	2250	4400	6300
Clb Cpe	350	700	1150	2300	4550	6500

Series D46 Meadowbrook, 6-cyl., 119" wb
Sed	350	700	1150	2300	4550	6500
Clb Cpe	350	700	1150	2300	4600	6600
Sub	200	675	1100	2250	4400	6300

Coronet, 6-cyl., 119" wb
Sed	350	725	1150	2300	4700	6700
Clb Cpe	350	725	1200	2350	4800	6800

Series D44 Coronet, V-8, 119" wb
Sed	350	750	1200	2350	4900	7000
Clb Cpe	350	750	1250	2350	5000	7100

Series D48 Coronet, V-8, 119" wb - 114" wb, (*)
Dipl 2 dr HdTp	400	1300	2200	4400	7700	11,000
Conv	700	2150	3600	7200	12,600	18,000
Sta Wag (*)	350	750	1350	2650	5450	7800

1954

Series D51-1 Meadowbrook, 6-cyl., 119" wb
Sed	350	725	1150	2300	4700	6700
Clb Cpe	350	725	1200	2350	4800	6800

Series D51-2 Coronet, 6-cyl., 119" wb
Sed	350	725	1200	2350	4850	6900
Clb Cpe	350	750	1200	2350	4900	7000

Series D52 Coronet, 6-cyl., 114" wb
2 dr Sub	350	750	1250	2400	5050	7200
6P Sta Wag	350	750	1250	2400	5100	7300
8P Sta Wag	350	750	1300	2400	5200	7400

Series D50-1 Meadowbrook, V-8, 119" wb
Sed	350	725	1200	2350	4800	6800
Clb Cpe	350	750	1200	2350	4900	7000

Series D50-2 Coronet, V-8, 119" wb
Sed	350	750	1250	2400	5100	7300
Clb Cpe	350	750	1300	2450	5250	7500

Dodge

1954 Dodge Royal 4dr sedan

Series D53-2 Coronet, V-8, 114" wb	6	5	4	3	2	1
Sub	350	750	1250	2400	5100	7300
2S Sta Wag	350	750	1300	2400	5200	7400
3S Sta Wag	350	750	1300	2450	5250	7500
Series D50-3 Royal, V-8, 119" wb						
Sed	350	850	1500	2800	5650	8100
Clb Cpe	350	800	1450	2750	5600	8000
Series D53-3 Royal, V-8, 114" wb						
HdTp	450	1450	2400	4800	8400	12,000
Conv	700	2300	3800	7600	13,300	19,000
Pace Car Replica	950	3000	5000	10,000	17,500	25,000

1955
Coronet, V-8, 120" wb

	6	5	4	3	2	1
Sed	350	725	1200	2350	4800	6800
2 dr Sed	350	725	1150	2300	4700	6700
Clb Sed	350	725	1200	2350	4850	6900
2 dr HdTp	400	1300	2200	4400	7700	11,000
2 dr Sub	350	700	1150	2300	4550	6500
6P Sta Wag	350	725	1150	2300	4700	6700
8P Sta Wag	350	725	1200	2350	4800	6800

NOTE: Deduct 5 percent for 6-cyl. models.

Royal, V-8, 120" wb

Sed	350	725	1200	2350	4800	6800
2 dr HdTp	450	1450	2400	4800	8400	12,000
6P Sta Wag	350	725	1200	2350	4800	6800
8P Sta Wag	350	725	1200	2350	4850	6900

Custom Royal, V-8, 120" wb

Sed	350	750	1250	2350	5000	7100
4 dr Lancer	350	900	1550	3050	5900	8500
2 dr HdTp	550	1800	3000	6000	10,500	15,000
Conv	850	2750	4600	9200	16,100	23,000

NOTE: Deduct 5 percent for 6-cyl. models.
Add 5 percent for La-Femme.

1956
Coronet, V-8, 120" wb

Sed	350	700	1150	2300	4550	6500
4 dr HdTp	350	750	1200	2350	4900	7000
Clb Sed	200	650	1050	2250	4200	6000
2 dr HdTp	450	1450	2400	4800	8400	12,000
Conv	900	2900	4800	9600	16,800	24,000
2 dr Sub	200	650	1050	2250	4200	6000
6P Sta Wag	200	675	1050	2250	4350	6200
8P Sta Wag	350	700	1100	2300	4500	6400

NOTE: Deduct 5 percent for 6-cyl. models.

Royal, V-8, 120" wb

Sed	350	750	1300	2500	5300	7600
4 dr HdTp	350	800	1450	2750	5600	8000
2 dr HdTp	500	1550	2600	5200	9100	13,000
2 dr Sub	200	675	1050	2250	4350	6200
6P Sta Wag	350	700	1100	2300	4500	6400
8P Sta Wag	350	700	1150	2300	4600	6600

Custom Royal, V-8, 120" wb

Sed	350	750	1350	2600	5400	7700
4 dr HdTp	450	1000	1650	3350	6300	9000
2 dr HdTp	600	1900	3200	6400	11,200	16,000

	6	5	4	3	2	1
Conv	1000	3250	5400	10,800	18,900	27,000

NOTE: Add 30 percent for D500 option.
    Add 10 percent for Golden Lancer.
    Add 5 percent for La-Femme or Texan options.

1957
Coronet, V-8, 122" wb
Sed	200	600	950	2150	3850	5500
4 dr HdTp	350	750	1300	2450	5250	7500
2 dr Sed	200	600	950	2150	3850	5500
2 dr HdTp	500	1550	2600	5200	9100	13,000

NOTE: Deduct 5 percent for 6-cyl. models.

Coronet Lancer
Conv	1000	3250	5400	10,800	18,900	27,000

Royal, V-8, 122" wb
Sed	200	600	1000	2200	4000	5700
4 dr HdTp	350	800	1450	2750	5600	8000
2 dr HdTp	600	1900	3200	6400	11,200	16,000

Royal Lancer
Conv	1100	3500	5800	11,600	20,300	29,000

Custom Royal, V-8, 122" wb
4 dr Sed	200	650	1050	2250	4200	6000
4 dr HdTp	350	900	1550	3050	5900	8500
2 dr HdTp	700	2150	3600	7200	12,600	18,000
6P Sta Wag	200	650	1050	2250	4200	6000
9P Sta Wag	200	675	1050	2250	4300	6100
2 dr Sub	200	650	1050	2250	4200	6000

NOTE: Add 30 percent for D500 option.

Custom Royal Lancer
Conv	1150	3700	6200	12,400	21,700	31,000

1958 Dodge Custom Royal Lancer, 2 dr hardtop

1958
Coronet, V-8, 122" wb
4 dr Sed	200	600	950	2200	3900	5600
4 dr HdTp	350	750	1300	2450	5250	7500
2 dr Sed	200	600	950	2200	3900	5600
2 dr HdTp	550	1700	2800	5600	9800	14,000
Conv	1000	3100	5200	10,400	18,200	26,000

NOTE: Deduct 5 percent for 6-cyl. models.

Royal
4 dr Sed	200	650	1050	2250	4200	6000
4 dr HdTp	350	800	1450	2750	5600	8000
2 dr HdTp	600	1900	3200	6400	11,200	16,000

Custom Royal
NOTE: Add 30 percent for D500 option and 30 percent for E.F.I. Super D500.
    Add 20 percent for Regal Lancer.

4 dr Sed	350	700	1150	2300	4600	6600
4 dr HdTp	350	900	1550	3050	5900	8500
2 dr HdTp	700	2150	3600	7200	12,600	18,000
Conv	1100	3500	5800	11,600	20,300	29,000
6P Sta Wag	200	600	950	2200	3900	5600
9P Sta Wag	200	600	1000	2200	4000	5700
6P Cus Wag	200	650	1000	2200	4100	5800
9P Cus Wag	200	650	1000	2200	4100	5800
2 dr Sub	200	600	1000	2200	4000	5700

168 Dodge

1959
Eight cylinder models
Coronet

	6	5	4	3	2	1
4 dr Sed	200	600	950	2200	3900	5600
4 dr HdTp	200	675	1050	2250	4350	6200
2 dr Sed	200	600	950	2200	3900	5600
2 dr HdTp	500	1550	2600	5200	9100	13,000
Conv	1000	3250	5400	10,800	18,900	27,000

NOTE: Deduct 10 percent for 6-cyl. models.

Royal
4 dr Sed	200	600	1000	2200	4000	5700
4 dr HdTp	350	750	1200	2350	4900	7000
2 dr HdTp	550	1800	3000	6000	10,500	15,000

NOTE: Add 30 percent for D500 option.

Custom Royal
4 dr Sed	200	650	1000	2200	4150	5900
4 dr HdTp	350	750	1300	2450	5250	7500
2 dr HdTp	650	2050	3400	6800	11,900	17,000
Conv	1150	3600	6000	12,000	21,000	30,000

Sierra
6P Sta Wag	200	600	950	2200	3900	5600
9P Sta Wag	200	600	1000	2200	4000	5700
6P Cus Wag	200	600	950	2200	3900	5600
9P Cus Wag	200	600	1000	2200	4000	5700

1960
Dart Series
Seneca, V-8, 118" wb
4 dr Sed	200	550	900	2000	3600	5200
2 dr Sed	200	500	850	1950	3600	5100
Sta Wag	200	500	850	1950	3600	5100

Pioneer, V-8, 118" wb
4 dr Sed	200	550	900	2100	3700	5300
2 dr Sed	200	550	900	2000	3600	5200
2 dr HdTp	450	1000	1650	3350	6300	9000
9P Sta Wag	200	500	850	1950	3600	5100
6P Sta Wag	200	500	850	1900	3500	5000

Phoenix, V-8, 118" wb
4 dr Sed	200	600	950	2150	3850	5500
4 dr HdTp	400	1200	2000	3950	7000	10,000
2 dr HdTp	450	1450	2400	4800	8400	12,000
Conv	600	1900	3200	6400	11,200	16,000

Dodge Series
Matador
4 dr Sed	200	600	950	2200	3900	5600
4 dr HdTp	400	1250	2100	4200	7400	10,500
2 dr HdTp	500	1550	2600	5200	9100	13,000
9P Sta Wag	200	550	900	2000	3600	5200
6P Sta Wag	200	550	900	2100	3700	5300

Polara
4 dr Sed	200	600	1000	2200	4000	5700
4 dr HdTp	400	1300	2150	4300	7500	10,700
2 dr HdTp	550	1700	2800	5600	9800	14,000
Conv	700	2300	3800	7600	13,300	19,000
9P Sta Wag	200	600	950	2150	3850	5500
6P Sta Wag	200	600	950	2200	3900	5600

NOTE: Deduct 5 percent for 6-cyl. models.
Add 30 percent for D500 option.

1961
Lancer, 6-cyl., 106.5" wb
Sed	200	550	900	2100	3700	5300
HdTp	200	650	1050	2250	4200	6000
Spt Cpe	350	700	1100	2300	4500	6400

Lancer 770
Sta Wag	200	500	850	1950	3600	5100

Dart Series
Seneca, V-8, 118" wb
4 dr Sed	200	550	900	2000	3600	5200
2 dr Sed	200	500	850	1950	3600	5100
Sta Wag	200	500	850	1950	3600	5100

Pioneer, V-8, 118" wb
4 dr Sed	200	550	900	2100	3700	5300
2 dr Sed	200	500	850	1950	3600	5100
2 dr HdTp	350	700	1150	2300	4550	6500
9P Sta Wag	200	550	900	2150	3800	5400
6P Sta Wag	200	550	900	2000	3600	5200

Dodge 169

	6	5	4	3	2	1
Phoenix, V-8, 118" wb						
4 dr Sed	200	550	900	2100	3700	5300
4 dr HdTp	200	600	950	2150	3850	5500
2 dr HdTp	350	750	1200	2350	4900	7000
Conv	450	1450	2400	4800	8400	12,000
Polara						
4 dr Sed	200	600	1000	2200	4000	5700
4 dr HdTp	200	650	1050	2250	4200	6000
2 dr HdTp	350	750	1300	2450	5250	7500
Conv	500	1550	2600	5200	9100	13,000
9P Sta Wag	200	550	900	2100	3700	5300
6P Sta Wag	200	550	900	2000	3600	5200

NOTE: Deduct 5 percent for 6-cyl. models.
  Add 30 percent for D500 option.
  Add 30 percent for Ram Charger "413".

1962

	6	5	4	3	2	1
Lancer, 6-cyl., 106.5" wb						
4 dr Sed	150	450	800	1750	3250	4700
2 dr Sed	150	450	800	1800	3300	4800
4 dr Sta Wag	150	450	800	1750	3250	4700
Lancer 770, 6-cyl., 106.5" wb						
4 dr Sed	200	500	850	1900	3500	5000
2 dr Sed	200	500	850	1850	3350	4900
Sta Wag	150	450	800	1800	3300	4800
GT Cpe	350	750	1200	2350	4900	7000
		Dart Series				
Dart, V-8, 116" wb						
4 dr Sed	200	500	850	1950	3600	5100
2 dr Sed	200	500	850	1900	3500	5000
2 dr HdTp	200	600	950	2150	3850	5500
9P Sta Wag	200	500	850	1900	3500	5000
6P Sta Wag	200	500	850	1850	3350	4900
Dart 440, V-8, 116" wb						
4 dr Sed	200	550	900	2000	3600	5200
4 dr HdTp	200	550	900	2100	3700	5300
2 dr HdTp	200	650	1050	2250	4200	6000
Conv	400	1200	2000	3950	7000	10,000
9P Sta Wag	200	500	850	1950	3600	5100
6P Sta Wag	200	500	850	1900	3500	5000
Polara 500, V-8, 116" wb						
4 dr HdTp	200	600	950	2150	3850	5500
2 dr HdTp	350	700	1150	2300	4550	6500
Conv	400	1300	2200	4400	7700	11,000

NOTE: Add 20 percent for Daytona 500 Pace Car.

	6	5	4	3	2	1
Custom 880, V-8, 122" wb						
4 dr Sed	200	550	900	2100	3700	5300
4 dr HdTp	200	600	950	2150	3850	5500
2 dr HdTp	350	750	1200	2350	4900	7000
Conv	450	1450	2400	4800	8400	12,000
9P Sta Wag	200	500	850	1850	3350	4900
6P Sta Wag	200	500	850	1950	3600	5100

NOTE: Deduct 5 percent for 6-cyl. models.
  Add 50 percent for Ram Charger "413".

1963

	6	5	4	3	2	1
Dart 170, 6-cyl., 111" wb						
4 dr Sed	150	350	750	1450	3000	4200
2 dr Sed	150	350	750	1450	2900	4100
Sta Wag	150	350	750	1450	3000	4200
Dart 270, 6-cyl., 111" wb						
4 dr Sed	150	400	750	1550	3050	4300
2 dr Sed	150	350	750	1450	3000	4200
Conv	350	700	1150	2300	4600	6600
Sta Wag	150	400	750	1550	3050	4300
Dart GT						
HdTp	350	800	1450	2750	5600	8000
Conv	450	1000	1650	3350	6300	9000
Dodge, V-8, 119" wb						
4 dr Sed	150	450	750	1700	3200	4600
2 dr Sed	150	450	800	1750	3250	4700
2 dr HdTp	200	650	1050	2250	4200	6000
9P Sta Wag	150	400	750	1650	3150	4500
6P Sta Wag	150	400	750	1600	3100	4400
Polara, 318 CID V-8, 119" wb						
4 dr Sed	200	500	850	1850	3350	4900
4 dr HdTp	200	550	900	2150	3800	5400
2 dr HdTp	350	700	1150	2300	4550	6500

Dodge

	6	5	4	3	2	1
Conv	450	1000	1650	3350	6300	9000
Polara 500, 383 CID V-8, 122" wb						
2 dr HdTp	350	750	1300	2450	5250	7500
Conv	450	1100	1700	3650	6650	9500
880, V-8, 122" wb						
4 dr Sed	200	550	900	2150	3800	5400
4 dr HdTp	200	650	1050	2250	4200	6000
2 dr HdTp	350	750	1200	2350	4900	7000
Conv	450	1000	1650	3350	6300	9000
9P Sta Wag	200	500	850	1900	3500	5000
6P Sta Wag	150	450	800	1800	3300	4800

NOTE: Deduct 5 percent for 6-cyl. models.
Add 100 percent for Ram Charger 426.

1964

	6	5	4	3	2	1
Dart 170, 6-cyl., 111" wb						
4 dr Sed	150	350	750	1450	3000	4200
2 dr Sed	150	350	750	1450	2900	4100
Sta Wag	150	350	750	1450	3000	4200
Dart 270, 6-cyl., 106" wb						
4 dr Sed	150	400	750	1550	3050	4300
2 dr Sed	150	350	750	1450	3000	4200
Conv	350	750	1300	2400	5200	7400
Sta Wag	150	400	750	1550	3050	4300
Dart GT						
HdTp	350	750	1300	2450	5250	7500
Conv	450	1100	1700	3650	6650	9500
Dodge, V-8, 119" wb						
4 dr Sed	150	450	750	1700	3200	4600
2 dr Sed	150	450	800	1750	3250	4700
2 dr HdTp	200	650	1050	2250	4200	6000
9P Sta Wag	150	400	750	1650	3150	4500
6P Sta Wag	150	400	750	1600	3100	4400
Polara, V-8, 119" wb						
4 dr Sed	200	500	850	1850	3350	4900
4 dr HdTp	200	550	900	2150	3800	5400
2 dr HdTp	350	750	1300	2450	5250	7500
Conv	400	1200	2000	3950	7000	10,000
880, V-8, 122" wb						
4 dr Sed	200	500	850	1950	3600	5100
4 dr HdTp	200	600	950	2200	3900	5600
2 dr HdTp	350	800	1450	2750	5600	8000
Conv	400	1250	2100	4200	7400	10,500
9P Sta Wag	200	500	850	1900	3500	5000
6P Sta Wag	200	500	850	1850	3350	4900

NOTE: Add 50 percent for 426 wedge and 60 percent for 415 hp Hemi and 100 percent for 425 hp Hemi.
Add 30 percent for Polara 500 option.
Deduct 5 percent for 6-cyl. models.

1965

	6	5	4	3	2	1
Dart, V8, 106" wb						
4 dr Sed	150	350	750	1450	3000	4200
2 dr Sed	150	350	750	1450	2900	4100
Sta Wag	150	350	750	1450	3000	4200
Dart 270, V-8, 106" wb						
4 dr Sed	150	400	750	1550	3050	4300
2 dr Sed	150	350	750	1450	3000	4200
HdTp	200	650	1050	2250	4200	6000
Conv	350	700	1150	2300	4600	6600
Sta Wag	150	400	750	1550	3050	4300
Dart GT						
HdTp	350	800	1450	2750	5600	8000
Conv	400	1200	2000	3950	7000	10,000
Coronet, V-8, 117" wb						
4 dr Sed	150	300	750	1350	2700	3900
2 dr Sed	150	300	700	1250	2650	3800
Coronet, V-8, 117" wb						
4 dr Sed	150	350	750	1450	2900	4100
2 dr Sed	150	350	750	1350	2800	4000
Sta Wag	150	350	750	1450	2900	4100
Coronet 440, V-8, 117" wb						
4 dr Sed	150	350	750	1450	3000	4200
2 dr HdTp	350	800	1450	2750	5600	8000
Conv	400	1250	2100	4200	7400	10,500
9P Sta Wag	150	350	750	1450	2900	4100
6P Sta Wag	150	350	750	1350	2800	4000

Dodge 171

	6	5	4	3	2	1
Coronet 500, V-8, 117" wb						
2 dr HdTp	350	900	1550	3050	5900	8500
Conv	400	1300	2200	4400	7700	11,000
Polara, V-8, 121" wb						
4 dr Sed	150	350	750	1450	3000	4200
4 dr HdTp	150	400	750	1600	3100	4400
2 dr HdTp	350	700	1150	2300	4550	6500
Conv	450	1450	2400	4800	8400	12,000
9P Sta Wag	150	350	750	1450	2900	4100
6P Sta Wag	150	350	750	1350	2800	4000
Custom 880, V-8, 121" wb						
4 dr Sed	150	400	750	1550	3050	4300
4 dr HdTp	200	500	850	1900	3500	5000
2 dr HdTp	350	750	1200	2350	4900	7000
Conv	450	1500	2500	5000	8800	12,500
9P Sta Wag	150	400	750	1550	3050	4300
6P Sta Wag	150	350	750	1450	3000	4200
Monaco, V-8, 121" wb						
2 dr HdTp	350	750	1200	2350	4900	7000

NOTE: Deduct 5 percent for 6-cyl. models.
 Add 50 percent for 426 wedge and 60 percent
 for 415 hp Hemi and 100 percent for 425 hp Hemi.

1966
Dart, 6-cyl., 111" wb

4 dr Sed	150	350	750	1450	3000	4200
2 dr Sed	150	350	750	1450	2900	4100
Sta Wag	150	350	750	1450	3000	4200
Dart 270, V-8, 111" wb						
4 dr Sed	150	400	750	1550	3050	4300
2 dr Sed	150	350	750	1450	3000	4200
2 dr HdTp	350	700	1150	2300	4550	6500
Conv	350	800	1450	2750	5600	8000
Sta Wag	150	400	750	1550	3050	4300
Dart GT, V-8, 111" wb						
2 dr HdTp	350	750	1300	2450	5250	7500
Conv	450	1100	1700	3650	6650	9500
Coronet, V-8, 117" wb						
4 dr Sed	150	350	750	1350	2800	4000
2 dr Sed	150	300	750	1350	2700	3900
Coronet DeLuxe, V-8, 117" wb						
4 dr Sed	150	350	750	1450	3000	4200
2 dr Sed	150	350	750	1450	2900	4100
Sta Wag	150	350	750	1450	3000	4200
Coronet 440, V-8, 117" wb						
4 dr Sed	150	400	750	1550	3050	4300
2 dr HdTp	350	900	1550	3050	5900	8500
Conv	400	1200	2000	3950	7000	10,000
Sta Wag	150	400	750	1550	3050	4300
Coronet 500, V-8, 117" wb						
Sed	150	400	750	1550	3050	4300
HdTp	450	1000	1650	3350	6300	9000
Conv	400	1300	2200	4400	7700	11,000
Coronet R/T, V-8, 117" wb						
2 dr HdTp	600	1900	3200	6400	11,200	16,000
Conv	750	2400	4000	8000	14,000	20,000

NOTE: Deduct 5 percent for all Dodge 6-cyl.

Polara, V-8, 121" wb

4 dr Sed	150	400	750	1600	3100	4400
4 dr HdTp	200	500	850	1850	3350	4900
2 dr HdTp	350	700	1150	2300	4550	6500
Conv	450	1000	1650	3350	6300	9000
Sta Wag	150	350	750	1450	3000	4200
Monaco, V-8, 121" wb						
4 dr Sed	200	550	900	2150	3800	5400
4 dr HdTp	200	650	1050	2250	4200	6000
2 dr HdTp	350	700	1150	2300	4600	6600
Sta Wag	200	550	900	2150	3800	5400
Monaco 500						
2 dr Hdtp	350	750	1250	2350	5000	7100
Charger, 117" wb						
2 dr HdTp	550	1700	2800	5600	9800	14,000

NOTE: Add 100 percent for 425 hp 426 Hemi.

1967
Dart, 6-cyl., 111" wb

4 dr Sed	150	350	750	1450	3000	4200
2 dr Sed	150	350	750	1450	2900	4100

Dodge

1967 Dodge Charger 2dr hardtop

Dart 270, 6-cyl., 111" wb

	6	5	4	3	2	1
4 dr	150	400	750	1550	3050	4300
2 dr Hdtp	200	500	850	1900	3500	5000
Dart GT, V-8						
2 dr HdTp	450	1100	1700	3650	6650	9500
Conv	400	1200	2000	3950	7000	10,000
Coronet DeLuxe, V-8, 117" wb						
4 dr Sed	150	350	750	1450	3000	4200
2 dr Sed	150	350	750	1450	2900	4100
Sta Wag	150	350	750	1450	3000	4200
Coronet 440, V-8, 117" wb						
4 dr Sed	150	400	750	1550	3050	4300
2 dr HdTp	350	900	1550	3050	5900	8500
Conv	400	1300	2200	4400	7700	11,000
Sta Wag	150	400	750	1550	3050	4300
Coronet 500, V-8, 117" wb						
4 dr Sed	150	400	750	1600	3100	4400
2 dr HdTp	450	1100	1700	3650	6650	9500
Conv	450	1450	2400	4800	8400	12,000
Coronet R/T, V-8, 117" wb						
2 dr HdTp	650	2050	3400	6800	11,900	17,000
Conv	850	2650	4400	8800	15,400	22,000
Charger, V-8, 117" wb						
2 dr HdTp	500	1550	2600	5200	9100	13,000
Polara, V-8, 122" wb						
4 dr Sed	150	450	800	1800	3300	4800
4 dr HdTp	200	500	850	1900	3500	5000
2 dr HdTp	200	600	950	2150	3850	5500
Conv	450	1000	1650	3350	6300	9000
Sta Wag	150	350	750	1450	3000	4200
Polara 500, V-8, 122" wb						
2 dr HdTp	350	700	1150	2300	4550	6500
Conv	450	1100	1700	3650	6650	9500
Monaco, V-8, 122" wb						
4 dr Sed	200	600	950	2150	3850	5500
4 dr HdTp	200	600	950	2200	3900	5600
2 dr HdTp	350	725	1200	2350	4800	6800
Sta Wag	200	600	950	2150	3850	5500
Monaco 500, V-8, 122" wb						
2 dr HdTp	350	750	1300	2450	5250	7500

NOTE: Add 100 percent for 426 Hemi and 60 percent for 440 Magnum.

1968

Dart, 6-cyl., 111" wb

4 dr Sed	150	400	750	1550	3050	4300
2 dr Sed	150	350	750	1450	3000	4200
Dart, V-8, 111" wb						
4 dr Sed	150	400	750	1600	3100	4400
2 dr HdTp	200	650	1050	2250	4200	6000
Dart GT						
2 dr HdTp	450	1000	1650	3350	6300	9000
Conv	400	1200	2000	3950	7000	10,000
Dart GT Sport 340, 111" wb						
2 dr HdTp	550	1700	2800	5600	9800	14,000
Conv	700	2150	3600	7200	12,600	18,000

Dodge 173

	6	5	4	3	2	1
Dart GT Sport 383, 111" wb						
2 dr HdTp	600	1900	3200	6400	11,200	16,000
Conv	700	2300	3800	7600	13,300	19,000
Coronet DeLuxe, V-8, 117" wb						
4 dr Sed	150	350	750	1450	3000	4200
2 dr Sed	150	350	750	1450	2900	4100
Sta Wag	150	350	750	1450	3000	4200
Coronet 440						
2 dr Sed	150	400	750	1550	3050	4300
2 dr HdTp	350	800	1450	2750	5600	8000
4 dr Sed	150	400	750	1600	3100	4400
Sta Wag	150	400	750	1650	3150	4500
Coronet 500						
2 dr HdTp	400	1300	2200	4400	7700	11,000
Conv	500	1550	2600	5200	9100	13,000
Sta Wag	150	450	750	1700	3200	4600
4 dr Sed	150	450	750	1700	3200	4600
Coronet Super Bee, V-8, 117" wb						
2 dr Sed	600	1900	3200	6400	11,200	16,000
Coronet R/T						
2 dr HdTp	700	2300	3800	7600	13,300	19,000
Conv	900	2900	4800	9600	16,800	24,000
Charger						
2 dr HdTp	650	2050	3400	6800	11,900	17,000
Charger R/T						
2 dr HdTp	1150	3600	6000	12,000	21,000	30,000
Polara, V-8, 122" wb						
4 dr Sed	150	400	750	1550	3050	4300
2 dr HdTp	200	650	1050	2250	4200	6000
4 dr HdTp	200	600	950	2150	3850	5500
Conv	400	1200	2000	3950	7000	10,000
Sta Wag	150	400	750	1550	3050	4300
Polara 500						
2 dr HdTp	350	700	1150	2300	4550	6500
Conv	400	1300	2200	4400	7700	11,000
Monaco						
2 dr HdTp	350	700	1150	2300	4600	6600
4 dr HdTp	200	550	900	2150	3800	5400
4 dr Sed	150	400	750	1650	3150	4500
Sta Wag	150	400	750	1650	3150	4500
Monaco 500						
2 dr HdTp	350	750	1200	2350	4900	7000

NOTE: Add 100 percent for 426 Hemi or 60 percent for 440 Magnum.

1969

	6	5	4	3	2	1
Dart V-8						
2 dr HdTp	125	250	700	1150	2450	3500
4 dr Sed	150	400	750	1550	3050	4300
Dart Swinger						
2 dr HdTp	200	550	900	2100	3700	5300
Dart Custom, V-8, 111" wb						
4 dr Sed	150	400	750	1600	3100	4400
2 dr HdTp	350	700	1150	2300	4550	6500
2 dr HdTp	350	700	1150	2300	4550	6500
Dart GT						
2 dr HdTp	450	1450	2400	4800	8400	12,000
Conv	550	1700	2800	5600	9800	14,000
Dart GT Sport 340						
2 dr HdTp	550	1800	3000	6000	10,500	15,000
Conv	700	2150	3600	7200	12,600	18,000
Dart GT Sport 383, 111" wb						
2 dr HdTp (383 hp)	650	2050	3400	6800	11,900	17,000
Conv (330 hp)	700	2300	3800	7600	13,300	19,000
Dart GT Sport 440, 111" wb						
2 dr HdTp	750	2400	4000	8000	14,000	20,000
Coronet DeLuxe, V-8, 117" wb						
4 dr	150	350	750	1450	3000	4200
2 dr	150	350	750	1450	2900	4100
Sta Wag	150	350	750	1450	3000	4200
Coronet 440						
2 dr Sed	150	350	750	1450	3000	4200
2 dr HdTp	450	1000	1650	3350	6300	9000
4 dr Sed	150	400	750	1550	3050	4300
Sta Wag	150	400	750	1550	3050	4300
Coronet 500						
2 dr HdTp	400	1200	2000	3950	7000	10,000
Conv	450	1450	2400	4800	8400	12,000

	6	5	4	3	2	1
Sta Wag	150	400	750	1600	3100	4400
4 dr Sed	150	400	750	1650	3150	4500
Coronet Super Bee, V-8						
2 dr HdTp	700	2150	3600	7200	12,600	18,000
2 dr Cpe (base 440/375)	600	1900	3200	6400	11,200	16,000
NOTE: Add 60 percent for Super Bee six pack.						
Coronet R/T						
2 dr HdTp	1100	3500	5800	11,600	20,300	29,000
Conv	1150	3600	6000	12,000	21,000	30,000
Charger						
2 dr HdTp	700	2150	3600	7200	12,600	18,000
Charger 500						
2 dr HdTp	1300	4200	7000	14,000	24,500	35,000
Charger R/T						
2 dr HdTp	1150	3700	6200	12,400	21,700	31,000
Charger Daytona						
2 dr HdTp	2200	7100	11,800	23,600	41,300	59,000
Polara V-8						
4 dr Sed	150	350	750	1450	2900	4100
2 dr HdTp	200	500	850	1900	3500	5000
4 dr HdTp	150	400	750	1550	3050	4300
Conv	350	900	1550	3050	5900	8500
Sta Wag	150	350	750	1350	2800	4000
Polara 500						
2 dr HdTp	200	600	950	2150	3850	5500
Conv	450	1000	1650	3350	6300	9000
Monaco						
2 dr HdTp	200	600	1000	2200	4000	5700
4 dr HdTp	150	450	800	1800	3300	4800
4 dr Sed	150	350	750	1450	3000	4200
Sta Wag	150	350	750	1450	2900	4100

NOTE: Add 100 percent for 426 Hemi or 60 percent for 440 Magnum.
      Add 20 percent for 383 engine.
      Add 70 percent for 3 x 2 BBL.

1970

	6	5	4	3	2	1
Dart, V-8, 111" wb						
4 dr Sed	150	400	750	1550	3050	4300
2 dr Swinger HdTp	200	500	850	1950	3600	5100
Dart Custom						
4 dr Sed	150	400	750	1600	3100	4400
2 dr HdTp	200	600	950	2150	3850	5500
Dart Swinger 340						
2 dr HdTp	350	700	1150	2300	4550	6500
Challenger, V-8, 110" wb						
2 dr HdTp	550	1800	3000	6000	10,500	15,000
2 dr Formal HdTp	600	1900	3200	6400	11,200	16,000
Conv	750	2400	4000	8000	14,000	20,000
Challenger R/T						
2 dr HdTp	650	2050	3400	6800	11,900	17,000
2 dr Formal HdTp	700	2150	3600	7200	12,600	18,000
Conv	850	2650	4400	8800	15,400	22,000
Challenger T/A						
2 dr Cpe	1150	3600	6000	12,000	21,000	30,000
Coronet, V-8, 117" wb						
4 dr Sed	150	350	750	1450	3000	4200
2 dr Sed	150	400	750	1550	3050	4300
Sta Wag	150	350	750	1450	3000	4200
Coronet 440						
2 dr HdTp	350	900	1550	3050	5900	8500
4 dr Sed	150	400	750	1650	3150	4500
2 dr Sed	150	400	750	1650	3150	4500
Sta Wag	150	400	750	1550	3050	4300
Coronet 500						
4 dr Sed	200	500	850	1900	3500	5000
2 dr HdTp	400	1200	2000	3950	7000	10,000
Conv	500	1550	2600	5200	9100	13,000
Sta Wag	150	400	750	1600	3100	4400
Coronet Super Bee						
2 dr HdTp	750	2400	4000	8000	14,000	20,000
2 dr Cpe	700	2300	3800	7600	13,300	19,000
Coronet R/T						
2 dr HdTp	1000	3100	5200	10,400	18,200	26,000
Conv	1150	3700	6200	12,400	21,700	31,000
Charger						
2 dr HdTp	700	2300	3800	7600	13,300	19,000
2 dr 500 HdTp	1200	3850	6400	12,800	22,400	32,000

Dodge   175

	6	5	4	3	2	1
2 dr R/T HdTp	1150	3600	6000	12,000	21,000	30,000
Polara, V-8, 122" wb						
2 dr HdTp	200	600	950	2150	3850	5500
4 dr HdTp	150	400	750	1650	3150	4500
Conv	350	900	1550	3050	5900	8500
4 dr Sed	150	400	750	1600	3100	4400
Polara Custom						
4 dr Sed	150	400	750	1650	3150	4500
2 dr HdTp	200	650	1050	2250	4200	6000
4 dr HdTp	150	350	750	1450	3000	4200
Monaco						
4 dr Sed	150	400	750	1600	3100	4400
2 dr HdTp	200	600	950	2150	3850	5500
4 dr HdTp	150	450	750	1700	3200	4600
Sta Wag	150	400	750	1650	3150	4500

NOTE: Add 100 percent for Hemi or 40 percent for 440 Magnum.
Add 20 percent for 383 engine.
Add 70 percent for 3 x 2 BBL.

1971
Demon

	6	5	4	3	2	1
Cpe	150	350	750	1350	2800	4000
340 Cpe	200	500	850	1900	3500	5000
Dart						
4 dr Custom Sed	150	300	700	1250	2650	3800
Swinger						
2 dr HdTp	350	700	1150	2300	4550	6500
Challenger						
2 dr HdTp	550	1700	2800	5600	9800	14,000
Conv	700	2300	3800	7600	13,300	19,000
2 dr RT HdTp	700	2150	3600	7200	12,600	18,000
Coronet Brougham						
4 dr Sed	125	200	600	1100	2200	3100
Sta Wag	125	200	600	1100	2200	3100
Charger						
2 dr 500 HdTp	650	2050	3400	6800	11,900	17,000
2 dr HdTp	550	1800	3000	6000	10,500	15,000
Super Bee	700	2300	3800	7600	13,300	19,000
2 dr RT HdTp	650	2050	3400	6800	11,900	17,000
2 dr SE HdTp	600	1900	3200	6400	11,200	16,000
Polara Brougham						
4 dr HdTp	125	200	600	1100	2250	3200
2 dr HdTp	125	200	600	1100	2300	3300
Monaco						
4 dr HdTp	125	200	600	1100	2300	3300
2 dr HdTp	125	250	700	1150	2400	3400
Sta Wag	125	200	600	1100	2300	3300

NOTE: Add 100 percent for Hemi or 40 percent for 440 Magnum.
Add 70 percent for 3 x 2 BBL.

1972 Dodge Monaco 2 dr hardtop

176 Dodge

1972
Colt

	6	5	4	3	2	1
4 dr Sed	100	175	525	1050	2100	3000
2 dr Cpe	100	175	525	1050	2050	2900
2 dr HdTp	125	200	600	1100	2250	3200
4 dr Sta Wag	100	175	525	1050	2100	3000

Dart
4 dr Sed	150	300	750	1350	2700	3900
Demon 340	350	750	1300	2450	5250	7500

Swinger
2 dr HdTp	350	700	1150	2300	4550	6500

Challenger
2 dr HdTp	500	1550	2600	5200	9100	13,000
2 dr Rallye HdTp	550	1800	3000	6000	10,500	15,000

Coronet
4 dr Sed	125	200	600	1100	2250	3200
Sta Wag	125	200	600	1100	2200	3100

Charger
2 dr Sed	450	1100	1700	3650	6650	9500
2 dr HdTp	400	1200	2000	3950	7000	10,000
2 dr SE HdTp	450	1450	2400	4800	8400	12,000

NOTE: Add 20 percent for Rallye.

Polara V-8
4 dr Sed	100	175	525	1050	2100	3000
4 dr HdTp	125	200	600	1100	2200	3100
2 dr HdTp	125	250	700	1150	2400	3400
4 dr Sta Wag	125	200	600	1100	2250	3200

Polara Custom
4 dr Sed	125	200	600	1100	2250	3200
4 dr HdTp	125	200	600	1100	2300	3300
2 dr HdTp	150	350	750	1350	2800	4000
4 dr Sta Wag 2S	150	300	700	1250	2600	3700
4 dr Sta Wag 3S	150	300	700	1250	2650	3800

Monaco
4 dr Sed	125	200	600	1100	2300	3300
4 dr HdTp	125	250	700	1150	2400	3400
2 dr HdTp	150	350	750	1450	3000	4200
4 dr Sta Wag 2S	150	300	750	1350	2700	3900
4 dr Sta Wag 3S	150	350	750	1350	2800	4000

NOTE: Add 70 percent for 3 x 2 BBL.

1973
Colt

	6	5	4	3	2	1
4 dr	100	175	525	1050	2100	3000
2 dr Cpe	100	175	525	1050	2050	2900
2 dr HdTp	125	200	600	1100	2250	3200
4 dr Sta Wag	100	175	525	1050	2100	3000
2 dr HdTp GT	125	250	700	1150	2450	3500

Dart
Sed	125	250	700	1150	2500	3600

Dart Sport
Cpe	150	350	750	1450	2900	4100

Dart Sport '340'
Cpe	200	500	850	1900	3500	5000

Dart Custom
Sed	150	300	700	1250	2600	3700

Swinger
HdTp	200	500	850	1900	3500	5000
Spl HdTp	200	500	850	1850	3350	4900

Challenger
HdTp Cpe	400	1300	2200	4400	7700	11,000
Rallye	450	1450	2400	4800	8400	12,000

Coronet
Sed	125	200	600	1100	2200	3100
Sta Wag	125	200	600	1100	2250	3200

Coronet Custom
Sed	125	250	700	1150	2400	3400
Sta Wag	125	250	700	1150	2450	3500

Crestwood
Sta Wag-6P	125	250	700	1150	2500	3600
Sta Wag-9P	150	300	700	1250	2600	3700

Charger
Cpe	350	850	1500	2800	5650	8100
HdTp	450	1000	1650	3350	6300	9000
'SE' HdTp	450	1050	1650	3500	6400	9200
Rallye	450	1100	1700	3650	6650	9500

Dodge 177

	6	5	4	3	2	1
Polara						
Sed	125	200	600	1100	2250	3200
HdTp Cpe	125	250	700	1150	2500	3600
Sta Wag	125	200	600	1100	2250	3200
Polara Custom						
Sed	125	250	700	1150	2400	3400
HdTp Cpe	150	300	700	1250	2650	3800
HdTp Sed	150	300	700	1250	2600	3700
Sta Wag 2S	125	200	600	1100	2300	3300
Sta Wag 3S	125	250	700	1150	2400	3400
Monaco						
Sed	125	250	700	1150	2450	3500
HdTp Sed	150	300	700	1250	2600	3700
HdTp Cpe	150	350	750	1450	2900	4100
Sta Wag 2S	125	200	600	1100	2300	3300
Sta Wag 3S	125	250	700	1150	2450	3500
1974						
Colt						
4 dr Sed	100	175	525	1050	2100	3000
2 dr Cpe	100	175	525	1050	2050	2900
2 dr HdTp	125	200	600	1100	2250	3200
2 dr Sta Wag	100	175	525	1050	2100	3000
2 dr HdTp GT	125	250	700	1150	2450	3500
4 dr Sta Wag	100	175	525	1050	2100	3000
Dart						
Sed	150	300	700	1250	2600	3700
Spe Cpe	150	350	750	1450	3000	4200
Dart Sport '360'						
Cpe	150	450	750	1700	3200	4600
Dart Special Edition						
HdTp Cpe	150	350	750	1450	2900	4100
Sed	150	300	750	1350	2700	3900
Dart Custom						
Sed	150	300	700	1250	2650	3800
Swinger						
HdTp Cpe	150	300	750	1350	2700	3900
Swinger Special						
HdTp Cpe	150	350	750	1350	2800	4000
Challenger						
HdTp Cpe	400	1300	2200	4400	7700	11,000
Coronet						
Sta Wag	125	250	700	1150	2450	3500
Sta Wag	125	200	600	1100	2300	3300
Coronet Custom						
Sed	125	250	700	1150	2400	3400
Sta Wag	125	250	700	1150	2400	3400
Coronet Crestwood						
Sta Wag	125	250	700	1150	2500	3600
Coronet Charger						
Cpe	200	600	950	2200	3900	5600
HdTp	350	700	1150	2300	4550	6500
'SE' HdTp	350	750	1200	2350	4900	7000
Monaco						
Sed	125	200	600	1100	2300	3300
HdTp Cpe	125	250	700	1150	2450	3500
Sta Wag	125	200	600	1100	2300	3300
Monaco Custom						
Sed	125	250	700	1150	2450	3500
HdTp Cpe	150	300	700	1250	2650	3800
HdTp Sed	150	300	700	1250	2600	3700
Sta Wag 2S	125	250	700	1150	2400	3400
Sta Wag 3S	125	250	700	1150	2450	3500
Monaco Brougham						
Sed	125	250	700	1150	2500	3600
HdTp Cpe	150	300	750	1350	2700	3900
HdTp Sed	150	300	700	1250	2650	3800
Sta Wag 2S	125	250	700	1150	2500	3600
Sta Wag 3S	150	300	700	1250	2650	3800
1975						
Dart						
Sed	125	200	600	1100	2250	3200
Dart Sport						
Cpe	125	250	700	1150	2500	3600
Swinger						
HdTp Cpe	150	300	700	1250	2650	3800
Spl HdTp	125	200	600	1100	2300	3300

Dodge

	6	5	4	3	2	1
Dart Custom						
Sed	150	300	700	1250	2650	3800
'360' Cpe	150	450	750	1700	3200	4600
Dart S.E.						
HdTp Cpe	150	350	750	1450	2900	4100
Sed	125	250	700	1150	2500	3600
Coronet						
HdTp Cpe	150	300	700	1250	2650	3800
Sed	125	200	600	1100	2250	3200
Sta Wag	125	250	700	1150	2400	3400
Coronet Custom						
HdTp Cpe	150	350	750	1350	2800	4000
Sed	125	200	600	1100	2300	3300
Sta Wag	125	250	700	1150	2400	3400
Coronet Brougham						
HdTp Cpe	150	350	750	1450	2900	4100
Crestwood						
Sta Wag	125	250	700	1150	2500	3600
Charger S.E.						
HdTp Cpe	150	450	800	1800	3300	4800
Monaco						
HdTp Cpe	150	350	750	1450	3000	4200
Sed	125	200	600	1100	2300	3300
Sta Wag	125	250	700	1150	2400	3400
Royal Monaco						
HdTp Cpe	150	400	750	1600	3100	4400
Sed	125	250	700	1150	2450	3500
HdTp Sed	150	350	750	1450	2900	4100
Sta Wag 2S	125	250	700	1150	2450	3500
Sta Wag 3S	125	250	700	1150	2500	3600
Royal Monaco Brougham						
Cpe	150	400	750	1650	3150	4500
Sed	125	250	700	1150	2500	3600
HdTp Sed	150	350	750	1450	3000	4200
Sta Wag 2S	150	300	700	1250	2600	3700
Sta Wag 3S	150	300	700	1250	2650	3800
1976						
Colt, 4-cyl.						
4 dr Sed	125	200	600	1100	2200	3100
Cpe	125	200	600	1100	2250	3200
2 dr Carousel HdTp	125	250	700	1150	2450	3500
Sta Wag	125	200	600	1100	2250	3200
2 dr HdTp GT	125	250	700	1150	2400	3400
Dart Sport, 6-cyl.						
Spt Cpe	125	250	700	1150	2400	3400
Dart Swinger Special, 6-cyl.						
2 dr HdTp	125	250	700	1150	2450	3500
Dart, 6-cyl.						
4 dr Sed	125	200	600	1100	2300	3300
Swinger	125	250	700	1150	2400	3400
2 dr HdTp	125	250	700	1150	2500	3600
Aspen, V-8						
4 dr Sed	125	250	700	1150	2400	3400
Spt Cpe	125	250	700	1150	2500	3600
Sta Wag	125	250	700	1150	2450	3500
Aspen Custom, V-8						
4 dr Sed	125	250	700	1150	2450	3500
Spt Cpe	150	300	700	1250	2600	3700
Aspen Special Edition, V-8						
4 dr Sed	125	250	700	1150	2500	3600
Spt Cpe	150	300	700	1250	2650	3800
Sta Wag	150	300	700	1250	2600	3700
Coronet, V-8						
4 dr Sed	125	250	700	1150	2400	3400
2S Sta Wag	125	200	600	1100	2300	3300
3S Sta Wag	125	250	700	1150	2400	3400
Coronet Brougham, V-8						
4 dr Sed	125	250	700	1150	2450	3500
Crestwood, V-8						
2S Sta Wag	125	250	700	1150	2400	3400
3S Sta Wag	125	250	700	1150	2450	3500
Charger, V-8						
2 dr HdTp	150	450	800	1750	3250	4700
2 dr HdTp Spt	150	450	800	1800	3300	4800
Charger Special Edition, V-8						
2 dr HdTp	200	500	850	1850	3350	4900

Dodge

Monaco, V-8	6	5	4	3	2	1
4 dr Sed	150	300	750	1350	2700	3900
Sta Wag	150	300	700	1250	2600	3700
Royal Monaco, V-8						
4 dr Sed	150	350	750	1350	2800	4000
2 dr HdTp	150	350	750	1450	3000	4200
2S Sta Wag	150	350	750	1350	2800	4000
3S Sta Wag	150	350	750	1450	2900	4100
Royal Monaco Brougham, V-8						
4 dr Sed	125	250	700	1150	2500	3600
2 dr HdTp	150	350	750	1450	3000	4200
Sta Wag	150	350	750	1450	2900	4100

1977 Dodge Charger Daytona

1977

Colt, 4-cyl.						
4 dr Sed	125	200	600	1100	2250	3200
Cpe	125	200	600	1100	2300	3300
Cus Cpe	125	250	700	1150	2400	3400
2 dr Carousel HdTp	125	250	700	1150	2500	3600
Sta Wag	125	200	600	1100	2300	3300
2 dr HdTp GT	125	250	700	1150	2450	3500
Aspen, V-8						
4 dr Sed	125	250	700	1150	2450	3500
Spt Cpe	150	300	700	1250	2600	3700
Sta Wag	125	250	700	1150	2400	3400
Aspen Custom, V-8						
4 dr Sed	125	250	700	1150	2500	3600
Spt Cpe	150	300	700	1250	2650	3800
Aspen Special Edition, V-8						
4 dr Sed	150	300	700	1250	2600	3700
Spt Cpe	150	350	750	1350	2800	4000
Sta Wag	150	300	700	1250	2650	3800
Monaco, V-8						
4 dr Sed	125	250	700	1150	2450	3500
2 dr HdTp	150	300	700	1250	2650	3800
2S Sta Wag	125	250	700	1150	2400	3400
3S Sta Wag	125	250	700	1150	2450	3500
Monaco Brougham, V-8						
4 dr Sed	150	300	700	1250	2600	3700
2 dr HdTp	150	350	750	1350	2800	4000
Monaco Crestwood, V-8						
2S Sta Wag	125	250	700	1150	2400	3400
3S Sta Wag	125	250	700	1150	2450	3500
Charger Special Edition, V-8						
2 dr HdTp	200	500	850	1950	3600	5100
Diplomat, V-8						
4 dr Sed	150	350	750	1450	3000	4200
Cpe	150	400	750	1600	3100	4400
Diplomat Medallion, V-8						
4 dr Sed	150	400	750	1600	3100	4400
Cpe	150	450	750	1700	3200	4600
Royal Monaco, V-8						
4 dr Sed	150	400	750	1550	3050	4300
2 dr HdTp	150	400	750	1650	3150	4500
Sta Wag	150	400	750	1600	3100	4400

Dodge

Royal Monaco Brougham, V-8

	6	5	4	3	2	1
4 dr Sed	150	300	700	1250	2600	3700
2 dr HdTp	150	400	750	1550	3050	4300
2S Sta Wag	150	350	750	1450	2900	4100
3S Sta Wag	150	350	750	1450	3000	4200

1978
Omni
4 dr Hatch	125	200	600	1100	2300	3300

Colt
4 dr Sed	125	200	600	1100	2250	3200
Cpe	125	200	600	1100	2300	3300
Cus Cpe	125	250	700	1150	2400	3400
Sta Wag	125	200	600	1100	2250	3200

Aspen
4 dr Sed	125	250	700	1150	2450	3500
Cpe	125	250	700	1150	2500	3600
Sta Wag	125	250	700	1150	2450	3500

Monaco
4 dr Sed	125	250	700	1150	2500	3600
2 dr	150	300	700	1250	2600	3700
3S Sta Wag	150	300	700	1250	2600	3700
2S Sta Wag	125	250	700	1150	2500	3600

Monaco Brougham
4 dr Sed	150	300	700	1250	2600	3700
2 dr	150	300	700	1250	2650	3800
3S Sta Wag	150	300	700	1250	2650	3800
2S Sta Wag	150	300	700	1250	2600	3700

Charger SE
2 dr	200	550	900	2000	3600	5200

Magnum XE
Cpe	200	550	900	2100	3700	5300

Challenger
Cpe	200	600	950	2200	3900	5600

Diplomat
4 dr 'S' Sed	150	300	750	1350	2700	3900
'S' Cpe	150	350	750	1350	2800	4000
4 dr Sed	150	350	750	1350	2800	4000
Cpe	150	350	750	1450	2900	4100
Sta Wag	150	350	750	1350	2800	4000

Diplomat Medallion
4 dr Sed	150	350	750	1450	2900	4100
Cpe	150	350	750	1450	3000	4200

1979
Omni, 4-cyl.
4 dr Hatch	125	200	600	1100	2250	3200
2 dr Hatch	125	200	600	1100	2300	3300

Colt, 4-cyl.
2 dr Hatch	125	200	600	1100	2200	3100
2 dr Cus Hatch	125	200	600	1100	2250	3200
Cpe	125	200	600	1100	2300	3300
4 dr Sed	125	200	600	1100	2250	3200
Sta Wag	125	200	600	1100	2300	3300

Aspen, V-8
4 dr Sed	125	250	700	1150	2500	3600
Cpe	150	300	700	1250	2600	3700
Sta Wag	125	250	700	1150	2500	3600

NOTE: Deduct 5 percent for 6-cyl.

Magnum XE, V-8
2 dr	200	600	950	2150	3850	5500

Challenger, 4-cyl.
Cpe	200	600	1000	2200	4000	5700

Diplomat, V-8
4 dr Sed	150	300	750	1350	2700	3900
Cpe	150	350	750	1350	2800	4000

Diplomat Salon, V-8
4 dr Sed	150	350	750	1350	2800	4000
Cpe	150	350	750	1450	2900	4100
Sta Wag	150	350	750	1350	2800	4000

Diplomat Medallion, V-8
4 dr Sed	150	350	750	1450	3000	4200
Cpe	150	400	750	1550	3050	4300

NOTE: Deduct 5 percent for 6-cyl.

St. Regis, V-8
4 dr Sed	150	400	750	1600	3100	4400

NOTE: Deduct 5 percent for 6-cyl.

Dodge 181

1980
Omni, 4-cyl.

	6	5	4	3	2	1
4 dr Hatch	125	250	700	1150	2450	3500
2 dr Hatch 2 plus 2 024	150	300	750	1350	2700	3900

Colt, 4-cyl.
2 dr Hatch	125	250	700	1150	2400	3400
2 dr Hatch Cus	125	250	700	1150	2450	3500
4 dr Sta Wag	125	250	700	1150	2500	3600

Aspen, 6-cyl.
| 4 dr Sed Spl | 150 | 300 | 700 | 1250 | 2650 | 3800 |
| 2 dr Cpe Spl | 150 | 300 | 750 | 1350 | 2700 | 3900 |

Aspen, V-8
4 dr Sed	150	350	750	1350	2800	4000
2 dr Cpe	150	350	750	1450	2900	4100
4 dr Sta Wag	150	350	750	1450	2900	4100

NOTE: Deduct 10 percent for 6-cyl.

Challenger
| 2 dr Cpe | 150 | 450 | 750 | 1700 | 3200 | 4600 |

Diplomat, V-8
4 dr Sed Salon	125	250	700	1150	2500	3600
2 dr Cpe Salon	150	300	700	1250	2600	3700
4 dr Sta Wag Salon	150	300	750	1350	2700	3900

NOTE: Deduct 5 percent for lesser models.

| 4 dr Sed Medallion | 150 | 300 | 700 | 1250 | 2600 | 3700 |
| 2 dr Cpe Medallion | 150 | 300 | 700 | 1250 | 2650 | 3800 |

NOTE: Deduct 10 percent for 6-cyl.

Mirada, V-8
| 2 dr Cpe Specialty S | 200 | 650 | 1000 | 2200 | 4150 | 5900 |
| 2 dr Cpe Specialty | 200 | 675 | 1050 | 2250 | 4300 | 6100 |

NOTE: Deduct 12 percent for 6-cyl.

St. Regis, V-8
| 4 dr Sed | 150 | 350 | 750 | 1450 | 2900 | 4100 |

NOTE: Deduct 12 percent for 6-cyl.

1981
Omni, 4-cyl.
| 4 dr Hatch | 150 | 300 | 700 | 1250 | 2650 | 3800 |
| 2 dr Hatch 024 | 150 | 350 | 750 | 1450 | 2900 | 4100 |

NOTE: Deduct 5 percent for lesser models.

Colt, 4-cyl.
2 dr Hatch	125	250	700	1150	2450	3500
2 dr Hatch DeL	125	250	700	1150	2500	3600
2 dr Hatch Cus	150	300	700	1250	2600	3700

Aries, 4-cyl.
4 dr Sed SE	150	300	750	1350	2700	3900
2 dr Sed SE	150	350	750	1350	2800	4000
4 dr Sta Wag SE	150	350	750	1450	3000	4200

NOTE: Deduct 5 percent for lesser models.

Challenger, 4-cyl.
| 2 dr Cpe | 150 | 400 | 750 | 1650 | 3150 | 4500 |

Diplomat, V-8
4 dr Sed Medallion	150	300	750	1350	2700	3900
2 dr Cpe Medallion	150	350	750	1350	2800	4000
4 dr Sta Wag	150	350	750	1450	2900	4100

NOTE: Deduct 5 percent for lesser models.
       Deduct 10 percent for 6-cyl.

Mirada, V-8
| 2 dr Cpe | 200 | 650 | 1050 | 2250 | 4200 | 6000 |

NOTE: Deduct 12 percent for 6-cyl.

St. Regis, V-8
| 4 dr Sed | 150 | 350 | 750 | 1450 | 3000 | 4200 |

NOTE: Deduct 12 percent for 6-cyl.

1982
Colt, 4-cyl.
| 2 dr Hatch Cus | 150 | 350 | 750 | 1350 | 2800 | 4000 |
| 4 dr Hatch Cus | 150 | 300 | 750 | 1350 | 2700 | 3900 |

NOTE: Deduct 5 percent for lesser models.

Omni, 4-cyl.
| 4 dr Hatch Euro | 150 | 400 | 750 | 1550 | 3050 | 4300 |
| 2 dr Hatch 024 Charger | 150 | 400 | 750 | 1650 | 3150 | 4500 |

NOTE: Deduct 5 percent for lesser models.

Aries, 4-cyl.
4 dr Sed SE	150	300	750	1350	2700	3900
2 dr Cpe SE	150	350	750	1450	3000	4200
4 dr Sta Wag SE	150	400	750	1600	3100	4400

NOTE: Deduct 5 percent for lesser models.

Dodge

	6	5	4	3	2	1
400, 4-cyl.						
2 dr Cpe Specialty LS	150	350	750	1450	3000	4200
4 dr Sed LS	150	400	750	1550	3050	4300
2 dr Conv	200	600	950	2150	3850	5500

NOTE: Deduct 5 percent for lesser models.

	6	5	4	3	2	1
Challenger, 4-cyl.						
2 dr Cpe	150	450	800	1750	3250	4700
Diplomat, V-8						
4 dr Sed	150	350	750	1450	2900	4100
4 dr Sed Medallion	150	400	750	1550	3050	4300

NOTE: Deduct 10 percent for 6-cyl.

	6	5	4	3	2	1
Mirada, V-8						
2 dr Cpe Specialty	200	675	1050	2250	4300	6100

NOTE: Deduct 12 percent for 6-cyl.

1983

	6	5	4	3	2	1
Colt, 4-cyl.						
4 dr Hatch Cus	150	300	750	1350	2700	3900
2 dr Hatch Cus	150	350	750	1450	3000	4200

NOTE: Deduct 5 percent for lesser models.

	6	5	4	3	2	1
Omni, 4-cyl.						
4 dr Hatch	150	350	750	1350	2800	4000
4 dr Hatch Cus	150	400	750	1550	3050	4300
Charger, 4-cyl.						
2 dr Hatch	150	400	750	1600	3100	4400
2 dr Hatch 2 plus 2	150	450	750	1700	3200	4600
2 dr Hatch Shelby	200	600	950	2150	3850	5500
Aries, 4-cyl.						
4 dr Sed SE	150	350	750	1350	2800	4000
2 dr Sed SE	150	300	750	1350	2700	3900
4 dr Sta Wag SE	150	400	750	1650	3150	4500

NOTE: Deduct 5 percent for lesser models.

	6	5	4	3	2	1
Challenger, 4-cyl.						
2 dr Cpe	150	450	800	1800	3300	4800
400, 4-cyl.						
4 dr Sed	150	350	750	1450	3000	4200
2 dr Cpe	150	350	750	1450	2900	4100
2 dr Conv	200	600	1000	2200	4000	5700
600, 4-cyl.						
4 dr Sed	150	400	750	1600	3100	4400
4 dr Sed ES	150	450	750	1700	3200	4600
Diplomat, V-8						
4 dr Sed	150	350	750	1450	3000	4200
4 dr Sed Medallion	150	400	750	1600	3100	4400

NOTE: Deduct 10 percent for 6-cyl.

	6	5	4	3	2	1
Mirada, V-8						
2 dr Cpe Specialty	200	675	1050	2250	4350	6200

NOTE: Deduct 12 percent for 6-cyl.

1984

	6	5	4	3	2	1
Colt, 4-cyl.						
4 dr Hatch DL	150	350	750	1450	3000	4200
2 dr Hatch DL	150	350	750	1450	2900	4100
4 dr Sta Wag	150	350	750	1350	2800	4000

NOTE: Deduct 5 percent for lesser models.

	6	5	4	3	2	1
Omni, 4-cyl.						
4 dr Hatch GLH	150	350	750	1450	3000	4200

NOTE: Deduct 5 percent for lesser models.

	6	5	4	3	2	1
Charger, 4-cyl.						
2 dr Hatch	150	400	750	1600	3100	4400
2 dr Hatch 2 plus 2	150	450	750	1700	3200	4600
2 dr Hatch Shelby	200	600	950	2150	3850	5500
Aries, 4-cyl.						
4 dr Sed SE	150	350	750	1450	2900	4100
2 dr Sed SE	150	350	750	1450	3000	4200
4 dr Sta Wag SE	150	400	750	1550	3050	4300

NOTE: Deduct 5 percent for lesser models.

	6	5	4	3	2	1
Conquest, 4-cyl. Turbo						
2 dr Hatch	150	400	750	1650	3150	4500
Daytona, 4-cyl.						
2 dr Hatch	150	400	750	1650	3150	4500
2 dr Hatch Turbo	150	450	800	1750	3250	4700
2 dr Hatch Turbo Z	200	500	850	1850	3350	4900
600, 4-cyl.						
4 dr Sed	150	400	750	1600	3100	4400
2 dr Sed	150	400	750	1600	3100	4400
4 dr Sed ES	150	400	750	1650	3150	4500
2 dr Conv	200	650	1000	2200	4100	5800

	6	5	4	3	2	1
2 dr Conv ES	200	675	1050	2250	4350	6200
Diplomat, V-8						
4 dr Sed	150	400	750	1600	3100	4400
4 dr Sed SE	150	450	750	1700	3200	4600
1985						
Colt, 4-cyl.						
4 dr Sed DL	150	300	750	1350	2700	3900
2 dr Hatch DL	150	350	750	1350	2800	4000
4 dr Sed Premiere	150	350	750	1350	2800	4000
4 dr Sta Wag Vista	150	400	750	1650	3150	4500
4 dr Sta Wag Vista 4x4	200	600	950	2150	3850	5500
NOTE: Deduct 5 percent for lesser models.						
Omni, 4-cyl.						
4 dr Hatch GLH	150	400	750	1550	3050	4300
NOTE: Deduct 5 percent for lesser models.						
Charger, 4-cyl.						
2 dr Hatch	200	500	850	1850	3350	4900
2 dr Hatch 2 plus 2	200	500	850	1950	3600	5100
2 dr Hatch Shelby	200	600	950	2150	3850	5500
Aries, 4-cyl.						
4 dr Sed LE	150	350	750	1450	3000	4200
2 dr Sed LE	150	350	750	1450	3000	4200
4 dr Sta Wag LE	150	400	750	1600	3100	4400
NOTE: Deduct 5 percent for lesser models.						
Conquest, 4-cyl.						
2 dr Hatch Turbo	150	450	750	1700	3200	4600
Daytona, 4-cyl.						
2 dr Hatch	150	450	750	1700	3200	4600
2 dr Hatch Turbo	150	450	800	1800	3300	4800
2 dr Hatch Turbo Z	200	500	850	1900	3500	5000
600, 4-cyl.						
4 dr Sed SE	150	400	750	1650	3150	4500
2 dr Sed	150	450	750	1700	3200	4600
Conv	200	650	1000	2200	4100	5800
Conv ES Turbo	200	675	1050	2250	4350	6200
Lancer						
4 dr Hatch	150	450	800	1800	3300	4800
4 dr Hatch ES	200	500	850	1850	3350	4900
Diplomat, V-8						
4 dr Sed	150	400	750	1650	3150	4500
4 dr Sed SE	150	450	800	1750	3250	4700
1986						
Omni						
4 dr HBk	150	350	750	1450	3000	4200
GLH 4 dr HBk	150	400	750	1650	3150	4500
Charger						
2 dr HBk	200	500	850	1900	3500	5000
2 plus 2 2 dr HBk	200	550	900	2100	3700	5300
Shelby 2 dr HBk	200	600	1000	2200	4000	5700
Daytona 2 dr HBk	200	550	900	2150	3800	5400
Daytona Turbo HBk	200	600	950	2200	3900	5600
Aries						
2 dr Sed	150	400	750	1550	3050	4300
4 dr Sed	150	400	750	1550	3050	4300
Lancer						
4 dr HBk	200	500	850	1850	3350	4900
600						
2 dr Cpe	150	400	750	1650	3150	4500
2 dr Conv	200	650	1050	2250	4200	6000
2 dr ES Conv	350	700	1100	2300	4500	6400
4 dr Sed	150	450	750	1700	3200	4600
Diplomat						
4 dr Sed	150	450	800	1800	3300	4800
NOTES: Add 10 percent for deluxe models. Deduct 5 percent for smaller engines.						

EDSEL

1958
Ranger Series, V-8, 118" wb

	6	5	4	3	2	1
Sed	350	750	1300	2450	5250	7500
4 dr HdTp	450	1000	1650	3350	6300	9000
2 dr Sed	350	750	1300	2450	5250	7500

Edsel

1958 Edsel Citation convertible

	6	5	4	3	2	1
2 dr HdTp	450	1450	2400	4800	8400	12,000
Pacer Series, V-8, 118" wb						
Sed	350	800	1450	2750	5600	8000
4 dr HdTp	450	1100	1700	3650	6650	9500
2 dr HdTp	500	1550	2600	5200	9100	13,000
Conv	850	2750	4600	9200	16,100	23,000
Corsair Series, V-8, 124" wb						
4 dr HdTp	400	1250	2100	4200	7400	10,500
2 dr HdTp	550	1700	2800	5600	9800	14,000
Citation Series, V-8, 124" wb						
4 dr HdTp	400	1300	2200	4400	7700	11,000
2 dr HdTp	550	1800	3000	6000	10,500	15,000
Conv	1100	3500	5800	11,600	20,300	29,000
NOTE: Deduct 5 percent for 6 cyl.						
Station Wagons, V-8						
4 dr Vill	450	1100	1700	3650	6650	9500
4 dr Ber	400	1200	2000	3950	7000	10,000
4 dr 9P Vill	450	1150	1800	3800	6800	9700
4 dr 9P Ber	400	1200	2000	3950	7000	10,000
2 dr Rdup	350	800	1450	2750	5600	8000

1959
	6	5	4	3	2	1
Ranger Series, V-8, 120" wb						
Sed	350	750	1300	2450	5250	7500
4 dr HdTp	350	800	1450	2750	5600	8000
2 dr Sed	350	750	1300	2450	5250	7500
2 dr HdTp	450	1450	2400	4800	8400	12,000
Corsair Series, V-8, 120" wb						
Sed	350	800	1450	2750	5600	8000
4 dr HdTp	350	900	1550	3050	5900	8500
2 dr HdTp	500	1550	2600	5200	9100	13,000
Conv	850	2650	4400	8800	15,400	22,000
Station Wagons, V-8, 118" wb						
Vill	350	900	1550	3050	5900	8500
9P Vill	450	1000	1650	3350	6300	9000
NOTE: Deduct 5 percent for 6 cyl.						

1960
	6	5	4	3	2	1
Ranger Series, V-8, 120" wb						
Sed	350	750	1300	2450	5250	7500
4 dr HdTp	350	900	1550	3050	5900	8500
2 dr Sed	350	750	1300	2450	5250	7500
2 dr HdTp	550	1800	3000	6000	10,500	15,000
Conv	1000	3100	5200	10,400	18,200	26,000
Station Wagons, V-8, 120" wb						
9P Vill	450	1050	1650	3500	6400	9200
6P Vill	450	1000	1650	3350	6300	9000
NOTE: Deduct 5 percent for 6 cyl.						

ESSEX

1919
Model A (4-cyl.)

	6	5	4	3	2	1
Rds	450	1450	2400	4800	8400	12,000
Tr	450	1400	2300	4600	8100	11,500
Sed	400	1200	2000	3950	7000	10,000

1920
4-cyl.

Rds	450	1450	2400	4800	8400	12,000
Tr	450	1400	2300	4600	8100	11,500
Sed	400	1200	2000	3950	7000	10,000

1921
4-cyl.

Rdst	450	1500	2500	5000	8800	12,500
Tr	400	1300	2200	4400	7700	11,000
Cabr	450	1450	2400	4800	8400	12,000
2 dr Sed	350	750	1300	2450	5250	7500
Sed	350	750	1300	2500	5300	7600

1922
4-cyl.

Tr	400	1300	2200	4400	7700	11,000
Cabr	450	1450	2400	4800	8400	12,000
2 dr Sed	350	750	1300	2450	5250	7500
Sed	350	750	1300	2500	5300	7600

1923
4-cyl.

Cabr	450	1450	2400	4800	8400	12,000
Phae	400	1300	2200	4400	7700	11,000
2 dr Sed	350	750	1200	2350	4900	7000

1924
Six, 6-cyl.

Tr	450	1450	2400	4800	8400	12,000
2 dr Sed	350	750	1200	2350	4900	7000

1925
Six, 6-cyl.

Tr	450	1450	2400	4800	8400	12,000
2 dr Sed	350	725	1200	2350	4800	6800

1926
Six, 6-cyl.

Tr	450	1450	2400	4800	8400	12,000
2 dr Sed	350	750	1300	2450	5250	7500
4 dr Sed	350	750	1300	2500	5300	7600

1927
Six, 6-cyl.

Tr	550	1700	2800	5600	9800	14,000
2 dr Sed	200	650	1050	2250	4200	6000
Sed	200	675	1050	2250	4350	6200

Super Six, 6-cyl.

BT Spds	850	2750	4600	9200	16,100	23,000
Tr	550	1700	2800	5600	9800	14,000
4P Spds	700	2300	3800	7600	13,300	19,000
Cpe	350	750	1300	2450	5250	7500
2 dr Sed	350	700	1150	2300	4550	6500
Sed	350	700	1150	2300	4600	6600
DeL Sed	350	750	1200	2350	4900	7000

1928
First Series, 6-cyl.

BT Spds	750	2400	4000	8000	14,000	20,000
4P Spds	700	2300	3800	7600	13,300	19,000
Cpe	350	750	1300	2400	5200	7400
2 dr Sed	350	700	1150	2300	4600	6600
Sed	350	725	1200	2350	4800	6800

Second Series, 6-cyl.

Spt Rds	800	2500	4200	8400	14,700	21,000
Phae	750	2400	4000	8000	14,000	20,000
2P Cpe	350	800	1350	2700	5500	7900
RS Cpe	350	850	1500	2900	5700	8200
2 dr Sed	350	700	1150	2300	4600	6600
Sed	350	725	1200	2350	4800	6800

1929
Challenger Series, 6-cyl.

Rds	1100	3500	5800	11,600	20,300	29,000
Phae	1050	3350	5600	11.200	19.600	28.000

6	5	4	3	2	1
2P Cpe	350	750	1350	2600	5400	7700
4P Cpe	350	800	1350	2700	5500	7900
2 dr Sed	350	725	1200	2350	4850	6900
Sed	350	750	1300	2400	5200	7400
RS Rds	1150	3600	6000	12,000	21,000	30,000
Phae	1100	3500	5800	11,600	20,300	29,000
Conv	1000	3250	5400	10,800	18,900	27,000
RS Cpe	400	1200	2000	3950	7000	10,000
Twn Sed	350	850	1500	2800	5650	8100
DeL Sed	350	850	1500	2950	5800	8300

1930
First Series, Standard, 6-cyl.

	6	5	4	3	2	1
Rds	1250	3950	6600	13,200	23,100	33,000
Conv	1100	3500	5800	11,600	20,300	29,000
Phae	1150	3600	6000	12,000	21,000	30,000
2P Cpe	350	750	1300	2400	5200	7400
RS Cpe	350	800	1350	2700	5500	7900
2 dr Sed	350	750	1250	2400	5050	7200
Std Sed	350	750	1250	2400	5100	7300
Twn Sed	350	750	1300	2400	5200	7400

Second Series, Standard, 6-cyl.

	6	5	4	3	2	1
RS Rds	1300	4200	7000	14,000	24,500	35,000
Phae	1300	4100	6800	13,600	23,800	34,000
Sun Sed	450	1450	2400	4800	8400	12,000
Tr	1200	3850	6400	12,800	22,400	32,000
2P Cpe	350	750	1300	2400	5200	7400
RS Cpe	350	900	1550	3000	5850	8400
2 dr Sed	200	650	1000	2200	4150	5900
Sed	200	675	1050	2250	4300	6100
Twn Sed	350	725	1200	2350	4850	6900
DeL Sed	350	750	1300	2400	5200	7400
4 dr Brgm	350	800	1350	2700	5500	7900

1931
Standard, 6-cyl.

	6	5	4	3	2	1
BT Rds	1750	5650	9400	18,800	32,900	47,000
Phae	1150	3700	6200	12,400	21,700	31,000
RS Cpe	450	1350	2300	4600	8000	11,400
2P Cpe	400	1250	2100	4200	7300	10,400
Sed	350	750	1300	2400	5200	7400
2 dr Sed	350	750	1250	2400	5100	7300
Tr Sed	350	750	1300	2450	5250	7500

1932
Pacemaker, 6-cyl.

	6	5	4	3	2	1
Conv	1050	3350	5600	11,200	19,600	28,000
Phae	1150	3600	6000	12,000	21,000	30,000
2P Cpe	450	1150	1900	3900	6900	9900
RS Cpe	400	1300	2200	4400	7600	10,900
2 dr Sed	450	1050	1700	3600	6600	9400
Sed	450	1100	1700	3650	6650	9500

FORD

Model A
1903, 2-cyl., Ser. No. 1-670, 8 hp
1904, 2-cyl., Ser. No. 671-1708, 10 hp

	6	5	4	3	2	1
Rbt	1000	3250	5400	10,800	18,900	27,000
Rbt W/ton	1100	3500	5800	11,600	20,300	29,000

Model B
10 hp, 4-cyl.

| Tr | Value inestimable |

Model C
10 hp, 2-cyl., Ser. No. 1709-2700

	6	5	4	3	2	1
Rbt	1000	3250	5400	10,800	18,900	27,000
Rbt W/ton	1100	3500	5800	11,600	20,300	29,000
Dr's Mdl	1000	3250	5400	10,800	18,900	27,000

Model F
16 hp, 2-cyl., (Produced 1904-05-06)

| Tr | 950 | 3000 | 5000 | 10,000 | 17,500 | 25,000 |

Model K
40 hp, 6-cyl., (Produced 1905-06-07-08)

Ford   187

	6	5	4	3	2	1
Tr	2650	8400	14,000	28,000	49,000	70,000
Rds	2650	8400	14,000	28,000	49,000	70,000

Model N
18 hp, 4-cyl., (Produced 1906-07-08)
| Rbt | 750 | 2400 | 4000 | 8000 | 14,000 | 20,000 |

Model R
4-cyl., (Produced 1907-08)
| Rbt | 750 | 2400 | 4000 | 8000 | 14,000 | 20,000 |

Model S
4-cyl.
| Rbt | 750 | 2400 | 4000 | 8000 | 14,000 | 20,000 |

1908
Model T, 4-cyl., 2 levers, 2 foot pedals (1,000 produced)
| Tr | 950 | 3000 | 5000 | 10,000 | 17,500 | 25,000 |

1909
Model T, 4-cyl.
Rbt	700	2300	3800	7600	13,300	19,000
Tr	700	2150	3600	7200	12,600	18,000
Trbt	750	2400	4000	8000	14,000	20,000
Cpe	700	2150	3600	7200	12,600	18,000
TwnC	850	2750	4600	9200	16,100	23,000
Lan'let	750	2400	4000	8000	14,000	20,000

1910
Model T, 4-cyl.
Rbt	700	2150	3600	7200	12,600	18,000
Tr	650	2050	3400	6800	11,900	17,000
Cpe	650	2050	3400	6800	11,900	17,000
TwnC	700	2150	3600	7200	12,600	18,000
C'ml Rds	600	1900	3200	6400	11,200	16,000

1911
Model T, 4-cyl.
Rbt	650	2050	3400	6800	11,900	17,000
Tor Rds	700	2150	3600	7200	12,600	18,000
Tr	750	2400	4000	8000	14,000	20,000
Trbt	700	2300	3800	7600	13,300	19,000
Cpe	550	1800	3000	6000	10,500	15,000
TwnC	700	2300	3800	7600	13,300	19,000
C'ml Rds	600	1900	3200	6400	11,200	16,000
Dely Van	550	1700	2800	5600	9800	14,000

1912
Model T, 4-cyl.
Rds	600	1900	3200	6400	11,200	16,000
Tor Rds	650	2050	3400	6800	11,900	17,000
Tr	700	2150	3600	7200	12,600	18,000
TwnC	700	2300	3800	7600	13,300	19,000
Dely Van	550	1800	3000	6000	10,500	15,000
C'ml Rds	600	1900	3200	6400	11,200	16,000

1913
Model T, 4-cyl.
Rds	600	1900	3200	6400	11,200	16,000
Tr	700	2150	3600	7200	12,600	18,000
TwnC	650	2050	3400	6800	11,900	17,000

1914
Model T, 4-cyl.
Rds	600	1900	3200	6400	11,200	16,000
Tr	700	2150	3600	7200	12,600	18,000
TwnC	700	2150	3600	7200	12,600	18,000
Cpe	400	1200	2000	3950	7000	10.000

1915 & early 1916
Model T, 4-cyl., (brass rad.)
Rds	550	1800	3000	6000	10,500	15,000
Tr	600	1900	3200	6400	11,200	16,000
Conv Cpe	700	2150	3600	7200	12,600	18,000
Ctr dr Sed	450	1450	2400	4800	8400	12,000
TwnC	600	1900	3200	6400	11,200	16.000

1916
Model T, 4-cyl., (steel rad.)
Rds	550	1700	2800	5600	9800	14,000
Tr	550	1800	3000	6000	10,500	15,000
Conv Cpe	400	1300	2200	4400	7700	11,000
Ctr dr Sed	400	1200	2000	3950	7000	10,000
TwnC	500	1550	2600	5200	9100	13,000

1917
Model T, 4-cyl.

	6	5	4	3	2	1
Rds	500	1550	2600	5200	9100	13,000
Tr	550	1700	2800	5600	9800	14,000
Conv Cpe	400	1300	2200	4400	7700	11,000
TwnC	450	1450	2400	4800	8400	12,000
Ctr dr Sed	450	1000	1650	3350	6300	9000
Cpe	350	750	1200	2350	4900	7000

1918
Model T, 4-cyl.

Rds	450	1450	2400	4800	8400	12,000
Tr	500	1550	2600	5200	9100	13,000
Cpe	350	750	1200	2350	4900	7000
TwnC	450	1450	2400	4800	8400	12,000
Ctr dr Sed	450	1000	1650	3350	6300	9000

1919
Model T, 4-cyl.

Rds	450	1450	2400	4800	8400	12,000
Tr	500	1550	2600	5200	9100	13,000
Cpe	350	750	1200	2350	4900	7000
TwnC	450	1450	2400	4800	8400	12,000
Ctr dr Sed	450	1000	1650	3350	6300	9000

1920-1921
Model T, 4-cyl.

Rds	450	1450	2400	4800	8400	12,000
Tr	500	1550	2600	5200	9100	13,000
Cpe	350	700	1150	2300	4550	6500
Ctr dr Sed	350	900	1550	3050	5900	8500

1922-1923
Model T, 4-cyl.

Rds	450	1450	2400	4800	8400	12,000
'22 Tr	500	1550	2600	5200	9100	13,000
'23 Tr	450	1500	2500	5000	8800	12,500
Cpe	350	750	1200	2350	4900	7000
4 dr Sed	350	700	1150	2300	4550	6500
2 dr Sed	200	675	1100	2250	4400	6300

1924 Ford, Model T cpe

1924
Model T, 4-cyl.

	6	5	4	3	2	1
Rds	450	1450	2400	4800	8400	12,000
Tr	500	1550	2600	5200	9100	13,000
Cpe	350	750	1300	2450	5250	7500
4 dr Sed	350	700	1150	2300	4550	6500
2 dr Sed	350	725	1150	2300	4700	6700
Rds PU	400	1200	2000	3950	7000	10,000

1925
Model T, 4-cyl.

Rds	450	1450	2400	4800	8400	12,000
Tr	500	1550	2600	5200	9100	13,000
Cpe	350	750	1300	2450	5250	7500
2 dr	350	700	1150	2300	4550	6500
4 dr	350	750	1200	2350	4900	7000

1926
Model T, 4-cyl.

Rds	500	1550	2600	5200	9100	13,000
Tr	550	1700	2800	5600	9800	14,000
Cpe	350	750	1300	2450	5250	7500
2 dr	350	750	1200	2350	4900	7000
4 dr	350	750	1250	2350	5000	7100

1927
Model T, 4-cyl.

Rds	500	1550	2600	5200	9100	13,000
Tr	550	1700	2800	5600	9800	14,000
Cpe	350	750	1300	2450	5250	7500
2 dr	350	700	1150	2300	4550	6500
4 dr	350	725	1200	2350	4800	6800

1928
Model A, 4-cyl.
(Add 20 percent avg for early 'AR' features)

Rds	650	2050	3400	6800	11,900	17,000
Phae	700	2150	3600	7200	12,600	18,000
Cpe	450	1000	1650	3350	6300	9000
Spec Cpe	450	1100	1700	3650	6650	9500
Bus Cpe	450	1050	1650	3500	6400	9200
Spt Cpe	400	1200	2000	3950	7000	10,000
2 dr	350	900	1550	3050	5900	8500
4 dr	350	900	1550	3100	6000	8600

1929 Ford Model A sport coupe

1929
Model A, 4-cyl.

Rds	650	2050	3400	6800	11,900	17,000
Phae	700	2150	3600	7200	12,600	18,000
Cabr	600	1900	3200	6400	11,200	16,000

Ford

	6	5	4	3	2	1
Cpe	450	1100	1700	3650	6650	9500
Bus Cpe	450	1000	1650	3350	6300	9000
Spec Cpe	450	1100	1700	3650	6650	9500
Spt Cpe	400	1200	2000	3950	7000	10,000
2 dr Sed	350	900	1550	3050	5900	8500
3W 4 dr Sed	450	1000	1650	3350	6300	9000
5W 4 dr Sed	350	900	1550	3050	5900	8500
DeL 4 dr Sed	450	1000	1650	3350	6300	9000
Twn Sed	450	1100	1700	3650	6650	9500
Taxi	400	1300	2200	4400	7700	11,000
TwnC	700	2150	3600	7200	12,600	18,000
Sta Wag	550	1700	2800	5600	9800	14,000

1930
Model A, 4-cyl.

Rds	700	2150	3600	7200	12,600	18,000
DeL Rds	700	2300	3800	7600	13,300	19,000
Phae	750	2400	4000	8000	14,000	20,000
DeL Phae	800	2500	4200	8400	14,700	21,000
Cabr	650	2050	3400	6800	11,900	17,000
Cpe	450	1000	1650	3350	6300	9000
DeL Cpe	450	1100	1700	3650	6650	9500
Spt Cpe	400	1250	2100	4200	7400	10,500
Std 2 dr	350	900	1550	3050	5900	8500
DeL 2 dr	450	1000	1650	3350	6300	9000
3W 4 dr	450	1000	1650	3350	6300	9000
5W 4 dr	350	900	1550	3050	5900	8500
DeL 4 dr	400	1200	2000	3950	7000	10,000
Twn Sed	450	1000	1650	3350	6300	9000
Vic	500	1550	2600	5200	9100	13,000
Sta Wag	550	1700	2800	5600	9800	14,000

1931
Model A, 4-cyl.

Rds	700	2150	3600	7200	12,600	18,000
DeL Rds	700	2300	3800	7600	13,300	19,000
Phae	750	2400	4000	8000	14,000	20,000
DeL Phae	800	2500	4200	8400	14,700	21,000
Cabr	650	2050	3400	6800	11,900	17,000
SW Cabr	700	2150	3600	7200	12,600	18,000
Conv Sed	750	2400	4000	8000	14,000	20,000
Cpe	450	1000	1650	3350	6300	9000
DeL Cpe	450	1100	1700	3650	6650	9500
Spt Cpe	400	1250	2100	4200	7400	10,500
2 dr Sed	350	900	1550	3050	5900	8500
DeL 2 dr Sed	450	1000	1650	3350	6300	9000
4 dr Sed	450	1000	1650	3350	6300	9000
DeL 4 dr Sed	400	1200	2000	3950	7000	10,000
Twn Sed	400	1250	2100	4200	7400	10,500
Vic	500	1550	2600	5200	9100	13,000
Sta Wag	550	1750	2900	5800	10,200	14,500

1932
Model B, 4-cyl.

Rds	700	2300	3800	7600	13,300	19,000
Phae	750	2450	4100	8200	14,400	20,500
Cabr	700	2150	3600	7200	12,600	18,000
Conv Sed	700	2300	3800	7600	13,300	19,000
Cpe	500	1550	2600	5200	9100	13,000
Spt Cpe	550	1700	2800	5600	9800	14,000
2 dr Sed	400	1200	2000	3950	7000	10,000
4 dr Sed	450	1000	1650	3350	6300	9000
Vic	700	2150	3600	7200	12,600	18,000
Sta Wag	650	2050	3400	6800	11,900	17,000

Model 18, V-8

Rds	800	2500	4200	8400	14,700	21,000
DeL Rds	850	2650	4400	8800	15,400	22,000
Phae	850	2750	4600	9200	16,100	23,000
DeL Phae	900	2900	4800	9600	16,800	24,000
Cabr	700	2300	3800	7600	13,300	19,000
Conv Sed	750	2400	4000	8000	14,000	20,000
Cpe	550	1700	2800	5600	9800	14,000
DeL Cpe	550	1800	3000	6000	10,500	15,000
Spt Cpe	600	1900	3200	6400	11,200	16,000
2 dr Sed	450	1450	2400	4800	8400	12,000
DeL 2 dr Sed	500	1550	2600	5200	9100	13,000
4 dr Sed	400	1300	2200	4400	7700	11,000
DeL 4 dr Sed	450	1450	2400	4800	8400	12,000

	6	5	4	3	2	1
Vic	750	2400	4000	8000	14,000	20,000
Sta Wag	800	2500	4200	8400	14,700	21,000

1933
Model 40, V-8

	6	5	4	3	2	1
Phae	750	2400	4000	8000	14,000	20,000
DeL Phae	800	2500	4200	8400	14,700	21,000
Rds	750	2400	4000	8000	14,000	20,000
DeL Rds	800	2500	4200	8400	14,700	21,000
3W Cpe	400	1300	2200	4400	7700	11,000
3W DeL Cpe	450	1450	2400	4800	8400	12,000
5W Cpe	400	1300	2200	4400	7700	11,000
5W DeL Cpe	450	1450	2400	4800	8400	12,000
Cabr	650	2050	3400	6800	11,900	17,000
2 dr Sed	400	1300	2200	4400	7700	11,000
DeL 2 dr Sed	450	1450	2400	4800	8400	12,000
4 dr Sed	450	1000	1650	3350	6300	9000
DeL 4 dr Sed	400	1200	2000	3950	7000	10,000
Vic	550	1800	3000	6000	10,500	15,000
Sta Wag	800	2500	4200	8400	14,700	21,000

Model 40, 4-cyl.
(All models deduct 20 percent avg from V-8 models)

1934
Model 40, V-8

	6	5	4	3	2	1
Rds	750	2400	4000	8000	14,000	20,000
Phae	800	2500	4200	8400	14,700	21,000
Cabr	700	2300	3800	7600	13,300	19,000
SW Cpe	400	1200	2000	3950	7000	10,000
DeL 3W Cpe	450	1450	2400	4800	8400	12,000
DeL 5W Cpe	400	1300	2200	4400	7700	11,000
2 dr Sed	450	1000	1650	3350	6300	9000
DeL 2 dr Sed	450	1100	1700	3650	6650	9500
4 dr Sed	450	1000	1650	3350	6300	9000
DeL 4 dr Sed	450	1100	1700	3650	6650	9500
Vic	550	1800	3000	6000	10,500	15,000
Sta Wag	800	2500	4200	8400	14,700	21,000

1935
Model 48, V-8

	6	5	4	3	2	1
Phae	850	2650	4400	8800	15,400	22,000
Rds	800	2500	4200	8400	14,700	21,000
Cabr	700	2300	3800	7600	13,300	19,000
Conv Sed	750	2400	4000	8000	14,000	20,000
DeL 3W Cpe	550	1800	3000	6000	10,500	15,000
5W Cpe	500	1550	2600	5200	9100	13,000
DeL 5W Cpe	550	1700	2800	5600	9800	14,000
2 dr Sed	450	1000	1650	3350	6300	9000
DeL 2 dr Sed	450	1100	1700	3650	6650	9500
4 dr Sed	450	1000	1650	3350	6300	9000
DeL 4 dr Sed	450	1100	1700	3650	6650	9500
Sta Wag	850	2650	4400	8800	15,400	22,000
C'ham TwnC	800	2500	4200	8400	14,700	21,000

1936
Model 68, V-8

	6	5	4	3	2	1
Rds	850	2650	4400	8800	15,400	22,000
Phae	850	2750	4600	9200	16,100	23,000
Cabr	700	2300	3800	7600	13,300	19,000
Clb Cabr	750	2400	4000	8000	14,000	20,000
Conv Trk Sed	800	2500	4200	8400	14,700	21,000
Conv Sed	750	2400	4000	8000	14,000	20,000
3W Cpe	550	1800	3000	6000	10,500	15,000
5W Cpe	500	1550	2600	5200	9100	13,000
DeL 5W Cpe	550	1700	2800	5600	9800	14,000
2 dr Sed	450	1000	1650	3350	6300	9000
2 dr Tr Sed	450	1100	1700	3650	6650	9500
DeL 2 dr Sed	450	1100	1700	3650	6650	9500
DeL 4 dr Tr Sed	400	1200	2000	3950	7000	10,000
4 dr Sed	450	1100	1700	3650	6650	9500
4 dr Tr Sed	400	1200	2000	3950	7000	10,000
DeL 4 dr Sed	400	1250	2100	4200	7400	10,500
Sta Wag	850	2650	4400	8800	15,400	22,000

1937
Model 74, V-8, 60-hp

	6	5	4	3	2	1
2 dr Sed	450	1000	1650	3350	6300	9000
2 dr Tr Sed	450	1100	1700	3650	6650	9500
4 dr Sed	450	1000	1650	3350	6300	9000
4 dr Tr Sed	450	1100	1700	3650	6650	9500

	6	5	4	3	2	1
Cpe	400	1200	2000	3950	7000	10,000
Cpe PU	400	1300	2200	4400	7700	11,000
V-8 DeLuxe						
Sta Wag	750	2400	4000	8000	14,000	20,000
Model 78, V-8, 85-hp						
Rds	700	2300	3800	7600	13,300	19,000
Phae	750	2400	4000	8000	14,000	20,000
Cabr	750	2400	4000	8000	14,000	20,000
Clb Cabr	800	2500	4200	8400	14,700	21,000
Conv Sed	850	2650	4400	8800	15,400	22,000
Cpe	400	1300	2200	4400	7700	11,000
Clb Cpe	450	1450	2400	4800	8400	12,000
2 dr Sed	450	1100	1700	3650	6650	9500
2 dr Tr Sed	400	1200	2000	3950	7000	10,000
4 dr Sed	450	1100	1700	3650	6650	9500
4 dr Tr Sed	400	1200	2000	3950	7000	10,000
Sta Wag	850	2750	4600	9200	16,100	23,000
1938						
Model 81A Standard, V-8						
Cpe	400	1250	2100	4200	7400	10,500
2 dr	350	900	1550	3050	5900	8500
4 dr	350	900	1550	3050	5900	8500
Sta Wag	800	2500	4200	8400	14,700	21,000
Model 81A DeLuxe, V-8						
Phae	850	2750	4600	9200	16,100	23,000
Conv	850	2650	4400	8800	15,400	22,000
Clb Conv	850	2750	4600	9200	16,100	23,000
Conv Sed	900	2900	4800	9600	16,800	24,000
Cpe	400	1300	2200	4400	7700	11,000
Clb Cpe	450	1450	2400	4800	8400	12,000
2 dr	450	1000	1650	3350	6300	9000
4 dr	450	1000	1650	3350	6300	9000

NOTE: Deduct 10 percent avg. for 60 hp 82A Cord.

1939
Model 922A Standard, V-8

	6	5	4	3	2	1
Cpe	400	1300	2200	4400	7700	11,000
2 dr	450	1000	1650	3350	6300	9000
4 dr	450	1000	1650	3350	6300	9000
Sta Wag	850	2650	4400	8800	15,400	22,000
Model 91A DeLuxe, V-8						
Conv	1050	3350	5600	11,200	19,600	28,000
Conv Sed	1100	3500	5800	11,600	20,300	29,000
Cpc	400	1300	2200	4400	7700	11,000
2 dr Sed	450	1100	1700	3650	6650	9500
4 dr Sed	450	1100	1700	3650	6650	9500
Sta Wag	850	2650	4400	8800	15,400	22,000

NOTE: Deduct 10 percent avg. for V-60 hp models.

1940 Ford DeLuxe station wagon

1940
Model 022A, V-8

	6	5	4	3	2	1
Conv	1100	3500	5800	11,600	20,300	29,000
Cpe	450	1400	2300	4600	8100	11,500
DeL Cpe	450	1450	2400	4800	8400	12,000
2 dr Sed	450	1000	1650	3350	6300	9000
DeL 2 dr Sed	450	1100	1700	3650	6650	9500
4 dr Sed	450	1000	1650	3350	6300	9000
DeL 4 dr Sed	450	1100	1700	3650	6650	9500
Sta Wag	850	2750	4600	9200	16,100	23,000

NOTE: Deduct 10 percent avg. for V-8, 60 hp models.

1941
Model 11A Special, V-8

Cpe	350	900	1550	3050	5900	8500
2 dr Sed	350	750	1300	2450	5250	7500
4 dr Sed	350	750	1300	2450	5250	7500

DeLuxe

3P Cpe	400	1200	2000	3950	7000	10,000
4P Cpe	400	1250	2100	4200	7400	10,500
2 dr Sed	350	800	1450	2750	5600	8000
4 dr Sed	350	800	1450	2750	5600	8000
Sta Wag	1000	3100	5200	10,400	18,200	26,000

Super DeLuxe

Conv	1100	3500	5800	11,600	20,300	29,000
3P Cpe	400	1250	2100	4200	7400	10,500
5P Cpe	400	1300	2200	4400	7700	11,000
2 dr Sed	350	900	1550	3050	5900	8500
4 dr Sed	350	900	1550	3050	5900	8500
Sta Wag	1000	3250	5400	10,800	18,900	27,000

NOTE: Deduct 10 percent average for 6-cyl.

1942
Model 2GA Special, 6-cyl.

3P Cpe	450	1100	1700	3650	6650	9500
2 dr Sed	350	700	1150	2300	4550	6500
4 dr Sed	350	700	1150	2300	4550	6500

Model 21A DeLuxe, V-8

Cpe	400	1250	2100	4200	7400	10,500
5P Cpe	400	1250	2100	4200	7400	10,500
2 dr Sed	350	750	1200	2350	4900	7000
4 dr Sed	350	750	1200	2350	4900	7000

Super DeLuxe

Conv	850	2750	4600	9200	16,100	23,000
3P Cpe	450	1000	1650	3350	6300	9000
5P Cpe	450	1050	1700	3600	6600	9400
2 dr Sed	350	750	1300	2450	5250	7500
4 dr Sed	350	750	1300	2450	5250	7500
Sta Wag	1000	3250	5400	10,800	18,900	27,000

NOTE: Deduct 10 percent avg. for 6-cyl.

1946-1948
Model 89A DeLuxe, V-8

3P Cpe	400	1200	2000	3950	7000	10,000
2 dr Sed	350	750	1200	2350	4900	7000
Sed	350	750	1200	2350	4900	7000

Model 89A Super DeLuxe, V-8

Conv	900	2900	4800	9600	16,800	24,000
Sptman Conv	1800	5750	9600	19,200	33,600	48,000
3P Cpe	400	1300	2200	4400	7700	11,000
5P Cpe	400	1300	2200	4400	7700	11,000
2 dr Sed	350	750	1300	2450	5250	7500
4 dr Sed	350	750	1300	2450	5250	7500
Sta Wag	1050	3350	5600	11,200	19,600	28,000

NOTE: Deduct 5 percent avg. for 6-cyl.

1949-1950
DeLuxe, V-8, 114" wb

4 dr Sed	350	725	1200	2350	4800	6800
2 dr Sed	350	725	1200	2350	4850	6900
Bus Cpe	350	800	1450	2750	5600	8000

Custom DeLuxe, V-8, 114" wb

4 dr Sed	350	750	1300	2400	5200	7400
2 dr Sed	350	750	1300	2450	5250	7500
Crest (1950 only)	400	1250	2100	4200	7400	10,500
Conv	750	2400	4000	8000	14,000	20,000
Sta Wag	700	2300	3800	7600	13,300	19,000
Clb Cpe	450	1100	1700	3650	6650	9500

NOTE: Deduct 5 percent average for 6-cyl.

194 Ford

1951 Ford DeLuxe sedan

1951
DeLuxe, V-8, 114" wb

	6	5	4	3	2	1
4 dr Sed	350	725	1150	2300	4700	6700
2 dr Sed	350	700	1150	2300	4550	6500
Bus Cpe	350	750	1350	2600	5400	7700

Custom DeLuxe, V-8, 114" wb
4 dr Sed	350	750	1300	2400	5200	7400
2 dr Sed	350	750	1300	2450	5250	7500
Crest	400	1250	2100	4200	7400	10,500
Clb Cpe	450	1050	1650	3500	6400	9200
2 dr HdTp	400	1300	2200	4400	7700	11,000
Conv	800	2500	4200	8400	14,700	21,000
Sta Wag	750	2400	4000	8000	14,000	20,000

NOTE: Deduct 5 percent average for 6-cyl.

1952-1953
Mainline, V-8, 115" wb
4 dr Sed	200	550	900	2150	3800	5400
2 dr Sed	200	550	900	2100	3700	5300
Bus Cpe	350	700	1150	2300	4550	6500
Sta Wag	350	750	1300	2450	5250	7500

Customline, V-8, 115" wb
4 dr Sed	350	725	1200	2350	4850	6900
2 dr Sed	350	700	1150	2300	4600	6600
Clb Cpe	350	750	1250	2400	5050	7200
Sta Wag	350	900	1550	3050	5900	8500

Crestline, 8-cyl., 115" wb
2 dr HdTp	400	1300	2200	4400	7700	11,000
Conv	650	2050	3400	6800	11,900	17,000
Sta Wag	450	1100	1700	3650	6650	9500

NOTE: Deduct 5 percent average for 6-cyl.
Add 50 percent for Indy Pace Car replica convertible.

1954
Mainline, 8-cyl., 115.5" wb
4 dr Sed	200	600	950	2150	3850	5500
2 dr Sed	200	550	900	2150	3800	5400
Bus Cpe	350	700	1150	2300	4550	6500
Sta Wag	350	750	1250	2350	5000	7100

Customline, V-8, 115.5" wb
4 dr Sed	350	725	1200	2350	4800	6800
2 dr Sed	350	725	1150	2300	4700	6700
Clb Cpe	350	750	1250	2350	5000	7100
Sta Wag	350	750	1300	2450	5250	7500

Ford   195

1954 Ford, Crestline 4 dr

Crestline, V-8, 115.5" wb

	6	5	4	3	2	1
4 dr Sed	350	750	1200	2350	4900	7000
Sky Cpe	500	1550	2600	5200	9100	13,000
2 dr HdTp	400	1200	2000	3950	7000	10,000
Conv	700	2150	3600	7200	12,600	18,000
Sta Wag	400	1200	2000	3950	7000	10,000

NOTE: Deduct 5 percent average for 6-cyl.

1955
Mainline, V-8, 115.5" wb

4 dr Sed	200	650	1000	2200	4100	5800
Bus Sed	200	600	950	2200	3900	5600
2 dr Sed	200	600	1000	2200	4000	5700

Customline, V-8, 115.5" wb

4 dr Sed	200	675	1050	2250	4300	6100
2 dr Sed	200	650	1050	2250	4200	6000

Fairlane, V-8, 115.5" wb

4 dr Sed	350	750	1300	2400	5200	7400
2 dr Sed	350	750	1250	2400	5050	7200
2 dr HdTp	500	1550	2600	5200	9100	13,000
Crn Vic	850	2650	4400	8800	15,400	22,000
Crn Vic Plexi-top	950	3000	5000	10,000	17,500	25,000
Conv	1050	3350	5600	11,200	19,600	28,000

Station Wagon, V-8, 115.5" wb

Ran Wag	350	900	1550	3050	5900	8500
Ctry Sed	450	1100	1700	3650	6650	9500
Ctry Sq	400	1300	2200	4400	7700	11,000

NOTE: Deduct 5 percent average for 6-cyl.

Thunderbird, 102" wb

Conv	1600	5050	8400	16,800	29,400	42,000

NOTE: Add $1,800. for hardtop.

1956
Mainline, V-8, 115.5" wb

4 dr Sed	200	650	1000	2200	4150	5900
2 dr Sed	200	650	1000	2200	4100	5800
Bus Sed	200	600	1000	2200	4000	5700

Customline, V-8, 115.5" wb

4 dr Sed	200	675	1100	2250	4400	6300
2 dr Sed	200	675	1050	2250	4350	6200
2 dr HdTp Vic	400	1200	2000	3950	7000	10,000

Fairlane, V-8, 115.5" wb

4 dr Sed	350	725	1150	2300	4700	6700
4 dr HdTp Vic	350	900	1550	3050	5900	8500
2 dr Sed	350	700	1150	2300	4600	6600
2 dr HdTp Vic	650	2050	3400	6800	11,900	17,000
Crn Vic	800	2500	4200	8400	14,700	21,000
Crn Vic Plexi-top	950	3000	5000	10,000	17,500	25,000
Conv	1100	3500	5800	11,600	20,300	29,000

Station Wagons, V-8, 115.5" wb

Ran Wag	450	1000	1650	3350	6300	9000
Parklane	500	1550	2600	5200	9100	13,000

Ford

	6	5	4	3	2	1
Ctry Sed	400	1200	2000	3950	7000	10,000
Ctry Sq	400	1300	2200	4400	7700	11,000

NOTE: Deduct 5 percent average for 6-cyl.
Add 10 percent for "T-Bird Special" V-8.

Thunderbird
| Conv | 1600 | 5150 | 8600 | 17,200 | 30,100 | 43,000 |

NOTE: Add $1,800. for hardtop.

1957 Ford Thunderbird

1957
Custom, V-8, 116" wb
Sed	200	650	1000	2200	4150	5900
2 dr Sed	200	650	1000	2200	4100	5800
Bus Cpe	200	600	950	2200	3900	5600

Custom 300, V-8, 116" wb
| 4 dr Sed | 200 | 675 | 1050 | 2250 | 4300 | 6100 |
| 2 dr Sed | 200 | 650 | 1050 | 2250 | 4200 | 6000 |

Fairlane, V-8, 118" wb
4 dr Sed	350	700	1100	2300	4500	6400
4 dr HdTp Vic	350	750	1200	2350	4900	7000
2 dr Sed	200	675	1100	2250	4400	6300
2 dr Vic HdTp	450	1100	1700	3650	6650	9500

Fairlane 500, V-8, 118" wb
4 dr Sed	350	725	1150	2300	4700	6700
4 dr HdTp Vic	350	750	1300	2450	5250	7500
2 dr Sed	350	700	1150	2300	4600	6600
2 dr HdTp Vic	450	1450	2400	4800	8400	12,000
Conv	850	2750	4600	9200	16,100	23,000
Sky HdTp Conv	1000	3250	5400	10,800	18,900	27,000

Station Wagons, 8-cyl., 116" wb
Ctry Sed	450	1000	1650	3350	6300	9000
Ctry Sq	400	1200	2000	3950	7000	10,000
Ran Wag	350	800	1450	2750	5600	8000
DeL Rio Ran	350	900	1550	3050	5900	8500

NOTE: Deduct 5 percent average for 6-cyl.
Add 20 percent for "T-Bird Special" V-8 (Code E).
Add 30 percent for Supercharged V-8 (Code F).

Thunderbird, 102" wb
| Conv | 1650 | 5300 | 8800 | 17,600 | 30,800 | 44,000 |

NOTE: Add $1,800. for hardtop.
Add 30 percent for super charged V-8 (Code F).
Add 20 percent for "T-Bird Special" V-8 (Code E).

1958
Custom 300, V-8, 116.03" wb
4 dr Sed	200	650	1000	2200	4100	5800
2 dr Sed	200	600	1000	2200	4000	5700
Bus Cpe	200	550	900	2000	3600	5200

Fairlane, V-8, 116.03" wb
4 dr Sed	200	650	1000	2200	4150	5900
4 dr HdTp	200	675	1050	2250	4350	6200
2 dr Sed	200	650	1000	2200	4100	5800
2 dr HdTp	450	1100	1700	3650	6650	9500

Ford 197

1958 Ford, Fairlane 500 Skyliner

Fairlane 500, V-8, 118.04" wb

	6	5	4	3	2	1
4 dr Sed	350	700	1100	2300	4500	6400
4 dr HdTp	350	750	1300	2450	5250	7500
2 dr Sed	200	675	1050	2250	4350	6200
2 dr HdTp	450	1450	2400	4800	8400	12,000
Sun Conv	700	2300	3800	7600	13,300	19,000
Sky HdTp Conv	850	2650	4400	8800	15,400	22,000

Station Wagons, V-8, 116.03" wb

Ctry Sed	350	800	1450	2750	5600	8000
Ctry Sq	450	1000	1650	3350	6300	9000
4 dr Ran	350	750	1200	2350	4900	7000
2 dr Ran	350	750	1250	2400	5050	7200
DeL Rio Ran	350	750	1350	2600	5400	7700

NOTE: Deduct 5 percent average for 6-cyl.

Thunderbird

2 dr HdTp	750	2400	4000	8000	14,000	20,000
Conv	1000	3250	5400	10,800	18,900	27,000

1959

Custom 300, V-8, 118" wb

Sed	200	550	900	2000	3600	5200
2 dr Sed	200	675	1050	2250	4300	6100
Bus Cpe	200	650	1050	2250	4200	6000

Fairlane, V-8, 118" wb

4 dr Sed	200	550	900	2100	3700	5300
2 dr Sed	200	550	900	2000	3600	5200

Fairlane 500, V-8, 118" wb

4 dr Sed	200	600	950	2150	3850	5500
4 dr HdTp	200	650	1000	2200	4150	5900
2 dr Sed	200	550	900	2150	3800	5400
2 dr HdTp	350	900	1550	3050	5900	8500
Sun Conv	750	2400	4000	8000	14,000	20,000
Sky HdTp Conv	900	2900	4800	9600	16,800	24,000

Galaxie, V-8, 118" wb

4 dr Sed	200	600	1000	2200	4000	5700
4 dr HdTp	200	675	1050	2250	4350	6200
2 dr Sed	200	600	950	2200	3900	5600
2 dr HdTp	450	1100	1700	3650	6650	9500
Sun Conv	750	2400	4000	8000	14,000	20,000
Sky HdTp Conv	900	2900	4800	9600	16,800	24,000

Station Wagons, V-8, 118" wb

4 dr Ran	200	650	1050	2250	4200	6000
Ctry Sed	350	900	1550	3050	5900	8500
Ctry Sq	450	1000	1650	3350	6300	9000
2 dr Ran	350	700	1150	2300	4550	6500
DeL Rio Ran	450	1100	1700	3650	6650	9500

NOTE: Deduct 5 percent average for 6-cyl.

Thunderbird

2 dr HdTp	700	2300	3800	7600	13,300	19,000
Conv	950	3000	5000	10,000	17,500	25,000

1960

Falcon, 6-cyl., 109.5" wb

| 4 dr Sed | 200 | 550 | 900 | 2000 | 3600 | 5200 |

198 Ford

	6	5	4	3	2	1
2 dr Sed	200	500	850	1950	3600	5100
4 dr Sta Wag	200	550	900	2100	3700	5300
2 dr Sta Wag	200	550	900	2000	3600	5200
Fairlane, V-8, 119" wb						
Sed	200	550	900	2000	3600	5200
2 dr Sed	200	500	850	1950	3600	5100
Bus Cpe	200	500	850	1900	3500	5000
Fairlane 500, V-8, 119" wb						
4 dr Sed	200	550	900	2150	3800	5400
2 dr Sed	200	550	900	2100	3700	5300
Galaxie, V-8, 119" wb						
4 dr Sed	200	650	1000	2200	4100	5800
4 dr HdTp	200	650	1050	2250	4200	6000
2 dr HdTp	400	1200	2000	3950	7000	10,000
2 dr Sed	200	600	1000	2200	4000	5700
Galaxie Special, V-8, 119" wb						
2 dr HdTp	450	1450	2400	4800	8400	12,000
Sun Conv	700	2150	3600	7200	12,600	18,000
Station Wagons, V-8, 119" wb						
4 dr Ran	200	650	1050	2250	4200	6000
2 dr Ran	200	675	1100	2250	4400	6300
Ctry Sed	350	700	1150	2300	4550	6500
Ctry Sq	350	750	1200	2350	4900	7000
NOTE: Deduct 5 percent average for 6-cyl.						
Thunderbird, 113" wb						
SR HdTp	800	2500	4200	8400	14,700	21,000
2 dr HdTp	700	2300	3800	7600	13,300	19,000
Conv	950	3000	5000	10,000	17,500	25,000

1961
Falcon, 6-cyl., 109.5" wb

	6	5	4	3	2	1
4 dr Sed	200	550	900	2100	3700	5300
2 dr Sed	200	550	900	2000	3600	5200
Futura	350	800	1450	2750	5600	8000
4 dr Sta Wag	200	550	900	2100	3700	5300
2 dr Sta Wag	200	550	900	2000	3600	5200
Fairlane, V-8, 119" wb						
4 dr Sed	200	550	900	2150	3800	5400
2 dr Sed	200	550	900	2100	3700	5300
Galaxie, V-8, 119" wb						
4 dr Sed	200	600	950	2150	3850	5500
4 dr Vic HdTp	350	700	1150	2300	4550	6500
2 dr Sed	200	550	900	2150	3800	5400
2 dr Vic HdTp	450	1100	1700	3650	6650	9500
2 dr Star HdTp	400	1300	2200	4400	7700	11,000
Sun Conv	550	1700	2800	5600	9800	14,000
Station Wagons, V-8, 119" wb						
4 dr Ran	200	650	1050	2250	4200	6000
2 dr Ran	200	675	1050	2250	4350	6200
6P Ctry Sed	350	700	1150	2300	4550	6500
Ctry Sq	350	750	1200	2350	4900	7000
Thunderbird, 113" wb						
2 dr HdTp	500	1550	2600	5200	9100	13,000
Conv	900	2900	4800	9600	16,800	24,000

NOTE: Deduct 5 percent average for 6-cyl.

1962 Ford Falcon Squire station wagon

Ford   199

1962
Falcon, 6-cyl., 109.5" wb

	6	5	4	3	2	1
4 dr Sed	200	500	850	1900	3500	5000
2 dr	200	500	850	1850	3350	4900
Fut Spt Cpe	450	1100	1700	3650	6650	9500
Sq Wag	200	600	950	2150	3850	5500

Falcon Station Bus, 6-cyl., 109.5" wb
Sta Bus	150	450	800	1800	3300	4800
Clb Wag	200	500	850	1850	3350	4900
DeL Wag	200	500	850	1900	3500	5000

Fairlane, V-8, 115.5" wb
4 dr Sed	200	500	850	1850	3350	4900
2 dr Sed	150	450	800	1800	3300	4800
Spt Sed	200	550	900	2150	3800	5400

Galaxie 500, V-8, 119" wb
4 dr Sed	200	500	850	1950	3600	5100
4 dr HdTp	200	550	900	2100	3700	5300
2 dr Sed	200	500	850	1900	3500	5000
2 dr HdTp	400	1200	2000	3950	7000	10,000
Conv	450	1450	2400	4800	8400	12,000

Galaxie 500 XL, V-8, 119" wb
| 2 dr HdTp | 400 | 1300 | 2200 | 4400 | 7700 | 11,000 |
| Conv | 550 | 1800 | 3000 | 6000 | 10,500 | 15,000 |

Station Wagons, V-8, 119" wb
Ranch	200	650	1050	2250	4200	6000
Ctry Sed	350	700	1150	2300	4550	6500
Ctry Sq	350	750	1200	2350	4900	7000

NOTE: Deduct 5 percent for 6-cyl.

1962 Ford Thunderbird Spt Rds

Thunderbird
2 dr HdTp	550	1700	2800	5600	9800	14,000
2 dr Lan HdTp	550	1800	3000	6000	10,500	15,000
Conv	900	2900	4800	9600	16,800	24,000
Spt Rds	1100	3500	5800	11,600	20,300	29,000

NOTE: Add 30 percent for 406 V-8.

1963
Falcon, 6-cyl., 109.5" wb
4 dr Sed	200	550	900	2000	3600	5200
2 dr Sed	200	500	850	1950	3600	5100
2 dr Spt Sed	200	600	950	2200	3900	5600
2 dr HdTp	450	1000	1650	3350	6300	9000
2 dr Spt HdTp	450	1100	1700	3650	6650	9500
Conv	400	1300	2200	4400	7700	11,000
Spt Conv	450	1450	2400	4800	8400	12,000
Squire Wag	200	600	950	2150	3850	5500
4 dr Sta Wag	200	500	850	1850	3350	4900
2 dr Sta Wag	150	450	800	1800	3300	4800

Station Buses, 6-cyl., 90" wb
Sta Bus	150	450	800	1800	3300	4800
Clb Wag	200	500	850	1850	3350	4900
DeL Clb Wag	200	500	850	1900	3500	5000

Sprint, V-8, 109.5" wb
| HdTp | 400 | 1200 | 2000 | 3950 | 7000 | 10,000 |

Ford

	6	5	4	3	2	1
Conv	550	1700	2800	5600	9800	14,000
Fairlane, V-8, 115.5" wb						
4 dr Sed	200	500	850	1850	3350	4900
2 dr Sed	150	450	800	1800	3300	4800
2 dr HdTp	200	650	1050	2250	4200	6000
Spt Cpe	350	750	1200	2350	4900	7000
Sq Wag	200	500	850	1900	3500	5000
Cus Ran	200	500	850	1850	3350	4900
NOTE: Add 20 percent for 271 hp V-8.						
Ford 300, V-8, 119" wb						
Sed	200	500	850	1900	3500	5000
2 dr Sed	200	500	850	1850	3350	4900
Galaxie 500, V-8, 119" wb						
Sed	200	500	850	1950	3600	5100
4 dr HdTp	200	500	850	1900	3500	5000
2 dr Sed	200	500	850	1900	3500	5000
2 dr HdTp	400	1200	2000	3950	7000	10,000
FsBk	450	1450	2400	4800	8400	12,000
Conv	500	1550	2600	5200	9100	13,000
Galaxie 500 XL, V-8, 119" wb						
4 dr HdTp	350	700	1150	2300	4550	6500
2 dr HdTp	400	1300	2200	4400	7700	11,000
FsBk	500	1550	2600	5200	9100	13,000
Conv	600	1900	3200	6400	11,200	16,000
Station Wagons, V-8, 119" wb						
Ctry Sed	200	650	1050	2250	4200	6000
Squire	350	700	1150	2300	4550	6500
NOTE: Deduct 5 percent average for 6-cyl.						
Thunderbird, 113.2 wb						
2 dr HdTp	550	1700	2800	5600	9800	14,000
2 dr Lan HdTp	550	1800	3000	6000	10,500	15,000
Conv	900	2900	4800	9600	16,800	24,000
Spt Rds	1100	3500	5800	11,600	20,300	29,000

NOTE: Add 5 percent for Monaco option.
Add 30 percent for 406 & add 40 percent for 427.

1964 Ford Galaxie 500XL 4d hardtop

1964
NOTE: Add 5 percent for V-8 except Sprint.

Falcon, 6-cyl., 109.5" wb

	6	5	4	3	2	1
4 dr Sed	200	500	850	1950	3600	5100
2 dr Sed	200	500	850	1900	3500	5000
2 dr HdTp	350	750	1300	2450	5250	7500
2 dr Spt HdTp	450	1100	1700	3650	6650	9500
Conv	400	1250	2100	4200	7400	10,500
Spt Conv	450	1400	2300	4600	8100	11,500
Squire Wag	200	600	950	2150	3850	5500
DeL Wag	150	400	750	1650	3150	4500
4 dr Sta	150	400	750	1650	3150	4500
2 dr Sta	150	450	800	1800	3300	4800

Station Bus, 6-cyl., 90" wb

| Sta Bus | 150 | 400 | 750 | 1650 | 3150 | 4500 |

Ford 201

	6	5	4	3	2	1
Clb Wag	150	450	750	1700	3200	4600
DeL Clb	150	450	800	1800	3300	4800
Sprint, V-8, 109.5" wb						
2 dr HdTp	400	1250	2100	4200	7400	10,500
Conv	450	1450	2400	4800	8400	12,000
Fairlane, V-8, 115.5" wb						
Sed	200	550	900	2000	3600	5200
2 dr Sed	200	500	850	1950	3600	5100
2 dr HdTp	350	900	1550	3050	5900	8500
2 dr Spt HdTp	450	1100	1700	3650	6650	9500
Ran Cus	200	675	1050	2250	4300	6100

NOTE: Add 20 percent for 271 hp V-8.

Fairlane Thunderbolt						
2 dr Sed				value not estimable		
Custom, V-8, 119" wb						
Sed	200	550	900	2000	3600	5200
2 dr Sed	200	500	850	1950	3600	5100
Custom 500, V-8, 119" wb						
Sed	200	550	900	2100	3700	5300
2 dr Sed	200	550	900	2000	3600	5200
Galaxie 500, V-8, 119" wb						
Sed	200	600	950	2150	3850	5500
4 dr HdTp	200	600	950	2150	3850	5500
2 dr Sed	200	550	900	2150	3800	5400
2 dr HdTp	400	1300	2200	4400	7700	11,000
Conv	500	1550	2600	5200	9100	13,000
Galaxie 500XL, V-8, 119" wb						
4 dr HdTp	350	700	1150	2300	4550	6500
2 dr HdTp	450	1450	2400	4800	8400	12,000
Conv	700	2150	3600	7200	12,600	18,000
Station Wagons, V-8, 119" wb						
Ctry Sed	200	650	1050	2250	4200	6000
Ctry Sq	350	700	1150	2300	4550	6500
Thunderbird, 113.2" wb						
2 dr HdTp	400	1300	2200	4400	7700	11,000
2 dr Lan HdTp	450	1450	2400	4800	8400	12,000
Conv	800	2500	4200	8400	14,700	21,000

NOTE: Add 25 percent for Tonneau convertible option.
Add 40 percent for 427 V-8.

1965 Ford Falcon convertible

1965
Falcon, 6-cyl., 109.5" wb

4 dr Sed	150	450	800	1800	3300	4800
2 dr Sed	150	450	800	1750	3250	4700
2 dr HdTp	200	650	1050	2250	4200	6000
Conv	450	1100	1700	3650	6650	9500
Squire Wag	200	500	850	1900	3500	5000
DeL Wag	150	450	800	1750	3250	4700
4 dr Sta	150	450	800	1750	3250	4700
2 dr Sta	150	450	750	1700	3200	4600
Sprint V-8, 109.5" wb						
2 dr HdTp	450	1000	1650	3350	6300	9000

	6	5	4	3	2	1
Conv	400	1300	2200	4400	7700	11,000
Falcon Station Buses, 6-cyl., 90" wb						
Sta Bus	200	500	850	1850	3350	4900
Clb Wag	200	500	850	1950	3600	5100
DeL Wag	200	550	900	2100	3700	5300
Fairlane, V-8, 116" wb						
Sed	200	500	850	1950	3600	5100
2 dr Sed	200	500	850	1900	3500	5000
2 dr HdTp	200	650	1050	2250	4200	6000
2 dr Spt HdTp	350	900	1550	3050	5900	8500
Sta Wag	200	500	850	1900	3500	5000

NOTE: Add 10 percent for 271 hp V-8.
Add 50 percent for 427 Thunderbolt.

	6	5	4	3	2	1
Custom, V-8, 119" wb						
Sed	150	450	800	1800	3300	4800
2 dr Sed	150	450	800	1750	3250	4700
Custom 500, V-8, 119" wb						
Sed	200	500	850	1850	3350	4900
2 dr Sed	150	450	800	1800	3300	4800
Galaxie 500, V-8, 119" wb						
Sed	200	500	850	1900	3500	5000
4 dr HdTp	200	550	900	2000	3600	5200
2 dr HdTp	350	800	1450	2750	5600	8000
Conv	400	1200	2000	3950	7000	10,000
Galaxie 500 XL, V-8, 119" wb						
2 dr HdTp	350	900	1550	3050	5900	8500
Conv	450	1450	2400	4800	8400	12,000
Galaxie 500 LTD, V-8, 119" wb						
4 dr HdTp	200	650	1050	2250	4200	6000
2 dr HdTp	450	1000	1650	3350	6300	9000
Station Wagons, V-8, 119" wb						
9P Ctry Sq	200	600	950	2150	3850	5500
9P Ctry Sed	200	500	850	1900	3500	5000
Ran	150	450	800	1800	3300	4800
Thunderbird						
2 dr HdTp	400	1300	2200	4400	7700	11,000
2 dr Lan HdTp	450	1450	2400	4800	8400	12,000
Conv	800	2500	4200	8400	14,700	21,000

NOTE: Add 5 Special Landau option.
Add 40 percent for 427 V-8.

1966 Ford Fairlane GT convertible

1966

NOTE: Add 5 percent for V-8.

Falcon, 6-cyl., 110.9" wb

	6	5	4	3	2	1
Sed	150	450	800	1800	3300	4800
Clb Cpe	150	450	800	1750	3250	4700
Spt Cpe	200	500	850	1950	3600	5100
6P Wag	150	450	800	1750	3250	4700
Squire Wag	200	600	950	2150	3850	5500

Ford   203

Falcon Station Bus, 6-cyl., 90" wb	6	5	4	3	2	1
Clb Wag	150	450	750	1700	3200	4600
Cus Clb Wag	150	450	800	1750	3250	4700
DeL Clb Wag	150	450	800	1800	3300	4800
Fairlane, V-8, 116" wb						
Sed	200	500	850	1850	3350	4900
Clb Cpe	150	450	800	1800	3300	4800
2 dr HdTp Cpe	200	600	950	2150	3850	5500
Conv	350	800	1450	2750	5600	8000
Fairlane 500 XL, V-8, 116" wb						
2 dr HdTp	350	750	1300	2450	5250	7500
Conv	400	1200	2000	3950	7000	10,000
Fairlane 500 GT, V-8, 116" wb						
2 dr HdTp	350	800	1450	2750	5600	8000
Conv	400	1300	2200	4400	7700	11,000
Station Wagons, V-8, 113" wb						
6P DeL	150	450	800	1800	3300	4800
Squire	200	500	850	1900	3500	5000
Custom, V-8, 119" wb						
Sed	200	500	850	1900	3500	5000
2 dr Sed	200	500	850	1850	3350	4900
Galaxie 500, V-8, 119" wb						
Sed	200	500	850	1950	3600	5100
4 dr HdTp	200	550	900	2100	3700	5300
2 dr HdTp	350	750	1300	2450	5250	7500
Conv	450	1100	1700	3650	6650	9500
Galaxie 500, XL, V-8, 119" wb						
2 dr HdTp	350	900	1550	3050	5900	8500
Conv	450	1450	2400	4800	8400	12,000
LTD, V-8, 119" wb						
4 dr HdTp	200	600	950	2150	3850	5500
2 dr HdTp	350	750	1300	2450	5250	7500
Galaxie 500 7-litre, V-8, 119" wb						
2 dr HdTp	450	1450	2400	4800	8400	12,000
Conv	550	1800	3000	6000	10,500	15,000

NOTE: Add 50 percent for 427 engine option on 7-litre models.

Station Wagons, V-8, 119" wb						
Ran Wag	150	450	800	1800	3300	4800
Ctry Sed	200	500	850	1900	3500	5000
Ctry Sq	200	550	900	2000	3600	5200
Thunderbird, 113" wb						
2 dr HdTp Cpe	450	1450	2400	4800	8400	12,000
2 dr Twn Lan	550	1700	2800	5600	9800	14,000
2 dr HdTp Twn	500	1550	2600	5200	9100	13,000
Conv	700	2300	3800	7600	13,300	19,000

NOTE: Add 40 percent for 427 or 30 percent for 428 engine option.

1967

Falcon, 6-cyl, 111" wb						
4 dr	150	450	800	1800	3300	4800
2 dr	150	450	800	1750	3250	4700
Sta Wag	150	450	800	1800	3300	4800
Futura						
Sed	200	500	850	1850	3350	4900
Clb Cpe	150	450	800	1800	3300	4800
2 dr HdTp	200	500	850	1950	3600	5100
Fairlane						
4 dr Sed	150	450	800	1800	3300	4800
Cpe	150	450	800	1750	3250	4700
Fairlane 500, V-8, 116" wb						
4 dr Sed	200	500	850	1850	3350	4900
Cpe	150	450	800	1800	3300	4800
2 dr HdTp	350	700	1150	2300	4550	6500
Conv	450	1100	1700	3650	6650	9500
Wagon	150	450	800	1800	3300	4800
Fairlane 500 XL V-8						
2 dr HdTp	350	750	1200	2350	4900	7000
Conv	400	1300	2200	4400	7700	11,000
2 dr GT HdTp	350	800	1450	2750	5600	8000
Conv GT	450	1450	2400	4800	8400	12,000
Fairlane Wagons						
Sta Wag	150	450	800	1800	3300	4800
500 Wag	200	500	850	1850	3350	4900
Squire	200	500	850	1950	3600	5100
Ford Custom						
4 dr Sed	150	450	800	1800	3300	4800
2 dr Sed	150	450	800	1750	3250	4700

Ford Custom 500	6	5	4	3	2	1
4 dr Sed	200	500	850	1850	3350	4900
2 dr Sed	150	450	800	1800	3300	4800
Galaxie 500, V-8, 119" wb						
4 dr Sed	200	500	850	1950	3600	5100
4 dr HdTp	200	550	900	2100	3700	5300
2 dr HdTp	350	900	1550	3050	5900	8500
Conv	450	1450	2400	4800	8400	12,000
Galaxie 500 XL						
2 dr HdTp	450	1100	1700	3650	6650	9500
Conv	500	1550	2600	5200	9100	13,000
LTD, V-8, 119" wb						
4 dr HdTp	200	650	1050	2250	4200	6000
2 dr HdTp	400	1200	2000	3950	7000	10,000
Wagons						
Ranch	150	450	800	1800	3300	4800
Ctry Sq	200	600	950	2150	3850	5500
Ctry Sed	200	500	850	1900	3500	5000
Thunderbird, 115" wb						
4 dr Lan	350	750	1300	2450	5250	7500
2 dr Lan	450	1000	1650	3350	6300	9000
2 dr HdTp	450	1050	1650	3500	6400	9200

NOTE: Add 5 percent for V-8.
Add 40 percent for 427 or 428 engine option.

1968
NOTE: Add 5 percent for V-8.

Standard Falcon						
Sed	150	400	750	1650	3150	4500
2 dr Sed	150	400	750	1600	3100	4400
Sta Wag	150	400	750	1550	3050	4300
Falcon Futura, 6-cyl, 110.0" wb						
Sed	150	450	750	1700	3200	4600
2 dr Sed	150	400	750	1650	3150	4500
Spt Cpe	150	450	800	1800	3300	4800
Sta Wag	150	400	750	1550	3050	4300
Fairlane						
4 dr Sed	150	450	750	1700	3200	4600
2 dr HdTp	200	550	900	2100	3700	5300
Sta Wag	150	400	750	1600	3100	4400
Fairlane 500, V-8, 116" wb						
4 dr Sed	150	450	800	1750	3250	4700
2 dr HdTp	200	650	1050	2250	4200	6000
2 dr FsBk	350	700	1150	2300	4550	6500
Conv	450	1100	1700	3650	6650	9500
Sta Wag	150	400	750	1550	3050	4300
Torino, V-8, 116" wb						
4 dr Sed	150	400	750	1550	3050	4300
2 dr HdTp	350	700	1150	2300	4550	6500
Wagon	150	400	750	1550	3050	4300
Torino GT V-8						
2 dr HdTp	350	800	1450	2750	5600	8000
FsBk	450	1000	1650	3350	6300	9000
Conv	450	1400	2300	4600	8100	11,500
Custom						
4 dr Sed	150	400	750	1650	3150	4500
2 dr Sed	150	400	750	1600	3100	4400
Custom 500						
4 dr Sed	150	450	750	1700	3200	4600
2 dr Sed	150	400	750	1650	3150	4500
Galaxie 500, V-8, 119" wb						
4 dr Sed	150	450	800	1750	3250	4700
4 dr HdTp	150	450	800	1800	3300	4800
2 dr HdTp	350	750	1200	2350	4900	7000
FsBk	450	1000	1650	3350	6300	9000
Conv	400	1300	2200	4400	7700	11,000
XL						
Fsbk	400	1200	2000	3950	7000	10,000
Conv	450	1450	2400	4800	8400	12,000
LTD						
4 dr Sed	200	500	850	1900	3500	5000
4 dr HdTp	200	600	950	2150	3850	5500
2 dr HdTp	350	750	1300	2450	5250	7500
Ranch Wag						
Std Wag	150	400	750	1550	3050	4300
500 Wag	150	400	750	1600	3100	4400
DeL 500 Wag	150	400	750	1650	3150	4500

Ford   205

Country Sedan	6	5	4	3	2	1
Std Wag	150	450	750	1700	3200	4600
DeL Wag	150	450	800	1750	3250	4700
Country Squire						
Sta Wag	200	500	850	1900	3500	5000
DeL Wag	200	550	900	2000	3600	5200

NOTE: Add 50 percent for 429 engine option.

Thunderbird, 115" wb

	6	5	4	3	2	1
HdTp	450	1000	1650	3350	6300	9000
Lan Cpe	450	1050	1650	3500	6400	9200
Lan Sed	350	750	1300	2400	5200	7400

NOTE: Add 40 percent for 427 or 428 engine option.

1969 Ford XL fastback

1969
NOTE: Add 10 percent for V-8.

Falcon Futura, 6-cyl, 111" wb

	6	5	4	3	2	1
Spt Cpe	150	350	750	1450	2900	4100
2 dr	150	300	700	1250	2600	3700
Fairlane 500, V-8, 116" wb						
4 dr	125	250	700	1150	2500	3600
2 dr HdTp	200	600	950	2150	3850	5500
FsBk	200	650	1050	2250	4200	6000
Conv	350	900	1550	3050	5900	8500
Wagon	150	350	750	1350	2800	4000
Torino, V-8, 116" wb						
4 dr	150	350	750	1350	2800	4000
2 dr HdTp	200	600	950	2150	3850	5500
Torino GT V-8						
2 dr HdTp	350	750	1200	2350	4900	7000
FsBk	450	1000	1650	3350	6300	9000
Conv	400	1300	2200	4400	7700	11,000
Cobra						
2 dr HdTp	550	1700	2800	5600	9800	14,000
FsBk	550	1800	3000	6000	10,500	15,000
Galaxie 500, V-8, 121" wb						
4 dr HdTp	150	350	750	1450	3000	4200
2 dr HdTp	150	450	800	1750	3250	4700
FsBk	350	750	1200	2350	4900	7000
Conv	450	1000	1650	3350	6300	9000
XL						
FsBk	350	900	1550	3050	5900	8500
Conv	400	1200	2000	3950	7000	10,000
LTD						
4 dr HdTp	200	500	850	1900	3500	5000
2 dr HdTp	350	700	1150	2300	4550	6500
Thunderbird, 117.2" wb						
4 dr Lan	200	550	900	2100	3700	5300
2 dr Lan	350	725	1150	2300	4700	6700
2 dr HdTp	350	700	1150	2300	4550	6500

NOTE: Add 40 percent for 428 engine option.
    Add 50 percent for 429 engine option.

1970

Falcon, 6-cyl, 110" wb

	6	5	4	3	2	1
4 dr Sed	150	300	750	1350	2700	3900
2 dr Sed	150	300	700	1250	2650	3800
Sta Wag	150	300	700	1250	2650	3800

1970-1/2 Falcon, 6-cyl, 117" wb

4 dr Sed	150	350	750	1450	2900	4100
2 dr Sed	150	300	750	1350	2700	3900
Sta Wag	150	350	750	1350	2800	4000

Futura, 6-cyl, 110" wb

4 dr Sed	150	350	750	1450	3000	4200
2 dr Sed	150	350	750	1350	2800	4000
Sta Wag	150	350	750	1350	2800	4000

NOTE: Add 10 percent for V-8.

Maverick

2 dr	150	300	700	1250	2600	3700

Fairlane 500, V-8, 117" wb

4 dr Sed	150	400	750	1550	3050	4300
2 dr HdTp	200	600	950	2150	3850	5500
Sta Wag	150	350	750	1450	3000	4200

Torino, V-8, 117" wb

4 dr Sed	150	400	750	1600	3100	4400
4 dr HdTp	150	400	750	1650	3150	4500
2 dr HdTp	350	700	1150	2300	4550	6500
2 dr HdTp Sports Roof	350	750	1300	2450	5250	7500
Sta Wag	150	400	750	1650	3150	4500

Torino Brougham, V-8, 117" wb

4 dr HdTp	150	400	750	1650	3150	4500
2 dr HdTp	350	700	1150	2300	4550	6500
Sta Wag	150	400	750	1550	3050	4300

Torino GT, V-8, 117" wb

2 dr HdTp	350	800	1450	2750	5600	8000
Conv	400	1200	2000	3950	7000	10,000

Cobra, V-8, 117" wb

2 dr HdTp	700	2300	3800	7600	13,300	19,000

Custom, V-8, 121" wb

4 dr Sed	150	350	750	1350	2800	4000
Sta Wag	150	350	750	1350	2800	4000

Custom 500, V-8, 121" wb

4 dr Sed	150	350	750	1450	2900	4100
Sta Wag	150	350	750	1450	2900	4100

Galaxie 500, V-8, 121" wb

4 dr Sed	150	350	750	1450	3000	4200
4 dr HdTp	150	400	750	1650	3150	4500
2 dr HdTp	200	600	950	2150	3850	5500
Sta Wag	150	400	750	1650	3150	4500
2 dr FsBk HdTp	350	750	1200	2350	4900	7000

XL, V-8, 121" wb

2 dr FsBk HdTp	350	750	1300	2450	5250	7500
Conv	450	1100	1700	3650	6650	9500

LTD, V-8, 121" wb

4 dr Sed	150	400	750	1550	3050	4300
4 dr HdTp	150	450	800	1750	3250	4700
2 dr HdTp	200	600	950	2150	3850	5500
Sta Wag	150	450	750	1700	3200	4600

LTD Brougham, V-8, 121" wb

4 dr Sed	150	400	750	1600	3100	4400
4 dr HdTp	200	500	850	1900	3500	5000
2 dr HdTp	200	650	1050	2250	4200	6000

Thunderbird, 117" wb

4 dr Lan	200	675	1100	2250	4400	6300
2 dr Lan	350	700	1100	2300	4500	6400
2 dr HdTp	350	725	1150	2300	4700	6700

NOTE: Add 40 percent for 428 engine option.
Add 50 percent for 429 engine option.

1971

Pinto

Rbt	150	300	700	1250	2600	3700

Maverick

2 dr	150	300	700	1250	2600	3700
4 dr	150	300	700	1250	2650	3800
Grabber	150	300	750	1350	2700	3900

Torino, V-8, 114" wb, Sta Wag 117" wb

4 dr Sed	150	300	750	1350	2700	3900
2 dr HdTp	200	500	850	1900	3500	5000
Sta Wag	150	300	700	1250	2650	3800

1971 Ford Maverick Grabber

Torino 500, V-8, 114" wb, Sta Wag 117" wb

	6	5	4	3	2	1
4 dr Sed	150	350	750	1350	2800	4000
4 dr HdTp	150	350	750	1450	2900	4100
2 dr HdTp Formal Roof	350	750	1300	2450	5250	7500
2 dr HdTp Sports Roof	350	800	1450	2750	5600	8000
Sta Wag	150	300	700	1250	2600	3700
4 dr HdTp Brougham	150	350	750	1450	2900	4100
2 dr HdTp Brougham	200	650	1050	2250	4200	6000
Squire Sta Wag	125	250	700	1150	2500	3600
2 dr HdTp Cobra	700	2150	3600	7200	12,600	18,000
2 dr HdTp GT	400	1200	2000	3950	7000	10,000
Conv	450	1500	2500	5000	8800	12,500
Custom, V-8, 121" wb						
4 dr Sed	125	250	700	1150	2500	3600
Sta Wag	125	250	700	1150	2500	3600
Custom 500, V-8, 121" wb						
4 dr Sed	150	300	700	1250	2600	3700
Sta Wag	150	300	700	1250	2600	3700
Galaxie 500, V-8, 121" wb						
4 dr Sed	150	300	700	1250	2650	3800
4 dr HdTp	150	350	750	1350	2800	4000
2 dr HdTp	150	450	800	1750	3250	4700
Sta Wag	150	300	700	1250	2650	3800
LTD						
4 dr	150	300	750	1350	2700	3900
4 dr HdTp	150	350	750	1450	2900	4100
2 dr HdTp	200	500	850	1900	3500	5000
Conv	350	800	1450	2750	5600	8000
Ctry Sq	150	350	750	1350	2800	4000
LTD Brougham, V-8, 121" wb						
4 dr Sed	150	350	750	1450	2900	4100
4 dr HdTp	150	400	750	1600	3100	4400
2 dr HdTp	200	600	950	2150	3850	5500
Thunderbird						
4 dr HdTp	200	650	1000	2200	4150	5900
2 dr HdTp	200	675	1050	2250	4300	6100
2 dr Lan HdTp	200	675	1050	2250	4350	6200

NOTE: Add 40 percent for 429 engine option.

1972

Pinto

2 dr	125	250	700	1150	2400	3400
3 dr	125	250	700	1150	2450	3500
Wagon	125	250	700	1150	2500	3600

Maverick

4 dr	125	250	700	1150	2400	3400
2 dr	125	250	700	1150	2450	3500
Grabber	150	300	750	1350	2700	3900

NOTE: Deduct 20 percent for 6-cyl.

Torino, V-8, 118" wb, 2 dr 114" wb

4 dr Sed	125	250	700	1150	2400	3400
2 dr HdTp	150	400	750	1650	3150	4500
Sta Wag	125	250	700	1150	2400	3400

Gran Torino

4 dr	125	250	700	1150	2450	3500

208 Ford

1972 Ford, LTD 2 dr HdTp

	6	5	4	3	2	1
2 dr HdTp	200	650	1050	2250	4200	6000
Custom, V-8, 121" wb						
4 dr Sed	125	250	700	1150	2500	3600
Sta Wag	125	250	700	1150	2500	3600
Custom 500, V-8, 121" wb						
4 dr Sed	150	300	700	1250	2600	3700
Sta Wag	150	300	700	1250	2600	3700
Galaxie 500, V-8, 121" wb						
4 dr Sed	150	300	700	1250	2650	3800
4 dr HdTp	150	350	750	1350	2800	4000
2 dr HdTp	200	600	950	2150	3850	5500
Sta Wag	150	300	700	1250	2650	3800
LTD, V-8, 121" wb						
4 dr Sed	150	300	750	1350	2700	3900
4 dr HdTp	150	350	750	1450	3000	4200
2 dr HdTp	200	650	1050	2250	4200	6000
Conv	450	1000	1650	3350	6300	9000
Sta Wag	150	350	750	1350	2800	4000
LTD Brougham, V-8, 121" wb						
4 dr Sed	150	350	750	1350	2800	4000
4 dr HdTp	150	450	800	1750	3250	4700
2 dr HdTp	350	700	1150	2300	4550	6500
Thunderbird						
2 dr HdTp	350	700	1100	2300	4500	6400

NOTE: Add 40 percent for 429 engine option.
Add 30 percent for 460 engine option.

1973 Ford Thunderbird

Ford 209

1973
Pinto, 4-cyl.

	6	5	4	3	2	1
2 dr	125	250	700	1150	2450	3500
Rbt	125	250	700	1150	2500	3600
Sta Wag	150	300	700	1250	2600	3700
Maverick V8						
2 dr	125	250	700	1150	2500	3600
4 dr	150	300	700	1250	2600	3700
2 dr Grabber	150	350	750	1450	3000	4200
Torino V8						
4 dr	125	250	700	1150	2400	3400
2 dr HdTp	150	400	750	1650	3150	4500
Sta Wag	125	250	700	1150	2500	3600
Gran Torino V8						
4 dr	125	250	700	1150	2450	3500
2 dr HdTp	200	500	850	1900	3500	5000
Sta Wag	150	300	700	1250	2600	3700
Gran Torino Sport V8						
2 dr SR HdTp	350	700	1150	2300	4550	6500
2 dr FR HdTp	350	750	1200	2350	4900	7000
Sq Wag	150	350	750	1350	2800	4000
Gran Torino Brgm V8						
4 dr	125	250	700	1150	2500	3600
2 dr HdTp	350	700	1150	2300	4550	6500
Custom 500 V8						
4 dr	125	250	700	1150	2500	3600
Sta Wag	150	300	700	1250	2600	3700
Galaxie 500 V8						
4 dr	150	300	700	1250	2600	3700
2 dr HdTp	150	450	750	1700	3200	4600
4 dr HdTp	150	300	700	1250	2650	3800
Sta Wag	150	300	700	1250	2600	3700
LTD V8						
4 dr	150	300	700	1250	2650	3800
2 dr HdTp	150	450	800	1800	3300	4800
4 dr HdTp	150	300	750	1350	2700	3900
Sta Wag	150	300	700	1250	2650	3800
LTD Brgm V8						
4 dr	150	300	750	1350	2700	3900
2 dr HdTp	200	500	850	1950	3600	5100
4 dr HdTp	150	350	750	1350	2800	4000
Thunderbird						
2 dr HdTp	200	600	950	2150	3850	5500

NOTE: Add 30 percent for 429 engine option.
Add 30 percent for 460 engine option.

1974
Pinto

Cpe	125	250	700	1150	2500	3600
Htchbk	150	300	700	1250	2600	3700
Sta Wag	125	250	700	1150	2500	3600
Maverick, V-8						
Cpe	125	250	700	1150	2500	3600
Sed	150	300	700	1250	2600	3700
Grabber	150	300	750	1350	2700	3900
Torino, V-8						
4 dr Sed	125	250	700	1150	2500	3600
HdTp	150	450	800	1750	3250	4700
Sta Wag	125	250	700	1150	2450	3500
Gran Torino, V-8						
4 dr Sed	125	250	700	1150	2500	3600
2 dr HdTp	150	450	800	1750	3250	4700
Sta Wag	125	250	700	1150	2500	3600
Gran Torino Sport, V-8						
2 dr HdTp	200	600	950	2150	3850	5500
Gran Torino Brgm, V-8						
4 dr Sed	150	300	700	1250	2650	3800
2 dr HdTp	200	500	850	1900	3500	5000
Gran Torino Elite, V-8						
2 dr HdTp	200	550	900	2000	3600	5200
Gran Torino Squire, V-8						
Sta Wag	150	300	700	1250	2600	3700
Custom 500						
4 dr Sed	125	250	700	1150	2450	3500
Sta Wag	125	250	700	1150	2450	3500
Galaxie 500, V-8						
4 dr Sed	125	250	700	1150	2500	3600

Ford

	6	5	4	3	2	1
2 dr HdTp	150	300	750	1350	2700	3900
4 dr HdTp	150	300	700	1250	2600	3700
Sta Wag	125	250	700	1150	2500	3600
LTD, V-8						
2 dr HdTp	150	350	750	1450	2900	4100
4 dr Sed	150	300	700	1250	2600	3700
4 dr HdTp	150	300	700	1250	2650	3800
Sta Wag	150	300	700	1250	2600	3700
Ltd Brgm, V-8						
4 dr Sed	150	300	700	1250	2600	3700
2 dr HdTp	150	350	750	1450	3000	4200
4 dr HdTp	150	300	700	1250	2650	3800
Thunderbird						
HdTp	200	600	950	2150	3850	5500
NOTE: Add 30 percent for 460 engine option.						
1975						
Pinto						
Cpe	125	200	600	1100	2300	3300
Htchbk	125	250	700	1150	2400	3400
Sta Wag	125	200	600	1100	2300	3300
Maverick						
Cpe	125	250	700	1150	2400	3400
4 dr Sed	125	250	700	1150	2450	3500
Grabber	125	250	700	1150	2500	3600
Torino						
o/w Cpe	125	250	700	1150	2450	3500
4 dr Sed	100	175	525	1050	2100	3000
Sta Wag	125	200	600	1100	2200	3100
Gran Torino						
o/w Cpe	125	250	700	1150	2500	3600
4 dr Sed	125	200	600	1100	2250	3200
Sta Wag	125	200	600	1100	2250	3200
Gran Torino Brougham						
o/w Cpe	150	300	700	1250	2650	3800
4 dr Sed	125	200	600	1100	2250	3200
Gran Torino Sport						
2 dr HdTp	150	350	750	1350	2800	4000
Torino Squire						
Sta Wag	125	200	600	1100	2300	3300
Elite						
2 dr HdTp	150	350	750	1450	3000	4200
Granada						
Cpe	125	200	600	1100	2300	3300
4 dr Sed	100	150	450	1000	1750	2500
Ghia Cpe	125	250	700	1150	2500	3600
Ghia Sed	125	250	700	1150	2450	3500
Custom 500						
4 dr Sed	125	200	600	1100	2200	3100
Sta Wag	125	200	600	1100	2200	3100
LTD						
o/w Cpe	125	250	700	1150	2400	3400
4 dr Sed	125	200	600	1100	2250	3200
LTD Brougham						
o/w Cpe	125	250	700	1150	2450	3500
4 dr Sed	125	200	600	1100	2300	3300
LTD Landau						
o/w Cpe	150	300	700	1250	2600	3700
4 dr Sed	125	250	700	1150	2400	3400
LTD Station Wagon						
Sta Wag	125	200	600	1100	2250	3200
Ctry Squire	125	200	600	1100	2300	3300
Thunderbird						
HdTp	200	500	850	1950	3600	5100
NOTE: Add 30 percent for 460 engine option.						
1976						
Pinto, 4-cyl.						
2 dr Sed	125	250	700	1150	2450	3500
2 dr Rbt	125	250	700	1150	2500	3600
Sta Wag	150	300	700	1250	2600	3700
Squire Wag	150	300	700	1250	2650	3800
NOTE: Add 10 percent for V-6.						
Maverick, V-8						
4 dr Sed	125	250	700	1150	2400	3400
2 dr Sed	125	200	600	1100	2300	3300
NOTE: Deduct 5 percent for 6-cyl.						

Ford   211

Torino, V-8	6	5	4	3	2	1
4 dr Sed	125	250	700	1150	2450	3500
2 dr HdTp	125	250	700	1150	2500	3600
Gran Torino, V-8						
4 dr Sed	125	250	700	1150	2500	3600
2 dr HdTp	150	300	700	1250	2600	3700
Gran Torino Brougham, V-8						
4 dr Sed	150	300	700	1250	2600	3700
2 dr HdTp	150	300	700	1250	2650	3800
Station Wagons, V-8						
2S Torino	125	250	700	1150	2450	3500
2S Gran Torino	125	250	700	1150	2500	3600
2S Gran Torino Squire	150	300	700	1250	2600	3700
Granada, V-8						
4 dr Sed	125	200	600	1100	2250	3200
2 dr Sed	125	200	600	1100	2300	3300
Granada Ghia, V-8						
4 dr Sed	125	200	600	1100	2300	3300
2 dr Sed	125	250	700	1150	2400	3400
Elite, V-8						
2 dr HdTp	150	300	700	1250	2600	3700
Custom, V-8						
4 dr Sed	125	250	700	1150	2400	3400
LTD, V-8						
4 dr Sed	125	250	700	1150	2500	3600
2 dr Sed	150	300	700	1250	2650	3800
LTD Brougham V-8						
4 dr Sed	150	300	700	1250	2650	3800
2 dr Sed	150	350	750	1350	2800	4000
LTD Landau, V-8						
4 dr Sed	150	350	750	1350	2800	4000
2 dr Sed	150	350	750	1450	3000	4200
Station Wagons, V-8						
Ranch Wag	125	250	700	1150	2500	3600
LTD Wag	150	300	700	1250	2650	3800
Ctry Squire Wag	150	350	750	1350	2800	4000
Thunderbird						
2 dr HdTp	150	450	800	1800	3300	4800
1977						
Pinto, 4-cyl.						
2 dr Sed	125	250	700	1150	2500	3600
2 dr Rbt	150	300	700	1250	2600	3700
Sta Wag	150	300	700	1250	2650	3800
Squire Wag	150	300	750	1350	2700	3900
NOTE: Add 5 percent for V-6.						
Maverick, V-8						
4 dr Sed	125	250	700	1150	2450	3500
2 dr Sed	125	250	700	1150	2400	3400
NOTE: Deduct 5 percent for 6-cyl.						
Granada, V-8						
4 dr Sed	125	200	600	1100	2250	3200
2 dr Sed	125	200	600	1100	2300	3300
Granada Ghia, V-8						
4 dr Sed	125	250	700	1150	2400	3400
2 dr Sed	125	250	700	1150	2450	3500
LTD II "S", V-8						
4 dr Sed	125	200	600	1100	2300	3300
2 dr Sed	125	250	700	1150	2400	3400
LTD II, V-8						
4 dr Sed	125	250	700	1150	2400	3400
2 dr Sed	125	250	700	1150	2450	3500
LTD II Brougham, V-8						
4 dr Sed	125	250	700	1150	2500	3600
2 dr Sed	150	300	700	1250	2600	3700
Station Wagons, V-8						
2S LTD II	125	250	700	1150	2450	3500
3S LTD II	125	250	700	1150	2500	3600
3S LTD II Squire	150	300	700	1250	2650	3800
LTD, V-8						
4 dr Sed	150	300	700	1250	2600	3700
2 dr Sed	150	300	700	1250	2650	3800
LTD Landau, V-8						
4 dr Sed	150	300	750	1350	2700	3900
2 dr Sed	150	350	750	1350	2800	4000
Station Wagons, V-8						
2S LTD	150	300	700	1250	2650	3800

Ford

	6	5	4	3	2	1
3S LTD	150	300	750	1350	2700	3900
3S Ctry Squire	150	350	750	1350	2800	4000
Thunderbird						
2 dr	150	450	750	1700	3200	4600
2 dr Landau	150	450	800	1750	3250	4700

1978
Fiesta

	6	5	4	3	2	1
Hatch	100	175	525	1050	1950	2800
Pinto						
2 dr	100	175	525	1050	2050	2900
3 dr Rbt	125	250	700	1150	2500	3600
Sta Wag	150	300	700	1250	2600	3700
Fairmont						
4 dr Sed	125	200	600	1100	2200	3100
2 dr Sed	100	175	525	1050	2100	3000
Cpe Futura	125	250	700	1150	2450	3500
Sta Wag	125	200	600	1100	2250	3200
Granada						
4 dr Sed	125	200	600	1100	2250	3200
2 dr Sed	125	200	600	1100	2200	3100
LTD II 'S'						
4 dr	125	200	600	1100	2200	3100
2 dr	100	175	525	1050	2100	3000
LTD II						
4 dr	125	200	600	1100	2250	3200
2 dr	125	200	600	1100	2200	3100
LTD II Brougham						
4 dr	125	200	600	1100	2300	3300
2 dr	125	200	600	1100	2250	3200
LTD						
4 dr	125	250	700	1150	2500	3600
2 dr	150	300	700	1250	2600	3700
2S Sta Wag	125	250	700	1150	2450	3500
LTD Landau						
4 dr	150	300	700	1250	2650	3800
2 dr	150	300	750	1350	2700	3900
Thunderbird						
2 dr	200	500	850	1900	3500	5000
2 dr Town Landau	200	650	1050	2250	4200	6000
2 dr Diamond Jubilee	350	750	1200	2350	4900	7000

1979
Fiesta, 4-cyl.

	6	5	4	3	2	1
3 dr Hatch	100	175	525	1050	2050	2900
Pinto, V-6						
2 dr Sed	125	200	600	1100	2200	3100
Rbt	125	250	700	1150	2500	3600
Sta Wag	125	250	700	1150	2500	3600
Squire Wag	150	300	700	1250	2600	3700

NOTE: Deduct 5 percent for 4-cyl.

Fairmont, 6-cyl.

	6	5	4	3	2	1
4 dr Sed	125	200	600	1100	2250	3200
2 dr Sed	125	200	600	1100	2200	3100
Cpe	125	250	700	1150	2500	3600
Sta Wag	125	200	600	1100	2300	3300
Squire Wag	125	250	700	1150	2400	3400

NOTE: Deduct 5 percent for 4-cyl.
Add 5 percent for V-8.

Granada, V-8

	6	5	4	3	2	1
4 dr Sed	125	200	600	1100	2300	3300
2 dr Sed	125	200	600	1100	2250	3200

NOTE: Deduct 5 percent for 6-cyl.

LTD II, V-8

	6	5	4	3	2	1
4 dr Sed	125	200	600	1100	2250	3200
2 dr Sed	125	200	600	1100	2200	3100

LTD II Brougham, V-8

	6	5	4	3	2	1
4 dr Sed	125	200	600	1100	2300	3300
2 dr Sed	125	200	600	1100	2250	3200

LTD, V-8

	6	5	4	3	2	1
4 dr Sed	125	250	700	1150	2500	3600
2 dr Sed	125	250	700	1150	2400	3400
2S Sta Wag	125	250	700	1150	2450	3500
3S Sta Wag	125	250	700	1150	2500	3600
2S Squire Wag	150	300	700	1250	2600	3700
3S Squire Wag	150	300	700	1250	2650	3800

LTD Landau

	6	5	4	3	2	1
4 dr Sed	150	300	700	1250	2650	3800

Ford 213

	6	5	4	3	2	1
2 dr Sed	125	250	700	1150	2500	3600
Thunderbird, V-8						
2 dr	150	400	750	1650	3150	4500
2 dr Landau	150	450	800	1750	3250	4700
2 dr Heritage	200	500	850	1900	3500	5000

1980
Fiesta, 4-cyl.

	6	5	4	3	2	1
2 dr Hatch	125	200	600	1100	2200	3100
Pinto, 4-cyl.						
2 dr Cpe Pony	125	200	600	1100	2250	3200
2 dr Sta Wag Pony	125	250	700	1150	2400	3400
2 dr Cpe	125	200	600	1100	2300	3300
2 dr Hatch	125	250	700	1150	2400	3400
2 dr Sta Wag	125	250	700	1150	2450	3500
2 dr Sta Wag Squire	125	250	700	1150	2500	3600
Fairmont, 6-cyl.						
4 dr Sed	125	250	700	1150	2400	3400
2 dr Sed	125	200	600	1100	2300	3300
4 dr Sed Futura	125	250	700	1150	2500	3600
2 dr Cpe Futura	150	350	750	1450	2900	4100
4 dr Sta Wag	150	300	700	1250	2650	3800

NOTES: Deduct 10 percent for 4-cyl.
       Add 12 percent for V-8.

Granada, V-8

	6	5	4	3	2	1
4 dr Sed	150	300	750	1350	2700	3900
2 dr Sed	150	300	700	1250	2650	3800
4 dr Sed Ghia	150	350	750	1450	2900	4100
2 dr Sed Ghia	150	350	750	1350	2800	4000
4 dr Sed ESS	150	350	750	1450	3000	4200
2 dr Sed ESS	150	350	750	1450	2900	4100

NOTE: Deduct 10 percent for 6-cyl.

LTD, V-8

	6	5	4	3	2	1
4 dr Sed S	150	350	750	1450	3000	4200
4 dr Sta Wag	150	400	750	1600	3100	4400
4 dr Sed	150	400	750	1550	3050	4300
2 dr Sed	150	350	750	1450	3000	4200
4 dr Sta Wag	150	400	750	1650	3150	4500
4 dr Sta Wag CS	150	450	800	1750	3250	4700

LTD Crown Victoria, V-8

	6	5	4	3	2	1
4 dr Sed	150	450	750	1700	3200	4600
2 dr Sed	150	400	750	1650	3150	4500

Thunderbird, V-8

	6	5	4	3	2	1
2 dr Cpe	200	600	950	2150	3850	5500
2 dr Cpe Twn Lan	200	650	1000	2200	4100	5800
2 dr Cpe Silver Anniv	200	650	1050	2250	4200	6000

1981
Escort, 4-cyl.

	6	5	4	3	2	1
2 dr Hatch SS	125	250	700	1150	2500	3600
4 dr Hatch SS	150	300	700	1250	2600	3700

NOTE: Deduct 5 percent for lesser models.

Fairmont, 6-cyl.

	6	5	4	3	2	1
2 dr Sed S	125	250	700	1150	2400	3400
4 dr Sed	125	250	700	1150	2450	3500
2 dr Sed	125	250	700	1150	2450	3500
4 dr Futura	125	250	700	1150	2500	3600
2 dr Cpe Futura	150	350	750	1450	3000	4200
4 dr Sta Wag	150	300	750	1350	2700	3900
4 dr Sta Wag Futura	150	350	750	1350	2800	4000

NOTES: Deduct 10 percent for 4-cyl.
       Add 12 percent for V-8.

Granada, 6-cyl.

	6	5	4	3	2	1
4 dr Sed GLX	150	350	750	1350	2800	4000
2 dr Sed GLX	150	300	750	1350	2700	3900

NOTES: Deduct 5 percent for lesser models.
       Deduct 10 percent for 4-cyl.
       Deduct 10 percent for 4-cyl.
       Add 12 percent for V-8.

LTD, V-8

	6	5	4	3	2	1
4 dr Sed S	150	400	750	1550	3050	4300
4 dr Sta Wag S	150	400	750	1650	3150	4500
4 dr Sed	150	400	750	1600	3100	4400
2 dr Sed	150	400	750	1550	3050	4300
4 dr Sta Wag	150	450	750	1700	3200	4600
4 dr Sta Wag CS	150	450	800	1800	3300	4800

LTD Crown Victoria, V-8

	6	5	4	3	2	1
4 dr Sed	150	450	800	1800	3300	4800

Ford

	6	5	4	3	2	1
2 dr Sed	150	450	800	1750	3250	4700
Thunderbird, V-8						
2 dr Cpe	200	600	950	2200	3900	5600
2 dr Cpe Twn Lan	200	650	1000	2200	4100	5800
2 dr Cpe Heritage	200	650	1000	2200	4150	5900

NOTE: Deduct 15 percent for 6-cyl.

1982
Escort, 4-cyl.

	6	5	4	3	2	1
2 dr Hatch GLX	125	250	700	1150	2500	3600
4 dr Hatch GLX	150	300	700	1250	2600	3700
4 dr Sta Wag GLX	150	300	700	1250	2650	3800
2 dr Hatch GT	150	300	750	1350	2700	3900

NOTE: Deduct 5 percent for lesser models.

EXP, 4-cyl.

	6	5	4	3	2	1
2 dr Cpe	150	400	750	1650	3150	4500

Fairmont Futura, 4-cyl.

	6	5	4	3	2	1
4 dr Sed	100	175	525	1050	2100	3000
2 dr Sed	100	175	525	1050	2050	2900
2 dr Cpe Futura	125	200	600	1100	2300	3300

Fairmont Futura, 6-cyl.

	6	5	4	3	2	1
4 dr Sed	150	300	700	1250	2600	3700
2 dr Cpe Futura	150	400	750	1550	3050	4300

Granada, 6-cyl.

	6	5	4	3	2	1
4 dr Sed GLX	150	350	750	1450	2900	4100
2 dr Sed GLX	150	350	750	1350	2800	4000

NOTE: Deduct 10 percent for 4-cyl.
Deduct 5 percent for lesser models.

Granada Wagon, 6-cyl.

	6	5	4	3	2	1
4 dr Sta Wag GL	150	400	750	1550	3050	4300

LTD, V-8

	6	5	4	3	2	1
4 dr Sed S	150	400	750	1600	3100	4400
4 dr Sed	150	400	750	1650	3150	4500
2 dr Sed	150	400	750	1600	3100	4400

LTD Crown Victoria, V-8

	6	5	4	3	2	1
4 dr Sed	200	500	850	1850	3350	4900
2 dr Sed	150	450	800	1800	3300	4800

LTD Station Wagon, V-8

	6	5	4	3	2	1
4 dr Sta Wag S	150	450	750	1700	3200	4600
4 dr Sta Wag	150	450	800	1750	3250	4700
4 dr Sta Wag CS	200	500	850	1850	3350	4900

Thunderbird, V-8

	6	5	4	3	2	1
2 dr Cpe	200	650	1000	2200	4100	5800
2 dr Cpe Twn Lan	200	650	1050	2250	4200	6000
2 dr Cpe Heritage	200	675	1050	2250	4350	6200

NOTE: Deduct 15 percent for V-6.

1983
Escort, 4-cyl.

	6	5	4	3	2	1
2 dr Hatch GLX	125	250	700	1150	2500	3600
4 dr Hatch GLX	150	300	700	1250	2600	3700
4 dr Sta Wag GLX	150	300	700	1250	2650	3800
2 dr Hatch GT	150	300	700	1250	2600	3700

NOTE: Deduct 5 percent for lesser models.

EXP, 4-cyl.

	6	5	4	3	2	1
2 dr Cpe	150	400	750	1650	3150	4500

Fairmont Futura, 6-cyl.

	6	5	4	3	2	1
4 dr Sed	150	300	700	1250	2600	3700
2 dr Sed	125	250	700	1150	2500	3600
2 dr Cpe	150	400	750	1550	3050	4300

NOTE: Deduct 5 percent for 4-cyl.

LTD, 6-cyl.

	6	5	4	3	2	1
4 dr Sed	150	350	750	1450	3000	4200
4 dr Sed Brgm	150	400	750	1600	3100	4400
4 dr Sta Wag	150	450	750	1700	3200	4600

NOTE: Deduct 10 percent for 4-cyl.

LTD Crown Victoria, V-8

	6	5	4	3	2	1
4 dr Sed	200	500	850	1900	3500	5000
2 dr Sed	200	500	850	1850	3350	4900
4 dr Sta Wag	200	500	850	1950	3600	5100

Thunderbird, 4-cyl. Turbo

	6	5	4	3	2	1
2 dr Cpe	350	750	1200	2350	4900	7000

Thunderbird, V-8

	6	5	4	3	2	1
2 dr Cpe	350	750	1300	2450	5250	7500
2 dr Cpe Heritage	350	750	1350	2650	5450	7800

NOTE: Deduct 15 percent for V-6.

1984
Escort, 4-cyl.

	6	5	4	3	2	1
4 dr Hatch LX	125	250	700	1150	2450	3500
2 dr Hatch LX	125	250	700	1150	2450	3500
4 dr Sta Wag LX	125	250	700	1150	2500	3600
2 dr Hatch GT	125	250	700	1150	2500	3600
2 dr Hatch Turbo GT	150	300	700	1250	2650	3800

NOTE: Deduct 5 percent for lesser models.

EXP, 4-cyl.

2 dr Cpe	150	350	750	1350	2800	4000
2 dr Cpe L	150	350	750	1450	3000	4200
2 dr Cpe Turbo	150	450	750	1700	3200	4600

Tempo, 4-cyl.

2 dr Sed GLX	125	250	700	1150	2450	3500
4 dr Sed GLX	125	250	700	1150	2450	3500

NOTE: Deduct 5 percent for lesser models.

LTD, V-6

4 dr Sed	150	350	750	1450	3000	4200
4 dr Sed Brgm	150	400	750	1550	3050	4300
4 dr Sta Wag	150	400	750	1550	3050	4300
4 dr Sed LX, (V-8)	150	450	750	1700	3200	4600

NOTE: Deduct 8 percent for 4-cyl.

LTD Crown Victoria, V-8

4 dr Sed S	150	450	800	1750	3250	4700
4 dr Sed	200	500	850	1850	3350	4900
2 dr Sed	200	500	850	1850	3350	4900
4 dr Sta Wag S	200	500	850	1900	3500	5000
4 dr Sta Wag	200	500	850	1950	3600	5100
4 dr Sta Wag Squire	200	550	900	2000	3600	5200

Thunderbird, V-8

2 dr Cpe	200	675	1100	2250	4400	6300
2 dr Cpe Elan	350	700	1150	2300	4600	6600
2 dr Cpe Fila	350	725	1150	2300	4700	6700

NOTE: Deduct 10 percent for V-6 non turbo.

Thunderbird, 4-cyl.

2 dr Cpe Turbo	350	725	1200	2350	4800	6800

1985
Escort, 4-cyl.

4 dr Hatch LX	125	250	700	1150	2500	3600
4 dr Sta Wag LX	125	250	700	1150	2500	3600
2 dr Hatch GT	150	300	700	1250	2600	3700
2 dr Hatch Turbo GT	150	300	750	1350	2700	3900

NOTE: Deduct 5 percent for lesser models.

EXP, 4-cyl.

2 dr Cpe Hatch	150	350	750	1450	2900	4100
2 dr Cpe Hatch Luxury	150	400	750	1550	3050	4300
2 dr Cpe Hatch Turbo	150	450	800	1750	3250	4700

NOTE: Deduct 20 percent for diesel.

Tempo, 4-cyl.

2 dr Sed GLX	125	250	700	1150	2450	3500
4 dr Sed GLX	125	250	700	1150	2450	3500

NOTE: Deduct 5 percent for lesser models.
 Deduct 20 percent for diesel.

LTD

V-6 4 dr Sed	150	400	750	1550	3050	4300
V-6 4 dr Sed Brgm	150	400	750	1600	3100	4400
V-6 4 dr Sta Wag	150	400	750	1600	3100	4400
V-8 4 dr Sed LX	150	450	800	1750	3250	4700

NOTE: Deduct 20 percent for 4-cyl. where available.

LTD Crown Victoria, V-8

4 dr Sed S	150	450	800	1800	3300	4800
4 dr Sed	200	500	850	1900	3500	5000
2 dr Sed	200	500	850	1850	3350	4900
4 dr Sta Wag S	200	500	850	1950	3600	5100
4 dr Sta Wag	200	550	900	2000	3600	5200
4 dr Sta Wag Country Squire	200	550	900	2150	3800	5400

Thunderbird

V-8 2 dr Cpe	350	700	1100	2300	4500	6400
V-8 2 dr Cpe Elan	350	725	1200	2350	4800	6800
V-8 2 dr Cpe Fila	350	725	1200	2350	4850	6900
4-cyl. 2 dr Cpe Turbo	350	750	1200	2350	4900	7000

NOTE: Deduct 10 percent for V-6 non turbo.

1986
Escort

2 dr HBk	125	250	700	1150	2500	3600
4 dr HBk	125	250	700	1150	2450	3500

216 Ford

	6	5	4	3	2	1
4 dr Sta Wag	150	300	700	1250	2600	3700
2 dr GT HBk	150	350	750	1350	2800	4000
EXP						
2 dr Cpe	150	450	750	1700	3200	4600
Tempo						
2 dr Sed	125	250	700	1150	2500	3600
4 dr Sed	125	250	700	1150	2500	3600
Taurus						
4 dr Sed	150	450	800	1750	3250	4700
4 dr Sta Wag	150	450	800	1800	3300	4800
LTD						
4 dr Sed	200	550	900	2000	3600	5200
Brgm 4 dr Sed	200	550	900	2000	3600	5200
4 dr Sta Wag	200	550	900	2150	3800	5400
LTD Crown Victoria						
2 dr Sed	200	550	900	2150	3800	5400
4 dr Sed	200	550	900	2150	3800	5400
4 dr Sta Wag	200	600	950	2150	3850	5500
Thunderbird						
2 dr Cpe	350	700	1100	2300	4500	6400
2 dr Elan Cpe	350	700	1150	2300	4600	6600
2 dr Turbo Cpe	350	750	1250	2400	5050	7200

NOTES: Add 10 percent for deluxe models.
Deduct 5 percent for smaller engines.

MUSTANG

1964 Ford Mustang 2 dr hardtop, V-8

1964
2d HT	450	1450	2400	4800	8400	12,000
Conv	850	2750	4600	9200	16,100	23,000

NOTE: Deduct 15 percent for 6-cyl.
Add 20 percent for Challenger Code "K" V-8.
First Mustang introduced April 17, 1964 at N.Y. World's Fair.

1965
2d HT	450	1450	2400	4800	8400	12,000
Conv	850	2750	4600	9200	16,100	23,000
FBk	700	2150	3600	7200	12,600	18,000

NOTE: Add 30 percent for 271 hp Hi-perf engine.
Add 10 percent for "GT" Package.
Add 10 percent for original "pony interior".
Deduct 15 percent for 6-cyl.

1965 Shelby GT
GT-350 FBk	1900	6000	10,000	20,000	35,000	50,000

1966
2d HT	450	1450	2400	4800	8400	12,000
Conv	850	2750	4600	9200	16,100	23,000

	6	**5**	**4**	**3**	**2**	**1**
FsBk	700	2150	3600	7200	12,600	18,000

NOTE: Same as 1965.

1966 Shelby GT
	6	5	4	3	2	1
GT-350 FBk	1700	5400	9000	18,000	31,500	45,000
GT-350H FBk	1750	5650	9400	18,800	32,900	47,000
GT-350 Conv	2850	9100	15,200	30,400	53,200	76,000

1967
	6	5	4	3	2	1
2d HT	450	1450	2400	4800	8400	12,000
Conv	750	2400	4000	8000	14,000	20,000
FBk	550	1800	3000	6000	10,500	15,000

NOTES: Same as 1964-65, plus;
    Add 10 percent for 390 cid V-8 (code "Z").
    Deduct 15 percent for 6-cyl.

1967 Shelby GT
	6	5	4	3	2	1
GT-350 FBk	1450	4550	7600	15,200	26,600	38,000
GT-500 FBk	1600	5150	8600	17,200	30,100	43,000

1968
	6	5	4	3	2	1
2d HT	450	1450	2400	4800	8400	12,000
Conv	750	2400	4000	8000	14,000	20,000
FBk	550	1800	3000	6000	10,500	15,000

NOTES: Same as 1964-67, plus;
    Add 10 percent for GT-390.
    Add 50 percent for 427 cid V-8 (code "W").
    Add 30 percent for 428 cid V-8 (code "Q").
    Add 15 percent for "California Special" trim.

1969 Ford Mustang convertible

1968 Shelby GT
	6	5	4	3	2	1
350 Conv	1900	6000	10,000	20,000	35,000	50,000
350 FBk	1050	3350	5600	11,200	19,600	28,000
500 Conv	2550	8150	13,600	27,200	47,600	68,000
500 FBk	1500	4800	8000	16,000	28,000	40,000

NOTE: Add 30 percent for KR models.

1969
	6	5	4	3	2	1
2d HT	450	1450	2400	4800	8400	12,000
Conv	600	1900	3200	6400	11,200	16,000
FBk	500	1550	2600	5200	9100	13,000

NOTE: Deduct 20 percent for 6-cyl.

	6	5	4	3	2	1
Mach 1	650	2050	3400	6800	11,900	17,000
Boss 302	1050	3350	5600	11,200	19,600	28,000
Boss 429	1950	6250	10,400	20,800	36,400	52,000
Grande	550	1700	2800	5600	9800	14,000

NOTES: Same as 1968; plus;
    Add 30 percent for Cobra Jet V-8.
    Add 40 percent for "Super Cobra Jet" engine.

1969 Shelby GT
	6	5	4	3	2	1
350 Conv	1900	6000	10,000	20,000	35,000	50,000
350 FBk	1150	3600	6000	12,000	21,000	30,000
500 Conv	2350	7450	12,400	24,800	43,400	62,000
500 FBk	1300	4200	7000	14,000	24,500	35,000

Mustang

1970

	6	5	4	3	2	1
2d HT	450	1450	2400	4800	8400	12,000
Conv	600	1900	3200	6400	11,200	16,000
FBk	500	1550	2600	5200	9100	13,000
Mach 1	650	2050	3400	6800	11,900	17,000
Boss 302	1050	3350	5600	11,200	19,600	28,000
Boss 429	1950	6250	10,400	20,800	36,400	52,000
Grande	550	1700	2800	5600	9800	14,000

NOTE: Add 30 percent for Cobra Jet V-8.
Add 40 percent for "Super Cobra Jet".
Deduct 20 percent for 6-cyl.

1970 Shelby GT

350 Conv	1800	5750	9600	19,200	33,600	48,000
350 FBk	1150	3600	6000	12,000	21,000	30,000
500 Conv	2350	7450	12,400	24,800	43,400	62,000
500 FBk	1300	4200	7000	14,000	24,500	35,000

1971 Ford Mustang Mach 1 fastback, V-8

1971

2d HT	400	1200	2000	3950	7000	10,000
Grande	400	1250	2100	4200	7400	10,500
Conv	600	1900	3200	6400	11,200	16,000
FBk	550	1700	2800	5600	9800	14,000
Mach 1	550	1800	3000	6000	10,500	15,000
Boss 351	1100	3500	5800	11,600	20,300	29,000

NOTE: Same as 1970.
Deduct 20 percent for 6-cyl.

1972

2d HT	400	1200	2000	3950	7000	10,000
Grande	400	1250	2100	4200	7400	10,500
FBk	550	1700	2800	5600	9800	14,000
Mach 1	550	1800	3000	6000	10,500	15,000
Conv	600	1900	3200	6400	11,200	16,000

NOTE: Add 5 percent for engine and decor options.
Deduct 20 percent for 6-cyl.

1973

2d HT	450	1100	1700	3650	6650	9500
Grande	400	1250	2100	4200	7400	10,500
FBk	500	1550	2600	5200	9100	13,000
Mach 1	550	1700	2800	5600	9800	14,000
Conv	650	2050	3400	6800	11,900	17,000

NOTE: Add 10 percent for engine and decor options.

1974
Mustang II
Mustang Four

HT Cpe	150	350	750	1350	2800	4000
FBk	150	350	750	1450	2900	4100
Ghia	150	350	750	1450	3000	4200

Mustang Six

HT Cpe	150	350	750	1350	2800	4000
FBk	150	350	750	1450	2900	4100
Ghia	150	350	750	1450	3000	4200

Mach 1 Six

FBk	200	500	850	1900	3500	5000

1975
Mustang

	6	5	4	3	2	1
HT Cpe	150	350	750	1350	2800	4000
FBk	150	350	750	1450	2900	4100
Ghia	150	350	750	1450	3000	4200
Mustang Six						
HT Cpe	150	350	750	1450	2900	4100
FBk	150	350	750	1450	3000	4200
Ghia	150	400	750	1550	3050	4300
Mach 1	150	400	750	1650	3150	4500
Mustang, V-8						
HT Cpe	200	600	950	2200	3900	5600
FBk Cpe	200	600	1000	2200	4000	5700
Ghia	200	650	1050	2250	4200	6000
Mach 1	350	700	1150	2300	4550	6500

1976
Mustang II, V-6

2d	150	400	750	1550	3050	4300
3d 2 plus 2	150	400	750	1600	3100	4400
Ghia 2d	150	450	800	1750	3250	4700

NOTE: Deduct 10 percent for 4-cyl.
Add 20 percent for V-8.
Add 20 percent for Cobra II.

Mach 1, V-6

3d	200	500	850	1900	3500	5000

1977 Ford Mustang II, Cobra II

1977
Mustang II, V-6

2d	150	350	750	1350	2800	4000
3d 2 plus 2	150	350	750	1450	3000	4200
Ghia 2d	150	400	750	1600	3100	4400

NOTE: Deduct 10 percent for 4-cyl.
Add 20 percent for Cobra II option.
Add 20 percent for V-8.

Mach 1, V-6

2d	200	500	850	1900	3500	5000

1978
Mustang II

Cpe	150	350	750	1450	2900	4100
3d 2 plus 2	150	400	750	1550	3050	4300
Ghia Cpe	150	400	750	1600	3100	4400

Mach 1, V-6

Cpe	200	500	850	1900	3500	5000

NOTE: Add 20 percent for V-8.
Add 20 percent for Cobra II option.
Add 50 percent for King Cobra option.

1979
Mustang, V-6

	6	5	4	3	2	1
2d Sed	150	350	750	1450	3000	4200
3d Sed	150	400	750	1550	3050	4300
Ghia 2d Sed	150	400	750	1650	3150	4500
Ghia 3d Sed	150	450	750	1700	3200	4600

NOTE: Add 20 percent for Pace Car package.

1980
Mustang, 6-cyl.

2d Cpe	150	400	750	1550	3050	4300
2d HBk	150	400	750	1600	3100	4400
Ghia 2d Cpe	150	450	750	1700	3200	4600
Ghia 2d HBk	150	450	800	1750	3250	4700

NOTES: Deduct 11 percent for 4-cyl.
Add 25 percent for V-8.

1981
Mustang, 6-cyl.

S 2d Cpe	150	400	750	1600	3100	4400
2d Cpe	150	450	750	1700	3200	4600
2d HBk	150	450	800	1750	3250	4700
Ghia 2d Cpe	150	450	800	1750	3250	4700
Ghia 2d HBk	150	450	800	1800	3300	4800

NOTES: Deduct 11 percent for 4-cyl.
Add 25 percent for V-8.

1982
Mustang, 4-cyl.

L 2d Cpe	150	350	750	1350	2800	4000
GL 2d Cpe	150	350	750	1450	2900	4100
GL 2d HBk	150	350	750	1450	3000	4200
GLX 2d Cpe	150	400	750	1600	3100	4400
GLX 2d HBk	150	400	750	1650	3150	4500

Mustang, 6-cyl.

L 2d Cpe	150	400	750	1600	3100	4400
GL 2d Cpe	150	400	750	1650	3150	4500
GL 2d HBk	150	450	750	1700	3200	4600
GLX 2d Cpe	150	450	800	1800	3300	4800
GLX 2d HBk	200	500	850	1850	3350	4900

Mustang, V-8

GT 2d HBk	200	600	1000	2200	4000	5700

1983
Mustang, 4-cyl.

L 2d Cpe	150	350	750	1450	2900	4100
GL 2d Cpe	150	350	750	1450	3000	4200
GL 2d HBk	150	400	750	1600	3100	4400
GLX 2d Cpe	150	400	750	1650	3150	4500
GLX 2d HBk	150	450	750	1700	3200	4600

Mustang, 6-cyl.

GL 2d Cpe	150	450	750	1700	3200	4600
GL 2d HBk	150	450	800	1750	3250	4700
GLX 2d Cpe	200	500	850	1850	3350	4900
GLX 2d HBk	200	500	850	1900	3500	5000
GLX 2d Conv	200	650	1050	2250	4200	6000

Mustang, V-8

GT 2d HBk	350	750	1200	2350	4900	7000
GT 2d Conv	350	800	1450	2750	5600	8000

1984
Mustang, 4-cyl.

L 2d Cpe	150	350	750	1450	3000	4200
L 2d HBk	150	400	750	1550	3050	4300
LX 2d Cpe	150	400	750	1550	3050	4300
LX 2d HBk	150	400	750	1600	3100	4400
GT Turbo 2d HBk	150	450	800	1800	3300	4800
GT Turbo 2d Conv	350	700	1150	2300	4550	6500

Mustang, V-6

L 2d Cpe	150	400	750	1550	3050	4300
L 2d HBk	150	400	750	1600	3100	4400
LX 2d Cpe	150	400	750	1600	3100	4400
LX 2d HBk	150	400	750	1650	3150	4500
LX 2d Conv	350	725	1200	2350	4800	6800

Mustang, V-8

L 2d HBk	150	400	750	1650	3150	4500
LX 2d Cpe	150	450	750	1700	3200	4600
LX 2d HBk	150	450	750	1700	3200	4600
LX 2d Conv	350	750	1200	2350	4900	7000
GT 2d HBk	150	450	800	1800	3300	4800

	6	5	4	3	2	1
GT 2d Conv	350	750	1250	2400	5050	7200

NOTE: Add 20 percent for 20th Anniversary Edition.
Add 40 percent for SVO Model.

1985
Mustang
LX 4-cyl. 2d	150	400	750	1600	3100	4400
LX 4-cyl. 2d HBk	150	400	750	1650	3150	4500
SVO 4-cyl. Turbo 2d	200	500	850	1900	3500	5000
LX V-6 2d	150	450	750	1700	3200	4600
LX V-6 2d HBk	150	450	800	1750	3250	4700
LX V-8 2d	200	500	850	1900	3500	5000
LX V-8 2d HBk	200	500	850	1950	3600	5100
LX V-8 Conv	350	750	1300	2450	5250	7500

1986
Mustang
2d Cpe	150	400	750	1650	3150	4500
2d HBk	150	400	750	1650	3150	4500
2d Conv	350	750	1200	2350	4900	7000
Turbo 2d HBk	200	600	950	2150	3850	5500

Mustang, V-8
2d HBk	200	600	950	2150	3850	5500
2d Conv	350	800	1450	2750	5600	8000

FRANKLIN

1903
Four, 10 hp, 72" wb
Rbt	1200	3850	6400	12,800	22,400	32,000

1904
Type A, 4-cyl., 12 hp, 82" wb
2/4P Light Rbt	1150	3700	6200	12,400	21,700	31,000

Type B, 4-cyl., 12 hp, 82" wb
4P Light Ton	1150	3700	6200	12,400	21,700	31,000

Type C, 4-cyl., 30 hp, 110" wb
5P Side Entrance Ton	1150	3700	6200	12,400	21,700	31,000

Type D, 4-cyl., 20 hp, 100" wb
5P Light Tr	1150	3600	6000	12,000	21,000	30,000

Type E, 4-cyl., 12 hp, 74" wb
2P Gentleman's Rbt	1100	3500	5800	11,600	20,300	29,000

Type F, 4-cyl., 12 hp, 82" wb
4P Light Ton	1150	3600	6000	12,000	21,000	30,000

1905
Type A, 4-cyl., 12 hp, 80" wb
Rbt	1000	3250	5400	10,800	18,900	27,000
Detachable Ton	1050	3350	5600	11,200	19,600	28,000

Type B, 4-cyl., 12 hp, 80" wb
Tr	1050	3350	5600	11,200	19,600	28,000

Type C, 4-cyl., 30 hp, 107" wb
Tr	1150	3700	6200	12,400	21,700	31,000

Type D, 4-cyl., 20 hp, 100" wb
Tr	1150	3600	6000	12,000	21,000	30,000

Type E, 4-cyl., 12 hp, 80" wb
Rbt	1000	3250	5400	10,800	18,900	27,000

1906
Type E, 4-cyl., 12 hp, 81-1/2" wb
2P Rbt	950	3000	5000	10,000	17,500	25,000

Type G, 4-cyl., 12 hp, 88" wb
5P Tr	1000	3100	5200	10,400	18,200	26,000

Type D, 4-cyl., 20 hp, 100" wb
5P Tr	1000	3250	5400	10,800	18,900	27,000
5P Limo (115" wb)	800	2500	4200	8400	14,700	21,000

Type H, 6-cyl., 30 hp, 114" wb
5P Tr	1050	3350	5600	11,200	19,600	28,000

1907
Model G, 4-cyl., 12 hp, 90" wb
2P Rbt	1100	3500	5800	11,600	20,300	29,000
4P Tr	1150	3600	6000	12,000	21,000	30,000

Model D, 4-cyl., 20 hp, 105" wb
5P Tr	1150	3700	6200	12,400	21,700	31,000
2P Rbt	1150	3600	6000	12,000	21,000	30,000
5P Lan'let	950	3000	5000	10,000	17,500	25,000

Franklin

Model H, 6-cyl., 30 hp, 127" wb

	6	5	4	3	2	1
7P Tr	1200	3850	6400	12,800	22,400	32,000
2P Rbt	1150	3700	6200	12,400	21,700	31,000
5P Limo	1000	3100	5200	10,400	18,200	26,000

1908
Model G, 4-cyl., 16 hp, 90" wb

Tr	1050	3350	5600	11,200	19,600	28,000
Rbt	1100	3500	5800	11,600	20,300	29,000
Brgm	800	2500	4200	8400	14,700	21,000
Lan'let	850	2650	4400	8800	15,400	22,000

Model D, 4-cyl., 28 hp, 105" wb

Tr	1100	3500	5800	11,600	20,300	29,000
Surrey-Seat Rbt	1050	3350	5600	11,200	19,600	28,000
Lan'let	850	2750	4600	9200	16,100	23,000

Model H, 6-cyl., 42 hp, 127" wb

Tr	1150	3700	6200	12,400	21,700	31,000
Limo	1000	3250	5400	10,800	18,900	27,000
Rbt	1150	3600	6000	12,000	21,000	30,000

1909
Model G, 4-cyl., 18 hp, 91-1/2" wb

4P Tr	1050	3350	5600	11,200	19,600	28,000
4P Cape Top Tr	1100	3500	5800	11,600	20,300	29,000
Brgm	800	2500	4200	8400	14,700	21,000
Lan'let	850	2650	4400	8800	15,400	22,000

Model D, 4-cyl., 28 hp, 106" wb

5P Tr	1100	3500	5800	11,600	20,300	29,000
5P Cape Top Tr	1150	3600	6000	12,000	21,000	30,000
Rbt, Single Rumble	1150	3700	6200	12,400	21,700	31,000
Rbt, Double Rumble	1200	3850	6400	12,800	22,400	32,000
Lan'let	850	2750	4600	9200	16,100	23,000

Model H, 6-cyl., 42 hp, 127" wb

7P Tr	1150	3600	6000	12,000	21,000	30,000
7P Cape Top Tr	1150	3700	6200	12,400	21,700	31,000
Limo	1050	3350	5600	11,200	19,600	28,000

1910
Model G, 4-cyl., 18 hp, 91-1/2" wb

5P Tr	1150	3600	6000	12,000	21,000	30,000
4P Rbt	1100	3500	5800	11,600	20,300	29,000
2P Rbt	1050	3350	5600	11,200	19,600	28,000

Model K, 4-cyl., 18 hp, 91-1/2" wb

Twn Car	1000	3250	5400	10,800	18,900	27,000
Taxicab	950	3000	5000	10,000	17,500	25,000

Model D, 4-cyl., 28 hp, 106" wb

5P Tr	1150	3700	6200	12,400	21,700	31,000
4P Surrey	1000	3250	5400	10,800	18,900	27,000
6P Limo(111-1/2"wb)	950	3000	5000	10,000	17,500	25,000
Lan'let 6P (111-1/2"wb)	1000	3100	5200	10,400	18,200	26,000

Model H, 6-cyl., 42 hp, 127" wb

7P Tr	1200	3850	6400	12,800	22,400	32,000
4P Surrey	1050	3350	5600	11,200	19,600	28,000
7P Limo	1000	3100	5200	10,400	18,200	26,000

1911
Model G, 4-cyl., 18 hp, 100" wb

5P Tr	1100	3500	5800	11,600	20,300	29,000
Torp Phae (108" wb)	1150	3600	6000	12,000	21,000	30,000

Model M, 4-cyl., 25 hp, 108" wb

5P Tr	1150	3600	6000	12,000	21,000	30,000
7P Limo	900	2900	4800	9600	16,800	24,000
7P Lan'let	950	3000	5000	10,000	17,500	25,000

Model D, 6-cyl., 38 hp, 123" wb

4P Torp Phae	1200	3850	6400	12,800	22,400	32,000
5P Tr	1150	3700	6200	12,400	21,700	31,000
6P Limo	950	3000	5000	10,000	17,500	25,000
6P Lan'let	1000	3100	5200	10,400	18,200	26,000

Model H, 6-cyl., 48 hp, 133" wb

7P Tr	1200	3850	6400	12,800	22,400	32,000
Torp Phae (126" wb)	1250	3950	6600	13,200	23,100	33,000

1912
Model G, 4-cyl., 18 hp, 100" wb

Rbt	1100	3500	5800	11,600	20,300	29,000

Model G, 4-cyl., 25 hp, 103" wb

Tr	1100	3500	5800	11,600	20,300	29,000

Model M, 6-cyl., 30 hp, 116" wb

Tr	1150	3600	6000	12,000	21,000	30,000

	6	5	4	3	2	1
Torp Phae	1200	3850	6400	12,800	22,400	32,000
Rds	1150	3700	6200	12,400	21,700	31,000
Model K-6, 4-cyl., 18 hp, 100" wb						
Taxicab	950	3000	5000	10,000	17,500	25,000
Model D, 6-cyl., 38 hp, 123" wb						
Tr	1150	3700	6200	12,400	21,700	31,000
Torp Phae	1200	3850	6400	12,800	22,400	32,000
Model H, 6-cyl., 38 hp, 126" wb						
Tr	1200	3850	6400	12,800	22,400	32,000
Limo	1050	3350	5600	11,200	19,600	28,000
1913						
Model G, 4-cyl., 18 hp, 100" wb						
2P Rbt	1050	3350	5600	11,200	19,600	28,000
Model G, 4-cyl., 25 hp, 103" wb						
5P Tr	1050	3350	5600	11,200	19,600	28,000
Model M, 6-cyl., 30 hp, 116" wb						
5P Little Six Tr	1100	3500	5800	11,600	20,300	29,000
2P Little Six Vic	1000	3250	5400	10,800	18,900	27,000
Model D, 6-cyl., 38 hp, 123" wb						
5P Tr	1150	3700	6200	12,400	21,700	31,000
4P Torp Phae	1200	3850	6400	12,800	22,400	32,000
Model H, 4-cyl., 38 hp, 126" wb						
7P Tr	1200	3850	6400	12,800	22,400	32,000
7P Limo	1050	3350	5600	11,200	19,600	28,000
1914						
Model Six-30, 6-cyl., 31.6 hp, 120" wb						
5P Tr	1050	3350	5600	11,200	19,600	28,000
Rds	1150	3600	6000	12,000	21,000	30,000
Cpe	900	2900	4800	9600	16,800	24,000
Sed	850	2750	4600	9200	16,100	23,000
Limo	1000	3100	5200	10,400	18,200	26,000
Berlin	1050	3350	5600	11,200	19,600	28,000
1915						
Model Six-30, 6-cyl., 31.6 hp, 120" wb						
2P Rds	1150	3700	6200	12,400	21,700	31,000
5P Tr	1150	3600	6000	12,000	21,000	30,000
Cpe	900	2900	4800	9600	16,800	24,000
Sed	850	2750	4600	9200	16,100	23,000
Berlin	1050	3350	5600	11,200	19,600	28,000
1916						
Model Six-30, 6-cyl., 31.6 hp, 120" wb						
5P Tr	1150	3700	6200	12,400	21,700	31,000
3P Rds	1200	3850	6400	12,800	22,400	32,000
5P Sed	900	2900	4800	9600	16,800	24,000
4P Doctor's Car	950	3000	5000	10,000	17,500	25,000
7P Berlin	1100	3500	5800	11,600	20,300	29,000
1917						
Series 9, 6-cyl., 25.35 hp, 115" wb						
5P Tr	1200	3850	6400	12,800	22,400	32,000
4P Rds	1250	3950	6600	13,200	23,100	33,000
2P Rbt	1050	3350	5600	11,200	19,600	28,000
7P Limo	1000	3250	5400	10,800	18,900	27,000
5P Sed	900	2900	4800	9600	16,800	24,000
7P Twn Car	1050	3350	5600	11,200	19,600	28,000
4P Brgm	1000	3100	5200	10,400	18,200	26,000
4P Cabr	1150	3700	6200	12,400	21,700	31,000
1918						
Series 9, 6-cyl., 25.35 hp, 115" wb						
5P Tr	1200	3850	6400	12,800	22,400	32,000
2P Rds	1250	3950	6600	13,200	23,100	33,000
4P Rds	1250	3950	6600	13,200	23,100	33,000
Sed	850	2650	4400	8800	15,400	22,000
Brgm	850	2750	4600	9200	16,100	23,000
Limo	1000	3250	5400	10,800	18,900	27,000
Twn Car	1050	3350	5600	11,200	19,600	28,000
Cabr	1150	3700	6200	12,400	21,700	31,000
1919						
Series 9, 6-cyl., 25.35 hp, 115" wb						
5P Tr	1200	3850	6400	12,800	22,400	32,000
Rbt	1200	3850	6400	12,800	22,400	32,000
4P Rds	1250	3950	6600	13,200	23,100	33,000
Brgm	850	2750	4600	9200	16,100	23,000
Sed	850	2650	4400	8800	15,400	22,000
Limo	1000	3250	5400	10,800	18,900	27,000

1920
Model 9-B, 6-cyl., 25.3 hp, 115" wb

	6	5	4	3	2	1
5P Tr	1200	3850	6400	12,800	22,400	32,000
4P Rds	1200	3850	6400	12,800	22,400	32,000
2P Rds	1150	3700	6200	12,400	21,700	31,000
5P Sed	850	2650	4400	8800	15,400	22,000
4P Brgm	850	2750	4600	9200	16,100	23,000

1921
Model 9-B, 6-cyl., 25 hp, 115" wb

2P Rbt	1200	3850	6400	12,800	22,400	32,000
4P Rds	1200	3850	6400	12,800	22,400	32,000
5P Tr	1250	3950	6600	13,200	23,100	33,000
2P Conv Rbt	1300	4100	6800	13,600	23,800	34,000
5P Conv Tr	1300	4200	7000	14,000	24,500	35,000
4P Brgm	850	2750	4600	9200	16,100	23,000
5P Sed	850	2650	4400	8800	15,400	22,000

1922
Model 9-B, 6-cyl., 25 hp, 115" wb

2P Rds	1150	3700	6200	12,400	21,700	31,000
5P Tr	1150	3600	6000	12,000	21,000	30,000
2P Demi Cpe	900	2900	4800	9600	16,800	24,000
5P Demi Cpe	900	2900	4800	9600	16,800	24,000
4P Brgm	850	2750	4600	9200	16,100	23,000
5P Sed	850	2650	4400	8800	15,400	22,000
5P Limo	1000	3100	5200	10,400	18,200	26,000

1923
Model 10, 6-cyl., 25 hp, 115" wb

5P Tr	1050	3350	5600	11,200	19,600	28,000
2P Rds	1150	3600	6000	12,000	21,000	30,000
5P Demi Sed	850	2750	4600	9200	16,100	23,000
4P Brgm	900	2900	4800	9600	16,800	24,000
4P Cpe	950	3000	5000	10,000	17,500	25,000
5P Sed	850	2650	4400	8800	15,400	22,000
5P Tr Limo	1050	3350	5600	11,200	19,600	28,000

1924
Model 10-B, 6-cyl., 25 hp, 115" wb

5P Tr	1050	3350	5600	11,200	19,600	28,000
5P Demi Sed	850	2750	4600	9200	16,100	23,000
4P Cpe	900	2900	4800	9600	16,800	24,000
5P Brgm	900	2900	4800	9600	16,800	24,000
5P Sed	850	2650	4400	8800	15,400	22,000
Tr Limo	1050	3350	5600	11,200	19,600	28,000

1925
Model 10-C, 6-cyl., 32 hp, 115" wb

5P Tr	1050	3350	5600	11,200	19,600	28,000
5P Demi Sed	850	2750	4600	9200	16,100	23,000
4P Cpe	900	2900	4800	9600	16,800	24,000
4P Brgm	850	2750	4600	9200	16,100	23,000
5P Sed	850	2650	4400	8800	15,400	22,000

NOTE: Series II introduced spring of 1925.

1926
Model 11-A, 6-cyl., 32 hp, 119" wb

5P Sed	850	2650	4400	8800	15,400	22,000
5P Spt Sed	850	2750	4600	9200	16,100	23,000
4P Cpe	900	2900	4800	9600	16,800	24,000
5P Encl Dr Limo	1050	3350	5600	11,200	19,600	28,000
4P Cabr	1150	3600	6000	12,000	21,000	30,000
5P Tr	1150	3700	6200	12,400	21,700	31,000
2P Spt Rbt	1150	3600	6000	12,000	21,000	30,000
5P Cpe Rumble	950	3000	5000	10,000	17,500	25,000

1927
Model 11-B, 6-cyl., 32 hp, 119" wb

4P Vic	900	2900	4800	9600	16,800	24,000
2P Spt Cpe	950	3000	5000	10,000	17,500	25,000
4P Tandem Spt	1100	3500	5800	11,600	20,300	29,000
5P Sed	850	2650	4400	8800	15,400	22,000
5P Spt Sed	850	2750	4600	9200	16,100	23,000
3P Cpe	900	2900	4800	9600	16,800	24,000
5P Encl Dr Limo	1050	3350	5600	11,200	19,600	28,000
5P Cabr	1550	4900	8200	16,400	28,700	41,000
5P Tr	1500	4800	8000	16,000	28,000	40,000
2P Spt Rbt	1600	5050	8400	16,800	29,400	42,000
5P Cpe Rumble	950	3000	5000	10,000	17,500	25,000

Franklin 225

1928
Airman, 6-cyl., 46 hp, 119" wb

	6	5	4	3	2	1
3P Cpe	1000	3250	5400	10,800	18,900	27,000
4P Vic	1000	3100	5200	10,400	18,200	26,000
5P Sed	850	2750	4600	9200	16,100	23,000
5P Oxford Sed	900	2900	4800	9600	16,800	24,000
5P Spt Sed	900	2900	4800	9600	16,800	24,000
3/5P Conv	1750	5650	9400	18,800	32,900	47,000

Airman, 6-cyl., 46 hp, 128" wb

Spt Rbt	1850	5900	9800	19,600	34,300	49,000
Spt Tr	1800	5750	9600	19,200	33,600	48,000
7P Sed	850	2750	4600	9200	16,100	23,000
Oxford Sed	900	2900	4800	9600	16,800	24,000
7P Tr	1700	5400	9000	18,000	31,500	45,000
7P Limo	1100	3500	5800	11,600	20,300	29,000

1929
Model 130, 6-cyl., 46 hp, 120" wb

3/5P Cpe	1050	3350	5600	11,200	19,600	28,000
5P Sed	900	2900	4800	9600	16,800	24,000

Model 135, 6-cyl., 60 hp, 125" wb

3P Cpe	1100	3500	5800	11,600	20,300	29,000
5P Sed	950	3000	5000	10,000	17,500	25,000
3/5P Conv Cpe	1700	5400	9000	18,000	31,500	45,000
4P Vic Brgm	1000	3250	5400	10,800	18,900	27,000
5P Oxford Sed	1000	3250	5400	10,800	18,900	27,000
5P Spt Sed	1000	3250	5400	10,800	18,900	27,000

Model 137, 6-cyl., 60 hp, 132" wb

5P Spt Tr	1850	5900	9800	19,600	34,300	49,000
4P Spt Rbt	1900	6000	10,000	20,000	35,000	50,000
7P Tr	1700	5400	9000	18,000	31,500	45,000
7P Sed	1000	3100	5200	10,400	18,200	26,000
7P Oxford Sed	1000	3250	5400	10,800	18,900	27,000
7P Limo	1100	3500	5800	11,600	20,300	29,000

1930
Model 145, 6-cyl., 87 hp, 125" wb

Sed	850	2750	4600	9200	16,100	23,000
Cpe	950	3000	5000	10,000	17,500	25,000
Club Sed	950	3000	5000	10,000	17,500	25,000
DeL Sed	900	2900	4800	9600	16,800	24,000
Vic Brgm	950	3000	5000	10,000	17,500	25,000
Conv Cpe	1750	5650	9400	18,800	32,900	47,000
Tr Sed	950	3000	5000	10,000	17,500	25,000
Pursuit	950	3000	5000	10,000	17,500	25,000

Model 147, 6-cyl., 87 hp, 132" wb

Rds	2050	6600	11,000	22,000	38,500	55,000
Pirate Tr	1900	6100	10,200	20,400	35,700	51,000
Pirate Phae	1950	6250	10,400	20,800	36,400	52,000
5P Sed	950	3000	5000	10,000	17,500	25,000
7P Sed	1000	3100	5200	10,400	18,200	26,000
Limo	1150	3600	6000	12,000	21,000	30,000
Sed Limo	1150	3700	6200	12,400	21,700	31,000
Spds	1150	3600	6000	12,000	21,000	30,000
Conv Spds	2350	7450	12,400	24,800	43,400	62,000
Deauville Sed	1600	5150	8600	17,200	30,100	43,000
Twn Car	1250	3950	6600	13,200	23,100	33,000
Cabr	2250	7200	12,000	24,000	42,000	60,000
Conv Sed	2500	7900	13,200	26,400	46,200	66,000

1931
Series 15, 6-cyl., 100 hp, 125" wb

Pursuit	1050	3350	5600	11,200	19,600	28,000
5P Sed	1000	3250	5400	10,800	18,900	27,000
Cpe	1150	3600	6000	12,000	21,000	30,000
Oxford Sed	1050	3300	5500	11,000	19,300	27,500
Vic Brgm	1100	3500	5800	11,600	20,300	29,000
Conv Cpe	2050	6600	11,000	22,000	38,500	55,000
Twn Sed	1150	3600	6000	12,000	21,000	30,000

Series 15, 6-cyl., 100 hp, 132" wb

Rds	2650	8400	14,000	28,000	49,000	70,000
7P Sed	1150	3600	6000	12,000	21,000	30,000
Spt Salon	1150	3700	6200	12,400	21,700	31,000
Limo	1250	3950	6600	13,200	23,100	33,000

Series 15 DeLuxe, 6-cyl., 100 hp, 132" wb

5P Tr	2500	7900	13,200	26,400	46,200	66,000
7P Tr	2500	7900	13,200	26,400	46,200	66,000
Spds	1250	3950	6600	13,200	23,100	33,000
5P Sed	1150	3700	6200	12,400	21,700	31,000

Franklin

	6	5	4	3	2	1
Club Sed	1200	3850	6400	12,800	22,400	32,000
Conv Cpe	2500	7900	13,200	26,400	46,200	66,000
Twn Sed	1250	3950	6600	13,200	23,100	33,000
7P Sed	1150	3700	6200	12,400	21,700	31,000
Limo	1300	4100	6800	13,600	23,800	34,000

1932
Airman, 6-cyl., 100 hp, 132" wb

Spds	1150	3600	6000	12,000	21,000	30,000
5P Sed	1100	3500	5800	11,600	20,300	29,000
Cpe	1150	3600	6000	12,000	21,000	30,000
Club Sed	1100	3550	5900	11,800	20,700	29,500
Vic Brgm	1150	3600	6000	12,000	21,000	30,000
Conv Cpe	2100	6700	11,200	22,400	39,200	56,000
7P Sed	1150	3600	6000	12,000	21,000	30,000
Limo	1150	3700	6200	12,400	21,700	31,000
Sed Oxford	1100	3500	5800	11,600	20,300	29,000

1933
Olympic, 6-cyl., 100 hp, 118" wb

5P Sed	850	2650	4400	8800	15,400	22,000
4P Cpe	900	2900	4800	9600	16,800	24,000
4P Conv Cpe	1600	5150	8600	17,200	30,100	43,000

Airman, 6-cyl., 100 hp, 132" wb

4P Spds	1000	3100	5200	10,400	18,200	26,000
5P Sed	950	3000	5000	10,000	17,500	25,000
5P Cpe	1000	3250	5400	10,800	18,900	27,000
5P Club Sed	1000	3100	5200	10,400	18,200	26,000
5P Vic Brgm	1000	3250	5400	10,800	18,900	27,000
7P Sed	900	2900	4800	9600	16,800	24,000
6P Oxford Sed	950	3000	5000	10,000	17,500	25,000
7P Limo	1000	3100	5200	10,400	18,200	26,000

Twelve, V-12, 150 hp, 144" wb

5P Sed	1700	5400	9000	18,000	31,500	45,000
5P Club Brgm	1750	5650	9400	18,800	32,900	47,000
7P Sed	1500	4800	8000	16,000	28,000	40,000
7P Limo	1900	6000	10,000	20,000	35,000	50,000

1934
Olympic, 6-cyl., 100 hp, 118" wb

Sed	850	2650	4400	8800	15,400	22,000
Cpe	900	2900	4800	9600	16,800	24,000
Conv Cpe	1700	5400	9000	18,000	31,500	45,000

Airman, 6-cyl., 100 hp, 132" wb

Sed	950	3000	5000	10,000	17,500	25,000
Club Sed	1000	3100	5200	10,400	18,200	26,000
Sed	950	3050	5100	10,200	17,900	25,500
Oxford Sed	1000	3200	5300	10,600	18,600	26,500
Limo	1150	3700	6200	12,400	21,700	31,000

Twelve, V-12, 150 hp, 144" wb

Sed	1700	5400	9000	18,000	31,500	45,000
Club Brgm	1750	5650	9400	18,800	32,900	47,000
Sed	1500	4800	8000	16,000	28,000	40,000
Limo	1900	6000	10,000	20,000	35,000	50,000

FRAZER

1947-1948
Sed	450	1050	1700	3550	6500	9300

Manhattan, 6-cyl.
Sed	450	1100	1800	3700	6700	9600

1949-1950
Sed	400	1200	2000	3950	7000	10,000

Manhattan, 6-cyl.
Sed	400	1250	2100	4200	7400	10,500
Conv	1500	4800	8000	16,000	28,000	40,000

1951
Manhattan, 6-cyl.
Sed	450	1050	1700	3550	6500	9300
Vag	450	1500	2500	5000	8800	12,500
4 dr Sed HdTp	750	2400	4000	8000	14,000	20,000
4 dr Conv Sed	1500	4800	8000	16,000	28,000	40,000

GARDNER

1920
Model G, 4-cyl., 35 hp, 112" wb

	6	5	4	3	2	1
5P Tr	850	2650	4400	8800	15,400	22,000
3P Rds	950	3000	5000	10,000	17,500	25,000
5P Sed	550	1800	3000	6000	10,500	15,000

1921
Model G, 4-cyl., 35 hp, 112" wb

3P Rds	650	2050	3400	6800	11,900	17,000
5P Tr	850	2650	4400	8800	15,400	22,000
5P Sed	550	1800	3000	6000	10,500	15,000

1922
Four, 35 hp, 112" wb

3P Rds	950	3000	5000	10,000	17,500	25,000
5P Tr	850	2650	4400	8800	15,400	22,000
5P Sed	550	1800	3000	6000	10,500	15,000

1923
Model 5, 4-cyl., 43 hp, 112" wb

5P Tr	850	2650	4400	8800	15,400	22,000
2P Rds	950	3000	5000	10,000	17,500	25,000
2P Cpe	700	2300	3800	7600	13,300	19,000
5P Sed	550	1800	3000	6000	10,500	15,000

1924
Model 5, 4-cyl., 43 hp, 112" wb

3P Rds	950	3000	5000	10,000	17,500	25,000
5P Tr	850	2650	4400	8800	15,400	22,000
5P Spt Tr	850	2750	4600	9200	16,100	23,000
3P Cpe	700	2300	3800	7600	13,300	19,000
5P Brgm	600	1900	3200	6400	11,200	16,000
5P Sed	550	1800	3000	6000	10,500	15,000

1925
Model 5, 4-cyl., 44 hp, 112" wb

5P Tr	850	2650	4400	8800	15,400	22,000
3P Rds	950	3000	5000	10,000	17,500	25,000
5P Std Tr	850	2750	4600	9200	16,100	23,000
5P DeL Tr	900	2900	4800	9600	16,800	24,000
5P Sed	550	1800	3000	6000	10,500	15,000
4P Cpe	700	2300	3800	7600	13,300	19,000
5P Radio Sed	700	2150	3600	7200	12,600	18,000

Six, 57 hp, 117" wb

5P Tr	850	2750	4600	9200	16,100	23,000

Line 8, 8-cyl., 65 hp, 125" wb

5P Tr	900	2900	4800	9600	16,800	24,000
5P Brgm	650	2050	3400	6800	11,900	17,000

1926
Six, 57 hp, 117" wb

5P Tr	1000	3100	5200	10,400	18,200	26,000
4P Rds	1150	3600	6000	12,000	21,000	30,000
4P Cabr	950	3000	5000	10,000	17,500	25,000
5P 4 dr Brgm	700	2150	3600	7200	12,600	18,000
5P Sed	600	1900	3200	6400	11,200	16,000
DeL Sed	650	2050	3400	6800	11,900	17,000

Line 8, 65 hp, 125" wb

5P Tr	1350	4300	7200	14,400	25,200	36,000
4P Rds	1500	4800	8000	16,000	28,000	40,000
4P Cabr	1300	4200	7000	14,000	24,500	35,000
5P 4 dr Brgm	1000	3100	5200	10,400	18,200	26,000
5P Sed	900	2900	4800	9600	16,800	24,000
5P DeL Sed	950	3000	5000	10,000	17,500	25,000

1927
Model 6-B, 6-cyl., 55 hp, 117" wb

5P Tr	1000	3100	5200	10,400	18,200	26,000
4P Rds	1150	3600	6000	12,000	21,000	30,000
4P Cabr	1000	3250	5400	10,800	18,900	27,000
5P 4 dr Brgm	700	2150	3600	7200	12,600	18,000
5P Sed	600	1900	3200	6400	11,200	16,000

Model 8-80, 8-cyl., 70 hp, 122" wb

4P Rds	1450	4550	7600	15,200	26,600	38,000
5P Sed	900	2900	4800	9600	16,800	24,000
Vic Cpe	1000	3250	5400	10,800	18,900	27,000

Model 8-90, 8-cyl., 84 hp, 130" wb

4P Rds	1500	4800	8000	16,000	28,000	40,000
5P Sed	650	2050	3400	6800	11,900	17,000

228 Gardner

	6	5	4	3	2	1
5P Brgm	700	2300	3800	7600	13,300	19,000
5P Vic	700	2300	3800	7600	13,300	19,000

1928
Model 8-75, 8-cyl., 65 hp, 122" wb
4P Rds	1450	4700	7800	15,600	27,300	39,000
Vic	1000	3250	5400	10,800	18,900	27,000
Cpe	1000	3100	5200	10,400	18,200	26,000
5P Club Sed	950	3000	5000	10,000	17,500	25,000
5P Sed	850	2750	4600	9200	16,100	23,000

Model 8-85, 8-cyl., 74 hp, 125" wb
4P Rds	1500	4800	8000	16,000	28,000	40,000
5P Brgm	1000	3250	5400	10,800	18,900	27,000
5P Sed	900	2900	4800	9600	16,800	24,000
4P Cus Cpe	1050	3350	5600	11,200	19,600	28,000

Model 8-95, 8-cyl., 115 hp, 130" wb
4P Rds	1600	5150	8600	17,200	30,100	43,000
5P Brgm	1050	3350	5600	11,200	19,600	28,000
5P Sed	950	3000	5000	10,000	17,500	25,000
4P Cus Cpe	1100	3500	5800	11,600	20,300	29,000

1929
Model 120, 8-cyl., 65 hp, 122" wb
4P Rds	1500	4800	8000	16,000	28,000	40,000
5P Spt Sed	1050	3350	5600	11,200	19,600	28,000
4P Cpe	1100	3500	5800	11,600	20,300	29,000
5P Sed	900	2900	4800	9600	16,800	24,000

Model 125, 8-cyl., 85 hp, 125" wb
4P Rds	1600	5150	8600	17,200	30,100	43,000
4P Cabr	1350	4300	7200	14,400	25,200	36,000
5P Brgm	1000	3250	5400	10,800	18,900	27,000
5P Sed	950	3000	5000	10,000	17,500	25,000
4P Vic	1000	3100	5200	10,400	18,200	26,000
Cpe	1100	3500	5800	11,600	20,300	29,000

Model 130, 8-cyl., 115 hp, 130" wb
4P Rds	1600	5050	8400	16,800	29,400	42,000
4P Cpe	1150	3600	6000	12,000	21,000	30,000
5P Brgm	1050	3350	5600	11,200	19,600	28,000
5P Sed	1000	3250	5400	10,800	18,900	27,000
5P Vic	1150	3600	6000	12,000	21,000	30,000

1930
Model 136, 6-cyl., 70 hp, 122" wb
Rds	1550	4900	8200	16,400	28,700	41,000
5P Spt Phae	1450	4700	7800	15,600	27,300	39,000
7P Spt Phae	1500	4800	8000	16,000	28,000	40,000
Spt Sed	1000	3250	5400	10,800	18,900	27,000
Cpe	1150	3600	6000	12,000	21,000	30,000
Brgm	1000	3250	5400	10,800	18,900	27,000
5P Sed	900	2900	4800	9600	16,800	24,000
7P Sed	950	3000	5000	10,000	17,500	25,000

Model 140, 8-cyl., 90 hp, 125" wb
Rds	1600	5150	8600	17,200	30,100	43,000
5P Spt Phae	1500	4800	8000	16,000	28,000	40,000
7P Spt Phae	1550	4900	8200	16,400	28,700	41,000
Spt Sed	1100	3500	5800	11,600	20,300	29,000
Cpe	1150	3700	6200	12,400	21,700	31,000
Brgm	1050	3350	5600	11,200	19,600	28,000
5P Sed	950	3000	5000	10,000	17,500	25,000
7P Sed	1000	3100	5200	10,400	18,200	26,000

Model 150, 8-cyl., 126 hp, 130" wb
Rds	1700	5400	9000	18,000	31,500	45,000
5P Spt Phae	1600	5150	8600	17,200	30,100	43,000
7P Spt Phae	1650	5300	8800	17,600	30,800	44,000
Spt Sed	1150	3600	6000	12,000	21,000	30,000
Cpe	1200	3850	6400	12,800	22,400	32,000
Brgm	1100	3500	5800	11,600	20,300	29,000
5P Sed	1000	3100	5200	10,400	18,200	26,000
7P Sed	1000	3250	5400	10,800	18,900	27,000

1931
Model 136, 6-cyl., 70 hp, 122" wb
Rds	1600	5050	8400	16,800	29,400	42,000
Spt Sed	1100	3500	5800	11,600	20,300	29,000
Cpe	1150	3600	6000	12,000	21,000	30,000
Sed	1000	3100	5200	10,400	18,200	26,000

Graham 229

Model 148, 6-cyl., 100 hp, 125" wb	6	5	4	3	2	1
Rds	1600	5150	8600	17,200	30,100	43,000
Phae	1600	5050	8400	16,800	29,400	42,000
Spt Sed	1150	3700	6200	12,400	21,700	31,000
Cpe	1200	3850	6400	12,800	22,400	32,000
Brgm	1150	3700	6200	12,400	21,700	31,000
Sed	1000	3250	5400	10,800	18,900	27,000
Model 150, 8-cyl., 126 hp, 130" wb						
Rds	1650	5300	8800	17,600	30,800	44,000
Cpe	1250	3950	6600	13,200	23,100	33,000
Brgm	1200	3850	6400	12,800	22,400	32,000
Sed	1050	3350	5600	11,200	19,600	28,000

GRAHAM

1930
Standard, 6-cyl., 115" wb						
Rds	1350	4300	7200	14,400	25,200	36,000
Phae	1300	4200	7000	14,000	24,500	35,000
Cpe	400	1200	2000	3950	7000	10,000
Cabriolet	1000	3100	5200	10,400	18,200	26,000
2 dr Sed	350	950	1600	3200	6050	8700
4 dr Sed	450	950	1600	3250	6150	8800
DeL 4 dr Sed	450	1000	1650	3350	6300	9000
4 dr Twn Sed	450	1000	1600	3300	6250	8900
DeL Twn Sed	450	1000	1650	3400	6350	9100
DeL Cpe	450	1100	1700	3650	6650	9500
Special, 6-cyl., 115" wb						
Cpe	450	1000	1650	3400	6350	9100
4 dr Sed	450	1000	1650	3350	6300	9000
Standard, 8-cyl., 122" and *134" wb						
Cpe	400	1250	2100	4200	7400	10,500
4 dr Sed	400	1250	2050	4100	7200	10,300
Conv Sed	1350	4300	7200	14,400	25,200	36,000
*4 dr 7 Pas Sed	400	1250	2100	4200	7400	10,500
Special, 8-cyl., 122" and *134" wb						
Cpe	400	1300	2200	4400	7700	11,000
4 dr Sed	400	1250	2100	4200	7400	10,500
Conv Sed	1450	4550	7600	15,200	26,600	38,000
*4 dr 7 Pas Sed	400	1300	2200	4400	7700	11,000
Custom, 8-cyl., 127" wb						
Rds	1450	4700	7800	15,600	27,300	39,000
Phae	1450	4550	7600	15,200	26,600	38,000
Cpe	450	1400	2300	4600	8100	11,500
Cabriolet	1350	4300	7200	14,400	25,200	36,000
4 dr Sed	550	1700	2800	5600	9800	14,000
Custom, 8-cyl., 137" wb						
Phae	1550	4900	8200	16,400	28,700	41,000
4 dr 5 Pas Sed	550	1800	3000	6000	10,500	15,000
4 dr Twn Sed	550	1800	3000	6000	10,500	15,000
4 dr 7 Pas Sed	600	1900	3200	6400	11,200	16,000
Limo	800	2500	4200	8400	14,700	21,000
Le Barron Limo	850	2750	4600	9200	16,100	23,000
Le Barron Twn Car	800	2500	4200	8400	14,700	21,000

1931

First Series

Standard, 6-cyl., 115" wb						
Rds	1150	3600	6000	12,000	21,000	30,000
Phae	1100	3500	5800	11,600	20,300	29,000
Bus Cpe	350	950	1600	3200	6050	8700
Cpe	450	1000	1650	3350	6300	9000
Sport Cpe	450	1000	1650	3400	6350	9100
2 dr Sed	350	850	1500	2950	5800	8300
4 dr Twn Sed	350	900	1550	3000	5850	8400
4 dr Univ Sed	350	900	1550	3050	5900	8500
DeL 4 dr Sed	350	950	1600	3200	6050	8700
DeL 4 dr Twn Sed	450	950	1600	3250	6150	8800

Graham

Special, 6-cyl., 115" wb

	6	5	4	3	2	1
Bus Cpe	450	1000	1650	3400	6350	9100
Cpe	450	1050	1650	3500	6400	9200
4 dr Sed	350	900	1550	3000	5850	8400

Model 621, 6-cyl., 121" wb

Rds	1150	3700	6200	12,400	21,700	31,000
Phae	1150	3600	6000	12,000	21,000	30,000
Victoria	450	950	1600	3250	6150	8800
Cpe	450	1050	1700	3550	6500	9300
4 dr Sed	350	900	1550	3050	5900	8500

Standard, 8-cyl., 122" and *134" wb

Cpe	400	1300	2200	4400	7700	11,000
4 dr Sed	400	1250	2100	4200	7400	10,500
Conv Sed	1150	3700	6200	12,400	21,700	31,000
*4 dr 7P Sed	400	1250	2100	4200	7400	10,500
*4 dr 5P Sed	400	1250	2100	4200	7400	10,500
*Limo	450	1450	2400	4800	8400	12,000

Special 822, 8-cyl., 122" and *134" wb

Cpe	450	1500	2500	5000	8800	12,500
4 dr Sed	400	1300	2200	4400	7700	11,000
Conv Sed	1250	3950	6600	13,200	23,100	33,000
*4 dr 7P Sed	450	1450	2400	4800	8400	12,000
*4 dr 5P Sed	450	1450	2400	4800	8400	12,000
*Limo	500	1550	2600	5200	9100	13,000

Custom, 8-cyl., 127" wb

Rds	1350	4300	7200	14,400	25,200	36,000
Phae	1300	4200	7000	14,000	24,500	35,000
Victoria	500	1550	2600	5200	9100	13,000
Cabriolet	1250	3950	6600	13,200	23,100	33,000
4 dr Sed	450	1500	2500	5000	8800	12,500

Custom, 8-cyl., 137" wb

7P Phae	1850	5900	9800	19,600	34,300	49,000
4 dr Sed	550	1800	3000	6000	10,500	15,000
Le Barron Limo	800	2500	4200	8400	14,700	21,000

Second Series

Prosperity, 6-cyl., 113" wb

Cpe	350	950	1600	3200	6050	8700
Cpe 2-4	450	1000	1650	3350	6300	9000
4 dr Sed	350	850	1500	2950	5800	8300
4 dr Twn Sed	350	900	1550	3050	5900	8500

Standard, 6-cyl., 115" wb

Rds	1200	3850	6400	12,800	22,400	32,000
4 dr Sed	350	950	1600	3200	6050	8700
Bus Cpe	450	1000	1650	3400	6350	9100
Cpe 2-4	450	1050	1700	3550	6500	9300
4 dr Twn Sed	450	1000	1600	3300	6250	8900

Special, 6-cyl., 115" wb

Bus Cpe	450	1050	1650	3500	6400	9200
Cpe 2-4	450	1050	1700	3600	6600	9400
4 dr Sed	450	1000	1600	3300	6250	8900
4 dr Twn Sed	450	1000	1650	3400	6350	9100

Special 820, 8-cyl., 120" wb

Bus Cpe	400	1250	2100	4200	7400	10,500
Cpe 2-4	400	1300	2200	4400	7700	11,000
4 dr Spt Sed	400	1250	2100	4200	7400	10,500
4 dr Sed	400	1200	2000	3950	7000	10,000

Custom 834, 8-cyl., 134" wb

4 dr Sed	400	1250	2100	4200	7400	10,500
4 dr 7P Sed	400	1300	2200	4400	7700	11,000
Limo	500	1550	2600	5200	9100	13,000

1932

Prosperity, 6-cyl., 113" wb

Cpe	350	950	1600	3200	6050	8700
Cpe 2-4	450	1000	1650	3350	6300	9000
4 dr Sed	350	850	1500	2950	5800	8300
4 dr Twn Sed	350	900	1550	3050	5900	8500

Graham, 6-cyl., 113" wb

Bus Cpe	450	1000	1600	3300	6250	8900
Cpe 2-4	450	1000	1650	3400	6350	9100
Cabriolet	850	2750	4600	9200	16,100	23,000
4 dr Sed	350	900	1550	3050	5900	8500

Standard, 6-cyl., 115" wb

Rds	1000	3100	5200	10,400	18,200	26,000
Bus Cpe	350	900	1550	3100	6000	8600
Cpe 2-4	450	1050	1700	3550	6500	9300
4 dr Sed	350	950	1600	3200	6050	8700

Graham 231

	6	5	4	3	2	1
4 dr Twn Sed	450	1000	1600	3300	6250	8900
Special, 6-cyl., 115" wb						
Rds	1250	3950	6600	13,200	23,100	33,000
Bus Cpe	450	1050	1650	3500	6400	9200
Cpe 2-4	450	1050	1700	3600	6600	9400
4 dr Sed	450	950	1600	3250	6150	8800
4 dr Twn Sed	450	1000	1600	3300	6250	8900
Model 57, 8-cyl., 123" wb						
Cpe	400	1250	2100	4200	7400	10,500
Cpe 2-4	400	1300	2200	4400	7700	11,000
4 dr Sed	400	1200	2000	3950	7000	10,000
DeL Cpe	450	1400	2300	4600	8100	11,500
DeL Cpe 2-4	450	1450	2400	4800	8400	12,000
Conv Cpe	1150	3700	6200	12,400	21,700	31,000
DeL 4 dr Sed	400	1250	2100	4200	7400	10,500
Special 820, 8-cyl., 120" wb						
Bus Cpe	400	1300	2200	4400	7700	11,000
Cpe 2-4	450	1450	2400	4800	8400	12,000
4 dr Spt Sed	400	1250	2100	4200	7400	10,500
4 dr Sed	400	1250	2050	4100	7200	10,300
Special 822, 8-cyl., 122" wb						
4 dr Sed	400	1250	2100	4200	7400	10,500
Conv Sed	1600	5050	8400	16,800	29,400	42,000
Custom 834, 8-cyl., 134" wb						
4 dr Sed	550	1800	3000	6000	10,500	15,000
4 dr 7P Sed	600	1850	3100	6200	10,900	15,500
Limo	800	2500	4200	8400	14,700	21,000

1933
Graham, 6-cyl., 113" wb

4 dr Sed	350	850	1500	2800	5650	8100
4 dr Twn Sed	350	850	1500	2950	5800	8300
Model 65, 6-cyl., 113" wb						
Bus Cpe	350	900	1550	3100	6000	8600
Cpe 2-4	450	950	1600	3250	6150	8800
Conv Cpe	800	2500	4200	8400	14,700	21,000
4 dr Sed	350	900	1550	3000	5850	8400
Graham, 6-cyl., 118" wb						
Bus Cpe	450	1000	1600	3300	6250	8900
Cpe 2-4	450	1000	1650	3400	6350	9100
Cabriolet	950	3000	5000	10,000	17,500	25,000
4 dr Sed	350	900	1550	3050	5900	8500
Model 64, 8-cyl., 119" wb						
Bus Cpe	450	1000	1650	3400	6350	9100
Cpe 2-4	450	1050	1700	3550	6500	9300
Conv Cpe	1000	3100	5200	10,400	18,200	26,000
4 dr Sed	350	950	1600	3200	6050	8700
Model 57A, 8-cyl., 123" wb						
Cpe	450	1100	1700	3650	6650	9500
Cpe 2-4	400	1200	2000	3950	7000	10,000
4 dr Sed	450	1000	1600	3300	6250	8900
DeL Cpe	400	1200	2050	4100	7100	10,200
DeL Cpe 2-4	400	1250	2100	4200	7400	10,500
DeL Conv Cpe	1050	3350	5600	11,200	19,600	28,000
DeL 4 dr Sed	450	1050	1650	3500	6400	9200
Custom 57A, 8-cyl., 123" wb						
Cpe	400	1250	2100	4200	7400	10,600
Cpe 2-4	400	1300	2200	4400	7700	11,000
4 dr Sed	450	1100	1700	3650	6650	9500

1934
Model 65, 6-cyl., 113" wb

Cpe	350	950	1600	3200	6050	8700
Cpe 2-4	450	1000	1600	3300	6250	8900
Conv Cpe	850	2650	4400	8800	15,400	22,000
4 dr Sed	350	900	1550	3000	5850	8400
Model 64, 6-cyl., 119" wb						
Cpe	450	1000	1600	3300	6250	8900
Cpe 2-4	450	1000	1650	3400	6350	9100
Conv Cpe	850	2750	4600	9200	16,100	23,000
4 dr Sed	350	900	1550	3050	5900	8500
Model 68, 6-cyl., 116" wb						
Bus Cpe	450	1000	1650	3350	6300	9000
Cpe 2-4	450	1050	1700	3550	6500	9300
Conv Cpe	1000	3100	5200	10,400	18,200	26,000
4 dr Sed	350	900	1550	3100	6000	8600
4 dr Sed Trunk	350	950	1600	3200	6050	8700

Graham

Model 67, 8-cyl., 123" wb

	6	5	4	3	2	1
Bus Cpe	450	1100	1700	3650	6650	9500
Cpe 2-4	400	1200	2000	3950	7000	10,000
Conv Cpe	1000	3250	5400	10,800	18,900	27,000
4 dr Sed	450	1000	1650	3350	6300	9000
4 dr Sed Trunk	450	1050	1650	3500	6400	9200

Model 69, 8-cyl., 123" wb

Bus Cpe	450	1150	1900	3850	6850	9800
Cpe 2-4	400	1200	2050	4100	7100	10,200
Conv Cpe	1050	3350	5600	11,200	19,600	28,000
4 dr Sed	450	1050	1650	3500	6400	9200
4 dr Sed Trunk	450	1050	1700	3600	6600	9400

Custom 8-71, 8-cyl., 138" wb

4 dr 7P Sed	450	1150	1800	3800	6800	9700
4 dr 7P Sed Trunk	400	1200	2000	3950	7000	10,000

1935

Model 74, 6-cyl., 111" wb

2 dr Sed	350	850	1500	2900	5700	8200
4 dr Sed	350	850	1500	2950	5800	8300
DeL 2 dr Sed	350	850	1500	2950	5800	8300
DeL 4 dr Sed	350	900	1550	3000	5850	8400

Model 68, 6-cyl., 116" wb

Bus Cpe	350	900	1550	3050	5900	8500
Cpe 3-5	450	950	1600	3250	6150	8800
Conv Cpe	800	2500	4200	8400	14,700	21,000
4 dr Sed	350	900	1550	3000	5850	8400
4 dr Sed Trunk	350	900	1550	3050	5900	8500

Model 67, 8-cyl., 123" wb

Cpe	450	1000	1650	3350	6300	9000
Cpe 3-5	450	1100	1700	3650	6650	9500
Conv Cpe	850	2650	4400	8800	15,400	22,000
4 dr Sed	350	950	1600	3200	6050	8700
4 dr Sed Trunk	450	950	1600	3250	6150	8800

Model 72, 8-cyl., 123" wb

Cpe	450	1050	1650	3500	6400	9200
Cpe 2-4	450	1150	1800	3800	6800	9700
Conv Cpe	900	2900	4800	9600	16,800	24,000
4 dr Sed	450	950	1600	3250	6150	8800

Custom Model 69, Supercharged, 8-cyl., 123" wb

Cpe	450	1100	1700	3650	6650	9500
Cpe 3-5	400	1200	2000	3950	7000	10,000
Conv Cpe	950	3000	5000	10,000	17,500	25,000
4 dr Sed	450	1000	1650	3350	6300	9000
4 dr Sed Trunk	450	1000	1650	3400	6350	9100

Model 75, Supercharged, 8-cyl., 123" wb

Cpe	450	1050	1700	3600	6600	9400
Cpe 2-4	450	1100	1700	3650	6650	9500
Conv Cpe	900	2900	4800	9600	16,800	24,000
4 dr Sed	450	1000	1600	3300	6250	8900

1936

Crusader Model 80, 6-cyl., 111" wb

2 dr Sed	350	850	1500	2800	5650	8100
2 dr Sed Trunk	350	850	1500	2900	5700	8200
4 dr Sed	350	850	1500	2900	5700	8200
4 dr Sed Trunk	350	850	1500	2950	5800	8300

Cavalier Model 90, 6-cyl., 115" wb

Bus Cpe	350	850	1500	2950	5800	8300
Cpe 2-4	350	900	1550	3050	5900	8500
2 dr Sed	350	850	1500	2900	5700	8200
2 dr Sed Trunk	350	850	1500	2950	5800	8300
4 dr Sed	350	850	1500	2950	5800	8300
4 dr Sed Trunk	350	900	1550	3000	5850	8400

Model 110, Supercharged, 6-cyl., 115" wb

Cpe	350	950	1600	3200	6050	8700
Cpe 2-4	450	1000	1650	3350	6300	9000
2 dr Sed	350	900	1550	3000	5850	8400
2 dr Sed Trunk	350	900	1550	3050	5900	8500
4 dr Sed	350	900	1550	3050	5900	8500
4 dr Sed Trunk	450	950	1600	3250	6150	8800
Cus 4 dr Sed	450	1000	1650	3350	6300	9000

1937

Crusader, 6-cyl., 111" wb

2 dr Sed	350	800	1450	2750	5600	8000
2 dr Sed Trunk	350	850	1500	2800	5650	8100
4 dr Sed	350	850	1500	2800	5650	8100
4 dr Sed Trunk	350	850	1500	2900	5700	8200

Graham 233

Cavalier, 6-cyl., 116" wb	6	5	4	3	2	1
Bus Cpe	350	900	1550	3050	5900	8500
Cpe 3-5	350	950	1600	3200	6050	8700
Conv Cpe	850	2650	4400	8800	15,400	22,000
2 dr Sed	350	850	1500	2800	5650	8100
2 dr Sed Trunk	350	850	1500	2900	5700	8200
4 dr Sed	350	850	1500	2900	5700	8200
4 dr Sed Trunk	350	850	1500	2950	5800	8300
Series 116, Supercharged, 6-cyl., 116" wb						
Bus Cpe	450	1000	1650	3350	6300	9000
Cpe 3-5	450	1050	1700	3550	6500	9300
Conv Cpe	850	2750	4600	9200	16,100	23,000
2 dr Sed	350	900	1550	3050	5900	8500
2 dr Sed Trunk	350	900	1550	3100	6000	8600
4 dr Sed	350	900	1550	3100	6000	8600
4 dr Sed Trunk	350	950	1600	3200	6050	8700
Series 120, Custom Supercharged, 6-cyl., 116" and 120" wb						
Bus Cpe	450	1050	1650	3500	6400	9200
Cpe 3-5	450	1100	1700	3650	6650	9500
Conv Cpe	950	3000	5000	10,000	17,500	25,000
4 dr Sed	450	1000	1650	3350	6300	9000
4 dr Sed Trunk	450	1050	1650	3500	6400	9200

1938
Standard Model 96, 6-cyl., 120" wb
4 dr Sed	350	750	1350	2650	5450	7800
Special Model 96, 6-cyl., 120" wb						
4 dr Sed	350	800	1450	2750	5600	8000
Model 97, Supercharged, 6-cyl., 120" wb						
4 dr Sed	350	900	1550	3050	5900	8500
Custom Model 97, Supercharged, 6-cyl., 120" wb						
4 dr Sed	450	1000	1650	3350	6300	9000

1939
Special Model 96, 6-cyl., 120" wb
Cpe	350	800	1450	2750	5600	8000
2 dr Sed	350	750	1350	2600	5400	7700
4 dr Sed	350	750	1350	2650	5450	7800
Custom Special 96, 6-cyl., 120" wb						
Cpe	350	850	1500	2800	5650	8100
2 dr Sed	350	750	1350	2650	5450	7800
4 dr Sed	350	800	1350	2700	5500	7900
Model 97, Supercharged, 6-cyl., 120" wb						
Cpe	400	1300	2200	4400	7700	11,000
2 dr Sed	400	1250	2050	4100	7200	10,300
4 dr Sed	400	1250	2100	4200	7400	10,500
Custom Model 97, Supercharged, 6-cyl., 120" wb						
Cpe	450	1400	2300	4600	8100	11,500
2 dr Sed	400	1250	2100	4200	7400	10,500
4 dr Sed	400	1300	2200	4400	7700	11,000

1940
DeLuxe Model 108, 6-cyl., 120" wb
Cpe	350	900	1550	3000	5850	8400
2 dr Sed	350	800	1350	2700	5500	7900
4 dr Sed	350	800	1450	2750	5600	8000
Custom Model 108, 6-cyl., 120" wb						
Cpe	350	900	1550	3050	5900	8500
2 dr Sed	350	800	1450	2750	5600	8000
4 dr Sed	350	850	1500	2900	5700	8200
DeLuxe Model 107, Supercharged, 6-cyl., 120" wb						
Cpe	450	1450	2400	4800	8400	12,000
2 dr Sed	450	1400	2300	4600	8100	11,500
4 dr Sed	450	1400	2350	4700	8200	11,700
Custom Model 107, Supercharged, 6-cyl., 120" wb						
Cpe	450	1500	2500	5000	8800	12,500
2 dr Sed	450	1400	2350	4700	8200	11,700
4 dr Sed	450	1450	2400	4800	8400	12,000

1941
Custom Hollywood Model 113, 6-cyl., 115" wb
4 dr Sed	500	1550	2600	5200	9100	13,000
Custom Hollywood Model 113, Supercharged, 6-cyl., 115" wb						
4 dr Sed	550	1800	3000	6000	10,500	15,000

GRAHAM-PAIGE

1928
Model 610, 6-cyl., 111" wb

Cpe	350	900	1550	3050	5900	8500
4 dr Sed	350	750	1250	2400	5100	7300

Model 614, 6-cyl., 114" wb

Cpe	350	750	1350	2600	5400	7700
4 dr Sed	350	750	1300	2450	5250	7500

Model 619, 6-cyl., 119" wb

Cpe	350	800	1350	2700	5500	7900
4 dr Sed	350	750	1300	2450	5250	7500
DeL Cpe	350	800	1450	2750	5600	8000
DeL 4 dr Sed	350	750	1300	2500	5300	7600

Model 629, 6-cyl., 129" wb

Cpe 2P	350	800	1350	2700	5500	7900
Cpe 5P	350	850	1500	2800	5650	8100
Cabriolet	750	2400	4000	8000	14,000	20,000
4 dr 5P Sed	450	1000	1650	3400	6350	9100
4 dr Twn Sed	450	1050	1650	3500	6400	9200
4 dr 7P Sed	450	1050	1700	3550	6500	9300

Model 835, 8-cyl., 137" wb

Cpe 2P	450	1100	1700	3650	6650	9500
Cpe 5P	400	1200	2000	3950	7000	10,000
Cabriolet	750	2450	4100	8200	14,400	20,500
4 dr 5P Sed	450	1050	1700	3550	6500	9300
4 dr 7P Sed	450	1050	1700	3600	6600	9400
4 dr Twn Sed	450	1050	1700	3550	6500	9300
Limo	450	1150	1800	3800	6800	9700

1929
Model 612, 6-cyl., 112" wb

Rds	1050	3300	5500	11,000	19,300	27,500
Tour	1050	3350	5600	11,200	19,600	28,000
Cpe	450	1000	1650	3350	6300	9000
Cabriolet	750	2400	4000	8000	14,000	20,000
2 dr Sed	450	1000	1600	3300	6250	8900
4 dr Sed	450	1000	1650	3350	6300	9000

Model 615, 6-cyl., 115" wb

Rds	1050	3350	5600	11,200	19,600	28,000
Tour	1050	3400	5700	11,400	20,000	28,500
Cpe	450	1050	1650	3500	6400	9200
Cabriolet	750	2450	4100	8200	14,400	20,500
2 dr Sed	450	1000	1650	3350	6300	9000
4 dr Sed	450	1000	1650	3400	6350	9100

Model 621, 6-cyl., 121" wb

Rds	1050	3400	5700	11,400	20,000	28,500
Tour	1100	3500	5800	11,600	20,300	29,000
Cpe	450	1050	1650	3500	6400	9200
Cabriolet	800	2500	4200	8400	14,700	21,000
4 dr Sed	450	1050	1700	3550	6500	9300

Model 827, 8-cyl., 127" wb

Rds	1150	3700	6200	12,400	21,700	31,000
Tour	1200	3850	6400	12,800	22,400	32,000
Cpe	450	1450	2400	4800	8400	12,000
Cabriolet	1150	3700	6200	12,400	21,700	31,000
4 dr Sed	400	1300	2200	4400	7700	11,000

Model 837, 8-cyl., 137" wb

Tour	1350	4300	7200	14,400	25,200	36,000
Cpe	600	1900	3200	6400	11,200	16,000
4 dr 5P Sed	550	1800	3000	6000	10,500	15,000
4 dr 7P Sed	600	1850	3100	6200	10,900	15,500
4 dr Twn Sed	550	1800	3000	6000	10,500	15,000
Limo	800	2500	4200	8400	14,700	21,000
Le Baron Limo	850	2750	4600	9200	16,100	23,000
Le Baron Twn Car	900	2900	4800	9600	16,800	24,000

HENRY J

1951
Four

2 dr Sed	350	850	1500	2800	5650	8100

DeLuxe Six

2 dr Sed	350	850	1500	2950	5800	8300

1952
Vagabond (4 cyl.)

	6	5	4	3	2	1
2 dr Sed	350	900	1550	3050	5900	8500
Vagabond (6 cyl.)						
2 dr Sed	350	950	1600	3200	6050	8700
Corsair (4 cyl.)						
2 dr Sed	450	1000	1650	3350	6300	9000
Corsair (6 cyl.)						
2 dr Sed	450	1050	1650	3500	6400	9200
Allstate						
4 Cyl	450	1000	1650	3400	6350	9100
DeL Six	450	1050	1700	3550	6500	9300
1953						
Corsair (4 cyl.)						
2 dr Sed	450	1000	1600	3300	6250	8900
Corsair (6 cyl.)						
DeL 2 dr Sed	450	1000	1650	3400	6350	9100
Allstate						
4 Cyl	450	1000	1650	3400	6350	9100
DeL Six	450	1050	1700	3550	6500	9300
1954						
Corsair (4 cyl.)						
2 dr	450	1000	1650	3350	6300	9000
Corsair Deluxe (6 cyl.)						
2 dr	450	1050	1650	3500	6400	9200

HUDSON

1909
Model 20, 4-cyl.

Rds	950	3000	5000	10,000	17,500	25,000
1910						
Model 20, 4-cyl.						
Rds	900	2900	4800	9600	16,800	24,000
Tr	900	2900	4800	9600	16,800	24,000
1911						
Model 33, 4-cyl.						
Rds	900	2900	4800	9600	16,800	24,000
Tor Rds	950	3000	5000	10,000	17,500	25,000
Pony Ton	1000	3100	5200	10,400	18,200	26,000
Tr	1000	3250	5400	10,800	18,900	27,000
1912						
Model 33, 4-cyl.						
Rds	1100	3500	5800	11,600	20,300	29,000
Tor Rds	1150	3600	6000	12,000	21,000	30,000
Tr	1200	3850	6400	12,800	22,400	32,000
Cpe	800	2500	4200	8400	14,700	21,000
Limo	850	2750	4600	9200	16,100	23,000
1913						
Model 37, 4-cyl.						
Rds	1000	3100	5200	10,400	18,200	26,000
Tor Rds	1000	3250	5400	10,800	18,900	27,000
Tr	1050	3350	5600	11,200	19,600	28,000
Cpe	700	2300	3800	7600	13,300	19,000
Limo	850	2650	4400	8800	15,400	22,000
Model 54, 6-cyl.						
2P Rds	1000	3250	5400	10,800	18,900	27,000
5P Rds	1050	3350	5600	11,200	19,600	28,000
Tor Rds	1100	3500	5800	11,600	20,300	29,000
Tr	1150	3600	6000	12,000	21,000	30,000
7P Tr	1150	3700	6200	12,400	21,700	31,000
Cpe	800	2500	4200	8400	14,700	21,000
Limo	850	2750	4600	9200	16,100	23,000
1914						
Model 40, 6-cyl.						
Rbt	850	2750	4600	9200	16,100	23,000
Tr	950	3000	5000	10,000	17,500	25,000
Cabr	900	2900	4800	9600	16,800	24,000
Model 54, 6-cyl.						
7P Tr	1000	3100	5200	10,400	18,200	26,000

236 Hudson

1915 Hudson touring

1915
Model 40, 6-cyl.

	6	5	4	3	2	1
Rds	1000	3100	5200	10,400	18,200	26,000
Phae	1050	3350	5600	11,200	19,600	28,000
Tr	1000	3250	5400	10,800	18,900	27,000
Cabr	1000	3250	5400	10,800	18,900	27,000
Cpe	600	1900	3200	6400	11,200	16,000
Limo	700	2150	3600	7200	12,600	18,000
Lan Limo	700	2300	3800	7600	13,300	19,000

Model 54, 6-cyl.

Phae	1150	3600	6000	12,000	21,000	30,000
7P Tr	1100	3500	5800	11,600	20,300	29,000
Sed	650	2050	3400	6800	11,900	17,000
Limo	750	2400	4000	8000	14,000	20,000

1916
Super Six, 6-cyl.

Rds	950	3000	5000	10,000	17,500	25,000
Cabr	1000	3100	5200	10,400	18,200	26,000
Phae	1000	3250	5400	10,800	18,900	27,000
Tr Sed	600	1900	3200	6400	11,200	16,000
TwnC	650	2050	3400	6800	11,900	17,000

Model 54, 6-cyl.

7P Phae	1150	3600	6000	12,000	21,000	30,000

1917
Super Six, 6-cyl.

Rds	800	2500	4200	8400	14,700	21,000
Cabr	850	2650	4400	8800	15,400	22,000
7P Phae	850	2750	4600	9200	16,100	23,000
Tr Sed	550	1700	2800	5600	9800	14,000
TwnC	650	2050	3400	6800	11,900	17,000
Twn Lan	600	1900	3200	6400	11,200	16,000
Limo Lan	650	2050	3400	6800	11,900	17,000

1918
Super Six, 6-cyl.

Rds	700	2150	3600	7200	12,600	18,000
Cabr	700	2300	3800	7600	13,300	19,000
4P Phae	700	2300	3800	7600	13,300	19,000
5P Phae	750	2400	4000	8000	14,000	20,000
4P Cpe	400	1300	2200	4400	7700	11,000
Tr Sed	450	1450	2400	4800	8400	12,000
Sed	450	1450	2400	4800	8400	12,000
Tr Limo	550	1700	2800	5600	9800	14,000
TwnC	550	1700	2800	5600	9800	14,000
Limo	550	1800	3000	6000	10,500	15,000
Twn Limo	550	1800	3000	6000	10,500	15,000

Hudson 237

	6	5	4	3	2	1
Limo Lan	550	1700	2800	5600	9800	14,000
F F Lan	550	1800	3000	6000	10,500	15,000

1919
Super Six Series O, 6-cyl.

	6	5	4	3	2	1
Cabr	650	2050	3400	6800	11,900	17,000
4P Phae	700	2150	3600	7200	12,600	18,000
7P Phae	700	2300	3800	7600	13,300	19,000
4P Cpe	450	1100	1700	3650	6650	9500
Sed	350	900	1550	3050	5900	8500
Tr Limo	400	1250	2100	4200	7400	10,500
TwnC	400	1300	2200	4400	7700	11,000
Twn Lan	450	1400	2300	4600	8100	11,500
Limo Lan	450	1450	2400	4800	8400	12,000

1920
Super Six Series 10-12, 6-cyl.

	6	5	4	3	2	1
4P Phae	550	1700	2800	5600	9800	14,000
7P Phae	550	1800	3000	6000	10,500	15,000
Cabr	550	1700	2800	5600	9800	14,000
Cpe	450	1100	1700	3650	6650	9500
Sed	350	900	1550	3050	5900	8500
Tr Limo	400	1200	2000	3950	7000	10,000
Limo	400	1250	2100	4200	7400	10,500

1921
Super Six, 6-cyl.

	6	5	4	3	2	1
4P Phae	550	1700	2800	5600	9800	14,000
7P Phae	550	1800	3000	6000	10,500	15,000
Cabr	550	1700	2800	5600	9800	14,000
4P Cpe	350	900	1550	3050	5900	8500
Sed	350	800	1450	2750	5600	8000
Tr Limo	450	1000	1650	3350	6300	9000
Limo	450	1100	1700	3650	6650	9500

1922
Super Six, 6-cyl.

	6	5	4	3	2	1
Spds	600	1900	3200	6400	11,200	16,000
Phae	550	1700	2800	5600	9800	14,000
Cabr	550	1700	2800	5600	9800	14,000
Cpe	350	750	1350	2600	5400	7700
2 dr Sed	350	750	1300	2450	5250	7500
Sed	350	750	1250	2350	5000	7100
Tr Limo	450	1000	1650	3350	6300	9000
Limo	450	1100	1700	3650	6650	9500

1923
Super Six, 6-cyl.

	6	5	4	3	2	1
Spds	550	1800	3000	6000	10,500	15,000
Phae	550	1700	2800	5600	9800	14,000
2 dr Sed	350	750	1300	2450	5250	7500
Sed	350	800	1450	2750	5600	8000
7P Sed	350	900	1550	3050	5900	8500
Cpe	450	1000	1650	3350	6300	9000

1924
Super Six, 6-cyl.

	6	5	4	3	2	1
Spds	550	1700	2800	5600	9800	14,000
Phae	500	1550	2600	5200	9100	13,000
2 dr Sed	350	750	1300	2450	5250	7500
Sed	350	850	1500	2800	5650	8100
7P Sed	350	900	1550	3050	5900	8500

1925
Super Six, 6-cyl.

	6	5	4	3	2	1
Spds	550	1700	2800	5600	9800	14,000
Phae	500	1600	2700	5400	9500	13,500
2 dr Sed	350	750	1300	2450	5250	7500
Brgm	450	1000	1650	3350	6300	9000
Sed	350	750	1300	2450	5250	7500
7P Sed	350	800	1450	2750	5600	8000

1926
Super Six, 6-cyl.

	6	5	4	3	2	1
Phae	700	2150	3600	7200	12,600	18,000
2 dr Sed	350	900	1550	3050	5900	8500
Brgm	400	1250	2100	4200	7400	10,500
7P Sed	450	1000	1650	3350	6300	9000

1927
Standard Six, 6-cyl.

	6	5	4	3	2	1
Phae	700	2200	3700	7400	13,000	18,500
2 dr Sed	350	850	1500	2900	5700	8200

Hudson

	6	5	4	3	2	1
Spec 2 dr Sed	350	900	1550	3050	5900	8500
Brgm	450	1100	1700	3650	6650	9500
7P Sed	450	1100	1700	3650	6650	9500
Super Six						
Cus Rds	1250	3950	6600	13,200	23,100	33,000
Cus Phae	1300	4100	6800	13,600	23,800	34,000
2 dr Sed	450	1100	1700	3650	6650	9500
Sed	400	1300	2200	4400	7700	11,000
Cus Brgm	600	1900	3200	6400	11,200	16,000
Cus Sed	650	2050	3400	6800	11,900	17,000

1928
First Series, 6-cyl., (Start June, 1927)

	6	5	4	3	2	1
Std 2 dr Sed	350	850	1500	2900	5700	8200
Std Sed	350	900	1550	3000	5850	8400
2 dr Sed	350	950	1600	3200	6050	8700
Sed	450	1100	1700	3650	6650	9500
Rds	750	2400	4000	8000	14,000	20,000
Cus Phae	850	2750	4600	9200	16,100	23,000
Cus Brgm	550	1800	3000	6000	10,500	15,000
Cus Sed	600	1900	3200	6400	11,200	16,000

Second Series, 6-cyl., (Start Jan. 1928)

	6	5	4	3	2	1
2 dr Sed	450	1000	1650	3350	6300	9000
Sed	450	1100	1700	3650	6650	9500
RS Cpe	450	1450	2400	4800	8400	12,000
Rds	750	2400	4000	8000	14,000	20,000
Ewb Sed	350	950	1600	3200	6050	8700
Lan Sed	450	1000	1650	3350	6300	9000
Vic	450	1050	1650	3500	6400	9200
7P Sed	450	1100	1700	3650	6650	9500

1929
Series Greater Hudson, 6-cyl., 122" wb

	6	5	4	3	2	1
RS Rds	1200	3850	6400	12,800	22,400	32,000
Phae	1300	4100	6800	13,600	23,800	34,000
Cpe	500	1550	2600	5200	9100	13,000
2 dr Sed	400	1200	2000	3950	7000	10,000
Conv	1100	3500	5800	11,600	20,300	29,000
Vic	400	1250	2100	4200	7400	10,500
Sed	400	1200	2000	3950	7000	10,000
Twn Sed	400	1250	2100	4200	7400	10,500
Lan Sed	400	1250	2100	4200	7400	10,500

Series Greater Hudson, 6-cyl., 139" wb

	6	5	4	3	2	1
Spt Sed	700	2150	3600	7200	12,600	18,000
7P Sed	750	2400	4000	8000	14,000	20,000
Limo	850	2650	4400	8800	15,400	22,000
DC Phae	1600	5150	8600	17,200	30,100	43,000

1930
Great Eight, 8-cyl., 119" wb

	6	5	4	3	2	1
Rds	1400	4450	7400	14,800	25,900	37,000
Phae	1450	4700	7800	15,600	27,300	39,000
RS Cpe	700	2150	3600	7200	12,600	18,000
2 dr Sed	400	1200	2000	3950	7000	10,000
Sed	400	1250	2100	4200	7400	10,500
Conv Sed	1500	4800	8000	16,000	28,000	40,000

Great Eight, 8-cyl., 126" wb

	6	5	4	3	2	1
Phae	1600	5050	8400	16,800	29,400	42,000
Tr Sed	400	1300	2200	4400	7700	11,000
7P Sed	500	1550	2600	5200	9100	13,000
Brgm	400	1250	2100	4200	7400	10,500

1931
Greater Eight, 8-cyl., 119" wb

	6	5	4	3	2	1
Rds	1600	5050	8400	16,800	29,400	42,000
Phae	1650	5300	8800	17,600	30,800	44,000
Cpe	400	1300	2200	4400	7700	11,000
Special Cpe	450	1450	2400	4800	8400	12,000
RS Cpe	450	1400	2300	4600	8100	11,500
2 dr Sed	450	1000	1650	3350	6300	9000
Sed	450	1100	1700	3650	6650	9500
Twn Sed	450	950	1600	3250	6150	8800

Great Eight, l.w.b., 8-cyl., 126" wb

	6	5	4	3	2	1
Spt Phae	1750	5500	9200	18,400	32,200	46,000
Brgm	450	1450	2400	4800	8400	12,000
Fam Sed	450	1400	2300	4600	8100	11,500
7P Sed	450	1450	2400	4800	8400	12,000
Clb Sed	450	1400	2300	4600	8100	11,500
Tr Sed	400	1200	2000	3950	7000	10,000

Hudson 239

	6	5	4	3	2	1
Special Sed	400	1300	2200	4400	7700	11,000
1932						
(Standard) Greater, 8-cyl., 119" wb						
2P Cpe	450	1100	1700	3650	6650	9500
4P Cpe	400	1200	2000	3950	7000	10,000
Spec Cpe	450	1450	2400	4800	8400	12,000
Conv	1100	3500	5800	11,600	20,300	29,000
2 dr Sed	400	1200	2000	3950	7000	10,000
5P Sed	400	1250	2100	4200	7400	10,500
Twn Sed	400	1200	2000	3950	7000	10,000
(Sterling) Series, 8-cyl., 132" wb						
Spec Sed	400	1300	2200	4400	7700	11,000
Sub	400	1250	2100	4200	7400	10,500
Major Series, 8-cyl., 132" wb						
Phae	1050	3350	5600	11,200	19,600	28,000
Tr Sed	450	1400	2350	4700	8300	11,800
Clb Sed	450	1500	2500	5000	8800	12,500
Brgm	500	1600	2700	5400	9500	13,500
7P Sed	450	1400	2300	4600	8100	11,500
1933						
Pacemaker Super Six, 6-cyl., 113" wb						
Conv	850	2650	4400	8800	15,400	22,000
Phae	850	2750	4600	9200	16,100	23,000
Bus Cpe	350	750	1300	2450	5250	7500
RS Cpe	350	800	1450	2750	5600	8000
2 dr Sed	350	750	1200	2350	4900	7000
Sed	350	750	1300	2450	5250	7500
Pacemaker Standard, 8-cyl., 119" wb						
Conv	900	2900	4800	9600	16,800	24,000
RS Cpe	450	1000	1650	3350	6300	9000
2 dr Sed	350	750	1300	2450	5250	7500
Sed	450	1100	1700	3650	6650	9500
Pacemaker Major, 8-cyl., 132" wb						
Phae	1000	3100	5200	10,400	18,200	26,000
Tr Sed	350	800	1450	2750	5600	8000
Brgm	350	850	1500	2900	5700	8200
Clb Sed	350	900	1550	3050	5900	8500
7P Sed	350	850	1500	2950	5800	8300
1934						
Special, 8-cyl., 116" wb						
Conv	1000	3250	5400	10,800	18,900	27,000
Bus Cpe	350	750	1250	2400	5050	7200
Cpe	350	750	1300	2450	5250	7500
RS Cpe	350	800	1450	2750	5600	8000
Comp Vic	350	750	1350	2600	5400	7700
2 dr Sed	350	750	1300	2450	5250	7500
Sed	350	750	1200	2350	4900	7000
Comp Sed	350	800	1450	2750	5600	8000
DeLuxe Series, 8-cyl., 116" wb						
2P Cpe	350	750	1300	2400	5200	7400
RS Cpe	350	800	1350	2700	5500	7900
Comp Vic	350	900	1550	3050	5900	8500
2 dr Sed	350	750	1350	2650	5450	7800
Sed	350	750	1250	2400	5050	7200
Comp Sed	350	750	1300	2450	5250	7500
Challenger Series, 8-cyl., 116" wb						
2P Cpe	350	750	1300	2450	5250	7500
RS Cpe	350	800	1450	2750	5600	8000
Conv	1100	3500	5800	11,600	20,300	29,000
2 dr Sed	350	750	1300	2450	5250	7500
Sed	350	750	1350	2600	5400	7700
Major Series, 8-cyl., 123" wb						
(Special)						
Tr Sed	350	900	1550	3050	5900	8500
Comp Trs	350	950	1600	3200	6050	8700
(DeLuxe)						
Clb Sed	450	950	1600	3250	6150	8800
Brgm	350	900	1550	3100	6000	8600
Comp Clb Sed	350	900	1550	3050	5900	8500
1935						
Big Six, 6-cyl., 116" wb						
Conv	1150	3600	6000	12,000	21,000	30,000
Cpe	350	900	1550	3050	5900	8500
RS Cpe	450	1000	1650	3350	6300	9000
Tr Brgm	350	750	1200	2350	4900	7000

	6	5	4	3	2	1
2 dr Sed	350	700	1150	2300	4550	6500
Sed	350	750	1200	2350	4900	7000
Sub Sed	350	750	1300	2400	5200	7400
Eight Special, 8-cyl., 117" wb						
Conv	1150	3700	6200	12,400	21,700	31,000
Cpe	350	750	1350	2600	5400	7700
RS Cpe	350	900	1550	3050	5900	8500
Tr Brgm	350	750	1250	2400	5050	7200
2 dr Sed	350	750	1250	2350	5000	7100
Sed	350	750	1300	2500	5300	7600
Sub Sed	350	750	1350	2600	5400	7700
Eight DeLuxe						
Eight Special, 8-cyl., 124" wb						
Brgm	350	750	1300	2500	5300	7600
Tr Brgm	350	750	1350	2600	5400	7700
Clb Sed	350	750	1200	2350	4900	7000
Sub Sed	350	750	1300	2450	5250	7500
Eight DeLuxe, 8-cyl., 117" wb						
2P Cpe	350	750	1350	2650	5450	7800
RS Cpe	350	900	1550	3100	6000	8600
Conv	1200	3850	6400	12,800	22,400	32,000
Tr Brgm	350	750	1250	2400	5100	7300
2 dr Sed	350	750	1250	2400	5050	7200
4 dr Sed	350	750	1350	2600	5400	7700
Sub Sed	350	750	1350	2650	5450	7800
Eight Custom, 8-cyl., 124" wb						
Brgm	350	750	1350	2600	5400	7700
Tr Brgm	350	750	1350	2650	5450	7800
Sed	350	750	1300	2450	5250	7500
Sub Sed	350	750	1350	2650	5450	7800
Late Special, 8-cyl., 124" wb						
Brgm	350	750	1250	2400	5050	7200
Tr Brgm	350	750	1250	2400	5100	7300
Club Sed	350	750	1250	2350	5000	7100
Sub Sed	350	750	1350	2650	5450	7800
Late DeLuxe, 8-cyl., 124" wb						
Brgm	350	750	1250	2400	5100	7300
Tr Brgm	350	750	1300	2400	5200	7400
Club Sed	350	750	1250	2400	5050	7200
Sub Sed	350	800	1350	2700	5500	7900
1936						
Custom Six, 6-cyl., 120" wb						
Conv	1100	3500	5800	11,600	20,300	29,000
Cpe	350	750	1300	2450	5250	7500
RS Cpe	350	800	1450	2750	5600	8000
Brgm	350	750	1200	2350	4900	7000
Tr Brgm	350	750	1250	2350	5000	7100
Sed	350	750	1200	2350	4900	7000
Tr Sed	350	750	1300	2450	5250	7500
DeLuxe Eight, Series 64, 8-cyl., 120" wb						
Conv	1200	3850	6400	12,800	22,400	32,000
Cpe	350	750	1350	2600	5400	7700
RS Cpe	350	900	1550	3000	5850	8400
Brgm	350	750	1250	2400	5050	7200
Tr Brgm	350	750	1250	2400	5050	7200
DeLuxe Eight, Series 66, 8-cyl., 127" wb						
Sed	350	750	1350	2600	5400	7700
Tr Sed	350	800	1450	2750	5600	8000
Custom Eight, Series 65, 120" wb						
2P Cpe	350	750	1350	2650	5450	7800
RS Cpe	350	900	1550	3050	5900	8500
Conv	1200	3850	6400	12,800	22,400	32,000
Brgm	350	750	1250	2400	5100	7300
Tr Brgm	350	750	1300	2400	5200	7400
Custom Eight, Series 67, 127" wb						
Sed	350	750	1300	2500	5300	7600
Tr Sed	350	750	1350	2600	5400	7700
1937						
Custom Six, Series 73, 6-cyl., 122" wb						
Conv	1150	3700	6200	12,400	21,700	31,000
Conv Brgm	1200	3850	6400	12,800	22,400	32,000
Bus Cpe	350	700	1150	2300	4550	6500
3P Cpe	350	750	1200	2350	4900	7000
Vic Cpe	350	750	1300	2450	5250	7500
2 dr Brgm	350	700	1150	2300	4550	6500
2 dr Tr Brgm	350	725	1150	2300	4700	6700

	6	5	4	3	2	1
Sed	350	750	1200	2350	4900	7000
Tr Sed	350	750	1250	2350	5000	7100
DeLuxe Eight, Series 74, 8-cyl., 122" wb						
Cpe	350	800	1450	2750	5600	8000
Vic Cpe	350	900	1550	3050	5900	8500
Conv	1150	3700	6200	12,400	21,700	31,000
2 dr Brgm	350	750	1300	2500	5300	7600
2 dr Tr Brgm	350	750	1350	2600	5400	7700
Sed	350	750	1350	2600	5400	7700
Tr Sed	350	750	1350	2650	5450	7800
Conv Brgm	1050	3350	5600	11,200	19,600	28,000
DeLuxe Eight, Series 76, 8-cyl., 129" wb						
Sed	450	1000	1650	3350	6300	9000
Tr Sed	450	1100	1700	3650	6650	9500
Custom Eight, Series 75, 8-cyl., 122" wb						
Cpe	350	800	1450	2750	5600	8000
Vic Cpe	350	850	1500	2900	5700	8200
Conv Cpe	1200	3850	6400	12,800	22,400	32,000
2 dr Brgm	350	750	1350	2650	5450	7800
2 dr Tr Brgm	350	800	1450	2750	5600	8000
Sed	350	750	1350	2650	5450	7800
Tr Sed	350	800	1350	2700	5500	7900
Conv Brgm	1250	3950	6600	13,200	23,100	33,000
Custom Eight, Series 77, 8-cyl., 129" wb						
Sed	350	800	1450	2750	5600	8000
Tr Sed	350	850	1500	2900	5700	8200

1938

Standard Series 89, 6-cyl., 112" wb

	6	5	4	3	2	1
Conv	1150	3700	6200	12,400	21,700	31,000
Conv Brgm	1200	3850	6400	12,800	22,400	32,000
3P Cpe	200	550	900	2150	3800	5400
Vic Cpe	350	700	1100	2300	4500	6400
Brgm	350	700	1100	2300	4500	6400
Tr Brgm	350	700	1150	2300	4550	6500
Sed	350	700	1150	2300	4600	6600
Tr Sed	350	725	1150	2300	4700	6700
Utility Series 89, 6-cyl., 112" wb						
Cpe	200	500	850	1850	3350	4900
2 dr Sed	150	450	800	1800	3300	4800
2 dr Tr Sed	200	500	850	1850	3350	4900
DeLuxe Series 89, 6-cyl., 112" wb						
Conv	1150	3600	6000	12,000	21,000	30,000
Conv Brgm	1150	3700	6200	12,400	21,700	31,000
3P Cpe	350	750	1250	2400	5050	7200
Vic Cpe	350	750	1300	2450	5250	7500
Brgm	350	725	1200	2350	4850	6900
Tr Brgm	350	700	1150	2300	4600	6600
Sed	350	725	1150	2300	4700	6700
Tr Sed	350	725	1200	2350	4800	6800
Custom Series 83, 6-cyl., 122" wb						
Conv	1150	3700	6200	12,400	21,700	31,000
Conv Brgm	1200	3850	6400	12,800	22,400	32,000
3P Cpe	350	800	1450	2750	5600	8000
Vic Cpe	350	900	1550	3050	5900	8500
Brgm	350	750	1300	2400	5200	7400
Tr Brgm	350	750	1250	2400	5050	7200
Sed	350	750	1200	2350	4900	7000
Tr Sed	350	750	1250	2350	5000	7100
DeLuxe Series 84, 8-cyl., 122" wb						
Conv	1150	3700	6200	12,400	21,700	31,000
Conv Brgm	1200	3850	6400	12,800	22,400	32,000
3P Cpe	450	1450	2400	4800	8400	12,000
Vic Cpe	450	1500	2500	5000	8800	12,500
Brgm	400	1300	2200	4400	7700	11,000
Tr Brgm	400	1250	2100	4200	7400	10,500
Tr Sed	400	1200	2000	3950	7000	10,000
Custom Series 85, 8-cyl., 122" wb						
3P Cpe	500	1550	2600	5200	9100	13,000
Vic Cpe	500	1600	2700	5400	9500	13,500
Brgm	450	1450	2400	4800	8400	12,000
Tr Brgm	450	1500	2500	5000	8800	12,500
Sed	450	1400	2300	4600	8100	11,500
Tr Sed	450	1400	2300	4600	8100	11,600
Country Club Series 87, 8-cyl., 129" wb						
Sed	500	1550	2600	5200	9100	13,000
Tr Sed	500	1600	2650	5300	9200	13,200

1939
DeLuxe Series 112, 6-cyl., 112" wb

	6	5	4	3	2	1
Conv	1150	3600	6000	12,000	21,000	30,000
Conv Brgm	1150	3700	6200	12,400	21,700	31,000
Trav Cpe	350	900	1550	3000	5850	8400
Utl Cpe	350	850	1500	2950	5800	8300
3P Cpe	450	1100	1700	3650	6650	9500
Vic Cpe	400	1200	2000	3950	7000	10,000
2 dr Utl Sed	350	750	1300	2450	5250	7500
Tr Brgm	350	800	1350	2700	5500	7900
Tr Sed	350	800	1450	2750	5600	8000
Sta Wag	600	1900	3200	6400	11,200	16,000

Pacemaker Series 91, 6-cyl., 118" wb

3P Cpe	400	1250	2100	4200	7400	10,500
Vic Cpe	400	1300	2200	4400	7700	11,000
Tr Brgm	400	1200	2050	4100	7100	10,200
Tr Sed	400	1200	2000	3950	7000	10,000

Series 92, 6-cyl., 118" wb

Conv	1200	3850	6400	12,800	22,400	32,000
Conv Brgm	1250	3950	6600	13,200	23,100	33,000
3P Cpe	500	1550	2600	5200	9100	13,000
Vic Cpe	500	1600	2700	5400	9500	13,500
Tr Brgm	450	1500	2500	5000	8800	12,500
Tr Sed	450	1450	2400	4800	8400	12,000

Country Club Series 93, 6-cyl., 122" wb

Conv	1250	3950	6600	13,200	23,100	33,000
Conv Brgm	1300	4100	6800	13,600	23,800	34,000
3P Cpe	500	1600	2700	5400	9500	13,500
Vic Cpe	550	1700	2800	5600	9800	14,000
Tr Brgm	500	1600	2700	5400	9500	13,500
Tr Sed	500	1550	2600	5200	9100	13,000

Big Boy Series 96, 6-cyl., 129" wb

| 6P Sed | 550 | 1700 | 2800 | 5600 | 9800 | 14,000 |
| 7P Sed | 550 | 1700 | 2850 | 5700 | 10,000 | 14,300 |

Country Club Series 95, 8-cyl., 122" wb

Conv	1300	4100	6800	13,600	23,800	34,000
Conv Brgm	1300	4200	7000	14,000	24,500	35,000
3P Cpe	550	1700	2800	5600	9800	14,000
Vic Cpe	550	1750	2900	5800	10,200	14,500
Tr Brgm	500	1650	2750	5500	9700	13,800
Tr Sed	500	1600	2700	5400	9500	13,500

Custom Series 97, 8-cyl., 129" wb

| 5P Tr Sed | 550 | 1700 | 2850 | 5700 | 9900 | 14,200 |
| 7P Sed | 550 | 1750 | 2900 | 5800 | 10,200 | 14,500 |

1940
Traveler Series 40-T, 6-cyl., 113" wb

Cpe	350	900	1550	3000	5850	8400
Vic Cpe	450	1000	1600	3300	6250	8900
2 dr Tr Sed	350	800	1350	2700	5500	7900
4 dr Tr Sed	350	800	1450	2750	5600	8000

DeLuxe Series, 40-P, 6-cyl., 113" wb

Conv 6 Pass	1000	3100	5200	10,400	18,200	26,000
Cpe	450	1100	1800	3700	6700	9600
Vic Cpe	400	1200	2000	3950	7000	10,000
2 dr Tr Sed	450	1000	1650	3350	6300	9000
4 dr Sed	450	1050	1650	3500	6400	9200

Super Series 41, 6-cyl., 118" wb

Conv 5 Pass	1000	3250	5400	10,800	18,900	27,000
Conv 6 Pass	1050	3350	5600	11,200	19,600	28,000
Cpe	400	1300	2200	4400	7700	11,000
Vic Cpe	450	1400	2300	4600	8100	11,500
2 dr Tr Sed	400	1200	2000	3950	7000	10,000
4 dr Tr Sed	400	1200	2050	4100	7100	10,200

Country Club Series 43, 6-cyl., 125" wb

| 6P Sed | 400 | 1300 | 2200 | 4400 | 7700 | 11,000 |
| 7P Sed | 450 | 1400 | 2300 | 4600 | 8100 | 11,500 |

Series 44, 8-cyl., 118" wb

Conv 5 Pass	1050	3350	5600	11,200	19,600	28,000
Conv 6 Pass	1100	3500	5800	11,600	20,300	29,000
Cpe	550	1700	2800	5600	9800	14,000
Vic Cpe	550	1750	2900	5800	10,200	14,500
2 dr Tr Sed	500	1650	2700	5400	9500	13,600
4 dr Tr Sed	500	1650	2750	5500	9600	13,700

DeLuxe Series 45, 8-cyl., 118" wb

| 2 dr Tr Sed | 500 | 1650 | 2750 | 5500 | 9700 | 13,800 |
| 4 dr Tr Sed | 500 | 1650 | 2800 | 5600 | 9700 | 13,900 |

Hudson 243

	6	5	4	3	2	1
Country Club Eight Series 47, 8-cyl., 125" wb						
Tr Sed	550	1700	2800	5600	9900	14,100
7P Sed	550	1700	2850	5700	9900	14,200
Big Boy Series 48, 6-cyl., 125" wb						
C-A Sed	500	1550	2600	5200	9100	13,000
7P Sed	500	1600	2650	5300	9200	13,200

1941

	6	5	4	3	2	1
Utility Series 10-C, 6-cyl., 116" wb						
Cpe	450	1000	1650	3350	6300	9000
2 dr Sed	350	900	1550	3050	5900	8500
Traveler Series 10-T, 6-cyl., 116" wb						
Cpe	450	1100	1800	3700	6700	9600
Clb Cpe	400	1200	2000	3950	7000	10,000
2 dr Sed	350	950	1600	3200	6050	8700
4 dr Sed	450	1000	1600	3300	6250	8900
DeLuxe Series 10-P, 6-cyl., 116" wb						
Conv	1000	3250	5400	10,800	18,900	27,000
Cpe	450	1450	2400	4800	8400	12,000
Clb Cpe	450	1500	2500	5000	8800	12,500
2 dr Sed	400	1200	2000	3950	7000	10,000
4 dr Sed	400	1200	2050	4100	7100	10,200
Super Series 11, 6-cyl., 121" wb						
Conv	1100	3500	5800	11,600	20,300	29,000
Cpe	450	1500	2500	5000	8800	12,500
Clb Cpe	500	1550	2600	5200	9100	13,000
2 dr Sed	400	1200	2050	4100	7100	10,200
4 dr Sed	400	1250	2050	4100	7200	10,300
Sta Wag	1000	3250	5400	10,800	18,900	27,000
Commodore Series 12, 6-cyl., 121" wb						
Conv	1150	3600	6000	12,000	21,000	30,000
Cpe	500	1600	2650	5300	9200	13,200
Clb Cpe	500	1600	2700	5400	9400	13,400
2 dr Sed	400	1300	2200	4400	7700	11,000
Sed	400	1350	2200	4400	7800	11,100
Commodore Series 14, 8-cyl., 121" wb						
Conv	1150	3700	6200	12,400	21,700	31,000
Cpe	500	1600	2700	5400	9500	13,500
Clb Cpe	500	1650	2750	5500	9600	13,700
2 dr Sed	450	1500	2500	5000	8800	12,500
Sed	500	1500	2550	5100	8900	12,700
Sta Wag	1050	3350	5600	11,200	19,600	28,000
Commodore Custom Series 15, 8-cyl., 121" wb						
Cpe	500	1650	2750	5500	9700	13,800
Clb Cpe	550	1700	2800	5600	9800	14,000
Commodore Custom Series 17, 8-cyl., 128" wb						
Sed	500	1550	2550	5100	9000	12,800
7P Sed	500	1550	2600	5200	9100	13,000
Big Boy Series 18, 6-cyl., 128" wb						
C-A Sed	450	1500	2450	4900	8600	12,300
7P Sed	450	1500	2500	5000	8800	12,500

1942

	6	5	4	3	2	1
Traveler Series 20-T, 6-cyl., 116" wb						
Cpe	450	1100	1700	3650	6650	9500
Clb Cpe	450	1150	1800	3800	6800	9700
2 dr Sed	350	900	1550	3100	6000	8600
4 dr Sed	350	950	1600	3200	6050	8700
DeLuxe Series 20-P, 6-cyl., 116" wb						
Conv	950	3000	5000	10,000	17,500	25,000
Cpe	450	1150	1800	3800	6800	9700
Clb Cpe	400	1200	2000	3950	7000	10,000
2 dr Sed	450	1000	1600	3300	6250	8900
4 dr Sed	450	1000	1650	3350	6300	9000
Super Series 21, 6-cyl., 121" wb						
Conv	1000	3100	5200	10,400	18,200	26,000
Cpe	400	1200	2000	3950	7000	10,000
Clb Cpe	400	1200	2050	4100	7100	10,200
2 dr Sed	450	1100	1700	3650	6650	9500
Sed	450	1150	1800	3800	6800	9700
Sta Wag	1000	3100	5200	10,400	18,200	26,000
Commodore Series 22, 6-cyl., 121" wb						
Conv	1050	3350	5600	11,200	19,600	28,000
Cpe	400	1300	2200	4400	7700	11,000
Clb Cpe	450	1400	2300	4600	8100	11,500
2 dr Sed	400	1250	2100	4200	7400	10,500
Sed	400	1250	2100	4200	7400	10,600

Hudson

Commodore Series 24, 8-cyl., 121" wb

	6	5	4	3	2	1
Conv	1150	3600	6000	12,000	21,000	30,000
Cpe	500	1550	2600	5200	9100	13,000
Clb Cpe	500	1600	2650	5300	9300	13,300
2 dr Sed	450	1450	2400	4800	8400	12,000
Sed	450	1500	2450	4900	8600	12,300

Commodore Custom Series 25, 8-cyl., 121" wb

Clb Cpe	500	1650	2700	5400	9500	13,600

Commodore Series 27, 8-cyl., 128" wb

Sed	450	1500	2500	5000	8800	12,500

1946 Hudson Commodore sedan

1946-1947

Super Series, 6-cyl., 121" wb

Conv	850	2750	4600	9200	16,100	23,000
Cpe	450	1000	1600	3300	6250	8900
Clb Cpe	450	1000	1650	3350	6300	9000
2 dr Sed	350	750	1300	2500	5300	7600
Sed	350	800	1350	2700	5500	7900

Commodore Series, 6-cyl., 121" wb

Clb Cpe	450	1100	1800	3700	6700	9600
Sed	450	1000	1650	3350	6300	9000

Super Series, 8-cyl., 121" wb

Clb Cpe	450	1150	1800	3800	6800	9700
Sed	450	1050	1650	3500	6400	9200

Commodore Series, 8-cyl., 121" wb

Conv	1050	3350	5600	11,200	19,600	28,000
Clb Cpe	400	1250	2050	4100	7200	10,300
Sed	450	1150	1900	3850	6850	9800

1948-1949

Super Series, 6-cyl., 124" wb

Sed	450	1150	1900	3850	6850	9800
Conv	950	3000	5000	10,000	17,500	25,000
Cpe	400	1200	2000	3950	7000	10,000
Clb Cpe	400	1200	2050	4100	7100	10,200
2 dr Sed	400	1300	2150	4300	7500	10,700

Commodore Series, 6-cyl., 124" wb

Conv	1050	3350	5600	11,200	19,600	28,000
Clb Cpe	400	1250	2050	4100	7200	10,300
Sed	400	1200	2000	3950	7000	10,000

Super Series, 8-cyl., 124" wb

Clb Cpe	400	1250	2100	4200	7300	10,400
2 dr Sed (1949 only)	450	1150	1900	3850	6850	9800
Sed	350	750	1300	2500	5300	7600

Commodore Series, 8-cyl., 124" wb

Conv	1150	3600	6000	12,000	21,000	30,000
Clb Cpe	450	1400	2300	4600	8100	11,500

Hudson   245

	6	5	4	3	2	1
Sed	400	1250	2100	4200	7400	10,500

1950
Pacemaker Series 500, 6-cyl., 119" wb
Conv	950	3000	5000	10,000	17,500	25,000
Bus Cpe	450	1150	1900	3900	6900	9900
Clb Cpe	400	1200	2050	4100	7100	10,200
2 dr Sed	450	1150	1900	3850	6850	9800
Sed	450	1100	1800	3700	6700	9600

DeLuxe Series 50A, 6-cyl., 119" wb
Conv	1000	3100	5200	10,400	18,200	26,000
Clb Cpe	400	1200	2050	4100	7100	10,200
2 dr Sed	400	1200	2000	4000	7100	10,100
Sed	400	1200	2000	3950	7000	10,000

Super Six Series 501, 6-cyl., 124" wb
Conv	1000	3250	5400	10,800	18,900	27,000
Clb Cpe	400	1250	2100	4200	7300	10,400
2 dr Sed	400	1250	2050	4100	7200	10,300
Sed	400	1200	2000	4000	7100	10,100

Commodore Series 502, 6-cyl., 124" wb
Conv	1050	3350	5600	11,200	19,600	28,000
Clb Cpe	400	1300	2200	4400	7700	11,000
Sed	400	1200	2000	3950	7000	10,000

Super Series 503, 8-cyl., 124" wb
Clb Cpe	450	1400	2300	4600	8100	11,500
2 dr Sed	400	1300	2200	4400	7700	11,000
Sed	400	1250	2100	4200	7400	10,500

Commodore Series 504, 8-cyl., 124" wb
Conv	1150	3600	6000	12,000	21,000	30,000
Clb Cpe	450	1450	2400	4800	8400	12,000
Sed	400	1300	2200	4400	7700	11,000

1951 Hudson Pacemaker 4 dr sedan

1951
Pacemaker Custom Series 4A, 6-cyl., 119" wb
Conv	900	2900	4800	9600	16,800	24,000
Cpe	450	1150	1900	3900	6900	9900
Clb Cpe	400	1200	2000	4000	7100	10,100
2 dr Sed	450	1150	1800	3800	6800	9700
Sed	450	1150	1900	3850	6850	9800

Super Custom Series 5A, 6-cyl., 124" wb
Conv	950	3000	5000	10,000	17,500	25,000
Clb Cpe	400	1250	2100	4200	7400	10,500
2 dr Sed	450	1150	1900	3850	6850	9800
Sed	400	1200	2000	3950	7000	10,000
Hlywd	450	1450	2400	4800	8400	12,000

Commodore Custom Series 6A, 6-cyl., 124" wb
Conv	1000	3100	5200	10,400	18,200	26,000
Clb Cpe	400	1250	2100	4200	7300	10,400
Sed	400	1200	2000	4000	7100	10,100
Hlywd	500	1550	2600	5200	9100	13,000

Hornet Series 7A, 6-cyl., 124" wb
| Conv | 1100 | 3500 | 5800 | 11,600 | 20,300 | 29,000 |
| Clb Cpe | 400 | 1250 | 2100 | 4200 | 7400 | 10,600 |

Hudson

	6	5	4	3	2	1
Sed	400	1250	2100	4200	7300	10,400
Hlywd	550	1700	2800	5600	9800	14,000
Commodore Custom Series 8A, 8-cyl., 124" wb						
Conv	1150	3600	6000	12,000	21,000	30,000
Clb Cpe	400	1300	2200	4400	7700	11,000
Sed	400	1250	2100	4200	7400	10,600
Hlywd	550	1800	3000	6000	10,500	15,000

1952
Pacemaker Series 4B, 6-cyl., 119" wb

	6	5	4	3	2	1
Cpe	450	1150	1800	3800	6800	9700
Clb Cpe	450	1150	1900	3850	6850	9800
2 dr Sed	450	1100	1700	3650	6650	9500
Sed	450	1100	1800	3700	6700	9600
Wasp Series 5B, 6-cyl., 119" wb						
Conv	950	3000	5000	10,000	17,500	25,000
Hlywd	400	1300	2200	4400	7700	11,000
Clb Cpe	400	1200	2000	3950	7000	10,000
2 dr Sed	450	1100	1800	3700	6700	9600
Sed	450	1150	1800	3800	6800	9700
Commodore Series 6B, 6-cyl., 124" wb						
Conv	1000	3100	5200	10,400	18,200	26,000
Hlywd	500	1550	2600	5200	9100	13,000
Clb Cpe	400	1200	2050	4100	7100	10,200
Sed	400	1200	2000	3950	7000	10,000
Hornet Series 7B, 6-cyl., 124" wb						
Conv	1000	3250	5400	10,800	18,900	27,000
Hlywd	550	1700	2800	5600	9800	14,000
Clb Cpe	400	1250	2100	4200	7300	10,400
Sed	400	1200	2000	4000	7100	10,100
Commodore Series 8B, 8-cyl., 124" wb						
Conv	1050	3350	5600	11,200	19,600	28,000
Hlywd	550	1800	3000	6000	10,500	15,000
Clb Cpe	400	1250	2100	4200	7300	10,400
Sed	400	1200	2000	4000	7100	10,100

1953
Jet Series 1C, 6-cyl., 105" wb

	6	5	4	3	2	1
4 dr Sed	350	750	1200	2350	4900	7000
Super Jet Series 2C, 6-cyl., 105" wb						
2 dr Clb Sed	350	750	1300	2500	5300	7600
4 dr Sed	350	750	1300	2450	5250	7500
Wasp Series 4C, 6-cyl., 119" wb						
Clb Cpe	450	950	1600	3250	6150	8800
2 dr Sed	350	900	1550	3050	5900	8500
Sed	350	900	1550	3100	6000	8600
Super Wasp Series 5C, 6-cyl., 119" wb						
Conv	900	2900	4800	9600	16,800	24,000
Hlywd	400	1300	2200	4400	7700	11,000
Clb Cpe	450	1000	1650	3350	6300	9000
2 dr Sed	350	900	1550	3100	6000	8600
4 dr Sed	350	950	1600	3200	6050	8700
Hornet Series 7C, 6-cyl., 124" wb						
Conv	1000	3100	5200	10,400	18,200	26,000
Clb Cpe	400	1250	2100	4200	7400	10,500
Sed	400	1200	2000	3950	7000	10,000
Hlywd	500	1550	2600	5200	9100	13,000

1954
Jet Series 1D, 6-cyl., 105" wb

	6	5	4	3	2	1
2 dr Utl Sed	350	750	1200	2350	4900	7000
2 dr Clb Sed	350	750	1250	2400	5050	7200
4 dr Sed	350	750	1250	2350	5000	7100
Super Jet Series 2D, 6-cyl., 105" wb						
2 dr Clb Sed	350	750	1300	2450	5250	7500
4 dr Sed	350	750	1300	2500	5300	7600
Jet Liner Series 3D, 6-cyl., 105" wb						
2 dr Clb Sed	350	750	1350	2600	5400	7700
4 dr Sed	350	800	1450	2750	5600	8000
Wasp Series 4D, 6-cyl., 119" wb						
Clb Cpe	350	750	1300	2450	5250	7500
Clb Sed	350	750	1250	2400	5100	7300
Sed	350	750	1300	2400	5200	7400
Super Wasp Series 5D, 6-cyl., 119" wb						
Conv	850	2750	4600	9200	16,100	23,000
Hlywd	450	1450	2400	4800	8400	12,000
Clb Cpe	350	900	1550	3050	5900	8500
Clb Sed	350	750	1350	2650	5450	7800
Sed	350	800	1450	2750	5600	8000

	6	5	4	3	2	1
Hornet Special Series 6D, 6-cyl., 124" wb						
Clb Cpe	400	1200	2000	3950	7000	10,000
Clb Sed	450	1000	1650	3400	6350	9100
Sed	450	1050	1700	3600	6600	9400
Hornet Series 7D, 6-cyl., 124" wb						
Brgm Conv	1000	3100	5200	10,400	18,200	26,000
Hlywd	550	1700	2800	5600	9800	14,000
Clb Cpe	400	1300	2200	4400	7700	11,000
Sed	450	1100	1800	3700	6700	9600
Italia, 6-cyl.						
2 dr	1050	3350	5600	11,200	19,600	28,000

1955

	6	5	4	3	2	1
Super Wasp, 6-cyl., 114" wb						
Sed	350	700	1150	2300	4550	6500
Custom Wasp, 6-cyl., 114" wb						
Hlywd	400	1300	2200	4400	7700	11,000
Sed	350	700	1150	2300	4600	6600
Hornet Super, 6-cyl., 121" wb						
Sed	350	725	1200	2350	4850	6900
Hornet Custom, 6-cyl., 121" wb						
Hlywd	450	1450	2400	4800	8400	12,000
Sed	350	750	1300	2450	5250	7500
Italia, 6-cyl.						
2 dr	1050	3350	5600	11,200	19,600	28,000

NOTE: Add 5 percent for V-8.
For Hudson Rambler prices see AMC.

1956

	6	5	4	3	2	1
Super Wasp, 6-cyl., 114" wb						
Sed	350	700	1150	2300	4550	6500
Super Hornet, 6-cyl., 121" wb						
Sed	350	750	1200	2350	4900	7000
Custom Hornet, 6-cyl., 121" wb						
Hlywd	450	1400	2300	4600	8100	11,500
Sed	350	800	1450	2750	5600	8000
Hornet Super Special, 8-cyl., 114" wb						
Hlywd	450	1500	2500	5000	8800	12,500
Sed	350	850	1500	2900	5700	8200
Hornet Custom, 8-cyl., 121" wb						
Hlywd	500	1600	2700	5400	9500	13,500
Sed	350	900	1550	3050	5900	8500

NOTE: For Hudson Rambler prices see AMC.

1957

	6	5	4	3	2	1
Hornet Super, 8-cyl., 121" wb						
Hlywd	450	1450	2400	4800	8400	12,000
Sed	450	1100	1700	3650	6650	9500
Hornet Custom, 8-cyl., 121" wb						
Hlywd	550	1700	2800	5600	9800	14,000
Sed	400	1250	2100	4200	7400	10,500

NOTE: For Hudson Rambler prices see AMC.

HUPMOBILE

1909

	6	5	4	3	2	1
Model 20, 4-cyl., 16.9 hp, 86" wb						
2P Rbt	900	2900	4800	9600	16,800	24,000

1910

	6	5	4	3	2	1
Model 20, 4-cyl., 18/20 hp, 86" wb						
2P B Rbt	900	2900	4800	9600	16,800	24,000

1911

	6	5	4	3	2	1
Model 20, 4-cyl., 20 hp, 86" wb						
2P C Rbt	900	2900	4800	9600	16,800	24,000
2P T Torp	950	3000	5000	10,000	17,500	25,000
4P D Tr	1000	3100	5200	10,400	18,200	26,000
4P F Cpe	800	2500	4200	8400	14,700	21,000

1912

	6	5	4	3	2	1
Model 20, 4-cyl., 20 hp, 86" wb						
2P Rbt	900	2900	4800	9600	16,800	24,000
2P Rds	950	3000	5000	10,000	17,500	25,000
2P Cpe	800	2500	4200	8400	14,700	21,000
Model 32, 4-cyl., 32 hp, 106" wb						
4P Torp Tr	1000	3100	5200	10,400	18,200	26,000

Hupmobile

1913
Model 20-C, 4-cyl., 20 hp, 86" wb

	6	5	4	3	2	1
2P Rbt	900	2900	4800	9600	16,800	24,000

Model 20-E, 4-cyl., 20 hp, 110" wb

| Rds | 750 | 2400 | 4000 | 8000 | 14,000 | 20,000 |

Model 32, 4-cyl., 32 hp, 106" wb

5P H Tr	950	3000	5000	10,000	17,500	25,000
2P H Rds	1000	3100	5200	10,400	18,200	26,000
H L Cpe	700	2300	3800	7600	13,300	19,000

Model 32, 4-cyl., 32 hp, 126" wb

| 6P Tr | 1000 | 3250 | 5400 | 10,800 | 18,900 | 27,000 |

1914
Model 32, 4-cyl., 32 hp, 106" wb

6P HM Tr	850	2750	4600	9200	16,100	23,000
2P HR Rds	900	2900	4800	9600	16,800	24,000
5P H Tr	950	3000	5000	10,000	17,500	25,000
3P HAK Cpe	700	2150	3600	7200	12,600	18,000

1915
Model 32, 4-cyl., 32 hp, 106" wb

| 4P Tr | 1000 | 3100 | 5200 | 10,400 | 18,200 | 26,000 |
| 2P Rds | 950 | 3000 | 5000 | 10,000 | 17,500 | 25,000 |

Model K, 4-cyl., 36 hp, 119" wb

2P Rds	1000	3100	5200	10,400	18,200	26,000
5P Tr	1000	3250	5400	10,800	18,900	27,000
2P Cpe	700	2150	3600	7200	12,600	18,000
Limo	700	2300	3800	7600	13,300	19,000

1916
Model N, 4-cyl., 22.5 hp, 119" wb

5P Tr	950	3000	5000	10,000	17,500	25,000
2P Rds	900	2900	4800	9600	16,800	24,000
5P Sed	700	2300	3800	7600	13,300	19,000
5P Year-'Round Tr	1000	3100	5200	10,400	18,200	26,000
Year-'Round Cpe	750	2400	4000	8000	14,000	20,000

Model N, 4-cyl., 22.5 hp, 134" wb

| 7P Tr | 1100 | 3500 | 5800 | 11,600 | 20,300 | 29,000 |
| 7P Limo | 850 | 2650 | 4400 | 8800 | 15,400 | 22,000 |

1917
Model N, 4-cyl., 22 hp, 119" wb

5P Tr	850	2750	4600	9200	16,100	23,000
6P Rds	900	2900	4800	9600	16,800	24,000
5P Year-'Round Tr	950	3000	5000	10,000	17,500	25,000
2P Year-'Round Cpe	550	1800	3000	6000	10,500	15,000
5P Sed	550	1800	3000	6000	10,500	15,000

Model N, 4-cyl., 22.5 hp, 134" wb

| 7P Tr | 1000 | 3100 | 5200 | 10,400 | 18,200 | 26,000 |

NOTE: Series R introduced October 1917.

1918
Series R-1, 4-cyl., 16.9 hp, 112" wb

| 5P Tr | 700 | 2300 | 3800 | 7600 | 13,300 | 19,000 |
| 2P Rds | 700 | 2150 | 3600 | 7200 | 12,600 | 18,000 |

1919
Series R-1,2,3, 4-cyl., 16.9 hp, 112" wb

5P Tr	750	2400	4000	8000	14,000	20,000
2P Rds	700	2300	3800	7600	13,300	19,000
5P Sed	450	1450	2400	4800	8400	12,000
4P Cpe	550	1700	2800	5600	9800	14,000

1920
Series R-3,4,5, 4-cyl., 35 hp, 112" wb

5P Tr	750	2400	4000	8000	14,000	20,000
2P Rds	700	2300	3800	7600	13,300	19,000
4P Cpe	550	1700	2800	5600	9800	14,000
5P Sed	450	1450	2400	4800	8400	12,000

1921
Series R-4,5,6, 4-cyl., 35 hp, 112" wb

5P Tr	750	2400	4000	8000	14,000	20,000
2P Rds	700	2300	3800	7600	13,300	19,000
4P Cpe	550	1700	2800	5600	9800	14,000
5P Sed	450	1450	2400	4800	8400	12,000

1922
Series R-7,8,9,10, 4-cyl., 35 hp, 112" wb

5P Tr	750	2400	4000	8000	14,000	20,000
2P Rds	700	2300	3800	7600	13,300	19,000
2P Cpe	550	1700	2800	5600	9800	14,000
4P Cpe	550	1750	2900	5800	10.200	14.500

	6	5	4	3	2	1
5P Sed	450	1450	2400	4800	8400	12,000

1923
Series R-10,11,12, 4-cyl., 35 hp, 112" wb

	6	5	4	3	2	1
5P Tr	700	2300	3800	7600	13,300	19,000
5P Spl Tr	750	2400	4000	8000	14,000	20,000
2P Rds	750	2400	4000	8000	14,000	20,000
Spl Rds	800	2500	4200	8400	14,700	21,000
5P Sed	450	1450	2400	4800	8400	12,000
4P Cpe	550	1800	3000	6000	10,500	15,000
2P Cpe	550	1700	2800	5600	9800	14,000

1924
Series R-12,13, 4-cyl., 39 hp, 115" wb

	6	5	4	3	2	1
5P Tr	700	2150	3600	7200	12,600	18,000
5P Spl Tr	700	2300	3800	7600	13,300	19,000
2P Spl Rds	750	2400	4000	8000	14,000	20,000
2P Cpe	550	1700	2800	5600	9800	14,000
4P Cpe	550	1800	3000	6000	10,500	15,000
5P Sed	450	1450	2400	4800	8400	12,000
5P Clb Sed	500	1550	2600	5200	9100	13,000

1925
Model R-14,15, 4-cyl., 39 hp, 115" wb

	6	5	4	3	2	1
5P Tr	700	2150	3600	7200	12,600	18,000
2P Rds	700	2300	3800	7600	13,300	19,000
2P Cpe	500	1550	2600	5200	9100	13,000
5P Clb Sed	500	1550	2600	5200	9100	13,000
5P Sed	450	1450	2400	4800	8400	12,000

Model E-1, 8-cyl., 60 hp, 118-1/4" wb

	6	5	4	3	2	1
5P Tr	850	2750	4600	9200	16,100	23,000
2P Rds	900	2900	4800	9600	16,800	24,000
4P Cpe	550	1800	3000	6000	10,500	15,000
5P Sed	500	1550	2600	5200	9100	13,000

1926
Model A-1, 6-cyl., 50 hp, 114" wb

	6	5	4	3	2	1
5P Tr	700	2150	3600	7200	12,600	18,000
5P Sed	450	1450	2400	4800	8400	12,000

Model E-2, 8-cyl., 63 hp, 118-1/4" wb

	6	5	4	3	2	1
4P Rds	900	2900	4800	9600	16,800	24,000
5P Tr	850	2750	4600	9200	16,100	23,000
2P Cpe	550	1800	3000	6000	10,500	15,000
4P Cpe	600	1900	3200	6400	11,200	16,000
5P Sed	500	1550	2600	5200	9100	13,000

1927
Series A, 6-cyl., 50 hp, 114" wb

	6	5	4	3	2	1
5P Tr	700	2300	3800	7600	13,300	19,000
2P Rds	750	2400	4000	8000	14,000	20,000
5P Sed	450	1450	2400	4800	8400	12,000
4P Cpe	550	1700	2800	5600	9800	14,000
5P Brgm	500	1550	2600	5200	9100	13,000

Series E-3, 8-cyl., 67 hp, 125" wb

	6	5	4	3	2	1
4P Rds	850	2750	4600	9200	16,100	23,000
5P Tr	850	2650	4400	8800	15,400	22,000
5P Spt Tr	850	2750	4600	9200	16,100	23,000
2P Cpe	550	1800	3000	6000	10,500	15,000
7P Tr	800	2500	4200	8400	14,700	21,000
5P Sed	450	1450	2400	4800	8400	12,000
7P Sed	450	1500	2500	5000	8800	12,500
5P Berl	500	1550	2600	5200	9100	13,000
5P Brgm	450	1500	2500	5000	8800	12,500
5P Vic	500	1550	2600	5200	9100	13,000
Limo Sed	550	1700	2800	5600	9800	14,000

1928
Century Series A, 6-cyl., 57 hp, 114" wb

	6	5	4	3	2	1
5P Phae	850	2750	4600	9200	16,100	23,000
7P Phae	850	2650	4400	8800	15,400	22,000
4P 4 dr Cpe	550	1700	2800	5600	9800	14,000
5P 4 dr Sed	450	1450	2400	4800	8400	12,000
5P 2 dr Sed	400	1300	2200	4400	7700	11,000

Century Series M, 8-cyl., 80 hp, 120" wb

	6	5	4	3	2	1
Rds	1000	3100	5200	10,400	18,200	26,000
5P Tr	950	3000	5000	10,000	17,500	25,000
7P Tr	900	2900	4800	9600	16,800	24,000
2P Cpe	700	2150	3600	7200	12,600	18,000
Brgm	600	1900	3200	6400	11,200	16,000
Vic	650	2050	3400	6800	11,900	17,000
5P Sed	500	1550	2600	5200	9100	13,000

Hupmobile

	6	5	4	3	2	1
7P Sed	450	1450	2400	4800	8400	12,000
Sed-Limo	550	1700	2800	5600	9800	14,000

Century Series 125 (E-4), 8-cyl., 80 hp, 125" wb

R.S. Rds	1000	3250	5400	10,800	18,900	27,000
5P Tr	1000	3100	5200	10,400	18,200	26,000
7P Tr	950	3000	5000	10,000	17,500	25,000
R.S. Cpe	700	2150	3600	7200	12,600	18,000
5P Brgm	650	2050	3400	6800	11,900	17,000
5P Sed	550	1700	2800	5600	9800	14,000
7P Sed	500	1550	2600	5200	9100	13,000
Vic	700	2150	3600	7200	12,600	18,000
Sed-Limo	600	1900	3200	6400	11,200	16,000

NOTE: Series A and Series E-3 of 1927 carried over as 1928 models. Both Century Series A and M available in custom line.

1929

Series A, 6-cyl., 57 hp, 114" wb

5P Tr	1000	3100	5200	10,400	18,200	26,000
4P Rds	1000	3250	5400	10,800	18,900	27,000
7P Tr	950	3000	5000	10,000	17,500	25,000
5P Brgm	600	1900	3200	6400	11,200	16,000
4P Cpe	650	2050	3400	6800	11,900	17,000
5P Sed	500	1550	2600	5200	9100	13,000
2P Cabr	900	2900	4800	9600	16,800	24,000
4P Cabr	950	3000	5000	10,000	17,500	25,000

Series M, 8-cyl., 80 hp, 120" wb

5P Tr	1000	3250	5400	10,800	18,900	27,000
4P Rds	1050	3350	5600	11,200	19,600	28,000
7P Tr	1000	3100	5200	10,400	18,200	26,000
5P Brgm	650	2050	3400	6800	11,900	17,000
4P Cpe	700	2150	3600	7200	12,600	18,000
5P Sed	550	1700	2800	5600	9800	14,000
5P Cabr	1000	3100	5200	10,400	18,200	26,000
5P Twn Sed	600	1900	3200	6400	11,200	16,000
7P Sed (130" wb)	650	2050	3400	6800	11,900	17,000
7P Limo (130" wb)	850	2750	4600	9200	16,100	23,000

NOTE: Both series available in custom line models.

1930

Model S, 6-cyl., 70 hp, 114" wb

Phae	1200	3850	6400	12,800	22,400	32,000
Cpe	700	2150	3600	7200	12,600	18,000
Sed	550	1700	2800	5600	9800	14,000
Conv Cabr	1100	3500	5800	11,600	20,300	29,000

Model C, 8-cyl., 100 hp, 121" wb

Cpe	700	2150	3600	7200	12,600	18,000
Sed	550	1800	3000	6000	10,500	15,000
Cabr	1150	3700	6200	12,400	21,700	31,000
Tr Sed	600	1900	3200	6400	11,200	16,000

Model H, 8-cyl., 133 hp, 125" wb

Sed	650	2050	3400	6800	11,900	17,000
Cpe	700	2300	3800	7600	13,300	19,000
Cabr	1200	3850	6400	12,800	22,400	32,000
Tr Sed	650	2050	3400	6800	11,900	17,000

Model U, 8-cyl., 133 hp, 137" wb

Sed	700	2300	3800	7600	13,300	19,000
Sed Limo	900	2900	4800	9600	16,800	24,000

NOTE: All models available in custom line.

1931

Century Six, Model S, 70 hp, 114" wb

Phae	1300	4100	6800	13,600	23,800	34,000
2P Cpe	700	2150	3600	7200	12,600	18,000
4P Cpe	700	2300	3800	7600	13,300	19,000
Rds	1300	4200	7000	14,000	24,500	35,000
Sed	550	1700	2800	5600	9800	14,000
Cabr	1100	3500	5800	11,600	20,300	29,000

Century Eight, Model L, 90 hp, 118" wb

Phae	1350	4300	7200	14,400	25,200	36,000
Rds	1400	4450	7400	14,800	25,900	37,000
2P Cpe	700	2150	3600	7200	12,600	18,000
4P Cpe	700	2300	3800	7600	13,300	19,000
Sed	550	1800	3000	6000	10,500	15,000
Cabr	1150	3600	6000	12,000	21,000	30,000

Model C, 8-cyl., 100 hp, 121" wb

Spt Phae	1500	4800	8000	16,000	28,000	40,000
4P Cpe	750	2400	4000	8000	14,000	20,000
Sed	600	1900	3200	6400	11,200	16,000
Vic Cpe	700	2300	3800	7600	13,300	19,000
Cabr	1150	3700	6200	12,400	21,700	31,000

	6	5	4	3	2	1
Twn Sed	700	2150	3600	7200	12,600	18,000
Model H, 8-cyl., 133 hp, 125" wb						
Cpe	800	2500	4200	8400	14,700	21,000
Sed	650	2050	3400	6800	11,900	17,000
Twn Sed	700	2150	3600	7200	12,600	18,000
Phae	1600	5150	8600	17,200	30,100	43,000
Vic Cpe	750	2400	4000	8000	14,000	20,000
Cabr	1200	3850	6400	12,800	22,400	32,000
Model U, 8-cyl., 133 hp, 137" wb						
Vic Cpe	850	2650	4400	8800	15,400	22,000
Sed	700	2150	3600	7200	12,600	18,000
Sed Limo	850	2750	4600	9200	16,100	23,000

NOTE: All models available in custom line.

1932
Series S-214, 6-cyl., 70 hp, 114" wb

	6	5	4	3	2	1
Rds	1350	4300	7200	14,400	25,200	36,000
Cpe	700	2300	3800	7600	13,300	19,000
Sed	550	1800	3000	6000	10,500	15,000
Cabr	1300	4100	6800	13,600	23,800	34,000
Series B-216, 6-cyl., 75 hp, 116" wb						
Phae	1450	4550	7600	15,200	26,600	38,000
Rds	1450	4700	7800	15,600	27,300	39,000
2P Cpe	700	2300	3800	7600	13,300	19,000
4P Cpe	750	2400	4000	8000	14,000	20,000
Sed	600	1900	3200	6400	11,200	16,000
Conv Cabr	1400	4450	7400	14,800	25,900	37,000
Series L-218, 8-cyl., 90 hp, 118" wb						
Rds	1400	4450	7400	14,800	25,900	37,000
Cpe	750	2400	4000	8000	14,000	20,000
Sed	650	2050	3400	6800	11,900	17,000
Cabr	1350	4300	7200	14,400	25,200	36,000
Series C-221, 8-cyl., 100 hp, 121" wb						
Sed	700	2150	3600	7200	12,600	18,000
Vic	750	2400	4000	8000	14,000	20,000
Twn Sed	650	2050	3400	6800	11,900	17,000
Series F-222, 8-cyl., 93 hp, 122" wb						
Cabr	1450	4550	7600	15,200	26,600	38,000
Cpe	750	2400	4000	8000	14,000	20,000
Sed	700	2150	3600	7200	12,600	18,000
Vic	800	2500	4200	8400	14,700	21,000
Series H-225, 8-cyl., 133 hp, 125" wb						
Sed	700	2300	3800	7600	13,300	19,000
Series I-226, 8-cyl., 103 hp, 126" wb						
Cpe	800	2500	4200	8400	14,700	21,000
Cabr Rds	1450	4700	7800	15,600	27,300	39,000
Sed	700	2300	3800	7600	13,300	19,000
Vic	850	2650	4400	8800	15,400	22,000
Series V-237, 8-cyl., 133 hp, 137" wb						
Vic	850	2750	4600	9200	16,100	23,000
Sed	750	2400	4000	8000	14,000	20,000

NOTE: Series S-214, L-218, C-221, H-225 and V-237 were carryovers of 1931 models. Horsepower of Series F-222 raised to 96 mid-year.

1933
Series K-321, 6-cyl., 90 hp, 121" wb

	6	5	4	3	2	1
4P Cpe	650	2050	3400	6800	11,900	17,000
5P Sed	550	1700	2800	5600	9800	14,000
5P Vic	600	1900	3200	6400	11,200	16,000
3P Cabr	1350	4300	7200	14,400	25,200	36,000
Series KK-321A, 6-cyl., 90 hp, 121" wb						
4P Cpe	700	2150	3600	7200	12,600	18,000
5P Sed	550	1800	3000	6000	10,500	15,000
5P Vic	650	2050	3400	6800	11,900	17,000
Series F-322, 8-cyl., 96 hp, 122" wb						
4P Cpe	700	2300	3800	7600	13,300	19,000
5P Sed	600	1900	3200	6400	11,200	16,000
5P Vic	700	2150	3600	7200	12,600	18,000
3P Cabr	1400	4450	7400	14,800	25,900	37,000
Series I-326, 8-cyl., 109 hp, 126" wb						
4P Cpe	700	2300	3800	7600	13,300	19,000
5P Sed	650	2050	3400	6800	11,900	17,000
5P Vic	700	2150	3600	7200	12,600	18,000
3P Cabr	1450	4550	7600	15,200	26,600	38,000

1934
Series 417-W, 6-cyl., 80 hp, 117" wb

	6	5	4	3	2	1
Cpe	600	1900	3200	6400	11,200	16,000

	6	5	4	3	2	1
Sed	450	1450	2400	4800	8400	12,000
Series KK-421A, 6-cyl., 90 hp, 121" wb						
DeL Sed	550	1700	2800	5600	9800	14,000
Sed	500	1550	2600	5200	9100	13,000
Tr Sed	550	1700	2800	5600	9800	14,000
Cpe	700	2300	3800	7600	13,300	19,000
Cabr	1450	4550	7600	15,200	26,600	38,000
Vic	700	2150	3600	7200	12,600	18,000
Series K-421, 6-cyl., 90 hp, 121" wb						
Cpe	500	1550	2600	5200	9100	13,000
Sed	450	1450	2400	4800	8400	12,000
Vic	550	1700	2800	5600	9800	14,000
Cabr	1300	4100	6800	13,600	23,800	34,000
Series 421-J, 6-cyl., 93 hp, 121" wb						
Cpe	700	2300	3800	7600	13,300	19,000
Sed	550	1800	3000	6000	10,500	15,000
Vic	700	2300	3800	7600	13,300	19,000
Series F-442, 8-cyl., 96 hp, 122" wb						
Cpe	750	2400	4000	8000	14,000	20,000
Sed	600	1900	3200	6400	11,200	16,000
Vic	750	2400	4000	8000	14,000	20,000
Cabr	1300	4200	7000	14,000	24,500	35,000
Series I-426, 8-cyl., 109 hp, 126" wb						
Cpe	800	2500	4200	8400	14,700	21,000
Sed	650	2050	3400	6800	11,900	17,000
Vic	800	2500	4200	8400	14,700	21,000
Cabr	1350	4300	7200	14,400	25,200	36,000
Series 427-T, 8-cyl., 115 hp, 127" wb						
Cpe	850	2650	4400	8800	15,400	22,000
Sed	700	2150	3600	7200	12,600	18,000
Vic	850	2650	4400	8800	15,400	22,000

NOTE: Series KK-421A, K-421, F-422, I-426 were carryover 1933 models.

1935
Series 517-W, 6-cyl., 91 hp, 117" wb						
Sed	450	1100	1700	3650	6650	9500
Sed Tr	400	1200	2000	3950	7000	10,000
Series 518-D, 6-cyl., 91 hp, 118" wb						
Sed	400	1200	2000	3950	7000	10,000
Series 521-J, 6-cyl., 101 hp, 121" wb						
Sed	400	1250	2100	4200	7400	10,500
Cpe	450	1450	2400	4800	8400	12,000
Vic	450	1450	2400	4800	8400	12,000
Series 521-O, 8-cyl., 120 hp, 121" wb						
Cpe	450	1450	2400	4800	8400	12,000
Vic	450	1450	2400	4800	8400	12,000
Vic Tr	450	1500	2500	5000	8800	12,500
Sed	400	1250	2100	4200	7400	10,500
Sed Tr	400	1300	2200	4400	7700	11,000
Series 527-T, 8-cyl., 120 hp, 127-1/2" wb						
Sed	450	1500	2500	5000	8800	12,500
Cpe	550	1700	2800	5600	9800	14,000
Vic	550	1800	3000	6000	10,500	15,000

NOTE: All series except 517-W available in deluxe models.

1936
Series 618-D, 6-cyl., 101 hp, 118" wb						
4 dr Sed	450	1000	1650	3350	6300	9000
4 dr Tr Sed	450	1100	1700	3650	6650	9500
Series 618-G, 6-cyl., 101 hp, 118" wb						
Bus Cpe	400	1300	2200	4400	7700	11,000
5P Cpe	450	1450	2400	4800	8400	12,000
6P 4 dr Sed	400	1200	2000	3950	7000	10,000
6P 2 dr Sed	450	1000	1650	3350	6300	9000
6P 4 dr Tr Sed	400	1250	2100	4200	7400	10,500
6P 2 dr Tr Sed	450	1100	1700	3650	6650	9500
Series 621-N, 8-cyl., 120 hp, 121" wb						
5P Cpe	450	1500	2500	5000	8800	12,500
6P 2 dr Sed	400	1200	2000	3950	7000	10,000
6P 4 dr Sed	400	1250	2100	4200	7400	10,500
6P 4 dr Tr Sed	400	1300	2200	4400	7700	11,000
6P 2 dr Tr Sed	400	1250	2100	4200	7400	10,500
Series 621-O, 8-cyl., 120 hp, 121" wb						
5P Cpe	500	1550	2600	5200	9100	13,000
5P 4 dr Vic	550	1700	2800	5600	9800	14,000
5P 4 dr Tr Vic	550	1750	2900	5800	10,200	14,500
5P 4 dr Sed	400	1300	2200	4400	7700	11,000
5P 4 dr Tr Sed	450	1400	2300	4600	8100	11,500

NOTE: Series 618-G and 621-N available in custom models. Series 618-D and 621-O available in deluxe models.

1937
Although ostensibly there were no 1937 Hupmobiles, beginning July 1937, some 1936 style 618-G and 621-N models were run off to use up parts. Some of these cars may have been sold in the U.S. as 1937 models.

1938
Series 822-ES, 6-cyl., 101 hp, 122" wb

	6	5	4	3	2	1
Std Sed	200	650	1050	2250	4200	6000
Series 822-E, 6-cyl., 101 hp, 122" wb						
Sed	350	700	1150	2300	4550	6500
DeL Sed	350	750	1200	2350	4900	7000
Cus Sed	350	750	1300	2450	5250	7500
Series 825-H, 8-cyl., 120 hp, 125" wb						
Sed	350	750	1200	2350	4900	7000
DeL Sed	350	750	1300	2450	5250	7500
Cus Sed	350	800	1450	2750	5600	8000
1939						
Model R, 6-cyl., 101 hp, 115" wb						
Spt Sed	350	750	1200	2350	4900	7000
Cus Sed	350	750	1250	2400	5050	7200
Model E, 6-cyl., 101 hp, 122" wb						
DeL Sed	350	750	1300	2450	5250	7500
Cus Sed	350	750	1350	2600	5400	7700
Model H, 8-cyl., 120 hp, 125" wb						
DeL Sed	350	800	1450	2750	5600	8000
Cus Sed	350	850	1500	2900	5700	8200

NOTE: The first pilot models of the Skylark were built April, 1939.

1940
Skylark, 6-cyl., 101 hp, 115" wb

5P Sed	450	1000	1650	3350	6300	9000

1941
Series 115-R Skylark, 6-cyl., 101 hp, 115" wb

5P Sed	450	1100	1700	3650	6650	9500

JEFFERY

1914
Four, 40 hp, 116" wb

5P Tr	1000	3100	5200	10,400	18,200	26,000
5P Sed	600	1900	3200	6400	11,200	16,000
Four, 27 hp, 120" wb						
2P Rds	1000	3250	5400	10,800	18,900	27,000
4P/5P/7P Tr	1050	3350	5600	11,200	19,600	28,000
Six, 48 hp, 128" wb						
5P Tr	1150	3600	6000	12,000	21,000	30,000
6P Tr	1150	3700	6200	12,400	21,700	31,000
7P Limo	950	3000	5000	10,000	17,500	25,000

1915
Four, 40 hp, 116" wb

5P Tr	1150	3600	6000	12,000	21,000	30,000
2P Rds	1100	3500	5800	11,600	20,300	29,000
2P All-Weather	1050	3350	5600	11,200	19,600	28,000
7P Limo	900	2900	4800	9600	16,800	24,000
4P Sed	700	2150	3600	7200	12,600	18,000
Chesterfield Six, 48 hp, 122" wb						
5P Tr	1300	4200	7000	14,000	24,500	35,000
2P Rds	1250	3950	6600	13,200	23,100	33,000
2P All-Weather	1200	3850	6400	12,800	22,400	32,000

1916
Four, 40 hp, 116" wb

7P Tr	1200	3850	6400	12,800	22,400	32,000
5P Tr	1250	3950	6600	13,200	23,100	33,000
7P Sed	700	2150	3600	7200	12,600	18,000
5P Sed	650	2050	3400	6800	11,900	17,000
3P Rds	1150	3700	6200	12,400	21,700	31,000
Chesterfield Six, 48 hp, 122" wb						
5P Tr	1450	4550	7600	15,200	26,600	38,000

1917
Model 472, 4-cyl., 40 hp, 116" wb

7P Tr	1150	3700	6200	12,400	21,700	31,000
2P Rds	1150	3600	6000	12,000	21,000	30,000
7P Sed	650	2050	3400	6800	11,900	17,000

254 Jeffery

Model 671, 6-cyl., 48 hp, 125" wb

	6	5	4	3	2	1
7P Tr	1250	3950	6600	13,200	23,100	33,000
3P Rds	1200	3850	6400	12,800	22,400	32,000
5P Sed	700	2150	3600	7200	12,600	18,000

KAISER

1947-1948
Special, 6-cyl.
Sed	450	1000	1650	3350	6300	9000

Custom, 6-cyl.
Sed	450	1100	1700	3650	6650	9500

1949-1950
Special, 6-cyl.
4 dr Sed	450	1150	1900	3850	6850	9800

Traveler, 6-cyl.
4 dr Sed	400	1200	2000	3950	7000	10,000

DeLuxe, 6-cyl.
4 dr Sed	400	1250	2050	4100	7200	10,300
Conv	1450	4700	7800	15,600	27,300	39,000

Vagabond, 6-cyl.
4 dr Sed	550	1750	2900	5800	10,200	14,500

Virginian, 6-cyl.
4 dr Sed HdTp	900	2900	4800	9600	16,800	24,000

1951
Special, 6-cyl.
4 dr Sed	400	1200	2000	3950	7000	10,000
4 dr Trav Sed	400	1250	2050	4100	7200	10,300
2 dr Sed	400	1200	2000	4000	7100	10,100
2 dr Trav Sed	400	1250	2100	4200	7400	10,500
Bus Cpe	450	1450	2400	4800	8400	12,000

DeLuxe
4 dr Sed	400	1250	2100	4200	7300	10,400
4 dr Trav Sed	400	1250	2100	4200	7400	10,600
2 dr Sed	400	1250	2100	4200	7400	10,500
2 dr Trav Sed	400	1300	2150	4300	7500	10,700
Clb Cpe	550	1700	2800	5600	9800	14,000

1952
Kaiser DeLuxe, 6-cyl.
4 dr Sed	400	1200	2000	3950	7000	10,000
Trav Sed	400	1250	2100	4200	7400	10,500
2 dr Sed	400	1200	2000	3950	7000	10,000
2 dr Trav	400	1300	2200	4400	7700	11,000
Bus Cpe	500	1600	2700	5400	9500	13,500

Kaiser Manhattan, 6-cyl.
4 dr Sed	400	1250	2050	4100	7200	10,300
2 dr Sed	400	1250	2100	4200	7300	10,400
Clb Cpe	600	1900	3200	6400	11,200	16,000

Virginian, 6-cyl.
4 dr Sed	400	1250	2100	4200	7400	10,500
2 dr Sed	400	1250	2100	4200	7400	10,600
Clb Cpe	550	1800	2950	5900	10,400	14,800

1953
Carolina, 6-cyl.
2 dr Sed	400	1250	2050	4100	7200	10,300
4 dr Sed	400	1200	2050	4100	7100	10,200

Deluxe
Clb Sed	400	1250	2100	4200	7400	10,500
Trav Sed	400	1250	2100	4200	7400	10,600
4 dr Sed	400	1250	2100	4200	7300	10,400

Manhattan, 6-cyl.
Clb Sed	400	1300	2150	4300	7500	10,700
4 dr Sed	400	1250	2100	4200	7400	10,600

Dragon 4 dr Sed, 6-cyl.
4 dr Sed	700	2200	3700	7400	13,000	18,500

1954
Early Special, 6-cyl.
4 dr Sed	400	1300	2200	4400	7700	11,000
Clb Sed	400	1350	2200	4400	7800	11,100

Late Special, 6-cyl.
4 dr Sed	450	1500	2500	5000	8800	12,500
2 dr Sed	550	1750	2900	5800	10,200	14,500

1954 Kaiser Manhattan, 4 dr

1954 Kaiser Darrin

Manhattan, 6-cyl.

	6	5	4	3	2	1
4 dr Sed	450	1450	2400	4800	8400	12,000
Clb Sed	450	1450	2450	4900	8500	12,200

Kaiser Darrin Spts Car, 6-cyl.
| Spt Car | 1300 | 4100 | 6800 | 13,600 | 23,800 | 34,000 |

1955
Manhattan, 6-cyl.
| 4 dr Sed | 450 | 1450 | 2400 | 4800 | 8400 | 12,000 |
| Clb Sed | 450 | 1450 | 2400 | 4800 | 8500 | 12,100 |

LINCOLN

1920
Lincoln, V-8, 130" - 136" wb
3P Rds	1700	5400	9000	18,000	31,500	45,000
5P Phae	1800	5750	9600	19,200	33,600	48,000
7P Tr	1750	5500	9200	18,400	32,200	46,000
4P Cpe	1250	4000	6700	13,400	23,500	33,500
5P Sed	1200	3900	6500	13,000	22,800	32,500
Sub Sed	1200	3900	6500	13,000	22,800	32,500
7P TwnC	1300	4150	6900	13,800	24,200	34,500

1921
Lincoln, V-8, 130" - 136" wb
3P Rds	1650	5300	8800	17,600	30,800	44,000
5P Phae	1750	5500	9200	18,400	32,200	46,000
7P Tr	1700	5400	9000	18,000	31,500	45,000
4P Cpe	1250	4000	6700	13,400	23,500	33,500
4P Sed	1200	3800	6300	12,600	22,100	31,500
5P Sed	1200	3900	6500	13,000	22,800	32,500
Sub Sed	1200	3900	6500	13,000	22,800	32,500

256 Lincoln

	6	5	4	3	2	1
TwnC	1300	4150	6900	13,800	24,200	34,500

1922
Lincoln, V-8, 130" wb

	6	5	4	3	2	1
3P Rds	1750	5650	9400	18,800	32,900	47,000
5P Phae	1700	5400	9000	18,000	31,500	45,000
7P Tr	1650	5300	8800	17,600	30,800	44,000
Conv Tr	1700	5400	9000	18,000	31,500	45,000
4P Cpe	1300	4150	6900	13,800	24,200	34,500
5P Sed	1250	4000	6700	13,400	23,500	33,500

Lincoln, V-8, 136" wb

	6	5	4	3	2	1
Spt Rds	1750	5500	9200	18,400	32,200	46,000
DeL Phae	1750	5650	9400	18,800	32,900	47,000
DeL Tr	1700	5400	9000	18,000	31,500	45,000
Std Sed	1300	4150	6900	13,800	24,200	34,500
Jud Sed	1350	4250	7100	14,200	24,900	35,500
FW Sed	1350	4250	7100	14,200	24,900	35,500
York Sed	1350	4250	7100	14,200	24,900	35,500
4P Jud Sed	1350	4400	7300	14,600	25,600	36,500
7P Jud Limo	1450	4700	7800	15,600	27,300	39,000
Sub Limo	1550	4900	8200	16,400	28,700	41,000
TwnC	1600	5050	8400	16,800	29,400	42,000
FW Limo	1650	5300	8800	17,600	30,800	44,000
Std Limo	1600	5050	8400	16,800	29,400	42,000
FW Cabr	1850	5900	9800	19,600	34,300	49,000
FW Coll Cabr	2050	6500	10,800	21,600	37,800	54,000
FW Lan'let	1650	5300	8800	17,600	30,800	44,000
FW TwnC	1750	5500	9200	18,400	32,200	46,000
Holbrk Cabr	1850	5900	9800	19,600	34,300	49,000
Brn TwnC	1650	5300	8800	17,600	30,800	44,000
Brn OD Limo	1750	5500	9200	18,400	32,200	46,000

1923
Model L, V-8

	6	5	4	3	2	1
Tr	1650	5300	8800	17,600	30,800	44,000
Phae	1700	5400	9000	18,000	31,500	45,000
Rds	1650	5300	8800	17,600	30,800	44,000
Cpe	1350	4400	7300	14,600	25,600	36,500
5P Sed	1350	4250	7100	14,200	24,900	35,500
7P Sed	1350	4400	7300	14,600	25,600	36,500
Limo	1550	4900	8200	16,400	28,700	41,000
OD Limo	1600	5050	8400	16,800	29,400	42,000
TwnC	1600	5150	8600	17,200	30,100	43,000
4P Sed	1300	4150	6900	13,800	24,200	34,500
Berl	1350	4250	7100	14,200	24,900	35,500
FW Cabr	1600	5150	8600	17,200	30,100	43,000
FW Limo	1600	5050	8400	16,800	29,400	42,000
FW TwnC	1600	5150	8600	17,200	30,100	43,000
Jud Cpe	1350	4400	7300	14,600	25,600	36,500
Brn TwnC	1600	5150	8600	17,200	30,100	43,000
Brn OD Limo	1650	5300	8800	17,600	30,800	44,000
Jud 2W Berl	1350	4400	7300	14,600	25,600	36,500
Jud 3W Berl	1350	4400	7300	14,600	25,600	36,500
Holbrk Cabr	1850	5900	9800	19,600	34,300	49,000

1924
V-8

	6	5	4	3	2	1
Tr	1650	5300	8800	17,600	30,800	44,000
Phae	1700	5400	9000	18,000	31,500	45,000
Rds	1750	5500	9200	18,400	32,200	46,000
Cpe	1400	4500	7500	15,000	26,300	37,500
5P Sed	1350	4250	7100	14,200	24,900	35,500
7P Sed	1300	4150	6900	13,800	24,200	34,500
Limo	1350	4400	7300	14,600	25,600	36,500
4P Sed	1300	4150	6900	13,800	24,200	34,500
TwnC	1450	4700	7800	15,600	27,300	39,000
Twn Limo	1500	4800	8000	16,000	28,000	40,000
FW Limo	1550	4900	8200	16,400	28,700	41,000
Jud Cpe	1350	4250	7100	14,200	24,900	35,500
Jud Berl	1350	4400	7300	14,600	25,600	36,500
Brn Cabr	1600	5150	8600	17,200	30,100	43,000
Brn Cpe	1350	4400	7300	14,600	25,600	36,500
Brn OD Limo	1550	4900	8200	16,400	28,700	41,000
Leb Sed	1600	5050	8400	16,800	29,400	42,000

1925
Model L, V-8

	6	5	4	3	2	1
Tr	1750	5650	9400	18,800	32,900	47,000
Spt Tr	1900	6100	10,200	20,400	35,700	51,000
Phae	1800	5750	9600	19,200	33,600	48,000

	6	5	4	3	2	1
Rds	1750	5650	9400	18,800	32,900	47,000
Cpe	1450	4550	7600	15,200	26,600	38,000
4P Sed	1100	3500	5800	11,600	20,300	29,000
5P Sed	1050	3350	5600	11,200	19,600	28,000
7P Sed	1050	3350	5600	11,200	19,600	28,000
Limo	1450	4550	7600	15,200	26,600	38,000
FW Limo	1450	4700	7800	15,600	27,300	39,000
Jud Cpe	1300	4150	6900	13,800	24,200	34,500
Jud Berl	1350	4250	7100	14,200	24,900	35,500
Brn Cabr	1800	5750	9600	19,200	33,600	48,000
FW Coll Clb Rds	1750	5650	9400	18,800	32,900	47,000
FW Sed	1600	5050	8400	16,800	29,400	42,000
FW Brgm	1600	5150	8600	17,200	30,100	43,000
FW Cabr	1750	5500	9200	18,400	32,200	46,000
Jud 3W Berl	1600	5150	8600	17,200	30,100	43,000
Jud 4P Cpe	1600	5150	8600	17,200	30,100	43,000
Jud Brgm	1600	5050	8400	16,800	29,400	42,000
Mur OD Limo	1750	5500	9200	18,400	32,200	46,000
Holbrk Brgm	1650	5300	8800	17,600	30,800	44,000
Holbrk Coll	1700	5400	9000	18,000	31,500	45,000
Brn OD Limo	1700	5400	9000	18,000	31,500	45,000
Brn Spt Phae	1900	6100	10,200	20,400	35,700	51,000
Brn Lan Sed	1700	5400	9000	18,000	31,500	45,000
Brn TwnC	1750	5500	9200	18,400	32,200	46,000
Brn Pan Brgm	1700	5400	9000	18,000	31,500	45,000
Hume Limo	1750	5650	9400	18,800	32,900	47,000
Hume Cpe	1600	5150	8600	17,200	30,100	43,000
5P Leb Sed	1750	5500	9200	18,400	32,200	46,000
4P Leb Sed	1650	5300	8800	17,600	30,800	44,000
Leb DC Phae	2500	7900	13,200	26,400	46,200	66,000
Leb Clb Rds	2050	6500	10,800	21,600	37,800	54,000
Leb Limo	1650	5300	8800	17,600	30,800	44,000
Leb Brgm	1700	5400	9000	18,000	31,500	45,000
Leb Twn Brgm	1750	5500	9200	18,400	32,200	46,000
Leb Cabr	1850	5900	9800	19,600	34,300	49,000
Leb Coll Spt Cabr	2050	6500	10,800	21,600	37,800	54,000
Lke Cabr	1950	6250	10,400	20,800	36,400	52,000
Dtrch Coll Cabr	2000	6350	10,600	21,200	37,100	53,000

1926
Model L, V-8

	6	5	4	3	2	1
Tr	1900	6100	10,200	20,400	35,700	51,000
Spt Tr	2100	6700	11,200	22,400	39,200	56,000
Phae	2050	6500	10,800	21,600	37,800	54,000
Rds	1950	6250	10,400	20,800	36,400	52,000
Cpe	1250	4000	6700	13,400	23,500	33,500
4P Sed	1100	3500	5800	11,600	20,300	29,000
5P Sed	1050	3350	5600	11,200	19,600	28,000
7P Sed	1050	3350	5600	11,200	19,600	28,000
Limo	1300	4150	6900	13,800	24,200	34,500
FW Limo	1350	4250	7100	14,200	24,900	35,500
Jud Cpe	1550	4900	8200	16,400	28,700	41,000
Jud Berl	1500	4800	8000	16,000	28,000	40,000
Brn Cabr	1900	6000	10,000	20,000	35,000	50,000
Holbrk Coll Cabr	1900	6100	10,200	20,400	35,700	51,000
Hume Limo	1500	4800	8000	16,000	28,000	40,000
W'by Limo	1500	4800	8000	16,000	28,000	40,000
W'by Lan'let	1550	4900	8200	16,400	28,700	41,000
Dtrch Sed	1450	4550	7600	15,200	26,600	38,000
Dtrch Coll Cabr	1950	6250	10,400	20,800	36,400	52,000
Dtrch Brgm	1600	5050	8400	16,800	29,400	42,000
Dtrch Cpe Rds	1900	6100	10,200	20,400	35,700	51,000
Jud 3W Berl	1450	4700	7800	15,600	27,300	39,000
Jud Brgm	1450	4550	7600	15,200	26,600	38,000
Brn Phae	1900	6000	10,000	20,000	35,000	50,000
Brn Sed	1400	4500	7500	15,000	26,300	37,500
Brn Brgm	1450	4550	7600	15,200	26,600	38,000
Brn Semi-Coll Cabr	1900	6000	10,000	20,000	35,000	50,000
Leb 2W Sed	1400	4500	7500	15,000	26,300	37,500
Leb 3W Sed	1400	4500	7500	15,000	26,300	37,500
Leb Cpe	1450	4700	7800	15,600	27,300	39,000
Leb Spt Cabr	1900	6100	10,200	20,400	35,700	51,000
Leb A-W Cabr	1850	5900	9800	19,600	34,300	49,000
Leb Limo	1550	4900	8200	16,400	28,700	41,000
Leb Clb Rds	1950	6250	10,400	20,800	36,400	52,000
Lke Rds	2050	6500	10,800	21,600	37,800	54,000
Lke Semi-Coll Cabr	1850	5900	9800	19,600	34,300	49,000

258 Lincoln

	6	5	4	3	2	1
Lke Cabr	1950	6250	10,400	20,800	36,400	52,000
Leb Conv Phae	2050	6500	10,800	21,600	37,800	54,000
Leb Conv	2050	6500	10,800	21,600	37,800	54,000

1927
Model L, V-8

	6	5	4	3	2	1
Spt Rds	2700	8650	14,400	28,800	50,400	72,000
Spt Tr	2650	8400	14,000	28,000	49,000	70,000
Phae	2800	8900	14,800	29,600	51,800	74,000
Cpe	1450	4700	7800	15,600	27,300	39,000
2W Sed	1150	3600	6000	12,000	21,000	30,000
3W Sed	1100	3500	5800	11,600	20,300	29,000
Sed	1050	3350	5600	11,200	19,600	28,000
FW Limo	1600	5050	8400	16,800	29,400	42,000
Jud Cpe	1550	4900	8200	16,400	28,700	41,000
Brn Cabr	2650	8400	14,000	28,000	49,000	70,000
Holbrk Cabr	2800	8900	14,800	29,600	51,800	74,000
Brn Brgm	1900	6000	10,000	20,000	35,000	50,000
Dtrch Conv Sed	2850	9100	15,200	30,400	53,200	76,000
Dtrch Conv Vic	2850	9100	15,200	30,400	53,200	76,000
Brn Conv	2700	8650	14,400	28,800	50,400	72,000
Brn Semi-Coll Cabr	2800	8900	14,800	29,600	51,800	74,000
Holbrk Coll Cabr	2850	9100	15,200	30,400	53,200	76,000
Leb A-W Cabr	2850	9100	15,200	30,400	53,200	76,000
Leb A-W Brgm	2850	9100	15,200	30,400	53,200	76,000
W'by Semi-Coll Cabr	2800	8900	14,800	29,600	51,800	74,000
Jud Brgm	1900	6000	10,000	20,000	35,000	50,000
Clb Rds	2050	6500	10,800	21,600	37,800	54,000
Jud 2W Berl	1450	4700	7800	15,600	27,300	39,000
Jud 3W Berl	1450	4700	7800	15,600	27,300	39,000
7P E d Limo	1600	5150	8600	17,200	30,100	43,000
Leb Spt Cabr	2850	9100	15,200	30,400	53,200	76,000
W'by Lan'let	2650	8400	14,000	28,000	49,000	70,000
W'by Limo	1650	5300	8800	17,600	30,800	44,000
Leb Cpe	1600	5050	8400	16,800	29,400	42,000
Der Spt Sed	1550	4900	8200	16,400	28,700	41,000
Lke Conv Sed	2850	9100	15,200	30,400	53,200	76,000
Dtrch Cpe Rds	2800	8900	14,800	29,600	51,800	74,000
Dtrch Spt Phae	2850	9100	15,200	30,400	53,200	76,000

1928
Model L, V-8

	6	5	4	3	2	1
164 Spt Tr	3150	10,100	16,800	33,600	58,800	84,000
163 Lke Spt Phae	3300	10,550	17,600	35,200	61,600	88,000
151 Lke Spt Rds	3250	10,300	17,200	34,400	60,200	86,000
154 Clb Rds	3100	9850	16,400	32,800	57,400	82,000
156 Cpe	1800	5750	9600	19,200	33,600	48,000
144A 2W Sed	1150	3600	6000	12,000	21,000	30,000
144B Sed	1150	3600	6000	12,000	21,000	30,000
152 Sed	1100	3500	5800	11,600	20,300	29,000
147A Sed	1100	3500	5800	11,600	20,300	29,000
147B Limo	1800	5750	9600	19,200	33,600	48,000
161 Jud Berl	1900	6000	10,000	20,000	35,000	50,000
161C Jud Berl	1900	6000	10,000	20,000	35,000	50,000
Jud Cpe	2050	6500	10,800	21,600	37,800	54,000
159 Brn Cabr	3150	10,100	16,800	33,600	58,800	84,000
145 Brn Brgm	2650	8400	14,000	28,000	49,000	70,000
155A Hlbrk Coll Cabr	3300	10,550	17,600	35,200	61,600	88,000
155 Leb Spt Cabr	3700	11,750	19,600	39,200	68,600	98,000
157 W'by Lan'let Berl	3300	10,550	17,600	35,200	61,600	88,000
160 W'by Limo	3550	11,300	18,800	37,600	65,800	94,000
162A Leb A-W Cabr	3400	10,800	18,000	36,000	63,000	90,000
162 Leb A-W Lan'let	3250	10,300	17,200	34,400	60,200	86,000
Jud Spt Cpe	3000	9600	16,000	32,000	56,000	80,000
Leb Cpe	3150	10,100	16,800	33,600	58,800	84,000
Dtrch Conv Vic	3550	11,300	18,800	37,600	65,800	94,000
Dtrch Cpe Rds	3600	11,500	19,200	38,400	67,200	96,000
Dtrch Conv Sed	3700	11,750	19,600	39,200	68,600	98,000
Holbrk Cabr	3600	11,500	19,200	38,400	67,200	96,000
W'by Spt Sed	1750	5500	9200	18,400	32,200	46,000
Der Spt Sed	1750	5500	9200	18,400	32,200	46,000
Brn Spt Conv	3250	10,300	17,200	34,400	60,200	86,000

1929
Model L, V-8
Standard Line

	6	5	4	3	2	1
Lke Spt Rds	3550	11,300	18,800	37,600	65,800	94,000
Clb Rds	3450	11,050	18,400	36,800	64,400	92,000
Lke Spt Phae	4050	12,950	21,600	43,200	75,600	108,000

1929 Lincoln sport roadster

	6	5	4	3	2	1
Lke TWS Spt Phae	4450	14,150	23,600	47,200	82,600	118,000
Lke Spt Phae TC & WS	4650	14,900	24,800	49,600	86,800	124,000
Lke Spt Tr	3900	12,500	20,800	41,600	72,800	104,000
Lke Clb Rds	4300	13,700	22,800	45,600	79,800	114,000
4P Cpe	1850	5900	9800	19,600	34,300	49,000
Twn Sed	1150	3700	6200	12,400	21,700	31,000
5P Sed	1150	3600	6000	12,000	21,000	30,000
7P Sed	1100	3500	5800	11,600	20,300	29,000
7P Limo	1800	5750	9600	19,200	33,600	48,000
2W Jud Berl	1950	6250	10,400	20,800	36,400	52,000
3W Jud Berl	1900	6100	10,200	20,400	35,700	51,000
Brn A-W Brgm	3300	10,550	17,600	35,200	61,600	88,000
Brn Cabr	3450	11,050	18,400	36,800	64,400	92,000
Brn Non-Coll Cabr	3300	10,550	17,600	35,200	61,600	88,000
Holbrk Coll Cabr	3700	11,750	19,600	39,200	68,600	98,000
Leb A-W Cabr	4050	12,950	21,600	43,200	75,600	108,000
Leb Semi-Coll Cabr	3300	10,550	17,600	35,200	61,600	88,000
Leb Coll Cabr	3700	11,750	19,600	39,200	68,600	98,000
W'by Lan'let	2800	8900	14,800	29,600	51,800	74,000
W'by Limo	2650	8400	14,000	28,000	49,000	70,000
Dtrch Cpe	2400	7700	12,800	25,600	44,800	64,000
Dtrch Sed	2400	7700	12,800	25,600	44,800	64,000
Dtrch Conv	3550	11,300	18,800	37,600	65,800	94,000
Leb Spt Sed	2500	7900	13,200	26,400	46,200	66,000
Leb Aero Phae	3550	11,300	18,800	37,600	65,800	94,000
Leb Sal Cabr	3450	11,050	18,400	36,800	64,400	92,000
Brn Spt Conv	3550	11,300	18,800	37,600	65,800	94,000
Dtrch Conv Sed	3700	11,750	19,600	39,200	68,600	98,000
Dtrch Conv Vic	4050	12,950	21,600	43,200	75,600	108,000

1930
Model L, V-8
Standard Line

	6	5	4	3	2	1
Conv Rds	3550	11,300	18,800	37,600	65,800	94,000
5P Lke Spt Phae	4300	13,700	22,800	45,600	79,800	114,000
5P Lke Spt Phae TC & WS	4650	14,900	24,800	49,600	86,800	124,000
7P Lke Spt Phae	4050	12,950	21,600	43,200	75,600	108,000
Lke Rds	4300	13,700	22,800	45,600	79,800	114,000
4P Cpe	1850	5900	9800	19,600	34,300	49,000
Twn Sed	1150	3700	6200	12,400	21,700	31,000
5P Sed	1150	3600	6000	12,000	21,000	30,000
7P Sed	1100	3500	5800	11,600	20,300	29,000
7P Limo	1800	5750	9600	19,200	33,600	48,000

Custom Line

	6	5	4	3	2	1
Jud Cpe	1950	6250	10,400	20,800	36,400	52,000
2W Jud Berl	2350	7450	12,400	24,800	43,400	62,000
3W Jud Berl	2350	7450	12,400	24,800	43,400	62,000
Brn A-W Cabr	2950	9350	15,600	31,200	54,600	78,000
Brn Non-Coll Cabr	2400	7700	12,800	25,600	44,800	64,000
Leb A-W Cabr	4050	12,950	21,600	43,200	75,600	108,000

Lincoln

	6	5	4	3	2	1
Leb Semi-Coll Cabr	3550	11,300	18,800	37,600	65,800	94,000
W'by Limo	2350	7450	12,400	24,800	43,400	62,000
Dtrch Cpe	2100	6700	11,200	22,400	39,200	56,000
Dtrch Sed	2100	6700	11,200	22,400	39,200	56,000
2W W'by Twn Sed	2100	6700	11,200	22,400	39,200	56,000
3W W'by Twn Sed	2200	7100	11,800	23,600	41,300	59,000
W'by Pan Brgm	2400	7700	12,800	25,600	44,800	64,000
Leb Cpe	2100	6700	11,200	22,400	39,200	56,000
Leb Conv Rds	3550	11,300	18,800	37,600	65,800	94,000
Leb Spt Sed	2800	8900	14,800	29,600	51,800	74,000
Der Spt Conv	3600	11,500	19,200	38,400	67,200	96,000
Der Conv Phae	3700	11,750	19,600	39,200	68,600	98,000
Brn Semi-Coll Cabr	3550	11,300	18,800	37,600	65,800	94,000
Dtrch Conv Cpe	3700	11,750	19,600	39,200	68,600	98,000
Dtrch Conv Sed	4050	12,950	21,600	43,200	75,600	108,000
Wolf Conv Sed	4050	12,950	21,600	43,200	75,600	108,000

1931
Model K, V-8
Type 201, V-8, 145" wb

	6	5	4	3	2	1
202B Spt Phae	4650	14,900	24,800	49,600	86,800	124,000
202A Spt Phae	4800	15,350	25,600	51,200	89,600	128,000
203 Spt Tr	4450	14,150	23,600	47,200	82,600	118,000
214 Conv Rds	4300	13,700	22,800	45,600	79,800	114,000
206 Cpe	1650	5300	8800	17,600	30,800	44,000
204 Twn Sed	1250	3950	6600	13,200	23,100	33,000
205 Sed	1150	3700	6200	12,400	21,700	31,000
207A Sed	1150	3700	6200	12,400	21,700	31,000
207B Limo	1750	5500	9200	18,400	32,200	46,000
212 Conv Phae	4450	14,150	23,600	47,200	82,600	118,000
210 Conv Cpe	4300	13,700	22,800	45,600	79,800	114,000
211 Conv Sed	4450	14,150	23,600	47,200	82,600	118,000
216 W'by Pan Brgm	2350	7450	12,400	24,800	43,400	62,000
213A Jud Berl	2050	6500	10,800	21,600	37,800	54,000
213B Jud Berl	2050	6500	10,800	21,600	37,800	54,000
Jud Cpe	2000	6350	10,600	21,200	37,100	53,000
Brn Cabr	4300	13,700	22,800	45,600	79,800	114,000
Leb Cabr	4300	13,700	22,800	45,600	79,800	114,000
W'by Limo	2350	7450	12,400	24,800	43,400	62,000
Lke Spt Rds	4450	14,150	23,600	47,200	82,600	118,000
Der Conv Sed	4750	15,100	25,200	50,400	88,200	126,000
Leb Conv Rds	4500	14,400	24,000	48,000	84,000	120,000
Mur DC Phae	4900	15,600	26,000	52,000	91,000	130,000
Dtrch Conv Sed	4900	15,600	26,000	52,000	91,000	130,000
Dtrch Conv Cpe	4800	15,350	25,600	51,200	89,600	128,000
Wtrhs Conv Vic	4900	15,600	26,000	52,000	91,000	130,000

1932 Lincoln, 4 dr Conv sed

Lincoln 261

1932
Model KA, V-8, 8-cyl., 136" wb

	6	5	4	3	2	1
Rds	3900	12,500	20,800	41,600	72,800	104,000
Phae	4300	13,700	22,800	45,600	79,800	114,000
Twn Sed	1350	4300	7200	14,400	25,200	36,000
Sed	1300	4100	6800	13,600	23,800	34,000
Cpe	1900	6100	10,200	20,400	35,700	51,000
Vic	1900	6000	10,000	20,000	35,000	50,000
7P Sed	1850	5900	9800	19,600	34,300	49,000
Limo	2050	6500	10,800	21,600	37,800	54,000

Model KB, V-12
Standard, 12-cyl., 145" wb

	6	5	4	3	2	1
Phae	4500	14,400	24,000	48,000	84,000	120,000
Spt Phae	4750	15,100	25,200	50,400	88,200	126,000
Cpe	1950	6250	10,400	20,800	36,400	52,000
2W Tr Sed	1500	4800	8000	16,000	28,000	40,000
3W Tr Sed	1450	4700	7800	15,600	27,300	39,000
5P Sed	1450	4550	7600	15,200	26,600	38,000
7P Sed	1400	4450	7400	14,800	25,900	37,000
Limo	1850	5900	9800	19,600	34,300	49,000

Custom, 145" wb

	6	5	4	3	2	1
Leb Conv Cpe	5250	16,800	28,000	56,000	98,000	140,000
2P Dtrch Cpe	2650	8400	14,000	28,000	49,000	70,000
4P Dtrch Cpe	2500	7900	13,200	26,400	46,200	66,000
Jud Cpe	2700	8650	14,400	28,800	50,400	72,000
Jud Berl	2350	7450	12,400	24,800	43,400	62,000
W'by Limo	2400	7700	12,800	25,600	44,800	64,000
Wtrhs Conv Vic	5450	17,400	29,000	58,000	101,500	145,000
Dtrch Conv Sed	5650	18,000	30,000	60,000	105,000	150,000
W'by Twn Brgm	2950	9350	15,600	31,200	54,600	78,000
Brn Brgm	2850	9100	15,200	30,400	53,200	76,000
Brn Non-Coll Cabr	3300	10,550	17,600	35,200	61,600	88,000
Brn Semi-Coll Cabr	4900	15,600	26,000	52,000	91,000	130,000
Leb Twn Cabr	5450	17,400	29,000	58,000	101,500	145,000
Dtrch Spt Berl	4150	13,200	22,000	44,000	77,000	110,000
5P Rlstn TwnC	4900	15,600	26,000	52,000	91,000	130,000
7P Rlstn TwnC	4900	15,600	26,000	52,000	91,000	130,000
Brn Phae	5650	18,000	30,000	60,000	105,000	150,000
Brn dbl-entry Spt Sed	3700	11,750	19,600	39,200	68,600	98,000
Brn A-W Brgm	5250	16,800	28,000	56,000	98,000	140,000
Brn Clb Sed	3300	10,550	17,600	35,200	61,600	88,000
Mur Conv Rds	7500	24,000	40,000	80,000	140,000	200,000

1933
Model KA, V-12, 12-cyl., 136" wb

	6	5	4	3	2	1
512B Cpe	1900	6100	10,200	20,400	35,700	51,000
512A RS Cpe	2050	6500	10,800	21,600	37,800	54,000
513A Conv Rds	4050	12,950	21,600	43,200	75,600	108,000
514 Twn Sed	1450	4550	7600	15,200	26,600	38,000
515 Sed	1400	4450	7400	14,800	25,900	37,000
516 Cpe	1950	6250	10,400	20,800	36,400	52,000
517 Sed	1400	4450	7400	14,800	25,900	37,000
517B Limo	1850	5900	9800	19,600	34,300	49,000
518A DC Phae	5450	17,400	29,000	58,000	101,500	145,000
518B Phae	4900	15,600	26,000	52,000	91,000	130,000
519 7P Tr	4750	15,100	25,200	50,400	88,200	126,000
520B RS Rds	4350	13,900	23,200	46,400	81,200	116,000
520A Rds	4300	13,700	22,800	45,600	79,800	114,000

Model KB, V-8
12-cyl., 145" wb

	6	5	4	3	2	1
252A DC Phae	5650	18,000	30,000	60,000	105,000	150,000
252B Phae	5450	17,400	29,000	58,000	101,500	145,000
253 7P Tr	5450	17,400	29,000	58,000	101,500	145,000
Twn Sed	1650	5300	8800	17,600	30,800	44,000
255 5P Sed	1700	5400	9000	18,000	31,500	45,000
256 5P Cpe	2050	6500	10,800	21,600	37,800	54,000
257 7P Sed	1650	5300	8800	17,600	30,800	44,000
257B Limo	2100	6700	11,200	22,400	39,200	56,000
258C Brn Semi-Coll Cabr	4900	15,600	26,000	52,000	91,000	130,000
258d Brn Non-Coll Cabr	4350	13,900	23,200	46,400	81,200	116,000
259 Brn Brgm	2800	8900	14,800	29,600	51,800	74,000
260 Brn Conv Cpe	7500	24,000	40,000	80,000	140,000	200,000
Dtrch Conv Sed	7700	24,600	41,000	82,000	143,500	205,000
2P Dtrch Cpe	2800	8900	14,800	29,600	51,800	74,000

Lincoln

	6	5	4	3	2	1
4P Dtrch Cpe	2800	8900	14,800	29,600	51,800	74,000
Jud Berl	2350	7450	12,400	24,800	43,400	62,000
2P Jud Cpe	2500	7900	13,200	26,400	46,200	66,000
4P Jud Cpe	2500	7900	13,200	26,400	46,200	66,000
Jud Limo	2650	8400	14,000	28,000	49,000	70,000
Leb Conv Rds	6400	20,400	34,000	68,000	119,000	170,000
W'by Limo	2650	8400	14,000	28,000	49,000	70,000
W'by Brgm	2800	8900	14,800	29,600	51,800	74,000

1934
Series K, V-12
12-cyl., 136" wb

	6	5	4	3	2	1
4P Conv Rds	4050	12,950	21,600	43,200	75,600	108,000
4P Twn Sed	1550	4900	8200	16,400	28,700	41,000
5P Sed	1500	4800	8000	16,000	28,000	40,000
5P Cpe	2050	6500	10,800	21,600	37,800	54,000
7P Sed	1600	5150	8600	17,200	30,100	43,000
7P Limo	2100	6700	11,200	22,400	39,200	56,000
2P Cpe	2100	6700	11,200	22,400	39,200	56,000
5P Conv Phae	4750	15,100	25,200	50,400	88,200	126,000
4P Cpe	1850	5900	9800	19,600	34,300	49,000

V-12, 145" wb

	6	5	4	3	2	1
Tr	3700	11,750	19,600	39,200	68,600	98,000
Sed	1750	5500	9200	18,400	32,200	46,000
Limo	2050	6500	10,800	21,600	37,800	54,000
2W Jud Berl	2400	7700	12,800	25,600	44,800	64,000
3W Jud Berl	2350	7450	12,400	24,800	43,400	62,000
Jud Sed Limo	2100	6700	11,200	22,400	39,200	56,000
Brn Brgm	2350	7450	12,400	24,800	43,400	62,000
Brn Semi-Coll Cabr	3150	10,100	16,800	33,600	58,800	84,000
Brn Conv Cpe	4900	15,600	26,000	52,000	91,000	130,000
W'by Limo	2050	6500	10,800	21,600	37,800	54,000
Leb Rds	4900	15,600	26,000	52,000	91,000	130,000
Dtrch Conv Sed	5250	16,800	28,000	56,000	98,000	140,000
Brn Conv Vic	5250	16,800	28,000	56,000	98,000	140,000
Leb Cpe	2350	7450	12,400	24,800	43,400	62,000
Dtrch Conv Rds	4900	15,600	26,000	52,000	91,000	130,000
W'by Spt Sed	2050	6500	10,800	21,600	37,800	54,000
Leb Conv Cpe	4900	15,600	26,000	52,000	91,000	130,000
Brn Conv Sed	5250	16,800	28,000	56,000	98,000	140,000
Brn Cus Phae	5250	16,800	28,000	56,000	98,000	140,000
Brwstr Non-Coll Cabr	3900	12,500	20,800	41,600	72,800	104,000

1935
Series K, V-12
V-12, 136" wb

	6	5	4	3	2	1
Leb Conv Rds	4300	13,700	22,800	45,600	79,800	114,000
Leb Cpe	1850	5900	9800	19,600	34,300	49,000
Cpe	1750	5650	9400	18,800	32,900	47,000
Brn Conv Vic	4350	13,900	23,200	46,400	81,200	116,000
2W Sed	1450	4550	7600	15,200	26,600	38,000
3W Sed	1400	4450	7400	14,800	25,900	37,000
Leb Conv Phae	4500	14,400	24,000	48,000	84,000	120,000

V-12, 145" wb

	6	5	4	3	2	1
7P Tr	4150	13,200	22,000	44,000	77,000	110,000
7P Sed	1450	4700	7800	15,600	27,300	39,000
7P Limo	1850	5900	9800	19,600	34,300	49,000
Leb Conv Sed	4800	15,350	25,600	51,200	89,600	128,000
Brn Semi-Coll Cabr	3550	11,300	18,800	37,600	65,800	94,000
Brn Non-Coll Cabr	3400	10,800	18,000	36,000	63,000	90,000
Brn Brgm	1850	5900	9800	19,600	34,300	49,000
W'by Limo	1900	6100	10,200	20,400	35,700	51,000
W'by Spt Sed	1850	5900	9800	19,600	34,300	49,000
2W Jud Berl	1900	6100	10,200	20,400	35,700	51,000
3W Jud Berl	1850	5900	9800	19,600	34,300	49,000
Jud Sed Limo	2050	6500	10,800	21,600	37,800	54,000

1936
Zephyr, V-12, 122" wb

	6	5	4	3	2	1
4 dr Sed	900	2900	4800	9600	16,800	24,000
2 dr Sed	950	3000	5000	10,000	17,500	25,000

12-cyl., 136" wb

	6	5	4	3	2	1
Leb Rds Cabr	3150	10,100	16,800	33,600	58,800	84,000
2P Leb Cpe	1500	4800	8000	16,000	28,000	40,000
5P Cpe	1450	4550	7600	15,200	26,600	38,000
Brn Conv Vic	3400	10,800	18,000	36,000	63,000	90,000
2W Sed	1250	3950	6600	13,200	23,100	33,000
3W Sed	1200	3850	6400	12,800	22,400	32,000
Leb Conv Sed	3550	11,300	18,800	37,600	65,800	94,000

Lincoln

V-12, 145" wb

	6	5	4	3	2	1
7P Tr	3550	11,300	18,800	37,600	65,800	94,000
7P Sed	1500	4800	8000	16,000	28,000	40,000
7P Limo	1650	5300	8800	17,600	30,800	44,000
Leb Conv Sed W/part	3750	12,000	20,000	40,000	70,000	100,000
Brn Semi-Coll Cabr	3400	10,800	18,000	36,000	63,000	90,000
Brn Non-Coll Cabr	2650	8400	14,000	28,000	49,000	70,000
Brn Brgm	1700	5400	9000	18,000	31,500	45,000
W'by Limo	1750	5650	9400	18,800	32,900	47,000
W'by Spt Sed	1600	5150	8600	17,200	30,100	43,000
Jud 2W Berl	1700	5400	9000	18,000	31,500	45,000
Jud 3W Berl	1750	5500	9200	18,400	32,200	46,000
Jud Limo	1800	5750	9600	19,200	33,600	48,000

1937
Zephyr, V-12

	6	5	4	3	2	1
3P Cpe	1000	3250	5400	10,800	18,900	27,000
2 dr Sed	900	2900	4800	9600	16,800	24,000
4 dr Sed	850	2750	4600	9200	16,100	23,000
Twn Sed	900	2900	4800	9600	16,800	24,000
Conv Sed	1750	5650	9400	18,800	32,900	47,000

Series K, V-12
V-12, 136" wb

	6	5	4	3	2	1
Leb Conv Rds	3000	9600	16,000	32,000	56,000	80,000
Leb Cpe	1450	4700	7800	15,600	27,300	39,000
W'by Cpe	1550	4900	8200	16,400	28,700	41,000
Brn Conv Vic	3150	10,100	16,800	33,600	58,800	84,000
2W Sed	1300	4200	7000	14,000	24,500	35,000
3W Sed	1300	4100	6800	13,600	23,800	34,000

V-12, 145" wb

	6	5	4	3	2	1
7P Sed	1400	4450	7400	14,800	25,900	37,000
7P Limo	1450	4700	7800	15,600	27,300	39,000
Leb Conv Sed	3250	10,300	17,200	34,400	60,200	86,000
Leb Conv Sed W/part	3400	10,800	18,000	36,000	63,000	90,000
Brn Semi-Coll Cabr	3000	9600	16,000	32,000	56,000	80,000
Brn Non-Coll Cabr	2350	7450	12,400	24,800	43,400	62,000
Brn Brgm	1750	5500	9200	18,400	32,200	46,000
Brn Tr Cabr	3150	10,100	16,800	33,600	58,800	84,000
Jud 2W Berl	1700	5400	9000	18,000	31,500	45,000
Jud 3W Berl	1650	5300	8800	17,600	30,800	44,000
Jud Limo	1900	6000	10,000	20,000	35,000	50,000
W'by Tr	2150	6850	11,400	22,800	39,900	57,000
W'by Limo	1850	5900	9800	19,600	34,300	49,000
W'by Spt Sed	1650	5300	8800	17,600	30,800	44,000
W'by Cpe	1750	5500	9200	18,400	32,200	46,000
W'by Pan Brgm	1750	5650	9400	18,800	32,900	47,000
Jud Cpe	1750	5500	9200	18,400	32,200	46,000

1938
Zephyr, V-12

	6	5	4	3	2	1
3P Cpe	1050	3350	5600	11,200	19,600	28,000
3P Conv Cpe	1500	4800	8000	16,000	28,000	40,000
4 dr Sed	700	2150	3600	7200	12,600	18,000
2 dr Sed	700	2300	3800	7600	13,300	19,000
Conv Sed	1750	5500	9200	18,400	32,200	46,000
Twn Sed	800	2500	4200	8400	14,700	21,000

Series K, V-12
V-12, 136" wb

	6	5	4	3	2	1
Leb Conv Rds	3000	9600	16,000	32,000	56,000	80,000
Leb Cpe	1450	4700	7800	15,600	27,300	39,000
W'by Cpe	1500	4800	8000	16,000	28,000	40,000
2W Sed	1300	4200	7000	14,000	24,500	35,000
3W Sed	1300	4100	6800	13,600	23,800	34,000
Brn Conv Vic	3100	9850	16,400	32,800	57,400	82,000

V-12, 145" wb

	6	5	4	3	2	1
7P Sed	1350	4300	7200	14,400	25,200	36,000
Sed Limo	1400	4450	7400	14,800	25,900	37,000
Leb Conv Sed	3400	10,800	18,000	36,000	63,000	90,000
Leb Conv Sed W/part	3550	11,300	18,800	37,600	65,800	94,000
Jud 2W Berl	1400	4450	7400	14,800	25,900	37,000
Jud 3W Berl	1450	4550	7600	15,200	26,600	38,000
Jud Limo	1500	4800	8000	16,000	28,000	40,000
Brn Tr Cabr	3450	11,050	18,400	36,800	64,400	92,000
W'by Tr	2200	6950	11,600	23,200	40,600	58,000
W'by Spt Sed	1500	4800	8000	16,000	28,000	40,000
Brn Non-Coll Cabr	2050	6600	11,000	22,000	38,500	55,000
Brn Semi-Coll Cabr	3000	9600	16,000	32,000	56,000	80,000

264 Lincoln

	6	5	4	3	2	1
Brn Brgm	1500	4800	8000	16,000	28,000	40,000
W'by Pan Brgm	1550	4900	8200	16,400	28,700	41,000
W'by Limo	1500	4800	8000	16,000	28,000	40,000

1939
Zephyr, V-12

	6	5	4	3	2	1
3P Cpe	1000	3100	5200	10,400	18,200	26,000
Conv Cpe	1600	5150	8600	17,200	30,100	43,000
2 dr Sed	750	2400	4000	8000	14,000	20,000
5P Sed	750	2400	4000	8000	14,000	20,000
Conv Sed	1800	5750	9600	19,200	33,600	48,000
Twn Sed	800	2500	4200	8400	14,700	21,000

Series K, V-12
V-12, 136" wb

	6	5	4	3	2	1
Leb Conv Rds	2650	8400	14,000	28,000	49,000	70,000
Leb Cpe	1550	4900	8200	16,400	28,700	41,000
W'by Cpe	1600	5050	8400	16,800	29,400	42,000
2W Sed	1450	4550	7600	15,200	26,600	38,000
3W Sed	1450	4550	7600	15,200	26,600	38,000
Brn Conv Vic	2650	8400	14,000	28,000	49,000	70,000

V-12, 145" wb

	6	5	4	3	2	1
Jud 2W Berl	1450	4700	7800	15,600	27,300	39,000
Jud 3W Berl	1450	4550	7600	15,200	26,600	38,000
Jud Limo	1550	4900	8200	16,400	28,700	41,000
Brn Tr Cabr	2200	7100	11,800	23,600	41,300	59,000
7P Sed	1450	4700	7800	15,600	27,300	39,000
7P Limo	1600	5050	8400	16,800	29,400	42,000
Leb Conv Sed	3400	10,800	18,000	36,000	63,000	90,000
Leb Conv Sed W/part	3550	11,300	18,800	37,600	65,800	94,000
W'by Spt Sed	1700	5400	9000	18,000	31,500	45,000

V-12, 145" wb, 6 wheels

	6	5	4	3	2	1
Brn Non-Coll Cabr	3000	9600	16,000	32,000	56,000	80,000
Brn Semi-Coll Cabr	3400	10,800	18,000	36,000	63,000	90,000
Brn Brgm	1500	4800	8000	16,000	28,000	40,000
W'by Limo	1600	5050	8400	16,800	29,400	42,000

1940 Lincoln Continental convertible

1940
Zephyr, V-12

	6	5	4	3	2	1
3P Cpe	900	2900	4800	9600	16,800	24,000
OS Cpe	950	3000	5000	10,000	17,500	25,000
Clb Cpe	1000	3100	5200	10,400	18,200	26,000
Conv Clb Cpe	1550	4900	8200	16,400	28,700	41,000
6P Sed	750	2400	4000	8000	14,000	20,000
Twn Limo	1150	3600	6000	12,000	21,000	30,000
Cont Clb Cpe	1700	5400	9000	18,000	31,500	45,000
Cont Conv Cabr	2400	7700	12,800	25,600	44,800	64,000

Series K, V-12
Available on special request, black emblems rather than blue.

1941
Zephyr, V-12

	6	5	4	3	2	1
3P Cpe	900	2900	4800	9600	16,800	24,000
OS Cpe	950	3000	5000	10,000	17,500	25,000

	6	5	4	3	2	1
Clb Cpe	1000	3100	5200	10,400	18,200	26,000
Conv Cpe	1500	4800	8000	16,000	28,000	40,000
Cont Cpe	1600	5150	8600	17,200	30,100	43,000
Cont Conv Cabr	2250	7200	12,000	24,000	42,000	60,000
6P Sed	750	2400	4000	8000	14,000	20,000
Cus Sed	800	2500	4200	8400	14,700	21,000
8P Limo	1000	3100	5200	10,400	18,200	26,000

1942
Zephyr, V-12

	6	5	4	3	2	1
3P Cpe	550	1800	3000	6000	10,500	15,000
Clb Cpe	600	1900	3200	6400	11,200	16,000
Conv Clb Cpe	1450	4700	7800	15,600	27,300	39,000
Cont Cpe	1500	4800	8000	16,000	28,000	40,000
Cont Conv Cabr	1900	6000	10,000	20,000	35,000	50,000
6P Sed	500	1550	2600	5200	9100	13,000
Cus Sed	550	1700	2800	5600	9800	14,000
8P Limo	1000	3250	5400	10,800	18,900	27,000

1948 Lincoln Continental Conv

1946-1948
8th Series, V-12, 125" wb

	6	5	4	3	2	1
Clb Cpe	550	1800	3000	6000	10,500	15,000
Conv	1400	4450	7400	14,800	25,900	37,000
4 dr Sed	500	1550	2600	5200	9100	13,000
Cont Cpe	1300	4200	7000	14,000	24,500	35,000
Cont Conv	1700	5400	9000	18,000	31,500	45,000

1949-1950
Model OEL, V-8, 121" wb

	6	5	4	3	2	1
Spt Sed	400	1200	2000	3950	7000	10,000
Cpe	550	1800	3000	6000	10,500	15,000
Lido Cpe	600	1900	3200	6400	11,200	16,000

Cosmopolitan, V-8, 125" wb

	6	5	4	3	2	1
Town Sed (1949 only)	400	1300	2200	4400	7700	11,000
Spt Sed	450	1400	2300	4600	8100	11,500
Cpe	600	1900	3200	6400	11,200	16,000
Capri (1950 only)	650	2050	3400	6800	11,900	17,000
Conv	950	3000	5000	10,000	17,500	25,000

1951
Model Del, V-8, 121" wb

	6	5	4	3	2	1
Spt Sed	400	1250	2100	4200	7400	10,500
Cpe	550	1800	3000	6000	10,500	15,000
Lido Cpe	600	1900	3200	6400	11,200	16,000

Cosmopolitan, V-8, 125" wb

	6	5	4	3	2	1
Spt Sed	450	1400	2300	4600	8100	11,500
Cpe	600	1900	3200	6400	11,200	16,000
Capri	650	2050	3400	6800	11,900	17,000
Conv	1000	3100	5200	10,400	18,200	26,000

1952-1953
Model BH, V-8, 123" wb
Cosmopolitan

	6	5	4	3	2	1
4 dr Sed	400	1250	2100	4200	7400	10,500

Lincoln

1953 Lincoln Capri convertible

	6	5	4	3	2	1
2 dr HdTp	550	1800	3000	6000	10,500	15,000
Capri, V-8, 123" wb						
4 dr Sed	450	1400	2300	4600	8100	11,500
2 dr HdTp	600	1900	3200	6400	11,200	16,000
2 dr Conv	1000	3100	5200	10,400	18,200	26,000
1954						
V-8, 123" wb						
4 dr Sed	400	1300	2200	4400	7700	11,000
2 dr HdTp	550	1800	3000	6000	10,500	15,000
Capri, V-8, 123" wb						
4 dr Sed	450	1400	2300	4600	8100	11,600
2 dr HdTp	600	1900	3200	6400	11,200	16,000
Conv	1000	3250	5400	10,800	18,900	27,000
1955						
V-8, 123" wb						
4 dr Sed	400	1350	2200	4400	7800	11,100
HdTp	600	1900	3200	6400	11,200	16,000
Capri, V-8, 123" wb						
4 dr Sed	450	1400	2350	4700	8200	11,700
2 dr HdTp	650	2050	3400	6800	11,900	17,000
Conv	950	3000	5000	10,000	17,500	25,000
1956						
Capri, V-8, 126" wb						
4 dr Sed	450	1450	2400	4800	8400	12,000
2 dr HdTp	700	2150	3600	7200	12,600	18,000
Premiere, V-8, 126" wb						
4 dr Sed	500	1550	2600	5200	9100	13,000
2 dr HdTp	700	2300	3800	7600	13,300	19,000
Conv	1050	3350	5600	11,200	19,600	28,000
Lincoln Continental Mark II, V-8, 126" wb						
2 dr HdTp	1100	3500	5800	11,600	20,300	29,000
1957						
Capri, V-8, 126" wb						
4 dr Sed	400	1250	2100	4200	7400	10,500
4 dr HdTp	500	1550	2600	5200	9100	13,000
2 dr HdTp	600	1900	3200	6400	11,200	16,000
Premiere, V-8, 126" wb						
4 dr Sed	450	1400	2300	4600	8100	11,500
4 dr HdTp	550	1700	2800	5600	9800	14,000
2 dr HdTp	650	2050	3400	6800	11,900	17,000
Conv	1050	3350	5600	11,200	19,600	28,000
Lincoln Continental, V-8, 126" wb						
2 dr HdTp	1100	3500	5800	11,600	20,300	29,000
1958-1959						
Capri, V-8, 131" wb						
4 dr Sed	350	800	1450	2750	5600	8000
4 dr HdTp	350	900	1550	3050	5900	8500
2 dr HdTp	400	1200	2000	3950	7000	10,000
Premiere, V-8, 131" wb						
4 dr Sed	350	900	1550	3050	5900	8500
4 dr HdTp	450	1000	1650	3350	6300	9000

Lincoln 267

	6	5	4	3	2	1
2 dr HdTp	400	1300	2200	4400	7700	11,000
Continental Mark IV, V-8, 131" wb						
4 dr Sed	400	1200	2000	3950	7000	10,000
4 dr HdTp	400	1250	2100	4200	7400	10,500
2 dr HdTp	550	1800	3000	6000	10,500	15,000
Conv	950	3000	5000	10,000	17,500	25,000
TwnC (1959 only)	550	1700	2800	5600	9800	14,000
Limo (1959 only)	550	1800	3000	6000	10,500	15,000

1960
Lincoln, V-8, 131" wb
4 dr Sed	350	900	1550	3050	5900	8500
4 dr HdTp	450	1000	1650	3350	6300	9000
2 dr HdTp	400	1300	2200	4400	7700	11,000

Premiere, V-8, 131" wb
4 dr Sed	450	1000	1650	3350	6300	9000
4 dr HdTp	450	1100	1700	3650	6650	9500
2 dr HdTp	500	1550	2600	5200	9100	13,000

Continental Mark V, V-8, 131" wb
4 dr Sed	400	1300	2200	4400	7700	11,000
4 dr HdTp	450	1450	2400	4800	8400	12,000
2 dr HdTp	550	1700	2800	5600	9800	14,000
Conv	1000	3100	5200	10,400	18,200	26,000
TwnC	550	1700	2800	5600	9800	14,000
Limo	550	1800	3000	6000	10,500	15,000

1961-1962
Lincoln Continental, V-8, 123" wb
4 dr Sed	350	800	1450	2750	5600	8000
4 dr Conv	550	1700	2800	5600	9800	14,000

1963-1964
Lincoln Continental, V-8, 126" wb
4 dr Sed	350	800	1450	2750	5600	8000
4 dr Conv	550	1700	2800	5600	9800	14,000
Exec Limo	450	1450	2400	4800	8400	12,000

1965
Lincoln Continental, V-8, 126" wb
4 dr Sed	350	800	1450	2750	5600	8000
4 dr Conv	550	1700	2800	5600	9800	14,000
Exec Limo	450	1450	2400	4800	8400	12,000

1966 Lincoln Continental 2 dr hardtop

1966
Lincoln Continental, V-8, 126" wb
4 dr Sed	350	800	1450	2750	5600	8000
2 dr HdTp	350	850	1500	2900	5700	8200
4 dr Conv	550	1700	2800	5600	9800	14,000

1967
Lincoln Continental, V-8, 126" wb
4 dr Sed	350	800	1450	2750	5600	8000
2 dr HdTp	350	850	1500	2900	5700	8200
4 dr Conv	550	1700	2800	5600	9800	14,000

1968
Lincoln Continental, V-8, 126" wb
4 dr Sed	350	800	1450	2750	5600	8000
2 dr HdTp	350	850	1500	2900	5700	8200

Continental Mark III, V-8, 117" wb
2 dr HdTp	450	1450	2400	4800	8400	12,000

1969
Lincoln Continental, V-8, 126" wb

	6	5	4	3	2	1
4 dr Sed	350	750	1200	2350	4900	7000
2 dr HdTp	350	750	1300	2450	5250	7500

Continental Mark III, V-8, 117" wb

2 dr HdTp	450	1450	2400	4800	8400	12,000

1970 Lincoln Continental, 2 dr HdTp

1970
Lincoln Continental

4 dr Sed	350	750	1200	2350	4900	7000
2 dr HdTp	350	750	1300	2450	5250	7500

Continental Mark III, V-8, 117" wb

2 dr HdTp	450	1450	2400	4800	8400	12,000

1971
Continental

4 dr Sed	350	700	1150	2300	4550	6500
2 dr	350	750	1200	2350	4900	7000

Mark III

2 dr	400	1300	2200	4400	7700	11,000

1972
Continental

4 dr Sed	350	700	1150	2300	4600	6600
2 dr	350	750	1200	2350	4900	7000

Mark IV

2 dr	400	1300	2200	4400	7700	11,000

1973
Continental V-8

2 dr HdTp	350	725	1200	2350	4850	6900
4 dr HdTp	350	700	1100	2300	4500	6400

Mark IV V-8

2 dr HdTp	400	1300	2200	4400	7700	11,000

1974
Continental, V-8

4 dr Sed	200	675	1050	2250	4350	6200
2 dr Cpe	350	725	1200	2350	4800	6800

Mark IV, V-8

2 dr HdTp	450	1100	1700	3650	6650	9500

1975
Continental, V-8

4 dr Sed	200	675	1050	2250	4300	6100
2 dr Cpe	350	700	1150	2300	4550	6500

Mark IV, V-8

2 dr HdTp	450	1000	1650	3350	6300	9000

1976
Continental, V-8

4 dr Sed	350	700	1150	2300	4600	6600
Cpe	350	725	1200	2350	4800	6800

Mark IV, V-8

Cpe	450	1000	1650	3350	6300	9000

1977
Versailles, V-8

4 dr Sed	350	700	1150	2300	4550	6500

Continental, V-8

4 dr Sed	350	725	1200	2350	4800	6800

Lincoln 269

	6	5	4	3	2	1
Cpe	350	750	1200	2350	4900	7000
Mark V, V-8						
Cpe	450	1000	1650	3350	6300	9000

1978
Versailles
4 dr Sed	200	650	1050	2250	4200	6000

Continental
4 dr Sed	150	450	800	1750	3250	4700
Cpe	200	500	850	1850	3350	4900

Mark V
Cpe	350	800	1450	2750	5600	8000

NOTE: Add 10 percent for Diamond Jubilee.
Add 5 percent for Collector Series.
Add 5 percent for Designer Series.

1979
Versailles, V-8
4 dr Sed	200	650	1050	2250	4200	6000

Continental, V-8
4 dr Sed	200	500	850	1900	3500	5000
Cpe	200	550	900	2000	3600	5200

Mark V, V-8
Cpe	350	750	1300	2450	5250	7500

NOTE: Add 5 percent for Collector Series.

1980
Versailles, V-8
4 dr Sed	200	675	1050	2250	4300	6100

Continental, V-8
4 dr Sed	200	650	1050	2250	4200	6000
2 dr Cpe	200	675	1050	2250	4350	6200

Mark VI, V-8
4 dr Sed	350	750	1200	2350	4900	7000
2 dr Cpe	350	750	1250	2400	5050	7200

1981
Town Car, V-8
4 dr Sed	200	650	1000	2200	4100	5800
2 dr Cpe	200	650	1000	2200	4150	5900

Mark VI
4 dr Sed	200	600	1000	2200	4000	5700
2 dr Cpe	200	650	1000	2200	4100	5800

1982
Town Car, V-8
4 dr Sed	350	700	1150	2300	4550	6500

Mark VI, V-8
4 dr Sed	200	675	1050	2250	4300	6100
2 dr Cpe	200	675	1050	2250	4350	6200

Continental, V-8
4 dr Sed	450	1000	1650	3350	6300	9000

1983
Town Car, V-8
4 dr Sed	350	725	1200	2350	4800	6800

Mark VI, V-8
4 dr Sed	200	675	1050	2250	4300	6100
2 dr Cpe	200	675	1050	2250	4350	6200

Continental, V-8
4 dr Sed	450	1000	1650	3350	6300	9000

1984
Town Car, V-8
4 dr Sed	350	725	1200	2350	4850	6900

Mark VII, V-8
2 dr Cpe	350	750	1200	2350	4900	7000

Continental, V-8
4 dr Sed	450	1000	1650	3350	6300	9000

1985
Town Car, V-8
4 dr Sed	350	750	1200	2350	4900	7000

Mark VII, V-8
2 dr Cpe	350	750	1250	2400	5050	7200

Continental, V-8
4 dr Sed	450	1050	1700	3600	6600	9400

1986
Town Car
4 dr Sed	350	750	1300	2450	5250	7500

Mark VII
2 dr Cpe	450	1000	1650	3350	6300	9000
LSC 2 dr Cpe	450	1100	1700	3650	6650	9500

Lincoln

Continental		6	5	4	3	2	1
4 dr Sed		450	1150	1900	3850	6850	9800

NOTE: Add 20 percent for Designer Series.

LOCOMOBILE

	6	5	4	3	2	1
1901						
Style 2 Steam Rbt	1200	3850	6400	12,800	22,400	32,000
Style 02 Steam Rbt	1250	3950	6600	13,200	23,100	33,000
Style 3 Buggy Top Rbt	1300	4100	6800	13,600	23,800	34,000
Style 03 Vic Top Rbt	1300	4100	6800	13,600	23,800	34,000
Style 003 Vic Top Rbt	1300	4100	6800	13,600	23,800	34,000
Style 5 Locosurrey	1300	4200	7000	14,000	24,500	35,000
Style 05 Locosurrey	1350	4300	7200	14,400	25,200	36,000
1902						
4P Model A Steam Tr	1300	4100	6800	13,600	23,800	34,000
2/4P Model B Steam Tr	1300	4200	7000	14,000	24,500	35,000
2P Steam Vic	1200	3850	6400	12,800	22,400	32,000
Style No. 2 Std Steam Rbt	1150	3700	6200	12,400	21,700	31,000
Style No. 02 Steam Rbt	1200	3850	6400	12,800	22,400	32,000
4P Style No. 5 Steam Locosurrey	1300	4100	6800	13,600	23,800	34,000
4P Style No. 05 Steam Locosurrey	1300	4200	7000	14,000	24,500	35,000
Style No. 3 Steam Physician's Car	1200	3850	6400	12,800	22,400	32,000
Style No. 03 Steam Stanhope	1150	3600	6000	12,000	21,000	30,000
Style No. 003 Stanhope	1150	3700	6200	12,400	21,700	31,000
Steam Locotrap	1150	3700	6200	12,400	21,700	31,000
Steam Locodelivery	1200	3850	6400	12,800	22,400	32,000
1903						
Steam Cars						
Dos-a-Dos	1250	3950	6600	13,200	23,100	33,000
Locosurrey	1300	4100	6800	13,600	23,800	34,000
Rbt	1200	3850	6400	12,800	22,400	32,000
Gasoline Car, 2-cyl., 9 hp, 76" wb						
5P Ton	1250	3950	6600	13,200	23,100	33,000
Gasoline Car, 4-cyl., 16 hp, 86" wb						
5P Ton	1350	4300	7200	14,400	25,200	36,000
1904						
Steam Cars						
Tr, 85" wb	1300	4200	7000	14,000	24,500	35,000
Tr, 79" wb	1350	4300	7200	14,400	25,200	36,000
Stanhope, 79" wb	1200	3850	6400	12,800	22,400	32,000
Dos-a-Dos, 79" wb	1300	4100	6800	13,600	23,800	34,000
Long Wb Rbt	1250	3950	6600	13,200	23,100	33,000
Locosurrey, 75" wb	1350	4300	7200	14,400	25,200	36,000
Spl Surrey, 93" wb	1400	4450	7400	14,800	25,900	37,000
Gasoline Model C, 2-cyl., 9/12 hp, 76" wb						
5P Ton	1300	4200	7000	14,000	24,500	35,000
5P Canopy Top Ton	1450	4700	7800	15,600	27,300	39,000
Gasoline Model D, 4-cyl., 16/22 hp, 86" wb						
6/8P Limo	1100	3500	5800	11,600	20,300	29,000
6P King of Belgian Ton	1200	3850	6400	12,800	22,400	32,000
6P Ton DeL	1050	3350	5600	11,200	19,600	28,000
1905						
Model E, 4-cyl., 15/20 hp, 92" wb						
5P Tr	1350	4300	7200	14,400	25,200	36,000
5P Lan'let	1300	4100	6800	13,600	23,800	34,000
Model D, 4-cyl., 20/25 hp, 96" wb						
7P Tr	1400	4450	7400	14,800	25,900	37,000
Model H, 4-cyl., 30/35 hp, 106" wb						
7P Tr	1450	4550	7600	15,200	26,600	38,000
7P Limo	1150	3600	6000	12,000	21,000	30,000
Model F, 4-cyl., 40/45 hp, 110" wb						
7P Limo	1150	3700	6200	12,400	21,700	31,000

Locomobile 271

1906
Model E, 4-cyl., 15/20 hp, 93" wb

	6	5	4	3	2	1
5P Tr	1350	4300	7200	14,400	25,200	36,000
2P Fishtail Rbt	1400	4450	7400	14,800	25,900	37,000
5P Limo	1100	3500	5800	11,600	20,300	29,000

Model H, 4-cyl., 30/35 hp, 106" wb

5/7P Tr	1450	4550	7600	15,200	26,600	38,000
5/7P Limo	1150	3600	6000	12,000	21,000	30,000

Special, 4-cyl., 90 hp, 110" wb

| Vanderbilt Racer | — | value not estimable |||||

1907
Model E, 4-cyl., 20 hp, 96" wb

5P Tr	1400	4450	7400	14,800	25,900	37,000
2P Fishtail Rbt	1450	4550	7600	15,200	26,600	38,000
5P Limo	1150	3600	6000	12,000	21,000	30,000

Model H, 4-cyl., 35 hp, 120" wb

7P Tr	1450	4700	7800	15,600	27,300	39,000
7P Limo	1150	3700	6200	12,400	21,700	31,000

Special, 4-cyl., 90 hp, 120" wb

| Vanderbilt Racer | — | value not estimable |||||

1908
Model E, 4-cyl., 20 hp, 102" wb

Std Tr	1450	4550	7600	15,200	26,600	38,000

Model E, 4-cyl., 20 hp, 116" wb

6P Limo	1150	3600	6000	12,000	21,000	30,000
6P Lan'let	1250	3950	6600	13,200	23,100	33,000

Model I, 4-cyl., 40 hp, 123" wb

3P Rbt	1500	4800	8000	16,000	28,000	40,000

1909
Model 30, 4-cyl., 32 hp, 120" wb

5P Tr	1450	4700	7800	15,600	27,300	39,000
4P Rbt	1500	4800	8000	16,000	28,000	40,000

Model 40, 4-cyl., 40 hp, 123" wb

7P Tr	1550	4900	8200	16,400	28,700	41,000
4P Baby Ton	1600	5050	8400	16,800	29,400	42,000
7P Limo	1150	3600	6000	12,000	21,000	30,000

1910
Model 30(L), 4-cyl., 30 hp, 120" wb

4P Rds	1550	4900	8200	16,400	28,700	41,000
4P Baby Ton	1500	4800	8000	16,000	28,000	40,000
5P Tr	1450	4700	7800	15,600	27,300	39,000
Limo	1150	3600	6000	12,000	21,000	30,000

Model 40(I), 4-cyl., 40 hp, 123" wb

7P Tr	1600	5050	8400	16,800	29,400	42,000
Rbt	1550	4900	8200	16,400	28,700	41,000
7P Limo	1200	3850	6400	12,800	22,400	32,000
7P Lan'let	1300	4200	7000	14,000	24,500	35,000
4P Baby Ton	1550	4900	8200	16,400	28,700	41,000

1911
Model 30(L), 4-cyl., 32 hp, 120" wb

5P Tr	1550	4900	8200	16,400	28,700	41,000
4P Baby Ton	1600	5150	8600	17,200	30,100	43,000
4P Torp	1650	5300	8800	17,600	30,800	44,000
6P Limo	1200	3850	6400	12,800	22,400	32,000
6P Lan'let	1300	4200	7000	14,000	24,500	35,000

Model 48(M), 6-cyl., 48 hp, 125" wb

7P Tr	1600	5150	8600	17,200	30,100	43,000
4P Baby Ton	1750	5500	9200	18,400	32,200	46,000
7P Limo	1300	4100	6800	13,600	23,800	34,000
7P Lan'let	1400	4450	7400	14,800	25,900	37,000

1912
Model 30(L), 4-cyl., 30 hp, 120" wb

Tr	1550	4900	8200	16,400	28,700	41,000
Baby Ton	1600	5050	8400	16,800	29,400	42,000
Torp	1600	5150	8600	17,200	30,100	43,000
Limo	1200	3850	6400	12,800	22,400	32,000
Berl	1350	4300	7200	14,400	25,200	36,000
Lan'let	1450	4700	7800	15,600	27,300	39,000

Model 48(M), 6-cyl., 48 hp, 135" wb

Tr	1600	5150	8600	17,200	30,100	43,000
4P Torp	1650	5300	8800	17,600	30,800	44,000
5P Torp	1700	5400	9000	18,000	31,500	45,000
Limo	1250	3950	6600	13,200	23,100	33,000
Berl	1400	4450	7400	14,800	25,900	37,000
Lan'let	1500	4800	8000	16,000	28,000	40,000

1913
Model 30(L), 4-cyl., 32.4 hp, 120" wb

	6	5	4	3	2	1
4P Torp	1650	5300	8800	17,600	30,800	44,000
5P Tr	1700	5400	9000	18,000	31,500	45,000
Rds	1650	5300	8800	17,600	30,800	44,000

Model 38(R), 6-cyl., 43.8 hp, 128" wb

4P Torp	1900	6000	10,000	20,000	35,000	50,000
5P Tr	1850	5900	9800	19,600	34,300	49,000
Rds	2000	6350	10,600	21,200	37,100	53,000
Limo	1300	4100	6800	13,600	23,800	34,000
Lan'let	1350	4300	7200	14,400	25,200	36,000
Berl Limo	1450	4700	7800	15,600	27,300	39,000
Berl Lan'let	1550	4900	8200	16,400	28,700	41,000

1914
Model 38, 6-cyl., 43.8 hp, 132" wb

4P Torp	2650	8400	14,000	28,000	49,000	70,000
5P Tr	2700	8650	14,400	28,800	50,400	72,000
2P Rds	2800	8900	14,800	29,600	51,800	74,000
7P Limo	1950	6250	10,400	20,800	36,400	52,000
7P Lan'let	2000	6350	10,600	21,200	37,100	53,000
7P Berl	2050	6600	11,000	22,000	38,500	55,000

Model 48, 6-cyl., 48.6 hp, 136 & 140" wb

7P Tr	2700	8650	14,400	28,800	50,400	72,000
6P Torp	2800	8900	14,800	29,600	51,800	74,000
2P Rds	2850	9100	15,200	30,400	53,200	76,000
7P Limo	2050	6600	11,000	22,000	38,500	55,000
7P Lan'let	2150	6850	11,400	22,800	39,900	57,000
7P Berl	2200	7100	11,800	23,600	41,300	59,000

1915
Model 38, 6-cyl., 43.3 hp, 132" wb

5P Tr	2700	8650	14,400	28,800	50,400	72,000
2P Rds	2800	8900	14,800	29,600	51,800	74,000
4P Torp	2700	8650	14,400	28,800	50,400	72,000
7P Limo	1400	4450	7400	14,800	25,900	37,000
7P Lan'let	1450	4550	7600	15,200	26,600	38,000
7P Berl	1450	4700	7800	15,600	27,300	39,000

Model 48, 6-cyl., 48.6 hp, 140" wb

7P Tr	2800	8900	14,800	29,600	51,800	74,000
2P Rds	2850	9100	15,200	30,400	53,200	76,000
6P Torp	2800	8900	14,800	29,600	51,800	74,000
7P Limo	1450	4550	7600	15,200	26,600	38,000
7P Lan'let	1450	4700	7800	15,600	27,300	39,000
7P Berl	1500	4800	8000	16,000	28,000	40,000

1916
Model 38, 6-cyl., 43.35 hp, 140" wb

7P Tr	2950	9350	15,600	31,200	54,600	78,000
6P Tr	3000	9600	16,000	32,000	56,000	80,000
7P Limo	1400	4450	7400	14,800	25,900	37,000
7P Lan'let	1450	4550	7600	15,200	26,600	38,000
7P Berl	1450	4700	7800	15,600	27,300	39,000

Model 48, 6-cyl., 48.6 hp, 143" wb

6P Tr	3600	11,500	19,200	38,400	67,200	96,000
7P Tr	3300	10,550	17,600	35,200	61,600	88,000
7P Lan'let	1550	4900	8200	16,400	28,700	41,000
7P Berl	1600	5050	8400	16,800	29,400	42,000
7P Limo	1500	4800	8000	16,000	28,000	40,000

1917
Model 38, 6-cyl., 43.34 hp, 139" wb

7P Tr	3450	11,050	18,400	36,800	64,400	92,000
6P Tr	3600	11,500	19,200	38,400	67,200	96,000
4P Tr	3700	11,750	19,600	39,200	68,600	98,000
7P Limo	1500	4800	8000	16,000	28,000	40,000
7P Lan'let	1550	4900	8200	16,400	28,700	41,000
7P Berl	1600	5150	8600	17,200	30,100	43,000

Model 48, 6-cyl., 48.6 hp, 142" wb

Sportif	5650	18,000	30,000	60,000	105,000	150,000
6P Tr	3700	11,750	19,600	39,200	68,600	98,000
7P Tr	3600	11,500	19,200	38,400	67,200	96,000
7P Lan'let	1600	5150	8600	17,200	30,100	43,000
7P Berl	1700	5400	9000	18,000	31,500	45,000
7P Limo	1600	5050	8400	16,800	29,400	42,000

1918
Model 38, Series Two, 6-cyl., 43.35 hp, 139" wb

7P Tr	3450	11,050	18,400	36,800	64,400	92,000
6P Tr	3550	11,300	18,800	37,600	65,800	94,000

	6	5	4	3	2	1
4P Tr	3600	11,500	19,200	38,400	67,200	96,000
7P Lan'let	1500	4800	8000	16,000	28,000	40,000
7P Berl	1600	5150	8600	17,200	30,100	43,000
7P Limo	1450	4700	7800	15,600	27,300	39,000

Model 48, Series Two, 6-cyl., 48.6 hp, 142" wb

Sportif	5650	18,000	30,000	60,000	105,000	150,000
7P Tr	3600	11,500	19,200	38,400	67,200	96,000
6P Tr	3700	11,750	19,600	39,200	68,600	98,000
4P Tr	3700	11,750	19,600	39,200	68,600	98,000
7P Limo	1600	5050	8400	16,800	29,400	42,000
7P Lan'let	1600	5150	8600	17,200	30,100	43,000
7P Berl	1700	5400	9000	18,000	31,500	45,000

1919
Model 48, 6-cyl., 48.6 hp, 142" wb

7P Tr	3700	11,750	19,600	39,200	68,600	98,000
Torp	3700	11,750	19,600	39,200	68,600	98,000
Sportif	5650	18,000	30,000	60,000	105,000	150,000
Limo	1900	6000	10,000	20,000	35,000	50,000
Lan'let	1950	6250	10,400	20,800	36,400	52,000
Berl	2050	6600	11,000	22,000	38,500	55,000

1920
Model 48, 6-cyl., 142" wb

4P Spl Tr	3750	12,000	20,000	40,000	70,000	100,000
4P Tr	3600	11,500	19,200	38,400	67,200	96,000
7P Tr	3400	10,800	18,000	36,000	63,000	90,000
7P Limo	2050	6600	11,000	22,000	38,500	55,000
7P Lan'let	2150	6850	11,400	22,800	39,900	57,000
7P Sed	1200	3850	6400	12,800	22,400	32,000
4P Cabr	1700	5400	9000	18,000	31,500	45,000
5P Semi-Tr	2050	6600	11,000	22,000	38,500	55,000

1921
Model 48, 6-cyl., 95 hp, 142" wb

7P Tr	3400	10,800	18,000	36,000	63,000	90,000
Sportif	5450	17,400	29,000	58,000	101,500	145,000
7P Limo	2050	6600	11,000	22,000	38,500	55,000
7P Lan	2150	6850	11,400	22,800	39,900	57,000

1922
Model 48, 6-cyl., 95 hp, 142" wb

7P Tr	3400	10,800	18,000	36,000	63,000	90,000
4P Sportif	5450	17,400	29,000	58,000	101,500	145,000
6P Limo	2050	6600	11,000	22,000	38,500	55,000
Lan'let	2150	6850	11,400	22,800	39,900	57,000
Dual Cowl Phae	5250	16,800	28,000	56,000	98,000	140,000
Cpe-Limo	2250	7200	12,000	24,000	42,000	60,000
Cabr	2500	7900	13,200	26,400	46,200	66,000
Sed	1700	5400	9000	18,000	31,500	45,000

1923 Locomobile Model 48 limousine

274 Locomobile

1923
Model 48, 6-cyl., 95 hp, 142" wb

	6	5	4	3	2	1
4P Sportif	5650	18,000	30,000	60,000	105,000	150,000
7P Tr	3400	10,800	18,000	36,000	63,000	90,000
4P Tr	3600	11,500	19,200	38,400	67,200	96,000
7P Limo	2250	7200	12,000	24,000	42,000	60,000
4P Dual Cowl Phae	5250	16,800	28,000	56,000	98,000	140,000
5P Cpe	1700	5400	9000	18,000	31,500	45,000
5P Cabr	2500	7900	13,200	26,400	46,200	66,000
7P Sed	1500	4800	8000	16,000	28,000	40,000

1924
Model 48, 6-cyl., 95 hp, 142" wb

4P Sportif	5250	16,800	28,000	56,000	98,000	140,000
7P Tr	3600	11,500	19,200	38,400	67,200	96,000
7P Tr Limo	2500	7900	13,200	26,400	46,200	66,000
5P Brgm	2250	7200	12,000	24,000	42,000	60,000
Encl Dr Limo	2350	7450	12,400	24,800	43,400	62,000
Vic Sed	1700	5400	9000	18,000	31,500	45,000
5P Cabr	2650	8400	14,000	28,000	49,000	70,000

1925
Junior 8, 8-cyl., 66 hp, 124" wb

5P Tr	2950	9350	15,600	31,200	54,600	78,000
5P Sed	1350	4300	7200	14,400	25,200	36,000
5P Brgm	1750	5500	9200	18,400	32,200	46,000
4P Rds	3100	9850	16,400	32,800	57,400	82,000
4P Cpe	1550	4900	8200	16,400	28,700	41,000

Model 48, 6-cyl., 103 hp, 142" wb

4P Sportif	5450	17,400	29,000	58,000	101,500	145,000
7P Tr	3700	11,750	19,600	39,200	68,600	98,000
7P Tr Limo	2550	8150	13,600	27,200	47,600	68,000
6P Brgm	2350	7450	12,400	24,800	43,400	62,000
5P Vic Sed	1750	5500	9200	18,400	32,200	46,000
7P Encl Limo	2400	7700	12,800	25,600	44,800	64,000
7P Cabr	2700	8650	14,400	28,800	50,400	72,000

1926
Junior 8, 8-cyl., 66 hp, 124" wb

5P Tr	3000	9600	16,000	32,000	56,000	80,000
5P Sed	1350	4300	7200	14,400	25,200	36,000
5P Brgm	1550	4900	8200	16,400	28,700	41,000
4P Rds	3100	9850	16,400	32,800	57,400	82,000
4P Cpe	1600	5150	8600	17,200	30,100	43,000

Model 90, 6-cyl., 86 hp, 138" wb

4P Sportif	4950	15,850	26,400	52,800	92,400	132,000
4P Rds	4800	15,350	25,600	51,200	89,600	128,000
5P Vic Cpe	1600	5150	8600	17,200	30,100	43,000
5P Vic Sed	1550	4900	8200	16,400	28,700	41,000
5P Vic Div Sed	1750	5500	9200	18,400	32,200	46,000
7P Brgm	1800	5750	9600	19,200	33,600	48,000
7P Sub Limo	1850	5900	9800	19,600	34,300	49,000
7P Cabr	2500	7900	13,200	26,400	46,200	66,000

Model 48, 6-cyl., 103 hp, 138" wb

4P Sportif	5200	16,550	27,600	55,200	96,600	138,000
7P Tr	3700	11,750	19,600	39,200	68,600	98,000
7P Cabr	2550	8150	13,600	27,200	47,600	68,000
5P Vic Sed	1750	5500	9200	18,400	32,200	46,000
7P Encl Dr Limo	2100	6700	11,200	22,400	39,200	56,000
7P Tr Limo	1900	6100	10,200	20,400	35,700	51,000
6P Twn Brgm	1900	6000	10,000	20,000	35,000	50,000

1927
Junior 8, 8-cyl., 66 hp, 124" wb

5P Tr	3300	10,550	17,600	35,200	61,600	88,000
5P Sed	1750	5500	9200	18,400	32,200	46,000
5P Brgm	2100	6700	11,200	22,400	39,200	56,000
4P Rds	3150	10,100	16,800	33,600	58,800	84,000
4P Cpe	2200	6950	11,600	23,200	40,600	58,000

Model 8-80, 8-cyl., 90 hp, 130" wb

5P Sed	1550	4900	8200	16,400	28,700	41,000

Model 90, 6-cyl., 86 hp, 138" wb

4P Tr	3450	11,050	18,400	36,800	64,400	92,000
4P Sportif	4950	15,850	26,400	52,800	92,400	132,000
4P Rds	3750	12,000	20,000	40,000	70,000	100,000
5P Vic Cpe	2350	7450	12,400	24,800	43,400	62,000
5P Sed	1900	6100	10,200	20,400	35,700	51,000
5P Divided Sed	2000	6350	10,600	21,200	37,100	53,000
7P Sed	1950	6250	10,400	20,800	36,400	52,000

	6	5	4	3	2	1
7P Brgm	2350	7450	12,400	24,800	43,400	62,000
7P Cabr	2700	8650	14,400	28,800	50,400	72,000
Model 48, 6-cyl., 103 hp, 138" wb						
4P Sportif	5200	16,550	27,600	55,200	96,600	138,000
7P Tr	3550	11,300	18,800	37,600	65,800	94,000
4P Rds	3850	12,250	20,400	40,800	71,400	102,000
5P Cabr	2950	9350	15,600	31,200	54,600	78,000
5P Vic Sed	1750	5500	9200	18,400	32,200	46,000
7P Encl Dr Limo	2100	6700	11,200	22,400	39,200	56,000
7P Tr Limo	2000	6350	10,600	21,200	37,100	53,000
6P Twn Brgm	2350	7450	12,400	24,800	43,400	62,000

1928

Model 8-70, 8-cyl., 70 hp, 122" wb
	6	5	4	3	2	1
5P Sed	1350	4300	7200	14,400	25,200	36,000
5P Brgm	1450	4550	7600	15,200	26,600	38,000
5P DeL Brgm	1500	4800	8000	16,000	28,000	40,000
4P Vic Cpe	1600	5150	8600	17,200	30,100	43,000
Model 8-80, 8-cyl., 90 hp, 130" wb						
5P Spt Phae	2550	8150	13,600	27,200	47,600	68,000
5P Sed	1450	4550	7600	15,200	26,600	38,000
5P Brgm	1500	4800	8000	16,000	28,000	40,000
4P Vic Cpe	1750	5500	9200	18,400	32,200	46,000
Spl Rds	2650	8400	14,000	28,000	49,000	70,000
4P Collegiate Cpe	1850	5900	9800	19,600	34,300	49,000
7P Tr	2550	8150	13,600	27,200	47,600	68,000
Vic Sed	1500	4800	8000	16,000	28,000	40,000
7P Sed, 140" wb	1450	4550	7600	15,200	26,600	38,000
7P Sub, 140" wb	1500	4800	8000	16,000	28,000	40,000
Model 90, 6-cyl., 86 hp, 138" wb						
4P Sportif	3300	10,550	17,600	35,200	61,600	88,000
4P Rds	2950	9350	15,600	31,200	54,600	78,000
7P Tr	2850	9100	15,200	30,400	53,200	76,000
Cpe	1800	5750	9600	19,200	33,600	48,000
5P Vic Sed	1600	5150	8600	17,200	30,100	43,000
5P Divided Vic Sed	1750	5500	9200	18,400	32,200	46,000
7P Sub	1750	5650	9400	18,800	32,900	47,000
7P Twn Brgm	1750	5650	9400	18,800	32,900	47,000
7P Cabr	2550	8150	13,600	27,200	47,600	68,000
7P Semi-Collapsbl.Cabr	2500	7900	13,200	26,400	46,200	66,000
Model 48, 6-cyl., 103 hp, 142" wb						
4P Sportif	3450	11,050	18,400	36,800	64,400	92,000
7P Tr	3300	10,550	17,600	35,200	61,600	88,000
Rds	3400	10,800	18,000	36,000	63,000	90,000
7P Cabr	2650	8400	14,000	28,000	49,000	70,000
5P Vic Sed	2650	8400	14,000	28,000	49,000	70,000
7P Encl Dr Limo	2550	8150	13,600	27,200	47,600	68,000
7P Tr Limo	2700	8650	14,400	28,800	50,400	72,000
6P Twn Brgm	2700	8650	14,400	28,800	50,400	72,000

1929

Model 88, 8-cyl., 115 hp, 130" wb
	6	5	4	3	2	1
4P Phae	2950	9350	15,600	31,200	54,600	78,000
5P Sed	1550	4900	8200	16,400	28,700	41,000
Vic Cpe	2100	6700	11,200	22,400	39,200	56,000
5P Brgm	1900	6100	10,200	20,400	35,700	51,000
4P Collegiate Cpe	2200	6950	11,600	23,200	40,600	58,000
7P Sed	1450	4700	7800	15,600	27,300	39,000
7P Sub	1500	4800	8000	16,000	28,000	40,000
7P All Weather Cabr	2350	7450	12,400	24,800	43,400	62,000
Model 90, 6-cyl., 86 hp, 138" wb						
4P Sportif	3300	10,550	17,600	35,200	61,600	88,000
4P Rds	3300	10,550	17,600	35,200	61,600	88,000
7P Tr	3000	9600	16,000	32,000	56,000	80,000
5P Vic Sed	2100	6700	11,200	22,400	39,200	56,000
5P Vic Div Sed	2350	7450	12,400	24,800	43,400	62,000
6P Twn Brgm	2400	7700	12,800	25,600	44,800	64,000
7P Cabr	2700	8650	14,400	28,800	50,400	72,000
Semi-Collapsible Cabr	2650	8400	14,000	28,000	49,000	70,000
Model 48, 6-cyl., 103 hp, 142" wb						
4P Sportif	3550	11,300	18,800	37,600	65,800	94,000
7P Tr	3300	10,550	17,600	35,200	61,600	88,000
Rds	3450	11,050	18,400	36,800	64,400	92,000
7P Cabr	2950	9350	15,600	31,200	54,600	78,000
5P Vic Sed	2350	7450	12,400	24,800	43,400	62,000
7P Encl Dr Limo	2500	7900	13,200	26,400	46,200	66,000
7P Tr Limo	2550	8150	13,600	27,200	47,600	68,000
6P Twn Brgm	2550	8150	13,600	27,200	47,600	68,000

MARMON

NOTE: Marmon production started in 1902, but the earliest car known to exist is a 1909 speedster. Therefore "ballpark values" on pre-1909 models are inestimable.

1909-1912
Model 32, 4-cyl., 32 hp, 120" wb

	6	5	4	3	2	1
Rds	1300	4200	7000	14,000	24,500	35,000
4P Tr	1350	4300	7200	14,400	25,200	36,000
5P Tr	1350	4300	7200	14,400	25,200	36,000
Spds	1300	4100	6800	13,600	23,800	34,000
Limo	1200	3850	6400	12,800	22,400	32,000

1913
Model 32, 4-cyl., 32 hp, 120" wb

	6	5	4	3	2	1
Rds	1300	4200	7000	14,000	24,500	35,000
5P Tr	1350	4300	7200	14,400	25,200	36,000
7P Tr	1400	4450	7400	14,800	25,900	37,000
Spds	1450	4550	7600	15,200	26,600	38,000
Limo	1200	3850	6400	12,800	22,400	32,000

Model 48, 6-cyl., 48 hp, 145" wb

	6	5	4	3	2	1
Rds	1550	4900	8200	16,400	28,700	41,000
4P Tr	1600	5050	8400	16,800	29,400	42,000
5P Tr	1600	5150	8600	17,200	30,100	43,000
7P Tr	1650	5300	8800	17,600	30,800	44,000
Spds	1800	5750	9600	19,200	33,600	48,000
Limo	1450	4550	7600	15,200	26,600	38,000

1914
Model 32, 4-cyl., 32 hp, 120" wb

	6	5	4	3	2	1
Rds	1300	4200	7000	14,000	24,500	35,000
4P Tr	1350	4300	7200	14,400	25,200	36,000
5P Tr	1400	4450	7400	14,800	25,900	37,000
Spds	1600	5150	8600	17,200	30,100	43,000
Limo	1200	3850	6400	12,800	22,400	32,000

Model 41, 6-cyl., 41 hp, 132" wb

	6	5	4	3	2	1
Rds	1450	4550	7600	15,200	26,600	38,000
4P Tr	1450	4700	7800	15,600	27,300	39,000
5P Tr	1500	4800	8000	16,000	28,000	40,000
7P Tr	1550	4900	8200	16,400	28,700	41,000
Spds	1750	5500	9200	18,400	32,200	46,000

Model 48, 6-cyl., 48 hp, 145" wb

	6	5	4	3	2	1
Rds	1600	5050	8400	16,800	29,400	42,000
4P Tr	1600	5150	8600	17,200	30,100	43,000
5P Tr	1650	5300	8800	17,600	30,800	44,000
7P Tr	1700	5400	9000	18,000	31,500	45,000
Spds	1900	6000	10,000	20,000	35,000	50,000
Limo	1450	4700	7800	15,600	27,300	39,000
Ber Limo	1600	5150	8600	17,200	30,100	43,000

1915
Model 41, 6-cyl., 41 hp, 132" wb

	6	5	4	3	2	1
Rds	1400	4450	7400	14,800	25,900	37,000
4P Tr	1450	4550	7600	15,200	26,600	38,000
5P Tr	1450	4700	7800	15,600	27,300	39,000
7P Tr	1500	4800	8000	16,000	28,000	40,000
Spds	1700	5400	9000	18,000	31,500	45,000

Model 48, 6-cyl., 48 hp, 145" wb

	6	5	4	3	2	1
7P Tr	1600	5150	8600	17,200	30,100	43,000

1916
Model 41, 6-cyl., 41 hp, 132" wb

	6	5	4	3	2	1
Rds	1350	4300	7200	14,400	25,200	36,000
4P Tr	1400	4450	7400	14,800	25,900	37,000
5P Tr	1450	4550	7600	15,200	26,600	38,000
5P Tr	1450	4700	7800	15,600	27,300	39,000
Spds	1600	5150	8600	17,200	30,100	43,000

Model 34, 6-cyl., 34 hp, 136" wb

	6	5	4	3	2	1
Clb Rds	1300	4200	7000	14,000	24,500	35,000
5P Tr	1350	4300	7200	14,400	25,200	36,000
7P Tr	1400	4450	7400	14,800	25,900	37,000
Limo	1150	3600	6000	12,000	21,000	30,000
Lan'let	1200	3850	6400	12,800	22,400	32,000
Sed	850	2650	4400	8800	15,400	22,000
Twn Car	1150	3600	6000	12,000	21,000	30,000

1917
Model 34, 6-cyl., 34 hp, 136" wb

	6	5	4	3	2	1
5P Tr	1000	3250	5400	10,800	18,900	27,000
4P Rds	1000	3100	5200	10,400	18,200	26,000
7P Tr	1100	3500	5800	11,600	20,300	29,000
Limo	750	2400	4000	8000	14,000	20,000
Lan'let	900	2900	4800	9600	16,800	24,000
Sed	600	1900	3200	6400	11,200	16,000
Twn Car	950	3000	5000	10,000	17,500	25,000

1918
Model 34, 6-cyl., 34 hp, 136" wb

5P Tr	1000	3250	5400	10,800	18,900	27,000
4P Rds	1000	3100	5200	10,400	18,200	26,000
7P Tr	1100	3500	5800	11,600	20,300	29,000
Sed	600	1900	3200	6400	11,200	16,000
Limo-Twn Car	950	3000	5000	10,000	17,500	25,000
Lan'let	1000	3100	5200	10,400	18,200	26,000
Rubay Twn Car	1100	3500	5800	11,600	20,300	29,000
Rubay Limo	1150	3600	6000	12,000	21,000	30,000

1919
Model 34, 6-cyl., 34 hp, 136" wb

5P Tr	1000	3250	5400	10,800	18,900	27,000
4P Rds	1000	3100	5200	10,400	18,200	26,000
7P Tr	1100	3500	5800	11,600	20,300	29,000
Sed	600	1900	3200	6400	11,200	16,000
Limo	900	2900	4800	9600	16,800	24,000
Twn Car	1000	3100	5200	10,400	18,200	26,000
Lan'let	1000	3250	5400	10,800	18,900	27,000

1920
Model 34, 6-cyl., 34 hp, 136" wb

4P Rds	1050	3350	5600	11,200	19,600	28,000
4P 4 dr Tr	1100	3500	5800	11,600	20,300	29,000
4P Cpe	700	2150	3600	7200	12,600	18,000
7P Sed	650	2050	3400	6800	11,900	17,000
Twn Car	800	2500	4200	8400	14,700	21,000
7P Tr	1150	3600	6000	12,000	21,000	30,000

1921 Marmon 34 New Series seven-passenger touring

1921
Model 34, 6-cyl., 34 hp, 136" wb

4P Rds	1050	3350	5600	11,200	19,600	28,000
7P Tr	1150	3600	6000	12,000	21,000	30,000
2P Spds	1300	4200	7000	14,000	24,500	35,000

	6	5	4	3	2	1
4P Cpe	700	2150	3600	7200	12,600	18,000
4P Tr	1100	3500	5800	11,600	20,300	29,000
7P Sed	650	2050	3400	6800	11,900	17,000
Limo	700	2150	3600	7200	12,600	18,000
Twn Car	800	2500	4200	8400	14,700	21,000

1922
Model 34, 6-cyl., 34 hp, 136" wb

	6	5	4	3	2	1
4P Rds	1050	3350	5600	11,200	19,600	28,000
4P Tr	1100	3500	5800	11,600	20,300	29,000
7P Tr	1150	3600	6000	12,000	21,000	30,000
2P Spds	1300	4200	7000	14,000	24,500	35,000
4P Spds	1300	4100	6800	13,600	23,800	34,000
W'by Cpe	750	2400	4000	8000	14,000	20,000
N & M Cpe	650	2050	3400	6800	11,900	17,000
7P N & M Sed	650	2050	3400	6800	11,900	17,000
Rubay Limo	1000	3250	5400	10,800	18,900	27,000
4P N & M Sed	550	1800	3000	6000	10,500	15,000
7P Sub	550	1800	3050	6100	10,600	15,200
Spt Sed	600	1850	3100	6200	10,900	15,500
N & H Sed	700	2150	3600	7200	12,600	18,000
Rubay Twn Car	1000	3100	5200	10,400	18,200	26,000
W'by Limo	1150	3700	6200	12,400	21,700	31,000
W'by Twn Car	1000	3250	5400	10,800	18,900	27,000

NOTE: N & M bodies by Nordyke & Marmon Co. (factory custom).

1923
Model 34, 6-cyl., 34 hp, 132" wb

	6	5	4	3	2	1
4P Phae	1050	3350	5600	11,200	19,600	28,000
2P Rds	1000	3250	5400	10,800	18,900	27,000
4P Rds	1000	3250	5400	10,800	18,900	27,000
7P Phae	1100	3500	5800	11,600	20,300	29,000
4P Tr	1050	3350	5600	11,200	19,600	28,000
2P Spds	1350	4300	7200	14,400	25,200	36,000
4P Spds	1300	4200	7000	14,000	24,500	35,000
4P Cpe	650	2050	3400	6800	11,900	17,000
4P Sed	550	1800	3000	6000	10,500	15,000
7P Sed	600	1850	3100	6200	10,900	15,500
7P Limo	1000	3100	5200	10,400	18,200	26,000
Twn Car	950	3050	5100	10,200	17,900	25,500
Sub Sed	550	1800	3000	6000	10,500	15,000

1924
Model 34, 6-cyl., 34 hp, 132" wb

	6	5	4	3	2	1
Spt Spds	1350	4300	7200	14,400	25,200	36,000
4P Spds	1300	4200	7000	14,000	24,500	35,000
4P Phae	1150	3600	6000	12,000	21,000	30,000
4P Conv Phae	1150	3700	6200	12,400	21,700	31,000
7P Conv Phae	1200	3850	6400	12,800	22,400	32,000
4P Cpe	650	2100	3500	7000	12,300	17,500
4P Sed	550	1800	3000	6000	10,500	15,000
7P Sed	600	1900	3200	6400	11,200	16,000
Sub Sed	550	1800	3000	6000	10,500	15,000
Limo	1000	3100	5200	10,400	18,200	26,000
Twn Car	950	3050	5100	10,200	17,900	25,500

NOTE: The Phaeton (Phae) is a touring car; the convertible Phaeton (Conv Phae) is a convertible sedan with glass slide-in windows.

The following Marmon models are authentic Classic Cars: all 16-cyl., all Models 74 (1925-26); all Models 75 (1927); all Models E75 (1928), 1930 "Big Eight" and 1931 Model "88" and "Big Eight".

1925
Model D-74, 6-cyl., 34 hp, 136" wb

	6	5	4	3	2	1
R/S Rds	1850	5900	9800	19,600	34,300	49,000
5P Phae	1900	6100	10,200	20,400	35,700	51,000
7P Tr	1600	5050	8400	16,800	29,400	42,000
Std Sed	750	2400	4000	8000	14,000	20,000
Brgm Cpe	750	2450	4100	8200	14,400	20,500
DeL Cpe	800	2500	4200	8400	14,700	21,000
DeL Sed	750	2450	4100	8200	14,400	20,500
7P DeL Sed	800	2500	4200	8400	14,700	21,000
5P Sed Limo	800	2500	4200	8400	14,700	21,000
7P Sed Limo	800	2500	4200	8400	14,700	21,000
7P Std Sed	750	2450	4100	8200	14,400	20,500
4P Vic Cpe	750	2450	4100	8200	14,400	20,500
2P Std Cpe	800	2500	4200	8400	14,700	21,000

1926
Model D-74, 6-cyl., 34 hp, 136" wb

	6	5	4	3	2	1
2P Spds	1850	5900	9800	19,600	34,300	49,000
5P Phae	1900	6100	10,200	20,400	35,700	51,000

Marmon 279

	6	5	4	3	2	1
7P Tr	1600	5050	8400	16,800	29,400	42,000
Std Cpe	800	2500	4200	8400	14,700	21,000
Std Sed	750	2400	4000	8000	14,000	20,000
5P Del Sed	750	2450	4100	8200	14,400	20,500
7P Del Sed	800	2500	4200	8400	14,700	21,000
Std Vic	800	2600	4300	8600	15,100	21,500
Std Brgm	750	2450	4100	8200	14,400	20,500
5P DeL Limo	800	2600	4300	8600	15,100	21,500
7P DeL Limo	850	2650	4400	8800	15,400	22,000
Spl Brgm	800	2500	4200	8400	14,700	21,000
7P Spl Sed	800	2500	4200	8400	14,700	21,000
5P Spl Sed	750	2450	4100	8200	14,400	20,500

1927
Little Marmon Series, 8-cyl., 24 hp

	6	5	4	3	2	1
2P Spds	850	2650	4400	8800	15,400	22,000
4P Spds	800	2500	4200	8400	14,700	21,000
4 dr Sed	500	1550	2600	5200	9100	13,000
2 dr Sed	450	1500	2500	5000	8800	12,500
R/S Cpe	550	1800	3000	6000	10,500	15,000
Coll Rds Cpe	850	2650	4400	8800	15,400	22,000
4P Brgm	500	1600	2700	5400	9500	13,500

E-75 Series (Factory-body), 6-cyl., 34 hp, 136" wb

	6	5	4	3	2	1
5P Sed	800	2600	4300	8600	15,100	21,500
7P Sed	850	2650	4400	8800	15,400	22,000
5P Brgm	850	2700	4500	9000	15,800	22,500
R/M Cpe	850	2750	4600	9200	16,100	23,000
Twn Cpe	900	2800	4700	9400	16,500	23,500
Vic	900	2900	4800	9600	16,800	24,000
4P Spds	1750	5650	9400	18,800	32,900	47,000
2P Spds	1950	6250	10,400	20,800	36,400	52,000

E-75 Series (Custom Body), 6-cyl., 136" wb

	6	5	4	3	2	1
7P Sed	1000	3250	5400	10,800	18,900	27,000
5P Sed	1000	3100	5200	10,400	18,200	26,000
Limo	1000	3200	5300	10,600	18,600	26,500
7P Spds	2350	7450	12,400	24,800	43,400	62,000

1928
Series 68, 8-cyl., 24 hp, 114" wb

	6	5	4	3	2	1
Rdst	1200	3850	6400	12,800	22,400	32,000
Sed	500	1600	2700	5400	9500	13,500
Cpe	600	1850	3100	6200	10,900	15,500
Vic	600	1900	3200	6400	11,200	16,000

Series 78, 8-cyl., 28 hp, 120" wb

	6	5	4	3	2	1
Cpe	650	2050	3400	6800	11,900	17,000
Sed	550	1750	2900	5800	10,200	14,500
Rds	1200	3850	6400	12,800	22,400	32,000
Spds	1250	3950	6600	13,200	23,100	33,000
Coll Cpe	850	2750	4600	9200	16,100	23,000
Vic Cpe	700	2150	3600	7200	12,600	18,000

Series 75 Standard Line, 6-cyl., 34 hp

	6	5	4	3	2	1
Twn Cpe	850	2750	4600	9200	16,100	23,000
2P Spds	1400	4450	7400	14,800	25,900	37,000
Cpe	800	2500	4200	8400	14,700	21,000
Vic	850	2650	4400	8800	15,400	22,000
Cpe Rds	1000	3100	5200	10,400	18,200	26,000
Brgm	800	2500	4200	8400	14,700	21,000
5P Sed	750	2400	4000	8000	14,000	20,000
7P Sed	750	2450	4100	8200	14,400	20,500

Series 75 Custom Line, 6-cyl., 34 hp

	6	5	4	3	2	1
4P Spds	1950	6250	10,400	20,800	36,400	52,000
7P Spds	1900	6100	10,200	20,400	35,750	51,000
5P Sed	750	2400	4000	8000	14,000	20,000
7P Sed	800	2500	4200	8400	14,700	21,000
Limo	800	2600	4300	8600	15,100	21,500

1929
Series 68, 8-cyl., 28 hp, 114" wb

	6	5	4	3	2	1
Sed	550	1700	2800	5600	9800	14,000
Coll Cpe	850	2750	4600	9200	16,100	23,000
Cpe	600	1900	3200	6400	11,200	16,000
Rds	1200	3850	6400	12,800	22,400	32,000
Vic Cpe	600	2000	3300	6600	11,600	16,500

Series 78, 8-cyl., 28 hp, 120" wb

	6	5	4	3	2	1
Sed	550	1750	2900	5800	10,200	14,500
Cpe	650	2050	3400	6800	11,900	17,000
Vic Cpe	700	2150	3600	7200	12,600	18,000
Coll Cpe	1000	3250	5400	10,800	18,900	27,000
Rds	1300	4100	6800	13,600	23,800	34,000

	6	5	4	3	2	1
6P Spds	1450	4550	7600	15,200	26,600	38,000
Marmon Roosevelt, 8-cyl., 24 hp, 112.75" wb						
Sed	500	1550	2600	5200	9100	13,000
Cpe	500	1600	2700	5400	9500	13,500
Vic Cpe	550	1700	2800	5600	9800	14,000
Coll Cpe	750	2400	4000	8000	14,000	20,000

1930
Model 8-79, 8-cyl., 32.5 hp, 125" wb

	6	5	4	3	2	1
Sed	550	1700	2800	5600	9800	14,000
R/S Cpe	650	2050	3400	6800	11,900	17,000
Phae	1650	5300	8800	17,600	30,800	44,000
Conv	1600	5050	8400	16,800	29,400	42,000
Brgm	550	1750	2900	5800	10,200	14,500
Clb Sed	450	1500	2500	5000	8800	12,500
Model "Big Eight", 8-cyl., 34 hp, 136" wb						
5P Sed	1000	3100	5200	10,400	18,200	26,000
R/S Cpe	1200	3850	6400	12,800	22,400	32,000
7P Tr	1900	6100	10,200	20,400	35,700	51,000
Conv Sed	2350	7450	12,400	24,800	43,400	62,000
7P Sed	1000	3200	5300	10,600	18,600	26,500
Limo	1000	3250	5400	10,800	18,900	27,000
Brgm	1000	3200	5300	10,600	18,600	26,500
Clb Sed	1100	3500	5800	11,600	20,300	29,000
Model 8-69, 8-cyl., 25.5 hp, 118" wb						
Sed	500	1600	2700	5400	9500	13,500
Cpe	550	1750	2900	5800	10,200	14,500
Phae	1600	5050	8400	16,800	29,400	42,000
Conv	1500	4800	8000	16,000	28,000	40,000
Brgm	550	1700	2800	5600	9800	14,000
Clb Sed	550	1700	2800	5600	9800	14,000
Marmon Roosevelt, 8-cyl., 24 hp, 112.75" wb						
Sed	500	1550	2600	5200	9100	13,000
R/S Cpe	500	1600	2700	5400	9500	13,500
Vic Cpe	550	1700	2800	5600	9800	14,000
Conv	1000	3250	5400	10,800	18,900	27,000

1931
Model "Big Eight" (First Series), 8-cyl., 33.8 hp, 136" wb

	6	5	4	3	2	1
5P Sed	1000	3100	5200	10,400	18,200	26,000
Cpe	1200	3850	6400	12,800	22,400	32,000
Tr	1600	5150	8600	17,200	30,100	43,000
Conv Sed	2150	6850	11,400	22,800	39,900	57,000
Weyman Sed	—				value inestimable	
7P Sed	1000	3200	5300	10,600	18,600	26,500
Limo	1000	3250	5400	10,800	18,900	27,000
Brgm	1000	3200	5300	10,600	18,600	26,500
Clb Sed	1100	3500	5800	11,600	20,300	29,000
Model 8-79 (First Series), 8-cyl., 32.5 hp, 125" wb						
5P Sed	550	1700	2800	5600	9800	14,000
Cpe	650	2050	3400	6800	11,900	17,000
Phae	1550	4900	8200	16,400	28,700	41,000
Conv Cpe	1350	4300	7200	14,400	25,200	36,000
Brgm	550	1750	2900	5800	10,200	14,500
Clb Sed	500	1600	2700	5400	9500	13,500
Model 8-69 (First Series), 8-cyl., 25.3 hp, 118" wb						
Sed	500	1550	2600	5200	9100	13,000
Cpe	550	1800	3000	6000	10,500	15,000
Phae	1450	4550	7600	15,200	26,600	38,000
Conv Cpe	1300	4200	7000	14,000	24,500	35,000
Brgm	550	1700	2800	5600	9800	14,000
Clb Sed	550	1700	2800	5600	9800	14,000
Marmon Roosevelt (First Series), 8-cyl., 25.3 hp, 112.75" wb						
Sed	500	1550	2600	5200	9100	13,000
Cpe	500	1600	2700	5400	9500	13,500
Vic Cpe	550	1700	2800	5600	9800	14,000
Conv Cpe	1000	3250	5400	10,800	18,900	27,000
Model 70 (Second Series), 8-cyl., 25.3 hp, 112.75" wb						
Sed	450	1450	2400	4800	8400	12,000
Cpe	500	1550	2600	5200	9100	13,000
Vic Cpe	500	1600	2700	5400	9500	13,500
Conv Cpe	1000	3200	5300	10,600	18,600	26,500

NOTE: Effective with release of the Second Series on January 1, 1931 the Roosevelt became the Marmon Model 70.

Model 88 (Second Series), 8-cyl., 33.8 hp, 130"-136" wb

	6	5	4	3	2	1
5P Sed	1050	3300	5500	11,000	19,300	27,500
Cpe	1050	3350	5600	11,200	19,600	28,000

	6	5	4	3	2	1
Conv Cpe	1950	6250	10,400	20,800	36,400	52,000
Spl Sed	1050	3350	5600	11,200	19,600	28,000
Clb Sed	1000	3250	5400	10,800	18,900	27,000
Tr	1750	5650	9400	18,800	32,900	47,000
Spl Cpe	1150	3650	6100	12,200	21,400	30,500
7P Sed	1050	3300	5500	11,000	19,300	27,500
Limo	1200	3800	6300	12,600	22,100	31,500

Series 16 (Second Series), 16-cyl., 62.5 hp, 145" wb

	6	5	4	3	2	1
5P Sed	2400	7700	12,800	25,600	44,800	64,000
2P Cpe	2500	7900	13,200	26,400	46,200	66,000
5P Cpe	2500	7900	13,200	26,400	46,200	66,000
Conv Cpe	5250	16,800	28,000	56,000	98,000	140,000
Conv Sed	6000	19,200	32,000	64,000	112,000	160,000
7P Sed	2550	8150	13,600	27,200	47,600	68,000
Limo	2650	8400	14,000	28,000	49,000	70,000
C.C. Sed	2650	8400	14,000	28,000	49,000	70,000

1932
Series 70, 8-cyl., 25.3 hp, 112.75" wb

	6	5	4	3	2	1
Sed	500	1600	2700	5400	9500	13,500
Cpe	550	1700	2800	5600	9800	14,000

Series 125, 8-cyl., 33.8 hp, 125" wb

	6	5	4	3	2	1
Sed	550	1800	3000	6000	10,500	15,000
Cpe	650	2050	3400	6800	11,900	17,000
Conv Cpe	1650	5300	8800	17,600	30,800	44,000

Series 16, 16-cyl., 62.5 hp, 145" wb

	6	5	4	3	2	1
Sed	2500	7900	13,200	26,400	46,200	66,000
Cpe	2500	7900	13,200	26,400	46,200	66,000
2 dr Cpe	2500	7900	13,200	26,400	46,200	66,000
Conv Cpe	5450	17,400	29,000	58,000	101,500	145,000
Conv Sed	6400	20,400	34,000	68,000	119,000	170,000
Sed	2650	8400	14,000	28,000	49,000	70,000
Limo	2650	8400	14,000	28,000	49,000	70,000
C.C. Sed	2650	8400	14,000	28,000	49,000	70,000

1933
Series 16, 16-cyl., 62.5 hp, 145" wb

	6	5	4	3	2	1
Sed	2500	7900	13,200	26,400	46,200	66,000
2P Cpe	2550	8150	13,600	27,200	47,600	68,000
5P Cpe	2650	8400	14,000	28,000	49,000	70,000
Conv Cpe	5650	18,000	30,000	60,000	105,000	150,000
Conv Sed	6750	21,600	36,000	72,000	126,000	180,000
Sed	2700	8650	14,400	28,800	50,400	72,000
Limo	2800	8900	14,800	29,600	51,800	74,000
C.C. Sed	2650	8400	14,000	28,000	49,000	70,000

NOTE: Marmon discontinued after close of 1933 model year.

MERCURY

1939 Mercury coupe

Mercury

1939
Series 99A, V-8, 116" wb

	6	5	4	3	2	1
Conv	1000	3250	5400	10,800	18,900	27,000
Cpe	450	1500	2500	5000	8800	12,500
2 dr Sed	450	1050	1650	3500	6400	9200
4 dr Sed	450	1050	1700	3550	6500	9300

1940
Series O9A, V-8, 116" wb

Conv	1000	3100	5200	10,400	18,200	26,000
Conv Sed	900	2900	4800	9600	16,800	24,000
Cpe	450	1450	2400	4800	8400	12,000
2 dr Sed	450	1050	1700	3550	6500	9300
4 dr Sed	450	1050	1700	3600	6600	9400

1941
Series 19A, V-8, 118" wb

Conv	950	3000	5000	10,000	17,500	25,000
Bus Cpe	450	950	1600	3250	6150	8800
5P Cpe	450	1050	1700	3550	6500	9300
6P Cpe	450	1150	1900	3850	6850	9800
2 dr Sed	450	950	1600	3250	6150	8800
4 dr Sed	450	1000	1650	3350	6300	9000
Sta Wag	1000	3250	5400	10,800	18,900	27,000

1942
Series 29A, V-8, 118" wb

Conv	850	2750	4600	9200	16,100	23,000
Bus Cpe	400	1300	2150	4300	7500	10,700
6P Cpe	400	1300	2200	4400	7700	11,000
2 dr Sed	350	850	1500	2950	5800	8300
4 dr Sed	350	900	1550	3000	5850	8400
Sta Wag	1000	3100	5200	10,400	18,200	26,000

NOTE: Add 10 percent for liquamatic drive models.

1946-1948
Series 69M, V-8, 118" wb

Conv	850	2750	4600	9200	16,100	23,000
6P Cpe	400	1350	2250	4500	7800	11,200
2 dr Sed	350	850	1500	2900	5700	8200
4 dr Sed	350	800	1450	2750	5600	8000
Sta Wag	1000	3250	5400	10,800	18,900	27,000
Sptsman Conv (46-47 only)	1750	5500	9200	18,400	32,200	46,000

1949-1950
Series OCM, V-8, 118" wb

Conv	700	2300	3800	7600	13,300	19,000
Cpe	400	1200	2000	3950	7000	10,000
Clb Cpe	400	1250	2100	4200	7400	10,500
Mon Cpe (1950 only)	400	1300	2200	4400	7700	11,000
4 dr Sed	350	900	1550	3050	5900	8500
Sta Wag	750	2400	4000	8000	14,000	20,000

1951
Mercury, V-8, 118" wb

4 dr Sed	350	900	1550	3100	6000	8600
Cpe	400	1200	2000	3950	7000	10,000
Conv	750	2400	4000	8000	14,000	20,000
Sta Wag	800	2500	4200	8400	14,700	21,000

Monterey, V-8, 118" wb

Clth Cpe	450	1400	2300	4600	8100	11,500
Lthr Cpe	450	1450	2400	4800	8400	12,000

1952 Mercury Monterey Conv

1952-1953
Mercury Custom, V-8, 118" wb

	6	5	4	3	2	1
Sta Wag (1952 only)	450	1000	1650	3350	6300	9000
4 dr Sed	350	700	1150	2300	4550	6500
2 dr Sed	350	700	1100	2300	4500	6400
2 dr HdTp	400	1250	2100	4200	7400	10,500

Monterey Special Custom, V-8, 118" wb

4 dr Sed	350	750	1250	2350	5000	7100
2 dr HdTp	400	1300	2200	4400	7700	11,000
Conv	750	2400	4000	8000	14,000	20,000
Sta Wag (1953 only)	450	1000	1650	3350	6300	9000

1954
Mercury Custom, V-8, 118" wb

4 dr Sed	350	700	1150	2300	4600	6600
2 dr Sed	350	700	1150	2300	4550	6500
2 dr HdTp	450	1450	2400	4800	8400	12,000

Monterey Special Custom, V-8, 118" wb

4 dr Sed	350	750	1300	2400	5200	7400
SV Cpe	650	2050	3400	6800	11,900	17,000
2 dr HdTp	500	1550	2600	5200	9100	13,000
Conv	850	2650	4400	8800	15,400	22,000
Sta Wag	400	1200	2000	3950	7000	10,000

NOTE: Overhead valve V-8 introduced.

1955
Custom Series, V-8, 119" wb

4 dr Sed	350	700	1100	2300	4500	6400
2 dr Sed	200	675	1100	2250	4400	6300
2 dr HdTp	550	1800	3000	6000	10,500	15,000
Sta Wag	350	750	1300	2450	5250	7500

Monterey Series, V-8, 119" wb

4 dr Sed	350	750	1350	2600	5400	7700
2 dr HdTp	600	1900	3200	6400	11,200	16,000
Sta Wag	350	800	1450	2750	5600	8000

Montclair Series, V-8, 119" wb

4 dr Sed	350	900	1550	3050	5900	8500
2 dr HdTp	700	2300	3800	7600	13,300	19,000
2 dr HdTp SV	850	2750	4600	9200	16,100	23,000
Conv	1050	3350	5600	11,200	19,600	28,000

1956 Mercury Medalist 2dr sedan

1956
Medalist Series, V-8, 119" wb

4 dr Sed	200	650	1050	2250	4200	6000
2 dr Sed	200	650	1050	2250	4200	6000
2 dr HdTp	500	1550	2600	5200	9100	13,000

Custom Series, V-8, 119" wb

4 dr Sed	350	700	1150	2300	4550	6500
2 dr Sed	350	700	1150	2300	4550	6500
2 dr HdTp	550	1800	3000	6000	10,500	15,000
4 dr HdTp	400	1300	2200	4400	7700	11,000
Conv	1000	3100	5200	10,400	18,200	26,000

	6	5	4	3	2	1
4 dr Sta Wag	350	750	1300	2450	5250	7500
2 dr Sta Wag	350	800	1450	2750	5600	8000
Monterey Series, V-8, 119" wb						
4 dr Sed	350	750	1250	2400	5100	7300
4 dr Spt Sed	350	750	1300	2450	5250	7500
2 dr HdTp	600	1900	3200	6400	11,200	16,000
4 dr HdTp	450	1400	2300	4600	8100	11,500
4 dr Sta Wag	350	900	1550	3050	5900	8500
Montclair Series, V-8, 119" wb						
4 dr Spt Sed	450	1100	1700	3650	6650	9500
2 dr HdTp	700	2150	3600	7200	12,600	18,000
4 dr HdTp	450	1450	2400	4800	8400	12,000
Conv	1100	3500	5800	11,600	20,300	29,000
1957						
Monterey Series, V-8, 122" wb						
4 dr Sed	350	700	1100	2300	4500	6400
4 dr HdTp	350	800	1450	2750	5600	8000
2 dr Sed	200	675	1100	2250	4400	6300
2 dr HdTp	550	1800	3000	6000	10,500	15,000
Conv	800	2500	4200	8400	14,700	21,000
Montclair Series, V-8, 122" wb						
4 dr Sed	350	700	1150	2300	4550	6500
4 dr HdTp	350	900	1550	3050	5900	8500
2 dr HdTp	650	2050	3400	6800	11,900	17,000
Conv	950	3000	5000	10,000	17,500	25,000
Turnpike Cruiser, V-8, 122" wb						
4 dr HdTp	500	1550	2600	5200	9100	13,000
2 dr HdTp	750	2400	4000	8000	14,000	20,000
Conv	1100	3500	5800	11,600	20,300	29,000
Station Wagons, V-8, 122" wb						
Voy 2 dr HdTp	500	1550	2600	5200	9100	13,000
Voy 4 dr HdTp	450	1450	2400	4800	8400	12,000
Com 2 dr HdTp	550	1700	2800	5600	9800	14,000
Com 4 dr HdTp	500	1550	2600	5200	9100	13,000
Col Pk 4 dr HdTp	550	1800	3000	6000	10,500	15,000
1958						
Mercury, V-8, 122" wb						
4 dr Sed	200	675	1050	2250	4300	6100
2 dr Sed	200	650	1050	2250	4200	6000
Monterey, V-8, 122" wb						
4 dr Sed	200	675	1050	2250	4350	6200
4 dr HdTp	350	725	1200	2350	4800	6800
2 dr Sed	200	675	1050	2250	4300	6100
2 dr HdTp	500	1550	2600	5200	9100	13,000
Conv	800	2500	4200	8400	14,700	21,000
Montclair, V-8, 122" wb						
4 dr Sed	200	675	1100	2250	4400	6300
4 dr HdTp	350	750	1250	2400	5100	7300
2 dr HdTp	550	1700	2800	5600	9800	14,000
Conv	850	2750	4600	9200	16,100	23,000
Turnpike Cruiser, V-8, 122" wb						
4 dr HdTp	450	1450	2400	4800	8400	12,000
2 dr HdTp	700	2150	3600	7200	12,600	18,000
Station Wagons, V-8, 122" wb						
Voy 2 dr HdTp	450	1450	2400	4800	8400	12,000
Voy 4 dr HdTp	400	1300	2200	4400	7700	11,000
Com 2 dr HdTp	500	1550	2600	5200	9100	13,000
Col Pk 4 dr HdTp	450	1450	2400	4800	8400	12,000
Com 4 dr HdTp	550	1700	2800	5600	9800	14,000
Parklane, V-8, 125" wb						
4 dr HdTp	500	1550	2600	5200	9100	13,000
2 dr HdTp	650	2050	3400	6800	11,900	17,000
Conv	1050	3350	5600	11,200	19,600	28,000
1959						
Monterey, V-8, 126" wb						
4 dr Sed	200	675	1050	2250	4350	6200
4 dr HdTp	350	750	1200	2350	4900	7000
2 dr Sed	200	675	1050	2250	4300	6100
2 dr HdTp	550	1700	2800	5600	9800	14,000
Conv	700	2300	3800	7600	13,300	19,000
Montclair, V-8, 126" wb						
4 dr Sed	350	700	1100	2300	4500	6400
4 dr HdTp	350	750	1300	2450	5250	7500
2 dr HdTp	600	1900	3200	6400	11,200	16,000
Parklane, V-8, 128" wb						
4 dr HdTp	450	1100	1700	3650	6650	9500

Mercury 285

	6	5	4	3	2	1
2 dr HdTp	650	2050	3400	6800	11,900	17,000
Conv	850	2650	4400	8800	15,400	22,000
Country Cruiser Station Wagons, V-8, 126" wb						
Com 2 dr HdTp	450	1450	2400	4800	8400	12,000
Com 4 dr HdTp	400	1300	2200	4400	7700	11,000
Voy 4 dr HdTp	450	1450	2400	4800	8400	12,000
Col Pk 4 dr HdTp	500	1550	2600	5200	9100	13,000

1960
Comet, 6-cyl., 114" wb

4 dr Sed	350	700	1100	2300	4500	6400
2 dr Sed	200	675	1100	2250	4400	6300
4 dr Sta Wag	200	675	1050	2250	4350	6200
2 dr Sta Wag	200	675	1050	2250	4350	6200
Monterey, V-8, 126" wb						
4 dr Sed	200	675	1050	2250	4300	6100
4 dr HdTp	350	750	1300	2450	5250	7500
2 dr Sed	200	650	1050	2250	4200	6000
2 dr HdTp	450	1450	2400	4800	8400	12,000
Conv	700	2300	3800	7600	13,300	19,000
Country Cruiser Station Wagons, V-8, 126" wb						
Com 4 dr HdTp	400	1300	2200	4400	7700	11,000
Col Pk 4 dr HdTp	450	1450	2400	4800	8400	12,000
Montclair, V-8, 126" wb						
4 dr Sed	350	700	1150	2300	4550	6500
4 dr HdTp	450	1000	1650	3350	6300	9000
2 dr HdTp	500	1550	2600	5200	9100	13,000
Parklane, V-8, 126" wb						
4 dr HdTp	450	1100	1700	3650	6650	9500
2 dr HdTp	550	1800	3000	6000	10,500	15,000
Conv	850	2750	4600	9200	16,100	23,000

1961
Comet, 6-cyl., 114" wb

4 dr Sed	200	550	900	2150	3800	5400
2 dr Sed	200	550	900	2100	3700	5300
S-22 Cpe	350	900	1550	3050	5900	8500
4 dr Sta Wag	200	550	900	2150	3800	5400
2 dr Sta Wag	200	550	900	2100	3700	5300
Meteor 600, V-8, 120" wb						
4 dr Sed	200	550	900	2100	3700	5300
2 dr Sed	200	550	900	2000	3600	5200
Meteor 800, V-8, 120" wb						
4 dr Sed	200	600	950	2150	3850	5500
4 dr HdTp	200	600	950	2200	3900	5600
2 dr Sed	200	550	900	2150	3800	5400
2 dr HdTp	200	650	1050	2250	4200	6000
Monterey, V-8, 120" wb						
4 dr Sed	200	650	1000	2200	4150	5900
4 dr HdTp	200	650	1050	2250	4200	6000
2 dr HdTp	350	750	1200	2350	4900	7000
Conv	400	1200	2000	3950	7000	10,000
Station Wagon, V-8, 120" wb						
Col Pk	200	650	1000	2200	4100	5800
Com	200	600	1000	2200	4000	5700

1962
Comet, 6-cyl.
(Add 10 percent for Custom line)

4 dr Sed	200	550	900	2150	3800	5400
2 dr Sed	200	550	900	2100	3700	5300
4 dr Sta Wag	200	550	900	2100	3700	5300
2 dr Sta Wag	200	550	900	2150	3800	5400
S-22 Cpe	350	900	1550	3050	5900	8500
Vill Sta Wag	200	600	950	2150	3850	5500

Meteor, 8-cyl.
(Deduct 10 percent for 6-cyl. Add 10 percent for Custom line).

4 dr Sed	200	600	950	2150	3850	5500
2 dr Sed	200	550	900	2150	3800	5400
S-33 Cpe	350	750	1300	2450	5250	7500

Monterey, V-8
(Add 10 percent for Custom line)

4 dr Sed	200	600	950	2200	3900	5600
4 dr HdTp Sed	200	600	1000	2200	4000	5700
2 dr Sed	200	550	900	2150	3800	5400
2 dr HdTp	200	650	1050	2250	4200	6000
Sta Wag	200	600	950	2150	3850	5500

Custom S-55 Sport Series, V-8

2 dr HdTp	350	900	1550	3050	5900	8500

Mercury

	6	5	4	3	2	1
Conv	450	1450	2400	4800	8400	12,000

NOTE: Add 30 percent for 406.

1963
Comet, 6-cyl.
(Add 10 percent for Custom line)

	6	5	4	3	2	1
4 dr Sed	200	550	900	2150	3800	5400
2 dr Sed	200	550	900	2100	3700	5300
Cus HdTp	350	750	1200	2350	4900	7000
Cus Conv	450	1000	1650	3350	6300	9000
S-22 Cpe	350	900	1550	3050	5900	8500
S-22 HdTp	450	1000	1650	3350	6300	9000
S-22 Conv	450	1450	2400	4800	8400	12,000
4 dr Sta Wag	200	550	900	2100	3700	5300
2 dr Sta Wag	200	550	900	2100	3700	5300
Vill Sta Wag	200	600	1000	2200	4000	5700

Meteor, V-8
(Deduct 10 percent for 6-cyl. Add 10 percent for Custom line).

	6	5	4	3	2	1
4 dr Sed	200	600	950	2150	3850	5500
2 dr Sed	200	550	900	2150	3800	5400
Sta Wag	200	550	900	2100	3700	5300
Cus HdTp	200	650	1050	2250	4200	6000
S-33 HdTp	350	750	1300	2450	5250	7500

Monterey, V-8
(Add 10 percent for Custom line)

	6	5	4	3	2	1
4 dr Sed	200	600	1000	2200	4000	5700
4 dr HdTp	200	650	1050	2250	4200	6000
2 dr Sed	200	600	950	2200	3900	5600
2 dr HdTp	200	675	1050	2250	4300	6100
Cus Conv	350	750	1250	2400	5050	7200
S-55 2 dr HdTp	450	1000	1650	3350	6300	9000
S-55 Conv	500	1550	2600	5200	9100	13,000
Maraud FsBk	350	800	1450	2750	5600	8000
Mar S-55 FsBk	450	1100	1700	3650	6650	9500
Col Pk	200	650	1050	2250	4200	6000

NOTES: Add 30 percent for 406.
Add 40 percent for 427.

1964 Mercury, Montclair 4 dr fastback sedan, V8

1964
Comet, 6-cyl., 114" wb

	6	5	4	3	2	1
4 dr Sed	200	500	850	1900	3500	5000
2 dr Sed	200	500	850	1850	3350	4900
Sta Wag	150	450	800	1800	3300	4800

Comet 404, 6-cyl., 114" wb

	6	5	4	3	2	1
4 dr Sed	200	500	850	1950	3600	5100
2 dr Sed	200	500	850	1900	3500	5000
2 dr HdTp	200	650	1050	2250	4200	6000
Conv	450	1100	1700	3650	6650	9500
DeL Wag	150	450	800	1800	3300	4800
Sta Wag	150	450	800	1750	3250	4700

Comet Caliente, V-8 cyl., 114" wb

	6	5	4	3	2	1
4 dr Sed	200	550	900	2000	3600	5200
2 dr HdTp	350	900	1550	3050	5900	8500
Conv	400	1300	2200	4400	7700	11,000

Comet Cyclone, V-8 cyl., 114" wb

	6	5	4	3	2	1
2 dr HdTp	400	1250	2100	4200	7400	10,500

NOTE: Deduct 25 percent for 6-cyl. Caliente.

Monterey, V-8

	6	5	4	3	2	1
4 dr Sed	200	500	850	1850	3350	4900

Mercury   287

	6	5	4	3	2	1
4 dr HdTp	200	500	850	1950	3600	5100
2 dr Sed	150	450	800	1800	3300	4800
2 dr HdTp	200	550	900	2100	3700	5300
FsBk	200	650	1000	2200	4100	5800
Conv	450	1100	1700	3650	6650	9500
Montclair, V-8, 120" wb						
4 dr Sed	200	500	850	1900	3500	5000
4 dr HdTp	200	550	900	2100	3700	5300
2 dr HdTp	350	700	1150	2300	4550	6500
FsBk	350	750	1200	2350	4900	7000
Parklane, V-8, 120" wb						
4 dr Sed	200	550	900	2000	3600	5200
4 dr HdTp	200	600	950	2150	3850	5500
4 dr FsBk	350	700	1150	2300	4550	6500
2 dr HdTp	350	750	1300	2450	5250	7500
2 dr FsBk	350	900	1550	3050	5900	8500
Conv	450	1450	2400	4800	8400	12,000
Station Wagon, V-8, 120" wb						
Col Pk	200	550	900	2150	3800	5400
Com	200	550	900	2100	3700	5300

NOTES: Add 10 percent for Marauder.
Add 40 percent for 427 Super Marauder.

1965
Comet 202, V-8, 114" wb
(Deduct 20 percent for 6 cyl.)

	6	5	4	3	2	1
4 dr Sed	200	500	850	1950	3600	5100
2 dr Sed	200	500	850	1900	3500	5000
Sta Wag	200	500	850	1950	3600	5100
Comet 404						
4 dr Sed	200	550	900	2000	3600	5200
2 dr Sed	200	500	850	1950	3600	5100
Vill Wag	200	550	900	2000	3600	5200
Sta Wag	200	500	850	1950	3600	5100
Comet Caliente, V-8, 114" wb						
(Deduct 20 percent for 6 cyl.)						
4 dr Sed	200	550	900	2100	3700	5300
2 dr HdTp	350	750	1200	2350	4900	7000
Conv	400	1200	2000	3950	7000	10,000
Comet Cyclone, V-8, 114" wb						
2 dr HdTp	400	1300	2200	4400	7700	11,000
Monterey, V-8, 123" wb						
4 dr Sed	200	600	950	2150	3850	5500
4 dr HdTp	200	650	1000	2200	4100	5800
Brzwy	200	650	1000	2200	4150	5900
2 dr Sed	200	550	900	2150	3800	5400
2 dr HdTp	200	650	1050	2250	4200	6000
Conv	450	1100	1700	3650	6650	9500
Montclair, V-8, 123" wb						
Brzwy	200	675	1050	2250	4350	6200
4 dr HdTp	200	650	1050	2250	4200	6000
2 dr HdTp	350	700	1150	2300	4550	6500
Parklane, V-8, 123" wb						
Brzwy	350	700	1150	2300	4550	6500
4 dr HdTp	200	650	1050	2250	4200	6000
2 dr HdTp	350	750	1200	2350	4900	7000
Conv	400	1250	2100	4200	7400	10,500
Station Wagon, V-8, 119" wb						
Col Pk	200	600	950	2150	3850	5500
Com	200	550	900	2150	3800	5400

NOTE: Add 20 percent for 427 CI engine.

1966
Comet Capri, V8, 116" wb

	6	5	4	3	2	1
4 dr Sed	200	550	900	2000	3600	5200
2 dr HdTp	200	650	1000	2200	4100	5800
Sta Wag	200	550	900	2100	3700	5300
Comet Caliente, V8, 116" wb						
4 dr Sed	200	550	900	2100	3700	5300
2 dr HdTp	350	800	1450	2750	5600	8000
Conv	400	1200	2000	3950	7000	10,000
Comet Cyclone, V8, 116" wb						
2 dr HdTp	350	900	1550	3050	5900	8500
Conv	400	1300	2200	4400	7700	11,000
Comet Cyclone GT/GTA, V8, 116" wb						
2 dr HdTp	400	1300	2200	4400	7700	11,000
Conv	500	1550	2600	5200	9100	13,000

Mercury

Comet 202, V8, 116" wb

	6	5	4	3	2	1
4 dr Sed	200	500	850	1900	3500	5000
2 dr Sed	200	550	900	2000	3600	5200
Sta Wag	200	500	850	1900	3500	5000

Monterey, V-8, 123" wb

4 dr Sed	200	550	900	2100	3700	5300
4 dr Brzwy Sed	200	600	950	2150	3850	5500
4 dr HdTp	200	550	900	2100	3700	5300
2 dr Sed	200	550	900	2100	3700	5300
2 dr HdTp FsBk	200	650	1050	2250	4200	6000
Conv	450	1100	1700	3650	6650	9500

Montclair, V-8, 123" wb

4 dr Sed	200	550	900	2100	3700	5300
4 dr HdTp	200	550	900	2150	3800	5400
2 dr HdTp	200	600	950	2200	3900	5600

Parklane, V-8, 123" wb

4 dr Brzwy Sed	200	650	1050	2250	4200	6000
4 dr HdTp	200	600	950	2200	3900	5600
2 dr HdTp	200	675	1050	2250	4350	6200
Conv	400	1200	2000	3950	7000	10,000

S-55, V-8, 123" wb

2 dr HdTp	350	800	1450	2750	5600	8000
Conv	400	1200	2000	3950	7000	10,000

Station Wagons, V-8, 123" wb

Comm	200	600	950	2150	3850	5500
Col Pk	200	600	1000	2200	4000	5700

NOTE: Add 18 percent for 410 CI engine.
Add 40 percent for 428 CI engine.

1967

Comet 202, V-8, 116" wb

2 dr Sed	200	550	900	2100	3700	5300
4 dr Sed	200	550	900	2150	3800	5400

Capri, V-8, 116" wb

2 dr HdTp	200	600	1000	2200	4000	5700
4 dr Sdn	200	550	900	2100	3700	5300

Caliante, V-8, 116" wb

4 dr Sed	200	650	1000	2200	4100	5800
2 dr HdTp	350	750	1300	2450	5250	7500
Conv	400	1250	2100	4200	7400	10,500

Cyclone, V-8, 116" wb

2 dr HdTp	400	1200	2000	3950	7000	10,000
Conv	500	1550	2600	5200	9100	13,000

Station Wagons, V-8, 113" wb

Voyager	200	550	900	2100	3700	5300
Villager	200	550	900	2150	3800	5400

Cougar, V-8, 11" wb

2 dr HdTp	400	1200	2000	3950	7000	10,000
X-R7 HdTp	400	1300	2200	4400	7700	11,000

Monterey, V-8, 123" wb

4 dr Sed	200	550	900	2100	3700	5300
4 dr Brzwy	200	550	900	2150	3800	5400
Conv	450	1000	1650	3350	6300	9000
2 dr HdTp	200	600	950	2200	3900	5600
4 dr HdTp	200	550	900	2150	3800	5400
4 dr HdTp	200	550	900	2150	3800	5400

Montclair, V-8, 123" wb

4 dr Sed	200	550	900	2150	3800	5400
4 dr Brzwy	200	600	950	2150	3850	5500
2 dr HdTp	200	600	1000	2200	4000	5700
4 dr HdTp	200	600	950	2150	3850	5500

Parklane, V-8, 123" wb

4 dr Brzwy	200	600	950	2200	3900	5600
Conv	400	1200	2000	3950	7000	10,000
2 dr HdTp	200	650	1000	2200	4100	5800
4 dr HdTp	200	650	1000	2200	4150	5900

Brougham, V-8, 123" wb

4 dr Brzwy	200	650	1050	2250	4200	6000
4 dr HdTp	200	600	1000	2200	4000	5700

Marquis, V-8, 123" wb

2 dr HdTp	350	700	1150	2300	4550	6500

Station Wagons, 119" wb

Commuter	200	600	950	2150	3850	5500
Col Park	200	600	1000	2200	4000	5700

NOTES: Add 10 percent for GT option.
Add 15 percent for S-55 performance package.
Add 40 percent for 427 C.I. engine.
Add 50 percent for 428 cubic inch V-8.

1968
Comet, V-8

	6	5	4	3	2	1
2 dr Hdtp	200	650	1050	2250	4200	6000
Montego, V-8						
4 dr Sed	150	350	750	1450	3000	4200
2 dr HdTp	150	400	750	1650	3150	4500
Montego MX						
Sta Wag	150	400	750	1550	3050	4300
Sed	150	400	750	1550	3050	4300
2 dr HdTp	200	600	950	2150	3850	5500
Conv	350	800	1450	2750	5600	8000
Cyclone, V-8						
Fsbk Cpe	450	1000	1650	3350	6300	9000
2 dr HdTp	350	900	1550	3050	5900	8500
Cyclone GT 427, V-8						
Fsbk Cpe	700	2300	3800	7600	13,300	19,000
2 dr HdTp	700	2150	3600	7200	12,600	18,000
Cyclone GT 428, V-8						
Fsbk Cpe	500	1550	2600	5200	9100	13,000
Cougar, V-8						
HdTp Cpe	400	1200	2000	3950	7000	10,000
XR-7 Cpe	450	1450	2400	4800	8400	12,000

NOTE: Add 10 percent for GTE package.
Add 5 percent for XR-7G.

Monterey, V-8

4 dr Sed	150	400	750	1550	3050	4300
Conv	450	1000	1650	3350	6300	9000
2 dr HdTp	150	400	750	1650	3150	4500
4 dr HdTp	150	400	750	1550	3050	4300
Montclair, V-8						
4 dr Sed	150	400	750	1600	3100	4400
2 dr HdTp	150	450	800	1750	3250	4700
4 dr HdTp	150	400	750	1650	3150	4500
Parklane, V-8						
4 dr Sed	150	400	750	1650	3150	4500
Conv	400	1250	2100	4200	7400	10,500
2 dr HdTp	200	650	1050	2250	4200	6000
4 dr HdTp	150	450	800	1800	3300	4800
Marquis, V-8						
2 dr HdTp	200	650	1050	2250	4200	6000
Station Wagons, V-8						
Commuter	150	400	750	1650	3150	4500
Col Pk	150	450	800	1750	3250	4700

NOTES: Deduct 5 percent for six-cylinder engine.
Add 5 percent for Brougham package.
Add 5 percent for 'yacht paneling'.
Add 40 percent for '427'.
Add 50 percent for 428.

1969
Comet, 6-cyl.

2 dr HdTp	200	500	850	1900	3500	5000
Montego, 6-cyl.						
Sed	150	300	700	1250	2650	3800
2 dr HdTp	150	350	750	1350	2800	4000
Montego MX, V8						
Sed	150	300	750	1350	2700	3900
2 dr HdTp	200	500	850	1900	3500	5000
Conv	350	700	1150	2300	4550	6500
Sta Wag	150	300	700	1250	2650	3800
Cyclone, V-8						
2 dr HdTp	350	800	1450	2750	5600	8000
Cyclone CJ, V-8						
2 dr HdTp	450	1000	1650	3350	6300	9000
Cougar, V-8						
2 dr HdTp	450	1000	1650	3350	6300	9000
Conv	400	1250	2100	4200	7400	10,500
XR-7	400	1200	2000	3950	7000	10,000
XR-7 Conv	450	1400	2300	4600	8100	11,500

NOTE: Add 45 percent for Eliminator 428 V-8 option.

Monterey, V-8

Sed	150	300	700	1250	2650	3800
4 dr HdTp	150	300	750	1350	2700	3900
2 dr HdTp	150	350	750	1450	3000	4200
Conv	200	600	950	2150	3850	5500
Sta Wag	150	300	700	1250	2650	3800

Mercury

Marauder, V-8	6	5	4	3	2	1
2 dr HdTp	200	650	1050	2250	4200	6000
X-100 HdTp	350	800	1450	2750	5600	8000
Marquis, V-8						
Sed	150	300	750	1350	2700	3900
4 dr HdTp	150	350	750	1350	2800	4000
2 dr HdTp	200	600	950	2150	3850	5500
Conv	400	1200	2000	3950	7000	10,000
Sta Wag	150	300	750	1350	2700	3900
Marquis Brgm, V-8						
Sed	150	350	750	1350	2800	4000
4 dr HdTp	150	400	750	1650	3150	4500
2 dr HdTp	200	650	1050	2250	4200	6000

NOTES: Add 10 percent for Montego/Comet V-8.
  Add 15 percent for GT option.
  Add 20 percent for GT Spoiler II.
  Add 10 percent for bucket seats (except Cougar).
  Add 10 percent for bench seats (Cougar only).
  Add 40 percent for 'CJ' 428 V-8.
  Add 50 percent for 429.

1970

Montego						
4 dr	150	300	750	1350	2700	3900
2 dr	150	350	750	1350	2800	4000
Montego MX, V-8						
4 dr	150	400	750	1550	3050	4300
2 dr HdTp	150	400	750	1550	3050	4300
Sta Wag	150	350	750	1350	2800	4000
Montego MX Brgm, V-8						
4 dr	150	350	750	1450	3000	4200
4 dr HdTp	150	400	750	1550	3050	4300
2 dr HdTp	150	450	800	1800	3300	4800
Vill Sta Wag	150	350	750	1450	2900	4100
Cyclone, V-8						
2 dr HdTp	350	750	1300	2450	5250	7500
Cyclone GT, V-8						
2 dr HdTp	350	900	1550	3050	5900	8500
Cyclone Spoiler, V-8						
2 dr HdTp	450	1100	1700	3650	6650	9500

NOTE: Add 40 percent for 429 V-8 GT and Spoiler.

Cougar, V-8						
2 dr HdTp	350	900	1550	3050	5900	8500
Conv	400	1200	2000	3950	7000	10,000
Cougar XR-7, V-8						
2 dr HdTp	450	1100	1700	3650	6650	9500
Conv	450	1400	2300	4600	8100	11,500

NOTE: Add 45 percent for Eliminator 428 V-8 option.

Monterey, V-8						
4 dr	150	300	750	1350	2700	3900
4 dr HdTp	150	350	750	1350	2800	4000
2 dr HdTp	150	350	750	1450	2900	4100
Conv	350	700	1150	2300	4550	6500
Sta Wag	150	350	750	1350	2800	4000
Monterey Custom, V-8						
4 dr	150	350	750	1350	2800	4000
4 dr HdTp	150	350	750	1450	2900	4100
2 dr HdTp	150	350	750	1450	3000	4200
Marauder, V-8						
2 dr HdTp	200	650	1050	2250	4200	6000
Marauder X-100, V-8						
2 dr HdTp	350	750	1200	2350	4900	7000
Marquis, V-8						
4 dr	150	350	750	1450	2900	4100
4 dr HdTp	150	350	750	1450	3000	4200
2 dr HdTp	150	400	750	1600	3100	4400
Conv	400	1200	2000	3950	7000	10,000
Sta Wag	150	350	750	1450	2900	4100
Col Pk	150	350	750	1450	3000	4200
Marquis Brgm, V-8						
4 dr	150	350	750	1450	3000	4200
4 dr HdTp	150	400	750	1550	3050	4300
2 dr HdTp	200	500	850	1900	3500	5000

NOTE: Add 30 percent for any 429 engine option.

1971

Comet, V-8						
4 dr	125	200	600	1100	2200	3100

Mercury 291

	6	5	4	3	2	1
2 dr	125	200	600	1100	2250	3200
2 dr GT	150	350	750	1350	2800	4000
Montego, V-8						
4 dr	100	175	525	1050	2100	3000
2 dr HdTp	125	250	700	1150	2400	3400
Montego MX						
4 dr	125	200	600	1100	2200	3100
2 dr HdTp	150	300	700	1250	2600	3700
Sta Wag	125	200	600	1100	2200	3100
Montego MX Brgm						
4 dr	125	200	600	1100	2250	3200
4 dr HdTp	125	250	700	1150	2400	3400
2 dr HdTp	150	300	750	1350	2700	3900
Villager Sta Wag	125	200	600	1100	2250	3200
Cyclone, V-8						
2 dr HdTp	200	650	1050	2250	4200	6000
Cyclone GT, V-8						
2 dr HdTp	350	750	1200	2350	4900	7000
Cyclone Spoiler, V-8						
2 dr HdTp	350	750	1300	2450	5250	7500

NOTE: Add 40 percent for 429 V-8 GT and Spoiler.

	6	5	4	3	2	1
Cougar, V-8						
2 dr HdTp	350	750	1200	2350	4900	7000
Conv	350	800	1450	2750	5600	8000
Cougar XR-7, V-8						
2 dr HdTp	350	900	1550	3050	5900	8500
Conv	450	1100	1700	3650	6650	9500
Monterey, V-8						
4 dr	100	175	525	1050	2100	3000
4 dr HdTp	125	200	600	1100	2200	3100
2 dr HdTp	125	200	600	1100	2250	3200
Sta Wag	100	175	525	1050	2100	3000
Monterey Custom, V-8						
4 dr	125	200	600	1100	2200	3100
4 dr HdTp	125	200	600	1100	2250	3200
2 dr HdTp	125	250	700	1150	2450	3500
Marquis, V-8						
4 dr	125	200	600	1100	2200	3100
4 dr HdTp	125	250	700	1150	2450	3500
2 dr HdTp	150	350	750	1350	2800	4000
Sta Wag	100	175	525	1050	2100	3000
Marquis Brgm						
4 dr	125	200	600	1100	2250	3200
4 dr HdTp	125	250	700	1150	2450	3500
2 dr HdTp	150	400	750	1650	3150	4500
Col Pk	125	250	700	1150	2450	3500

NOTE: Add 30 percent for 429.

1972

	6	5	4	3	2	1
Comet, V-8						
4 dr	125	200	600	1100	2200	3100
2 dr	125	250	700	1150	2450	3500
Montego, V-8						
4 dr	100	175	525	1050	2100	3000
2 dr HdTp	125	250	700	1150	2400	3400
Montego MX, V-8						
4 dr	125	200	600	1100	2250	3200
2 dr HdTp	150	300	750	1350	2700	3900
Sta Wag	125	200	600	1100	2250	3200
Montego Brgm, V-8						
4 dr	125	200	600	1100	2300	3300
2 dr HdTp	150	350	750	1350	2800	4000
Sta Wag	125	200	600	1100	2300	3300
Montego GT, V-8						
2 dr HdTp Fsbk	150	400	750	1650	3150	4500
Cougar, V-8						
2 dr HdTp	350	750	1200	2350	4900	7000
Conv	350	900	1550	3050	5900	8500
Cougar XR-7, V-8						
2 dr HdTp	350	900	1550	3050	5900	8500
Conv	400	1200	2000	3950	7000	10,000
Monterey, V-8						
4 dr	125	200	600	1100	2300	3300
4 dr HdTp	125	250	700	1150	2450	3500
2 dr HdTp	150	350	750	1350	2800	4000
Sta Wag	125	250	700	1150	2450	3500

Mercury

Monterey Custom, V-8	6	5	4	3	2	1
4 dr	125	250	700	1150	2400	3400
4 dr HdTp	150	350	750	1350	2800	4000
2 dr HdTp	150	400	750	1650	3150	4500
Marquis, V-8						
4 dr	125	250	700	1150	2450	3500
4 dr HdTp	150	400	750	1650	3150	4500
2 dr HdTp	200	500	850	1900	3500	5000
Sta Wag	125	250	700	1150	2450	3500
Marquis Brgm, V-8						
4 dr	125	250	700	1150	2500	3600
4 dr HdTp	150	300	700	1250	2600	3700
2 dr HdTp	150	450	800	1800	3300	4800
Col Pk	125	250	700	1150	2500	3600

1973
Comet, V-8						
4 dr	125	200	600	1100	2200	3100
2 dr	125	250	700	1150	2450	3500
Montego, V-8						
4 dr	100	175	525	1050	2100	3000
2 dr HdTp	150	300	700	1250	2650	3800
Montego MX, V-8						
4 dr	125	200	600	1100	2200	3100
2 dr HdTp	150	350	750	1350	2800	4000
Montego MX Brgm, V-8						
4 dr	125	200	600	1100	2250	3200
2 dr HdTp	150	350	750	1450	3000	4200
Montego GT, V-8						
2 dr HdTp	200	500	850	1900	3500	5000
Montego MX						
Village Wag	125	200	600	1100	2250	3200
Cougar, V-8						
2 dr HdTp	350	750	1200	2350	4900	7000
Conv	350	800	1450	2750	5600	8000
Cougar XR-7, V-8						
2 dr HdTp	350	800	1450	2750	5600	8000
Conv	450	1000	1650	3350	6300	9000
Monterey, V-8						
4 dr	100	175	525	1050	2100	3000
2 dr HdTp	125	200	600	1100	2200	3100
Monterey Custom, V-8						
4 dr	125	200	600	1100	2200	3100
2 dr HdTp	150	350	750	1350	2800	4000
Marquis, V-8						
4 dr	125	200	600	1100	2300	3300
4 dr HdTp	125	250	700	1150	2450	3500
2 dr HdTp	150	400	750	1650	3150	4500
Marquis Brgm, V-8						
4 dr	125	250	700	1150	2400	3400
4 dr HdTp	150	350	750	1350	2800	4000
2 dr HdTp	200	500	850	1900	3500	5000
Station Wagon, V-8						
Monterey	125	200	600	1100	2300	3300
Marquis	125	250	700	1150	2400	3400
Col Pk	125	250	700	1150	2450	3500

1974
Comet, V-8						
4 dr	125	200	600	1100	2200	3100
2 dr	125	250	700	1150	2450	3500
Montego, V-8						
4 dr	125	200	600	1100	2250	3200
2 dr HdTp	125	250	700	1150	2500	3600
Montego MX, V-8						
4 dr	125	200	600	1100	2300	3300
2 dr HdTp	150	300	700	1250	2600	3700
Montego MX Brgm, V-8						
4 dr	125	250	700	1150	2400	3400
2 dr HdTp	150	300	750	1350	2700	3900
Villager	125	250	700	1150	2400	3400
Cougar, V-8						
2 dr	200	600	950	2150	3850	5500
Monterey, V-8						
4 dr	125	200	600	1100	2200	3100
2 dr HdTp	150	350	750	1350	2800	4000
Monterey Custom, V-8						
4 dr	125	200	600	1100	2250	3200

Mercury 293

	6	5	4	3	2	1
2 dr HdTp	150	400	750	1650	3150	4500
Marquis, V-8						
4 dr	125	200	600	1100	2300	3300
4 dr HdTp	125	250	700	1150	2450	3500
2 dr HdTp	150	450	800	1800	3300	4800
Marquis Brgm, V-8						
4 dr	125	250	700	1150	2400	3400
4 dr HdTp	150	350	750	1350	2800	4000
2 dr HdTp	200	500	850	1900	3500	5000
Station Wagons, V-8						
Monterey	125	250	700	1150	2450	3500
Marquis	125	250	700	1150	2500	3600
Col Pk	150	300	700	1250	2600	3700

1975 Mercury Cougar XR7

1975

	6	5	4	3	2	1
Bobcat 4-cyl.						
Htchbk	125	250	700	1150	2500	3600
Sta Wag	125	250	700	1150	2450	3500
Comet, V-8						
4 dr	125	200	600	1100	2200	3100
2 dr	125	200	600	1100	2250	3200
Monarch, V-8						
4 dr	125	250	700	1150	2400	3400
2 dr	125	250	700	1150	2450	3500
Monarch Ghia, V-8						
4 dr	125	250	700	1150	2450	3500
2 dr	125	250	700	1150	2500	3600
Monarch Grand Ghia, V-8						
4 dr	150	300	700	1250	2600	3700
Montego, V-8						
4 dr	125	200	600	1100	2300	3300
2 dr	125	250	700	1150	2400	3400
Montego MX, V-8						
4 dr	125	250	700	1150	2400	3400
2 dr	125	250	700	1150	2450	3500
Montego Brgm, V-8						
4 dr	125	250	700	1150	2450	3500
2 dr	125	250	700	1150	2500	3600
Station Wagons, V-8						
Villager	125	250	700	1150	2400	3400
Cougar, V-8						
2 dr HdTp	125	250	700	1150	2500	3600
Marquis, V-8						
4 dr	125	250	700	1150	2400	3400
2 dr	125	250	700	1150	2450	3500
Marquis Brgm, V-8						
4 dr	125	250	700	1150	2450	3500
2 dr	125	250	700	1150	2500	3600
Grand Marquis, V-8						
4 dr	125	250	700	1150	2500	3600
2 dr	150	300	700	1250	2600	3700

294 Mercury

Station Wagons, V-8	6	5	4	3	2	1
Marquis	150	300	700	1250	2600	3700
Col Pk	150	300	700	1250	2650	3800

1976
Bobcat, 4-cyl.
3 dr	125	250	700	1150	2500	3600
Sta Wag	150	300	700	1250	2600	3700

Comet, V-8
4 dr Sed	125	250	700	1150	2450	3500
2 dr Sed	125	250	700	1150	2400	3400

Monarch, V-8
4 dr Sed	125	200	600	1100	2300	3300
2 dr Sed	125	250	700	1150	2400	3400

Monarch Ghia, V-8
4 dr Sed	125	250	700	1150	2450	3500
2 dr Sed	125	250	700	1150	2500	3600

Monarch Grand Ghia, V-8
4 dr Sed	150	300	750	1350	2700	3900

Montego, V-8
4 dr Sed	125	250	700	1150	2500	3600
Cpe	150	300	700	1250	2600	3700

Montego MX, V-8
4 dr Sed	150	300	700	1250	2650	3800
Cpe	150	300	750	1350	2700	3900

Montego Brougham, V-8
4 dr Sed	150	350	750	1350	2800	4000
Cpe	150	350	750	1450	2900	4100

Station Wagons, V-8
Montego MX	150	300	700	1250	2600	3700
Montego Vill	150	300	700	1250	2650	3800

Cougar XR7, V-8
2 dr HdTp	150	300	700	1250	2650	3800

Marquis, V-8
4 dr Sed	125	250	700	1150	2500	3600
Cpe	150	300	700	1250	2600	3700

Marquis Brougham, V-8
4 dr Sed	150	300	700	1250	2650	3800
Cpe	150	300	750	1350	2700	3900

Grand Marquis, V-8
4 dr Sed	150	350	750	1350	2800	4000
Cpe	150	350	750	1450	2900	4100

Station Wagons, V-8
Marquis	150	300	700	1250	2650	3800
Col Pk	150	300	750	1350	2700	3900

1977
Bobcat, 4-cyl.
3 dr	150	300	700	1250	2600	3700
Sta Wag	150	300	700	1250	2650	3800
Vill Wag	150	300	750	1350	2700	3900

NOTE: Add 5 percent for V-6.

Comet, V-8
4 dr Sed	125	250	700	1150	2500	3600
2 dr Sed	150	300	700	1250	2600	3700

Monarch, V-8
4 dr Sed	125	250	700	1150	2400	3400
2 dr Sed	125	250	700	1150	2450	3500

Monarch Ghia, V-8
4 dr Sed	125	250	700	1150	2500	3600
2 dr Sed	150	300	700	1250	2600	3700

Cougar, V-8
4 dr Sed	150	300	700	1250	2650	3800
2 dr Sed	150	300	750	1350	2700	3900

Cougar Brougham, V-8
4 dr Sed	150	300	750	1350	2700	3900
2 dr Sed	150	350	750	1350	2800	4000

Cougar XR7, V-8
2 dr	150	350	750	1450	3000	4200

Station Wagons, V-8
Cougar	150	300	700	1250	2650	3800
Vill	150	300	750	1350	2700	3900

Marquis, V-8
4 dr Sed	150	300	750	1350	2700	3900
2 dr Sed	150	350	750	1350	2800	4000

Marquis Brougham, V-8
4 dr Sed	150	300	750	1350	2700	3900
2 dr Sed	150	350	750	1350	2800	4000

Mercury 295

Grand Marquis, V-8	6	5	4	3	2	1
4 dr HdTp	150	350	750	1450	2900	4100
2 dr HdTp	150	350	750	1450	3000	4200
Station Wagons, V-8						
2S Marquis	150	300	750	1350	2700	3900
3S Marquis	150	350	750	1350	2800	4000

1978
Bobcat

	6	5	4	3	2	1
3 dr Rbt	125	250	700	1150	2500	3600
Sta Wag	150	300	700	1250	2600	3700
Zephyr						
4 dr Sed	125	200	600	1100	2300	3300
2 dr Sed	125	200	600	1100	2250	3200
Cpe	125	250	700	1150	2450	3500
Sta Wag	125	250	700	1150	2400	3400
Monarch						
4 dr Sed	125	200	600	1100	2300	3300
2 dr Sed	125	250	700	1150	2400	3400
Cougar						
4 dr	125	250	700	1150	2450	3500
2 dr	125	250	700	1150	2500	3600
Cougar XR7						
2 dr	150	350	750	1450	2900	4100
Marquis						
4 dr	150	300	700	1250	2650	3800
2 dr	150	300	750	1350	2700	3900
Sta Wag	150	300	700	1250	2650	3800
Marquis Brougham						
4 dr	150	300	750	1350	2700	3900
2 dr	150	350	750	1350	2800	4000
Grand Marquis						
4 dr	150	350	750	1450	2900	4100
2 dr	150	350	750	1450	3000	4200

1979
Bobcat, 4-cyl.

	6	5	4	3	2	1
3 dr Rbt	150	300	700	1250	2600	3700
Wag	125	250	700	1150	2500	3600
Villager Wag	150	300	700	1250	2600	3700
Capri, 4-cyl.						
Cpe	150	300	700	1250	2650	3800
Ghia Cpe	150	350	750	1350	2800	4000

NOTES: Add 5 percent for 6-cyl.
Add 8 percent for V-8.

Zephyr, 6-cyl.

	6	5	4	3	2	1
4 dr Sed	125	250	700	1150	2400	3400
Cpe	125	250	700	1150	2500	3600
Spt Cpe	150	300	700	1250	2650	3800
Sta Wag	125	250	700	1150	2450	3500

NOTE: Add 5 percent for V-8.

Monarch, V-8

	6	5	4	3	2	1
4 dr Sed	125	250	700	1150	2400	3400
Cpe	125	250	700	1150	2500	3600

NOTE: Deduct 5 percent for 6-cyl.

Cougar, V-8

	6	5	4	3	2	1
4 dr Sed	125	250	700	1150	2500	3600
2 dr	150	300	700	1250	2600	3700
2 dr XR7	150	350	750	1450	2900	4100
Marquis, V-8						
4 dr	150	300	700	1250	2650	3800
2 dr	150	300	750	1350	2700	3900
Marquis Brougham, V-8						
4 dr	150	300	750	1350	2700	3900
2 dr	150	350	750	1350	2800	4000
Grand Marquis, V-8						
4 dr	150	350	750	1350	2800	4000
2 dr	150	350	750	1450	2900	4100
Station Wagons, V-8						
3S Marquis	150	300	700	1250	2650	3800
3S Colony Park	150	350	750	1350	2800	4000

1980
Bobcat, 4-cyl.

	6	5	4	3	2	1
2 dr Hatch	125	250	700	1150	2450	3500
2 dr Sta Wag	125	250	700	1150	2500	3600
2 dr Sta Wag Villager	150	300	700	1250	2650	3800
Capri, 6-cyl.						
2 dr Hatch	150	450	800	1750	3250	4700

Mercury

	6	5	4	3	2	1
2 dr Hatch Ghia	200	500	850	1900	3500	5000

NOTE: Deduct 10 percent for 4-cyl.
Zephyr, 6-cyl.

	6	5	4	3	2	1
4 dr Sed	125	250	700	1150	2450	3500
2 dr Sed	125	250	700	1150	2400	3400
2 dr Cpe Z-7	150	350	750	1450	3000	4200
4 dr Sta Wag	150	300	750	1350	2700	3900

NOTE: Deduct 10 percent for 4-cyl.
Monarch, V-8

	6	5	4	3	2	1
4 dr Sed	150	350	750	1450	3000	4200
2 dr Cpe	150	350	750	1450	2900	4100

NOTE: Deduct 10 percent for 4-cyl.
Cougar XR7, V-8

	6	5	4	3	2	1
2 dr Cpe	200	650	1000	2200	4100	5800

Marquis, V-8

	6	5	4	3	2	1
4 dr Sed	150	400	750	1600	3100	4400
2 dr Sed	150	400	750	1550	3050	4300

Marquis Brougham, V-8

	6	5	4	3	2	1
4 dr Sed	150	450	750	1700	3200	4600
2 dr Sed	150	400	750	1650	3150	4500

Grand Marquis, V-8

	6	5	4	3	2	1
4 dr Sed	150	450	800	1750	3250	4700
2 dr Sed	150	450	750	1700	3200	4600
4 dr Sta Wag CP	200	500	850	1900	3500	5000
4 dr Sta Wag	150	450	800	1800	3300	4800
4 dr Sta Wag CP	200	500	850	1900	3500	5000

1981
Lynx, 4-cyl.

	6	5	4	3	2	1
2 dr Hatch RS	150	300	700	1250	2600	3700
4 dr Hatch RS	150	300	700	1250	2650	3800
2 dr Hatch LS	150	300	700	1250	2650	3800

NOTE: Deduct 5 percent for lesser models.
Zephyr, 6-cyl.

	6	5	4	3	2	1
4 dr Sed S	125	250	700	1150	2450	3500
4 dr Sed	125	250	700	1150	2500	3600
2 dr Sed	125	250	700	1150	2450	3500
2 dr Cpe Z-7	150	400	750	1550	3050	4300
4 dr Sta Wag	150	350	750	1350	2800	4000

NOTE: Deduct 10 percent for 4-cyl.
Capri, 6-cyl.

	6	5	4	3	2	1
2 dr Hatch	150	400	750	1650	3150	4500
2 dr Hatch GS	150	450	800	1750	3250	4700

NOTE: Deduct 10 percent for 4 cyl.
Cougar, 6-cyl.

	6	5	4	3	2	1
4 dr Sed	150	350	750	1450	3000	4200
2 dr Sed	150	350	750	1450	2900	4100

NOTE: Deduct 10 percent for 4-cyl.
Cougar XR7, V-8

	6	5	4	3	2	1
2 dr Cpe	200	650	1000	2200	4150	5900

NOTE: Deduct 12 percent for 6-cyl.
Marquis, V-8

	6	5	4	3	2	1
4 dr Sed	150	400	750	1600	3100	4400

Marquis Brougham, V-8

	6	5	4	3	2	1
4 dr Sed	150	450	750	1700	3200	4600
2 dr Sed	150	400	750	1650	3150	4500

Grand Marquis, V-8

	6	5	4	3	2	1
4 dr Sed	150	450	800	1800	3300	4800
2 dr Sed	150	450	800	1750	3250	4700
4 dr Sta Wag	200	500	850	1850	3350	4900
4 dr Sta Wag CP	200	500	850	1850	3350	4900

1982
Lynx, 4-cyl.

	6	5	4	3	2	1
2 dr Hatch LS	150	300	700	1250	2650	3800
4 dr Hatch LS	150	300	750	1350	2700	3900
4 dr Sta Wag LS	150	350	750	1350	2800	4000
2 dr Hatch RS	150	300	750	1350	2700	3900

NOTE: Deduct 5 percent for lesser models.
LN7, 4-cyl.

	6	5	4	3	2	1
2 dr Hatch	150	450	750	1700	3200	4600

Zephyr, 6-cyl.

	6	5	4	3	2	1
4 dr Sed	150	300	700	1250	2600	3700
2 dr Cpe Z-7	150	400	750	1550	3050	4300
4 dr Sed GS	150	300	700	1250	2650	3800
2 dr Cpe Z-7 GS	150	400	750	1650	3150	4500

Capri, 6-cyl.

	6	5	4	3	2	1
2 dr Hatch L	200	550	900	2100	3700	5300

Mercury 297

	6	5	4	3	2	1
2 dr Hatch GS	200	600	950	2150	3850	5500
Capri, V-8						
2 dr Hatch RS	200	600	950	2200	3900	5600
NOTE: Deduct 10 percent for 4-cyl.						
Cougar, 6-cyl.						
4 dr Sed GS	150	350	750	1350	2800	4000
2 dr Sed GS	150	300	750	1350	2700	3900
4 dr Sta Wag GS	150	350	750	1450	3000	4200
4 dr Sed LS	150	350	750	1450	2900	4100
2 dr Sed LS	150	350	750	1350	2800	4000
Cougar XR7, V-8						
2 dr Cpe	200	650	1050	2250	4200	6000
2 dr Cpe LS	200	675	1050	2250	4350	6200
NOTE: Deduct 10 percent for 6-cyl.						
Marquis, V-8						
4 dr Sed	150	400	750	1650	3150	4500
Marquis Brougham, V-8						
4 dr Sed	150	450	800	1750	3250	4700
2 dr Cpe	150	450	750	1700	3200	4600
Grand Marquis, V-8						
4 dr Sed	200	500	850	1850	3350	4900
2 dr Cpe	150	450	800	1800	3300	4800
4 dr Sta Wag	200	500	850	1850	3350	4900
4 dr Sta Wag CP	200	500	850	1900	3500	5000
1983						
Lynx, 4-cyl.						
2 dr Hatch LS	150	300	700	1250	2650	3800
4 dr Hatch LS	150	300	750	1350	2700	3900
4 dr Sta Wag LS	150	350	750	1350	2800	4000
2 dr Hatch RS	150	300	750	1350	2700	3900
4 dr Hatch LTS	150	350	750	1350	2800	4000
NOTE: Deduct 5 percent for lesser models.						
LN7, 4-cyl.						
2 dr Hatch	150	450	800	1750	3250	4700
2 dr Hatch Sport	150	450	800	1800	3300	4800
2 dr Hatch Grand Sport	200	500	850	1900	3500	5000
2 dr Hatch RS	200	550	900	2000	3600	5200
Zephyr, V-6						
4 dr Sed	150	300	700	1250	2650	3800
2 dr Cpe Z-7	150	400	750	1600	3100	4400
4 dr Sed GS	150	300	750	1350	2700	3900
2 dr Cpe Z-7 GS	150	450	750	1700	3200	4600
NOTE: Deduct 10 percent for 4-cyl.						
Capri, 6-cyl.						
2 dr Hatch L	200	550	900	2150	3800	5400
2 dr Hatch GS	200	600	950	2200	3900	5600
Capri, V-8						
2 dr Hatch RS	200	600	1000	2200	4000	5700
NOTE: Deduct 10 percent for 4-cyl.						
Cougar, V-8						
2 dr Cpe	350	700	1150	2300	4550	6500
2 dr Cpe LS	350	725	1150	2300	4700	6700
NOTE: Deduct 15 percent for V-6.						
Marquis, 4-cyl.						
4 dr Sed	150	350	750	1450	3000	4200
4 dr Brougham	150	400	750	1600	3100	4400
Marquis, 6-cyl.						
4 dr Sed	150	400	750	1600	3100	4400
4 dr Sta Wag	150	450	800	1750	3250	4700
4 dr Sed Brgm	150	450	800	1800	3300	4800
4 dr Sta Wag Brgm	200	500	850	1850	3350	4900
Grand Marquis, V-8						
4 dr Sed	200	550	900	2000	3600	5200
2 dr Cpe	200	500	850	1950	3600	5100
4 dr Sed LS	200	550	900	2150	3800	5400
2 dr Cpe LS	200	550	900	2100	3700	5300
4 dr Sta Wag	200	600	950	2150	3850	5500
1984						
Lynx, 4-cyl.						
4 dr Hatch LTS	125	250	700	1150	2450	3500
2 dr Hatch RS	125	250	700	1150	2500	3600
2 dr Hatch RS Turbo	150	300	700	1250	2650	3800
NOTE: Deduct 5 percent for lesser models.						
Topaz, 4-cyl.						
2 dr Sed	125	200	600	1100	2300	3300
4 dr Sed	125	200	600	1100	2300	3300

298 Mercury

	6	5	4	3	2	1
2 dr Sed GS	125	250	700	1150	2400	3400
4 dr Sed GS	125	250	700	1150	2400	3400
Capri, 4-cyl.						
2 dr Hatch GS	150	400	750	1600	3100	4400
2 dr Hatch RS Turbo	150	450	800	1800	3300	4800
2 dr Hatch GS, V-6	150	450	750	1700	3200	4600
2 dr Hatch GS, V-8	150	450	800	1800	3300	4800
2 dr Hatch RS, V-8	200	500	850	1900	3500	5000
Cougar, V-6						
2 dr Cpe	150	350	750	1450	3000	4200
2 dr Cpe LS	150	400	750	1550	3050	4300
Cougar, V-8						
2 dr Cpe	150	400	750	1650	3150	4500
2 dr Cpe LS	150	450	800	1800	3300	4800
2 dr Cpe XR7	200	600	950	2150	3850	5500
Marquis, 4-cyl.						
4 dr Sed	150	350	750	1450	2900	4100
4 dr Sed Brougham	150	350	750	1450	3000	4200
Marquis, V-6						
4 dr Sed	150	350	750	1450	3000	4200
4 dr Sed Brougham	150	400	750	1550	3050	4300
4 dr Sta Wag	150	400	750	1550	3050	4300
4 dr Sta Wag Brougham	150	400	750	1600	3100	4400
Grand Marquis, V-8						
4 dr Sed	200	500	850	1850	3350	4900
2 dr Sed	200	500	850	1850	3350	4900
4 dr Sed LS	200	500	850	1900	3500	5000
2 dr Sed LS	200	500	850	1900	3500	5000
4 dr Sta Wag Colony Park	200	500	850	1900	3500	5000

1985
Lynx, 4-cyl.						
2 dr Hatch GS	125	250	700	1150	2400	3400
4 dr Hatch GS	125	250	700	1150	2450	3500
4 dr Sta Wag GS	125	250	700	1150	2450	3500

NOTE Deduct 20 percent for diesel.
Deduct 5 percent for lesser models.

Topaz, 4-cyl.						
2 dr Sed	125	250	700	1150	2400	3400
4 dr Sed	125	250	700	1150	2400	3400
2 dr Sed LS	125	250	700	1150	2400	3400
4 dr Sed LS	125	250	700	1150	2450	3500

NOTE: Deduct 20 percent for diesel.

Capri, 4-cyl.						
2 dr Hatch GS	150	400	750	1650	3150	4500
2 dr Hatch GS, V-6	150	450	750	1700	3200	4600
2 dr Hatch GS, V-8	200	500	850	1850	3350	4900
2 dr Hatch 5.0 liter, V-8	200	550	900	2000	3600	5200
Cougar, V-6						
2 dr Cpe	150	400	750	1550	3050	4300
2 dr Cpe LS	150	400	750	1600	3100	4400
2d Cpe, V-8	150	450	750	1700	3200	4600
2d Cpe LS, V-8	200	500	850	1850	3350	4900
2 dr Cpe XR7 Turbo, 4-cyl.	200	600	950	2200	3900	5600
Marquis, V-6						
4 dr Sed	150	400	750	1550	3050	4300
4 dr Sed Brgm	150	400	750	1600	3100	4400
4 dr Sta Wag	150	400	750	1600	3100	4400
4 dr Sta Wag Brgm	150	400	750	1650	3150	4500

NOTE: Deduct 20 percent for 4-cyl. where available.

Grand Marquis, V-8						
4 dr Sed	200	500	850	1900	3500	5000
2 dr Sed	200	500	850	1850	3350	4900
4 dr Sed LS	200	500	850	1950	3600	5100
2 dr Sed LS	200	500	850	1900	3500	5000
4 dr Sta Wag Colony Park	200	550	900	2000	3600	5200

1986
Lynx						
2 dr HBk	125	250	700	1150	2450	3500
4 dr HBk	150	300	700	1250	2600	3700
4 dr Sta Wag	150	300	700	1250	2600	3700
Capri						
2 dr HBk	150	450	750	1700	3200	4600
Topaz						
2 dr Sed	125	250	700	1150	2500	3600
4 dr Sed	125	250	700	1150	2500	3600

Marquis	6	5	4	3	2	1
4 dr Sed	150	400	750	1600	3100	4400
4 dr Sta Wag	150	400	750	1650	3150	4500
Marquis Brougham						
4 dr Sed	150	400	750	1650	3150	4500
4 dr Sta Wag	150	450	750	1700	3200	4600
Cougar						
2 dr Cpe	150	450	800	1800	3300	4800
2 dr LS Cpe	200	500	850	1900	3500	5000
XR7 2 dr Cpe	200	600	1000	2200	4000	5700
Grand Marquis						
2 dr Sed	200	500	850	1950	3600	5100
4 dr Sed	200	550	900	2000	3600	5200
4 dr Sta Wag	200	600	950	2150	3850	5500

NOTES: Add 10 percent for deluxe models.
Deduct 5 percent for smaller engines.

METROPOLITAN

1954
Series E, (Nash), 4-cyl., 85" wb, 42 hp
HdTp	200	550	900	2000	3600	5200
Conv	200	650	1000	2200	4150	5900

1955
Series A & B, (Nash), 4-cyl., 85" wb, 42 hp
HdTp	200	550	900	2000	3600	5200
Conv	200	650	1000	2200	4150	5900

Series A & B, (Hudson), 4-cyl., 85" wb, 42 hp
HdTp	200	550	900	2000	3600	5200
Conv	200	650	1000	2200	4150	5900

1954 Metropolitan Conv

1956
Series 1500, (Nash), 4-cyl., 85" wb, 52 hp
HdTp	200	550	900	2000	3600	5200
Conv	200	650	1000	2200	4150	5900

Series A, (Nash), 4-cyl., 85" wb, 42 hp
HdTp	150	450	800	1800	3300	4800
Conv	200	650	1000	2200	4100	5800

Series 1500, (Hudson), 4-cyl., 85" wb, 52 hp
HdTp	200	550	900	2000	3600	5200
Conv	200	650	1000	2200	4150	5900

Metropolitan

Series A, (Hudson), 4-cyl., 85" wb, 42 hp

	6	5	4	3	2	1
HdTp		150	450	800	1800	3300	4800
Conv		200	650	1000	2200	4100	5800

1957
Series 1500, (Nash), 4-cyl., 85" wb, 52 hp
HdTp	200	550	900	2000	3600	5200
Conv	200	650	1000	2200	4150	5900

Series A-85, (Nash), 4-cyl., 85" wb, 42 hp
HdTp	200	500	850	1850	3350	4900
Conv	200	650	1000	2200	4100	5800

1958
Series 1500, (AMC), 4-cyl., 85" wb, 55 hp
HdTp	200	550	900	2000	3600	5200
Conv	200	650	1000	2200	4150	5900

1959
Series 1500, (AMC), 4-cyl., 85" wb, 55 hp
HdTp	200	600	1000	2200	4000	5700
Conv	350	700	1150	2300	4550	6500

1960
Series 1500, (AMC), 4-cyl., 85" wb, 55 hp
HdTp	200	600	1000	2200	4000	5700
Conv	350	700	1150	2300	4550	6500

1961
Series 1500, (AMC), 4-cyl., 85" wb, 55 hp
HdTp	200	600	1000	2200	4000	5700
Conv	350	700	1150	2300	4550	6500

1962 Metropolitan 2 dr HdTp

1962
Series 1500, (AMC), 4-cyl., 85" wb, 55 hp
HdTp	200	600	1000	2200	4000	5700
Conv	350	700	1150	2300	4550	6500

NASH

1918
Series 680, 6-cyl.
7P Tr	700	2300	3800	7600	13,300	19,000
5P Tr	700	2300	3800	7600	13,300	19,000
4P Rds	700	2150	3600	7200	12,600	18,000
Sed	450	1000	1650	3350	6300	9000

Nash   301

	6	5	4	3	2	1
Cpe	450	1050	1650	3500	6400	9200

1919
Series 680, 6-cyl.
Rds	550	1800	3000	6000	10,500	15,000
Spt	600	1900	3200	6400	11,200	16,000
5P Tr	550	1800	3000	6000	10,500	15,000
7P Tr	600	1900	3200	6400	11,200	16,000
4P Rds	600	1900	3200	6400	11,200	16,000
Sed	350	800	1450	2750	5600	8000
Cpe	350	900	1550	3050	5900	8500

1920
Series 680, 6-cyl.
5P Tr	500	1550	2600	5200	9100	13,000
Rds	450	1450	2400	4800	8400	12,000
7P Tr	550	1700	2800	5600	9800	14,000
Cpe	350	900	1550	3050	5900	8500
Sed	350	800	1450	2750	5600	8000
Spt	350	950	1600	3200	6050	8700

1921
Series 680, 6-cyl.
5P Tr	400	1300	2200	4400	7700	11,000
Rds	450	1450	2400	4800	8400	12,000
Spt	500	1550	2600	5200	9100	13,000
Tr	450	1450	2400	4800	8400	12,000
Cpe	350	900	1550	3050	5900	8500
Sed	350	750	1200	2350	4900	7000

Series 40, 4-cyl.
Tr	400	1200	2000	3950	7000	10,000
Rds	400	1250	2100	4200	7400	10,500
Cpe	350	725	1200	2350	4800	6800
Sed	350	700	1150	2300	4550	6500
Cabr	400	1200	2000	3950	7000	10,000

1922
Series 680, 6-cyl.
5P Tr	400	1300	2200	4400	7700	11,000
7P Tr	450	1450	2400	4800	8400	12,000
7P Sed	350	800	1450	2750	5600	8000
Cpe	350	750	1300	2450	5250	7500
Rds	450	1500	2500	5000	8800	12,500
Spt	500	1550	2600	5200	9100	13,000
5P Sed	350	750	1200	2350	4900	7000

Series 40, 4-cyl.
Tr	400	1250	2100	4200	7400	10,500
Rds	400	1300	2200	4400	7700	11,000
Cpe	350	750	1200	2350	4900	7000
Sed	350	700	1150	2300	4550	6500
Cabr	400	1200	2000	3950	7000	10,000
Ca'ole	350	750	1350	2650	5450	7800

1923
Series 690, 6-cyl., 121" wb
Rds	450	1450	2400	4800	8400	12,000
Tr	500	1550	2600	5200	9100	13,000
Spt	550	1700	2800	5600	9800	14,000
Sed	350	750	1350	2650	5450	7800
Cpe	350	800	1450	2750	5600	8000

Series 690, 6-cyl., 127" wb
Tr	500	1550	2600	5200	9100	13,000
Sed	350	800	1450	2750	5600	8000
Cpe	350	900	1550	3050	5900	8500

Series 40, 4-cyl.
Tr	400	1300	2200	4400	7700	11,000
Rds	450	1450	2400	4800	8400	12,000
Spt	500	1550	2600	5200	9100	13,000
Ca'ole	500	1600	2700	5400	9500	13,500
Sed	350	750	1250	2400	5050	7200

1924
Series 690, 6-cyl., 121" wb
Rds	450	1450	2400	4800	8400	12,000
Tr	400	1300	2200	4400	7700	11,000
Spec DeL	350	700	1150	2300	4550	6500
Cpe	350	700	1150	2300	4550	6500
Spec Sed	200	650	1050	2250	4200	6000

Series 690, 6-cyl., 127" wb
7P Tr	500	1550	2600	5200	9100	13,000
7P Sed	350	750	1200	2350	4900	7000

Nash

	6	5	4	3	2	1
Vic	350	725	1200	2350	4850	6900
4 cyl.						
Tr	500	1550	2600	5200	9100	13,000
Rds	500	1600	2700	5400	9500	13,500
Cab	500	1650	2750	5500	9600	13,700
5P Sed	350	700	1150	2300	4550	6500
Sed	200	650	1050	2250	4200	6000
Spt	550	1700	2800	5600	9800	14,000
Cpe	350	700	1100	2300	4500	6400
1925						
Advanced models, 6-cyl.						
Tr	450	1500	2500	5000	8700	12,400
7P Tr	500	1600	2700	5400	9400	13,400
4 dr Sed	350	750	1250	2350	5000	7100
Vic Cpe	350	900	1550	3000	5850	8400
7P Sed	350	750	1300	2400	5200	7400
Rds	550	1750	2900	5800	10,100	14,400
Cpe	350	750	1300	2400	5200	7400
2 dr Sed	350	700	1100	2300	4500	6400
Special models, 6-cyl.						
Tr	450	1500	2500	5000	8700	12,400
4 dr Sed	200	650	1000	2200	4150	5900
Rds	500	1600	2700	5400	9400	13,400
2 dr Sed	200	650	1000	2200	4150	5900
Light six, (Ajax), 6-cyl.						
Tr	400	1250	2100	4200	7300	10,400
Sed	200	550	900	2150	3800	5400
1926						
Advanced models, 6-cyl.						
5P Tr	550	1750	2900	5800	10,100	14,400
7P Tr	600	1850	3100	6200	10,800	15,400
2 dr Sed	350	725	1200	2350	4850	6900
4 dr Sed	350	750	1250	2400	5050	7200
7P Sed	350	750	1300	2400	5200	7400
4 dr Cpe	350	750	1250	2400	5050	7200
Rds	600	1850	3100	6200	10,800	15,400
Vic Cpe	350	900	1550	3000	5850	8400
Special models, 6-cyl.						
Rds	500	1650	2800	5600	9700	13,900
2 dr Sed	350	700	1100	2300	4500	6400
7P Sed	350	750	1250	2350	5000	7100
Cpe	350	725	1200	2350	4850	6900
4 dr Sed	350	750	1200	2350	4900	7000
Spec Rds	550	1750	2900	5800	10,100	14,400
Light Six (formerly Ajax)						
Tr	400	1250	2100	4200	7400	10,600
Sed	200	550	900	2150	3800	5400
1927						
Standard, 6-cyl.						
Tr	400	1300	2200	4400	7600	10,900
Cpe	350	750	1250	2350	5000	7100
2 dr Sed	200	675	1050	2250	4350	6200
4 dr Sed	200	675	1100	2250	4400	6300
DeL Sed	350	700	1100	2300	4500	6400
Special, 6-cyl.						
	(Begin September 1926)					
Rds	550	1800	3000	6000	10,400	14,900
Tr	500	1600	2700	5400	9400	13,400
Cpe	450	1050	1650	3500	6400	9200
2 dr Sed	350	900	1550	3100	6000	8600
4 dr Sed	450	1000	1650	3350	6300	9000
	(Begin January 1927)					
Cav Sed	450	1050	1650	3500	6400	9200
4 dr Sed	450	1000	1650	3350	6300	9000
RS Cab	550	1750	2900	5800	10,100	14,400
RS Rds	600	1850	3100	6200	10,800	15,400
Advanced, 6-cyl.						
	(Begin August 1926)					
Rds	600	1850	3100	6200	10,800	15,400
5P Tr	600	1900	3200	6400	11,100	15,900
7P Tr	600	1950	3300	6600	11,500	16,400
Cpe	450	1150	1900	3900	6900	9900
Vic	450	1050	1700	3600	6600	9400
2 dr Sed	350	850	1500	2900	5700	8200
4 dr Sed	350	900	1550	3000	5850	8400
7P Sed	450	950	1600	3250	6150	8800

Nash 303

(Begin January 1927)

	6	5	4	3	2	1
RS Cpe	400	1250	2100	4200	7300	10,400
Spec Sed	450	950	1600	3250	6150	8800
Amb Sed	450	1050	1650	3500	6400	9200
1928						
Standard, 6-cyl.						
Tr	600	1850	3100	6200	10,800	15,400
Cpe	350	750	1250	2350	5000	7100
Conv Cabr	600	1900	3200	6400	11,100	15,900
2 dr Sed	350	725	1200	2350	4800	6800
4 dr Sed	350	750	1250	2400	5050	7200
Lan Sed	350	750	1250	2400	5050	7200
Special, 6-cyl.						
Tr	650	2100	3500	7000	12,200	17,400
RS Rds	650	2100	3500	7000	12,200	17,400
Cpe	450	1050	1700	3600	6600	9400
Conv Cabr	600	1950	3300	6600	11,500	16,400
Vic	350	950	1600	3200	6050	8700
2 dr Sed	350	900	1550	3100	6000	8600
4 dr Sed	450	950	1600	3250	6150	8800
4 dr Cpe	450	1050	1650	3500	6400	9200
Advanced, 6-cyl.						
Spt Tr	750	2350	3900	7800	13,600	19,400
Tr	700	2200	3700	7400	12,900	18,400
RS Rds	700	2200	3700	7400	12,900	18,400
Cpe	450	1050	1700	3600	6600	9400
Vic	450	1100	1700	3650	6650	9500
2 dr Sed	350	850	1500	2950	5800	8300
4 dr Sed	350	900	1550	3100	6000	8600
4 dr Cpe	450	1150	1900	3900	6900	9900
7P Sed	450	1050	1700	3600	6600	9400
1929						
Standard, 6-cyl.						
Sed	350	750	1250	2400	5050	7200
Tr	550	1750	2900	5800	10,100	14,400
Cabr	500	1600	2700	5400	9400	13,400
2 dr Sed	350	750	1250	2400	5050	7200
2P Cpe	350	750	1250	2350	5000	7100
4P Cpe	350	750	1300	2400	5200	7400
Lan Sed	350	725	1200	2350	4850	6900
Special, 6-cyl.						
2 dr Sed	350	750	1300	2400	5200	7400
2P Cpe	350	800	1350	2700	5500	7900
4P Cpe	350	900	1550	3000	5850	8400
Rds	750	2350	3900	7800	13,600	19,400
Sed	350	800	1350	2700	5500	7900
Cabr	700	2200	3700	7400	12,900	18,400
Vic	350	900	1550	3000	5850	8400
Advanced, 6-cyl.						
Cpe	450	1100	1700	3650	6650	9500
Cabr	750	2350	3900	7800	13,600	19,400
2 dr Sed	350	900	1550	3000	5850	8400
7P Sed	450	1050	1700	3600	6600	9400
Amb Sed	450	1150	1900	3900	6900	9900
4 dr Sed	350	950	1600	3200	6050	8700
1930						
Single, 6-cyl.						
Rds	700	2200	3700	7400	12,900	18,400
Tr	600	1850	3100	6200	10,800	15,400
2P Cpe	350	700	1100	2300	4500	6400
2 dr Sed	350	750	1200	2350	4900	7000
4P Cpe	350	900	1550	3000	5850	8400
Cabr	600	1850	3100	6200	10,800	15,400
4 dr Sed	350	750	1250	2350	5000	7100
DeL Sed	350	750	1250	2400	5100	7300
Lan'let	350	800	1350	2700	5500	7900
Twin-Ign, 6-cyl.						
Rds	850	2750	4600	9200	16,100	23,000
7P Tr	950	3000	5000	10,000	17,500	25,000
5P Tr	900	2900	4800	9600	16,800	24,000
2P Cpe	350	800	1350	2700	5500	7900
4P Cpe	350	900	1550	3000	5850	8400
2 dr Sed	350	800	1350	2700	5500	7900
Cabr	800	2600	4300	8600	15,100	21,500
Vic	450	1500	2500	5000	8700	12,400

Nash

	6	5	4	3	2	1
4 dr Sed	350	900	1550	3000	5850	8400
7P Sed	350	950	1600	3200	6050	8700
Twin-Ign, 8-cyl.						
2 dr Sed	350	900	1550	3000	5850	8400
2P Cpe	450	1050	1700	3600	6600	9400
4P Cpe	400	1250	2100	4200	7300	10,400
Vic	600	1950	3300	6600	11,500	16,400
Cabr	1350	4300	7200	14,400	25,200	36,000
Sed	450	1000	1600	3300	6250	8900
Amb Sed	400	1250	2100	4200	7300	10,400
7P Sed	400	1250	2100	4200	7300	10,400
7P Limo	450	1350	2300	4600	8000	11,400
1931						
Series 660, 6-cyl.						
5P Tr	550	1750	2900	5800	10,100	14,400
2P Cpe	350	725	1200	2350	4850	6900
4P Cpe	350	750	1300	2400	5200	7400
2 dr Sed	350	725	1200	2350	4850	6900
4 dr Sed	350	750	1300	2400	5200	7400
Series 870, 8-cyl.						
2P Cpe	450	1000	1600	3300	6250	8900
4P Cpe	350	900	1550	3000	5850	8400
Conv Sed	1700	5400	9000	18,000	31,500	45,000
2 dr Sed	350	800	1350	2700	5500	7900
Spec Sed	350	900	1550	3000	5850	8400
Series 880 - Twin-Ign, 8-cyl.						
2P Cpe	450	1050	1700	3600	6600	9400
4P Cpe	450	1150	1900	3900	6900	9900
Conv Sed	1800	5750	9600	19,200	33,600	48,000
Sed	450	1050	1700	3600	6600	9400
Twn Sed	450	1150	1900	3900	6900	9900
Series 890 - Twin-Ign, 8-cyl.						
7P Tr	1500	4800	8000	16,000	28,000	40,000
2P Cpe	800	2500	4200	8400	14,700	21,000
4P Cpe	850	2650	4400	8800	15,400	22,000
Cabr	1800	5750	9600	19,200	33,600	48,000
Vic	550	1800	3000	6000	10,500	15,000
2 dr Sed	550	1800	3000	6000	10,500	15,000
Amb Sed	600	1900	3200	6400	11,200	16,000
7P Sed	650	2050	3400	6800	11,900	17,000
7P Limo	700	2300	3800	7600	13,300	19,000
1932						
Series 960, 6-cyl.						
5P Tr	1150	3700	6200	12,400	21,700	31,000
2P Cpe	450	1000	1650	3350	6300	9000
4P Cpe	450	1100	1700	3650	6650	9500
2 dr Sed	350	750	1200	2350	4900	7000
4 dr Sed	350	800	1450	2750	5600	8000
Series 970, 8-cyl., 116.5" wb						
2P Cpe	400	1300	2200	4400	7700	11,000
4P Cpe	450	1450	2400	4800	8400	12,000
Conv Sed	1800	5750	9600	19,200	33,600	48,000
2 dr Sed	450	1100	1700	3650	6650	9500
Spec Sed	400	1200	2000	3950	7000	10,000
Series 980 - Twin-Ign, 8-cyl., 121" wb						
2P Cpe	900	2900	4800	9600	16,800	24,000
4P Cpe	950	3000	5000	10,000	17,500	25,000
Conv Sed	1950	6250	10,400	20,800	36,400	52,000
Sed	800	2500	4200	8400	14,700	21,000
Twn Sed	850	2650	4400	8800	15,400	22,000
Series 990 - Twin-Ign, 8-cyl., 124"-133" wb						
7P Tr	1800	5750	9600	19,200	33,600	48,000
2P Cpe	1000	3100	5200	10,400	18,200	26,000
4P Cpe	1000	3250	5400	10,800	18,900	27,000
Cabr	1900	6000	10,000	20,000	35,000	50,000
Vic	1000	3100	5200	10,400	18,200	26,000
2 dr Sed	850	2650	4400	8800	15,400	22,000
Spec Sed	900	2900	4800	9600	16,800	24,000
Amb Sed	950	3000	5000	10,000	17,500	25,000
7P Sed	900	2900	4800	9600	16,800	24,000
Limo	1100	3500	5800	11,600	20,300	29,000
1933						
Standard Series						
Rds	900	2900	4800	9600	16,800	24,000
2P Cpe	350	750	1300	2450	5250	7500
4P Cpe	450	1000	1650	3350	6300	9000

Nash 305

	6	5	4	3	2	1
4 dr Sed	350	800	1450	2750	5600	8000
Twn Sed	350	900	1550	3050	5900	8500
Special Series, 8-cyl.						
Rds	1050	3350	5600	11,200	19,600	28,000
2P Cpe	450	1000	1650	3350	6300	9000
4P Cpe	450	1100	1700	3650	6650	9500
4 dr Sed	450	1000	1650	3350	6300	9000
Conv Sed	1500	4800	8000	16,000	28,000	40,000
Twn Sed	450	1050	1700	3550	6500	9300
Advanced Series, 8-cyl.						
Cabr	1150	3600	6000	12,000	21,000	30,000
2P Cpe	450	1150	1800	3800	6800	9700
4P Cpe	450	1100	1700	3650	6650	9500
4 dr Sed	450	1050	1650	3500	6400	9200
Conv Sed	1750	5650	9400	18,800	32,900	47,000
Vic	450	1450	2400	4800	8400	12,000
Ambassador Series, 8-cyl.						
Cabr	1600	5050	8400	16,800	29,400	42,000
Cpe	500	1550	2600	5200	9100	13,000
4 dr Sed	450	1450	2400	4800	8400	12,000
Conv Sed	2050	6600	11,000	22,000	38,500	55,000
Vic	1000	3250	5400	10,800	18,900	27,000
142" Brgm	900	2900	4800	9600	16,800	24,000
142" Sed	850	2650	4400	8800	15,400	22,000
142" Limo	1050	3350	5600	11,200	19,600	28,000

1934
Big Six, 6-cyl.

	6	5	4	3	2	1
Bus Cpe	350	750	1300	2450	5250	7500
Cpe	350	900	1550	3050	5900	8500
Brgm	350	800	1450	2750	5600	8000
2 dr Sed	350	750	1200	2350	4900	7000
Twn Sed	350	750	1300	2450	5250	7500
Tr Sed	350	750	1300	2400	5200	7400
Advanced, 8-cyl.						
Bus Cpe	350	800	1450	2750	5600	8000
Cpe	350	950	1600	3200	6050	8700
Brgm	450	1000	1650	3350	6300	9000
2 dr Sed	350	750	1300	2450	5250	7500
Twn Sed	350	900	1550	3050	5900	8500
Tr Sed	350	800	1450	2750	5600	8000
Ambassador, 8-cyl.						
Brgm	350	900	1550	3050	5900	8500
2 dr Sed	350	800	1450	2750	5600	8000
Tr Sed	350	850	1500	2900	5700	8200
7P Sed	450	1000	1650	3350	6300	9000
Limo	450	1450	2400	4800	8400	12,000
Lafayette, 6-cyl.						
2 dr Sed	350	700	1150	2300	4550	6500
Twn Sed	350	700	1150	2300	4600	6600
Brgm	350	725	1200	2350	4800	6800
Spec Cpe	350	800	1450	2750	5600	8000
Spec 4P Cpe	350	900	1550	3050	5900	8500
Spec Tr Sed	350	750	1200	2350	4900	7000
Spec Sed	350	750	1250	2400	5050	7200
Brgm	350	750	1300	2450	5250	7500

1935
Lafayette, 6-cyl.

	6	5	4	3	2	1
Bus Cpe	350	725	1200	2350	4850	6900
2 dr Sed	350	725	1150	2300	4700	6700
Brgm	350	750	1200	2350	4900	7000
Tr Sed	350	725	1200	2350	4800	6800
Twn Sed	350	725	1200	2350	4850	6900
Spec Cpe	350	900	1550	3050	5900	8500
Spec 6W Sed	350	750	1300	2450	5250	7500
6W Brgm	350	750	1300	2500	5300	7600
Advanced, 6-cyl.						
Vic	350	800	1350	2700	5500	7900
6W Sed	350	725	1200	2350	4850	6900
Advanced, 8-cyl.						
Vic	350	850	1500	2800	5650	8100
6W Sed	350	750	1250	2400	5050	7200
Ambassador, 8-cyl.						
Vic	450	1100	1700	3650	6650	9500
6W Sed	350	900	1550	3050	5900	8500

1936
Lafayette, 6-cyl.

	6	5	4	3	2	1
Bus Cpe	350	700	1150	2300	4550	6500
Cpe	350	725	1200	2350	4850	6900
Cabr	600	2000	3300	6600	11,600	16,500
Sed	350	700	1150	2300	4550	6500
Vic	350	700	1150	2300	4600	6600
Tr Sed	200	650	1000	2200	4100	5800

400 Series, 6-cyl.

Bus Cpe	200	650	1000	2200	4150	5900
Cpe	350	700	1150	2300	4550	6500
Vic	350	725	1200	2350	4850	6900
Tr Vic	350	725	1150	2300	4700	6700
Sed	350	700	1150	2300	4600	6600
Tr Sed	350	700	1150	2300	4550	6500
Spec Bus Cpe	350	700	1150	2300	4550	6500
Spec Cpe	350	700	1150	2300	4600	6600
Spec Spt Cabr	800	2500	4200	8400	14,700	21,000
Spec Vic	350	725	1200	2350	4850	6900
Spec Tr Vic	350	725	1200	2350	4850	6900
Spec Sed	350	700	1150	2300	4600	6600
Spec Tr Sed	350	700	1150	2300	4550	6500

Ambassador Series, 6-cyl.

Vic	350	750	1300	2450	5250	7500
Tr Sed	350	700	1150	2300	4550	6500

Ambassador Series, 8-cyl.

Tr Sed	350	750	1300	2450	5250	7500

1937
Lafayette 400, 6-cyl.

Bus Cpe	200	600	950	2150	3850	5500
Cpe	200	600	950	2200	3900	5600
A-P Cpe	200	600	950	2150	3850	5500
Cabr	650	2050	3400	6800	11,900	17,000
Vic Sed	200	600	950	2150	3850	5500
Tr Sed	200	600	950	2200	3900	5600

Ambassador, 6-cyl.

Bus Cpe	350	700	1150	2300	4550	6500
Cpe	350	725	1150	2300	4700	6700
A-P Cpe	200	675	1050	2250	4300	6100
Cabr	700	2150	3600	7200	12,600	18,000
Vic Sed	200	650	1000	2200	4150	5900
Tr Sed	350	700	1150	2300	4550	6500

Ambassador, 8-cyl.

Bus Cpe	350	725	1150	2300	4700	6700
Cpe	350	725	1200	2350	4850	6900
A-P Cpe	350	725	1150	2300	4700	6700
Cabr	800	2500	4200	8400	14,700	21,000
Vic Sed	350	700	1150	2300	4550	6500
Tr Sed	350	750	1300	2450	5250	7500

1938
Lafayette
Master, 6-cyl.

Bus Cpe	200	500	850	1850	3350	4900
Vic	200	500	850	1950	3600	5100
Tr Sed	200	500	850	1900	3500	5000

DeLuxe, 6-cyl.

Bus Cpe	200	600	950	2150	3850	5500
A-P Cpe	200	650	1050	2250	4200	6000
Cabr	600	1850	3100	6200	10,900	15,500
Vic	200	600	950	2150	3850	5500
Tr Sed	200	600	950	2200	3900	5600

Ambassador, 6-cyl.

Bus Cpe	350	700	1150	2300	4550	6500
A-P Cpe	350	750	1200	2350	4900	7000
Cabr	500	1650	2800	5600	9700	13,900
Vic	200	650	1000	2200	4150	5900
Tr Sed	350	700	1150	2300	4550	6500

Ambassador, 8-cyl.

Bus Cpe	350	725	1150	2300	4700	6700
A-P Cpe	350	725	1200	2350	4800	6800
Cabr	750	2400	4000	8000	14,000	20,000
Vic	200	675	1100	2250	4400	6300
Tr Sed	350	725	1200	2350	4850	6900

1939
Lafayette, 6-cyl.
(Add 10 percent for DeLuxe)

	6	5	4	3	2	1
Bus Cpe	200	600	950	2150	3850	5500
2 dr Sed	200	500	850	1900	3500	5000
4 dr Sed	200	550	900	2100	3700	5300
Tr Sed	200	500	850	1950	3600	5100
A-P Cpe	150	450	800	1750	3250	4700
A-P Cabr	700	2200	3700	7400	13,000	18,500
Tr Sed	200	500	850	1950	3600	5100
Ambassador, 6-cyl.						
Bus Cpe	350	750	1300	2500	5300	7600
A-P Cpe	350	800	1350	2700	5500	7900
A-P Cabr	850	2650	4400	8800	15,400	22,000
2 dr Sed	350	725	1150	2300	4700	6700
4 dr Sed	350	725	1200	2350	4800	6800
Tr Sed	350	725	1200	2350	4850	6900
Ambassador, 8-cyl.						
Bus Cpe	350	800	1350	2700	5500	7900
A-P Cpe	350	850	1500	2800	5650	8100
A-P Cabr	1100	3500	5800	11,600	20,300	29,000
2 dr Sed	350	750	1300	2450	5250	7500
4 dr Sed	350	750	1300	2450	5250	7500
Tr Sed	350	750	1300	2450	5250	7500

1940
DeLuxe Lafayette, 6-cyl.

	6	5	4	3	2	1
Bus Cpe	350	700	1150	2300	4550	6500
A-P Cpe	350	700	1150	2300	4600	6600
A-P Cabr	1000	3100	5200	10,400	18,200	26,000
2 dr FsBk	200	675	1050	2250	4350	6200
4 dr FsBk	350	700	1150	2300	4550	6500
4 dr Trk Sed	200	675	1100	2250	4400	6300
Ambassador, 6-cyl.						
Bus Cpe	350	750	1300	2500	5300	7600
A-P Cpe	350	750	1350	2650	5450	7800
A-P Cabr	1200	3850	6400	12,800	22,400	32,000
2 dr FsBk	350	750	1300	2500	5300	7600
4 dr FsBk	350	750	1350	2600	5400	7700
4 dr Trk Sed	350	750	1350	2650	5450	7800
Ambassador, 8-cyl.						
Bus Cpe	350	900	1550	3050	5900	8500
A-P Cpe	350	900	1550	3100	6000	8600
A-P Cabr	1300	4100	6800	13,600	23,800	34,000
2 dr FsBk	350	800	1350	2700	5500	7900
4 dr FsBk	350	800	1450	2750	5600	8000
4 dr Trk Sed	350	850	1500	2800	5650	8100

1941
Ambassador 600, 6-cyl.

	6	5	4	3	2	1
Bus Cpe	200	650	1000	2200	4150	5900
2 dr FsBk	200	600	950	2200	3900	5600
4 dr FsBk	200	600	1000	2200	4000	5700
DeL Bus Cpe	200	675	1050	2250	4300	6100
DeL Brgm	350	700	1150	2300	4550	6500
DeL 2 dr FsBk	200	650	1050	2250	4200	6000
DeL 4 dr FsBk	200	650	1000	2200	4150	5900
4 dr Tr Sed	200	675	1050	2250	4300	6100
Ambassador, 6-cyl.						
Bus Cpe	350	750	1300	2500	5300	7600
Spec Bus Cpe	350	750	1300	2450	5250	7500
A-P Cabr	1050	3350	5600	11,200	19,600	28,000
2 dr Brgm	350	750	1350	2650	5450	7800
4 dr Spec Sed	350	750	1300	2450	5250	7500
4 dr Spec FsBk	350	750	1300	2450	5250	7500
4 dr DeL FsBk	350	750	1300	2500	5300	7600
4 dr Tr Sed	350	800	1350	2700	5500	7900
Ambassador, 8-cyl.						
A-P Cabr	1150	3700	6200	12,400	21,700	31,000
2 dr DeL Brgm	350	850	1500	2800	5650	8100
4 dr Spec FsBk	350	800	1350	2700	5500	7900
4 dr DeL FsBk	350	800	1450	2750	5600	8000
4 dr Tr Sed	350	900	1550	3050	5900	8500

1942
Ambassador 600, 6-cyl.

	6	5	4	3	2	1
2 dr Bus Cpe	200	675	1050	2250	4350	6200
2 dr Brgm	350	700	1150	2300	4600	6600
2 dr SS	350	700	1150	2300	4550	6500
4 dr SS	350	725	1150	2300	4700	6700
4 dr Tr Sed	350	700	1150	2300	4550	6500

Nash

Ambassador, 6-cyl.	6	5	4	3	2	1
Bus Cpe	350	750	1300	2450	5250	7500
2 dr Brgm	350	750	1350	2650	5450	7800
2 dr SS	350	750	1300	2500	5300	7600
4 dr SS	350	750	1350	2600	5400	7700
4 dr Tr Sed	350	750	1350	2650	5450	7800
Ambassador, 8-cyl.						
Bus Cpe	350	800	1350	2700	5500	7900
2 dr Brgm	350	800	1450	2750	5600	8000
2 dr SS	350	750	1350	2650	5450	7800
4 dr SS	350	800	1350	2700	5500	7900
4 dr Tr Sed	350	800	1450	2750	5600	8000

1946 Nash 600 4 dr sedan

1946
600, 6-cyl.						
2 dr Brgm	200	500	850	1950	3600	5100
4 dr Sed	200	500	850	1900	3500	5000
4 dr Trk Sed	200	550	900	2100	3700	5300
Ambassador, 6-cyl.						
2 dr Brgm	350	750	1300	2450	5250	7500
4 dr Sed	350	750	1300	2450	5250	7500
4 dr Trk Sed	350	750	1300	2500	5300	7600
4 dr Sub Sed	850	2750	4600	9200	16,100	23,000

1947
600, 6-cyl.						
2 dr Brgm	200	550	900	2000	3600	5200
4 dr Sed	200	500	850	1950	3600	5100
4 dr Trk Sed	200	600	950	2150	3850	5500
Ambassador, 6-cyl.						
2 dr Brgm	350	750	1300	2450	5250	7500
4 dr Sed	350	750	1300	2500	5300	7600
4 dr Trk Sed	350	750	1350	2600	5400	7700
4 dr Sub Sed	850	2750	4600	9200	16,100	23,000

1948
600, 6-cyl.						
DeL Bus Cpe	200	600	950	2200	3900	5600
4 dr Super Sed	200	600	950	2150	3850	5500
4 dr Super Trk Sed	200	600	950	2150	3850	5500
2 dr Super Brgm	200	600	1000	2200	4000	5700

	6	5	4	3	2	1
4 dr Cus Sed	200	650	1000	2200	4150	5900
4 dr Cus Trk Sed	200	675	1050	2250	4300	6100
2 dr Cus Brgm	200	650	1050	2250	4200	6000
Ambassador, 6-cyl.						
4 dr Sed	350	750	1250	2400	5050	7200
4 dr Trk Sed	350	750	1250	2400	5100	7300
2 dr Brgm	350	750	1250	2350	5000	7100
4 dr Sub Sed	900	2900	4800	9600	16,800	24,000
Custom Ambassador, 6-cyl.						
4 dr Sed	350	750	1300	2450	5250	7500
4 dr Trk Sed	350	750	1300	2500	5300	7600
2 dr Brgm	350	750	1300	2450	5250	7500
2 dr Cabr	950	3000	5000	10,000	17,500	25,000

1949 Nash Ambassador, 4 dr sed

1949
600 Super, 6-cyl.

4 dr Sed	200	600	950	2200	3900	5600
2 dr Sed	200	600	950	2200	3900	5600
2 dr Brgm	200	600	950	2200	3900	5600
600 Super Special, 6-cyl.						
4 dr Sed	200	675	1050	2250	4300	6100
2 dr Sed	200	650	1000	2200	4150	5900
2 dr Brgm	200	600	1000	2200	4000	5700
600 Custom, 6-cyl.						
4 dr Sed	200	650	1000	2200	4100	5800
2 dr Sed	200	600	1000	2200	4000	5700
2 dr Brgm	200	650	1000	2200	4100	5800
Ambassador Super, 6-cyl.						
4 dr Sed	350	750	1200	2350	4900	7000
2 dr Sed	350	725	1200	2350	4850	6900
2 dr Brgm	350	750	1200	2350	4900	7000
Ambassador Super Special, 6-cyl.						
4 dr Sed	350	750	1250	2350	5000	7100
2 dr Sed	350	750	1200	2350	4900	7000
2 dr Brgm	350	750	1250	2350	5000	7100
Ambassador Custom, 6-cyl.						
4 dr Sed	350	750	1250	2400	5050	7200
2 dr Sed	350	750	1250	2350	5000	7100
2 dr Brgm	350	750	1250	2400	5050	7200

1950
Rambler Custom, 6-cyl.

2 dr Conv Lan	350	700	1150	2300	4550	6500
2 dr Sta Wag	200	600	950	2150	3850	5500
Nash Super Statesman, 6-cyl.						
2 dr DeL Cpe	200	675	1050	2250	4300	6100
4 dr Sed	200	600	950	2200	3900	5600
2 dr Sed	200	600	950	2200	3900	5600
2 dr Clb Cpe	350	700	1150	2300	4600	6600

Nash

	6	5	4	3	2	1
Nash Custom Statesman, 6-cyl.						
4 dr Sed	200	600	950	2200	3900	5600
2 dr Sed	200	600	1000	2200	4000	5700
2 dr Clb Cpe	200	650	1000	2200	4100	5800
Ambassador, 6-cyl.						
4 dr Sed	350	725	1150	2300	4700	6700
2 dr Sed	350	725	1200	2350	4800	6800
2 dr Clb Cpe	350	725	1200	2350	4850	6900
Ambassador Custom, 6-cyl.						
4 dr Sed	350	725	1200	2350	4800	6800
2 dr Sed	350	725	1200	2350	4850	6900
2 dr Clb Cpe	350	750	1200	2350	4900	7000
1951						
Rambler, 6-cyl.						
2 dr Utl Wag	200	600	950	2200	3900	5600
2 dr Cus Clb Sed	200	600	1000	2200	4000	5700
2 dr Cus Conv Sed	350	750	1200	2350	4900	7000
2 dr Cus Sta Wag	200	600	1000	2200	4000	5700
Nash Statesman, 6-cyl.						
2 dr DeL Bus Cpe	200	600	1000	2200	4000	5700
4 dr Sup Sed	200	650	1000	2200	4100	5800
2 dr Sup	200	600	1000	2200	4000	5700
2 dr Sup Cpe	200	650	1000	2200	4100	5800
2 dr Cus Cpe	200	675	1050	2250	4300	6100
2 dr Cus	200	650	1000	2200	4150	5900
Ambassador, 6-cyl.						
4 dr Sup Sed	350	725	1200	2350	4850	6900
2 dr Sup	350	725	1200	2350	4800	6800
2 dr Sup Cpe	350	725	1200	2350	4850	6900
4 dr Cus Sed	350	750	1250	2350	5000	7100
2 dr Cus	350	750	1250	2400	5050	7200
2 dr Cus Cpe	350	750	1250	2400	5100	7300
Nash-Healy						
Spt Car	1200	3850	6400	12,800	22,400	32,000
1952-1953						
Rambler, 6-cyl.						
2 dr Utl Wag	200	600	950	2150	3850	5500
2 dr Cus Clb Sed	200	600	1000	2200	4000	5700
2 dr Cus Conv Sed	350	750	1300	2450	5250	7500
2 dr Cus Sta Wag	200	600	950	2150	3850	5500
Nash Statesman, 6-cyl.						
(Add 10 percent for Custom)						
2 dr Sed	200	600	1000	2200	4000	5700
4 dr Sed	200	600	950	2200	3900	5600
2 dr Cus Ctry Clb	350	750	1300	2450	5250	7500
Ambassador, 6-cyl.						
(Add 10 percent for Custom)						
2 dr Sed	350	750	1250	2350	5000	7100
4 dr Sed	350	750	1200	2350	4900	7000
2 dr Cus Ctry Clb	450	1100	1700	3650	6650	9500
Nash-Healey						
Cpe	1350	4300	7200	14,400	25,200	36,000
Spt Car	1500	4800	8000	16,000	28,000	40,000

1954 Nash Ambassador Custom sedan

1954
Rambler, 6-cyl.

	6	5	4	3	2	1
2 dr DeL Clb Sed	200	600	950	2150	3850	5500
2 dr Sup Clb Sed	200	600	950	2200	3900	5600
2 dr Ctry Clb Sed	200	600	1000	2200	4000	5700
2 dr Utl Wag	200	600	1000	2200	4000	5700
4 dr Sup Sed (108")	200	600	950	2150	3850	5500
2 dr Cus Ctry Clb	350	750	1200	2350	4900	7000
2 dr Cus Conv	350	800	1450	2750	5600	8000
2 dr Cus Sta Wag	200	600	950	2150	3850	5500
4 dr Cus Sed (108")	200	600	950	2150	3850	5500
2 dr Cus Wag (108")	200	600	1000	2200	4000	5700

Nash Statesman, 6-cyl.
4 dr Sup Sed	200	650	1050	2250	4200	6000
2 dr Sup Sed	200	675	1050	2250	4300	6100
4 dr Cus Sed	200	675	1050	2250	4350	6200
2 dr Cus Ctry Clb	450	1000	1650	3350	6300	9000

Nash Ambassador, 6-cyl.
(Add 5 percent for LeMans option).

4 dr Sup Sed	350	750	1250	2400	5050	7200
2 dr Sup Sed	350	750	1250	2400	5100	7300
4 dr Cus Sed	350	750	1300	2450	5250	7500
2 dr Cus Ctry Clb	400	1300	2200	4400	7700	11,000

Nash-Healey
Cpe	1400	4500	7500	15,000	26,300	37,500
Spt Car	1600	5050	8400	16,800	29,400	42,000

1955
Rambler, 6-cyl.

2 dr DeL Clb Sed	200	600	950	2200	3900	5600
2 dr DeL Bus Sed	200	600	950	2150	3850	5500
4 dr DeL Sed (108")	200	600	950	2150	3850	5500
2 dr Sup Clb Sed	200	600	950	2200	3900	5600
2 dr Utl Wag	200	600	1000	2200	4000	5700
4 dr Sup Sed (108")	200	600	950	2200	3900	5600
4 dr Sup Crs Ctry (108")	200	600	1000	2200	4000	5700
2 dr Cus Ctry Clb	350	725	1200	2350	4850	6900
4 dr Cus Sed (108")	200	600	1000	2200	4000	5700
4 dr Cus Crs Ctry (108")	200	650	1000	2200	4100	5800

Nash Statesman, 6-cyl.
4 dr Sup Sed	200	600	950	2150	3850	5500
4 dr Cus Sed	200	600	950	2200	3900	5600
2 dr Cus Ctry Clb	350	750	1300	2450	5250	7500

Nash Ambassador, 6-cyl.
4 dr Sup Sed	350	700	1150	2300	4600	6600
4 dr Cus Sed	350	725	1150	2300	4700	6700
2 dr Cus Ctry Clb	450	1450	2400	4800	8400	12,000

Nash Ambassador, 8-cyl.
4 dr Sup Sed	350	725	1150	2300	4700	6700
4 dr Cus Sed	350	750	1200	2350	4900	7000
2 dr Cus Ctry Clb	500	1550	2600	5200	9100	13,000

1956
Rambler, 6-cyl.

4 dr DeL Sed	200	500	850	1850	3350	4900
4 dr Sup Sed	200	500	850	1900	3500	5000
4 dr Sup Crs Ctry	200	650	1000	2200	4100	5800
4 dr Cus Sed	200	500	850	1850	3350	4900
4 dr Cus HdTp	200	600	950	2200	3900	5600
4 dr Cus Crs Ctry	200	675	1100	2250	4400	6300
4 dr HdTp Wag	350	725	1150	2300	4700	6700

Nash Statesman, 6-cyl.
4 dr Sup Sed	200	550	900	2150	3800	5400

Nash Ambassador, 6-cyl.
4 dr Sup Sed	350	700	1150	2300	4600	6600

Nash Ambassador, 8-cyl.
4 dr Sup Sed	350	725	1150	2300	4700	6700
4 dr Cus Sed	350	725	1200	2350	4800	6800
2 dr Cus HdTp	500	1550	2600	5200	9100	13,000

1957
Rambler, 6-cyl.

4 dr DeL Sed	200	500	850	1900	3500	5000
4 dr Sup Sed	200	550	900	2000	3600	5200
4 dr Sup HdTp	200	600	950	2200	3900	5600
4 dr Sup Crs Ctry	200	650	1000	2200	4100	5800
4 dr Cus Sed	200	500	850	1950	3600	5100
4 dr Cus Crs Ctry	200	650	1000	2200	4150	5900

Nash

Rambler, 8-cyl.	6	5	4	3	2	1
4 dr Sup Sed	200	550	900	2000	3600	5200
4 dr Sup Crs Ctry Wag	200	650	1000	2200	4150	5900
4 dr Cus Sed	200	550	900	2100	3700	5300
4 dr Cus HdTp	200	650	1050	2250	4200	6000
4 dr Cus Crs Ctry Wag	200	675	1050	2250	4300	6100
4 dr Cus Crs Ctry HdTp	350	700	1150	2300	4600	6600
Rebel, 8-cyl.						
4 dr HdTp	450	1000	1650	3350	6300	9000
Nash Ambassador, 8-cyl.						
4 dr Sup Sed	350	725	1150	2300	4700	6700
4 dr Sup HdTp	350	800	1450	2750	5600	8000
4 dr Cus Sed	350	750	1200	2350	4900	7000
2 dr Cus HdTp	500	1600	2700	5400	9500	13,500

AMC

1958 Rambler American, 2 dr sed

1958-1959

	6	5	4	3	2	1
American DeLuxe, 6-cyl.						
2 dr Sed	200	550	900	2000	3600	5200
Sta Wag (1959 only)	200	550	900	2100	3700	5300
American Super, 6-cyl.						
2 dr Sed	200	550	900	2100	3700	5300
Sta Wag (1959 only)	200	550	900	2150	3800	5400
Rambler DeLuxe, 6-cyl.						
4 dr Sed	200	550	900	2000	3600	5200
Sta Wag	200	500	850	1850	3350	4900
Rambler Super, 6-cyl.						
4 dr Sed	200	500	850	1850	3350	4900
4 dr HdTp	200	500	850	1900	3500	5000
Sta Wag	200	550	900	2150	3800	5400
Rambler Custom, 6-cyl.						
4 dr Sed	200	600	1000	2200	4000	5700
4 dr HdTp	200	650	1000	2200	4150	5900
Sta Wag	200	600	950	2150	3850	5500
Rebel Super V-8						
4 dr Sed DeL (1958 only)	200	600	1000	2200	4000	5700
4 dr Sed	200	650	1000	2200	4100	5800
Sta Wag	200	650	1000	2200	4150	5900
Rebel Custom, V-8						
4 dr Sed	200	650	1000	2200	4150	5900
4 dr HdTp	200	650	1050	2250	4200	6000
Sta Wag	200	650	1050	2250	4200	6000

AMC   313

	6	5	4	3	2	1
Ambassador Super, V-8						
4 dr Sed	200	600	1000	2200	4000	5700
Sta Wag	200	650	1000	2200	4100	5800
Ambassador Custom, V-8						
4 dr Sed	200	650	1000	2200	4100	5800
4 dr Hdtp	200	650	1000	2200	4150	5900
Sta Wag	200	650	1000	2200	4150	5900
HdTp Sta Wag	200	675	1050	2250	4300	6100
1960						
American DeLuxe, 6-cyl.						
2 dr Sed	200	500	850	1900	3500	5000
4 dr Sed	200	500	850	1850	3350	4900
Sta Wag	200	500	850	1950	3600	5100
American Super, 6-cyl.						
2 dr Sed	200	500	850	1900	3500	5000
4 dr Sed	200	500	850	1950	3600	5100
Sta Wag	200	550	900	2000	3600	5200
American Custom, 6-cyl.						
2 dr Sed	200	500	850	1900	3500	5000
4 dr Sed	200	500	850	1850	3350	4900
Sta Wag	200	500	850	1950	3600	5100
Rambler DeLuxe, 6-cyl.						
4 dr Sed	200	500	850	1850	3350	4900
Sta Wag	200	500	850	1850	3350	4900
Rambler Super, 6-cyl.						
4 dr Sed	200	500	850	1900	3500	5000
6P Sta Wag	200	500	850	1900	3500	5000
8P Sta Wag	200	500	850	1950	3600	5100
Rambler Custom, 6-cyl.						
4 dr Sed	200	500	850	1950	3600	5100
4 dr HdTp	200	550	900	2000	3600	5200
6P Sta Wag	200	500	850	1950	3600	5100
8P Sta Wag	200	550	900	2000	3600	5200
Rebel Super, V-8						
Sed	200	550	900	2100	3700	5300
6P Sta Wag	200	550	900	2000	3600	5200
8P Sta Wag	200	550	900	2100	3700	5300
Rebel Custom, V-8						
Sed	200	550	900	2150	3800	5400
4 dr HdTp	200	600	950	2150	3850	5500
6P Sta Wag	200	550	900	2150	3800	5400
8P Sta Wag	200	600	950	2150	3850	5500
Ambassador Super, V-8						
Sed	200	600	950	2200	3900	5600
6P Sta Wag	200	600	950	2150	3850	5500
8P Sta Wag	200	600	950	2200	3900	5600
Ambassador Custom, V-8						
Sed	200	600	1000	2200	4000	5700
4 dr HdTp	200	650	1000	2200	4100	5800
6P Sta Wag	200	600	1000	2200	4000	5700
HdTp Sta Wag	200	650	1050	2250	4200	6000
8P Sta Wag	200	650	1000	2200	4150	5900
1961						
American						
DeL Sed	150	400	750	1600	3100	4400
2 dr DeL Sed	150	400	750	1650	3150	4500
4 dr DeL Sta Wag	150	450	750	1700	3200	4600
2 dr DeL Sta Wag	150	400	750	1650	3150	4500
4 dr Sup Sed	150	400	750	1650	3150	4500
2 dr Sup Sed	150	450	750	1700	3200	4600
4 dr Sup Sta Wag	150	450	800	1750	3250	4700
2 dr Sup Sta Wag	150	450	750	1700	3200	4600
4 dr Cus Sed	150	450	750	1700	3200	4600
2 dr Cus Sed	150	450	800	1750	3250	4700
Cus Conv	200	650	1050	2250	4200	6000
4 dr Cus Sta Wag	150	450	800	1750	3250	4700
2 dr Cus Sta Wag	150	450	800	1800	3300	4800
400 Sed	150	450	800	1750	3250	4700
400 Conv	200	675	1050	2250	4350	6200
Rambler Classic						
DeL Sed	150	400	750	1650	3150	4500
DeL Sta Wag	150	450	750	1700	3200	4600
Sup Sed	150	450	750	1700	3200	4600
Sup Sta Wag	150	450	800	1750	3250	4700
Cus Sed	150	450	800	1750	3250	4700
Cus Sta Wag	150	450	800	1800	3300	4800

314 AMC

	6	5	4	3	2	1
400 Sed	150	450	800	1800	3300	4800

NOTE: Add 5 percent for V-8.

Ambassador

	6	5	4	3	2	1
DeL Sed	150	450	750	1700	3200	4600
Sup Sed	150	450	800	1750	3250	4700
5 dr Sup Sta Wag	150	450	800	1800	3300	4800
4 dr Sup Sta Wag	150	450	800	1750	3250	4700
Cus Sed	150	450	800	1800	3300	4800
5 dr Cus Sta Wag	200	500	850	1900	3500	5000
4 dr Cus Sta Wag	200	500	850	1850	3350	4900
400 Sed	200	500	850	1850	3350	4900

1962
American

	6	5	4	3	2	1
DeL Sed	150	350	750	1350	2800	4000
2 dr DeL Sed	150	350	750	1350	2800	4000
4 dr DeL Sta Wag	150	350	750	1450	2900	4100
2 dr DeL Sta Wag	150	350	750	1350	2800	4000
Cus Sed	150	350	750	1450	2900	4100
2 dr Cus Sed	150	350	750	1450	2900	4100
4 dr Cus Sta Wag	150	350	750	1450	3000	4200
2 dr Cus Sta Wag	150	350	750	1450	2900	4100
4 dr 400	150	350	750	1450	2900	4100
2 dr 400	150	350	750	1450	3000	4200
400 Conv	200	675	1050	2250	4350	6200
400 Sta Wag	150	400	750	1650	3150	4500

Classic

	6	5	4	3	2	1
DeL Sed	150	350	750	1350	2800	4000
2 dr DeL	150	350	750	1450	2900	4100
DeL Sta Wag	150	350	750	1450	3000	4200
Cus Sed	150	400	750	1550	3050	4300
2 dr Cus	150	400	750	1600	3100	4400
4 dr Cus Sta Wag	150	400	750	1550	3050	4300
5 dr Cus Sta Wag	150	400	750	1600	3100	4400
400 Sed	150	400	750	1600	3100	4400
2 dr 400	150	400	750	1650	3150	4500
400 Sta Wag	150	450	750	1700	3200	4600

NOTE: Add 5 percent for V-8.

Ambassador

	6	5	4	3	2	1
4 dr Cus Sed	150	350	750	1450	3000	4200
2 dr Cus Sed	150	400	750	1550	3050	4300
Cus Sta Wag	150	450	800	1750	3250	4700
4 dr 400 Sed	150	400	750	1650	3150	4500
2 dr 400 Sed	150	450	750	1700	3200	4600
4 dr 400 Sta Wag	150	450	800	1750	3250	4700
5 dr 400 Sta Wag	150	450	800	1800	3300	4800

1963
American

	6	5	4	3	2	1
4 dr 220 Sed	125	250	700	1150	2500	3600
2 dr 220 Sed	150	300	700	1250	2600	3700
220 Bus Sed	125	250	700	1150	2450	3500
220 Sta Wag	150	300	700	1250	2600	3700
2 dr 220 Sta Wag	125	250	700	1150	2500	3600
330 Sed	150	300	700	1250	2600	3700
2 dr 330 Sed	125	250	700	1150	2500	3600
330 Sta Wag	150	300	700	1250	2600	3700
330 2 dr Sta Wag	150	300	700	1250	2650	3800
440 Sed	150	300	750	1350	2700	3900
2 dr 440 Sed	150	350	750	1350	2800	4000
440 HdTp	150	400	750	1550	3050	4300
440-H HdTp	200	500	850	1900	3500	5000
440 Conv	200	600	950	2150	3850	5500
440 Sta Wag	150	300	750	1350	2700	3900

Classic

	6	5	4	3	2	1
550 Sed	125	250	700	1150	2450	3500
2 dr 550 Sed	125	250	700	1150	2500	3600
550 Sta Wag	125	250	700	1150	2450	3500
660 Sed	125	250	700	1150	2450	3500
2 dr 660 Sed	125	250	700	1150	2500	3600
660 Sta Wag	150	300	700	1250	2600	3700
770 Sed	150	300	750	1350	2700	3900
2 dr 770 Sed	150	300	700	1250	2650	3800
770 Sta Wag	150	300	700	1250	2600	3700

NOTE: Add 5 percent for V-8 models.

Ambassador

	6	5	4	3	2	1
800 Sed	150	300	700	1250	2650	3800
2 dr 800 Sed	150	300	750	1350	2700	3900

AMC   315

	6	5	4	3	2	1
800 Sta Wag	150	350	750	1350	2800	4000
880 Sed	150	300	750	1350	2700	3900
2 dr 880 Sed	150	350	750	1350	2800	4000
880 Sta Wag	150	350	750	1450	2900	4100
990 Sed	150	350	750	1350	2800	4000
2 dr 990 Sed	150	350	750	1450	2900	4100
5 dr 990 Sta Wag	150	350	750	1450	3000	4200
4 dr 990 Sta Wag	150	350	750	1350	2800	4000

1964
American

	6	5	4	3	2	1
220 Sed	125	250	700	1150	2500	3600
2 dr 220	150	300	700	1250	2600	3700
220 Sta Wag	150	300	700	1250	2650	3800
330 Sed	150	300	700	1250	2650	3800
2 dr 330	150	300	750	1350	2700	3900
330 Sta Wag	150	300	750	1350	2700	3900
440 Sed	150	300	700	1250	2650	3800
440 HdTp	150	400	750	1550	3050	4300
440-H HdTp	200	500	850	1900	3500	5000
Conv	200	600	950	2150	3850	5500

Classic

	6	5	4	3	2	1
550 Sed	125	250	700	1150	2450	3500
2 dr 550	125	250	700	1150	2500	3600
550 Sta Wag	150	300	700	1250	2600	3700
660 Sed	125	250	700	1150	2500	3600
2 dr 660	150	300	700	1250	2600	3700
660 Sta Wag	150	300	700	1250	2650	3800
770 Sed	150	300	700	1250	2600	3700
2 dr 770	150	300	700	1250	2650	3800
770 Hdtp	150	400	750	1550	3050	4300
770 Typhoon	200	600	950	2150	3850	5500
770 Sta Wag	150	300	700	1250	2650	3800

NOTE: Add 5 percent for V-8 models.

Ambassador

	6	5	4	3	2	1
Sed	150	400	750	1550	3050	4300
HdTp	150	450	800	1800	3300	4800
990H	200	500	850	1900	3500	5000
Sta Wag	150	350	750	1350	2800	4000

1965
American

	6	5	4	3	2	1
220 Sed	150	300	700	1250	2600	3700
2 dr 220	150	300	700	1250	2650	3800
220 Sta Wag	150	300	700	1250	2650	3800
330 Sed	150	300	700	1250	2650	3800
2 dr 330	150	350	750	1350	2800	4000
330 Sta Wag	150	350	750	1450	2900	4100
440 Sed	150	350	750	1350	2800	4000
440 HdTp	200	500	850	1900	3500	5000
440-H HdTp	200	550	900	2000	3600	5200
Conv	200	600	950	2200	3900	5600

Classic

	6	5	4	3	2	1
550 Sed	125	250	700	1150	2500	3600
2 dr 550	150	300	700	1250	2600	3700
550 Sta Wag	150	300	700	1250	2600	3700
660 Sed	150	300	750	1350	2700	3900
2 dr 660	150	350	750	1350	2800	4000
660 Sta Wag	150	350	750	1450	2900	4100
770 Sed	150	300	750	1350	2700	3900
770 HdTp	150	350	750	1450	3000	4200
770-H HdTp	200	550	900	2100	3700	5300
770 Conv	200	600	1000	2200	4000	5700
770 Sta Wag	150	350	750	1350	2800	4000

NOTE: Add 5 percent for V-8 models.

Marlin

	6	5	4	3	2	1
FstBk	200	600	950	2150	3850	5500

Ambassador

	6	5	4	3	2	1
880 Sed	150	350	750	1350	2800	4000
2 dr 880	150	350	750	1450	2900	4100
880 Sta Wag	150	350	750	1450	3000	4200
990 Sed	150	350	750	1450	2900	4100
990 HdTp	150	400	750	1550	3050	4300
990-H HdTp	200	500	850	1900	3500	5000
Conv	200	600	950	2150	3850	5500
Sta Wag	150	350	750	1350	2800	4000

Marlin, V-8

	6	5	4	3	2	1
FstBk	200	550	900	2000	3600	5200

316 AMC

1966 AMC Ambassador 990 convertible

1966
American
220 Sed	125	250	700	1150	2450	3500
220 2 dr Sed	125	250	700	1150	2500	3600
220 Wag	150	300	700	1250	2600	3700
440 Sed	150	300	700	1250	2650	3800
440 2 dr Sed	150	300	750	1350	2700	3900
440 Conv	150	450	800	1800	3300	4800
440 Wag	150	300	700	1250	2600	3700
440 HdTp	150	350	750	1350	2800	4000
Rogue	150	400	750	1650	3150	4500

Classic
550 Sed	125	250	700	1150	2500	3600
550 2 dr Sed	125	250	700	1150	2500	3600
550 Sta Wag	150	300	700	1250	2600	3700
770 Sed	150	300	700	1250	2650	3800
770 HdTp	150	350	750	1450	3000	4200
770 Conv	200	600	950	2150	3850	5500
770 Sta Wag	150	300	700	1250	2600	3700

Rebel
2 dr HdTp	200	500	850	1900	3500	5000

Marlin
FsBk Cpe	200	600	950	2150	3850	5500

Ambassador
880 Sed	150	300	750	1350	2700	3900
880 2 dr Sed	150	350	750	1350	2800	4000
880 Sta Wag	150	350	750	1450	3000	4200
990 Sed	150	350	750	1450	2900	4100
990 HdTp	150	400	750	1650	3150	4500
990 Conv	200	650	1050	2250	4200	6000
990 Sta Wag	125	250	700	1150	2450	3500

DPL (Diplomat)
DPL HdTp	200	500	850	1900	3500	5000

1967
American 220
Sed	125	250	700	1150	2450	3500
2 dr Sed	125	250	700	1150	2450	3500
Sta Wag	125	250	700	1150	2450	3500

American 440
Sed	125	250	700	1150	2500	3600
2 dr Sed	125	250	700	1150	2500	3600
HdTp	150	350	750	1350	2800	4000
Sta Wag	125	250	700	1150	2450	3500

American Rogue
HdTp	200	600	950	2200	3900	5600
Conv	350	700	1150	2300	4550	6500

Rebel 550
Sed	125	250	700	1150	2450	3500
2 dr Sed	125	250	700	1150	2450	3500
Sta Wag	125	250	700	1150	2450	3500

Rebel 770
Sed	125	250	700	1150	2500	3600
HdTp	150	350	750	1350	2800	4000
Sta Wag	125	250	700	1150	2450	3500

AMC 317

Rebel SST	6	5	4	3	2	1
HdTp	150	350	750	1450	3000	4200
Conv	200	650	1050	2250	4200	6000
Rambler Marlin						
FsBk Cpe	200	600	950	2150	3850	5500
Ambassador 880						
Sed	125	250	700	1150	2500	3600
2 dr Sed	125	250	700	1150	2500	3600
Sta Wag	150	300	700	1250	2600	3700
Ambassador 990						
Sed	150	350	750	1350	2800	4000
HdTp	150	450	800	1800	3300	4800
Sta Wag	150	350	750	1450	2900	4100
Ambassador DPL						
HdTp	200	500	850	1950	3600	5100
Conv	350	700	1150	2300	4550	6500

1968

American 220						
Sed	150	300	700	1250	2600	3700
2 dr Sed	150	300	700	1250	2600	3700
American 440						
Sed	150	300	700	1250	2650	3800
Sta Wag	150	300	700	1250	2600	3700
Rogue						
HdTp	200	650	1050	2250	4200	6000
Rebel 550						
Sed	150	300	700	1250	2600	3700
Conv	150	450	800	1750	3250	4700
Sta Wag	125	250	700	1150	2450	3500
HdTp	150	350	750	1450	3000	4200
Rebel 770						
Sed	150	300	700	1250	2600	3700
Sta Wag	125	250	700	1150	2500	3600
HdTp	150	400	750	1600	3100	4400
Rebel SST						
Conv	200	650	1050	2250	4200	6000
HdTp	150	450	750	1700	3200	4600
Ambassador						
Sed	150	300	700	1250	2650	3800
HdTp	150	400	750	1650	3150	4500
Ambassador DPL						
Sed	150	350	750	1350	2800	4000
HdTp	150	450	800	1750	3250	4700
Sta Wag	150	350	750	1350	2800	4000
Ambassador SST						
Sed	150	350	750	1350	2800	4000
HdTp	200	500	850	1900	3500	5000
Javelin						
FsBk	350	750	1200	2350	4900	7000
Javelin SST						
FsBk	350	900	1550	3050	5900	8500

NOTE: Add 20 percent for GO pkg.
Add 30 percent for Big Bad pkg.

AMX						
FsBk	550	1700	2800	5600	9800	14,000

NOTE: Add 25 percent for Craig Breedlove Edit.

1969

Rambler						
Sed	125	250	700	1150	2500	3600
2 dr Sed	125	250	700	1150	2500	3600
Rambler 440						
Sed	150	300	700	1250	2600	3700
2 dr Sed	150	300	700	1250	2600	3700
Rambler Rogue						
HdTp	200	650	1050	2250	4200	6000
Rambler Hurst S/C						
HdTp	500	1550	2600	5200	9100	13,000
Rebel						
Sed	125	250	700	1150	2450	3500
HdTp	150	350	750	1350	2800	4000
Sta Wag	125	250	700	1150	2500	3600
Rebel SST						
Sed	150	300	700	1250	2600	3700
HdTp	150	350	750	1450	3000	4200
Sta Wag	150	300	700	1250	2600	3700

AMX

	6	5	4	3	2	1
FsBk Cpe	550	1700	2800	5600	9800	14,000

NOTE: Add 25 percent for Big Bad Pkg.

Javelin
FsBk Cpe	350	750	1200	2350	4900	7000

Javelin SST
FsBk Cpe	350	900	1550	3050	5900	8500

NOTE: Add 20 percent for GO Pkg.
Add 30 percent for Big Bad Pkg.

Ambassador
Sed	150	300	700	1250	2650	3800

Ambassador DPL
Sed	150	350	750	1350	2800	4000
Sta Wag	150	350	750	1350	2800	4000
HdTp	150	350	750	1450	3000	4200

Ambassador SST
Sed	150	300	700	1250	2650	3800
HdTp	150	400	750	1550	3050	4300

1970

Hornet
Sed	125	250	700	1150	2450	3500
2 dr Sed	125	250	700	1150	2450	3500

Hornet SST
Sed	125	250	700	1150	2500	3600
2 dr Sed	125	250	700	1150	2500	3600

Rebel
Sed	150	300	700	1250	2600	3700
HdTp	150	400	750	1650	3150	4500
Sta Wag	150	350	750	1450	2900	4100

Rebel SST
Sed	150	300	700	1250	2650	3800
HdTp	200	650	1050	2250	4200	6000
Sta Wag	150	300	700	1250	2600	3700

Rebel 'Machine'
HdTp	450	1500	2500	5000	8800	12,500

AMX
FsBk Cpe	550	1700	2800	5600	9800	14,000

Gremlin
2 dr Comm	150	300	700	1250	2650	3800
2 dr Sed	150	300	750	1350	2700	3900

Javelin
FsBk Cpe	350	750	1300	2450	5250	7500

Javelin SST
FsBk Cpe	450	1000	1600	3300	6250	8900

NOTE: Add 20 percent for GO pkg.
Add 30 percent for Big Bad pkg.

'Trans Am'
FsBk Cpe	400	1200	2000	3950	7000	10,000

'Mark Donahue'
FsBk Cpe	450	1100	1700	3650	6650	9500

Ambassador
Sed	150	300	700	1250	2650	3800

Ambassador DPL
Sed	150	300	750	1350	2700	3900
HdTp	150	350	750	1350	2800	4000
Sta Wag	150	300	700	1250	2650	3800

Ambassador SST
Sed	150	350	750	1350	2800	4000
HdTp	150	350	750	1450	2900	4100
Sta Wag	150	300	750	1350	2700	3900

1971

Gremlin
2 dr Sed	125	250	700	1150	2450	3500
Sed	125	250	700	1150	2450	3500

Hornet
2 dr Sed	125	250	700	1150	2500	3600
Sed	125	250	700	1150	2500	3600

Hornet SST
2 dr Sed	125	250	700	1150	2450	3500
Sed	125	250	700	1150	2450	3500

Hornet SC/360
HdTp	350	800	1450	2750	5600	8000

Javelin
HdTp	150	400	750	1650	3150	4500
SST HdTp	200	600	950	2150	3850	5500

NOTE: Add 10 percent for 401 V-8.

AMC 319

Javelin AMX	6	5	4	3	2	1
HdTp	350	750	1300	2450	5250	7500

NOTE: Add 15 percent for GO Pkg.

Matador
Sed	125	250	700	1150	2450	3500
HdTp	150	300	700	1250	2600	3700
Sta Wag	125	250	700	1150	2500	3600

Ambassador DPL
Sed	125	250	700	1150	2500	3600

Ambassador SST
Sed	150	300	700	1250	2600	3700
HdTp	150	300	750	1350	2700	3900
Sta Wag	150	300	700	1250	2650	3800

NOTE: Add 10 percent to Ambassador SST for Broughams.

1972
Hornet SST
2 dr Sed	125	250	700	1150	2450	3500
Sed	125	250	700	1150	2500	3600
Sta Wag	150	300	700	1250	2600	3700
Gucci	150	400	750	1650	3150	4500
DeL Wag	150	300	700	1250	2650	3800
'X' Wag	150	300	700	1250	2600	3700

Matador
Sed	150	300	700	1250	2600	3700
HdTp	150	300	750	1350	2700	3900
Sta Wag	150	300	700	1250	2650	3800

Gremlin
2 dr Sed	125	250	700	1150	2500	3600
'X' Sed	150	400	750	1650	3150	4500

Javelin
SST	150	400	750	1650	3150	4500
AMX	200	650	1050	2250	4200	6000
Go '360'	350	750	1200	2350	4900	7000
Go '401'	350	800	1350	2700	5500	7900
Cardin	350	725	1200	2350	4800	6800

NOTE: Add 20 percent for 401 V-8.
   Add 25 percent for 401 Police Special V-8.
   Add 30 percent for GO Pkg.

Ambassador SST
Sed	150	300	700	1250	2600	3700
HdTp	150	300	750	1350	2700	3900
Sta Wag	150	300	700	1250	2650	3800

Ambassador Brougham
NOTE: Add 10 percent to SST prices for Brougham.

Gremlin V8
2 dr	150	350	750	1450	2900	4100

Hornet V8
2 dr	150	300	750	1350	2700	3900
4 dr	150	300	700	1250	2650	3800
2 dr Hatchback	150	350	750	1350	2800	4000
Sta Wag	150	300	750	1350	2700	3900

AMX V8
2 dr HdTp	350	850	1500	2900	5700	8200

NOTE: Add 15 percent for GO Pkg.

Matador V8
4 dr Sed	150	300	700	1250	2600	3700
2 dr HdTp	150	300	700	1250	2650	3800
Sta Wag	150	300	700	1250	2600	3700

Ambassador Brgm V8
4 dr Sed	150	300	700	1250	2650	3800
2 dr HdTp	125	200	600	1100	2300	3300
Sta Wag	150	300	700	1250	2650	3800

1973
Gremlin V8
2 dr	150	400	750	1650	3150	4500

Hornet V8
2 dr	150	300	750	1350	2700	3900
4 dr	150	300	700	1250	2650	3800
2 dr Hatchback	150	350	750	1350	2800	4000
Sta Wag	150	300	750	1350	2700	3900

Javelin V8
2 dr HdTp	200	500	850	1900	3500	5000

AMX V8
2 dr HdTp	350	800	1450	2750	5600	8000

Matador V8
4 dr Sed	150	300	700	1250	2600	3700

AMC

	6	5	4	3	2	1
2 dr HdTp	150	300	700	1250	2650	3800
Sta Wag	150	300	700	1250	2600	3700
Ambassador Brgm V8						
4 dr Sed	150	300	700	1250	2650	3800
2 dr HdTp	150	300	750	1350	2700	3900
Sta Wag	150	300	700	1250	2650	3800

1974
Gremlin V8

	6	5	4	3	2	1
2 dr Sed	150	400	750	1650	3150	4500
Hornet						
Sed	125	250	700	1150	2400	3400
2 dr Sed	125	250	700	1150	2450	3500
Hatch	125	250	700	1150	2500	3600
Sta Wag	125	250	700	1150	2450	3500
Javelin						
FsBk	150	350	750	1450	3000	4200
Javelin AMX						
FsBk	350	700	1150	2300	4550	6500
Matador						
Sed	125	200	600	1100	2250	3200
2 dr Sed	125	250	700	1150	2500	3600
Sta Wag	125	200	600	1100	2300	3300
Matador Brougham						
Cpe	150	300	700	1250	2600	3700
Matador 'X'						
Cpe	150	300	700	1250	2650	3800
Ambassador Brougham						
Sed	125	200	600	1100	2300	3300
Sta Wag	125	250	700	1150	2400	3400

NOTE: Add 10 percent for Oleg Cassini coupe.
Add 12 percent for 'Go-Package'.

1975
Gremlin

	6	5	4	3	2	1
2 dr Sed	150	300	700	1250	2650	3800
Hornet						
Sed	125	250	700	1150	2450	3500
2 dr Sed	125	250	700	1150	2400	3400
Hatch	125	250	700	1150	2450	3500
Sta Wag	125	250	700	1150	2450	3500
Pacer						
2 dr Sed	150	300	750	1350	2700	3900
Matador						
Sed	125	250	700	1150	2400	3400
Cpe	125	250	700	1150	2500	3600
Sta Wag	125	250	700	1150	2450	3500

1976
Gremlin, V-8

	6	5	4	3	2	1
2 dr Sed	125	250	700	1150	2450	3500
Cus 2 dr Sed	150	300	700	1250	2650	3800
Hornet, V-8						
4 dr Sed	125	200	600	1100	2200	3100
2 dr Sed	100	175	525	1050	2100	3000
2 dr Hatch	125	200	600	1100	2250	3200
4 dr Sptabt	125	200	600	1100	2300	3300
Pacer, 6-cyl.						
2 dr Sed	125	250	700	1150	2450	3500
Matador, V-8						
4 dr Sed	100	175	525	1050	2100	3000
Cpe	125	200	600	1100	2250	3200
Sta Wag	125	200	600	1100	2200	3100

NOTE: Deduct 5 percent for 6 cylinder.

1977
Gremlin, V-8

	6	5	4	3	2	1
2 dr Sed	150	300	700	1250	2600	3700
Cus 2 dr Sed	150	300	700	1250	2650	3800
Hornet, V-8						
4 dr Sed	125	200	600	1100	2250	3200
2 dr Sed	125	200	600	1100	2200	3100
2 dr Hatch	125	200	600	1100	2300	3300
Sta Wag	125	250	700	1150	2400	3400
Pacer, 6-cyl.						
2 dr Sed	125	250	700	1150	2500	3600
Sta Wag	150	300	700	1250	2600	3700

1977 Pacer Sta Wag

Matador, V-8	6	5	4	3	2	1
4 dr Sed	125	200	600	1100	2200	3100
Cpe	125	200	600	1100	2300	3300
Sta Wag	125	200	600	1100	2250	3200

NOTE: Deduct 5 percent for 6 cylinder.
    Add 10 percent for AMX package.

1978
Gremlin
2 dr Sed	125	250	700	1150	2400	3400
Cus 2 dr Sed	125	250	700	1150	2450	3500

Concord
4 dr Sed	100	175	525	1050	2050	2900
2 dr Sed	100	175	525	1050	1950	2800
2 dr Hatch	100	175	525	1050	2100	3000
Sta Wag	125	200	600	1100	2200	3100

Pacer
2 dr Hatch	125	200	600	1100	2300	3300
Sta Wag	125	250	700	1150	2400	3400

AMX
2 dr Hatch	125	250	700	1150	2500	3600

Matador
4 dr Sed	100	175	525	1050	1950	2800
Cpe	100	175	525	1050	2100	3000
Sta Wag	100	175	525	1050	2050	2900

1979
Spirit, 6-cyl.
2 dr Hatch	125	250	700	1150	2450	3500
2 dr Sed	125	250	700	1150	2400	3400

Spirit DL, 6-cyl.
2 dr Hatch	125	250	700	1150	2500	3600
2 dr Sed	125	250	700	1150	2450	3500

Spirit Limited, 6-cyl.
2 dr Hatch	150	300	700	1250	2600	3700
2 dr Sed	125	250	700	1150	2500	3600

NOTE: Deduct 5 percent for 4-cyl.

Concord, V-8
4 dr Sed	125	200	600	1100	2200	3100
2 dr Sed	100	175	525	1050	2100	3000
2 dr Hatch	125	200	600	1100	2250	3200
4 dr Sta Wag	125	200	600	1100	2250	3200

Concord DL, V-8
4 dr Sed	125	200	600	1100	2250	3200
2 dr Sed	125	200	600	1100	2200	3100
2 dr Hatch	125	200	600	1100	2300	3300
4 dr Sta Wag	125	200	600	1100	2300	3300

Concord Limited, V-8
4 dr Sed	125	200	600	1100	2300	3300
2 dr Sed	125	200	600	1100	2250	3200
4 dr Sta Wag	125	250	700	1150	2400	3400

NOTE: Deduct 5 percent for 6-cyl.

Pacer DL, V-8
2 dr Hatch	125	250	700	1150	2400	3400
2 dr Sta Wag	125	250	700	1150	2450	3500

AMC

Pacer Limited, V-8

	6	5	4	3	2	1
2 dr Hatch	125	250	700	1150	2450	3500
2 dr Sta Wag	125	250	700	1150	2500	3600

NOTE: Deduct 5 percent for 6-cyl.

AMX, V-8

2 dr Hatch	150	300	700	1250	2600	3700

NOTE: Deduct 7 percent for 6-cyl.

1980
Spirit, 6-cyl.

2 dr Hatch	150	350	750	1350	2800	4000
2 dr Cpe	150	300	750	1350	2700	3900
2 dr Hatch DL	150	350	750	1450	2900	4100
2 dr Cpe DL	150	350	750	1350	2800	4000
2 dr Hatch Limited	150	400	750	1550	3050	4300
2 dr Cpe Limited	150	350	750	1450	3000	4200

NOTE: Deduct 10 percent for 4-cyl.

Concord, 6-cyl.

4 dr Sed	125	250	700	1150	2500	3600
2 dr Cpe	125	250	700	1150	2450	3500
4 dr Sta Wag	150	300	700	1250	2600	3700
4 dr Sed DL	150	300	700	1250	2600	3700
2 dr Cpe DL	125	250	700	1150	2500	3600
4 dr Sta Wag DL	150	300	700	1250	2650	3800
4 dr Sed Limited	150	300	750	1350	2700	3900
2 dr Cpe Limited	150	300	700	1250	2650	3800
4 dr Sta Wag Limited	150	300	750	1350	2700	3900

Pacer, 6-cyl.

2 dr Hatch DL	125	250	700	1150	2500	3600
2 dr Sta Wag DL	150	300	700	1250	2600	3700
2 dr Hatch Limited	150	300	700	1250	2650	3800
2 dr Sta Wag Limited	150	300	750	1350	2700	3900

AMX, 6-cyl.

2 dr Hatch	150	350	750	1450	3000	4200

Eagle 4WD, 6-cyl.

4 dr Sed	200	500	850	1900	3500	5000
2 dr Cpe	200	500	850	1850	3350	4900
4 dr Sta Wag	200	550	900	2000	3600	5200
4 dr Sed Limited	200	550	900	2000	3600	5200
2 dr Cpe Limited	200	500	850	1950	3600	5100
4 dr Sta Wag Limited	200	550	900	2150	3800	5400

1981
Spirit, 4-cyl.

2 dr Hatch	150	300	700	1250	2600	3700
2 dr Cpe	125	250	700	1150	2500	3600
2 dr Hatch DL	150	300	750	1350	2700	3900
2 dr Cpe DL	150	300	700	1250	2650	3800

Spirit, 6-cyl.

2 dr Hatch	150	350	750	1450	2900	4100
2 dr Cpe	150	350	750	1350	2800	4000
2 dr Hatch DL	150	400	750	1550	3050	4300
2 dr Cpe DL	150	350	750	1450	3000	4200

Concord, 6-cyl.

4 dr Sed	150	300	700	1250	2600	3700
2 dr Cpe	125	250	700	1150	2500	3600
4 dr Sta Wag	150	300	700	1250	2650	3800
4 dr Sed DL	150	300	700	1250	2650	3800
2 dr Cpe DL	150	300	700	1250	2600	3700
4 dr Sta Wag DL	150	300	750	1350	2700	3900
4 dr Sed Limited	150	300	750	1350	2700	3900
2 dr Cpe Limited	150	300	700	1250	2650	3800
4 dr Sta Wag Limited	150	350	750	1350	2800	4000

NOTE: Deduct 12 percent for 4-cyl.

Eagle 50 4WD, 4-cyl.

2 dr Hatch SX4	150	450	800	1800	3300	4800
2 dr Hatchback	150	450	800	1750	3250	4700
2 dr Hatch SX4 DL	200	500	850	1900	3500	5000
2 dr Hatchback DL	200	500	850	1850	3350	4900

Eagle 50 4WD, 6-cyl.

2 dr Hatch SX4	200	550	900	2000	3600	5200
2 dr Hatchback	200	500	850	1950	3600	5100
2 dr Hatch SX4 DL	200	550	900	2150	3800	5400
2 dr Hatchback DL	200	550	900	2100	3700	5300

1982
Spirit, 6-cyl.

2 dr Hatch	150	350	750	1450	3000	4200

AMC 323

	6	5	4	3	2	1
2 dr Cpe	150	350	750	1450	2900	4100
2 dr Hatch DL	150	400	750	1600	3100	4400
2 dr Cpe DL	150	400	750	1550	3050	4300

NOTE: Deduct 10 percent for 4-cyl.

Concord, 6-cyl.

	6	5	4	3	2	1
4 dr Sed	150	300	700	1250	2650	3800
2 dr Cpe	150	300	700	1250	2600	3700
4 dr Sta Wag	150	300	750	1350	2700	3900
4 dr Sed DL	150	300	750	1350	2700	3900
2 dr Cpe DL	150	300	700	1250	2650	3800
4 dr Sta Wag DL	150	350	750	1350	2800	4000
4 dr Sed Limited	150	350	750	1350	2800	4000
2 dr Cpe Limited	150	300	750	1350	2700	3900
4 dr Sta Wag Limited	150	350	750	1450	2900	4100

NOTE: Deduct 12 percent for 4-cyl.

Eagle 50 4WD, 4-cyl.

	6	5	4	3	2	1
2 dr Hatch SX4	200	500	850	1850	3350	4900
2 dr Hatchback	150	450	800	1800	3300	4800
2 dr Hatch SX4 DL	200	500	850	1950	3600	5100
2 dr Hatchback DL	200	500	850	1900	3500	5000

Eagle 50 4WD, 6-cyl.

	6	5	4	3	2	1
2 dr Hatch SX4	200	550	900	2100	3700	5300
2 dr Hatchback	200	550	900	2000	3600	5200
2 dr Hatch SX4 DL	200	600	950	2150	3850	5500
2 dr Hatchback DL	200	550	900	2150	3800	5400

Eagle 30 4WD, 4-cyl.

	6	5	4	3	2	1
4 dr Sed	150	450	800	1750	3250	4700
2 dr Cpe	150	450	750	1700	3200	4600
4 dr Sta Wag	150	450	800	1800	3300	4800
4 dr Sed Limited	150	450	800	1800	3300	4800
2 dr Cpe Limited	150	450	800	1750	3250	4700
4 dr Sta Wag Limited	200	500	850	1900	3500	5000

Eagle 30 4WD, 6-cyl.

	6	5	4	3	2	1
4 dr Sed	200	500	850	1950	3600	5100
2 dr Cpe	200	500	850	1900	3500	5000
4 dr Sta Wag	200	550	900	2100	3700	5300
4 dr Sed Limited	200	550	900	2100	3700	5300
2 dr Cpe Limited	200	550	900	2000	3600	5200
4 dr Sta Wag Limited	200	600	950	2150	3850	5500

1983

Spirit, 6-cyl.

	6	5	4	3	2	1
2 dr Hatch DL	150	400	750	1550	3050	4300
2 dr Hatch GT	150	400	750	1600	3100	4400

Concord, 6-cyl.

	6	5	4	3	2	1
4 dr Sed	150	300	750	1350	2700	3900
4 dr Sta Wag	150	350	750	1350	2800	4000
4 dr Sed DL	150	350	750	1350	2800	4000
4 dr Sta Wag DL	150	350	750	1450	2900	4100
4 dr Sta Wag Limited	150	400	750	1550	3050	4300

Alliance, 4-cyl.

	6	5	4	3	2	1
2 dr Sed	125	250	700	1150	2500	3600
4 dr Sed L	150	300	700	1250	2600	3700
2 dr Sed L	150	300	700	1250	2600	3700
4 dr Sed DL	150	300	700	1250	2650	3800
2 dr Sed DL	150	300	700	1250	2650	3800
4 dr Sed Limited	150	300	750	1350	2700	3900

Eagle 50 4WD, 4-cyl.

	6	5	4	3	2	1
2 dr Hatch SX4	200	500	850	1900	3500	5000
2 dr Hatch SX4 DL	200	550	900	2000	3600	5200

Eagle 50 4WD, 6-cyl.

	6	5	4	3	2	1
2 dr Hatch SX4	200	550	900	2150	3800	5400
2 dr Hatch SX4 DL	200	600	950	2200	3900	5600

Eagle 30 4WD, 4-cyl.

	6	5	4	3	2	1
4 dr Sed	150	450	800	1800	3300	4800
4 dr Sta Wag	200	500	850	1900	3500	5000
4 dr Sta Wag Limited	200	550	900	2000	3600	5200

Eagle 30 4WD, 6-cyl.

	6	5	4	3	2	1
4 dr Sed	200	550	900	2000	3600	5200
4 dr Sta Wag	200	550	900	2150	3800	5400
4 dr Sta Wag Limited	200	600	950	2200	3900	5600

1984

Alliance, 4-cyl.

	6	5	4	3	2	1
2 dr	150	300	700	1250	2600	3700
L						
4 dr	150	300	700	1250	2650	3800
2 dr	150	300	700	1250	2650	3800

324 AMC

	6	5	4	3	2	1
DL						
4 dr	150	300	750	1350	2700	3900
2 dr	150	300	750	1350	2700	3900
Limited						
4 dr	150	350	750	1350	2800	4000
Encore, 4-cyl.						
2 dr Liftback	125	250	700	1150	2400	3400
S						
2 dr Liftback	125	250	700	1150	2450	3500
4 dr Liftback	125	250	700	1150	2450	3500
LS						
2 dr Liftback	125	250	700	1150	2500	3600
4 dr Liftback	125	250	700	1150	2500	3600
GS						
2 dr Liftback	150	300	700	1250	2600	3700
Eagle 4WD, 4-cyl.						
4 dr Sed	200	500	850	1850	3350	4900
4 dr Sta Wag	200	500	850	1950	3600	5100
4 dr Sta Wag Limited	200	550	900	2100	3700	5300
Eagle 4WD, 6-cyl.						
4 dr Sed	200	550	900	2100	3700	5300
4 dr Sta Wag	200	600	950	2150	3850	5500
4 dr Sta Wag Limited	200	600	1000	2200	4000	5700
1985						
Alliance						
2 dr Sed	100	150	450	1000	1800	2600
4 dr Sed L	100	175	525	1050	1950	2800
2 dr Sed L	100	175	525	1050	2050	2900
Conv L	150	300	700	1250	2600	3700
4 dr Sed DL	125	200	600	1100	2250	3200
2 dr Sed DL	125	250	700	1150	2450	3500
Conv DL	150	350	750	1450	2900	4100
Limited 4 dr Sed	150	300	750	1350	2700	3900
Eagle 4WD						
4 dr Sed	200	550	900	2150	3800	5400
4 dr Sta Wag	200	600	950	2200	3900	5600
Limited 4 dr Sta Wag	200	650	1000	2200	4100	5800
1986						
Encore 90						
2 dr HBk	125	250	700	1150	2450	3500
4 dr HBk	125	250	700	1150	2500	3600
Alliance						
2 dr Sed	125	250	700	1150	2500	3600
4 dr Sed	150	300	700	1250	2600	3700
Conv	200	600	950	2150	3850	5500
Eagle						
4 dr Sed	200	600	950	2150	3850	5500
4 dr Sta Wag	200	600	950	2200	3900	5600
Ltd 4 dr Sta Wag	200	650	1000	2200	4100	5800

NOTES: Add 10 percent for deluxe models.
Deduct 5 percent for smaller engines.

OAKLAND

1907
Model A, 4-cyl., 96" wb - 100" wb
| All Body Styles | 1250 | 3950 | 6600 | 13,200 | 23,100 | 33,000 |

1909
Model 20, 2-cyl., 112" wb
| All Body Styles | 1150 | 3600 | 6000 | 12,000 | 21,000 | 30,000 |

Model 40, 4-cyl., 112" wb
| All Body Styles | 1050 | 3350 | 5600 | 11,200 | 19,600 | 28,000 |

1909 Oakland Model 40 touring

1910-1911
Model 24, 4-cyl., 96" wb

	6	5	4	3	2	1
Rds	850	2650	4400	8800	15,400	22,000
Model 25, 4-cyl., 100" wb						
Tr	750	2400	4000	8000	14,000	20,000
Model 33, 4-cyl., 106" wb						
Tr	900	2900	4800	9600	16,800	24,000
Model K, 4-cyl., 102" wb						
Tr	1000	3100	5200	10,400	18,200	26,000
Model M, 4-cyl., 112" wb						
Rds	1000	3250	5400	10,800	18,900	27,000
NOTE: Model 33 1911 only.						
1912						
Model 30, 4-cyl., 106" wb						
5P Tr	550	1700	2800	5600	9800	14,000
Rbt	550	1750	2900	5800	10,200	14,500
Model 40, 4-cyl., 112" wb						
5P Tr	550	1750	2900	5800	10,200	14,500
Cpe	400	1250	2050	4100	7200	10,300
Rds	600	1850	3100	6200	10,900	15,500
Model 45, 4-cyl., 120" wb						
7P Tr	750	2350	3900	7800	13,700	19,600
4P Tr	800	2500	4200	8400	14,700	21,000
Limo	750	2350	3900	7800	13,700	19,600
1913						
Greyhound 6-60, 6-cyl., 130" wb						
4P Tr	750	2350	3900	7800	13,700	19,600
7P Tr	850	2750	4600	9200	16,100	23,000
Rbt	700	2250	3700	7400	13,000	18,600
Model 42, 4-cyl., 116" wb						
5P Tr	500	1550	2600	5200	9100	13,000
3P Rds	500	1550	2600	5200	9000	12,900
4P Cpe	400	1200	2000	3950	7000	10,000
Model 35, 4-cyl., 112" wb						
5P Tr	500	1550	2600	5200	9100	13,000
3P Rds	450	1450	2400	4800	8300	11,900
Model 40, 4-cyl., 114" wb						
5P Tr	550	1700	2800	5600	9800	14,000
Model 45, 4-cyl., 120" wb						
7P Limo	550	1750	2900	5800	10,200	14,500
1914						
Model 6-60, 6-cyl., 130" wb						
Rbt	550	1700	2800	5600	9800	14,000

Oakland

	6	5	4	3	2	1
Rds	550	1700	2800	5600	9900	14,100
Cl Cpl	600	1850	3100	6200	10,900	15,500
Tr	850	2750	4600	9200	16,100	23,000
Model 6-48, 6-cyl., 130" wb						
Spt	450	1450	2400	4800	8300	11,900
Rds	450	1450	2400	4800	8300	11,900
Tr	500	1600	2700	5400	9500	13,500
Model 43, 4-cyl., 116" wb						
5P Tr	400	1250	2050	4100	7200	10,300
Cpe	450	950	1600	3250	6150	8800
Sed	350	900	1550	3050	5900	8500
Model 36, 4-cyl., 112" wb						
5P Tr	400	1200	2000	3950	7000	10,000
Cabr	450	1450	2400	4800	8300	11,900
Model 35, 4-cyl., 112" wb						
Rds	400	1200	2000	3950	7000	10,000
5P Tr	400	1250	2100	4200	7400	10,500

1915-1916
Model 37-Model 38, 4-cyl., 112" wb

	6	5	4	3	2	1
Tr	400	1200	2000	3950	7000	10,000
Rds	400	1200	2000	3950	7000	10,000
Spd	450	950	1600	3250	6150	8800
Model 49-Model 32, 6-cyl., 110"-123.5" wb						
Tr	450	1500	2500	5000	8800	12,500
Rds	500	1550	2600	5200	9000	12,900
Model 50, 8-cyl., 127" wb						
7P Tr	600	2000	3300	6600	11,600	16,500

NOTE: Model 37 and model 49 are 1915 models.

1917
Model 34, 6-cyl., 112" wb

	6	5	4	3	2	1
Rds	450	1000	1650	3350	6300	9000
5P Tr	400	1250	2050	4100	7200	10,300
Cpe	450	950	1600	3250	6150	8800
Sed	350	900	1550	3050	5900	8500
Model 50, 8-cyl., 127" wb						
7P Tr	500	1550	2600	5200	9100	13,000

1918
Model 34-B, 6-cyl., 112" wb

	6	5	4	3	2	1
5P Tr	400	1300	2200	4400	7700	11,000
Rds	400	1250	2100	4200	7400	10,500
Rds Cpe	450	1000	1650	3350	6300	9000
Tr Sed	450	1000	1650	3350	6300	9000
4P Cpe	350	800	1450	2750	5600	8000
Sed	350	750	1200	2350	4900	7000

1919
Model 34-B, 6-cyl., 112" wb

	6	5	4	3	2	1
5P Tr	400	1300	2200	4400	7700	11,000
Rds	400	1250	2100	4200	7400	10,500
Rds Cpe	450	1000	1650	3350	6300	9000
Cpe	350	750	1300	2450	5250	7500
Sed	350	750	1200	2350	4900	7000

1920
Model 34-C, 6-cyl., 112" wb

	6	5	4	3	2	1
Tr	400	1300	2200	4400	7700	11,000
Rds	400	1250	2100	4200	7400	10,500
Sed	350	750	1200	2350	4900	7000
Cpe	350	750	1300	2500	5300	7600

1921-22
Model 34-C, 6-cyl., 115" wb

	6	5	4	3	2	1
Tr	450	1450	2400	4800	8400	12,000
Rds	450	1500	2500	5000	8800	12,500
Sed	350	750	1250	2400	5050	7200
Cpe	350	750	1350	2650	5450	7800

1923
Model 6-44, 6-cyl., 115" wb

	6	5	4	3	2	1
Rds	400	1300	2200	4400	7700	11,000
Tr	450	1450	2400	4800	8400	12,000
Spt Rds	400	1250	2100	4200	7400	10,500
Spt Tr	450	1500	2500	5000	8800	12,500
2P Cpe	350	725	1150	2300	4700	6700
4P Cpe	350	750	1200	2350	4900	7000
Sed	200	600	1000	2200	4000	5700

1924 Oakland Touring

1924-25
Model 6-54, 6-cyl., 113" wb

	6	5	4	3	2	1
5P Tr	550	1700	2800	5600	9800	14,000
Spl Tr	550	1800	3000	6000	10,500	15,000
Rds	500	1600	2700	5400	9500	13,500
Spl Rds	500	1600	2700	5400	9500	13,500
4P Cpe	350	750	1200	2350	4900	7000
Lan Cpe	350	750	1250	2400	5100	7300
Sed	200	600	1000	2200	4000	5700
Lan Sed	200	650	1050	2250	4200	6000
2 dr Sed	200	500	850	1900	3500	5000
2 dr Lan Sed	200	600	1000	2200	4000	5700

1926-27
Greater Six, 6-cyl., 113" wb

Tr	500	1600	2700	5400	9500	13,500
Spt Phae	550	1750	2900	5800	10,200	14,500
Spt Rds	550	1700	2800	5600	9800	14,000
2 dr Sed	200	650	1050	2250	4200	6000
Lan Cpe	200	675	1050	2250	4350	6200
Sed	200	600	950	2150	3850	5500
Lan Sed	200	600	1000	2200	4000	5700
Rds	500	1550	2600	5200	9100	13,000

1928
Model 212, All-American, 6-cyl., 117" wb

Spt Rds	550	1800	3000	6000	10,500	15,000
Phae	600	1850	3100	6200	10,900	15,500
Lan Cpe	400	1200	2000	3950	7000	10,000
Cabr	550	1750	2900	5800	10,200	14,500
2 dr Sed	200	650	1050	2250	4200	6000
Sed	350	700	1150	2300	4550	6500
Lan Sed	350	750	1300	2450	5250	7500

1929
Model Aas, 6-cyl., 117" wb

Spt Rds	750	2400	4000	8000	14,000	20,000
Spt Phae	800	2500	4200	8400	14,700	21,000
Cpe	400	1200	2000	3950	7000	10,000
Conv	600	1900	3200	6400	11,200	16,000
2 dr Sed	200	600	950	2150	3850	5500
Brgm	350	750	1200	2350	4900	7000
Sed	350	700	1150	2300	4550	6500
Spl Sed	350	725	1150	2300	4700	6700
Lan Sed	350	725	1200	2350	4800	6800

1930
Model 101, V-8, 117" wb

Spt Rds	900	2900	4800	9600	16,800	24,000
Phae	950	3000	5000	10,000	17,500	25,000
Cpe	500	1550	2600	5200	9100	13,000

	6	5	4	3	2	1
Spt Cpe	550	1700	2800	5600	9800	14,000
2 dr Sed	350	750	1300	2450	5250	7500
Sed	350	750	1300	2500	5300	7600
Cus Sed	350	750	1350	2600	5400	7700
1931						
Model 301, V-8, 117" Wb						
Cpe	550	1700	2800	5600	9800	14,000
Spt Cpe	550	1800	3000	6000	10,500	15,000
Conv	750	2400	4000	8000	14,000	20,000
2 dr Sed	350	750	1300	2500	5300	7600
Sed	350	750	1350	2600	5400	7700
Cus Sed	350	800	1450	2750	5600	8000

OLDSMOBILE

1901						
Curved dash 1 cyl.						
Rbt	1350	4300	7200	14,400	25,200	36,000
1902						
Curved Dash, 1-cyl.						
Rbt	1300	4200	7000	14,000	24,500	35,000
1903						
Curved Dash, 1-cyl.						
Rbt	1300	4200	7000	14,000	24,500	35,000
1904						
Curved Dash, 1-cyl.						
Rbt	1300	4200	7000	14,000	24,500	35,000
French Front, 1-cyl., 7 hp						
Rbt	1200	3850	6400	12,800	22,400	32,000
Light Tonneau, 1-cyl., 10 hp						
Ton	1150	3700	6200	12,400	21,700	31,000
1905						
Curved Dash, 1-cyl.						
Rbt	1300	4200	7000	14,000	24,500	35,000
French Front, 1-cyl., 7 hp						
Rbt	1200	3850	6400	12,800	22,400	32,000
Touring Car, 2-cyl.						
Tr	1150	3700	6200	12,400	21,700	31,000
1906						
Straight Dash B, 1-cyl.						
Rbt	1000	3250	5400	10,800	18,900	27,000
Curved Dash B, 1-cyl.						
Rbt	1300	4200	7000	14,000	24,500	35,000
Model L, 2-cyl.						
Tr	1100	3500	5800	11,600	20,300	29,000
Model S, 4-cyl.						
Tr	1200	3850	6400	12,800	22,400	32,000
1907						
Straight Dash F, 2-cyl.						
Rbt	1000	3250	5400	10,800	18,900	27,000
Model H, 4-cyl.						
Fly Rds	1150	3700	6200	12,400	21,700	31,000
Model A, 4-cyl.						
Pal Tr	1300	4100	6800	13,600	23,800	34,000
Limo	1250	3950	6600	13,200	23,100	33,000
1908						
Model X, 4-cyl.						
Tr	1150	3700	6200	12,400	21,700	31,000
Model M MR, 4-cyl.						
Rds	1200	3850	6400	12,800	22,400	32,000
Tr	1150	3700	6200	12,400	21,700	31,000
Model Z, 6-cyl.						
Tr	1550	4900	8200	16,400	28,700	41,000
1909						
Model D, 4-cyl.						
Tr	1150	3700	6200	12,400	21,700	31,000
Limo	1200	3850	6400	12,800	22,400	32,000
Lan	1150	3700	6200	12,400	21,700	31,000

Model DR, 4-cyl.	6	5	4	3	2	1
Rds	1250	3950	6600	13,200	23,100	33,000
Cpe	1200	3850	6400	12,800	22,400	32,000
Model X, 4-cyl.						
Rbt	1150	3700	6200	12,400	21,700	31,000
Model Z, 6-cyl.						
Rbt	1450	4700	7800	15,600	27,300	39,000
Tr	1500	4800	8000	16,000	28,000	40,000

1910 Oldsmobile Limited Touring

1910
Special, 4-cyl.
Rbt	1150	3700	6200	12,400	21,700	31,000
Tr	1250	3950	6600	13,200	23,100	33,000
Limo	1300	4200	7000	14,000	24,500	35,000
Limited, 6-cyl.						
Rbt	2650	8400	14,000	28,000	49,000	70,000
Tr	3600	11,500	19,200	38,400	67,200	96,000
Limo	2350	7450	12,400	24,800	43,400	62,000

1911
Special, 4-cyl.
Rbt	1150	3700	6200	12,400	21,700	31,000
Tr	1250	3950	6600	13,200	23,100	33,000
Limo	1200	3850	6400	12,800	22,400	32,000
Autocrat, 4-cyl.						
Rbt	2150	6850	11,400	22,800	39,900	57,000
Tr	2200	6950	11,600	23,200	40,600	58,000
Limo	2200	6950	11,600	23,200	40,600	58,000
Limited, 6-cyl.						
Rbt	2650	8400	14,000	28,000	49,000	70,000
Tr	3600	11,500	19,200	38,400	67,200	96,000
Limo	2250	7200	12,000	24,000	42,000	60,000

1912
Autocrat, 4-cyl., 40 hp
Rds	2050	6600	11,000	22,000	38,500	55,000
Tr	2100	6700	11,200	22,400	39,200	56,000
Limo	2150	6850	11,400	22,800	39,900	57,000

Oldsmobile

	6	5	4	3	2	1
Despatch, 4-cyl., 26 hp						
Rds	1250	3950	6600	13,200	23,100	33,000
Tr	1300	4200	7000	14,000	24,500	35,000
Cpe	1150	3600	6000	12,000	21,000	30,000
Defender, 4-cyl., 35 hp						
2P Tr	1300	4100	6800	13,600	23,800	34,000
4P Tr	1300	4200	7000	14,000	24,500	35,000
2P Rds	1250	3950	6600	13,200	23,100	33,000
3P Cpe	1150	3600	6000	12,000	21,000	30,000
5P Cpe	1100	3500	5800	11,600	20,300	29,000
Limited, 6-cyl.						
Rds	2500	7900	13,200	26,400	46,200	66,000
Tr	3450	11,050	18,400	36,800	64,400	92,000
Limo	2150	6850	11,400	22,800	39,900	57,000
1913						
Light Six, 6-cyl.						
4P Tr	1150	3700	6200	12,400	21,700	31,000
Phae	1200	3850	6400	12,800	22,400	32,000
7P Tr	1150	3600	6000	12,000	21,000	30,000
Limo	950	3000	5000	10,000	17,500	25,000
6-cyl., 60 hp						
Tr	1500	4800	8000	16,000	28,000	40,000
4-cyl., 35 hp						
Tr	1450	4550	7600	15,200	26,600	38,000
1914						
Model 54, 6-cyl.						
Phae	1400	4450	7400	14,800	25,900	37,000
5P Tr	1300	4200	7000	14,000	24,500	35,000
7P Tr	1350	4300	7200	14,400	25,200	36,000
Limo	1150	3600	6000	12,000	21,000	30,000
Model 42, 4-cyl.						
5P Tr	1000	3250	5400	10,800	18,900	27,000
1915						
Model 42, 4-cyl.						
Rds	950	3000	5000	10,000	17,500	25,000
Tr	1000	3100	5200	10,400	18,200	26,000
Model 55, 6-cyl.						
Tr	1400	4450	7400	14,800	25,900	37,000
1916						
Model 43, 4-cyl.						
Rds	900	2900	4800	9600	16,800	24,000
5P Tr	950	3000	5000	10,000	17,500	25,000
Model 44, V-8						
Rds	1000	3100	5200	10,400	18,200	26,000
Tr	1000	3250	5400	10,800	18,900	27,000
Sed	550	1800	3000	6000	10,500	15,000
Cabr	950	3000	5000	10,000	17,500	25,000
1917						
Model 37, 6-cyl.						
Tr	900	2900	4800	9600	16,800	24,000
Rds	850	2750	4600	9200	16,100	23,000
Cabr	850	2650	4400	8800	15,400	22,000
Sed	550	1800	3000	6000	10,500	15,000
Model 45, V-8						
5P Tr	1000	3100	5200	10,400	18,200	26,000
7P Tr	1000	3250	5400	10,800	18,900	27,000
Conv Sed	1050	3350	5600	11,200	19,600	28,000
Rds	950	3000	5000	10,000	17,500	25,000
Model 44-B, V-8						
Rds	1000	3100	5200	10,400	18,200	26,000
Tr	950	3000	5000	10,000	17,500	25,000
1918						
Model 37, 6-cyl.						
Rds	700	2150	3600	7200	12,600	18,000
Tr	700	2300	3800	7600	13,300	19,000
Cabr	650	2050	3400	6800	11,900	17,000
Cpe	450	1450	2400	4800	8400	12,000
Sed	400	1200	2000	3950	7000	10,000
Model 45-A, V-8						
5P Tr	1000	3250	5400	10,800	18,900	27,000
7P Tr	1050	3350	5600	11,200	19,600	28,000
Rds	1000	3100	5200	10,400	18,200	26,000
Spt	1000	3250	5400	10,800	18,900	27,000
Cabr	950	3000	5000	10,000	17,500	25,000
Sed	550	1800	3000	6000	10,500	15,000

1919
Model 37-A, 6-cyl.

	6	5	4	3	2	1
Rds	700	2150	3600	7200	12,600	18,000
Tr	700	2300	3800	7600	13,300	19,000
Sed	400	1200	2000	3950	7000	10,000
Cpe	400	1300	2200	4400	7700	11,000

Model 45-A, V-8

Rds	850	2750	4600	9200	16,100	23,000
Tr	900	2900	4800	9600	16,800	24,000

Model 45-B, V-8

4P Tr	900	2900	4800	9600	16,800	24,000
7P Tr	950	3000	5000	10,000	17,500	25,000

1920
Model 37-A, 6-cyl.

Rds	700	2150	3600	7200	12,600	18,000
Tr	700	2300	3800	7600	13,300	19,000

Model 37-B, 6-cyl.

Cpe	400	1300	2200	4400	7700	11,000
Sed	400	1200	2000	3950	7000	10,000

Model 45-B, V-8

4P Tr	850	2750	4600	9200	16,100	23,000
5P Tr	900	2900	4800	9600	16,800	24,000
7P Sed	550	1700	2800	5600	9800	14,000

1921
Model 37, 6-cyl.

Rds	650	2050	3400	6800	11,900	17,000
Tr	700	2150	3600	7200	12,600	18,000
Cpe	400	1200	2000	3950	7000	10,000
Sed	450	1000	1650	3350	6300	9000

Model 43-A, 4-cyl.

Rds	550	1800	3000	6000	10,500	15,000
Tr	600	1900	3200	6400	11,200	16,000
Cpe	450	1100	1700	3650	6650	9500

Model 46, V-8

4P Tr	800	2500	4200	8400	14,700	21,000
Tr	850	2650	4400	8800	15,400	22,000
7P Sed	400	1200	2000	3950	7000	10,000

Model 47, V-8

Spt Tr	850	2650	4400	8800	15,400	22,000
4P Cpe	400	1300	2200	4400	7700	11,000
5P Sed	400	1200	2000	3950	7000	10,000

1922
Model 46, V-8

Spt Tr	850	2650	4400	8800	15,400	22,000
4P Tr	750	2400	4000	8000	14,000	20,000
7P Tr	800	2500	4200	8400	14,700	21,000
7P Sed	400	1200	2000	3950	7000	10,000

Model 47, V-8

Rds	750	2400	4000	8000	14,000	20,000
Tr	850	2650	4400	8800	15,400	22,000
4P Spt	850	2750	4600	9200	16,100	23,000
4P Cpe	400	1200	2000	3950	7000	10,000
5P Sed	450	1000	1650	3350	6300	9000

1923 Oldsmobile 43-A 4 dr sedan

Oldsmobile

1923
Model M30-A, 6-cyl.

	6	5	4	3	2	1
Rds	700	2300	3800	7600	13,300	19,000
Tr	750	2400	4000	8000	14,000	20,000
Cpe	400	1200	2000	3950	7000	10,000
Sed	450	1000	1650	3350	6300	9000
Spt Tr	850	2650	4400	8800	15,400	22,000

Model 43-A, 4-cyl.

Rds	750	2400	4000	8000	14,000	20,000
Tr	800	2500	4200	8400	14,700	21,000
Cpe	400	1250	2100	4200	7400	10,500
Sed	450	1100	1700	3650	6650	9500
Brgm	400	1200	2000	3950	7000	10,000
Cal Tp Sed	400	1300	2200	4400	7700	11,000

Model 47, V-8

4P Tr	800	2500	4200	8400	14,700	21,000
5P Tr	850	2650	4400	8800	15,400	22,000
Rds	750	2400	4000	8000	14,000	20,000
Sed	400	1200	2000	3950	7000	10,000
Cpe	400	1300	2200	4400	7700	11,000
Spt Tr	850	2750	4600	9200	16,100	23,000

1924
Model 30-B, 6-cyl.

Rds	550	1800	3000	6000	10,500	15,000
Tr	600	1900	3200	6400	11,200	16,000
Spt Rds	600	1900	3200	6400	11,200	16,000
Spt Tr	650	2050	3400	6800	11,900	17,000
Cpe	350	800	1450	2750	5600	8000
Sed	350	750	1200	2350	4900	7000
2 dr Sed	350	700	1150	2300	4550	6500
DeL Sed	350	750	1200	2350	4900	7000

1925
Series 30-C, 6-cyl.

Rds	550	1800	3000	6000	10,500	15,000
Tr	600	1900	3200	6400	11,200	16,000
Spt Rds	600	1900	3200	6400	11,200	16,000
Spt Tr	650	2050	3400	6800	11,900	17,000
Cpe	350	750	1200	2350	4900	7000
Sed	350	700	1150	2300	4550	6500
DeL Sed	350	725	1200	2350	4800	6800
DeL 2 dr	200	650	1050	2250	4200	6000

1926
Model 30-D, 6-cyl.

DeL Rds	700	2150	3600	7200	12,600	18,000
Tr	650	2050	3400	6800	11,900	17,000
DeL Tr	650	2100	3500	7000	12,300	17,500
Cpe	350	800	1450	2750	5600	8000
DeL Cpe	350	900	1550	3050	5900	8500
2 dr Sed	200	600	950	2150	3850	5500
DeL 2 dr Sed	200	650	1050	2250	4200	6000
Sed	200	650	1050	2250	4200	6000
DeL Sed	350	700	1150	2300	4550	6500
Lan Sed	500	1550	2600	5200	9100	13,000

1927
Series 30-E, 6-cyl.

DeL Rds	550	1700	2800	5600	9800	14,000
Tr	500	1550	2600	5200	9100	13,000
DeL Tr	550	1700	2800	5600	9800	14,000
Cpe	350	800	1450	2750	5600	8000
DeL Cpe	350	900	1550	3050	5900	8500
Spt Cpe	450	1000	1650	3350	6300	9000
2 dr Sed	350	700	1150	2300	4550	6500
DeL 2 dr Sed	350	750	1200	2350	4900	7000
Sed	350	750	1200	2350	4900	7000
DeL Sed	350	750	1300	2450	5250	7500
Lan	400	1300	2200	4400	7700	11,000

1928
Model F-28, 6-cyl.

Rds	500	1550	2600	5200	9100	13,000
DeL Rds	550	1700	2800	5600	9800	14,000
Tr	550	1700	2800	5600	9800	14,000
DeL Tr	550	1800	3000	6000	10,500	15,000
Cpe	350	800	1450	2750	5600	8000
Spec Cpe	350	900	1550	3050	5900	8500
Spt Cpe	450	1000	1650	3350	6300	9000

Oldsmobile

	6	5	4	3	2	1
DeL Spt Cpe	450	1100	1700	3650	6650	9500
2 dr Sed	350	750	1200	2350	4900	7000
Sed	350	750	1250	2400	5050	7200
DeL Sed	350	750	1300	2450	5250	7500
Lan	400	1200	2000	3950	7000	10,000
DeL Lan	400	1300	2200	4400	7700	11,000

1929
Model F-29, 6-cyl.

Rds	750	2400	4000	8000	14,000	20,000
Conv	700	2150	3600	7200	12,600	18,000
Tr	700	2300	3800	7600	13,300	19,000
Cpe	450	1100	1700	3650	6650	9500
2 dr Sed	350	800	1450	2750	5600	8000
Sed	350	850	1500	2900	5700	8200
Spt Cpe	450	1150	1800	3800	6800	9700
Lan	350	900	1550	3050	5900	8500

1929
Viking, V-8

Conv Cpe	850	2750	4600	9200	16,100	23,000
Sed	700	2300	3800	7600	13,300	19,000
CC Sed	750	2400	4000	8000	14,000	20,000

1930 Oldsmobile convertible coupe

1930
Model F-30, 6-cyl.

Conv	800	2500	4200	8400	14,700	21,000
Tr	850	2650	4400	8800	15,400	22,000
Cpe	400	1200	2000	3950	7000	10,000
Spt Cpe	400	1250	2100	4200	7400	10,500
2 dr Sed	450	1000	1650	3350	6300	9000
Sed	450	1050	1650	3500	6400	9200
Pat Sed	450	1100	1700	3650	6650	9500

1930
Viking, V-8

Conv Cpe	950	3000	5000	10,000	17,500	25,000
Sed	450	1450	2400	4800	8400	12,000
CC Sed	500	1550	2600	5200	9100	13,000

1931
Model F-31, 6-cyl.

Conv	900	2900	4800	9600	16,800	24,000
Cpe	450	1500	2500	5000	8800	12,500
Spt Cpe	500	1550	2600	5200	9100	13,000
2 dr Sed	400	1200	2000	3950	7000	10,000
Sed	400	1200	2000	3950	7000	10,000
Pat Sed	400	1250	2100	4200	7400	10,500

1932
Model F-32, 6-cyl.

Conv	1000	3250	5400	10,800	18,900	27,000

334 Oldsmobile

	6	5	4	3	2	1
Cpe	500	1550	2600	5200	9100	13,000
Spt Cpe	550	1700	2800	5600	9800	14,000
2 dr Sed	400	1200	2000	3950	7000	10,000
Sed	400	1300	2200	4400	7700	11,000
Pat Sed	450	1400	2300	4600	8100	11,500
Model L-32, 8-cyl.						
Conv	1150	3600	6000	12,000	21,000	30,000
Cpe	550	1700	2800	5600	9800	14,000
Spt Cpe	550	1800	3000	6000	10,500	15,000
2 dr Sed	400	1300	2200	4400	7700	11,000
Sed	450	1400	2300	4600	8100	11,500
Pat Sed	450	1450	2400	4800	8400	12,000
1933						
Model F-33, 6-cyl.						
Conv	900	2900	4800	9600	16,800	24,000
Bus Cpe	450	1100	1700	3650	6650	9500
Spt Cpe	400	1200	2000	3950	7000	10,000
5P Cpe	400	1200	2000	3950	7000	10,000
Tr Cpe	450	1100	1700	3650	6650	9500
Sed	450	1050	1650	3500	6400	9200
Trk Sed	450	1100	1700	3650	6650	9500
Model L-33, 8-cyl.						
Conv	950	3000	5000	10,000	17,500	25,000
Bus Cpe	400	1200	2000	3950	7000	10,000
Spt Cpe	400	1250	2100	4200	7400	10,500
5P Cpe	400	1200	2000	3950	7000	10,000
Sed	450	1100	1700	3650	6650	9500
Trk Sed	400	1200	2000	3950	7000	10,000
1934						
Model F-34, 6-cyl.						
Bus Cpe	450	1100	1700	3650	6650	9500
Spt Cpe	400	1200	2000	3950	7000	10,000
5P Cpe	450	1000	1650	3350	6300	9000
SB Sed	350	900	1550	3050	5900	8500
Trk Sed	350	950	1600	3200	6050	8700
Model L-34, 8-cyl.						
Conv	950	3000	5000	10,000	17,500	25,000
Bus Cpe	400	1250	2050	4100	7200	10,300
Spt Cpe	400	1300	2150	4300	7600	10,800
5P Cpe	400	1200	2000	3950	7000	10,000
Tr Cpe	400	1200	2000	3950	7000	10,000
Sed	400	1200	2000	3950	7000	10,000
Trk Sed	400	1250	2050	4100	7200	10,300

1935 Oldsmobile, Bus Cpe

1935
F-35, 6-cyl.

Conv	800	2500	4200	8400	14,700	21,000
Clb Cpe	350	950	1600	3200	6050	8700
Bus Cpe	350	900	1550	3000	5850	8400
Spt Cpe	450	1000	1600	3300	6250	8900

Oldsmobile

	6	5	4	3	2	1
Tr Cpe	350	850	1500	2950	5800	8300
Sed	350	750	1250	2350	5000	7100
Trk Sed	350	750	1250	2400	5050	7200
L-35, 8-cyl.						
Conv	850	2750	4600	9200	16,100	23,000
Clb Cpe	450	1050	1700	3600	6600	9400
Bus Cpe	450	1000	1650	3400	6350	9100
Spt Cpe	450	1150	1900	3900	6900	9900
2 dr Sed	350	750	1350	2600	5400	7700
2 dr Trk Sed	350	800	1350	2700	5500	7900
Sed	350	800	1350	2700	5500	7900
Trk Sed	350	850	1500	2800	5650	8100
1936						
F-36, 6-cyl.						
Conv	850	2750	4600	9200	16,100	23,000
Bus Cpe	450	1100	1700	3650	6650	9500
Spt Cpe	400	1250	2100	4200	7400	10,500
2 dr Sed	350	750	1350	2650	5450	7800
2 dr Trk Sed	350	800	1450	2750	5600	8000
Sed	350	850	1500	2800	5650	8100
Trk Sed	350	850	1500	2900	5700	8200
L-36, 8-cyl.						
Conv	950	3000	5000	10,000	17,500	25,000
Bus Cpe	400	1200	2000	3950	7000	10,000
Spt Cpe	400	1250	2100	4200	7400	10,500
2 dr Sed	350	850	1500	2900	5700	8200
2 dr Trk Sed	350	900	1550	3050	5900	8500
Sed	350	950	1600	3200	6050	8700
Trk Sed	450	1000	1600	3300	6250	8900
1937						
F-37, 6-cyl.						
Conv	1000	3100	5200	10,400	18,200	26,000
Bus Cpe	450	1050	1700	3600	6600	9400
Clb Cpe	400	1200	2000	3950	7000	10,000
2 dr Sed	450	1150	1900	3900	6900	9900
2 dr Trk Sed	450	1000	1650	3400	6350	9100
Sed	450	1150	1900	3900	6900	9900
Trk Sed	450	1050	1650	3500	6400	9200
L-37, 8-cyl.						
Conv	1100	3500	5800	11,600	20,300	29,000
Bus Cpe	450	1150	1900	3900	6900	9900
Clb Cpe	400	1200	2050	4100	7100	10,200
2 dr Sed	450	1050	1650	3500	6400	9200
2 dr Trk Sed	450	1050	1700	3550	6500	9300
Sed	450	1050	1650	3500	6400	9200
Trk Sed	450	1050	1700	3600	6600	9400
1938						
F-38, 6-cyl.						
Conv	1050	3350	5600	11,200	19,600	28,000
Bus Cpe	450	1050	1700	3600	6600	9400
Clb Cpe	450	1050	1700	3600	6600	9400
2 dr Sed	350	900	1550	3050	5900	8500
2 dr Tr Sed	450	1000	1650	3350	6300	9000
Sed	450	1000	1600	3300	6250	8900
Tr Sed	450	1000	1650	3350	6300	9000
L-38, 8-cyl.						
Conv	1200	3850	6400	12,800	22,400	32,000
Bus Cpe	450	1050	1700	3600	6600	9400
Clb Cpe	450	1150	1800	3800	6800	9700
2 dr Sed	450	1000	1600	3300	6250	8900
2 dr Tr Sed	450	1050	1700	3600	6600	9400
Sed	450	1000	1650	3350	6300	9000
Tr Sed	450	1050	1700	3600	6600	9400
1939						
F-39 "60" Series, 6-cyl.						
Bus Cpe	350	850	1500	2950	5800	8300
Clb Cpe	350	900	1550	3000	5850	8400
2 dr Sed	350	850	1500	2900	5700	8200
Sed	350	900	1550	3000	5850	8400
G-39 "70" Series, 6-cyl.						
Conv	950	3000	5000	10,000	17,500	25,000
Bus Cpe	350	900	1550	3050	5900	8500
Clb Cpe	350	900	1550	3100	6000	8600
2 dr Sed	350	900	1550	3000	5850	8400
2 dr SR Sed	350	900	1550	3100	6000	8600

Oldsmobile

	6	5	4	3	2	1
Sed	350	900	1550	3050	5900	8500
SR Sed	350	900	1550	3100	6000	8600
L-39, 8-cyl.						
Conv	1050	3350	5600	11,200	19,600	28,000
Bus Cpe	450	1000	1650	3400	6350	9100
Clb Cpe	450	1050	1700	3600	6600	9400
2 dr Sed	350	900	1550	3100	6000	8600
2 dr SR Sed	450	950	1600	3250	6150	8800
Sed	350	900	1550	3100	6000	8600
SR Sed	450	950	1600	3250	6150	8800

1940
Series 60, 6-cyl.

	6	5	4	3	2	1
Conv	950	3000	5000	10,000	17,500	25,000
Bus Cpe	350	900	1550	3000	5850	8400
Clb Cpe	450	1000	1600	3300	6250	8900
Sta Wag	750	2400	4000	8000	14,000	20,000
2 dr Sed	350	750	1350	2600	5400	7700
2 dr SR Sed	350	800	1350	2700	5500	7900
Sed	350	750	1350	2650	5450	7800
SR Sed	350	850	1500	2800	5650	8100

Series 70, 6-cyl.

	6	5	4	3	2	1
Conv	1050	3350	5600	11,200	19,600	28,000
Bus Cpe	450	1000	1600	3300	6250	8900
Clb Cpe	450	1050	1700	3600	6600	9400
2 dr Sed	350	900	1550	3000	5850	8400
Sed	350	900	1550	3100	6000	8600

Series 90, 8-cyl.

	6	5	4	3	2	1
Conv Cpe	1450	4550	7600	15,200	26,600	38,000
Conv Sed	1450	4700	7800	15,600	27,300	39,000
Clb Cpe	600	1900	3200	6400	11,200	16,000
Tr Sed	550	1800	3000	6000	10,500	15,000

1941
Series 66, 6-cyl.

	6	5	4	3	2	1
Conv Cpe	900	2900	4800	9600	16,800	24,000
Bus Cpe	450	1000	1650	3350	6300	9000
Clb Cpe	450	1100	1700	3650	6650	9500
2 dr Sed	350	900	1550	3000	5850	8400
Sed	350	900	1550	3100	6000	8600
Twn Sed	350	950	1600	3200	6050	8700
Sta Wag	1000	3250	5400	10,800	18,900	27,000

Series 68, 8-cyl.

	6	5	4	3	2	1
Conv Cpe	1000	3100	5200	10,400	18,200	26,000
Bus Cpe	450	1100	1700	3650	6650	9500
Clb Cpe	400	1200	2000	3950	7000	10,000
2 dr Sed	350	900	1550	3100	6000	8600
Sed	450	950	1600	3250	6150	8800
Twn Sed	450	1000	1600	3300	6250	8900
Sta Wag	1050	3350	5600	11,200	19,600	28,000

Series 76, 6-cyl.

	6	5	4	3	2	1
Bus Cpe	400	1200	2000	3950	7000	10,000
Clb Sed	450	1050	1650	3500	6400	9200
Sed	450	1000	1600	3300	6250	8900

Series 78, 8-cyl.

	6	5	4	3	2	1
Bus Sed	450	1000	1650	3400	6350	9100
Clb Sed	450	1050	1700	3600	6600	9400
Sed	450	1100	1700	3650	6650	9500

Series 96, 6-cyl.

	6	5	4	3	2	1
Conv Cpe	1350	4300	7200	14,400	25,200	36,000
Clb Cpe	550	1800	3000	6000	10,500	15,000
Sed	550	1700	2800	5600	9800	14,000

Series 98, 8-cyl.

	6	5	4	3	2	1
Conv Cpe	1450	4550	7600	15,200	26,600	38,000
Conv Sed	1450	4700	7800	15,600	27,300	39,000
Clb Cpe	600	1900	3200	6400	11,200	16,000
Sed	550	1800	3000	6000	10,500	15,000

1942
Special Series 66 & 68

	6	5	4	3	2	1
Conv	850	2650	4400	8800	15,400	22,000
Bus Cpe	350	750	1300	2450	5250	7500
Clb Cpe	350	800	1450	2750	5600	8000
Clb Sed	350	750	1300	2500	5300	7600
2 dr Sed	350	750	1250	2400	5100	7300
Sed	350	750	1300	2450	5250	7500
Twn Sed	350	750	1350	2600	5400	7700
Sta Wag	1000	3250	5400	10,800	18,900	27,000

Oldsmobile 337

Dynamic Series 76-78	6	5	4	3	2	1
Clb Sed		350	800	1450	2750	5600	8000
Sed		350	800	1450	2750	5600	8000
Custom Series 98, 8-cyl.						
Conv		1000	3100	5200	10,400	18,200	26,000
Clb Sed		400	1200	2000	3950	7000	10,000
Sed		400	1200	2000	3950	7000	10,000

1946 Oldsmobile Series 66 station wagon

1946-1947
Special Series 66, 6-cyl.
Conv	750	2400	4000	8000	14,000	20,000
Clb Cpe	350	700	1150	2300	4600	6600
Clb Sed	350	700	1100	2300	4500	6400
Sed	200	675	1100	2250	4400	6300
Sta Wag	1000	3250	5400	10,800	18,900	27,000

Special Series 68, 8-cyl.
Conv	800	2500	4200	8400	14,700	21,000
Clb Cpe	350	725	1200	2350	4800	6800
Clb Sed	350	700	1150	2300	4550	6500
Sed	350	700	1100	2300	4500	6400
Sta Wag	1050	3350	5600	11,200	19,600	28,000

Dynamic Cruiser, Series 76, 6-cyl.
Clb Sed	350	700	1100	2300	4500	6400
DeL Clb Sed (1947 only)	350	725	1150	2300	4700	6700
Sed	350	700	1150	2300	4550	6500
DeL Sed (1947 only)	350	700	1150	2300	4600	6600

Dynamic Cruiser Series 78, 8-cyl.
Clb Sed	350	725	1150	2300	4700	6700
DeL Clb Sed (1947 only)	350	725	1200	2350	4850	6900
Sed	350	725	1200	2350	4800	6800
DeL Sed (1947 only)	350	750	1200	2350	4900	7000

Custom Cruiser Series 98, 8-cyl.
Conv	800	2500	4200	8400	14,700	21,000
Clb Sed	450	1050	1650	3500	6400	9200
Sed	450	1000	1650	3350	6300	9000

1948
Dynamic Series 66, 6-cyl., 119" wb
Conv	750	2400	4000	8000	14,000	20,000
Clb Cpe	350	700	1150	2300	4550	6500
Clb Sed	200	675	1050	2250	4350	6200
Sed	200	675	1100	2250	4400	6300
Sta Wag	1000	3250	5400	10,800	18,900	27,000

Dynamic Series 68, 8-cyl., 119" wb
Conv	800	2500	4200	8400	14,700	21,000
Clb Cpe	350	750	1200	2350	4900	7000
Clb Sed	350	700	1150	2300	4550	6500
Sed	350	700	1150	2300	4600	6600
Sta Wag	1050	3350	5600	11,200	19,600	28,000

Dynamic Series 76, 6-cyl., 125" wb
2 dr Club Sed	350	700	1150	2300	4550	6500
4 dr Sed	350	700	1150	2300	4600	6600

1948 Oldsmobile 98 convertible

Dynamic Series 78, 8-cyl., 125" wb	6	5	4	3	2	1
Clb Sed	350	725	1150	2300	4700	6700
Sed	350	725	1200	2350	4800	6800
Futuramic Series 98, 8-cyl., 125" wb						
Conv	800	2500	4200	8400	14,700	21,000
Clb Sed	350	900	1550	3050	5900	8500
Sed	350	900	1550	3050	5900	8500

1949
Futuramic 76, 6-cyl., 119.5" wb

	6	5	4	3	2	1
Conv	750	2400	4000	8000	14,000	20,000
Clb Cpe	450	1050	1700	3600	6600	9400
2 dr Sed	200	650	1050	2250	4200	6000
4 dr Sed	200	675	1050	2250	4300	6100
Sta Wag	550	1700	2800	5600	9800	14,000

Futuramic Series 88, V-8, 119.5" wb
NOTE: Deduct 10 percent for 6-cyl. models.

	6	5	4	3	2	1
Conv	950	3000	5000	10,000	17,500	25,000
Clb Cpe	400	1200	2000	3950	7000	10,000
2 dr Clb Sed	350	750	1200	2350	4900	7000
4 dr Sed	350	750	1250	2350	5000	7100
Sta Wag	550	1800	3000	6000	10,500	15,000

Futuramic Series 98, V-8, 125" wb

	6	5	4	3	2	1
Conv	950	3000	5000	10,000	17,500	25,000
Holiday	700	2300	3800	7600	13,300	19,000
Clb Sed	450	1100	1700	3650	6650	9500
Sed	450	1050	1700	3600	6600	9400

1950
(All factory prices for top-line models)
Futuramic 76, 6-cyl., 119.5" wb

	6	5	4	3	2	1
Conv	850	2650	4400	8800	15,400	22,000
Holiday	650	2050	3400	6800	11,900	17,000
Clb Cpe	350	800	1450	2750	5600	8000
2 dr Sed	200	675	1050	2250	4350	6200
Clb Sed	350	750	1200	2350	4900	7000
Sed	200	675	1100	2250	4400	6300
Sta Wag	600	1900	3200	6400	11,200	16,000

Futuramic 88, V-8, 119.5" wb

	6	5	4	3	2	1
Conv	1000	3100	5200	10,400	18,200	26,000
DeL Holiday	650	2050	3400	6800	11,900	17,000
DeL Clb Cpe	400	1300	2200	4400	7700	11,000
DeL 2 dr	450	1100	1700	3650	6650	9500
DeL Clb Sed	400	1200	2000	3950	7000	10,000
DeL Sed	450	1000	1650	3400	6350	9100
DeL Sta Wag	650	2050	3400	6800	11,900	17,000

Futuramic 98, V-8, 122" wb

	6	5	4	3	2	1
DeL Conv	900	2900	4800	9600	16,800	24,000
2 dr HdTp DeL Holiday	600	1900	3200	6400	11,200	16,000
2 dr HdTp Holiday	550	1800	3000	6000	10,500	15,000
2 dr DeL Clb Sed	350	950	1600	3200	6050	8700
4 dr DeL FsBk	350	900	1550	3050	5900	8500
4 dr DeL Sed	350	900	1550	3100	6000	8600

	6	5	4	3	2	1
4 dr DeL Town Sed	350	900	1550	3050	5900	8500

Deduct 10 percent for 6-cyl.

1951-1952
Standard 88, V-8, 119.5" wb

	6	5	4	3	2	1
2 dr Sed (1951 only)	450	1000	1650	3350	6300	9000
4 dr Sed (1951 only)	450	1000	1650	3400	6350	9100

DeLuxe 88, V-8, 120" wb

	6	5	4	3	2	1
2 dr Sed	350	750	1300	2500	5300	7600
4 dr Sed	350	750	1350	2600	5400	7700

Super 88, V-8, 120" wb

	6	5	4	3	2	1
Conv	900	2900	4800	9600	16,800	24,000
2 dr HdTp Holiday	500	1550	2600	5200	9100	13,000
Clb Cpe	350	900	1550	3000	5850	8400
2 dr Sed	350	750	1350	2650	5450	7800
4 dr Sed	450	1000	1600	3300	6250	8900

Series 98, V-8, 122" wb

	6	5	4	3	2	1
Conv	1000	3100	5200	10,400	18,200	26,000
2 dr DeL Holiday HdTp (1951)	550	1800	3000	6000	10,500	15,000
2 dr Holiday HdTp	550	1700	2800	5600	9800	14,000
4 dr Sed	350	850	1500	2950	5800	8300

1953
Series 88, V-8, 120" wb

	6	5	4	3	2	1
2 dr Sed	350	725	1200	2350	4850	6900
4 dr Sed	350	750	1200	2350	4900	7000

Series Super 88, V-8, 120" wb

	6	5	4	3	2	1
Conv	1000	3100	5200	10,400	18,200	26,000
2 dr Holiday HdTp	600	1900	3200	6400	11,200	16,000
2 dr Sed	350	750	1200	2350	4900	7000
4 dr Sed	350	750	1250	2350	5000	7100

Classic 98, V-8, 124" wb

	6	5	4	3	2	1
Conv	1050	3350	5600	11,200	19,600	28,000
2 dr Holiday HdTp	700	2150	3600	7200	12,600	18,000
4 dr Sed	350	900	1550	3050	5900	8500

Fiesta 98, V-8, 124" wb

	6	5	4	3	2	1
Conv	1700	5400	9000	18,000	31.500	45.000

1954
Series 88, V-8, 122" wb

	6	5	4	3	2	1
2 dr Holiday HdTp	600	1900	3200	6400	11,200	16,000
2 dr Sed	350	750	1300	2500	5300	7600
4 dr Sed	350	750	1300	2450	5250	7500

Series Super 88, V-8, 122" wb

	6	5	4	3	2	1
Conv	1000	3250	5400	10,800	18,900	27,000
2 dr Holiday HdTp	700	2150	3600	7200	12,600	18,000
2 dr Sed	350	850	1500	2800	5650	8100
4 dr Sed	350	800	1450	2750	5600	8000

Classic 98, V-8, 126" wb

	6	5	4	3	2	1
Starfire Conv	1300	4200	7000	14,000	24,500	35,000
2 dr DeL Holiday HdTp	900	2900	4800	9600	16,800	24,000
2 dr Holiday HdTp	850	2650	4400	8800	15,400	22,000
4 dr Sed	400	1200	2000	3950	7000	10.000

1955
Series 88, V-8, 122" wb

	6	5	4	3	2	1
2 dr DeL Holiday HdTp	500	1550	2600	5200	9100	13,000
4 dr Holiday HdTp	400	1200	2000	3950	7000	10,000
2 dr Sed	350	750	1300	2500	5300	7600
4 dr Sed	100	150	450	1000	1750	2500

Series Super 88, V-8, 122" wb

	6	5	4	3	2	1
Conv	1000	3250	5400	10,800	18,900	27,000
2 dr DeL Holiday HdTp	600	1900	3200	6400	11,200	16,000
4 dr Holiday HdTp	400	1250	2100	4200	7400	10,500
2 dr Sed	350	850	1500	2800	5650	8100
4 dr Sed	350	800	1450	2750	5600	8000

Classic 98, V-8, 126" wb

	6	5	4	3	2	1
Starfire Conv	1250	3950	6600	13,200	23,100	33,000
2 dr DeL Holiday HdTp	800	2500	4200	8400	14,700	21,000
4 dr DeL Holiday HdTp	450	1450	2400	4800	8400	12,000
4 dr Sed	400	1200	2000	3950	7000	10,000

1956
Series 88, V-8, 122" wb

	6	5	4	3	2	1
2 dr Holiday HdTp	500	1600	2700	5400	9500	13,500
4 dr Holiday HdTp	400	1250	2100	4200	7400	10,500
2 dr Sed	350	750	1350	2650	5450	7800
4 dr Sed	350	750	1350	2600	5400	7700

Oldsmobile

Oldsmobile

1956 Oldsmobile Super 88 Holiday 2 dr hardtop

Series Super 88, V-8, 122" wb

	6	5	4	3	2	1
Conv	1000	3100	5200	10,400	18,200	26,000
2 dr Holiday HdTp	600	1900	3200	6400	11,200	16,000
4 dr Holiday HdTp	400	1300	2200	4400	7700	11,000
2 dr Sed	400	1200	2000	3950	7000	10,000
4 dr Sed	350	900	1550	3050	5900	8500
Series 98, V-8, 126" wb						
Starfire Conv	1300	4100	6800	13,600	23,800	34,000
2 dr DeL Holiday HdTp	750	2400	4000	8000	14,000	20,000
4 dr DeL Holiday HdTp	500	1550	2600	5200	9100	13,000
4 dr Sed	400	1250	2100	4200	7400	10,500

1957
(Add 10 percent for J-2 option).
Series 88, V-8, 122" wb

Conv	1000	3250	5400	10,800	18,900	27,000
2 dr Holiday HdTp	550	1800	3000	6000	10,500	15,000
4 dr Holiday HdTp	400	1250	2100	4200	7400	10,500
2 dr Sed	350	900	1550	3100	6000	8600
4 dr Sed	350	900	1550	3050	5900	8500
4 dr HdTp Wag	450	1450	2400	4800	8400	12,000
4 dr Sta Wag	400	1200	2000	3950	7000	10,000
Series Super 88, V-8, 122" wb						
Conv	1150	3700	6200	12,400	21,700	31,000
2 dr Holiday HdTp	700	2150	3600	7200	12,600	18,000
4 dr Holiday HdTp	450	1450	2400	4800	8400	12,000
2 dr Sed	450	1100	1700	3650	6650	9500
4 dr Sed	450	1050	1650	3500	6400	9200
4 dr HdTp Wag	550	1700	2800	5600	9800	14,000
Series 98, V-8, 126" wb						
Starfire Conv	1300	4100	6800	13,600	23,800	34,000
2 dr Holiday HdTp	750	2400	4000	8000	14,000	20,000
4 dr Holiday HdTp	550	1700	2800	5600	9800	14,000
4 dr Sed	400	1250	2100	4200	7400	10,500

1958
NOTE: Add 10 percent for J-2 option.
Series 88, V-8, 122.5" wb

Conv	750	2400	4000	8000	14,000	20,000
2 dr Holiday HdTp	550	1700	2800	5600	9800	14,000
4 dr Holiday HdTp	400	1200	2000	3950	7000	10,000
2 dr Sed	350	800	1450	2750	5600	8000
4 dr Sed	350	800	1350	2700	5500	7900
4 dr HdTp Wag	450	1450	2400	4800	8400	12,000
4 dr Sta Wag	450	1100	1700	3650	6650	9500
Series Super 88, V-8, 122.5" wb						
Conv	900	2900	4800	9600	16,800	24,000
2 dr Holiday HdTp	550	1700	2800	5600	9800	14,000
4 dr Holiday HdTp	400	1300	2200	4400	7700	11,000
4 dr Sed	350	900	1550	3050	5900	8500
4 dr HdTp Wag	450	1450	2400	4800	8400	12,000
Series 98, V-8, 126.5" wb						
Conv	1100	3500	5800	11,600	20,300	29,000

	6	5	4	3	2	1
2 dr Holiday HdTp	700	2300	3800	7600	13,300	19,000
4 dr Holiday HdTp	450	1400	2300	4600	8100	11,500
4 dr Sed	400	1200	2000	3950	7000	10,000

1959
(Add 10 percent for hp option).
Series 88, V-8, 123" wb

	6	5	4	3	2	1
Conv	800	2500	4200	8400	14,700	21,000
2 dr Holiday HdTp	400	1250	2100	4200	7400	10,500
4 dr Holiday HdTp	450	1100	1700	3650	6650	9500
4 dr Sed	350	700	1150	2300	4550	6500
Sta Wag	350	725	1150	2300	4700	6700

Series Super 88, V-8, 123" wb

	6	5	4	3	2	1
Conv	900	2900	4800	9600	16,800	24,000
2 dr Holiday HdTp	450	1400	2300	4600	8100	11,500
4 dr Holiday HdTp	400	1200	2000	3950	7000	10,000
4 dr Sed	350	750	1300	2450	5250	7500
Sta Wag	350	750	1250	2400	5050	7200

Series 98, V-8, 126.3" wb

	6	5	4	3	2	1
Conv	1000	3250	5400	10,800	18,900	27,000
2 dr Holiday HdTp	450	1500	2500	5000	8800	12,500
4 dr Holiday HdTp	400	1300	2200	4400	7700	11,000
4 dr Sed	450	1100	1700	3650	6650	9500

1960
Series 88, V-8, 123" wb

	6	5	4	3	2	1
Conv	800	2500	4200	8400	14,700	21,000
2 dr Holiday HdTp	400	1250	2100	4200	7400	10,500
4 dr Holiday HdTp	450	1000	1650	3350	6300	9000
4 dr Sed	350	700	1150	2300	4550	6500
Sta Wag	350	725	1150	2300	4700	6700

Series Super 88, V-8, 123" wb

	6	5	4	3	2	1
Conv	850	2750	4600	9200	16,100	23,000
2 dr Holiday HdTp	450	1400	2300	4600	8100	11,500
4 dr Holiday HdTp	400	1200	2000	3950	7000	10,000
4 dr Sed	350	750	1300	2450	5250	7500
Wagon	350	750	1350	2600	5400	7700

Series 98, V-8, 126.3" wb

	6	5	4	3	2	1
Conv	950	3000	5000	10,000	17,500	25,000
2 dr Holiday HdTp	450	1500	2500	5000	8800	12,500
4 dr Holiday HdTp	400	1250	2100	4200	7400	10,500
4 dr Sed	450	1000	1650	3350	6300	9000

1961
Deduct 10 percent for std. line values; add 10 percent for Cutlass.
(All factory prices for top-line models).
F-85, V-8, 112" wb

	6	5	4	3	2	1
4 dr Sed	150	400	750	1600	3100	4400
Clb Cpe	200	600	950	2150	3850	5500
Sta Wag	150	400	750	1650	3150	4500

Dynamic 88, V-8, 123" wb

	6	5	4	3	2	1
4 dr Sed	200	600	950	2150	3850	5500
4 dr Holiday HdTp	350	750	1200	2350	4900	7000
2 dr Sed	200	550	900	2150	3800	5400
2 dr Holiday HdTp	350	900	1550	3050	5900	8500
Conv	700	2300	3800	7600	13,300	19,000
Sta Wag	350	700	1150	2300	4550	6500

Super 88, V-8, 123" wb

	6	5	4	3	2	1
4 dr Sed	200	650	1050	2250	4200	6000
4 dr Holiday HdTp	350	800	1450	2750	5600	8000
2 dr Holiday HdTp	450	1100	1700	3650	6650	9500
Conv	750	2400	4000	8000	14,000	20,000
Sta Wag	350	750	1200	2350	4900	7000
Starfire Conv	1050	3350	5600	11,200	19,600	28,000

Series 98, V-8, 126" wb

	6	5	4	3	2	1
4 dr Twn Sed	350	900	1550	3050	5900	8500
4 dr Spt Sed	350	950	1600	3200	6050	8700
4 dr Holiday HdTp	450	1000	1650	3350	6300	9000
2 dr Holiday HdTp	400	1250	2100	4200	7400	10,500
Conv	850	2750	4600	9200	16,100	23,000

1962
F-85 Series, V-8, 112" wb

	6	5	4	3	2	1
4 dr Sed	150	400	750	1650	3150	4500
Cutlass Cpe	200	650	1050	2250	4200	6000
Cutlass Conv	350	800	1450	2750	5600	8000
Sta Wag	200	500	850	1900	3500	5000

Jetfire Turbo-charged, V-8, 112" wb

	6	5	4	3	2	1
2 dr HdTp	450	1000	1650	3350	6300	9000

Dynamic 88, V-8, 123" wb

	6	5	4	3	2	1
4 dr Sed	200	600	950	2150	3850	5500
4 dr Holiday HdTp	350	750	1200	2350	4900	7000
2 dr Holiday HdTp	450	1000	1650	3350	6300	9000
Conv	700	2150	3600	7200	12,600	18,000
Sta Wag	200	650	1050	2250	4200	6000

Super 88, V-8, 123" wb

4 dr Sed	200	650	1050	2250	4200	6000
4 dr Holiday HdTp	350	800	1450	2750	5600	8000
2 dr Holiday HdTp	400	1200	2000	3950	7000	10,000
Sta Wag	350	700	1150	2300	4550	6500

Starfire, 345 hp V-8, 123" wb

2 dr HdTp	650	2050	3400	6800	11,900	17,000
Conv	1000	3100	5200	10,400	18,200	26,000

Series 98, V-8, 126" wb

4 dr Twn Sed	350	750	1300	2450	5250	7500
4 dr Spt Sed	350	750	1350	2600	5400	7700
4 dr Holiday HdTp	450	1000	1650	3350	6300	9000
2 dr Holiday Spt HdTp	400	1300	2200	4400	7700	11,000
Conv	850	2650	4400	8800	15,400	22,000

1963

F-85 Series, V-8, 112" wb

4 dr Sed	200	500	850	1900	3500	5000
Cutlass Cpe	200	650	1050	2250	4200	6000
Cutlass Conv	450	1000	1650	3350	6300	9000
Sta Wag	200	600	950	2150	3850	5500

Jetfire Series, V-8, 112" wb

2 dr HdTp	350	950	1600	3200	6050	8700

Dynamic 88, V-8, 123" wb

4 dr Sed	200	650	1050	2250	4200	6000
4 dr Holiday HdTp	350	700	1150	2300	4550	6500
2 dr Holiday HdTp	450	1000	1650	3350	6300	9000
Conv	500	1550	2600	5200	9100	13,000
Sta Wag	200	675	1050	2250	4350	6200

Super 88, V-8, 123" wb

4 dr Sed	350	700	1150	2300	4550	6500
4 dr Holiday HdTp	350	750	1300	2450	5250	7500
2 dr Holiday HdTp	400	1200	2000	3950	7000	10,000
Sta Wag	350	725	1150	2300	4700	6700

Starfire, V-8, 123" wb

Cpe	600	1900	3200	6400	11,200	16,000
Conv	900	2900	4800	9600	16,800	24,000

Series 98, V-8, 126" wb

4 dr Sed	350	750	1200	2350	4900	7000
4 dr 4W Holiday HdTp	350	900	1550	3050	5900	8500
4 dr 6W Holiday HdTp	350	750	1350	2600	5400	7700
2 dr Holiday HdTp	400	1300	2200	4400	7700	11,000
2 dr Spt HdTp	400	1300	2200	4400	7700	11,000
Conv	850	2650	4400	8800	15,400	22,000

1964

F-85 Series, V-8, 115" wb

4 dr Sed	150	450	800	1750	3250	4700
Sta Wag	200	500	850	1900	3500	5000

Cutlass 3200, V-8

Spt Cpe	200	600	950	2150	3850	5500
2 dr HdTp	350	700	1150	2300	4550	6500
Conv	400	1200	2000	3950	7000	10,000

Cutlass 4-4-2

2 dr Sed	350	700	1150	2300	4600	6600
2 dr HdTp	350	750	1350	2650	5450	7800
Conv	400	1300	2200	4400	7700	11,000

Vista Cruiser, V-8, 120" wb

Sta Wag	200	600	950	2150	3850	5500
Cus Wag	200	600	1000	2200	4000	5700

Jetstar, V-8, 123" wb

4 dr Sed	200	650	1050	2250	4200	6000
4 dr HdTp	350	700	1150	2300	4550	6500
2 dr HdTp	350	800	1450	2750	5600	8000
Conv	650	2050	3400	6800	11,900	17,000

Jetstar I, V-8, 123" wb

HdTp Cpe	400	1300	2200	4400	7700	11,000

Dynamic 88, V-8, 123" wb

4 dr Sed	350	700	1150	2300	4550	6500
4 dr HdTp	350	750	1200	2350	4900	7000
2 dr HdTp	350	800	1450	2750	5600	8000
Conv	650	2100	3500	7000	12,300	17,500

Oldsmobile   343

	6	5	4	3	2	1
Sta Wag	350	700	1150	2300	4600	6600
Super 88, V-8, 123" wb						
4 dr Sed	350	750	1200	2350	4900	7000
4 dr HdTp	350	750	1300	2450	5250	7500
Starfire, 123" wb						
2 dr HdTp	550	1800	3000	6000	10,500	15,000
Conv	800	2500	4200	8400	14,700	21,000
Series 98, V-8, 126" wb						
4 dr Sed	350	750	1300	2450	5250	7500
4 dr 6W HdTp	350	800	1450	2750	5600	8000
4 dr 4W HdTp	350	800	1450	2750	5600	8000
2 dr HdTp	400	1200	2000	3950	7000	10,000
Conv	750	2400	4000	8000	14,000	20,000
2 dr Cus Spt HdTp	450	1400	2300	4600	8100	11,500

1965
F-85 Series, V-8, 115" wb

	6	5	4	3	2	1
4 dr Sed	150	450	750	1700	3200	4600
Cpe	200	500	850	1900	3500	5000
Sta Wag	150	450	800	1750	3250	4700
DeL Sed	150	450	800	1750	3250	4700
DeL Wag	200	500	850	1900	3500	5000
Cutlass Series, V-8, 115" wb						
Cpe	350	700	1150	2300	4550	6500
2 dr HdTp	350	750	1200	2350	4900	7000
Conv	350	950	1600	3200	6050	8700
Cutlass 4-4-2						
2 dr Sed	350	750	1350	2650	5450	7800
2 dr HdTp	350	900	1550	3000	5850	8400
Conv	450	1450	2400	4800	8400	12,000
Vista Cruiser, V-8, 120" wb						
Sta Wag	200	600	950	2150	3850	5500
Jetstar Series, V-8, 123" wb						
4 dr Sed	200	500	850	1950	3600	5100
4 dr HdTp	200	600	950	2150	3850	5500
2 dr HdTp	350	700	1150	2300	4550	6500
Conv	400	1200	2000	3950	7000	10,000
Dynamic 88, V-8, 123" wb						
4 dr Sed	200	600	950	2150	3850	5500
4 dr HdTp	200	650	1000	2200	4150	5900
2 dr HdTp	350	750	1200	2350	4900	7000
Conv	400	1300	2200	4400	7700	11,000
Delta 88, V-8, 123" wb						
4 dr Sed	200	600	950	2200	3900	5600
4 dr HdTp	200	650	1050	2250	4200	6000
2 dr HdTp	350	750	1300	2450	5250	7500
Jetstar I, V-8, 123" wb						
2 dr HdTp	450	1000	1650	3350	6300	9000
Starfire, 123" wb						
2 dr HdTp	400	1300	2200	4400	7700	11,000
Conv	550	1800	3000	6000	10,500	15,000
Series 98, V-8, 126" wb						
4 dr Twn Sed	200	650	1000	2200	4150	5900
4 dr Lux Sed	200	675	1050	2250	4300	6100
4 dr HdTp	350	700	1150	2300	4550	6500
2 dr HdTp	350	800	1450	2750	5600	8000
Conv	550	1800	3000	6000	10,500	15,000

1966
F-85 Series, Standard V-8, 115" wb

	6	5	4	3	2	1
4 dr Sed	150	450	750	1700	3200	4600
Cpe	200	500	850	1900	3500	5000
Sta Wag	200	500	850	1900	3500	5000
F-85 Series, Deluxe, V-8, 115" wb						
4 dr Sed	150	450	800	1750	3250	4700
4 dr HdTp	200	500	850	1900	3500	5000
2 dr HdTp	200	600	950	2150	3850	5500
Sta Wag	200	550	900	2000	3600	5200
Cutlass, V-8, 115" wb						
4 dr Sed	150	450	800	1800	3300	4800
4 dr HdTp	200	500	850	1900	3500	5000
Cpe	200	500	850	1950	3600	5100
2 dr HdTp	350	700	1150	2300	4550	6500
Conv	500	1550	2600	5200	9100	13,000
Cutlass 4-4-2						
2 dr Sed	200	675	1050	2250	4300	6100
2 dr HdTp	350	750	1350	2650	5450	7800
Conv	550	1800	3000	6000	10,500	15,000

Oldsmobile

NOTE: Add 10 percent for triple two-barrel carbs.
Add 30 percent for W-30.
Add 10 percent for tri power.

	6	5	4	3	2	1
Sta Was 3S	200	600	950	2150	3850	5500
Sta Wag 2S	200	550	900	2100	3700	5300
Cus Sta Wag 3S	200	600	1000	2200	4000	5700
Cus Sta Wag 2S	200	600	950	2150	3850	5500
Jetstar 88, V-8, 123" wb						
4 dr Sed	200	500	850	1900	3500	5000
4 dr HdTp	200	550	900	2150	3800	5400
2 dr HdTp	350	700	1150	2300	4550	6500
Dynamic 88, V-8, 123" wb						
4 dr Sed	200	550	900	2000	3600	5200
4 dr HdTp	200	600	950	2150	3850	5500
2 dr HdTp	350	725	1200	2350	4800	6800
Conv	400	1200	2000	3950	7000	10,000
Delta 88, V-8, 123" wb						
4 dr Sed	200	600	950	2150	3850	5500
4 dr HdTp	200	650	1050	2250	4200	6000
2 dr HdTp	350	750	1200	2350	4900	7000
Conv	400	1200	2000	3950	7000	10,000
Starfire, V-8, 123" wb						
2 dr HdTp	400	1200	2000	3950	7000	10,000
Ninety-Eight, V-8, 126" wb						
4 dr Twn Sed	200	600	1000	2200	4000	5700
4 dr Lux Sed	200	650	1000	2200	4100	5800
4 dr HdTp	350	700	1150	2300	4550	6500
2 dr HdTp	350	800	1450	2750	5600	8000
Conv	450	1400	2300	4600	8100	11,500
Toronado, FWD V-8, 119" wb						
2 dr Spt HdTp	400	1200	2000	3950	7000	10,000
2 dr Cus HdTp	400	1250	2100	4200	7400	10,500

1967

F-85 Series, Standard, V-8, 115" wb

	6	5	4	3	2	1
4 dr Sed	150	450	750	1700	3200	4600
Cpe	200	500	850	1900	3500	5000
Sta Wag 2S	150	450	750	1700	3200	4600
Cutlass, V-8, 115" wb						
4 dr Sed	150	450	800	1800	3300	4800
4 dr HdTp	200	500	850	1900	3500	5000
2 dr HdTp	200	650	1050	2250	4200	6000
Conv	400	1300	2200	4400	7700	11,000
Sta Wag 2S	200	500	850	1900	3500	5000

NOTE: Deduct 20 percent for 6-cyl.

Cutlass-Supreme, V-8, 115" wb

	6	5	4	3	2	1
4 dr Sed	200	500	850	1900	3500	5000
4 dr HdTp	200	550	900	2150	3800	5400
Cpe	200	600	950	2200	3900	5600
2 dr HdTp	450	1000	1600	3300	6250	8900
Conv	450	1450	2400	4800	8400	12,000
Cutlass 4-4-2						
2 dr Sed	350	900	1550	3050	5900	8500
2 dr HdTp	450	1450	2400	4800	8400	12,000
Conv	600	1900	3200	6400	11,200	16,000

NOTE: Add 30 percent for W-30.

Vista Cruiser, V-8, 120" wb

	6	5	4	3	2	1
Sta Wag 3S	200	500	850	1900	3500	5000
Cus Sta Wag 2S	200	550	900	2150	3800	5400
Cus Sta Wag 3S	200	600	1000	2200	4000	5700
Delmont 88, 330 V-8, 123" wb						
4 dr Sed	150	350	750	1350	2800	4000
4 dr HdTp	150	400	750	1600	3100	4400
2 dr HdTp	200	600	950	2150	3850	5500
Delmont 88, 425 V-8, 123" wb						
4 dr Sed	150	400	750	1600	3100	4400
4 dr HdTp	200	500	850	1850	3350	4900
2 dr HdTp	200	650	1050	2250	4200	6000
Conv	400	1200	2000	3950	7000	10,000
Delta 88, V-8, 123" wb						
4 dr Sed	150	450	800	1800	3300	4800
4 dr HdTp	200	550	900	2100	3700	5300
2 dr HdTp	350	700	1150	2300	4550	6500
Conv	450	1400	2300	4600	8100	11,500
Delta 88, Custom V-8, 123" wb						
4 dr HdTp	200	650	1050	2250	4200	6000
2 dr HdTp	350	750	1200	2350	4900	7000

Oldsmobile 345

Ninety-Eight, V-8, 126" wb	6	5	4	3	2	1
4 dr Sed Twn	200	650	1000	2200	4100	5800
4 dr Sed Lux	200	650	1000	2200	4150	5900
4 dr HdTp	350	750	1200	2350	4900	7000
2 dr HdTp	350	750	1300	2450	5250	7500
Conv	450	1500	2500	5000	8800	12,500
Toronado, V-8, 119" wb						
2 dr HdTp	450	1100	1700	3650	6650	9500
2 dr HdTp Custom	400	1200	2000	3950	7000	10,000

NOTE: Add 10 percent for "425" Delmont Series.
Add 30 percent for W-30.

1968

F-85, V-8, 116" wb, 2 dr 112" wb						
4 dr Sed	150	450	800	1750	3250	4700
Cpe	200	500	850	1900	3500	5000
Cutlass, V-8, 116" wb, 2 dr 112" wb						
4 dr Sed	150	450	800	1800	3300	4800
4 dr HdTp	200	500	850	1850	3350	4900
Cpe S	200	550	900	2000	3600	5200
2 dr HdTp S	350	700	1150	2300	4550	6500
Conv S	500	1550	2600	5200	9100	13,000
Sta Wag	200	500	850	1900	3500	5000
Cutlass Supreme, V-8, 116" wb, 2 dr 112" wb						
4 dr Sed	200	500	850	1900	3500	5000
4 dr HdTp	200	550	900	2150	3800	5400
2 dr HdTp	350	750	1300	2450	5250	7500

NOTE: Deduct 5 percent for 6-cyl.

4-4-2, V-8, 112" wb						
Cpe	450	1000	1650	3350	6300	9000
2 dr HdTp	450	1450	2400	4800	8400	12,000
Conv	650	2050	3400	6800	11,900	17,000
Hurst/Olds						
2 dr HdTp	600	1900	3200	6400	11,200	16,000
2 dr Sed	550	1700	2800	5600	9800	14,000
Vista Cruiser, V-8, 121" wb						
Sta Wag 2-S	200	550	900	2000	3600	5200
Sta Wag 3-S	200	600	950	2150	3850	5500
Delmont 88, V-8, 123" wb						
4 dr Sed	200	600	950	2150	3850	5500
4 dr HdTp	200	600	1000	2200	4000	5700
2 dr HdTp	350	700	1150	2300	4550	6500
Conv	400	1300	2200	4400	7700	11,000
Delta 88, V-8, 123" wb						
4 dr Sed	200	600	1000	2200	4000	5700
2 dr HdTp	350	750	1200	2350	4900	7000
4 dr HdTp	200	650	1050	2250	4200	6000
Ninety-Eight, V-8, 126" wb						
4 dr Sed	200	650	1050	2250	4200	6000
4 dr Lux Sed	200	675	1050	2250	4350	6200
4 dr HdTp	350	700	1150	2300	4550	6500
2 dr HdTp	350	800	1450	2750	5600	8000
Conv	450	1450	2400	4800	8400	12,000
Toronado, V-8, 119" wb						
Cus Cpe	350	900	1550	3050	5900	8500

NOTE: Add 30 percent for W-30.
Add 20 percent for 455.

1969

F-85, V-8, 116" wb, 2 dr 112" wb						
Cpe	200	500	850	1900	3500	5000
Cutlass, V-8, 116" wb, 2 dr 112" wb						
4 dr Sed	150	450	750	1700	3200	4600
4 dr HdTp	150	450	800	1800	3300	4800
Sta Wag	150	450	750	1700	3200	4600
Cutlass - S						
Cpe	200	600	950	2150	3850	5500
2 dr HdTp	350	800	1450	2750	5600	8000
Conv	500	1550	2600	5200	9100	13,000
Cutlass Supreme, V-8, 116" wb, 2 dr 112" wb						
4 dr Sed	200	500	850	1950	3600	5100
4 dr HdTp	200	600	950	2150	3850	5500
2 dr HdTp	400	1300	2200	4400	7700	11,000
4-4-2, V-8 112" wb						
Cpe	400	1200	2000	3950	7000	10,000
2 dr HdTp	500	1550	2600	5200	9100	13,000
Conv	700	2150	3600	7200	12,600	18,000

Oldsmobile

	6	5	4	3	2	1
Hurst/Olds						
2 dr HdTp	650	2050	3400	6800	11,900	17,000
Vista Cruiser						
Sta Wag 2-S	200	550	900	2000	3600	5200
Sta Wag 3-S	200	550	900	2100	3700	5300
Delta 88, V-8, 124" wb						
4 dr Sed	200	650	1050	2250	4200	6000
Conv	400	1200	2000	3950	7000	10,000
4 dr HdTp	350	700	1150	2300	4550	6500
2 dr HdTp	350	750	1200	2350	4900	7000
Delta 88 Custom, V-8, 124" wb						
4 dr Sed	200	650	1000	2200	4100	5800
4 dr HdTp	350	750	1200	2350	4900	7000
2 dr HdTp	350	750	1300	2450	5250	7500
Delta 88 Royale, V-8, 124" wb						
2 dr HdTp	350	750	1350	2600	5400	7700
Ninety Eight, V-8, 127" wb						
4 dr Sed	350	700	1150	2300	4550	6500
4 dr Lux Sed	350	700	1150	2300	4600	6600
4 dr Lux HdTp	350	750	1300	2500	5300	7600
4 dr HdTp	350	750	1300	2450	5250	7500
2 dr HdTp	350	800	1450	2750	5600	8000
Conv	450	1450	2400	4800	8400	12,000
Cus Cpe	350	750	1350	2600	5400	7700
Toronado, V-8, 119" wb						
2 dr HdTp	350	900	1550	3050	5900	8500
NOTE: Add 30 percent for W-30.						
Add 20 percent for 455.						

1970

	6	5	4	3	2	1
F-85, V-8, 116" wb, 2 dr 112" wb						
Cpe	200	600	950	2150	3850	5500
Cutlass, V-8, 116" wb, 2 dr 112" wb						
4 dr Sed	200	500	850	1900	3500	5000
4 dr HdTp	200	600	950	2150	3850	5500
Sta Wag	200	550	900	2000	3600	5200
NOTE: Deduct 5 percent for 6-cyl.						
Cutlass-S, V-8, 112" wb						
Cpe	350	750	1200	2350	4900	7000
2 dr HdTp	450	1100	1700	3650	6650	9500
NOTE: Add 25 percent for W45-W30-W31.						
Cutlass-Supreme, V-8, 112" wb						
4 dr HdTp	200	600	950	2150	3850	5500
2 dr HdTp	450	1400	2300	4600	8100	11,500
Conv	650	2050	3400	6800	11,900	17,000
442, V-8, 112" wb						
Cpe	450	1450	2400	4800	8400	12,000
2 dr HdTp	650	2050	3400	6800	11,900	17,000
Conv	750	2400	4000	8000	14,000	20,000
Vista Cruiser, V-8, 121" wb						
Sta Wag 2-S	200	550	900	2000	3600	5200
Sta Wag 3-S	200	550	900	2100	3700	5300
Delta 88, V-8, 124" wb						
4 dr Sed	200	550	900	2100	3700	5300
4 dr HdTp	200	600	950	2150	3850	5500
2 dr HdTp	200	650	1050	2250	4200	6000
Conv	400	1200	2000	3950	7000	10,000
Delta 88 Custom, V-8, 124" wb						
4 dr Sed	200	600	950	2150	3850	5500
4 dr HdTp	200	600	950	2200	3900	5600
2 dr HdTp	350	700	1150	2300	4550	6500
Delta 88 Royale, V-8, 124" wb						
2 dr HdTp	350	750	1200	2350	4900	7000
Ninety Eight, V-8, 127" wb						
4 dr Sed	200	600	950	2200	3900	5600
4 dr Lux Sed	200	650	1000	2200	4100	5800
4 dr Lux HdTp	200	675	1050	2250	4300	6100
4 dr HdTp	200	650	1050	2250	4200	6000
2 dr HdTp	350	750	1200	2350	4900	7000
Conv	400	1300	2200	4400	7700	11,000
Toronado, V-8, 119" wb						
Std Cpe	350	900	1550	3050	5900	8500
Cus Cpe	450	1000	1650	3350	6300	9000

NOTE: Add 20 percent for SX Cutlass Supreme option.
Add 35 percent for Y-74 Indy Pace Car option.
Add 30 percent for W-30.
Add 20 percent for 455.
Add 15 percent for Toronado GT W-34 option.

Oldsmobile 347

1971
F-85, V-8, 116" wb

	6	5	4	3	2	1
4 dr Sed	125	250	700	1150	2400	3400
Cutlass, V-8, 116" wb, 2 dr 112" wb						
4 dr Sed	125	250	700	1150	2450	3500
2 dr HdTp	350	700	1150	2300	4550	6500
Sta Wag	125	250	700	1150	2400	3400
Cutlass -S, V-8, 112" wb						
Cpe	200	650	1050	2250	4200	6000
2 dr HdTp	350	800	1450	2750	5600	8000
NOTE: Deduct 5 percent for 6 cyl.						
Cutlass Supreme, V-8, 116" wb, 2 dr 112" wb						
4 dr Sed	150	450	750	1700	3200	4600
2 dr HdTp	400	1200	2000	3950	7000	10,000
Conv	650	2050	3400	6800	11,900	17,000
NOTE: Add 15 percent for SX Cutlass Supreme option.						
4-4-2, V-8, 112" wb						
2 dr HdTp	650	2050	3400	6800	11,900	17,000
Conv	800	2500	4200	8400	14,700	21,000
Vista Cruiser, 121" wb						
Sta Wag 2-S	125	250	700	1150	2450	3500
Sta Wag 3-S	125	250	700	1150	2500	3600
Delta 88, V-8, 124" wb						
4 dr Sed	125	250	700	1150	2450	3500
4 dr HdTp	150	350	750	1350	2800	4000
2 dr HdTp	150	400	750	1650	3150	4500
Delta 88 Custom V-8, 124" wb						
4 dr Sed	125	250	700	1150	2500	3600
4 dr HdTp	150	350	750	1450	3000	4200
2 dr HdTp	150	450	800	1750	3250	4700
Delta 88 Royale, V-8, 124" wb						
2 dr HdTp	200	500	850	1900	3500	5000
Conv	350	900	1550	3050	5900	8500
Ninety Eight, V-8, 127" wb						
2 dr HdTp	200	600	950	2150	3850	5500
4 dr HdTp	150	400	750	1650	3150	4500
4 dr Lux HdTp	150	450	800	1750	3250	4700
2 dr Lux HdTp	200	600	1000	2200	4000	5700
Custom Cruiser, V-8, 127" wb						
Sta Wag 2-S	150	400	750	1650	3150	4500
Sta Wag 3-S	150	400	750	1650	3150	4500
Toronado, 122" wb						
2 dr HdTp	350	750	1200	2350	4900	7000
NOTES: Add 30 percent for W-30.						
Add 20 percent for 455.						

1972 Oldsmobile Cutlass-S 2 dr hardtop

1972
F-85, V-8, 116" wb

4 dr Sed	125	250	700	1150	2400	3400
Cutlass, V-8, 116" wb, 2 dr 112" wb						
4 dr Sed	125	250	700	1150	2450	3500
2 dr HdTp	200	600	950	2150	3850	5500

	6	5	4	3	2	1
Sta Wag	125	250	700	1150	2400	3400
Cutlass -S, V-8, 112" wb						
Cpe	200	650	1050	2250	4200	6000
2 dr HdTp	400	1200	2000	3950	7000	10,000

NOTE: Deduct 5 percent for 6-cyl.

Cutlass Supreme, V-8, 116" wb. 2 dr 112" wb

	6	5	4	3	2	1
4 dr HdTp	200	600	950	2150	3850	5500
2 dr HdTp	400	1300	2200	4400	7700	11,000
Conv	650	2050	3400	6800	11,900	17,000

NOTE: Add 40 percent for 442 option.
  Add 20 percent for Hurst option.

Vista Cruiser, 121" wb

	6	5	4	3	2	1
Sta Wag 2-S	125	250	700	1150	2450	3500
Sta Wag 3-S	125	250	700	1150	2500	3600

Delta 88, V-8, 124" wb

	6	5	4	3	2	1
4 dr Sed	125	200	600	1100	2300	3300
4 dr HdTp	150	350	750	1350	2800	4000
2 dr HdTp	150	400	750	1650	3150	4500

Delta 88 Royale, 124" wb

	6	5	4	3	2	1
4 dr Sed	125	250	700	1150	2400	3400
4 dr HdTp	150	350	750	1450	3000	4200
2 dr HdTp	150	450	800	1750	3250	4700
Conv	350	750	1200	2350	4900	7000

Custom Cruiser, 127" wb

	6	5	4	3	2	1
Sta Wag 2-S	150	350	750	1350	2800	4000
Sta Wag 3-S	150	350	750	1350	2800	4000

Ninety-Eight, 127" wb

	6	5	4	3	2	1
4 dr HdTp	150	350	750	1450	3000	4200
2 dr HdTp	150	400	750	1650	3150	4500

Ninety-Eight Luxury, 127" wb

	6	5	4	3	2	1
4 dr HdTp	150	400	750	1650	3150	4500
2 dr HdTp	200	500	850	1900	3500	5000

Toronado, 122" wb

	6	5	4	3	2	1
2 dr HdTp	350	750	1200	2350	4900	7000

NOTES: Add 30 percent for W-30.
  Add 20 percent for 455.

1973

Omega, V-8, 111" wb

	6	5	4	3	2	1
Sed	125	250	700	1150	2400	3400
Cpe	125	250	700	1150	2500	3600
Hatch	150	300	750	1350	2700	3900

Cutlass, 112" - 116" wb

	6	5	4	3	2	1
2 dr Col HdTp	125	250	700	1150	2500	3600
4 dr Col HdTp	150	300	700	1250	2600	3700

Cutlass S, 112" wb

	6	5	4	3	2	1
Cpe	150	300	750	1350	2700	3900

Cutlass Supreme, 112" - 116" wb

	6	5	4	3	2	1
2 dr Col HdTp	150	350	750	1350	2800	4000
4 dr Col HdTp	150	300	700	1250	2650	3800

NOTE: Add 10 percent for 442 option.

Vista Cruiser, 116" wb

	6	5	4	3	2	1
2S Sta Wag	150	300	700	1250	2650	3800
3S Sta Wag	150	300	750	1350	2700	3900

Delta 88, 124" wb

	6	5	4	3	2	1
4 dr Sed	125	200	600	1100	2300	3300
4 dr HdTp	150	350	750	1350	2800	4000
2 dr HdTp	150	400	750	1650	3150	4500

Delta 88 Royale, 124" wb

	6	5	4	3	2	1
4 dr Sed	125	250	700	1150	2400	3400
4 dr HdTp	150	350	750	1450	3000	4200
2 dr HdTp	200	600	1000	2200	4000	5700
Conv	350	750	1200	2350	4900	7000

Custom Cruiser, 127" wb

	6	5	4	3	2	1
3S Sta Wag	150	350	750	1350	2800	4000
2S Sta Wag	150	350	750	1350	2800	4000
3S Roy Wag	150	350	750	1450	3000	4200
2S Roy Wag	150	350	750	1450	3000	4200

Ninety-Eight, 127" wb

	6	5	4	3	2	1
4 dr HdTp	150	350	750	1350	2800	4000
2 dr HdTp	150	350	750	1450	3000	4200
4 dr HdTp Lux	150	400	750	1600	3100	4400
2 dr HdTp Lux	150	450	800	1750	3250	4700
4 dr HdTp Reg	150	400	750	1650	3150	4500

Toronado, 122" wb

	6	5	4	3	2	1
HdTp Cpe	350	700	1150	2300	4550	6500

NOTE: Add 20 percent for Hurst/Olds.

1974

Omega, 111" wb	6	5	4	3	2	1
Cpe	150	300	700	1250	2600	3700
Hatch	150	350	750	1350	2800	4000
4 dr Sed	125	250	700	1150	2450	3500
Cutlass, 112" - 116" wb						
Cpe	125	250	700	1150	2500	3600
4 dr Sed	125	250	700	1150	2450	3500
Cutlass S, 112" wb						
Cpe	125	250	700	1150	2500	3600
Cutlass Supreme, 112" - 116" wb						
4 dr Sed	150	300	700	1250	2600	3700
Cpe	125	250	700	1150	2450	3500

NOTE: Add 10 percent for 442 option.

Vista Cruiser, 116" wb						
Sta Wag-6P	100	175	525	1050	2100	3000
Sta Wag-8P	125	200	600	1100	2200	3100
Delta 88, 124" wb						
2 dr HdTp	150	350	750	1350	2800	4000
4 dr HdTp	150	300	750	1350	2700	3900
4 dr Sed	125	250	700	1150	2450	3500
Custom Cruiser, 127" wb						
Sta Wag-6P	150	300	700	1250	2650	3800
Sta Wag-8P	150	300	700	1250	2650	3800
Delta 88 Royale, 124" wb						
2 dr HdTp	150	350	750	1450	3000	4200
4 dr HdTp	150	350	750	1450	2900	4100
4 dr Sed	125	250	700	1150	2500	3600
Conv	350	750	1200	2350	4900	7000

NOTE: Add 20 percent for Indy Pace car.

Ninety-Eight, 127" wb						
4 dr HdTp	150	350	750	1450	3000	4200
2 dr HdTp Lux	150	400	750	1650	3150	4500
4 dr HdTp Lux	150	400	750	1600	3100	4400
2 dr HdTp Reg	150	400	750	1650	3150	4500
4 dr Reg Sed	150	450	750	1700	3200	4600
Toronado, 122" wb						
2 dr Cpe	350	700	1150	2300	4550	6500

1975

Starfire, 97" wb						
Cpe 'S'	125	200	600	1100	2200	3100
Cpe	125	200	600	1100	2250	3200
Omega, 111" wb						
Cpe	125	200	600	1100	2200	3100
Hatch	125	250	700	1150	2450	3500
4 dr Sed	125	200	600	1100	2250	3200
Omega Salon, 111" wb						
Cpe	125	250	700	1150	2400	3400
Hatch	125	250	700	1150	2500	3600
4 dr Sed	125	250	700	1150	2450	3500
Cutlass, 112" - 116" wb						
Cpe	125	200	600	1100	2300	3300
4 dr Sed	125	200	600	1100	2250	3200
Cpe 'S'	125	200	600	1100	2300	3300
Cutlass Supreme, 112" - 116" wb						
Cpe	125	250	700	1150	2400	3400
4 dr Sed	125	250	700	1150	2450	3500
Cutlass Salon, 112" - 116" wb						
Cpe	125	250	700	1150	2450	3500
4 dr Sed	125	250	700	1150	2500	3600

NOTE: Add 10 percent for 442 option.

Vista Cruiser, 116" wb						
Sta Wag	125	250	700	1150	2400	3400
Delta 88, 124" wb						
Cpe	125	250	700	1150	2450	3500
4 dr Twn Sed	125	200	600	1100	2200	3100
4 dr HdTp	150	350	750	1350	2800	4000
Delta 88 Royale, 124" wb						
Cpe	125	250	700	1150	2500	3600
4 dr Twn Sed	125	200	600	1100	2250	3200
4 dr HdTp	150	350	750	1450	3000	4200
Conv	350	750	1200	2350	4900	7000
Ninety-Eight, 127" wb						
2 dr Lux Cpe	150	450	800	1800	3300	4800
4 dr HdTp Lux	150	400	750	1650	3150	4500
2 dr Reg Cpe	200	500	850	1850	3350	4900

Oldsmobile

	6	5	4	3	2	1
4 dr HdTp Reg	150	450	800	1750	3250	4700
Toronado, 122" wb						
Cus Cpe	200	650	1050	2250	4200	6000
Brm Cpe	350	700	1150	2300	4550	6500
Custom Cruiser, 127" wb						
Sta Wag	125	250	700	1150	2500	3600

NOTE: Add 20 percent for Hurst/Olds.

1976
Starfire, V-6

	6	5	4	3	2	1
Spt Cpe	125	200	600	1100	2300	3300
Spt Cpe SX	125	250	700	1150	2400	3400

NOTE: Add 5 percent for V-8.

Omega F-85, V-8

	6	5	4	3	2	1
Cpe	125	200	600	1100	2200	3100

Omega, V-8

	6	5	4	3	2	1
4 dr Sed	125	200	600	1100	2250	3200
Cpe	125	200	600	1100	2300	3300
Hatch	125	250	700	1150	2400	3400

Omega Brougham V-8

	6	5	4	3	2	1
4 dr Sed	125	200	600	1100	2300	3300
Cpe	125	250	700	1150	2400	3400
Hatch	125	250	700	1150	2450	3500

Cutlass "S", V-8

	6	5	4	3	2	1
4 dr Sed	125	200	600	1100	2200	3100
Cpe	125	200	600	1100	2250	3200

Cutlass Supreme, V-8

	6	5	4	3	2	1
4 dr Sed	125	200	600	1100	2250	3200
Cpe	125	200	600	1100	2300	3300

Cutlass Salon, V-8

	6	5	4	3	2	1
4 dr Sed	125	250	700	1150	2400	3400
Cpe	125	250	700	1150	2450	3500

Cutlass Supreme Brougham, V-8

	6	5	4	3	2	1
Cpe	125	250	700	1150	2500	3600

Station Wagons, V-8

	6	5	4	3	2	1
2S Cruiser	125	200	600	1100	2300	3300
3S Cruiser	125	250	700	1150	2400	3400
2S Vista Cruiser	125	250	700	1150	2400	3400
3S Vista Cruiser	125	250	700	1150	2450	3500

Delta 88, V-8

	6	5	4	3	2	1
4 dr Sed	125	250	700	1150	2400	3400
4 dr HdTp	150	300	700	1250	2650	3800
2 dr Sed	125	250	700	1150	2450	3500

Delta 88 Royle, V-8

	6	5	4	3	2	1
4 dr Sed	125	250	700	1150	2500	3600
4 dr HdTp	150	350	750	1350	2800	4000
2 dr Sed	150	300	700	1250	2600	3700

Station Wagons, V-8

	6	5	4	3	2	1
2S Cus Cruiser	150	350	750	1350	2800	4000
3S Cus Cruiser	150	350	750	1350	2800	4000

Ninety-Eight, V-8

	6	5	4	3	2	1
4 dr HdTp Lux	150	350	750	1450	3000	4200
2 dr Lux Cpe	150	450	750	1700	3200	4600
4 dr HdTp Reg	150	400	750	1650	3150	4500
2 dr Reg Cpe	150	450	800	1750	3250	4700

Toronado, V-8

	6	5	4	3	2	1
Cus Cpe	200	600	950	2150	3850	5500
Brgm Cpe	200	650	1050	2250	4200	6000

NOTE: Deduct 5 percent for V-6.

1977
Starfire, V-6

	6	5	4	3	2	1
Spt Cpe	100	175	525	1050	2050	2900
Spt Cpe SX	125	200	600	1100	2200	3100

NOTE: Add 5 percent for V-8.

Omega F85, V-8

	6	5	4	3	2	1
Cpe	100	150	450	1000	1900	2700

Omega, V-8

	6	5	4	3	2	1
4 dr Sed	125	250	700	1150	2400	3400
Cpe	125	250	700	1150	2450	3500
2 dr Hatch	125	250	700	1150	2500	3600

Omega Brougham, V-8

	6	5	4	3	2	1
4 dr Sed	125	250	700	1150	2450	3500
Cpe	125	250	700	1150	2500	3600
2 dr Hatch	150	300	700	1250	2600	3700

NOTE: Deduct 5 percent for V-6.

Cutlass - "S", V-8

	6	5	4	3	2	1
4 dr Sed	125	200	600	1100	2250	3200

1977 Oldsmobile Toronado coupe

	6	5	4	3	2	1
2 dr Sed	125	200	600	1100	2300	3300
Cutlass Supreme, V-8						
4 dr Sed	125	250	700	1150	2400	3400
2 dr Sed	125	250	700	1150	2450	3500
Cutlass Salon, V-8						
2 dr	125	250	700	1150	2450	3500
Cutlass Supreme Brougham, V-8						
4 dr Sed	125	250	700	1150	2500	3600
2 dr Sed	150	300	700	1250	2650	3800
Station Wagons, V-8						
3S Cruiser	125	250	700	1150	2450	3500
Delta 88, V-8						
4 dr Sed	125	250	700	1150	2450	3500
Cpe	125	250	700	1150	2500	3600
Delta 88 Royale, V-8						
4 dr Sed	150	300	700	1250	2600	3700
Cpe	150	300	700	1250	2650	3800
Station Wagons, V-8						
2S Cus Cruiser	125	250	700	1150	2500	3600
3S Cus Cruiser	150	300	700	1250	2600	3700
Ninety Eight, V-8						
4 dr Lux Sed	150	300	750	1350	2700	3900
Lux Cpe	150	350	750	1350	2800	4000
4 dr Regency Sed	150	350	750	1350	2800	4000
Regency Cpe	150	350	750	1450	2900	4100
Toronado, V-8						
Cpe SXR	350	700	1150	2300	4550	6500
Cpe	200	500	850	1900	3500	5000
NOTE: Add 20 percent for XS model. Deduct 5 percent for V-6.						

1978
Starfire
Cpe	100	175	525	1050	2100	3000
Cpe SX	125	200	600	1100	2250	3200
Omega						
4 dr Sed	125	250	700	1150	2450	3500
Cpe	125	250	700	1150	2500	3600
2 dr Hatch	150	300	700	1250	2600	3700
Omega Brougham						
4 dr Sed	125	250	700	1150	2500	3600
Cpe	150	300	700	1250	2600	3700
Cutlass Salon						
4 dr Sed	125	200	600	1100	2300	3300
Cpe	125	250	700	1150	2400	3400
Cutlass Salon Brougham						
4 dr Sed	125	250	700	1150	2400	3400
Cpe	125	250	700	1150	2450	3500
Cutlass Supreme						
Cpe	125	250	700	1150	2500	3600

Oldsmobile

Cutlass Calais						
Cpe	150	300	700	1250	2600	3700
Cutlass Supreme Brougham						
Cpe	150	300	700	1250	2650	3800
Cutlass Cruiser						
2S Sta Wag	125	250	700	1150	2450	3500
Delta 88						
4 dr Sed	125	250	700	1150	2500	3600
Cpe	150	300	700	1250	2600	3700
Delta 88 Royale						
4 dr Sed	150	300	700	1250	2600	3700
Cpe	150	300	700	1250	2650	3800
Custom Cruiser						
Sta Wag	125	250	700	1150	2500	3600
Ninety Eight						
4 dr Lux Sed	150	300	750	1350	2700	3900
Lux Cpe	150	350	750	1350	2800	4000
4 dr Regency Sed	150	350	750	1350	2800	4000
Regency Cpe	150	350	750	1450	2900	4100
Toronado Brougham						
Cpe	200	500	850	1900	3500	5000

1979

Starfire, 4-cyl.						
Spt Cpe	125	200	600	1100	2200	3100
Spt Cpe SX	125	200	600	1100	2250	3200
Omega, V-8						
Sed	125	250	700	1150	2500	3600
Cpe	150	300	700	1250	2600	3700
Hatch	150	300	700	1250	2650	3800
Omega Brougham, V-8						
Sed	150	300	700	1250	2600	3700
Cpe	150	300	700	1250	2650	3800
Cutlass Salon, V-8						
Sed	125	250	700	1150	2400	3400
Cpe	125	250	700	1150	2450	3500
Cutlass Salon Brougham, V-8						
Sed	125	250	700	1150	2450	3500
Cpe	125	250	700	1150	2500	3600
Cutlass Supreme, V-8						
Cpe	150	300	700	1250	2600	3700
Cutlass Calais, V-8						
Cpe	150	300	700	1250	2650	3800
Cutlass Supreme Brougham, V-8						
Cpe	150	300	750	1350	2700	3900
Cutlass Cruiser, V-8						
Sta Wag	125	250	700	1150	2500	3600
Cutlass Cruiser Brougham, V-8						
Sta Wag	150	300	700	1250	2600	3700
Delta 88, V-8						
Sed	150	300	700	1250	2650	3800
Cpe	150	300	750	1350	2700	3900
Delta 88 Royale, V-8						
Sed	150	300	750	1350	2700	3900
Cpe	150	350	750	1350	2800	4000
Custom Cruiser, V-8						
2S Sta Wag	150	300	750	1350	2700	3900
3S Sta Wag	150	350	750	1350	2800	4000
Ninety Eight						
Lux Sed	150	350	750	1450	2900	4100
Lux Cpe	150	350	750	1450	3000	4200
Regency Sed	150	400	750	1550	3050	4300
Regency Cpe	150	400	750	1600	3100	4400
Toronado						
Cpe	200	500	850	1850	3350	4900

NOTE: Deduct 5 percent for V-6.
Add 50 percent for Hurst/Olds option.
Deduct 10 percent for diesel.

1980

Starfire, 4-cyl.						
2 dr Cpe	150	300	700	1250	2650	3800
2 dr Cpe SX	150	300	750	1350	2700	3900
Omega, V-6						
4 dr Sed	150	300	700	1250	2650	3800
2 dr Cpe	150	300	750	1350	2700	3900

NOTE: Deduct 10 percent for 4-cyl.

Omega Brougham, V-6						
4 dr Sed	150	300	750	1350	2700	3900

Oldsmobile 353

	6	5	4	3	2	1
2 dr Cpe	150	350	750	1350	2800	4000

NOTE: Deduct 10 percent for 4-cyl.
Cutlass, V-8
| 4 dr Sed | 125 | 250 | 700 | 1150 | 2500 | 3600 |

NOTE: Deduct 12 percent for V-6.
Cutlass Salon, V-8
| 2 dr Cpe | 150 | 300 | 750 | 1350 | 2700 | 3900 |

NOTE: Deduct 12 percent for V-6.
Cutlass Salon Brougham, V-8
| 2 dr Cpe | 150 | 350 | 750 | 1350 | 2800 | 4000 |

NOTE: Deduct 12 percent for V-6.
Cutlass Supreme, V-8
| 2 dr Cpe | 150 | 350 | 750 | 1450 | 2900 | 4100 |

NOTE: Deduct 12 percent for V-6.
Cutlass LS, V-8
| 4 dr Sed | 150 | 300 | 700 | 1250 | 2600 | 3700 |

NOTE: Deduct 12 percent for V-6.
Cutlass Calais, V-8
| 2 dr Cpe | 150 | 350 | 750 | 1450 | 3000 | 4200 |

NOTE: Deduct 12 percent for V-6.
Cutlass Brougham, V-8
| 4 dr Sed | 150 | 300 | 700 | 1250 | 2650 | 3800 |
| 2 dr Cpe Supreme | 150 | 350 | 750 | 1450 | 3000 | 4200 |

NOTE: Deduct 12 percent for V-6.
Cutlass Cruiser, V-8
| 4 dr Sta Wag | 150 | 300 | 750 | 1350 | 2700 | 3900 |
| 4 dr Sta Wag Brgm | 150 | 350 | 750 | 1350 | 2800 | 4000 |

NOTE: Deduct 12 percent for V-6.
Delta 88, V-8
| 4 dr Sed | 150 | 350 | 750 | 1450 | 2900 | 4100 |
| 2 dr Cpe | 150 | 350 | 750 | 1450 | 3000 | 4200 |

NOTE: Deduct 12 percent for V-6.
Delta 88 Royale, V-8
| 4 dr Sed | 150 | 350 | 750 | 1450 | 3000 | 4200 |
| 2 dr Cpe | 150 | 400 | 750 | 1550 | 3050 | 4300 |

NOTE: Deduct 12 percent for V-6.
Delta 88 Royale Brougham, V-8
| 4 dr Sed | 150 | 400 | 750 | 1600 | 3100 | 4400 |
| 2 dr Cpe | 150 | 400 | 750 | 1650 | 3150 | 4500 |

NOTE: Deduct 12 percent for V-6.
Custom Cruiser, V-8
| 4 dr Sta Wag 2S | 150 | 400 | 750 | 1550 | 3050 | 4300 |
| 4 dr Sta Wag 3S | 150 | 400 | 750 | 1600 | 3100 | 4400 |

Ninety Eight, V-8
4 dr Sed Lux	150	450	750	1700	3200	4600
4 dr Sed Regency	200	500	850	1850	3350	4900
2 dr Cpe Regency	200	500	850	1950	3600	5100

Toronado Brougham, V-8
| 2 dr Cpe | 350 | 700 | 1100 | 2300 | 4500 | 6400 |

1981
Omega, V-6
| 4 dr Sed | 150 | 300 | 750 | 1350 | 2700 | 3900 |
| 2 dr Cpe | 150 | 350 | 750 | 1350 | 2800 | 4000 |

NOTE: Deduct 10 percent for 4-cyl.
Omega Brougham, V-6
| 4 dr Sed | 150 | 350 | 750 | 1350 | 2800 | 4000 |
| 2 dr Cpe | 150 | 350 | 750 | 1450 | 2900 | 4100 |

NOTE: Deduct 10 percent for 4-cyl.
Cutlass, V-8
| 4 dr Sed | 150 | 300 | 700 | 1250 | 2600 | 3700 |

NOTE: Deduct 12 percent for V-6.
Cutlass Supreme, V-8
| 2 dr Cpe | 150 | 350 | 750 | 1450 | 3000 | 4200 |

NOTE: Deduct 12 percent for V-6.
Cutlass LS, V-8
| 4 dr Sed | 150 | 300 | 700 | 1250 | 2650 | 3800 |

NOTE: Deduct 12 percent for V-6.
Cutlass Calais, V-8
| 2 dr Cpe | 150 | 400 | 750 | 1600 | 3100 | 4400 |

NOTE: Deduct 12 percent for V-6.
Cutlass Supreme Brougham, V-8
| 2 dr Cpe | 150 | 400 | 750 | 1550 | 3050 | 4300 |

NOTE: Deduct 12 percent for V-6.
Cutlass Brougham, V-8
| 4 dr Sed | 150 | 300 | 750 | 1350 | 2700 | 3900 |

NOTE: Deduct 12 percent for V-6.

354 Oldsmobile

Cutlass Cruiser, V-8	6	5	4	3	2	1
4 dr Sta Wag	150	300	750	1350	2700	3900
4 dr Sta Wag Brgm	150	350	750	1350	2800	4000

NOTE: Deduct 12 percent for V-6.

Delta 88, V-8
4 dr Sed	150	350	750	1450	3000	4200
2 dr Cpe	150	400	750	1550	3050	4300

NOTE: Deduct 12 percent for V-6.

Delta 88 Royale, V-8
4 dr Sed	150	400	750	1550	3050	4300
2 dr Cpe	150	400	750	1600	3100	4400

NOTE: Deduct 12 percent for V-6.

Delta 88 Royale Brougham, V-8
4 dr Sed	150	400	750	1650	3150	4500
2 dr Cpe	150	450	750	1700	3200	4600

Custom Cruiser, V-8
4 dr Sta Wag 2S	150	400	750	1600	3100	4400
4 dr Sta Wag 3S	150	400	750	1650	3150	4500

Ninety Eight, V-8
4 dr Sed Lux	150	450	800	1750	3250	4700
4 dr Sed Regency	150	450	800	1800	3300	4800
2 dr Cpe Regency	200	500	850	1850	3350	4900

NOTE: Deduct 12 percent for V-6.

Toronado Brougham, V-8
2 dr Cpe	350	725	1150	2300	4700	6700

NOTE: Deduct 12 percent for V-6.

1982

Firenza, 4-cyl.
4 dr Sed LX	150	350	750	1350	2800	4000
2 dr Cpe SX	150	350	750	1450	2900	4100

NOTE: Deduct 5 percent for lesser models.

Omega, V-6
4 dr Sed	150	350	750	1350	2800	4000
2 dr Cpe	150	350	750	1450	2900	4100

NOTE: Deduct 10 percent for 4-cyl.

Omega Brougham, V-6
4 dr Sed	150	350	750	1450	2900	4100
2 dr Cpe	150	350	750	1450	3000	4200

NOTE: Deduct 10 percent for 4-cyl.

Cutlass Supreme, V-8
4 dr Sed	150	400	750	1650	3150	4500
2 dr Cpe	150	450	750	1700	3200	4600

NOTE: Deduct 12 percent for V-6.

Cutlass Supreme Brougham, V-8
4 dr Sed	150	450	750	1700	3200	4600
2 dr Cpe	150	450	800	1750	3250	4700

NOTE: Deduct 12 percent for V-6.

Cutlass Calais, V-8
2 dr Cpe	150	450	800	1800	3300	4800

NOTE: Deduct 12 percent for V-6.

Cutlass Cruiser, V-8
4 dr Sta Wag	150	450	800	1750	3250	4700

Cutlass Ciera, V-6
4 dr Sed	150	400	750	1650	3150	4500
2 dr Cpe	150	450	750	1700	3200	4600

NOTE: Deduct 10 percent for 4-cyl.

Cutlass Ciera LS, V-6
4 dr Sed	150	450	750	1700	3200	4600
2 dr Cpe	150	450	800	1750	3250	4700

NOTE: Deduct 10 percent for 4-cyl.

Cutlass Ciera Brougham, V-6
4 dr Sed	150	450	800	1750	3250	4700
2 dr Cpe	150	450	800	1800	3300	4800

NOTE: Deduct 10 percent for 4-cyl.

Delta 88, V-8
4 dr Sed	150	400	750	1650	3150	4500

NOTE: Deduct 12 percent for V-6.

Delta 88 Royale, V-8
4 dr Sed	150	450	800	1800	3300	4800
2 dr Cpe	200	500	850	1850	3350	4900

NOTE: Deduct 12 percent for V-6.

Delta 88 Royale Brougham, V-8
4 dr Sed	200	500	850	1850	3350	4900
2 dr Cpe	200	500	850	1900	3500	5000

NOTE: Deduct 12 percent for V-6.

Oldsmobile 355

	6	5	4	3	2	1
Custom Cruiser, V-8						
4 dr Sta Wag	200	500	850	1850	3350	4900
Ninety Eight Regency, V-8						
4 dr Sed	200	500	850	1950	3600	5100
2 dr Cpe	200	550	900	2000	3600	5200
4 dr Sed Brgm	200	550	900	2000	3600	5200

NOTE: Deduct 12 percent for V-6.

Toronado Brougham, V-8

2 dr Cpe	350	725	1200	2350	4800	6800

NOTE: Deduct 12 percent for V-6.

1983

Firenza, 4-cyl.

	6	5	4	3	2	1
4 dr Sed LX	150	350	750	1450	2900	4100
2 dr Cpe SX	150	350	750	1450	3000	4200
4 dr Sta Wag LX	150	400	750	1550	3050	4300

NOTE: Deduct 5 percent for lesser models.

Omega, V-6

4 dr Sed	150	350	750	1450	2900	4100
2 dr Cpe	150	350	750	1450	3000	4200

NOTE: Deduct 10 percent for 4-cyl.

Omega Brougham, V-6

4 dr Sed	150	350	750	1450	3000	4200
2 dr Cpe	150	400	750	1550	3050	4300

NOTE: Deduct 10 percent for 4-cyl.

Cutlass Supreme, V-8

4 dr Sed	150	450	750	1700	3200	4600
2 dr Cpe	150	450	800	1750	3250	4700

NOTE: Deduct 12 percent for V-6.

Cutlass Supreme Brougham, V-8

4 dr Sed	150	450	800	1750	3250	4700
2 dr Cpe	150	450	800	1800	3300	4800

NOTE: Deduct 12 percent for V-6.

Cutlass Calais, V-8

2 dr Cpe	200	500	850	1850	3350	4900

NOTE: Deduct 12 percent for V-6.

Cutlass Cruiser, V-8

4 dr Sta Wag	150	450	800	1800	3300	4800

NOTE: Deduct 12 percent for V-6.

Cutlass Ciera, V-6

4 dr Sed	150	450	750	1700	3200	4600
2 dr Cpe	150	450	800	1750	3250	4700

NOTE: Deduct 10 percent for 4-cyl.

Cutlass Ciera Brougham, V-6

4 dr Sed	150	450	800	1750	3250	4700
2 dr Cpe	150	450	800	1800	3300	4800

NOTE: Deduct 10 percent for 4-cyl.

Delta 88, V-8

4 dr Sed	150	450	800	1800	3300	4800

NOTE: Deduct 12 percent for V-6.

Delta 88 Royale, V-8

4 dr Sed	200	500	850	1850	3350	4900
2 dr Cpe	200	500	850	1900	3500	5000

NOTE: Deduct 12 percent for V-6.

Delta 88 Royale Brougham, V-8

4 dr Sed	200	500	850	1950	3600	5100
2 dr Cpe	200	550	900	2000	3600	5200

NOTE: Deduct 12 percent for V-6.

Custom Cruiser, V-8

4 dr Sta Wag	200	500	850	1950	3600	5100

Ninety Eight Regency, V-8

4 dr Sed	200	550	900	2100	3700	5300
2 dr Cpe	200	600	950	2150	3850	5500
4 dr Sed Brgm	200	550	900	2150	3800	5400

NOTE: Deduct 13 percent for V-6.

Toronado Brougham, V-8

2 dr Cpe	350	725	1200	2350	4850	6900

NOTE: Deduct 13 percent for V-6.
Add 15 percent for Hurst/Olds package.

1984

Firenza, 4-cyl.

	6	5	4	3	2	1
4 dr Sed LX	150	350	750	1450	2900	4100
2 dr Sed LX	150	350	750	1450	2900	4100
4 dr Sta Wag Cruiser LX	150	400	750	1550	3050	4300

NOTE: Deduct 5 percent for lesser models.

4 dr Sed Brougham	150	400	750	1550	3050	4300
2 dr Sed Brougham	150	400	750	1550	3050	4300

Oldsmobile

NOTE: Deduct 5 percent for 4-cyl.
Deduct 8 percent for 4cyl.

Cutlass, V-8

	6	5	4	3	2	1
4 dr Sed Supreme Brougham	150	450	800	1800	3300	4800
2 dr Sed Supreme Brougham	150	450	800	1800	3300	4800
2 dr Sed Calais	200	500	850	1850	3350	4900
2 dr Sed Calais Hurst/Olds	200	600	950	2150	3850	5500

Cutlass Ciera, V-6

4 dr Sed	150	450	750	1700	3200	4600
2 dr Sed	150	450	750	1700	3200	4600
4 dr Sta Wag Cruiser	150	450	750	1700	3200	4600
4 dr Sed Brougham	150	450	800	1750	3250	4700
2 dr Sed Brougham	150	450	800	1750	3250	4700

NOTE: Deduct 8 percent for 4-cyl.

Cutlass Ciera, V-8

4 dr Sed	150	450	800	1800	3300	4800
2 dr Sed	150	450	800	1800	3300	4800
4 dr Sta Wag	150	450	800	1800	3300	4800
4 dr Sed Brougham	200	500	850	1850	3350	4900
2 dr Sed Brougham	200	500	850	1850	3350	4900

Delta 88 Royale, V-8

4 dr Sed	200	500	850	1900	3500	5000
2 dr Sed	200	500	850	1900	3500	5000
4 dr Sed Brougham	200	550	900	2000	3600	5200
2 dr Sed Brougham	200	550	900	2000	3600	5200
4 dr Sta Wag Cus Cruiser	200	550	900	2100	3700	5300
4 dr Sed LS	200	550	900	2100	3700	5300

NOTE: Deduct 10 percent for V-6 cyl.

Ninety Eight Regency, V-8

4 dr Sed	200	600	950	2150	3850	5500
2 dr Sed	200	600	950	2150	3850	5500
4 dr Sed Brougham	200	600	950	2200	3900	5600

Toronado

2 dr Cpe, V-6	350	700	1150	2300	4550	6500
2 dr Cpe, V-8	350	750	1200	2350	4900	7000

1985

Firenza, V-6

4 dr Sed LX	150	400	750	1550	3050	4300
2 dr Sed LX	150	400	750	1550	3050	4300
4 dr Sta Wag LX	150	400	750	1600	3100	4400

NOTE: Deduct 8 percent for 4-cyl.
Deduct 5 percent for lesser models.

Cutlass, V-8

4 dr Sed	150	450	800	1800	3300	4800
2 dr Sed	150	450	800	1800	3300	4800

Cutlass Supreme Brougham, V-8

4 dr Sed	150	450	800	1800	3300	4800
2 dr Sed	150	450	800	1800	3300	4800

Cutlass Salon, V-8

2 dr Cpe	200	500	850	1850	3350	4900
2 dr Cpe 442	200	500	850	1900	3500	5000

NOTE: Deduct 8 percent for 4-cyl.
Deduct 30 percent for diesel.

Calais, V-6

2 dr Sed	200	500	850	1850	3350	4900
2 dr Sed Brgm	200	500	850	1850	3350	4900

NOTE: Deduct 8 percent for 4 cyl.

Cutlass Ciera, V-6

4 dr Sed	150	450	750	1700	3200	4600
2 dr Sed	150	450	750	1700	3200	4600
4 dr Sta Wag	150	450	800	1750	3250	4700

Cutlass Ciera Brougham, V-6

4 dr Sed	150	450	800	1750	3250	4700
2 dr Sed	150	450	800	1750	3250	4700

NOTE: Deduct 8 percent for 4-cyl.
Deduct 30 percent for diesel.

Delta 88 Royale, V-8

4 dr Sed	200	500	850	1950	3600	5100
2 dr Sed	200	500	850	1950	3600	5100
4 dr Sed Brgm	200	550	900	2100	3700	5300
2 dr Sed Brgm	200	550	900	2100	3700	5300
4 dr Sta Wag	200	550	900	2150	3800	5400

NOTE: Deduct 10 percent for V-6 where available.
Deduct 30 percent for diesel.

Ninety Eight Regency, V-6

4 dr Sed	200	600	950	2200	3900	5600

	6	5	4	3	2	1
2 dr Sed	200	600	950	2200	3900	5600
4 dr Sed Brgm	200	600	1000	2200	4000	5700
2 dr Sed Brgm	200	600	1000	2200	4000	5700
Toronado, V-8						
2 dr Cpe	350	750	1250	2350	5000	7100

NOTE: Deduct 30 percent for diesel.

1986
Firenza

	6	5	4	3	2	1
2 dr Cpe	150	400	750	1600	3100	4400
2 dr HBk	150	400	750	1600	3100	4400
4 dr Sed	150	400	750	1650	3150	4500
4 dr Sta Wag	150	450	750	1700	3200	4600
2 dr GT	150	450	750	1700	3200	4600
Calais						
2 dr Cpe	200	500	850	1950	3600	5100
4 dr Sed	200	500	850	1950	3600	5100
Cutlass						
2 dr Cpe	150	450	800	1750	3250	4700
4 dr Sed	150	450	800	1750	3250	4700
4 dr Sta Wag	150	450	800	1800	3300	4800
Delta 88 Royale						
2 dr Cpe	200	550	900	2000	3600	5200
4 dr Sed	200	550	900	2000	3600	5200
4 dr Sta Wag	200	650	1050	2250	4200	6000
Ninety Eight Regency						
2 dr Cpe	200	600	950	2200	3900	5600
4 dr Sed	200	600	950	2200	3900	5600
Toronado						
2 dr Cpe	350	750	1250	2400	5050	7200

NOTES: Add 10 percent for deluxe models.
Deduct 5 percent for smaller engines.

PACKARD

1899
Model A, 1-cyl.
Rds — value not estimable

1900
Model B, 1-cyl.
Rds — value not estimable

1901
Model C, 1-cyl.
Rds — value not estimable

1902-03
Model F, 4-cyl.

	6	5	4	3	2	1
Tr	2500	7900	13,200	26,400	46,200	66,000

1904
Model L, 4-cyl.

	6	5	4	3	2	1
Tr	2250	7200	12,000	24,000	42,000	60,000

Model M, 4-cyl.

	6	5	4	3	2	1
Tr	2350	7450	12,400	24,800	43,400	62,000

1905
Model N, 4-cyl.

	6	5	4	3	2	1
Tr	2050	6600	11,000	22,000	38,500	55,000

1906
Model S, 4-cyl., 24 hp

	6	5	4	3	2	1
Tr	2050	6600	11,000	22,000	38,500	55,000

1907
Model U, 4-cyl., 30 hp

	6	5	4	3	2	1
Tr	2150	6850	11,400	22,800	39,900	57,000

1908
Model UA, 4-cyl., 30 hp

	6	5	4	3	2	1
Tr	2050	6600	11,000	22,000	38,500	55,000
Rds	1950	6250	10,400	20,800	36,400	52,000

1909
Model UB UBS, 4-cyl., 30 hp

	6	5	4	3	2	1
Tr	2000	6350	10,600	21,200	37,100	53,000
Rbt	1600	5150	8600	17,200	30,100	43,000

Model NA, 4-cyl., 18 hp	6	5	4	3	2	1
Tr	1700	5400	9000	18,000	31,500	45,000
1910-11						
Model UC UCS, 4-cyl., 30 hp						
Tr	2050	6600	11,000	22,000	38,500	55,000
Rbt	2000	6350	10,600	21,200	37,100	53,000
Model NB, 4-cyl., 18 hp						
Tr	1900	6000	10,000	20,000	35,000	50,000
1912						
Model NE, 4-cyl., 18 hp						
Tr	1700	5400	9000	18,000	31,500	45,000
Rbt	1750	5500	9200	18,400	32,200	46,000
Cpe	1150	3600	6000	12,000	21,000	30,000
Limo	1400	4450	7400	14,800	25,900	37,000
Imp Limo	1500	4800	8000	16,000	28,000	40,000
1911-12						
Model UE, 4-cyl., 30 hp						
Tr	2250	7200	12,000	24,000	42,000	60,000
Phae	2350	7450	12,400	24,800	43,400	62,000
Rbt	2400	7700	12,800	25,600	44,800	64,000
Cpe	1300	4200	7000	14,000	24,500	35,000
Brgm	1200	3850	6400	12,800	22,400	32,000
Limo	1500	4800	8000	16,000	28,000	40,000
Imp Limo	1600	5050	8400	16,800	29,400	42,000
1912						
Model 12-48, 6-cyl., 36 hp						
Tr	2850	9100	15,200	30,400	53,200	76,000
Phae	2650	8400	14,000	28,000	49,000	70,000
Rbt	2500	7900	13,200	26,400	46,200	66,000
Cpe	1600	5050	8400	16,800	29,400	42,000
Brgm	1450	4700	7800	15,600	27,300	39,000
Limo	1600	5050	8400	16,800	29,400	42,000
Imp Limo	1650	5300	8800	17,600	30,800	44,000
Model 1-38, 6-cyl., 38 hp						
Tr	2050	6600	11,000	22,000	38,500	55,000
Phae	2100	6700	11,200	22,400	39,200	56,000
4P Phae	2150	6850	11,400	22,800	39,900	57,000
Rbt	1900	6000	10,000	20,000	35,000	50,000
Cpe	1700	5400	9000	18,000	31,500	45,000
Imp Cpe	1750	5500	9200	18,400	32,200	46,000
Lan'let	1750	5650	9400	18,800	32,900	47,000
Imp Lan'let	1800	5750	9600	19,200	33,600	48,000
Limo	1900	6000	10,000	20,000	35,000	50,000
Imp Limo	2000	6350	10,600	21,200	37,100	53,000

1913 Packard runabout

1913
Model 13-48, 6-cyl.

	6	5	4	3	2	1
Tr	2050	6600	11,000	22,000	38,500	55,000

1914
Model 2-38, 6-cyl.

	6	5	4	3	2	1
Tr	1950	6250	10,400	20,800	36,400	52,000
Sal Tr	2000	6350	10,600	21,200	37,100	53,000
Spec Tr	2050	6500	10,800	21,600	37,800	54,000
Phae	2050	6600	11,000	22,000	38,500	55,000
4P Phae	2100	6700	11,200	22,400	39,200	56,000
Cpe	1700	5400	9000	18,000	31,500	45,000
Brgm	1500	4800	8000	16,000	28,000	40,000
4P Brgm	1500	4800	8000	16,000	28,000	40,000

2-38

Lan'let	1600	5050	8400	16,800	29,400	42,000
Cabr Lan'let	1750	5650	9400	18,800	32,900	47,000
Limo	1500	4800	8000	16,000	28,000	40,000
Cabr Limo	1800	5750	9600	19,200	33,600	48,000
Imp Limo	1750	5500	9200	18,400	32,200	46,000
Sal Limo	1750	5650	9400	18,800	32,900	47,000

Model 14-48, 6-cyl.

Tr	1900	6000	10,000	20,000	35,000	50,000

Model 4-48, 6-cyl., 48 hp

Tr	1900	6100	10,200	20,400	35,700	51,000
Sal Tr	1900	6100	10,200	20,400	35,700	51,000
Phae	2050	6600	11,000	22,000	38,500	55,000
4P Phae	2100	6700	11,200	22,400	39,200	56,000
Cpe	1750	5500	9200	18,400	32,200	46,000
Brgm	1700	5400	9000	18,000	31,500	45,000
Sal Brgm	1750	5500	9200	18,400	32,200	46,000
Lan'let	1750	5650	9400	18,800	32,900	47,000
Cabr Lan'let	1900	6000	10,000	20,000	35,000	50,000
Limo	1750	5650	9400	18,800	32,900	47,000
Imp Limo	1850	5900	9800	19,600	34,300	49,000
Sal Limo	1900	6000	10,000	20,000	35,000	50,000

1915
Model 3-38, 6-cyl.

Tr	1900	6000	10,000	20,000	35,000	50,000
Sal Tr	1950	6250	10,400	20,800	36,400	52,000
Spec Tr	2050	6500	10,800	21,600	37,800	54,000
Phae	2050	6600	11,000	22,000	38,500	55,000
4P Phae	2050	6500	10,800	21,600	37,800	54,000

3-38 (38 hp)

Brgm	1550	4900	8200	16,400	28,700	41,000
4P Brgm	1500	4800	8000	16,000	28,000	40,000
Cpe	1600	5050	8400	16,800	29,400	42,000
Lan'let	1700	5400	9000	18,000	31,500	45,000
Cabr Lan'let	1950	6250	10,400	20,800	36,400	52,000
Limo	1750	5650	9400	18,800	32,900	47,000
Limo Cabr	1900	6000	10,000	20,000	35,000	50,000
Imp Limo	1850	5900	9800	19,600	34,300	49,000
Sal Limo	1900	6100	10,200	20,400	35,700	51,000

Model 5-48, 6-cyl., 48 hp

Tr	1900	6100	10,200	20,400	35,700	51,000
Sal Tr	1950	6250	10,400	20,800	36,400	52,000
Phae	2000	6350	10,600	21,200	37,100	53,000
4P Phae	2050	6500	10,800	21,600	37,800	54,000
Rbt	2200	6950	11,600	23,200	40,600	58,000
Cpe	1500	4800	8000	16,000	28,000	40,000
Brgm	1450	4700	7800	15,600	27,300	39,000
Sal Brgm	1500	4800	8000	16,000	28,000	40,000
Lan'let	1900	6000	10,000	20,000	35,000	50,000
Cabr Lan'let	2050	6500	10,800	21,600	37,800	54,000
Limo	2150	6850	11,400	22,800	39,950	57,000
Cabr Limo	2350	7450	12,400	24,800	43,400	62,000
Imp Limo	2350	7450	12,400	24,800	43,400	62,000

1916
Twin Six, 12-cyl., 125" wb

Tr	1900	6100	10,200	20,400	35,700	51,000
Sal Tr	1950	6250	10,400	20,800	36,400	52,000
Phae	2000	6350	10,600	21,200	37,100	53,000
Sal Phae	2050	6500	10,800	21,600	37,800	54,000
Rbt	1950	6250	10,400	20,800	36,400	52,000
Brgm	1500	4800	8000	16,000	28,000	40,000
Cpe	1550	4900	8200	16,400	28,700	41,000
Lan'let	1600	5150	8600	17,200	30,100	43,000

	6	5	4	3	2	1
Limo	1650	5300	8800	17,600	30,800	44,000
Twin Six, 12-cyl., 135" wb						
Tr	2050	6500	10,800	21,600	37,800	54,000
Sal Tr	2050	6600	11,000	22,000	38,500	55,000
Phae	2050	6500	10,800	21,600	37,800	54,000
Sal Phae	2100	6700	11,200	22,400	39,200	56,000
Brgm	1600	5150	8600	17,200	30,100	43,000
Lan'let	1700	5400	9000	18,000	31,500	45,000
Sal Lan'let	1750	5500	9200	18,400	32,200	46,000
Cabr Lan'let	2000	6350	10,600	21,200	37,100	53,000
Limo	1750	5500	9200	18,400	32,200	46,000
Cabr Limo	2050	6500	10,800	21,600	37,800	54,000
Imp Limo	2000	6350	10,600	21,200	37,100	53,000
1917 Series II						
Twin Six, 12-cyl., 126" wb						
Tr	1750	5500	9200	18,400	32,200	46,000
Phae	1750	5650	9400	18,800	32,900	47,000
Sal Phae	1800	5750	9600	19,200	33,600	48,000
2P Rbt	1700	5400	9000	18,000	31,500	45,000
4P Rbt	1750	5500	9200	18,400	32,200	46,000
Brgm	1300	4100	6800	13,600	23,800	34,000
Cpe	1350	4300	7200	14,400	25,200	36,000
Lan'let	1600	5150	8600	17,200	30,100	43,000
Limo	1650	5300	8800	17,600	30,800	44,000
Twin Six, 12-cyl., 135" wb						
Tr	1850	5900	9800	19,600	34,300	49,000
Sal Tr	1900	6000	10,000	20,000	35,000	50,000
Phae	1900	6100	10,200	20,400	35,700	51,000
Sal Phae	1950	6250	10,400	20,800	36,400	52,000
Brgm	1150	3600	6000	12,000	21,000	30,000
Lan'let	1550	4900	8200	16,400	28,700	41,000
Cabr Lan'let	1650	5300	8800	17,600	30,800	44,000
Limo	1600	5150	8600	17,200	30,100	43,000
Cabr Limo	1650	5300	8800	17,600	30,800	44,000
Imp Limo	1700	5400	9000	18,000	31,500	45,000
1918-1920						
Twin Six, 12-cyl., 128" wb						
Tr	1650	5300	8800	17,600	30,800	44,000
Sal Tr	1700	5400	9000	18,000	31,500	45,000
Phae	1750	5650	9400	18,800	32,900	47,000
Sal Phae	1850	5900	9800	19,600	34,300	49,000
Rbt	1800	5750	9600	19,200	33,600	48,000
2 dr Brgm	1200	3850	6400	12,800	22,400	32,000
Cpe	1300	4100	6800	13,600	23,800	34,000
Lan'let	1600	5050	8400	16,800	29,400	42,000
Limo	1650	5300	8800	17,600	30,800	44,000
Twin Six, 12-cyl., 136" wb						
Tr	1850	5900	9800	19,600	34,300	49,000
Sal Tr	1900	6100	10,200	20,400	35,700	51,000
Brgm	1250	3950	6600	13,200	23,100	33,000
Lan'let	1650	5300	8800	17,600	30,800	44,000
Limo	1700	5400	9000	18,000	31,500	45,000
Imp Limo	1750	5650	9400	18,800	32,900	47,000
1921-1922						
Single Six (1st Series), 116" wb						
5P Tr	1300	4100	6800	13,600	23,800	34,000
Rbt	1250	3950	6600	13,200	23,100	33,000
7P Tr	1300	4200	7000	14,000	24,500	35,000
Cpe	1100	3500	5800	11,600	20,300	29,000
Sed	1000	3250	5400	10,800	18,900	27,000
Single Six, 6-cyl., 126" wb						
Rbt	1350	4300	7200	14,400	25,200	36,000
Rds	1450	4550	7600	15,200	26,600	38,000
Tr	1400	4450	7400	14,800	25,900	37,000
Cpe	1150	3600	6000	12,000	21,000	30,000
5P Cpe	1100	3500	5800	11,600	20,300	29,000
Sed	1050	3350	5600	11,200	19,600	28,000
Limo Sed	1150	3700	6200	12,400	21,700	31,000
Single Six, 6-cyl., 133" wb						
Tr	1450	4550	7600	15,200	26,600	38,000
Sed	1050	3350	5600	11,200	19,600	28,000
Limo	1150	3700	6200	12,400	21,700	31,000
Single Eight, 8-cyl., 136" wb						
Rbt	1450	4550	7600	15,200	26,600	38,000
Spt Rds	1500	4800	8000	16,000	28,000	40,000
Cpe	1150	3600	6000	12,000	21,000	30,000

Packard 361

	6	5	4	3	2	1
5P Cpe	1100	3500	5800	11,600	20,300	29,000
Sed	1000	3250	5400	10,800	18,900	27,000
Sed Limo	1150	3600	6000	12,000	21,000	30,000
Single Eight, 8-cyl., 143" wb						
Tr	1450	4700	7800	15,600	27,300	39,000
Sed	1100	3500	5800	11,600	20,300	29,000
Sed Limo	1200	3850	6400	12,800	22,400	32,000
Rds	1550	4900	8200	16,400	28,700	41,000

1923-24
Single Six, 6-cyl., 126" wb

	6	5	4	3	2	1
Rbt	1200	3850	6400	12,800	22,400	32,000
Spt Rds	1300	4100	6800	13,600	23,800	34,000
Tr	1250	3950	6600	13,200	23,100	33,000
Sed	900	2900	4800	9600	16,800	24,000
Tr Sed	950	3000	5000	10,000	17,500	25,000
Limo Sed	1050	3350	5600	11,200	19,600	28,000
Single Six, 6-cyl., 133" wb						
Tr	1300	4200	7000	14,000	24,500	35,000
Sed	950	3000	5000	10,000	17,500	25,000
Sed Limo	1100	3500	5800	11,600	20,300	29,000
Single Eight, 8-cyl., 136" wb						
Tr	1500	4800	8000	16,000	28,000	40,000
Rbt	1600	5050	8400	16,800	29,400	42,000
Spt Rds	1700	5400	9000	18,000	31,500	45,000
Cpe	1050	3350	5600	11,200	19,600	28,000
5P Cpe	1000	3250	5400	10,800	18,900	27,000
Sed	1000	3100	5200	10,400	18,200	26,000
Sed Limo	1150	3600	6000	12,000	21,000	30,000
Single Eight, 8-cyl., 143" wb						
Tr	1600	5050	8400	16,800	29,400	42,000
Sed	1000	3250	5400	10,800	18,900	27,000
Clb Sed	1050	3350	5600	11,200	19,600	28,000
Sed Limo	1150	3700	6200	12,400	21,700	31,000

1925-26
Single Six (3rd Series), 6-cyl., 126" wb

	6	5	4	3	2	1
Rbt	1300	4100	6800	13,600	23,800	34,000
Spt Rds	1400	4450	7400	14,800	25,900	37,000
Phae	1450	4550	7600	15,200	26,600	38,000
2P Cpe	1000	3100	5200	10,400	18,200	26,000
Cpe	950	3000	5000	10,000	17,500	25,000
5P Cpe	900	2900	4800	9600	16,800	24,000
Sed	850	2650	4400	8800	15,400	22,000
Sed Limo	1000	3250	5400	10,800	18,900	27,000
Single Six (3rd Series), 6-cyl., 133" wb						
Tr	1200	3850	6400	12,800	22,400	32,000
Sed	850	2750	4600	9200	16,100	23,000
Clb Sed	900	2900	4800	9600	16,800	24,000
Sed Limo	1050	3350	5600	11,200	19,600	28,000

1927
Single Six (4th Series), 6-cyl., 126" wb

	6	5	4	3	2	1
Rds	1350	4300	7200	14,400	25,200	36,000
Phae	1400	4450	7400	14,800	25,900	37,000
Sed	900	2900	4800	9600	16,800	24,000
Single Six (4th Series), 6-cyl., 133" wb						
Tr	1400	4450	7400	14,800	25,900	37,000
Cpe	1000	3100	5200	10,400	18,200	26,000
Sed	950	3000	5000	10,000	17,500	25,000
Clb Sed	1000	3100	5200	10,400	18,200	26,000
Sed Limo	1100	3500	5800	11,600	20,300	29,000
Single Eight (3rd Series), 8-cyl., 136" wb						
Rbt	1650	5300	8800	17,600	30,800	44,000
Phae	1600	5150	8600	17,200	30,100	43,000
Sed	900	2900	4800	9600	16,800	24,000
Single Eight (3rd Series), 8-cyl., 143" wb						
Tr	1750	5500	9200	18,400	32,200	46,000
Cpe	1050	3350	5600	11,200	19,600	28,000
Sed	950	3000	5000	10,000	17,500	25,000
Clb Sed	1000	3100	5200	10,400	18,200	26,000
Sed Limo	1100	3500	5800	11,600	20,300	29,000

1928
Single Six (5th Series), 6-cyl., 126" wb

	6	5	4	3	2	1
Phae	1500	4800	8000	16,000	28,000	40,000
Rbt	1450	4700	7800	15,600	27,300	39,000
Conv	1300	4200	7000	14,000	24,500	35,000
RS Cpe	900	2900	4800	9600	16,800	24,000
Sed	850	2650	4400	8800	15,400	22,000

1928 Packard Roadster

Single Six (5th Series), 6-cyl., 133" wb

	6	5	4	3	2	1
Phae	1750	5500	9200	18,400	32,200	46,000
7P Tr	1750	5650	9400	18,800	32,900	47,000
Rbt	1650	5300	8800	17,600	30,800	44,000
Sed	850	2750	4600	9200	16,100	23,000
Clb Sed	900	2900	4800	9600	16,800	24,000
Sed Limo	950	3000	5000	10,000	17,500	25,000

Standard, Single Eight (4th Series), 8-cyl., 143" wb

Rds	1900	6000	10,000	20,000	35,000	50,000
Phae	1950	6250	10,400	20,800	36,400	52,000
Conv	1650	5300	8800	17,600	30,800	44,000
7P Tr	1900	6100	10,200	20,400	35,700	51,000
4P Cpe	850	2750	4600	9200	16,100	23,000
4P Cpe	900	2900	4800	9600	16,800	24,000
5P Cpe	950	3000	5000	10,000	17,500	25,000
Sed	850	2650	4400	8800	15,400	22,000
Clb Sed	850	2750	4600	9200	16,100	23,000
Sed Limo	950	3000	5000	10,000	17,500	25,000

Custom, Single Eight (4th Series), 8-cyl., 143" wb

7P Tr	2350	7450	12,400	24,800	43,400	62,000
Phae	2350	7450	12,400	24,800	43,400	62,000
Rbt	2250	7200	12,000	24,000	42,000	60,000
Conv Cpe	2050	6600	11,000	22,000	38,500	55,000
RS Cpe	950	3000	5000	10,000	17,500	25,000
7P Sed	900	2900	4800	9600	16,800	24,000
Sed	850	2750	4600	9200	16,100	23,000
Sed Limo	1000	3100	5200	10,400	18,200	26,000

1929

Model 626, Standard Eight (6th Series), 8-cyl.

Conv	2050	6600	11,000	22,000	38,500	55,000
Cpe	1150	3600	6000	12,000	21,000	30,000
Sed	950	3000	5000	10,000	17,500	25,000

Model 633, Standard Eight (6th Series), 8-cyl.

Phae	2700	8650	14,400	28,800	50,400	72,000
Rbt	2850	9100	15,200	30,400	53,200	76,000
7P Tr	2700	8650	14,400	28,800	50,400	72,000
Cpe	1500	4800	8000	16,000	28,000	40,000
Sed	1000	3250	5400	10,800	18,900	27,000
Clb Sed	1050	3350	5600	11,200	19,600	28,000
Limo Sed	1300	4100	6800	13,600	23,800	34,000

Model 626, Speedster Eight (6th Series), 8-cyl.

Phae	11,250	36,000	60,000	120,000	210,000	300,000
Rds	12,200	39,000	65,000	130,000	227,500	325,000

Model 640, Custom Eight (6th Series), 8-cyl.

DC Phae	5200	16,550	27,600	55,200	96,600	138,000
7P Tr	4950	15,850	26,400	52,800	92,400	132,000
Rds	4950	15,850	26,400	52,800	92,400	132,000
Conv	4750	15,100	25,200	50,400	88,200	126,000
RS Cpe	2050	6600	11,000	22,000	38,500	55,000
4P Cpe	1700	5400	9000	18,000	31,500	45,000

	6	5	4	3	2	1
Sed	1100	3500	5800	11,600	20,300	29,000
Clb Sed	1150	3600	6000	12,000	21,000	30,000
Limo	1250	3950	6600	13,200	23,100	33,000

Model 645, DeLuxe Eight (6th Series), 8-cyl.

	6	5	4	3	2	1
Phae	6000	19,200	32,000	64,000	112,000	160,000
Spt Phae	6000	19,200	32,000	64,000	112,000	160,000
7P Tr	5800	18,600	31,000	62,000	108,500	155,000
Rds	6000	19,200	32,000	64,000	112,000	160,000
RS Cpe	2250	7200	12,000	24,000	42,000	60,000
5P Cpe	1900	6000	10,000	20,000	35,000	50,000
Sed	1500	4800	8000	16,000	28,000	40,000
Clb Sed	1600	5050	8400	16,800	29,400	42,000
Limo	1750	5500	9200	18,400	32,200	46,000

1930

Model 726, Standard 8 (7th Series), 8-cyl.

	6	5	4	3	2	1
Sed	1150	3600	6000	12,000	21,000	30,000

Model 733, Standard 8 (7th Series), 8-cyl., 134" wb

	6	5	4	3	2	1
Phae	4900	15,600	26,000	52,000	91,000	130,000
Spt Phae	4950	15,850	26,400	52,800	92,400	132,000
Rds	4900	15,600	26,000	52,000	91,000	130,000
7P Tr	4800	15,350	25,600	51,200	89,600	128,000
RS Cpe	2250	7200	12,000	24,000	42,000	60,000
4P Cpe	1300	4200	7000	14,000	24,500	35,000
Conv	3600	11,500	19,200	38,400	67,200	96,000
Sed	1400	4450	7400	14,800	25,900	37,000
Clb Sed	1450	4700	7800	15,600	27,300	39,000
Limo Sed	1600	5150	8600	17,200	30,100	43,000

Model 734, Speedster Eight (7th Series), 8-cyl.

	6	5	4	3	2	1
Boat	11,800	37,800	63,000	126,000	220,500	315,000
RS Rds	10,700	34,200	57,000	114,000	199,500	285,000
Phae	10,900	34,800	58,000	116,000	203,000	290,000
Vic	4750	15,100	25,200	50,400	88,200	126,000
Sed	3750	12,000	20,000	40,000	70,000	100,000

Model 740, Custom Eight (7th Series), 8-cyl.

	6	5	4	3	2	1
Phae	5800	18,600	31,000	62,000	108,500	155,000
Spt Phae	5800	18,600	31,000	62,000	108,500	155,000
7P Tr	5650	18,000	30,000	60,000	105,000	150,000
Rds	6750	21,600	36,000	72,000	126,000	180,000
Conv	5650	18,000	30,000	60,000	105,000	150,000
RS Cpe	2650	8400	14,000	28,000	49,000	70,000
5P Cpe	1900	6000	10,000	20,000	35,000	50,000
Sed	1800	5750	9600	19,200	33,600	48,000
7P Sed	1850	5900	9800	19,600	34,300	49,000
Clb Sed	1900	6000	10,000	20,000	35,000	50,000
Limo	2050	6500	10,800	21,600	37,800	54,000

Model 745, DeLuxe Eight (7th Series)

	6	5	4	3	2	1
Phae	10,700	34,200	57,000	114,000	199,500	285,000
Spt Phae	10,900	34,800	58,000	116,000	203,000	290,000
Rds	10,500	33,600	56,000	112,000	196,000	280,000
Conv	10,300	33,000	55,000	110,000	192,500	275,000
7P Tr	10,150	32,400	54,000	108,000	189,000	270,000
RS Cpe	2850	9100	15,200	30,400	53,200	76,000
5P Cpe	2500	7900	13,200	26,400	46,200	66,000
Sed	2050	6600	11,000	22,000	38,500	55,000
7P Sed	2150	6850	11,400	22,800	39,900	57,000
Clb Sed	2200	7100	11,800	23,600	41,300	59,000
Limo	2550	8150	13,600	27,200	47,600	68,000

1931

Model 826, Standard Eight (8th Series)

	6	5	4	3	2	1
Sed	1150	3700	6200	12,400	21,700	31,000

Model 833, Standard Eight (8th Series)

	6	5	4	3	2	1
Phae	5100	16,300	27,200	54,400	95,200	136,000
Spt Phae	5200	16,550	27,600	55,200	96,600	138,000
7P Tr	5050	16,100	26,800	53,600	93,800	134,000
Conv Sed	5450	17,400	29,000	58,000	101,500	145,000
Rds	5100	16,300	27,200	54,400	95,200	136,000
Conv	4200	13,450	22,400	44,800	78,400	112,000
RS Cpe	2250	7200	12,000	24,000	42,000	60,000
5P Cpe	2000	6350	10,600	21,200	37,100	53,000
7P Sed	1500	4800	8000	16,000	28,000	40,000
Clb Sed	1550	4900	8200	16,400	28,700	41,000

NOTE: Add 45 percent for 845 models.

Model 840, Custom

	6	5	4	3	2	1
A-W Cabr	6550	21,000	35,000	70,000	122,500	175,000
A-W Spt Cabr	6750	21,600	36,000	72,000	126,000	180,000
A-W Lan'let	6950	22,200	37,000	74,000	129,500	185,000

	6	5	4	3	2	1
A-W Spt Lan'let	7150	22,800	38,000	76,000	133,000	190,000
Dtrch Cv Sed	7500	24,000	40,000	80,000	140,000	200,000
Limo Cabr	7500	24,000	40,000	80,000	140,000	200,000
A-W Twn Car	7300	23,400	39,000	78,000	136,500	195,000
Dtrch Cv Vic	7900	25,200	42,000	84,000	147,000	210,000
Conv	8050	25,800	43,000	86,000	150,500	215,000
Spt Phae	9000	28,800	48,000	96,000	168,000	240,000
Phae	8800	28,200	47,000	94,000	164,500	235,000
Rds	8650	27,600	46,000	92,000	161,000	230,000
Tr	8250	26,400	44,000	88,000	154,000	220,000
Rs Cpe	2950	9350	15,600	31,200	54,600	78,000
5P Cpe	2250	7200	12,000	24,000	42,000	60,000
Sed	1900	6000	10,000	20,000	35,000	50,000
Clb Sed	2000	6350	10,600	21,200	37,100	53,000
Model 840, Individual Custom						
A-W Cabr	10,700	34,200	57,000	114,000	199,500	285,000
A-W Spt Cabr	10,900	34,800	58,000	116,000	203,000	290,000
A-W Lan'let	9400	30,000	50,000	100,000	175,000	250,000
A-W Spt Lan'let	9550	30,600	51,000	102,000	178,500	255,000
Dtrch Conv Sed	10,700	34,200	57,000	114,000	199,500	285,000
Cabr Sed Limo	9550	30,600	51,000	102,000	178,500	255,000
A-W Twn Car	10,500	33,600	56,000	112,000	196,000	280,000
Lan'let Twn Car	9000	28,800	48,000	96,000	168,000	240,000
Conv Vic	10,900	34,800	58,000	116,000	203,000	290,000
Sed	2500	7900	13,200	26,400	46,200	66,000
Sed Limo	3000	9600	16,000	32,000	56,000	80,000

1932
Model 900, Light Eight (9th Series)

	6	5	4	3	2	1
Rds	2350	7450	12,400	24,800	43,400	62,000
Cpe	1150	3700	6200	12,400	21,700	31,000
Cpe Sed	1100	3500	5800	11,600	20,300	29,000
Sed	1000	3250	5400	10,800	18,900	27,000

1932
Model 901 Standard Eight (9th Series) 129" wb

	6	5	4	3	2	1
Sed	1000	3250	5400	10,800	18,900	27,000

Model 902 Standard Eight (9th Series) 136" wb

	6	5	4	3	2	1
Rds	4600	14,650	24,400	48,800	85,400	122,000
Phae	5250	16,800	28,000	56,000	98,000	140,000
Spt Phae	5450	17,400	29,000	58,000	101,500	145,000
RS Cpe	1900	6000	10,000	20,000	35,000	50,000
5P Cpe	1700	5400	9000	18,000	31,500	45,000
Sed	1150	3700	6200	12,400	21,700	31,000
7P Sed	1200	3850	6400	12,800	22,400	32,000
Clb Sed	1250	3950	6600	13,200	23,100	33,000
Limo	1300	4200	7000	14,000	24,500	35,000
Tr	5200	16,550	27,600	55,200	96,600	138,000
Conv Sed	5450	17,400	29,000	58,000	101,500	145,000
Conv Vic	5650	18,000	30,000	60,000	105,000	150,000

Model 903, DeLuxe Eight, 142" wb

	6	5	4	3	2	1
Conv	5650	18,000	30,000	60,000	105,000	150,000
Phae	5650	18,000	30,000	60,000	105,000	150,000
Spt Phae	5800	18,600	31,000	62,000	108,500	155,000
Conv Sed	5800	18,600	31,000	62,000	108,500	155,000
Conv Vic	6000	19,200	32,000	64,000	112,000	160,000
7P Tr	4750	15,100	25,200	50,400	88,200	126,000
RS Cpe	2500	7900	13,200	26,400	46,200	66,000
5P Cpe	2350	7450	12,400	24,800	43,400	62,000
Sed	1600	5050	8400	16,800	29,400	42,000
Clb Sed	1650	5300	8800	17,600	30,800	44,000

Model 904, DeLuxe Eight, 147" wb

	6	5	4	3	2	1
Sed	2350	7450	12,400	24,800	43,400	62,000
Limo	2700	8650	14,400	28,800	50,400	72,000

Model 904, Individual Custom, 147" wb

	6	5	4	3	2	1
Dtrch Conv Cpe	11,050	35,400	59,000	118,000	206,500	295,000
Dtrch Cpe	7300	23,400	39,000	78,000	136,500	195,000
Cabr	10,900	34,800	58,000	116,000	203,000	290,000
Spt Cabr	11,050	35,400	59,000	118,000	206,500	295,000
A-W Brgm	11,250	36,000	60,000	120,000	210,000	300,000
Dtrch Spt Phae	11,800	37,800	63,000	126,000	220,500	315,000
Dtrch Conv Sed	11,800	37,800	63,000	126,000	220,500	315,000
Spt Sed	6750	21,600	36,000	72,000	126,000	180,000
Limo Cabr	12,000	38,400	64,000	128,000	224,000	320,000
Dtrch Limo	7900	25,200	42,000	84,000	147,000	210,000
A-W Twn Car	12,400	39,600	66,000	132,000	231,000	330,000
Dtrch Conv Vic	12,950	41,400	69,000	138,000	241,500	345,000
Lan'let	7700	24,600	41,000	82,000	143,500	205,000

Packard 365

	6	5	4	3	2	1
Spt Lan	7900	25,200	42,000	84,000	147,000	210,000
Twn Car Lan'let	9200	29,400	49,000	98,000	171,500	245,000
Model 905, Twin Six, (9th Series), 142" wb						
Conv	12,550	40,200	67,000	134,000	234,500	335,000
Phae	12,000	38,400	64,000	128,000	224,000	320,000
Spt Phae	11,800	37,800	63,000	126,000	220,500	315,000
7P Tr	11,450	36,600	61,000	122,000	213,500	305,000
Conv Sed	12,200	39,000	65,000	130,000	227,500	325,000
Conv Vic	12,400	39,600	66,000	132,000	231,000	330,000
RS Cpe	3600	11,500	19,200	38,400	67,200	96,000
5P Cpe	3400	10,800	18,000	36,000	63,000	90,000
Sed	2650	8400	14,000	28,000	49,000	70,000
Clb Sed	2700	8650	14,400	28,800	50,400	72,000
Model 906, Twin Six, 147" wb						
7P Sed	3400	10,800	18,000	36,000	63,000	90,000
Limo	4200	13,450	22,400	44,800	78,400	112,000
Model 906, Individual Custom, Twin Six, 147" wb						
Conv					value not estimable	
Cabr					value not estimable	
Dtrch Spt Phae					value not estimable	
Dtrch Conv Vic					value not estimable	
Dtrch Sed					value not estimable	
Dtrch Cpe					value not estimable	
Lan'let					value not estimable	
Twn Car Lan'let					value not estimable	
A-W Twn Car					value not estimable	

1933

10th Series

	6	5	4	3	2	1
Model 1001, Eight, 127" wb						
Conv	3600	11,500	19,200	38,400	67,200	96,000
RS Cpe	1300	4200	7000	14,000	24,500	35,000
Cpe Sed	1250	3950	6600	13,200	23,100	33,000
Sed	1150	3700	6200	12,400	21,700	31,000
Model 1002, Eight, 136" wb						
Phae	6550	21,000	35,000	70,000	122,500	175,000
Conv Sed	6750	21,600	36,000	72,000	126,000	180,000
Conv Vic	6950	22,200	37,000	74,000	129,500	185,000
7P Tr	6000	19,200	32,000	64,000	112,000	160,000
RS Cpe	1700	5400	9000	18,000	31,500	45,000
5P Cpe	1400	4450	7400	14,800	25,900	37,000
Sed	1300	4200	7000	14,000	24,500	35,000
7P Sed	1350	4300	7200	14,400	25,200	36,000
Clb Sed	1400	4450	7400	14,800	25,900	37,000
Limo	1500	4800	8000	16,000	28,000	40,000
Model 1003, Super Eight, 135" wb						
Sed	1500	4800	8000	16,000	28,000	40,000
Model 1004, Super Eight, 142" wb						
Conv	6950	22,200	37,000	74,000	129,500	185,000
Phae	7150	22,800	38,000	76,000	133,000	190,000
Spt Phae	7700	24,600	41,000	82,000	143,500	205,000
Conv Vic	8050	25,800	43,000	86,000	150,500	215,000
Conv Sed	7700	24,600	41,000	82,000	143,500	205,000
7P Tr	7300	23,400	39,000	78,000	136,500	195,000
RS Cpe	2250	7200	12,000	24,000	42,000	60,000
5P Cpe	1900	6000	10,000	20,000	35,000	50,000
Sed	1300	4200	7000	14,000	24,500	35,000
Clb Sed	1400	4450	7400	14,800	25,900	37,000
Limo	1650	5300	8800	17,600	30,800	44,000
Fml Sed	1750	5650	9400	18,800	32,900	47,000
Model 1005, Twelve, 142" wb						
Conv	9950	31,800	53,000	106,000	185,500	265,000
Spt Phae	10,150	32,400	54,000	108,000	189,000	270,000
Conv Sed	10,150	32,400	54,000	108,000	189,000	270,000
Conv Vic	10,300	33,000	55,000	110,000	192,500	275,000
RS Cpe	2950	9350	15,600	31,200	54,600	78,000
5P Cpe	2400	7700	12,800	25,600	44,800	64,000
Sed	1900	6000	10,000	20,000	35,000	50,000
Fml Sed	2000	6350	10,600	21,200	37,100	53,000
Clb Sed	2050	6500	10,800	21,600	37,800	54,000
Model 1006, Standard, 147" wb						
7P Sed	2850	9100	15,200	30,400	53,200	76,000
Limo	3100	9850	16,400	32,800	57,400	82,000
Model 1006, Custom Twelve, 147" wb, Dietrich						
Conv	10,900	34,800	58,000	116,000	203,000	290,000
Conv Vic	11,250	36,000	60,000	120,000	210,000	300,000
Spt Phae	11,050	35,400	59,000	118,000	206,500	295,000

	6	5	4	3	2	1
Conv Sed	11,250	36,000	60,000	120,000	210,000	300,000
Cpe	3250	10,300	17,200	34,400	60,200	86,000
Fml Sed	3100	9850	16,400	32,800	57,400	82,000

Model 1006, LeBaron Custom, Twelve, 147" wb

A-W Cabr	value not estimable
A-W Twn Car	value not estimable

Model 1006, Packard Custom, Twelve, 147" wb

A-W Cabr	value not estimable
A-W Lan'let	value not estimable
Spt Sed	value not estimable
A-W Twn Car	value not estimable
Twn Car Lan'let	value not estimable
Limo	value not estimable
Lan'let Limo	value not estimable
A-W Cabr	value not estimable
A-W Twn Car	value not estimable

1934

11th Series

Model 1100, Eight, 129" wb

Sed	1500	4800	8000	16,000	28,000	40,000

Model 1101, Eight, 141" wb

Conv	4750	15,100	25,200	50,400	88,200	126,000
Phae	4950	15,850	26,400	52,800	92,400	132,000
Conv Vic	5050	16,100	26,800	53,600	93,800	134,000
Conv Sed	5100	16,300	27,200	54,400	95,200	136,000
RS Cpe	1900	6000	10,000	20,000	35,000	50,000
5P Cpe	1600	5050	8400	16,800	29,400	42,000
Sed	1500	4800	8000	16,000	28,000	40,000
Clb Sed	1550	4900	8200	16,400	28,700	41,000
Fml Sed	1600	5050	8400	16,800	29,400	42,000

Model 1102, Eight, 141" wb

7P Sed	1600	5150	8600	17,200	30,100	43,000
Limo	1700	5400	9000	18,000	31,500	45,000

Model 1103, Super Eight, 135" wb

Sed	1650	5300	8800	17,600	30,800	44,000

Model 1104, Super Eight, 142" wb

Conv	5450	17,400	29,000	58,000	101,500	145,000
Phae	4800	15,350	25,600	51,200	89,600	128,000
Spt Phae	5800	18,600	31,000	62,000	108,500	155,000
Conv Vic	5800	18,600	31,000	62,000	108,500	155,000
Conv Sed	6000	19,200	32,000	64,000	112,000	160,000
RS Cpe	3000	9600	16,000	32,000	56,000	80,000
5P Cpe	2500	7900	13,200	26,400	46,200	66,000
Clb Sed	2400	7700	12,800	25,600	44,800	64,000
Fml Sed	2500	7900	13,200	26,400	46,200	66,000

Model 1105, Super Eight, Standard, 147" wb

7P Sed	2700	8650	14,400	28,800	50,400	72,000
Limo	2850	9100	15,200	30,400	53,200	76,000

Model 1105, Dietrich, Super Eight, 147" wb

Conv	6200	19,800	33,000	66,000	115,500	165,000
Conv Vic	7300	23,400	39,000	78,000	136,500	195,000
Conv Sed	7150	22,800	38,000	76,000	133,000	190,000
Cpe	3900	12,500	20,800	41,600	72,800	104,000
Spt Sed	3850	12,250	20,400	40,800	71,400	102,000

Model 1105, LeBaron, Super Eight, 147" wb

Model 1106, Twelve, LeBaron, 135" wb

Spds	value not estimable
Spt Phae	value not estimable

Model 1107, Twelve, 142" wb

Conv	value not estimable
Phae	value not estimable
Spt Phae	value not estimable
Conv Vic	value not estimable
Conv Sed	value not estimable
7P Tr	value not estimable
RS Cpe	value not estimable
5P Cpe	value not estimable
Sed	value not estimable
Clb Sed	value not estimable
Fml Sed	value not estimable

Model 1108, Twelve, Standard, 147" wb

7P Sed	3250	10,300	17,200	34,400	60,200	86,000
Limo	3400	10,800	18,000	36,000	63,000	90,000

Model 1108, Twelve, Dietrich, 147" wb

Conv	value not estimable
Spt Phae	value not estimable

	6	5	4	3	2	1
Conv Sed					value not estimable	
Vic Conv					value not estimable	
Cpe					value not estimable	
Spt Sed					value not estimable	
Model 1108, Twelve, LeBaron, 147" wb						
Cabr					value not estimable	
Spt Phae					value not estimable	
A-W Twn Car					value not estimable	

1935 Packard convertible coupe

1935
120-A, 8 cyl., 120" wb

	6	5	4	3	2	1
Conv	1700	5400	9000	18,000	31,500	45,000
Bus Cpe	1050	3350	5600	11,200	19,600	28,000
Spt Cpe	1150	3600	6000	12,000	21,000	30,000
Tr Cpe	1150	3600	6000	12,000	21,000	30,000
Sed	900	2900	4800	9600	16,800	24,000
Clb Sed	1000	3100	5200	10,400	18,200	26,000
Tr Sed	950	3000	5000	10,000	17,500	25,000
Series 1200, 8 cyl., 127" wb						
Sed	1000	3100	5200	10,400	18,200	26,000
Series 1201, 8 cyl., 134" wb						
Cpe Rds	2350	7450	12,400	24,800	43,400	62,000
Phae	2400	7700	12,800	25,600	44,800	64,000
Conv Vic	2700	8650	14,400	28,800	50,400	72,000
LeB A-W Cabr	3000	9600	16,000	32,000	56,000	80,000
RS Cpe	1800	5750	9600	19,200	33,600	48,000
5P Cpe	1750	5650	9400	18,800	32,900	47,000
Sed	1500	4800	8000	16,000	28,000	40,000
Fml Sed	1450	4700	7800	15,600	27,300	39,000
Clb Sed	1550	4900	8200	16,400	28,700	41,000
Series 1202, 8 cyl., 139" wb						
7P Sed	1700	5400	9000	18,000	31,500	45,000
Limo	1900	6000	10,000	20,000	35,000	50,000
Conv Sed	3400	10,800	18,000	36,000	63,000	90,000
LeB A-W Twn Car	3750	12,000	20,000	40,000	70,000	100,000
Series 1203, Super 8, 132" wb						
5P Sed	1900	6000	10,000	20,000	35,000	50,000
Series 1204, Super 8, 139" wb						
Rds	3400	10,800	18,000	36,000	63,000	90,000
Phae	3450	11,050	18,400	36,800	64,400	92,000
Spt Phae	3600	11,500	19,200	38,400	67,200	96,000
Conv Vic	3550	11,300	18,800	37,600	65,800	94,000
RS Cpe	2350	7450	12,400	24,800	43,400	62,000
5P Cpe	2000	6350	10,600	21,200	37,100	53,000
Clb Sed	1850	5900	9800	19,600	34,300	49,000
Fml Sed	1800	5750	9600	19,200	33,600	48,000
LeB A-W Cabr	3400	10,800	18,000	36,000	63,000	90,000
Series 1205, Super 8, 144" wb						
Tr Sed	2700	8650	14,400	28,800	50,400	72,000
Conv Sed	4900	15,600	26,000	52,000	91,000	130,000
7P Sed	2050	6600	11,000	22,000	38,500	55,000
Limo	2350	7450	12,400	24,800	43,400	62,000

	6	5	4	3	2	1
LeB A-W Twn Car	4750	15,100	25,200	50,400	88,200	126,000
Series 1207, V-12, 139" wb						
Rds	7150	22,800	38,000	76,000	133,000	190,000
Phae	7300	23,400	39,000	78,000	136,500	195,000
Spt Phae	7700	24,600	41,000	82,000	143,500	205,000
RS Cpe	3000	9600	16,000	32,000	56,000	80,000
5P Cpe	2800	8900	14,800	29,600	51,800	74,000
Clb Sed	2050	6600	11,000	22,000	38,500	55,000
Sed	2700	8650	14,400	28,800	50,400	72,000
Fml Sed	2800	8900	14,800	29,600	51,800	74,000
Conv Vic	7150	22,800	38,000	76,000	133,000	190,000
LeB A-W Cabr	7300	23,400	39,000	78,000	136,500	195,000
Series 1208, V-12, 144" wb						
Conv Sed	8450	27,000	45,000	90,000	157,500	225,000
7P Sed	2850	9100	15,200	30,400	53,200	76,000
Limo	3250	10,300	17,200	34,400	60,200	86,000
LeB A-W Twn Car	7900	25,200	42,000	84,000	147,000	210,000
1936 14th Series						
Series 120-B, 8 cyl., 120" wb						
Conv	2050	6600	11,000	22,000	38,500	55,000
Conv Sed	2200	6950	11,600	23,200	40,600	58,000
Bus Cpe	1150	3600	6000	12,000	21,000	30,000
Spt Cpe	1150	3700	6200	12,400	21,700	31,000
Tr Cpe	1150	3600	6000	12,000	21,000	30,000
2 dr Sed	800	2500	4200	8400	14,700	21,000
Sed	850	2650	4400	8800	15,400	22,000
Clb Sed	900	2900	4800	9600	16,800	24,000
Tr Sed	850	2750	4600	9200	16,100	23,000
Series 1400, 8 cyl., 127" wb						
Sed	900	2900	4800	9600	16,800	24,000
Series 1401, 8 cyl., 134" wb						
Rds	3250	10,300	17,200	34,400	60,200	86,000
Phae	3300	10,550	17,600	35,200	61,600	88,000
Conv Vic	3700	11,750	19,600	39,200	68,600	98,000
LeB A-W Cabr	3750	12,000	20,000	40,000	70,000	100,000
RS Cpe	1500	4800	8000	16,000	28,000	40,000
5P Cpe	1550	4900	8200	16,400	28,700	41,000
Clb Sed	1550	4900	8200	16,400	28,700	41,000
Sed	1150	3700	6200	12,400	21,700	31,000
Fml Sed	1250	3950	6600	13,200	23,100	33,000
Series 1402, 8 cyl., 139" wb						
Conv Sed	4350	13,900	23,200	46,400	81,200	116,000
7P Tr	4200	13,450	22,400	44,800	78,400	112,000
7P Sed	1900	6000	10,000	20,000	35,000	50,000
Bus Sed	1900	6000	10,000	20,000	35,000	50,000
Limo	2050	6600	11,000	22,000	38,500	55,000
Bus Limo	2000	6350	10,600	21,200	37,100	53,000
LeB Twn Car	3600	11,500	19,200	38,400	67,200	96,000
Series 1403, Super 8, 132" wb						
Sed	1500	4800	8000	16,000	28,000	40,000
Series 1404, Super 8, 139" wb						
Cpe Rds	4600	14,650	24,400	48,800	85,400	122,000
Phae	4500	14,400	24,000	48,000	84,000	120,000
Spt Phae	4750	15,100	25,200	50,400	88,200	126,000
Conv Vic	4600	14,650	24,400	48,800	85,400	122,000
LeB A-W Cabr	4750	15,100	25,200	50,400	88,200	126,000
RS Cpe	2350	7450	12,400	24,800	43,400	62,000
5P Cpe	2150	6850	11,400	22,800	39,900	57,000
Clb Sed	2150	6850	11,400	22,800	39,900	57,000
Fml Sed	2050	6600	11,000	22,000	38,500	55,000
Series 1405, Super 8, 144" wb						
7P Tr	4950	15,850	26,400	52,800	92,400	132,000
Conv Sed	5100	16,300	27,200	54,400	95,200	136,000
Series 1407, V-12, 139" wb						
Cpe Rds	7150	22,800	38,000	76,000	133,000	190,000
Phae	7300	23,400	39,000	78,000	136,500	195,000
Spt Phae	7300	23,400	39,000	78,000	136,500	195,000
LeB A-W Cabr	7500	24,000	40,000	80,000	140,000	200,000
Conv Vic	7500	24,000	40,000	80,000	140,000	200,000
RS Cpe	2850	9100	15,200	30,400	53,200	76,000
5P Cpe	2500	7900	13,200	26,400	46,200	66,000
Clb Sed	2050	6600	11,000	22,000	38,500	55,000
Sed	1950	6250	10,400	20,800	36,400	52,000
Fml Sed	2000	6350	10,600	21,200	37,100	53,000
Series 1408, V-12, 144" wb						
7P Tr	7500	24,000	40,000	80,000	140,000	200,000

Packard 369

	6	5	4	3	2	1
Conv Sed	7700	24,600	41,000	82,000	143,500	205,000
7P Sed	2050	6600	11,000	22,000	38,500	55,000
Limo	2700	8650	14,400	28,800	50,400	72,000
LeB A-W Twn Car	7900	25,200	42,000	84,000	147,000	210,000

1937 15th Series
Model 115-C, 6 cyl., 115" wb

Conv	1500	4800	8000	16,000	28,000	40,000
Bus Cpe	950	3000	5000	10,000	17,500	25,000
Spt Cpe	1000	3250	5400	10,800	18,900	27,000
2 dr Sed	750	2400	4000	8000	14,000	20,000
Sed	750	2400	4000	8000	14,000	20,000
Clb Sed	850	2650	4400	8800	15,400	22,000
Tr Sed	800	2500	4200	8400	14,700	21,000
Sta Wag	1500	4800	8000	16,000	28,000	40,000

Model 120-C, 8 cyl., 120" wb

Conv	1900	6000	10,000	20,000	35,000	50,000
Conv Sed	1950	6250	10,400	20,800	36,400	52,000
Bus Cpe	1200	3850	6400	12,800	22,400	32,000
Spt Cpe	1250	3950	6600	13,200	23,100	33,000
2 dr Sed	1000	3250	5400	10,800	18,900	27,000
Sed	1050	3350	5600	11,200	19,600	28,000
Clb Sed	1100	3500	5800	11,600	20,300	29,000
Tr Sed	1000	3250	5400	10,800	18,900	27,000
Sta Wag	1700	5400	9000	18,000	31,500	45,000

Model 120-CD, 8 cyl., 120" wb

2 dr Sed	1150	3600	6000	12,000	21,000	30,000
Clb Sed	1150	3700	6200	12,400	21,700	31,000
Tr Sed	1150	3600	6000	12,000	21,000	30,000

Model 138-CD, 8 cyl., 138" wb

Tr Sed	1200	3850	6400	12,800	22,400	32,000
Tr Limo	1300	4200	7000	14,000	24,500	35,000

Model 1500, Super 8, 127" wb

Sed	1200	3850	6400	12,800	22,400	32,000

Model 1501, Super 8, 134" wb

Conv	3750	12,000	20,000	40,000	70,000	100,000
LeB A-W Cabr	4000	12,700	21,200	42,400	74,200	106,000
RS Cpe	2150	6850	11,400	22,800	39,900	57,000
5P Cpe	1900	6000	10,000	20,000	35,000	50,000
Clb Sed	1500	4800	8000	16,000	28,000	40,000
Tr Sed	1400	4450	7400	14,800	25,900	37,000
Fml Sed	1450	4550	7600	15,200	26,600	38,000
Vic	2700	8650	14,400	28,800	50,400	72,000

Model 1502, Super 8, 139" wb

Conv Sed	4500	14,400	24,000	48,000	84,000	120,000
Bus Sed	1500	4800	8000	16,000	28,000	40,000
Tr Sed	1550	4900	8200	16,400	28,700	41,000
Tr Limo	1700	5400	9000	18,000	31,500	45,000
Bus Limo	1650	5300	8800	17,600	30,800	44,000
LeB A-W Twn Car	4500	14,400	24,000	48,000	84,000	120,000

Model 1506, V-12, 132" wb

Tr Sed	1700	5400	9000	18,000	31,500	45,000

Model 1507, V-12, 139" wb

Conv	7150	22,800	38,000	76,000	133,000	190,000
LeB A-W Cabr	7300	23,400	39,000	78,000	136,500	195,000
RS Cpe	2400	7700	12,800	25,600	44,800	64,000
5P Cpe	2350	7450	12,400	24,800	43,400	62,000
Clb Sed	1900	6000	10,000	20,000	35,000	50,000
Fml Sed	1850	5900	9800	19,600	34,300	49,000
Tr Sed	1800	5750	9600	19,200	33,600	48,000
Conv Vic	6550	21,000	35,000	70,000	122,500	175,000

Model 1508, V-12, 144" wb

Conv Sed	10,500	33,600	56,000	112,000	196,000	280,000
Tr Sed	3100	9850	16,400	32,800	57,400	82,000
Tr Limo	3300	10,550	17,600	35,200	61,600	88,000
LeB A-W Twn Car	8450	27,000	45,000	90,000	157,500	225,000

1938 16th Series
Model 1600, 6 cyl., 122" wb

Conv	1400	4450	7400	14,800	25,900	37,000
Bus Cpe	800	2500	4200	8400	14,700	21,000
Clb Cpe	750	2400	4000	8000	14,000	20,000
2 dr Sed	550	1800	3000	6000	10,500	15,000
Sed	600	1900	3200	6400	11,200	16,000

Model 1601, 8 cyl., 127" wb

Conv	1700	5400	9000	18,000	31,500	45,000
Conv Sed	1750	5650	9400	18,800	32,900	47,000
Bus Cpe	1000	3250	5400	10,800	18,900	27,000

370   Packard

	6	5	4	3	2	1
Clb Cpe	1050	3350	5600	11,200	19,600	28,000
2 dr Sed	850	2750	4600	9200	16,100	23,000
Sed	900	2900	4800	9600	16,800	24,000
Model 1601-D, 8 cyl., 127" wb						
Tr Sed	1000	3100	5200	10,400	18,200	26,000
Model 1601, 8 cyl., 139" wb						
Roll A-W Cabr	5650	18,000	30,000	60,000	105,000	150,000
Roll A-W Twn Car	5450	17,400	29,000	58,000	101,500	145,000
Roll Brgm	4350	13,900	23,200	46,400	81,200	116,000
Model 1602, 8 cyl., 148" wb						
Tr Sed	1300	4200	7000	14,000	24,500	35,000
Tr Limo	1500	4800	8000	16,000	28,000	40,000
Model 1603, Super 8, 127" wb						
Tr Sed	1550	4900	8200	16,400	28,700	41,000
Model 1604, Super 8, 134" wb						
Conv	3400	10,800	18,000	36,000	63,000	90,000
RS Cpe	1700	5400	9000	18,000	31,500	45,000
5P Cpe	1500	4800	8000	16,000	28,000	40,000
Clb Sed	1200	3850	6400	12,800	22,400	32,000
Tr Sed	1150	3600	6000	12,000	21,000	30,000
Fml Sed	1150	3700	6200	12,400	21,700	31,000
Vic	3250	10,300	17,200	34,400	60,200	86,000
Model 1605, Super 8, 139" wb						
Bus Sed	1500	4800	8000	16,000	28,000	40,000
Conv Sed	5100	16,300	27,200	54,400	95,200	136,000
Bus Limo	1900	6000	10,000	20,000	35,000	50,000
Model 1605, Super 8, Customs						
Brn A-W Cabr					value not estimable	
Brn Tr Cabr					value not estimable	
Roll A-W Cabr					value not estimable	
Roll A-W Twn Car					value not estimable	
Model 1607, V-12, 134" wb						
Conv Cpe	7700	24,600	41,000	82,000	143,500	205,000
2-4P Cpe	2400	7700	12,800	25,600	44,800	64,000
5P Cpe	2350	7450	12,400	24,800	43,400	62,000
Clb Sed	2100	6700	11,200	22,400	39,200	56,000
Vic	2500	7900	13,200	26,400	46,200	66,000
Tr Sed	2000	6350	10,600	21,200	37,100	53,000
Fml Sed	2050	6600	11,000	22,000	38,500	55,000
Model 1608, V-12, 139" wb						
Conv Sed	8650	27,600	46,000	92,000	161,000	230,000
Tr Sed	2550	8150	13,600	27,200	47,600	68,000
Tr Limo	2700	8650	14,400	28,800	50,400	72,000
Model 1607-8, V-12, 139" wb						
Brn A-W Cabr					value not estimable	
Brn Tr Cabr					value not estimable	
Roll A-W Cabr					value not estimable	
Roll A-W Twn Car					value not estimable	

1939 17th Series
Model 1700, 6 cyl., 122" wb

	6	5	4	3	2	1
Conv	1400	4450	7400	14,800	25,900	37,000
Bus Cpe	700	2300	3800	7600	13,300	19,000
Clb Cpe	750	2400	4000	8000	14,000	20,000
2 dr Sed	550	1700	2800	5600	9800	14,000
Tr Sed	550	1750	2900	5800	10,200	14,500
Sta Wag	1150	3700	6200	12,400	21,700	31,000
Model 1701, 8 cyl., 127" wb						
Conv	1900	6000	10,000	20,000	35,000	50,000
Conv Sed	1950	6250	10,400	20,800	36,400	52,000
Clb Cpe	850	2750	4600	9200	16,100	23,000
Bus Cpe	800	2500	4200	8400	14,700	21,000
2 dr Sed	650	2050	3400	6800	11,900	17,000
Sed	650	2050	3400	6800	11,900	17,000
Sta Wag	1200	3850	6400	12,800	22,400	32,000
Model 1702, 8-cyl., 148" wb						
Tr Sed	1000	3250	5400	10,800	18,900	27,000
Tr Limo	1150	3600	6000	12,000	21,000	30,000
Model 1703, Super 8, 127" wb						
Tr Sed	1200	3850	6400	12,800	22,400	32,000
Conv	5250	16,800	28,000	56,000	98,000	140,000
Conv Sed	5650	18,000	30,000	60,000	105,000	150,000
Clb Cpe	1300	4200	7000	14,000	24,500	35,000
Model 1705, Super 8, 148" wb						
Tr Sed	1150	3600	6000	12,000	21,000	30,000
Tr Limo	1300	4200	7000	14,000	24,500	35,000

Packard 371

Model 1707, V-12, 134" wb	6	5	4	3	2	1
Conv Cpe	6550	21,000	35,000	70,000	122,500	175,000
Conv Vic	6550	21,000	35,000	70,000	122,500	175,000
Roll A-W Cabr	6000	19,200	32,000	64,000	112,000	160,000
2-4P Cpe	2500	7900	13,200	26,400	46,200	66,000
5P Cpe	2250	7200	12,000	24,000	42,000	60,000
Sed	2050	6600	11,000	22,000	38,500	55,000
Clb Sed	2100	6700	11,200	22,400	39,200	56,000
Fml Sed	2150	6850	11,400	22,800	39,900	57,000

Model 1708, V-12, 139" wb
Conv Sed					value not estimable	
Brn Tr Cabr					value not estimable	
Brn A-W Cabr					value not estimable	
Tr Sed	2850	9100	15,200	30,400	53,200	76,000
Tr Limo	2950	9350	15,600	31,200	54,600	78,000
Roll A-W Twn Car					value not estimable	

1940 18th Series
Model 1800, 6 cyl., 122" wb, (110)
Conv	1300	4200	7000	14,000	24,500	35,000
Bus Cpe	750	2400	4000	8000	14,000	20,000
Clb Cpe	800	2500	4200	8400	14,700	21,000
2 dr Sed	550	1800	3000	6000	10,500	15,000
Sed	550	1800	3000	6000	10,500	15,000
Sta Wag	1150	3600	6000	12,000	21,000	30,000

Model 1801, Std., 8 cyl., 127" wb, (120)
Conv	1600	5050	8400	16,800	29,400	42,000
Conv Sed	1850	5900	9800	19,600	34,300	49,000
Bus Cpe	900	2900	4800	9600	16,800	24,000
Clb Cpe	950	3000	5000	10,000	17,500	25,000
2 dr Sed	700	2300	3800	7600	13,300	19,000
Clb Sed	750	2400	4000	8000	14,000	20,000
Sed	700	2300	3800	7600	13,300	19,000
Darr Vic	4500	14,400	24,000	48,000	84,000	120,000
Sta Wag	1250	3950	6600	13,200	23,100	33,000

Model 1801, DeLuxe, 8-cyl., 127" wb, (120)
Conv	1750	5650	9400	18,800	32,900	47,000
Clb Cpe	1000	3250	5400	10,800	18,900	27,000
Clb Sed	850	2650	4400	8800	15,400	22,000
Tr Sed	800	2500	4200	8400	14,700	21,000

Model 1803, Super 8, 127" wb, (160)
Conv	2850	9100	15,200	30,400	53,200	76,000
Conv Sed	3000	9600	16,000	32,000	56,000	80,000
Bus Cpe	1000	3250	5400	10,800	18,900	27,000
Clb Cpe	1100	3500	5800	11,600	20,300	29,000
Clb Sed	1000	3250	5400	10,800	18,900	27,000
Sed	950	3000	5000	10,000	17,500	25,000

Model 1804, Super 8, 138" wb, (160)
Sed	1100	3500	5800	11,600	20,300	29,000

Model 1805, Super 8, 148" wb, (160)
Tr Sed	1150	3600	6000	12,000	21,000	30,000
Tr Limo	1200	3850	6400	12,800	22,400	32,000

Model 1806, Custom, Super 8, 127" wb, (180)
Clb Sed	1300	4100	6800	13,600	23,800	34,000
Darr Conv Vic	5100	16,300	27,200	54,400	95,200	136,000

Model 1807, Custom, Super 8, 138" wb, (180)
Darr Conv Sed	5250	16,800	28,000	56,000	98,000	140,000
Roll A-W Cabr	4900	15,600	26,000	52,000	91,000	130,000
Darr Spt Sed	3750	12,000	20,000	40,000	70,000	100,000
Fml Sed	1700	5400	9000	18,000	31,500	45,000
Tr Sed	1650	5300	8800	17,600	30,800	44,000

Model 1808, Custom, Super 8, 148" wb, (180)
Roll A-W Twn Car	4150	13,200	22,000	44,000	77,000	110,000
Tr Sed	1700	5400	9000	18,000	31,500	45,000
Tr Limo	1750	5650	9400	18,800	32,900	47,000

1941 19th Series
Model 1900, Std., 6 cyl., 122" wb, (110)
Conv	1200	3850	6400	12,800	22,400	32,000
Bus Cpe	650	2050	3400	6800	11,900	17,000
Clb Cpe	700	2150	3600	7200	12,600	18,000
2 dr Sed	550	1700	2800	5600	9800	14,000
Tr Sed	550	1700	2800	5600	9800	14,000
Sta Wag	1200	3850	6400	12,800	22,400	32,000

Model 1900, Dlx., 6-cyl., 122" wb, (110)
Conv	1400	4450	7400	14,800	25,900	37,000
Clb Cpe	750	2400	4000	8000	14,000	20,000
2 dr Sed	650	2050	3400	6800	11,900	17,000

372 Packard

	6	5	4	3	2	1
Sed	550	1800	3000	6000	10,500	15,000
Sta Wag	1250	3950	6600	13,200	23,100	33,000
Model 1901, 8-cyl., 127" wb, (120)						
Conv	1500	4800	8000	16,000	28,000	40,000
Conv Sed	1600	5050	8400	16,800	29,400	42,000
Bus Cpe	850	2650	4400	8800	15,400	22,000
Clb Cpe	850	2750	4600	9200	16,100	23,000
2 dr Sed	700	2300	3800	7600	13,300	19,000
Sed	650	2050	3400	6800	11,900	17,000
Sta Wag	1300	4200	7000	14,000	24,500	35,000
DeL Sta Wag	1350	4300	7200	14,400	25,200	36,000
Model 1903, Super 8, 127" wb, (160)						
Conv	2700	8650	14,400	28,800	50,400	72,000
DeL Conv	2800	8900	14,800	29,600	51,800	74,000
Conv Sed	2850	9100	15,200	30,400	53,200	76,000
DeL Conv Sed	2950	9350	15,600	31,200	54,600	78,000
Clb Cpe	950	3000	5000	10,000	17,500	25,000
Bus Cpe	900	2900	4800	9600	16,800	24,000
Sed	850	2750	4600	9200	16,100	23,000
Model 1904, Super 8, 138" wb, (160)						
Sed	1000	3250	5400	10,800	18,900	27,000
Model 1905, Super 8, 148" wb, (160)						
Tr Sed	1100	3500	5800	11,600	20,300	29,000
Tr Limo	1200	3850	6400	12,800	22,400	32,000
Model 1906, Custom, Super 8, 127" wb, (180)						
Darr Conv Vic	5100	16,300	27,200	54,400	95,200	136,000
Model 1907, Custom, Super 8, 138" wb, (180)						
Leb Spt Brgm	2650	8400	14,000	28,000	49,000	70,000
Roll A-W Cabr	3750	12,000	20,000	40,000	70,000	100,000
Darr Spt Sed	2850	9100	15,200	30,400	53,200	76,000
Tr Sed	1500	4800	8000	16,000	28,000	40,000
Fml Sed	1600	5050	8400	16,800	29,400	42,000
Model 1908, Custom, Super 8, 148" wb, (180)						
Roll A-W Twn Car	3600	11,500	19,200	38,400	67,200	96,000
Tr Sed	1700	5400	9000	18,000	31,500	45,000
LeB Tr Sed	1900	6000	10,000	20,000	35,000	50,000
Tr Limo	1950	6250	10,400	20,800	36,400	52,000
LeB Tr Limo	2250	7200	12,000	24,000	42,000	60,000
Series 1951, Clipper, 8 cyl., 127" wb						
Sed	600	1900	3200	6400	11,200	16,000

1942 20th Series
Clipper Series -- (6 cyl.)
Series 2000, Special, 120" wb

	6	5	4	3	2	1
Bus Cpe	550	1800	3000	6000	10,500	15,000
Clb Sed	600	1900	3200	6400	11,200	16,000
Tr Sed	650	2050	3400	6800	11,900	17,000
Series 2010, Custom, 120" wb						
Clb Sed	650	2050	3400	6800	11,900	17,000
Tr Sed	700	2150	3600	7200	12,600	18,000
Series 2020, Custom, 122" wb						
Conv	1350	4300	7200	14,400	25,200	36,000
Clipper Series -- (8 cyl.)						
Series 2001, Special, 120" wb						
Bus Cpe	650	2050	3400	6800	11,900	17,000
Clb Sed	700	2150	3600	7200	12,600	18,000
Tr Sed	700	2300	3800	7600	13,300	19,000
Series 2011, Custom, 120" wb						
Clb Sed	700	2300	3800	7600	13,300	19,000
Tr Sed	750	2400	4000	8000	14,000	20,000
Series 2021, Custom, 127" wb						
Conv	1500	4800	8000	16,000	28,000	40,000
Super 8, 160 Series, Clipper, 127" wb, 2003						
Clb Sed	800	2500	4200	8400	14,700	21,000
Tr Sed	850	2650	4400	8800	15,400	22,000
Super 8, 160, 127" wb, 2023						
Conv	2700	8650	14,400	28,800	50,400	72,000
Super 8, 160, 138" wb, 2004						
Tr Sed	1000	3250	5400	10,800	18,900	27,000
Super 8, 160, 148" wb, 2005						
7P Sed	1100	3500	5800	11,600	20,300	29,000
Limo	1150	3700	6200	12,400	21,700	31,000
Super 8, 160, 148" wb, 2055						
Bus Sed	1000	3250	5400	10,800	18,900	27,000
Bus Limo	1100	3500	5800	11,600	20,300	29,000
Super 8, 180, Clipper, 127" wb, 2006						
Clb Sed	850	2750	4600	9200	16,100	23,000

	6	5	4	3	2	1
Tr Sed	900	2900	4800	9600	16,800	24,000
Super 8, 180, Special, 127" wb, 2006						
Darr Conv Vic	4750	15,100	25,200	50,400	88,200	126,000
Super 8, 180, 138" wb, 2007						
Tr Sed	950	3000	5000	10,000	17,500	25,000
Fml Sed	1000	3250	5400	10,800	18,900	27,000
Roll A-W Cabr	3750	12,000	20,000	40,000	70,000	100,000
Super 8, 180, 148" wb, 2008						
Tr Sed	1200	3850	6400	12,800	22,400	32,000
Limo	1300	4200	7000	14,000	24,500	35,000
LeB Sed	1750	5650	9400	18,800	32,900	47,000
LeB Limo	1900	6100	10,200	20,400	35,700	51,000
Roll A-W Twn Car	4150	13,200	22,000	44,000	77,000	110,000

1946 Packard Clipper 4 dr sed

1946 21st Series
Clipper, 6-cyl., 120" wb, 2100

Clb Sed	400	1300	2200	4400	7700	11,000
Sed	450	1450	2400	4800	8400	12,000

Clipper, 6-cyl., 120" wb, 2130

4 dr Taxi				value not estimable		

Clipper, 8-cyl., 120" wb, 2101

Tr Sed	450	1450	2400	4800	8400	12,000

Clipper, DeLuxe, 8-cyl., 120" wb, 2111

Clb Sed	500	1550	2600	5200	9100	13,000
Tr Sed	550	1700	2800	5600	9800	14,000

Clipper, Super 8, 127" wb, 2103

Clb Sed	550	1700	2800	5600	9800	14,000
Tr Sed	550	1800	3000	6000	10,500	15,000

Clipper, Super 8, 127" wb, 2106 Custom

Clb Sed	600	1900	3200	6400	11,200	16,000
Tr Sed	650	2050	3400	6800	11,900	17,000

Clipper, Super, 148" wb, 2126 Custom

8P Sed	900	2900	4800	9600	16,800	24,000
Limo	1100	3500	5800	11,600	20,300	29,000

1947 21st Series
Clipper, 6-cyl., 120" wb, 2100

Clb Sed	400	1300	2200	4400	7700	11,000
Tr Sed	450	1450	2400	4800	8400	12,000

Clipper, DeLuxe, 8-cyl., 120" wb, 2111

Clb Sed	450	1450	2400	4800	8400	12,000
Tr Sed	500	1550	2600	5200	9100	13,000

Clipper, Super 8, 127" wb, 2103

Clb Sed	500	1550	2600	5200	9100	13,000
Tr Sed	550	1700	2800	5600	9800	14,000

Clipper, Super 8, 127" wb, 2106 Custom

Clb Sed	600	1900	3200	6400	11,200	16,000
Tr Sed	650	2050	3400	6800	11,900	17,000

Clipper, Super 8, 148" wb, 2126 Custom

7P Sed	900	2900	4800	9600	16,800	24,000
Limo	1100	3500	5800	11,600	20,300	29,000

1948 & Early 1949 22nd Series
Series 2201, 8-cyl., 120" wb

Clb Sed	400	1300	2200	4400	7700	11,000

	6	5	4	3	2	1
Sed	450	1450	2400	4800	8400	12,000
Sta Wag	1300	4100	6800	13,600	23,800	34,000
Series 2211, DeLuxe, 8-cyl., 120" wb						
Clb Sed	450	1450	2400	4800	8400	12,000
Tr Sed	500	1550	2600	5200	9100	13,000
Super 8, 120" wb, 2202						
Clb Sed	550	1700	2800	5600	9800	14,000
Sed	550	1800	3000	6000	10,500	15,000
Super 8, 120" wb, 2232						
Conv	1300	4200	7000	14,000	24,500	35,000
Super 8, 141" wb, 2222						
Sed	850	2750	4600	9200	16,100	23,000
Limo	1050	3350	5600	11,200	19,600	28,000
Super 8, DeLuxe, 141" wb						
Sed	900	2900	4800	9600	16,800	24,000
Limo	1100	3500	5800	11,600	20,300	29,000
Custom 8, 127" wb, 2206						
Clb Sed	700	2300	3800	7600	13,300	19,000
Tr Sed	750	2400	4000	8000	14,000	20,000
Custom 8, 127" wb, 2233						
Conv	1450	4550	7600	15,200	26,600	38,000
Custom 8, 148" wb, 2226						
7P Sed	1100	3500	5800	11,600	20,300	29,000
Limo	1150	3600	6000	12,000	21,000	30,000

1949-1950 23rd Series

	6	5	4	3	2	1
Series 2301, 120" wb						
Clb Sed	550	1700	2800	5600	9800	14,000
Sed	550	1750	2900	5800	10,200	14,500
Sta Wag	1200	3850	6400	12,800	22,400	32,000
2301 DeLuxe, 120" wb						
Clb Sed	550	1800	3000	6000	10,500	15,000
Sed	600	1850	3100	6200	10,900	15,500
Super 8, 127" wb, 2302						
Clb Sed	600	1900	3200	6400	11,200	16,000
Sed	600	2000	3300	6600	11,600	16,500
Super 8, 2302 DeLuxe						
Clb Sed	650	2050	3400	6800	11,900	17,000
Sed	650	2100	3500	7000	12,300	17,500
Super 8, Super DeLuxe, 127" wb, 2332						
Conv	1150	3700	6200	12,400	21,700	31,000
Super 8, 141" wb, 2322						
7P Sed	950	3000	5000	10,000	17,500	25,000
Limo	1150	3600	6000	12,000	21,000	30,000
Custom 8, 127" wb, 2306						
Sed	600	1900	3200	6400	11,200	16,000
Custom 8, 127" wb, 2333						
Conv	1300	4200	7000	14,000	24,500	35,000

1951 Packard 300, 4 dr sedan, 8-cyl.

1951 24th Series

	6	5	4	3	2	1
200, Standard, 122" wb, 2401						
Bus Cpe	400	1300	2200	4400	7700	11,000
2 dr Sed	450	1400	2300	4600	8100	11,500
Sed	450	1450	2400	4800	8400	12,000

Packard 375

200, DeLuxe	6	5	4	3	2	1
2 dr Sed	450	1450	2400	4800	8400	12,000
Sed	450	1500	2500	5000	8800	12,500
122" wb, 2402						
M.F HdTp	550	1800	3000	6000	10,500	15,000
Conv	800	2500	4200	8400	14,700	21,000
300, 127" wb, 2402						
Sed	500	1550	2600	5200	9100	13,000
Patrician, 400, 127" wb, 2406						
Sed	550	1800	3000	6000	10,500	15,000

1952 25th Series
200, Std., 122" wb, 2501

	6	5	4	3	2	1
2 dr Sed	450	1400	2300	4600	8100	11,500
Sed	450	1450	2400	4800	8400	12,000
200, DeLuxe						
2 dr Sed	450	1500	2450	4900	8600	12,300
Sed	450	1500	2500	5000	8800	12,500
122" wb, 2531						
Conv	750	2400	4000	8000	14,000	20,000
M.F HdTp	600	1900	3200	6400	11,200	16,000
300, 122" wb, 2502						
Sed	500	1600	2700	5400	9500	13,500
Patrician, 400, 127" wb, 2506						
Sed	550	1800	3000	6000	10,500	15,000
Der Cus Sed	600	1900	3200	6400	11,200	16,000

1953 26th Series
Clipper, 122" wb, 2601

	6	5	4	3	2	1
2 dr HdTp	550	1800	3000	6000	10,500	15,000
2 dr Sed	450	1450	2400	4800	8400	12,000
Sed	450	1450	2450	4900	8500	12,200
Clipper DeLuxe						
2 dr Sed	450	1500	2500	5000	8800	12,500
Sed	450	1500	2500	5000	8800	12,600
Cavalier, 127" wb, 2602						
Cav Sed	500	1550	2600	5200	9100	13,000
Packard 8, 122" wb, 2631						
Conv	850	2750	4600	9200	16,100	23,000
Carr Conv	1100	3500	5800	11,600	20,300	29,000
M.F HdTp	600	1900	3200	6400	11,200	16,000
Patrician, 127" wb, 2606						
Sed	600	1900	3200	6400	11,200	16,000
Der Fml Sed	700	2150	3600	7200	12,600	18,000
149" wb, 2626						
Exec Sed	650	2050	3400	6800	11,900	17,000
Corp Limo	700	2300	3800	7600	13,300	19,000

1954 54th Series
Clipper, 122" wb, DeLuxe 5401

	6	5	4	3	2	1
2 dr HdTp	550	1800	3000	6000	10,500	15,000
Clb Sed	450	1450	2400	4800	8400	12,000
Sed	450	1450	2450	4900	8500	12,200
Clipper Super 5411						
Pan HdTp	600	1900	3200	6400	11,200	16,000
Clb Sed	500	1550	2600	5200	9100	13,000
Sed	500	1600	2650	5300	9200	13,200
Cavalier, 127" wb, 5402						
Sed	550	1700	2800	5600	9800	14,000
Packard 8, 122" wb, 5431						
Pac HdTp	650	2050	3400	6800	11,900	17,000
Conv	950	3000	5000	10,000	17,500	25,000
Carr Conv	1150	3600	6000	12,000	21,000	30,000
Patrician, 127" wb, 5406						
Sed	550	1800	3000	6000	10,500	15,000
Der Cus Sed	650	2050	3400	6800	11,900	17,000
149" wb, 5426						
8P Sed	700	2150	3600	7200	12,600	18,000
Limo	700	2300	3800	7600	13,300	19,000

1955 55th Series
Clipper, DeLuxe, 122" wb, 5540

	6	5	4	3	2	1
Sed	400	1200	2000	3950	7000	10,000
Clipper, Super, 5540						
Pan HdTp	550	1700	2800	5600	9800	14,000
Sed	400	1250	2100	4200	7400	10,500
Clipper Custom 5560 (352 cid V-8)						
Con HdTp	600	1900	3200	6400	11,200	16,000
Sed	400	1300	2200	4400	7700	11,000

1955 Packard Caribbean convertible

	6	5	4	3	2	1
Packard, 400, 127" wb, 5580						
"400" HdTp	800	2500	4200	8400	14,700	21,000
Caribbean 5580						
Conv	1300	4100	6800	13,600	23,800	34,000
Patrician 5580						
Sed	550	1800	3000	6000	10,500	15,000
1956 56th Series						
Clipper, DeLuxe, 122" wb, 5640						
Sed	400	1250	2100	4200	7400	10,500
Clipper, Super, 5640						
HdTp	550	1800	3000	6000	10,500	15,000
Sed	400	1300	2200	4400	7700	11,000
Clipper, Custom, 5660						
Con HdTp	600	1900	3200	6400	11,200	16,000
Sed	450	1450	2400	4800	8400	12,000
Clipper Executive						
HdTp	650	2050	3400	6800	11,900	17,000
Sed	500	1550	2600	5200	9100	13,000
Packard, 400, 127" wb, 5680						
"400" HdTp	800	2500	4200	8400	14,700	21,000
Caribbean, 5688						
Conv	1300	4100	6800	13,600	23,800	34,000
HdTp	1050	3350	5600	11,200	19,600	28,000
Patrician, 5680						
Sed	600	1900	3200	6400	11,200	16,000
1957 57th L Series						
Clipper						
Sed	350	800	1450	2750	5600	8000
Sta Wag	350	850	1500	2900	5700	8200
1958 58th L Series						
HdTp	450	1450	2400	4800	8400	12,000
Sed	350	850	1500	2900	5700	8200
Sta Wag	350	900	1550	3000	5850	8400
Hawk	900	2900	4800	9600	16,800	24,000

PIERCE-ARROW

1901						
1-cyl., 2-3/4 hp						
Motorette	1050	3350	5600	11,200	19,600	28,000
1-cyl., 3-3/4 hp						
Motorette	1150	3600	6000	12,000	21,000	30,000

Pierce-Arrow 377

1902
1-cyl., 3-1/2 hp, 58" wb

	6	5	4	3	2	1
Motorette	1150	3600	6000	12,000	21,000	30,000

1903
1-cyl., 5 hp
Rbt	1200	3850	6400	12,800	22,400	32,000

1-cyl., 6-1/2 hp
Stanhope	1300	4100	6800	13,600	23,800	34,000

2-cyl., 15 hp
5P Tr	1500	4800	8000	16,000	28,000	40,000

1904
1-cyl., 8 hp, 70" wb
Stanhope	1300	4200	7000	14,000	24,500	35,000
Stanhope-2P	1250	3950	6600	13,200	23,100	33,000

4 cyl., 24/28 hp, 93" wb
Great Arrow 5P Tr	2700	8650	14,400	28,800	50,400	72,000

2-cyl., 15 hp, 81" wb
5P Tr	1500	4800	8000	16,000	28,000	40,000

4-cyl., 24/28 hp 93" wb
Great Arrow Tr	2400	7700	12,800	25,600	44,800	64,000

1905
1-cyl., 8 hp, 70" wb
Stanhope	1250	3950	6600	13,200	23,100	33,000
Stanhope	1300	4200	7000	14,000	24,500	35,000

Great Arrow - 4-cyl., 24/28 hp, 100" wb
5P Tonneau	2350	7450	12,400	24,800	43,400	62,000
5P Canopy Tonneau	2400	7700	12,800	25,600	44,800	64,000
5P Vic	2050	6600	11,000	22,000	38,500	55,000
5P Cape Tonneau	2150	6850	11,400	22,800	39,900	57,000

Great Arrow - 4-cyl., 28/32 hp, 104" wb
5P Tonneau	2500	7900	13,200	26,400	46,200	66,000
5P Canopy Tonneau	2400	7700	12,800	25,600	44,800	64,000
5P Vic	2350	7450	12,400	24,800	43,400	62,000
5P Cape Tonneau	2400	7700	12,800	25,600	44,800	64,000

Great Arrow - 4-cyl., 28/32 hp, 109" wb
7P Lan'let	1900	6000	10,000	20,000	35,000	50,000
7P Sub	1700	5400	9000	18,000	31,500	45,000
8P Opera Coach	1950	6250	10,400	20,800	36,400	52,000

4-cyl., 24/28 hp, 100" wb
Great Arrow Tr	2400	7700	12,800	25,600	44,800	64,000
Great Arrow Lan'let	2200	7100	11,800	23,600	41,300	59,000
Great Arrow Sub	2050	6600	11,000	22,000	38,500	55,000

4-cyl., 28/32 hp, 104" wb
Great Arrow Opera Coach	2550	8150	13,600	27,200	47,600	68,000

1906
Motorette - 1-cyl., 8 hp, 70" wb
Stanhope	1150	3600	6000	12,000	21,000	30,000

Great Arrow - 4-cyl., 28/32 hp, 107" wb
5P Tr	2500	7900	13,200	26,400	46,200	66,000
5P Vic	2050	6600	11,000	22,000	38,500	55,000
8P Open Coach	2650	8400	14,000	28,000	49,000	70,000
7P Sub	2550	8150	13,600	27,200	47,600	68,000
7P Lan'let	2350	7450	12,400	24,800	43,400	62,000

Great Arrow - 4-cyl., 40/45 hp, 109" wb
7P Tr	2700	8650	14,400	28,800	50,400	72,000
8P Open Coach	2800	8900	14,800	29,600	51,800	74,000
7P Sub	2700	8650	14,400	28,800	50,400	72,000
7P Lan'let	2500	7900	13,200	26,400	46,200	66,000

1907
Great Arrow - 4-cyl., 28/32 hp, 112" wb
5P Tr	2800	8900	14,800	29,600	51,800	74,000
5P Limo	2500	7900	13,200	26,400	46,200	66,000
7P Sub	2550	8150	13,600	27,200	47,600	68,000

Great Arrow - 4-cyl., 40/45 hp, 124" wb
7P Tr	2850	9100	15,200	30,400	53,200	76,000
7P Limo	2700	8650	14,400	28,800	50,400	72,000
7P Sub	2800	8900	14,800	29,600	51,800	74,000

Great Arrow - 6-cyl., 65 hp, 135" wb
7P Tr	2850	9100	15,200	30,400	53,200	76,000

1908
Great Arrow - 4-cyl., 30 hp, 112" wb
Tr	2650	8400	14,000	28,000	49,000	70,000

Great Arrow - 4-cyl., 40 hp, 124" wb
Tr	2850	9100	15,200	30,400	53,200	76,000
Sub	2700	8650	14,400	28,800	50,400	72,000

Pierce-Arrow

	6	5	4	3	2	1
Great Arrow - 6-cyl., 40 hp, 130" wb						
Tr	3100	9850	16,400	32,800	57,400	82,000
Sub	2850	9100	15,200	30,400	53,200	76,000
Rdstr	3000	9600	16,000	32,000	56,000	80,000
Great Arrow - 6-cyl., 60 hp, 135" wb						
Tr	3400	10,800	18,000	36,000	63,000	90,000
Sub	3000	9600	16,000	32,000	56,000	80,000
Rdstr	3250	10,300	17,200	34,400	60,200	86,000
1909						
Model 24 - 4 cyl., 24 hp, 111-1/2" wb						
3P Rbt	1300	4200	7000	14,000	24,500	35,000
3P Vic Top Rbt	1400	4450	7400	14,800	25,900	37,000
2P Rbt	1300	4100	6800	13,600	23,800	34,000
4P Tr Car	1500	4800	8000	16,000	28,000	40,000
5P Lan'let	1450	4550	7600	15,200	26,600	38,000
5P Brgm	1450	4700	7800	15,600	27,300	39,000
Model 36 - 6-cyl., 36 hp, 119" wb						
5P Tr	1650	5300	8800	17,600	30,800	44,000
5P Cape Top Tr	1700	5400	9000	18,000	31,500	45,000
2P Rbt	1450	4700	7800	15,600	27,300	39,000
3P Rbt	1500	4750	7900	15,800	27,700	39,500
4P Tr	1600	5150	8600	17,200	30,100	43,000
5P Brgm	1500	4800	8000	16,000	28,000	40,000
5P Lan'let	1600	5050	8400	16,800	29,400	42,000
Model 40 - 4-cyl., 40 hp, 124" wb						
7P Sub	1900	6000	10,000	20,000	35,000	50,000
4P Tr Car	1850	5900	9800	19,600	34,300	49,000
7P Tr	1900	6000	10,000	20,000	35,000	50,000
7P Lan	1700	5400	9000	18,000	31,500	45,000
Model 48 - 6-cyl., 48 hp, 130" wb						
4P Tr	2150	6850	11,400	22,800	39,900	57,000
4P Cape Top Tr	2200	7100	11,800	23,600	41,300	59,000
2P Tr	2050	6600	11,000	22,000	38,500	55,000
3P Tr	2150	6850	11,400	22,800	39,900	57,000
7P Tr	2350	7450	12,400	24,800	43,400	62,000
7P Lan	2050	6600	11,000	22,000	38,500	55,000
7P Sub	2350	7450	12,400	24,800	43,400	62,000
Model 60 - 6-cyl., 60 hp, 135" wb						
7P Tr	2850	9100	15,200	30,400	53,200	76,000
7P Cape Top Tr	2950	9350	15,600	31,200	54,600	78,000
7P Sub	2950	9350	15,600	31,200	54,600	78,000
7P Lan	2650	8400	14,000	28,000	49,000	70,000
1910						
Model 36 - 6-cyl., 36 hp, 125" wb						
5P Lan'let	1650	5300	8800	17,600	30,800	44,000
4P Miniature Tonneau	1600	5050	8400	16,800	29,400	42,000
5P Tr	1650	5300	8800	17,600	30,800	44,000
5P Brgm	1500	4800	8000	16,000	28,000	40,000
Rbt (119" wb)	1500	4800	8000	16,000	28,000	40,000
Model 48 - 6-cyl., 48 hp, 134-1/2" wb						
7P Lan'let	1900	6000	10,000	20,000	35,000	50,000
Miniature Tonneau	1800	5750	9600	19,200	33,600	48,000
7P Tr	2050	6600	11,000	22,000	38,500	55,000
7P Sub	2050	6600	11,000	22,000	38,500	55,000
Rbt (128" wb)	1900	6000	10,000	20,000	35,000	50,000
Model 66 - 6-cyl., 66 hp, 140" wb						
7P Tr	2850	9100	15,200	30,400	53,200	76,000
4P Miniature Tonneau	2650	8400	14,000	28,000	49,000	70,000
7P Sub	2850	9100	15,200	30,400	53,200	76,000
7P Lan'let	2650	8400	14,000	28,000	49,000	70,000
Rbt (133-1/2" wb)	2550	8150	13,600	27,200	47,600	68,000
1911						
Model 36T - 6-cyl., 38 hp, 125" wb						
5P Tr	2550	8150	13,600	27,200	47,600	68,000
3P Rbt	2400	7700	12,800	25,600	44,800	64,000
4P Miniature Tonneau	2400	7700	12,800	25,600	44,800	64,000
5P Brgm	2150	6850	11,400	22,800	39,900	57,000
5P Lan'let	2350	7450	12,400	24,800	43,400	62,000
Model 48T - 6-cyl., 48 hp, 134-1/2" wb						
7P Tr	2800	8900	14,800	29,600	51,800	74,000
Rbt	2500	7900	13,200	26,400	46,200	66,000
Miniature Tonneau	2550	8150	13,600	27,200	47,600	68,000
5P Close Coupled	2050	6600	11,000	22,000	38,500	55,000
5P Protected Tr	2500	7900	13,200	26,400	46,200	66,000
Sub	2700	8650	14,400	28,800	50,400	72,000
Lan	2700	8650	14,400	28,800	50,400	72,000

Model 66T - 6-cyl., 66 hp, 140" wb

	6	5	4	3	2	1
7P Tr	3100	9850	16,400	32,800	57,400	82,000
Rbt	2850	9100	15,200	30,400	53,200	76,000
Miniature Tonneau	2950	9350	15,600	31,200	54,600	78,000
5P Protected Tr	2850	9100	15,200	30,400	53,200	76,000
Close Coupled	2500	7900	13,200	26,400	46,200	66,000
Sub	3000	9600	16,000	32,000	56,000	80,000
Lan	3000	9600	16,000	32,000	56,000	80,000

1912
Model 36T - 6 cyl., 36 hp, 127-1/2" wb
4P Tr	2500	7900	13,200	26,400	46,200	66,000
5P Tr	2500	7900	13,200	26,400	46,200	66,000
Brgm	2350	7450	12,400	24,800	43,400	62,000
Lan'let	2350	7450	12,400	24,800	43,400	62,000
Rbt (119" wb)	2400	7700	12,800	25,600	44,800	64,000

Model 48 - 6-cyl., 48 hp, 134-1/2" wb
4P Tr	2700	8650	14,400	28,800	50,400	72,000
5P Tr	2700	8650	14,400	28,800	50,400	72,000
7P Tr	2800	8900	14,800	29,600	51,800	74,000
Brgm	2500	7900	13,200	26,400	46,200	66,000
Lan'let	2500	7900	13,200	26,400	46,200	66,000
Sub	2650	8400	14,000	28,000	49,000	70,000
Lan	2650	8400	14,000	28,000	49,000	70,000
Vestibule Sub	2550	8150	13,600	27,200	47,600	68,000
Rbt (128" wb)	2550	8150	13,600	27,200	47,600	68,000

Model 66 - 6-cyl., 66 hp, 140" wb
4P Tr	3000	9600	16,000	32,000	56,000	80,000
5P Tr	3100	9850	16,400	32,800	57,400	82,000
7P Tr	3150	10,100	16,800	33,600	58,800	84,000
Sub	3100	9850	16,400	32,800	57,400	82,000
Lan	3000	9600	16,000	32,000	56,000	80,000
Vestibule Sub	3000	9600	16,000	32,000	56,000	80,000
Rbt (133-1/2" wb)	3000	9600	16,000	32,000	56,000	80,000

1913
Model 38-C - 6-cyl., 38.4 hp, 119" wb
3P Rbt	2050	6600	11,000	22,000	38,500	55,000
4P Tr	2150	6850	11,400	22,800	39,900	57,000
5P Tr	2200	7100	11,800	23,600	41,300	59,000
6P Brgm	2000	6350	10,600	21,200	37,100	53,000
6P Lan'let	2050	6500	10,800	21,600	37,800	54,000

Model 48-B - 6-cyl., 48.6 hp, 134-1/2" wb
5P Tr	2700	8650	14,400	28,800	50,400	72,000
Rbt	2650	8400	14,000	28,000	49,000	70,000
4P Tr	2700	8650	14,400	28,800	50,400	72,000
7P Tr	2800	8900	14,800	29,600	51,800	74,000
Brgm	2050	6600	11,000	22,000	38,500	55,000
Lan'let	2150	6850	11,400	22,800	39,900	57,000
7P Sub	2350	7450	12,400	24,800	43,400	62,000
7P Lan	2200	7100	11,800	23,600	41,300	59,000
Vestibule Sub	2400	7700	12,800	25,600	44,800	64,000
Vestibule Lan	2400	7700	12,800	25,600	44,800	64,000

Model 66-A - 6-cyl., 60 hp, 147-1/2" wb
7P Tr	3300	10,550	17,600	35,200	61,600	88,000
Rbt	3000	9600	16,000	32,000	56,000	80,000
4P Tr	3250	10,300	17,200	34,400	60,200	86,000
5P Tr	3250	10,300	17,200	34,400	60,200	86,000
Brgm	2650	8400	14,000	28,000	49,000	70,000
Lan'let	2650	8400	14,000	28,000	49,000	70,000
7P Sub	2850	9100	15,200	30,400	53,200	76,000
7P Lan	2850	9100	15,200	30,400	53,200	76,000
Vestibule Sub	2950	9350	15,600	31,200	54,600	78,000
Vestibule Lan	2950	9350	15,600	31,200	54,600	78,000

1914
Model 38-C - 6-cyl., 38.4 hp, 132" wb
5P Tr	2200	7100	11,800	23,600	41,300	59,000
4P Tr	2150	6850	11,400	22,800	39,900	57,000
7P Brgm	2000	6350	10,600	21,200	37,100	53,000
7P Lan'let	2050	6500	10,800	21,600	37,800	54,000
Vestibule Brgm	2050	6600	11,000	22,000	38,500	55,000
Vestibule Lan	2050	6600	11,000	22,000	38,500	55,000
3P Rbt (127-1/2" wb)	2150	6850	11,400	22,800	39,900	57,000

Model 48-B - 6-cyl., 48.6 hp, 142" wb
4P Tr	2700	8650	14,400	28,800	50,400	72,000
5P Tr	2800	8900	14,800	29,600	51,800	74,000
7P Tr	2850	9100	15,200	30,400	53,200	76,000
7P Sub	2800	8900	14,800	29,600	51,800	74,000

380 Pierce Arrow

	6	5	4	3	2	1
7P Lan	2550	8150	13,600	27,200	47,600	68,000
Vestibule Sub	2500	7900	13,200	26,400	46,200	66,000
Vestibule Lan	2500	7900	13,200	26,400	46,200	66,000
Brgm	2500	7900	13,200	26,400	46,200	66,000
Lan	2550	8150	13,600	27,200	47,600	68,000
Vestibule Brgm	2550	8150	13,600	27,200	47,600	68,000
Vestibule Lan'let	2550	8150	13,600	27,200	47,600	68,000
3P Rbt (134-1/2 "wb)	2650	8400	14,000	28,000	49,000	70,000

Model 66-A - 6-cyl., 60 hp, 147-1/2" wb

	6	5	4	3	2	1
4P Tr	3150	10,100	16,800	33,600	58,800	84,000
5P Tr	3250	10,300	17,200	34,400	60,200	86,000
7P Tr	3300	10,550	17,600	35,200	61,600	88,000
7P Sub	3150	10,100	16,800	33,600	58,800	84,000
7P Lan	3000	9600	16,000	32,000	56,000	80,000
Vestibule Lan	3000	9600	16,000	32,000	56,000	80,000
7P Brgm	3000	9600	16,000	32,000	56,000	80,000
7P Lan	3000	9600	16,000	32,000	56,000	80,000
Vestibule Brgm	3100	9850	16,400	32,800	57,400	82,000
Vestibule Lan	3100	9850	16,400	32,800	57,400	82,000
3P Rbt	3100	9850	16,400	32,800	57,400	82,000

1915
Model 38-C - 6-cyl., 38.4 hp, 134" wb

	6	5	4	3	2	1
5P Tr	2350	7450	12,400	24,800	43,400	62,000
4P Tr	2250	7200	12,000	24,000	42,000	60,000
2P Rbt	2150	6850	11,400	22,800	39,900	57,000
2P Cpe Rbt	2050	6600	11,000	22,000	38,500	55,000
7P Brgm	2050	6500	10,800	21,600	37,800	54,000
7P Lan'let	2050	6500	10,800	21,600	37,800	54,000
7P Sed	1900	6000	10,000	20,000	35,000	50,000
7P Brgm Lan'let	2050	6600	11,000	22,000	38,500	55,000
Vestibule Brgm	2150	6850	11,400	22,800	39,900	57,000
Vestibule Lan'let	2150	6850	11,400	22,800	39,900	57,000
Vestibule Brgm Lan'let	2150	6850	11,400	22,800	39,900	57,000

Model 48-B - 6-cyl., 48.6 hp, 142" wb

	6	5	4	3	2	1
5P Tr	2800	8900	14,800	29,600	51,800	74,000
4P Tr	2800	8900	14,800	29,600	51,800	74,000
7P Tr	2850	9100	15,200	30,400	53,200	76,000
2P Rbt	2700	8650	14,400	28,800	50,400	72,000
2P Cpe Rbt	2650	8400	14,000	28,000	49,000	70,000
Cpe	2550	8150	13,600	27,200	47,600	68,000
7P Sub	2500	7900	13,200	26,400	46,200	66,000
7P Lan	2500	7900	13,200	26,400	46,200	66,000
7P Brgm	2500	7900	13,200	26,400	46,200	66,000
Sub Lan	2500	7900	13,200	26,400	46,200	66,000
Vestibule Sub	2550	8150	13,600	27,200	47,600	68,000
Vestibule Lan	2550	8150	13,600	27,200	47,600	68,000
Vestibule Brgm	2500	7900	13,200	26,400	46,200	66,000
Vestibule Sub Lan	2500	7900	13,200	26,400	46,200	66,000

Model 66-A - 6-cyl., 60 hp, 147-1/2" wb

	6	5	4	3	2	1
7P Tr	3300	10,550	17,600	35,200	61,600	88,000
4P Tr	3150	10,100	16,800	33,600	58,800	84,000
5P Tr	3250	10,300	17,200	34,400	60,200	86,000
2P Rbt	3100	9850	16,400	32,800	57,400	82,000
2P Cpe Rbt	3000	9600	16,000	32,000	56,000	80,000
7P Sub	3150	10,100	16,800	33,600	58,800	84,000
7P Lan	3150	10,100	16,800	33,600	58,800	84,000
7P Brgm	3150	10,100	16,800	33,600	58,800	84,000
7P Sub Lan	3150	10,100	16,800	33,600	58,800	84,000
Vestibule Lan	3250	10,300	17,200	34,400	60,200	86,000
Vestibule Sub	3250	10,300	17,200	34,400	60,200	86,000
Vestibule Brgm	3150	10,100	16,800	33,600	58,800	84,000
Vestibule Sub Lan	3250	10,300	17,200	34,400	60,200	86,000

1916
Model 38-C - 6-cyl., 38.4 hp, 134" wb

	6	5	4	3	2	1
5P Tr	2400	7700	12,800	25,600	44,800	64,000
4P Tr	2400	7700	12,800	25,600	44,800	64,000
2P Rbt	2350	7450	12,400	24,800	43,400	62,000
3P Rbt	2350	7450	12,400	24,800	43,400	62,000
3P Cpe	1900	6000	10,000	20,000	35,000	50,000
2P Cpe	1900	6000	10,000	20,000	35,000	50,000
7P Brgm	1850	5900	9800	19,600	34,300	49,000
7P Lan'let	1850	5900	9800	19,600	34,300	49,000
7P Sed	1750	5650	9400	18,800	32,900	47,000
Brgm Lan'let	1900	6000	10,000	20,000	35,000	50,000
Vestibule Brgm	1950	6250	10,400	20,800	36,400	52,000
Vestibule Lan'let	1950	6250	10,400	20,800	36,400	52,000

Pierce-Arrow 381

	6	5	4	3	2	1
Vestibule Brgm Lan'let	1950	6250	10,400	20,800	36,400	52,000
Model 48-B - 6-cyl., 48.6 hp, 142" wb						
7P Tr	2800	8900	14,800	29,600	51,800	74,000
4P Tr	2700	8650	14,400	28,800	50,400	72,000
5P Tr	2800	8900	14,800	29,600	51,800	74,000
2P Rbt	2700	8650	14,400	28,800	50,400	72,000
3P Rbt	2700	8650	14,400	28,800	50,400	72,000
2P Cpe	2350	7450	12,400	24,800	43,400	62,000
3P Cpe	2350	7450	12,400	24,800	43,400	62,000
7P Sub	2500	7900	13,200	26,400	46,200	66,000
7P Lan	2500	7900	13,200	26,400	46,200	66,000
7P Brgm	2400	7700	12,800	25,600	44,800	64,000
Sub Lan	2500	7900	13,200	26,400	46,200	66,000
Vestibule Sub	2500	7900	13,200	26,400	46,200	66,000
Vestibule Lan	2500	7900	13,200	26,400	46,200	66,000
Vestibule Brgm	2400	7700	12,800	25,600	44,800	64,000
Vestibule Sub Lan	2500	7900	13,200	26,400	46,200	66,000
Model 66-A - 6-cyl., 60 hp, 147-1/2" wb						
7P Tr	3250	10,300	17,200	34,400	60,200	86,000
4P Tr	3150	10,100	16,800	33,600	58,800	84,000
5P Tr	3150	10,100	16,800	33,600	58,800	84,000
2P Rbt	3100	9850	16,400	32,800	57,400	82,000
3P Rbt	3150	10,100	16,800	33,600	58,800	84,000
2P Cpe	2850	9100	15,200	30,400	53,200	76,000
3P Cpe	2850	9100	15,200	30,400	53,200	76,000
7P Sub	3000	9600	16,000	32,000	56,000	80,000
7P Lan	2950	9350	15,600	31,200	54,600	78,000
7P Brgm	2950	9350	15,600	31,200	54,600	78,000
Sub Lan	2950	9350	15,600	31,200	54,600	78,000
Vestibule Lan	2950	9350	15,600	31,200	54,600	78,000
Vestibule Sub	2950	9350	15,600	31,200	54,600	78,000
Vestibule Brgm	2950	9350	15,600	31,200	54,600	78,000
Vestibule Sub Lan	2950	9350	15,600	31,200	54,600	78,000

1917
Model 38 - 6-cyl., 38.4 hp, 134" wb

	6	5	4	3	2	1
5P Tr	2050	6600	11,000	22,000	38,500	55,000
2P Rbt	2000	6350	10,600	21,200	37,100	53,000
3P Rbt	2000	6350	10,600	21,200	37,100	53,000
2P Cpe	1500	4800	8000	16,000	28,000	40,000
3P Cpe	1550	4900	8200	16,400	28,700	41,000
4P Tr	2050	6500	10,800	21,600	37,800	54,000
Brgm	1450	4700	7800	15,600	27,300	39,000
Lan'let	1450	4700	7800	15,600	27,300	39,000
Sed	1350	4300	7200	14,400	25,200	36,000
Vestibule Brgm	1500	4800	8000	16,000	28,000	40,000
Brgm Lan'let	1500	4800	8000	16,000	28,000	40,000
Vestibule Brgm-Lan'let	1600	5050	8400	16,800	29,400	42,000
Fr Brgm	1600	5050	8400	16,800	29,400	42,000
Fr Brgm-Lan'let	1600	5050	8400	16,800	29,400	42,000
Model 48 - 6-cyl., 48.6 hp, 142" wb						
7P Tr	2500	7900	13,200	26,400	46,200	66,000
2P Rbt	2350	7450	12,400	24,800	43,400	62,000
3P Rbt	2400	7700	12,800	25,600	44,800	64,000
2P Cpe	1900	6000	10,000	20,000	35,000	50,000
3P Cpe	1900	6000	10,000	20,000	35,000	50,000
5P Tr	2500	7900	13,200	26,400	46,200	66,000
4P Tr	2400	7700	12,800	25,600	44,800	64,000
Brgm	1850	5900	9800	19,600	34,300	49,000
Sub	1900	6000	10,000	20,000	35,000	50,000
Lan	1900	6000	10,000	20,000	35,000	50,000
Sub-Lan	1900	6000	10,000	20,000	35,000	50,000
Vestibule Sub	1950	6250	10,400	20,800	36,400	52,000
Vestibule Lan	1950	6250	10,400	20,800	36,400	52,000
Vestibule Brgm	1900	6100	10,200	20,400	35,700	51,000
Vestibule Sub-Lan	1950	6250	10,400	20,800	36,400	52,000
Model 66 - 6-cyl., 60 hp, 147-1/2" wb						
7P Tr	3250	10,300	17,200	34,400	60,200	86,000
2P Rbt	3100	9850	16,400	32,800	57,400	82,000
3P Rbt	3100	9850	16,400	32,800	57,400	82,000
2P Cpe	2850	9100	15,200	30,400	53,200	76,000
3P Cpe	2850	9100	15,200	30,400	53,200	76,000
4P Tr	3150	10,100	16,800	33,600	58,800	84,000
5P Tr	3150	10,100	16,800	33,600	58,800	84,000
Brgm	2550	8150	13,600	27,200	47,600	68,000
Sub	2650	8400	14,000	28,000	49,000	70,000
Lan	2650	8400	14,000	28,000	49,000	70,000

	6	5	4	3	2	1
Sub-Lan	2650	8400	14,000	28,000	49,000	70,000
Vestibule Sub	2650	8400	14,000	28,000	49,000	70,000
Vestibule Lan	2650	8400	14,000	28,000	49,000	70,000
Vestibule Brgm	2650	8400	14,000	28,000	49,000	70,000
Vestibule Sub-Lan	2650	8400	14,000	28,000	49,000	70,000

1918
Model 38 - 6-cyl., 38.4 hp, 134" wb

	6	5	4	3	2	1
5P Tr	2500	7900	13,200	26,400	46,200	66,000
2P Rbt	2400	7700	12,800	25,600	44,800	64,000
3P Rbt	2400	7700	12,800	25,600	44,800	64,000
2P Cpe	2050	6500	10,800	21,600	37,800	54,000
3P Cpe	2050	6500	10,800	21,600	37,800	54,000
2P Conv Rds	2400	7700	12,800	25,600	44,800	64,000
3P Conv Rds	2400	7700	12,800	25,600	44,800	64,000
4P Rds	2500	7900	13,200	26,400	46,200	66,000
4P Tr	2400	7700	12,800	25,600	44,800	64,000
Brgm	2050	6600	11,000	22,000	38,500	55,000
Lan'let	2050	6600	11,000	22,000	38,500	55,000
Sed	1900	6000	10,000	20,000	35,000	50,000
Vestibule Brgm	1950	6250	10,400	20,800	36,400	52,000
Brgm-Lan'let	1900	6100	10,200	20,400	35,700	51,000
Vestibule Lan'let	2050	6500	10,800	21,600	37,800	54,000
Vestibule Brgm-Lan'let	2050	6500	10,800	21,600	37,800	54,000
Fr Brgm	2000	6350	10,600	21,200	37,100	53,000
Fr Brgm-Lan'let	2050	6500	10,800	21,600	37,800	54,000
Twn Brgm	2000	6350	10,600	21,200	37,100	53.000

Model 48 - 6-cyl., 48.6 hp, 142" wb

	6	5	4	3	2	1
2P Rbt	2500	7900	13,200	26,400	46,200	66,000
4P Rbt	2500	7900	13,200	26,400	46,200	66,000
3P Rbt	2500	7900	13,200	26,400	46,200	66,000
2P Cpe	2150	6850	11,400	22,800	39,900	57,000
3P Cpe	2150	6850	11,400	22,800	39,900	57,000
2P Conv Rds	2500	7900	13,200	26,400	46,200	66,000
3P Conv Rds	2550	8150	13,600	27,200	47,600	68,000
4P Tr	2650	8400	14,000	28,000	49,000	70,000
5P Tr	2650	8400	14,000	28,000	49,000	70,000
Brgm	2350	7450	12,400	24,800	43,400	62,000
Sub	2350	7450	12,400	24,800	43,400	62,000
Lan	2350	7450	12,400	24,800	43,400	62,000
Sub Lan	2350	7450	12,400	24,800	43,400	62,000
Vestibule Sub	2350	7450	12,400	24,800	43,400	62,000
Vestibule Lan	2350	7450	12,400	24,800	43,400	62,000
Vestibule Brgm	2400	7700	12,800	25,600	44,800	64,000
Vestibule Sub-Lan	2500	7900	13,200	26,400	46,200	66,000
Fr Brgm	2350	7450	12,400	24,800	43,400	62,000
7P Tr	2700	8650	14,400	28,800	50,400	72,000
7P Sub Lan	2500	7900	13,200	26,400	46,200	66,000

Model 66 - 6-cyl., 60 hp, 147-1/2" wb

	6	5	4	3	2	1
2P Rbt	3000	9600	16,000	32,000	56,000	80,000
3P Rbt	3000	9600	16,000	32,000	56,000	80,000
2P Cpe	2850	9100	15,200	30,400	53,200	76,000
3P Cpe	2850	9100	15,200	30,400	53,200	76,000
2P Con Rds	3000	9600	16,000	32,000	56,000	80,000
3P Con Rds	3100	9850	16,400	32,800	57,400	82,000
4P Tr	3150	10,100	16,800	33,600	58,800	84,000
5P Tr	3150	10,100	16,800	33,600	58,800	84,000
7P Tr	3250	10,300	17,200	34,400	60,200	86,000
Brgm	2650	8400	14,000	28,000	49,000	70,000
Sub	2700	8650	14,400	28,800	50,400	72,000
Lan	2700	8650	14,400	28,800	50,400	72,000
Sub-Lan	2700	8650	14,400	28,800	50,400	72,000
Vestibule Lan	2850	9100	15,200	30,400	53,200	76,000
Vestibule Brgm	2850	9100	15,200	30,400	53,200	76,000
Vestibule Sub	2850	9100	15,200	30,400	53,200	76,000
Vestibule Sub Lan	2850	9100	15,200	30,400	53,200	76,000

1919
Model 48-B-5 - 6-cyl., 48.6 hp, 142" wb

	6	5	4	3	2	1
7P Tr	2850	9100	15,200	30,400	53,200	76,000
2P Rbt	2550	8150	13,600	27,200	47,600	68,000
3P Rbt	2550	8150	13,600	27,200	47,600	68,000
4P Tr	2650	8400	14,000	28,000	49,000	70,000
4P Rds	2800	8900	14,800	29,600	51,800	74,000
5P Tr	2850	9100	15,200	30,400	53,200	76,000
2P Cpe	2250	7200	12,000	24,000	42,000	60,000
3P Cpe	2250	7200	12,000	24,000	42,000	60,000
2P Con Rds	2500	7900	13,200	26,400	46,200	66,000

	6	5	4	3	2	1
3P Con Rds	2500	7900	13,200	26,400	46,200	66,000
Brgm	2250	7200	12,000	24,000	42,000	60,000
Brgm Lan'let	2250	7200	12,000	24,000	42,000	60,000
Fr Brgm	2350	7450	12,400	24,800	43,400	62,000
Fr Brgm Lan'let	2400	7700	12,800	25,600	44,800	64,000
Sub	2250	7200	12,000	24,000	42,000	60,000
Sub Lan	2250	7200	12,000	24,000	42,000	60,000
Vestibule Brgm	2350	7450	12,400	24,800	43,400	62,000
Vestibule Brgm Lan	2400	7700	12,800	25,600	44,800	64,000
Vestibule Sub	2350	7450	12,400	24,800	43,400	62,000
Vestibule Lan	2350	7450	12,400	24,800	43,400	62,000
Vestibule Sub Lan	2400	7700	12,800	25,600	44,800	64,000

1920 Pierce-Arrow Coupe

1920
Model 38 - 6 cyl., 38 hp, 134" wb
2P & 3P Rbt	2050	6600	11,000	22,000	38,500	55,000
4P Tr	2100	6700	11,200	22,400	39,200	56,000
4P Rds	2150	6850	11,400	22,800	39,900	57,000
5P Tr	2200	6950	11,600	23,200	40,600	58,000
7P Tr	2250	7200	12,000	24,000	42,000	60,000
2P & 3P Cpe	1700	5400	9000	18,000	31,500	45,000
4P Sed	1150	3600	6000	12,000	21,000	30,000
7P Sed	1200	3850	6400	12,800	22,400	32,000
Brgm	1300	4200	7000	14,000	24,500	35,000
Fr Brgm	1400	4450	7400	14,800	25,900	37,000
Brgm Lan'let	1450	4550	7600	15,200	26,600	38,000
Tourer Brgm	1450	4700	7800	15,600	27,300	39,000
Vestibule Brgm	1500	4800	8000	16,000	28,000	40,000

Model 48 - 6-cyl., 48 hp, 142" wb
2P & 4P Rbt	2200	6950	11,600	23,200	40,600	58,000
4P Tr	2250	7200	12,000	24,000	42,000	60,000
4P Rds	2250	7200	12,000	24,000	42,000	60,000
5P Tr	2350	7450	12,400	24,800	43,400	62,000
6P Tr	2500	7900	13,200	26,400	46,200	66,000
2P & 3P Cpe	1900	6000	10,000	20,000	35,000	50,000
5P Brgm	2050	6500	10,800	21,600	37,800	54,000
7P Fr Brgm	2050	6500	10,800	21,600	37,800	54,000
7P Sub	2100	6700	11,200	22,400	39,200	56,000
7P Vestibule Sub	2200	6950	11,600	23,200	40,600	58,000
7P Fr Sub	2100	6700	11,200	22,400	39,200	56,000

1921
Model 38 - 6-cyl., 38 hp, 138" wb
4P Tr	2100	6700	11,200	22,400	39,200	56,000
6P Tr	2100	6700	11,200	22,400	39,200	56,000
7P Tr	2200	6950	11,600	23,200	40,600	58,000
3P Rds	2200	6950	11,600	23,200	40,600	58,000
4P Cpe	1700	5400	9000	18,000	31,500	45,000

384 Pierce-Arrow

	6	5	4	3	2	1
7P Brgm	1500	4800	8000	16,000	28,000	40,000
7P Limo	1600	5050	8400	16,800	29,400	42,000
6P Sed	1500	4800	8000	16,000	28,000	40,000
Vestibule 6P Sed	1600	5050	8400	16,800	29,400	42,000
7P Lan	1650	5300	8800	17,600	30,800	44,000

1922
Model 38 - 6-cyl., 38 hp, 138" wb

	6	5	4	3	2	1
4P Tr	2100	6700	11,200	22,400	39,200	56,000
7P Tr	2200	6950	11,600	23,200	40,600	58,000
3P Rds	2100	6700	11,200	22,400	39,200	56,000
7P Brgm	1500	4800	8000	16,000	28,000	40,000
Cpe Sed	1500	4800	8000	16,000	28,000	40,000
3P Cpe	1700	5400	9000	18,000	31,500	45,000
4P Sed	1750	5500	9200	18,400	32,200	46,000
Lan'let	1500	4800	8000	16,000	28,000	40,000
Limo	1600	5050	8400	16,800	29,400	42,000
Fml Limo	1650	5300	8800	17,600	30,800	44,000
Vestibule Sed	1700	5400	9000	18,000	31,500	45,000
Sed	1650	5300	8800	17,600	30,800	44,000

1923
Model 38 - 6-cyl., 138" wb

	6	5	4	3	2	1
7P Tr	1900	6000	10,000	20,000	35,000	50,000
4P Tr	1800	5750	9600	19,200	33,600	48,000
2P Rbt	1700	5400	9000	18,000	31,500	45,000
3P Cpe	1450	4550	7600	15,200	26,600	38,000
4P Cpe Sed	1350	4300	7200	14,400	25,200	36,000
6P Brgm	1300	4200	7000	14,000	24,500	35,000
4P Sed	1200	3850	6400	12,800	22,400	32,000
7P Sed	1300	4100	6800	13,600	23,800	34,000
6P Lan'let	1500	4800	8000	16,000	28,000	40,000
7P Limo	1600	5050	8400	16,800	29,400	42,000
7P Encl Drive Limo	1650	5300	8800	17,600	30,800	44,000
7P Fml Limo	1700	5400	9000	18,000	31,500	45,000

1924
Model 33 - 6-cyl., 138" wb

	6	5	4	3	2	1
7P Tr	1900	6000	10,000	20,000	35,000	50,000
6P Tr	1800	5750	9600	19,200	33,600	48,000
4P Tr	1750	5500	9200	18,400	32,200	46,000
Rbt	1600	5050	8400	16,800	29,400	42,000
6P Brgm	1500	4800	8000	16,000	28,000	40,000
3P Cpe	1550	4900	8200	16,400	28,700	41,000
4P Cpe Sed	1550	4900	8200	16,400	28,700	41,000
4P 4 dr Sed	1450	4550	7600	15,200	26,600	38,000
7P Encl Drive Limo	1750	5650	9400	18,800	32,900	47,000
7P Fml Limo	1800	5750	9600	19,200	33,600	48,000
6P Lan'let	1850	5900	9800	19,600	34,300	49,000
7P Limo	1900	6000	10,000	20,000	35,000	50,000
7P Sed	1800	5750	9600	19,200	33,600	48,000
7P Fml Lan	1900	6000	10,000	20,000	35,000	50,000
7P Limo Lan	1900	6100	10,200	20,400	35,700	51,000
4P Sed Lan	1900	6000	10,000	20,000	35,000	50,000
3P Cpe Lan	2050	6600	11,000	22,000	38,500	55,000
7P Encl Drive Lan	2050	6600	11,000	22,000	38,500	55,000
7P Sed Lan	2050	6500	10,800	21,600	37,800	54,000

1925
Model 80 - 6-cyl., 130" wb

	6	5	4	3	2	1
7P Tr	1900	6000	10,000	20,000	35,000	50,000
4P Tr	1850	5900	9800	19,600	34,300	49,000
5P Sed	1400	4450	7400	14,800	25,900	37,000
4P Cpe	1600	5150	8600	17,200	30,100	43,000
7P Sed	1450	4550	7600	15,200	26,600	38,000
Encl Drive Limo	1700	5400	9000	18,000	31,500	45,000
2P Rbt	1750	5650	9400	18,800	32,900	47,000

Model 33 - 6-cyl., 138" wb

	6	5	4	3	2	1
2P Rbt	1950	6250	10,400	20,800	36,400	52,000
4P Tr	2000	6350	10,600	21,200	37,100	53,000
6P Tr	2050	6500	10,800	21,600	37,800	54,000
7P Tr	2050	6600	11,000	22,000	38,500	55,000
Brgm	1750	5650	9400	18,800	32,900	47,000
Cpe	1900	6000	10,000	20,000	35,000	50,000
4P Sed	1700	5400	9000	18,000	31,500	45,000
Cpe Sed	1700	5400	9000	18,000	31,500	45,000
Lan'let	1750	5650	9400	18,800	32,900	47,000
7P Sed	1750	5500	9200	18,400	32,200	46,000
Encl Drive Sed	1750	5650	9400	18,800	32,900	47,000

Pierce-Arrow 385

	6	5	4	3	2	1
Limo	1900	6000	10,000	20,000	35,000	50,000
Lan	1850	5900	9800	19,600	34,300	49,000
Encl Drive Lan	1900	6100	10,200	20,400	35,700	51,000

1926
Model 80 - 6-cyl., 70 hp, 130" wb

	6	5	4	3	2	1
7P Tr	1900	6000	10,000	20,000	35,000	50,000
4P Tr	1750	5650	9400	18,800	32,900	47,000
2P Rds	1800	5750	9600	19,200	33,600	48,000
4P Cpe	1600	5150	8600	17,200	30,100	43,000
7P Sed	1500	4800	8000	16,000	28,000	40,000
7P Encl Drive Limo	1700	5400	9000	18,000	31,500	45,000
5P Sed	1450	4700	7800	15,600	27,300	39,000
4P Cpe Lan	1550	4900	8200	16,400	28,700	41,000
5P Coach	1400	4450	7400	14,800	25,900	37,000

Model 33 - 6-cyl., 100 hp, 138" wb

	6	5	4	3	2	1
4P Tr	2050	6600	11,000	22,000	38,500	55,000
2P Rbt	2000	6350	10,600	21,200	37,100	53,000
6P Tr	2150	6850	11,400	22,800	39,900	57,000
7P Tr	2350	7450	12,400	24,800	43,400	62,000
6P Brgm	1900	6000	10,000	20,000	35,000	50,000
3P Cpe	1600	5050	8400	16,800	29,400	42,000
4P Sed	1500	4800	8000	16,000	28,000	40,000
4P Cpe Sed	1550	4900	8200	16,400	28,700	41,000
4P Encl Drive Limo	1900	6100	10,200	20,400	35,700	51,000
7P Sed	1750	5650	9400	18,800	32,900	47,000
6P Lan'let	1950	6250	10,400	20,800	36,400	52,000
7P Fr Limo	1950	6250	10,400	20,800	36,400	52,000
7P Sed Lan'let	2000	6350	10,600	21,200	37,100	53,000
4P Sed Lan'let	1950	6250	10,400	20,800	36,400	52,000
3P Cpe Lan'let	2000	6350	10,600	21,200	37,100	53,000
7P Limo	2050	6500	10,800	21,600	37,800	54,000
7P Encl Drive Limo	2050	6600	11,000	22,000	38,500	55,000
7P Encl Drive Lan'let	2150	6850	11,400	22,800	39,900	57,000

1927
Model 80 - 6-cyl., 70 hp, 130" wb

	6	5	4	3	2	1
7P Tr	1750	5500	9200	18,400	32,200	46,000
4P Tr	1700	5400	9000	18,000	31,500	45,000
2P Rds	1650	5300	8800	17,600	30,800	44,000
4P Cpe	1450	4550	7600	15,200	26,600	38,000
7P Sed	1200	3850	6400	12,800	22,400	32,000
7P Encl Drive Limo	1700	5400	9000	18,000	31,500	45,000
5P Sed	1150	3700	6200	12,400	21,700	31,000
5P 2 dr Coach	1200	3850	6400	12,800	22,400	32,000
5P 4 dr Coach	1300	4200	7000	14,000	24,500	35,000
4P Cpe	1450	4700	7800	15,600	27,300	39,000
2P Cpe	1400	4450	7400	14,800	25,900	37,000
7P 4 dr Coach	1400	4450	7400	14,800	25,900	37,000
7P Limo Coach	1600	5050	8400	16,800	29,400	42,000

Model 36 - 6-cyl., 100 hp, 138" wb

	6	5	4	3	2	1
2P Rbt	1950	6250	10,400	20,800	36,400	52,000
4P Tr	2050	6500	10,800	21,600	37,800	54,000
7P Tr	2150	6850	11,400	22,800	39,900	57,000
3P Cpe	1850	5900	9800	19,600	34,300	49,000
4P 4 dr Sed	1500	4800	8000	16,000	28,000	40,000
4P Cpe Sed	1600	5050	8400	16,800	29,400	42,000
4P Encl Drive Limo	1800	5750	9600	19,200	33,600	48,000
7P Encl Drive Lan	1750	5650	9400	18,800	32,900	47,000
7P Sed	1700	5400	9000	18,000	31,500	45,000
7P Fr Lan	1750	5500	9200	18,400	32,200	46,000
7P Sed Lan	1750	5500	9200	18,400	32,200	46,000
4P Sed Lan	1700	5400	9000	18,000	31,500	45,000
7P Encl Drive Limo	1850	5900	9800	19,600	34,300	49,000
7P Fr Limo	1750	5650	9400	18,800	32,900	47,000
4P Encl Drive Limo	1800	5750	9600	19,200	33,600	48,000

1928
Model 81 - 6-cyl., 75 hp, 130" wb

	6	5	4	3	2	1
4P Rbt	1900	6000	10,000	20,000	35,000	50,000
4P Tr	1950	6250	10,400	20,800	36,400	52,000
4P Rds	2000	6350	10,600	21,200	37,100	53,000
5P Brgm	1650	5300	8800	17,600	30,800	44,000
2P Cpe	1700	5400	9000	18,000	31,500	45,000
5P Clb Sed	1650	5300	8800	17,600	30,800	44,000
4P Cpe	1750	5500	9200	18,400	32,200	46,000
5P Sed	1600	5050	8400	16,800	29,400	42,000
Spt Sed Lan	1600	5150	8600	17,200	30,100	43,000
Clb Sed Lan	1650	5300	8800	17,600	30,800	44,000

Pierce-Arrow

	6	5	4	3	2	1
7P Sed	1650	5300	8800	17,600	30,800	44,000
4P Cpe DeL	1750	5650	9400	18,800	32,900	47,000
7P Encl Drive Limo	1850	5900	9800	19,600	34,300	49,000

Model 36 - 6-cyl., 100 hp, 138" wb

	6	5	4	3	2	1
4P Rbt	2500	7900	13,200	26,400	46,200	66,000
4P Tr	2550	8150	13,600	27,200	47,600	68,000
7P Tr	2650	8400	14,000	28,000	49,000	70,000
Encl Drive Limo	2200	7100	11,800	23,600	41,300	59,000
7P Sed	2050	6500	10,800	21,600	37,800	54,000
7P Encl Drive Lan'let	2200	7100	11,800	23,600	41,300	59,000
7P Sed Lan	2050	6600	11,000	22,000	38,500	55,000
3P Cpe	2100	6700	11,200	22,400	39,200	56,000
4P Cpe Sed	2100	6700	11,200	22,400	39,200	56,000
4P Encl Drive Sed	2350	7450	12,400	24,800	43,400	62,000
4P Sed	1900	6000	10,000	20,000	35,000	50,000
6P Encl Drive Limo	2500	7900	13,200	26,400	46,200	66,000
4P C.C.Sed	2150	6850	11,400	22,800	39,900	57,000
4P Sed Lan	2200	7100	11,800	23,600	41,300	59,000
4P Encl Drive Lan	2150	6850	11,400	22,800	39,900	57,000
6P Fml Limo	2500	7900	13,200	26,400	46,200	66,000
6P Fr Lan	2550	8150	13,600	27,200	47,600	68,000

1929 Pierce-Arrow 5 pass sedan

1929

Model 125 - 8-cyl., 125 hp, 133" wb

	6	5	4	3	2	1
4P Rds	3000	9600	16,000	32,000	56,000	80,000
4P Tr	2950	9350	15,600	31,200	54,600	78,000
5P Brgm	1900	6000	10,000	20,000	35,000	50,000
4P Cpe	2150	6850	11,400	22,800	39,900	57,000
5P Sed	1950	6250	10,400	20,800	36,400	52,000
5P Twn Sed	2050	6500	10,800	21,600	37,800	54,000
7P Sed	2000	6350	10,600	21,200	37,100	53,000
7P Encl Drive Limo	2200	7100	11,800	23,600	41,300	59,000

Model 126 - 8-cyl., 125 hp, 143" wb

	6	5	4	3	2	1
7P Tr	3250	10,300	17,200	34,400	60,200	86,000
4P Conv Cpe	3300	10,550	17,600	35,200	61,600	88,000
7P Sed	2400	7700	12,800	25,600	44,800	64,000
7P Encl Drive Limo	2500	7900	13,200	26,400	46,200	66,000
4P Sed	2250	7200	12,000	24,000	42,000	60,000

1930

Model C - 8-cyl., 115 hp, 132" wb

	6	5	4	3	2	1
Clb Brgm	1500	4800	8000	16,000	28,000	40,000
Cpe	1600	5050	8400	16,800	29,400	42,000
Sed	1400	4450	7400	14,800	25,900	37,000

Model B - 8-cyl., 125 hp, 134" wb

	6	5	4	3	2	1
Rds	3750	12,000	20,000	40,000	70,000	100,000
Tr	3750	12,000	20,000	40,000	70,000	100,000
Spt Phaeton	4000	12,700	21,200	42,400	74,200	106,000
Conv Cpe	3600	11,500	19,200	38,400	67,200	96,000

Model B- 8-cyl., 125 hp, 139" wb

	6	5	4	3	2	1
5P Sed	2150	6850	11,400	22,800	39,900	57,000

	6	5	4	3	2	1
Vic Cpe	2200	7100	11,800	23,600	41,300	59,000
7P Sed	2150	6850	11,400	22,800	39,900	57,000
Clb Sed	2350	7450	12,400	24,800	43,400	62,000
Encl Drive Limo	2700	8650	14,400	28,800	50,400	72,000
Model A - 8-cyl., 132 hp, 144" wb						
Tr	4150	13,200	22,000	44,000	77,000	110,000
Conv Cpe	4150	13,200	22,000	44,000	77,000	110,000
Sed	2650	8400	14,000	28,000	49,000	70,000
Encl Drive Limo	3000	9600	16,000	32,000	56,000	80,000
Twn Car	3100	9850	16,400	32,800	57,400	82,000

1931 Pierce-Arrow Town Car

1931
Model 43 - 8-cyl., 125 hp, 134" wb

	6	5	4	3	2	1
Rds	3750	12,000	20,000	40,000	70,000	100,000
Tourer	3750	12,000	20,000	40,000	70,000	100,000
Cpe	2500	7900	13,200	26,400	46,200	66,000
Model 43 - 8-cyl., 125 hp, 137" wb						
5P Sed	1500	4800	8000	16,000	28,000	40,000
Clb Sed	1700	5400	9000	18,000	31,500	45,000
7P Sed	1750	5650	9400	18,800	32,900	47,000
Encl Drive Limo	1900	6000	10,000	20,000	35,000	50,000
Model 42 - 8-cyl., 132 hp, 142" wb						
Rds	4000	12,700	21,200	42,400	74,200	106,000
Tourer	4000	12,700	21,200	42,400	74,200	106,000
Spt Tourer	4200	13,450	22,400	44,800	78,400	112,000
Conv Cpe	3600	11,500	19,200	38,400	67,200	96,000
5P Sed	1700	5400	9000	18,000	31,500	45,000
Clb Sed	1800	5750	9600	19,200	33,600	48,000
7P Sed	1750	5650	9400	18,800	32,900	47,000
Clb Berl	1900	6000	10,000	20,000	35,000	50,000
Encl Drive Limo	2250	7200	12,000	24,000	42,000	60,000
Model 41 - 8-cyl., 132 hp, 147" wb						
Touring	4150	13,200	22,000	44,000	77,000	110,000
Conv Cpe	4150	13,200	22,000	44,000	77,000	110,000
Sed	1900	6000	10,000	20,000	35,000	50,000
Encl Drive Limo	2200	7100	11,800	23,600	41,300	59,000
Twn Car	2250	7200	12,000	24,000	42,000	60,000

1932
Model 54 - 8-cyl., 125 hp, 137" wb

	6	5	4	3	2	1
Conv Cpe Rds	3600	11,500	19,200	38,400	67,200	96,000
5P Tr	3550	11,300	18,800	37,600	65,800	94,000
Phae	3550	11,300	18,800	37,600	65,800	94,000
Brgm	1650	5300	8800	17,600	30,800	44,000
Cpe	1900	6000	10,000	20,000	35,000	50,000
5P Sed	1600	5150	8600	17,200	30,100	43,000
Clb Sed	1650	5300	8800	17,600	30,800	44,000
Clb Berl	1700	5400	9000	18,000	31,500	45,000
Con Sed	3450	11,050	18,400	36,800	64,400	92,000
Model 54 - 8-cyl., 125 hp, 142" wb						
7P Tr	3750	12,000	20,000	40,000	70,000	100,000
7P Sed	1700	5400	9000	18,000	31,500	45,000

	6	5	4	3	2	1
Limo	1900	6000	10,000	20,000	35,000	50,000
Model 53 - 12-cyl., 140 hp, 137" wb						
Conv Cpe Rds	4150	13,200	22,000	44,000	77,000	110,000
5P Tr	4200	13,450	22,400	44,800	78,400	112,000
Phae	4000	12,700	21,200	42,400	74,200	106,000
Clb Brgm	1900	6000	10,000	20,000	35,000	50,000
Cpe	1950	6250	10,400	20,800	36,400	52,000
5P Sed	1750	5650	9400	18,800	32,900	47,000
Clb Sed	1850	5900	9800	19,600	34,300	49,000
Clb Berl	2050	6600	11,000	22,000	38,500	55,000
Con Sed	3600	11,500	19,200	38,400	67,200	96,000
Model 53 - 12-cyl., 140 hp, 142" wb						
7P Tr	4000	12,700	21,200	42,400	74,200	106,000
7P Sed	2050	6600	11,000	22,000	38,500	55,000
Limo	2350	7450	12,400	24,800	43,400	62,000
Model 51 - 12-cyl., 150 hp, 147" wb						
Cpe	2150	6850	11,400	22,800	39,900	57,000
Conv Vic Cpe	4200	13,450	22,400	44,800	78,400	112,000
Clb Sed	2150	6850	11,400	22,800	39,900	57,000
Conv Sed	4000	12,700	21,200	42,400	74,200	106,000
Encl Drive Limo	2700	8650	14,400	28,800	50,400	72,000
A.W. Twn Brgm	3250	10,300	17,200	34,400	60,200	86,000
A.W. Twn Cabr	3450	11,050	18,400	36,800	64,400	92,000
Encl Drive Brgm	3100	9850	16,400	32,800	57,400	82,000
1933						
Model 836 - 8-cyl., 135 hp, 136" wb						
5P Clb Brgm	1350	4300	7200	14,400	25,200	36,000
5P Sed	1400	4450	7400	14,800	25,900	37,000
5P Clb Sed	1550	4900	8200	16,400	28,700	41,000
7P Sed	1450	4550	7600	15,200	26,600	38,000
7P Encl Drive Limo	1700	5400	9000	18,000	31,500	45,000
Model 1236 - 12-cyl., 160 hp, 136" wb						
5P Clb Brgm	1550	4900	8200	16,400	28,700	41,000
5P Sed	1600	5050	8400	16,800	29,400	42,000
5P Clb Sed	1750	5500	9200	18,400	32,200	46,000
7P Sed (139")	1600	5150	8600	17,200	30,100	43,000
7P Encl Drive Limo	1900	6000	10,000	20,000	35,000	50,000
Model 1242 - 12-cyl., 175 hp, 137" wb						
5P Tr	3250	10,300	17,200	34,400	60,200	86,000
5P Spt Phae	3450	11,050	18,400	36,800	64,400	92,000
7P Tourer (142")	3300	10,550	17,600	35,200	61,600	88,000
5P Clb Brgm	1600	5150	8600	17,200	30,100	43,000
5P Sed	1650	5300	8800	17,600	30,800	44,000
5P Clb Sed	1800	5750	9600	19,200	33,600	48,000
5P Clb Berl	1900	6000	10,000	20,000	35,000	50,000
4P Cpe	1950	6250	10,400	20,800	36,400	52,000
4P Cust Rds	3550	11,300	18,800	37,600	65,800	94,000
5P Conv Sed	3250	10,300	17,200	34,400	60,200	86,000
7P Sed (142")	1700	5400	9000	18,000	31,500	45,000
7P Encl Drive Limo	2050	6600	11,000	22,000	38,500	55,000
Model 1247 - 12-cyl., 175 hp, 142" wb						
5P Sed	2050	6600	11,000	22,000	38,500	55,000
5P Clb Sed	2150	6850	11,400	22,800	39,900	57,000
7P Sed (147")	2150	6850	11,400	22,800	39,900	57,000
5P Clb Berl	2150	6850	11,400	22,800	39,900	57,000
7P Encl Drive Limo	2350	7450	12,400	24,800	43,400	62,000
5P Conv Sed	3250	10,300	17,200	34,400	60,200	86,000
4P Cpe (147")	2500	7900	13,200	26,400	46,200	66,000
5P Conv Sed (147")	4200	13,450	22,400	44,800	78,400	112,000
5P Clb Sed (147")	2350	7450	12,400	24,800	43,400	62,000
5P Conv Sed (147")	4350	13,900	23,200	46,400	81,200	116,000
Encl Drive Limo (147")	2500	7900	13,200	26,400	46,200	66,000
7P Twn Brgm (147")	2550	8150	13,600	27,200	47,600	68,000
7P Twn Car (147")	2700	8650	14,400	28,800	50,400	72,000
7P Twn Cabr (147")	4200	13,450	22,400	44,800	78,400	112,000
7P Encl Drive Brgm	2700	8650	14,400	28,800	50,400	72,000
1934						
Model 836A, 136" wb						
Clb Brgm	1450	4550	7600	15,200	26,600	38,000
Clb Brgm Salon	1500	4800	8000	16,000	28,000	40,000
4 dr Sed	1500	4800	8000	16,000	28,000	40,000
4 dr Sed Salon	1600	5050	8400	16,800	29,400	42,000
Model 840A - 8-cyl., 139" wb						
Rds	2350	7450	12,400	24,800	43,400	62,000
Brgm	1600	5050	8400	16,800	29,400	42,000
Sed	1600	5150	8600	17,200	30,100	43,000

Pierce-Arrow 389

	6	5	4	3	2	1
Clb Sed	1650	5300	8800	17,600	30,800	44,000
Cpe	1750	5650	9400	18,800	32,900	47,000
Model 840A - 8-cyl., 144" wb						
Silver Arrow	4000	12,700	21,200	42,400	74,200	106,000
Sed	1700	5400	9000	18,000	31,500	45,000
Encl Drive Limo	2050	6600	11,000	22,000	38,500	55,000
Model 1240A - 12-cyl., 139" wb						
Rds	3100	9850	16,400	32,800	57,400	82,000
Brgm	1700	5400	9000	18,000	31,500	45,000
Sed	1750	5500	9200	18,400	32,200	46,000
Clb Sed	1750	5650	9400	18,800	32,900	47,000
Cpe	1900	6000	10,000	20,000	35,000	50,000
Model 1250A - 12-cyl., 144" wb						
Silver Arrow	4350	13,900	23,200	46,400	81,200	116,000
Sed	1900	6000	10,000	20,000	35,000	50,000
Encl Drive Limo	2350	7450	12,400	24,800	43,400	62,000
Model 1248A - 12-cyl., 147" wb						
Sed	2050	6600	11,000	22,000	38,500	55,000
Encl Drive Limo	2500	7900	13,200	26,400	46,200	66,000

1935
Model 845 - 8-cyl., 140 hp, 138" wb

	6	5	4	3	2	1
Conv Rds	2200	7100	11,800	23,600	41,300	59,000
Clb Brgm	1500	4800	8000	16,000	28,000	40,000
Cpe	1650	5300	8800	17,600	30,800	44,000
5P Sed	1550	4900	8200	16,400	28,700	41,000
Clb Sed	1600	5050	8400	16,800	29,400	42,000
Model 845 - 8-cyl., 140 hp, 144" wb						
7P Sed	1600	5150	8600	17,200	30,100	43,000
Encl Drive Limo	1900	6000	10,000	20,000	35,000	50,000
Silver Arrow	4000	12,700	21,200	42,400	74,200	106,000
Model 1245 - 12-cyl., 175 hp, 138" wb						
Conv Rds	2850	9100	15,200	30,400	53,200	76,000
Clb Brgm	1700	5400	9000	18,000	31,500	45,000
Cpe	1900	6000	10,000	20,000	35,000	50,000
5P Sed	1750	5500	9200	18,400	32,200	46,000
Clb Sed	1750	5650	9400	18,800	32,900	47,000
Model 1245 - 12-cyl., 175 hp, 144" wb						
7P Sed	1950	6250	10,400	20,800	36,400	52,000
Encl Drive Limo	2050	6600	11,000	22,000	38,500	55,000
Silver Arrow	4350	13,900	23,200	46,400	81,200	116,000
Model 1255 - 12-cyl., 175 hp, 147" wb						
7P Sed	2050	6600	11,000	22,000	38,500	55,000
Encl Drive Limo	2350	7450	12,400	24,800	43,400	62,000

1936
Deluxe 8 - 150 hp, 139" wb

	6	5	4	3	2	1
Cpe	1500	4800	8000	16,000	28,000	40,000
Ctry Club Rds	2050	6600	11,000	22,000	38,500	55,000
Clb Sed	1300	4200	7000	14,000	24,500	35,000
5P Sed	1300	4100	6800	13,600	23,800	34,000
Clb Berl	1500	4800	8000	16,000	28,000	40,000
Deluxe 8 - 150 hp, 144" wb						
7P Sed	1400	4450	7400	14,800	25,900	37,000
Limo	1700	5400	9000	18,000	31,500	45,000
Metropolitan Twn Car	1900	6000	10,000	20,000	35,000	50,000
Conv Sed	2350	7450	12,400	24,800	43,400	62,000
Salon Twelve - 185 hp, 139" wb						
Cpe	1700	5400	9000	18,000	31,500	45,000
Ctry Club Rds	2500	7900	13,200	26,400	46,200	66,000
Clb Sed	1450	4700	7800	15,600	27,300	39,000
5P Sed	1450	4550	7600	15,200	26,600	38,000
Clb Berl	1700	5400	9000	18,000	31,500	45,000
Salon Twelve - 185 hp, 144" wb						
7P Sed	1600	5150	8600	17,200	30,100	43,000
Limo	1900	6000	10,000	20,000	35,000	50,000
Metropolitan Twn Car	2050	6600	11,000	22,000	38,500	55,000
Conv Sed	2700	8650	14,400	28,800	50,400	72,000
7P Sed (147")	1900	6000	10,000	20,000	35,000	50,000
7P Encl Drive Limo	2150	6850	11,400	22,800	39,900	57,000

1937
Pierce-Arrow 8 - 150 hp, 138" wb

	6	5	4	3	2	1
Cpe	1450	4700	7800	15,600	27,300	39,000
5P Sed	1250	3950	6600	13,200	23,100	33,000
Conv Rds	2050	6600	11,000	22,000	38,500	55,000
Clb Sed	1300	4100	6800	13,600	23,800	34,000
Clb Berl	1300	4200	7000	14,000	24,500	35,000
Fml Sed	1550	4900	8200	16,400	28,700	41,000

Pierce-Arrow 8 - 150 hp, 144" wb

	6	5	4	3	2	1
7P Fml Sed	1700	5400	9000	18,000	31,500	45,000
7P Sed	1600	5050	8400	16,800	29,400	42,000
Limo	1900	6000	10,000	20,000	35,000	50,000
Conv Sed	2500	7900	13,200	26,400	46,200	66,000
Brunn Metro Twn Car	2050	6600	11,000	22,000	38,500	55,000
Twn Brgm	1950	6250	10,400	20,800	36,400	52,000
5P Encl Drive Limo (147")	1900	6100	10,200	20,400	35,700	51,000

Pierce-Arrow 12 - 185 hp, 139" wb
Cpe	1600	5150	8600	17,200	30,100	43,000
5P Sed	1400	4450	7400	14,800	25,900	37,000
Conv Rds	2500	7900	13,200	26,400	46,200	66,000
Clb Sed	1450	4550	7600	15,200	26,600	38,000
Clb Berl	1450	4700	7800	15,600	27,300	39,000
5P Fml Sed	1700	5400	9000	18,000	31,500	45,000

Pierce-Arrow 12 - 185 hp, 144" wb
7P Sed	1500	4800	8000	16,000	28,000	40,000
Limo	1700	5400	9000	18,000	31,500	45,000
Conv Sed	3100	9850	16,400	32,800	57,400	82,000
Brunn Metro Twn Brgm	2500	7900	13,200	26,400	46,200	66,000

Pierce-Arrow 12 - 185 hp, 147" wb
7P Sed	1900	6000	10,000	20,000	35,000	50,000
Encl Drive Limo	2150	6850	11,400	22,800	39,900	57,000
Metro Twn Car	2550	8150	13,600	27,200	47,600	68,000

1938
Pierce-Arrow 8 - 150 hp, 139" wb
5P Sed	1150	3700	6200	12,400	21,700	31,000
Clb Sed	1250	3950	6600	13,200	23,100	33,000
Cpe	1450	4550	7600	15,200	26,600	38,000
Conv Cpe	2050	6600	11,000	22,000	38,500	55,000
Clb Berl	1400	4450	7400	14,800	25,900	37,000
Fml Sed	1300	4100	6800	13,600	23,800	34,000

Pierce-Arrow 8 - 150 hp, 144" wb
Brunn Metro Twn Brgm	1900	6100	10,200	20,400	35,700	51,000
7P Sed	1600	5150	8600	17,200	30,100	43,000
Encl Drive Limo	1750	5650	9400	18,800	32,900	47,000
Con Sed	2500	7900	13,200	26,400	46,200	66,000
Spl Sed	1600	5050	8400	16,800	29,400	42,000
Fml Sed	1700	5400	9000	18,000	31,500	45,000

Pierce-Arrow 12 - 185 hp, 139" wb
5P Sed	1700	5400	9000	18,000	31,500	45,000
Clb Sed	1750	5650	9400	18,800	32,900	47,000
Cpe	2000	6350	10,600	21,200	37,100	53,000
Conv Cpe	2700	8650	14,400	28,800	50,400	72,000
Clb Berl	1500	4800	8000	16,000	28,000	40,000
Fml Sed	1500	4800	8000	16,000	28,000	40,000

Pierce-Arrow 12 - 185 hp, 144" wb
Spl Sed	1900	6000	10,000	20,000	35,000	50,000
7P Sed	1950	6250	10,400	20,800	36,400	52,000
Encl Drive Limo	2350	7450	12,400	24,800	43,400	62,000
Conv Sed	2800	8900	14,800	29,600	51,800	74,000
Brunn Metro Twn Brgm	2400	7700	12,800	25,600	44,800	64,000

Pierce-Arrow 12 - 147" wb
7P Sed	2050	6500	10,800	21,600	37,800	54,000
Encl Drive Limo	2500	7900	13,200	26,400	46,200	66,000

PLYMOUTH

1928
Model Q, 4-cyl.
Rds	850	2650	4400	8800	15,400	22,000
Tr	800	2500	4200	8400	14,700	21,000
Cpe	450	1000	1650	3400	6350	9100
DeL Cpe	450	1100	1700	3650	6650	9500
2 dr Sed	350	750	1350	2600	5400	7700
Sed	350	800	1450	2750	5600	8000
DeL Sed	350	850	1500	2800	5650	8100

1929-30
Model U, 4-cyl.
Rds	850	2750	4600	9200	16,100	23,000

Plymouth

	6	5	4	3	2	1
Tr	850	2650	4400	8800	15,400	22,000
Cpe	350	900	1550	3050	5900	8500
DeL Cpe	450	1000	1650	3350	6300	9000
2 dr Sed	350	900	1550	3100	6000	8600
Sed	350	900	1550	3050	5900	8500
DeL Sed	450	1000	1650	3350	6300	9000

NOTE: Factory prices reduced app. 40 percent for 1930 model year.

1931
PA, 4-cyl.

Rds	900	2900	4800	9600	16,800	24,000
Tr	850	2750	4600	9200	16,100	23,000
Conv	550	1700	2800	5600	9800	14,000
Cpe	400	1200	2000	3950	7000	10,000
2 dr Sed	350	750	1300	2500	5300	7600
Sed	350	850	1500	2900	5700	8200
DeL Sed	450	1000	1650	3350	6300	9000

1932 Plymouth PB 4 dr sedan

1932
Model PA, 4-cyl., 109" wb

Rds	850	2650	4400	8800	15,400	22,000
Conv	850	2750	4600	9200	16,100	23,000
Cpe	400	1250	2100	4200	7400	10,500
RS Cpe	400	1250	2100	4200	7400	10,500
2 dr Sed	450	1000	1650	3350	6300	9000
Sed	450	1000	1650	3350	6300	9000
Phae	850	2750	4600	9200	16,100	23,000

Model PB, 4-cyl., 112" wb
NOTE: Add 5 percent for 6 cyl. models.

Rds	800	2500	4200	8400	14,700	21,000
Conv	850	2650	4400	8800	15,400	22,000
Conv Sed	850	2650	4400	8800	15,400	22,000
RS Cpe	400	1250	2100	4200	7400	10,500
2 dr Sed	450	1100	1700	3650	6650	9500
Sed	450	1100	1700	3650	6650	9500
DeL Sed	450	1150	1800	3800	6800	9700

1933
PC, 6-cyl., 108" wb

Conv	750	2400	4000	8000	14,000	20,000
Cpe	350	900	1550	3050	5900	8500
RS Cpe	450	1000	1650	3350	6300	9000
2 dr Sed	350	750	1350	2600	5400	7700
Sed	350	750	1300	2450	5250	7500

PD, 6-cyl.
NOTE: Add 4 percent for PCXX models.

Conv	800	2500	4200	8400	14,700	21,000
Cpe	450	1100	1700	3650	6650	9500
RS Cpe	400	1250	2100	4200	7400	10,500

Plymouth

	6	5	4	3	2	1
2 dr Sed	350	900	1550	3050	5900	8500
Sed	350	900	1550	3100	6000	8600

1934
Standard PG, 6-cyl., 108" wb

	6	5	4	3	2	1
Bus Cpe	350	800	1450	2750	5600	8000
2 dr Sed	350	750	1300	2450	5250	7500

Standard PF, 6-cyl., 108" wb

	6	5	4	3	2	1
Bus Cpe	350	900	1550	3050	5900	8500
RS Cpe	450	1000	1650	3350	6300	9000
2 dr Sed	350	750	1350	2600	5400	7700
Sed	350	750	1350	2650	5450	7800

DeLuxe PE, 6-cyl., 114" wb

	6	5	4	3	2	1
Conv	850	2650	4400	8800	15,400	22,000
Cpe	450	1100	1700	3650	6650	9500
RS Cpe	400	1250	2100	4200	7400	10,500
2 dr Sed	350	900	1550	3050	5900	8500
Sed	350	900	1550	3100	6000	8600
Twn Sed	400	1200	2000	3950	7000	10,000

1935
PJ, 6-cyl., 113" wb

	6	5	4	3	2	1
2P Cpe	350	750	1250	2400	5100	7300
2 dr Sed	350	725	1200	2350	4800	6800
Bus Cpe	350	750	1300	2400	5200	7400
2 dr Sed	350	725	1200	2350	4800	6800
Bus Sed	350	750	1250	2400	5100	7300

PJ DeLuxe, 6-cyl., 113" wb

	6	5	4	3	2	1
Conv	750	2400	4000	8000	14,000	20,000
Bus Cpe	350	850	1500	2950	5800	8300
RS Cpe	450	950	1600	3250	6150	8800
2 dr Sed	350	750	1250	2400	5100	7300
2 dr Tr Sed	350	750	1300	2450	5250	7500
Sed	350	750	1350	2650	5450	7800
Tr Sed	350	850	1500	2950	5800	8300
7P Sed	450	950	1600	3250	6150	8800
Trav Sed	450	1050	1700	3550	6500	9300

1936
P1 Business Line, 6-cyl., 113" wb

	6	5	4	3	2	1
Bus Cpe	350	750	1350	2650	5450	7800
2 dr Bus Sed	350	750	1250	2400	5100	7300
Bus Sed	350	750	1300	2400	5200	7400
Sta Wag	500	1600	2700	5400	9500	13,500

P2 DeLuxe, 6-cyl., 113"-125" wb

	6	5	4	3	2	1
Conv	800	2500	4200	8400	14,700	21,000
Cpe	450	950	1600	3250	6150	8800
RS Cpe	450	1050	1700	3550	6500	9300
2 dr Sed	350	750	1350	2650	5450	7800
2 dr Tr Sed	350	850	1500	2950	5800	8300
Sed	350	750	1350	2650	5450	7800
Tr Sed	350	850	1500	2950	5800	8300
7P Sed	450	1050	1700	3550	6500	9300

1937
Roadking, 6-cyl., 112" wb

	6	5	4	3	2	1
Cpe	350	750	1350	2650	5450	7800
2 dr Sed	200	675	1050	2250	4300	6100
Sed	200	675	1100	2250	4400	6300

DeLuxe, 6-cyl., 112"-132" wb

	6	5	4	3	2	1
Conv	800	2500	4200	8400	14,700	21,000
Cpe	350	850	1500	2950	5800	8300
RS Cpe	450	950	1600	3250	6150	8800
2 dr Sed	350	725	1150	2300	4700	6700
2 dr Tr Sed	350	725	1200	2350	4850	6900
Sed	350	725	1200	2350	4800	6800
Tr Sed	350	750	1200	2350	4900	7000
Limo	450	950	1600	3250	6150	8800
Sub	400	1300	2200	4400	7700	11,000

1938
Roadking, 6-cyl., 112" wb

	6	5	4	3	2	1
Cpe	350	750	1350	2650	5450	7800
2 dr Sed	200	675	1050	2250	4300	6100
Sed	200	675	1100	2250	4400	6300
2 dr Tr Sed	350	700	1150	2300	4550	6500
Tr Sed	350	700	1100	2300	4500	6400

DeLuxe, 6-cyl., 112"-132" wb

	6	5	4	3	2	1
Conv	800	2500	4200	8400	14,700	21,000
Cpe	350	850	1500	2950	5800	8300

	6	5	4	3	2	1
RS Cpe	450	1000	1650	3350	6300	9000
2 dr Sed	350	725	1150	2300	4700	6700
2 dr Tr Sed	350	725	1200	2350	4850	6900
Sed	350	725	1200	2350	4800	6800
Tr Sed	350	750	1200	2350	4900	7000
7P Sed	350	850	1500	2950	5800	8300
Limo	450	950	1600	3250	6150	8800
Sub	400	1200	2000	3950	7000	10,000

1939
P7 Roadking, 6-cyl., 114" wb

	6	5	4	3	2	1
Cpe	350	850	1500	2950	5800	8300
2 dr Sed	350	700	1150	2300	4550	6500
2 dr Tr Sed	350	700	1150	2300	4600	6600
Sed	350	725	1150	2300	4700	6700
Tr Sed	350	725	1200	2350	4800	6800
Utl Sed	350	725	1150	2300	4700	6700

P8 DeLuxe, 6-cyl., 114"-134" wb

	6	5	4	3	2	1
Conv	800	2500	4200	8400	14,700	21,000
Conv Sed	850	2650	4400	8800	15,400	22,000
2P Cpe	450	950	1600	3250	6150	8800
RS Cpe	450	1050	1700	3550	6500	9300
2 dr Sed	350	750	1200	2350	4900	7000
2 dr Tr Sed	350	750	1250	2350	5000	7100
Sed	350	750	1200	2350	4900	7000
Tr Sed	350	750	1250	2400	5050	7200
Sta Wag W/C	800	2500	4200	8400	14,700	21,000
Sta Wag W/G	850	2650	4400	8800	15,400	22,000
7P Ewb Sed	350	725	1200	2350	4850	6900
Ewb Limo	450	1000	1650	3350	6300	9000

1940
P9 Roadking, 6-cyl., 117" wb

	6	5	4	3	2	1
Cpe	350	750	1350	2650	5450	7800
2 dr Tr Sed	200	675	1100	2250	4400	6300
4 dr Tr Sed	350	700	1150	2300	4550	6500
Utl Sed	200	675	1100	2250	4400	6300

P10 DeLuxe, 6-cyl., 137" wb

	6	5	4	3	2	1
Conv	800	2500	4200	8400	14,700	21,000
DeL Cpe	350	900	1550	3050	5900	8500
4P Cpe	450	1000	1650	3350	6300	9000
2 dr Sed	200	650	1050	2250	4200	6000
Sed	350	700	1100	2300	4500	6400
Sta Wag	850	2650	4400	8800	15,400	22,000
7P Sed	350	750	1350	2650	5450	7800
Sed Limo	450	1100	1700	3650	6650	9500

1941
P11 Standard, 6-cyl., 117" wb

	6	5	4	3	2	1
Cpe	350	750	1350	2650	5450	7800
2 dr Sed	200	675	1050	2250	4300	6100
Sed	200	675	1100	2250	4400	6300
Utl Sed	200	675	1050	2250	4350	6200

P11 DeLuxe, 6-cyl., 117" wb

	6	5	4	3	2	1
Cpe	350	800	1450	2750	5600	8000
2 dr Sed	200	675	1050	2250	4350	6200
Sed	350	700	1100	2300	4500	6400

P12 Special DeLuxe, 6 cyl., 117"-137" wb

	6	5	4	3	2	1
Conv	850	2650	4400	8800	15,400	22,000
DeL Cpe	350	850	1500	2950	5800	8300
4P Cpe	350	900	1550	3050	5900	8500
2 dr Sed	350	700	1150	2300	4550	6500
Sed	350	750	1300	2500	5300	7600
Sta Wag	850	2650	4400	8800	15,400	22,000
7P Sed	350	750	1350	2650	5450	7800
Limo	450	1100	1700	3650	6650	9500

1942
P14S DeLuxe, 6-cyl., 117" wb

	6	5	4	3	2	1
Cpe	350	750	1300	2450	5250	7500
2 dr Sed	200	650	1000	2200	4150	5900
Utl Sed	200	600	950	2200	3900	5600
Clb Cpe	350	700	1150	2300	4550	6500
Sed	200	600	1000	2200	4000	5700

P14C Special DeLuxe, 6-cyl., 117" wb

	6	5	4	3	2	1
Conv	700	2300	3800	7600	13,300	19,000
Cpe	350	800	1450	2750	5600	8000
2 dr Sed	200	650	1050	2250	4200	6000
Sed	200	650	1000	2200	4150	5900

	6	5	4	3	2	1
Twn Sed	200	650	1050	2250	4200	6000
Clb Cpe	350	900	1550	3050	5900	8500
Sta Wag	850	2650	4400	8800	15,400	22,000

1946-1948
P15 DeLuxe, 6-cyl., 117" wb

	6	5	4	3	2	1
Cpe	350	900	1550	3050	5900	8500
Clb Cpe	450	1000	1650	3350	6300	9000
2 dr Sed	200	600	950	2150	3850	5500
Sed	200	600	950	2200	3900	5600

P15 Special DeLuxe, 6-cyl., 117" wb

	6	5	4	3	2	1
Conv	750	2400	4000	8000	14,000	20,000
Cpe	450	1000	1650	3350	6300	9000
Clb Cpe	450	1100	1700	3650	6650	9500
2 dr Sed	200	650	1000	2200	4100	5800
Sed	200	650	1050	2250	4200	6000
Sta Wag	850	2750	4600	9200	16,100	23,000

1949
First Series values same as 1948
Second Series
DeLuxe, 6-cyl., 111" wb

	6	5	4	3	2	1
Cpe	350	900	1550	3050	5900	8500
2 dr Sed	200	675	1050	2250	4300	6100
Sta Wag	350	900	1550	3050	5900	8500

DeLuxe, 6-cyl., 118.5" wb

	6	5	4	3	2	1
Clb Cpe	350	950	1600	3200	6050	8700
Sed	350	700	1150	2300	4550	6500

Special DeLuxe, 6-cyl., 118.5" wb

	6	5	4	3	2	1
Conv	700	2300	3800	7600	13,300	19,000
Clb Cpe	450	1000	1650	3350	6300	9000
Sed	350	725	1200	2350	4800	6800
Sta Wag	500	1550	2600	5200	9100	13,000

1950
DeLuxe, 6-cyl., 111" wb

	6	5	4	3	2	1
Cpe	350	750	1350	2650	5450	7800
2 dr Sed	200	675	1050	2250	4300	6100
Sta Wag	350	900	1550	3050	5900	8500

DeLuxe, 6-cyl., 118.5" wb

	6	5	4	3	2	1
Clb Cpe	350	800	1450	2750	5600	8000
Sed	200	675	1100	2250	4400	6300

Special DeLuxe, 6-cyl., 118.5" wb

	6	5	4	3	2	1
Conv	700	2300	3800	7600	13,300	19,000
Clb Cpe	350	900	1550	3050	5900	8500
Sed	350	725	1200	2350	4800	6800
Sta Wag	500	1550	2600	5200	9100	13,000

NOTE: Add 5 percent for P-19 Special DeLuxe Suburban.

1951-1952
P22 Concord, 6-cyl., 111" wb

	6	5	4	3	2	1
2 dr Sed	200	600	950	2200	3900	5600
Cpe	350	750	1300	2450	5250	7500
Sta Wag	350	750	1300	2450	5250	7500

P23 Cambridge, 6-cyl., 118.5" wb

	6	5	4	3	2	1
Sed	200	675	1050	2250	4300	6100
Clb Cpe	350	800	1450	2750	5600	8000

P23 Cranbrook, 6-cyl., 118.5" wb

	6	5	4	3	2	1
Sed	350	700	1150	2300	4550	6500
Clb Cpe	350	900	1550	3050	5900	8500
HdTp	400	1200	2050	4100	7100	10,200
Conv	700	2150	3600	7200	12,600	18,000

1953
P24-1 Cambridge, 6-cyl., 114" wb

	6	5	4	3	2	1
Sed	200	600	1000	2200	4000	5700
2 dr Sed	200	600	950	2200	3900	5600
Bus Cpe	200	650	1000	2200	4100	5800
Sta Wag	200	600	1000	2200	4000	5700

P24-2 Cranbrook, 6-cyl., 114" wb

	6	5	4	3	2	1
Sed	200	650	1050	2250	4200	6000
Clb Cpe	350	700	1150	2300	4550	6500
HdTp	400	1200	2000	3950	7000	10,000
Sta Wag	350	750	1300	2450	5250	7500
Conv	650	2050	3400	6800	11,900	17,000

1954
P25-1 Plaza, 6-cyl., 114" wb

	6	5	4	3	2	1
4 dr Sed	200	650	1000	2200	4100	5800
2 dr Sed	200	650	1000	2200	4150	5900
Bus Cpe	200	650	1050	2250	4200	6000

Plymouth 395

	6	5	4	3	2	1
Sta Wag	350	750	1250	2400	5050	7200
P25-2 Savoy, 6-cyl., 114" wb						
4 dr Sed	200	650	1050	2250	4200	6000
2 dr Sed	200	675	1050	2250	4300	6100
Clb Cpe	350	700	1150	2300	4550	6500
P25-3 Belvedere, 6-cyl., 114" wb						
4 dr Sed	350	700	1150	2300	4550	6500
2 dr HdTp	450	1450	2400	4800	8400	12,000
Conv	700	2150	3600	7200	12,600	18,000
Sta Wag	350	800	1450	2750	5600	8000

1955
Plaza, V-8, 115" wb

	6	5	4	3	2	1
4 dr Sed	200	650	1000	2200	4150	5900
2 dr Sed	200	650	1050	2250	4200	6000
2 dr Sta Wag	200	650	1000	2200	4100	5800
4 dr Sta Wag	200	600	1000	2200	4000	5700
Savoy, V-8, 115" wb						
4 dr Sed	200	650	1050	2250	4200	6000
2 dr Sed	200	675	1050	2250	4300	6100
Belvedere, V-8, 115" wb						
4 dr Sed	350	700	1150	2300	4550	6500
2 dr Sed	350	700	1100	2300	4500	6400
2 dr HdTp	500	1550	2600	5200	9100	13,000
Conv	700	2300	3800	7600	13,300	19,000
Sta Wag	350	750	1300	2450	5250	7500

NOTE: Deduct 10 percent for 6-cyl. models.

1956
Plaza, V-8, 115" wb

	6	5	4	3	2	1
4 dr Sed	200	650	1000	2200	4150	5900
2 dr Sed	200	650	1050	2250	4200	6000
Bus Cpe	200	600	1000	2200	4000	5700
Savoy, V-8, 115" wb						
4 dr Sed	200	650	1050	2250	4200	6000
2 dr Sed	200	675	1050	2250	4300	6100
2 dr HdTp	400	1250	2100	4200	7400	10,500
Belvedere, V-8, 115" wb (conv. avail. as 8 cyl. only)						
4 dr Sed	350	700	1150	2300	4550	6500
4 dr HdTp	350	800	1450	2750	5600	8000
2 dr Sed	350	700	1150	2300	4550	6500
2 dr HdTp	550	1700	2800	5600	9800	14,000
Conv	700	2300	3800	7600	13,300	19,000
Suburban, V-8, 115" wb						
DeL Sta Wag	200	650	1050	2250	4200	6000
Cus Sta Wag	350	700	1150	2300	4550	6500
4 dr Spt Sta Wag	350	750	1200	2350	4900	7000
Fury, V-8, (avail. as 8-cyl. only)						
2 dr HdTp	700	2150	3600	7200	12,600	18,000

NOTE: Deduct 10 percent for 6-cyl. models.

1957-1958
Plaza, V-8, 118" wb

	6	5	4	3	2	1
4 dr Sed	200	550	900	2100	3700	5300
2 dr Sed	200	550	900	2000	3600	5200
Bus Cpe	200	500	850	1950	3600	5100
Savoy, V-8						
4 dr Sed	200	550	900	2150	3800	5400
4 dr HdTp	200	650	1050	2250	4200	6000
2 dr Sed	350	700	1100	2300	4500	6400
2 dr HdTp	400	1300	2200	4400	7700	11,000
Belvedere, V-8, 118" wb (conv. avail. as 8-cyl. only)						
4 dr Sed	200	675	1050	2250	4300	6100
4 dr Spt HdTp	350	750	1300	2450	5250	7500
2 dr Sed	200	650	1050	2250	4200	6000
2 dr HdTp	550	1800	3000	6000	10,500	15,000
Conv	850	2650	4400	8800	15,400	22,000
Suburban, V-8, 122" wb						
4 dr Cus Sta Wag	200	600	950	2150	3850	5500
2 dr Cus Sta Wag	200	600	950	2200	3900	5600
4 dr Spt Sta Wag	200	600	1000	2200	4000	5700
Fury, V-8, 118" wb (avail. as 8 cyl. only: 290 hp)						
2 dr HdTp	750	2400	4000	8000	14,000	20,000

NOTE: Deduct 10 percent for 6-cyl. model.

1959
Savoy, 6-cyl., 118" wb

	6	5	4	3	2	1
4 dr Sed	200	500	850	1950	3600	5100
2 dr Sed	200	500	850	1900	3500	5000

Belvedere, V-8, 118" wb	6	5	4	3	2	1
4 dr Sed	200	500	850	1900	3500	5000
4 dr HdTp	200	650	1050	2250	4200	6000
2 dr Sed	200	500	850	1850	3350	4900
2 dr HdTp	400	1250	2100	4200	7400	10,500
Conv	550	1800	3000	6000	10,500	15,000
Fury, V-8, 118" wb						
4 dr Sed	200	500	850	1900	3500	5000
4 dr HdTp	350	700	1150	2300	4550	6500
2 dr HdTp	400	1300	2200	4400	7700	11,000
Sport Fury, V-8, 118" wb (260 hp - V-8 offered)						
2 dr HdTp	500	1550	2600	5200	9100	13,000
Conv	700	2150	3600	7200	12,600	18,000
Suburban, V-8, 122" wb						
4 dr Spt Sta Wag	200	550	900	2000	3600	5200
2 dr Cus Sta Wag	200	500	850	1950	3600	5100
4 dr Cus Sta Wag	200	500	850	1900	3500	5000

NOTE: Deduct 10 percent for 6-cyl. models.

1960

Valiant 100, 6-cyl., 106.5" wb						
4 dr Sed	150	450	800	1750	3250	4700
Sta Wag	150	450	800	1800	3300	4800
Valiant 200, 6-cyl., 106" wb						
4 dr Sed	150	450	800	1800	3300	4800
Sta Wag	200	500	850	1850	3350	4900
Fleet Special, V8, 118" wb						
4 dr Sed	150	350	750	1450	3000	4200
2 dr Sed	150	350	750	1450	3000	4200
Savoy, V-8, 118" wb						
4 dr Sed	150	450	800	1750	3250	4700
2 dr Sed	150	450	750	1700	3200	4600
Belvedere, V-8, 118" wb						
4 dr Sed	150	450	800	1800	3300	4800
2 dr Sed	150	450	800	1750	3250	4700
2 dr HdTp	350	900	1550	3050	5900	8500
Fury, V-8, 118" wb (conv. avail. as 8-cyl. only)						
4 dr Sed	200	500	850	1900	3500	5000
4 dr HdTp	200	650	1050	2250	4200	6000
2 dr HdTp	400	1200	2000	3950	7000	10,000
Conv	450	1450	2400	4800	8400	12,000
Suburban, V-8, 122" wb						
4 dr DeL Sta Wag	150	450	800	1750	3250	4700
2 dr DeL Sta Wag	150	450	750	1700	3200	4600
4 dr Cus 9P Sta Wag	150	450	800	1750	3250	4700
9P Spt Sta Wag	150	450	800	1800	3300	4800

NOTE: Deduct 20 percent for 6-cyl. model except Valiant.

1961

Valiant 100, 6-cyl., 106.5" wb						
4 dr Sed	200	500	850	1850	3350	4900
2 dr Sed	150	450	800	1800	3300	4800
Sta Wag	150	450	800	1800	3300	4800
Valiant 200, 6-cyl., 106.5" wb						
4 dr Sed	200	500	850	1900	3500	5000
2 dr HdTp	200	600	950	2150	3850	5500
Sta Wag	150	450	800	1750	3250	4700
Fleet Special, V8, 118" wb						
4 dr Sed	150	450	800	1750	3250	4700
2 dr Sed	150	450	750	1700	3200	4600
Savoy, V-8, 118" wb						
4 dr Sed	150	450	800	1800	3300	4800
2 dr Sed	150	450	800	1750	3250	4700
Belvedere, V-8, 118" wb						
4 dr Sed	150	450	800	1750	3250	4700
Clb Sed	150	450	800	1750	3250	4700
HdTp Cpe	200	600	950	2150	3850	5500
Fury, V-8, 118" wb						
4 dr Sed	200	500	850	1850	3350	4900
4 dr HdTp	200	500	850	1900	3500	5000
2 dr HdTp	350	800	1450	2750	5600	8000
Conv	400	1250	2100	4200	7400	10,500
Suburban, V-8, 122" wb						
4 dr 6P DeL Sta Wag	150	450	800	1750	3250	4700
2 dr 6P DeL Sta Wag	150	450	750	1700	3200	4600
6P Cus Sta Wag	150	450	800	1750	3250	4700
9P Spt Sta Wag	150	450	800	1800	3300	4800

NOTE: Deduct 10 percent for 6-cyl. models.
Add 30 percent for 330, 340, 350, 375 hp engines.

1962

Valiant 100, 6-cyl., 106.5" wb	6	5	4	3	2	1
4 dr Sed	150	450	800	1750	3250	4700
2 dr Sed	150	450	750	1700	3200	4600
Sta Wag	150	450	800	1800	3300	4800
Valiant 200, 6-cyl., 106.5" wb						
4 dr Sed	150	450	800	1800	3300	4800
2 dr Sed	150	450	800	1750	3250	4700
Sta Wag	200	500	850	1850	3350	4900
Valiant Signet, 6-cyl., 106.5" wb						
2 dr HdTp	200	550	900	2000	3600	5200
Fleet Special, V8, 116" wb						
4 dr Sed	150	450	750	1700	3200	4600
2 dr Sed	150	400	750	1650	3150	4500
Savoy, V-8, 116" wb						
4 dr Sed	150	450	800	1750	3250	4700
2 dr Sed	150	450	750	1700	3200	4600
Belvedere, V-8, 116" wb						
4 dr Sed	150	450	800	1800	3300	4800
2 dr Sed	150	450	800	1750	3250	4700
2 dr HdTp	200	550	900	2100	3700	5300
Fury, V-8, 116" wb						
4 dr Sed	200	500	850	1850	3350	4900
4 dr HdTp	150	450	800	1800	3300	4800
2 dr HdTp	350	750	1200	2350	4900	7000
Conv	400	1200	2000	3950	7000	10,000
Sport Fury, V-8, 116" wb						
2 dr HdTp	350	750	1300	2450	5250	7500
Conv	400	1250	2100	4200	7400	10,500
Suburban, V-8, 116" wb						
6P Savoy Sta Wag	150	450	800	1750	3250	4700
6P Belv Sta Wag	150	450	800	1800	3300	4800
9P Fury Sta Wag	200	500	850	1850	3350	4900

NOTE: Deduct 10 percent for 6-cyl. models.
Add 30 percent for Golden Comando 410 hp engine.

1963

Valiant 100, 6-cyl., 106.5" wb						
4 dr Sed	150	350	750	1450	2900	4100
2 dr Sed	150	350	750	1350	2800	4000
Sta Wag	150	350	750	1450	2900	4100
Valiant 200, 6-cyl., 106.5" wb						
4 dr Sed	150	350	750	1450	3000	4200
2 dr Sed	150	350	750	1450	2900	4100
Conv	350	750	1200	2350	4900	7000
Sta Wag	150	350	750	1450	2900	4100
Valiant Signet, 6-cyl., 106.5" wb						
HdTp Sed	200	600	950	2150	3850	5500
Conv	350	750	1300	2450	5250	7500
Savoy, V-8, 116" wb						
4 dr Sed	150	400	750	1650	3150	4500
2 dr Sed	150	450	750	1700	3200	4600
6P Sta Wag	150	400	750	1600	3100	4400
Belvedere, V-8, 116" wb						
4 dr Sed	150	450	750	1700	3200	4600
2 dr Sed	150	450	750	1700	3200	4600
4 dr HdTp	200	500	850	1850	3350	4900
6P Sta Wag	150	400	750	1600	3100	4400
Fury, V-8, 116" wb						
4 dr Sed	150	450	800	1750	3250	4700
4 dr HdTp	200	500	850	1900	3500	5000
2 dr HdTp	350	750	1200	2350	4900	7000
Conv	450	1000	1650	3350	6300	9000
9P Sta Wag	150	450	750	1700	3200	4600
Sport Fury, V-8, 116" wb						
2 dr HdTp	450	1000	1650	3350	6300	9000
Conv	400	1200	2000	3950	7000	10,000

NOTES: Deduct 10 percent for 6-cyl. models.
Add 80 percent for Max Wedge II 426 engine.
Add 40 percent for 413.

1964

Valiant 100, 6-cyl., 106.5" wb						
4 dr Sed	150	350	750	1450	2900	4100
2 dr Sed	150	350	750	1350	2800	4000
Sta Wag	150	350	750	1450	2900	4100

398 Plymouth

Valiant 200, 6 or V-8, 106.5" wb	6	5	4	3	2	1
4 dr Sed	150	350	750	1450	3000	4200
2 dr Sed	150	350	750	1450	2900	4100
Conv	350	800	1450	2750	5600	8000
Sta Wag	150	350	750	1450	2900	4100
Valiant Signet, V-8 cyl., 106.5" wb						
2 dr HdTp	350	750	1200	2350	4900	7000
Barracuda	400	1250	2100	4200	7400	10,500
Conv	500	1550	2600	5200	9100	13,000
Savoy, V-8, 116" wb						
4 dr Sed	150	400	750	1650	3150	4500
2 dr Sed	150	450	750	1700	3200	4600
6P Sta Wag	150	400	750	1600	3100	4400
Belvedere, V-8, 116" wb						
4 dr Sed	150	450	750	1700	3200	4600
2 dr Sed	150	450	750	1700	3200	4600
6P Sta Wag	150	400	750	1600	3100	4400
Fury, V-8, 116" wb						
4 dr Sed	150	450	800	1750	3250	4700
4 dr HdTp	150	450	800	1800	3300	4800
2 dr HdTp	350	800	1450	2750	5600	8000
Conv	400	1200	2000	3950	7000	10,000
9P Sta Wag	150	450	750	1700	3200	4600
Sport Fury, V-8, 116" wb						
2 dr HdTp	350	900	1550	3050	5900	8500
Conv	450	1100	1700	3650	6650	9500

NOTES: Deduct 10 percent for 6-cyl. models.
Add 90 percent for Max Wedge III 426-425 engine.
Add 80 percent for 426-415 MW II.
Add 100 percent for 426 Hemi 425 hp.

1965 Plymouth Fury III 2 dr hardtop

1965

Valiant 100, 6 or V8, 106.5" wb						
4 dr Sed	150	350	750	1450	2900	4100
2 dr Sed	150	350	750	1350	2800	4000
Sta Wag	150	350	750	1450	2900	4100
Valiant 200, 6 or V-8, 106" wb						
4 dr Sed	150	350	750	1450	3000	4200
2 dr Sed	150	350	750	1450	2900	4100
Conv	350	750	1200	2350	4900	7000
Sta Wag	150	350	750	1450	2900	4100
Valiant Signet, V8, 106" wb						
HdTp	450	1000	1650	3350	6300	9000
Conv	500	1550	2600	5200	9100	13,000
Barracuda	400	1300	2200	4400	7700	11,000
Belvedere I, V-8, 116" wb						

NOTE: Add 10 percent for Formula S option.

4 dr Sed	150	300	700	1250	2650	3800
2 dr Sed	150	300	700	1250	2600	3700
Sta Wag	150	300	700	1250	2650	3800
Belvedere II, V8, 116" wb						
4 dr Sed	150	350	750	1350	2800	4000

Plymouth 399

	6	5	4	3	2	1
2 dr HdTp	200	600	950	2150	3850	5500
Conv	350	750	1300	2450	5250	7500
9P Sta Wag	150	350	750	1350	2800	4000
6P Sta Wag	150	300	750	1350	2700	3900
Satellite, V8, 116"wb						
2 dr	350	900	1550	3050	5900	8500
Conv	500	1550	2600	5200	9100	13,000
Fury, V-8, 119" wb.; 121" Sta. Wag.						
4 dr Sed	150	350	750	1450	3000	4200
2 dr Sed	150	350	750	1450	2900	4100
Sta Wag	150	300	750	1350	2700	3900
Fury II, V8, 119" wb, Sta Wag 121" wb						
4 dr Sed	150	400	750	1550	3050	4300
2 dr Sed	150	400	750	1550	3050	4300
9P Sta Wag	150	350	750	1350	2800	4000
6P Sta Wag	150	300	750	1350	2700	3900
Fury III, V8, 119" wb, Sta Wag 121" wb						
4 dr Sed	150	400	750	1600	3100	4400
4 dr HdTp	150	400	750	1650	3150	4500
2 dr HdTp	350	750	1300	2450	5250	7500
Conv	400	1200	2000	3950	7000	10,000
9P Sta Wag	150	350	750	1450	2900	4100
6P Sta Wag	150	350	750	1350	2800	4000
Sport Fury, V-8						
2 dr HdTp	450	1100	1700	3650	6650	9500
Conv	400	1300	2200	4400	7700	11,000

NOTES: Deduct 5 percent for 6-cyl. models.
Add 80 percent for 426 Commando engine option.
Add 100 percent for 426 Hemi 425 hp.

1966
Valiant 100, V8, 106" wb

	6	5	4	3	2	1
4 dr Sed	150	350	750	1450	3000	4200
2 dr Sed	150	350	750	1450	2900	4100
Sta Wag	150	350	750	1450	3000	4200
Valiant 200, V8, 106" wb						
4 dr Sed	150	400	750	1550	3050	4300
Sta Wag	150	350	750	1450	3000	4200
Valiant Signet						
2 dr HdTp	350	750	1300	2450	5250	7500
Conv	450	1100	1700	3650	6650	9500
Valiant Barracuda, V8, 106" wb						
2 dr HdTp	400	1200	2000	3950	7000	10,000

NOTE: Add 10 percent for Formula S.

Belvedere I, V-8, 116" wb

	6	5	4	3	2	1
4 dr Sed	150	300	750	1350	2700	3900
2 dr Sed	150	300	700	1250	2650	3800
Sta Wag	150	300	750	1350	2700	3900
Belvedere II, V8, 116" wb						
4 dr Sed	150	350	750	1450	2900	4100
2 dr HdTp	350	700	1150	2300	4550	6500
Conv	350	900	1550	3050	5900	8500
Sta Wag	150	350	750	1450	2900	4100
Satellite, V-8, 116" wb						
2 dr HdTp	450	1100	1700	3650	6650	9500
Conv	400	1300	2200	4400	7700	11,000
Fury I, V-8, 119" wb						
Sed	150	350	750	1350	2800	4000
2 dr Sed	150	300	750	1350	2700	3900
6P Sta Wag	150	350	750	1350	2800	4000

NOTE: Deduct 5 percent for 6-cyl. models.

Fury II, V-8, 119" wb

	6	5	4	3	2	1
Sed	150	350	750	1450	2900	4100
2 dr Sed	150	350	750	1350	2800	4000
9P Sta Wag	150	350	750	1450	2900	4100
Fury III, V8, 119" wb						
Sed	150	350	750	1450	3000	4200
2 dr HdTp	350	750	1200	2350	4900	7000
4 dr HdTp	150	450	750	1700	3200	4600
Conv	400	1300	2200	4400	7700	11,000
9P Sta Wag	150	350	750	1450	3000	4200
Sport Fury, V-8, 119" wb						
2 dr HdTp	350	800	1450	2750	5600	8000
Conv	450	1450	2400	4800	8400	12,000
VIP, V-8, 119" wb						
4 dr HdTp	350	700	1150	2300	4550	6500

Plymouth

	6	5	4	3	2	1
2 dr HdTp	350	800	1450	2750	5600	8000

NOTES: Add 100 percent for 426 Street Hemi, 426 hp.
Add 125 percent for 426 Race Hemi, 425 hp.

1967
Valiant 100, V8, 108" wb
4 dr Sed	150	350	750	1450	3000	4200
2 dr Sed	150	350	750	1450	2900	4100

Valiant Signet, V-8, 108" wb
4 dr Sed	150	400	750	1550	3050	4300
2 dr Sed	150	350	750	1450	3000	4200

Barracuda, V-8, 108" wb
2 dr HdTp	400	1200	2000	3950	7000	10,000
2 dr FsBk	400	1300	2200	4400	7700	11,000
Conv	550	1700	2800	5600	9800	14,000

NOTE: Add 10 percent for Formula S and 40 percent for 383 CID.

Belvedere I, V-8, 116" wb
4 dr Sed	150	300	750	1350	2700	3900
2 dr Sed	150	300	700	1250	2650	3800
6P Sta Wag	150	300	750	1350	2700	3900

Belvedere II, V8, 116" wb
4 dr Sed	150	350	750	1450	2900	4100
2 dr HdTp	200	675	1050	2250	4300	6100
Conv	450	1100	1700	3650	6650	9500
9P Sta Wag	150	350	750	1450	2900	4100

Satellite, V-8, 116" wb
2 dr HdTp	400	1300	2200	4400	7700	11,000
Conv	500	1550	2600	5200	9100	13,000

GTX, V8, 116" wb
2 dr HdTp	600	1900	3200	6400	11,200	16,000
Conv	650	2050	3400	6800	11,900	17,000

Fury I, V8, 122" wb
4 dr Sed	150	350	750	1350	2800	4000
2 dr Sed	150	300	750	1350	2700	3900
6P Sta Wag	150	350	750	1350	2800	4000

Fury II, V8, 122" wb
4 dr Sed	150	350	750	1450	2900	4100
2 dr Sed	150	350	750	1350	2800	4000
9P Sta Wag	150	350	750	1450	2900	4100

Fury III, V8, 122" wb
4 dr Sed	150	350	750	1450	3000	4200
4 dr HdTp	150	400	750	1600	3100	4400
2 dr HdTp	350	700	1150	2300	4550	6500
Conv	450	1100	1700	3650	6650	9500
9P Sta Wag	150	350	750	1450	3000	4200

Sport Fury, V-8, 119" wb
2 dr HdTp	350	750	1200	2350	4900	7000
2 dr FsBk	350	750	1300	2450	5250	7500
Conv	400	1200	2000	3950	7000	10,000

VIP, V-8, 119" wb
4 dr HdTp	350	700	1150	2300	4550	6500
2 dr HdTp	350	750	1300	2450	5250	7500

NOTES: Add 50 percent for 440 engine.
Add 100 percent for 426 Hemi 425 hp.

1968
Valiant 100, V8, 108" wb
4 dr Sed	150	350	750	1450	2900	4100
2 dr Sed	150	350	750	1350	2800	4000

Valiant Signet, V-8, 108" wb
4 dr Sed	150	400	750	1600	3100	4400
2 dr Sed	150	450	750	1700	3200	4600

Barracuda, V-8, 108" wb
2 dr HdTp	400	1200	2000	3950	7000	10,000
2 dr FsBk	400	1300	2200	4400	7700	11,000
Conv	600	1900	3200	6400	11,200	16,000

Add 20 percent for Barracuda/Formula S' and 40 percent for 383 CID.

Belvedere, V8, 116" wb
4 dr Sed	150	350	750	1450	3000	4200
2 dr Sed	150	350	750	1450	2900	4100
6P Sta Wag	150	350	750	1450	3000	4200

Satellite, V8, 116" wb
4 dr Sed	150	400	750	1550	3050	4300
2 dr HdTp	450	1000	1650	3350	6300	9000
Conv	400	1300	2200	4400	7700	11,000
Sta Wag	150	400	750	1650	3150	4500

Sport Satellite, V8, 116" wb
2 dr HdTp	450	1450	2400	4800	8400	12,000

Plymouth 401

	6	5	4	3	2	1
Conv	550	1700	2800	5600	9800	14,000
Sta Wag	150	400	750	1600	3100	4400
Road Runner, V8, 116" wb						
Cpe	550	1800	3000	6000	10,500	15,000
2 dr HdTp	650	2050	3400	6800	11,900	17,000
GTX, V8, 116" wb						
2 dr HdTp	700	2150	3600	7200	12,600	18,000
Conv	800	2500	4200	8400	14,700	21,000
Fury I, V8, 119" & 122" wb						
4 dr Sed	150	400	750	1550	3050	4300
2 dr Sed	150	350	750	1450	3000	4200
6P Sta Wag	150	400	750	1550	3050	4300
Fury II, V8, 119" & 122" wb						
4 dr Sed	150	400	750	1600	3100	4400
2 dr Sed	150	400	750	1550	3050	4300
6P Sta Wag	150	400	750	1600	3100	4400
Fury III, V8, 119" & 122" wb						
4 dr Sed	150	400	750	1650	3150	4500
4 dr HdTp	200	600	1000	2200	4000	5700
2 dr HdTp	350	800	1450	2750	5600	8000
2 dr HdTp FsBk	350	900	1550	3050	5900	8500
Conv	400	1200	2000	3950	7000	10,000
6P Sta Wag	150	400	750	1650	3150	4500
Suburban, V-8, 121" wb						
6P Cust Sta Wag	150	450	750	1700	3200	4600
9P Cust Sta Wag	150	450	800	1750	3250	4700
6P Spt Sta Wag	150	450	800	1800	3300	4800
9P Spt Sta Wag	200	500	850	1850	3350	4900
Sport Fury, V8, 119" wb						
2 dr HdTp	350	800	1450	2750	5600	8000
2 dr HdTp FsBk	350	900	1550	3050	5900	8500
Conv	400	1300	2200	4400	7700	11,000
VIP, V8, 119" wb						
4 dr HdTp	350	750	1300	2450	5250	7500
2 dr FsBk	350	900	1550	3050	5900	8500

NOTES: Add 50 percent for 440 engine.
Add 100 percent for 426 Hemi 425 hp.

1969
Valiant 100, V8, 108" wb

4 dr Sed	150	300	750	1350	2700	3900
2 dr Sed	150	300	700	1250	2650	3800
Valiant Signet, V-8, 108" wb						
4 dr Sed	150	350	750	1350	2800	4000
2 dr Sed	150	300	750	1350	2700	3900
Barracuda, V-8, 108" wb						
2 dr HdTp	400	1300	2200	4400	7700	11,000
FsBk	450	1450	2400	4800	8400	12,000
Conv	550	1800	3000	6000	10,500	15,000

NOTE: Add 40 percent for Formula S 383 CID option.

Belvedere, V-8, 117" wb

4 dr Sed	150	300	700	1250	2600	3700
2 dr Sed	125	250	700	1150	2500	3600
6P Sta Wag	150	300	700	1250	2600	3700
Satellite, V8, 116" & 117" wb						
4 dr Sed	150	300	750	1350	2700	3900
2 dr HdTp	450	1000	1650	3350	6300	9000
Conv	500	1550	2600	5200	9100	13,000
6P Sta Wag	150	350	750	1350	2800	4000
Sport Satellite, V8, 116" & 117" wb						
4 dr Sed	150	350	750	1350	2800	4000
2 dr HdTp	400	1200	2000	3950	7000	10,000
Conv	550	1700	2800	5600	9800	14,000
9P Sta Wag	150	350	750	1350	2800	4000
Road Runner, V8, 116" wb						
2 dr Sed	550	1800	3000	6000	10,500	15,000
2 dr HdTp	650	2050	3400	6800	11,900	17,000
Conv	850	2650	4400	8800	15,400	22,000
GTX, V8, 116" wb						
2 dr HdTp	650	2050	3400	6800	11,900	17,000
Conv	700	2300	3800	7600	13,300	19,000
Fury I, V-8, 120" & 122" wb						
4 dr Sed	150	300	700	1250	2650	3800
2 dr Sed	150	300	700	1250	2600	3700
6P Sta Wag	150	300	700	1250	2650	3800
Fury II, V8, 120" & 122" wb						
4 dr Sed	150	300	750	1350	2700	3900

Plymouth

	6	5	4	3	2	1
2 dr Sed	150	300	700	1250	2650	3800
6P Sta Wag	150	300	750	1350	2700	3900
Fury III, V8, 120" & 122" wb						
4 dr Sed	150	350	750	1350	2800	4000
4 dr HdTp	150	350	750	1450	3000	4200
2 dr HdTp	350	750	1200	2350	4900	7000
Conv	350	900	1550	3100	6000	8600
9P Sta Wag	150	350	750	1350	2800	4000
Sport Fury						
2 dr HdTp	350	750	1300	2450	5250	7500
Conv	450	1100	1700	3650	6650	9500
VIP						
4 dr HdTp	200	600	950	2150	3850	5500
2 dr HdTp	350	800	1450	2750	5600	8000

NOTES: Add 70 percent for 440 6 pack.
    Add 100 percent for 426 Hemi 425 hp.
    Add 40 percent for 'Cuda 340.
    Add 40 percent for 'Cuda 383 (not avail. on conv.).

1970
Valiant

	6	5	4	3	2	1
Sed	150	300	700	1250	2650	3800
Valiant Duster						
HdTp	200	500	850	1900	3500	5000
Duster '340'						
HdTp	350	750	1300	2450	5250	7500
Barracuda						
HdTp	550	1700	2800	5600	9800	14,000
Conv	550	1800	3000	6000	10,500	15,000
Gran Coupe						
HdTp	700	2150	3600	7200	12,600	18,000
Conv	650	2050	3400	6800	11,900	17,000
Cuda						
HdTp	700	2150	3600	7200	12,600	18,000
Conv	700	2300	3800	7600	13,300	19,000
Hemi Cuda Conv				value inestimable		
Cuda AAR						
2 dr HdTp	1000	3100	5200	10,400	18,200	26,000
Belvedere						
Sed	125	250	700	1150	2500	3600
Cpe	150	300	700	1250	2650	3800
Wag	125	250	700	1150	2500	3600
Road Runner						
Cpe	600	1900	3200	6400	11,200	16,000
HdTp	700	2150	3600	7200	12,600	18,000
Superbird	2050	6600	11,000	22,000	38,500	55,000
Conv	900	2900	4800	9600	16,800	24,000
Satellite						
Sed	150	300	700	1250	2650	3800
HdTp	450	1000	1650	3350	6300	9000
Conv	450	1450	2400	4800	8400	12,000
Wag-6P	150	300	700	1250	2650	3800
Wag-9P	150	300	700	1250	2650	3800
Sport Satellite						
Sed	150	350	750	1350	2800	4000
HdTp	500	1550	2600	5200	9100	13,000
Wag-6P	150	300	750	1350	2700	3900
Wag-9P	150	350	750	1350	2800	4000
GTX						
HdTp	650	2050	3400	6800	11,900	17,000
Fury I						
Sed	150	300	700	1250	2650	3800
2 dr Sed	150	300	700	1250	2600	3700
Fury II						
Sed	150	300	750	1350	2700	3900
2 dr Sed	150	300	700	1250	2650	3800
Wag-9P	150	300	750	1350	2700	3900
Wag-6P	150	300	700	1250	2650	3800
Gran Coupe						
2 dr Sed	350	750	1200	2350	4900	7000
Fury III						
Sed	150	400	750	1550	3050	4300
HdTp	200	600	950	2150	3850	5500
4 dr HdTp	150	400	750	1650	3150	4500
Formal	200	675	1050	2250	4350	6200
Conv	400	1200	2000	3950	7000	10,000
Wag-9P	150	350	750	1350	2800	4000

	6	5	4	3	2	1
Wag-6P	150	300	750	1350	2700	3900
Sport Fury						
Sed	150	400	750	1600	3100	4400
HdTp	350	700	1150	2300	4550	6500
4 dr HdTp	200	500	850	1900	3500	5000
Formal	350	750	1200	2350	4900	7000
Wag	150	350	750	1350	2800	4000
Fury S-23						
HdTp	450	1100	1700	3650	6650	9500
Fury GT						
HdTp	400	1200	2000	3950	7000	10,000

NOTES: Add 80 percent for 440 6 pack.
Add 100 percent for 426 Hemi 425 hp.

1971

	6	5	4	3	2	1
Valiant						
Sed	150	300	700	1250	2600	3700
Duster						
Cpe	150	350	750	1350	2800	4000
Duster '340'						
Cpe	350	750	1300	2500	5300	7600
Scamp						
HdTp	200	600	950	2150	3850	5500
Barracuda						
Cpe	400	1300	2200	4400	7700	11,000
HdTp	450	1450	2400	4800	8400	12,000
Conv	550	1800	3000	6000	10,500	15,000
Gran Coupe						
HdTp	550	1700	2800	5600	9800	14,000
'Cuda						
HdTp	550	1800	3000	6000	10,500	15,000
Conv	650	2050	3400	6800	11,900	17,000
Satellite						
Sed	125	250	700	1150	2500	3600
Cpe	200	500	850	1950	3600	5100
Sta Wag	125	250	700	1150	2500	3600
Satellite Sebring						
HdTp	450	1100	1700	3650	6650	9500
Satellite Custom						
Sed	150	300	700	1250	2600	3700
Sta Wag-9P	150	300	700	1250	2600	3700
Sta Wag-6P	125	250	700	1150	2500	3600
Road Runner						
HdTp	550	1800	3000	6000	10,500	15,000
Sebring Plus						
HdTp	400	1200	2000	3950	7000	10,000
Satellite Brougham						
Sed	150	300	700	1250	2650	3800
Regent Wagon						
Sta Wag-9P	150	300	700	1250	2650	3800
Sta Wag-6P	150	300	700	1250	2650	3800
GTX						
HdTp	400	1300	2200	4400	7700	11,000
Fury I						
Sed	150	300	700	1250	2650	3800
2 dr Sed	150	300	700	1250	2600	3700
Fury Custom						
Sed	150	300	700	1250	2650	3800
2 dr Sed	150	300	700	1250	2600	3700
Fury II						
Sed	150	300	700	1250	2600	3700
HdTp	200	650	1050	2250	4200	6000
Sta Wag-9P	150	300	700	1250	2600	3700
Sta Wag-6P	125	250	700	1150	2500	3600
Fury III						
Sed	150	300	700	1250	2600	3700
HdTp	350	700	1150	2300	4550	6500
4 dr HdTp	150	300	750	1350	2700	3900
Formal Cpe	350	725	1200	2350	4800	6800
Sta Wag-9P	150	300	700	1250	2600	3700
Sta Wag-6P	125	250	700	1150	2500	3600
Sport Fury						
Sed	150	300	700	1250	2600	3700
4 dr HdTp	150	400	750	1650	3150	4500
Formal Cpe	200	650	1050	2250	4200	6000
HdTp	200	600	950	2150	3850	5500
Sta Wag-9P	150	300	700	1250	2600	3700

	6	5	4	3	2	1
Sta Wag-6P	125	250	700	1150	2500	3600
Sport Fury 'GT'						
2 dr HdTp	350	900	1550	3050	5900	8500

NOTES: Add 60 percent for 440 engine.
Add 70 percent for 440 6 pack.
Add 100 percent for 426 Hemi 425 hp.

1972

	6	5	4	3	2	1
Valiant						
Sed	150	300	700	1250	2600	3700
Duster						
2 dr Cpe	200	600	950	2150	3850	5500
'340' Cpe	350	750	1300	2450	5250	7500
Scamp						
HdTp	350	700	1150	2300	4550	6500
Barracuda						
HdTp	450	1450	2400	4800	8400	12,000
'Cuda'						
HdTp	500	1550	2600	5200	9100	13,000
Satellite						
Sed	150	300	750	1350	2700	3900
2 dr Cpe	200	600	950	2150	3850	5500
6P Wag	125	250	700	1150	2400	3400
Satellite Sebring						
HdTp	350	900	1550	3050	5900	8500
Satellite Custom						
Sed	150	350	750	1350	2800	4000
6P Wag	400	1200	2000	3950	7000	10,000
9P Wag	125	250	700	1150	2450	3500
Sebring-Plus						
HdTp	450	1000	1650	3350	6300	9000
Regent						
6P Wag	125	250	700	1150	2400	3400
9P Wag	125	250	700	1150	2450	3500
Road Runner						
HdTp	400	1300	2200	4400	7700	11,000
Fury I						
Sed	125	250	700	1150	2500	3600
Fury II						
Sed	150	300	700	1250	2600	3700
HdTp	200	600	950	2150	3850	5500
Fury III						
Sed	125	250	700	1150	2500	3600
4 dr HdTp	150	300	700	1250	2650	3800
Formal Cpe	200	550	900	2100	3700	5300
HdTp	350	700	1150	2300	4550	6500
Gran Fury						
4 dr HdTp	150	450	750	1700	3200	4600
Formal Cpe	200	600	950	2150	3850	5500
Suburban						
6P Sta Wag	125	250	700	1150	2400	3400
9P Sta Wag	125	250	700	1150	2450	3500
6P Cus Wag	125	250	700	1150	2450	3500
9P Cus Wag	125	250	700	1150	2500	3600
6P Spt Wag	125	250	700	1150	2500	3600
9P Spt Wag	150	300	700	1250	2600	3700

1973

	6	5	4	3	2	1
Valiant, V-8						
4 dr	125	250	700	1150	2500	3600
Duster, V-8						
Cpe Sport	150	350	750	1450	2900	4100
340 Cpe Sport	200	600	950	2150	3850	5500
Scamp, V-8						
2 dr HdTp	150	450	800	1750	3250	4700
Barracuda, V-8						
2 dr HdTp	400	1200	2000	3950	7000	10,000
2 dr 'Cuda HdTp	400	1300	2200	4400	7700	11,000
Satellite Custom, V-8						
4 dr	125	250	700	1150	2400	3400
3S Sta Wag	125	250	700	1150	2400	3400
3S Sta Wag Regent	125	250	700	1150	2450	3500
Satellite Cpe	150	300	700	1250	2650	3800
Road Runner, V-8						
Cpe	500	1550	2600	5200	9100	13,000
Sebring Plus, V-8						
2 dr HdTp	400	1300	2200	4400	7700	11,000

Plymouth 405

Fury, V-8	6	5	4	3	2	1
I 4 dr	125	250	700	1150	2450	3500
II 4 dr	125	250	700	1150	2500	3600
III 4 dr	150	300	700	1250	2600	3700
2 dr HdTp	200	600	950	2150	3850	5500
4 dr HdTp	150	300	700	1250	2650	3800
Gran Fury, V-8						
2 dr HdTp	200	650	1050	2250	4200	6000
4 dr HdTp	150	300	700	1250	2650	3800
Fury Suburban, V-8						
3S Sport Sta Wag	125	200	600	1100	2300	3300
1974						
Valiant						
Sed	125	250	700	1150	2450	3500
Duster						
Cpe	125	250	700	1150	2500	3600
Scamp						
HdTp	150	350	750	1450	2900	4100
Duster '360'						
Cpe	150	450	800	1750	3250	4700
Valiant Brougham						
Sed	125	250	700	1150	2500	3600
HdTp	200	500	850	1900	3500	5000
Barracuda						
Spt Cpe	450	1000	1650	3350	6300	9000
'Cuda						
Spt Cpe	400	1200	2000	3950	7000	10,000
Satellite						
Sed	125	250	700	1150	2400	3400
Cpe	125	250	700	1150	2450	3500
Satellite Custom						
Sed	125	250	700	1150	2450	3500
Sebring						
HdTp	350	725	1200	2350	4800	6800
Sebring-Plus						
HdTp	350	750	1250	2350	5000	7100
Road Runner						
Cpe	350	900	1550	3050	5900	8500
Satellite Wagon						
Std Wag	125	250	700	1150	2400	3400
6P Cus Wag	125	250	700	1150	2450	3500
9P Cus Wag	125	250	700	1150	2500	3600
6P Regent	125	250	700	1150	2450	3500
9P Regent	125	250	700	1150	2500	3600
Fury I						
Sed	125	250	700	1150	2400	3400
Fury II						
Sed	125	250	700	1150	2450	3500
Fury III						
Sed	125	250	700	1150	2500	3600
HdTp	150	300	750	1350	2700	3900
4 dr HdTp	150	300	700	1250	2600	3700
Gran Fury						
HdTp	150	350	750	1350	2800	4000
4 dr HdTp	150	300	700	1250	2600	3700
Suburban						
Std	125	200	600	1100	2200	3100
6P Cus	125	200	600	1100	2250	3200
9P Cus	125	200	600	1100	2300	3300
6P Spt	125	200	600	1100	2300	3300
9P Spt	125	250	700	1150	2400	3400
1975						
Valiant						
Sed	125	250	700	1150	2450	3500
Custom	125	250	700	1150	2500	3600
Brougham						
4 dr Sed	125	250	700	1150	2500	3600
2 dr HdTp	150	400	750	1550	3050	4300
Duster						
Cpe	125	200	600	1100	2200	3100
Custom	125	200	600	1100	2250	3200
'360' Cpe	150	350	750	1350	2800	4000
Scamp						
HdTp	125	250	700	1150	2450	3500
Brghm	150	300	700	1250	2600	3700

1975 Plymouth Duster Custom 2 dr

Fury

	6	5	4	3	2	1
HdTp	125	250	700	1150	2450	3500
Cus HdTp	125	250	700	1150	2500	3600
Spt HdTp	150	300	700	1250	2600	3700
Sed	125	250	700	1150	2400	3400
Cus Sed	125	250	700	1150	2450	3500
Suburban						
Std Wag	125	200	600	1100	2200	3100
6P Cus	125	200	600	1100	2250	3200
9P Cus	125	250	700	1150	2400	3400
6P Spt	125	200	600	1100	2300	3300
9P Spt	125	250	700	1150	2450	3500
Road Runner						
HdTp	150	350	750	1450	2900	4100
Gran Fury						
Sed	125	200	600	1100	2300	3300
Gran Fury Custom						
Sed	125	250	700	1150	2400	3400
4 dr HdTp	125	250	700	1150	2450	3500
2 dr HdTp	125	250	700	1150	2500	3600
Gran Fury Brougham						
4 dr HdTp	125	250	700	1150	2500	3600
2 dr HdTp	150	300	700	1250	2600	3700
Suburban						
Std	125	200	600	1100	2200	3100
6P Cus	125	200	600	1100	2250	3200
9P Cus	125	200	600	1100	2300	3300
6P Spt	125	200	600	1100	2300	3300
9P Spt	125	250	700	1150	2400	3400

1976
Arrow, 4-cyl.

Hatch	125	200	600	1100	2300	3300
GT Hatch	125	250	700	1150	2400	3400
Valiant, 6-cyl.						
Duster Spt Cpe	125	250	700	1150	2400	3400
4 dr Sed Valiant	125	200	600	1100	2250	3200
2 dr HdTp Scamp Spec	125	200	600	1100	2300	3300
2 dr HdTp Scamp	125	250	700	1150	2450	3500
Volare, V-8						
4 dr Sed	150	300	700	1250	2600	3700
Spt Cpe	150	350	750	1450	2900	4100
Sta Wag	150	300	700	1250	2650	3800
Volare Custom, V-8						
4 dr Sed	150	300	700	1250	2650	3800
Spt Cpe	150	350	750	1450	3000	4200
Volare Premier, V-8						
4 dr Sed	150	300	750	1350	2700	3900
Spt Cpe	150	400	750	1600	3100	4400
Sta Wag	150	350	750	1350	2800	4000

Plymouth

Fury, V-8	6	5	4	3	2	1
4 dr Sed	125	200	600	1100	2300	3300
2 dr HdTp	150	350	750	1450	2900	4100
4 dr Sed Salon	125	250	700	1150	2400	3400
2 dr HdTp Spt	150	400	750	1550	3050	4300
2S Suburban	125	250	700	1150	2400	3400
3S Suburban	125	250	700	1150	2450	3500
2S Spt Suburban	125	250	700	1150	2500	3600
3S Spt Suburban	150	300	700	1250	2650	3800
Gran Fury, V-8						
4 dr Sed	125	250	700	1150	2400	3400
Gran Fury Custom, V-8						
4 dr Sed	125	250	700	1150	2450	3500
2 dr HdTp	150	300	700	1250	2650	3800
Gran Fury Brougham, V-8						
4 dr Sed	125	250	700	1150	2450	3500
2 dr HdTp	150	350	750	1450	2900	4100
2S Gran Fury Sta Wag	150	300	700	1250	2650	3800
3S Gran Fury Sta Wag	150	350	750	1350	2800	4000

1977
Arrow, 4-cyl.

	6	5	4	3	2	1
Hatch	125	200	600	1100	2300	3300
GS Hatch	125	250	700	1150	2400	3400
GT Hatch	125	250	700	1150	2450	3500
Volare, V-8						
4 dr Sed	125	200	600	1100	2300	3300
Spt Cpe	125	250	700	1150	2450	3500
Sta Wag	125	250	700	1150	2400	3400
Volare Custom, V-8						
4 dr Sed	125	250	700	1150	2400	3400
Spt Cpe	125	250	700	1150	2500	3600
Volare Premier, V-8						
4 dr Sed	125	250	700	1150	2450	3500
Spt Cpe	150	300	700	1250	2600	3700
Sta Wag	125	250	700	1150	2500	3600
Fury, V-8						
4 dr Spt Sed	125	250	700	1150	2400	3400
2 dr Spt HdTp	150	350	750	1450	3000	4200
3S 4 dr Sub	125	200	600	1100	2250	3200
3S 4 dr Spt Sub	125	200	600	1100	2300	3300
Gran Fury, V-8						
4 dr Sed	125	250	700	1150	2450	3500
2 dr HdTp	150	350	750	1350	2800	4000
Gran Fury Brougham, V-8						
4 dr Sed	125	250	700	1150	2500	3600
2 dr HdTp	150	350	750	1450	3000	4200
Station Wagons, V-8						
2S Gran Fury	125	250	700	1150	2400	3400
3S Gran Fury Spt	125	250	700	1150	2500	3600

1978
Horizon

	6	5	4	3	2	1
4 dr Hatch	125	250	700	1150	2400	3400
Arrow						
2 dr Hatch	125	250	700	1150	2450	3500
2 dr GS Hatch	125	250	700	1150	2500	3600
2 dr GT Hatch	150	300	700	1250	2600	3700
Volare						
4 dr Sed	125	250	700	1150	2500	3600
Spt Cpe	150	300	700	1250	2650	3800
Sta Wag	150	300	700	1250	2600	3700
Sapporo						
Cpe	150	300	700	1250	2650	3800
Fury						
4 dr Sed	125	250	700	1150	2500	3600
2 dr	150	300	700	1250	2600	3700
4 dr Salon	150	300	700	1250	2600	3700
2 dr Spt	150	300	700	1250	2650	3800
Station Wagons						
3S Fury Sub	150	300	700	1250	2600	3700
2S Fury Sub	125	250	700	1150	2500	3600
3S Spt Fury Sub	150	300	700	1250	2650	3800
2S Spt Fury Sub	150	300	700	1250	2600	3700

1979
Champ, 4-cyl.

	6	5	4	3	2	1
2 dr Hatch	125	250	700	1150	2400	3400

408 Plymouth

	6	5	4	3	2	1
2 dr Cus Hatch	125	250	700	1150	2450	3500
Horizon, 4-cyl.						
4 dr Hatch	125	250	700	1150	2450	3500
TC 3 Hatch	150	300	700	1250	2600	3700
Arrow, 4-cyl.						
2 dr Hatch	125	250	700	1150	2500	3600
2 dr GS Hatch	150	300	700	1250	2600	3700
2 dr GT Hatch	150	300	700	1250	2650	3800
Volare, V-8						
Sed	150	300	700	1250	2650	3800
Spt Cpe	150	350	750	1350	2800	4000
Sta Wag	150	300	750	1350	2700	3900
Sapporo, 4-cyl.						
Cpe	150	300	750	1350	2700	3900
1980						
Champ, 4-cyl.						
2 dr Hatch	125	200	600	1100	2300	3300
Custom 2 dr Hatch	125	250	700	1150	2400	3400
Horizon, 4-cyl.						
4 dr Hatch	125	250	700	1150	2400	3400
2 dr Hatch 2 plus 2 TC3	150	300	700	1250	2650	3800
Arrow, 4-cyl.						
2 dr Hatch	150	400	750	1650	3150	4500
Fire Arrow, 4-cyl.						
2 dr Hatch	150	450	750	1700	3200	4600
Volare, V-8						
4 dr Sed	125	250	700	1150	2400	3400
2 dr Cpe	125	250	700	1150	2450	3500
4 dr Sta Wag	150	300	700	1250	2600	3700
NOTE: Deduct 10 percent for 6-cyl.						
Sapporo, 4-cyl.						
2 dr Cpe	150	300	750	1350	2700	3900
Gran Fury, V-8						
4 dr Sed	150	300	700	1250	2650	3800
NOTE: Deduct 10 percent for 6-cyl.						
Gran Fury Salon, V-8						
4 dr Sed	150	350	750	1350	2800	4000
NOTE: Deduct 10 percent for 6-cyl.						
1981						
Champ, 4-cyl.						
2 dr Hatch	125	250	700	1150	2400	3400
DeL 2 dr Hatch	125	250	700	1150	2450	3500
Cus 2 dr Hatch	125	250	700	1150	2500	3600
Horizon, 4-cyl.						
Miser 4 dr Hatch	125	250	700	1150	2450	3500
Miser 4 dr Hatch TC3	150	300	700	1250	2650	3800
4 dr Hatch	150	300	700	1250	2600	3700
2 dr Hatch TC3	150	350	750	1350	2800	4000
Reliant, 4-cyl.						
4 dr Sed	125	250	700	1150	2400	3400
2 dr Cpe	125	250	700	1150	2450	3500
Reliant Custom, 4-cyl.						
4 dr Sed	125	250	700	1150	2450	3500
2 dr Cpe	125	250	700	1150	2500	3600
4 dr Sta Wag	150	300	700	1250	2650	3800
Reliant SE, 4-cyl.						
4 dr Sed	125	250	700	1150	2500	3600
2 dr Cpe	150	300	700	1250	2600	3700
4 dr Sta Wag	150	300	750	1350	2700	3900
Sapporo, 4-cyl.						
2 dr HdTp	150	350	750	1350	2800	4000
Gran Fury, V-8						
4 dr Sed	150	350	750	1450	2900	4100
NOTE: Deduct 10 percent for 6-cyl.						
1982						
Champ, 4-cyl.						
Cus 4 dr Hatch	125	250	700	1150	2500	3600
Cus 2 dr Hatch	150	300	700	1250	2600	3700
NOTE: Deduct 5 percent for lesser models.						
Horizon, 4-cyl.						
Miser 4 dr Hatch	125	250	700	1150	2500	3600
Miser 2 dr Hatch TC3	150	300	750	1350	2700	3900
Cus 4 dr Hatch	150	300	700	1250	2600	3700
Cus 2 dr Hatch	150	300	700	1250	2650	3800
E Type 4 dr Hatch	150	300	750	1350	2700	3900

Plymouth 409

	6	5	4	3	2	1
Turismo, 4-cyl.						
2 dr Hatch TC3	150	400	750	1650	3150	4500
Reliant, 4-cyl.						
4 dr Sed	125	250	700	1150	2500	3600
2 dr Cpe	150	300	700	1250	2600	3700
Reliant Custom, 4-cyl.						
4 dr Sed	150	300	700	1250	2600	3700
2 dr Cpe	150	300	700	1250	2650	3800
4 dr Sta Wag	150	300	750	1350	2700	3900
Reliant SE, 4-cyl.						
4 dr Sed	150	300	700	1250	2650	3800
2 dr Cpe	150	300	750	1350	2700	3900
4 dr Sta Wag	150	350	750	1350	2800	4000
Sapporo						
2 dr HdTp	150	450	800	1750	3250	4700
Gran Fury, V-8						
4 dr Sed	150	350	750	1350	2800	4000

NOTE: Deduct 10 percent for 6-cyl.

1983
	6	5	4	3	2	1
Colt, 4-cyl.						
Cus 4 dr Hatch	150	350	750	1350	2800	4000
Cus 2 dr Hatch	150	350	750	1450	2900	4100

NOTE: Deduct 5 percent for lesser models.

	6	5	4	3	2	1
Horizon, 4-cyl.						
4 dr Hatch	150	300	700	1250	2650	3800
Cus 4 dr Hatch	150	300	750	1350	2700	3900
Turismo, 4-cyl.						
2 dr Hatch	150	400	750	1650	3150	4500
2 dr Hatch 2 plus 2	150	450	800	1800	3300	4800
Reliant, 4-cyl.						
4 dr Sed	150	300	700	1250	2600	3700
2 dr Cpe	150	300	700	1250	2650	3800
4 dr Sta Wag	150	350	750	1350	2800	4000
Reliant SE, 4-cyl.						
4 dr Sed	150	300	700	1250	2650	3800
2 dr Cpe	150	300	750	1350	2700	3900
4 dr Sta Wag	150	350	750	1450	2900	4100
Sapporo, 4-cyl.						
2 dr HdTp	150	450	800	1800	3300	4800
Gran Fury, V-8						
4 dr Sed	150	350	750	1450	2900	4100

NOTE: Deduct 10 percent for 6-cyl.

1984
	6	5	4	3	2	1
Colt, 4-cyl.						
4 dr Hatch DL	150	300	700	1250	2600	3700
2 dr Hatch DL	150	300	700	1250	2600	3700
4 dr Sta Wag Vista	150	300	700	1250	2600	3700

NOTE: Deduct 5 percent for lesser models.

	6	5	4	3	2	1
Horizon, 4-cyl.						
4 dr Hatch	150	300	700	1250	2650	3800
4 dr Hatch SE	150	300	750	1350	2700	3900
Turismo, 4-cyl.						
2 dr Hatch	150	450	800	1750	3250	4700
2 dr Hatch 2 plus 2	150	450	800	1800	3300	4800
Reliant, 4-cyl.						
4 dr Sed	125	250	700	1150	2500	3600
2 dr Sed	125	250	700	1150	2500	3600
4 dr Sta Wag	150	300	700	1250	2600	3700
Conquest, 4-cyl.						
2 dr Hatch	150	400	750	1650	3150	4500
Gran Fury, V-8						
4 dr Sed	150	350	750	1450	3000	4200

1985
	6	5	4	3	2	1
Colt, 4-cyl.						
4 dr Hatch E	150	300	700	1250	2600	3700
2 dr Hatch E	150	300	700	1250	2600	3700
4 dr Sed DL	150	300	700	1250	2650	3800
2 dr Hatch DL	150	300	700	1250	2650	3800
4 dr Sed Premier	150	300	700	1250	2650	3800
4 dr Sta Wag Vista	150	300	750	1350	2700	3900
4 dr Sta Wag Vista 4WD	150	450	800	1750	3250	4700
Horizon, 4-cyl.						
4 dr Hatch	150	300	750	1350	2700	3900
4 dr Hatch SE	150	350	750	1350	2800	4000
Turismo, 4-cyl.						
2 dr Hatch	150	450	800	1800	3300	4800

Plymouth

	6	5	4	3	2	1
2 dr Hatch 2 plus 2	200	500	850	1850	3350	4900
Reliant, 4-cyl.						
4 dr Sed	150	300	700	1250	2600	3700
2 dr Sed	150	300	700	1250	2600	3700
4 dr Sed SE	150	300	700	1250	2650	3800
2 dr Sed SE	150	300	700	1250	2650	3800
4 dr Sta Wag SE	150	300	700	1250	2650	3800
4 dr Sed LE	150	300	750	1350	2700	3900
2 dr Sed LE	150	300	750	1350	2700	3900
4 dr Sta Wag LE	150	300	750	1350	2700	3900
Conquest, 4-cyl.						
2 dr Hatch Turbo	150	450	800	1750	3250	4700
Caravelle, 4-cyl.						
4 dr Sed SE	150	350	750	1450	2900	4100
NOTE: Add 10 percent for turbo.						
Grand Fury, V-8						
4 dr Sed Salon	150	400	750	1550	3050	4300

1986
Horizon						
4 dr HBk	150	350	750	1350	2800	4000
Turismo						
2 dr HBk	200	500	850	1850	3350	4900
Reliant						
2 dr Sed	150	300	700	1250	2650	3800
4 dr Sed	150	300	750	1350	2700	3900
Caravelle						
4 dr Sed	150	350	750	1450	3000	4200
Grand Fury						
4 dr Salon Sed	150	450	800	1750	3250	4700

NOTES: Add 10 percent for deluxe models.
Deduct 5 percent for smaller engines.

PONTIAC

1926
Model 6-27, 6-cyl.
Cpe	450	1100	1700	3650	6650	9500
2 dr Sed	350	800	1450	2750	5600	8000

1927
Model 6-27, 6-cyl.
Spt Rds	500	1550	2600	5200	9100	13,000
Spt Cabr	500	1600	2700	5400	9500	13,500
Cpe	350	750	1350	2650	5450	7800
DeL Cpe	350	800	1450	2750	5600	8000
2 dr Sed	350	750	1200	2350	4900	7000
Lan Sed	450	950	1600	3250	6150	8800

1928
Model 6-28, 6-cyl.
Rds	600	1900	3200	6400	11,200	16,000
Cabr	550	1800	3000	6000	10,500	15,000
Phae	550	1800	3000	6000	10,500	15,000
2 dr Sed	200	500	850	1900	3500	5000
Sed	200	650	1050	2250	4200	6000
Trs	200	650	1050	2250	4200	6000
Cpe	350	750	1200	2350	4900	7000
Spt Cpe	350	800	1450	2750	5600	8000
Lan Sed	350	900	1550	3050	5900	8500

1929
Model 6-29A, 6-cyl.
Rds	700	2300	3800	7600	13,300	19,000
Phae	700	2150	3600	7200	12,600	18,000
Conv	700	2150	3600	7200	12,600	18,000
Cpe	350	900	1550	3050	5900	8500
2 dr Sed	350	700	1150	2300	4550	6500
4 dr Sed	350	725	1200	2350	4800	6800
Spt Lan Sed	450	1150	1900	3900	6900	9900

NOTE: Add 5 percent for horizontal louvers on early year cars.

1930
Model 6-30B, 6-cyl.
Spt Rds	700	2300	3800	7600	13,300	19,000
Phae	700	2200	3700	7400	13,000	18,500

Pontiac 411

	6	5	4	3	2	1
Cpe	450	950	1600	3250	6150	8800
Spt Cpe	450	1000	1650	3350	6300	9000
2 dr Sed	200	650	1000	2200	4100	5800
4 dr Sed	200	650	1050	2250	4200	6000
Cus Sed	350	800	1450	2750	5600	8000

1931
Model 401, 6-cyl.
Conv	700	2300	3800	7600	13,300	19,000
2P Cpe	450	1000	1600	3300	6250	8900
Spt Cpe	400	1200	2000	3950	7000	10,000
2 dr Sed	200	650	1050	2250	4200	6000
Sed	200	675	1050	2250	4350	6200
Cus Sed	350	750	1200	2350	4900	7000

1932
Model 402, 6-cyl.
Conv	850	2650	4400	8800	15,400	22,000
Cpe	400	1250	2100	4200	7400	10,500
RS Cpe	400	1300	2200	4400	7700	11,000
2 dr Sed	200	650	1050	2250	4200	6000
Cus Sed	350	700	1150	2300	4600	6600

Model 302, V-8
Conv	950	3000	5000	10,000	17,500	25,000
Cpe	450	1500	2500	5000	8800	12,500
Spt Cpe	500	1600	2700	5400	9500	13,500
2 dr Sed	400	1200	2000	3950	7000	10,000
4 dr Sed	400	1250	2100	4200	7400	10,500
Cus Sed	400	1300	2200	4400	7700	11,000

1933
Model 601, 8-cyl.
Rds	850	2650	4400	8800	15,400	22,000
Conv	750	2400	4000	8000	14,000	20,000
Cpe	350	800	1450	2750	5600	8000
Spt Cpe	450	1000	1650	3350	6300	9000
2 dr Sed	350	750	1300	2450	5250	7500
2 dr Tr Sed	350	750	1200	2350	4900	7000
Sed	350	750	1350	2600	5400	7700

NOTE: First year for Pontiac straight 8.
Add 5 percent for sidemount tires for all 1933-1938 Pontiac (rare option).

1934
Model 603, 8-cyl.
Conv	550	1800	3000	6000	10,500	15,000
Cpe	350	800	1450	2750	5600	8000
Spt Cpe	450	1000	1650	3350	6300	9000
2 dr Sed	350	750	1300	2450	5250	7500
2 dr Tr Sed	350	750	1200	2350	4900	7000
Sed	350	750	1350	2600	5400	7700
Tr Sed	350	800	1450	2750	5600	8000

1935
Master Series 701, 6-cyl.
Cpe	350	800	1350	2700	5500	7900
2 dr Sed	350	700	1100	2300	4500	6400
2 dr Tr Sed	350	700	1150	2300	4550	6500
Sed	350	725	1200	2350	4850	6900
Tr Sed	350	750	1200	2350	4900	7000

DeLuxe Series 701, 6-cyl.
Cpe	350	900	1550	3000	5850	8400
Spt Cpe	450	1000	1600	3300	6250	8900
Cabr	550	1800	3000	6000	10,500	15,000
2 dr Sed	350	700	1150	2300	4550	6500
2 dr Tr Sed	350	700	1150	2300	4600	6600
Sed	350	725	1150	2300	4700	6700
Tr Sed	350	725	1200	2350	4850	6900

Series 605, 8-cyl.
Cpe	450	1050	1700	3600	6600	9400
Spt Cpe	450	1150	1900	3900	6900	9900
Cabr	600	1900	3200	6400	11,200	16,000
2 dr Sed	350	700	1150	2300	4600	6600
2 dr Tr Sed	350	725	1200	2350	4850	6900
Sed	350	725	1200	2350	4800	6800
Tr Sed	350	725	1200	2350	4850	6900

1936
DeLuxe Series Silver Streak, 6-cyl.
Cpe	350	900	1550	3000	5850	8400
Spt Cpe	450	1000	1600	3300	6250	8900

	6	5	4	3	2	1
Cabr	600	1900	3200	6400	11,200	16,000
2 dr Sed	350	700	1100	2300	4500	6400
2 dr Tr Sed	350	700	1150	2300	4600	6600
4 dr Sed	350	725	1150	2300	4700	6700
4 dr Tr Sed	350	725	1200	2350	4850	6900
DeLuxe Series Silver Streak, 8-cyl.						
Cpe	450	1000	1600	3300	6250	8900
Spt Cpe	450	1050	1700	3600	6600	9400
Cabr	700	2150	3600	7200	12,600	18,000
2 dr Sed	350	725	1200	2350	4850	6900
2 dr Tr Sed	350	750	1250	2350	5000	7100
4 dr Sed	350	725	1200	2350	4850	6900
4 dr Tr Sed	350	750	1250	2350	5000	7100

1937 Pontiac convertible sedan

1937-1938

DeLuxe Model 6DA, 6-cyl.

Conv	950	3000	5000	10,000	17,500	25,000
Conv Sed	1000	3100	5200	10,400	18,200	26,000
Bus Cpe	350	750	1300	2400	5200	7400
Spt Cpe	350	800	1350	2700	5500	7900
2 dr Sed	350	700	1100	2300	4500	6400
2 dr Tr Sed	350	700	1150	2300	4550	6500
4 dr Sed	350	725	1200	2350	4850	6900
4 dr Tr Sed	350	750	1250	2350	5000	7100
Sta Wag	800	2500	4200	8400	14,700	21,000

DeLuxe Model 8DA, 8-cyl.

Conv	1000	3250	5400	10,800	18,900	27,000
Conv Sed	1050	3350	5600	11,200	19,600	28,000
Bus Cpe	350	800	1350	2700	5500	7900
Spt Cpe	350	900	1550	3000	5850	8400
2 dr Sed	350	750	1300	2400	5200	7400
2 dr Tr Sed	350	750	1300	2500	5300	7600
4 dr Sed	350	750	1300	2450	5250	7500
4 dr Tr Sed	350	750	1350	2600	5400	7700

1939

Special Series 25, 6-cyl.

Bus Cpe	350	900	1550	3000	5850	8400
Spt Cpe	450	1000	1600	3300	6250	8900
2 dr Tr Sed	350	800	1350	2700	5500	7900
4 dr Tr Sed	350	800	1450	2750	5600	8000
Sta Wag	950	3000	5000	10,000	17,500	25,000

DeLuxe Series 26, 6-cyl.

Conv	850	2750	4600	9200	16,100	23,000
Bus Cpe	350	900	1550	3100	6000	8600
Spt Cpe	450	1050	1650	3500	6400	9200

Pontiac 413

	6	5	4	3	2	1
2 dr Sed	350	850	1500	2800	5650	8100
4 dr Sed	350	850	1500	2900	5700	8200
DeLuxe Series 28, 8-cyl.						
Conv	950	3000	5000	10,000	17,500	25,000
Bus Cpe	450	1000	1600	3300	6250	8900
Spt Cpe	450	1050	1700	3600	6600	9400
2 dr Sed	350	850	1500	2950	5800	8300
4 dr Tr Sed	350	900	1550	3000	5850	8400
1940						
Special Series 25, 6-cyl., 117" wb						
Bus Cpe	350	800	1350	2700	5500	7900
Spt Cpe	350	850	1500	2800	5650	8100
2 dr Sed	350	750	1300	2400	5200	7400
4 dr Sed	350	750	1300	2450	5250	7500
Sta Wag	1000	3100	5200	10,400	18,200	26,000
DeLuxe Series 26, 6-cyl., 120" wb						
Conv	1000	3100	5200	10,400	18,200	26,000
Bus Cpe	350	850	1500	2800	5650	8100
Spt Cpe	350	900	1550	3000	5850	8400
2 dr Sed	350	750	1300	2500	5300	7600
4 dr Sed	350	750	1350	2600	5400	7700
DeLuxe Series 28, 8-cyl., 120" wb						
Conv	1000	3250	5400	10,800	18,900	27,000
Bus Cpe	350	900	1550	3000	5850	8400
Spt Cpe	350	900	1550	3100	6000	8600
2 dr Sed	350	750	1350	2600	5400	7700
4 dr Sed	350	750	1350	2650	5450	7800
Torpedo Series 29, 8-cyl., 122" wb						
Spt Cpe	450	1100	1800	3700	6700	9600
4 dr Sed	450	1050	1700	3600	6600	9400
1941						
DeLuxe Torpedo, 8-cyl.						
Bus Cpe	350	800	1350	2700	5500	7900
Spt Cpe	350	850	1500	2900	5700	8200
Conv	1000	3250	5400	10,800	18,900	27,000
2 dr Sed	350	750	1300	2400	5200	7400
4W Sed	350	750	1300	2500	5300	7600
6W Sed	350	750	1300	2450	5250	7500
Streamliner, 8-cyl.						
Cpe	350	900	1550	3000	5850	8400
4 dr Sed	350	800	1350	2700	5500	7900
Super Streamliner, 8-cyl.						
Cpe	350	950	1600	3200	6050	8700
4 dr Sed	350	900	1550	3000	5850	8400
Custom, 8-cyl.						
Spt Cpe	500	1550	2600	5200	9100	13,000
4 dr Sed	450	1450	2400	4800	8400	12,000
Sta Wag	1000	3100	5200	10,400	18,200	26,000
DeL Sta Wag	1000	3250	5400	10,800	18,900	27,000

NOTE: Deduct 10 percent for 6-cyl. models.

1942
Torpedo, 8-cyl.

	6	5	4	3	2	1
Conv	800	2500	4200	8400	14,700	21,000
Bus Cpe	350	725	1200	2350	4800	6800
Spt Cpe	350	750	1200	2350	4900	7000
5P Cpe	350	750	1250	2350	5000	7100
2 dr Sed	200	675	1100	2250	4400	6300
4 dr Sed	350	700	1100	2300	4500	6400
Metro Sed	350	725	1200	2350	4800	6800
Streamliner, 8-cyl.						
Cpe	350	750	1300	2450	5250	7500
Sed	350	750	1300	2450	5250	7500
Sta Wag	1000	3100	5200	10,400	18,200	26,000
Chieftain, 8-cyl.						
Cpe	350	750	1350	2650	5450	7800
Sed	350	750	1350	2650	5450	7800
Sta Wag	1000	3250	5400	10,800	18,900	27,000

NOTE: Deduct 10 percent for 6-cyl. models.

1946
Torpedo, 8-cyl.

	6	5	4	3	2	1
Conv	800	2500	4200	8400	14,700	21,000
Bus Cpe	200	675	1100	2250	4400	6300
Spt Cpe	350	725	1200	2350	4800	6800
5P Cpe	350	700	1150	2300	4600	6600
2 dr Sed	350	700	1150	2300	4550	6500
4 dr Sed	350	700	1150	2300	4600	6600

1946 Pontiac convertible

NOTE: All 1946-1954 Pontiacs are sometimes called "Silver Streaks". On some models nameplates bearing this designation appear on the cars, but it is not a true model name. The true model names are "Torpedo" (for conventional styles) and "Streamliner" (for fastbacks and station wagons).

Streamliner, 8-Cyl.	6	5	4	3	2	1
5P Cpe	350	725	1200	2350	4850	6900
4 dr Sed	350	725	1200	2350	4800	6800
Sta Wag	1000	3250	5400	10,800	18,900	27,000
DeL Sta Wag	1050	3350	5600	11,200	19,600	28,000

NOTE: Deduct 5 percent for 6-cyl. models.

1947
Torpedo, 8-cyl.

	6	5	4	3	2	1
Conv	800	2500	4200	8400	14,700	21,000
DeL Conv	850	2750	4600	9200	16,100	23,000
Bus Cpe	200	675	1100	2250	4400	6300
Spt Cpe	350	725	1200	2350	4800	6800
5P Cpe	350	700	1150	2300	4600	6600
2 dr Sed	350	700	1150	2300	4550	6500
4 dr Sed	350	700	1150	2300	4600	6600

Streamliner, 8-cyl.

Cpe	350	725	1200	2350	4850	6900
Sed	350	725	1200	2350	4800	6800
Sta Wag	1000	3250	5400	10,800	18,900	27,000
DeL Sta Wag	1050	3350	5600	11,200	19,600	28,000

NOTE: Deduct 5 percent for 6-cyl. models.

1948
Torpedo, 8-cyl.

	6	5	4	3	2	1
Bus Cpe	200	675	1100	2250	4400	6300
Spt Cpe	350	725	1200	2350	4800	6800
5P Cpe	350	700	1150	2300	4600	6600
2 dr Sed	350	700	1150	2300	4550	6500
4 dr Sed	350	700	1150	2300	4600	6600

DeLuxe Torpedo, 8-cyl.

Conv	850	2650	4400	8800	15,400	22,000
Spt Cpe	350	750	1200	2350	4900	7000
5P Cpe	350	725	1200	2350	4800	6800
4 dr Sed	350	725	1150	2300	4700	6700

DeLuxe Streamliner, 8-cyl.

Cpe	350	725	1200	2350	4800	6800
4 dr Sed	350	725	1200	2350	4850	6900
Sta Wag	1050	3350	5600	11,200	19,600	28,000

NOTE: Deduct 5 percent for 6-cyl. models.

1949-1950
Streamliner, 8-cyl.

	6	5	4	3	2	1
Cpe Sed	200	675	1050	2250	4350	6200
4 dr Sed	200	675	1050	2250	4350	6200
Sta Wag	450	1100	1700	3650	6650	9500
Wood Sta Wag (1949 only)	500	1550	2600	5200	9100	13,000

Streamliner DeLuxe, 8-cyl.

4 dr Sed	200	675	1100	2250	4400	6300
Cpe Sed	350	700	1100	2300	4500	6400
Stl Sta Wag	450	1000	1650	3350	6300	9000
Woodie (1949 only)	500	1600	2700	5400	9500	13,500
Sed Dely	450	1400	2300	4600	8100	11,500

Chieftain, 8-cyl.

4 dr Sed	350	700	1100	2300	4500	6400

Pontiac 415

	6	5	4	3	2	1
2 dr Sed	200	675	1050	2250	4350	6200
Cpe Sed	350	700	1150	2300	4600	6600
Bus Cpe	350	700	1150	2300	4550	6500
Chieftain DeLuxe, 8-cyl.						
4 dr Sed	350	700	1150	2300	4550	6500
2 dr Sed	200	675	1100	2250	4400	6300
Bus Cpe (1949 only)	350	700	1150	2300	4600	6600
2 dr HdTp (1950 only)	400	1200	2000	3950	7000	10,000
Cpe Sed	350	725	1150	2300	4700	6700
Sup 2 dr HdTp (1950 only)	400	1300	2200	4400	7700	11,000
Conv	750	2400	4000	8000	14,000	20,000

NOTE: Deduct 5 percent for 6-cyl. models.

1951-1952
Streamliner, 8-cyl. (1951 only)

	6	5	4	3	2	1
Cpe Sed	200	675	1100	2250	4400	6300
Sta Wag	450	1100	1700	3650	6650	9500
Streamliner DeLuxe, 8-cyl. (1951 only)						
Cpe Sed	350	700	1150	2300	4550	6500
Sta Wag	400	1200	2000	3950	7000	10,000
Sed Dely)	450	1400	2300	4600	8100	11,500
Chieftain, 8-cyl.						
4 dr Sed	350	700	1150	2300	4550	6500
2 dr Sed	200	675	1100	2250	4400	6300
Cpe Sed	350	700	1150	2300	4600	6600
Bus Cpe	350	700	1150	2300	4600	6600
Chieftain DeLuxe, 8-cyl.						
4 dr Sed	350	700	1150	2300	4600	6600
2 dr Sed	350	700	1150	2300	4550	6500
Cpe Sed	350	725	1200	2350	4850	6900
2 dr HdTp	400	1200	2000	3950	7000	10,000
2 dr HdTp Super	400	1300	2200	4400	7700	11,000
Conv	700	2150	3600	7200	12,600	18,000

NOTE: Deduct 5 percent for 6-cyl. models.

1953
Chieftain, 8-cyl., 122" wb

	6	5	4	3	2	1
4 dr Sed	350	700	1150	2300	4600	6600
2 dr Sed	350	700	1150	2300	4550	6500
Paint Sta Wag	450	1100	1700	3650	6650	9500
Wood grain Sta Wag	450	1150	1900	3850	6850	9800
Sed Dely	500	1600	2700	5400	9500	13,500
Chieftain DeLuxe, 8-cyl.						
4 dr Sed	350	725	1150	2300	4700	6700
2 dr Sed	350	700	1150	2300	4600	6600
2 dr HdTp	400	1300	2200	4400	7700	11,000
Conv	850	2650	4400	8800	15,400	22,000
Mtl Sta Wag	450	1000	1650	3350	6300	9000
Sim W Sta Wag	450	1100	1700	3650	6650	9500
Custom Catalina, 8-cyl.						
2 dr HdTp	450	1450	2400	4800	8400	12,000

NOTE: Deduct 5 percent for 6-cyl. models.

1954 Pontiac, Custom Star Chief Catalina, 8-cyl.

1954
Chieftain, 8-cyl., 122" wb

	6	5	4	3	2	1
4 dr Sed	350	725	1200	2350	4800	6800
2 dr Sed	350	725	1150	2300	4700	6700
Sta Wag	400	1200	2000	3950	7000	10,000

Chieftain DeLuxe, 8-cyl.
4 dr Sed	350	725	1200	2350	4850	6900
2 dr Sed	350	725	1200	2350	4800	6800
2 dr HdTp	450	1450	2400	4800	8400	12,000
Sta Wag	400	1250	2100	4200	7400	10,500

Custom Catalina, 8-cyl.
2 dr HdTp	500	1550	2600	5200	9100	13,000

Star Chief DeLuxe, 8-cyl.
4 dr Sed	350	800	1450	2750	5600	8000
Conv	850	2750	4600	9200	16,100	23,000

Custom Star Chief, 8-cyl.
4 dr Sed	450	1000	1650	3350	6300	9000
2 dr HdTp	500	1600	2700	5400	9500	13,500

NOTE: Deduct 5 percent for 6-cyl. models.

1955
Chieftain 860, V-8
4 dr Sed	200	650	1050	2250	4200	6000
2 dr Sed	200	650	1000	2200	4150	5900
2 dr Sta Wag	350	750	1200	2350	4900	7000
4 dr Sta Wag	350	700	1150	2300	4550	6500

Chieftain 870, V-8, 122" wb
4 dr Sed	350	700	1150	2300	4550	6500
2 dr Sed	200	675	1050	2250	4350	6200
2 dr HdTp	450	1450	2400	4800	8400	12,000
4 dr Sta Wag	350	750	1200	2350	4900	7000

Star Chief Custom Safari, 122" wb
2 dr Sta Wag	550	1800	3000	6000	10,500	15,000

Star Chief, V-8, 124" wb
4 dr Sed	350	750	1300	2450	5250	7500
Conv	950	3000	5000	10,000	17,500	25,000

Custom Star Chief, V-8, 124" wb
4 dr Sed	350	900	1550	3050	5900	8500
2 dr HdTp	550	1750	2900	5800	10,200	14,500

1956
Chieftain 860, V-8, 122" wb
4 dr Sed	200	650	1050	2250	4200	6000
4 dr HdTp	350	750	1200	2350	4900	7000
2 dr Sed	200	650	1050	2250	4200	6000
2 dr HdTp	450	1400	2300	4600	8100	11,500
2 dr Sta Wag	350	750	1250	2350	5000	7100
4 dr Sta Wag	350	700	1150	2300	4600	6600

Chieftain 870, V-8, 122" wb
4 dr Sed	200	675	1100	2250	4400	6300
4 dr HdTp	350	800	1450	2750	5600	8000
2 dr HdTp	450	1500	2500	5000	8800	12,500
4 dr Sta Wag	350	750	1300	2450	5250	7500

Custom Star Chief Safari, V-8, 122" wb
2 dr Sta Wag	600	1850	3100	6200	10,900	15,500

Star Chief, V-8, 124" wb
4 dr Sed	350	750	1200	2350	4900	7000
Conv	1000	3100	5200	10,400	18,200	26,000

Custom Star Chief, V-8, 124" wb
4 dr HdTp	450	1000	1650	3350	6300	9000
2 dr HdTp	550	1800	3000	6000	10,500	15,000

NOTE: (Add 10 percent for optional 285 hp V-8 speed engine).

1957
Chieftain, V-8, 122" wb
4 dr Sed	200	675	1100	2250	4400	6300
4 dr HdTp	350	750	1200	2350	4900	7000
2 dr Sed	200	675	1050	2250	4350	6200
2 dr HdTp	400	1250	2100	4200	7400	10,500
4 dr Sta Wag	350	750	1200	2350	4900	7000
2 dr Sta Wag	350	750	1250	2400	5050	7200

Super Chief, V-8, 122" wb
4 dr Sed	350	725	1200	2350	4800	6800
4 dr HdTp	350	800	1450	2750	5600	8000
2 dr HdTp	450	1400	2300	4600	8100	11,500
4 dr Sta Wag	350	750	1300	2450	5250	7500

Star Chief Custom Safari, V-8, 122" wb
4 dr Sta Wag	450	1450	2400	4800	8400	12,000
2 dr Sta Wag	600	1900	3200	6400	11,200	16,000

Pontiac 417

Star Chief, V-8, 124" wb						
4 dr Sed	350	900	1550	3050	5900	8500
Conv	900	2900	4800	9600	16,800	24,000
Bonneville Conv*	2050	6500	10,800	21,600	37,800	54,000
Custom Star Chief, V-8, 124" wb						
4 dr Sed	450	1000	1650	3350	6300	9000
4 dr HdTp	450	1100	1700	3650	6650	9500
2 dr HdTp	600	1900	3200	6400	11,200	16,000

*Available on one-to-a-dealer basis.

1958
Chieftain, V-8, 122" wb						
4 dr Sed	200	600	950	2200	3900	5600
4 dr HdTp	350	700	1150	2300	4550	6500
2 dr Sed	200	600	1000	2200	4000	5700
2 dr HdTp	450	1000	1650	3350	6300	9000
Conv	800	2500	4200	8400	14,700	21,000
4 dr Safari - 9P	350	750	1200	2350	4900	7000
Super-Chief, V-8, 122" wb						
4 dr Sed	200	675	1050	2250	4300	6100
4 dr HdTp	350	750	1300	2450	5250	7500
2 dr HdTp	400	1200	2000	3950	7000	10,000
Star Chief, V-8, 124" wb						
4 dr Cus Sed	350	700	1150	2300	4550	6500
4 dr HdTp	350	900	1550	3050	5900	8500
2 dr HdTp	450	1450	2400	4800	8400	12,000
4 dr Cus Safari	450	1000	1650	3350	6300	9000
Bonneville, V-8, 122" wb						
2 dr HdTp	1050	3350	5600	11,200	19,600	28,000
Conv	1350	4300	7200	14,400	25,200	36,000

NOTE: Add 20 percent for fuel-injection Bonneville.
Add 5 percent for bucket seats.

1959
Catalina, V-8, 122" wb						
4 dr Sed	200	650	1000	2200	4150	5900
4 dr HdTp	350	750	1200	2350	4900	7000
2 dr Sed	200	600	950	2150	3850	5500
2 dr HdTp	450	1100	1700	3650	6650	9500
Conv	750	2400	4000	8000	14,000	20,000
Safari, V-8, 124" wb						
4 dr Sta Wag - 6P	200	650	1050	2250	4200	6000
4 dr Sta Wag - 9P	200	675	1050	2250	4350	6200
Star Chief, V-8, 124" wb						
4 dr Sed	200	600	950	2200	3900	5600
4 dr HdTp	350	800	1450	2750	5600	8000
2 dr Sed	350	750	1300	2450	5250	7500
Bonneville, V-8, 124" wb						
4 dr HdTp	450	1000	1650	3350	6300	9000
2 dr HdTp	450	1450	2400	4800	8400	12,000
Conv	950	3000	5000	10,000	17,500	25,000
Custom Safari, V-8, 122" wb						
4 dr Sta Wag	350	750	1300	2450	5250	7500

NOTE: Add 10 percent for engine options (incl. economy V-8) or bucket seats.

1960
Catalina, V-8, 122" wb						
4 dr Sed	200	600	950	2200	3900	5600
4 dr HdTp	350	700	1150	2300	4550	6500
2 dr Sed	200	600	950	2200	3900	5600
2 dr HdTp	350	800	1450	2750	5600	8000
Conv	800	2500	4200	8400	14,700	21,000
Safari, V-8, 122" wb						
4 dr Sta Wag	200	650	1050	2250	4200	6000
4 dr Sta Wag - 6P	200	650	1050	2250	4200	6000
Ventura, V-8, 122" wb						
4 dr HdTp	350	750	1300	2450	5250	7500
2 dr HdTp	400	1200	2000	3950	7000	10,000
Star Chief, V-8, 124" wb						
4 dr Sed	350	750	1300	2450	5250	7500
4 dr HdTp	350	900	1550	3050	5900	8500
2 dr Sed	350	800	1450	2750	5600	8000
Bonneville, V-8, 124" wb						
4 dr HdTp	450	1000	1650	3350	6300	9000
2 dr HdTp	400	1300	2200	4400	7700	11,000
Conv	1000	3100	5200	10,400	18,200	26,000
Bonneville Safari, V-8, 122" wb						
4 dr Sta Wag	350	750	1300	2500	5300	7600

(Add 5 percent for S-D motor).

418 Pontiac

1961
Tempest Compact, 4-cyl.

	6	5	4	3	2	1
4 dr Sed	150	450	800	1750	3250	4700
Cpe	150	450	800	1800	3300	4800
Cus Cpe	200	500	850	1900	3500	5000
Safari Wag	200	500	850	1900	3500	5000
Catalina, V-8, 119" wb						
4 dr Sed	200	550	900	2150	3800	5400
4 dr HdTp	200	675	1050	2250	4350	6200
2 dr Sed	200	650	1050	2250	4200	6000
2 dr HdTp	350	750	1200	2350	4900	7000
Conv	550	1700	2800	5600	9800	14,000
Safari Wag	200	650	1050	2250	4200	6000
Ventura, V-8, 119" wb						
4 dr HdTp	350	750	1200	2350	4900	7000
2 dr HdTp	450	1000	1650	3350	6300	9000
Star Chief, V-8, 123" wb						
4 dr Sed	200	650	1050	2250	4200	6000
4 dr HdTp	350	750	1250	2400	5050	7200
Bonneville, V-8, 123" wb						
4 dr HdTp	350	750	1300	2450	5250	7500
2 dr HdTp	450	1000	1650	3350	6300	9000
Conv	700	2150	3600	7200	12,600	18,000
Bonneville Safari, V-8, 119" wb						
4 dr Sta Wag	350	800	1450	2750	5600	8000

NOTE: Add 5 percent for Tempest V-8.
(Add 10 percent for S-D motor).

1962
Tempest Series, 4-cyl., 122" wb

4 dr Sed	150	450	800	1750	3250	4700
Cpe	150	450	800	1800	3300	4800
2 dr HdTp	200	650	1050	2250	4200	6000
Conv	450	1000	1650	3350	6300	9000
Safari	200	500	850	1900	3500	5000

NOTE: Add 10 percent for Tempest V-8.

Catalina Series, V-8, 120" wb

4 dr Sed	200	500	850	1950	3600	5100
4 dr HdTp	350	700	1150	2300	4550	6500
2 dr Sed	200	600	950	2150	3850	5500
2 dr HdTp	350	750	1300	2450	5250	7500
Conv	450	1450	2400	4800	8400	12,000
Sta Wag	200	600	950	2150	3850	5500

NOTES: Add 5 percent for Catalina Ventura.

Catalina Super-Duty

2 dr HdTp (421/405)	2850	9100	15,200	30,400	53,200	76,000
2 dr Sed (421/405)	2850	9100	15,200	30,400	53,200	76,000

NOTE: Add 5 percent for four-speed.
  Add 5 percent for bucket seats.
  Add 10 percent for factory lightweight package.

Star Chief Series, V-8, 123" wb

4 dr Sed	200	650	1050	2250	4200	6000
4 dr HdTp	350	750	1300	2450	5250	7500

Bonneville Series, V-8, 123" wb, Sta Wag 119" wb

4 dr HdTp	350	800	1450	2750	5600	8000
2 dr HdTp	400	1200	2000	3950	7000	10,000
Conv	600	1900	3200	6400	11,200	16,000
Sta Wag	350	700	1150	2300	4550	6500

Grand Prix Series, V-8, 120" wb

2 dr HdTp	400	1300	2200	4400	7700	11,000

NOTE: Add 30 percent for 421.
  Add 30 percent for "421" S-D models.

1963
Tempest (Compact) Series, 4-cyl., 112" wb

4 dr Sed	150	400	750	1650	3150	4500
Cpe	200	500	850	1850	3350	4900
2 dr HdTp	200	600	950	2150	3850	5500
Conv	350	900	1550	3050	5900	8500
Sta Wag	200	500	850	1900	3500	5000

LeMans Series, 8-cyl., "326" option.

2 dr HdTp	350	750	1200	2350	4900	7000
Conv	450	1100	1700	3650	6650	9500

Catalina Series, V-8, 119" wb

4 dr Sed	200	500	850	1950	3600	5100
4 dr HdTp	350	700	1150	2300	4600	6600
2 dr Sed	200	600	950	2200	3900	5600
2 dr HdTp	350	900	1550	3050	5900	8500

1963 Pontiac LeMans convertible

	6	5	4	3	2	1
Conv	500	1550	2600	5200	9100	13,000
Sta Wag	350	700	1150	2300	4550	6500
Catalina Super-Duty						
2 dr HdTp (421/405)	2850	9100	15,200	30,400	53,200	76,000
2 dr HdTp (421/410)	2950	9350	15,600	31,200	54,600	78,000
2 dr Sed (421/405)	2850	9100	15,200	30,400	53,200	76,000
2 dr Sed (421/410)	2850	9100	15,200	30,400	53,200	76,000

NOTE: Add 5 percent for four-speed.
    Add 5 percent for bucket seats.
    Add 10 percent for factory lightweight package.

Star Chief Series, V-8, 123" wb						
4 dr Sed	200	550	900	2150	3800	5400
4 dr HdTp	350	750	1300	2450	5250	7500
Bonneville Series, V-8, 123" wb						
2 dr HdTp	400	1200	2000	3950	7000	10,000
4 dr HdTp	350	900	1550	3050	5900	8500
Conv	600	1900	3200	6400	11,200	16,000
Sta Wag	350	700	1150	2300	4550	6500
Grand Prix Series, V-8, 120" wb						
2 dr HdTp	400	1200	2000	3950	7000	10,000

NOTE: Add 5 percent for Tempest V-8.
    Add 5 percent for Catalina Ventura.
    Add 30 percent for "421" engine option.

1964

Tempest Custom 21, V-8, 115" wb						
4 dr Sed	150	450	800	1750	3250	4700
2 dr HdTp	200	600	950	2150	3850	5500
Conv	450	1000	1650	3350	6300	9000
Sta Wag	200	500	850	1900	3500	5000
LeMans Series, V-8, 115" wb						
2 dr HdTp	450	1100	1700	3650	6650	9500
Cpe	350	900	1550	3050	5900	8500
Conv	450	1450	2400	4800	8400	12,000
GTO Cpe	550	1700	2800	5600	9800	14,000
GTO Conv	700	2150	3600	7200	12,600	18,000
GTO HdTp	550	1800	3000	6000	10,500	15,000

NOTE: Deduct 10 percent for Tempest 6-cyl.
    Add 5 percent for four-speed.

Catalina Series, V-8, 120" wb						
4 dr Sed	200	550	900	2150	3800	5400
4 dr HdTp	350	700	1150	2300	4550	6500
2 dr Sed	200	600	950	2150	3850	5500
2 dr HdTp	450	1000	1650	3350	6300	9000
Conv	450	1450	2400	4800	8400	12,000
Sta Wag	200	650	1050	2250	4200	6000
Star Chief Series, 123" wb						
4 dr Sed	200	600	950	2150	3850	5500
4 dr HdTp	350	750	1300	2450	5250	7500
Bonneville Series, V-8, 123" wb						
4 dr HdTp	350	900	1550	3050	5900	8500
2 dr HdTp	400	1200	2000	3950	7000	10,000
Conv	650	2050	3400	6800	11,900	17,000
Sta Wag	350	750	1200	2350	4900	7000
Grand Prix Series, V-8, 120" wb						
2 dr HdTp	400	1200	2000	3950	7000	10,000

NOTES: Add 20 percent for tri power.
    Add 5 percent for Catalina-Ventura option.
    Add 10 percent for 2 plus 2, 7,998 built.

1965
Tempest Series, V-8, 115" wb

	6	5	4	3	2	1
4 dr Sed	150	450	750	1700	3200	4600
2 dr Sport Cpe	200	500	850	1950	3600	5100
2 dr HdTp	200	600	950	2150	3850	5500
Conv	450	1000	1650	3350	6300	9000
Sta Wag	200	500	850	1850	3350	4900

LeMans Series, V-8, 115" wb

4 dr Sed	200	500	850	1900	3500	5000
Cpe	350	700	1150	2300	4550	6500
2 dr HdTp	350	750	1300	2450	5250	7500
Conv	550	1700	2800	5600	9800	14,000
GTO Conv	650	2050	3400	6800	11,900	17,000
GTO HdTp	550	1800	3000	6000	10,500	15,000
GTO Cpe	450	1450	2400	4800	8400	12,000

NOTE: Deduct 5 percent for Tempest 6-cyl.
Add 5 percent for four-speed.

Catalina Series, V-8, 121" wb

4 dr Sed	150	450	800	1800	3300	4800
4 dr HdTp	200	650	1050	2250	4200	6000
2 dr Sed	200	600	950	2150	3850	5500
2 dr HdTp	350	700	1150	2300	4550	6500
Conv	400	1200	2000	3950	7000	10,000
Sta Wag	200	600	950	2150	3850	5500

Star Chief Series, V-8, 123" wb

4 dr Sed	200	500	850	1900	3500	5000
4 dr HdTp	350	700	1150	2300	4550	6500

Bonneville Series, V-8, 123" wb

4 dr HdTp	350	750	1300	2450	5250	7500
2 dr HdTp	450	1100	1700	3650	6650	9500
Conv	550	1700	2800	5600	9800	14,000
2S Sta Wag	350	700	1150	2300	4550	6500

Grand Prix Series, 120" wb

2 dr HdTp	400	1200	2000	3950	7000	10,000

NOTE: Add 30 percent for "421" H.O. Tri-power V-8.
Add 20 percent for tri power.
Add 10 percent for 2 plus 2.
Add 10 percent for Catalina-Ventura option.
Add 10 percent for Ram Air.

1966
Tempest Custom, OHC-6, 115" wb

4 dr Sed	150	450	750	1700	3200	4600
4 dr HdTp	150	450	800	1750	3250	4700
2 dr HdTp	200	675	1100	2250	4400	6300
Cpe	200	650	1050	2250	4200	6000
Conv	350	800	1450	2750	5600	8000
Sta Wag	150	400	750	1650	3150	4500

Lemans Series, OHC-6, 115" wb

4 dr HdTp	200	500	850	1850	3350	4900
Cpe	200	650	1000	2200	4100	5800
2 dr HdTp	350	700	1150	2300	4550	6500
Conv	450	1100	1700	3650	6650	9500

NOTE: Add 20 percent for 326 V-8.

GTO Series, V-8, 115" wb

2 dr HdTp	550	1800	3000	6000	10,500	15,000
Cpe	450	1450	2400	4800	8400	12,000
Conv	650	2050	3400	6800	11,900	17,000

NOTE: Add 5 percent for four-speed.

Catalina, V-8, 121" wb

4 dr Sed	150	450	800	1750	3250	4700
4 dr HdTp	200	650	1050	2250	4200	6000
2 dr Sed	200	600	950	2150	3850	5500
2 dr HdTp	350	750	1200	2350	4900	7000
Conv	450	1450	2400	4800	8400	12,000
Sta Wag	200	500	850	1950	3600	5100

2 Plus 2, V-8, 121" wb

2 dr HdTp	350	800	1450	2750	5600	8000
Conv	500	1550	2600	5200	9100	13,000

Executive, V-8, 124" wb

4 dr Sed	200	600	950	2150	3850	5500
4 dr HdTp	350	700	1150	2300	4550	6500
2 dr HdTp	450	1100	1700	3650	6650	9500

Bonneville, V-8, 124" wb

4 dr HdTp	350	750	1300	2450	5250	7500
2 dr HdTp	450	1100	1700	3650	6650	9500
Conv	550	1700	2800	5600	9800	14,000

Pontiac 421

	6	5	4	3	2	1
Sta Wag	200	650	1050	2250	4200	6000
Grand Prix, V-8, 121" wb						
2 dr HdTp	400	1200	2000	3950	7000	10,000

NOTE: Add 30 percent for 421.
  Add 20 percent for Ram Air.
  Add 20 percent for tri power.
  Add 10 percent for Ventura Custom trim option.

1967
Tempest, 6-cyl., 115" wb

4 dr Sed	150	400	750	1650	3150	4500
Cpe	200	500	850	1900	3500	5000
Sta Wag	200	600	950	2200	3900	5600

Tempest Custom, 6-cyl., 115" wb

Cpe	200	500	850	1950	3600	5100
2 dr HdTp	200	600	950	2200	3900	5600
Conv	350	800	1450	2750	5600	8000
4 dr HdTp	200	550	900	2000	3600	5200
4 dr Sed	150	450	750	1700	3200	4600
Sta Wagon	200	500	850	1900	3500	5000

Lemans, 6-cyl., 115" wb

4 dr HdTp	200	500	850	1900	3500	5000
Cpe	200	550	900	2000	3600	5200
2 dr HdTp	200	650	1050	2250	4200	6000
Conv	450	1400	2300	4600	8100	11,500

Tempest Safari, 6-cyl., 115" wb

Sta Wag	200	500	850	1900	3500	5000

GTO, V-8, 115" wb

Cpe	450	1450	2400	4800	8400	12,000
2 dr HdTp	550	1700	2800	5600	9800	14,000
Conv	700	2150	3600	7200	12,600	18,000

Catalina, V-8, 121" wb

4 dr Sed	150	450	800	1750	3250	4700
4 dr HdTp	200	650	1050	2250	4200	6000
2 dr Sed	200	600	950	2200	3900	5600
2 dr HdTp	350	750	1200	2350	4900	7000
Conv	450	1100	1700	3650	6650	9500
3S Sta Wag	200	500	850	1900	3500	5000

Executive, V-8, 124" wb, Sta Wag 121" wb

4 dr Sed	200	500	850	1900	3500	5000
4 dr HdTp	350	700	1150	2300	4550	6500
2 dr HdTp	350	800	1450	2750	5600	8000
3S Sta Wag	200	650	1050	2250	4200	6000

Bonneville, V-8, 124" wb

4 dr HdTp	350	750	1200	2350	4900	7000
2 dr HdTp	350	900	1550	3050	5900	8500
Conv	450	1450	2400	4800	8400	12,000
Sta Wag	200	600	950	2150	3850	5500

Grand Prix, V-8, 121" wb

2 dr HdTp	450	1000	1650	3350	6300	9000
Conv	550	1700	2800	5600	9800	14,000

NOTES: Add 10 percent for Tempest 326.
  Add 30 percent for 428.
  Add 10 percent for Sprint option.
  Add 15 percent for 2 plus 2 option.
  Add 10 percent for Ventura Custom trim option.
  Add 5 percent for Brougham trim.

Firebird, V-8, 108" wb

Cpe	350	800	1450	2750	5600	8000
Conv	450	1100	1700	3650	6650	9500

NOTE: Add 10 percent for V-8 or SOHC six Sprint option.
  Add 15 percent for 350 HO.
  Add 20 percent for the Ram Air 400 Firebird.

1968
Tempest, 6-cyl., 112" wb

Spt Cpe	200	500	850	1900	3500	5000
Cus "S" Cpe	200	600	950	2150	3850	5500
Cus "S" HdTp	200	650	1050	2250	4200	6000
Cus "S" Conv	350	750	1200	2350	4900	7000
2 dr LeMans	200	500	850	1900	3500	5000
LeMans Spt Cpe	200	650	1050	2250	4200	6000
LeMans Conv	500	1550	2600	5200	9100	13,000

GTO, V-8, 112" wb

2 dr HdTp	500	1550	2600	5200	9100	13,000
Conv	700	2150	3600	7200	12,600	18,000

Catalina, V-8, 122" wb

4 dr Sed	150	400	750	1650	3150	4500

	6	5	4	3	2	1
4 dr HdTp	200	500	850	1900	3500	5000
2 dr Sed	200	600	1000	2200	4000	5700
2 dr HdTp	200	650	1050	2250	4200	6000
Conv	350	900	1550	3050	5900	8500
Sta Wag	200	500	850	1900	3500	5000
Executive, V-8, 124" wb, Sta Wag 121" wb						
4 dr Sed	200	600	950	2150	3850	5500
4 dr HdTp	200	650	1050	2250	4200	6000
2 dr HdTp	350	750	1200	2350	4900	7000
3S Sta Wag	200	550	900	2100	3700	5300
Bonneville, V-8, 125" wb						
4 dr Sed	200	600	1000	2200	4000	5700
4 dr HdTp	350	700	1150	2300	4550	6500
2 dr HdTp	350	750	1300	2450	5250	7500
Conv	450	1450	2400	4800	8400	12,000
Sta Wagon	200	600	950	2150	3850	5500
Grand Prix, V-8, 118" wb						
2 dr HdTp	350	800	1450	2750	5600	8000

NOTES: Add 10 percent for Sprint option.
 Add 30 percent for 428.
 Add 20 percent for Ram Air I or II.
 Add 20 percent for 350 (Tempest) or 428 V-8's.
 Add 10 percent for Ventura Custom trim option.
 Add 5 percent for Brougham trim.

Firebird, V-8, 108" wb

	6	5	4	3	2	1
Cpe	350	800	1450	2750	5600	8000
Conv	450	1100	1700	3650	6650	9500

NOTE: Add 10 percent for V-8 or SOHC six Sprint option.
 Add 10 percent for 350 HO.
 Add 25 percent for the Ram Air 400 Firebird.

1969

Tempest, 6-cyl., 116" wb, 2 dr 112" wb

	6	5	4	3	2	1
4 dr Sed	150	350	750	1450	2900	4100
Cpe	150	350	750	1450	3000	4200
Tempest 'S' Custom, 6-cyl., 116" wb, 2 dr 112" wb						
4 dr Sed	150	350	750	1450	3000	4200
4 dr HdTp	150	400	750	1600	3100	4400
Cpe	150	400	750	1550	3050	4300
2 dr HdTp	200	500	850	1900	3500	5000
Conv	350	700	1150	2300	4550	6500
Sta Wag	150	400	750	1650	3150	4500
Tempest Lemans, 6-cyl., 116" wb, 2 dr 112" wb						
4 dr HdTp	150	400	750	1650	3150	4500
Cpe	150	400	750	1650	3150	4500
2 dr HdTp	200	600	950	2150	3850	5500
Conv	450	1100	1700	3650	6650	9500
Tempest Safari, 6-cyl., 116" wb						
Sta Wag	150	450	800	1750	3250	4700
GTO, V-8, 112" wb						
2 dr HdTp	550	1700	2800	5600	9800	14,000
Conv	700	2200	3700	7400	13,000	18,500
Catalina, V-8, 122" wb						
4 dr Sed	150	400	750	1650	3150	4500
4 dr HdTp	150	450	800	1750	3250	4700
2 dr HdTp	200	600	950	2150	3850	5500
Conv	350	900	1550	3050	5900	8500
3S Sta Wag	200	500	850	1900	3500	5000
Executive, V-8, 125" wb, Sta Wag 122" wb						
4 dr Sed	150	450	750	1700	3200	4600
4 dr HdTp	150	450	800	1800	3300	4800
2 dr HdTp	200	650	1050	2250	4200	6000
3S Sta Wag	200	550	900	2000	3600	5200
Bonneville, V-8, 125" wb						
4 dr Sed	150	450	750	1700	3200	4600
4 dr HdTp	200	500	850	1900	3500	5000
2 dr HdTp	350	700	1150	2300	4550	6500
Conv	450	1100	1700	3650	6650	9500
Sta Wag	200	600	950	2150	3850	5500
Grand Prix, V-8, 118" wb						
2 dr HdTp	350	750	1200	2350	4900	7000

NOTES: Add 10 percent for LeMans Rally E Pkg.
 Add 30 percent for 428 CID V-8.
 Add 20 percent for Ram Air III.
 Add 5 percent for Brougham trim.
 Add 25 percent for Ram Air IV.
 Add 40 percent for GTO Judge option.

Add 10 percent for Tempest V-8.
Add 25 percent for Ram Air IV.
Firebird, V-8, 108" wb

	6	5	4	3	2	1
Cpe	350	900	1550	3050	5900	8500
Conv	400	1200	2000	3950	7000	10,000
Trans Am Cpe	550	1700	2800	5600	9800	14,000
Trans Am Conv	850	2650	4400	8800	15,400	22,000

NOTE: Add 10 percent for V-8 or SOHC six Sprint option.
Add 15 percent for "HO" 400 Firebird.
Add 20 percent for Ram Air IV Firebird.
Add 50 percent for '303' V-8 SCCA race engine.
The Trans Am was a mid-year model.

1970 Pontiac, Firebird Formula 400 coupe, V-8

1970
Tempest, 6-cyl., 116" wb, 2 dr 112" wb
4 dr Sed	150	400	750	1550	3050	4300
2 dr HdTp	200	500	850	1900	3500	5000
Cpe	150	400	750	1650	3150	4500

LeMans, 6 cyl., 116" wb, 2 dr 112" wb
4 dr Sed	150	400	750	1600	3100	4400
4 dr HdTp	200	500	850	1900	3500	5000
Cpe	150	450	750	1700	3200	4600
2 dr HdTp	200	600	950	2150	3850	5500
Sta Wag	150	450	800	1800	3300	4800

LeMans Sport, 6 cyl., 116" wb, 2 dr 112" wb
4 dr HdTp	200	550	900	2000	3600	5200
Cpe	200	600	950	2150	3850	5500
2 dr HdTp	200	650	1050	2250	4200	6000
Conv	350	750	1300	2450	5250	7500
Sta Wag	200	500	850	1900	3500	5000

LeMans GT 37, V-8, 112" wb
Cpe	350	750	1200	2350	4900	7000
2 dr HdTp	350	750	1300	2450	5250	7500

GTO, V-8, 112" wb
HdTp	700	2150	3600	7200	12,600	18,000
Conv	800	2500	4200	8400	14,700	21,000

Catalina, V-8, 122" wb
4 dr Sed	150	400	750	1650	3150	4500
4 dr HdTp	200	600	950	2150	3850	5500
2 dr HdTp	200	650	1050	2250	4200	6000
Conv	350	800	1450	2750	5600	8000
3S Sta Wag	200	500	850	1900	3500	5000

Executive, V-8, 125" wb, Sta Wag 122" wb
4 dr Sed	150	450	750	1700	3200	4600
4 dr HdTp	200	650	1050	2250	4200	6000
2 dr HdTp	350	700	1150	2300	4550	6500
3S Sta Wag	200	550	900	2000	3600	5200

Bonneville, V-8, 125" wb, Sta Wag 122" wb
4 dr Sed	200	500	850	1900	3500	5000
4 dr HdTp	350	700	1150	2300	4550	6500
2 dr HdTp	350	750	1200	2350	4900	7000
Conv	450	1100	1700	3650	6650	9500
3S Sta Wag	200	600	950	2150	3850	5500

Grand Prix, V-8, 118" wb

	6	5	4	3	2	1
Hurst "SSJ" HdTp	450	1100	1700	3650	6650	9500
2 dr HdTp	350	750	1300	2450	5250	7500

NOTES: Add 10 percent for V-8 LeMans Rally Pkg.
Add 40 percent for GTO Judge.
Add 30 percent for 428.
Add 5 percent for Brougham trim.
Add 10 percent for Grand Prix S.J.
Add 20 percent for Ram Air IV.

Firebird, V-8, 108" wb

Firebird	450	1000	1650	3350	6300	9000
Esprit	450	1100	1700	3650	6650	9500
Formula 400	400	1300	2200	4400	7700	11,000
Trans Am	550	1700	2800	5600	9800	14,000

NOTES: Add 10 percent for V-8, (Firebird).
Add 25 percent for Trans Am with 4-speed.
Add 25 percent for Ram Air IV Firebird.

1971

Ventura II, 6 cyl., 111" wb
Cpe	150	350	750	1350	2800	4000
4 dr Sed	150	350	750	1450	3000	4200

Ventura II, V-8, 111" wb
Cpe	125	250	700	1150	2500	3600
4 dr Sed	150	300	700	1250	2650	3800

LeMans T37, 6 cyl., 116" wb, 2 dr 112" wb
2 dr Sed	150	400	750	1650	3150	4500
4 dr Sed	150	350	750	1350	2800	4000
2 dr HdTp	200	500	850	1900	3500	5000

LeMans, 6 cyl., 116" wb, 2 dr 112" wb
2 dr Sed	150	350	750	1350	2800	4000
4 dr Sed	150	350	750	1450	2900	4100
4 dr HdTp	150	400	750	1600	3100	4400
2 dr HdTp	200	650	1050	2250	4200	6000
3S Sta Wag	150	350	750	1350	2800	4000

LeMans Sport, 6 cyl., 116" wb, 2 dr 112" wb
4 dr HdTp	150	400	750	1550	3050	4300
2 dr HdTp	350	700	1150	2300	4550	6500
Conv	400	1200	2000	3950	7000	10,000

NOTE: Add 10 percent for 8 cyl.

LeMans GT 37, V-8, 112" wb
2 dr HdTp	450	1000	1650	3350	6300	9000

GTO
2 dr HdTp	500	1550	2600	5200	9100	13,000
Conv	850	2650	4400	8800	15,400	22,000

NOTE: Add 40 percent for GTO Judge option.

Catalina
4 dr	125	250	700	1150	2500	3600
4 dr HdTp	150	300	700	1250	2600	3700
2 dr HdTp	150	400	750	1650	3150	4500
Conv	350	800	1450	2750	5600	8000

Safari, V-8, 127" wb
2S Sta Wag	150	300	700	1250	2600	3700
3S Sta Wag	150	300	700	1250	2650	3800

Catalina Brougham, V-8, 123" wb
4 dr Sed	150	300	700	1250	2600	3700
4 dr HdTp	150	300	700	1250	2650	3800
2 dr HdTp	150	450	800	1750	3250	4700

Grand Safari, V-8, 127" wb
2S Sta Wag	150	350	750	1350	2800	4000
3S Sta Wag	150	350	750	1450	2900	4100

Bonneville
4 dr Sed	150	300	700	1250	2650	3800
4 dr HdTp	150	350	750	1450	2900	4100
2 dr HdTp	200	500	850	1900	3500	5000

Grandville
4 dr HdTp	150	350	750	1350	2800	4000
2 dr HdTp	200	550	900	2000	3600	5200
Conv	450	1000	1650	3350	6300	9000

Grand Prix
2 dr HdTp	200	650	1050	2250	4200	6000
Hurst "SSJ" Cpe	350	900	1550	3050	5900	8500

Firebird, V-8, 108" wb
Firebird	450	1100	1700	3650	6650	9500
Esprit	450	1000	1650	3350	6300	9000
Formula	400	1200	2000	3950	7000	10,000
Trans Am	500	1550	2600	5200	9100	13,000

NOTES: Add 20 percent for V-8, (Firebird).
Add 25 percent for Formula 455.
Add 25 percent for 455 HO V-8.
(Formula Series -- 350, 400, 455).

1972

Ventura, 6 cyl., 111" wb

	6	5	4	3	2	1
4 dr Sed	150	300	700	1250	2600	3700
Cpe	125	250	700	1150	2450	3500

NOTE: Add 20 percent for V-8.

LeMans, 6 cyl., 116" wb, 2 dr 112" wb

Cpe	150	350	750	1350	2800	4000
4 dr Sed	150	300	700	1250	2600	3700
2 dr HdTp	350	700	1150	2300	4550	6500
Conv	400	1200	2000	3950	7000	10,000
3S Sta Wag	150	350	750	1350	2800	4000
GTO 2 dr HdTp	400	1300	2200	4400	7700	11,000
GTO 2 dr Conv	700	2200	3700	7400	13,000	18,500

Luxury LeMans, V-8

4 dr HdTp	150	350	750	1450	3000	4200
2 dr HdTp	350	750	1200	2350	4900	7000

NOTE: Add 20 percent for V-8.

Catalina, V-8, 123" wb

4 dr Sed	125	250	700	1150	2450	3500
4 dr HdTp	150	300	700	1250	2600	3700
2 dr HdTp	150	400	750	1650	3150	4500
Conv	350	750	1300	2450	5250	7500

Catalina Brougham, V-8, 123" wb

4 dr Sed	125	250	700	1150	2500	3600
4 dr HdTp	150	350	750	1350	2800	4000
2 dr HdTp	200	500	850	1900	3500	5000

Bonneville

4 dr Sed	150	300	700	1250	2600	3700
4 dr HdTp	150	400	750	1650	3150	4500
2 dr HdTp	200	600	950	2150	3850	5500

Grandville

4 dr HdTp	150	400	750	1650	3150	4500
2 dr HdTp	200	600	1000	2200	4000	5700
Conv	350	900	1550	3050	5900	8500

Safari, V-8, 127" wb

2S Sta Wag	125	250	700	1150	2500	3600
3S Sta Wag	150	300	700	1250	2600	3700

Grand Safari, V-8, 127" wb

2S Sta Wag	150	300	700	1250	2650	3800
3S Sta Wag	150	300	750	1350	2700	3900

Grand Prix

Hurst "SSJ" HdTp	350	700	1150	2300	4550	6500
2 dr HdTp	200	550	900	2000	3600	5200

Firebird, V-8, 108" wb

Firebird	450	1100	1700	3650	6650	9500
Esprit	450	1000	1650	3350	6300	9000
Formula	400	1200	2000	3950	7000	10,000
Trans Am	500	1550	2600	5200	9100	13,000

NOTES: Add 20 percent for V-8, (Firebird).
Add 10 percent for Trans Am with 4-speed.

1973 Pontiac Catalina, 2 dr HdTp

1973

Ventura

	6	5	4	3	2	1
4 dr Sed	150	300	700	1250	2600	3700
Cpe	125	250	700	1150	2400	3400
Hatch Cpe	150	300	700	1250	2650	3800

Ventura Custom
4 dr Sed	150	300	700	1250	2650	3800
Cpe	150	300	750	1350	2700	3900
Hatch Cpe	125	250	700	1150	2500	3600

NOTE: Deduct 5 percent for 6-cyl.

LeMans
4 dr Sed	150	350	750	1350	2800	4000
2 dr HdTp	150	350	750	1450	3000	4200

LeMans Spt
Cpe	150	400	750	1650	3150	4500

Luxury LeMans
Cpe	150	450	800	1750	3250	4700
4 dr HdTp	150	400	750	1650	3150	4500

LeMans Safari, V-8, 116" wb
2S Sta Wag	150	350	750	1350	2800	4000
3S Sta Wag	150	350	750	1350	2800	4000

Grand AM
2 dr HdTp	350	750	1200	2350	4900	7000
4 dr HdTp	200	500	850	1900	3500	5000
GTO Spt Cpe	350	700	1150	2300	4550	6500

Deduct 5 percent for 6-cyl.

Catalina
4 dr HdTp	125	250	700	1150	2500	3600
2 dr HdTp	150	350	750	1350	2800	4000

Bonneville
4 dr Sed	125	250	700	1150	2500	3600
4 dr HdTp	150	350	750	1350	2800	4000
2 dr HdTp	150	400	750	1600	3100	4400

Safari, V-8, 127" wb
2S Sta Wag	150	350	750	1350	2800	4000
3S Sta Wag	150	350	750	1450	2900	4100

Grand Safari, V-8, 127" wb
2S Sta Wag	150	350	750	1450	3000	4200
3S Sta Wag	150	400	750	1550	3050	4300

Grandville
4 dr HdTp	150	350	750	1450	3000	4200
2 dr HdTp	150	450	750	1700	3200	4600
Conv	350	800	1450	2750	5600	8000

Grand Prix
2 dr HdTp	200	500	850	1900	3500	5000
2 dr 'SJ' HdTp	200	550	900	2000	3600	5200

Firebird, V-8, 108" wb
Cpe	350	900	1550	3050	5900	8500
Esprit	450	1000	1650	3350	6300	9000
Formula	450	1100	1700	3650	6650	9500
Trans Am	400	1200	2000	3950	7000	10,000

NOTE: Add 10 percent for V-8, (Firebird).
Add 50 percent for 455 SD V-8 (Formula & Trans Am only).

1974

Ventura
	6	5	4	3	2	1
4 dr Sed	150	300	700	1250	2600	3700
Cpe	125	250	700	1150	2400	3400
Hatch	150	300	700	1250	2650	3800

Ventura Custom
4 dr Sed	150	300	700	1250	2650	3800
Cpe	125	250	700	1150	2450	3500
Hatch	150	300	750	1350	2700	3900
GTO	200	600	950	2150	3850	5500

NOTE: Deduct 4 percent for 6-cyl.

LeMans
4 dr HdTp	125	200	600	1100	2250	3200
2 dr HdTp	150	300	700	1250	2600	3700
Sta Wag	125	250	700	1150	2450	3500

LeMans Sport
2 dr Cpe	150	350	750	1350	2800	4000

Luxury LeMans
4 dr HdTp	150	300	700	1250	2650	3800
2 dr HdTp	150	350	750	1450	3000	4200
Safari	150	350	750	1350	2800	4000

NOTE: Add 10 percent for GT option.

Pontiac 427

	6	5	4	3	2	1
Grand AM						
2 dr HdTp	350	750	1200	2350	4900	7000
4 dr HdTp	150	450	800	1800	3300	4800
Catalina						
4 dr HdTp	150	300	700	1250	2650	3800
2 dr HdTp	150	350	750	1350	2800	4000
4 dr Sed	100	175	525	1050	2100	3000
Safari	150	300	700	1250	2650	3800
Bonneville						
4 dr Sed	125	200	600	1100	2250	3200
4 dr HdTp	150	350	750	1350	2800	4000
2 dr HdTp	150	400	750	1600	3100	4400
Grandville						
4 dr HdTp	150	350	750	1450	2900	4100
2 dr HdTp	150	400	750	1650	3150	4500
Conv	350	800	1450	2750	5600	8000
Grand Prix						
2 dr HdTp	200	500	850	1900	3500	5000
'SJ' Cpe	200	550	900	2000	3600	5200
Firebird, V-8, 108" wb						
Firebird	350	750	1300	2450	5250	7500
Esprit	350	800	1450	2750	5600	8000
Formula	450	1100	1700	3650	6650	9500
Trans Am	400	1200	2000	3950	7000	10,000

NOTE: Add 10 percent for V-8, (Firebird).
 Add 40 percent for 455-SD V-8 (Formula & Trans Am only).

1975

Astre S						
2 dr Cpe	100	175	525	1050	1950	2800
2 dr Hatch	100	175	525	1050	2050	2900
Safari	100	175	525	1050	2100	3000
Astre						
2 dr Hatch	125	200	600	1100	2200	3100
Safari	125	200	600	1100	2250	3200

NOTE: Add 10 percent for Astre 'SJ'.

Ventura						
4 dr Sed	125	200	600	1100	2300	3300
2 dr Cpe	125	250	700	1150	2450	3500
2 dr Hatch	125	250	700	1150	2500	3600

NOTES: Deduct 5 percent for Ventura 'S'.
 Add 15 percent for Ventura 'SJ'.
 Add 5 percent for Ventura Custom.

LeMans						
4 dr HdTp	100	175	525	1050	2100	3000
2 dr HdTp	125	250	700	1150	2450	3500
Safari	125	250	700	1150	2400	3400

NOTE: Add 10 percent for Grand LeMans.

LeMans Sport						
2 dr HdTp Cpe	150	300	700	1250	2600	3700

Grand AM						
4 dr HdTp	125	250	700	1150	2500	3600
2 dr HdTp	150	350	750	1350	2800	4000

NOTE: Add 5 percent for four-speed and bucket seats.
 Add 20 percent for 455 H.O. V-8.

Catalina						
4 dr Sed	125	200	600	1100	2200	3100
2 dr Cpe	125	250	700	1150	2450	3500
Safari	100	175	525	1050	2100	3000
Bonneville						
4 dr HdTp	125	200	600	1100	2300	3300
2 dr Cpe	125	250	700	1150	2500	3600
Gr. Safari	125	250	700	1150	2400	3400
Grand Ville Brougham						
4 dr HdTp	125	200	600	1100	2300	3300
2 dr Cpe	150	300	700	1250	2650	3800
Conv	350	800	1450	2750	5600	8000

NOTE: Add 20 percent for 455 V-8.

Grand Prix						
Cpe	150	400	750	1650	3150	4500
'LJ' Cpe	150	450	750	1700	3200	4600
'SJ' Cpe	150	450	800	1750	3250	4700

NOTE: Add 12 percent for 455 V-8.
 Add 5 percent for Custom interior.

Firebird, V-8, 108" wb						
Cpe	350	700	1150	2300	4550	6500
Esprit	350	750	1300	2450	5250	7500
Formula	350	750	1300	2450	5250	7500

428 Pontiac

	6	5	4	3	2	1
Trans Am	350	900	1550	3050	5900	8500

NOTE: Add 18 percent for 455 H.O. V-8.
      Add 5 percent for four speed.
      Add $150.00 for Honeycomb wheels.

1976
Astre, 4-cyl.
Cpe	125	200	600	1100	2200	3100
Hatch	125	200	600	1100	2250	3200
Sta Wag	125	200	600	1100	2300	3300

Sunbird, 4-cyl.
Cpe	150	400	750	1550	3050	4300

Ventura, V-8
4 dr Sed	150	350	750	1450	2900	4100
Cpe	150	350	750	1450	3000	4200
Hatch	150	400	750	1550	3050	4300

Ventura SJ, V-8
4 dr Sed	150	350	750	1450	3000	4200
Cpe	150	400	750	1550	3050	4300
Hatch	150	400	750	1600	3100	4400

LeMans, V-8
4 dr Sed	150	400	750	1550	3050	4300
Cpe	150	400	750	1600	3100	4400
2S Safari Wag	150	350	750	1450	3000	4200
3S Safari Wag	150	400	750	1550	3050	4300

LeMans Sport Cpe, V-8
Cpe	150	450	800	1750	3250	4700

Grand LeMans, V-8
4 dr Sed	150	400	750	1600	3100	4400
2 dr Sed	150	400	750	1650	3150	4500
2S Safari Wag	150	400	750	1550	3050	4300
3S Safari Wag	150	400	750	1600	3100	4400

Catalina, V-8
4 dr Sed	150	350	750	1450	3000	4200
Cpe	150	400	750	1550	3050	4300
2S Safari Wag	150	450	750	1700	3200	4600
3S Safari Wag	150	350	750	1450	3000	4200

Bonneville, V-8
4 dr Sed	150	400	750	1600	3100	4400
Cpe	150	400	750	1650	3150	4500

Bonneville Brougham, V-8
4 dr Sed	150	450	750	1700	3200	4600
Cpe	150	450	800	1800	3300	4800

Grand Safari, V-8
2S Sta Wag	150	400	750	1550	3050	4300
3S Sta Wag	150	400	750	1600	3100	4400

Grand Prix, V-8
Cpe	200	500	850	1900	3500	5000
Cpe SJ	200	550	900	2000	3600	5200
Cpe LJ	200	600	1000	2200	4000	5700

NOTE: Add 10 percent for T tops & Anniversary model.

Firebird, V-8
Cpe	200	600	1000	2200	4000	5700
Esprit Cpe	200	650	1050	2250	4200	6000
Formula Cpe	200	675	1050	2250	4350	6200
Trans Am Cpe	350	700	1100	2300	4500	6400

NOTE: Add 20 percent for 455 H.O. V-8.
      Add $150.00 for Honeycomb wheels.

1977
Astre, 4-cyl.
Cpe	100	175	525	1050	1950	2800
Hatch	100	175	525	1050	2050	2900
Sta Wag	100	175	525	1050	2100	3000

Sunbird, 4-cyl.
Cpe	150	350	750	1350	2800	4000
Hatch	150	350	750	1450	2900	4100

Phoenix, V-8
4 dr Sed	150	300	750	1350	2700	3900
Cpe	150	350	750	1350	2800	4000

Ventura, V-8
4 dr Sed	150	300	750	1350	2700	3900
Cpe	150	350	750	1350	2800	4000
Hatch	150	350	750	1450	2900	4100

Ventura SJ, V-8
4 dr Sed	150	350	750	1350	2800	4000
Cpe	150	350	750	1450	2900	4100
Hatch	150	350	750	1450	3000	4200

1977 Firebird Trans Am Cpe

	6	5	4	3	2	1
LeMans, V-8						
4 dr Sed	150	350	750	1350	2800	4000
Cpe	150	350	750	1450	2900	4100
2S Sta Wag	150	300	750	1350	2700	3900
3S Sta Wag	150	350	750	1350	2800	4000
LeMans Sport Cpe, V-8						
NOTE: Add 20 percent for Can Am option.						
Cpe	150	400	750	1600	3100	4400
Grand LeMans, V-8						
4 dr Sed	150	350	750	1450	2900	4100
Cpe	150	350	750	1450	3000	4200
2S Sta Wag	150	350	750	1350	2800	4000
3S Sta Wag	150	350	750	1450	2900	4100
Catalina, V-8						
4 dr Sed	150	300	750	1350	2700	3900
Cpe	150	350	750	1350	2800	4000
2S Safari Wag	150	300	700	1250	2650	3800
3S Safari Wag	150	300	750	1350	2700	3900
Bonneville, V-8						
4 dr Sed	150	350	750	1450	2900	4100
Cpe	150	350	750	1450	3000	4200
Bonneville Brougham, V-8						
4 dr Sed	150	400	750	1550	3050	4300
Cpe	150	400	750	1650	3150	4500
Grand Safari						
2S Sta Wag	150	350	750	1450	3000	4200
3S Sta Wag	150	400	750	1550	3050	4300
Grand Prix, V-8						
Cpe	150	450	800	1750	3250	4700
Cpe LJ	200	500	850	1900	3500	5000
Cpe SJ	200	650	1050	2250	4200	6000
Firebird, V-8						
Cpe	200	650	1000	2200	4100	5800
Esprit Cpe	200	650	1050	2250	4200	6000
Formula Cpe	200	675	1100	2250	4400	6300
Trans Am Cpe	350	700	1150	2300	4550	6500

1978

	6	5	4	3	2	1
Sunbird						
Cpe	100	175	525	1050	2050	2900
Spt Cpe	100	175	525	1050	2100	3000
Spt Hatch	125	200	600	1100	2200	3100
Spt Wag	100	175	525	1050	2100	3000
Phoenix						
4 dr Sed	100	175	525	1050	2100	3000
Cpe	125	200	600	1100	2300	3300
Hatch	125	200	600	1100	2200	3100
Phoenix LJ						
4 dr Sed	125	200	600	1100	2200	3100
Cpe	125	250	700	1150	2450	3500
LeMans						
4 dr Sed	150	350	750	1350	2800	4000
Cpe	150	350	750	1450	3000	4200
2S Sta Wag	150	350	750	1350	2800	4000

Pontiac

	6	5	4	3	2	1
Grand LeMans						
4 dr Sed	150	350	750	1450	2900	4100
Cpe	150	400	750	1550	3050	4300
2S Sta Wag	150	350	750	1450	2900	4100
Grand Am						
4 dr Sed	150	350	750	1450	3000	4200
Cpe	150	400	750	1650	3150	4500
Catalina						
4 dr Sed	150	350	750	1350	2800	4000
Cpe	150	350	750	1450	2900	4100
2S Sta Wag	150	350	750	1450	3000	4200
Bonneville						
4 dr Sed	150	400	750	1550	3050	4300
Cpe	150	400	750	1650	3150	4500
2S Sta Wag	150	400	750	1650	3150	4500
Bonneville Brougham						
4 dr Sed	150	400	750	1650	3150	4500
Cpe	150	450	800	1750	3250	4700
Grand Prix						
Cpe	200	500	850	1850	3350	4900
Cpe LJ	200	500	850	1900	3500	5000
Cpe SJ	200	550	900	2000	3600	5200
Firebird, V-8, 108" wb						
Cpe	200	650	1000	2200	4100	5800
Esprit Cpe	200	650	1050	2250	4200	6000
Formula Cpe	200	675	1100	2250	4400	6300
Trans Am Cpe	350	700	1150	2300	4550	6500
1979						
Sunbird						
Cpe	100	175	525	1050	2100	3000
Spt Cpe	125	200	600	1100	2200	3100
Hatch	125	200	600	1100	2200	3100
Sta Wag	125	200	600	1100	2250	3200
Phoenix						
Sed	125	200	600	1100	2200	3100
Cpe	125	200	600	1100	2300	3300
Hatch	125	200	600	1100	2250	3200
Phoenix LJ						
Sed	125	200	600	1100	2250	3200
Cpe	125	250	700	1150	2400	3400
LeMans						
Sed	150	350	750	1450	2900	4100
Cpe	150	400	750	1550	3050	4300
Sta Wag	150	350	750	1450	2900	4100
Grand LeMans						
Sed	150	350	750	1450	3000	4200
Cpe	150	400	750	1650	3150	4500
Sta Wag	150	350	750	1450	3000	4200
Grand Am						
Sed	150	400	750	1650	3150	4500
Cpe	150	450	800	1750	3250	4700
Catalina						
Sed	150	350	750	1450	2900	4100
Cpe	150	350	750	1450	3000	4200
Sta Wag	150	350	750	1450	2900	4100
Bonneville						
Sed	150	400	750	1600	3100	4400
Cpe	150	400	750	1650	3150	4500
Sta Wag	150	400	750	1600	3100	4400
Bonneville Brougham						
Sed	150	450	750	1700	3200	4600
Cpe	150	450	800	1800	3300	4800
Grand Prix						
Cpe	200	500	850	1900	3500	5000
LJ Cpe	200	550	900	2000	3600	5200
SJ Cpe	200	550	900	2150	3800	5400
Firebird, V-8, 108" wb						
Cpe	200	675	1050	2250	4350	6200
Esprit Cpe	350	700	1100	2300	4500	6400
Formula Cpe	350	700	1150	2300	4600	6600
Trans Am Cpe	350	725	1200	2350	4800	6800

NOTE: Add 15 percent for 10th Anniversary Edition.

1980
Sunbird, V-6

2 dr Cpe	125	250	700	1150	2450	3500
2 dr Hatch	125	250	700	1150	2500	3600

Pontiac 431

	6	5	4	3	2	1
2 dr Spt Cpe	125	250	700	1150	2500	3600
2 dr Cpe Hatch	150	300	700	1250	2600	3700

NOTE: Deduct 10 percent for 4-cyl.
Phoenix, V-6

2 dr Cpe	150	300	700	1250	2600	3700
4 dr Sed Hatch	125	250	700	1150	2500	3600

NOTE: Deduct 10 percent for 4-cyl.
Phoenix LJ, V-6

2 dr Cpe	150	300	700	1250	2650	3800
4 dr Sed Hatch	150	300	700	1250	2600	3700

NOTE: Deduct 10 percent for 4-cyl.
LeMans, V-8

4 dr Sed	150	300	700	1250	2600	3700
2 dr Cpe	150	300	750	1350	2700	3900
4 dr Sta Wag	150	300	700	1250	2650	3800

NOTE: Deduct 10 percent for V-6.
Grand LeMans, V-8

4 dr Sed	150	300	700	1250	2650	3800
2 dr Cpe	150	350	750	1350	2800	4000
4 dr Sta Wag	150	300	750	1350	2700	3900

NOTE: Deduct 10 percent for V-6.
Grand Am, V-8

2 dr Cpe	150	350	750	1450	2900	4100

Firebird, V-8

2 dr Cpe	200	650	1000	2200	4150	5900
2 dr Cpe Esprit	200	650	1050	2250	4200	6000
2 dr Cpe Formula	200	675	1050	2250	4300	6100
2 dr Cpe Trans Am	200	675	1100	2250	4400	6300

NOTE: Deduct 15 percent for V-6.
Catalina, V-8

4 dr Sed	150	300	700	1250	2650	3800
2 dr Cpe	150	300	750	1350	2700	3900
4 dr Sta Wag 2S	150	300	750	1350	2700	3900
4 dr Sta Wag 3S	150	350	750	1350	2800	4000

NOTE: Deduct 10 percent for V-6.
Bonneville, V-8

4 dr Sed	150	300	750	1350	2700	3900
2 dr Cpe	150	350	750	1350	2800	4000
4 dr Sta Wag 2S	150	350	750	1350	2800	4000
4 dr Sta Wag 3S	150	350	750	1450	2900	4100

NOTE: Deduct 10 percent for V-6.
Bonneville Brougham, V-8

4 dr Sed	150	350	750	1450	2900	4100
2 dr Cpe	150	400	750	1550	3050	4300

NOTE: Deduct 10 percent for V-6.
Grand Prix, V-8

2 dr Cpe	200	550	900	2150	3800	5400
2 dr Cpe LJ	200	600	950	2150	3850	5500
2 dr Cpe SJ	200	600	950	2200	3900	5600

NOTE: Deduct 10 percent for V-6.

1981
T1000, 4-cyl.

2 dr Sed Hatch	125	250	700	1150	2450	3500
4 dr Sed Hatch	125	250	700	1150	2500	3600

Phoenix, V-6

2 dr Cpe	150	300	700	1250	2600	3700
4 dr Sed Hatch	125	250	700	1150	2500	3600

NOTE: Deduct 10 percent for 4-cyl.
Phoenix LJ, V-6

2 dr Cpe	150	300	700	1250	2650	3800
4 dr Sed Hatch	150	300	700	1250	2600	3700

NOTE: Deduct 10 percent for 4-cyl.
LeMans, V-8

4 dr Sed	150	300	750	1350	2700	3900
4 dr Sed LJ	150	350	750	1350	2800	4000
2 dr Cpe	150	350	750	1350	2800	4000
4 dr Sta Wag	150	350	750	1350	2800	4000

NOTE: Deduct 10 percent for V-6.
Grand LeMans, V-8

4 dr Sed	150	450	750	1700	3200	4600
2 dr Cpe	150	350	750	1450	3000	4200
4 dr Sta Wag	150	350	750	1450	3000	4200

NOTE: Deduct 10 percent for V-6.
Firebird, V-8

2 dr Cpe	200	650	1050	2250	4200	6000
2 dr Cpe Esprit	200	675	1050	2250	4300	6100

	6	5	4	3	2	1
2 dr Cpe Formula	200	675	1050	2250	4350	6200
2 dr Cpe Trans Am	350	700	1150	2300	4550	6500
2 dr Cpe Trans Am SE	350	725	1200	2350	4800	6800

NOTE: Deduct 15 percent for V-6.

Catalina, V-8

	6	5	4	3	2	1
4 dr Sed	150	350	750	1450	3000	4200
2 dr Cpe	150	400	750	1550	3050	4300
4 dr Sta Wag 2S	150	400	750	1550	3050	4300
4 dr Sta Wag 3S	150	400	750	1600	3100	4400

NOTE: Deduct 10 percent for V-6.

Bonneville, V-8

	6	5	4	3	2	1
4 dr Sed	150	400	750	1550	3050	4300
2 dr Cpe	150	400	750	1600	3100	4400
4 dr Sta Wag 2S	150	400	750	1600	3100	4400
4 dr Sta Wag 3S	150	400	750	1650	3150	4500

NOTE: Deduct 10 percent for V-6.

Bonneville Brougham, V-8

	6	5	4	3	2	1
4 dr Sed	150	400	750	1650	3150	4500
2 dr Cpe	150	450	750	1700	3200	4600

Grand Prix, V-8

	6	5	4	3	2	1
2 dr Cpe	200	550	900	2150	3800	5400
2 dr Cpe LJ	200	600	950	2150	3850	5500
2 dr Cpe Brgm	200	600	950	2200	3900	5600

NOTE: Deduct 10 percent for V-6.

1982

T1000, 4-cyl.

	6	5	4	3	2	1
4 dr Sed Hatch	150	300	700	1250	2600	3700
2 dr Cpe Hatch	125	250	700	1150	2500	3600

J2000 S, 4-cyl.

	6	5	4	3	2	1
4 dr Sed	150	300	750	1350	2700	3900
2 dr Cpe	150	350	750	1350	2800	4000
4 dr Sta Wag	150	350	750	1350	2800	4000

J2000, 4-cyl.

	6	5	4	3	2	1
4 dr Sed	150	350	750	1350	2800	4000
2 dr Cpe	150	350	750	1450	2900	4100
2 dr Cpe Hatch	150	350	750	1450	3000	4200
4 dr Sta Wag	150	350	750	1450	3000	4200

J2000 LE, 4-cyl.

	6	5	4	3	2	1
4 dr Sed	150	350	750	1450	2900	4100
2 dr Cpe	150	350	750	1450	3000	4200

J2000 SE, 4-cyl.

	6	5	4	3	2	1
2 dr Cpe Hatch	150	400	750	1600	3100	4400

Phoenix, V-6

	6	5	4	3	2	1
4 dr Sed Hatch	150	300	700	1250	2650	3800
2 dr Cpe	150	300	750	1350	2700	3900

NOTE: Deduct 10 percent for 4-cyl.

Phoenix LJ, V-6

	6	5	4	3	2	1
4 dr Sed Hatch	150	300	750	1350	2700	3900
2 dr Cpe	150	350	750	1350	2800	4000

NOTE: Deduct 10 percent for 4-cyl.

Phoenix SJ, V-6

	6	5	4	3	2	1
4 dr Sed Hatch	150	350	750	1350	2800	4000
2 dr Cpe	150	350	750	1450	2900	4100

6000, V-6

	6	5	4	3	2	1
4 dr Sed	150	350	750	1450	3000	4200
2 dr Cpe	150	400	750	1550	3050	4300

NOTE: Deduct 10 percent for 4-cyl.

6000 LE, V-6

	6	5	4	3	2	1
4 dr Sed	150	400	750	1550	3050	4300
2 dr Cpe	150	400	750	1600	3100	4400

NOTE: Deduct 10 percent for 4-cyl.

Firebird, V-8

	6	5	4	3	2	1
2 dr Cpe	200	675	1100	2250	4400	6300
2 dr Cpe SE	350	700	1150	2300	4600	6600
2 dr Cpe Trans Am	350	725	1200	2350	4850	6900

NOTE: Deduct 15 percent for V-6.

Bonneville, V-6

	6	5	4	3	2	1
4 dr Sed	150	400	750	1650	3150	4500
4 dr Sta Wag	150	400	750	1650	3150	4500

Bonneville Brougham

	6	5	4	3	2	1
4 dr Sed	150	450	800	1750	3250	4700

Grand Prix, V-6

	6	5	4	3	2	1
2 dr Cpe	200	650	1000	2200	4150	5900
2 dr Cpe LJ	200	675	1050	2250	4300	6100
2 dr Cpe Brgm	200	675	1050	2250	4350	6200

1983
1000, 4-cyl.

	6	5	4	3	2	1
4 dr Sed Hatch	150	300	700	1250	2650	3800
2 dr Cpe	150	300	700	1250	2600	3700

2000, 4-cyl.

4 dr Sed	150	350	750	1350	2800	4000
2 dr Cpe	150	350	750	1450	2900	4100
2 dr Cpe Hatch	150	350	750	1450	3000	4200
4 dr Sta Wag	150	350	750	1450	3000	4200

2000 LE, 4-cyl.

4 dr Sed	150	350	750	1450	3000	4200
2 dr Cpe	150	400	750	1550	3050	4300
4 dr Sta Wag	150	400	750	1550	3050	4300

2000 SE, 4-cyl.

2 dr Cpe Hatch	150	400	750	1600	3100	4400

Sunbird, 4-cyl.

2 dr Conv	350	900	1550	3050	5900	8500

Phoenix, V-6

4 dr Sed Hatch	150	300	750	1350	2700	3900
2 dr Cpe	150	350	750	1350	2800	4000

NOTE: Deduct 10 percent for 4-cyl.

Phoenix LJ, V-6

4 dr Sed Hatch	150	350	750	1350	2800	4000
2 dr Cpe	150	350	750	1450	2900	4100

NOTE: Deduct 10 percent for 4-cyl.

Phoenix SJ, V-6

4 dr Sed Hatch	150	350	750	1450	2900	4100
2 dr Cpe	150	350	750	1450	3000	4200

6000, V-6

4 dr Sed	150	400	750	1550	3050	4300
2 dr Cpe	150	400	750	1600	3100	4400

NOTE: Deduct 10 percent for 4-cyl.

6000 LE, V-6

4 dr Sed	150	400	750	1600	3100	4400
2 dr Cpe	150	400	750	1650	3150	4500

NOTE: Deduct 10 percent for 4-cyl.

6000 STE, V-6

4 dr Sed	150	450	800	1750	3250	4700

Firebird, V-8

2 dr Cpe	200	675	1100	2250	4400	6300
2 dr Cpe SE	350	700	1100	2300	4500	6400
2 dr Cpe Trans Am	350	700	1150	2300	4600	6600

NOTE: Deduct 15 percent for V-6.

Bonneville, V-8

4 dr Sed	150	450	800	1800	3300	4800
4 dr Brgm	200	500	850	1850	3350	4900
4 dr Sta Wag	200	500	850	1850	3350	4900

NOTE: Deduct 10 percent for V-6.

Grand Prix, V-8

2 dr Cpe	200	600	950	2150	3850	5500
2 dr Cpe LJ	200	600	1000	2200	4000	5700
2 dr Cpe Brgm	200	650	1000	2200	4100	5800

1984
1000, 4-cyl.

4 dr Hatch	150	300	700	1250	2650	3800
2 dr Hatch	150	300	700	1250	2600	3700

Sunbird 2000, 4-cyl.

4 dr Sed LE	150	350	750	1450	2900	4100
2 dr Sed LE	150	350	750	1350	2800	4000
2 dr Conv LE	350	900	1550	3050	5900	8500
4 dr Sta Wag LE	150	350	750	1450	3000	4200
4 dr Sed SE	150	350	750	1450	3000	4200
2 dr Sed SE	150	350	750	1450	2900	4100
2 dr Hatch SE	150	400	750	1550	3050	4300

NOTE: Deduct 5 percent for lesser models.

Phoenix, 4-cyl.

2 dr Sed	150	300	750	1350	2700	3900
4 dr Hatch	150	350	750	1350	2800	4000
2 dr Sed LE	150	350	750	1350	2800	4000
4 dr Hatch LE	150	350	750	1450	2900	4100

Phoenix, V-6

2 dr Sed	150	350	750	1450	2900	4100
4 dr Hatch	150	350	750	1450	3000	4200
2 dr Sed LE	150	350	750	1450	3000	4200
4 dr Hatch LE	150	400	750	1550	3050	4300
2 dr Sed SE	150	400	750	1600	3100	4400

434 Pontiac

	6	5	4	3	2	1
6000, 4-cyl.						
4 dr Sed LE	150	400	750	1650	3150	4500
2 dr Sed LE	150	450	750	1700	3200	4600
4 dr Sta Wag LE	150	450	800	1750	3250	4700
NOTE: Deduct 5 percent for lesser models.						
6000, V-6						
4 dr Sed LE	150	450	750	1700	3200	4600
2 dr Sed LE	150	450	800	1750	3250	4700
4 dr Sta Wag LE	150	450	800	1800	3300	4800
4 dr Sed STE	200	500	850	1850	3350	4900
NOTE: Deduct 5 percent for lesser models.						
Fiero, 4-cyl.						
2 dr Cpe	200	650	1000	2200	4100	5800
2 dr Cpe Spt	200	650	1000	2200	4150	5900
2 dr Cpe SE	200	650	1050	2250	4200	6000
Firebird, V-6						
2 dr Cpe	200	675	1050	2250	4300	6100
2 dr Cpe SE	200	675	1100	2250	4400	6300
Firebird, V-8						
2 dr Cpe	350	700	1150	2300	4600	6600
2 dr Cpe SE	350	725	1150	2300	4700	6700
2 dr Cpe TA	350	725	1200	2350	4800	6800
Bonneville, V-6						
4 dr Sed	150	450	750	1700	3200	4600
4 dr Sed LE	150	450	800	1750	3250	4700
4 dr Sed Brgm	150	450	800	1800	3300	4800
Bonneville, V-8						
4 dr Sed	150	450	800	1800	3300	4800
4 dr Sed LE	200	500	850	1850	3350	4900
4 dr Sed Brgm	200	500	850	1900	3500	5000
Grand Prix, V-6						
2 dr Cpe	200	600	950	2150	3850	5500
2 dr Cpe LE	200	600	1000	2200	4000	5700
2 dr Cpe Brgm	200	650	1000	2200	4150	5900
Grand Prix, V-8						
2 dr Cpe	200	650	1000	2200	4100	5800
2 dr Cpe LE	200	650	1050	2250	4200	6000
2 dr Cpe Brgm	350	700	1100	2300	4500	6400
Parisienne, V-6						
4 dr Sed	150	400	750	1650	3150	4500
4 dr Sed Brgm	150	450	750	1700	3200	4600
Parisienne, V-8						
4 dr Sed	150	450	800	1750	3250	4700
4 dr Sed Brgm	150	450	800	1800	3300	4800
4 dr Sta Wag	200	500	850	1850	3350	4900
1985						
1000, 4-cyl.						
4 dr Sed	150	300	700	1250	2650	3800
2 dr Sed	150	300	700	1250	2600	3700
2 dr Hatch	150	300	750	1350	2700	3900
4 dr Sta Wag	150	350	750	1350	2800	4000
Sunbird, 4-cyl.						
4 dr Sed	150	350	750	1450	2900	4100
2 dr Cpe	150	350	750	1350	2800	4000
Conv	350	900	1550	3050	5900	8500
4 dr Sta Wag	150	350	750	1450	3000	4200
4 dr Sed SE	150	350	750	1450	3000	4200
2 dr Cpe SE	150	350	750	1450	2900	4100
2 dr Hatch SE	150	400	750	1550	3050	4300
NOTE: Add 20 percent for turbo.						
Grand AM, V-6						
2 dr Cpe	150	400	750	1650	3150	4500
2 dr Cpe LE	150	450	750	1700	3200	4600
NOTE: Deduct 15 percent for 4-cyl.						
6000, V-6						
4 dr Sed LE	150	450	750	1700	3200	4600
2 dr Sed LE	150	450	800	1750	3250	4700
4 dr Sta Wag LE	150	450	800	1800	3300	4800
4 dr Sed STE	200	500	850	1850	3350	4900
NOTE: Deduct 20 percent for 4-cyl. where available.						
Deduct 5 percent for lesser models.						
Fiero, V-6						
2 dr Cpe	200	650	1000	2200	4100	5800
2 dr Cpe Sport	200	650	1000	2200	4150	5900
2 dr Cpe SE	200	650	1050	2250	4200	6000
2 dr Cpe GT	200	675	1050	2250	4300	6100

NOTE: Deduct 20 percent for 4-cyl. where available.
Firebird, V-8

	6	5	4	3	2	1
2 dr Cpe	350	700	1150	2300	4600	6600
2 dr Cpe SE	350	725	1150	2300	4700	6700
2 dr Cpe Trans AM	350	725	1200	2350	4800	6800

NOTE: Deduct 30 percent for V-6 where available.
Bonneville, V-8

4 dr Sed	150	450	750	1700	3200	4600
4 dr Sed LE	150	450	800	1750	3250	4700
4 dr Sed Brgm	150	450	800	1800	3300	4800

NOTE: Deduct 25 percent for V-6.
Grand Prix, V-8

2 dr Cpe	200	600	950	2150	3850	5500
2 dr Cpe LE	200	600	1000	2200	4000	5700
2 dr Cpe Brgm	200	650	1000	2200	4150	5900

NOTE: Deduct 25 percent for V-6.
Parisienne, V-8

4 dr Sed	150	450	800	1750	3250	4700
4 dr Sed Brgm	150	450	800	1800	3300	4800
4 dr Sta Wag	200	500	850	1850	3350	4900

NOTE: Deduct 20 percent for V-6 where available.
Deduct 30 percent for diesel.

1986
Fiero

2 dr Cpe	200	650	1050	2250	4200	6000

1000

2 dr HBk	150	300	700	1250	2650	3800
4 dr HBk	150	300	750	1350	2700	3900

Sunbird

2 dr Cpe	150	350	750	1350	2800	4000
2 dr HBk	150	350	750	1450	2900	4100
2 dr Conv	350	900	1550	3100	6000	8600
4 dr GT Sed	150	350	750	1450	2900	4100
2 dr GT Conv	450	950	1600	3250	6150	8800

Grand Am

2 dr Cpe	150	450	800	1750	3250	4700
4 dr Sed	150	450	750	1700	3200	4600

Firebird

2 dr Cpe	350	700	1150	2300	4600	6600
2 dr SE V-8 Cpe	350	725	1150	2300	4700	6700
Trans Am Cpe	350	725	1200	2350	4850	6900

6000

2 dr Cpe	150	450	800	1800	3300	4800
4 dr Sed	150	450	800	1750	3250	4700
4 dr Sta Wag	150	450	800	1800	3300	4800
4 dr STE Sed	200	500	850	1900	3500	5000

Grand Prix

2 dr Cpe	200	600	1000	2200	4000	5700

Bonneville

4 dr Sed	150	450	800	1800	3300	4800

Parisienne

4 dr Sed	200	500	850	1850	3350	4900
4 dr Sta Wag	200	650	1000	2200	4100	5800
4 dr Brgm Sed	200	500	850	1900	3500	5000

NOTES: Add 10 percent for deluxe models.
Deduct 5 percent for smaller engines.

RAMBLER

1902
One cylinder, 4 hp

2P Rbt	1200	3850	6400	12,800	22,400	32,000

1903
One cylinder, 6 hp

2/4P Lt Tr	1150	3700	6200	12,400	21,700	31,000

1904
Model E, 1-cyl., 7 hp, 78" wb

Rbt	1000	3250	5400	10,800	18,900	27,000

Model G, 1-cyl., 7 hp, 81" wb

Rbt	1050	3350	5600	11,200	19,600	28,000

Model H, 1-cyl., 7 hp, 81" wb

Tonneau	1050	3350	5600	11,200	19,600	28,000

Rambler

	6	5	4	3	2	1
Model J, 2-cyl., 16 hp, 84" wb						
Rbt	1100	3500	5800	11,600	20,300	29,000
Model K, 2-cyl., 16 hp, 84" wb						
Tonneau	1100	3500	5800	11,600	20,300	29,000
Model L, 2-cyl., 16 hp, 84" wb						
Canopy Ton	1150	3600	6000	12,000	21,000	30,000

1905
	6	5	4	3	2	1
Model G, 1-cyl., 8 hp, 81" wb						
Rbt	1000	3250	5400	10,800	18,900	27,000
Model H, 1-cyl., 8 hp, 81" wb						
Tr	1000	3250	5400	10,800	18,900	27,000
Type One, 2-cyl., 18 hp, 90" wb						
Tr	1050	3350	5600	11,200	19,600	28,000
Type Two, 2-cyl., 20 hp, 100" wb						
Surrey	1100	3500	5800	11,600	20,300	29,000
Limo	1150	3700	6200	12,400	21,700	31,000

1906
	6	5	4	3	2	1
Model 17, 2-cyl., 10/12 hp, 88" wb						
2P Rbt	1000	3100	5200	10,400	18,200	26,000
Type One, 2-cyl., 18/20 hp, 90" wb						
5P Surrey	1000	3250	5400	10,800	18,900	27,000
Type Two, 2-cyl., 20 hp, 100" wb						
5P Surrey	1050	3350	5600	11,200	19,600	28,000
Type Three, 2-cyl., 18/20 hp, 96" wb						
5P Surrey	1100	3500	5800	11,600	20,300	29,000
Model 14, 4-cyl., 25 hp, 106" wb						
5P Tr	1150	3600	6000	12,000	21,000	30,000
Model 15, 4-cyl., 35/40 hp, 112" wb						
5P Tr	1200	3850	6400	12,800	22,400	32,000
Model 16, 4-cyl., 35/40 hp, 112" wb						
5P Limo	1100	3500	5800	11,600	20,300	29,000

1907
	6	5	4	3	2	1
Model 27, 2-cyl., 14/16 hp, 90" wb						
2P Rbt	1000	3100	5200	10,400	18,200	26,000
Model 22, 2-cyl., 20/22 hp, 100" wb						
2P Rbt	1000	3250	5400	10,800	18,900	27,000
Model 21, 2-cyl., 20/22 hp, 100" wb						
5P Tr	1050	3350	5600	11,200	19,600	28,000
Model 24, 4-cyl., 25/30 hp, 108" wb						
5P Tr	1100	3500	5800	11,600	20,300	29,000
Model 25, 4-cyl., 35/40 hp, 112" wb						
5P Tr	1150	3700	6200	12,400	21,700	31,000

1908
	6	5	4	3	2	1
Model 31, 2-cyl., 22 hp, 106" wb						
Det Tonneau	1100	3500	5800	11,600	20,300	29,000
Model 34, 4-cyl., 32 hp, 112" wb						
3P Rds	1150	3600	6000	12,000	21,000	30,000
5P Tr	1150	3700	6200	12,400	21,700	31,000

1909
	6	5	4	3	2	1
Model 47, 2-cyl., 22 hp, 106" wb						
2P Rbt	1100	3500	5800	11,600	20,300	29,000
Model 41, 2-cyl., 22 hp, 106" wb						
5P Tr	1150	3600	6000	12,000	21,000	30,000
Model 44, 4-cyl., 34 hp, 112" wb						
5P Tr	1150	3700	6200	12,400	21,700	31,000
4P C.C. Tr	1200	3850	6400	12,800	22,400	32,000
Model 45, 4-cyl., 45 hp, 123" wb						
7P Tr	1400	4450	7400	14,800	25,900	37,000
4P C.C. Tr	1450	4550	7600	15,200	26,600	38,000
3P Rds	1350	4300	7200	14,400	25,200	36,000

1910
	6	5	4	3	2	1
Model 53, 4-cyl., 34 hp, 109" wb						
Tr	1300	4100	6800	13,600	23,800	34,000
Model 54, 4-cyl., 45 hp, 117" wb						
Tr	1350	4300	7200	14,400	25,200	36,000
Model 55, 4-cyl., 45 hp, 123" wb						
Tr	1450	4550	7600	15,200	26,600	38,000
Limo	1100	3500	5800	11,600	20,300	29,000

1911
	6	5	4	3	2	1
Model 63, 4-cyl., 34 hp, 112" wb						
Tr	1300	4100	6800	13,600	23,800	34,000
Rds	1250	3950	6600	13,200	23,100	33,000
Cpe	800	2500	4200	8400	14,700	21,000
Twn Car	850	2750	4600	9200	16,100	23,000

Reo 437

	6	5	4	3	2	1
Model 64, 4-cyl., 34 hp, 120" wb						
Tr	1350	4300	7200	14,400	25,200	36,000
Toy Ton	1400	4450	7400	14,800	25,900	37,000
Lan'let	1150	3700	6200	12,400	21,700	31,000
Model 65, 4-cyl., 34 hp, 128" wb						
Tr	1450	4550	7600	15,200	26,600	38,000
Toy Ton	1450	4700	7800	15,600	27,300	39,000
Limo	1150	3700	6200	12,400	21,700	31,000
1912						
Four, 38 hp, 120" wb						
5P CrCtry Tr	1400	4450	7400	14,800	25,900	37,000
4P Sub Ctry Club	1350	4300	7200	14,400	25,200	36,000
2P Rds	1350	4300	7200	14,400	25,200	36,000
4P Sed	800	2500	4200	8400	14,700	21,000
7P Gotham Limo	1000	3100	5200	10,400	18,200	26,000
Four, 50 hp, 120" wb						
Ctry Club	1450	4550	7600	15,200	26,600	38,000
Valkyrie	1400	4450	7400	14,800	25,900	37,000
Four, 50 hp, 128" wb						
Morraine Tr	1500	4800	8000	16,000	28,000	40,000
Metropolitan	1550	4900	8200	16,400	28,700	41,000
Greyhound	1550	4900	8200	16,400	28,700	41,000
Knickerbocker	2050	6500	10,800	21,600	37,800	54,000
1913						
Four, 42 hp, 120" wb						
2/3P CrCtry Rds	1300	4200	7000	14,000	24,500	35,000
4/5P CrCtry Tr	1350	4300	7200	14,400	25,200	36,000
4P Inside Drive Cpe	900	2900	4800	9600	16,800	24,000
7P Gotham Limo	1000	3250	5400	10,800	18,900	27,000

REO

	6	5	4	3	2	1
1905						
Two Cyl., 16 hp, 88" wb						
Detachable Ton-5P	700	2150	3600	7200	12,600	18,000
One Cyl., 7-1/2 hp, 76" wb						
Rbt	650	2050	3400	6800	11,900	17,000
1906						
One Cyl., 8 hp, 76" wb						
Bus Rbt - 2P	650	2050	3400	6800	11,900	17,000
One Cyl., 8 hp, 78" wb						
Rbt-4P	700	2150	3600	7200	12,600	18,000
Two Cyl., 16 hp, 90" wb						
Physician's Vehicle-2P	700	2300	3800	7600	13,300	19,000
Cpe/Depot Wag-4P	750	2400	4000	8000	14,000	20,000
Tr-5P	700	2150	3600	7200	12,600	18,000
Four - 24 hp, 100" wb						
Tr-5P	700	2300	3800	7600	13,300	19,000
1907						
Two Cyl., 16/20 hp, 94" wb						
Tr - 5P	700	2300	3800	7600	13,300	19,000
Limo-7P	750	2400	4000	8000	14,000	20,000
One Cyl., 8 hp, 78" wb						
Rbt-2/4P	700	2150	3600	7200	12,600	18,000
Rbt-2P	700	2150	3600	7200	12,600	18,000
1908						
One Cyl., 8/10 hp, 78" wb						
Rbt	700	2150	3600	7200	12,600	18,000
Two Cyl., 18/20 hp, 94" wb						
Tr	700	2300	3800	7600	13,300	19,000
Rds	700	2150	3600	7200	12,600	18,000
1909						
One Cyl., 10/12 hp, 78" wb						
Rbt	650	2050	3400	6800	11,900	17,000
Two Cyl., 20/22 hp, 96" wb						
Tr	700	2300	3800	7600	13,300	19,000
Semi-Racer	700	2150	3600	7200	12,600	18,000
1910						
One Cyl., 10/12 hp, 78" wb						
Rbt	650	2050	3400	6800	11,900	17,000

Reo

	6	5	4	3	2	1
Two Cyl., 20 hp, 96" wb						
Tr	700	2150	3600	7200	12,600	18,000
Four, 35 hp, 108" wb						
Tr-5P	700	2300	3800	7600	13,300	19,000
Demi-Ton-4P	700	2300	3800	7600	13,300	19,000
1911						
Twenty-Five, 4-cyl., 22.5 hp, 98" wb						
Rbt	700	2300	3800	7600	13,300	19,000
Thirty, 4-cyl., 30 hp, 108" wb						
Torp Rds-2P	800	2500	4200	8400	14,700	21,000
Tr-5P	800	2500	4200	8400	14,700	21,000
Rds-4P	750	2400	4000	8000	14,000	20,000
Thirty-Five, 4-cyl., 35 hp, 108" wb						
Tr-5P	850	2750	4600	9200	16,100	23,000
Demi-Ton-4P	850	2650	4400	8800	15,400	22,000
1912						
The Fifth, 4-cyl., 30/35 hp, 112" wb						
Tr-5P	800	2500	4200	8400	14,700	21,000
Rds-4P	750	2400	4000	8000	14,000	20,000
Rbt-2P	750	2400	4000	8000	14,000	20,000
1913						
The Fifth, 4-cyl., 30/35 hp, 112" wb						
Tr-5P	750	2400	4000	8000	14,000	20,000
Rbt-2P	700	2300	3800	7600	13,300	19,000
1914						
The Fifth, 4-cyl., 30/35 hp, 112" wb						
Tr-5P	750	2400	4000	8000	14,000	20,000
Rbt-2P	700	2300	3800	7600	13,300	19,000
1915						
The Fifth, 4-cyl., 30/35 hp, 115" wb						
Tr-5P	750	2400	4000	8000	14,000	20,000
Rds-2P	700	2300	3800	7600	13,300	19,000
Cpe-3P	550	1800	3000	6000	10,500	15,000
1916						
The Fifth, 4-cyl., 30/35 hp, 115" wb						
Tr-5P	700	2300	3800	7600	13,300	19,000
Rbt-3P	700	2150	3600	7200	12,600	18,000
Model M, 6-cyl., 45 hp, 126" wb						
Tr-7P	800	2500	4200	8400	14,700	21,000
1917						
The Fifth, 4-cyl., 30/35 hp, 115" wb						
Tr-5P	700	2300	3800	7600	13,300	19,000
Rds-3P	700	2150	3600	7200	12,600	18,000
Model M, 6-cyl., 45 hp, 126" wb						
Tr-7P	800	2500	4200	8400	14,700	21,000
Rds-4P	750	2400	4000	8000	14,000	20,000
Sed-7P	400	1300	2200	4400	7700	11,000
1918						
The Fifth, 4-cyl., 30/35 hp, 120" wb						
Tr-5P	700	2300	3800	7600	13,300	19,000
Rds-3P	700	2150	3600	7200	12,600	18,000
Model M, 6-cyl., 45 hp, 126" wb						
Tr-7P	800	2500	4200	8400	14,700	21,000
Rds-4P	750	2400	4000	8000	14,000	20,000
Encl Rds-4P	700	2300	3800	7600	13,300	19,000
Sed-7P	400	1300	2200	4400	7700	11,000
1919						
The Fifth, 4-cyl., 30/35 hp, 120" wb						
Tr-5P	550	1800	3000	6000	10,500	15,000
Rds-3P	500	1550	2600	5200	9100	13,000
Cpe-4P	450	1450	2400	4800	8400	12,000
Sed-5P	400	1200	2000	3950	7000	10,000
1920						
Model T-6, 6-cyl., 50 hp, 120" wb						
Tr-5P	800	2500	4200	8400	14,700	21,000
Rds-3P	750	2400	4000	8000	14,000	20,000
Cpe-4P	450	1450	2400	4800	8400	12,000
Sed-5P	450	1000	1650	3350	6300	9000
1921						
Model T-6, 6-cyl., 50 hp, 120" wb						
Tr-5P	600	1900	3200	6400	11,200	16,000
Rds-3P	550	1800	3000	6000	10,500	15,000
Cpe-4P	450	1450	2400	4800	8400	12,000
Sed-5P	450	1000	1650	3350	6300	9000

Reo 439

1922
Model T-6, 6-cyl., 50 hp, 120" wb

	6	5	4	3	2	1
Tr-7P	600	1900	3200	6400	11,200	16,000
Rds-3P	550	1800	3000	6000	10,500	15,000
Bus Cpe-3P	400	1300	2200	4400	7700	11,000
Cpe-4P	450	1450	2400	4800	8400	12,000
Sed-5P	450	1000	1650	3350	6300	9000

1923
Model T-6, 6-cyl., 50 hp, 120" wb

Tr-7P	600	1900	3200	6400	11,200	16,000
Phae-5P	550	1800	3000	6000	10,500	15,000
Cpe-4P	450	1450	2400	4800	8400	12,000
Sed-5P	450	1000	1650	3350	6300	9000
Cpe-4P	400	1300	2200	4400	7700	11,000
Sed-5P	400	1200	2000	3950	7000	10,000

1924
Model T-6, 6-cyl., 50 hp, 120" wb

Tr-5P	650	2050	3400	6800	11,900	17,000
Phae-5P	700	2150	3600	7200	12,600	18,000
Cpe-4P	450	1450	2400	4800	8400	12,000
Sed-5P	400	1200	2000	3950	7000	10,000
Brgm-5P	400	1300	2200	4400	7700	11,000

1925
Model T-6, 6-cyl., 50 hp, 120" wb

Tr-5P	700	2150	3600	7200	12,600	18,000
Sed-5P	400	1300	2200	4400	7700	11,000
Cpe-4P	500	1550	2600	5200	9100	13,000
Sed-5P	450	1450	2400	4800	8400	12,000
Brgm-5P	500	1550	2600	5200	9100	13,000

1926
Model T-6, 6-cyl., 50 hp, 120" wb

Rds-4P	650	2050	3400	6800	11,900	17,000
Cpe-2P	400	1300	2200	4400	7700	11,000
Sed-5P	400	1200	2000	3950	7000	10,000
Tr-5P	700	2150	3600	7200	12,600	18,000

1927
Flying Cloud, 6-cyl., 65 hp, 121" wb

Spt Rds-4P	700	2300	3800	7600	13,300	19,000
Cpe-4P	500	1550	2600	5200	9100	13,000
DeL Cpe-4P	550	1700	2800	5600	9800	14,000
2 dr Brgm-5P	500	1550	2600	5200	9100	13,000
DeL Sed-5P	450	1450	2400	4800	8400	12,000

1928
Flying Cloud, 6-cyl., 65 hp, 121" wb

Spt Rds-4P	700	2300	3800	7600	13,300	19,000
Cpe-4P	500	1550	2600	5200	9100	13,000
DeL Cpe-4P	550	1700	2800	5600	9800	14,000
2 dr Brgm-5P	450	1450	2400	4800	8400	12,000
DeL Sed-5P	400	1300	2200	4400	7700	11,000

1929
Flying Cloud Mate, 6-cyl., 65 hp, 115" wb

Sed-5P	400	1200	2000	3950	7000	10,000
Cpe-4P	400	1300	2200	4400	7700	11,000

Flying Cloud Master, 6-cyl., 80 hp, 121" wb

Rds-4P	1000	3100	5200	10,400	18,200	26,000
Cpe-4P	500	1550	2600	5200	9100	13,000
Brgm-5P	450	1450	2400	4800	8400	12,000
Sed-5P	400	1300	2200	4400	7700	11,000
Vic-4P	450	1450	2400	4800	8400	12,000

1930
Flying Cloud, Model 15, 6-cyl., 60 hp, 115" wb

Sed-5P	400	1300	2200	4400	7700	11,000
Cpe-2P	500	1550	2600	5200	9100	13,000
Cpe-4P	550	1700	2800	5600	9800	14,000

Flying Cloud, Model 20, 6-cyl., 80 hp, 120" wb

Sed-5P	450	1450	2400	4800	8400	12,000
Cpe-2P	550	1700	2800	5600	9800	14,000
Cpe-4P	550	1800	3000	6000	10,500	15,000

Flying Cloud, Model 25, 6-cyl., 80 hp, 124" wb

Sed-7P	500	1550	2600	5200	9100	13,000

1931
Flying Cloud, Model 15, 6-cyl., 60 hp, 116" wb

Phae-5P	950	3000	5000	10,000	17,500	25,000
Sed-5P	500	1550	2600	5200	9100	13,000

	6	5	4	3	2	1
Cpe-2P	550	1800	3000	6000	10,500	15,000
Cpe-4P	600	1900	3200	6400	11,200	16,000
Flying Cloud, Model 20, 6-cyl., 85 hp, 120" wb						
Sed-5P	550	1700	2800	5600	9800	14,000
Spt Cpe	600	1900	3200	6400	11,200	16,000
Spt Sed	550	1800	3000	6000	10,500	15,000
Cpe-4P	550	1800	3000	6000	10,500	15,000
Flying Cloud, Model 25, 6-cyl., 85 hp, 125" wb						
Sed	550	1700	2800	5600	9800	14,000
Vic	550	1800	3000	6000	10,500	15,000
Cpe-4P	600	1850	3100	6200	10,900	15,500
Spt Sed	600	1850	3100	6200	10,900	15,500
Spt Vic	600	1900	3200	6400	11,200	16,000
Spt Cpe	600	1900	3200	6400	11,200	16,000
Flying Cloud, Model 30, 8-cyl., 125 hp, 130" wb						
Sed	700	2150	3600	7200	12,600	18,000
Vic	750	2400	4000	8000	14,000	20,000
Cpe-4P	750	2400	4000	8000	14,000	20,000
Spt Sed	700	2300	3800	7600	13,300	19,000
Spt Vic	800	2500	4200	8400	14,700	21,000
Spt Cpe	800	2500	4200	8400	14,700	21,000
Royale, Model 35, 8-cyl., 125 hp, 135" wb						
Sed	750	2400	4000	8000	14,000	20,000
Vic	800	2500	4200	8400	14,700	21,000
Cpe-4P	800	2500	4200	8400	14,700	21,000

1932

Flying Cloud, Model 6-21, 6-cyl., 85 hp, 121" wb

	6	5	4	3	2	1
Sed	750	2400	4000	8000	14,000	20,000
Spt Sed	800	2500	4200	8400	14,700	21,000
Flying Cloud, Model 8-21, 8-cyl., 90 hp, 121" wb						
Sed	800	2500	4200	8400	14,700	21,000
Spt Sed	850	2650	4400	8800	15,400	22,000
Flying Cloud, Model 6-25						
Vic	950	3000	5000	10,000	17,500	25,000
Sed	850	2750	4600	9200	16,100	23,000
Cpe	900	2900	4800	9600	16,800	24,000
Flying Cloud, Model 8-25, 8-cyl., 90 hp, 125" wb						
Sed	850	2650	4400	8800	15,400	22,000
Vic	900	2900	4800	9600	16,800	24,000
Cpe	900	2900	4800	9600	16,800	24,000
Spt Sed	850	2750	4600	9200	16,100	23,000
Spt Vic	950	3000	5000	10,000	17,500	25,000
Spt Cpe	950	3000	5000	10,000	17,500	25,000
Royale, Model 8-31, 8-cyl., 125 hp, 131" wb						
Sed	850	2750	4600	9200	16,100	23,000
Vic	950	3000	5000	10,000	17,500	25,000
Cpe	950	3000	5000	10,000	17,500	25,000
Spt Sed	900	2900	4800	9600	16,800	24,000
Spt Vic	1000	3100	5200	10,400	18,200	26,000
Spt Cpe	1000	3100	5200	10,400	18,200	26,000
Royale, Model 8-35, 8-cyl., 125 hp, 135" wb						
Sed	900	2900	4800	9600	16,800	24,000
Vic	1000	3100	5200	10,400	18,200	26,000
Cpe	1000	3100	5200	10,400	18,200	26,000
Conv Cpe	1450	4700	7800	15,600	27,300	39,000
Flying Cloud, Model S						
Std Cpe	700	2150	3600	7200	12,600	18,000
Std Conv Cpe	1000	3100	5200	10,400	18,200	26,000
Std Sed	550	1800	3000	6000	10,500	15,000
Spt Cpe	700	2300	3800	7600	13,300	19,000
Spt Conv Cpe	1000	3250	5400	10,800	18,900	27,000
Spt Sed	600	1900	3200	6400	11,200	16,000
Del Cpe	700	2300	3800	7600	13,300	19,000
Del Conv Cpe	1050	3350	5600	11,200	19,600	28,000
Del Sed	650	2050	3400	6800	11,900	17,000

NOTE: Model 8-31 had been introduced April 1931; Model 8-21 May 1931.

1933

Flying Cloud, 6-cyl., 85 hp, 117-1/2" wb

	6	5	4	3	2	1
Sed-5P	750	2400	4000	8000	14,000	20,000
Cpe-4P	850	2750	4600	9200	16,100	23,000
Vic	850	2650	4400	8800	15,400	22,000
Royale, 8-cyl., 125 hp, 131" wb						
Sed-5P	800	2500	4200	8400	14,700	21,000
Vic-5P	900	2900	4800	9600	16,800	24,000
Cpe-4P	850	2750	4600	9200	16,100	23,000
Conv Cpe	1400	4450	7400	14,800	25,900	37,000

1934
Flying Cloud, 6-cyl., 95 hp, 118" wb

	6	5	4	3	2	1
Cpe	800	2500	4200	8400	14,700	21,000
Sed-5P	750	2400	4000	8000	14,000	20,000
Cpe	850	2650	4400	8800	15,400	22,000
Sed-5P	800	2500	4200	8400	14,700	21,000
Elite Sed	850	2650	4400	8800	15,400	22,000
Elite Cpe	850	2750	4600	9200	16,100	23,000

Royale, 8-cyl., 95 hp, 131" wb

Sed-5P	850	2650	4400	8800	15,400	22,000
Vic	900	2900	4800	9600	16,800	24,000
Elite Sed	850	2750	4600	9200	16,100	23,000
Elite Vic	950	3000	5000	10,000	17,500	25,000
Elite Cpe	1000	3100	5200	10,400	18,200	26,000

Royale, 8-cyl., 95 hp, 135" wb

Cus Sed	900	2900	4800	9600	16,800	24,000
Cus Vic	1000	3100	5200	10,400	18,200	26,000
Cus Cpe	1000	3250	5400	10,800	18,900	27,000

1935
Flying Cloud, 6-cyl., 85 hp, 115" wb

Cpe	750	2400	4000	8000	14,000	20,000
Sed	650	2050	3400	6800	11,900	17,000

Flying Cloud, 6-cyl., 85 hp, 118" wb

Sed	700	2150	3600	7200	12,600	18,000
Conv Cpe	1100	3500	5800	11,600	20,300	29,000
Cpe-2P	800	2500	4200	8400	14,700	21,000
Cpe-4P	850	2650	4400	8800	15,400	22,000

1936
Flying Cloud, 6-cyl., 85 hp, 115" wb

Coach	700	2150	3600	7200	12,600	18,000
Sed	700	2300	3800	7600	13,300	19,000
DeL Brgm	800	2500	4200	8400	14,700	21,000
DeL Sed	750	2400	4000	8000	14,000	20,000

STUDEBAKER

1903
Model A, 8 hp

Tonn Tr	NA				Value inestimable	

1904
Model A

Tonn Tr	850	2750	4600	9200	16,100	23,000

Model B

Dely Wagon	850	2650	4400	8800	15,400	22,000

Model C

Tonn Tr	900	2900	4800	9600	16,800	24,000

1905
Model 9502, 2-cyl.

Rear Ent Tr	950	3000	5000	10,000	17,500	25,000
Side Ent Tr	1000	3100	5200	10,400	18,200	26,000

Model 9503, 4-cyl.

Side Ent Tr	1050	3350	5600	11,200	19,600	28,000

1906
Model E, 20 N.A.C.C.H.P.

Side Ent Tr	900	2900	4800	9600	16,800	24,000
Twn Car	850	2750	4600	9200	16,100	23,000

Model F, 28 N.A.C.C.H.P.

Side Ent Tr	1000	3100	5200	10,400	18,200	26,000

Model G, 30 N.A.C.C.H.P.

Side Ent Tr	1100	3500	5800	11,600	20,300	29,000

1907
Model L, 4-cyl., 28 hp, 104" wb

5P Rear Ent Tr	1150	3600	6000	12,000	21,000	30,000

Model G, 4-cyl., 30 hp, 104" wb

5P Rear Ent Tr	1150	3700	6200	12,400	21,700	31,000

Model H, 4-cyl., 30 hp, 104" wb

5P Rear Ent Tr	1150	3700	6200	12,400	21,700	31,000

1908
Model H, 4-cyl., 30 hp, 104" wb

5P Rear Ent Tr	1150	3700	6200	12,400	21,700	31,000

Studebaker

Model A, 4-cyl., 30 hp, 104" wb

	6	5	4	3	2	1
5P Tr	1150	3700	6200	12,400	21,700	31,000
5P Town Car	1150	3600	6000	12,000	21,000	30,000
2P Rbt	1100	3500	5800	11,600	20,300	29,000
5P Lan'let	1150	3700	6200	12,400	21,700	31,000

Model B, 4-cyl., 40 hp, 114" wb

5P Tr	1250	3950	6600	13,200	23,100	33,000
2P Rbt	1150	3700	6200	12,400	21,700	31,000
7P Limo	1200	3850	6400	12,800	22,400	32,000
5P Lan'let	1250	3950	6600	13,200	23,100	33,000
4P Trabt	1300	4100	6800	13,600	23,800	34,000
3P Speed Car	1200	3850	6400	12,800	22,400	32,000

1909
Model A, 4-cyl., 30 hp, 104" wb

5P Tr	1150	3700	6200	12,400	21,700	31,000
5P Twn Car	1150	3600	6000	12,000	21,000	30,000
Rbt	1100	3500	5800	11,600	20,300	29,000
5P Lan'let	1150	3700	6200	12,400	21,700	31,000

Model B, 4-cyl., 40 hp, 114" wb

5P Tr	1250	3950	6600	13,200	23,100	33,000
7P Limo	1200	3850	6400	12,800	22,400	32,000
5P Lan'let	1250	3950	6600	13,200	23,100	33,000

Model C, 4-cyl., 30 hp, 104" wb

| 5P Tr | 1150 | 3700 | 6200 | 12,400 | 21,700 | 31,000 |

Model D, 4-cyl., 40 hp, 117.5" wb

| 5P Tr | 1300 | 4100 | 6800 | 13,600 | 23,800 | 34,000 |

1910
Model H, 4-cyl., 30 hp, 104" wb

| 5P Tr | 1150 | 3700 | 6200 | 12,400 | 21,700 | 31,000 |

Model M, 4-cyl., 28 hp, 104" wb

| 5P Tr | 1150 | 3600 | 6000 | 12,000 | 21,000 | 30,000 |

Model G-7, 4-cyl., 40 hp, 117.5" wb

4/5P Tr	1250	3950	6600	13,200	23,100	33,000
7P Tr	1300	4100	6800	13,600	23,800	34,000
Limo (123" wb)	1150	3700	6200	12,400	21,700	31,000

1911
Model G-8, 4-cyl., 40 hp, 117.5" wb

7P Limo	1200	3850	6400	12,800	22,400	32,000
5P Lan'let	1250	3950	6600	13,200	23,100	33,000
4/6/7P Tr	1300	4100	6800	13,600	23,800	34,000
2P Rdst	1300	4200	7000	14,000	24,500	35,000

Model G-10, 4-cyl., 30 hp, 116" wb

| 5P Tr | 1250 | 3950 | 6600 | 13,200 | 23,100 | 33,000 |

NOTE: Studebaker-Garford association was discontinued after 1911 model year.

1913
Model SA-25, 4-cyl., 101" wb

| Rds | 800 | 2500 | 4200 | 8400 | 14,700 | 21,000 |
| Tr | 850 | 2650 | 4400 | 8800 | 15,400 | 22,000 |

Model AA-35, 4-cyl., 115.5" wb

Tr	850	2750	4600	9200	16,100	23,000
Cpe	650	2050	3400	6800	11,900	17,000
Sed	600	1900	3200	6400	11,200	16,000

Model E, 6-cyl., 121" wb

| Tr | 900 | 2900 | 4800 | 9600 | 16,800 | 24,000 |
| Limo | 700 | 2300 | 3800 | 7600 | 13,300 | 19,000 |

1914
Series 14, Model 1 SC, 4-cyl., 108.3" wb

| Tr | 850 | 2650 | 4400 | 8800 | 15,400 | 22,000 |
| Lan Rds | 850 | 2650 | 4400 | 8800 | 15,400 | 22,000 |

Series 14, Model EB, 6-cyl., 121.3" wb

Tr	850	2750	4600	9200	16,100	23,000
Lan Rds	850	2750	4600	9200	16,100	23,000
2 dr Sed	550	1800	3000	6000	10,500	15,000

1915
Series 15, Model SD, 4-cyl., 108.3" wb

| Rds | 850 | 2650 | 4400 | 8800 | 15,400 | 22,000 |
| Tr | 850 | 2650 | 4400 | 8800 | 15,400 | 22,000 |

Series 15, Model EC, 6-cyl., 121.3" wb

| 5P Tr | 850 | 2750 | 4600 | 9200 | 16,100 | 23,000 |
| 7P Tr | 900 | 2900 | 4800 | 9600 | 16,800 | 24,000 |

1916
Model SF, 4-cyl., 112" wb

| Rds | 850 | 2650 | 4400 | 8800 | 15,400 | 22,000 |
| Lan Rds | 850 | 2750 | 4600 | 9200 | 16,100 | 23,000 |

	6	5	4	3	2	1
7P Tr	900	2900	4800	9600	16,800	24,000
A/W Sed	700	2150	3600	7200	12,600	18,000

Series 16 & 17, Model ED, 6-cyl., 121.8" wb

	6	5	4	3	2	1
Rds	850	2750	4600	9200	16,100	23,000
Lan Rds	900	2900	4800	9600	16,800	24,000
7P Tr	950	3000	5000	10,000	17,500	25,000
Cpe	450	1450	2400	4800	8400	12,000
Sed	400	1300	2200	4400	7700	11,000
Limo	700	2300	3800	7600	13,300	19,000
A/W Sed	700	2300	3800	7600	13,300	19,000

NOTE: The All Weather sedan was available only in the Series 17.

1917 (Series 18)
Series 18, Model SF, 4-cyl., 112" wb

	6	5	4	3	2	1
Rds	750	2400	4000	8000	14,000	20,000
Lan Rds	800	2500	4200	8400	14,700	21,000
7P Tr	850	2650	4400	8800	15,400	22,000
A/W Sed	650	2050	3400	6800	11,900	17,000

Series 18, Model ED, 6-cyl., 121.8" wb

	6	5	4	3	2	1
Rds	800	2500	4200	8400	14,700	21,000
Lan Rds	850	2650	4400	8800	15,400	22,000
7P Tr	850	2750	4600	9200	16,100	23,000
Cpe	450	1450	2400	4800	8400	12,000
Sed	400	1300	2200	4400	7700	11,000
Limo	550	1700	2800	5600	9800	14,000
A/W Sed	700	2300	3800	7600	13,300	19,000

1918-1919
Series 19, Model SH, 4-cyl., 112" wb

	6	5	4	3	2	1
Rds	650	2050	3400	6800	11,900	17,000
Tr	650	2050	3400	6800	11,900	17,000
Sed	350	850	1500	2800	5650	8100

Series 19, Model EH, 6-cyl., 119" wb

	6	5	4	3	2	1
Tr	700	2150	3600	7200	12,600	18,000
Clb Rds	700	2150	3600	7200	12,600	18,000
Rds	550	1700	2800	5600	9800	14,000
Sed	350	850	1500	2900	5700	8200
Cpe	350	850	1500	2800	5650	8100

Series 19, Model EG, 6-cyl., 126" wb

	6	5	4	3	2	1
7P Tr	750	2400	4000	8000	14,000	20,000

1920-21
Model EJ, 6-cyl., 112" wb

	6	5	4	3	2	1
Tr	550	1700	2800	5600	9800	14,000
Lan Rds *	550	1800	3000	6000	10,500	15,000
Rds	550	1700	2850	5700	9900	14,200
Cpe Rds **	600	1850	3100	6200	10,900	15,500
Sed	350	800	1450	2750	5600	8000

Model EH, 6-cyl., 119" wb

	6	5	4	3	2	1
Tr	550	1800	3000	6000	10,500	15,000
Rds	550	1800	3050	6100	10,600	15,200
4 dr Rds	600	1850	3100	6200	10,900	15,500
Cpe	450	950	1600	3250	6150	8800
Sed	350	800	1450	2750	5600	8000

Model EG, Big Six

	6	5	4	3	2	1
7P Tr	650	2050	3400	6800	11,900	17,000
Cpe **	450	1100	1700	3650	6650	9500
7P Sed	350	900	1550	3050	5900	8500

* 1920 Model only.
** 1921 Model only.

1922
Model EJ, Light Six, 6-cyl., 112" wb

	6	5	4	3	2	1
Rds	500	1550	2600	5200	9100	13,000
4 dr Tr	450	1500	2500	5000	8800	12,500
Cpe Rds	500	1600	2700	5400	9500	13,500
Sed	350	800	1450	2750	5600	8000

Model EL, Special Six, 6-cyl., 119" wb

	6	5	4	3	2	1
Rds	500	1600	2700	5400	9500	13,500
Tr	500	1550	2600	5200	9100	13,000
4 dr Rds	550	1700	2800	5600	9800	14,000
Cpe	450	950	1600	3250	6150	8800
Sed	350	800	1450	2750	5600	8000

Model EK, Big Six, 6-cyl., 126" wb

	6	5	4	3	2	1
Tr	550	1700	2800	5600	9800	14,000
Cpe	450	1100	1700	3650	6650	9500
Sed	350	900	1550	3050	5900	8500
4 dr Spds	550	1800	3000	6000	10,500	15,000

Studebaker 443

1923
Model EM, Light Six

	6	5	4	3	2	1
Rds	500	1550	2600	5200	9100	13,000
Tr	450	1500	2500	5000	8800	12,500
Cpe	350	850	1500	2900	5700	8200
Sed	350	800	1450	2750	5600	8000

Model EL, Special Six

Tr	500	1550	2600	5200	9100	13,000
4P Cpe	350	850	1500	2900	5700	8200
Rds	500	1650	2700	5400	9500	13,600
5P Cpe	450	1000	1600	3300	6250	8900
Sed	350	800	1450	2750	5600	8000

Model EK, Big Six

Tr	550	1750	2900	5800	10,200	14,500
Spds	650	2050	3400	6800	11,900	17,000
5P Cpe	450	1150	1900	3850	6850	9800
4P Cpe	450	1150	1800	3800	6800	9700
Sed	450	1000	1600	3300	6250	8900

1924
Model EM, Light Six, 6-cyl., 112" wb

Tr	450	1450	2400	4800	8400	12,000
Rds	450	1450	2400	4800	8400	12,000
Cpe Rds	500	1550	2600	5200	9100	13,000
Cus Tr	500	1550	2600	5200	9100	13,000
Sed	350	700	1150	2300	4550	6500
Cpe	350	750	1250	2400	5050	7200

Model EL, Special Six, 6-cyl., 119" wb

Tr	500	1550	2600	5200	9100	13,000
Rds	500	1600	2700	5400	9500	13,500
Cpe	450	1000	1650	3350	6300	9000
Sed	350	900	1550	3050	5900	8500

Model EK, Big Six, 6-cyl., 126" wb

7P Tr	600	2000	3300	6600	11,600	16,500
Spds	650	2050	3400	6800	11,900	17,000
Cpe	450	1100	1700	3650	6650	9500
Sed	450	1000	1650	3350	6300	9000

1925-1926
Model ER, Standard Six, 6-cyl., 113" wb

Dplx Phae	550	1800	3000	6000	10,500	15,000
Dplx Rds	550	1800	3000	6000	10,500	15,000
Coach	200	650	1000	2200	4100	5800
Cty Clb Cpe	400	1300	2200	4400	7700	11,000
Spt Rds	500	1550	2600	5200	9100	13,000
Spt Phae	500	1600	2650	5300	9200	13,200
Sed	200	650	1050	2250	4200	6000
Cpe Rds	600	1900	3200	6400	11,200	16,000
w/Sed	200	675	1050	2250	4300	6100
Sed	200	650	1050	2250	4200	6000
Cpe	350	700	1150	2300	4550	6500
Ber	450	1100	1700	3650	6650	9500

Model EQ, Special Six 6-cyl., 120" - 127" wb

Dplx Phae	700	2150	3600	7200	12,600	18,000
Dplx Rds	700	2300	3800	7600	13,300	19,000
Vic	350	750	1350	2650	5450	7800
Sed	350	750	1300	2450	5250	7500
Ber	400	1250	2100	4200	7400	10,500
Brgm	350	800	1450	2750	5600	8000
Spt Rds	700	2300	3800	7600	13,300	19,000
Coach	350	750	1200	2350	4900	7000

Model EP, Big Six, 6-cyl., 120" wb

Dplx Phae	700	2300	3800	7600	13,300	19,000
Cpe	200	675	1050	2250	4350	6200
Brgm	350	700	1150	2300	4550	6500
7P Sed	350	700	1100	2300	4500	6400
Ber	400	1300	2200	4400	7700	11,000
Sed	200	675	1050	2250	4350	6200
Spt Phae	700	2300	3800	7600	13,300	19,000
Clb Cpe	200	675	1050	2250	4350	6200
Shff	600	1900	3200	6400	11,200	16,000
Dplx Shff	650	2050	3400	6800	11,900	17,000

NOTE: Add 10 percent for 4 wheel brake option.

1927
Dictator, Model EU Standard, 6-cyl., 113" wb

Spt Rds	800	2500	4200	8400	14,700	21,000
Tr	700	2300	3800	7600	13,300	19,000
Dplx Tr	750	2400	4000	8000	14,000	20,000

1927 Studebaker Standard Six custom sedan

	6	5	4	3	2	1
7P Tr	700	2150	3600	7200	12,600	18,000
Bus Cpe	350	700	1150	2300	4550	6500
Spt Cpe	350	750	1300	2450	5250	7500
Vic	350	700	1150	2300	4550	6500
(P) Sed	200	650	1050	2250	4200	6000
(M) Sed	350	750	1300	2450	5250	7500
Special, Model EQ						
Dplx Phae	850	2750	4600	9200	16,100	23,000
Coach	350	750	1200	2350	4900	7000
Brgm	350	800	1450	2750	5600	8000
Spt Rds	900	2900	4800	9600	16,800	24,000
Commander, Model EW						
Spt Rds	850	2750	4600	9200	16,100	23,000
Bus Cpe	450	1000	1650	3350	6300	9000
Spt Cpe	400	1200	2000	3950	7000	10,000
Sed	350	750	1300	2450	5250	7500
Cus Vic	350	900	1550	3050	5900	8500
Dplx Rds	900	2900	4800	9600	16,800	24,000
Spt Phae	900	2900	4800	9600	16,800	24,000
Cus Brgm	350	750	1350	2600	5400	7700
President, Model ES						
Cus Sed	450	1100	1700	3650	6650	9500
Limo	700	2150	3600	7200	12,600	18,000
Dplx Phae	850	2750	4600	9200	16,100	23,000
1928						
Dictator, Model GE						
Roy Rds	1300	4200	7000	14,000	24,500	35,000
Tr	1250	3950	6600	13,200	23,100	33,000
Dplx Tr	1300	4100	6800	13,600	23,800	34,000
7P Roy Tr	1300	4200	7000	14,000	24,500	35,000
Bus Cpe	350	750	1200	2350	4900	7000
Roy Cpe	450	1000	1650	3350	6300	9000
Roy Vic	350	750	1300	2450	5250	7500
Clb Sed	350	725	1150	2300	4700	6700
Sed	200	675	1050	2250	4350	6200
Roy Sed	350	700	1150	2300	4550	6500
Commander, Model GB						
Reg Rds	1350	4300	7200	14,400	25,200	36,000
Cpe	400	1200	2000	3950	7000	10,000
Reg Cpe	400	1300	2200	4400	7700	11,000
Reg Cabr	1150	3600	6000	12,000	21,000	30,000
Vic	350	900	1550	3050	5900	8500
Reg Vic	450	1000	1650	3350	6300	9000
Sed	350	750	1300	2450	5250	7500
Clb Sed	350	750	1300	2450	5250	7500
Reg Sed	450	1000	1650	3350	6300	9000

Studebaker

President Six, Model ES

	6	5	4	3	2	1
Cus Sed	450	1100	1700	3650	6650	9500
Limo	600	1900	3200	6400	11,200	16,000
Cus Tr	850	2750	4600	9200	16,100	23,000

President Eight, Model FA

7P Tr	1150	3600	6000	12,000	21,000	30,000
Sta Cabr	1150	3700	6200	12,400	21,700	31,000
Sed	450	1050	1650	3500	6400	9200
Sta Sed	450	1100	1700	3650	6650	9500
7P Sed	450	1100	1700	3650	6650	9500
7P Sta Sed	400	1200	2000	3950	7000	10,000
Limo	600	1900	3200	6400	11,200	16,000
Sta Ber	650	2100	3500	7000	12,300	17,500

1928-1/2
Dictator, Model GE

Tr	900	2900	4800	9600	16,800	24,000
7P Tr	900	2950	4900	9800	17,200	24,500
Bus Cpe	350	750	1200	2350	4900	7000
Roy Cabr	1150	3600	6000	12,000	21,000	30,000
Roy Vic	350	750	1300	2450	5250	7500
Clb Sed	350	725	1150	2300	4700	6700
Sed	350	700	1100	2300	4500	6400
Roy Sed	350	750	1200	2350	4900	7000

Commander, Model GH

Reg Vic	350	950	1600	3200	6050	8700
Sed	350	850	1500	2900	5700	8200
Reg Sed	350	900	1550	3000	5850	8400

President, Model FB

Sta Rds	1150	3600	6000	12,000	21,000	30,000
Sta Cabr	1100	3500	5800	11,600	20,300	29,000
Sta Vic	450	950	1600	3250	6150	8800
Sed	350	900	1550	3000	5850	8400
Sta Sed	350	900	1550	3100	6000	8600

President, Model FA

Tr	1150	3700	6200	12,400	21,700	31,000
Sta Tr	1200	3850	6400	12,800	22,400	32,000
Sta Cabr	1250	3950	6600	13,200	23,100	33,000
Sta Sed	450	1100	1800	3700	6700	9600
Sed	450	1050	1650	3500	6400	9200
7P Sta Sed	450	1150	1900	3900	6900	9900
Limo	700	2150	3600	7200	12,600	18,000

1929
Dictator GE, 6-cyl., 113" wb

5P Tr	900	2900	4800	9600	16,800	24,000
7P Tr	900	2900	4800	9600	16,800	24,000
Bus Cpe	350	900	1550	3050	5900	8500
Cabr	900	2900	4800	9600	16,800	24,000
Vic Ryl	450	1000	1650	3350	6300	9000

Commander Six, Model GJ

Rds	1450	4550	7600	15,200	26,600	38,000
Reg Rds	1450	4700	7800	15,600	27,300	39,000
Tr	1300	4100	6800	13,600	23,800	34,000
Reg Tr	1350	4300	7200	14,400	25,200	36,000
7P Tr	1300	4100	6800	13,600	23,800	34,000
7P Reg Tr	1350	4300	7200	14,400	25,200	36,000
Cpe	450	1100	1700	3650	6650	9500
Spt Cpe	400	1200	2000	3950	7000	10,000
Cabr	1250	3950	6600	13,200	23,100	33,000
Vic	350	900	1550	3050	5900	8500
Sed	350	800	1450	2750	5600	8000
Reg Sed	450	1000	1650	3350	6300	9000
Reg Brgm	450	1100	1700	3650	6650	9500

Commander Eight, Model FD

Reg Rds	1600	5050	8400	16,800	29,400	42,000
Tr	1400	4450	7400	14,800	25,900	37,000
Reg Tr	1450	4700	7800	15,600	27,300	39,000
7P Tr	1400	4450	7400	14,800	25,900	37,000
7P Reg Tr	1450	4700	7800	15,600	27,300	39,000
Bus Cpe	450	1400	2300	4600	8100	11,500
Spt Cpe	450	1450	2400	4800	8400	12,000
Reg Conv	1400	4450	7400	14,800	25,900	37,000
Vic	400	1200	2000	3950	7000	10,000
Reg Brgm	400	1300	2200	4400	7700	11,000
Sed	400	1250	2100	4200	7400	10,500
Reg Sed	400	1300	2200	4400	7700	11,000

	6	5	4	3	2	1
President Eight, Model FH, 125" wb						
Rds	1600	5150	8600	17,200	30,100	43,000
Cabr	1450	4700	7800	15,600	27,300	39,000
Sta Vic	500	1550	2600	5200	9100	13,000
Sed	450	1450	2400	4800	8400	12,000
Sta Sed	500	1550	2600	5200	9100	13,000
President Eight, Model FE, 135" wb						
7P Tr	1450	4700	7800	15,600	27,300	39,000
7P Sta Tr	1500	4750	7900	15,800	27,700	39,500
Brgm	500	1550	2600	5200	9100	13,000
7P Sed	500	1550	2600	5200	9100	13,000
7P Sta Sed	550	1700	2800	5600	9800	14,000
7P Limo	600	1900	3200	6400	11,200	16,000

1930

	6	5	4	3	2	1
Studebaker 53 Model, 6-cyl., 114" wb						
Tr	1550	4900	8200	16,400	28,700	41,000
Tr	1250	3950	6600	13,200	23,100	33,000
Reg Tr	1300	4100	6800	13,600	23,800	34,000
Bus Cpe	400	1200	2000	3950	7000	10,000
Reg Cpe	400	1250	2100	4200	7400	10,500
Clb Sed	450	1000	1650	3350	6300	9000
Sed	350	800	1450	2750	5600	8000
Reg Sed	350	900	1550	3050	5900	8500
Lan Sed	350	950	1600	3200	6050	8700
Dictator, 6 & 8 cyl., 115" wb						
Tr	1300	4100	6800	13,600	23,800	34,000
Reg Tr	1300	4200	7000	14,000	24,500	35,000
Cpe	400	1250	2100	4200	7400	10,500
Spt Cpe	450	1400	2300	4600	8100	11,500
Brgm	450	1100	1700	3650	6650	9500
Clb Sed	450	1000	1650	3350	6300	9000
Sed	450	1000	1650	3350	6300	9000
Reg Sed	450	1100	1700	3650	6650	9500

NOTE: Add $200. for Dictator 8-cyl.

Commander 6 & 8 cyl., 120" wb
Commander FD

	6	5	4	3	2	1
Reg Rds	1450	4550	7600	15,200	26,600	38,000
Tr	1350	4300	7200	14,400	25,200	36,000
Reg Tr	1400	4450	7400	14,800	25,900	37,000
7P Tr	1350	4300	7200	14,400	25,200	36,000
7P Reg Tr	1400	4450	7400	14,800	25,900	37,000
Cpe	450	1450	2400	4800	8400	12,000
Spt Cpe	500	1550	2600	5200	9100	13,000
Conv Cabr	1350	4300	7200	14,400	25,200	36,000
Vic	400	1200	2000	3950	7000	10,000
Brgm	400	1250	2100	4200	7400	10,500
Sed	400	1200	2000	3950	7000	10,000
Reg Sed	400	1300	2200	4400	7700	11,000

NOTE: Add $200. for Commander 8-cyl.

President FH Model

	6	5	4	3	2	1
Rds	1800	5750	9600	19,200	33,600	48,000
Conv Cabr	1600	5050	8400	16,800	29,400	42,000
Sta Vic	550	1700	2800	5600	9800	14,000
Sed	450	1450	2400	4800	8400	12,000
Sta Sed	500	1550	2600	5200	9100	13,000
President FE Model						
Tr	1700	5400	9000	18,000	31,500	45,000
Sta Tr	1750	5500	9200	18,400	32,200	46,000
Sta Vic	1050	3350	5600	11,200	19,600	28,000
Brgm	500	1550	2600	5200	9100	13,000
Sed	550	1700	2800	5600	9800	14,000
Sta Sed	550	1800	3000	6000	10,500	15,000
Limo	700	2300	3800	7600	13,300	19,000
Sta Limo	750	2400	4000	8000	14,000	20,000

1931

	6	5	4	3	2	1
Studebaker Six, Model 53, 114" wb						
Rds	1350	4300	7200	14,400	25,200	36,000
Tr	1200	3850	6400	12,800	22,400	32,000
Reg Tr	1250	3950	6600	13,200	23,100	33,000
Bus Cpe	400	1200	2000	3950	7000	10,000
Spt Cpe	400	1300	2200	4400	7700	11,000
Clb Sed	350	800	1450	2750	5600	8000
Sed	350	750	1200	2350	4900	7000
Model 61 Dictator, 8-cyl., 115" wb						
Reg Sed	350	750	1300	2400	5200	7400
Lan Sed	350	750	1300	2450	5250	7500

Studebaker

Series 54

	6	5	4	3	2	1
Rds	1500	4800	8000	16,000	28,000	40,000
Tr	1450	4550	7600	15,200	26,600	38,000
Rea Tr	1450	4700	7800	15,600	27,300	39,000
Bus Cpe	450	1100	1700	3650	6650	9500
Spt Cpe	400	1200	2000	3950	7000	10,000
Sed	350	800	1450	2750	5600	8000
Reg Sed	350	900	1550	3050	5900	8500
Dictator Eight, Model FC						
Tr	1450	4700	7800	15,600	27,300	39,000
Reg Tr	1500	4800	8000	16,000	28,000	40,000
Cpe	450	1000	1650	3350	6300	9000
Spt Cpe	400	1250	2100	4200	7400	10,500
Reg Brgm	450	1000	1650	3350	6300	9000
Clb Sed	350	800	1450	2750	5600	8000
Sed	350	900	1550	3050	5900	8500
Reg Sed	350	950	1600	3200	6050	8700
Model 61						
Cpe	400	1300	2200	4400	7700	11,000
Spt Cpe	450	1450	2400	4800	8400	12,000
Sed	450	1000	1650	3350	6300	9000
Reg Sed	400	1200	2000	3950	7000	10,000
Commander Eight, Model 70						
Cpe	450	1400	2300	4600	8100	11,500
Vic	400	1300	2200	4400	7700	11,000
Reg Brgm	450	1400	2300	4600	8100	11,500
Sed	400	1250	2100	4200	7400	10,500
Reg Sed	450	1450	2400	4800	8400	12,000
President Eight, Model 80						
Sta Rds	2050	6600	11,000	22,000	38,500	55,000
Cpe	850	2650	4400	8800	15,400	22,000
Sta Cpe	950	3000	5000	10,000	17,500	25,000
Sed	550	1800	3000	6000	10,500	15,000
Sta Sed	600	1900	3200	6400	11,200	16,000
Model 90						
Tr	1800	5750	9600	19,200	33,600	48,000
Sta Tr	1900	6000	10,000	20,000	35,000	50,000
Sta Vic	800	2500	4200	8400	14,700	21,000
Sta Brgm	800	2600	4300	8600	15,100	21,500
Sed	700	2300	3800	7600	13,300	19,000
Sta Sed	750	2400	4000	8000	14,000	20,000
Sta Limo	800	2500	4200	8400	14,700	21,000

1932 Studebaker, President Conv Sed

1932
Model 55, 6-cyl., 117" wb

	6	5	4	3	2	1
Conv Rds	1250	3950	6600	13,200	23,100	33,000
Reg Conv Rds	1300	4100	6800	13,600	23,800	34,000
Cpe	450	1100	1700	3650	6650	9500
Reg Cpe	450	1150	1800	3800	6800	9700
Spt Cpe	400	1250	2100	4200	7400	10,500
Reg Spt Cpe	400	1300	2200	4400	7700	11,000
St R Brgm	450	1100	1700	3650	6650	9500
Reg St R Brgm	450	1150	1900	3850	6850	9800

Studebaker 449

	6	5	4	3	2	1
Conv Sed	1250	3950	6600	13,200	23,100	33,000
Reg Conv Sed	1300	4100	6800	13,600	23,800	34,000
Sed	450	1000	1650	3350	6300	9000
Reg Sed	450	1050	1650	3500	6400	9200
Model 62 Dictator, 8-cyl., 117" wb						
Conv Rds	1500	4800	8000	16,000	28,000	40,000
Reg Conv Rds	1550	4900	8200	16,400	28,700	41,000
Cpe	750	2400	4000	8000	14,000	20,000
Reg Cpe	800	2500	4200	8400	14,700	21,000
Spt Cpe	1000	3250	5400	10,800	18,900	27,000
Reg Spt Cpe	1050	3350	5600	11,200	19,600	28,000
St R Brgm	900	2900	4800	9600	16,800	24,000
Reg St R Brgm	950	3000	5000	10,000	17,500	25,000
Conv Sed	1400	4450	7400	14,800	25,900	37,000
Reg Conv Sed	1450	4550	7600	15,200	26,600	38,000
Sed	750	2400	4000	8000	14,000	20,000
Reg Sed	800	2500	4200	8400	14,700	21,000
Model 65 Rockne, 6-cyl., 110" wb						
2P Cpe	400	1200	2000	3950	7000	10,000
5P Sed	450	1000	1650	3350	6300	9000
2 dr Sed	350	900	1550	3050	5900	8500
5P Conv Sed	1100	3500	5800	11,600	20,300	29,000
Rds	1250	3950	6600	13,200	23,100	33,000
Model 71 Commander, 8-cyl.						
Rds Conv	1500	4800	8000	16,000	28,000	40,000
Reg Rds Conv	1550	4900	8200	16,400	28,700	41,000
Spt Cpe	900	2900	4800	9600	16,800	24,000
Reg Spt Cpe	950	3000	5000	10,000	17,500	25,000
St R Brgm	1000	3100	5200	10,400	18,200	26,000
Reg St R Brgm	1000	3250	5400	10,800	18,900	27,000
Conv Sed	1450	4700	7800	15,600	27,300	39,000
Reg Conv Sed	1500	4800	8000	16,000	28,000	40,000
Sed	750	2400	4000	8000	14,000	20,000
Reg Sed	750	2450	4100	8200	14,400	20,500
Model 75 Rockne, 6-cyl., 114" wb						
2P Cpe	400	1250	2100	4200	7400	10,500
4P Cpe	400	1200	2000	3950	7000	10,000
5P Sed	400	1200	2000	3950	7000	10,000
2P DeL Cpe	450	1400	2300	4600	8100	11,500
4P DeL Cpe	400	1300	2200	4400	7700	11,000
5P DeL Sed	400	1300	2200	4400	7700	11,000
Rds	1300	4200	7000	14,000	24,500	35,000
Conv Sed	1300	4100	6800	13,600	23,800	34,000
Model 91 President, 8-cyl.						
Rds Conv	2050	6600	11,000	22,000	38,500	55,000
Sta Rds Conv	2100	6700	11,200	22,400	39,200	56,000
Cpe	950	3000	5000	10,000	17,500	25,000
Sta Cpe	1000	3100	5200	10,400	18,200	26,000
Spt Cpe	1000	3250	5400	10,800	18,900	27,000
Sta Spt Cpe	1050	3350	5600	11,200	19,600	28,000
St R Brgm	1000	3250	5400	10,800	18,900	27,000
Sta St R Brgm	1050	3350	5600	11,200	19,600	28,000
Conv Sed	2050	6500	10,800	21,600	37,800	54,000
Sta Conv Sed	2050	6600	11,000	22,000	38,500	55,000
Sed	800	2500	4200	8400	14,700	21,000
Sta Sed	850	2650	4400	8800	15,400	22,000
Limo	850	2650	4400	8800	15,400	22,000
Sta Limo	850	2750	4600	9200	16,100	23,000
7P Sed	750	2400	4000	8000	14,000	20,000
7P Sta Sed	800	2500	4200	8400	14,700	21,000
1933						
Model 10 Rockne, 6-cyl., 110" wb						
4P Conv	1050	3350	5600	11,200	19,600	28,000
4P DeL Conv Rds	1100	3500	5800	11,600	20,300	29,000
2P Cpe	400	1300	2200	4400	7700	11,000
5P Coach	450	1000	1650	3350	6300	9000
4P Cpe	400	1200	2000	3950	7000	10,000
2P DeL Cpe	450	1450	2400	4800	8400	12,000
5P Sed	450	1000	1650	3350	6300	9000
5P DeL Coach	450	1100	1700	3650	6650	9500
4P DeL Cpe	400	1300	2200	4400	7700	11,000
5P DeL Sed	450	1000	1650	3350	6300	9000
5P Conv Sed	1000	3250	5400	10,800	18,900	27,000
5P DeL Conv Sed	1050	3350	5600	11,200	19,600	28,000
Model 56 Studebaker, 6-cyl., 117" wb						
Conv	1100	3500	5800	11,600	20,300	29,000

Studebaker

	6	5	4	3	2	1
Reg Conv	1150	3600	6000	12,000	21,000	30,000
Cpe	450	1450	2400	4800	8400	12,000
Reg Cpe	500	1550	2600	5200	9100	13,000
Spt Cpe	550	1700	2800	5600	9800	14,000
Reg Spt Cpe	550	1800	3000	6000	10,500	15,000
St R Brgm	550	1700	2800	5600	9800	14,000
Reg St R Brgm	550	1800	3000	6000	10,500	15,000
Conv Sed	1050	3350	5600	11,200	19,600	28,000
Reg Conv Sed	1100	3500	5800	11,600	20,300	29,000
Sed	450	1450	2400	4800	8400	12,000
Reg Sed	500	1550	2600	5200	9100	13,000
Model 73 Commander, 8-cyl.						
Rds Conv	1150	3600	6000	12,000	21,000	30,000
Reg Rds Conv	1150	3700	6200	12,400	21,700	31,000
Cpe	500	1550	2600	5200	9100	13,000
Reg Cpe	550	1700	2800	5600	9800	14,000
Spt Cpe	550	1800	3000	6000	10,500	15,000
Reg Spt Cpe	600	1900	3200	6400	11,200	16,000
St R Brgm	550	1800	3000	6000	10,500	15,000
Reg St R Brgm	600	1900	3200	6400	11,200	16,000
Conv Sed	1150	3600	6000	12,000	21,000	30,000
Reg Conv Sed	1150	3700	6200	12,400	21,700	31,000
Sed	550	1800	3000	6000	10,500	15,000
Reg Sed	600	1900	3200	6400	11,200	16,000
Model 82 President, 8-cyl.						
Sta Rds Conv	1250	3950	6600	13,200	23,100	33,000
Cpe	600	1900	3200	6400	11,200	16,000
Sta Cpe	650	2050	3400	6800	11,900	17,000
St R Brgm	550	1800	3000	6000	10,500	15,000
Sta St R Brgm	600	1900	3200	6400	11,200	16,000
Sta Conv Sed	1250	3950	6600	13,200	23,100	33,000
Sed	500	1550	2600	5200	9100	13,000
Sta Sed	550	1700	2800	5600	9800	14,000
Model 92 President Speedway, 8-cyl.						
Sta Rds Conv	1300	4200	7000	14,000	24,500	35,000
Sta Cpe	600	1900	3200	6400	11,200	16,000
Sta St R Brgm	700	2150	3600	7200	12,600	18,000
Sta Conv Sed	1300	4200	7000	14,000	24,500	35,000
Sed	400	1200	2000	3950	7000	10,000
Sta Sed	400	1300	2200	4400	7700	11,000
7P Sed	450	1450	2400	4800	8400	12,000
7P Sta Sed	500	1550	2600	5200	9100	13,000
7P Sta Limo	600	1900	3200	6400	11,200	16,000
1934						
Model Special A, Dictator						
Cpe	400	1200	2000	3950	7000	10,000
Reg Cpe	400	1300	2200	4400	7700	11,000
4P Cpe	450	1000	1650	3350	6300	9000
4P Reg Cpe	400	1200	2000	3950	7000	10,000
St R Sed	350	800	1450	2750	5600	8000
Reg St R Sed	350	900	1550	3050	5900	8500
Sed	350	800	1450	2750	5600	8000
Reg Sed	350	900	1550	3050	5900	8500
Cus Reg St R	450	1000	1650	3350	6300	9000
Cus Sed	450	1100	1700	3650	6650	9500
Model A, Dictator						
Rdst	900	2900	4800	9600	16,800	24,000
Rdst Regal	950	3000	5000	10,000	17,500	25,000
Reg Cpe	400	1200	2000	3950	7000	10,000
St R Sed	400	1300	2200	4400	7700	11,000
Cus St R Sed	350	900	1550	3050	5900	8500
Sed	350	800	1450	2750	5600	8000
Reg Sed	350	900	1550	3050	5900	8500
Model B, Commander						
Rds Conv	950	3000	5000	10,000	17,500	25,000
Reg Rds Conv	1000	3100	5200	10,400	18,200	26,000
Cpe	400	1300	2200	4400	7700	11,000
Reg Cpe	450	1450	2400	4800	8400	12,000
4P Cpe	400	1200	2000	3950	7000	10,000
4P Reg Cpe	400	1300	2200	4400	7700	11,000
St R Sed	450	1000	1650	3350	6300	9000
Cus St R Sed	450	1100	1700	3650	6650	9500
Sed	350	800	1450	2750	5600	8000
Reg Sed	350	900	1550	3050	5900	8500
Cus Sed	350	950	1600	3200	6050	8700
L Cruise	450	1100	1700	3650	6650	9500

Studebaker 451

Model C, President	6	5	4	3	2	1
Rds Conv	1050	3350	5600	11,200	19,600	28,000
Reg Rds Conv	1100	3500	5800	11,600	20,300	29,000
Cpe	450	1450	2400	4800	8400	12,000
Reg Cpe	500	1550	2600	5200	9100	13,000
4P Cpe	400	1300	2200	4400	7700	11,000
4P Reg Cpe	450	1450	2400	4800	8400	12,000
Sed	400	1200	2000	3950	7000	10,000
Reg Sed	400	1200	2000	3950	7000	10,000
Cus Sed	400	1200	2000	3950	7000	10,000
Cus Berl	400	1300	2200	4400	7700	11,000
L Cruise	400	1200	2000	3950	7000	10,000

1935
Model 1A, Dictator Six

	6	5	4	3	2	1
Rds	850	2750	4600	9200	16,100	23,000
Reg Rds	900	2900	4800	9600	16,800	24,000
Cpe	350	800	1450	2750	5600	8000
Reg Cpe	450	1000	1650	3350	6300	9000
R/S Cpe	400	1200	2000	3950	7000	10,000
Reg R/S Cpe	400	1300	2200	4400	7700	11,000
St Reg	350	725	1150	2300	4700	6700
Reg St Reg	350	750	1200	2350	4900	7000
Cus St Reg	350	750	1250	2400	5100	7300
Sed	350	700	1150	2300	4550	6500
Reg Sed	350	725	1200	2350	4800	6800
Cus Sed	350	750	1250	2350	5000	7100
L Cr	350	750	1250	2350	5000	7100
Reg L Cr	350	750	1300	2400	5200	7400

Model 1B, Commander Eight

	6	5	4	3	2	1
Rds	950	3050	5100	10,200	17,900	25,500
Reg Rds	1000	3200	5300	10,600	18,600	26,500
Cpe	450	1000	1650	3350	6300	9000
Reg Cpe	400	1200	2000	3950	7000	10,000
R/S Cpe	400	1300	2200	4400	7700	11,000
Reg R/S Cpe	450	1450	2400	4800	8400	12,000
Reg St R	350	800	1450	2750	5600	8000
Cus St R	350	850	1500	2900	5700	8200
Reg Sed	350	800	1450	2750	5600	8000
Cus Sed	350	850	1500	2950	5800	8300
L Cr	450	1000	1650	3350	6300	9000
Reg L Cr	450	1050	1700	3550	6500	9300

Model 1C, President Eight

	6	5	4	3	2	1
Rds	1000	3200	5300	10,600	18,600	26,500
Reg Rds	1050	3300	5500	11,000	19,300	27,500
Cpe	400	1300	2200	4400	7700	11,000
Reg Cpe	450	1450	2400	4800	8400	12,000
R/S Cpe	500	1550	2600	5200	9100	13,000
Reg R/S Cpe	550	1700	2800	5600	9800	14,000
Reg Sed	400	1200	2000	4000	7100	10,100
Cus Sed	400	1250	2100	4200	7300	10,400
L Cr	400	1300	2200	4400	7600	10,900
Reg L Cr	400	1350	2250	4500	7900	11,300
Cus Berl	500	1600	2700	5400	9500	13,500
Reg Berl	500	1650	2750	5500	9700	13,800

NOTE: Add 10 percent for 2A Dictator models.

1936
Model 3A/4A, Dictator Six

	6	5	4	3	2	1
Bus Cpe	350	750	1200	2350	4900	7000
Cus Cpe	350	800	1450	2750	5600	8000
5P Cus Cpe	450	1000	1650	3350	6300	9000
Cus St R	200	675	1050	2250	4350	6200
Cr St R	350	700	1150	2300	4550	6500
Cus Sed	350	700	1150	2300	4550	6500
Cr Sed	350	725	1200	2350	4800	6800

Model 2C, President Eight

	6	5	4	3	2	1
Cus Cpe	400	1300	2200	4400	7700	11,000
5P Cus Cpe	450	1450	2400	4800	8400	12,000
Cus St R	450	1050	1650	3500	6400	9200
Cr St R	450	1100	1700	3650	6650	9500
Cus Sed	400	1200	2000	3950	7000	10,000
Cr Sed	400	1300	2200	4400	7700	11,000

NOTE: Add 10 percent for Model 4A Dictator Six.

1937
Model 5A/6A, Dictator Six

	6	5	4	3	2	1
Cpe Express	400	1200	2000	3950	7000	10,000
Bus Cpe	450	1000	1650	3350	6300	9000

Studebaker

	6	5	4	3	2	1
Cus Cpe	400	1200	2000	3950	7000	10,000
5P Cus Cpe	450	1100	1700	3650	6650	9500
Cus St R	350	700	1150	2300	4550	6500
St R Cr	350	700	1100	2300	4500	6400
Cus Sed	350	700	1100	2300	4500	6400
Cr Sed	350	725	1150	2300	4700	6700

Model 3C, President Eight

	6	5	4	3	2	1
Cus Cpe	400	1300	2200	4400	7700	11,000
5P Cus Cpe	400	1250	2100	4200	7400	10,500
Cus St R	450	1050	1650	3500	6400	9200
St R Cr	450	1000	1650	3400	6350	9100
Cus Sed	450	1000	1650	3400	6350	9100
Cr Sed	450	1050	1700	3600	6600	9400

NOTE: Add 10 percent for Dictator 6A models.

1938
Model 7A, Commander Six

	6	5	4	3	2	1
Cpe Express	450	1000	1650	3350	6300	9000
Bus Cpe	350	800	1450	2750	5600	8000
Cus Cpe	450	1000	1650	3350	6300	9000
Clb Sed	350	750	1300	2500	5300	7600
Cr Sed	350	750	1350	2650	5450	7800
Conv Sed	950	3050	5100	10,200	17,900	25,500

Model 8A, State Commander Six

	6	5	4	3	2	1
Cus Cpe	450	1100	1700	3650	6650	9500
Clb Sed	350	750	1300	2500	5300	7600
Cr Sed	350	750	1350	2650	5450	7800
Conv Sed	1000	3200	5300	10,600	18,600	26,500

Model 4C, President Eight

	6	5	4	3	2	1
Cpe	400	1300	2200	4400	7700	11,000
Clb Sed	400	1200	2000	3950	7000	10,000
Cr Sed	400	1250	2100	4200	7400	10,500

Model 4C, State President Eight

	6	5	4	3	2	1
Cpe	450	1450	2400	4800	8400	12,000
Clb Sed	400	1250	2050	4100	7200	10,300
Cr Sed	400	1300	2200	4400	7700	11,000
Conv Sed	1100	3550	5900	11,800	20,700	29,500

1939
Model G, Custom Champion Six

	6	5	4	3	2	1
Cpe	350	750	1200	2350	4900	7000
Clb Sed	350	725	1150	2300	4700	6700
Cr Sed	350	725	1200	2350	4800	6800

Model G, Deluxe Champion Six

	6	5	4	3	2	1
Cpe	350	800	1450	2750	5600	8000
Clb Sed	350	725	1200	2350	4850	6900
Cr Sed	350	750	1200	2350	4900	7000

Model 9A, Commander Six

	6	5	4	3	2	1
Cpe Express	400	1300	2200	4400	7700	11,000
Bus Cpe	450	1000	1650	3350	6300	9000
Cus Cpe	400	1200	2000	3950	7000	10,000
Clb Sed	350	900	1550	3100	6000	8600
Cr Sed	350	950	1600	3200	6050	8700
Conv Sed	1150	3650	6100	12,200	21,400	30,500

Model 5C, State President Eight

	6	5	4	3	2	1
Cus Cpe	400	1300	2200	4400	7700	11,000
Clb Sed	450	1150	1800	3800	6800	9700
Cr Sed	400	1250	2100	4200	7400	10,500
Conv Sed	1200	3800	6300	12,600	22,100	31,500

1940
Champion Custom

	6	5	4	3	2	1
Cpe	350	750	1300	2450	5250	7500
OS Cpe	350	900	1550	3050	5900	8500
Clb Sed	350	725	1150	2300	4700	6700
Cr Sed	350	725	1200	2350	4800	6800

Champion Custom Deluxe

	6	5	4	3	2	1
Cpe	450	1000	1650	3350	6300	9000
OS Cpe	450	1100	1700	3650	6650	9500
Clb Sed	350	725	1200	2350	4800	6800
Cr Sed	350	725	1200	2350	4850	6900

Champion Deluxe

	6	5	4	3	2	1
Cpe	450	1100	1700	3650	6650	9500
OS Cpe	400	1200	2000	3950	7000	10,000
Clb Sed	350	725	1200	2350	4850	6900
Cr Sed	350	750	1200	2350	4900	7000

Champion Deluxe-Tone

	6	5	4	3	2	1
Cpe	400	1200	2000	3950	7000	10,000
OS Cpe	400	1250	2100	4200	7400	10,500

	6	5	4	3	2	1
Clb Sed	350	725	1200	2350	4850	6900
Cr Sed	350	750	1200	2350	4900	7000
Commander						
Cus Cpe	400	1250	2100	4200	7400	10,500
Clb Sed	350	900	1550	3100	6000	8600
Cr Sed	350	950	1600	3200	6050	8700
Commander Deluxe-Tone						
Cus Cpe	400	1300	2200	4400	7700	11,000
Clb Sed	350	900	1550	3100	6000	8600
Cr Sed	350	950	1600	3200	6050	8700
State President						
Cpe	450	1400	2300	4600	8100	11,500
Clb Sed	400	1200	2000	3950	7000	10,000
Cr Sed	400	1300	2150	4300	7600	10,800
President Deluxe-Tone						
Cpe	450	1450	2400	4800	8400	12,000
Clb Sed	400	1200	2050	4100	7100	10,200
Cr Sed	400	1300	2200	4400	7700	11,000

1941 Studebaker President Skyway coupe

1941
Champion Custom
Cpe	350	800	1450	2750	5600	8000
D D Cpe	350	900	1550	3050	5900	8500
O S Cpe	450	1000	1650	3350	6300	9000
Clb Sed	350	750	1350	2600	5400	7700
Cr Sed	350	750	1350	2650	5450	7800
Champion Custom Deluxe						
Cpe	350	900	1550	3050	5900	8500
D D Cpe	450	1000	1650	3350	6300	9000
O S Cpe	450	1100	1700	3650	6650	9500
Clb Sed	350	750	1350	2650	5450	7800
Cr Sed	350	800	1350	2700	5500	7900
Champion Deluxe-Tone						
Cpe	450	1000	1650	3350	6300	9000
D D Cpe	450	1100	1700	3650	6650	9500
O S Cpe	400	1200	2000	3950	7000	10,000
Clb Sed	350	750	1350	2650	5450	7800
Cr Sed	350	800	1350	2700	5500	7900
Commander Custom						
Sed Cpe	400	1200	2000	3950	7000	10,000
Cr Cpe	400	1250	2100	4200	7400	10,500
L Cruise	400	1200	2000	3950	7000	10,000
Commander Deluxe-Tone						
Cr Sed	400	1250	2050	4100	7200	10,300
L Cruise	400	1250	2100	4200	7400	10,500
Commander Skyway						
Sed Cpe	500	1550	2600	5200	9100	13,000
Cr Sed	400	1300	2200	4400	7700	11,000

	6	5	4	3	2	1
L Cruise	400	1350	2250	4500	7900	11,300
President Custom						
Cr Sed	450	1500	2450	4900	8600	12,300
L Cruise	500	1600	2650	5300	9300	13,300
President Deluxe-Tone						
Cr Sed	500	1600	2650	5300	9300	13,300
L Cruise	550	1700	2850	5700	10,000	14,300
President Skyway						
Sed Cpe	650	2050	3400	6800	11,900	17,000
Cr Sed	550	1850	3050	6100	10,700	15,300
L Cruise	600	1950	3250	6500	11,400	16,300

1942

	6	5	4	3	2	1
Champion Custom Series						
Cpe	350	800	1450	2750	5600	8000
D D Cpe	350	900	1550	3050	5900	8500
Clb Sed	350	750	1300	2450	5250	7500
Cr Sed	350	750	1300	2500	5300	7600
Champion Deluxstyle Series						
Cpe	350	900	1550	3050	5900	8500
D D Cpe	450	1000	1650	3350	6300	9000
Clb Sed	350	750	1300	2500	5300	7600
Cr Sed	350	750	1350	2600	5400	7700
Commander Custom Series						
2 dr Sed Cpe	400	1200	2000	3950	7000	10,000
Cr Sed	450	1050	1650	3500	6400	9200
L Cr	450	1050	1700	3550	6500	9300
Commander Deluxstyle Series						
2 dr Sed Cpe	400	1300	2200	4400	7700	11,000
Cr Sed	450	1150	1900	3850	6850	9800
L Cr	400	1250	2050	4100	7200	10,300
Commander Skyway Series						
2 dr Sed Cpe	500	1550	2600	5200	9100	13,000
Cr Sed	400	1350	2250	4500	7900	11,300
L Cr	450	1500	2450	4900	8600	12,300
President Custom Series						
2 dr Sed Cpe	500	1550	2600	5200	9100	13,000
Cr Sed	400	1350	2250	4500	7900	11,300
L Cr	450	1500	2450	4900	8600	12,300
President Deluxstyle Series						
2 dr Sed Cpe	550	1700	2800	5600	9800	14,000
Cr Sed	450	1500	2450	4900	8600	12,300
L Cr	500	1600	2650	5300	9300	13,300
President Skyway Series						
2 dr Sed Cpe	550	1800	3000	6000	10,500	15,000
Cr Sed	500	1600	2650	5300	9300	13,300
L Cr	550	1700	2850	5700	10,000	14,300

1946

Skyway Champion, 6-cyl., 109.5" wb

	6	5	4	3	2	1
3P Cpe	350	750	1300	2450	5250	7500
5P Cpe	350	750	1200	2350	4900	7000
2 dr Sed	350	725	1150	2300	4700	6700
Sed	350	725	1200	2350	4850	6900

1950 Studebaker, Commander Conv

Studebaker

1947-1949
Champion, 6-cyl., 112" wb

	6	5	4	3	2	1
3P Cpe	200	650	1050	2250	4200	6000
5P Cpe Starlight	350	750	1300	2400	5200	7400
2 dr Sed	200	600	1000	2200	4000	5700
Sed	200	650	1000	2200	4100	5800
Conv	700	2150	3600	7200	12,600	18,000

Commander, 6-cyl., 119" wb

3P Cpe	350	700	1100	2300	4500	6400
5P Cpe Starlight	350	750	1350	2650	5450	7800
2 dr Sed	200	675	1050	2250	4300	6100
Sed	200	675	1100	2250	4400	6300
Conv	700	2300	3800	7600	13,300	19,000

Land Cruiser, 6-cyl., 123" wb

Ld Crs Sed	350	750	1350	2600	5400	7700

1950
Champion, 6-cyl., 113" wb

3P Cpe	350	700	1100	2300	4500	6400
5P Cpe Starlight	350	750	1300	2450	5250	7500
2 dr Sed	200	675	1050	2250	4300	6100
Sed	200	675	1100	2250	4400	6300
Conv	700	2300	3800	7600	13,300	19,000

Commander, 6-cyl., 120" - 124" wb

3P Cpe	350	700	1150	2300	4550	6500
5P Cpe Starlight	350	800	1450	2750	5600	8000
2 dr Sed	200	675	1100	2250	4400	6300
Sed	350	700	1100	2300	4500	6400
Conv	750	2400	4000	8000	14,000	20,000

Land Cruiser, 6-cyl., 124" wb

Ld Crs Sed	350	800	1450	2750	5600	8000

1951
Champion Custom, 6-cyl., 115" wb

Sed	200	600	950	2200	3900	5600
2 dr Sed	200	600	950	2150	3850	5500
5P Cpe Starlight	350	750	1300	2450	5250	7500
3P Cpe	200	650	1000	2200	4100	5800

Champion DeLuxe, 6-cyl., 115" wb

Sed	200	600	1000	2200	4000	5700
2 dr Sed	200	600	950	2200	3900	5600
5P Cpe Starlight	350	750	1350	2600	5400	7700
3P Cpe	200	650	1000	2200	4150	5900

Champion Regal, 6-cyl., 115" wb

Sed	200	650	1000	2200	4100	5800
2 dr Sed	200	600	1000	2200	4000	5700
5P Cpe Starlight	350	800	1450	2750	5600	8000
3P Cpe	200	650	1050	2250	4200	6000
Conv	700	2300	3800	7600	13,300	19,000

Commander Regal, V-8, 115" wb

Sed	200	650	1000	2200	4100	5800
2 dr Sed	200	600	950	2200	3900	5600
5P Cpe Starlight	450	1000	1650	3350	6300	9000

Commander State, V-8, 115" wb

Sed	200	675	1100	2250	4400	6300
2 dr Sed	200	675	1050	2250	4350	6200
5P Cpe Starlight	450	1050	1700	3600	6600	9400
Conv	800	2500	4200	8400	14,700	21,000

Land Cruiser, V-8, 119" wb

Sed	350	850	1500	2900	5700	8200

1952
Champion Custom, 6-cyl., 115" wb

Sed	200	600	950	2200	3900	5600
2 dr Sed	200	600	950	2150	3850	5500
5P Cpe Starlight	350	750	1300	2450	5250	7500

Champion DeLuxe, 6-cyl., 115" wb

Sed	200	600	1000	2200	4000	5700
2 dr Sed	200	600	950	2200	3900	5600
5P Cpe Starlight	350	800	1450	2750	5600	8000

Champion Regal, 6-cyl., 115" wb

Sed	200	650	1000	2200	4100	5800
2 dr Sed	200	600	1000	2200	4000	5700
5P Cpe Starlight	350	900	1550	3050	5900	8500
Star Cpe	450	1000	1650	3350	6300	9000
Conv	700	2150	3600	7200	12,600	18,000

Commander Regal, V-8, 115" wb

Sed	200	650	1050	2250	4200	6000
2 dr Sed	200	650	1000	2200	4100	5800

Studebaker

	6	5	4	3	2	1
5P Cpe Starlight	450	1100	1700	3650	6650	9500
Commander State, V-8, 115" wb						
Sed	200	675	1050	2250	4300	6100
2 dr Sed	200	650	1000	2200	4150	5900
Cpe Starlight	400	1200	2000	3950	7000	10,000
Star HdTp	450	1450	2400	4800	8400	12,000
Conv	700	2300	3800	7600	13,300	19,000
Land Cruiser, V-8, 119" wb						
Sed	350	850	1500	2800	5650	8100

1953-1954
	6	5	4	3	2	1
Champion Custom, 6-cyl., 116.5" wb						
4 dr Sed	150	450	800	1800	3300	4800
2 dr Sed	150	450	750	1700	3200	4600
Champion DeLuxe, 6-cyl., 116.5" - 120.5" wb						
4 dr Sed	200	500	850	1850	3350	4900
2 dr Sed	150	450	750	1700	3200	4600
Cpe	350	900	1550	3050	5900	8500
Sta Wag	200	550	900	2000	3600	5200
Champion Regal, 6-cyl., 116.5" - 120.5" wb						
4 dr Sed	200	500	850	1900	3500	5000
2 dr Sed	150	450	800	1750	3250	4700
5P Cpe	450	1000	1650	3350	6300	9000
HdTp	400	1300	2200	4400	7700	11,000
Sta Wag (1954 only)	200	600	950	2150	3850	5500
Commander DeLuxe, V-8, 116.5" - 120.5" wb						
4 dr Sed	200	550	900	2100	3700	5300
2 dr Sed	200	550	900	2000	3600	5200
Cpe	400	1300	2200	4400	7700	11,000
Sta Wag (1954 only)	200	600	1000	2200	4000	5700
Commander Regal, V-8, 116.5" - 120.5" wb						
4 dr Sed	200	600	950	2150	3850	5500
Cpe	450	1400	2300	4600	8100	11,500
HdTp	450	1500	2500	5000	8800	12,500
Sta Wag (1954 only)	200	650	1050	2250	4200	6000
Land Cruiser, V-8, 120.5" wb						
4 dr Sed	350	725	1200	2350	4800	6800
4 dr Reg Sed (1954 only)	350	750	1200	2350	4900	7000

1955
	6	5	4	3	2	1
Champion Custom, 6-cyl., 116.5" wb						
4 dr Sed	150	450	800	1750	3250	4700
2 dr Sed	150	450	750	1700	3200	4600
Champion DeLuxe, 6-cyl., 116.5" wb, 120.5" wb						
4 dr Sed	200	500	850	1850	3350	4900
2 dr Sed	150	450	800	1750	3250	4700
Cpe	450	1100	1700	3650	6650	9500
Champion Regal, 6-cyl., 116.5" wb, 120.5" wb						
4 dr Sed	200	500	850	1950	3600	5100
Cpe	400	1200	2000	3950	7000	10,000
2 dr HdTp	400	1250	2100	4200	7400	10,500
Sta Wag	200	600	950	2150	3850	5500
Commander Custom, V-8, 116.5" wb						
4 dr Sed	200	550	900	2000	3600	5200
2 dr Sed	200	500	850	1950	3600	5100
Commander DeLuxe, V-8, 116.5" - 120.5" wb						
4 dr Sed	200	550	900	2100	3700	5300
2 dr Sed	200	550	900	2000	3600	5200
Cpe	400	1250	2100	4200	7400	10,500
Sta Wag	200	600	1000	2200	4000	5700
Commander Regal, V-8, 116.5" - 120.5" wb						
4 dr Sed	200	550	900	2150	3800	5400
Cpe	400	1300	2200	4400	7700	11,000
HdTp	450	1450	2400	4800	8400	12,000
Sta Wag	200	650	1050	2250	4200	6000
President DeLuxe, V-8, 120.5" wb						
4 dr Sed	200	650	1050	2250	4200	6000
President State, V-8, 120.5" wb						
4 dr Sed	200	675	1050	2250	4350	6200
Cpe	450	1450	2400	4800	8400	12,000
HdTp	550	1700	2800	5600	9800	14,000
Spds HdTp	600	1900	3200	6400	11,200	16,000

NOTE: Deduct $200. for Champion models in all series.

1956
	6	5	4	3	2	1
Champion, 6-cyl., 116.5" wb						
4 dr Sed	150	450	750	1700	3200	4600
2 dr S'net	150	400	750	1600	3100	4400

Studebaker   457

	6	5	4	3	2	1
2 dr Sed	150	400	750	1650	3150	4500
Flight Hawk, 6-cyl., 120.5" wb						
Cpe	450	1100	1700	3650	6650	9500
Champion Pelham, 6-cyl., 116.5" wb						
Sta Wag	200	600	950	2150	3850	5500
Commander, V-8, 116.5" wb						
4 dr Sed	200	550	900	2100	3700	5300
2 dr S'net	200	550	900	2000	3600	5200
2 dr Sed	200	550	900	2100	3700	5300
Power Hawk, V-8, 120.5" wb						
Cpe	400	1250	2100	4200	7400	10,500
Commander Parkview, V-8, 116.5" wb						
2 dr Sta Wag	200	600	950	2150	3850	5500
President, V-8, 116.5" wb						
4 dr Sed	200	600	950	2150	3850	5500
4 dr Classic	200	650	1000	2200	4100	5800
2 dr Sed	200	550	900	2150	3800	5400
Sky Hawk, V-8, 120.5" wb						
HdTp	500	1550	2600	5200	9100	13,000
President Pinehurst, V-8, 116.5" wb						
Sta Wag	200	675	1050	2250	4350	6200
Golden Hawk, V-8, 120.5" wb						
HdTp	700	2150	3600	7200	12,600	18,000
1957						
Champion Scotsman, 6-cyl., 116.5" wb						
4 dr Sed	150	400	750	1600	3100	4400
2 dr Sed	150	400	750	1600	3100	4400
Sta Wag	150	400	750	1650	3150	4500
Champion Custom, 6-cyl., 116.5" wb						
4 dr Sed	150	400	750	1650	3150	4500
2 dr Clb Sed	150	400	750	1650	3150	4500
Champion DeLuxe, 6-cyl., 116.5" wb						
4 dr Sed	150	450	750	1700	3200	4600
2 dr Clb Sed	150	400	750	1600	3100	4400
Silver Hawk, 6-cyl., 120.5" wb						
Cpe	350	800	1450	2750	5600	8000
Champion Pelham, 6-cyl., 116.5" wb						
Sta Wag	200	500	850	1900	3500	5000
Commander Custom, V-8, 116.5" wb						
4 dr Sed	150	450	750	1700	3200	4600
2 dr Clb Sed	150	400	750	1650	3150	4500
Commander DeLuxe, V-8, 116.5" wb						
4 dr Sed	200	500	850	1900	3500	5000
2 dr Clb Sed	150	450	800	1800	3300	4800
Commander Station Wagons, V-8, 116.5" wb						
Park	200	650	1000	2200	4100	5800
Prov	200	675	1050	2250	4350	6200
President, V-8, 116.5" wb						
4 dr Sed	200	650	1000	2200	4150	5900
4 dr Classic	200	650	1050	2250	4200	6000
2 dr Clb Sed	200	650	1000	2200	4100	5800
Silver Hawk, V-8, 120.5" wb						
Cpe	450	1450	2400	4800	8400	12,000
President Broadmoor, V-8, 116.5" wb						
4 dr Sta Wag	350	700	1150	2300	4550	6500
Golden Hawk, V-8, 120.5" wb						
Spt HdTp	700	2150	3600	7200	12,600	18,000
1958						
Champion Scotsman, 6-cyl., 116.5" wb						
4 dr Sed	150	350	750	1450	3000	4200
2 dr Sed	150	350	750	1450	2900	4100
Sta Wag	150	400	750	1550	3050	4300
Champion, 6-cyl., 116.5" wb						
4 dr Sed	150	400	750	1550	3050	4300
2 dr Sed	150	350	750	1450	3000	4200
Silver Hawk, 6-cyl., 120.5" wb						
Cpe	450	1000	1650	3350	6300	9000
Commander, V-8, 116.5" wb						
4 dr Sed	150	400	750	1600	3100	4400
HdTp	200	650	1050	2250	4200	6000
Sta Wag	150	450	800	1750	3250	4700
President, V-8, 120.5" & 116.5" wb						
4 dr Sed	150	450	800	1750	3250	4700
HdTp	200	675	1050	2250	4350	6200
Silver Hawk, V-8, 120.5" wb						
Cpe	450	1450	2400	4800	8400	12,000

Studebaker

Golden Hawk, V-8, 120.5" wb	6	5	4	3	2	1
Spt HdTp	600	1900	3200	6400	11,200	16,000

1959-1960
Lark DeLuxe, V-8, 108.5" wb

	6	5	4	3	2	1
4 dr Sed	150	400	750	1550	3050	4300
2 dr Sed	150	400	750	1600	3100	4400
4 dr Sta Wag (1960 only)	150	400	750	1600	3100	4400
2 dr Sta Wag	150	450	750	1700	3200	4600

Lark Regal, V-8, 108.5" wb

4 dr Sed	150	400	750	1650	3150	4500
HdTp	200	650	1050	2250	4200	6000
Conv (1960 only)	400	1300	2200	4400	7700	11,000
Sta Wag	150	450	800	1800	3300	4800

NOTE: Deduct 5 percent for 6 cyl. models.

Hawk, V-8, 120.5" wb

Spt Cpe	450	1450	2400	4800	8400	12,000

1961
Lark DeLuxe, V-8, 108.5" wb

4 dr Sed	150	400	750	1550	3050	4300
2 dr Sed	150	400	750	1600	3100	4400

Lark Regal, V-8, 108.5" wb

4 dr Sed	150	400	750	1650	3150	4500
HdTp	200	650	1050	2250	4200	6000
Conv	400	1300	2200	4400	7700	11,000

Lark Cruiser, V-8, 113" wb

4 dr Sed	150	450	800	1750	3250	4700

Station Wagons, V-8, 113" wb

4 dr DeL	150	400	750	1550	3050	4300
2 dr	150	400	750	1550	3050	4300
4 dr Reg	150	400	750	1600	3100	4400

Hawk, 8-cyl., 120.5" wb

Spt Cpe	500	1550	2600	5200	9100	13,000

NOTE: Deduct 5 percent for 6 cyl. models.
First year for 4-speed Hawks.

1962
Lark DeLuxe, V-8, 109" - 113" wb

4 dr Sed	150	400	750	1550	3050	4300
2 dr Sed	150	400	750	1550	3050	4300
Sta Wag	150	450	800	1800	3300	4800

Lark Regal, V-8, 109" - 113" wb

4 dr Sed	150	400	750	1550	3050	4300
2 dr HdTp	350	750	1200	2350	4900	7000
Conv	400	1200	2000	3950	7000	10,000
Sta Wag	200	500	850	1900	3500	5000

Lark Daytona, V-8, 109" wb

HdTp	350	800	1450	2750	5600	8000
Conv	400	1250	2100	4200	7400	10,500

Lark Cruiser, V-8, 113" wb

4 dr Sed	200	550	900	2100	3700	5300

Gran Turismo Hawk, V-8, 120.5" wb

HdTp	500	1550	2600	5200	9100	13,000

NOTE: Deduct 5 percent for 6 cyl. models.

1963
Lark Standard, V-8, 109" - 113" wb

4 dr Sed	150	400	750	1550	3050	4300
2 dr Sed	150	400	750	1550	3050	4300
Sta Wag	200	500	850	1900	3500	5000

Lark Regal, V-8, 109" - 113" wb

4 dr Sed	150	400	750	1550	3050	4300
2 dr Sed	150	400	750	1550	3050	4300
Sta Wag	200	550	900	2000	3600	5200

Lark Custom, V-8, 109" - 113" wb

4 dr Sed	150	400	750	1550	3050	4300
2 dr Sed	150	400	750	1600	3100	4400

Lark Daytona, V-8, 109" - 113" wb

2 dr HdTp	350	900	1550	3050	5900	8500
Conv	400	1250	2100	4200	7400	10,500
Sta Wag	350	700	1100	2300	4500	6400

Cruiser, V-8, 113" wb

4 dr Sed	350	700	1100	2300	4500	6400

Gran Turismo Hawk, V-8, 120.5" wb

2 dr HdTp	550	1700	2800	5600	9800	14,000

NOTE: Deduct 5 percent for 6 cyl.
Add 10 percent for R1 engine option.
Add 20 percent for R2 engine option.
Add 30 percent for R3 engine option.

1964
Challenger V-8, 109" - 113" wb

	6	5	4	3	2	1
4 dr Sed	150	400	750	1600	3100	4400
2 dr Sed	150	400	750	1650	3150	4500
Sta Wag	150	450	800	1750	3250	4700

Commander, V-8, 109" - 113" wb

4 dr Sed	150	450	750	1700	3200	4600
2 dr Sed	150	450	800	1750	3250	4700
Sta Wag	200	500	850	1900	3500	5000

Daytona, V-8, 109" - 113" wb

4 dr Sed	200	500	850	1900	3500	5000
HdTp	450	1000	1650	3350	6300	9000
Conv	400	1250	2100	4200	7400	10,500
Sta Wag	350	700	1150	2300	4550	6500

Cruiser, V-8, 113" wb

4 dr Sed	350	700	1150	2300	4550	6500

Gran Turismo Hawk, V-8, 120.5" wb

HdTp	550	1700	2800	5600	9800	14,000

NOTE: Deduct 5 percent for 6 cyl. models.
Add 10 percent for R1 engine option.
Add 20 percent for R2 engine option.
Add 30 percent for R3 engine option.

1965
Commander, V-8, 109" - 113" wb

4 dr Sed	150	450	800	1750	3250	4700
2 dr Sed	150	450	800	1800	3300	4800
Sta Wag	200	500	850	1850	3350	4900

Daytona, V-8, 109" - 113" wb

Spt Sed	200	500	850	1950	3600	5100
Sta Wag	200	550	900	2150	3800	5400

Cruiser, V-8, 113" wb

4 dr Sed	200	600	1000	2200	4000	5700

NOTE: Deduct 10 percent for 6 cyl. models.

1966
Commander, V-8, 109" wb

4 dr Sed	150	450	800	1800	3300	4800
2 dr Sed	200	500	850	1850	3350	4900

Daytona, V-8, 109" - 113" wb

2 dr Spt Sed	200	600	950	2200	3900	5600

Cruiser, V-8, 113" wb

4 dr Sed	200	600	1000	2200	4000	5700

Wagonaire, V-8, 113" wb

Sta Wag	200	650	1000	2200	4100	5800

AVANTI

1963
Avanti, V-8, 109" wb

2 dr Spt Cpe	750	2400	4000	8000	14,000	20,000

NOTE: Add 20 percent for R2 engine option.

1964
Avanti, V-8, 109" wb

2 dr Spt Cpe	700	2300	3800	7600	13,300	19,000

NOTE: Add 20 percent for R2 engine option.
Add 60 percent for R3 engine option.

AVANTI II

Avanti II, V-8, 109" wb
2 dr Spt Cpe

1965 - 5 Prototypes Made	900	2900	4800	9600	16,800	24,000
1966	750	2400	4000	8000	14,000	20,000
1967	750	2400	4000	8000	14,000	20,000
1968	750	2400	4000	8000	14,000	20,000
1969	750	2400	4000	8000	14,000	20,000
1970	750	2400	4000	8000	14,000	20,000
1971	750	2400	4000	8000	14,000	20,000
1972	750	2400	4000	8000	14,000	20,000

460   Avanti

	6	5	4	3	2	1
1973	750	2400	4000	8000	14,000	20,000
1974	750	2400	4000	8000	14,000	20,000
1975	850	2650	4400	8800	15,400	22,000
1976	800	2500	4200	8400	14,700	21,000

NOTE: Add 5 percent for leather upholstery.
  Add 5 percent for sun roof.
  Add 6 percent for wire wheels.

1977	700	2300	3800	7600	13,300	19,000
1978	700	2300	3800	7600	13,300	19,000
1979	800	2500	4200	8400	14,700	21,000
1980	800	2500	4200	8400	14,700	21,000
1981	850	2650	4400	8800	15,400	22,000

AVANTI

Avanti, V-8, 109" wb
1982 2 dr Spt Cpe	850	2750	4600	9200	16,100	23,000
1983 2 dr Spt Cpe	850	2750	4600	9200	16,100	23,000
1984 2 dr Spt Cpe	850	2750	4600	9200	16,100	23,000

STUTZ

1912
Series A, 4-cyl., 50 hp, 120" wb
2P Rds	2700	8650	14,400	28,800	50,400	72,000
4P Toy Ton	2650	8400	14,000	28,000	49,000	70,000
5P Tr	2650	8400	14,000	28,000	49,000	70,000
2P Bearcat	5250	16,800	28,000	56,000	98,000	140,000
4P Cpe	1900	6000	10,000	20,000	35,000	50,000

Series A, 6-cyl., 60 hp, 124" wb
Touring - 6P (130" wb)
6P Tr	2500	7900	13,200	26,400	46,200	66,000
4P Toy Ton	2400	7700	12,800	25,600	44,800	64,000
2P Bearcat	5650	18,000	30,000	60,000	105,000	150,000

1913
Series B, 4-cyl., 50 hp, 120" wb
2P Rds	2700	8650	14,400	28,800	50,400	72,000
4P Toy Ton	2650	8400	14,000	28,000	49,000	70,000
4P Tr (124" wb)	2650	8400	14,000	28,000	49,000	70,000
2P Bearcat	5250	16,800	28,000	56,000	98,000	140,000
6P Tr (124" wb)	2800	8900	14,800	29,600	51,800	74,000

Series B, 6-cyl., 60 hp, 124" wb
2P Bearcat	5650	18,000	30,000	60,000	105,000	150,000
4P Toy Ton	2650	8400	14,000	28,000	49,000	70,000
6P Tr (130" wb)	2850	9100	15,200	30,400	53,200	76,000

1914
Model 4E, 4-cyl., 50 hp, 120" wb
2P Rds	2650	8400	14,000	28,000	49,000	70,000
Bearcat	5450	17,400	29,000	58,000	101,500	145,000
5P Tr	2650	8400	14,000	28,000	49,000	70,000

Model 6E, 6-cyl., 55 hp, 130" wb
2P Rds	2850	9100	15,200	30,400	53,200	76,000
6P Tr	2850	9100	15,200	30,400	53,200	76,000

1915
Model H.C.S., 4-cyl., 23 hp, 108" wb
2P Rds	1900	6000	10,000	20,000	35,000	50,000

Model 4F, 4-cyl., 36.1 hp, 120" wb
2P Rds	2250	7200	12,000	24,000	42,000	60,000
Bearcat	5100	16,300	27,200	54,400	95,200	136,000
Cpe	1200	3850	6400	12,800	22,400	32,000
Bulldog	2200	6950	11,600	23,200	40,600	58,000
5P Tr	2350	7450	12,400	24,800	43,400	62,000
5P Sed	1100	3500	5800	11,600	20,300	29,000

Model 6F, 6-cyl., 38.4 hp, 130" wb
2P Rds	2400	7700	12,800	25,600	44,800	64,000
Bearcat	5250	16,800	28,000	56,000	98,000	140,000
Cpe	1300	4200	7000	14,000	24,500	35,000
5P Tr	2500	7900	13,200	26,400	46,200	66,000

	6	5	4	3	2	1
6P Tr	2500	7900	13,200	26,400	46,200	66,000
5P Sed	1150	3600	6000	12,000	21,000	30,000

1916
Model C, 4-cyl., 36.1 hp, 120" wb

	6	5	4	3	2	1
2P Rds	2250	7200	12,000	24,000	42,000	60,000
Bearcat	4900	15,600	26,000	52,000	91,000	130,000
Bulldog	2500	7900	13,200	26,400	46,200	66,000
Sed	1100	3500	5800	11,600	20,300	29,000

Bulldog Special, 4-cyl., 36.1 hp, 130" wb

	6	5	4	3	2	1
4P Tr	2500	7900	13,200	26,400	46,200	66,000
5P Tr	2550	8150	13,600	27,200	47,600	68,000

1917
Series R, 4-cyl., 80 hp, 130" wb

	6	5	4	3	2	1
2P Rds	2650	8400	14,000	28,000	49,000	70,000
4P Bulldog Spec	2500	7900	13,200	26,400	46,200	66,000
6P Bulldog Spec	2550	8150	13,600	27,200	47,600	68,000
Bearcat (120" wb)	5100	16,300	27,200	54,400	95,200	136,000

1918
Series S, 4-cyl., 80 hp, 130" wb

	6	5	4	3	2	1
2P Rds	2650	8400	14,000	28,000	49,000	70,000
4P Bulldog Spec	2500	7900	13,200	26,400	46,200	66,000
6P Bulldog Spec	2550	8150	13,600	27,200	47,600	68,000
Bearcat (120" wb)	5100	16,300	27,200	54,400	95,200	136,000

1919
Series G, 4-cyl., 80 hp, 130" wb

	6	5	4	3	2	1
6P Tr	2700	8650	14,400	28,800	50,400	72,000
2P Rds	2500	7900	13,200	26,400	46,200	66,000
4P C.C. Tr	2700	8650	14,400	28,800	50,400	72,000
Bearcat (120" wb)	5100	16,300	27,200	54,400	95,200	136,000

1920
Series H, 4-cyl., 80 hp, 130" wb

	6	5	4	3	2	1
2P Bearcat (120" wb)	5100	16,300	27,200	54,400	95,200	136,000
2P Rds	2650	8400	14,000	28,000	49,000	70,000
4P/5P Tr	2700	8650	14,400	28,800	50,400	72,000
6P/7P Tr	2800	8900	14,800	29,600	51,800	74,000

1921
Series K, 4-cyl., 80 hp, 130" wb

	6	5	4	3	2	1
2P Bearcat (120" wb)	5100	16,300	27,200	54,400	95,200	136,000
2P Rds	3400	10,800	18,000	36,000	63,000	90,000
4P Tr	2700	8650	14,400	28,800	50,400	72,000
6P Tr	2700	8650	14,400	28,800	50,400	72,000
4P Cpe	1500	4800	8000	16,000	28,000	40,000

1922
Series K, 4-cyl., 80 hp, 130" wb

	6	5	4	3	2	1
3P Cpe	1500	4800	8000	16,000	28,000	40,000
2P Rds	2650	8400	14,000	28,000	49,000	70,000
Bearcat (120" wb)	5100	16,300	27,200	54,400	95,200	136,000
6P Tr	2700	8650	14,400	28,800	50,400	72,000
4P Spt	2850	9100	15,200	30,400	53,200	76,000

1923
Special Six, 70 hp, 120" wb

	6	5	4	3	2	1
5P Sed	1300	4200	7000	14,000	24,500	35,000
5P Tr	2700	8650	14,400	28,800	50,400	72,000
Rds	2700	8650	14,400	28,800	50,400	72,000

Speedway Four, 88 hp, 130" wb

	6	5	4	3	2	1
6P Tr	2850	9100	15,200	30,400	53,200	76,000
Sportster	3000	9600	16,000	32,000	56,000	80,000
4P Cpe	1500	4800	8000	16,000	28,000	40,000
Sportsedan	1400	4450	7400	14,800	25,900	37,000
Rds	2650	8400	14,000	28,000	49,000	70,000
Bearcat	5250	16,800	28,000	56,000	98,000	140,000
Calif Tr	2950	9350	15,600	31,200	54,600	78,000
Calif Sptstr	2950	9350	15,600	31,200	54,600	78,000

1924
Special Six, 70 hp, 120" wb

	6	5	4	3	2	1
5P Phae	2550	8150	13,600	27,200	47,600	68,000
Tourabout	2550	8150	13,600	27,200	47,600	68,000
2P Rds	2650	8400	14,000	28,000	49,000	70,000
Palanquin	2550	8150	13,600	27,200	47,600	68,000
5P Sed	1200	3850	6400	12,800	22,400	32,000

Speedway Four, 4-cyl., 88 hp, 130" wb

	6	5	4	3	2	1
2P Rds	2650	8400	14,000	28,000	49,000	70,000
2P Bearcat	5100	16,300	27,200	54,400	95,200	136,000
6P Tr	2700	8650	14,400	28,800	50,400	72,000

Stutz

	6	5	4	3	2	1
4P Cpe	1500	4800	8000	16,000	28,000	40,000

1925
Models 693-694, 6-cyl., 70 hp, 120" wb

	6	5	4	3	2	1
5P Phae	2500	7900	13,200	26,400	46,200	66,000
5P Tourabout	2550	8150	13,600	27,200	47,600	68,000
2P Rds	2500	7900	13,200	26,400	46,200	66,000
4P Cpe	1450	4550	7600	15,200	26,600	38,000
5P Sed	1200	3850	6400	12,800	22,400	32,000

Model 695, 6-cyl., 80 hp, 130" wb

	6	5	4	3	2	1
7P Tourster	2550	8150	13,600	27,200	47,600	68,000
5P Sportster	2550	8150	13,600	27,200	47,600	68,000
7P Sub	1700	5400	9000	18,000	31,500	45,000
Sportbrohm	1650	5300	8800	17,600	30,800	44,000
7P Berline	1750	5500	9200	18,400	32,200	46,000

1926
Vertical Eight, AA, 92 hp, 131" wb

	6	5	4	3	2	1
4P Spds	5100	16,300	27,200	54,400	95,200	136,000
5P Spds	5100	16,300	27,200	54,400	95,200	136,000
4P Vic Cpe	2050	6600	11,000	22,000	38,500	55,000
5P Brgm	1850	5900	9800	19,600	34,300	49,000
5P Sed	1500	4800	8000	16,000	28,000	40,000

1927
Vertical Eight, AA, 92 hp, 131" wb

	6	5	4	3	2	1
4P Spds	5100	16,300	27,200	54,400	95,200	136,000
5P Spds	5100	16,300	27,200	54,400	95,200	136,000
2P Cpe	1900	6000	10,000	20,000	35,000	50,000
4P Cpe	1900	6000	10,000	20,000	35,000	50,000
5P Brgm	1850	5900	9800	19,600	34,300	49,000
5P Sed	1500	4800	8000	16,000	28,000	40,000
7P Berline	1850	5900	9800	19,600	34,300	49,000
7P Sed	1600	5050	8400	16,800	29,400	42,000

1928
Series BB, 8-cyl., 115 hp, 131 & 135" wb

	6	5	4	3	2	1
2P Spds	5100	16,300	27,200	54,400	95,200	136,000
4P Spds	5100	16,300	27,200	54,400	95,200	136,000
5P Spds	5250	16,800	28,000	56,000	98,000	140,000
7P Spds	5200	16,550	27,600	55,200	96,600	138,000
2P Black Hawk Spds	5450	17,400	29,000	58,000	101,500	145,000
4P Black Hawk Spds	5450	17,400	29,000	58,000	101,500	145,000
4P Vic Cpe	2050	6600	11,000	22,000	38,500	55,000
2P Cpe	1950	6250	10,400	20,800	36,400	52,000
5P Sed	1500	4800	8000	16,000	28,000	40,000
5P Brgm	1550	4900	8200	16,400	28,700	41,000
2P Cabr Cpe	3400	10,800	18,000	36,000	63,000	90,000
7P Sed	1600	5050	8400	16,800	29,400	42,000
7P Sed Limo	2250	7200	12,000	24,000	42,000	60,000
4P Deauville	2350	7450	12,400	24,800	43,400	62,000
5P Chantilly Sed	2350	7450	12,400	24,800	43,400	62,000
4P Monaco Cpe	2500	7900	13,200	26,400	46,200	66,000
5P Riv Sed	2500	7900	13,200	26,400	46,200	66,000
7P Biarritz Sed	2500	7900	13,200	26,400	46,200	66,000
5P Chamonix Sed	2550	8150	13,600	27,200	47,600	68,000
7P Fontainbleau	2550	8150	13,600	27,200	47,600	68,000
5P Aix Les Bains	2550	8150	13,600	27,200	47,600	68,000
7P Versailles	2650	8400	14,000	28,000	49,000	70,000
5P Prince of Wales	2650	8400	14,000	28,000	49,000	70,000
8P Prince of Wales	2700	8650	14,400	28,800	50,400	72,000
Transformable Twn Car	2850	9100	15,200	30,400	53,200	76,000

1929
Model M, 8-cyl., 115 hp, 134-1/2" wb

	6	5	4	3	2	1
4P Spds	5100	16,300	27,200	54,400	95,200	136,000
7P Spds	5200	16,550	27,600	55,200	96,600	138,000
2P Speed Car	5250	16,800	28,000	56,000	98,000	140,000
5P Cpe	1950	6250	10,400	20,800	36,400	52,000
4P Cpe	1950	6250	10,400	20,800	36,400	52,000
2P Cabr	3600	11,500	19,200	38,400	67,200	96,000
5P Sed	1600	5050	8400	16,800	29,400	42,000
7P Sed	1600	5150	8600	17,200	30,100	43,000
5P Chantilly Sed	2350	7450	12,400	24,800	43,400	62,000
5P Monaco Cpe	2500	7900	13,200	26,400	46,200	66,000
5P Deauville	2350	7450	12,400	24,800	43,400	62,000
7P Limo	2350	7450	12,400	24,800	43,400	62,000
5P Sed	1900	6000	10,000	20,000	35,000	50,000
2P Cabr	3850	12,250	20,400	40,800	71,400	102,000
5P Biarritz	2500	7900	13,200	26,400	46,200	66,000

Stutz 463

	6	5	4	3	2	1
7P Fontainbleau	2550	8150	13,600	27,200	47,600	68,000
7P Aix Les Baines	2550	8150	13,600	27,200	47,600	68,000
5P Sed	2050	6600	11,000	22,000	38,500	55,000
5P Limo	2500	7900	13,200	26,400	46,200	66,000
6P Brgm	2500	7900	13,200	26,400	46,200	66,000
Brgm Limo	2550	8150	13,600	27,200	47,600	68,000
6P Sed	2050	6500	10,800	21,600	37,800	54,000
6P Sed Limo	2550	8150	13,600	27,200	47,600	68,000
7P Sed Limo	2550	8150	13,600	27,200	47,600	68,000
5P Transformable Cabr	3250	10,300	17,200	34,400	60,200	86,000
7P Trans Twn Car	3250	10,300	17,200	34,400	60,200	86,000
5P Trans Twn Car	3300	10,550	17,600	35,200	61,600	88,000

1930
Model MA, 8-cyl., 115 hp, 134-1/2" wb

	6	5	4	3	2	1
2P Spds	5100	16,300	27,200	54,400	95,200	136,000
4P Spds	5100	16,300	27,200	54,400	95,200	136,000
2P Cpe	2050	6600	11,000	22,000	38,500	55,000
5P Cpe	2050	6600	11,000	22,000	38,500	55,000
Sed	1500	4800	8000	16,000	28,000	40,000
Cabr	3400	10,800	18,000	36,000	63,000	90,000
Longchamps	2500	7900	13,200	26,400	46,200	66,000
Versailles	2500	7900	13,200	26,400	46,200	66,000
Torpedo	2650	8400	14,000	28,000	49,000	70,000

Model MB, 8-cyl., 115 hp, 145" wb

	6	5	4	3	2	1
4P Spds	5250	16,800	28,000	56,000	98,000	140,000
7P Spds	5250	16,800	28,000	56,000	98,000	140,000
5P Sed	1600	5150	8600	17,200	30,100	43,000
7P Sed	1650	5300	8800	17,600	30,800	44,000
7P Limo	1900	6000	10,000	20,000	35,000	50,000
5P Sed	1750	5500	9200	18,400	32,200	46,000
Cabr	3450	11,050	18,400	36,800	64,400	92,000
Chaumont	2650	8400	14,000	28,000	49,000	70,000
Monte Carlo	2650	8400	14,000	28,000	49,000	70,000
5P Sed	2250	7200	12,000	24,000	42,000	60,000
5P Limo	2350	7450	12,400	24,800	43,400	62,000
Brgm	2250	7200	12,000	24,000	42,000	60,000
Brgm Limo	2500	7900	13,200	26,400	46,200	66,000
6P Sed	2250	7200	12,000	24,000	42,000	60,000
6P Sed Limo	2500	7900	13,200	26,400	46,200	66,000
7P Sed Limo	2550	8150	13,600	27,200	47,600	68,000
Transformable Cabr	3250	10,300	17,200	34,400	60,200	86,000
Transformable Twn Car	3250	10,300	17,200	34,400	60,200	86,000
Transformable Tr Cabr	3400	10,800	18,000	36,000	63,000	90,000

1931
Model LA, 6-cyl., 85 hp, 127-1/2" wb

	6	5	4	3	2	1
4P Spds	4750	15,100	25,200	50,400	88,200	126,000
5P Cpe	1700	5400	9000	18,000	31,500	45,000
Sed	1450	4550	7600	15,200	26,600	38,000
4P Cpe	1750	5500	9200	18,400	32,200	46,000
Cabr Cpe	3000	9600	16,000	32,000	56,000	80,000

Model MA, 8-cyl., 115 hp, 134-1/2" wb

	6	5	4	3	2	1
4P Spds	4900	15,600	26,000	52,000	91,000	130,000
Torp	3450	11,050	18,400	36,800	64,400	92,000
4P Spds	5100	16,300	27,200	54,400	95,200	136,000
5P Cpe	1900	6000	10,000	20,000	35,000	50,000
4P Cpe	1900	6100	10,200	20,400	35,700	51,000
Cabr Cpe	3000	9600	16,000	32,000	56,000	80,000
Sed	1600	5050	8400	16,800	29,400	42,000
Longchamps	2050	6500	10,800	21,600	37,800	54,000
Versailles	2050	6500	10,800	21,600	37,800	54,000

Model MB, 8-cyl., 115 hp, 145" wb

	6	5	4	3	2	1
7P Spds	5100	16,300	27,200	54,400	95,200	136,000
5P Sed	1850	5900	9800	19,600	34,300	49,000
7P Sed	1900	6000	10,000	20,000	35,000	50,000
Limo	2250	7200	12,000	24,000	42,000	60,000
Cabr Cpe	3600	11,500	19,200	38,400	67,200	96,000
Conv Sed	4750	15,100	25,200	50,400	88,200	126,000
Chaumont	3600	11,500	19,200	38,400	67,200	96,000
Monte Carlo	3600	11,500	19,200	38,400	67,200	96,000
5P Sed	2250	7200	12,000	24,000	42,000	60,000
Brgm	2350	7450	12,400	24,800	43,400	62,000
7P Sed	2500	7900	13,200	26,400	46,200	66,000
Brgm Limo	2550	8150	13,600	27,200	47,600	68,000
6/7P Sed Limo	2650	8400	14,000	28,000	49,000	70,000
Transformable Cabr	3400	10,800	18,000	36,000	63,000	90,000
Transformable Twn Car	3250	10,300	17,200	34,400	60,200	86,000

	6	5	4	3	2	1
Transformable Twn Cabr	3400	10,800	18,000	36,000	63,000	90,000

1932
Model LAA, 6-cyl., 85 hp, 127-1/2" wb

	6	5	4	3	2	1
Sed	1500	4800	8000	16,000	28,000	40,000
5P Cpe	2050	6600	11,000	22,000	38,500	55,000
4P Cpe	2050	6600	11,000	22,000	38,500	55,000
Club Sed	1700	5400	9000	18,000	31,500	45,000

Model SV-16, 8-cyl., 115 hp, 134-1/2" wb

	6	5	4	3	2	1
4P Spds	4900	15,600	26,000	52,000	91,000	130,000
Torp	3250	10,300	17,200	34,400	60,200	86,000
5P Cpe	1900	6000	10,000	20,000	35,000	50,000
5P Sed	1700	5400	9000	18,000	31,500	45,000
4P Cpe	2050	6600	11,000	22,000	38,500	55,000
Club Sed	1750	5650	9400	18,800	32,900	47,000
Cabr Cpe	3250	10,300	17,200	34,400	60,200	86,000
Longchamps	2050	6600	11,000	22,000	38,500	55,000
Versailles	2050	6600	11,000	22,000	38,500	55,000
6P Sed	1950	6250	10,400	20,800	36,400	52,000
Cont Cpe	2550	8150	13,600	27,200	47,600	68,000

Model SV-16, 8 cyl., 115 hp, 145" wb

	6	5	4	3	2	1
7P Spds	5450	17,400	29,000	58,000	101,500	145,000
7P Sed	3000	9600	16,000	32,000	56,000	80,000
5P Sed	2850	9100	15,200	30,400	53,200	76,000
Limo	3250	10,300	17,200	34,400	60,200	86,000
Conv Sed	4750	15,100	25,200	50,400	88,200	126,000
6P Sed	3100	9850	16,400	32,800	57,400	82,000
Chaumont	3600	11,500	19,200	38,400	67,200	96,000
Brgm	3250	10,300	17,200	34,400	60,200	86,000
Monte Carlo	3300	10,550	17,600	35,200	61,600	88,000
Brgm Limo	3400	10,800	18,000	36,000	63,000	90,000
7P Sed Limo	3400	10,800	18,000	36,000	63,000	90,000
6P Sed Limo	3400	10,800	18,000	36,000	63,000	90,000
Transformable Cabr	3600	11,500	19,200	38,400	67,200	96,000
Monte Carlo	3700	11,750	19,600	39,200	68,600	98,000
Prince of Wales	3700	11,750	19,600	39,200	68,600	98,000
Conv Vic	4150	13,200	22,000	44,000	77,000	110,000
Spt Sed	3250	10,300	17,200	34,400	60,200	86,000
Tuxedo Cabr	5100	16,300	27,200	54,400	95,200	136,000
Patrician Cpe	3400	10,800	18,000	36,000	63,000	90,000
Transformable Twn Car	5250	16,800	28,000	56,000	98,000	140,000

Model DV-32, 8-cyl., 156 hp, 134-1/2" wb

	6	5	4	3	2	1
Bearcat	6750	21,600	36,000	72,000	126,000	180,000

NOTE: All other models same as SV-16, with prices $1000 more than SV-16.

Model DV-32, 8-cyl., 156 hp, 145" wb
NOTE: All models same as SV-16, with prices $1000 more than SV-16.

Model DV-32, 8-cyl., 156 hp, 116" wb

	6	5	4	3	2	1
Super Bearcat	6750	21,600	36,000	72,000	126,000	180,000

1933
Model LAA, 6-cyl., 85 hp, 127-1/2" wb

	6	5	4	3	2	1
5P Sed	1600	5050	8400	16,800	29,400	42,000
5P Cpe	1900	6000	10,000	20,000	35,000	50,000
4P Cpe	1900	6100	10,200	20,400	35,700	51,000
5P Club Sed	1700	5400	9000	18,000	31,500	45,000
4P Cabr Cpe	2850	9100	15,200	30,400	53,200	76,000

Model SV-16, 8-cyl., 115 hp, 134-1/2" wb

	6	5	4	3	2	1
4P Spds	4150	13,200	22,000	44,000	77,000	110,000
2P Torp	3000	9600	16,000	32,000	56,000	80,000
4P Spds	4500	14,400	24,000	48,000	84,000	120,000
5P Cpe	2150	6850	11,400	22,800	39,900	57,000
5P Sed	1700	5400	9000	18,000	31,500	45,000
4P Cpe	2200	6950	11,600	23,200	40,600	58,000
5P Club Sed	1750	5650	9400	18,800	32,900	47,000
4P Cabr Cpe	3000	9600	16,000	32,000	56,000	80,000
5P Versailles	2500	7900	13,200	26,400	46,200	66,000

Model SV-16, 8-cyl., 115 hp, 145" wb

	6	5	4	3	2	1
4P Spds	5250	16,800	28,000	56,000	98,000	140,000
5P Sed	2050	6600	11,000	22,000	38,500	55,000
7P Sed	2150	6850	11,400	22,800	39,900	57,000
7P Limo	2500	7900	13,200	26,400	46,200	66,000
4P Cabr Cpe	3600	11,500	19,200	38,400	67,200	96,000
5P Conv Sed	4900	15,600	26,000	52,000	91,000	130,000
6P Sed	2550	8150	13,600	27,200	47,600	68,000
5P Chaumont	2650	8400	14,000	28,000	49,000	70,000
6P Brgm	2650	8400	14,000	28,000	49,000	70,000
6P Sed	2550	8150	13,600	27,200	47,600	68,000
5P Monte Carlo	2700	8650	14,400	28,800	50,400	72,000

		6	5	4	3	2	1
6P Brgm Limo		3250	10,300	17,200	34,400	60,200	86,000
6P Sed Limo		3000	9600	16,000	32,000	56,000	80,000
7P Twn Car		3400	10,800	18,000	36,000	63,000	90,000
5P Monte Carlo		3400	10,800	18,000	36,000	63,000	90,000

Series DV-32, 8-cyl., 156" wb
NOTE: Same models as the SV-16 on the two chassis, with prices $700 more. Bearcat and Super Bearcat continued from 1932.

1934
Model SV-16, 8-cyl., 115 hp, 134-1/2" wb
Spds	4500	14,400	24,000	48,000	84,000	120,000
Spds	4500	14,400	24,000	48,000	84,000	120,000
Torp	4150	13,200	22,000	44,000	77,000	110,000
4P Cpe	1900	6000	10,000	20,000	35,000	50,000
Conv Cpe	3250	10,300	17,200	34,400	60,200	86,000
Club Sed	2250	7200	12,000	24,000	42,000	60,000
5P Sed	2050	6600	11,000	22,000	38,500	55,000
5P Cpe	2250	7200	12,000	24,000	42,000	60,000
Versailles	2250	7200	12,000	24,000	42,000	60,000

Model SV-16, 8-cyl., 115 hp, 145" wb
Conv Cpe	3400	10,800	18,000	36,000	63,000	90,000
7P Sed	2200	7100	11,800	23,600	41,300	59,000
Limo	2350	7450	12,400	24,800	43,400	62,000
Chaumont	2350	7450	12,400	24,800	43,400	62,000
Monte Carlo	2400	7700	12,800	25,600	44,800	64,000

Model DV-32, 8-cyl., 156 hp, 134-1/2" wb
Spds	4900	15,600	26,000	52,000	91,000	130,000
Spds	4950	15,850	26,400	52,800	92,400	132,000
Torp	4800	15,350	25,600	51,200	89,600	128,000
4P Cpe	2250	7200	12,000	24,000	42,000	60,000
Conv Cpe	4750	15,100	25,200	50,400	88,200	126,000
Club Sed	2200	7100	11,800	23,600	41,300	59,000
5P Sed	2200	6950	11,600	23,200	40,600	58,000
5P Cpe	2350	7450	12,400	24,800	43,400	62,000
Versailles	2500	7900	13,200	26,400	46,200	66,000

Model DV-32, 8-cyl., 156 hp, 145" wb
Conv Cpe	4500	14,400	24,000	48,000	84,000	120,000
7P Sed	2250	7200	12,000	24,000	42,000	60,000
Limo	2650	8400	14,000	28,000	49,000	70,000
Chaumont	2650	8400	14,000	28,000	49,000	70,000
Monte Carlo	2700	8650	14,400	28,800	50,400	72,000

1935
Model SV-16, 8-cyl., 134 & 145" wb
2P Spds	3300	10,550	17,600	35,200	61,600	88,000
2P Cpe	1950	6250	10,400	20,800	36,400	52,000
5P Sed	1600	5050	8400	16,800	29,400	42,000
7P Sed	1800	5750	9600	19,200	33,600	48,000

Model DV-32, 8-cyl., 134 & 145" wb
2P Spds	3400	10,800	18,000	36,000	63,000	90,000
2/4P Cpe	2050	6600	11,000	22,000	38,500	55,000
5P Sed	1600	5050	8400	16,800	29,400	42,000
7P Limo	2050	6600	11,000	22,000	38,500	55,000

TERRAPLANE

1933
Six, 6-cyl., 106" wb
Rds	1050	3350	5600	11,200	19,600	28,000
Phae	1100	3500	5800	11,600	20,300	29,000
2P Cpe	450	1000	1600	3300	6250	8900
RS Cpe	450	1050	1700	3600	6600	9400
2 dr Sed	350	900	1550	3000	5850	8400
Sed	350	900	1550	3100	6000	8600

Special Six, 6-cyl., 113" wb
Spt Rds	1100	3500	5800	11,600	20,300	29,000
Phae	1150	3600	6000	12,000	21,000	30,000
Conv	1000	3250	5400	10,800	18,900	27,000
Bus Cpe	450	1050	1700	3550	6500	9300
RS Cpe	450	1100	1800	3700	6700	9600
2 dr Sed	350	900	1550	3100	6000	8600
Sed	450	950	1600	3250	6150	8800

DeLuxe Six, 6-cyl., 113" wb
Conv	1050	3350	5600	11,200	19,600	28,000
2P Cpe	450	1100	1700	3650	6650	9500

	6	5	4	3	2	1
RS Cpe	450	1150	1900	3900	6900	9900
2 dr Sed	350	950	1600	3200	6050	8700
Sed	450	1000	1600	3300	6250	8900
Terraplane, 8-cyl.						
2P Rds	1100	3500	5800	11,600	20,300	29,000
RS Rds	1150	3600	6000	12,000	21,000	30,000
2P Cpe	450	1150	1900	3850	6850	9800
RS Cpe	400	1300	2200	4400	7700	11,000
Conv	1000	3250	5400	10,800	18,900	27,000
2 dr Sed	450	1150	1900	3850	6850	9800
Sed	400	1200	2000	3950	7000	10,000
Terraplane DeLuxe Eight, 8-cyl.						
Conv	1100	3500	5800	11,600	20,300	29,000
2P Cpe	400	1200	2000	3950	7000	10,000
RS Cpe	450	1400	2300	4600	8100	11,500
2 dr Sed	450	1150	1900	3850	6850	9800
Sed	400	1200	2000	3950	7000	10,000
1934						
Terraplane Challenger KS, 6-cyl., 112" wb						
2P Cpe	350	900	1550	3000	5850	8400
RS Cpe	450	1050	1700	3600	6600	9400
2 dr Sed	350	750	1350	2600	5400	7700
Sed	350	800	1450	2750	5600	8000
Major Line KU, 6-cyl.						
2P Cpe	350	900	1550	3050	5900	8500
RS Cpe	450	1100	1700	3650	6650	9500
Conv	1050	3350	5600	11,200	19,600	28,000
Comp Vic	350	900	1550	3050	5900	8500
2 dr Sed	350	750	1200	2350	4900	7000
Sed	350	850	1500	2800	5650	8100
Comp Sed	350	850	1500	2950	5800	8300
Special Line K, 8-cyl.						
2P Cpe	450	950	1600	3250	6150	8800
RS Cpe	400	1200	2000	3950	7000	10,000
Conv	1100	3500	5800	11,600	20,300	29,000
Comp Vic	350	900	1550	3100	6000	8600
2 dr Sed	350	800	1450	2750	5600	8000
Sed	350	850	1500	2800	5650	8100
Comp Sed	350	850	1500	2950	5800	8300
1935						
Special G, 6-cyl.						
2P Cpe	350	900	1550	3000	5850	8400
RS Cpe	350	950	1600	3200	6050	8700
Tr Brgm	350	850	1500	2900	5700	8200
2 dr Sed	350	850	1500	2800	5650	8100
Sed	350	850	1500	2900	5700	8200
Sub Sed	350	850	1500	2950	5800	8300
DeLuxe GU, 6-cyl., Big Six						
2P Cpe	350	900	1550	3050	5900	8500
RS Cpe	450	1000	1650	3350	6300	9000
Conv	1000	3100	5200	10,400	18,200	26,000
Tr Brgm	350	900	1550	3100	6000	8600
2 dr Sed	350	900	1550	3000	5850	8400
Sed	350	900	1550	3050	5900	8500
Sub Sed	350	950	1600	3200	6050	8700
1936						
DeLuxe 61, 6-cyl.						
Conv	1000	3100	5200	10,400	18,200	26,000
2P Cpe	350	800	1450	2750	5600	8000
RS Cpe	450	1000	1600	3300	6250	8900
Brgm	350	750	1300	2500	5300	7600
Tr Brgm	350	800	1350	2700	5500	7900
Sed	350	750	1350	2600	5400	7700
Tr Sed	350	750	1350	2650	5450	7800
Custom 62, 6-cyl.						
Conv	1000	3250	5400	10,800	18,900	27,000
2P Cpe	350	900	1550	3100	6000	8600
RS Cpe	400	1200	2000	3950	7000	10,000
Brgm	350	900	1550	3000	5850	8400
Tr Brgm	350	900	1550	3100	6000	8600
Sed	350	900	1550	3000	5850	8400
Tr Sed	350	900	1550	3050	5900	8500
1937						
DeLuxe 71, 6-cyl.						
Bus Cpe	350	800	1450	2750	5600	8000

	6	5	4	3	2	1
3P Cpe	350	850	1500	2800	5650	8100
Vic Cpe	350	900	1550	3000	5850	8400
Conv	950	3000	5000	10,000	17,500	25,000
Brgm	350	800	1450	2750	5600	8000

1938
Terraplane Utility Series 80, 6-cyl., 117" wb
3P Cpe	350	750	1300	2400	5200	7400
2 dr Sed	350	750	1250	2350	5000	7100
Twn Sed	350	750	1250	2400	5050	7200
Sed	350	750	1250	2350	5000	7100
Tr Sed	350	750	1250	2400	5050	7200
Sta Wag	500	1550	2600	5200	9100	13,000

Terraplane Deluxe Series 81, 6-cyl., 117" wb
3P Conv	950	3000	5000	10,000	17,500	25,000
Conv Brgm	1000	3100	5200	10,400	18,200	26,000
3P Cpe	350	750	1300	2500	5300	7600
Vic Cpe	450	1000	1650	3350	6300	9000
Brgm	350	750	1250	2400	5100	7300
Tr Brgm	350	750	1250	2350	5000	7100
Sed	350	750	1250	2400	5050	7200
Tr Sed	350	750	1250	2400	5100	7300

Terraplane Super Series 82, 6-cyl., 117" wb
Conv	1000	3100	5200	10,400	18,200	26,000
Conv Brgm	950	3000	5000	10,000	17,500	25,000
Vic Cpe	450	1000	1650	3400	6350	9100
Brgm	350	900	1550	3000	5850	8400
Tr Brgm	350	850	1500	2900	5700	8200
Sed	350	850	1500	2950	5800	8300
Tr Sed	350	900	1550	3000	5850	8400

WHIPPET

1926
Model 96, 4-cyl.
2P Cpe	350	750	1300	2500	5300	7600
5P Tr	700	2300	3800	7600	13,300	19,000
5P Sed	350	750	1300	2500	5300	7600

1927
Model 96, 4-cyl., 30 hp, 104-1/4" wb
5P Tr	700	2300	3800	7600	13,300	19,000
5P Coach	350	750	1300	2450	5250	7500
5P Rds	700	2150	3600	7200	12,600	18,000
2P Cpe	350	900	1550	3050	5900	8500
5P Sed	350	750	1300	2500	5300	7600
Cabr	550	1700	2800	5600	9800	14,000
5P Lan Sed	350	750	1300	2400	5200	7400

Model 93A, 6-cyl., 40 hp, 109-1/4" wb
5P Tr	750	2400	4000	8000	14,000	20,000
2/4P Rds	700	2300	3800	7600	13,300	19,000
2P Cpe	450	1000	1650	3350	6300	9000
5P Cpe	350	800	1450	2750	5600	8000
5P Sed	350	850	1500	2900	5700	8200
Cabr	550	1700	2800	5600	9800	14,000
5P Lan Sed	350	750	1300	2400	5200	7400

1928
Model 96, 4-cyl., 32 hp, 100-1/4" wb
2/4P Spt Rds	700	2150	3600	7200	12,600	18,000
5P Tr	700	2300	3800	7600	13,300	19,000
5P Coach	350	750	1200	2350	4900	7000
2P Cpe	350	800	1450	2750	5600	8000
2/4P Cabr	550	1700	2800	5600	9800	14,000
5P Sed	350	750	1250	2400	5050	7200

Model 98, 6-cyl.
2/4P Rds	700	2300	3800	7600	13,300	19,000
5P Tr	750	2400	4000	8000	14,000	20,000
2P Cpe	450	1000	1650	3350	6300	9000
5P Coach	350	800	1450	2750	5600	8000
5P Sed	350	850	1500	2900	5700	8200

1929
Model 96A, 4-cyl., 103-1/2" wb
| 2P Rds | 700 | 2150 | 3600 | 7200 | 12,600 | 18,000 |

468 Whippet

	6	5	4	3	2	1
2/4P Rds	700	2300	3800	7600	13,300	19,000
2/4P Rds College	700	2300	3800	7600	13,300	19,000
5P Tr	700	2300	3800	7600	13,300	19,000
2P Cpe	350	800	1450	2750	5600	8000
Cabr	550	1700	2800	5600	9800	14,000
2/4P Cpe	550	1700	2800	5600	9800	14,000
5P Coach	350	750	1200	2350	4900	7000
5P Sed	350	750	1250	2400	5050	7200
DeL Sed	350	750	1300	2450	5250	7500
Model 98A, 6-cyl.						
2/4P Spt Rds	800	2500	4200	8400	14,700	21,000
5P Tr	850	2650	4400	8800	15,400	22,000
2P Cpe	350	900	1550	3050	5900	8500
2/4P Cpe	450	1000	1600	3300	6250	8900
5P Coach	350	750	1250	2400	5050	7200
5P Sed	350	750	1300	2450	5250	7500
5P DeL Sed	350	750	1300	2450	5250	7500

1930
Model 96A, 4-cyl.

	6	5	4	3	2	1
2P Rds	800	2500	4200	8400	14,700	21,000
2/4P Rds College	900	2900	4800	9600	16,800	24,000
5P Tr	850	2650	4400	8800	15,400	22,000
2P Cpe	350	800	1450	2750	5600	8000
2/4P Cpe	350	900	1550	3050	5900	8500
5P Coach	350	750	1200	2350	4900	7000
5P Sed	350	750	1250	2400	5050	7200
5P DeL Sed	350	750	1300	2450	5250	7500
Model 98A, 6-cyl.						
5P Tr	850	2750	4600	9200	16,100	23,000
2/4P Spt Rds	800	2500	4200	8400	14,700	21,000
2P Cpe	350	850	1500	2900	5700	8200
2/4P Cpe	350	900	1550	3100	6000	8600
5P Coach	350	750	1250	2400	5050	7200
5P Sed	350	750	1250	2400	5100	7300
5P DeL Sed	350	750	1350	2650	5450	7800
Model 96A, 4-cyl.						
2P Cpe	350	800	1450	2750	5600	8000
2/4P Cpe	350	900	1550	3050	5900	8500
5P Sed	350	750	1250	2400	5050	7200
Model 98A, 6-cyl.						
5P Coach	350	750	1250	2400	5050	7200
5P Sed	350	750	1250	2400	5100	7300
5P DeL Sed	350	750	1350	2650	5450	7800

WILLYS

1902-03
Model 13, 1-cyl.

	6	5	4	3	2	1
2P Rbt	950	3000	5000	10,000	17,500	25,000

1904
Model 13, 1-cyl.

| 2P Rbt | 850 | 2750 | 4600 | 9200 | 16,100 | 23,000 |

1905
Model 15, 2-cyl.

| 2P Rbt | 850 | 2750 | 4600 | 9200 | 16,100 | 23,000 |

Model 17, 2-cyl.

| 2P Rbt | 850 | 2750 | 4600 | 9200 | 16,100 | 23,000 |

Model 18, 4-cyl.

| 5P Tr | 900 | 2900 | 4800 | 9600 | 16,800 | 24,000 |

1906
Model 16, 2-cyl.

| 2P Rbt | 850 | 2650 | 4400 | 8800 | 15,400 | 22,000 |

Model 18, 4-cyl.

| 4P Tr | 850 | 2750 | 4600 | 9200 | 16,100 | 23,000 |

1907
Model 22, 4-cyl.

| 2P Rbt | 850 | 2650 | 4400 | 8800 | 15,400 | 22,000 |

1908
Model 24, 4-cyl.

| 2P Rds | 850 | 2750 | 4600 | 9200 | 16,100 | 23,000 |

Willys

1909
Model 30, 4-cyl.

	6	5	4	3	2	1
3P Rds	850	2650	4400	8800	15,400	22,000
4P Rds	850	2650	4400	8800	15,400	22,000
2P Cpe	750	2400	4000	8000	14,000	20,000

Model 31, 4-cyl.

4P Toy Ton	850	2750	4600	9200	16,100	23,000
5P Tourist	850	2750	4600	9200	16,100	23,000
5P Taxi	850	2650	4400	8800	15,400	22,000

Model 32, 4-cyl.

3P Rds	800	2500	4200	8400	14,700	21,000
4P Rds	850	2650	4400	8800	15,400	22,000
4P Toy Ton	850	2650	4400	8800	15,400	22,000
5P Tr	850	2750	4600	9200	16,100	23,000

Willys, 6-cyl.

3P Rds	850	2750	4600	9200	16,100	23,000
4P Rds	850	2750	4600	9200	16,100	23,000
Toy Ton	900	2900	4800	9600	16,800	24,000
5P Tr	900	2900	4800	9600	16,800	24,000

1910
Model 38, 4-cyl., 102" wb, 25 hp

2P Rds	850	2650	4400	8800	15,400	22,000
3P Rds	850	2650	4400	8800	15,400	22,000
4P Rds	850	2700	4500	9000	15,800	22,500
Toy Ton	850	2650	4400	8800	15,400	22,000

Model 40, 4-cyl., 112" wb, 40 hp

3P Rds	850	2750	4600	9200	16,100	23,000
4P Rds	850	2750	4600	9200	16,100	23,000

Model 41, 4-cyl.

5P Tr	900	2900	4800	9600	16,800	24,000
4P C.C. Tr	900	2900	4800	9600	16,800	24,000

Model 42, 4-cyl.

5P Tr	950	3000	5000	10,000	17,500	25,000
4P C.C. Tr	950	3000	5000	10,000	17,500	25,000

1911
Model 38, 4-cyl.

4P Tr	750	2400	4000	8000	14,000	20,000
2P Cpe	550	1800	3000	6000	10,500	15,000

Model 45, 4-cyl.

2P Rds	800	2500	4200	8400	14,700	21,000

Model 46, 4-cyl.

2P Torp	800	2500	4200	8400	14,700	21,000

Model 47, 4-cyl.

Tr	850	2650	4400	8800	15,400	22,000

Model 49, 4-cyl.

5P Tr	800	2500	4200	8400	14,700	21,000
4P Tr	850	2650	4400	8800	15,400	22,000

Model 50, 4-cyl.

2P Torp	950	3000	5000	10,000	17,500	25,000

Model 51, 4-cyl.

5P Tr (4 dr)	900	2900	4800	9600	16,800	24,000
5P Tr	900	2900	4800	9600	16,800	24,000

Model 52, 4-cyl.

5P Tr (4 dr)	950	3000	5000	10,000	17,500	25,000
5P Tr	950	3000	5000	10,000	17,500	25,000

Model 53, 4-cyl.

2P Rds	1000	3100	5200	10,400	18,200	26,000

Model 54, 4-cyl.

5P Tr	1000	3100	5200	10,400	18,200	26,000

Model 55, 4-cyl.

5P Tr (4 dr)	1000	3100	5200	10,400	18,200	26,000
5P Tr	1000	3100	5200	10,400	18,200	26,000

Model 56, 4-cyl.

5P Tr	1000	3250	5400	10,800	18,900	27,000

1912
Model 58R, 4-cyl., 25 hp

Torp Rds	800	2500	4200	8400	14,700	21,000

Model 59R-T, 4-cyl., 30 hp

Rds	850	2650	4400	8800	15,400	22,000
Tr	850	2750	4600	9200	16,100	23,000

Model 59C, 4-cyl., 30 hp

Cpe	550	1800	3000	6000	10,500	15,000

Model 60, 4-cyl., 35 hp

Tr	900	2900	4800	9600	16,800	24,000

Model 61, 4-cyl., 45 hp

Rds	900	2900	4800	9600	16.800	24.000

	6	5	4	3	2	1
4 dr Tr	950	3000	5000	10,000	17,500	25,000
Tr	950	3000	5000	10,000	17,500	25,000
Cpe	600	1900	3200	6400	11,200	16,000

1913
Model 69, 4-cyl., 30 hp
Cpe	550	1700	2800	5600	9800	14,000
Tr	850	2750	4600	9200	16,100	23,000
Rds	850	2650	4400	8800	15,400	22,000
4 dr Tr	900	2900	4800	9600	16,800	24,000

Model 71, 4-cyl., 45 hp
Rds	900	2900	4800	9600	16,800	24,000
Tr	950	3000	5000	10,000	17,500	25,000
5P Tr	1000	3100	5200	10,400	18,200	26,000

1914
Model 79, 4-cyl., 35 hp
Rds	850	2650	4400	8800	15,400	22,000
Tr	850	2750	4600	9200	16,100	23,000
Cpe	550	1800	3000	6000	10,500	15,000

Model 46, 4-cyl., 35 hp
Tr	900	2900	4800	9600	16,800	24,000

1915
Model 81, 4-cyl., 30 hp
Rds	850	2750	4600	9200	16,100	23,000
Tr	900	2900	4800	9600	16,800	24,000

Willys-Knight K-19, 4-cyl., 45 hp
Rds	900	2900	4800	9600	16,800	24,000
Tr	950	3000	5000	10,000	17,500	25,000

Willys-Knight K-17, 4-cyl., 45 hp
Rds	950	3000	5000	10,000	17,500	25,000
Tr	1000	3100	5200	10,400	18,200	26,000

Model 80, 4-cyl., 35 hp
Rds	750	2400	4000	8000	14,000	20,000
Tr	700	2300	3800	7600	13,300	19,000
Cpe	550	1800	3000	6000	10,500	15,000

Model 82, 6-cyl., 45-50 hp
7P Tr	850	2750	4600	9200	16,100	23,000

1916
Model 75, 4-cyl., 20-25 hp
Rds	700	2300	3800	7600	13,300	19,000
Tr	750	2400	4000	8000	14,000	20,000

Model 83, 4-cyl., 35 hp
Rds	750	2400	4000	8000	14,000	20,000
Tr	800	2500	4200	8400	14,700	21,000

Model 83-B, 4-cyl., 35 hp
Rds	800	2500	4200	8400	14,700	21,000
Tr	850	2650	4400	8800	15,400	22,000

Willys-Knight, 4-cyl., 40 hp (also Model 84)
Rds	800	2500	4200	8400	14,700	21,000
Tr	850	2650	4400	8800	15,400	22,000
Cpe	550	1700	2800	5600	9800	14,000
Limo	600	1900	3200	6400	11,200	16,000

Willys-Knight, 6-cyl., 45 hp (also Model 86)
7P Tr	950	3000	5000	10,000	17,500	25,000

1917-18
Light Four 90, 4-cyl., 32 hp
2P Rds	650	2050	3400	6800	11,900	17,000
5P Tr	700	2150	3600	7200	12,600	18,000
4P Ctry Clb	600	1900	3200	6400	11,200	16,000
5P Sed*	400	1200	2000	3950	7000	10,000

Big Four 85, 4-cyl., 35 hp
3P Rds	700	2150	3600	7200	12,600	18,000
5P Tr	700	2300	3800	7600	13,300	19,000
3P Tr Cpe	550	1800	3000	6000	10,500	15,000
5P Tr Sed	400	1300	2200	4400	7700	11,000

Light Six 85, 6-cyl., 35-40 hp
3P Rds	700	2300	3800	7600	13,300	19,000
5P Tr	750	2400	4000	8000	14,000	20,000
3P Tr Cpe	600	1900	3200	6400	11,200	16,000
5P Tr Sed	450	1450	2400	4800	8400	12,000

Willys 89, 6-cyl., 45 hp
7P Tr	800	2500	4200	8400	14,700	21,000
4P Clb Rds	750	2400	4000	8000	14,000	20,000
6P Sed	500	1550	2600	5200	9100	13,000

Willys-Knight 88-4, 4-cyl., 40 hp
7P Tr	850	2650	4400	8800	15,400	22,000

Willys 471

	6	5	4	3	2	1
4P Cpe	650	2050	3400	6800	11,900	17,000
7P Tr Sed	500	1550	2600	5200	9100	13,000
7P Limo	550	1800	3000	6000	10,500	15,000
Willys-Knight 88-8, 8-cyl., 65 hp						
7P Tr	1050	3350	5600	11,200	19,600	28,000
7P Sed	550	1700	2800	5600	9800	14,000
7P Limo	600	1900	3200	6400	11,200	16,000
7P Twn Car	650	2050	3400	6800	11,900	17,000

*This model offered 1917 only.

1919
Light Four 90, 4-cyl., 32 hp

	6	5	4	3	2	1
Rds	550	1700	2800	5600	9800	14,000
5P Tr	550	1800	3000	6000	10,500	15,000
Clb Rds	550	1800	3000	6000	10,500	15,000
5P Sed	450	1100	1700	3650	6650	9500
Willys 89, 6-cyl., 45 hp						
7P Tr	600	1900	3200	6400	11,200	16,000
4P Clb Rds	600	1900	3200	6400	11,200	16,000
6P Sed	400	1250	2100	4200	7400	10,500
Willys-Knight 88-4, 4-cyl., 40 hp						
7P Tr	600	1900	3200	6400	11,200	16,000
4P Cpe	350	900	1550	3050	5900	8500
7P Sed	350	900	1550	3050	5900	8500
7P Limo	400	1300	2200	4400	7700	11,000
Willys-Knight 88-8, 8-cyl., 65 hp						
7P Tr	650	2100	3500	7000	12,300	17,500
4P Cpe	450	1100	1700	3650	6650	9500
7P Tr Sed	450	1000	1650	3350	6300	9000
7P Limo	450	1450	2400	4800	8400	12,000

1920
Model 4, 4-cyl., 100" wb, 27 hp

	6	5	4	3	2	1
2P Rds	500	1550	2600	5200	9100	13,000
5P Tr	550	1700	2800	5600	9800	14,000
Clb Rds	550	1700	2800	5600	9800	14,000
5P Sed	450	1000	1650	3350	6300	9000
Model 89-6, Willys Six, 6-cyl.						
Clb Rds	550	1800	3000	6000	10,500	15,000
7P Tr	600	1900	3200	6400	11,200	16,000
6P Sed	400	1200	2000	3950	7000	10,000
Model 20 Willys-Knight, 4-cyl., 118" wb, 48 hp						
3P Rds	550	1800	3000	6000	10,500	15,000
5P Tr	600	1900	3200	6400	11,200	16,000
4P Cpe	450	1100	1700	3650	6650	9500
5P Sed	450	1000	1650	3350	6300	9000

1921
Model 4, 4-cyl., 100" wb, 27 hp

	6	5	4	3	2	1
5P Tr	500	1550	2600	5200	9100	13,000
2P Rds	500	1550	2600	5200	9100	13,000
5P Sed	350	900	1550	3050	5900	8500
2P Cpe	450	950	1600	3250	6150	8800
Model 20 Willys-Knight, 4-cyl., 118" wb						
3P Rds	550	1700	2800	5600	9800	14,000
5P Tr	550	1700	2800	5600	9800	14,000
4P Cpe	450	1100	1700	3650	6650	9500
5P Sed	450	1000	1650	3350	6300	9000

1922
Model 4, 4-cyl., 100" wb, 27 hp

	6	5	4	3	2	1
2P Rds	500	1550	2600	5200	9100	13,000
5P Tr	500	1550	2600	5200	9100	13,000
5P Sed	350	900	1550	3050	5900	8500
2P Cpe	350	950	1600	3200	6050	8700
Model 20 Willys-Knight, 4-cyl., 118" wb, 40 hp						
3P Rds	550	1700	2800	5600	9800	14,000
5P Tr	550	1700	2800	5600	9800	14,000
4P Cpe	450	1000	1650	3350	6300	9000
5P Sed	350	900	1550	3050	5900	8500
Model 27 Willys-Knight, 4-cyl., 118" wb						
7P Tr	550	1700	2800	5600	9800	14,000
7P Sed	350	900	1550	3050	5900	8500

1923-24
Model 91, 4-cyl., 100" wb, 27 hp

	6	5	4	3	2	1
2P Rds	500	1550	2600	5200	9100	13,000
5P Tr	500	1550	2600	5200	9100	13,000
3P Cpe	350	900	1550	3050	5900	8500
5P Sed	350	800	1450	2750	5600	8000

472   Willys

Model 92, 4-cyl., 106" wb, 30 hp	6	5	4	3	2	1
Redbird	400	1200	2000	3950	7000	10,000
Blackbird*	400	1200	2000	3950	7000	10,000
Bluebird*	400	1200	2000	3950	7000	10,000
Model 64 Willys-Knight, 4-cyl., 118" wb, 40 hp						
3P Rds	550	1700	2800	5600	9800	14,000
5P Tr	550	1700	2800	5600	9800	14,000
Ctry Clb	450	1450	2400	4800	8400	12,000
4P Cpe	350	900	1550	3050	5900	8500
5P Sed	350	800	1450	2750	5600	8000
Model 67 Willys-Knight, 4-cyl., 124" wb, 40 hp						
7P Tr	550	1700	2800	5600	9800	14,000
7P Sed	450	1000	1650	3350	6300	9000

*Model offered 1924 only.

1925
Model 91, 4-cyl., 100" wb, 27 hp						
5P Tr	450	1450	2400	4800	8400	12,000
2P Cpe	350	900	1550	3050	5900	8500
5P Tr Sed	350	750	1200	2350	4900	7000
5P Cpe Sed	350	750	1250	2400	5100	7300
5P DeL Sed	350	750	1300	2450	5250	7500
Model 92, 4-cyl., 106" wb, 30 hp						
Bluebird	350	800	1450	2750	5600	8000
Model 93, 6-cyl., 113" wb, 38 hp						
5P Sed	350	750	1350	2650	5450	7800
DeL Sed	350	800	1450	2750	5600	8000
Model 65 Willys-Knight, 4-cyl., 124" wb, 40 hp						
5P Tr	550	1700	2800	5600	9800	14,000
2P Cpe	450	1000	1650	3350	6300	9000
Cpe Sed	350	900	1550	3050	5900	8500
Sed	350	750	1200	2350	4900	7000
Brgm	350	800	1450	2750	5600	8000
Model 66 Willys-Knight, 6-cyl., 126" wb, 60 hp						
Rds	550	1800	3000	6000	10,500	15,000
5P Tr	500	1550	2600	5200	9100	13,000
Cpe Sed	450	1100	1700	3650	6650	9500
Brgm	400	1200	2000	3950	7000	10,000
Cpe	450	1100	1700	3650	6650	9500
Sed	450	1000	1650	3350	6300	9000

1926
Model 91, 4-cyl., 100" wb, 27 hp						
5P Tr	450	1450	2400	4800	8400	12,000
2P Cpe	350	750	1200	2350	4900	7000
5P Sed	350	725	1200	2350	4800	6800
2 dr Sed	350	700	1150	2300	4600	6600
4P Cpe	350	725	1150	2300	4700	6700
Model 92, 4-cyl., 100" wb, 30 hp						
5P Tr	500	1550	2600	5200	9100	13,000
Model 93, 6-cyl., 113" wb, 38 hp						
5P Tr	550	1700	2800	5600	9800	14,000
5P Sed	350	750	1200	2350	4900	7000
DeL Sed	350	750	1300	2450	5250	7500
2P Cpe	350	750	1200	2350	4900	7000
Model 66 Willys-Knight, 6-cyl., 126" wb, 60 hp						
Rds	700	2300	3800	7600	13,300	19,000
7P Tr	650	2050	3400	6800	11,900	17,000
5P Tr	700	2150	3600	7200	12,600	18,000
4P Cpe	350	900	1550	3050	5900	8500
Sed	350	800	1450	2750	5600	8000
Model 70 Willys-Knight, 6-cyl., 113" wb, 53 hp						
5P Tr	650	2050	3400	6800	11,900	17,000
Sed	350	750	1300	2450	5250	7500
2 dr Sed	350	750	1200	2350	4900	7000
Cpe	350	750	1300	2450	5250	7500
Rds	600	1900	3200	6400	11,200	16,000

1927
Model 70A Willys-Knight, 6-cyl., 113" wb, 52 hp						
Rds	650	2050	3400	6800	11,900	17,000
Tr	700	2150	3600	7200	12,600	18,000
Cpe	400	1200	2000	3950	7000	10,000
Cabr	550	1700	2800	5600	9800	14,000
Sed	350	750	1300	2450	5250	7500
2 dr Sed	350	750	1200	2350	4900	7000

1927 Willys-Knight, 4 dr sed

Model 66A Willys-Knight, 6-cyl., 126" wb, 65 hp

	6	5	4	3	2	1
Rds	800	2500	4200	8400	14,700	21,000
Tr	850	2650	4400	8800	15,400	22,000
Foursome	800	2500	4200	8400	14,700	21,000
Cabr	700	2150	3600	7200	12,600	18,000
5P Sed	350	900	1550	3050	5900	8500
7P Sed	450	1100	1700	3650	6650	9500
Limo	400	1300	2200	4400	7700	11,000

1928
Model 56 Willys-Knight, 6-cyl., 109.5" wb, 45 hp

Rds	550	1800	3000	6000	10,500	15,000
Tr	600	1900	3200	6400	11,200	16,000
Cpe	450	1100	1700	3650	6650	9500
2 dr Sed	350	725	1200	2350	4800	6800
Sed	350	750	1300	2400	5200	7400

Model 70A Willys-Knight, 6-cyl., 113.5" wb, 53 hp

Rds	700	2150	3600	7200	12,600	18,000
Tr	700	2300	3800	7600	13,300	19,000
Cpe	400	1200	2000	3950	7000	10,000
5P Cpe	400	1200	2000	3950	7000	10,000
Cabr	600	1900	3200	6400	11,200	16,000
2 dr Sed	350	900	1550	3050	5900	8500
Sed	450	1000	1650	3350	6300	9000

Model 66A Willys-Knight, 6-cyl., 126" wb, 70 hp

Rds	750	2400	4000	8000	14,000	20,000
Tr	800	2500	4200	8400	14,700	21,000
Cabr	700	2300	3800	7600	13,300	19,000
Fml Sed	450	1100	1700	3650	6650	9500
Sed	350	800	1450	2750	5600	8000

Model 66A Willys-Knight, 6-cyl., 135" wb, 70 hp

7P Tr	950	3000	5000	10,000	17,500	25,000
Cpe	500	1550	2600	5200	9100	13,000
7P Sed	450	1400	2300	4600	8100	11,500
Limo	450	1450	2400	4800	8400	12,000

1929
(All Willys-Knight)
Series 56, 6-cyl., 109.5" wb, 45 hp

Rds	750	2400	4000	8000	14,000	20,000
Tr	800	2500	4200	8400	14,700	21,000
Cpe	400	1200	2000	3950	7000	10,000
2 dr Sed	350	750	1300	2450	5250	7500
Sed	350	800	1450	2750	5600	8000

Series 70A, 6-cyl., 113.2" wb, 53 hp

Rds	800	2500	4200	8400	14,700	21,000
Tr	850	2650	4400	8800	15,400	22,000
Cpe	450	1450	2400	4800	8400	12,000
Cabr	700	2150	3600	7200	12,600	18,000

474 Willys

	6	5	4	3	2	1
2 dr Sed	350	800	1450	2750	5600	8000
Sed	350	900	1550	3050	5900	8500
Series 66A, 6-cyl., 126" wb, 70 hp						
Rds	850	2750	4600	9200	16,100	23,000
Tr	900	2900	4800	9600	16,800	24,000
Cabr	800	2500	4200	8400	14,700	21,000
Fml Sed	400	1300	2200	4400	7700	11,000
DeL Fml Sed	450	1450	2400	4800	8400	12,000
Sed	400	1200	2000	3950	7000	10,000
Series 66A, 6-cyl., 135" wb, 70 hp						
7P Tr	1050	3350	5600	11,200	19,600	28,000
5P Cpe	550	1800	3000	6000	10,500	15,000
7P Sed	450	1450	2400	4800	8400	12,000
Limo	500	1550	2600	5200	9100	13,000
Series 70B, 6-cyl., 112.5" - 115" wb, 53 hp						
Rds	800	2500	4200	8400	14,700	21,000
Tr	850	2650	4400	8800	15,400	22,000
2P Cpe	400	1300	2200	4400	7700	11,000
4P Cpe	400	1200	2000	3950	7000	10,000
2 dr Sed	350	750	1300	2450	5250	7500
Sed	350	750	1300	2500	5300	7600
DeL Sed	350	800	1450	2750	5600	8000

1930

Willys Models

Series 98B, 6-cyl., 110" wb, 65 hp						
Rds	850	2650	4400	8800	15,400	22,000
4P Rds	850	2750	4600	9200	16,100	23,000
5P Tr	900	2900	4800	9600	16,800	24,000
2P Cpe	450	1100	1700	3650	6650	9500
4P Cpe	400	1200	2000	3950	7000	10,000
2 dr Sed	350	750	1200	2350	4900	7000
Sed	350	750	1300	2450	5250	7500
DeL Sed	350	800	1450	2750	5600	8000

Willys-Knight Models

Series 66B, 6-cyl., 120" wb, 87 hp						
Rds	1050	3350	5600	11,200	19,600	28,000
Tr	1100	3500	5800	11,600	20,300	29,000
2P Cpe	400	1300	2200	4400	7700	11,000
5P Cpe	450	1450	2400	4800	8400	12,000
Sed	400	1200	2000	3950	7000	10,000
Series 70B, "See 1929 Series 70B"						
Series 6-87, "See 1929 Series 56"						

1931

Willys 98B, "See 1930 98B Series"
Willys 97, 6-cyl., 110" wb, 65 hp

Rds	700	2300	3800	7600	13,300	19,000
Tr	750	2400	4000	8000	14,000	20,000
Cpe	400	1200	2000	3950	7000	10,000
2 dr Sed	350	750	1300	2450	5250	7500
Clb Sed	350	800	1450	2750	5600	8000
Sed	350	750	1300	2450	5250	7500
Willys 98D, 6-cyl., 113" wb, 65 hp						
Vic Cpe	450	1000	1650	3350	6300	9000
Sed	350	800	1450	2750	5600	8000

NOTE: Add 10 percent for DeLuxe Willys models.
Willys-Knight 66B, "See 1930 W-K 66B".
Willys-Knight 87, "See 1930 Series 6-87"
Willys-Knight 66D, 6-cyl., 121" wb, 87 hp

Vic Cpe	400	1300	2200	4400	7700	11,000
Sed	400	1200	2000	3950	7000	10,000
Cus Sed	400	1250	2100	4200	7400	10,500

NOTE: Add 10 percent for DeLuxe Willys-Knight models.
Willys 8-80, 8-cyl., 120" wb, 80 hp

Cpe	400	1300	2200	4400	7700	11,000
DeL Cpe	450	1400	2300	4600	8100	11,500
Sed	450	1000	1650	3350	6300	9000
DeL Sed	400	1250	2100	4200	7400	10,500
Willys 8-80D, 8-cyl., 120" wb, 80 hp						
Vic Cpe	400	1200	2000	3950	7000	10,000
DeL Vic Cpe	400	1250	2100	4200	7400	10,500
Sed	350	800	1450	2750	5600	8000
DeL Sed	350	900	1550	3050	5900	8500
Cus Sed	450	1000	1650	3350	6300	9000

1932

Willys 97, "See 1931 Willys 97 Series"
Willys 98D, "See 1931 Willys 98D Series"

Willys 90 (Silver Streak), 6-cyl., 113" wb, 65 hp

	6	5	4	3	2	1
2P Rds	700	2300	3800	7600	13,300	19,000
4P Rds	750	2400	4000	8000	14,000	20,000
Spt Rds	800	2500	4200	8400	14,700	21,000
5P Tr	750	2400	4000	8000	14,000	20,000
2P Cpe	450	1450	2400	4800	8400	12,000
4P Cpe	450	1500	2500	5000	8800	12,500
Vic Cus	400	1200	2000	3950	7000	10,000
5P Sed	350	750	1300	2450	5250	7500
2 dr Sed	350	750	1350	2600	5400	7700
Spl Sed	450	950	1600	3250	6150	8800
Cus Sed	400	1250	2100	4200	7400	10,500

Willys 8-80D, "See 1931 Willys 8-80D"

Willys 8-88 (Silver Streak), 8-cyl., 121" wb, 80 hp

Rds	700	2300	3800	7600	13,300	19,000
Spt Rds	750	2400	4000	8000	14,000	20,000
2P Cpe	400	1300	2200	4400	7700	11,000
4P Cpe	450	1450	2400	4800	8400	12,000
Vic Cus	450	1400	2300	4600	8100	11,500
Sed	450	1050	1700	3550	6500	9300
Spl Sed	450	1150	1900	3850	6850	9800
Cus Sed	400	1300	2200	4400	7700	11,000

Willys-Knight 95 DeLuxe, 6-cyl., 113" wb, 60 hp

2P Cpe	400	1250	2100	4200	7400	10,500
4P Cpe	400	1300	2200	4400	7700	11,000
Vic	400	1200	2000	3950	7000	10,000
2 dr Sed	450	1000	1650	3350	6300	9000
Sed	450	1100	1700	3650	6650	9500

Willys-Knight 66D, 6-cyl., 121" wb, 87 hp

1st Series (start Oct. 1931)

Vic	450	1450	2400	4800	8400	12,000
DeL Vic	450	1500	2500	5000	8800	12,500
Sed	400	1200	2000	3950	7000	10,000
DeL Sed	400	1250	2100	4200	7400	10,500
Cus Sed	400	1300	2200	4400	7700	11,000

2nd Series (start Jan. 1932)

Vic Cus	450	1450	2400	4800	8400	12,000
Cus Sed	450	1500	2500	5000	8800	12,500

1933

Willys 77, 4-cyl., 100" wb, 48 hp

Cpe	350	750	1300	2450	5250	7500
Cus Cpe	350	800	1450	2750	5600	8000
4P Cpe	350	900	1550	3050	5900	8500
4P Cus Cpe	450	1000	1650	3350	6300	9000
Sed	350	750	1200	2350	4900	7000
Cus Sed	350	750	1300	2450	5250	7500

Willys 6-90A (Silver Streak), 6-cyl., 113" wb, 65 hp

Rds	500	1550	2600	5200	9100	13,000
4P Rds	550	1700	2800	5600	9800	14,000
Spt Rds	550	1800	3000	6000	10,500	15,000
Cpe	400	1200	2000	3950	7000	10,000
Cus Cpe	400	1250	2100	4200	7400	10,500
2 dr Sed	350	900	1550	3050	5900	8500
Sed	450	1000	1650	3350	6300	9000
Cus Sed	450	1100	1700	3650	6650	9500

Willys 8-88A (Streamline), 8-cyl., 121" wb, 80 hp

2P Cpe	400	1200	2000	3950	7000	10,000
Cus Cpe	400	1300	2200	4400	7700	11,000
Sed	450	1100	1700	3650	6650	9500
Cus Sed	400	1300	2200	4400	7700	11,000

Willys-Knight 66E, 6-cyl., 121" wb, 87 hp

Cus Sed	450	1500	2500	5000	8800	12,500

1934

Willys 77, 4-cyl., 100" wb, 48 hp

Cpe	450	1000	1650	3350	6300	9000
Cus Cpe	450	1100	1700	3650	6650	9500
4P Cpe	450	1150	1800	3800	6800	9700
4P Cus Cpe	400	1200	2000	3950	7000	10,000
Sed	350	800	1450	2750	5600	8000
Cus Sed	350	900	1550	3050	5900	8500
Pan Dely	400	1200	2000	3950	7000	10,000

1935

Willys 77, 4-cyl., 100" wb, 48 hp

Cpe	450	1100	1700	3650	6650	9500
Sed	350	750	1200	2350	4900	7000

Willys

1936
Willys 77, 4-cyl., 100" wb, 48 hp

	6	5	4	3	2	1
Cpe	450	1000	1650	3350	6300	9000
Sed	350	750	1200	2350	4900	7000
DeL Sed	350	750	1200	2350	4900	7000

1937
Willys 37, 4-cyl., 100" wb, 48 hp

Cpe	450	1000	1650	3350	6300	9000
DeL Cpe	450	1100	1700	3650	6650	9500
Sed	350	800	1450	2750	5600	8000
DeL Sed	350	900	1550	3050	5900	8500

1938
Willys 38, 4-cyl., 100" wb, 48 hp

Std Cpe	350	750	1300	2450	5250	7500
DeL Cpe	350	800	1450	2750	5600	8000
2 dr Sed	200	650	1050	2250	4200	6000
Sed	200	650	1000	2200	4100	5800
DeL 2 dr Sed	200	675	1050	2250	4350	6200
DeL Sed	200	650	1050	2250	4200	6000
Cus Sed	200	675	1050	2250	4350	6200

1939
Willys 48, 4-cyl., 100" wb, 48 hp

Cpe	350	900	1550	3050	5900	8500
2 dr Sed	350	700	1150	2300	4550	6500
Sed	200	650	1050	2250	4200	6000

Willys 38, 4-cyl., 100" wb, 48 hp

Cpe	350	950	1600	3200	6050	8700
2 dr Sed	350	725	1200	2350	4800	6800
Sed	200	675	1100	2250	4400	6300

1940
Willys Speedway, 4-cyl., 102" wb, 48 hp

Cpe	350	900	1550	3050	5900	8500
Sed	350	725	1150	2300	4700	6700
Sta Wag	550	1700	2800	5600	9800	14,000

NOTE: Deduct 10 percent for standard models.

1941
Willys (Americar)

Speedway Series, 4-cyl., 104" wb, 63 hp

Cpe	350	900	1550	3050	5900	8500
Sed	350	750	1200	2350	4900	7000

Speedway DeLuxe, 4-cyl., 104" wb, 63 hp

Cpe	450	1000	1650	3350	6300	9000
Sed	350	750	1200	2350	4900	7000
Sta Wag	550	1800	3000	6000	10,500	15,000

Plainsman, 4-cyl., 104" wb, 63 hp

Cpe	350	950	1600	3200	6050	8700
Sed	350	750	1250	2400	5050	7200

1946-47
Willys 4-63, 4-cyl., 104" wb, 63 hp

Sta Wag	350	750	1300	2450	5250	7500

1948
Willys 4-63, 4-cyl., 104" wb, 63 hp

Sta Wag	350	750	1300	2450	5250	7500
Jeepster	400	1300	2200	4400	7700	11,000

Willys 6-63, 6-cyl., 104" wb, 75 hp

Sta Sed	350	800	1450	2750	5600	8000
Jeepster	450	1400	2300	4600	8100	11,500

1949
Willys 4X463, 4-cyl., 104.5" wb, 63 hp

FWD Sta Wag	350	700	1150	2300	4550	6500

Willys VJ3, 4-cyl., 104" wb, 63 hp

Phae	400	1300	2200	4400	7700	11,000

Willys 463, 4-cyl., 104" wb, 63 hp

Sta Wag	350	750	1300	2450	5250	7500

Willys Six, 6-cyl., 104" wb, 75 hp

Phae	450	1400	2300	4600	8100	11,500

Willys Six, 6-cyl., 104" wb, 75 hp

Sta Sed	350	750	1350	2650	5450	7800
Sta Wag	350	750	1300	2450	5250	7500

1950-51
Willys 473SW, 4-cyl., 104" wb, 63 hp

Sta Wag	350	750	1300	2450	5250	7500

Willys 4X473SW, 4-cyl., 104.5" wb, 63 hp

FWD Sta Wag	200	650	1050	2250	4200	6000

Willys 477

Willys 473VJ, 4-cyl., 104" wb, 63 hp

	6	5	4	3	2	1
Phae	450	1400	2300	4600	8100	11,500

NOTE: Add 10 percent for six cylinder models.

1952
Willys Aero, 6-cyl., 108" wb, 75 hp
2 dr Lark	200	600	950	2150	3850	5500
2 dr Wing	200	600	1000	2200	4000	5700
2 dr Ace	200	675	1050	2250	4300	6100
2 dr HdTp Eagle	350	750	1300	2450	5250	7500

Willys Four, 4-cyl., 104"-104.5" wb, 63 hp
FWD Sta Wag	200	650	1050	2250	4200	6000
Sta Wag	350	700	1150	2300	4550	6500

Willys Six, 6-cyl., 104" wb, 75 hp
Sta Wag	350	750	1200	2350	4900	7000

NOTE: Deduct 10 percent for standard models.

1953
Willys Aero, 6-cyl., 108" wb, 90 hp
4 dr H.D. Aero	200	675	1100	2250	4400	6300
4 dr DeL Lark	200	650	1000	2200	4100	5800
2 dr DeL Lark	200	650	1050	2250	4200	6000
4 dr Falcon	200	675	1050	2250	4300	6100
2 dr Falcon	200	650	1050	2250	4200	6000
4 dr Ace	200	675	1100	2250	4400	6300
2 dr Ace	200	675	1050	2250	4300	6100
2 dr HdTp Eagle	350	800	1450	2750	5600	8000

Willys Four, 4-cyl., 104"-104.5" wb, 72 hp
FWD Sta Wag	200	650	1050	2250	4200	6000
Sta Wag	350	700	1150	2300	4550	6500

Willys Six, 6-cyl., 104" wb, 90 hp
Sta Wag	350	725	1200	2350	4800	6800

1954
Willys, 6-cyl., 108" wb, 90 hp
4 dr DeL Ace	200	650	1000	2200	4150	5900
2 dr DeL Ace	200	600	1000	2200	4000	5700
2 dr HdTp Eagle	200	600	950	2200	3900	5600
2 dr HdTp Cus Eagle	350	900	1550	3050	5900	8500
4 dr Lark	200	600	1000	2200	4000	5700
2 dr Lark	200	600	950	2200	3900	5600
4 dr Ace	200	600	1000	2200	4000	5700
2 dr Ace	200	600	950	2200	3900	5600
2 dr HdTp Eagle	450	1000	1650	3350	6300	9000

Willys Four, 4-cyl., 104"-104.5" wb, 72 hp
Sta Wag	350	700	1150	2300	4550	6500

Willys Six, 6-cyl., 104" wb, 90 hp
FWD Sta Wag	200	650	1050	2250	4200	6000
Sta Wag	350	725	1200	2350	4800	6800

1955
Willys Six, 6-cyl., 108" wb, 90 hp
4 dr Cus Sed	200	675	1100	2250	4400	6300
2 dr Cus	350	725	1200	2350	4800	6800
2 dr HdTp Bermuda	400	1300	2200	4400	7700	11,000

Willys Six, 6-cyl., 104"-104.5" wb, 90 hp
FWD Sta Wag	200	650	1050	2250	4200	6000
Sta Wag	350	700	1150	2300	4550	6500

DOMESTIC TRUCKS

CHEVROLET TRUCKS

1935
Series EB
Closed Cab PU	400	1200	2000	3950	7000	10,000
Spl PU	400	1200	2000	3950	7000	10,000
Canopy Top PU	450	1100	1700	3650	6650	9500
Panel	450	1000	1650	3350	6300	9000
Spl Panel	450	1100	1700	3650	6650	9500
Canopy (curtains)	400	1200	2000	3950	7000	10,000
Canopy (screens)	400	1200	2000	3950	7000	10,000

Series EC
Sed Dly	400	1300	2200	4400	7700	11,000
Suburban	400	1200	2000	3950	7000	10,000

1936
Series FC
Sed Dly	400	1250	2100	4200	7400	10,500

Series FB (1/2-Ton)
PU	400	1200	2000	3950	7000	10,000
Panel	450	1000	1650	3350	6300	9000
Suburban	450	1100	1700	3650	6650	9500

1937
Series GB
Sed Dly	400	1300	2200	4400	7700	11,000

Series GC
PU	400	1200	2000	3950	7000	10,000
Panel	350	800	1450	2750	5600	8000
Canopy Exp	450	1100	1700	3650	6650	9500
Carryall Suburban	450	1100	1700	3650	6650	9500

1938
Series HB
Cpe PU	450	1000	1650	3350	6300	9000
Sed Dly	450	1400	2300	4600	8100	11,500

Series HC
PU	400	1200	2000	3950	7000	10,000
Panel	450	1000	1650	3350	6300	9000
Canopy Exp	400	1200	2000	3950	7000	10,000
Suburban	400	1250	2100	4200	7400	10,500

1939
Series JB
Cpe PU	450	1000	1650	3350	6300	9000
Sed Dly	450	1450	2400	4800	8400	12,000

Series JC
PU	400	1200	2000	3950	7000	10,000
Panel	350	900	1550	3050	5900	8500
Canopy Exp	450	1000	1650	3350	6300	9000
Suburban	450	1100	1700	3650	6650	9500

1940
Series KB
Cpe PU	450	1100	1700	3650	6650	9500
Sed Dly	450	1500	2500	5000	8800	12,500

Series KH
Sed Dly	450	1450	2400	4800	8400	12,000
Cpe PU	400	1200	2000	3950	7000	10,000

Series KC
PU	400	1200	2000	3950	7000	10,000
Panel	350	900	1550	3050	5900	8500
Canopy Exp	450	1100	1700	3650	6650	9500
Suburban	400	1200	2000	3950	7000	10,000

1941
Series AG
Cpe PU	450	1000	1650	3350	6300	9000
Sed Dly	450	1500	2500	5000	8800	12,500

Series AJ
Panel Dly	350	750	1300	2450	5250	7500

Series AK
PU	400	1250	2100	4200	7400	10,500
Panel	450	1000	1650	3350	6300	9000
Canopy	450	1000	1650	3350	6300	9000
Suburban	450	1100	1700	3650	6650	9500

Chevrolet Trucks 479

1942	6	5	4	3	2	1
Series BG						
Cpe PU	450	1050	1650	3500	6400	9200
Sed Dly	400	1300	2200	4400	7700	11,000
Series BJ						
Double-Duty Pkg Dly	350	750	1300	2450	5250	7500
Series BK						
PU	450	1000	1650	3350	6300	9000
Canopy	350	900	1550	3000	5850	8400
Suburban	350	900	1550	3050	5900	8500
1944-1946						
Series DJ						
Sed Dly	400	1300	2200	4400	7700	11,000
Series BK/CK						
PU	400	1200	2000	3950	7000	10,000
Panel	450	950	1600	3250	6150	8800
Suburban	450	1000	1650	3350	6300	9000
Canopy	450	1000	1650	3350	6300	9000

NOTE: The Coupe Express was listed in the DJ Series, but none are believed to have been built. Therefore, no prices are given for this model.

1946						
Series DJ						
Sed Dly	450	1400	2300	4600	8100	11,500
Series DP						
PU	400	1200	2000	3950	7000	10,000
Panel	350	900	1550	3100	6000	8600
Canopy	450	1000	1650	3350	6300	9000
Suburban	450	1000	1650	3350	6300	9000
1947						
Series 1500						
Sed Dly	450	1450	2400	4800	8400	12,000
Series 3100						
PU	400	1250	2100	4200	7400	10,500
Panel	350	800	1450	2750	5600	8000
Canopy Exp	350	800	1450	2750	5600	8000
Suburban	350	900	1550	3050	5900	8500
1948						
Series 1500						
Sed Dly	450	1450	2400	4800	8400	12,000
Series 3100						
PU	450	1500	2500	5000	8800	12,500
Panel	450	1100	1700	3650	6650	9500
Canopy Exp	450	1100	1700	3650	6650	9500
Suburban	400	1200	2000	3950	7000	10,000
1949						
Series 1500						
Sed Dly	450	1450	2400	4800	8400	12,000
Series 3100						
PU	450	1500	2500	5000	8800	12,500

1951 Chevrolet 3100 pickup truck

Chevrolet Trucks

	6	5	4	3	2	1
Panel	450	1100	1700	3650	6650	9500
Canopy Exp	450	1100	1700	3650	6650	9500
Suburban Carryall	400	1200	2000	3950	7000	10,000

1950
Series 1500
Sed Dly	450	1500	2500	5000	8800	12,500

Series 3100
PU	450	1500	2500	5000	8800	12,500
Panel	450	1100	1700	3650	6650	9500
Suburban Carryall	400	1200	2000	3950	7000	10,000
Canopy Exp	450	1100	1700	3650	6650	9500

1951
Series 1500
Sed Dly	450	1500	2500	5000	8800	12,500

Series 3100
PU	450	1500	2500	5000	8800	12,500
Panel	450	1100	1700	3650	6650	9500
Suburban Carryall	400	1200	2000	3950	7000	10,000
Canopy Exp	450	1100	1700	3650	6650	9500

1952
Series 1500
Sed Dly	450	1500	2500	5000	8800	12,500

Series 3100
PU	450	1500	2500	5000	8800	12,500
Panel	450	1100	1700	3650	6650	9500
Suburban Carryall	400	1200	2000	3950	7000	10,000
Canopy Exp	450	1100	1700	3650	6650	9500

1953
Series 1500
Sed Dly	500	1550	2600	5200	9100	13,000

Series 3100
PU	450	1500	2500	5000	8800	12,500
Panel	450	1100	1700	3650	6650	9500
Suburban Carryall	400	1200	2000	3950	7000	10,000
Canopy Exp	450	1100	1700	3650	6650	9500

1954 Chevrolet, Stylemaster sedan delivery, 6-cyl

1954
Series 1500
Sed Dly	500	1550	2600	5200	9100	13,000

Series 3100
PU	450	1500	2500	5000	8800	12,500
Panel	450	1100	1700	3650	6650	9500
Suburban	400	1200	2000	3950	7000	10,000
Canopy	450	1100	1700	3650	6650	9500

1955
First Series
Series 3100
PU	500	1500	2550	5100	8900	12,700
Panel	450	1100	1700	3650	6650	9500

Chevrolet Trucks 481

	6	5	4	3	2	1
Suburban	400	1200	2000	3950	7000	10,000
Canopy	450	1100	1700	3650	6650	9500
Second Series						
Series 1500						
Sed Dly	550	1700	2800	5600	9800	14,000
Series 3100						
PU	500	1550	2600	5200	9100	13,000
Cus Cab PU	500	1600	2700	5400	9500	13,500
Panel	400	1200	2000	3950	7000	10,000
Suburban	400	1250	2100	4200	7400	10,500
Cameo Carrier	650	2050	3400	6800	11,900	17,000
Cantrell Sta Wag	500	1550	2600	5200	9100	13,000
1956						
Series 1500						
Sed Dly	500	1550	2600	5200	9100	13,000
Series 3100						
PU	450	1450	2400	4800	8400	12,000
Cus Cab PU	450	1500	2500	5000	8800	12,500
Panel	450	1100	1700	3650	6650	9500
Suburban	400	1200	2000	3950	7000	10,000
Cameo Carrier	650	2050	3400	6800	11,900	17,000
Cantrell Sta Wag	550	1700	2800	5600	9800	14,000
1957						
Series 1500						
Sed Dly	550	1750	2900	5800	10,200	14,500
Series 3100						
PU	500	1550	2600	5200	9100	13,000
Cus Cab PU	500	1600	2700	5400	9500	13,500
Panel	450	1100	1700	3650	6650	9500
Suburban	400	1300	2200	4400	7700	11,000
Cameo Carrier	650	2050	3400	6800	11,900	17,000
Cantrell Sta Wag	550	1750	2900	5800	10,200	14,500
1958						
Series 1100						
Sed Dly	450	1400	2300	4600	8100	11,500
Series 3100.						
Stepside PU	450	1000	1650	3350	6300	9000
Fleetside PU	450	1100	1700	3650	6650	9500
Cameo PU	550	1800	3000	6000	10,500	15,000
Panel	350	900	1550	3000	5850	8400
Suburban	350	950	1600	3200	6050	8700
1959						
Series 1100						
Sed Dly	400	1250	2100	4200	7400	10,500
El Camino	450	1400	2300	4600	8100	11,500
Series 3100						
Stepside PU	450	1000	1650	3350	6300	9000
Fleetside PU	450	1100	1700	3650	6650	9500
Cameo PU	550	1700	2800	5600	9800	14,000
Panel	350	900	1550	3000	5850	8400
Suburban	350	900	1550	3100	6000	8600
1960						
Series 1100						
Sed Dly	400	1300	2200	4400	7700	11,000
El Camino	450	1400	2300	4600	8100	11,500
Series C14 - (1/2-Ton)						
Stepside PU	450	1000	1650	3350	6300	9000
Fleetside PU	450	1100	1700	3650	6650	9500
Panel	350	900	1550	3000	5850	8400
Suburban	350	950	1600	3200	6050	8700
1961						
Corvair Series 95						
Loadside	200	650	1000	2200	4100	5800
Rampside	200	675	1050	2250	4300	6100
Corvan Series						
Corvan Panel	200	650	1050	2250	4200	6000
Greenbriar Spt Van	350	700	1150	2300	4550	6500
Fleetside Pickups						
C10 PU (SBx)	400	1200	2000	3950	7000	10,000
C10 PU (LBx)	450	1150	1800	3800	6800	9700
Stepside Pickups						
C10 PU (SBx)	450	1150	1800	3800	6800	9700
C10 PU (LBx)	450	1100	1800	3700	6700	9600
Panel--Suburban						
C10 Panel	200	600	1000	2200	4000	5700

Chevrolet Trucks

	6	5	4	3	2	1
C10 Suburban	350	725	1200	2350	4850	6900
1962						
Corvair Series 95						
Loadside	200	650	1000	2200	4100	5800
Rampside	200	675	1050	2250	4300	6100
Corvan Series						
Corvan Panel Van	200	600	1000	2200	4000	5700
Greenbriar Spt Van	350	700	1150	2300	4550	6500
Fleetside Pickups						
C10 PU (SBx)	450	1150	1900	3850	6850	9800
C10 PU (LBx)	450	1150	1800	3800	6800	9700
Stepside Pickups						
C10 PU (SBx)	450	1150	1800	3800	6800	9700
C10 PU (LBx)	450	1100	1800	3700	6700	9600
Panel--Suburban						
C10 Panel	200	600	1000	2200	4000	5700
C10 Suburban	350	725	1200	2350	4850	6900
1963						
Corvair Series 95						
Loadside	200	650	1000	2200	4100	5800
Rampside	200	675	1050	2250	4300	6100
Corvan Series						
Corvan Panel Van	200	600	1000	2200	4000	5700
Greenbriar Spt Van	350	700	1150	2300	4600	6600
Fleetside Pickups						
C10 PU (SBx)	450	1150	1900	3850	6850	9800
C10 PU (LBx)	450	1150	1800	3800	6800	9700
Stepside Pickups						
C10 PU (SBx)	450	1150	1800	3800	6800	9700
C10 PU (LBx)	450	1100	1800	3700	6700	9600
Panel--Suburban						
C10 Panel	200	600	1000	2200	4000	5700
C10 Suburban	350	725	1200	2350	4850	6900
1964						
El Camino						
Spt PU	400	1200	2000	3950	7000	10,000
Cus Spt PU	400	1250	2100	4200	7400	10,500
Corvair Series 95						
Loadside	200	650	1000	2200	4100	5800
Rampside	200	675	1050	2250	4300	6100
Corvan Series						
Panel Van	200	600	1000	2200	4000	5700
Fleetside Pickups						
C10 PU (SBx)	450	1150	1900	3850	6850	9800
C10 PU (LBx)	450	1150	1800	3800	6800	9700
Stepside Pickups						
C10 PU (SBx)	450	1150	1800	3800	6800	9700
C10 PU (LBx)	450	1100	1800	3700	6700	9600
Panel--Suburban						
C10 Panel	200	600	1000	2200	4000	5700
C10 Suburban	350	725	1200	2350	4850	6900
1965						
El Camino						
Spt PU	400	1200	2000	3950	7000	10,000
Cus Spt PU	400	1250	2100	4200	7400	10,500
Corvair Series 95						
Greenbriar Spt Van	350	725	1200	2350	4800	6800
Fleetside Pickups						
C10 PU (SBx)	450	1150	1900	3850	6850	9800
C10 PU (LBx)	450	1150	1800	3800	6800	9700
Stepside Pickups						
C10 PU (SBx)	450	1150	1800	3800	6800	9700
C10 PU (LBx)	450	1100	1800	3700	6700	9600
Panel--Suburban						
C10 Panel	200	600	1000	2200	4000	5700
C10 Suburban	350	725	1200	2350	4850	6900
1966						
El Camino						
Spt PU	400	1200	2000	3950	7000	10,000
Cus Spt PU	400	1250	2100	4200	7400	10,500
Fleetside Pickup Series C10						
C14 PU (SBx)	450	1150	1900	3900	6900	9900
C15 PU (LBx)	450	1150	1900	3850	6850	9800
Stepside Pickup Series C10						
C14 PU (SBx)	450	1150	1900	3850	6850	9800

Chevrolet Trucks 483

	6	**5**	**4**	**3**	**2**	**1**
C15 PU (LBx)	450	1150	1800	3800	6800	9700
Panel--Suburban						
C14 Panel	200	650	1000	2200	4100	5800
C14 Suburban	350	750	1200	2350	4900	7000
1967						
El Camino Series						
Spt PU	400	1200	2000	3950	7000	10,000
Cus Spt PU	400	1250	2100	4200	7400	10,500
Fleetside Pickups						
C10 PU (SBx)	400	1350	2200	4400	7800	11,100
C10 PU (LBx)	400	1200	2000	4000	7100	10,100
Stepside Pickups						
C10 PU (SBx)	400	1200	2000	4000	7100	10,100
C10 PU (LBx)	400	1200	2000	3950	7000	10,000
1968						
El Camino Series						
Spt PU	400	1200	2000	3950	7000	10,000
Cus Spt PU	400	1250	2100	4200	7400	10,500
NOTE: Add 15 percent for SS-396 option.						
Fleetside PU						
C10 PU (SBx)	400	1300	2200	4400	7700	11,000
C10 PU (LBx)	400	1200	2000	3950	7000	10,000
Stepside Pickups						
C10 PU (SBx)	400	1200	2000	3950	7000	10,000
C10 PU (LBx)	450	1150	1900	3850	6850	9800
Panel--Suburban						
C10 Panel	200	650	1050	2250	4200	6000
C10 Suburban	350	750	1250	2400	5100	7300
1969						
El Camino Series						
Spt PU	400	1200	2000	3950	7000	10,000
Cus Spt PU	400	1250	2100	4200	7400	10,500
NOTE: Add 15 percent for SS-396 option.						
Blazer Series - (4WD)						
K10 Blazer	400	1300	2200	4400	7700	11,000
Fleetside Series						
C10 PU (SBx)	450	1450	2400	4800	8400	12,000
C10 PU (LBx)	450	1400	2300	4600	8100	11,500
Stepside Series						
C10 PU (SBx)	400	1200	2000	3950	7000	10,000
C10 PU (LBx)	450	1100	1700	3650	6650	9500
Panel--Suburban Series						
C10 Panel	350	750	1350	2650	5450	7800
C10 Suburban	450	1050	1700	3550	6500	9300
1970						
El Camino Series						
Spt PU	400	1200	2000	3950	7000	10,000
Cus Spt PU	400	1250	2100	4200	7400	10,500
NOTE: Add 15 percent for SS-396 option.						
Blazer Series K10 - (4WD)						
K10 Blazer	400	1200	2000	3950	7000	10,000
Fleetside Pickups						
C10 PU (SBx)	450	1450	2400	4800	8400	12,000
C10 PU (LBx)	450	1400	2300	4600	8100	11,500
Stepside Pickups						
C10 PU (SBx)	400	1250	2100	4200	7400	10,500
C10 PU (LBx)	400	1200	2000	3950	7000	10,000
Panel--Suburban Series						
C10 Panel	200	650	1050	2250	4200	6000
C10 Suburban	350	750	1300	2450	5250	7500
1971						
Vega Panel Series						
Panel Exp	200	500	850	1900	3500	5000
El Camino (V-8)						
Spt PU	400	1200	2000	3950	7000	10,000
Cus Spt PU	400	1250	2100	4200	7400	10,500
Blazer Series K10 - (4WD)						
K10 Blazer	400	1250	2100	4200	7400	10,500
Fleetside Pickups						
C10 PU (SBx)	450	1500	2500	5000	8800	12,500
C10 PU (LBx)	450	1450	2400	4800	8400	12,000
Stepside Pickups						
C10 PU (SBx)	400	1250	2100	4200	7400	10,500
C10 PU (LBx)	400	1200	2000	3950	7000	10,000

Chevrolet Trucks

	6	5	4	3	2	1
Panel--Suburban Series						
C10 Suburban	450	1100	1700	3650	6650	9500
1972						
Vega (1/2-Ton)						
Panel Exp	200	500	850	1900	3500	5000
El Camino (V-8)						
Spt PU	400	1250	2100	4200	7400	10,500
Cus Spt PU	400	1300	2200	4400	7700	11,000
Blazer (4WD)						
C10 Blazer 2WD	450	1000	1650	3350	6300	9000
K10 Blazer 4WD	400	1300	2200	4400	7700	11,000
Fleetside Pickups						
C10 PU (SBx)	450	1500	2500	5000	8800	12,500
C10 PU (LBx)	450	1450	2400	4800	8400	12,000
Stepside Pickups						
C10 PU (SBx)	400	1300	2200	4400	7700	11,000
C10 PU (LBx)	400	1250	2100	4200	7400	10,500
Suburban						
C10 Suburban	450	1100	1700	3650	6650	9500
1973						
Vega						
Panel	200	500	850	1900	3500	5000
El Camino						
PU	200	600	950	2150	3850	5500
Cus PU	200	650	1050	2250	4200	6000
Blazer K10						
C10 Blazer 2WD	350	750	1300	2450	5250	7500
K10 Blazer 4WD	350	900	1550	3050	5900	8500
C10 (1/2-Ton)						
Stepside (SBx)	350	900	1550	3050	5900	8500
Stepside (LBx)	350	800	1450	2750	5600	8000
Fleetside (SBx)	450	1000	1650	3350	6300	9000
Fleetside (LBx)	350	900	1550	3050	5900	8500
Suburban	350	725	1200	2350	4800	6800
1974						
Vega						
Panel	200	500	850	1900	3500	5000
El Camino						
PU	200	600	950	2150	3850	5500
Cus PU	200	650	1050	2250	4200	6000
Blazer K10						
C10 Blazer 2WD	350	750	1300	2450	5250	7500
K10 Blazer 4WD	350	900	1550	3050	5900	8500
C10 - (1/2-Ton)						
Stepside (SBx)	350	750	1200	2350	4900	7000
Stepside (LBx)	350	700	1150	2300	4550	6500
Fleetside (SBx)	350	750	1300	2450	5250	7500
Fleetside (LBx)	350	750	1250	2400	5050	7200
Suburban	350	725	1200	2350	4800	6800
1975						
Vega						
Panel	100	175	525	1050	2100	3000
El Camino						
PU	200	600	950	2150	3850	5500
Cus PU	200	650	1050	2250	4200	6000
Blazer K10						
C10 Blazer 2WD	350	750	1300	2450	5250	7500
K10 Blazer 4WD	350	900	1550	3050	5900	8500
C10 (1/2-Ton)						
Stepside (SBx)	350	750	1200	2350	4900	7000
Stepside (LBx)	350	700	1150	2300	4550	6500
Fleetside (SBx)	350	700	1150	2300	4600	6600
Fleetside (LBx)	350	700	1150	2300	4550	6500
Suburban	350	700	1150	2300	4550	6500

DODGE TRUCKS

	6	5	4	3	2	1
1935						
Series KC - (1/2-Ton) - (111-1/4" wb)						
PU	200	650	1050	2250	4200	6000
Canopy	200	600	950	2200	3900	5600
Screen	200	600	1000	2200	4000	5700
Comm Sed	200	600	950	2150	3850	5500
Suburban Sed	200	650	1000	2200	4150	5900

Dodge Trucks 485

Series KCL - (1/2-Ton) - (119" wb)	6	5	4	3	2	1
Panel	200	650	1050	2250	4200	6000

1936
Series LC/D2 - (1/2-Ton)
PU	200	675	1050	2250	4300	6100
Canopy	200	600	1000	2200	4000	5700
Screen	200	650	1000	2200	4100	5800
Comm Sed	200	650	1000	2200	4150	5900
Panel	200	600	950	2200	3900	5600
Westchester Suburban	200	675	1050	2250	4350	6200

1937
Series MC - (1/2-Ton) - (116" wb)
PU	350	750	1350	2650	5450	7800
Canopy	350	750	1250	2400	5050	7200
Screen	350	750	1250	2400	5100	7300
Comm Sed	200	675	1050	2250	4350	6200
Panel	350	750	1300	2400	5200	7400
Westchester Suburban	350	725	1150	2300	4700	6700

1938
Series RC - (1/2-Ton) - (116" wb)
PU	350	750	1350	2650	5450	7800
Canopy	350	750	1250	2400	5050	7200
Screen	350	750	1250	2400	5100	7300
Comm Sed	200	675	1050	2250	4350	6200
Panel	350	750	1300	2400	5200	7400
Westchester Suburban	350	725	1150	2300	4700	6700

1939 Dodge half-ton panel delivery

1939
Series TC - (1/2-Ton) - (116" wb)
PU	350	900	1550	3050	5900	8500
Canopy	350	900	1550	3100	6000	8600
Screen	350	900	1550	3100	6000	8600
Panel	450	950	1600	3250	6150	8800

1940
Series VC - (1/2-Ton) - (116" wb)
PU	350	900	1550	3050	5900	8500
Canopy	350	900	1550	3100	6000	8600
Screen	350	900	1550	3100	6000	8600
Panel	450	950	1600	3250	6150	8800

1941
Series WC - (1/2-Ton)
PU	350	700	1150	2300	4600	6600
Canopy	350	725	1150	2300	4700	6700
Screen	350	725	1200	2350	4800	6800
Panel	200	675	1050	2250	4350	6200

1942
Series WC - (1/2-Ton)
PU	350	700	1150	2300	4600	6600

	6	5	4	3	2	1
Canopy	350	725	1150	2300	4700	6700
Screen	350	725	1200	2350	4800	6800
Panel	200	675	1050	2250	4350	6200

1946
Series WC - (1/2-Ton) - (116" wb)
	6	5	4	3	2	1
PU (6-1/2 ft)	350	700	1150	2300	4600	6600
Canopy	350	725	1150	2300	4700	6700
Panel	200	675	1050	2250	4350	6200

Power-Wagon WDX - (1-Ton) - (126" wb)
| PU | 350 | 800 | 1450 | 2750 | 5600 | 8000 |

1947
Series WC - (1/2-Ton) - (116" wb)
PU	350	700	1150	2300	4600	6600
Canopy	350	725	1150	2300	4700	6700
Panel	200	675	1050	2250	4350	6200

Power-Wagon WDX - (1-Ton)
| PU | 350 | 800 | 1450 | 2750 | 5600 | 8000 |

1948-1949
Series B-1-B - (1/2-Ton) - (108" wb)
| PU | 200 | 650 | 1050 | 2250 | 4200 | 6000 |
| Panel | 200 | 600 | 950 | 2150 | 3850 | 5500 |

Series B-1-PW Power-Wagon - (1-Ton) - (126" wb)
| PU | 350 | 800 | 1450 | 2750 | 5600 | 8000 |

1950
Series B-2-B - (1/2-Ton) - (108" wb)
| PU | 200 | 650 | 1050 | 2250 | 4200 | 6000 |
| Panel | 200 | 600 | 950 | 2150 | 3850 | 5500 |

Series B-2-PW Power-Wagon - (1-Ton) - (126" wb)
| PU | 350 | 800 | 1450 | 2750 | 5600 | 8000 |

1951
Series B-3-B - (1/2-Ton) - (108" wb)
| PU | 200 | 650 | 1050 | 2250 | 4200 | 6000 |
| Panel | 200 | 600 | 950 | 2150 | 3850 | 5500 |

Series B-3-PW Power-Wagon - (1-Ton) - (126" wb)
| PU | 350 | 800 | 1450 | 2750 | 5600 | 8000 |

1952
Series B-3-B - (1/2-Ton) - (108" wb)
| PU | 200 | 650 | 1050 | 2250 | 4200 | 6000 |
| Panel | 200 | 600 | 950 | 2150 | 3850 | 5500 |

Series B-3-PW Power-Wagon - (1-Ton) - (126" wb)
| PU | 350 | 800 | 1450 | 2750 | 5600 | 8000 |

1953
Series B-4-B - (1/2-Ton) - (108" wb)
| PU | 200 | 650 | 1050 | 2250 | 4200 | 6000 |
| Panel | 200 | 600 | 950 | 2150 | 3850 | 5500 |

Series B-4-PW Power-Wagon - (1-Ton) - (126" wb)
| PU | 350 | 800 | 1450 | 2750 | 5600 | 8000 |

1954
Series C-1-B - (1/2-Ton) - (108" wb)
| PU | 350 | 700 | 1150 | 2300 | 4600 | 6600 |
| Twn Panel | 200 | 675 | 1050 | 2250 | 4300 | 6100 |

Series C-1-PW Power-Wagon - (1-Ton) - (126" wb)
| PU | 350 | 800 | 1450 | 2750 | 5600 | 8000 |

NOTE: Add 15 percent for V-8 engine.

1955
Series C-3-BL - (1/2-Ton) - (108" wb)
| Lowside PU | 350 | 750 | 1200 | 2350 | 4900 | 7000 |

Series C-3-B - (1/2-Ton) - (108" wb)
Lowside PU	350	725	1200	2350	4800	6800
Highside PU	350	725	1200	2350	4850	6900
Panel	200	675	1050	2250	4350	6200

Series C-3-B - (1/2-Ton) - (116" wb)
Lowside PU	350	700	1150	2300	4550	6500
Highside PU	350	700	1150	2300	4600	6600
Platform	200	600	950	2150	3850	5500
Stake	200	600	950	2200	3900	5600

Series C-3-PW Power-Wagon - (1-Ton) - (126" wb)
| PU | 350 | 800 | 1450 | 2750 | 5600 | 8000 |

NOTE: Add 15 percent for V-8 engine.

1956
Series C-4-BL - (1/2-Ton) - (108" wb)
| Lowside PU | 350 | 750 | 1200 | 2350 | 4900 | 7000 |

Series C-4-B - (1/2-Ton) - (108" wb)
| Lowside PU | 350 | 725 | 1200 | 2350 | 4800 | 6800 |

	6	5	4	3	2	1
Highside PU		350	725	1200	2350	4850	6900
Panel		200	675	1050	2250	4350	6200

Series C-4-B - (1/2-Ton) - (116" wb)

Lowside PU	350	725	1150	2300	4700	6700
Highside PU	350	725	1200	2350	4800	6800
Platform	200	600	950	2150	3850	5500
Stake	200	600	950	2200	3900	5600

Series C-4-PW Power-Wagon - (1-Ton) - (126" wb)

PU	350	800	1450	2750	5600	8000

NOTE: Add 15 percent for V-8 engine.

1957 Dodge Sweptside pickup

1957
Series K6-D100 - (1/2-Ton) - (108" wb)

PU	350	750	1200	2350	4900	7000
Panel	200	675	1100	2250	4400	6300
6P Wag	350	700	1100	2300	4500	6400
8P Wag	350	700	1100	2300	4500	6400

Series K6-D100 - (1/2-Ton) - (116" wb)

PU	350	725	1200	2350	4850	6900
Platform	200	600	1000	2200	4000	5700
Stake	200	650	1000	2200	4100	5800

Series K6-W300 Power-Wagon - (1-Ton) - (126" wb)

PU	350	750	1300	2450	5250	7500

NOTE: Add 10 percent for V-8 engine.

1958
Series L6-D100 - (1/2-Ton) - (108" wb)

PU	350	750	1250	2350	5000	7100
Twn Panel	350	700	1100	2300	4500	6400
6P Wag	350	700	1150	2300	4550	6500
8P Wag	350	700	1150	2300	4550	6500

Series L6-D100 - (1/2-Ton) - (116" wb)

PU	350	750	1200	2350	4900	7000
Sweptside PU	350	800	1450	2750	5600	8000
Platform	200	600	1000	2200	4000	5700
Stake	200	650	1000	2200	4100	5800

L6-W300M Power-Wagon - (1-Ton) - (126" wb)

PU	350	750	1300	2450	5250	7500

NOTE: Add 10 percent for V-8 engine.

1959
Series M6-D100 - (1/2-Ton) - (108" wb)

Utiline PU	350	725	1200	2350	4850	6900
Sweptline PU	350	750	1250	2400	5050	7200
Twn Panel	350	700	1100	2300	4500	6400
6P Wag	350	700	1150	2300	4550	6500
8P Wag	350	700	1150	2300	4550	6500

Series M6-D100 - (1/2-Ton) - (116" wb)

Utiline PU	350	725	1200	2350	4800	6800
Sweptline PU	350	750	1250	2400	5100	7300
Sweptside PU	350	800	1450	2750	5600	8000
Platform	200	600	1000	2200	4000	5700
Stake	200	650	1000	2200	4100	5800

Dodge Trucks

Series M6-W300M Power-Wagon - (1-Ton) - (126" wb)

	6	5	4	3	2	1
PU	350	750	1300	2450	5250	7500

NOTE: Add 10 percent for V-8 engine.

1960
Series P6-D100 - (1/2-Ton) - (108" wb)
Utiline PU	350	725	1200	2350	4850	6900
Sweptline PU	350	750	1250	2400	5050	7200
Twn Panel	350	700	1100	2300	4500	6400
6P Wag	350	700	1150	2300	4550	6500
8P Wag	350	700	1150	2300	4550	6500

Series P6-D100 - (1/2-Ton) - (116" wb)
Utiline PU	350	725	1200	2350	4800	6800
Sweptline PU	350	750	1250	2400	5100	7300
Platform	200	600	1000	2200	4000	5700
Stake	200	650	1000	2200	4100	5800

Series P6-W300 Power-Wagon - (1-Ton) - (126" wb)
Utiline PU	350	750	1300	2450	5250	7500

NOTE: Add 10 percent for V-8 engine.

1961
Series R6-WM300 - (1-Ton) - (126" wb)
PU	350	750	1200	2350	4900	7000

1962
S6-WM300 Power-Wagon - (1-Ton) - (126" wb)
PU	350	750	1200	2350	4900	7000

1963
T6-WM300 Power-Wagon - (1-Ton) - (126" wb)
Utiline PU	350	750	1200	2350	4900	7000

1964
V6-WM300 Power-Wagon - (1-Ton) - (126" wb)
Utiline PU	350	750	1200	2350	4900	7000

NOTE: Add 4 percent for power winch.

1965
A6-WM300 Power-Wagon - (1-Ton) - (126" wb)
Utiline PU	350	750	1200	2350	4900	7000

NOTE: Add 4 percent for power winch.

1966
B6-WM300 Power-Wagon - (1-Ton) - (126" wb)
Utiline PU	350	750	1200	2350	4900	7000

NOTE: Add 4 percent for power winch.

1967
WM300 Power-Wagon - (1-Ton) - (126" wb)
Utiline PU	350	750	1200	2350	4900	7000

NOTE: Add 4 percent for power winch.

1968
WM300 Power-Wagon - (1-Ton) - (126" wb)
Utiline PU	350	750	1200	2350	4900	7000

NOTE: Add 4 percent for power winch.

1978
Series D100 - (1/2-Ton)
Utiline PU (131" wb)	200	600	950	2150	3850	5500

NOTE: Add 40 percent for Li'l Red Express.
Add 20 percent for Warlock option.
Add 20 percent for Macho Power-Wagon option.

1979
Series D100 - (1/2-Ton)
Utiline PU (115" wb)	200	550	900	2150	3800	5400

Series D150 - (HD - 1/2-Ton)
Utiline PU (115" wb)	200	500	850	1900	3500	5000

NOTE: Add 40 percent for Li'l Red Express.
Add 20 percent for Warlock options.
Add 20 percent for Macho Power-Wagon option.

FORD TRUCKS

1928
Model A - (103" wb)
Sed Dly	450	1450	2400	4800	8400	12,000
Open Cab PU	400	1300	2200	4400	7700	11,000
Closed Cab PU	350	800	1450	2750	5600	8000
Panel	350	750	1250	2400	5050	7200

Ford Trucks 489

1929
Model A - (103" wb)

	6	5	4	3	2	1
Sed Dly	450	1450	2400	4800	8400	12,000
Open Cab PU	400	1300	2200	4400	7700	11,000
Closed Cab PU	350	800	1450	2750	5600	8000
Panel	350	750	1250	2400	5050	7200

1930
Model A - (103" wb)

Town Car Dly	750	2400	4000	8000	14,000	20,000
DeL Dly	750	2400	4000	8000	14,000	20,000
Open Cab PU	400	1250	2100	4200	7400	10,500
Closed Cab PU	350	900	1550	3050	5900	8500
Panel Dly	350	800	1450	2750	5600	8000

1931
Model A - (103" wb)

Town Car Dly	750	2400	4000	8000	14,000	20,000
DeL Dly	750	2400	4000	8000	14,000	20,000
Open Cab PU	400	1250	2100	4200	7400	10,500
Closed Cab PU	350	900	1550	3050	5900	8500
Drop Floor Panel	350	750	1300	2500	5300	7600
Panel	350	750	1300	2450	5250	7500
DeL Panel	350	800	1450	2750	5600	8000

1932
(106" wb)

Sed Dly	600	1900	3200	6400	11,200	16,000
Open Cab PU	400	1300	2200	4400	7700	11,000
Closed Cab PU	350	750	1350	2600	5400	7700
Panel	350	750	1350	2650	5450	7800
DeL Panel	350	800	1450	2750	5600	8000

1933
(113" wb)

Sed Dly	500	1550	2600	5200	9100	13,000
Closed Cab PU	350	750	1250	2400	5050	7200
Panel	350	800	1450	2750	5600	8000
DeL Panel	350	900	1550	3050	5900	8500

1934
(112" wb)

Sed Dly	500	1600	2700	5400	9500	13,500
Closed Cab PU	350	750	1300	2450	5250	7500
Panel	350	800	1450	2750	5600	8000
DeL Panel	350	900	1550	3050	5900	8500

1935
(112" wb)

Sed Dly	450	1500	2500	5000	8800	12,500
PU	350	750	1200	2350	4900	7000
Panel	350	725	1200	2350	4800	6800
DeL Panel	350	750	1200	2350	4900	7000

1936
(112" wb)

Sed Dly	450	1500	2500	5000	8800	12,500
PU	350	750	1200	2350	4900	7000
Panel	350	725	1200	2350	4800	6800
DeL Panel	350	750	1200	2350	4900	7000

1937
(112" wb)

Sed Dly	400	1300	2200	4400	7700	11,000
PU	350	725	1200	2350	4800	6800
Panel	350	700	1150	2300	4600	6600

1938
(112" wb)

Sed Dly	400	1300	2200	4400	7700	11,000
Panel	350	725	1200	2350	4800	6800
PU	350	725	1200	2350	4800	6800

1939
(1/2-Ton) - (112" wb)

Sed Dly	450	1450	2400	4800	8400	12,000
PU	350	725	1200	2350	4800	6800
Panel	350	725	1200	2350	4800	6800

1940
(1/2-Ton) - (112" wb)

Sed Dly	500	1550	2600	5200	9100	13,000
PU	350	750	1300	2450	5250	7500
Panel	350	750	1300	2450	5250	7500

1941
(1/2-Ton) - (112" wb)

	6	5	4	3	2	1
Sed Dly	500	1550	2600	5200	9100	13,000
PU	350	750	1300	2450	5250	7500
Panel	350	750	1300	2450	5250	7500

1942
(1/2-Ton) - (114" wb)

Sed Dly	500	1550	2600	5200	9100	13,000
PU	350	750	1300	2450	5250	7500
Panel	350	750	1250	2400	5100	7300

1944
(1/2-Ton) - (114" wb)

PU	350	750	1300	2450	5250	7500
Panel	350	750	1250	2400	5100	7300

1945
(1/2-Ton) - (114" wb)

PU	350	750	1300	2450	5250	7500
Panel	350	750	1250	2400	5100	7300

1946
(1/2-Ton) - (114" wb)

Sed Dly	500	1550	2600	5200	9100	13,000
PU	350	750	1300	2450	5250	7500
Panel	350	750	1250	2400	5100	7300

1947
(1/2-Ton) - (114" wb)

Sed Dly	500	1550	2600	5200	9100	13,000
PU	350	750	1300	2450	5250	7500
Panel	350	750	1250	2400	5100	7300

1948
F-1 - (1/2-Ton)

PU	350	850	1500	2800	5650	8100
Panel	350	800	1450	2750	5600	8000

1949
F-1 - (1/2-Ton)

PU	350	850	1500	2800	5650	8100
Panel	350	800	1450	2750	5600	8000

1950
F-1 - (1/2-Ton)

PU	350	850	1500	2800	5650	8100
Panel	350	800	1450	2750	5600	8000

1951
F-1 - (1/2-Ton)

PU	350	850	1500	2900	5700	8200
Panel	350	850	1500	2800	5650	8100

1952
Courier

Sed Dly	350	900	1550	3050	5900	8500

F-1 - (1/2-Ton)

PU	350	850	1500	2900	5700	8200
Panel	350	850	1500	2800	5650	8100

1953
Courier

Sed Dly	350	900	1550	3050	5900	8500

F-100 - (1/2-Ton)

PU	350	900	1550	3050	5900	8500
Panel	350	850	1500	2900	5700	8200

1954
Courier

Sed Dly	350	900	1550	3100	6000	8600

F-100 - (1/2-Ton)

PU	350	900	1550	3050	5900	8500
Panel	350	850	1500	2900	5700	8200

1955
Courier

Sed Dly	450	950	1600	3250	6150	8800

F-100 - (1/2-Ton)

PU	350	900	1550	3050	5900	8500
Panel	350	850	1500	2900	5700	8200

1956
Courier

Sed Dly	450	1000	1600	3300	6250	8900

F-100 - (1/2-Ton)

PU	450	1000	1650	3350	6300	9000

Ford Trucks

	6	5	4	3	2	1
Panel	350	900	1550	3050	5900	8500
1957						
Courier						
Sed Dly	350	900	1550	3050	5900	8500
Ranchero						
PU	450	1100	1700	3650	6650	9500
Cus PU	400	1200	2000	3950	7000	10,000
F-100 - (1/2-Ton)						
Flareside PU	350	750	1300	2450	5250	7500
Styleside PU	350	800	1450	2750	5600	8000
Panel	350	750	1350	2650	5450	7800
1958						
Courier						
Sed Dly	350	900	1550	3050	5900	8500
Ranchero						
PU	450	1000	1650	3350	6300	9000
Cus PU	450	1100	1700	3650	6650	9500
F-100 - (1/2-Ton)						
Flareside PU	350	750	1350	2650	5450	7800
Styleside PU	350	750	1350	2600	5400	7700
Panel	350	750	1250	2400	5050	7200
1959						
Courier						
Sed Dly	350	700	1150	2300	4550	6500
Ranchero						
PU	450	1100	1700	3650	6650	9500
Cus PU	400	1200	2000	3950	7000	10,000
F-100 - (1/2-Ton)						
Flareside PU	350	750	1350	2650	5450	7800
Styleside PU	350	750	1350	2600	5400	7700
Panel	350	750	1250	2400	5050	7200
1960						
Courier						
Sed Dly	200	650	1050	2250	4200	6000
Ranchero (Falcon)						
PU	350	700	1100	2300	4500	6400
F-100 - (1/2-Ton)						
Flareside PU	350	750	1350	2650	5450	7800
Styleside PU	350	750	1350	2600	5400	7700
Panel	350	750	1250	2400	5050	7200

1961 Ford Falcon Ranchero Pickup

1961
Falcon						
Sed Dly	200	650	1050	2250	4200	6000
Ranchero	350	700	1100	2300	4500	6400
F-100 - (1/2-Ton)						
Flareside PU	350	750	1350	2650	5450	7800
Styleside PU	350	750	1350	2600	5400	7700
Panel	350	750	1250	2400	5050	7200

1962
Falcon

	6	5	4	3	2	1
Sed Dly	200	650	1000	2200	4100	5800
Ranchero	200	675	1050	2250	4350	6200
F-100 - (1/2-Ton)						
Flareside PU	350	750	1350	2650	5450	7800
Styleside PU	350	750	1350	2600	5400	7700
Panel	350	750	1250	2400	5050	7200

1963
Falcon

Sed Dly	200	650	1000	2200	4100	5800
Ranchero	200	675	1050	2250	4350	6200
F-100 - (1/2-Ton)						
Flareside PU	350	750	1350	2650	5450	7800
Styleside PU	350	750	1350	2600	5400	7700
Panel	350	750	1250	2400	5050	7200

1964
Falcon

Sed Dly	200	600	950	2150	3850	5500
Ranchero	200	600	1000	2200	4000	5700
F-100 - (1/2-Ton)						
Flareside PU	350	750	1350	2650	5450	7800
Styleside PU	350	750	1350	2600	5400	7700
Panel	350	750	1250	2400	5050	7200

1965
Falcon

Sed Dly	200	600	950	2150	3850	5500
Ranchero	200	600	1000	2200	4000	5700
F-100 - (1/2-Ton)						
Flareside PU	350	750	1350	2650	5450	7800
Styleside PU	350	750	1350	2600	5400	7700
Panel	350	750	1250	2400	5050	7200

1966
Ranchero

PU	350	750	1200	2350	4900	7000
Cus PU	350	750	1300	2450	5250	7500
Bronco (4WD)						
Rds	350	750	1250	2400	5050	7200
Spts Utl	350	750	1300	2450	5250	7500
Wag	350	750	1300	2450	5250	7500
F-100 - (1/2-Ton)						
Flareside PU	350	750	1350	2650	5450	7800
Styleside PU	350	750	1350	2600	5400	7700
Panel	350	750	1250	2400	5050	7200

1967
Ranchero

Fairlane 500 PU	350	750	1200	2350	4900	7000
Fairlane 500XL PU	350	750	1300	2450	5250	7500
Bronco						
Rds	350	750	1250	2400	5050	7200
Spts Utl	350	750	1300	2450	5250	7500
PU	200	650	1050	2250	4200	6000

1968
Ranchero

Fairlane PU	350	800	1450	2750	5600	8000
Fairlane GT PU	350	850	1500	2900	5700	8200
Bronco (4WD)						
Rds	350	750	1250	2400	5050	7200
Spts Utl	350	750	1300	2450	5250	7500
Wag	350	750	1300	2450	5250	7500
F-100 - (1/2-Ton)						
Flareside PU	350	750	1350	2650	5450	7800
Styleside PU	350	750	1350	2600	5400	7700
Panel	350	750	1250	2400	5050	7200

1969
Ranchero

Fairlane PU	350	800	1450	2750	5600	8000
Fairlane GT PU	350	850	1500	2900	5700	8200
Bronco						
PU	350	750	1250	2400	5050	7200
Wag	350	750	1300	2450	5250	7500
F-100 - (1/2-Ton)						
Flareside PU	350	750	1350	2650	5450	7800
Styleside PU	350	750	1350	2600	5400	7700

1970
Ranchero

	6	5	4	3	2	1
PU	350	725	1150	2300	4700	6700
GT PU	350	750	1300	2500	5300	7600
500 PU	350	750	1300	2400	5200	7400
Sq PU	350	750	1350	2600	5400	7700

Bronco (4WD)

| PU | 350 | 750 | 1250 | 2400 | 5050 | 7200 |
| Wag | 350 | 750 | 1300 | 2450 | 5250 | 7500 |

F-100 - (1/2-Ton)

| Flareside PU | 350 | 850 | 1500 | 2800 | 5650 | 8100 |
| Styleside PU | 350 | 800 | 1450 | 2750 | 5600 | 8000 |

1971
Ranchero

PU	350	725	1150	2300	4700	6700
GT PU	350	750	1300	2500	5300	7600
500 PU	350	750	1300	2400	5200	7400
Sq PU	350	750	1350	2600	5400	7700

Bronco (4WD)

| PU | 350 | 750 | 1250 | 2400 | 5050 | 7200 |
| Wag | 350 | 750 | 1300 | 2450 | 5250 | 7500 |

F-100 - (1/2-Ton)

| Flareside PU | 350 | 850 | 1500 | 2800 | 5650 | 8100 |
| Styleside PU | 350 | 800 | 1450 | 2750 | 5600 | 8000 |

1972
Ranchero

GT PU	350	750	1250	2400	5050	7200
500 PU	350	750	1200	2350	4900	7000
Sq PU	350	750	1300	2450	5250	7500

Bronco (4WD)

| PU | 350 | 750 | 1250 | 2400 | 5050 | 7200 |
| Wag | 350 | 750 | 1300 | 2450 | 5250 | 7500 |

F-100 - (1/2-Ton)

| Flareside PU | 350 | 850 | 1500 | 2800 | 5650 | 8100 |
| Styleside PU | 350 | 800 | 1450 | 2750 | 5600 | 8000 |

1973
Ranchero

GT PU	350	750	1300	2400	5200	7400
500 PU	350	750	1250	2400	5050	7200
Sq PU	350	750	1350	2600	5400	7700

Bronco (4WD)

| PU | 350 | 725 | 1150 | 2300 | 4700 | 6700 |
| Wag | 350 | 750 | 1200 | 2350 | 4900 | 7000 |

F-100

| Flareside PU | 200 | 675 | 1050 | 2250 | 4350 | 6200 |
| Styleside PU | 350 | 700 | 1100 | 2300 | 4500 | 6400 |

1974
Ranchero

500 PU	350	725	1150	2300	4700	6700
GT PU	350	750	1250	2400	5050	7200
Sq PU	350	750	1350	2600	5400	7700

Bronco (4WD)

| Wag | 350 | 725 | 1150 | 2300 | 4700 | 6700 |

F-100

| Flareside PU | 200 | 675 | 1050 | 2250 | 4350 | 6200 |
| Styleside PU | 350 | 700 | 1100 | 2300 | 4500 | 6400 |

1975
Ranchero

500 PU	350	725	1150	2300	4700	6700
GT PU	350	750	1250	2400	5050	7200
Sq PU	350	750	1350	2600	5400	7700

Bronco (4WD)

| Wag | 350 | 725 | 1200 | 2350 | 4800 | 6800 |

GMC TRUCKS

1937
Light Duty

| PU | 350 | 700 | 1150 | 2300 | 4550 | 6500 |
| Panel | 200 | 675 | 1050 | 2250 | 4350 | 6200 |

1937 GMC half-ton pickup

1938
Light Duty - (1/2-Ton)

	6	5	4	3	2	1
PU	350	700	1150	2300	4600	6600
Panel	350	700	1100	2300	4500	6400

1939
Light Duty - (1/2-Ton)

PU	350	700	1150	2300	4600	6600
Panel	350	700	1100	2300	4500	6400

1940
Light Duty - (1/2-Ton) - (113.5" wb)

PU	350	700	1150	2300	4600	6600
Panel	350	700	1100	2300	4500	6400
Canopy Dly	350	700	1150	2300	4550	6500
Screenside Dly	350	700	1150	2300	4550	6500
Suburban	350	700	1150	2300	4600	6600

1941
Light Duty - (1/2-Ton) - (115" wb)

PU	350	725	1200	2350	4800	6800
Panel	350	700	1150	2300	4600	6600
Canopy Dly	350	725	1150	2300	4700	6700
Screenside Dly	350	725	1150	2300	4700	6700
Suburban	350	725	1200	2350	4800	6800

1942
Light Duty - (1/2-Ton) - (115" wb)

PU	350	725	1200	2350	4800	6800
Panel	350	700	1150	2300	4600	6600
Canopy Dly	350	725	1150	2300	4700	6700
Screenside Dly	350	725	1150	2300	4700	6700
Suburban	350	725	1200	2350	4800	6800

1946
Light Duty - (1/2-Ton) - (115" wb)

PU	350	725	1200	2350	4800	6800
Panel	350	700	1150	2300	4600	6600
Canopy Dly	350	725	1150	2300	4700	6700
Screenside Dly	350	725	1150	2300	4700	6700
Suburban	350	725	1200	2350	4800	6800

1947
Light Duty - (1/2-Ton) - (115" wb)

PU	350	725	1200	2350	4800	6800
Panel	350	700	1150	2300	4600	6600
Canopy Dly	350	725	1150	2300	4700	6700
Screenside Dly	350	725	1150	2300	4700	6700
Suburban	350	725	1200	2350	4800	6800

1948
Series FC-101

PU	350	850	1500	2900	5700	8200

	6	5	4	3	2	1
Panel	350	750	1300	2500	5300	7600
Canopy Exp	350	750	1350	2600	5400	7700
Suburban	350	750	1350	2650	5450	7800

1949 GMC Model 101 Suburban Carryall

1949
Series FC-101
PU	450	1050	1650	3500	6400	9200
Panel	350	750	1300	2500	5300	7600
Canopy Exp	350	750	1350	2600	5400	7700
Suburban	350	750	1350	2650	5450	7800

1950
Series FC-101
PU	400	1200	2000	3950	7000	10,000
Panel	350	750	1300	2500	5300	7600
Canopy Exp	350	750	1350	2600	5400	7700
Suburban	350	750	1350	2650	5450	7800

1951
Series 100--22 - (1/2-Ton) - (116" wb)
PU	400	1200	2000	3950	7000	10,000
Panel	350	750	1300	2500	5300	7600
Canopy Exp	350	750	1350	2600	5400	7700
Suburban	350	750	1350	2650	5450	7800
Package Dly	350	750	1200	2350	4900	7000

1952
Series 100--22 - (1/2-Ton) - (116" wb)
PU	400	1200	2000	3950	7000	10,000
Panel	350	750	1300	2500	5300	7600
Canopy Exp	350	750	1350	2600	5400	7700
Suburban	350	750	1350	2650	5450	7800

1953
Series 100--22 - (1/2-Ton) - (116" wb)
PU	400	1200	2000	3950	7000	10,000
Panel	350	750	1300	2500	5300	7600
Canopy Exp	350	750	1350	2600	5400	7700
Suburban	350	750	1350	2650	5450	7800

1954
Series 100--22
PU	400	1250	2100	4200	7400	10,500
Panel	350	750	1350	2650	5450	7800
Canopy Dly	350	800	1350	2700	5500	7900
Suburban	350	800	1450	2750	5600	8000
PU (LWB)	350	900	1550	3000	5850	8400

496 GMC Trucks

1955 GMC half-ton Custom Cab Stepside pickup

1955
Series 100-22

	6	5	4	3	2	1
PU	400	1250	2100	4200	7400	10,500
Panel	350	750	1350	2650	5450	7800
Canopy Exp	350	800	1350	2700	5500	7900
Suburban	350	800	1450	2750	5600	8000
PU (LWB)	350	900	1550	3000	5850	8400

Series 100
PU	400	1300	2200	4400	7700	11,000
Panel	350	950	1600	3200	6050	8700
Dly Panel	450	1000	1600	3300	6250	8900
Suburban PU	450	1450	2400	4800	8400	12,000
Suburban	450	1000	1650	3350	6300	9000

1956
Series 100
PU	400	1300	2200	4400	7700	11,000
Panel	350	950	1600	3200	6050	8700
Dly Panel	450	1000	1600	3300	6250	8900
Suburban PU	450	1450	2400	4800	8400	12,000
Suburban	450	1000	1650	3350	6300	9000

1957
Series 100
PU	400	1300	2200	4400	7700	11,000
Panel	350	950	1600	3200	6050	8700
Dly Panel	450	1000	1600	3300	6250	8900
Suburban PU	450	1450	2400	4800	8400	12,000
Suburban	450	1000	1650	3350	6300	9000

1958
Series 100
PU	400	1200	2000	3950	7000	10,000
Wide-Side PU	350	950	1600	3200	6050	8700
PU (LWB)	350	850	1500	2950	5800	8300
Wide-Side PU (LWB)	450	1100	1700	3650	6650	9500
Panel	350	900	1550	3050	5900	8500
Panel DeL	350	950	1600	3200	6050	8700
Suburban	450	950	1600	3250	6150	8800

1959
Series 100
PU	450	1050	1700	3550	6500	9300
Wide-Side PU	350	950	1600	3200	6050	8700
PU (LWB)	350	850	1500	2950	5800	8300
Wide-Side PU (LWB)	350	900	1550	3000	5850	8400
Panel	350	900	1550	3050	5900	8500
Panel DeL	350	950	1600	3200	6050	8700
Suburban	450	950	1600	3250	6150	8800

GMC Trucks 497

1960 GMC half-ton Wide-Side pickup

1960
1/2-Ton) - (115" wb)

	6	5	4	3	2	1
Fender-Side PU	350	750	1300	2450	5250	7500
Wide-Side PU	350	800	1450	2750	5600	8000
(1/2-Ton) - (127" wb)						
Fender-Side PU	350	750	1300	2450	5250	7500
Wide-Side PU	350	800	1450	2750	5600	8000
Panel	200	600	950	2200	3900	5600

1961
(1/2-Ton) - (115" wb)

Fender-Side PU	350	750	1300	2450	5250	7500
Wide-Side PU	350	800	1450	2750	5600	8000
(1/2-Ton) - (127' wb)						
Fender-Side PU	350	750	1300	2450	5250	7500
Wide-Side PU	350	800	1450	2750	5600	8000
Panel	200	600	1000	2200	4000	5700
Suburban	200	650	1050	2250	4200	6000

1962
(1/2-Ton) - (115" wb)

Fender-Side PU	350	750	1300	2450	5250	7500
Wide-Side PU	350	800	1450	2750	5600	8000
(1/2-Ton) - (127" wb)						
Fender-Side PU	350	750	1300	2450	5250	7500
Wide-Side PU	350	800	1450	2750	5600	8000
Panel	200	600	1000	2200	4000	5700
Suburban	200	650	1050	2250	4200	6000

1963
(1/2-Ton) - (115" wb)

Fender-Side PU	350	750	1300	2450	5250	7500
Wide-Side PU	350	800	1450	2750	5600	8000
(1/2-Ton) - (127" wb)						
Fender-Side PU	350	750	1300	2450	5250	7500
Wide-Side PU	350	800	1450	2750	5600	8000
Panel	200	600	1000	2200	4000	5700
Suburban	200	650	1050	2250	4200	6000

1964
(1/2-Ton) - (115" wb)

Fender-Side PU	350	750	1300	2450	5250	7500
Wide-Side PU	350	800	1450	2750	5600	8000
(1/2-Ton) - (127" wb)						
Fender-Side PU	350	750	1300	2450	5250	7500
Wide-Side PU	350	800	1450	2750	5600	8000
Panel	200	600	1000	2200	4000	5700
Suburban	200	650	1050	2250	4200	6000

1965
(1/2-Ton) - (115" wb)

Fender-Side PU	350	750	1300	2450	5250	7500
Wide-Side PU	350	800	1450	2750	5600	8000
(1/2-Ton) - (127" wb)						
Fender-Side PU	350	750	1300	2450	5250	7500
Wide-Side PU	350	800	1450	2750	5600	8000

	6	5	4	3	2	1
Panel	200	600	1000	2200	4000	5700
Suburban	200	650	1050	2250	4200	6000
1966						
(1/2-Ton) - (115" wb)						
Fender-Side PU	350	750	1300	2500	5300	7600
Wide-Side PU	350	850	1500	2800	5650	8100
(1/2-Ton) - (127" wb)						
Fender-Side PU	350	750	1300	2500	5300	7600
Wide-Side PU	350	850	1500	2800	5650	8100
Panel	200	650	1000	2200	4100	5800
Suburban	200	675	1050	2250	4300	6100
1967						
(1/2-Ton) - (115" wb)						
Fender-Side PU	350	900	1550	3100	6000	8600
Wide-Side PU	450	1000	1650	3400	6350	9100
(1/2-Ton) - (127" wb)						
Fender-Side PU	350	900	1550	3100	6000	8600
Wide-Side PU	450	1000	1650	3400	6350	9100
Panel	200	675	1050	2250	4300	6100
Suburban	350	700	1150	2300	4600	6600
1968						
(1/2-Ton) - (115" wb)						
Fender-Side PU	350	900	1550	3050	5900	8500
Wide-Side PU	450	1000	1650	3350	6300	9000
(1/2-Ton) - (127" wb)						
Fender-Side PU	350	900	1550	3050	5900	8500
Wide-Side PU	450	1000	1650	3350	6300	9000
Panel	200	650	1050	2250	4200	6000
Suburban	350	700	1150	2300	4550	6500
1969						
(1/2-Ton) - (115" wb)						
Fender-Side PU	350	950	1600	3200	6050	8700
Wide-Side PU	450	1050	1650	3500	6400	9200
(1/2-Ton) - (127" wb)						
Fender-Side PU	350	950	1600	3200	6050	8700
Wide-Side PU	450	1050	1650	3500	6400	9200
Panel	200	650	1050	2250	4200	6000
Suburban	350	700	1150	2300	4600	6600
1970						
(1/2-Ton) - (115" wb)						
Fender-Side PU	350	950	1600	3200	6050	8700
Wide-Side PU	450	1050	1650	3500	6400	9200
(1/2-Ton) - (127" wb)						
Fender-Side PU	350	950	1600	3200	6050	8700
Wide-Side PU	450	1050	1650	3500	6400	9200
Panel	200	650	1050	2250	4200	6000
Suburban	350	700	1150	2300	4600	6600
Jimmy (104" wb)						
Jimmy (4WD)	450	1000	1650	3350	6300	9000
1971						
Sprint (1/2-Ton)						
PU	400	1250	2100	4200	7400	10,500
(1/2-Ton) - (115" wb)						
Fender-Side PU	450	1000	1650	3350	6300	9000
Wide-Side PU	450	1000	1650	3400	6350	9100
Jimmy (4WD)	450	1000	1650	3350	6300	9000
(1/2-Ton) - (127" wb)						
Fender-Side PU	450	1000	1650	3400	6350	9100
Wide-Side PU	450	1050	1650	3500	6400	9200
Panel	200	675	1100	2250	4400	6300
Suburban	350	700	1150	2300	4550	6500
1972						
Sprint (1/2-Ton)						
PU	400	1250	2100	4200	7400	10,500
(1/2-Ton) - (115" wb)						
Fender-Side PU	450	1000	1650	3400	6350	9100
Wide-Side PU	450	1050	1650	3500	6400	9200
Jimmy (4WD)	450	1000	1650	3350	6300	9000
(1/2-Ton) - (127" wb)						
Fender-Side PU	450	1050	1650	3500	6400	9200
Wide-Side PU	450	1050	1700	3550	6500	9300
Panel	200	675	1100	2250	4400	6300
Suburban	350	700	1150	2300	4550	6500

HUDSON TRUCKS

1940
Hudson Six Series

	6	5	4	3	2	1
PU	450	1000	1650	3350	6300	9000
Panel Dly	350	900	1550	3050	5900	8500

Traveler Line

Utl Coach	200	600	950	2150	3850	5500
Utl Cpe	200	650	1050	2250	4200	6000
Sta Wag	450	1450	2400	4800	8400	12,000
Taxicab	350	700	1150	2300	4550	6500

"Big Boy" Series

PU	350	900	1550	3050	5900	8500
Panel Dly	350	800	1450	2750	5600	8000
9P Carryall Sed	200	650	1050	2250	4200	6000
7P Sed	200	600	950	2150	3850	5500

1941
Hudson Six Series

PU	350	900	1550	3050	5900	8500
All-Purpose Dly	350	900	1550	3050	5900	8500

Traveler Line

Utl Cpe	200	650	1050	2250	4200	6000
Utl Coach	200	600	950	2150	3850	5500

"Big Boy Series

PU	350	900	1550	3050	5900	8500
9P Carryall Sed	200	650	1050	2250	4200	6000
Taxicab	350	700	1150	2300	4550	6500

1942
Traveler Series

Utl Cpe	200	650	1050	2250	4200	6000
Utl Coach	200	600	950	2150	3850	5500

Hudson Six Series

PU	350	900	1550	3050	5900	8500

Hudson "Big Boy" Series

PU	350	750	1300	2450	5250	7500

1946
Cab Pickup Series

Cab PU	450	1000	1650	3350	6300	9000

1947 Hudson Coupe Express pickup

1947
Series 178

PU	450	1000	1650	3350	6300	9000

IHC TRUCKS

1941
Series K-1 - (1/2-Ton) - (113" wb)

PU	450	1000	1650	3350	6300	9000

500　IHC Trucks

	6	5	4	3	2	1
Canopy	450	1050	1650	3500	6400	9200
Panel	450	1000	1650	3400	6350	9100
Series K-1 - (1/2-Ton) - (125" wb)						
PU	450	950	1600	3250	6150	8800
Canopy	450	1000	1650	3350	6300	9000
Panel	450	1000	1600	3300	6250	8900
1942						
Series K-1 - (1/2-Ton) - (113" wb)						
PU	350	725	1200	2350	4850	6900
Canopy	350	750	1200	2350	4900	7000
Panel	350	725	1150	2300	4700	6700
Series K-1 - (1/2-Ton) - (125" wb)						
PU	350	725	1200	2350	4800	6800
Canopy	350	725	1200	2350	4850	6900
Panel	350	700	1150	2300	4600	6600
1946						
Series K-1 - (1/2-Ton) - (113" wb)						
PU	350	700	1150	2300	4600	6600
Panel	200	600	1000	2200	4000	5700
Series K-1 - (1/2-Ton) - (125" wb)						
PU	350	700	1150	2300	4550	6500
Panel	200	600	950	2200	3900	5600
Station Wagon						
Sta Wag	400	1250	2100	4200	7400	10,500
1947-1949						
Series KB-1 - (1/2-Ton) - (113" wb)						
Exp PU	350	700	1150	2300	4600	6600
Panel	200	600	1000	2200	4000	5700
Series KB-1 - (1/2-Ton) - (125" wb)						
Exp PU	350	700	1150	2300	4550	6500
Panel	200	600	950	2200	3900	5600

1952 IHC L-100 Travelall station wagon

1950-1952
Series L-110/L-111 - (1/2-Ton)

PU (6-1/2 ft.)	200	675	1050	2250	4350	6200
PU (8-ft.)	200	675	1050	2250	4300	6100
Panel (7-1/2 ft.)	200	600	950	2150	3850	5500

1953-1955
Series R-100 Light Duty - (1/2-Ton) - (115" wb)

PU (6-1/2 ft.)	200	675	1050	2250	4350	6200

Series R-110 Heavy Duty - (1/2-Ton) - (115" or 127" wb)

PU (6-1/2 ft.)	200	675	1050	2250	4300	6100
Panel (7-1/2 ft.)	200	550	900	2150	3800	5400
PU (8 ft.)	200	650	1050	2250	4200	6000

IHC Trucks 501

1956-1957
Series S-100 - (1/2-Ton) - (115" wb)

	6	5	4	3	2	1
PU (6-1/2 ft.)	350	700	1150	2300	4600	6600

Series S-110 - (Heavy Duty 1/2-Ton) - (115" or 127" wb)

PU (6-1/2 ft.)	350	700	1150	2300	4550	6500
Panel	200	600	950	2150	3850	5500
Travelall	200	650	1050	2250	4200	6000
PU (8-ft.)	350	700	1100	2300	4500	6400

1957-1/2 - 1958
Series A-100 - (1/2-Ton) - (7-ft.)

PU	350	700	1150	2300	4550	6500
Cus PU	350	725	1150	2300	4700	6700
Panel	200	600	950	2200	3900	5600
Travelall	200	675	1050	2250	4300	6100

Series A-110 - (Heavy Duty) - (1/2-Ton)

PU (7-ft.)	350	700	1100	2300	4500	6400
Cus PU (7-ft.)	350	700	1150	2300	4600	6600
Panel (7-ft.)	200	600	950	2150	3850	5500
Travelall	200	650	1050	2250	4200	6000
PU (8-1/2 ft.)	200	650	1050	2250	4200	6000
Utl PU (6-ft.)	200	550	900	2150	3800	5400
Cus Utl PU (6-ft.)	200	600	950	2150	3850	5500

1959
Series B-110/B-112 - (Heavy Duty) - (1/2-Ton)

PU (7-ft.)	200	650	1050	2250	4200	6000
Panel	200	500	850	1900	3500	5000
Travelall	200	600	1000	2200	4000	5700
PU (8-1/2 ft.)	200	600	950	2150	3850	5500
Travelette	200	550	900	2000	3600	5200

1960
Series B-100/B-102 - (1/2-Ton)

PU (7-ft.)	350	700	1100	2300	4500	6400
Panel (7-ft.)	200	550	900	2000	3600	5200
Travelall	200	675	1050	2250	4350	6200

Series B-110/B-112 - (Heavy Duty) - (1/2-Ton)

PU (7-ft.)	200	675	1050	2250	4350	6200
Panel	150	450	800	1750	3250	4700
Travelall	200	650	1000	2200	4150	5900
PU (8-1/2 ft.)	200	600	1000	2200	4000	5700
Travelette	200	550	900	2150	3800	5400

IMPORTED CARS

AC/ACE/FORD-SHELBY-COBRA

1947-52
Two-Litre - (6-cyl) - (117" wb) - (various bodies)

	6	5	4	3	2	1
2d DHC	1150	3600	6000	12,000	21,000	30,000
4d Saloon	950	3000	5000	10,000	17,500	25,000

1953-54
Ace - (6-cyl) - (90" wb)
| 2d Rds | 2250 | 7200 | 12,000 | 24,000 | 42,000 | 60,000 |

1955-56
Ace - (6-cyl) - (90" wb)
| 2d Rds | 2250 | 7200 | 12,000 | 24,000 | 42,000 | 60,000 |

Aceca - (6-cyl) - (90" wb)
| 2d FBk Cpe | 1700 | 5400 | 9000 | 18,000 | 31,500 | 45,000 |

1957
Ace - (6-cyl) - (90" wb)
| 2d Rds | 2250 | 7200 | 12,000 | 24,000 | 42,000 | 60,000 |

Aceca - (6-cyl) - (90" wb)
| 2d FBk Cpe | 1700 | 5400 | 9000 | 18,000 | 31,500 | 45,000 |

1958
Ace - (6-cyl) - (90" wb)
| 2d Rds | 2250 | 7200 | 12,000 | 24,000 | 42,000 | 60,000 |

Aceca - (6-cyl) - (90" wb)
| 2d FBk Cpe | 1700 | 5400 | 9000 | 18,000 | 31,500 | 45,000 |

1959
Ace - (6-cyl) - (90" wb)
| 2d Rds | 2250 | 7200 | 12,000 | 24,000 | 42,000 | 60,000 |

Aceca - (6-cyl) - (90" wb)
| 2d FBk Cpe | 1700 | 5400 | 9000 | 18,000 | 31,500 | 45,000 |

1960
Ace - (6-cyl) - (90" wb)
| 2d Rds | 2250 | 7200 | 12,000 | 24,000 | 42,000 | 60,000 |

Aceca - (6-cyl) - (90" wb)
| 2d FBk Cpe | 1700 | 5400 | 9000 | 18,000 | 31,500 | 45,000 |

1961
Ace - (6-cyl) - (90" wb)
| 2d Rds | 2250 | 7200 | 12,000 | 24,000 | 42,000 | 60,000 |

Aceca - (6-cyl) - (90" wb)
| 2d FBk Cpe | 1700 | 5400 | 9000 | 18,000 | 31,500 | 45,000 |

1962
Ace - (6-cyl) - (90" wb)
| 2d Rds | 2250 | 7200 | 12,000 | 24,000 | 42,000 | 60,000 |

Aceca - (6-cyl) - (90" wb)
| 2d FBk Cpe | 1700 | 5400 | 9000 | 18,000 | 31,500 | 45,000 |

Ford/AC Shelby Cobra - (260/289 V-8) - (90" wb)
| 2d Rds | 5100 | 16,300 | 27,200 | 54,400 | 95,200 | 136,000 |

1963
Ace - (6-cyl) - (90" wb)
| 2d Rds | 2250 | 7200 | 12,000 | 24,000 | 42,000 | 60,000 |

Aceca - (6-cyl) - (90" wb)
| 2d FBk Cpe | 1700 | 5400 | 9000 | 18,000 | 31,500 | 45,000 |

Ford/AC Shelby Cobra Mark II - (289 V-8) - (90" wb)
| 2d Rds | 5250 | 16,800 | 28,000 | 56,000 | 98,000 | 140,000 |

NOTE: Add 20 percent for 1956-63 Ace or Aceca with Bristol engine.

1964
Ace - (6-cyl) - (90" wb)
| 2d Rds | 2250 | 7200 | 12,000 | 24,000 | 42,000 | 60,000 |

Aceca - (6-cyl) - (90" wb)
| 2d FBk Cpe | 2250 | 7200 | 12,000 | 24,000 | 42,000 | 60,000 |

Ford/AC Shelby Cobra Mark II - (289 V-8) - (90" wb)
| 2d Rds | 5650 | 18,000 | 30,000 | 60,000 | 105,000 | 150,000 |

1965
Ford/AC Shelby Cobra Mark II - (289 V-8) - (90" wb)
| 2d Rds | 5650 | 18,000 | 30,000 | 60,000 | 105,000 | 150,000 |

Ford/AC Shelby Cobra Mark III - (427-428 V-8) - (90" wb)
| 2d Rds | 9200 | 29,400 | 49,000 | 98,000 | 171,500 | 245,000 |

	6	5	4	3	2	1
Ford/AC 428 - (428 V-8) - (96" wb)						
2d Conv	1900	6000	10,000	20,000	35,000	50,000
2d Cpe	1700	5400	9000	18,000	31,500	45,000
Shelby Cobra Mark III - (427 SC V-8) - (90" wb)						
2d Rds					value not estimable	
NOTE: Approxiamtely 26 made.						
Shelby Cobra Daytona						
2d Cpe					value not estimable	
NOTE: 6 made.						
1966						
Ford/AC Shelby Cobra Mark III - (427/428 V-8) - (90" wb)						
2d Rds	9200	29,400	49,000	98,000	171,500	245,000
Ford/AC 289 - (289 V-8) - (90" wb)						
2d Rds	1300	4200	7000	14,000	24,500	35,000
Ford/AC 428 - (428 V-8) - (96" wb)						
2d Conv	1900	6000	10,000	20,000	35,000	50,000
2d Cpe	1700	5400	9000	18,000	31,500	45,000
1967						
Ford/AC Shelby Cobra Mark III (427/428 V-8) - (90" wb)						
2d Rds	9200	29,400	49,000	98,000	171,500	245,000
Ford/AC 289 - (289 V-8) - (90" wb)						
2d Rds	1500	4800	8000	16,000	28,000	40,000
Ford/AC 428 - (428 V-8) - (96" wb)						
2d Conv	1900	6000	10,000	20,000	35,000	50,000
2d Cpe	1700	5400	9000	18,000	31,500	45,000
1968						
Ford/AC Shelby Cobra Mark III 427/428 V-8) - (90" wb)						
2d Rds	9200	29,400	49,000	98,000	171,500	245,000
Ford/AC 289 - (289 V-8) - (90" wb)						
2d Rds	1500	4800	8000	16,000	28,000	40,000
Ford/AC 428 - (428 V-8) - (96" wb)						
2d Conv	1900	6000	10,000	20,000	35,000	50,000
2d Cpe	1700	5400	9000	18,000	31,500	45,000
1969-73						
Ford/AC 428 - (428 V-8) - (96" wb)						
2d Conv	1900	6000	10,000	20,000	35,000	50,000
2d Cpe	1700	5400	9000	18,000	31,500	45,000

ACURA

	6	5	4	3	2	1
1986						
Integra						
3d HBk RS	200	500	850	1900	3500	5000
5d HBk RS	200	550	900	2150	3800	5400
3d HBk LS	200	600	950	2150	3850	5500
5d HBk LS	200	650	1050	2250	4200	6000
Legend						
4d Sed	350	700	1150	2300	4550	6500

ALFA-ROMEO

	6	5	4	3	2	1
1946-1953						
6C-2500 Series						
(6-cyl) - (118" wb) - (106" SS) - (2443cc)						
3P Spt Cpe	600	1900	3200	6400	11,200	16,000
3P Sup Spt Cpe	850	2750	4600	9200	16,100	23,000
Spt Cbr	700	2300	3800	7600	13,300	19,000
Sup Spt Cabr	1100	3500	5800	11,600	20,300	29,000
Freccia d'Oro Cpe	700	2300	3800	7600	13,300	19,000
Spt Sed	600	1900	3200	6400	11,200	16,000
1950						
1900 - (4-cyl) - (98.5" wb) - (1884cc)						
4d Berlina Sed	400	1200	2000	3950	7000	10,000
1951						
1900 - (4-cyl) - (98.5" wb) - (1884cc)						
4d Berlina Sed	400	1200	2000	3950	7000	10,000

Alfa-Romeo

	6	5	4	3	2	1
Sprint Cpe	550	1800	3000	6000	10,500	15,000

1952
1900 - (4-cyl) - (98.5" wb) - (1884cc)

	6	5	4	3	2	1
4d Berlina Sed	400	1200	2000	3950	7000	10,000
T.I. 4d Sed	450	1450	2400	4800	8400	12,000
Sprint Cpe	550	1800	3000	6000	10,500	15,000
Sup Sprint Cpe	700	2150	3600	7200	12,600	18,000
Cabr	700	2300	3800	7600	13,300	19,000

1953
1900 - (4-cyl) - (98.5" wb) - (1884cc)

4d Berlina Sed	400	1200	2000	3950	7000	10,000

1900 - (4-cyl) - (98.5" wb) - (1975cc)

T.I. 4d Sup Sed	450	1450	2400	4800	8400	12,000
Sup Sprint Cpe	700	2150	3600	7200	12,600	18,000

1954
1900 - (4-cyl) - (98.5" wb) - (1884cc)

4d Berlina Sed	400	1200	2000	3950	7000	10,000

1900 - (4-cyl) - (98.5" wb) - (1975cc)

T.I. 4d Sup Sed	450	1450	2400	4800	8400	12,000
Sup Sprint Cpe	700	2150	3600	7200	12,600	18,000

(4-cyl) - (93.7" wb) - (1290cc)

Giulietta Sprint Cpe	500	1550	2600	5200	9100	13,000

1955
1900 - (4-cyl) - (98.5" wb) - (1975cc)

T.I. 4d Sup Sed	450	1450	2400	4800	8400	12,000
Sup Sprint Cpe	700	2150	3600	7200	12,600	18,000

Giulietta
(4-cyl) - (93.7" wb) - (88.6" wb Spider) - (1290cc)

4d Berlina Sed	450	1000	1650	3350	6300	9000
Sprint Cpe	500	1550	2600	5200	9100	13,000
Spider Conv	650	2050	3400	6800	11,900	17,000

1956
1900 - (4-cyl) - (98.5" wb) - (1975cc)

Sup Sprint Cpe	700	2150	3600	7200	12,600	18,000

Giulietta
(4-cyl) - (93.7" wb) - (88.6" wb Spider) - (1290cc)

4d Berlina Sed	450	1000	1650	3350	6300	9000
Sprint Cpe	500	1550	2600	5200	9100	13,000
Sprint Veloce Cpe	550	1700	2800	5600	9800	14,000
Spider Conv	650	2050	3400	6800	11,900	17,000
Spider Veloce Conv	700	2150	3600	7200	12,600	18,000

1957 Alfa Romeo Giulietta Sprint Spider

1957
Giulietta

	6	5	4	3	2	1
Spider Rds	650	2050	3400	6800	11,900	17,000
Sup Spider Rds	700	2150	3600	7200	12,600	18,000
Sprint Cpe	500	1550	2600	5200	9100	13,000
Veloce Cpe	550	1700	2800	5600	9800	14,000
1900 Sup Sprint Cpe	700	2150	3600	7200	12,600	18,000

Alfa-Romeo 505

1958
Giulietta

	6	5	4	3	2	1
Spider Rds	550	1700	2800	5600	9800	14,000
Sup Spider Rds	700	2150	3600	7200	12,600	18,000
Sprint Cpe	500	1550	2600	5200	9100	13,000
Veloce Cpe	550	1700	2800	5600	9800	14,000
1900 Sup Sprint Cpe	600	1900	3200	6400	11,200	16,000

1959
Giulietta

Spider Rds	650	2050	3400	6800	11,900	17,000
Sup Spider Rds	700	2150	3600	7200	12,600	18,000
Sprint Cpe	500	1550	2600	5200	9100	13,000
Veloce Cpe	550	1700	2800	5600	9800	14,000
2000 4d Sed	400	1300	2200	4400	7700	11,000
2000 Rds	850	2650	4400	8800	15,400	22,000

1960
Giulietta

Spider Rds	650	2050	3400	6800	11,900	17,000
Sup Spider Rds	700	2150	3600	7200	12,600	18,000
Sprint Cpe	500	1550	2600	5200	9100	13,000
Sprint Veloce	550	1700	2800	5600	9800	14,000
2000 4d Sed	550	1750	2900	5800	10,200	14,500
2000 Rds	850	2750	4600	9200	16,100	23,000

1961
Giulietta

Spider Conv	650	2050	3400	6800	11,900	17,000
Veloce Conv	700	2150	3600	7200	12,600	18,000
Sprint Cpe	500	1550	2600	5200	9100	13,000
Sprint Veloce Cpe	550	1700	2800	5600	9800	14,000
2000 Spider Conv	850	2750	4600	9200	16,100	23,000

1962
Giulietta

Spider Conv	650	2050	3400	6800	11,900	17,000
Sprint Cpe	500	1550	2600	5200	9100	13,000
Spider Veloce Conv	700	2150	3600	7200	12,600	18,000
Sprint Veloce Cpe	550	1700	2800	5600	9800	14,000
2000 Spider Conv	850	2750	4600	9200	16,100	23,000

1963
Giulietta

Spider Conv	650	2050	3400	6800	11,900	17,000
Sprint Cpe	500	1550	2600	5200	9100	13,000
Sprint Veloce	550	1700	2800	5600	9800	14,000

Giulia

Spider Conv	650	2050	3400	6800	11,900	17,000
Sprint Cpe	550	1700	2800	5600	9800	14,000
2600 Spider Conv	700	2150	3600	7200	12,600	18,000
2600 Spider Cpe	500	1550	2600	5200	9100	13,000

1964
Giulia

T.I. 4d Sed	200	650	1000	2200	4100	5800
Spider Conv	650	2050	3400	6800	11,900	17,000
Sprint Cpe	550	1700	2800	5600	9800	14,000
2600 Cpe	700	2150	3600	7200	12,600	18,000
2600 Conv	1000	3250	5400	10,800	18,900	27,000

1965
Giulia

T.I. 4d Sed	200	650	1000	2200	4100	5800
Sprint GT Cpe	550	1700	2800	5600	9800	14,000
Sprint Spl Cpe	1100	3500	5800	11,600	20,300	29,000
Spider Conv	650	2050	3400	6800	11,900	17,000
Spider Veloce Conv	700	2150	3600	7200	12,600	18,000
2600 Sprint Cpe	650	2050	3400	6800	11,900	17,000
2600 Spider Conv	1000	3250	5400	10,800	18,900	27,000

1966

T.I. 4d Sed	200	650	1000	2200	4100	5800
Sprint GT Cpe	550	1700	2800	5600	9800	14,000
Sprint Spl Cpe	1000	3250	5400	10,800	18,900	27,000
Spider Conv	650	2050	3400	6800	11,900	17,000
Spider Veloce Conv	500	1550	2600	5200	9100	13,000
2600 Sprint Cpe	700	2150	3600	7200	12,600	18,000
2600 Spider Conv	1000	3250	5400	10,800	18,900	27,000

1967

4d Sup Sed	200	650	1000	2200	4100	5800
1600 Dueto Rds	450	1450	2400	4800	8400	12,000

Alfa-Romeo

	6	5	4	3	2	1
Veloce GT Cpe (2 plus 2)	350	700	1150	2300	4550	6500
T.I. 4d Sed	450	1000	1650	3350	6300	9000
Sprint Spl Cpe	350	900	1550	3050	5900	8500
2600 Sprint Cpe	700	2150	3600	7200	12,600	18,000
2600 Spider Conv	1000	3250	5400	10,800	18,900	27,000
1968						
4d Berlina Sed	200	650	1000	2200	4100	5800
Veloce GT Cpe (2 plus 2)	450	1000	1650	3350	6300	9000
Spider Veloce	450	1100	1700	3650	6650	9500
1969						
4d Berlina Sed	200	600	950	2150	3850	5500
Veloce GT Cpe (2 plus 2)	450	1000	1650	3350	6300	9000
Spider Veloce	450	1100	1700	3650	6650	9500
1970						
4d Berlina Sed	200	600	950	2150	3850	5500
Veloce GT Cpe	450	1000	1650	3350	6300	9000
Spider Veloce	450	1100	1700	3650	6650	9500
1971						
4d Berlina Sed	200	600	950	2150	3850	5500
Veloce GT Cpe	450	1000	1650	3350	6300	9000
Spider Veloce	450	1100	1700	3650	6650	9500
1972						
4d Berlina Sed	200	600	950	2150	3850	5500
Veloce GT Cpe	450	1000	1650	3350	6300	9000
Spider Veloce	450	1100	1700	3650	6650	9500
1973						
4d Berlina Sed	200	600	950	2150	3850	5500
Veloce GT Cpe	450	1100	1700	3650	6650	9500
Spider Veloce	450	1000	1650	3350	6300	9000
1974						
4d Berlina Sed	150	400	750	1650	3150	4500
Veloce GT Cpe	450	1100	1700	3650	6650	9500
Spider Veloce	450	1000	1650	3350	6300	9000
1975						
Alfetta Sed	150	350	750	1450	3000	4200
Alfetta GT Cpe	350	800	1450	2750	5600	8000
Spider Veloce	450	1000	1650	3350	6300	9000
1976						
Alfetta Spt Sed	150	350	750	1450	3000	4200
Alfetta GT Cpe	350	800	1450	2750	5600	8000
Spider Veloce	450	1000	1650	3350	6300	9000
1977						
4d Spt Sed	150	350	750	1450	3000	4200
Sprint Veloce Cpe	350	800	1450	2750	5600	8000
Spider Veloce	450	1000	1650	3350	6300	9000
1978						
4d Spt Sed	150	350	750	1450	3000	4200
Sprint Veloce Cpe	350	800	1450	2750	5600	8000
Spider Veloce	450	1000	1650	3350	6300	9000
1979						
4d Spt Sed	150	350	750	1450	3000	4200
Sprint Veloce Cpe	350	800	1450	2750	5600	8000
Spider Veloce	450	1000	1650	3350	6300	9000
1980						
Spider Veloce	450	1100	1700	3650	6650	9500
1981						
Cpe (2 plus 2)	350	700	1150	2300	4600	6600
Spider Veloce	450	1100	1700	3650	6650	9500
1982						
Cpe	350	700	1150	2300	4550	6500
Spider Veloce	400	1200	2000	3950	7000	10,000
1983						
GTV6 Cpe	350	750	1200	2350	4900	7000
Spider Veloce	400	1200	2000	3950	7000	10,000
1984						
GTV6 Cpe	350	750	1200	2350	4900	7000
Spider Veloce	400	1300	2200	4400	7700	11,000
1985						
GTV6 Cpe	350	750	1300	2450	5250	7500
Graduate Conv	400	1300	2200	4400	7700	11,000
Spider Veloce	450	1450	2400	4800	8400	12,000

1980 Alfa Romeo Sprint Veloce GT coupe

1986

	6	5	4	3	2	1
GTV6 Cpe	350	750	1350	2650	5450	7800
Quadrifoglio	500	1550	2600	5200	9100	13,000
Graduate Conv	400	1300	2200	4400	7700	11,000
Spider Veloce	450	1450	2400	4800	8400	12,000

ALLARD

1946-49
J1 - (V-8) - (100" wb)
2d Rds	3000	9600	16,000	32,000	56,000	80,000
K1 - (V-8) - (106" wb)						
2d Rds	3250	10,300	17,200	34,400	60,200	86,000
L - (V-8) - (112" wb)						
2d Tr	2050	6600	11,000	22,000	38,500	55,000
M - (V-8) - (112" wb)						
2d DHC	2150	6850	11,400	22,800	39,900	57,000

1950-51
J2 - (V-8) - (100" wb)
2d Rds	2250	7200	12,000	24,000	42,000	60,000
K2 - (V-8) - (106" wb)						
2d Rds	2350	7450	12,400	24,800	43,400	62,000
2d Spt Sed	1900	6000	10,000	20,000	35,000	50,000
L - (V-8) - (112" wb)						
2d Tr	2050	6600	11,000	22,000	38,500	55,000
M - (V-8) - (112" wb)						
2d DHC	2150	6850	11,400	22,800	39,900	57,000

1952-54
K3 - (V-8) - (100" wb)
2d Rds	2850	9100	15,200	30,400	53,200	76,000
J2X - (V-8) - (100" wb)						
2d Rds	3600	11,500	19,200	38,400	67,200	96,000
2d LeMans Rds	3400	10,800	18,000	36,000	63,000	90,000
JR - (V-8) - (96" wb)						
2d Rds	3750	12,000	20,000	40,000	70,000	100,000
Monte Carlo/Safari - (V-8) - (112" wb)						
2d M.C. Sed	1500	4800	8000	16,000	28,000	40,000
2d Safari Wag	1900	6000	10,000	20,000	35,000	50,000
Palm Beach - (4-cyl) - (96" wb)						
2d Rds	1800	5750	9600	19,200	33,600	48,000
Palm Beach - (6-cyl) - (96" wb)						
2d Rds	2050	6600	11,000	22,000	38,500	55,000

1955-59
Palm Beach - (4-cyl) - (96" wb)
2d Rds	1800	5750	9600	19,200	33,600	48,000
Palm Beach - (6-cyl) - (96" wb)						
2d Rds	2050	6600	11,000	22,000	38,500	55,000

AMPHICAR

1964 Amphicar

1961
(4-cyl) - (83" wb) - (43 hp)

	6	5	4	3	2	1
2d Conv	550	1700	2800	5600	9800	14,000

1962
(4-cyl) - (83" wb) - (43 hp)
2d Conv	550	1700	2800	5600	9800	14,000

1963
(4-cyl) - (83" wb) - (43 hp)
2d Conv	550	1700	2800	5600	9800	14,000

1964
(4-cyl) - (83" wb) - (43 hp)
2d Conv	550	1700	2800	5600	9800	14,000

1965
(4-cyl) - (83" wb) - (43 hp)
2d Conv	550	1700	2800	5600	9800	14,000

1966
(4-cyl) - (83" wb) - (43 hp)
2d Conv	550	1700	2800	5600	9800	14,000

1967-68
(4-cyl) - (83" wb) - (43 hp)
2d Conv	550	1700	2800	5600	9800	14,000

ASTON-MARTIN

(Saloon - two door coupe)

1948-1950
DB1 - (4-cyl) - (108" wb) - (1970cc)
2S Rds (14 made) — value not estimable

1950-1953
DB2 - (6-cyl) - (99" wb) - (2580cc)
Saloon	2850	9100	15,200	30,400	53,200	76,000
DHC	5650	18,000	30,000	60,000	105,000	150,000

Graber DHC (3 made) — value not estimable

1951-1953
DB3 - (6-cyl) - (93" wb) - (2580/2922cc)
Racer (10 made) — value not estimable

1953-1955
DB2/4 - (6-cyl) - (99" wb) - (2580/2922cc)
Saloon	3750	12,000	20,000	40,000	70,000	100,000
DHC	5650	18,000	30,000	60,000	105,000	150,000
DHC by Graber	6550	21,000	35,000	70,000	122,500	175,000

Rds by Touring (2 made) — value not estimable

1953-1956
DB3S - (6-cyl) - (87" wb) - (2922cc)
Racer — value not estimable

1953 Aston Martin DB2 drophead coupe

	6	5	4	3	2	1
Cpe	7500	24,000	40,000	80,000	140,000	200,000

1955-1957
DB2/4 Mark II - (6-cyl) - (99" wb) - (2922cc)
Saloon	2850	9100	15,200	30,400	53,200	76,000
DHC	5650	18,000	30,000	60,000	105,000	150,000
FHC	3400	10,800	18,000	36,000	63,000	90,000
Spider by Touring (12 made)					value not estimable	

1957-1959
DB Mark III - (6-cyl) - (99" wb) - (2922cc)
Saloon	2850	9100	15,200	30,400	53,200	76,000
DHC	5650	18,000	30,000	60,000	105,000	150,000
FHC	3000	9600	16,000	32,000	56,000	80,000

1956-1960
DBR - (6-cyl) - (90" wb) - (2493/2992/4164cc)
| Racer (14 made) | | | | | value not estimable | |

1958-1960
Series 1
DB4 - (6-cyl) - (98" wb) - (3670cc)
| Saloon | 2850 | 9100 | 15,200 | 30,400 | 53,200 | 76,000 |

1960-1961
Series 2
DB4 - (6-cyl) - (98" wb) - (3670cc)
| Saloon | 2850 | 9100 | 15,200 | 30,400 | 53,200 | 76,000 |

1961
Series 3
DB4 - (6-cyl) - (98" wb) - (3670cc)
| Saloon | 2850 | 9100 | 15,200 | 30,400 | 53,200 | 76,000 |

1961-1962
Series 4
DB4 - (6-cyl) - (98" wb) - (3670cc)
| Saloon | 2850 | 9100 | 15,200 | 30,400 | 53,200 | 76,000 |
| DHC | 5250 | 16,800 | 28,000 | 56,000 | 98,000 | 140,000 |

1962-1963
Series 5
DB4 - (6-cyl) - (98" wb) - (3670cc)
| Saloon | 2850 | 9100 | 15,200 | 30,400 | 53,200 | 76,000 |
| DHC | 5250 | 16,800 | 28,000 | 56,000 | 98,000 | 140,000 |

1959-1963
DB4GT - (6-cyl) - (93" wb) - (3670cc)
Saloon	4750	15,100	25,200	50,400	88,200	126,000
Cpe by Zagato					value not estimable	
Bertone (1 made)					value not estimable	

1963-1965
DB5 - (6-cyl) - (98" wb) - (3995cc)

	6	5	4	3	2	1
Saloon		3000	9600	16,000	32,000	56,000	80,000
DHC		5650	18,000	30,000	60,000	105,000	150,000
Radford Shooting Brake (12 made)						value not estimable
Volante (37 made)						value not estimable

1965-1969
DB6 - (6-cyl) - (102" wb) - (3995cc)

Saloon	3250	10,300	17,200	34,400	60,200	86,000
Radford Shooting Brake (6 made)						value not estimable
Volante	5650	18,000	30,000	60,000	105,000	150,000

1967-1972
(6-cyl) - (103" wb) - (3995cc)

DBS Saloon	2850	9100	15,200	30,400	53,200	76,000
DBSC Saloon (2 made)						value not estimable

1969-1970
DB6 Mark II - (6-cyl) - (102" wb) - (3995cc)

Saloon	3000	9600	16,000	32,000	56,000	80,000
Volante	5650	18,000	30,000	60,000	105,000	150,000

1970-1972
DBSV8 - (V-8) - (103" wb) - (5340cc)

Saloon	3000	9600	16,000	32,000	56,000	80,000
Saloon by Ogle (2 built)						value not estimable

1972-1973
(6-cyl) - (103" wb) - (3995cc)

AM Vantage Saloon (70 made)						value not estimable

Series II
AMV8 - (V-8) - (103" wb) - (5340cc)

Saloon	1500	4800	8000	16,000	28,000	40,000

1973-1978
Series III
AMV8 - (V-8) - (103" wb) - (5340cc)

Saloon	1750	5500	9200	18,400	32,200	46,000

1977-1978
AMV8 - (103" wb) - (5340cc)

Vantage Saloon	2050	6600	11,000	22,000	38,500	55,000

1979
Aston Martin

2d Vantage Cpe	2150	6850	11,400	22,800	39,900	57,000
2d Volante Conv	3550	11,300	18,800	37,600	65,800	94,000

Lagonda

4d Saloon	2800	8900	14,800	29,600	51,800	74,000

1980
Aston Martin

2d Vantage Cpe	2200	7100	11,800	23,600	41,300	59,000
2d Volante Conv	3550	11,300	18,800	37,600	65,800	94,000

Lagonda

4d Saloon	2800	8900	14,800	29,600	51,800	74,000

1981 Aston Martin V8 coupe

1981
Aston Martin

	6	5	4	3	2	1
2d Vantage Cpe	2250	7200	12,000	24,000	42,000	60,000
2d Volante Conv	3600	11,500	19,200	38,400	67,200	96,000
Lagonda						
4d Saloon	2800	8900	14,800	29,600	51,800	74,000

1982
Aston Martin

2d Vantage Cpe	2400	7700	12,800	25,600	44,800	64,000
2d Volante Conv	3600	11,500	19,200	38,400	67,200	96,000
Lagonda						
4d Saloon	2800	8900	14,800	29,600	51,800	74,000

1983
Aston Martin

2d Vantage Cpe	2650	8400	14,000	28,000	49,000	70,000
2d Volante Conv	3700	11,750	19,600	39,200	68,600	98,000
Lagonda						
4d Saloon	2850	9100	15,200	30,400	53,200	76,000

1984
Aston Martin - (V-8)

2d Vantage Cpe	3450	11,050	18,400	36,800	64,400	92,000
2d Volante Conv	3700	11,750	19,600	39,200	68,600	98,000
Lagonda - (V-8)						
4d Saloon	2850	9100	15,200	30,400	53,200	76,000

1985
Aston Martin - (V-8)

2d Vantage Cpe	3450	11,050	18,400	36,800	64,400	92,000
2d Volante Conv	3700	11,750	19,600	39,200	68,600	98,000
Lagonda - (V-8)						
4d Saloon	2850	9100	15,200	30,400	53,200	76,000

1986
Aston Martin - (V-8)

2d Vantage Cpe	3550	11,300	18,800	37,600	65,800	94,000
2d Volante Conv	3750	12,000	20,000	40,000	70,000	100,000
Lagonda - (V-8)						
4d Saloon	2950	9350	15,600	31,200	54,600	78,000

AUDI

1970
Super 90

2d Sed	200	600	950	2200	3900	5600
4d Sed	200	600	1000	2200	4000	5700
4d Sta Wag	200	600	1000	2200	4000	5700

100 LS

2d Sed	200	650	1000	2200	4100	5800
4d Sed	200	650	1000	2200	4150	5900

1971
Super 90

2d Sed	200	600	950	2200	3900	5600
4d Sed	200	600	1000	2200	4000	5700
4d Sta Wag	200	600	1000	2200	4000	5700

100 LS

2d Sed	200	650	1000	2200	4100	5800
4d Sed	200	650	1000	2200	4150	5900

1972
Super 90

2d Sed	200	600	950	2200	3900	5600
4d Sed	200	600	1000	2200	4000	5700
4d Sta Wag	200	600	1000	2200	4000	5700

100

2d Sed	200	600	1000	2200	4000	5700
4d Sed	200	650	1000	2200	4100	5800

100 LS

2d Sed	200	600	1000	2200	4000	5700
4d Sed	200	650	1000	2200	4150	5900

100 GL

2d Sed	200	650	1000	2200	4150	5900
4d Sed	200	650	1050	2250	4200	6000

Audi

	6	5	4	3	2	1

1973
100
2d Sed — 200 600 950 2200 3900 5600
4d Sed — 200 600 1000 2200 4000 5700
100 LS
2d Sed — 200 600 1000 2200 4000 5700
4d Sed — 200 650 1000 2200 4100 5800
100 GL
2d Sed — 200 650 1000 2200 4100 5800
4d Sed — 200 650 1000 2200 4150 5900
Fox
2d Sed — 150 350 750 1350 2800 4000
4d Sed — 150 350 750 1350 2800 4000

1974
100 LS
2d Sed — 200 600 950 2200 3900 5600
4d Sed — 200 600 1000 2200 4000 5700
Fox
2d Sed — 150 350 750 1350 2800 4000
4d Sed — 150 350 750 1350 2800 4000

1975
100 LS
2d Sed — 200 600 950 2150 3850 5500
4d Sed — 200 600 950 2200 3900 5600
Fox
2d Sed — 150 350 750 1350 2800 4000
4d Sed — 150 350 750 1350 2800 4000
4d Sta Wag — 150 350 750 1450 3000 4200

1976
100 LS
2d Sed — 200 550 900 2150 3800 5400
4d Sed — 200 600 950 2150 3850 5500
Fox
2d Sed — 150 350 750 1350 2800 4000
4d Sed — 150 350 750 1350 2800 4000
4d Sta Wag — 150 350 750 1450 3000 4200

1977
Sedan
2d — 200 550 900 2100 3700 5300
4d — 200 550 900 2150 3800 5400
Fox
2d Sed — 150 350 750 1350 2800 4000
4d Sed — 150 350 750 1350 2800 4000
4d Sta Wag — 150 350 750 1450 3000 4200

1978 Audi Fox four-door sedan

Audi 513

1978
5000
4d Sed	200	550	900	2150	3800	5400
Fox						
2d Sed	150	350	750	1350	2800	4000
4d Sed	150	350	750	1350	2800	4000
4d Sta Wag	150	350	750	1450	3000	4200

1979
5000
4d Sed	200	550	900	2100	3700	5300
4d Sed S	200	600	950	2200	3900	5600
Fox						
2d Sed	150	350	750	1350	2800	4000
4d Sed	150	350	750	1350	2800	4000
4d Sta Wag	150	350	750	1450	3000	4200

1980
5000
4d Sed	200	550	900	2000	3600	5200
4d Sed S	200	600	950	2150	3850	5500
4d Sed (Turbo)	200	650	1050	2250	4200	6000
4000						
2d Sed	200	500	850	1850	3350	4900
4d Sed	200	500	850	1900	3500	5000

1981
5000
4d Sed	200	500	850	1900	3500	5000
4d Sed S	200	550	900	2000	3600	5200
4d Sed (Turbo)	200	600	950	2150	3850	5500
4000						
2d Sed 4E	150	400	750	1600	3100	4400
4d Sed 4E	150	400	750	1650	3150	4500
2d Sed (5 plus 5)	200	500	850	1850	3350	4900
2d Cpe	200	500	850	1900	3500	5000

1982
5000
4d Sed S	200	500	850	1900	3500	5000
4d Sed (Turbo)	200	600	950	2150	3850	5500
4000						
2d Sed	150	400	750	1650	3150	4500
4d Sed (Diesel)	150	350	750	1350	2800	4000
4d Sed S	150	450	800	1800	3300	4800
2d Cpe	200	500	850	1850	3350	4900

1983
5000
4d Sed S	200	500	850	1900	3500	5000
4d Sed (Turbo)	200	600	950	2150	3850	5500
4d Sed (Turbo Diesel)	150	450	800	1800	3300	4800
4000						
2d Sed	150	400	750	1650	3150	4500
4d Sed S	150	450	800	1800	3300	4800
4d Sed S (Diesel)	150	350	750	1350	2800	4000
2d Cpe	200	500	850	1850	3350	4900

1984
5000
4d Sed S	200	500	850	1900	3500	5000
4d Sed (Turbo)	200	600	950	2150	3850	5500
4d Sta Wag S	200	550	900	2000	3600	5200
4000						
2d Sed S	150	400	750	1650	3150	4500
4d Sed S	150	450	800	1750	3250	4700
2d GT Cpe	200	550	900	2100	3700	5300
4d Sed S Quattro (4WD)	200	600	950	2150	3850	5500

1985
5000
4d Sed S	200	500	850	1900	3500	5000
4d Sed (Turbo)	200	600	950	2150	3850	5500
4d Sta Wag S	200	550	900	2000	3600	5200
4000						
4d Sed S	150	450	800	1750	3250	4700
2d GT Cpe	200	550	900	2100	3700	5300
4d Sed S Quattro (4WD)	200	600	950	2150	3850	5500

1986
5000
4d Sed S	200	650	1050	2250	4200	6000
4d Sed CS (Turbo)	350	750	1200	2350	4900	7000

	6	5	4	3	2	1
4d Sed CS Quattro (Turbo - 4WD)	350	750	1300	2450	5250	7500
4d Sta Wag S	350	700	1150	2300	4550	6500
4d Sta Wag CS Quattro (Turbo - 4WD)	350	900	1550	3050	5900	8500
4000						
4d Sed S	200	600	950	2150	3850	5500
2d GT Cpe	350	750	1200	2350	4900	7000
4d Sed CS Quattro (4WD)	350	750	1300	2450	5250	7500

AUSTIN

1947-48
A40 - (4-cyl) - (92.5" wb) - (40 hp)
2d Dorset Sed	450	1100	1700	3650	6650	9500
2d Devon Sed	450	1100	1700	3650	6650	9500

1949
A40 - (4-cyl) - (92.5" wb) - (40 hp)
2d Dorset Sed	450	1100	1700	3650	6650	9500
2d Devon Sed	450	1100	1700	3650	6650	9500
2d Countryman Wag	400	1200	2000	3950	7000	10,000

A90 Atlantic - (4-cyl) - (96" wb) - (88 hp)
2d Conv	550	1800	3000	6000	10,500	15,000

A125 Sheerline - (6-cyl) - (119" wb) - (125 hp)
4d Sed	400	1300	2200	4400	7700	11,000

1950 Austin A40 Devon four-door sedan

1950
A40 Devon - (4-cyl) - (92.5" wb) - (40 hp)
4d Mk II Sed	450	1100	1700	3650	6650	9500
4d DeL Sed	450	1100	1700	3650	6650	9500

A40 Countryman - (4-cyl) - (92.5" wb) - (40 hp)
2d Sta Wag	400	1200	2000	3950	7000	10,000

A90 Atlantic - (4-cyl) - (96" wb) - (88 hp)
2d Conv	550	1800	3000	6000	10,500	15,000

A125 Sheerline - (6-cyl) - (119" wb) - (125 hp)
4d Sed	450	1400	2300	4600	8100	11,500

Austin 515

1951
A40 Devon - (4-cyl) - (92.5" wb) - (40 hp)

	6	5	4	3	2	1
4d Mk II Sed	450	1000	1650	3350	6300	9000
4d DeL Sed	450	1100	1700	3650	6650	9500

A40 Countryman - (4-cyl) - (92.5" wb) - (40 hp)

2d Sta Wag	400	1250	2100	4200	7400	10,500

A90 Atlantic - (4-cyl) - (96" wb) - (88 hp)

2d Conv	550	1800	3000	6000	10,500	15,000
2d Spt Sed	400	1300	2200	4400	7700	11,000

A125 Sheerline - (6-cyl) - (119" wb) - (125 hp)

4d Sed	450	1400	2300	4600	8100	11,500

1952
A40 Somerset - (4-cyl) - (92.5" wb) - (42/50 hp)

2d Conv	450	1450	2400	4800	8400	12,000
2d Spt Conv	450	1500	2500	5000	8800	12,500
4d Sed	450	1000	1650	3350	6300	9000

A40 Countryman - (4-cyl) - (92.5" wb) - (42 hp)

2d Sta Wag	400	1200	2000	3950	7000	10,000

A90 Atlantic - (4-cyl) - (96" wb) - (88 hp)

2d Spt Sed	400	1200	2000	3950	7000	10,000

A125 Sheerline - (6-cyl) - (119" wb) - (125 hp)

4d Sed	450	1400	2300	4600	8100	11,500

1953
A30 "Seven" - (4-cyl) - (79.5" wb) - (30 hp)

4d Sed	350	800	1450	2750	5600	8000

A40 Somerset - (4-cyl) - (92.5" wb) - (42/50 hp)

2d Conv	450	1450	2400	4800	8400	12,000
2d Spt Conv	450	1500	2500	5000	8800	12,500
4d Sed	450	1000	1650	3350	6300	9000

A40 Countryman - (4-cyl) - (92.5" wb) - (42 hp)

2d Sta Wag	400	1200	2000	3950	7000	10,000

1954
A30 "Seven" - (4-cyl) - (79.5" wb) - (30 hp)

2d Sed	350	800	1450	2750	5600	8000
4d Sed	350	800	1450	2750	5600	8000

A40 Somerset - (4-cyl) - (92.5" wb) - (42/50 hp)

2d Conv	450	1450	2400	4800	8400	12,000
4d Sed	450	1000	1650	3350	6300	9000

A40 Countryman - (4-cyl) - (92.5" wb) - (42 hp)

2d Sta Wag	400	1200	2000	3950	7000	10,000

1955
A50 Cambridge - (4-cyl) - (99" wb) - (50 hp)

4d Sed	350	750	1300	2450	5250	7500

A90 Westminster - (6-cyl) - (103" wb) - (85 hp)

4d Sed	350	800	1450	2750	5600	8000

1956
A50 Cambridge - (4-cyl) - (99" wb) - (50 hp)

4d Sed	350	750	1300	2450	5250	7500

A90 Westminster - (6-cyl) - (103" wb) - (85 hp)

4d Sed	350	800	1450	2750	5600	8000

1957
A35 - (4-cyl) - (79" wb) - (34 hp)

2d Sed	350	700	1100	2300	4500	6400

A55 Cambridge - (4-cyl) - (99" wb) - (51 hp)

4d Sed	350	725	1150	2300	4700	6700

A95 Westminster - (6-cyl) - (106" wb) - (92 hp)

4d Sed	350	850	1500	2900	5700	8200

1958
A35 - (4-cyl) - (79" wb) - (34 hp)

2d Sed	350	700	1100	2300	4500	6400

A55 Cambridge - (4-cyl) - (99" wb) - (51 hp)

4d Sed	350	725	1150	2300	4700	6700

1959
A35 - (4-cyl) - (79" wb) - (34 hp)

2d Sed	350	700	1100	2300	4500	6400

A40 - (4-cyl) - (83" wb) - (34 hp)

2d Std Sed	350	700	1150	2300	4550	6500
2d DeL Sed	350	700	1150	2300	4600	6600

A55 Cambridge - (4-cyl) - (99" wb) - (51 hp)

4d Sed	350	725	1150	2300	4700	6700

A55 Mark II - (4-cyl) - (99" wb) - (51 hp)

4d Sed	350	725	1200	2350	4800	6800

Austin

1960
850 Mini - (4-cyl) - (80" wb) - (37 hp)

	6	5	4	3	2	1
2d Sed	350	750	1200	2350	4900	7000

A40 - (4-cyl) - (83" wb) - (34 hp)
| 2d Std Sed | 350 | 700 | 1150 | 2300 | 4550 | 6500 |
| 2d DeL Sed | 350 | 700 | 1150 | 2300 | 4600 | 6600 |

A55 Mark II - (4-cyl) - (99" wb) - (51 hp)
| 4d Sed | 350 | 725 | 1200 | 2350 | 4800 | 6800 |

A99 Westminster - (6-cyl) - (108" wb) - (112 hp)
| 4d Sed | 350 | 725 | 1200 | 2350 | 4850 | 6900 |

1961
850 Mini - (4-cyl) - (80" wb) - (37 hp)
| 2d Sed | 350 | 800 | 1450 | 2750 | 5600 | 8000 |

Mini Cooper - (4-cyl) - (80" wb) - (55 hp)
| 2d Sed | 450 | 1400 | 2300 | 4600 | 8100 | 11,500 |

A40 - (4-cyl) - (83" wb) - (34 hp)
2d Std Sed	350	700	1150	2300	4550	6500
2d DeL Sed	350	700	1150	2300	4600	6600
2d Std Sta Wag	350	700	1150	2300	4600	6600
2d DeL Sta Wag	350	725	1150	2300	4700	6700

A55 Mark II - (4-cyl) - (99" wb) - (51 hp)
| 4d Sed | 350 | 725 | 1200 | 2350 | 4800 | 6800 |

A99 Westminster - (6-cyl) - (108" wb) - (112 hp)
| 4d Sed | 350 | 725 | 1200 | 2350 | 4850 | 6900 |

1962
850 Mini - (4-cyl) - (80" wb) - (37 hp)
| 2d Sed | 350 | 800 | 1450 | 2750 | 5600 | 8000 |

Mini Cooper - (4-cyl) - (80" wb) - (55 hp)
| 2d Sed | 450 | 1400 | 2300 | 4600 | 8100 | 11,500 |

A40 - (4-cyl) - (83" wb) - (34 hp)
| 2d Sed | 350 | 700 | 1150 | 2300 | 4550 | 6500 |

A55 Mark II - (4-cyl) - (99" wb) - (51 hp)
| 4d Sed | 350 | 700 | 1150 | 2300 | 4600 | 6600 |

1963
850 Mini - (4-cyl) - (80" wb) - (37 hp)
| 2d Sed | 350 | 800 | 1450 | 2750 | 5600 | 8000 |
| 2d Sta Wag | 450 | 1000 | 1650 | 3350 | 6300 | 9000 |

850 Mini Cooper - (4-cyl) - (80" wb) - (56 hp)
| 2d Sed | 450 | 1400 | 2300 | 4600 | 8100 | 11,500 |

850 Mini Cooper "S" - (4-cyl) - (80" wb) - (75 hp)
| 2d Sed | 500 | 1550 | 2600 | 5200 | 9100 | 13,000 |

A60 - (4-cyl) - (100" wb) - (68 hp)
| 4d Sed | 350 | 700 | 1150 | 2300 | 4550 | 6500 |
| 4d Countryman | 350 | 725 | 1150 | 2300 | 4700 | 6700 |

1964
850 Mini - (4-cyl) - (80" wb) - (37 hp)
| 2d Sed | 350 | 800 | 1450 | 2750 | 5600 | 8000 |
| 2d Sta Wag | 450 | 1000 | 1650 | 3350 | 6300 | 9000 |

850 Mini Cooper - (4-cyl) - (80" wb) - (56 hp)
| 2d Sed | 450 | 1400 | 2300 | 4600 | 8100 | 11,500 |

850 Mini Cooper "S" - (4-cyl) - (80" wb) - (75 hp)
| 2d Sed | 500 | 1550 | 2600 | 5200 | 9100 | 13,000 |

A60 - (4-cyl) - (100" wb) - (68 hp)
| 4d Sed | 350 | 700 | 1150 | 2300 | 4550 | 6500 |
| 4d Countryman | 350 | 725 | 1150 | 2300 | 4700 | 6700 |

Mark II Princess - (6-cyl) - (110" wb) - (175 hp)
| 4d Sed | 350 | 800 | 1450 | 2750 | 5600 | 8000 |

1965
850 Mini - (4-cyl) - (80" wb) - (34 hp)
| 2d Sed | 350 | 800 | 1450 | 2750 | 5600 | 8000 |

850 Mini Cooper "S" - (4-cyl) - (80" wb) - (75 hp)
| 2d Sed | 500 | 1550 | 2600 | 5200 | 9100 | 13,000 |

Mark II Princess - (6-cyl) - (110" wb) - (175 hp)
| 4d Sed | 350 | 800 | 1450 | 2750 | 5600 | 8000 |

1966
850 Mini - (4-cyl) - (80" wb) - (34 hp)
| 2d Sed | 350 | 800 | 1450 | 2750 | 5600 | 8000 |

850 Mini Cooper "S" - (4-cyl) - (80" wb) - (75 hp)
| 2d Sed | 500 | 1550 | 2600 | 5200 | 9100 | 13,000 |

Mark II Princess "R" - (6-cyl) - (110" wb) - (175 hp)
| 4d Sed | 350 | 800 | 1450 | 2750 | 5600 | 8000 |

1967
850 Mini Cooper "S" - (4-cyl) - (80" wb) - (75 hp)
| 2d Sed | 550 | 1700 | 2800 | 5600 | 9800 | 14,000 |

1968
850 Mini Cooper "S" - (4-cyl) - (80" wb) - (75 hp)

	6	5	4	3	2	1
2d Sed	550	1700	2800	5600	9800	14,000

America - (4-cyl) - (93" wb) - (58 hp)
| 2d Sed | 150 | 400 | 750 | 1650 | 3150 | 4500 |

1969
America - (4-cyl) - (93" wb) - (58 hp)
| 2d Sed | 150 | 400 | 750 | 1650 | 3150 | 4500 |

1970
America - (4-cyl) - (93" wb) - (58 hp)
| 2d Sed | 150 | 400 | 750 | 1650 | 3150 | 4500 |

1971
America - (4-cyl) - (93" wb) - (58 hp)
| 2d Sed | 150 | 400 | 750 | 1650 | 3150 | 4500 |

1972
No Austins imported in 1972.

1973
Marina - (4-cyl) - (96" wb) - (68 hp)
| 2d GT Sed | 150 | 400 | 750 | 1650 | 3150 | 4500 |
| 4d Sed | 150 | 350 | 750 | 1350 | 2800 | 4000 |

1974 Austin Marina four-door sedan

1974
Marina - (4-cyl) - (96" wb) - (68 hp)
| 2d GT Sed | 150 | 400 | 750 | 1650 | 3150 | 4500 |
| 4d Sed | 150 | 350 | 750 | 1350 | 2800 | 4000 |

1975
Marina - (4-cyl) - (96" wb) - (68 hp)
| 2d GT Sed | 150 | 400 | 750 | 1650 | 3150 | 4500 |
| 4d Sed | 150 | 350 | 750 | 1350 | 2800 | 4000 |

AUSTIN-HEALEY

1953-1954
"100" - (4-cyl) - (90" wb) - (90 hp)
| 2d Spt Rds | 850 | 2650 | 4400 | 8800 | 15,400 | 22,000 |

Austin-Healey

1955
"100" - (4-cyl) - (90" wb) - (90 hp)

	6	5	4	3	2	1
2d Spt Rds	850	2650	4400	8800	15,400	22,000

"100M" - (4-cyl) - (90" wb) - (110 hp)

2d Spt Rds	950	3000	5000	10,000	17,500	25,000

"100S" - (4-cyl) - (90" wb) - (132 hp)

2d Spt Rds	1000	3250	5400	10,800	18,900	27,000

1956
"100" - (4-cyl) - (90" wb) - (90 hp)

2d Spt Rds	850	2650	4400	8800	15,400	22,000
2d LeMans Rds	900	2900	4800	9600	16,800	24,000

"100M" - (4-cyl) - (90" wb) - (110 hp)

2d Spt Rds	950	3000	5000	10,000	17,500	25,000

"100-6" - (6-cyl) - (92" wb) - (102 hp)

2d Spt Rds	1000	3100	5200	10,400	18,200	26,000

1957
"100-6" - (6-cyl) - (92" wb) - (102 hp)

2d Spt Rds	700	2300	3800	7600	13,300	19,000

1958
"100-6" - (6-cyl) - (92" wb) - (102 hp)

2d Spt Rds	800	2500	4200	8400	14,700	21,000

Sprite Mark I - (4-cyl) - (80" wb) - (43 hp)

2d Rds	450	1000	1650	3350	6300	9000

1959
"100-6" - (6-cyl) - (92" wb) - (102 hp)

2d Spt Rds	800	2500	4200	8400	14,700	21,000

Sprite Mark I - (4-cyl) - (80" wb) - (43 hp)

2d Rds	450	1000	1650	3350	6300	9000

"3000" Mark I - (6-cyl) - (92" wb) - (124 hp)

2d Spt Rds	800	2500	4200	8400	14,700	21,000

1960
"3000" Mark I - (6-cyl) - (92" wb) - (124 hp)

2d Spt Rds	800	2500	4200	8400	14,700	21,000

Sprite Mark I - (4-cyl) - (80" wb) - (43 hp)

2d Rds	450	1000	1650	3350	6300	9000

1961
"3000" Mark I - (6-cyl) - (92" wb) - (124 hp)

2d Spt Rds	800	2500	4200	8400	14,700	21,000

"3000" Mark II - (6-cyl) - (92" wb) - (132 hp)

2d Spt Rds	850	2650	4400	8800	15,400	22,000

Sprite Mark I - (4-cyl) - (80" wb) - (43 hp)

2d Rds	450	1000	1650	3350	6300	9000

Sprite Mark II - (4-cyl) - (80" wb) - (46 hp)

2d Rds	350	750	1200	2350	4900	7000

1962
"3000" Mark II - (6-cyl) - (92" wb) - (132 hp)

2d Spt Rds	850	2650	4400	8800	15,400	22,000

Sprite Mark II - (4-cyl) - (80" wb) - (46 hp)

2d Rds	200	650	1050	2250	4200	6000

1963
"3000" Mark II - (6-cyl) - (92" wb) - (132 hp)

2d Spt Rds	850	2650	4400	8800	15,400	22,000

Sprite Mark II - (4-cyl) - (80" wb) - (56 hp)

2d Rds	200	650	1050	2250	4200	6000

1964
"3000" Mark II - (6-cyl) - (92" wb) - (132 hp)

2d Spt Rds	850	2750	4600	9200	16,100	23,000

"3000" Mark III - (6-cyl) - (92" wb) - (150 hp)

2d Spt Rds	900	2900	4800	9600	16,800	24,000

Sprite Mark II - (4-cyl) - (80" wb) - (56 hp)

2d Rds	200	650	1050	2250	4200	6000

Sprite Mark III - (4-cyl) - (80" wb) - (59 hp)

2d Rds	200	500	850	1900	3500	5000

1965
"3000" Mark III - (6-cyl) - (92" wb) - (150 hp)

2d Spt Rds	900	2900	4800	9600	16,800	24,000

Sprite Mark III - (4-cyl) - (80" wb) - (59 hp)

2d Rds	200	500	850	1900	3500	5000

1966
"3000" Mark III - (6-cyl) - (92" wb) - (150 hp)

2d Spt Rds	900	2900	4800	9600	16,800	24,000

1964 Austin-Healey, 3000 Mk II conv., 6-cyl.

Sprite Mark III - (4-cyl) - (80" wb) - (59 hp)

	6	5	4	3	2	1
2d Rds	200	500	850	1900	3500	5000

1967
"3000" Mark III - (6-cyl) - (92" wb) - (150 hp)
| 2d Spt Rds | 900 | 2900 | 4800 | 9600 | 16,800 | 24,000 |

Sprite Mark III - (4-cyl) - (80" wb) - (59 hp)
| 2d Rds | 200 | 500 | 850 | 1900 | 3500 | 5000 |

1968
Sprite Mark III - (4-cyl) - (80" wb) - (59 hp)
| 2d Rds | 200 | 650 | 1050 | 2250 | 4200 | 6000 |

Sprite Mark IV - (4-cyl) - (80" wb) - (62 hp)
| 2d Rds | 350 | 750 | 1200 | 2350 | 4900 | 7000 |

1969
Sprite Mark IV - (4-cyl) - (80" wb) - (62 hp)
| 2d Rds | 350 | 750 | 1200 | 2350 | 4900 | 7000 |

1970
Sprite Mark IV - (4-cyl) - (80" wb) - (62 hp)
| 2d Rds | 350 | 750 | 1200 | 2350 | 4900 | 7000 |

BENTLEY

1946-1951
(6-cyl) - (120" wb) - (4257cc)
| 4d Sed | 850 | 2750 | 4600 | 9200 | 16,100 | 23,000 |

1951 Bentley 4¼-liter Mark VI four-door sports saloon

Bentley

1951-1952
Mark VI - (6-cyl) - (120" wb) - (4566cc)

	6	5	4	3	2	1
Std Steel Saloon	800	2500	4200	8400	14,700	21,000
Abbott						
DHC	2050	6600	11,000	22,000	38,500	55,000
FHC	950	3050	5100	10,200	17,900	25,500
Facel						
FHC	1350	4300	7200	14,400	25,200	36,000
Franay						
Sedanca Cpe	1300	4200	7000	14,000	24,500	35,000
DHC	2250	7200	12,000	24,000	42,000	60,000
Freestone & Webb						
Cpe	1100	3550	5900	11,800	20,700	29,500
Saloon	900	2900	4800	9600	16,800	24,000
Graber						
Cpe	1450	4550	7600	15,200	26,600	38,000
Gurney Nutting						
Sedanca Cpe	1350	4300	7200	14,400	25,200	36,000
Hooper						
Cpe	1450	4700	7800	15,600	27,300	39,000
Saloon	1350	4300	7200	14,400	25,200	36,000
Sedanca Cpe	1550	4900	8200	16,400	28,700	41,000
H.J. Mulliner						
DHC	3250	10,300	17,200	34,400	60,200	86,000
2d Saloon	1100	3500	5800	11,600	20,300	29,000
4d Saloon	950	3000	5000	10,000	17,500	25,000
Park Ward						
DHC	3250	10,300	17,200	34,400	60,200	86,000
Cpe	1150	3700	6200	12,400	21,700	31,000
Saloon	1100	3500	5800	11,600	20,300	29,000
Radford						
Countryman	1150	3700	6200	12,400	21,700	31,000
Windovers						
2d Saloon	1150	3600	6000	12,000	21,000	30,000
Worlaufen						
DHC	1900	6000	10.000	20,000	35,000	50,000
James Young						
Clubman Cpe	1100	3500	5800	11,600	20,300	29,000
Saloon	1000	3100	5200	10,400	18,200	26,000
Spt Saloon	1150	3700	6200	12,400	21,700	31,000

NOTE: Deduct 30 percent for Right-Hand Drive.

1952-1955
R Type - (6-cyl) - (120" wb) - (4566cc)
NOTE: Numbers produced in ( ).

	6	5	4	3	2	1
Std Steel Saloon	800	2500	4200	8400	14,700	21,000
Abbott (16)						
Cont	2500	7900	13,200	26,400	46,200	66,000
DHC	2650	8400	14,000	28,000	49,000	70,000
Frankdale						
Saloon	1000	3250	5400	10,800	18,900	27,000
Freestone & Webb (29)						
Saloon	1150	3600	6000	12,000	21,000	30,000
Franay (2)						
Cpe	2150	6850	11,400	22,800	39,900	57,000
Hooper (41)						
2d Saloon	1100	3500	5800	11,600	20,300	29,000
4d Saloon	1150	3700	6200	12,400	21,700	31,000
Sedanca Cpe	1300	4100	6800	13,600	23,800	34,000
Graber (7)						
H.J. Mulliner (67)						
DHC	2500	7900	13,200	26,400	46,200	66,000
Saloon	1000	3250	5400	10,800	18,900	27,000
Radford (20)						
Countryman	1300	4200	7000	14,000	24,500	35,000
Park Ward (50)						
FHC	1350	4300	7200	14,400	25,200	36,000
DHC	2250	7200	12,000	24,000	42,000	60,000
Saloon	950	3000	5000	10,000	17,500	25,000
James Young (69)						
Cpe	1000	3250	5400	10,800	18,900	27,000
Saloon	850	2650	4400	8800	15,400	22,000
Sedanca Cpe	1050	3350	5600	11,200	19,600	28,000

R Type Continental
A-C Series, (6-cyl) - (120" wb) - (4566cc)
D-E Series - (4887cc)
Bertone

	6	5	4	3	2	1
Saloon	1350	4300	7200	14,400	25,200	36,000
Farina						
Cpe (1)	6929			Only one made		
Franay (5)	—			value not estimable		
Graber (3)	—			value not estimable		
J.H. Mulliner						
Cpe (193)	1350	4300	7200	14,400	25,200	36,000
Park Ward (6)						
Cpe (2)	1150	3600	6000	12,000	21,000	30,000
DHC (4)	2250	7200	12,000	24,000	42,000	60,000

NOTE: Deduct 20 percent for Right-Hand Drive.

1957 Bentley S1 Continental

1955-1959
S1 Type
(6-cyl) - (123" or 127" wb) - (4887cc)

Std Steel Saloon	1150	3600	6000	12,000	21,000	30,000
Saloon (LWB - after 1957)	1250	3950	6600	13,200	23,100	33,000
Freestone & Webb						
Saloon	1300	4100	6800	13,600	23,800	34,000
Graber						
DHC	2050	6600	11,000	22,000	38,500	55,000
Hooper						
Saloon	1300	4100	6800	13,600	23,800	34,000
H.J. Mulliner						
Saloon	1500	4800	8000	16,000	28,000	40,000
Limo (5)	1550	4900	8200	16,400	28,700	41,000
Park Ward						
FHC	1750	5650	9400	18,800	32,900	47,000
James Young						
Saloon	1300	4200	7000	14,000	24,500	35,000

S1 Type Continental - (6-cyl) - (123" wb) - (4887cc)

Franay						
Cpe	1900	6000	10,000	20,000	35,000	50,000
Graber						
DHC	3250	10,300	17,200	34,400	60,200	86,000
Hooper						
Saloon (6)	1150	3700	6200	12,400	21,700	31,000
H.J. Mulliner						
Cpe	1250	3950	6600	13,200	23,100	33,000
DHC	1900	6000	10,000	20,000	35,000	50,000
Spt Saloon	1550	4900	8200	16,400	28,700	41,000
Flying Spur (after 1957)	1700	5400	9000	18,000	31,500	45,000
Park Ward						
DHC	2150	6850	11,400	22,800	39,900	57,000
Spt Saloon	1750	5500	9200	18,400	32,200	46,000

Bentley

James Young

	6	5	4	3	2	1
Saloon	1050	3350	5600	11,200	19,600	28,000

NOTE: Deduct 20 percent for Right-Hand Drive.

1959-1962
S2 Type
(V-8) - (123" or 127" wb) - (6230cc)

Std Steel Saloon	1150	3600	6000	12,000	21,000	30,000
Saloon (LWB)	1300	4100	6800	13,600	23,800	34,000
Franay	1600	5150	8600	17,200	30,100	43,000
Graber	1600	5150	8600	17,200	30,100	43,000
Hooper	1650	5300	8800	17,600	30,800	44,000

H.J. Mulliner

DHC (15)	3000	9600	16,000	32,000	56,000	80,000

Park Ward

DHC	1900	6000	10,000	20,000	35,000	50,000

Radford

Countryman	1550	4900	8200	16,400	28,700	41,000

James Young

Limo (5)	1600	5050	8400	16,800	29,400	42,000

S2 Type Continental - (V-8) - (123" wb) - (6230cc)
H.J. Mulliner

Flying Spur	1900	6100	10,200	20,400	35,700	51,000

Park Ward

DHC	1900	6000	10,000	20,000	35,000	50,000

James Young

Saloon	1150	3700	6200	12,400	21,700	31,000

NOTE: Deduct 20 percent for Right-Hand Drive.

1962-1965
S3 Type
(V-8) - (123" or 127" wb) - (6230cc)

Std Steel Saloon	1250	3950	6600	13,200	23,100	33,000
Saloon (LWB)	1400	4450	7400	14,800	25,900	37,000

H.J. Mulliner

Cpe	1300	4200	7000	14,000	24,500	35,000
DHC	1950	6250	10,400	20,800	36,400	52,000

Park Ward

Cpe	1900	6000	10,000	20,000	35,000	50,000
DHC	2650	8400	14,000	28,000	49,000	70,000

James Young

Limo (1)	1900	6000	10,000	20,000	35,000	50,000

S3 Continental - (V-8) - (123" wb) - (6230cc)
H.J. Mulliner-Park Ward

Cpe	1600	5150	8600	17,200	30,100	43,000
DHC	2250	7200	12,000	24,000	42,000	60,000
Flying Spur	1900	6100	10,200	20,400	35,700	51,000

James Young

Cpe	1300	4200	7000	14,000	24,500	35,000
Saloon	1500	4800	8000	16,000	28,000	40,000

NOTE: Add 10 percent for factory sunroof.
Deduct 30 percent for Right-Hand Drive.

1966
2d James Young	1700	5400	9000	18,000	31,500	45,000
2d Park Ward	3750	12,000	20,000	40,000	70,000	100,000

1967
2d James Young	1650	5300	8800	17,600	30,800	44,000
2d Park Ward	2850	9100	15,200	30,400	53,200	76,000
2d Park Ward Conv	3600	11,500	19,200	38,400	67,200	96,000
4d T	1150	3700	6200	12,400	21,700	31,000

1968
2d Park Ward	2850	9100	15,200	30,400	53,200	76,000
2d Park Ward Conv	3600	11,500	19,200	38,400	67,200	96,000
4d T	1150	3700	6200	12,400	21,700	31,000

1969
2d Park Ward	2850	9100	15,200	30,400	53,200	76,000
2d Park Ward Conv	3700	11,750	19,600	39,200	68,600	98,000
4d T	1200	3850	6400	12,800	22,400	32,000

1970
2d Park Ward	2950	9350	15,600	31,200	54,600	78,000
2d Park Ward Conv	3700	11,750	19,600	39,200	68,600	98,000
4d T	1250	3950	6600	13,200	23,100	33,000

1971
4d T	1150	3600	6000	12,000	21,000	30,000

1972
4d T	1150	3600	6000	12,000	21,000	30,000

	6	5	4	3	2	1
1973						
4d T	1150	3600	6000	12,000	21,000	30,000
1974						
4d T	1150	3700	6200	12,400	21,700	31,000
1975						
4d T	1150	3700	6200	12,400	21,700	31,000
1976						
4d T	1200	3850	6400	12,800	22,400	32,000
1977						
4d T2	1200	3850	6400	12,800	22,400	32,000
2d Corniche	1500	4800	8000	16,000	28,000	40,000
2d Corniche Conv	2050	6600	11,000	22,000	38,500	55,000
1978						
4d T2	1300	4100	6800	13,600	23,800	34,000
2d Corniche	1500	4800	8000	16,000	28,000	40,000
2d Corniche Conv	2050	6600	11,000	22,000	38,500	55,000
1979						
4d T2	1400	4450	7400	14,800	25,900	37,000
2d Corniche	1600	5050	8400	16,800	29,400	42,000
2d Corniche Conv	2150	6850	11,400	22,800	39,900	57,000
1980						
4d T2	1500	4800	8000	16,000	28,000	40,000
4d Mulsanne	1700	5400	9000	18,000	31,500	45,000
2d Corniche	1750	5650	9400	18,800	32,900	47,000
2d Corniche Conv	2250	7200	12,000	24,000	42,000	60,000
1981						
4d Mulsanne	1750	5650	9400	18,800	32,900	47,000
2d Corniche Conv	2350	7450	12,400	24,800	43,400	62,000
1982						
4d Mulsanne	1900	6000	10,000	20,000	35,000	50,000
2d Corniche Conv	2500	7900	13,200	26,400	46,200	66,000
1983						
4d Mulsanne	1950	6250	10,400	20,800	36,400	52,000
2d Corniche Conv	2550	8150	13,600	27,200	47,600	68,000

BMW

	6	5	4	3	2	1
1952						
(6-cyl) - (111.6" wb) - (1917cc)						
501 4d Sed	400	1250	2100	4200	7400	10,500
1953						
(6-cyl) - (111.6" wb) - (1971cc)						
501 4d Sed	400	1250	2100	4200	7400	10,500
1954						
(6-cyl) - (111.6" wb) - (1971cc)						
501 4d Sed	450	1000	1650	3350	6300	9000
501A 4d Sed	450	1000	1650	3350	6300	9000
501B 4d Sed	450	1000	1650	3350	6300	9000
(V-8) - (111.6" wb) - (2580cc)						
502/2.6 4d Sed	450	1500	2500	5000	8800	12,500
1955						
Isetta - (1-cyl) - (59.1" wb) - (250cc)						
250 1d Std Sed	150	350	750	1350	2800	4000
250 1d DeL Sed	150	350	750	1450	3000	4200
(6-cyl) - (111.6" wb) - (1971cc)						
501A 4d Sed	450	1000	1650	3350	6300	9000
501B 4d Sed	450	1000	1650	3350	6300	9000
(6-cyl) - (111.6" wb) - (2077cc)						
501/3 4d Sed	400	1250	2100	4200	7400	10,500
(V-8) - (111.6" wb) - (2580cc)						
501 4d Sed	450	1500	2500	5000	8800	12,500
502/2.6 4d Sed	500	1600	2700	5400	9500	13,500
(V-8) - (111.6" wb) - (3168cc)						
502/3.2 4d Sed	450	1400	2300	4600	8100	11.500
1956						
Isetta - (1-cyl) - (59.1" wb) - (250cc)						
250 1d Std Sed	150	350	750	1350	2800	4000
250 1d DeL Sed	150	350	750	1450	3000	4200

524 BMW

1955 BMW 4 dr sedan

(6-cyl) - (111.6" wb) - (2077cc)

	6	5	4	3	2	1
501/3 4d Sed	450	1000	1650	3350	6300	9000
(V-8) - (111.6" wb) - (2580cc)						
501 4d Sed	400	1250	2100	4200	7400	10,500
502/2.6 4d Sed	400	1250	2100	4200	7400	10,500
(V-8) - (111.6" wb) - (3168cc)						
502/3.2 4d Sed	450	1500	2500	5000	8800	12,500
503 Cpe	950	3000	5000	10,000	17,500	25,000
503 Conv	1300	4100	6800	13,600	23,800	34,000
(V-8) - (97.6" wb) - (3168cc)						
507 Rds	3600	11,500	19,200	38,400	67,200	96,000

1957 BMW roadster

1957
Isetta - (1-cyl) - (59.1" wb) - (300cc)

300 1d Std Sed	200	500	850	1900	3500	5000
300 1d DeL Sed	200	500	850	1900	3500	5000
(2-cyl) - (66.9" wb) - (582cc)						
600 2d Sed	150	400	750	1650	3150	4500

BMW 525

		6	5	4	3	2	1
(6-cyl) - (111.6" wb) - (2077cc)							
501/3 4d Sed		450	1000	1650	3350	6300	9000
(V-8) - (111.6" wb) - (2580cc)							
501 4d Sed		400	1250	2100	4200	7400	10,500
502/2.6 4d Sed		400	1250	2100	4200	7400	10,500
(V-8) - (111.6" wb) - (3168cc)							
502/3.2 4d Sed		450	1400	2300	4600	8100	11,500
502/3.2 Sup 4d Sed		450	1450	2400	4800	8400	12,000
503 Cpe		1000	3250	5400	10,800	18,900	27,000
503 Conv		1350	4300	7200	14,400	25,200	36,000
(V-8) - (97.6" wb) - (3168cc)							
507 Rds		3600	11,500	19,200	38,400	67,200	96,000

1958
Isetta - (1-cyl) - (59.1" wb) - (300cc)

	6	5	4	3	2	1
300 1d Std Sed	200	650	1050	2250	4200	6000
300 1d DeL Sed	350	700	1100	2300	4500	6400
(2-cyl) - (66.9" wb) - (582cc)						
600 2d Sed	150	450	800	1750	3250	4700
(6-cyl) - (111.6" wb) - (2077cc)						
501/3 4d Sed	450	1000	1650	3350	6300	9000
(V-8) - (111.6" wb) - (2580cc)						
501 4d Sed	400	1250	2100	4200	7400	10,500
502/2.6 4d Sed	400	1250	2100	4200	7400	10,500
(V-8) - (111.6" wb) - (3168cc)						
502/3.2 4d Sed	450	1400	2300	4600	8100	11,500
502/3.2 Sup 4d Sed	450	1450	2400	4800	8400	12,000
503 Cpe	1000	3250	5400	10,800	18,900	27,000
503 Conv	1350	4300	7200	14,400	25,200	36,000
(V-8) - (97.6" wb) - (3168cc)						
507 Rds	3600	11,500	19,200	38,400	67,200	96,000

1959 BMW Isetta

1959
Isetta - (1-cyl) - (59.1" wb) - (300cc)

	6	5	4	3	2	1
300 1d Std Sed	200	675	1050	2250	4300	6100
300 1d DeL Sed	350	700	1150	2300	4550	6500
(2-cyl) - (66.9" wb) - (582cc)						
600 2d Sed	150	450	800	1800	3300	4800

BMW

	6	5	4	3	2	1
(2-cyl) - (83.5" wb) - (697cc)						
700 Cpe	200	500	850	1900	3500	5000
700 2d Sed	125	250	700	1150	2450	3500
(V-8) - (111.6" wb) - (2580cc)						
501 4d Sed	400	1250	2100	4200	7400	10,500
502/2.6 4d Sed	400	1250	2100	4200	7400	10,500
(V-8) - (111.6" wb) - (3168cc)						
502/3.2 4d Sed	450	1400	2300	4600	8100	11,500
502/3.2 Sup 4d Sed	450	1500	2500	5000	8800	12,500
503 Cpe	1000	3250	5400	10,800	18,900	27,000
503 Conv	1350	4300	7200	14,400	25,200	36,000
(V-8) - (97.6" wb) - (3168cc)						
507 Rds	3600	11,500	19,200	38,400	67,200	96,000

1960
	6	5	4	3	2	1
Isetta - (1-cyl) - (59.1" wb) - (300cc)						
300 1d Std Sed	350	700	1100	2300	4500	6400
300 1d DeL Sed	350	725	1200	2350	4850	6900
(2-cyl) - (66.9" wb) - (582cc)						
600 2d Sed	200	500	850	1850	3350	4900
(2-cyl) - (83.5" wb) - (697cc)						
700 Cpe	200	500	850	1900	3500	5000
700 2d Sed	125	250	700	1150	2450	3500
(V-8) - (111.6" wb) - (2580cc)						
501 4d Sed	400	1250	2100	4200	7400	10,500
502/2.6 4d Sed	400	1250	2100	4200	7400	10,500
(V-8) - (111.6" wb) - (3168cc)						
502/3.2 4d Sed	400	1200	2000	3950	7000	10,000
502/3.2 Sup 4d Sed	450	1500	2500	5000	8800	12,500

1961
	6	5	4	3	2	1
Isetta - (1-cyl) - (59.1" wb) - (300cc)						
300 1d Std Sed	350	725	1150	2300	4700	6700
300 1d DeL Sed	350	750	1200	2350	4900	7000
(2-cyl) - (83.5" wb) - (697cc)						
700 Cpe	200	500	850	1900	3500	5000
700 2d Sed	125	250	700	1150	2450	3500
700 Luxus 2d Sed	150	300	700	1250	2600	3700
(V-8) - (111.6" wb) - (2580cc)						
501 4d Sed	400	1250	2100	4200	7400	10,500
502/2.6 4d Sed	400	1250	2100	4200	7400	10,500
2600 4d Sed	400	1250	2100	4200	7400	10,500
2600L 4d Sed	400	1250	2100	4200	7400	10,500
(V-8) - (111.6" wb) - (3168cc)						
502/3.2 4d Sed	400	1250	2100	4200	7400	10,500
502/3.2 Sup 4d Sed	450	1400	2300	4600	8100	11,500
3200L 4d Sed	400	1250	2100	4200	7400	10,500
3200S 4d Sed	450	1400	2300	4600	8100	11,500

1962
	6	5	4	3	2	1
Isetta - (1-cyl) - (59.1" wb) - (300cc)						
300 1d Std Sed	200	650	1050	2250	4200	6000
300 1d DeL Sed	350	750	1200	2350	4900	7000
(2-cyl) - (83.5" wb) - (697cc)						
700 Cpe	200	500	850	1900	3500	5000
700CS Cpe	200	550	900	2000	3600	5200
700 2d Sed	150	300	700	1250	2600	3700
(2-cyl) - (89.8" wb) - (697cc)						
700LS Luxus 2d Sed	150	350	750	1450	3000	4200
(4-cyl) - (100.4" wb) - (1499cc)						
1500 4d Sed	200	650	1050	2250	4200	6000
(V-8) - (111.6" wb) - (2580cc)						
2600 4d Sed	450	1100	1700	3650	6650	9500
2600L 4d Sed	450	1100	1700	3650	6650	9500
(V-8) - (111.6" wb) - (3168cc)						
3200L 4d Sed	400	1200	2000	3950	7000	10,000
3200S 4d Sed	400	1250	2100	4200	7400	10,500
3200CS Cpe	700	2300	3800	7600	13,300	19,000

1963
	6	5	4	3	2	1
(2-cyl) - (83.5" wb) - (697cc)						
700 Cpe	200	550	900	2000	3600	5200
700 2d Sed	150	300	700	1250	2600	3700
700CS Spt Cpe	200	600	1000	2200	4000	5700
700 Spt Conv	450	1450	2400	4800	8400	12,000
(2-cyl) - (89.8" wb) - (697cc)						
700LS Luxus 2d Sed	150	350	750	1450	3000	4200
(4-cyl) - (100.4" wb) - (1499cc)						
1500 4d Sed	200	650	1050	2250	4200	6000

BMW 527

	6	5	4	3	2	1
(4-cyl) - (100.4" wb) - (1773cc)						
1800 4d Sed	350	750	1200	2350	4900	7000
(6-cyl) - (111.6" wb) - (2580cc)						
2600L 4d Sed	450	1100	1700	3650	6650	9500
(V-8) - (111.6" wb) - (3680cc)						
3200S 4d Sed	400	1300	2200	4400	7700	11,000
3200CS Cpe	700	2150	3600	7200	12,600	18,000

1964
(2-cyl) - (83.5" wb) - (697cc)						
700 Cpe	200	550	900	2000	3600	5200
700 2d Sed	150	300	700	1250	2600	3700
700CS Cpe	200	600	1000	2200	4000	5700
700CS Conv	450	1450	2400	4800	8400	12,000
(2-cyl) - (89.8" wb) - (697cc)						
700LS Luxus Cpe	200	675	1050	2250	4350	6200
700LS Luxus 2d Sed	150	400	750	1650	3150	4500
(4-cyl) - (100.4" wb) - (1499cc)						
1500 4d Sed	200	650	1050	2250	4200	6000
(4-cyl) - (100.4" wb) - (1573cc)						
1600 4d Sed	350	700	1150	2300	4550	6500
(4-cyl) - (100.4" wb) - (1773cc)						
1800 4d Sed	350	750	1200	2350	4900	7000
1800ti 4d Sed	350	750	1300	2450	5250	7500
1800ti/SA 4d Sed	350	750	1300	2450	5250	7500
(6-cyl) - (111.6" wb) - (2580cc)						
2600L 4d Sed	450	1000	1650	3350	6300	9000
(V-8) - (111.6" wb) - (3168cc)						
3200CS Cpe	700	2150	3600	7200	12,600	18,000

1965
(2-cyl) - (89.8" wb) - (697cc)						
700LS Luxus Cpe	200	675	1050	2250	4350	6200
700LS Luxus 2d Sed	150	400	750	1650	3150	4500
(4-cyl) - (100.4" wb) - (1573cc)						
1600 4d Sed	350	700	1150	2300	4550	6500
(4-cyl) - (100.4" wb) - (1773cc)						
1800 4d Sed	350	800	1450	2750	5600	8000
1800ti 4d Sed	350	900	1550	3050	5900	8500
1800ti/SA 4d Sed	350	900	1550	3050	5900	8500
(4-cyl) - (100.4" wb) - (1990cc)						
2000C Cpe	450	1450	2400	4800	8400	12,000
2000CS Cpe	500	1550	2600	5200	9100	13,000
(V-8) - (111.4" wb) - (3168cc)						
3200CS Cpe	700	2150	3600	7200	12,600	18,000

1966
(4-cyl) - (98.4" wb) - (1573cc)						
1600-2 2d Sed	350	750	1200	2350	4900	7000
(4-cyl) - (100.4" wb) - (1573cc)						
1600 4d Sed	350	700	1150	2300	4550	6500
(4-cyl) - (100.4" wb) - (1773cc)						
1800 4d Sed	350	750	1200	2350	4900	7000
1800ti 4d Sed	350	750	1350	2600	5400	7700
(4-cyl) - (100.4" wb) - (1990cc)						
2000 4d Sed	350	750	1250	2400	5050	7200
2000ti 4d Sed	350	750	1350	2600	5400	7700
2000tilux 4d Sed	350	850	1500	2900	5700	8200
2000C Cpe	500	1550	2600	5200	9100	13,000
2000CS Cpe	500	1600	2700	5400	9500	13,500

1967
(4-cyl) - (98.4" wb) - (1573cc)						
1602 2d Sed	350	750	1200	2350	4900	7000
1600ti 2d Sed	450	1000	1650	3350	6300	9000
(4-cyl) - (91.3" wb) - (1573cc)						
Glas 1600GT Cpe	450	1100	1700	3650	6650	9500
(4-cyl) - (100.4" wb) - (1773cc)						
1800 4d Sed	350	750	1250	2400	5050	7200
(4-cyl) - (100.4" wb) - (1990cc)						
2000 4d Sed	350	750	1250	2400	5050	7200
2000ti 4d Sed	350	750	1350	2600	5400	7700
2000tilux 4d Sed	350	900	1550	3050	5900	8500
2000C Cpe	500	1550	2600	5200	9100	13,000
2000CS Cpe	500	1600	2700	5400	9500	13,500
(V-8) - (98.4" wb) - (2982cc)						
Glas 3000 Cpe	550	1750	2900	5800	10,200	14,500

BMW

1968
(4-cyl) - (98.4" wb) - (1573cc)

	6	5	4	3	2	1
1600 2d Sed	450	1000	1650	3350	6300	9000
1600 Cabr	550	1800	3000	6000	10,500	15,000

(4-cyl) - (91.3" wb) - (1573cc)

Glas 1600 GT Cpe	450	1100	1700	3650	6650	9500

(4-cyl) - (100.4" wb) - (1773cc)

1800 4d Sed	350	750	1200	2350	4900	7000

(4-cyl) - (100.4" wb) - (1766cc)

1800 4d Sed	350	750	1250	2400	5050	7200

(4-cyl) - (98.4" wb) - (1990cc)

2002 2d Sed	450	1100	1700	3650	6650	9500
2002ti 2d Sed	400	1300	2200	4400	7700	11,000

(4-cyl) - (100.4" wb) - (1990cc)

2000 4d Sed	350	750	1200	2350	4900	7000
2000ti 4d Sed	350	750	1300	2450	5250	7500
2000tilux 4d Sed	350	900	1550	3050	5900	8500
2000C Cpe	450	1450	2400	4800	8400	12,000
2000CS Cpe	500	1550	2600	5200	9100	13,000

(6-cyl) - (106" wb) - (2494cc)

2500 4d Sed	350	750	1300	2450	5250	7500

(6-cyl) - (109.9" wb) - (2788cc)

2800 4d Sed	350	900	1550	3050	5900	8500

(6-cyl) - (103.3" wb) - (2788cc)

2800CS Cpe	550	1800	3000	6000	10,500	15,000

(V-8) - (98.4" wb) - (2982cc)

Glas 3000 Cpe	500	1550	2600	5200	9100	13,000

1969
(4-cyl) - (98.4" wb) - (1573cc)

1600 2d Sed	350	800	1450	2750	5600	8000
1600 Cabr	600	1900	3200	6400	11,200	16,000

(4-cyl) - (100.4" wb) - (1766cc)

1800 4d Sed	350	750	1200	2350	4900	7000

(4-cyl) - (98.4" wb) - (1990cc)

2002 2d Sed	450	1100	1700	3650	6650	9500
2002ti 2d Sed	400	1300	2200	4400	7700	11,000

(4-cyl) - (100.4" wb) - (1990cc)

2000tilux 4d Sed	350	750	1300	2450	5250	7500
2000C Cpe	450	1450	2400	4800	8400	12,000
2000CS Cpe	500	1550	2600	5200	9100	13,000

(6-cyl) - (106" wb) - (2494cc)

2500 4d Sed	350	750	1200	2350	4900	7000

(6-cyl) - (106" wb) - (2788cc)

2800 4d Sed	350	750	1300	2450	5250	7500

(6-cyl) - (103.3" wb) - (2788cc)

2800CSA Cpe	450	1450	2400	4800	8400	12,000
2800CS Cpe	550	1700	2800	5600	9800	14,000

1970
(4-cyl) - (98.4" wb) - (1573cc)

1600 2d Sed	350	900	1550	3050	5900	8500
1600 Cabr	600	1900	3200	6400	11,200	16,000

(4-cyl) - (100.4" wb) - (1766cc)

1800 4d Sed	350	750	1200	2350	4900	7000

(4-cyl) - (98.4" wb) - (1990cc)

2002 2d Sed	450	1000	1650	3350	6300	9000

(4-cyl) - (100.4" wb) - (1990cc)

2000tilux 4d Sed	350	900	1550	3050	5900	8500
2000tii 4d Sed	450	1000	1650	3350	6300	9000

(6-cyl) - (106" wb) - (2494cc)

2500 4d Sed	350	750	1300	2450	5250	7500

(6-cyl) - (106" wb) - (2788cc)

2800 4d Sed	350	900	1550	3050	5900	8500

(6-cyl) - (103.3" wb) - (2788cc)

2800CSA	450	1450	2400	4800	8400	12,000
2800CS Cpe	500	1550	2600	5200	9100	13,000
3.0CS Cpe	600	1900	3200	6400	11,200	16,000
3.0CSi Cpe	700	2300	3800	7600	13,300	19,000
3.0CSL Cpe	800	2500	4200	8400	14,700	21,000

(6-cyl) - (103.3" wb) - (3003cc)

3.0CSL Cpe	800	2500	4200	8400	14,700	21,000

1971
(4-cyl) - (98.4" wb) - (1573cc)

1600 2d Sed	350	900	1550	3050	5900	8500
1600 Tr	350	900	1550	3050	5900	8500
1600 Cabr	650	2050	3400	6800	11,900	17,000

BMW 529

	6	5	4	3	2	1
(4-cyl) - (100.4" wb) - (1766cc)						
1800 4d Sed	350	750	1200	2350	4900	7000
(4-cyl) - (98.4" wb) - (1990cc)						
2002 2d Sed	450	1000	1650	3350	6300	9000
2002 Cabr	750	2400	4000	8000	14,000	20,000
2002 Targa	450	1450	2400	4800	8400	12,000
2000 Tr	450	1000	1650	3350	6300	9000
2002ti 2d Sed	450	1100	1700	3650	6650	9500
(4-cyl) - (100.4" wb) - (1990cc)						
2000tii 4d Sed	450	1000	1650	3350	6300	9000
(6-cyl) - (106" wb) - (2494cc)						
2500 4d Sed	350	750	1200	2350	4900	7000
(6-cyl) - (106" wb) - (2788cc)						
2800 4d Sed	350	750	1300	2450	5250	7500
Bavaria 4d Sed	350	750	1300	2450	5250	7500
(6-cyl) - (106" wb) - (2985cc)						
3.0S 4d Sed	350	900	1550	3050	5900	8500
Bavaria 4d Sed	350	900	1550	3050	5900	8500
(6-cyl) - (103.3" wb) - (2788cc)						
2800CSA Cpe	450	1450	2400	4800	8400	12,000
2800CS Cpe	550	1700	2800	5600	9800	14,000
(6-cyl) - (103.3" wb) - (2788cc)						
3.0CSA Cpe	550	1700	2800	5600	9800	14,000
3.0CS Cpe	550	1800	3000	6000	10,500	15,000
3.0CSi Cpe	700	2300	3800	7600	13,300	19,000
3.0CSL Cpe	800	2500	4200	8400	14,700	21,000

1972

	6	5	4	3	2	1
(4-cyl) - (100.4" wb) - (1766cc)						
1800 4d Sed	350	750	1200	2350	4900	7000
(4-cyl) - (100.4" wb) - (1990cc)						
2000tii 4d Sed	450	1000	1650	3350	6300	9000
(4-cyl) - (98.4" wb) - (1990cc)						
2002 2d Sed	450	1000	1650	3350	6300	9000
2002 Targa	450	1450	2400	4800	8400	12,000
2000 Tr	450	1000	1650	3350	6300	9000
2002ti 2d Sed	450	1100	1700	3650	6650	9500
2002tii 2d Sed	400	1200	2000	3950	7000	10,000
2002tii Tr	400	1300	2200	4400	7700	11,000
(6-cyl) - (106" wb) - (2788cc)						
2800 4d Sed	350	750	1300	2450	5250	7500
Bavaria 4d Sed	350	750	1300	2450	5250	7500
(6-cyl) - (106" wb) - (2985cc)						
3.0S 4d Sed	350	900	1550	3050	5900	8500
Bavaria	350	900	1550	3050	5900	8500
(6-cyl) - (103.3" wb) - (2985cc)						
3.0CSA Cpe	500	1550	2600	5200	9100	13,000

1973

	6	5	4	3	2	1
(4-cyl) - (98.4" wb) - (1990cc)						
2002 2d Sed	450	1000	1650	3350	6300	9000
2000 Targa	450	1450	2400	4800	8400	12,000
2002ti 2d Sed	450	1100	1700	3650	6650	9500
2002tii 2d Sed	400	1200	2000	3950	7000	10,000
2002tii Tr	400	1300	2200	4400	7700	11,000
2002 (Turbo)	550	1800	3000	6000	10,500	15,000
(6-cyl) - (106" wb) - (2788cc)						
2800 4d Sed	350	750	1300	2450	5250	7500
Bavaria 4d Sed	350	750	1300	2450	5250	7500
(6-cyl) - (106" wb) - (2985cc)						
3.0S 4d Sed	350	900	1550	3050	5900	8500
Bavaria 4d Sed	350	900	1550	3050	5900	8500
(6-cyl) - (103.3" wb) - (2985cc)						
3.0CSA Cpe	450	1450	2400	4800	8400	12,000
3.0CS Cpe	550	1800	3000	6000	10,500	15,000
3.0CSi Cpe	650	2050	3400	6800	11,900	17,000
(6-cyl) - (103.3" wb) - (3003cc)						
3.0CSL Cpe	700	2300	3800	7600	13,300	19,000
(6-cyl) - (103.3" wb) - (3153cc)						
3.0CSL	750	2400	4000	8000	14,000	20,000

1974

	6	5	4	3	2	1
(4-cyl) - (98.4" wb) - (1990cc)						
2002 2d Sed	450	1000	1650	3350	6300	9000
2002 Targa	450	1450	2400	4800	8400	12,000
2000 Tr	450	1000	1650	3350	6300	9000
2002ti 2d Sed	450	1100	1700	3650	6650	9500
2002tii 2d Sed	400	1200	2000	3950	7000	10,000

BMW

	6	5	4	3	2	1
2002tii Tr	400	1300	2200	4400	7700	11,000
2002 (Turbo)	550	1700	2800	5600	9800	14,000
(6-cyl) - (106" wb) - (2788cc)						
2800 4d Sed	350	750	1300	2450	5250	7500
Bavaria 4d Sed	350	750	1300	2450	5250	7500
(6-cyl) - (106" wb) - (2985cc)						
3.0S 4d Sed	350	900	1550	3050	5900	8500
Bavaria 4d Sed	350	900	1550	3050	5900	8500
(6-cyl) - (103.3" wb) - (2985cc)						
3.0CSA Cpe	450	1450	2400	4800	8400	12,000
3.0CS Cpe	550	1800	3000	6000	10,500	15,000
3.0CSi Cpe	650	2050	3400	6800	11,900	17,000
(6-cyl) - (103.3" wb) - (3153cc)						
3.0CSL Cpe	750	2400	4000	8000	14,000	20,000
(6-cyl) - (103" wb) - (2985cc)						
530i 4d Sed	350	900	1550	3050	5900	8500

1975
(4-cyl) - (98.4" wb) - (1990cc)

	6	5	4	3	2	1
2002 2d Sed	450	1100	1700	3650	6650	9500
2002 Targa	500	1550	2600	5200	9100	13,000
2002ti 2d Sed	400	1200	2000	3950	7000	10,000
2002 Turbo	550	1700	2800	5600	9800	14,000
(4-cyl) - (100.9" wb) - (1990cc)						
320i 2d Sed	350	750	1200	2350	4900	7000
(6-cyl) - (106" wb) - (2788cc)						
2800 4d Sed	350	750	1300	2450	5250	7500
Bavaria	350	750	1300	2450	5250	7500
(6-cyl) - (106" wb) - (2985cc)						
3.0S 4d Sed	450	1000	1650	3350	6300	9000
Bavaria	450	1000	1650	3350	6300	9000
(6-cyl) - (103.3" wb) - (2985cc)						
3.0CSA Cpe	450	1450	2400	4800	8400	12,000
3.0CS Cpe	550	1800	3000	6000	10,500	15,000
3.0CSi Cpe	650	2050	3400	6800	11,900	17,000
(6-cyl) - (103.3" wb) - (3153cc)						
3.0CSL Cpe	700	2300	3800	7600	13,300	19,000
(6-cyl) - (103" wb) - (2985cc)						
530i 4d Sed	450	1000	1650	3350	6300	9000

1976
(4-cyl) - (100.9" wb) - (1990cc)

	6	5	4	3	2	1
2002 2d Sed	350	750	1300	2400	5200	7400
320i 2d Sed	350	750	1300	2450	5250	7500
(6-cyl) - (106" wb) - (2788cc)						
2800 4d Sed	350	750	1300	2450	5250	7500
Bavaria	350	750	1300	2450	5250	7500
(6-cyl) - (106" wb) - (2985cc)						
3.0Si 4d Sed	450	1100	1700	3650	6650	9500
Bavaria	450	1100	1700	3650	6650	9500
(6-cyl) - (103" wb) - (2985cc)						
530i 4d Sed	450	1100	1700	3650	6650	9500
(6-cyl) - (103.4" wb) - (2985cc)						
630CS Cpe	550	1800	3000	6000	10,500	15,000

1977
(4-cyl) - (100.9" wb) - (1990cc)

	6	5	4	3	2	1
320i 2d Sed	350	900	1550	3050	5900	8500
(6-cyl) - (106" wb) - (2788cc)						
2800 4d Sed	350	900	1550	3050	5900	8500
Bavaria	350	900	1550	3050	5900	8500
(6-cyl) - (106" wb) - (2985cc)						
3.0S 4d Sed	450	1100	1700	3650	6650	9500
Bavaria	450	1100	1700	3650	6650	9500
(6-cyl) - (103.4" wb) - (2985cc)						
530i 4d Sed	450	1100	1700	3650	6650	9500
630CS Cpe	550	1800	3000	6000	10,500	15,000
630CSi Cpe	650	2050	3400	6800	11,900	17,000
(6-cyl) - (103.4" wb) - (3210cc)						
633CSi Cpe	700	2150	3600	7200	12,600	18,000

1978
(4-cyl) - (100.9" wb) - (2563cc)

	6	5	4	3	2	1
320i 2d Sed	450	1000	1650	3350	6300	9000
(6-cyl) - (103" wb) - (2788cc)						
528i 4d Sed	400	1200	2000	3950	7000	10,000
(6-cyl) - (103.4" wb) - (2985cc)						
630CS Cpe	600	1900	3200	6400	11,200	16,000
630CSi Cpe	650	2050	3400	6800	11,900	17,000

BMW   531

(6-cyl) - (103.4" wb) - (3210cc)

	6	5	4	3	2	1
633CSi Cpe	700	2300	3800	7600	13,300	19,000
(6-cyl) - (110" wb) - (2788cc)						
733i 4d Sed	550	1800	3000	6000	10,500	15,000
1979						
320i 2d Sed	450	1100	1700	3650	6650	9500
528i 4d Sed	400	1300	2200	4400	7700	11,000
733i 4d Sed	650	2050	3400	6800	11,900	17,000
633Si 2d Cpe	700	2300	3800	7600	13,300	19,000
M1 Cpe	5450	17,400	29,000	58,000	101,500	145,000
1980						
320i 2d Sed	450	1100	1700	3650	6650	9500
528i 4d Sed	400	1300	2200	4400	7700	11,000
733i 4d Sed	650	2050	3400	6800	11,900	17,000
633CSi 2d Cpe	700	2300	3800	7600	13,300	19,000
M1 Cpe	5450	17,400	29,000	58,000	101,500	145,000
1981						
320i 2d Sed	400	1200	2000	3950	7000	10,000
528i 4d Sed	400	1300	2200	4400	7700	11,000
733i 4d Sed	700	2300	3800	7600	13,300	19,000
633CSi 2d Cpe	800	2500	4200	8400	14,700	21,000

1982 BMW 528e four-door sedan

1982						
320i 2d Sed	400	1300	2200	4400	7700	11,000
528E 4d Sed	450	1450	2400	4800	8400	12,000
733i 4d Sed	700	2300	3800	7600	13,300	19,000
633CSi 2d Cpe	850	2750	4600	9200	16,100	23,000
1983						
320i 2d Sed	450	1100	1700	3650	6650	9500
528E 4d Sed	450	1450	2400	4800	8400	12,000
533i 4d Sed	500	1550	2600	5200	9100	13,000
733i 4d Sed	750	2400	4000	8000	14,000	20,000
633CSi 2d Cpe	850	2650	4400	8800	15,400	22,000
1984						
318i 2d Sed	450	1000	1650	3350	6300	9000
325e 2d Sed	400	1200	2000	3950	7000	10,000
528e 4d Sed	450	1450	2400	4800	8400	12,000
533i 4d Sed	550	1700	2800	5600	9800	14,000
733i 4d Sed	800	2500	4200	8400	14,700	21,000
633CSi Cpe	850	2650	4400	8800	15,400	22,000
1985						
318i 2d Sed	450	1000	1650	3350	6300	9000
318i 4d Sed	350	900	1550	3050	5900	8500
325e 2d Sed	400	1300	2200	4400	7700	11,000
325e 4d Sed	400	1300	2200	4400	7700	11,000
528e 4d Sed	500	1550	2600	5200	9100	13,000
535i 4d Sed	550	1800	3000	6000	10,500	15,000
524td 4d Sed	550	1800	3000	6000	10,500	15,000
735i 4d Sed	850	2750	4600	9200	16,100	23,000

BMW

	6	5	4	3	2	1
635CSi Cpe	1000	3250	5400	10,800	18,900	27,000
1986						
325 2d Sed	450	1450	2400	4800	8400	12,000
325 4d Sed	450	1450	2400	4800	8400	12,000
325es 2d Sed	500	1550	2600	5200	9100	13,000
325e 4d Sed	500	1550	2600	5200	9100	13,000
524td 4d Sed	550	1800	3000	6000	10,500	15,000
528e 4d Sed	600	1850	3100	6200	10,900	15,500
535i 4d Sed	700	2150	3600	7200	12,600	18,000
735i 4d Sed	750	2400	4000	8000	14,000	20,000
L7 4d Sed	750	2400	4000	8000	14,000	20,000
635CSi Cpe	1050	3350	5600	11,200	19,600	28,000

BORGWARD

1949-53
Hansa 1500 - (4-cyl) - (96" wb)

2d Sed	200	600	950	2150	3850	5500
2d Conv	350	800	1450	2750	5600	8000

Hansa 1800 - (4-cyl) - (102" wb)

4d Sed	200	600	950	2200	3900	5600

Hansa 2400 - (4-cyl) - (102" wb or 111" wb)

4d Sed	200	600	1000	2200	4000	5700

1954-55
Isabella - (4-cyl) - (102" wb)

2d Sed	200	600	950	2150	3850	5500

Hansa 1500 - (4-cyl) - (96" wb)

2d Sed	200	600	950	2200	3900	5600
2d Conv	350	800	1450	2750	5600	8000

Hansa 1800 - (4-cyl) - (102" wb)

4d Sed	200	600	950	2200	3900	5600

Hansa 2400 - (4-cyl) - (102" or 111" wb)

4d Sed	200	600	1000	2200	4000	5700

1956
Isabella - (4-cyl) - (102" wb)

2d Sed	200	600	1000	2200	4000	5700
2d TS Sed	200	650	1000	2200	4100	5800
2d Sta Wag	200	600	1000	2200	4000	5700
2d Cabr	450	1000	1650	3350	6300	9000

1957
Isabella - (4-cyl) - (102" wb)

2d Sed	200	600	1000	2200	4000	5700
2d Sta Wag	200	600	1000	2200	4000	5700
2d TS Sed	200	650	1000	2200	4100	5800
2d TS Conv Cpe	450	1000	1650	3350	6300	9000
2d TS Spt Cpe	350	750	1200	2350	4900	7000

1958
Isabella - (4-cyl) - 102" wb)

2d Sed	200	600	1000	2200	4000	5700
2d Sta Wag	200	600	1000	2200	4000	5700
2d TS Sed	200	650	1000	2200	4100	5800
2d TS Spt Cpe	350	750	1200	2350	4900	7000

1959
Isabella - (4-cyl) - (102" wb)

2d Sed	200	600	1000	2200	4000	5700
2d SR Sed	200	650	1000	2200	4100	5800
2d Combi Wag	200	650	1000	2200	4100	5800
2d TS Spt Sed	200	650	1000	2200	4100	5800
2d TS DeL Sed	200	650	1000	2200	4150	5900
2d TS Spt Cpe	350	750	1200	2350	4900	7000

1960
Isabella - (4-cyl) - (102" wb)

2d Sed	200	600	1000	2200	4000	5700
2d SR Sed	200	650	1000	2200	4100	5800
2d Combi Wag	200	650	1000	2200	4100	5800
2d TS Spt Sed	200	650	1000	2200	4100	5800
2d TS DeL Sed	200	650	1000	2200	4150	5900
2d TS Spt Cpe	350	750	1200	2350	4900	7000

1961
Isabella - (4-cyl) - (102" wb)

2d Sed	200	650	1000	2200	4100	5800

DATSUN

1960
Fairlady Roadster
(4-cyl) - (87.4" wb) - (1189cc)

	6	5	4	3	2	1
SPL 212	350	700	1150	2300	4550	6500

1961-1962
Fairlady Roadster
(4-cyl) - (86.6" wb) - (1189cc)
SPL 213 — 350 700 1150 2300 4550 6500

1963-1965
1500 - (4-cyl) - (89.8" wb) - (1488cc)
Rds SPL 310 — 350 700 1150 2300 4550 6500

1966
1600 - (4-cyl) - (89.8" wb) - (1595cc)
Rds SPL 311 — 200 675 1050 2250 4350 6200

1967
1600 - Roadster
(4-cyl) - (89.8" wb) - (1595cc)
SPL 311 (Early Model) — 200 675 1050 2250 4350 6200
2000 - Roadster
SRL 311 (Late Model) — 350 725 1150 2300 4700 6700

1968
(4-cyl) - (95.3" wb) - (1595cc)
4d Sed 510 — 100 175 525 1050 2100 3000
1600 - (4-cyl) - (89.8" wb) - (1595cc)
Rds SPL 311 — 200 650 1050 2250 4200 6000
2000 - (4-cyl) - (89.8" wb) - (1982cc)
Rds SRL 311 — 200 650 1050 2250 4200 6000

1969
(4-cyl) - (95.3" wb) - (1595cc)
2d Sed 510 — 125 200 600 1100 2250 3200
4d Sed 510 — 100 175 525 1050 2100 3000
1600 - (4-cyl) - (89.8" wb) - (1595cc)
Rds SPL 311 — 200 550 900 2000 3600 5200
2000 - (4-cyl) - (89.8" wb) - (1982cc)
Rds SRL 311 — 200 675 1050 2250 4350 6200

1970 Datsun 240Z two-door coupe

1970
(4-cyl) - (95.3" wb) - (1595cc)
2d Sed 510 — 125 200 600 1100 2300 3300
4d Sed 510 — 125 200 600 1100 2200 3100
1600 - (4-cyl) - (89.8" wb) - (1595cc)
Rds SPL 311 — 200 650 1000 2200 4100 5800
2000 - (4-cyl) - (89.8" wb) - (1982cc)
Rds SRL 311 — 200 600 950 2150 3850 5500
240Z - (6-cyl) - (90.7" wb) - (2393cc)
2d Cpe — 350 900 1550 3050 5900 8500

1971
(4-cyl) - (95.3" wb) - (1595cc)
2d Sed 510 — 125 200 600 1100 2250 3200

Datsun

	6	5	4	3	2	1
4d Sed 510	100	175	525	1050	2100	3000
240Z - (6-cyl) - (90.7" wb) - (2393cc)						
2d Cpe	350	750	1300	2450	5250	7500
1972						
(4-cyl) - (95.3" wb) - (1595cc)						
2d Sed 510	125	200	600	1100	2250	3200
4d Sed 510	125	200	600	1100	2250	3200
240Z - (6-cyl) - (90.7" wb) - (2393cc)						
2d Cpe	350	750	1300	2450	5250	7500
1973						
(4-cyl) - (95.3" wb) - (1595cc)						
2d Sed 510	125	200	600	1100	2250	3200
240Z - (6-cyl) - (90.7" wb) - (2393cc)						
2d Cpe	350	700	1150	2300	4550	6500
1974						
260Z - (6-cyl) - (90.7" wb) - (2565cc)						
2d Cpe	350	700	1100	2300	4500	6400
260Z - (6-cyl) - (102.6" wb) - (2565cc)						
2d Cpe (2 plus 2)	200	675	1050	2250	4350	6200
1975						
260Z - (6-cyl) - (90.7" wb) - (2565cc)						
2d Cpe	350	700	1100	2300	4500	6400
260Z - (6-cyl) - (102.6" wb) - (2565cc)						
2d Cpe (2 plus 2)	200	675	1050	2250	4350	6200
280Z - (6-cyl) - (90.7" wb) - (2753cc)						
2d Cpe	350	700	1150	2300	4600	6600
280Z - (6-cyl) - (102.6" wb) - (2753cc)						
2d Cpe (2 plus 2)	350	700	1100	2300	4500	6400
1976						
280Z - (6-cyl) - (90.7" wb) - (2753cc)						
2d Cpe	350	750	1300	2500	5300	7600
280Z - (6-cyl) - (102.6" wb) - (2753cc)						
2d Cpe (2 plus 2)	350	725	1200	2350	4800	6800
1977						
(6-cyl) - (104.3" wb) - (2393cc)						
4d Sed 810	100	175	525	1050	2100	3000
280Z - (6-cyl) - (90.7" wb) - (2753cc)						
2d Cpe	350	750	1200	2350	4900	7000
280Z - (6-cyl) - (102.6" wb) - (2753cc)						
2d Cpe (2 plus 2)	200	675	1050	2250	4350	6200

DATSUN/NISSAN

	6	5	4	3	2	1
1978						
200SX - (4-cyl) - (92.1" wb) - (1952cc)						
Cpe	150	300	700	1250	2650	3800
280Z - (6-cyl) - (90.7" wb) - (149 hp)						
Cpe	350	750	1200	2350	4900	7000
Cpe (2 plus 2)	350	725	1200	2350	4800	6800
1979						
200SX - (4-cyl) - (92.1" wb) - (1952cc)						
Cpe	150	300	700	1250	2650	3800
280ZX - (4-cyl) - (92.1" wb) - (1952cc)						
Cpe	350	750	1200	2350	4900	7000
Cpe (2 plus 2)	350	725	1200	2350	4800	6800
1980						
280ZX						
Cpe	350	725	1150	2300	4700	6700
Cpe (2 plus 2)	350	700	1100	2300	4500	6400
1981						
280ZX						
Cpe	200	675	1100	2250	4400	6300
Cpe GL (2 plus 2)	200	650	1050	2250	4200	6000
Cpe GL (Turbo)	200	650	1050	2250	4200	6000
1982						
280ZX						
Cpe	350	700	1150	2300	4600	6600
Cpe (2 plus 2)	200	675	1100	2250	4400	6300
Cpe (Turbo)	350	750	1200	2350	4900	7000

	6	5	4	3	2	1
Cpe (2 plus 2 - Turbo)	350	700	1150	2300	4600	6600
1983						
280ZX						
Cpe	350	700	1150	2300	4550	6500
Cpe (2 plus 2)	200	675	1050	2250	4350	6200
Cpe (Turbo)	350	725	1200	2350	4850	6900
Cpe (2 plus 2 - Turbo)	350	700	1150	2300	4550	6500
1984						
Sentra (FWD)						
2d Sed	100	150	450	1000	1750	2500
2d Sed DeL	100	150	450	1000	1750	2500
4d Sed DeL	100	150	450	1000	1800	2600
4d Wag DeL	100	175	525	1050	1950	2800
2d HBk XE	100	150	450	1000	1750	2500
2d Sed XE	100	175	525	1050	1950	2800
4d Sed XE	100	175	525	1050	2050	2900
4d Wag XE	125	200	600	1100	2200	3100
Pulsar (FWD)						
Cpe	125	200	600	1100	2200	3100
Stanza (FWD)						
2d HBk XE	100	175	525	1050	2100	3000
4d HBk XE	125	200	600	1100	2200	3100
4d Sed GL	125	250	700	1150	2400	3400
200 SX						
2d HdTp DeL	150	350	750	1350	2800	4000
2d HBk DeL	150	300	750	1350	2700	3900
2d HdTp XE	150	350	750	1450	3000	4200
2d HBk XE	150	350	750	1450	2900	4100
Maxima						
4d Sed	150	400	750	1650	3150	4500
4d Sta Wag	150	450	750	1700	3200	4600
300 ZX						
2d Cpe GL	350	750	1300	2450	5250	7500
2d Cpe GL (2 plus 2)	350	725	1150	2300	4700	6700
2d Cpe GL (Turbo)	450	1000	1650	3350	6300	9000
1985						
Sentra (FWD)						
2d Sed	100	150	450	1000	1750	2500
2d Sed DeL	100	175	525	1050	2050	2900
4d Sed DeL	100	175	525	1050	2100	3000
4d Sta Wag DeL	125	200	600	1100	2250	3200
2d Sed (Diesel)	125	250	700	1150	2400	3400
2d Sed XE	125	200	600	1100	2250	3200
4d Sed XE	125	200	600	1100	2300	3300
4d Sta Wag XE	125	250	700	1150	2450	3500
2d HBk XE	125	250	700	1150	2400	3400
2d HBk SE	125	250	700	1150	2500	3600
Pulsar (FWD)						
2d Cpe	125	250	700	1150	2500	3600
Stanza (FWD)						
4d HBk XE	150	400	750	1600	3100	4400
4d NBk GL	150	450	800	1750	3250	4700
2d NBk DeL	200	500	850	1900	3500	5000
2d NBk XE	200	550	900	2100	3700	5300
2d HBk DeL	200	550	900	2000	3600	5200
2d HBk XE	200	600	950	2150	3850	5500
2d HBk (Turbo)	200	600	1000	2200	4000	5700
Maxima (FWD)						
4d Sed SE	350	725	1150	2300	4700	6700
4d Sed GL	350	725	1200	2350	4800	6800
4d Sta Wag GL	350	725	1200	2350	4800	6800
300 ZX						
Cpe	350	750	1350	2650	5450	7800
Cpe (2 plus 2)	350	800	1350	2700	5500	7900
Cpe (Turbo)	350	850	1500	2950	5800	8300

DE TOMASO

1967-1971
(V-8) - (98.4" wb) - (302 cid)

	6	5	4	3	2	1
Mangusta 2d Cpe	3000	9600	16,000	32,000	56,000	80,000

1971-1974
(V-8) - (99" wb) - (351 cid)

	6	5	4	3	2	1
Pantera 2d Cpe	1300	4200	7000	14,000	24,500	35,000

1975-1978
(V-8) - (99" wb) - (351 cid)

Pantera 2d Cpe	1300	4200	7000	14,000	24,500	35,000

NOTE: After 1974 the Pantera was not "officially" available in the U.S. Add 5 percent for GTS models.

FACEL VEGA

1954
FV - (V-8) - (103" wb)

2d HdTp Cpe	2250	7200	12,000	24,000	42,000	60,000

1955
FV - (V-8) - (103" wb)

2d HdTp Cpe	2250	7200	12,000	24,000	42,000	60,000

1956
FVS - (V-8) - (103" wb)

2d HdTp Cpe	2250	7200	12,000	24,000	42,000	60,000

Excellence - (V-8) - (122" wb)

4d HdTp Sed	1900	6000	10,000	20,000	35,000	50,000

1957
FVS - (V-8) - (103" wb)

2d HdTp Cpe	2250	7200	12,000	24,000	42,000	60,000

Excellence - (V-8) - (122" wb)

4d HdTp Sed	1900	6000	10,000	20,000	35,000	50,000

1958
FVS - (V-8) - (105" wb)

2d HdTp Cpe	2250	7200	12,000	24,000	42,000	60,000

Excellence - (V-8) - (122" wb)

4d HdTp Sed	1900	6000	10,000	20,000	35,000	50,000

1959
HK500 - (V-8) - (105" wb)

2d HdTp Cpe	2250	7200	12,000	24,000	42,000	60,000

Excellence - (V-8) - (125" wb)

4d HdTp Sed	1900	6000	10,000	20,000	35,000	50,000

1960
Facellia - (4-cyl) - (96" wb)

2d Cpe	1300	4200	7000	14,000	24,500	35,000
2d Conv	1700	5400	9000	18,000	31,500	45,000

HK500 - (V-8) - (105" wb)

2d HdTp Cpe	2250	7200	12,000	24,000	42,000	60,000

Excellence - (V-8) - (125" wb)

4d HdTp Sed	1900	6000	10,000	20,000	35,000	50,000

1961
Facellia - (4-cyl) - (96" wb)

2d Cpe	1300	4200	7000	14,000	24,500	35,000
2d Conv	1700	5400	9000	18,000	31,500	45,000

HK500 - (V-8) - (105" wb)

2d HdTp Cpe	2250	7200	12,000	24,000	42,000	60,000

Excellence - (V-8) - (125" wb)

4d HdTp Sed	1900	6000	10,000	20,000	35,000	50,000

1962
Facellia - (4-cyl) - (96" wb)

2d Cpe	1300	4200	7000	14,000	24,500	35,000
2d Conv	1700	5400	9000	18,000	31,500	45,000

Facel II - (V-8) - (105" wb)

2d HdTp Cpe	2250	7200	12,000	24,000	42,000	60,000

Excellence - (V-8) - (125" wb)

4d HdTp Sed	1900	6000	10,000	20,000	35,000	50,000

1963
Facellia - (4-cyl) - (96" wb)

2d Cpe	1300	4200	7000	14,000	24,500	35,000
2d Conv	1700	5400	9000	18,000	31,500	45,000

Facel II - (V-8) - (105" wb)

2d HdTp Cpe	2250	7200	12,000	24,000	42,000	60,000

Facel III - (4-cyl) - (97" wb)

2d HdTp Cpe	2250	7200	12,000	24,000	42,000	60,000

Facel 6 - (6-cyl) - (97" wb)

2d HdTp Cpe	2250	7200	12,000	24,000	42,000	60,000

		6	5	4	3	2	1
Excellence - (V-8) - (125" wb)							
4d HdTp Sed		1900	6000	10,000	20,000	35,000	50,000
1964-65							
Facellia - (4-cyl) - (96" wb)							
2d Cpe		1300	4200	7000	14,000	24,500	35,000
2d Conv		1700	5400	9000	18,000	31,500	45,000
Facel II - (V-8) - (105" wb)							
2d HdTp Cpe		2250	7200	12,000	24,000	42,000	60,000
Facel III - (4-cyl) - (97" wb)							
2d HdTp Cpe		2250	7200	12,000	24,000	42,000	60,000
Facel 6 - (6-cyl) - (97" wb)							
2d HdTp Cpe		1900	6000	10,000	20,000	35,000	50,000

FIAT

1949 Fiat Model 1100/E sedan

1947-52
(4-cyl) - (78.75" wb) - (570cc)
500 2d Sed	350	800	1450	2750	5600	8000

(4-cyl) - (95.4" wb) - (1089cc)
1100B 4d Sed	200	500	850	1900	3500	5000
1100BL 4d Sed	200	500	850	1900	3500	5000

(4-cyl) - (95.25" wb) - (1089cc)
1100E 4d Sed	200	650	1050	2250	4200	6000

(4-cyl) - (106" wb) - (1089cc)
1100EL 4d Sed	200	650	1050	2250	4200	6000
1100S 2d Spt Cpe	400	1200	2000	3950	7000	10,000
1100ES 2d Spt Cpe	400	1200	2000	3950	7000	10,000

(4-cyl) - (104.2" wb) - (1395cc)
1400 4d Sed	200	600	950	2150	3850	5500
1400 2d Cabr	450	1450	2400	4800	8400	12,000

(6-cyl) - (110" wb) - (1493cc)
1500 4d Sed	200	600	950	2150	3850	5500
2d Conv Cpe	450	1450	2400	4800	8400	12,000

1953-56
500 - (4-cyl) - (78.75" wb) - (570cc)
2d Sed	350	800	1450	2750	5600	8000
2d Sta Wag	450	1000	1650	3350	6300	9000

600 - (4-cyl) - (78.75" wb) - (633cc)
2d Sed	200	500	850	1900	3500	5000
2d Conv (S/R)	200	600	950	2150	3850	5500

600 Multipla - (4-cyl) - (78.75" wb) - (633cc)
4d Sta Wag	200	650	1050	2250	4200	6000

1100 - (4-cyl) - (92.1" wb) - (1089cc)
103 4d Sed	200	500	850	1900	3500	5000

538 Fiat

	6	5	4	3	2	1
103E 4d Sed	200	500	850	1900	3500	5000
103E TV 4d Sed	200	550	900	2000	3600	5200
103E 4d Sta Wag	200	600	950	2150	3850	5500
103F TV 2d Spt Rds	550	1800	3000	6000	10,500	15,000
1400 - (4-cyl) - (104.2" wb) - (1395cc)						
4d Sed	200	600	950	2150	3850	5500
2d Cabr	450	1450	2400	4800	8400	12,000
1900 - (4-cyl) - (104" wb) - (1901cc)						
4d Sed	200	600	950	2150	3850	5500
8V - (V-8) - (94.5" wb) - (1996cc)						
2d Cpe	1150	3600	6000	12,000	21,000	30,000

1957
500 - (2-cyl) - (72.4" wb) - (479cc)						
2d Sed	350	750	1200	2350	4900	7000
600 - (4-cyl) - (78.75" wb) - (633cc)						
2d Sed	200	500	850	1900	3500	5000
2d Conv (S/R)	200	600	950	2150	3850	5500
600 Multipla - (4-cyl) - (78.75" wb) - (633cc)						
4d Sta Wag (4/5P)	200	650	1050	2250	4200	6000
4d Sta Wag (6P)	200	650	1050	2250	4200	6000
1100 - (4-cyl) - (92.1" wb) - (1089cc)						
4d Sed	200	500	850	1900	3500	5000
4d Sta Wag	200	600	950	2150	3850	5500
1100 TV - (4-cyl) - (92.1" wb) - (1089cc)						
4d Sed	200	650	1000	2200	4100	5800
2d Conv	450	1450	2400	4800	8400	12,000

1958
500 - (2-cyl) - (72.4" wb) - (479cc)						
2d Sed	350	750	1200	2350	4900	7000
600 - (4-cyl) - (78.75" wb) - (633cc)						
2d Sed	200	500	850	1900	3500	5000
2d Conv (S/R)	200	600	950	2150	3850	5500
600 Multipla - (4-cyl) - (78.75" wb) - (633cc)						
4d Sta Wag (4/5P)	200	650	1050	2250	4200	6000
4d Sta Wag (6P)	200	650	1050	2250	4200	6000
1100 - (4-cyl) - (92.1" wb) - (1089cc)						
4d Sed	200	600	950	2150	3850	5500
4d Familiare Sta Wag	200	650	1000	2200	4100	5800
1100 TV - (4-cyl) - (92.1" wb) - (1089cc)						
4d Sed	200	600	950	2150	3850	5500
2d Conv	450	1450	2400	4800	8400	12,000
1200 Gran Luce - (4-cyl) - (92.1" wb) - (1221cc)						
4d Sed	200	500	850	1900	3500	5000
TV, 2d Conv	450	1450	2400	4800	8400	12,000

1959 Fiat Model 500 two-door sedan

1959
500 - (2-cyl) - (72.4" wb) - (479cc)

	6	5	4	3	2	1
2d Sed	350	750	1200	2350	4900	7000
2d Bianchina Cpe	350	750	1200	2350	4900	7000
2d Jolly Sed	350	750	1200	2350	4900	7000

500 Sport - (2-cyl) - (72.4" wb) - (499cc)

2d Sed	350	750	1200	2350	4900	7000
2d Bianchina Cpe	350	750	1200	2350	4900	7000

600 - (4-cyl) - (78.75" wb) - (633cc)

2d Sed	200	500	850	1900	3500	5000
2d Sed (S/R)	200	600	950	2150	3850	5500

600 Multipla - (4-cyl) - (78.75" wb) - (633cc)

4d Sta Wag (4/5P)	200	650	1050	2250	4200	6000
4d Sta Wag (6P)	200	650	1050	2250	4200	6000

1100 - (4-cyl) - (92.1" wb) - (1089cc)

4d Sed	200	500	850	1900	3500	5000
4d Sta Wag	200	600	950	2150	3850	5500

1200 - (4-cyl) - (92.1" wb) - (1221cc)

4d Sed	200	500	850	1900	3500	5000
2d Spider Conv	400	1300	2200	4400	7700	11,000

1500, 1500S - (4-cyl) - (92.1" wb) - (1491cc)

2d Spider Conv	450	1500	2500	5000	8800	12,500

1960
500 - (2-cyl) - (72.4" wb) - (479cc)

2d Sed	350	750	1200	2350	4900	7000
2d Bianchina Cpe	350	750	1200	2350	4900	7000
2d Jolly Sed	350	750	1200	2350	4900	7000

500 Sport - (2-cyl) - (72.4" wb) - (499cc)

2d Sed	350	750	1200	2350	4900	7000
2d Bianchina Cpe	350	750	1200	2350	4900	7000

600 - (4-cyl) - (78.75" wb) - (633cc)

2d Sed	200	500	850	1900	3500	5000
2d Sed (S/R)	200	600	950	2150	3850	5500
2d Jolly Sed	200	650	1050	2250	4200	6000

600 Multipla - (4-cyl) - (78.75" wb) - (633cc)

4d Sta Wag (4/5P)	200	650	1050	2250	4200	6000
4d Sta Wag (6P)	200	650	1050	2250	4200	6000

1100 - (4-cyl) - (92.1" wb) - (1089cc)

4d Sed	200	500	850	1900	3500	5000
4d DeL Sed	200	550	900	2000	3600	5200
4d Sta Wag	200	600	950	2150	3850	5500

1200 - (4-cyl) - (92.1" wb) - (1221cc)

4d Sed	200	500	850	1900	3500	5000
2d Spider Conv	450	1500	2500	5000	8800	12,500

1500, 1500S - (4-cyl) - (92.1" wb) - (1491cc)

2d Spider Conv	500	1600	2700	5400	9500	13,500

2100 - (6-cyl) - (104.3" wb) - (2054cc)

4d Sed	200	600	950	2150	3850	5500
4d Sta Wag	200	600	950	2150	3850	5500

1961
500 - (2-cyl) - (72.4" wb) - (479cc)

Bianchina DeL Cpe	350	750	1200	2350	4900	7000
2d Jolly Sed	350	750	1200	2350	4900	7000

500 Sport - (2-cyl) - (72.4" wb) - (499cc)

2d Sed	350	750	1200	2350	4900	7000
2d Bianchina Cpe	350	750	1200	2350	4900	7000

600 - (4-cyl) - (78.75" wb) - (633cc)

2d Sed	200	500	850	1900	3500	5000
2d Sed (S/R)	200	600	950	2150	3850	5500
2d Jolly Sed	350	700	1150	2300	4550	6500

600 Multipla - (4-cyl) - (78.75" wb) - (633cc)

4d Sta Wag (4/5P)	200	650	1050	2250	4200	6000
4d Sta Wag (6P)	200	650	1050	2250	4200	6000

1100 - (4-cyl) - (92.1" wb) - (1089cc)

4d Sed	200	500	850	1900	3500	5000
4d DeL Sed	200	550	900	2000	3600	5200
4d Sta Wag	200	600	950	2150	3850	5500

1200 - (4-cyl) - (92.1" wb) - (1225cc)

4d Sed	200	500	850	1900	3500	5000
2d Spider Conv	400	1300	2200	4400	7700	11,000

1500, 1500S - (4-cyl) - (92.1" wb) - (1491cc)

Spider Conv	450	1500	2500	5000	8800	12,500

2100 - (6-cyl) - (104.3" wb) - (2054cc)

4d Sed	200	500	850	1900	3500	5000
4d Sta Wag	200	600	950	2150	3850	5500

1962
600D - (4-cyl) - (78.75" wb) - (767cc)

	6	5	4	3	2	1
2d Sed	200	500	850	1900	3500	5000

1100 - (4-cyl) - (92.1" wb) - (1089cc)

| 4d Export Sed | 200 | 500 | 850 | 1900 | 3500 | 5000 |
| 4d Spl Sed | 200 | 550 | 900 | 2000 | 3600 | 5200 |

1200 Spider - (4-cyl) - (92.1" wb) - (1221cc)

| 2d Conv | 400 | 1300 | 2200 | 4400 | 7700 | 11,000 |

1963
600D - (4-cyl) - (78.5" wb) - (767cc)

| 2d Sed | 200 | 500 | 850 | 1900 | 3500 | 5000 |

1100 Special - (4-cyl) - (92.1" wb) - (1089cc)

| 4d Sed | 200 | 500 | 850 | 1900 | 3500 | 5000 |

1100D - (4-cyl) - (92.1" wb) - (1221cc)

| 4d Sed | 200 | 500 | 850 | 1900 | 3500 | 5000 |

1200 Spider - (4-cyl) - (92.1" wb) - (1221cc)

| 2d Conv | 400 | 1300 | 2200 | 4400 | 7700 | 11,000 |

1964
600D - (4-cyl) - (78.5" wb) - (767cc)

| 2d Sed | 200 | 500 | 850 | 1900 | 3500 | 5000 |

1100D - (4-cyl) - (92.1" wb) - (1221cc)

| 4d Sed | 200 | 600 | 950 | 2150 | 3850 | 5500 |

1500 Spider - (4-cyl) - (92.1" wb) - (1481cc)

| 2d Conv | 450 | 1400 | 2300 | 4600 | 8100 | 11,500 |

1965
600D - (4-cyl) - (78.5" wb) - (767cc)

| 2d Sed | 200 | 500 | 850 | 1900 | 3500 | 5000 |

1100D - (4-cyl) - (92.1" wb) - (1221cc)

| 4d Sed | 200 | 500 | 850 | 1900 | 3500 | 5000 |
| 4d Sta Wag | 200 | 600 | 950 | 2150 | 3850 | 5500 |

1500 Spider - (4-cyl) - (92.1" wb) - (1481cc)

| 2d Conv | 450 | 1400 | 2300 | 4600 | 8100 | 11,500 |

1966
600D - (4-cyl) - (78.5" wb) - (767cc)

| 2d Sed | 200 | 500 | 850 | 1900 | 3500 | 5000 |

1100D - (4-cyl) - (92.1" wb) - (1221cc)

| 4d Sed | 200 | 500 | 850 | 1900 | 3500 | 5000 |
| 4d Sta Wag | 200 | 600 | 950 | 2150 | 3850 | 5500 |

1500 Spider - (4-cyl) - (92.1" wb) - (1481cc)

| 2d Conv | 450 | 1400 | 2300 | 4600 | 8100 | 11,500 |

1967
600D - (4-cyl) - (78.7" wb) - (767cc)

| 2d Sed | 200 | 500 | 850 | 1900 | 3500 | 5000 |

850 - (4-cyl) - (79.8" wb) - (843cc)

| FBk Cpe 2 plus 2 | 200 | 500 | 850 | 1900 | 3500 | 5000 |
| 2d Spider Conv | 350 | 750 | 1300 | 2450 | 5250 | 7500 |

124 - (4-cyl) - (95.3" wb) - (1197cc)

| 4d Sed | 150 | 350 | 750 | 1350 | 2800 | 4000 |
| 4d Sta Wag | 150 | 400 | 750 | 1550 | 3050 | 4300 |

1100R - (4-cyl) - (92.2" wb) - (1089cc)

| 4d Sed | 200 | 500 | 850 | 1900 | 3500 | 5000 |
| 4d Sta Wag | 200 | 600 | 950 | 2150 | 3850 | 5500 |

1500 Spider - (4-cyl) - (92.1" wb) - (1481cc)

| 2d Conv | 450 | 1400 | 2300 | 4600 | 8100 | 11,500 |

1968
850 - (4-cyl) - (79.8" wb) - (817cc)

2d Sed	150	350	750	1350	2800	4000
2d FBk Cpe	200	500	850	1900	3500	5000
2d Spider Conv	350	700	1150	2300	4550	6500

124 - (4-cyl) - (95.3" wb) - (1197cc)

| 4d Sed | 150 | 350 | 750 | 1350 | 2800 | 4000 |
| 4d Sta Wag | 150 | 350 | 750 | 1350 | 2800 | 4000 |

124 - (4-cyl) - (95.3" wb) - (1438cc)

| 2d Spt Cpe | 350 | 750 | 1200 | 2350 | 4900 | 7000 |

124 Spider - (4-cyl) - (89.8" wb) - (1438cc)

| 2d Conv | 350 | 800 | 1450 | 2750 | 5600 | 8000 |

1969
850 - (4-cyl) - (79.8" wb) - (817cc)

2d Sed	150	350	750	1350	2800	4000
2d FBk Cpe 2 plus 2	200	500	850	1900	3500	5000
2d Spider Conv	350	700	1150	2300	4550	6500

124 - (4-cyl) - (95.3" wb) - (1197cc)

| 4d Sed | 150 | 350 | 750 | 1350 | 2800 | 4000 |
| 4d Sta Wag | 150 | 350 | 750 | 1350 | 2800 | 4000 |

Fiat 541

	6	5	4	3	2	1
124 - (4-cyl) - (95.3" wb) - (1438cc)						
2d Spt Cpe	350	750	1200	2350	4900	7000
124 Spider - (4-cyl) - (89.8" wb) - (1438cc)						
2d Conv	350	800	1450	2750	5600	8000

1970

	6	5	4	3	2	1
850 - (4-cyl) - (79.8" wb) - (817cc)						
2d Sed	150	350	750	1350	2800	4000
850 - (4-cyl) - (79.8" wb) - (903cc)						
Spt FBk Cpe 2 plus 2	200	600	950	2150	3850	5500
Racer 2d HdTp Cpe	200	650	1000	2200	4100	5800
850 Spider - (4-cyl) - (79.8" wb) - (903cc)						
2d Conv	350	700	1150	2300	4550	6500
124 - (4-cyl) - (95.3" wb) - (1438cc)						
4d Spl Sed	150	350	750	1350	2800	4000
4d Spl Sta Wag	150	350	750	1350	2800	4000
2d Spt Cpe	350	750	1200	2350	4900	7000
124 Spider - (4-cyl) - (89.8" wb) - (1438cc)						
2d Conv	350	800	1450	2750	5600	8000

1971

	6	5	4	3	2	1
850 - (4-cyl) - (79.8" wb) - (817cc)						
2d Sed	150	350	750	1350	2800	4000
850 - (4-cyl) - (79.8" wb) - (903cc)						
2d FBk Cpe, 2 plus 2	200	500	850	1900	3500	5000
Racer, 2d HdTp Cpe	200	650	1000	2200	4100	5800
850 Spider - (4-cyl) - (79.8" wb) - (903cc)						
2d Conv	350	700	1150	2300	4550	6500
124 - (4-cyl) - (95.3" wb) - (1438cc)						
4d Spl Sed	150	350	750	1350	2800	4000
4d Spl Sta Wag	150	350	750	1350	2800	4000
2d Spt Cpe	350	750	1200	2350	4900	7000
124 Spider - (4-cyl) - (89.8" wb) - (1438cc)						
2d Conv	350	800	1450	2750	5600	8000

NOTE: The 124 coupe and convertible could be ordered with the larger 1.6 liter engine (1608cc).

1972

	6	5	4	3	2	1
850 Spider - (4-cyl) - (79.8" wb) - (903cc)						
2d Conv	350	700	1150	2300	4550	6500
128 - (4-cyl) - (96.4" wb) - (1116cc) - (FWD)						
2d Sed	125	250	700	1150	2450	3500
4d Sed	125	250	700	1150	2450	3500
2d Sta Wag	125	250	700	1150	2450	3500
124 - (4-cyl) - (95.3" wb) - (1438cc)						
4d Spl Sed	150	350	750	1350	2800	4000
4d Sta Wag	150	350	750	1350	2800	4000
124 - (4-cyl) - (95.3" wb) - (1608cc)						
2d Spt Cpe	350	750	1200	2350	4900	7000
124 Spider - (4-cyl) - (89.8" wb) - (1608cc)						
2d Conv	350	800	1450	2750	5600	8000

1973

	6	5	4	3	2	1
850 Spider - (4-cyl) - (79.8" wb) - (903cc)						
2d Conv	350	700	1150	2300	4550	6500
128 - (4-cyl) - (96.4" wb) - (1116cc) - (FWD)						
2d Sed	125	250	700	1150	2450	3500
4d Sed	125	250	700	1150	2450	3500
2d Sta Wag	125	250	700	1150	2450	3500
128 - (4-cyl) - (87.5" wb) - (1290cc) - (FWD)						
SL 1300 2d Cpe	150	300	700	1250	2650	3800
124 - (4-cyl) - (95.3" wb) - (1438cc)						
4d Spl Sed	150	350	750	1350	2800	4000
4d Sta Wag	150	350	750	1350	2800	4000
124 - (4-cyl) - (95.3" wb) - (1608cc)						
2d Spt Cpe	350	750	1200	2350	4900	7000
124 Spider - (4-cyl) - (89.8" wb) - (1608cc)						
2d Conv	350	800	1450	2750	5600	8000

1974

	6	5	4	3	2	1
128 - (4-cyl) - (96.4" wb) - (1290cc) - (FWD)						
2d Sed	125	250	700	1150	2450	3500
4d Sed	125	250	700	1150	2450	3500
2d Sta Wag	125	250	700	1150	2450	3500
128 - (4-cyl) - (87.5" wb) - (1290cc) - (FWD)						
SL 2d Cpe	150	300	700	1250	2650	3800
X1/9 - (4-cyl) - (86.7" wb) - (1290cc)						
2d Targa Cpe	200	500	850	1900	3500	5000
124 - (4-cyl) - (95.3" wb) - (1593cc)						
4d Spl Sed	150	350	750	1350	2800	4000
4d Sta Wag	150	350	750	1350	2800	4000

542 Fiat

1974 Fiat Model 128 sport coupe

	6	5	4	3	2	1
124 - (4-cyl) - (95.3" wb) - (1756cc)						
2d Spt Cpe	150	350	750	1350	2800	4000
124 Spider - (4-cyl) - (89.8" wb) - (1756cc)						
2d Conv	350	800	1450	2750	5600	8000
1975						
128 - (4-cyl) - (96.4" wb) - (1290cc) - (FWD)						
2d Sed	125	250	700	1150	2450	3500
4d Sed	125	250	700	1150	2450	3500
2d Sta Wag	125	250	700	1150	2450	3500
128 - (4-cyl) - (87.5" wb) - (1290cc)						
SL 2d Cpe	150	300	700	1250	2650	3800
X1/9 - (4-cyl) - (86.7" wb) - (1290cc)						
2d Targa Cpe	200	500	850	1900	3500	5000
131 - (4-cyl) - (98" wb) - (1756cc)						
2d Sed	125	250	700	1150	2450	3500
4d Sed	125	250	700	1150	2450	3500
4d Sta Wag	150	300	700	1250	2650	3800
124 - (4-cyl) - (95.3" wb) - (1756cc)						
2d Spt Cpe	350	750	1200	2350	4900	7000
124 Spider - (4-cyl) - (89.7" wb) - (1756cc)						
2d Conv	350	800	1450	2750	5600	8000
1976						
128 - (4-cyl) - (96.4" wb) - (1290cc) - (FWD)						
2d Sed	125	250	700	1150	2450	3500
2d Cus Sed	125	250	700	1150	2450	3500
4d Cus Sed	125	250	700	1150	2450	3500
2d Sta Wag	125	250	700	1150	2450	3500
128 Sport - (4-cyl) - (87.5" wb) - (1290cc) - (FWD)						
3P HBk Cpe	150	300	700	1250	2650	3800
X1/9 - (4-cyl) - (86.7" wb) - (1290cc)						
AS Targa Cpe	200	500	850	1900	3500	5000
131 - (4-cyl) - (98" wb) - (1756cc)						
A3 2d Sed	125	250	700	1150	2450	3500
A3 4d Sed	125	250	700	1150	2450	3500
AF2 4d Sta Wag	125	250	700	1150	2450	3500
124 Sport Spider - (4-cyl) - (89.7" wb) - (1756cc)						
CS 2d Conv	350	800	1450	2750	5600	8000
1977						
128 - (4-cyl) - (96.4" wb) - (1290cc) - (FWD)						
2d Sed	125	250	700	1150	2450	3500
2d Cus Sed	125	250	700	1150	2450	3500
4d Cus Sed	125	250	700	1150	2450	3500
2d Sta Wag	125	250	700	1150	2450	3500
128 - (4-cyl) - (87.5" wb) - (1290cc) - (FWD)						
3P Cus HBk Cpe	150	300	700	1250	2650	3800
X1/9 - (4-cyl) - (86.7" wb) - (1290cc)						
AS Targa Cpe	200	500	850	1900	3500	5000
131 - (4-cyl) - (98" wb) - (1756cc)						
A3 2d Sed	125	250	700	1150	2450	3500
A3 4d Sed	125	250	700	1150	2450	3500
AF2 4d Sta Wag	125	250	700	1150	2450	3500
124 Sport Spider - (4-cyl) - (89.7" wb) - (1756cc)						
CS 2d Conv	350	800	1450	2750	5600	8000

Fiat 543

1978
128 - (4-cyl) - (96.4" wb) - (1290cc) - (FWD)

	6	5	4	3	2	1
A1 2d Sed	125	250	700	1150	2450	3500
A1 4d Sed	125	250	700	1150	2450	3500

128 - (4-cyl) - (87.5" wb) - (1290cc) - (FWD)
| AC Spt HBk | 150 | 300 | 700 | 1250 | 2650 | 3800 |

X1/9 - (4-cyl) - (86.7" wb) - (1290cc)
| AS Targa Cpe | 200 | 500 | 850 | 1900 | 3500 | 5000 |

131 - (4-cyl) - (98" wb) - (1756cc)
A 2d Sed	125	250	700	1150	2450	3500
A 4d Sed	125	250	700	1150	2450	3500
AF 4d Sta Wag	125	250	700	1150	2450	3500

Brava - (4-cyl) - (98" wb) - (1756cc)
2d Sed	125	250	700	1150	2450	3500
2d Sup Sed	125	250	700	1150	2450	3500
4d Sup Sed	125	250	700	1150	2450	3500
4d Sup Sta Wag	125	250	700	1150	2450	3500

Spider 124 - (4-cyl) - (89.7" wb) - (1756cc)
| 2d Conv | 350 | 800 | 1450 | 2750 | 5600 | 8000 |

X1/9

NOTE: At mid-year the Brava series and Spider contained the new twin cam 2.0 liter four, (1995cc).

1979
128A1 - (4-cyl) - (96.4" wb) - (1290cc) - (FWD)
| 2d Sed | 125 | 250 | 700 | 1150 | 2450 | 3500 |
| 4d Sed | 125 | 250 | 700 | 1150 | 2450 | 3500 |

128AC - (4-cyl) - (87.5" wb) - (1290cc) - (FWD)
| 2d Spt HBk | 150 | 300 | 700 | 1250 | 2650 | 3800 |

X1/9 - (4-cyl) - (86.7" wb) - (1498cc)
| AS Targa Cpe | 200 | 500 | 850 | 1900 | 3500 | 5000 |

Strada 138A - (4-cyl) - (96.4" wb) - (1498cc) - (FWD)
2d HBk	125	250	700	1150	2450	3500
2d Cus HBk	125	250	700	1150	2450	3500
4d Cus HBk	125	250	700	1150	2450	3500

Brava 131 - (4-cyl) - (98" wb) - (1995cc)
A4 2d Sed	125	250	700	1150	2450	3500
A4 4d Sed	125	250	700	1150	2450	3500
AF 4d Sta Wag	125	250	700	1150	2450	3500

Spider 2000 - (4-cyl) - (89.7" wb) - (1995cc)
| 2d Conv | 350 | 900 | 1550 | 3050 | 5900 | 8500 |

X1/9

1980
Strada 138 - (4-cyl) - (96.4" wb) - (1498cc) - (FWD)
2d HBk	125	250	700	1150	2450	3500
2d Cus HBk	125	250	700	1150	2450	3500
4d Cus HBk	125	250	700	1150	2450	3500

X1/9 - (4-cyl) - (86.7" wb) - (1498cc)
| 128 Targa Cpe | 200 | 500 | 850 | 1900 | 3500 | 5000 |

Brava 131 - (4-cyl) - (98" wb) - (1995cc)
| 2d Sed | 125 | 250 | 700 | 1150 | 2450 | 3500 |
| 4d Sed | 125 | 250 | 700 | 1150 | 2450 | 3500 |

Spider 2000 - (4-cyl) - (89.7" wb) - (1995cc)
| 124 2d Conv | 350 | 900 | 1550 | 3050 | 5900 | 8500 |

NOTE The Brava series and the Spider 2000 were also available with fuel injection in 1980.

1981
Strada 138 - (4-cyl) - (96.4" wb) - (1498cc) - (FWD)
2d HBk	125	250	700	1150	2450	3500
2d Cus HBk	125	250	700	1150	2450	3500
4d Cus HBk	125	250	700	1150	2450	3500

X1/9 - (4-cyl) - (86.7" wb) - (1498cc)
| 128 Targa Cpe | 200 | 500 | 850 | 1900 | 3500 | 5000 |

Brava 131 - (4-cyl) - (98" wb) - (1995cc)
| 2d Sed | 125 | 250 | 700 | 1150 | 2450 | 3500 |
| 4d Sed | 125 | 250 | 700 | 1150 | 2450 | 3500 |

Spider 2000 - (4-cyl) - (89.7" wb) - (1995cc)
| 124 2d Conv | 350 | 900 | 1550 | 3050 | 5900 | 8500 |
| 124 2d Turbo Conv | 450 | 1000 | 1650 | 3350 | 6300 | 9000 |

1982
Strada - (4-cyl) - (96.4" wb) - (1498cc) - (FWD)
DD 2d HBk	125	250	700	1150	2450	3500
DD 2d Cus HBk	125	250	700	1150	2450	3500
DE Cus 4d HBk	125	250	700	1150	2450	3500

X1/9 - (4-cyl) - (86.7" wb) - (1498cc)
| BS Targa Cpe | 200 | 500 | 850 | 1900 | 3500 | 5000 |

Spider 2000 - (4-cyl) - (89.7" wb) - (1995cc)
| AS 2d Conv | 350 | 900 | 1550 | 3050 | 5900 | 8500 |

1982 Fiat X1/9

	6	5	4	3	2	1
2d Turbo Conv	450	1000	1650	3350	6300	9000
1983						
X1/9 - (4-cyl) - (86.7" wb) - (1498cc)						
BS Targa Cpe	200	500	850	1900	3500	5000
Spider 2000 - (4-cyl) - (89.7" wb) - (1995cc)						
AS 2d Conv	350	900	1550	3050	5900	8500
2d Turbo Conv	450	1000	1650	3350	6300	9000

NOTE: The Spider 2000 convertible was produced under the Pininfarina nameplate during 1984-85. The X1/9 Targa coupe was produced under the Bertone nameplate during 1984-90.

FORD - BRITISH

1948						
Anglia - (4-cyl) - (90" wb)						
2d Sed	350	800	1450	2750	5600	8000
Prefect - (4-cyl) - (94" wb)						
4d Sed	350	750	1300	2450	5250	7500
1949						
Anglia - (4-cyl) - (90" wb)						
2d Sed	350	800	1450	2750	5600	8000
Prefect - (4-cyl) - (94" wb)						
4d Sed	350	750	1300	2450	5250	7500
1950						
Anglia - (4-cyl) - (90" wb)						
2d Sed	350	800	1450	2750	5600	8000
Prefect - (4-cyl) - (94" wb)						
4d Sed	350	750	1300	2450	5250	7500
1951						
Anglia - (4-cyl) - (90" wb)						
2d Sed	200	550	900	2000	3600	5200
Prefect - (4-cyl) - (90" wb)						
4d Sed	200	500	850	1950	3600	5100
Consul - (4-cyl) - (100" wb)						
4d Sed	200	550	900	2000	3600	5200
1952						
Anglia - (4-cyl) - (90" wb)						
2d Sed	200	550	900	2000	3600	5200
Prefect - (4-cyl) - (94" wb)						
4d Sed	200	500	850	1950	3600	5100
Consul - (4-cyl) - (100" wb)						
4d Sed	200	550	900	2000	3600	5200

Ford-British

		6	5	4	3	2	1
Zephyr - (6-cyl) - (104" wb)							
4d Sed		200	600	950	2150	3850	5500
1953							
Anglia - (4-cyl) - (90" wb)							
2d Sed		200	550	900	2000	3600	5200
Prefect - (4-cyl) - (94" wb)							
4d Sed		200	500	850	1950	3600	5100
Consul - (4-cyl) - (100" wb)							
4d Sed		200	550	900	2000	3600	5200
Zephyr - (6-cyl) - (104" wb)							
4d Sed		200	600	950	2150	3850	5500
1954							
Anglia - (4-cyl) - (87" wb)							
2d Sed		200	550	900	2000	3600	5200
Prefect - (4-cyl) - (87" wb)							
4d Sed		200	500	850	1950	3600	5100
Consul - (4-cyl) - (100" wb)							
4d Sed		200	550	900	2000	3600	5200
Zephyr - (6-cyl) - (104" wb)							
4d Sed		200	600	950	2150	3850	5500
1955							
Anglia - (4-cyl) - (87" wb)							
2d Sed		200	550	900	2000	3600	5200
Prefect - (4-cyl) - (87" wb)							
4d Sed		200	500	850	1950	3600	5100
Consul - (4-cyl) - (100" wb)							
4d Sed		200	550	900	2150	3800	5400
2d Conv		350	800	1450	2750	5600	8000
Zephyr - (6-cyl) - (104" wb)							
4d Sed		200	600	950	2150	3850	5500
Zodiac - (6-cyl) - (104" wb)							
4d Sed		200	600	950	2200	3900	5600
2d Conv		350	800	1450	2750	5600	8000
1956							
Anglia - (4-cyl) - (87" wb)							
2d Sed		200	550	900	2000	3600	5200
Prefect - (4-cyl) - (87" wb)							
4d Sed		200	500	850	1950	3600	5100
Escort/Squire - (4-cyl) - (87" wb)							
2d Sta Wag		200	550	900	2150	3800	5400
Consul - (4-cyl) - (100" wb)							
4d Sed		200	550	900	2150	3800	5400
2d Conv		350	800	1450	2750	5600	8000
Zephyr - (6-cyl) - (104" wb)							
4d Sed		200	600	950	2150	3850	5500
2d Conv		350	800	1450	2750	5600	8000
Zodiac - (6-cyl) - (104" wb)							
4d Sed		200	600	950	2200	3900	5600
1957							
Anglia - (4-cyl) - (87" wb)							
2d Sed		200	550	900	2000	3600	5200
Prefect - (4-cyl) - (87" wb)							
4d Sed		200	500	850	1950	3600	5100
Escort/Squire - (4-cyl) - (87" wb)							
2d Sta Wag		200	550	900	2150	3800	5400
Consul - (4-cyl) - (104" wb)							
4d Sed		200	550	900	2150	3800	5400
2d Conv		350	800	1450	2750	5600	8000
Zephyr - (6-cyl) - (107" wb)							
4d Sed		200	600	950	2150	3850	5500
2d Conv		350	800	1450	2750	5600	8000
Zodiac - (6-cyl) - (107" wb)							
4d Sed		200	600	950	2200	3900	5600
2d Conv		350	900	1550	3050	5900	8500
1958							
Anglia - (4-cyl) - (87" wb)							
2d Sed		200	550	900	2000	3600	5200
2d DeL Sed		200	550	900	2100	3700	5300
Prefect - (4-cyl) - (87" wb)							
4d Sed		200	550	900	2000	3600	5200
Escort/Squire - (4-cyl) - (87" wb)							
2d Sta Wag		200	550	900	2150	3800	5400
Consul - (4-cyl) - (104" wb)							
4d Sed		200	550	900	2150	3800	5400
2d Conv		350	800	1450	2750	5600	8000

Ford-British

	6	5	4	3	2	1
Zephyr - (6-cyl) - (107" wb)						
4d Sed	200	600	950	2150	3850	5500
2d Conv	350	800	1450	2750	5600	8000
Zodiac - (6-cyl) - (107" wb)						
4d Sed	200	600	950	2200	3900	5600
2d Conv	350	900	1550	3050	5900	8500
1959						
Anglia - (4-cyl) - (87" wb)						
2d DeL Sed	200	550	900	2000	3600	5200
Prefect - (4-cyl) - (87" wb)						
4d Sed	200	500	850	1950	3600	5100
Escort/Squire - (4-cyl) - (87" wb)						
2d Sta Wag	200	550	900	2150	3800	5400
Consul - (4-cyl) - (104" wb)						
4d Sed	200	550	900	2150	3800	5400
2d Conv	350	800	1450	2750	5600	8000
4d Sta Wag	200	600	950	2150	3850	5500
Zephyr - (6-cyl) - (107" wb)						
4d Sed	200	600	950	2150	3850	5500
2d Conv	350	800	1450	2750	5600	8000
4d Sta Wag	200	600	950	2200	3900	5600
Zodiac - (6-cyl) - (107" wb)						
4d Sed	200	600	950	2200	3900	5600
2d Conv	350	800	1450	2750	5600	8000
4d Sta Wag	200	600	1000	2200	4000	5700
1960						
Anglia - (4-cyl) - (90" wb)						
2d Sed	150	350	750	1450	2900	4100
Prefect - (4-cyl) - (90" wb)						
4d Sed	150	350	750	1350	2800	4000
Escort/Squire - (4-cyl) - (87" wb)						
2d Sta Wag	200	550	900	2150	3800	5400
Consul - (4-cyl) - (104" wb)						
4d Sed	200	550	900	2150	3800	5400
2d Conv	350	750	1200	2350	4900	7000
Zephyr - (6-cyl) - (107" wb)						
4d Sed	200	600	950	2150	3850	5500
2d Conv	350	750	1250	2400	5050	7200
Zodiac - (6-cyl) - (107" wb)						
4d Sed	200	600	950	2200	3900	5600
2d Conv	350	750	1300	2450	5250	7500
1961						
Anglia - (4-cyl - (90" wb)						
2d Sed	150	350	750	1450	2900	4100
Prefect - (4-cyl) - (90" wb)						
4d Sed	150	350	750	1350	2800	4000
Escort - (4-cyl) - (87" wb)						
2d Sta Wag	200	550	900	2150	3800	5400
Consul - (4-cyl) - (104" wb)						
4d Sed	200	550	900	2150	3800	5400
2d Conv	350	800	1450	2750	5600	8000
Zephyr - (6-cyl) - (107" wb)						
4d Sed	200	600	950	2150	3850	5500
2d Conv	350	800	1450	2750	5600	8000
Zodiac - (6-cyl) - (107" wb)						
4d Sed	200	600	950	2200	3900	5600
2d Conv	350	900	1550	3050	5900	8500
1962						
Anglia - (4-cyl) - (90" wb)						
2d Sed	150	350	750	1450	2900	4100
2d DeL Sed	150	350	750	1450	3000	4200
2d Sta Wag	150	350	750	1450	3000	4200
Consul 315 - (4-cyl) - (99" wb)						
2d Sed	150	400	750	1550	3050	4300
4d DeL Sed	150	400	750	1600	3100	4400
Consul Capri - (4-cyl) - (99" wb)						
2d HdTp Cpe	200	600	950	2150	3850	5500
1963						
Anglia - (4-cyl) - (90" wb)						
2d Sed	150	350	750	1450	2900	4100
2d DeL Sed	150	350	750	1450	3000	4200
2d Sta Wag	150	350	750	1450	3000	4200
Consul 315 - (4-cyl) - (99" wb)						
2d Sed	150	400	750	1550	3050	4300
4d DeL Sed	150	400	750	1600	3100	4400

Ford-British 547

	6	5	4	3	2	1
Capri - (4-cyl) - (99" wb)						
2d HdTp Cpe	200	600	950	2150	3850	5500
Cortina - (4-cyl) - (98" wb)						
2d DeL Sed	150	350	750	1450	3000	4200
4d DeL Sed	150	400	750	1550	3050	4300
4d Sta Wag	150	400	750	1550	3050	4300
Zephyr - (6-cyl) - (107" wb)						
4d Sed	150	400	750	1600	3100	4400
Zodiac - (6-cyl) - (107" wb)						
4d Sed	150	400	750	1650	3150	4500

1964

	6	5	4	3	2	1
Anglia - (4-cyl) - (90" wb)						
2d Sed	150	350	750	1450	2900	4100
2d DeL Sed	150	350	750	1450	3000	4200
2d Sta Wag	150	350	750	1450	3000	4200
Consul 315 - (4-cyl) - (99" wb)						
2d Sed	150	400	750	1550	3050	4300
4d DeL Sed	150	400	750	1600	3100	4400
Consul Capri - (4-cyl) - (99" wb)						
2d Cpe	200	600	950	2150	3850	5500
2d GT Cpe	200	600	950	2150	3850	5500
Cortina - (4-cyl) - (98" wb)						
2d GT Sed	150	450	750	1700	3200	4600
2d DeL Sed	150	400	750	1650	3150	4500
4d DeL Sed	150	400	750	1600	3100	4400
4d Sta Wag	150	400	750	1600	3100	4400
Zodiac - (6-cyl) - (107" wb)						
4d Sed	150	400	750	1650	3150	4500

1965

	6	5	4	3	2	1
Anglia - (4-cyl) - (90" wb)						
2d DeL Sed	150	350	750	1450	3000	4200
Capri - (4-cyl) - (99" wb)						
2d Cpe	150	400	750	1550	3050	4300
2d GT Cpe	150	400	750	1600	3100	4400
Cortina - (4-cyl) - (98" wb)						
2d GT Sed	200	500	850	1900	3500	5000
2d Sed	150	350	750	1450	3000	4200
4d Sed	150	350	750	1450	2900	4100
4d Sta Wag	150	350	750	1450	3000	4200

1966

	6	5	4	3	2	1
Anglia 1200 - (4-cyl) - (90" wb)						
2d DeL Sed	150	350	750	1450	3000	4200
Cortina 1500 - (4-cyl) - (98" wb)						
2d GT Sed	200	500	850	1900	3500	5000
2d Sed	150	350	750	1450	3000	4200
4d Sed	150	400	750	1550	3050	4300
4d Sta Wag	150	400	750	1600	3100	4400
Cortina Lotus - (4-cyl) - (98" wb)						
2d Sed	400	1300	2200	4400	7700	11,000

1967

	6	5	4	3	2	1
Anglia 113E - (4-cyl) - (90" wb)						
2d DeL Sed	150	350	750	1450	3000	4200
Cortina 116E - (4-cyl) - (98" wb)						
2d GT Sed	150	400	750	1550	3050	4300
2d Sed	150	350	750	1450	3000	4200
4d Sed	150	400	750	1550	3050	4300
4d Sta Wag	150	400	750	1600	3100	4400

1968

	6	5	4	3	2	1
Cortina - (4-cyl) - (98" wb)						
2d Sed	150	400	750	1550	3050	4300
4d Sed	150	400	750	1600	3100	4400
2d GT Sed	150	400	750	1650	3150	4500
4d GT Sed	150	400	750	1650	3150	4500
4d Sta Wag	150	400	750	1650	3150	4500

1969

	6	5	4	3	2	1
Cortina - (4-cyl) - (98" wb)						
2d Sed	150	400	750	1550	3050	4300
4d Sed	150	400	750	1600	3100	4400
2d GT Sed	150	450	750	1700	3200	4600
4d GT Sed	150	450	750	1700	3200	4600
2d DeL Sed	150	400	750	1650	3150	4500
4d DeL Sed	150	400	750	1650	3150	4500
4d Sta Wag	150	450	750	1700	3200	4600

1970
Cortina - (4-cyl) - (98" wb)

	6	5	4	3	2	1
2d Sed	150	400	750	1550	3050	4300
4d Sed	150	400	750	1600	3100	4400
2d GT Sed	150	450	750	1700	3200	4600
4d GT Sed	150	450	750	1700	3200	4600
2d DeL Sed	150	400	750	1650	3150	4500
4d DeL Sed	150	400	750	1650	3150	4500
4d Sta Wag	150	450	750	1700	3200	4600

FORD-CAPRI

1969-70
1600 - (4-cyl) - (100.8" wb) - (1599cc)
| 2d Spt Cpe | 150 | 400 | 750 | 1650 | 3150 | 4500 |

1971
1600 - (4-cyl) - (100.8" wb) - (1599 cc)
| 2d Spt Cpe | 200 | 500 | 850 | 1900 | 3500 | 5000 |
2000 - (4-cyl) - (100.8" wb) - (1993cc)
| 2d Spt Cpe | 200 | 600 | 950 | 2150 | 3850 | 5500 |

1972
1600 - (4-cyl) - (100.8" wb) - (1599cc)
| 2d Spt Cpe | 150 | 400 | 750 | 1650 | 3150 | 4500 |
2000 - (4-cyl) - (100.8" wb) - (1993cc)
| 2d Spt Cpe | 200 | 500 | 850 | 1900 | 3500 | 5000 |
2600 - (V-6) - (100.8" wb) - (2548 cc)
| 2d Spt Cpe | 200 | 600 | 950 | 2150 | 3850 | 5500 |

1973
2000 - (4-cyl) - (100.8" wb) - (1993cc)
| 2d Spt Cpe | 200 | 500 | 850 | 1900 | 3500 | 5000 |
2600 - (V-6) - (100.8" wb) - (2548 cc)
| 2d Spt Cpe | 200 | 600 | 950 | 2150 | 3850 | 5500 |

1974
2000 - (4-cyl) - (100.8" wb) - (1993cc)
| 2d Spt Cpe | 200 | 500 | 850 | 1900 | 3500 | 5000 |
2800 - (V-6) - (100.8" wb) - (2792cc)
| 2d Spt Cpe | 200 | 600 | 950 | 2150 | 3850 | 5500 |

CAPRI II

1975-76
2300 - (4-cyl) - (100.9" wb) - (2300cc)
2d HBk Cpe	200	500	850	1900	3500	5000
2d Ghia Cpe	200	600	950	2150	3850	5500
2d "S" Cpe	200	600	950	2150	3850	5500
2800 - (V-6) - (100.9" wb) - (2795cc)
2d HBk Cpe	200	500	850	1900	3500	5000

NOTE: No Capri's were imported for the 75 model year. Late in the year came the Capri II (intended as a '76 model).

1977-78
2300 - (4-cyl) - (100.9" wb) - (2300cc)
| 2d HBk Cpe | 200 | 500 | 850 | 1900 | 3500 | 5000 |
| 2d Ghia Cpe | 200 | 600 | 950 | 2150 | 3850 | 5500 |
2800 - (V-6) - (100.9" wb) - (2795cc)
| 2d HBk Cpe | 200 | 600 | 950 | 2150 | 3850 | 5500 |

NOTE: 1977 was the final model year for Capri II. They were not imported after 1977.

HILLMAN

1948
Minx - (4-cyl) - (92" wb)
4d Sed	200	500	850	1900	3500	5000
2d Conv	350	750	1300	2450	5250	7500
4d Est Wag	200	600	950	2150	3850	5500

Hillman 549

1949
Minx - (4-cyl) - (93" wb)
4d Sed	200	500	850	1900	3500	5000
2d Conv	350	750	1300	2450	5250	7500
4d Est Wag	200	600	950	2150	3850	5500

1950
Minx - (4-cyl) - (93" wb)
4d Sed	200	500	850	1900	3500	5000
2d Conv	350	750	1300	2450	5250	7500
4d Est Wag	200	600	950	2150	3850	5500

1951
Minx Mark IV - (4-cyl) - (93" wb)
4d Sed	200	500	850	1900	3500	5000
2d Conv	350	750	1300	2450	5250	7500
4d Est Wag	200	600	950	2150	3850	5500

1952
Minx Mark IV - (4-cyl) - (93" wb)
4d Sed	200	500	850	1900	3500	5000
2d Conv	350	750	1300	2450	5250	7500
4d Est Wag	200	600	950	2150	3850	5500

Minx Mark V - (4-cyl) - (93" wb)
4d Sed	200	500	850	1900	3500	5000
2d Conv	350	750	1300	2500	5300	7600
4d Est Wag	100	175	525	1050	2100	3000

1953
Minx Mark VI - (4-cyl) - (93" wb)
4d Sed	200	500	850	1900	3500	5000
2d HdTp	200	650	1050	2250	4200	6000
2d Conv	350	750	1350	2600	5400	7700
4d Est Wag	200	600	950	2150	3850	5500

1954
Minx Mark VII - (4-cyl) - (93" wb)
4d Sed	200	500	850	1900	3500	5000
2d HdTp	200	650	1050	2250	4200	6000
2d Conv	350	750	1350	2600	5400	7700
4d Est Wag	200	600	950	2150	3850	5500

1955
Husky - (4-cyl) - (84" wb)
2d Sta Wag	200	500	850	1900	3500	5000

Minx Mark VIII - (4-cyl) - (93" wb)
4d Sed	200	500	850	1900	3500	5000
2d HdTp Cpe	200	650	1050	2250	4200	6000
2d Conv	350	750	1350	2600	5400	7700
4d Est Wag	200	600	950	2150	3850	5500

1956
Husky - (4-cyl) - (84" wb)
2d Sta Wag	200	500	850	1900	3500	5000

Minx Mark VIII - (4-cyl) - (93" wb)
4d Sed	200	600	950	2150	3850	5500
2d HdTp Cpe	200	650	1050	2250	4200	6000
2d Conv	350	750	1350	2600	5400	7700
4d Est Wag	200	600	950	2150	3850	5500

1957
Husky - (4-cyl) - (84" wb)
2d Sta Wag	200	500	850	1900	3500	5000

New Minx - (4-cyl) - (96" wb)
4d Sed	200	500	850	1900	3500	5000
2d Conv	350	750	1300	2400	5200	7400
4d Est Wag	200	600	950	2150	3850	5500

1958
Husky - (4-cyl) - (84" wb)
2d Sta Wag	200	500	850	1900	3500	5000

Husky - (2nd Series) - (4-cyl) - (86" wb)
2d Sta Wag	200	500	850	1900	3500	5000

Minx - (4-cyl) - (96" wb)
4d Spl Sed	200	500	850	1900	3500	5000
4d DeL Sed	200	600	950	2150	3850	5500
2d Conv	350	750	1300	2400	5200	7400
4d Est Wag	350	700	1100	2300	4500	6400

1959
Husky - (4-cyl) - (86" wb)
2d Sta Wag	200	500	850	1900	3500	5000

Minx Series II - (4-cyl) - (96" wb)
4d Spl Sed	200	600	950	2150	3850	5500
4d DeL Sed	200	600	950	2150	3850	5500

Hillman

	6	5	4	3	2	1
2d Conv	350	750	1300	2400	5200	7400
4d Est Wag	200	600	950	2150	3850	5500

1960
Husky - (4-cyl) - (86" wb)
| 2d Sta Wag | 200 | 500 | 850 | 1900 | 3500 | 5000 |

Minx Series IIIA - (4-cyl) - (96" wb)
4d Spl Sed	200	600	950	2150	3850	5500
4d DeL Sed	200	600	950	2150	3850	5500
2d Conv	350	750	1300	2450	5250	7500
4d Est Wag	200	600	950	2150	3850	5500

1961
Husky - (4-cyl) - (86" wb)
| 2d Sta Wag | 200 | 500 | 850 | 1900 | 3500 | 5000 |

Minx Series IIIA - (4-cyl) - (96" wb)
4d Spl Sed	200	600	950	2150	3850	5500
4d DeL Sed	200	600	950	2150	3850	5500
2d Conv	350	750	1300	2450	5250	7500
4d Est Wag	200	600	950	2150	3850	5500

1962
Husky - (4-cyl) - (86" wb)
| 2d Sta Wag | 200 | 500 | 850 | 1900 | 3500 | 5000 |

Minx Series 1600 - (4-cyl) - (96" wb)
4d Sed	200	500	850	1900	3500	5000
2d Conv	350	750	1200	2350	4900	7000
4d Est Wag	200	600	950	2150	3850	5500

Super Minx - (4-cyl) - (101" wb)
| 4d Sed | 200 | 600 | 950 | 2150 | 3850 | 5500 |

1963
Husky II - (4-cyl) - (86" wb)
| 2d Sta Wag | 200 | 500 | 850 | 1900 | 3500 | 5000 |

Minx Series 1600 - (4-cyl) - (96" wb)
| 4d Sed | 200 | 500 | 850 | 1900 | 3500 | 5000 |

Super Minx Mark I - (4-cyl) - (101" wb)
4d Sed	200	500	850	1900	3500	5000
2d Conv	350	750	1200	2350	4900	7000
4d Est Wag	200	500	850	1900	3500	5000

Super Minx Mark II - (4-cyl) - (101" wb)
4d Sed	350	800	1450	2750	5600	8000
2d Conv	350	750	1250	2400	5050	7200
4d Est Wag	200	500	850	1900	3500	5000

1964
Husky - (4-cyl) - (86" wb)
| 2d Sta Wag | 200 | 500 | 850 | 1900 | 3500 | 5000 |

Minx Series 1600 Mark V - (4-cyl) - (96" wb)
| 4d Sed | 200 | 500 | 850 | 1900 | 3500 | 5000 |

Super Minx Mark II - (4-cyl) - (101" wb)
4d Sed	200	500	850	1900	3500	5000
2d Conv	350	750	1250	2350	5000	7100
4d Est Wag	200	500	850	1900	3500	5000

1965
Husky - (4-cyl) - (86" wb)
| 2d Sta Wag | 200 | 500 | 850 | 1900 | 3500 | 5000 |

Super Minx Mark II - (4-cyl) - (101" wb)
| 4d Sed | 200 | 500 | 850 | 1900 | 3500 | 5000 |
| 4d Est Wag | 200 | 500 | 850 | 1900 | 3500 | 5000 |

1966
Husky - (4-cyl) - (86" wb)
| 2d Sta Wag | 200 | 500 | 850 | 1900 | 3500 | 5000 |

Super Minx Mark III - (4-cyl) - (101" wb)
| 4d Sed | 200 | 500 | 850 | 1900 | 3500 | 5000 |
| 4d Est Wag | 200 | 500 | 850 | 1900 | 3500 | 5000 |

1967
Husky - (4-cyl) - (86" wb)
| 2d Sta Wag | 200 | 500 | 850 | 1900 | 3500 | 5000 |

HONDA

1980
Civic 1300
| 3d HBk | 150 | 350 | 750 | 1350 | 2800 | 4000 |

Honda 551

	6	5	4	3	2	1
3d DX	150	350	750	1350	2800	4000
Civic 1500						
3d HBk	150	350	750	1350	2800	4000
3d HBk DX	150	350	750	1450	2900	4100
3d HBk GL	150	350	750	1450	3000	4200
5d Sta Wag	150	350	750	1450	2900	4100
Accord						
3d HBk	150	400	750	1650	3150	4500
4d Sed	200	500	850	1900	3500	5000
3d HBk LX	200	500	850	1900	3500	5000
Prelude						
2d Cpe	200	600	1000	2200	4000	5700
1981						
Civic 1300						
3d HBk	150	350	750	1350	2800	4000
3d HBK DX	150	350	750	1450	2900	4100
Civic 1500						
3d HBk DX	150	350	750	1350	2800	4000
3d HBk GL	150	350	750	1350	2800	4000
4d Sed	150	350	750	1450	2900	4100
4d Sta Wag	150	350	750	1450	2900	4100
Accord						
3d HBk	200	500	850	1900	3500	5000
4d Sed	200	500	850	1900	3500	5000
3d HBk LX	200	500	850	1950	3600	5100
4d Sed SE	200	500	850	1950	3600	5100
Prelude						
2d Cpe	200	650	1050	2250	4200	6000
1982						
Civic 1300						
3d HBk	150	350	750	1350	2800	4000
3d HBk FE	150	350	750	1350	2800	4000
Civic 1500						
3d HBk DX	150	350	750	1450	2900	4100
3d HBk GL	150	350	750	1450	3000	4200
4d Sed	150	400	750	1550	3050	4300
4d Sta Wag	150	350	750	1450	2900	4100
Accord						
3d HBk	200	500	850	1900	3500	5000
4d Sed	200	500	850	1950	3600	5100
3d HBk LX	200	550	900	2000	3600	5200
Prelude						
2d Cpe	200	675	1050	2250	4350	6200
1983						
Civic 1300						
3d HBk	150	350	750	1350	2800	4000
3d HBk FE	150	350	750	1350	2800	4000
Civic 1500						
3d HBk DX	150	350	750	1450	2900	4100
3d HBk S	150	350	750	1450	3000	4200
4d Sed	150	400	750	1550	3050	4300
4d Sta Wag	150	350	750	1450	2900	4100
Accord						
3d HBk	200	500	850	1900	3500	5000
3d HBk LX	200	500	850	1950	3600	5100
4d Sed	200	550	900	2000	3600	5200
Prelude						
2d Cpe	200	675	1100	2250	4400	6300
1984						
Civic 1300						
2d Cpe CRX	150	350	750	1350	2800	4000
3d HBk	150	350	750	1350	2800	4000
Civic 1500						
2d Cpe CRX	200	500	850	1900	3500	5000
3d HBk DX	150	350	750	1350	2800	4000
3d HBk S	150	350	750	1350	2800	4000
4d Sed	150	350	750	1450	3000	4200
4d Sta Wag	150	350	750	1450	3000	4200
Accord						
3d HBk	200	500	850	1950	3600	5100
3d HBk LX	200	550	900	2000	3600	5200
4d Sed	200	550	900	2100	3700	5300
4d Sed LX	200	600	950	2150	3850	5500

Prelude	6	5	4	3	2	1
2d Cpe	350	700	1150	2300	4550	6500

1985
Civic 1300

3d HBk	150	350	750	1350	2800	4000

Civic 1500

2d Cpe CRX HF	200	600	950	2150	3850	5500
2d Cpe CRX	200	600	1000	2200	4000	5700
2d Cpe CRX Si	200	650	1050	2250	4200	6000
3d HBk DX	200	500	850	1900	3500	5000
3d HBk S	100	175	525	1050	2100	3000
4d Sed	125	200	600	1100	2200	3100
4d Sta Wag	100	175	525	1050	2100	3000
4d Sta Wag (4WD)	125	250	700	1150	2450	3500

Accord

3d HBk	200	650	1050	2250	4200	6000
3d HBk LX	350	700	1150	2300	4550	6500
4d Sed	350	700	1150	2300	4600	6600
4d Sed LX	350	725	1200	2350	4800	6800
4d Sed SEi	350	750	1300	2450	5250	7500

Prelude

2d Cpe	350	750	1300	2450	5250	7500
2d Cpe Si	350	850	1500	2950	5800	8300

1986
Civic

3d HBk	150	350	750	1450	3000	4200
3d HBk DX	150	450	800	1750	3250	4700
3d HBk Si	200	550	900	2150	3800	5400
4d Sed	200	600	950	2150	3850	5500
4d Sta Wag	200	500	850	1900	3500	5000
4d Sta Wag (4WD)	200	600	950	2200	3900	5600

Civic CRX

2d Cpe HF	200	550	900	2000	3600	5200
2d Cpe Si	200	650	1050	2250	4200	6000
2d Cpe	200	600	950	2150	3850	5500

Accord

3d HBk DX	350	700	1150	2300	4600	6600
3d HBk LXi	350	800	1450	2750	5600	8000
4d Sed DX	350	750	1300	2450	5250	7500
4d Sed LX	350	800	1450	2750	5600	8000
4d Sed LXi	450	1000	1600	3300	6250	8900

Prelude

2d Cpe	450	950	1600	3250	6150	8800
2d Cpe Si	450	1150	1800	3800	6800	9700

ISUZU

1961-65
Bellel 2000 - (4-cyl) - (99.6" wb) - (1991cc)

Diesel 4d Sed	150	350	750	1350	2800	4000
Diesel 4d Sta Wag	150	350	750	1350	2800	4000

NOTE: An optional diesel engine (DL200) was available.

1966-80
NOTE: See detailed listings.

1981-82
I-Mark, (Gasoline) - (4-cyl) - (94.3" wb) - (1817cc)

AT77B 2d DeL Cpe	125	250	700	1150	2450	3500
AT69B 4d DeL Sed	125	250	700	1150	2450	3500
AT77B 2d LS Cpe	125	250	700	1150	2450	3500

I-Mark, (Diesel) - (4-cyl) - (94.3" wb) - (1817cc)

AT77P 2d Cpe	100	175	525	1050	2100	3000
AT77P 2d DeL Cpe	100	175	525	1050	2100	3000
AT69P 4d DeL Sed	100	175	525	1050	2100	3000
AT77P 2d LS Cpe	100	175	525	1050	2100	3000

1983-85
I-Mark, (Gasoline) - (4-cyl) - (94.3" wb) - (1817cc)

T77 2d DeL Cpe	150	350	750	1350	2800	4000
T69 4d DeL Sed	150	350	750	1350	2800	4000
T77 2d LS Cpe	150	350	750	1350	2800	4000
T69 4d LS Sed	150	350	750	1350	2800	4000

I-Mark, (Diesel) - (4-cyl) - (94.3" wb) - (1817cc)

T77 2d Cpe	150	350	750	1350	2800	4000

Jaguar 553

Impulse - (4-cyl) - (96" wb) - (1949cc)

	6	5	4	3	2	1
2d Spt Cpe	200	650	1050	2250	4200	6000

JAGUAR

1946-1948
3-5 Litre - (6-cyl) - (120" wb) - (125 hp)
Conv Cpe		2200	6950	11,600	23,200	40,600	58,000
Saloon		1000	3100	5200	10,400	18,200	26,000

1949
Mark V - (6-cyl) - (120" wb) - (125 hp)
Conv Cpe		2200	6950	11,600	23,200	40,600	58,000
Saloon		1000	3100	5200	10,400	18,200	26,000

1950
Mark V - (6-cyl) - (120" wb) - (160 hp)
Saloon		1150	3600	6000	12,000	21,000	30,000
Conv Cpe		2200	6950	11,600	23,200	40,600	58,000

XK-120 - (6-cyl) - (102" wb) - (160 hp)
Rds		2550	8150	13,600	27,200	47,600	68,000

NOTE: Some X-120 models delivered early as 1949 models, use 1950 prices.

1951 Jaguar, XK-120 drophead coupe, 6-cyl.

1951
Mark VII - (6-cyl) - (120" wb) - (160 hp)
Saloon		650	2050	3400	6800	11,900	17,000

XK-120 - (6-cyl) - (102" wb) - (160 hp)
Rds		2850	9100	15,200	30,400	53,200	76,000
Cpe		1700	5400	9000	18,000	31,500	45,000

1952
Mark VII - (twin-cam) - (6-cyl) - (120" wb) - (160 hp)
Std Sed		850	2650	4400	8800	15,400	22,000
DeL Sed		850	2750	4600	9200	16,100	23,000

XK-120S - (modified) - (102" wb) - (160 hp)
Rds		2950	9350	15,600	31,200	54,600	78,000
Cpe		1750	5500	9200	18,400	32,200	46,000

XK-120 - (6-cyl) - (102" wb) - (160 hp)
Rds		2850	9100	15,200	30,400	53,200	76,000
Cpe		1600	5050	8400	16,800	29,400	42,000

1953
Mark VII - (6-cyl) - (120" wb) - (160 hp)
Std Sed		850	2650	4400	8800	15,400	22,000

XK-120S - (6-cyl) - (102" wb) - (160 hp)
Rds		2950	9350	15,600	31,200	54,600	78,000
Cpe		1750	5500	9200	18,400	32,200	46,000
Conv		2150	6850	11,400	22,800	39,900	57,000

XK-120 - (6-cyl) - (102" wb) - (160 hp)
Rds		2800	8900	14,800	29,600	51,800	74,000

554 Jaguar

	6	5	4	3	2	1
Cpe	1600	5050	8400	16,800	29,400	42,000
Conv	1950	6250	10,400	20,800	36,400	52,000

1954
Mark VII - (6-cyl) - (120" wb) - (160 hp)
| Sed | 1000 | 3100 | 5200 | 10,400 | 18,200 | 26,000 |

XK-120S - (modified) - (6-cyl) - (102" wb)
Rds	2850	9100	15,200	30,400	53,200	76,000
Cpe	1750	5650	9400	18,800	32,900	47,000
Conv	2200	7100	11,800	23,600	41,300	59,000

XK-120 - (6-cyl) - (102" wb) - (160 hp)
Rds	2650	8400	14,000	28,000	49,000	70,000
Cpe	1550	4900	8200	16,400	28,700	41,000
Conv	1950	6250	10,400	20,800	36,400	52,000

1955
Mark VII M - (6-cyl) - (120" wb) - (190 hp)
| Saloon | 850 | 2650 | 4400 | 8800 | 15,400 | 22,000 |

XK-140 - (6-cyl) - (102" wb) - (190 hp)
Cpe	1400	4450	7400	14,800	25,900	37,000
Rds	2650	8400	14,000	28,000	49,000	70,000
Conv	1950	6250	10,400	20,800	36,400	52,000

XK-140M - (6-cyl) - (102" wb) - (190 hp)
Cpe	1600	5050	8400	16,800	29,400	42,000
Rds	2950	9350	15,600	31,200	54,600	78,000
Conv	2500	7900	13,200	26,400	46,200	66,000

XK-140MC - (6-cyl) - (102" wb) - (210 hp)
Cpe	1750	5650	9400	18,800	32,900	47,000
Rds	3100	9850	16,400	32,800	57,400	82,000
Conv	2700	8650	14,400	28,800	50,400	72,000

1956
Mark VII M - (6-cyl) - (120" wb) - (190 hp)
| Saloon | 800 | 2500 | 4200 | 8400 | 14,700 | 21,000 |

XK-140 - (6-cyl) - (102" wb) - (190 hp)
Cpe	1400	4450	7400	14,800	25,900	37,000
Rds	2550	8150	13,600	27,200	47,600	68,000
Conv	1950	6250	10,400	20,800	36,400	52,000

XK-140M - (6-cyl) - (102" wb) - (190 hp)
Cpe	1600	5050	8400	16,800	29,400	42,000
Rds	2950	9350	15,600	31,200	54,600	78,000
Conv	2500	7900	13,200	26,400	46,200	66,000

XK-140MC - (6-cyl) - (102" wb) - (210 hp)
Cpe	1750	5650	9400	18,800	32,900	47,000
Rds	3100	9850	16,400	32,800	57,400	82,000
Conv	2700	8650	14,400	28,800	50,400	72,000

2.4 Litre - (6-cyl) - (108" wb) - (112 hp)
| Sed | 800 | 2500 | 4200 | 8400 | 14,700 | 21,000 |

3.4 Litre - (6-cyl) - (108" wb) - (210 hp)
| Sed | 850 | 2650 | 4400 | 8800 | 15,400 | 22,000 |

Mark VIII - (6-cyl) - (120" wb) - (210 hp)
| Lux Sed | 950 | 3000 | 5000 | 10,000 | 17,500 | 25,000 |

NOTE: 3.4 Litre available 1957 only; Mark VIII luxury sedan available 1957 only.

1957
Mark VIII - (6-cyl) - (102" wb) - (210 hp)
| Saloon | 800 | 2500 | 4200 | 8400 | 14,700 | 21,000 |

XK-140
Cpe	1450	4550	7600	15,200	26,600	38,000
Rds	2350	7450	12,400	24,800	43,400	62,000
Conv	1750	5650	9400	18,800	32,900	47,000

XK-150 - (6-cyl) - (102" wb) - (190 hp)
| Cpe | 1200 | 3850 | 6400 | 12,800 | 22,400 | 32,000 |
| Rds | 1600 | 5150 | 8600 | 17,200 | 30,100 | 43,000 |

2.4 Litre - (6-cyl) - (108" wb) - (112 hp)
| Sed | 700 | 2200 | 3700 | 7400 | 13,000 | 18,500 |

3.4 Litre - (6-cyl) - (108" wb) - (210 hp)
| Sed | 800 | 2600 | 4300 | 8600 | 15,100 | 21,500 |

1958
3.4 Litre - (6-cyl) - (108" wb) - (210 hp)
| Sed | 750 | 2450 | 4100 | 8200 | 14,400 | 20,500 |

XK-150 - (6-cyl) - (120" wb) - (190 hp)
Cpe	1200	3850	6400	12,800	22,400	32,000
Rds	2150	6850	11,400	22,800	39,900	57,000
Conv	1850	5900	9800	19,600	34,300	49,000

XK-150S - (6-cyl) - (102" wb) - (250 hp)
| Rds | 2800 | 8900 | 14,800 | 29,600 | 51,800 | 74,000 |

Mark VIII - (6-cyl) - (120" wb) - (210 hp)

	6	5	4	3	2	1
Saloon	700	2200	3700	7400	13,000	18,500

1959-60
XK-150 - (6-cyl) - (102" wb) - (210 hp)
Cpe	1200	3850	6400	12,800	22,400	32,000
Rds	2150	6850	11,400	22,800	39,900	57,000
Conv	1650	5300	8800	17,600	30,800	44,000

XK-150SE - (6-cyl) - (102" wb) - (210 hp)
Cpe	1350	4300	7200	14,400	25,200	36,000
Rds	2700	8650	14,400	28,800	50,400	72,000
Conv	1900	6000	10,000	20,000	35,000	50,000

XK-150S - (6-cyl) - (102" wb) - (250 hp)
Rds	2800	8900	14,800	29,600	51,800	74,000

3.4 Litre - (6-cyl) - (108" wb) - (210 hp)
Sed	750	2350	3900	7800	13,700	19,500

Mark IX - (6-cyl) - (120" wb) - (220 hp)
Sed	900	2900	4800	9600	16,800	24,000

1961
XK-150 - (6-cyl) - (102" wb) - (210 hp)
Cpe	1200	3850	6400	12,800	22,400	32,000
Conv	1650	5300	8800	17,600	30,800	44,000

XKE - (6-cyl) - (96" wb) - (265 hp)
Rds	2150	6850	11,400	22,800	39,900	57,000
Cpe	1300	4100	6800	13,600	23,800	34,000

3.4 Litre - (6-cyl) - (108" wb) - (265 hp)
Sed	750	2450	4100	8200	14,400	20,500

Mark IX - (6-cyl) - (120" wb) - (265 hp)
Sed	850	2750	4600	9200	16,100	23,000

1962
XKE - (6-cyl) - (96" wb) - (265 hp)
Rds	2050	6600	11,000	22,000	38,500	55,000
Cpe	1300	4100	6800	13,600	23,800	34,000

Mark II 3.4 Litre - (6-cyl) - (108" wb) - (265 hp)
Sed	750	2450	4100	8200	14,400	20,500

Mark X - (6-cyl) - (120" wb) - (265 hp)
Sed	850	2750	4600	9200	16,100	23,000

1963
XKE - (6-cyl) - (96" wb) - (265 hp)
Rds	2200	7100	11,800	23,600	41,300	59,000
Cpe	1350	4300	7200	14,400	25,200	36,000

Mark II - 3.8 Litre - (6-cyl) - (108" wb) - (265 hp)
Sed	750	2450	4100	8200	14,400	20,500

Mark X - (6-cyl) - (120" wb) - (265 hp)
Sed	850	2750	4600	9200	16,100	23,000

1964
XKE - (6-cyl) - (96" wb) - (265 hp)
Rds	2200	7100	11,800	23,600	41,300	59,000
Cpe	1450	4550	7600	15,200	26,600	38,000

Mark II - 3.8 Litre - (6-cyl) - (108" wb) - (265 hp)
4d Sed	750	2450	4100	8200	14,400	20,500

Mark X - (6-cyl) - (120" wb) - (265 hp)
4d Sed	850	2750	4600	9200	16,100	23,000

1965
XKE - 4.2 Litre - (6-cyl) - (96" wb) - (265 hp)
Rds	2200	7100	11,800	23,600	41,300	59,000
Cpe	1450	4550	7600	15,200	26,600	38,000
4d Sed	750	2450	4100	8200	14,400	20,500

3.8 Litre
4d Sed	750	2400	4000	8000	14,000	20,000
Mk II Sed	750	2450	4100	8200	14,400	20,500

1966
XKE - 4.2 Litre - (6-cyl) - (96" wb) - (265 hp)
Rds	2350	7450	12,400	24,800	43,400	62,000
Cpe	1400	4450	7400	14,800	25,900	37,000
4d Sed	700	2200	3700	7400	13,000	18,500

Mark II - 3.8 Litre
4d Sed	750	2400	4000	8000	14,000	20,000
4d Sed S	800	2500	4200	8400	14,700	21,000

1967
XKE - 4.2 Litre - (6-cyl) - (96" wb) - (265 hp)
Rds	2350	7450	12,400	24,800	43,400	62,000
Cpe	1600	5150	8600	17,200	30,100	43,000
Cpe (2 plus 2)	1150	3600	6000	12,000	21,000	30,000

Model 340 - (6-cyl) - (108" wb) - (225 hp)

	6	5	4	3	2	1
4d Sed	700	2300	3800	7600	13,300	19,000

Model 420 - (6-cyl) - (108" wb) - (255 hp)

| 4d Sed | 700 | 2300 | 3800 | 7600 | 13,300 | 19,000 |

Model 420 G - (6-cyl) - (107" wb) - (245 hp)

| 4d Sed | 750 | 2400 | 4000 | 8000 | 14,000 | 20,000 |

1968
Model XKE - 4.2 Litre - (96" wb) - (245 hp)

Rds	2050	6600	11,000	22,000	38,500	55,000
Cpe	1450	4700	7800	15,600	27,300	39,000
Cpe (2 plus 2)	1150	3600	6000	12,000	21,000	30,000

1969
Model XKE - (96" wb) - (246 hp)

Rds	2050	6600	11,000	22,000	38,500	55,000
Cpe	1450	4700	7800	15,600	27,300	39,000
Cpe (2 plus 2)	1150	3600	6000	12,000	21,000	30,000

Model XJ - (96" wb) - (246 hp)

| 4d Sed | 900 | 2900 | 4800 | 9600 | 16,800 | 24,000 |

1970
Model XKE - (96" wb) - (246 hp)

Rds	2050	6600	11,000	22,000	38,500	55,000
Cpe	1450	4700	7800	15,600	27,300	39,000
Cpe (2 plus 2)	1150	3700	6200	12,400	21,700	31,000

Model XJ - (96" wb) - (246 hp)

| 4d Sed | 850 | 2650 | 4400 | 8800 | 15,400 | 22,000 |

1971
Model XKE - (96" wb) - (246 hp)

Rds	2200	7100	11,800	23,600	41,300	59,000
Cpe	1550	4900	8200	16,400	28,700	41,000
Cpe (2 plus 2) (V-12)	1300	4100	6800	13,600	23,800	34,000
Conv (V-12)	2550	8150	13,600	27,200	47,600	68,000

Model XJ - (96" wb) - (246 hp)

| 4d Sed | 800 | 2500 | 4200 | 8400 | 14,700 | 21,000 |

1972
Model XKE - (V-12) - (105" wb) - (272 hp)

| Rds | 3000 | 9600 | 16,000 | 32,000 | 56,000 | 80,000 |
| Cpe (2 plus 2) | 1450 | 4550 | 7600 | 15,200 | 26,600 | 38,000 |

Model XJ6 - (108.9" wb) - (186 hp)

| 4d Sed | 750 | 2400 | 4000 | 8000 | 14,000 | 20,000 |

1973
Model XKE - (V-12) - (105" wb) - (272 hp)

| Rds | 2650 | 8400 | 14,000 | 28,000 | 49,000 | 70,000 |
| Cpe (2 plus 2) | 1450 | 4550 | 7600 | 15,200 | 26,600 | 38,000 |

Model XJ - (108.9" wb) - (186 hp)

| 4d XJ6 | 750 | 2400 | 4000 | 8000 | 14,000 | 20,000 |
| 4d XJ12 | 950 | 3000 | 5000 | 10,000 | 17,500 | 25,000 |

1975 Jaguar XJ6C

1974
Model XKE - (V-12) - (105" wb) - (272 hp)

| Rds | 2800 | 8900 | 14,800 | 29,600 | 51,800 | 74,000 |

Model XJ

4d XJ6	750	2400	4000	8000	14,000	20,000
4d XJ6 (LWB)	800	2500	4200	8400	14,700	21,000
4d XJ12L	950	3000	5000	10,000	17,500	25,000

1975
Model XJ6

	6	5	4	3	2	1
Cpe C	1000	3100	5200	10,400	18,200	26,000
4d Sed L	800	2500	4200	8400	14,700	21,000
Model XJ12						
Cpe C	1000	3250	5400	10,800	18,900	27,000
4d Sed L	900	2900	4800	9600	16,800	24,000

1976
Model XJ6

Cpe C	1050	3350	5600	11,200	19,600	28,000
4d Sed L	800	2500	4200	8400	14,700	21,000
Model XJ12						
Cpe C	1100	3500	5800	11,600	20,300	29,000
4d Sed L	850	2750	4600	9200	16,100	23,000
Model XJS						
Cpe (2 plus 2)	950	3000	5000	10,000	17,500	25,000

1977
Model XJ6

Cpe C	1000	3250	5400	10,800	18,900	27,000
4d Sed L	650	2050	3400	6800	11,900	17,000
Model XJ12L						
4d Sed	700	2300	3800	7600	13,300	19,000
Model XJS						
GT Cpe (2 plus 2)	850	2750	4600	9200	16,100	23,000

1978
Model XJ6L

4d Sed	700	2150	3600	7200	12,600	18,000
Model XJ12L						
4d Sed	850	2650	4400	8800	15,400	22,000
Model XJS						
Cpe	850	2750	4600	9200	16,100	23,000

1979
Model XJ6

4d Sed	700	2150	3600	7200	12,600	18,000
4d Sed Series III	700	2300	3800	7600	13,300	19,000
Model XJ12						
4d Sed	850	2650	4400	8800	15,400	22,000
Model XJS						
Cpe	850	2750	4600	9200	16,100	23,000

1980

4d Sed XJ6	650	2050	3400	6800	11,900	17,000
2d Cpe XJS (2 plus 2)	850	2750	4600	9200	16,100	23,000

1981
Model XJ6

4d Sed	650	2050	3400	6800	11,900	17,000
Model XJS						
2d Cpe	850	2750	4600	9200	16,100	23,000

1982
Model XJ6

4d Sed	700	2300	3800	7600	13,300	19,000
4d Sed Vanden Plas	850	2650	4400	8800	15,400	22,000
Model XJS						
2d Cpe	950	3000	5000	10,000	17,500	25,000

1983
Model XJ6

4d Sed	700	2300	3800	7600	13,300	19,000
4d Sed Vanden Plas	850	2650	4400	8800	15,400	22,000
Model XJS						
2d Cpe	950	3000	5000	10,000	17,500	25,000

1984
Model XJ6

4d Sed	650	2050	3400	6800	11,900	17,000
4d Sed Van Plas	750	2400	4000	8000	14,000	20,000
Model XJS						
2d Cpe	950	3000	5000	10,000	17,500	25,000

1985
Model XJ6

4d Sed	700	2150	3600	7200	12,600	18,000
4d Sed Van Plas	700	2300	3800	7600	13,300	19,000
Model XJS						
2d Cpe	850	2750	4600	9200	16,100	23,000

1986
Model XJ6

	6	5	4	3	2	1
4d Sed	700	2150	3600	7200	12,600	18,000
4d Sed Van Plas	700	2300	3800	7600	13,300	19,000
Model XJS						
2d Cpe	800	2500	4200	8400	14,700	21,000

1987
Model XJ6

4d Sed	750	2400	4000	8000	14,000	20,000
4d Sed Van Plas	850	2650	4400	8800	15,400	22,000
Model XJS						
2d Cpe	850	2650	4400	8800	15,400	22,000
2d Cpe Cabrio	950	3000	5000	10,000	17,500	25,000

1988
Model XJ6

4d Sed	850	2650	4400	8800	15,400	22,000
Model XJS						
2d Cpe	850	2650	4400	8800	15,400	22,000
2d Cpe Cabrio	1150	3600	6000	12,000	21,000	30,000
2d Conv	1300	4200	7000	14,000	24,500	35,000

1989
Model XJ6

4d Sed	950	3000	5000	10,000	17,500	25,000
Model XJS						
2d Cpe	1150	3600	6000	12,000	21,000	30,000
2d Conv	1500	4800	8000	16,000	28,000	40,000

LAMBORGHINI

1964-1966
350/400 GT - (V-12) - (99.5" wb) - (3464/3929cc)
Cpe	4350	13,900	23,200	46,400	81,200	116,000

1966-1968
400 GT - (V-12) - (99.5" wb) - (3929cc)
Cpe (2 plus 2)	4200	13,450	22,400	44,800	78,400	112,000

1966-1969
P400 Miura - (V-12) - (97.5" wb) - (3929cc)
Cpe	4600	14,650	24,400	48,800	85,400	122,000

1969-1971
P400 Miura S - (V-12) - (97.7" wb) - (3929cc)
Cpe	4600	14,650	24,400	48,800	85,400	122,000

1971-1972
P400 Miura SV - (V-12) - (97.7" wb) - (3929cc)
Cpe	4650	14,900	24,800	49,600	86,800	124,000

1968-1978
Espada - (V-12) - (99.5" wb) - (3929cc)
Cpe (2 plus 2)	4350	13,900	23,200	46,400	81,200	116,000

1968-1969
400 GT Isiero, Isiero S - (V-12) - (99.5" wb) - (3929cc)
Cpe (2 plus 2)	4000	12,700	21,200	42,400	74,200	106,000

1970-1973
400 GT Jarama - (V-12) - (92.8" wb) - (3929cc)
Cpe (2 plus 2)	4000	12,700	21,200	42,400	74,200	106,000

1973-1976
400 GTS Jarama - (V-12) - (92.8" wb) - (3929cc)
Cpe (2 plus 2)	4200	13,450	22,400	44,800	78,400	112,000

1972-1976
P250 Urraco - (V-8) - (95.5" wb) - (2462cc)
Cpe (2 plus 2)	4200	13,450	22,400	44,800	78,400	112,000

1975-1977
P200 Urraco - (V-8) - (95.5" wb) - (1994cc)
Cpe (2 plus 2)	4200	13,450	22,400	44,800	78,400	112,000

1976-1978
Silhouette - (V-8) - (95.5" wb) - (2995.8cc)
Targa Conv	3600	11,500	19,200	38,400	67,200	96,000

1975-1979
P300 Urraco - (V-8) - (95.5" wb) - (2995.8cc)
Cpe (2 plus 2)	3250	10,300	17,200	34,400	60,200	86,000

1973-1978
LP400 Countach - (V-12) - (95.5" wb) - (3929cc)

	6	5	4	3	2	1
Cpe	4900	15,600	26,000	52,000	91,000	130,000

1978-Present
LP400S Countach - (V-12) - (95.5" wb) - (3929cc)

Cpe	5050	16,100	26,800	53,600	93,800	134,000

1982-Present
LP5000 Countach - (V-12) - (95.5" wb) - (4754cc)

Cpe	5800	18,600	31,000	62,000	108,500	155,000

P350 Jalpa - (V-8) - (95.5" wb) - (3485cc)

Targa Conv	4200	13,450	22,400	44,800	78,400	112,000

MASERATI

1946-50
A6/1500 - (6-cyl) - (100.4" wb) - (1488cc)

2d Cpe 2 plus 2	3750	12,000	20,000	40,000	70,000	100,000
2d Cabr	7500	24,000	40,000	80,000	140,000	200,000

1951-53
A6G - (6-cyl) - (100.4" wb) - (1954cc)

2d Cpe 2 plus 2	5650	18,000	30,000	60,000	105,000	150,000
2d Cabr 2 plus 2	11,250	36,000	60,000	120,000	210,000	300,000

1954-56
A6G - (6-cyl) - (100.4" wb) - (1954cc)

2d Cpe 2 plus 2	5650	18,000	30,000	60,000	105,000	150,000
2d Cabr 2 plus 2	11,250	36,000	60,000	120,000	210,000	300,000

A6G/2000 - (6-cyl) - (100.4" wb) - (1985cc)

2d Cpe 2 plus 2	5650	18,000	30,000	60,000	105,000	150,000
2d Cabr 2 plus 2	11,250	36,000	60,000	120,000	210,000	300,000

1957-61
A6G/2000/C - (6-cyl) - (100.4" wb) - (1985cc)

Allemano Cpe 2 plus 2	5650	18,000	30,000	60,000	105,000	150,000
Frua Cabr 2 plus 2	11,250	36,000	60,000	120,000	210,000	300,000
Frua 2d Cpe	9400	30,000	50,000	100,000	175,000	250,000
Zagato Cpe 2 plus 2	11,250	36,000	60,000	120,000	210,000	300,000

3500 GT - (6-cyl) - (102.3" wb) - (3485cc)

2d Cpe	1800	5750	9600	19,200	33,600	48,000

3500 GT Spider
(6-cyl) - (98.4" wb) - (3485cc)

2d Rds	7300	23,400	39,000	78,000	136,500	195,000

1962
3500 GTI - (6-cyl) - (102.3" wb) - (3485cc)

2d Cpe 2 plus 2	1800	5750	9600	19,200	33,600	48,000

3500 GTI - (6-cyl) - (98.4" wb) - (3485cc)

Spider 2d Rds	7300	23,400	39,000	78,000	136,500	195,000

Sebring - (6-cyl) - (98.4" wb) - (3485cc)

2d Cpe 2 plus 2	1800	5750	9600	19,200	33,600	48,000

1963-64
3500 GTI - (6-cyl) - (102.3" wb) - (3485cc)

2d Cpe 2 plus 2	1800	5750	9600	19,200	33,600	48,000
Spider 2d Conv	7300	23,400	39,000	78,000	136,500	195,000

Sebring - (6-cyl) - (102.3" wb)
Early 3485cc, Later 3694cc

2d Cpe 2 plus 2	1800	5750	9600	19,200	33,600	48,000

Mistral - (6-cyl) - (94.5" wb)
Early 3485cc, Later 3694cc

2d Cpe	1700	5400	9000	18,000	31,500	45,000
Spider 2d Conv	6000	19,200	32,000	64,000	112,000	160,000

Quattroporte - (V-8) - (108.3" wb) - (4136cc)

4d Sed	900	2950	4900	9800	17,200	24,500

1965-66
Sebring II - (6-cyl) - (102.3" wb) - (3694cc)

2d Cpe 2 plus 2	2050	6500	10,800	21,600	37,800	54,000

Mistral - (6-cyl) - (94.5" wb) - (3694cc)

2d Cpe	1700	5400	9000	18,000	31,500	45,000
Spider 2d Conv	600	1900	3200	6400	11,200	16,000

NOTE: Optional Six engine (4014cc) available in Sebring & Mistral models.

Mexico - (V-8) - (103.9" wb) - (4136cc)

2d Cpe	1350	4300	7200	14,400	25,200	36,000

Quattroporte - (V-8) - (108.3" wb) - (4136cc)

4200 4d Sed	900	2950	4900	9800	17,200	24,500

1967-68
Mistral - (6-cyl) - (94.5" wb) - (3694cc)

	6	5	4	3	2	1
2d Cpe	1700	5400	9000	18,000	31,500	45,000
Spider 2d Conv	6000	19,200	32,000	64,000	112,000	160,000

Ghibli - (V-8) - (100.4" wb) - (4719cc)
| 4700 2d Cpe | 2800 | 8900 | 14,800 | 29,600 | 51,800 | 74,000 |

Mexico - (V-8) - (103.9" wb) - (4136cc-4719cc)
| 4200 2d Cpe | 1350 | 4300 | 7200 | 14,400 | 25,200 | 36,000 |
| 4700 2d Cpe | 1350 | 4300 | 7200 | 14,400 | 25,200 | 36,000 |

Quattroporte - (V-8) - (108.3" wb) - (4136cc-4719cc)
| 4200 4d Sed | 900 | 2950 | 4900 | 9800 | 17,200 | 24,500 |
| 4700 4d Sed | 900 | 2950 | 4900 | 9800 | 17,200 | 24,500 |

1969-70
Mistral - (6-cyl) - (94.5" wb) - (3694cc)
| 2d Cpe | 1700 | 5400 | 9000 | 18,000 | 31,500 | 45,000 |
| Spider 2d Conv | 6000 | 19,200 | 32,000 | 64,000 | 112,000 | 160,000 |

Ghibli - (V-8) - (100.4" wb) - (4719cc)
| 2d Cpe | 2800 | 8900 | 14,800 | 29,600 | 51,800 | 74,000 |
| Spider 2d Conv | 4500 | 14,400 | 24,000 | 48,000 | 84,000 | 120,000 |

Indy - (V-8) - (102.5" wb) - (4136cc)
| 2d Cpe 2 plus 2 | 1500 | 4800 | 8000 | 16,000 | 28,000 | 40,000 |

Quattroporte - (V-8) - (108.3" wb) - (4719cc)
| 4d Sed | 900 | 2950 | 4900 | 9800 | 17,200 | 24,500 |

1971-73
Merak - (V-6) - (102.3" wb) - (2965cc)
| 2d Cpe 2 plus 2 | 1300 | 4100 | 6800 | 13,600 | 23,800 | 34,000 |

Bora - (V-8) - (102.3" wb) - (4719cc)
| 2d Cpe | 3250 | 10,300 | 17,200 | 34,400 | 60,200 | 86,000 |

Ghibli - (V-8) - (100.4" wb) - (4930cc)
| 2d Cpe | 2800 | 8900 | 14,800 | 29,600 | 51,800 | 74,000 |
| Spider 2d Conv | 7500 | 24,000 | 40,000 | 80,000 | 140,000 | 200,000 |

Indy - (V-8) - (102.5" wb) - (4136cc)
| 2d Cpe 2 plus 2 | 1500 | 4800 | 8000 | 16,000 | 28,000 | 40,000 |

1974-76
Merak - (V-6) - (102.3" wb) - (2965cc)
| 2d Cpe 2 plus 2 | 1300 | 4100 | 6800 | 13,600 | 23,800 | 34,000 |

Bora - (V-8) - (102.3" wb) - (4930cc)
| 2d Cpe | 3250 | 10,300 | 17,200 | 34,400 | 60,200 | 86,000 |

Indy - (V-8) - (102.5" wb) - (4930cc)
| 2d Cpe | 1500 | 4800 | 8000 | 16,000 | 28,000 | 40,000 |

Khamsin - (V-8) - (100.3" wb) - (4930cc)

1977-83
Merak SS - (102.3" wb) - (2965cc)
| 2d Cpe 2 plus 2 | 1400 | 4450 | 7400 | 14,800 | 25,900 | 37,000 |

Bora - (V-8) - (102.3" wb) - (4930cc)
| 2d Cpe | 3250 | 10,300 | 17,200 | 34,400 | 60,200 | 86,000 |

Khamsin - (V-8) - (100.3" wb) - (4930cc)
| 2d Cpe 2 plus 2 | 1800 | 5750 | 9600 | 19,200 | 33,600 | 48,000 |

Kyalami - (V-8) - (102.4" wb) - (4930cc)
| 2d Cpe 2 plus 2 | 1300 | 4200 | 7000 | 14,000 | 24,500 | 35,000 |

1984-88
Biturbo - (V-6) - (99" wb) - (1996cc)
| 2d Cpe | 400 | 1200 | 2000 | 3950 | 7000 | 10,000 |
| E 2d Cpe | 400 | 1300 | 2200 | 4400 | 7700 | 11,000 |

Biturbo - (V-6) - (94.5" wb) - (2491cc)
| Spider 2d Conv | 550 | 1800 | 3000 | 6000 | 10,500 | 15,000 |
| 425 4d Sed | 350 | 900 | 1550 | 3050 | 5900 | 8500 |

Quattroporte - (V-8) - (110.2" wb) - (4930cc)
| 4d Sed | 550 | 1800 | 3000 | 6000 | 10,500 | 15,000 |

MAZDA

1970-71
Conventional Engine
1200 - (4-cyl) - (88.9" wb) - (1169cc)
2d Sed	125	250	700	1150	2450	3500
2d Cpe	125	250	700	1150	2450	3500
2d Sta Wag	125	250	700	1150	2450	3500

616 - (4-cyl) - (97" wb) - (1587cc)
| 2d Cpe | 125 | 250 | 700 | 1150 | 2450 | 3500 |
| 4d Sed | 125 | 250 | 700 | 1150 | 2450 | 3500 |

Mazda 561

1800 - (4-cyl) - (98.4" wb) - (1769cc)	6	5	4	3	2	1
4d Sed	125	250	700	1150	2450	3500
4d Sta Wag	125	250	700	1150	2450	3500
Wankel Rotary Engine						
R100 - (88.9" wb) - (1146cc)						
2d Spt Cpe 2 plus 2	200	650	1050	2250	4200	6000
RX-2 - (97" wb) - (1146cc)						
2d Cpe	150	350	750	1350	2800	4000
4d Sed	125	250	700	1150	2450	3500

1972
Conventional Engine
808 - (4-cyl) - (91" wb) - (1587cc)

	6	5	4	3	2	1
2d Cpe	125	250	700	1150	2450	3500
4d Sed	125	250	700	1150	2450	3500
4d Sta Wag	125	250	700	1150	2450	3500
618 - (4-cyl) - (97" wb) - (1796cc)						
2d Cpe	125	250	700	1150	2450	3500
4d Sed	125	250	700	1150	2450	3500
Wankel Rotary Engine						
R100 - (88.9" wb) - (1146cc)						
2d Cpe 2 plus 2	200	650	1050	2250	4200	6000
RX-2 - (97" wb) - (1146cc)						
2d Cpe	150	350	750	1350	2800	4000
4d Sed	125	250	700	1150	2450	3500
RX-3 - (91" wb) - (1146cc)						
2d Cpe	150	350	750	1350	2800	4000
4d Sed	125	250	700	1150	2450	3500
4d Sta Wag	125	250	700	1150	2450	3500

1973
Conventional Engine
808 - (4-cyl) - (91" wb) - (1587cc)

	6	5	4	3	2	1
2d Cpe	125	250	700	1150	2450	3500
4d Sed	125	250	700	1150	2450	3500
4d Sta Wag	125	250	700	1150	2450	3500
Wankel Rotary Engine						
RX-2 - (97" wb) - (1146cc)						
2d Cpe	150	350	750	1350	2800	4000
4d Sed	125	250	700	1150	2450	3500
RX-3 - (162" wb) - (1146cc)						
2d Cpe	150	350	750	1350	2800	4000
4d Sed	125	250	700	1150	2450	3500
RX-3 - (163" wb) - (1146cc)						
4d Sta Wag	125	250	700	1150	2450	3500

1974
Conventional Engine
808 - (4-cyl) - (91" wb) - (1587cc)

	6	5	4	3	2	1
2d Cpe	150	350	750	1350	2800	4000
4d Sta Wag	125	250	700	1150	2450	3500
Wankel Rotary Engine						
RX-2 - (97" wb) - (1146cc)						
2d Cpe	150	350	750	1350	2800	4000
4d Sed	125	250	700	1150	2450	3500
RX-3 - (91" wb) - (1146cc)						
2d Cpe	150	350	750	1350	2800	4000
4d Sta Wag	125	250	700	1150	2450	3500
RX-4 - (99" wb) - (1308cc)						
2d HdTp Cpe	150	350	750	1350	2800	4000
4d Sed	125	250	700	1150	2450	3500
4d Sta Wag	125	250	700	1150	2450	3500

1975
Conventional Engine
808 - (4-cyl) - (91" wb) - (1587cc)

	6	5	4	3	2	1
2d Cpe	125	250	700	1150	2450	3500
4d Sta Wag	125	250	700	1150	2450	3500
Wankel Rotary Engine						
RX-3 - (91" wb) - (1146cc)						
2d Cpe	150	350	750	1350	2800	4000
4d Sta Wag	125	250	700	1150	2450	3500
RX-4 - (99" wb) - (1308cc)						
2d HdTp Cpe	150	350	750	1350	2800	4000
4d Sed	125	250	700	1150	2450	3500
4d Sta Wag	125	250	700	1150	2450	3500

1976
Conventional Engine
Mizer 808-1300 - (4-cyl) - (91" wb) - (1272cc)

	6	5	4	3	2	1
2d Cpe	125	250	700	1150	2450	3500
4d Sed	125	250	700	1150	2450	3500
4d Sta Wag	125	250	700	1150	2450	3500

808-1600 - (4-cyl) - (91" wb) - (1587cc)

2d Cpe	125	250	700	1150	2450	3500
4d Sed	125	250	700	1150	2450	3500
4d Sta Wag	125	250	700	1150	2450	3500

Wankel Rotary Engine
RX-3 - (91" wb) - (1146cc)

| 2d Cpe | 150 | 350 | 750 | 1350 | 2800 | 4000 |
| 4d Sta Wag | 125 | 250 | 700 | 1150 | 2450 | 3500 |

RX-4 - (99" wb) - (1308cc)

2d HdTp Cpe	150	350	750	1350	2800	4000
4d Sed	125	250	700	1150	2450	3500
4d Sta Wag	125	250	700	1150	2450	3500
Cosmo 2d HdTp Cpe	200	650	1050	2250	4200	6000

1977
Mizer - (4-cyl) - (1272cc)

2d Cpe	125	250	700	1150	2450	3500
4d Sed	125	250	700	1150	2450	3500
4d Sta Wag	125	250	700	1150	2450	3500

GLC - (4-cyl) - (91.1" wb) - (1272cc)

| 2d HBk | 125 | 250 | 700 | 1150 | 2450 | 3500 |
| 2d DeL HBk | 125 | 250 | 700 | 1150 | 2450 | 3500 |

808 - (4-cyl) - (91" wb) - (1587cc)

2d Cpe	125	250	700	1150	2450	3500
4d Sed	125	250	700	1150	2450	3500
4d Sta Wag	125	250	700	1150	2450	3500

Wankel Rotary Engine
RX-3SP - (91" wb) - (1146cc)

| 2d Cpe | 150 | 350 | 750 | 1350 | 2800 | 4000 |

RX-4 - (99" wb) - (1308cc)

4d Sed	125	250	700	1150	2450	3500
4d Sta Wag	125	250	700	1150	2450	3500
Cosmo 2d HdTp Cpe	125	250	700	1150	2450	3500

1978
GLC - (4-cyl) - (91.1" wb) - (1272cc)

2d HBk	125	250	700	1150	2450	3500
2d DeL HBk	125	250	700	1150	2450	3500
2d Spt HBk	125	250	700	1150	2450	3500
4d DeL HBk	125	250	700	1150	2450	3500

Wankel Rotary Engine
RX-3SP - (91" wb) - (1146cc)

| 2d Cpe | 150 | 350 | 750 | 1350 | 2800 | 4000 |

RX-4 - (99" wb) - (1308cc)

4d Sed	125	250	700	1150	2450	3500
4d Sta Wag	125	250	700	1150	2450	3500
Cosmo 2d Cpe	200	650	1050	2250	4200	6000

1979
GLC - (4-cyl) - (91" wb) - (1415cc)

2d HBk	125	250	700	1150	2450	3500
2d DeL HBk	125	250	700	1150	2450	3500
2d Spt HBk	125	250	700	1150	2450	3500
4d DeL HBk	125	250	700	1150	2450	3500
4d Sta Wag	125	250	700	1150	2450	3500
4d DeL Sta Wag	125	250	700	1150	2450	3500

626 - (4-cyl) - (98.8" wb) - (1970cc)

| 2d Spt Cpe | 150 | 350 | 750 | 1350 | 2800 | 4000 |
| 4d Spt Sed | 125 | 250 | 700 | 1150 | 2450 | 3500 |

Wankel Rotary Engine
RX-7 - (95.3" wb) - (1146cc)

| S 2d Cpe | 200 | 600 | 950 | 2150 | 3850 | 5500 |
| GS 2d Cpe | 200 | 650 | 1050 | 2250 | 4200 | 6000 |

1980
GLC - (4-cyl) - (91" wb) - (1415cc)

2d HBk	150	350	750	1350	2800	4000
2d Cus HBk	150	350	750	1350	2800	4000
2d Spt HBk	150	350	750	1450	3000	4200
4d Cus HBk	150	350	750	1450	3000	4200
4d Cus Sta Wag	150	350	750	1450	3000	4200

626 - (4-cyl) - (98.8" wb) - (1970cc)

| 2d Spt Cpe | 150 | 400 | 750 | 1650 | 3150 | 4500 |

Mazda 563

	6	5	4	3	2	1
4d Spt Sed	150	350	750	1350	2800	4000
Wankel Rotary Engine						
RX-7 - (95.3" wb) - (1146cc)						
S 2d Cpe	200	650	1050	2250	4200	6000
GS 2d Cpe	200	675	1100	2250	4400	6300
1981						
GLC - (4-cyl) - (93.1" wb) - (1490cc)						
2d HBk	150	350	750	1350	2800	4000
2d Cus HBk	150	350	750	1350	2800	4000
4d Cus HBk	150	350	750	1350	2800	4000
4d Cus Sed	150	350	750	1350	2800	4000
2d Cus L HBk	150	350	750	1350	2800	4000
4d Cus L Sed	150	350	750	1350	2800	4000
2d Spt HBk	150	350	750	1350	2800	4000
GLC - (4-cyl) - (91" wb) - (1490cc)						
4d Sta Wag	150	350	750	1350	2800	4000
626 - (4-cyl) - (98.8" wb) - (1970cc)						
2d Spt Cpe	150	400	750	1650	3150	4500
4d Spt Sed	150	350	750	1350	2800	4000
2d Lux Spt Cpe	150	450	800	1750	3250	4700
4d Lux Spt Sed	150	400	750	1600	3100	4400
Wankel Rotary Engine						
RX-7 - (95.3" wb) - (1146cc)						
S 2d Cpe	350	700	1150	2300	4550	6500
GS 2d Cpe	350	750	1200	2350	4900	7000
GSL 2d Cpe	350	750	1300	2450	5250	7500
1982						
GLC - (4-cyl) - (93.1" wb) - (1490cc)						
2d HBk	150	400	750	1650	3150	4500
2d Cus HBk	150	400	750	1650	3150	4500
4d Cus Sed	150	400	750	1650	3150	4500
2d Cus L HBk	150	400	750	1650	3150	4500
4d Cus L Sed	150	400	750	1650	3150	4500
2d Spt HBk	150	400	750	1650	3150	4500
GLC - (4-cyl) - (91" wb) - (1490cc)						
4d Cus Sta Wag	150	350	750	1350	2800	4000
626 - (4-cyl) - (98.8" wb) - (1970cc)						
2d Spt Cpe	150	450	750	1700	3200	4600
4d Spt Sed	150	350	750	1450	3000	4200
2d Lux Spt Cpe	150	450	800	1750	3250	4700
4d Lux Spt Sed	150	400	750	1550	3050	4300
Wankel Rotary Engine						
RX-7 - (95.3" wb) - (1146cc)						
S 2d Cpe	350	750	1200	2350	4900	7000
GS 2d Cpe	350	750	1300	2450	5250	7500
GSL 2d Cpe	350	750	1350	2650	5450	7800
1983						
GLC - (4-cyl) - (93.1" wb) - (1490cc)						
2d HBk	150	400	750	1650	3150	4500
2d Cus HBk	150	400	750	1650	3150	4500
4d Cus Sed	150	400	750	1650	3150	4500
2d Cus L HBk	150	400	750	1650	3150	4500
4d Cus L Sed	150	400	750	1650	3150	4500
2d Spt HBk	150	400	750	1650	3150	4500
4d Sed	150	450	750	1700	3200	4600
GLC - (4-cyl) - (93.1" wb) - (1490cc)						
4d Cus Sta Wag	150	450	750	1700	3200	4600
626 - (4-cyl) - (98.8" wb) - (1998cc)						
2d Spt Cpe	200	500	850	1900	3500	5000
4d Spt Sed	150	400	750	1650	3150	4500
2d Lux Spt Cpe	200	550	900	2100	3700	5300
4d Lux Spt Sed	150	450	800	1800	3300	4800
4d Lux HBk	200	550	900	2000	3600	5200
Wankel Rotary Engine						
RX-7 - (95.3" wb) - (1146cc)						
S 2d Cpe	350	750	1200	2350	4900	7000
GS 2d Cpe	350	750	1300	2450	5250	7500
1984-85						
GLC - (4-cyl) - (93.1" wb) - (1490cc)						
2d HBk	200	500	850	1900	3500	5000
2d DeL HBk	200	500	850	1900	3500	5000
4d DeL Sed	200	500	850	1900	3500	5000
2d Lux HBk	200	500	850	1900	3500	5000
4d Lux Sed	200	500	850	1900	3500	5000
626 - (4-cyl) - (98.8" wb) - (1998cc)						
2d DeL Cpe	200	600	950	2150	3850	5500

564 Mazda

	6	5	4	3	2	1
4d DeL Sed	200	500	850	1900	3500	5000
2d Lux Cpe	200	650	1000	2200	4100	5800
4d Lux Sed	200	550	900	2100	3700	5300
4d Tr HBk	200	550	900	2100	3700	5300

Wankel Rotary Engine
RX-7 - (95.3" wb) - (1146cc)

S 2d Cpe	350	750	1300	2450	5250	7500
GS 2d Cpe	350	800	1450	2750	5600	8000
GSL 2d Cpe	350	900	1550	3050	5900	8500

RX-7 - (95.3" wb) - (1308cc)

GSL-SE 2d Cpe	350	800	1450	2750	5600	8000

MERCEDES-BENZ

1952

220 Cpe	1300	4200	7000	14,000	24,500	35,000
220 Cabr	1700	5400	9000	18,000	31,500	45,000
300 Cabr	4150	13,200	22,000	44,000	77,000	110,000
300 Rds	4500	14,400	24,000	48,000	84,000	120,000
300 Sed	1150	3600	6000	12,000	21,000	30,000
300S Cpe	3600	11,500	19,200	38,400	67,200	96,000

1953

180 Sed	950	3000	5000	10,000	17,500	25,000
300 Conv Sed	4150	13,200	22,000	44,000	77,000	110,000
300 Cabr	4150	13,200	22,000	44,000	77,000	110,000
300 Rds	4500	14,400	24,000	48,000	84,000	120,000
300 Cpe	3400	10,800	18,000	36,000	63,000	90,000
220 Cabr	1700	5400	9000	18,000	31,500	45,000

1954

220 A Cabr	1700	5400	9000	18,000	31,500	45,000
300 B Conv Sed	4150	13,200	22,000	44,000	77,000	110,000
300S Cabr	4150	13,200	22,000	44,000	77,000	110,000
300S Rds	4500	14,400	24,000	48,000	84,000	120,000
300S Cpe	3600	11,500	19,200	38,400	67,200	96,000
300SL GW	15,750	50,400	84,000	168,000	294,000	420,000
300 B Saloon	1300	4200	7000	14,000	24,500	35,000

1955

190SL Rds	1600	5050	8400	16,800	29,400	42,000

NOTE: Add 10 percent for removable hardtop.

300SL GW	15,750	50,400	84,000	168,000	294,000	420,000
300SC Cpe	5800	18,600	31,000	62,000	108,500	155,000
300SC Rds	9000	28,800	48,000	96,000	168,000	240,000
300SC Cabr	9000	28,800	48,000	96,000	168,000	240,000
300 Sed	1600	5050	8400	16,800	29,400	42,000
300 Conv Sed	4150	13,200	22,000	44,000	77,000	110,000

1956

180 4d Sed	350	900	1550	3050	5900	8500
180D 4d Sed	350	900	1550	3050	5900	8500
190 4d Sed	450	1100	1700	3650	6650	9500
190SL Rds	1600	5050	8400	16,800	29,400	42,000

NOTE: Add 10 percent for removable hardtop.

219 4d Sed	450	1450	2400	4800	8400	12,000
220S 4d Sed	550	1700	2800	5600	9800	14,000
220S Cpe	850	2750	4600	9200	16,100	23,000
220S Cabr	2050	6600	11,000	22,000	38,500	55,000
300 4d Sed	1250	3950	6600	13,200	23,100	33,000
300S Cpe	4750	15,100	25,200	50,400	88,200	126,000
300S Cabr	6550	21,000	35,000	70,000	122,500	175,000
300S Rds	8250	26,400	44,000	88,000	154,000	220,000
300SL GW Cpe	18,750	60,000	100,000	200,000	350,000	500,000

1957

180 4d Sed	350	900	1550	3050	5900	8500
180D 4d Sed	350	900	1550	3050	5900	8500
190 4d Sed	450	1100	1700	3650	6650	9500
190SL Rds	1600	5050	8400	16,800	29,400	42,000

NOTE: Add 10 percent for removable hardtop.

219 4d Sed	450	1450	2400	4800	8400	12,000
220S 4d Sed	550	1700	2800	5600	9800	14,000
220S Cpe	850	2750	4600	9200	16,100	23,000
220S Cabr	2050	6600	11,000	22,000	38,500	55,000
300 4d Sed	1250	3950	6600	13,200	23,100	33,000

Mercedes-Benz 565

	6	5	4	3	2	1
300S Cpe	4750	15,100	25,200	50,400	88,200	126,000
300S Rds	8250	26,400	44,000	88,000	154,000	220,000
300S Cabr	6550	21,000	35,000	70,000	122,500	175,000
300SL GW Cpe	18,750	60,000	100,000	200,000	350,000	500,000
300SL Rds	8250	26,400	44,000	88,000	154,000	220,000

NOTE: Add 5 percent for removable hardtop.

1958

180a 4d Sed	350	900	1550	3050	5900	8500
180D 4d Sed	350	850	1500	2900	5700	8200
190 4d Sed	450	1100	1700	3650	6650	9500
190SL Rds	1550	4900	8200	16,400	28,700	41,000

NOTE: Add 10 percent for removable hardtop.

219 4d Sed	450	1450	2400	4800	8400	12,000
220S 4d Sed	500	1550	2600	5200	9100	13,000
220S Cpe	950	3000	5000	10,000	17,500	25,000
220S Cabr	2050	6600	11,000	22,000	38,500	55,000
220SE Cpe	1000	3100	5200	10,400	18,200	26,000
220SE Cabr	2250	7200	12,000	24,000	42,000	60,000
300D 4d Sed	1600	5050	8400	16,800	29,400	42,000
300SL Rds	6400	20,400	34,000	68,000	119,000	170,000

NOTE: Add 5 percent for removable hardtop.

1959 Mercedes 300SL Roadster

1959-60

180a 4d Sed	350	900	1550	3050	5900	8500
180D 4d Sed	350	850	1500	2900	5700	8200
190 4d Sed	450	1100	1700	3650	6650	9500
190SL Rds	1550	4900	8200	16,400	28,700	41,000

NOTE: Add 10 percent for removable hardtop.

219 4d Sed	450	1450	2400	4800	8400	12,000
220S 4d Sed	500	1550	2600	5200	9100	13,000
220S Cpe	950	3000	5000	10,000	17,500	25,000
220S Cabr	2050	6600	11,000	22,000	38,500	55,000
220SE Cpe	1000	3100	5200	10,400	18,200	26,000
220SE Cabr	2250	7200	12,000	24,000	42,000	60,000
300 4d HdTp	1650	5300	8800	17,600	30,800	44,000
300SL Rds	6400	20,400	34,000	68,000	119,000	170,000

NOTE: Add 5 percent for removable hardtop.

1960
Fin Body

180 4d Sed	350	850	1500	2900	5700	8200
180D 4d Sed	350	800	1450	2750	5600	8000
190 4d Sed	350	750	1300	2450	5250	7500
190D 4d Sed	350	900	1550	3050	5900	8500
190SL Rds	1500	4800	8000	16,000	28,000	40,000
220 4d Sed	450	1450	2400	4800	8400	12,000
220S 4d Sed	550	1700	2800	5600	9800	14,000
220SE 4d Sed	550	1800	3000	6000	10,500	15,000
220SE Cpe	850	2750	4600	9200	16,100	23,000
220SE Cabr	1550	4900	8200	16,400	28,700	41,000
220SEb Cpe	900	2900	4800	9600	16,800	24,000
220SEb Cabr	1550	4900	8200	16,400	28,700	41,000
300 4d HdTp	1700	5400	9000	18,000	31,500	45,000
300 4d Cabr	4450	14,150	23,600	47,200	82,600	118,000

Mercedes-Benz

	6	5	4	3	2	1
300SL Rds	11,250	36,000	60,000	120,000	210,000	300,000

NOTE: Add 5 percent for removable hardtop.

1961

	6	5	4	3	2	1
180 4d Sed	350	850	1500	2900	5700	8200
180D 4d Sed	350	800	1450	2750	5600	8000
190 4d Sed	350	750	1300	2450	5250	7500
190D 4d Sed	350	900	1550	3050	5900	8500
190SL Rds	1500	4800	8000	16,000	28,000	40,000
220 4d Sed	450	1450	2400	4800	8400	12,000
220S 4d Sed	550	1700	2800	5600	9800	14,000
220SE 4d Sed	550	1800	3000	6000	10,500	15,000
220SE Cpe	850	2750	4600	9200	16,100	23,000
220SE Cabr	1550	4900	8200	16,400	28,700	41,000
220SEb Cpe	900	2900	4800	9600	16,800	24,000
220SEb Cabr	1550	4900	8200	16,400	28,700	41,000
300 4d HdTp	1700	5400	9000	18,000	31,500	45,000
300 4d Cabr	4450	14,150	23,600	47,200	82,600	118,000
300SL Rds	11,250	36,000	60,000	120,000	210,000	300,000

NOTE: Add 5 percent for removable hardtop.

1962

	6	5	4	3	2	1
180c 4d Sed	350	850	1500	2900	5700	8200
180Dc 4d Sed	350	800	1450	2750	5600	8000
190c 4d Sed	350	750	1300	2450	5250	7500
190Dc 4d Sed	350	900	1550	3050	5900	8500
190SL Rds	1500	4800	8000	16,000	28,000	40,000

NOTE: Add 10 percent for removable hardtop.

	6	5	4	3	2	1
220 4d Sed	450	1450	2400	4800	8400	12,000
220S 4d Sed	550	1700	2800	5600	9800	14,000
220SE 4d Sed	550	1800	3000	6000	10,500	15,000
220SEb Cpe	900	2900	4800	9600	16,800	24,000
220SEb Cabr	1550	4900	8200	16,400	28,700	41,000
300 4d HdTp	1700	5400	9000	18,000	31,500	45,000
300 4d Cabr	4450	14,150	23,600	47,200	82,600	118,000
300SL Rds	11,250	36,000	60,000	120,000	210,000	300,000

NOTE: Add 5 percent for removable hardtop.

1963

	6	5	4	3	2	1
180Dc 4d Sed	350	750	1200	2350	4900	7000
190c 4d Sed	350	700	1150	2300	4550	6500
190Dc 4d Sed	350	750	1300	2450	5250	7500
190SL Rds	1350	4300	7200	14,400	25,200	36,000

NOTE: Add 10 percent for removable hardtop.

	6	5	4	3	2	1
220 4d Sed	450	1100	1700	3650	6650	9500
220S 4d Sed	400	1200	2000	3950	7000	10,000
220SE 4d Sed	650	2050	3400	6800	11,900	17,000
220SEb Cpe	75	100	400	750	1350	1900
220SEb Cabr	1300	4200	7000	14,000	24,500	35,000
300SE 4d Sed	800	2500	4200	8400	14,700	21,000
300SE Cpe	1000	3100	5200	10,400	18,200	26,000
300SE Cabr	2850	9100	15,200	30,400	53,200	76,000
300 4d HdTp	1000	3250	5400	10,800	18,900	27,000
300SL Rds	10,150	32,400	54,000	108,000	189,000	270,000

NOTE: Add 5 percent for removable hardtop.

1964

	6	5	4	3	2	1
190c 4d Sed	200	650	1050	2250	4200	6000
190Dc 4d Sed	350	750	1200	2350	4900	7000
220 4d Sed	450	1000	1650	3350	6300	9000
220S 4d Sed	400	1200	2000	3950	7000	10,000
220SE 4d Sed	450	1450	2400	4800	8400	12,000
220SEb Cpe	700	2150	3600	7200	12,600	18,000
220SEb Cabr	1300	4100	6800	13,600	23,800	34,000
230SL Cpe/Rds	800	2500	4200	8400	14,700	21,000
300SE 4d Sed	650	2050	3400	6800	11,900	17,000
300SE 4d Sed (112)	700	2150	3600	7200	12,600	18,000
300SE Cpe	1000	3250	5400	10,800	18,900	27,000
300SE Cabr	2950	9350	15,600	31,200	54,600	78,000

1965

	6	5	4	3	2	1
190c 4d Sed	200	650	1050	2250	4200	6000
190Dc 4d Sed	350	750	1200	2350	4900	7000
220b 4d Sed	450	1000	1650	3350	6300	9000
220Sb 4d Sed	400	1200	2000	3950	7000	10,000
220SEb 4d Sed	450	1450	2400	4800	8400	12,000
220SEb Cpe	550	1800	3000	6000	10,500	15,000
220SEb Cabr	1250	3950	6600	13,200	23,100	33,000
230SL Cpe/Rds	850	2650	4400	8800	15,400	22,000
250SE Cpe	650	2050	3400	6800	11,900	17,000

Mercedes-Benz 567

	6	5	4	3	2	1
250SE Cabr	1300	4100	6800	13,600	23,800	34,000
300SE 4d Sed	550	1700	2800	5600	9800	14,000
300SEL 4d Sed	600	1900	3200	6400	11,200	16,000
300SE Cpe	700	2150	3600	7200	12,600	18,000
300SE Cabr	2950	9350	15,600	31,200	54,600	78,000
600 4d Sed	1150	3600	6000	12,000	21,000	30,000
600 Limo	1500	4800	8000	16,000	28,000	40,000
1966						
200 4d Sed	200	650	1050	2250	4200	6000
200D 4d Sed	350	750	1200	2350	4900	7000
230 4d Sed	350	700	1150	2300	4550	6500
230S 4d Sed	350	725	1150	2300	4700	6700
230SL Cpe/Rds	950	3000	5000	10,000	17,500	25,000
250SE Cpe	650	2050	3400	6800	11,900	17,000
250SE Cabr	1300	4100	6800	13,600	23,800	34,000
250S 4d Sed	450	1000	1650	3350	6300	9000
250SE 4d Sed	450	1100	1700	3650	6650	9500
300SE Cpe	700	2150	3600	7200	12,600	18,000
300SE Cabr	2200	7100	11,800	23,600	41,300	59,000
600 4d Sed	1150	3600	6000	12,000	21,000	30,000
600 Limo	1550	4900	8200	16,400	28,700	41,000

1967 Mercedes-Benz 230SL roadster

1967

200 4d Sed	350	700	1150	2300	4550	6500
200D 4d Sed	350	750	1300	2450	5250	7500
230 4d Sed	350	750	1200	2350	4900	7000
230S 4d Sed	350	750	1250	2400	5050	7200
230SL Cpe/Rds	850	2750	4600	9200	16,100	23,000
250S 4d Sed	450	1000	1650	3350	6300	9000
250SE 4d Sed	450	1100	1700	3650	6650	9500
250SE Cpe	650	2050	3400	6800	11,900	17,000
250SE Cabr	950	3000	5000	10,000	17,500	25,000
250SL Cpe/Rds	900	2900	4800	9600	16,800	24,000
280SE Cpe	700	2150	3600	7200	12,600	18,000
280SE Cabr	1450	4700	7800	15,600	27,300	39,000
300SE Cpe	800	2500	4200	8400	14,700	21,000
300SE Cabr	2200	7100	11,800	23,600	41,300	59,000
300SE 4d Sed	700	2300	3800	7600	13,300	19,000
300SEL 4d Sed	750	2400	4000	8000	14,000	20,000
600 4d Sed	1100	3500	5800	11,600	20,300	29,000
600 Limo	1600	5050	8400	16,800	29,400	42,000
1968						
220 4d Sed	350	700	1150	2300	4550	6500
220D 4d Sed	350	750	1300	2450	5250	7500
230 4d Sed	350	750	1200	2350	4900	7000
250 4d Sed	350	750	1300	2500	5300	7600
250 Sed	350	750	1300	2450	5250	7500
280SE 4d Sed	450	1000	1650	3350	6300	9000
280SEL 4d Sed	400	1200	2000	3950	7000	10,000

Mercedes-Benz

	6	5	4	3	2	1
280SE Cpe	700	2150	3600	7200	12,600	18,000
280SE Cabr	1550	4900	8200	16,400	28,700	41,000
280SL Cpe/Rds	1100	3500	5800	11,600	20,300	29,000
300SEL 4d Sed	750	2400	4000	8000	14,000	20,000
600 4d Sed	1200	3850	6400	12,800	22,400	32,000
600 Limo	1600	5150	8600	17,200	30,100	43,000
1969						
220 4d Sed	450	1100	1700	3650	6650	9500
220D 4d Sed	400	1200	2000	3950	7000	10,000
230 4d Sed	450	1150	1900	3850	6850	9800
250 4d Sed	400	1200	2050	4100	7100	10,200
280S 4d Sed	400	1250	2100	4200	7400	10,500
280SE 4d Sed	400	1200	2000	3950	7000	10,000
280SEL 4d Sed	400	1250	2100	4200	7400	10,500
280SE Cpe	700	2150	3600	7200	12,600	18,000
280SE Cabr	1600	5150	8600	17,200	30,100	43,000
280SL Cpe/Rds	1150	3700	6200	12,400	21,700	31,000
300SEL 4d Sed	700	2300	3800	7600	13,300	19,000
600 4d Sed	1150	3700	6200	12,400	21,700	31,000
600 Limo	1600	5150	8600	17,200	30,100	43,000
1970						
220 4d Sed	450	1000	1650	3350	6300	9000
220D 4d Sed	450	1100	1700	3650	6650	9500
250 4d Sed	450	1050	1650	3500	6400	9200
250C Cpe	450	1450	2400	4800	8400	12,000
280S 4d Sed	400	1250	2100	4200	7400	10,500
280SE 4d Sed	400	1300	2200	4400	7700	11,000
280SEL 4d Sed	450	1400	2300	4600	8100	11,500
280SE Cpe	850	2650	4400	8800	15,400	22,000
280SE Cabr	2050	6500	10,800	21,600	37,800	54,000
280SL Cpe/Rds	1200	3850	6400	12,800	22,400	32,000
300SEL 4d Sed	700	2150	3600	7200	12,600	18,000
600 4d Sed	1200	3850	6400	12,800	22,400	32,000
600 Limo	1550	4900	8200	16,400	28,700	41,000
1971						
220 4d Sed	450	1000	1650	3350	6300	9000
220D 4d Sed	450	1100	1700	3650	6650	9500
250 4d Sed	450	1000	1650	3350	6300	9000
250C Cpe	400	1300	2200	4400	7700	11,000
280S 4d Sed	400	1250	2100	4200	7400	10,500
280SE 4d Sed	400	1300	2200	4400	7700	11,000
280SEL 4d Sed	550	1800	3000	6000	10,500	15,000
280SE 3.5 Cpe	900	2900	4800	9600	16,800	24,000
280SE 3.5 Cabr	2850	9100	15,200	30,400	53,200	76,000
280SL Cpe/Rds	1250	3950	6600	13,200	23,100	33,000
300SEL 4d Sed	700	2300	3800	7600	13,300	19,000
600 4d Sed	1200	3850	6400	12,800	22,400	32,000
600 4d Limo	1750	5650	9400	18,800	32,900	47,000
1972						
220 4d Sed	450	1000	1650	3350	6300	9000
220D 4d Sed	450	1100	1700	3650	6650	9500
250 4d Sed	400	1200	2000	3950	7000	10,000
250C Cpe	450	1450	2400	4800	8400	12,000
280SE 4d Sed	400	1300	2200	4400	7700	11,000
280SE 3.5 Cpe	650	2050	3400	6800	11,900	17,000
280SE 3.5 Cabr	1300	4100	6800	13,600	23,800	34,000
280SEL 4d Sed	450	1450	2400	4800	8400	12,000
300SEL 4d Sed	700	2150	3600	7200	12,600	18,000
350SL Cpe/Rds	1150	3700	6200	12,400	21,700	31,000
600 4d Sed	1200	3850	6400	12,800	22,400	32,000
600 Limo	1750	5500	9200	18,400	32,200	46,000
1973						
220 4d Sed	450	1000	1650	3350	6300	9000
220D 4d Sed	400	1200	2000	3950	7000	10,000
280 4d Sed	400	1250	2100	4200	7400	10,500
280C Cpe	500	1550	2600	5200	9100	13,000
280SE 4d Sed	450	1450	2400	4800	8400	12,000
280SEL 4d Sed	450	1500	2500	5000	8800	12,500
280SE 4.5 4d Sed	600	1900	3200	6400	11,200	16,000
300SEL 4d Sed	700	2150	3600	7200	12,600	18,000
450SE 4d Sed	450	1500	2500	5000	8800	12,500
450SEL 4d Sed	500	1600	2700	5400	9500	13,500
450SL Cpe/Rds	1100	3500	5800	11,600	20,300	29,000
450SLC Cpe	850	2750	4600	9200	16,100	23,000

Mercedes-Benz

1974

	6	5	4	3	2	1
230 4d Sed	450	1100	1700	3650	6650	9500
240D 4d Sed	400	1200	2000	3950	7000	10,000
280 4d Sed	400	1300	2200	4400	7700	11,000
280C Cpe	500	1550	2600	5200	9100	13,000
450SE 4d Sed	550	1700	2800	5600	9800	14,000
450SEL 4d Sed	600	1900	3200	6400	11,200	16,000
450SL Cpe/Rds	1050	3350	5600	11,200	19,600	28,000
450SLC Cpe	850	2750	4600	9200	16,100	23,000

1975

	6	5	4	3	2	1
230 4d Sed	400	1200	2000	3950	7000	10,000
240D 4d Sed	400	1300	2200	4400	7700	11,000
300D 4d Sed	450	1450	2400	4800	8400	12,000
280 4d Sed	500	1550	2600	5200	9100	13,000
280C Cpe	550	1700	2800	5600	9800	14,000
280S 4d Sed	500	1550	2600	5200	9100	13,000
450SE 4d Sed	550	1800	3000	6000	10,500	15,000
450SEL 4d Sed	600	1900	3200	6400	11,200	16,000
450SL Cpe/Rds	1150	3600	6000	12,000	21,000	30,000
450SLC Cpe	850	2750	4600	9200	16,100	23,000

1976

	6	5	4	3	2	1
230 4d Sed	450	1450	2400	4800	8400	12,000
240D 4d Sed	450	1450	2400	4800	8400	12,000
300D 4d Sed	450	1500	2500	5000	8800	12,500
280 4d Sed	500	1550	2600	5200	9100	13,000
280C Cpe	600	1900	3200	6400	11,200	16,000
280S 4d Sed	500	1600	2700	5400	9500	13,500
450SE 4d Sed	650	2050	3400	6800	11,900	17,000
450SEL 4d Sed	700	2150	3600	7200	12,600	18,000
450SL Cpe/Rds	1150	3600	6000	12,000	21,000	30,000
450SLC Cpe	850	2650	4400	8800	15,400	22,000

1977

	6	5	4	3	2	1
230 4d Sed	400	1300	2200	4400	7700	11,000
240D 4d Sed	450	1500	2500	5000	8800	12,500
300D 4d Sed	500	1550	2600	5200	9100	13,000
280E 4d Sed	500	1600	2700	5400	9500	13,500
280SE 4d Sed	550	1700	2800	5600	9800	14,000
450SEL 4d Sed	700	2150	3600	7200	12,600	18,000
450SL Cpe/Rds	1150	3600	6000	12,000	21,000	30,000
450SLC Cpe	850	2650	4400	8800	15,400	22,000

1978

	6	5	4	3	2	1
230 4d Sed	400	1300	2200	4400	7700	11,000
240D 4d Sed	450	1400	2300	4600	8100	11,500
300D 4d Sed	450	1450	2400	4800	8400	12,000
300CD Cpe	500	1550	2600	5200	9100	13,000
300SD 4d Sed	550	1750	2900	5800	10,200	14,500
280E 4d Sed	450	1500	2500	5000	8800	12,500
280CE Cpe	550	1750	2900	5800	10,200	14,500
280SE 4d Sed	550	1800	3000	6000	10,500	15,000
450SEL 4d Sed	700	2300	3800	7600	13,300	19,000
450SL Cpe/Rds	1100	3500	5800	11,600	20,300	29,000
450SLC Cpe	900	2900	4800	9600	16,800	24,000
6.9L 4d Sed	850	2750	4600	9200	16,100	23,000

1979

	6	5	4	3	2	1
240D 4d Sed	450	1000	1650	3350	6300	9000
300D 4d Sed	400	1200	2000	3950	7000	10,000
300CD Cpe	450	1450	2400	4800	8400	12,000
300TD SW	500	1550	2600	5200	9100	13,000
300SD 4d Sed	550	1700	2800	5600	9800	14,000
280E 4d Sed	400	1300	2200	4400	7700	11,000
280CE Cpe	500	1550	2600	5200	9100	13,000
280SE 4d Sed	550	1700	2800	5600	9800	14,000
450SEL 4d Sed	650	2050	3400	6800	11,900	17,000
450SL Cpe/Rds	1000	3250	5400	10,800	18,900	27,000
450SLC Cpe	850	2750	4600	9200	16,100	23,000
6.9L 4d Sed	800	2500	4200	8400	14,700	21,000

1980

	6	5	4	3	2	1
240D 4d Sed	400	1200	2000	3950	7000	10,000
300D 4d Sed	400	1300	2200	4400	7700	11,000
300CD 2d Cpe	500	1550	2600	5200	9100	13,000
300TD 4d Sta Wag	450	1450	2400	4800	8400	12,000
300SD 4d Sed	550	1800	3000	6000	10,500	15,000
280E 4d Sed	550	1700	2800	5600	9800	14,000
280CE 2d Cpe	550	1800	3000	6000	10,500	15,000
280SE 4d Sed	550	1700	2800	5600	9800	14,000

Mercedes-Benz

	6	5	4	3	2	1
450SEL 4d Sed	550	1800	3000	6000	10,500	15,000
450SL 2d Conv	1100	3500	5800	11,600	20,300	29,000
450SLC 2d Cpe	800	2500	4200	8400	14,700	21,000
1981						
240D 4d Sed	450	1000	1650	3350	6300	9000
300D 4d Sed	400	1200	2000	3950	7000	10,000
300CD 2d Cpe	450	1450	2400	4800	8400	12,000
300 TD-T 4d Sta Wag	500	1550	2600	5200	9100	13,000
300SD 4d Sed	550	1700	2800	5600	9800	14,000
280E 4d Sed	500	1550	2600	5200	9100	13,000
280CE 2d Cpe	550	1700	2800	5600	9800	14,000
280SEL 4d Sed	700	2300	3800	7600	13,300	19,000
380SL 2d Conv	1150	3700	6200	12,400	21,700	31,000
380SLC 2d Cpe	850	2650	4400	8800	15,400	22,000
1982						
240D 4d Sed	400	1300	2200	4400	7700	11,000
300D-T 4d Sed	450	1450	2400	4800	8400	12,000
300CD-T 2d Cpe	550	1700	2800	5600	9800	14,000
300TD-T 4d Sta Wag	450	1450	2400	4800	8400	12,000
300SD 4d Sed	550	1800	3000	6000	10,500	15,000
280SEL 4d Sed	700	2300	3800	7600	13,300	19,000
380SL 2d Conv	1200	3850	6400	12,800	22,400	32,000
380SEC 2d Cpe	900	2900	4800	9600	16,800	24,000
1983						
240D 4d Sed	450	1000	1650	3350	6300	9000
300D-T 4d Sed	400	1200	2000	3950	7000	10,000
300CD-T 2d Cpe	400	1300	2200	4400	7700	11,000
300TD-T 4d Sta Wag	400	1200	2000	3950	7000	10,000
300SD 4d Sed	500	1550	2600	5200	9100	13,000
300SEL 4d Sed	750	2400	4000	8000	14,000	20,000
380SL 2d Conv	1300	4200	7000	14,000	24,500	35,000
380SEC 2d Cpe	950	3000	5000	10,000	17,500	25,000
1984						
190E 4d Sed	400	1200	2000	3950	7000	10,000
190D 4d Sed	450	1100	1700	3650	6650	9500
300D-T 4d Sed	450	1400	2300	4600	8100	11,500
300CD-T 2d Cpe	450	1450	2400	4800	8400	12,000
300TD-T 4d Sta Wag	550	1700	2800	5600	9800	14,000
300SD 4d Sed	700	2150	3600	7200	12,600	18,000
500SEL 4d Sed	1000	3250	5400	10,800	18,900	27,000
500SEC 2d Cpe	950	3000	5000	10,000	17,500	25,000
380SE 4d Sed	700	2150	3600	7200	12,600	18,000
380SL 2d Conv	950	3000	5000	10,000	17,500	25,000
1985						
190E 4d Sed	400	1300	2200	4400	7700	11,000
190D 4d Sed	400	1200	2000	3950	7000	10,000
300D-T 4d Sed	550	1750	2900	5800	10,200	14,500
300 2d Cpe	600	1900	3200	6400	11,200	16,000
300TD-T 4d Sta Wag	600	1900	3200	6400	11,200	16,000
300SD 4d Sed	850	2650	4400	8800	15,400	22,000
380SE 4d Sed	850	2750	4600	9200	16,100	23,000
380SL 2d Conv	1250	3950	6600	13,200	23,100	33,000
500SEL 4d Sed	750	2400	4000	8000	14,000	20,000
500SEC 2d Cpe	1150	3700	6200	12,400	21,700	31,000
1986						
190E 4d Sed	450	1450	2400	4800	8400	12,000
190D 4d Sed	400	1300	2200	4400	7700	11,000
190E 4d Sed (16V)	750	2400	4000	8000	14,000	20,000
300E 4d Sed	800	2500	4200	8400	14,700	21,000
300SDL 4d Sed	850	2650	4400	8800	15,400	22,000
420SEL 4d Sed	850	2650	4400	8800	15,400	22,000
560SEL 4d Sed	950	3000	5000	10,000	17,500	25,000
560SEC 2d Cpe	1150	3600	6000	12,000	21,000	30,000
560SL 2d Conv	1200	3850	6400	12,800	22,400	32,000

MERKUR

	6	5	4	3	2	1
1985						
HBk XR4Ti	200	500	850	1900	3500	5000
1986						
HBk XR4Ti	200	650	1050	2250	4200	6000

MITSUBISHI

1982-83
Cordia - (4-cyl) - (96.3" wb) - (1795cc) - (FWD)
2d HBk	125	200	600	1100	2300	3300
L 2d HBk	125	250	700	1150	2400	3400
LS 2d HBk	150	350	750	1350	2800	4000

Tredia - (4-cyl) - (96.3" wb) - (1795cc) - (FWD)
4d Sed	100	175	525	1050	2100	3000
L 4d Sed	125	200	600	1100	2300	3300
LS 4d Sed	125	250	700	1150	2450	3500

Starion - (4-cyl) - (95.9" wb) - (2555cc)
2d Cpe 2 plus 2	150	350	750	1450	3000	4200
LS 2d Cpe 2 plus 2	200	500	850	1900	3500	5000

1984
Cordia - (4-cyl) - (96.3" wb) - (1997cc) - (FWD)
2d HBk	150	350	750	1450	3000	4200
L 2d HBk	150	450	750	1700	3200	4600
LS 2d HBk	150	450	800	1750	3250	4700

Cordia - (4-cyl) - (96.3" wb) - (1795cc) - (FWD)
2d HBk Turbo	200	500	850	1900	3500	5000

Tredia - (4-cyl) - (96.3" wb) - (1997cc) - (FWD)
4d Sed	150	300	700	1250	2600	3700
L 4d Sed	150	300	700	1250	2650	3800
LS 4d Sed	150	350	750	1350	2800	4000

Tredia - (4-cyl) - (96.3" wb) - (1795cc) - (FWD)
4d Sed Turbo	150	350	750	1450	3000	4200

Starion - (4-cyl) - (95.9" wb) - (2555cc)
LS Cpe 2 plus 2	200	650	1050	2250	4200	6000
LE Cpe 2 plus 2	350	700	1150	2300	4550	6500
ES Cpe 2 plus 2	350	725	1150	2300	4700	6700

1985-86
Mirage - (4-cyl) - (93.7" wb) - (1468cc) - (FWD)
2d HBk	150	350	750	1350	2800	4000
L 2d HBk	150	350	750	1450	3000	4200
LS 2d HBk	150	400	750	1650	3150	4500

Mirage - (4-cyl) - (93.7" wb) - (1597cc) - (FWD)
2d HBk Turbo	200	500	850	1900	3500	5000

Cordia - (4-cyl) - (96.3" wb) - (1997cc) - (FWD)
L 2d HBk	200	600	950	2150	3850	5500

Cordia - (4-cyl) - (96.3" wb) - (1795cc) - (FWD)
2d HBk Turbo	200	600	1000	2200	4000	5700

Tredia - (4-cyl) - (96.3" wb) - (1997cc) - (FWD)
4d Sed	150	350	750	1350	2800	4000
L 4d Sed	150	400	750	1650	3150	4500

Tredia - (4-cyl) - (96.3" wb) - (1795cc) - (FWD)
4d Sed Turbo	150	400	750	1650	3150	4500

Galant - (4-cyl) - (102.4" wb) - (2350cc) - (FWD)
4d Sed	200	500	850	1900	3500	5000

Starion 2 plus 2 - (4-cyl) - (95.9" wb) - (2555cc)
LS 2d Cpe	200	500	850	1900	3500	5000
LE 2d Cpe	200	500	850	1900	3500	5000
ES 2d Cpe	200	550	900	2100	3700	5300
ESI 2d Cpe	200	550	900	2150	3800	5400
ESI-R 2d Cpe	200	600	950	2150	3850	5500

MORGAN

1945-50
4/4, Series I - (4-cyl) - (92" wb) - (1267cc)
2d Rds	600	1900	3200	6400	11,200	16,000
2d Rds 2 plus 2	550	1800	3000	6000	10,500	15,000
2d DHC	700	2150	3600	7200	12,600	18,000

1951-54
Plus Four I - (4-cyl) - (96" wb) - (2088cc)
2d Rds	550	1700	2800	5600	9800	14,000
2d Rds 2 plus 2	500	1600	2700	5400	9500	13,500
2d DHC	600	1900	3200	6400	11,200	16,000
2d DHC 2 plus 2	600	2000	3300	6600	11,600	16,500

1955-62
Plus Four I (1954-1962)
(4-cyl) - (96" wb) - (1991cc)

	6	5	4	3	2	1
2d Rds	500	1550	2600	5200	9100	13,000
2d Rds 2 plus 2	450	1500	2500	5000	8800	12,500
2d DHC	600	1900	3200	6400	11,200	16,000

Plus Four Super Sports
(4-cyl) - (96" wb) - (2138cc)

2d Rds	600	1900	3200	6400	11,200	16,000

4/4 II (1955-59)
(L-head) - (4-cyl) - (96" wb) - (1172cc)

2d Rds	500	1600	2700	5400	9500	13,500

4/4 III (1960-61)
(4-cyl) - (96" wb) - (997cc)

2d Rds	450	1500	2500	5000	8800	12,500

4/4 IV (1961-63)
(4-cyl) - (96" wb) - (1340cc)

2d Rds	500	1600	2700	5400	9500	13,500

1963-67
Plus Four (1962-68)
(4-cyl) - (96" wb) - (2138cc)

2d Rds	550	1700	2800	5600	9800	14,000
2d Rds 2 plus 2	550	1750	2900	5800	10,200	14,500
2d DHC	650	2050	3400	6800	11,900	17,000
2d Sup Spt Rds	600	1850	3100	6200	10,900	15,500

Plus Four Plus (1963-66)
(4-cyl) - (96" wb) - (2138cc)

2d Cpe — value not estimable

4/4 Series IV (1962-63)
(4-cyl) - (96" wb) - (1340cc)

2d Rds	550	1700	2800	5600	9800	14,000

4/4 Series V (1963-68)
(4-cyl) - (96" wb) - (1498cc)

2d Rds	550	1750	2900	5800	10,200	14,500

1968-69
Plus Four (1962-68)
(4-cyl) - (96" wb) - (2138cc)

2d Rds	550	1800	3000	6000	10,500	15,000
2d Rds 2 plus 2	550	1750	2900	5800	10,200	14,500
2d DHC	650	2050	3400	6800	11,900	17,000
2d Sup Spt Rds	600	1850	3100	6200	10,900	15,500

Plus 8 - (V-8) - (98" wb) - (3528cc)

2d Rds	600	1900	3200	6400	11,200	16,000

4/4 Series V (1963-68)
(4-cyl) - (96" wb) - (1498cc)

2d Rds	550	1800	3000	6000	10,500	15,000

4/4 1600 - (4-cyl) - (96" wb) - (1599cc)

2d Rds	600	1850	3100	6200	10,900	15,500
2d Rds 2 plus 2	550	1800	3000	6000	10,500	15,000

1970-90
Plus 8 (1972-90)
(V-8) - (98" wb) - (3528cc)

2d Rds	600	1900	3200	6400	11,200	16,000

4/4 1600 (1970-81)
(4-cyl) - (96" wb) - (1599cc)

2d Rds	600	1850	3100	6200	10,900	15,500
2d Rds 2 plus 2	550	1800	3000	6000	10,500	15,000

4/4 1600 (1982-87)
(4-cyl) - (96" wb) - (1596cc)

2d Rds	750	2400	4000	8000	14,000	20,000
2d Rds 2 plus 2	750	2350	3900	7800	13,700	19,500

MORRIS

1946-48
Eight Series - (4-cyl) - (89" wb) - (918cc)

2d Sed	350	800	1450	2750	5600	8000
4d Sed	350	750	1200	2350	4900	7000
2d Rds	400	1200	2000	3950	7000	10,000

Ten Series - (4-cyl) - (1140cc)

4d Sed	350	750	1200	2350	4900	7000

1949
Minor MM - (4-cyl) - (86" wb) - (918.6cc)

	6	5	4	3	2	1
2d Sed	350	750	1200	2350	4900	7000
2d Conv	400	1200	2000	3950	7000	10,000

Oxford MO - (4-cyl) - (97" wb) - (1476cc)

| 4d Sed | 350 | 750 | 1200 | 2350 | 4900 | 7000 |

1950
Minor MM - (4-cyl) - (86" wb) - (918.6cc)

| 2d Sed | 350 | 750 | 1200 | 2350 | 4900 | 7000 |
| 2d Conv | 400 | 1200 | 2000 | 3950 | 7000 | 10,000 |

Oxford MO - (4-cyl) - (97" wb) - (1476cc)

| 4d Sed | 350 | 750 | 1200 | 2350 | 4900 | 7000 |

1951
Minor MM - (4-cyl) - (86" wb) - (918.6cc)

2d Sed	350	750	1200	2350	4900	7000
2d Conv	400	1200	2000	3950	7000	10,000
4d Sed	350	750	1200	2350	4900	7000

Oxford MO - (4-cyl) - (97" wb) - (1476cc)

| 4d Sed | 350 | 750 | 1200 | 2350 | 4900 | 7000 |

1952
Minor MM - (4-cyl) - (86" wb) - (918.6cc)

2d Sed	350	750	1200	2350	4900	7000
2d Conv	400	1200	2000	3950	7000	10,000
4d Sed	350	750	1200	2350	4900	7000

Oxford MO - (4-cyl) - (97" wb) - (1476cc)

| 4d Sed | 350 | 750 | 1200 | 2350 | 4900 | 7000 |

1953
Minor II - (4-cyl) - (86" wb) - (803cc)

2d Sed	350	750	1200	2350	4900	7000
4d Sed	350	750	1200	2350	4900	7000
2d Conv	400	1200	2000	3950	7000	10,000

Oxford MO - (4-cyl) - (97" wb) - (1476cc)

| 4d Sed | 350 | 750 | 1200 | 2350 | 4900 | 7000 |
| 4d Sta Wag | 450 | 1450 | 2400 | 4800 | 8400 | 12,000 |

1954
Minor II - (4-cyl) - (86" wb) - (803cc)

2d Sed	350	750	1200	2350	4900	7000
4d Sed	350	750	1200	2350	4900	7000
2d Tr Conv	400	1200	2000	3950	7000	10,000
2d Sta Wag	450	1450	2400	4800	8400	12,000

Oxford MO - (4-cyl) - (97" wb) - (1476cc)

| 4d Sed | 350 | 750 | 1200 | 2350 | 4900 | 7000 |
| 4d Sta Wag | 400 | 1200 | 2000 | 3950 | 7000 | 10,000 |

1955-56
Minor II - (4-cyl) - (86" wb) - (803cc)

2d Sed	350	750	1200	2350	4900	7000
4d Sed	350	750	1200	2350	4900	7000
2d Conv	400	1200	2000	3950	7000	10,000
2d Sta Wag	450	1450	2400	4800	8400	12,000

1957-59
Minor 1000 - (4-cyl) - (86" wb) - (948cc)

2d Sed	350	750	1200	2350	4900	7000
4d Sed	350	750	1200	2350	4900	7000
2d Conv	400	1200	2000	3950	7000	10,000
2d Sta Wag	450	1450	2400	4800	8400	12,000

1960-62
Minor 1000 - (4-cyl) - (86" wb) - (997cc)

2d Sed	350	750	1200	2350	4900	7000
2d DeL Sed	350	750	1300	2450	5250	7500
4d Sed	350	750	1200	2350	4900	7000
4d DeL Sed	350	750	1300	2450	5250	7500
2d Conv	400	1200	2000	3950	7000	10,000
2d DeL Conv	400	1250	2100	4200	7400	10,500
2d Sta Wag	450	1450	2400	4800	8400	12,000
2d DeL Sta Wag	450	1500	2500	5000	8800	12,500

Mini-Minor - (4-cyl) - (80" wb) - (997cc) - (FWD)

| 850 2d Sed | 350 | 750 | 1200 | 2350 | 4900 | 7000 |
| 850 2d Sta Wag | 450 | 1000 | 1650 | 3350 | 6300 | 9000 |

Oxford V - (4-cyl) - (99.2" wb) - (1489cc)

| 4d Sed | 350 | 750 | 1200 | 2350 | 4900 | 7000 |

1963-71
Minor 1000 - (4-cyl) - (86" wb) - (1098cc)

| 2d Sed | 350 | 750 | 1200 | 2350 | 4900 | 7000 |
| 2d Conv | 400 | 1200 | 2000 | 3950 | 7000 | 10,000 |

574 Morris

	6	5	4	3	2	1
2d Sta Wag	450	1450	2400	4800	8400	12,000
2d DeL Wag	450	1500	2500	5000	8800	12,500

Mini-Minor 850 Cooper
(4-cyl) - (80" wb) - (848cc) - (FWD)

	6	5	4	3	2	1
2d Sed	350	800	1450	2750	5600	8000
2d Sta Wag	450	1000	1650	3350	6300	9000

NOTE: The Mini-Minor Mark II 1000 (1967-69) contained a 998cc engine. The Mini-Minor Cooper a 997cc until 1964; 998cc thru 1964-65. The 1071 "S" a 1071cc; the 970 "S" a 970cc; the 1275 "S" a 1275cc. Add 50 percent for Mini-Minor Coopers.

MG

1947-48
MG-TC - (4-cyl) - (94" wb)
Rds   750   2400   4000   8000   14,000   20,000

1949
MG-TC (4-cyl) - (94" wb)
Rds   750   2400   4000   8000   14,000   20,000

1950
MG-TD - (4-cyl) - (94" wb) - (54.4 hp)
Rds   650   2050   3400   6800   11,900   17,000

1951
MG-TD - (4-cyl) - (94" wb) - (54.4 hp)
Rds   650   2050   3400   6800   11,900   17,000
Mark II - (4-cyl) - (94" wb) - (54.4 hp)
Rds   700   2300   3800   7600   13,300   19,000

1952 MG Roadster

1952
MG-TD - (4-cyl) - (94" wb) - (54.4 hp)
Rds   650   2050   3400   6800   11,900   17,000
Mark II - (4-cyl) - (94" wb) - (62 hp)
Rds   700   2300   3800   7600   13,300   19,000

1953
MG-TD - (4-cyl) - (94" wb) - (54.4 hp)
Rds   700   2150   3600   7200   12,600   18,000
MG-TDC - (4-cyl) - (94" wb) - (62 hp)
Rds   700   2300   3800   7600   13,300   19,000

1954
MG-TF - (4-cyl) - (94" wb) - (57 hp)
Rds   650   2050   3400   6800   11,900   17,000

1955
MG-TF - (4-cyl) - (94" wb) - (68 hp)
Rds   650   2050   3400   6800   11,900   17,000

MG 575

1956
MG-"A" - (4-cyl) - (94" wb) - (68 hp)

	6	5	4	3	2	1
1500 Rds	550	1700	2800	5600	9800	14,000

1957
MG-"A" - (4-cyl) - (94" wb) - (68 hp)

| 1500 Rds | 550 | 1700 | 2800 | 5600 | 9800 | 14,000 |

1958
MG-"A" - (4-cyl) - (94" wb) - (72 hp)

| 1500 Cpe | 550 | 1800 | 3000 | 6000 | 10,500 | 15,000 |
| 1500 Rds | 600 | 1900 | 3200 | 6400 | 11,200 | 16,000 |

1959-60
MG-"A" - (4-cyl) - (94" wb) - (72 hp)

| 1600 Rds | 600 | 1900 | 3200 | 6400 | 11,200 | 16,000 |
| 1600 Cpe | 550 | 1800 | 3000 | 6000 | 10,500 | 15,000 |

MG-"A", Twin-Cam - (4-cyl) - (94" wb) - (107 hp)

| Rds | 850 | 2650 | 4400 | 8800 | 15,400 | 22,000 |
| Cpe | 700 | 2300 | 3800 | 7600 | 13,300 | 19,000 |

1961
MG-"A" - (4-cyl) - (94" wb) - (79 hp)

1600 Rds	500	1550	2600	5200	9100	13,000
1600 Cpe	450	1450	2400	4800	8400	12,000
1600 Mk II Rds	550	1800	3000	6000	10,500	15,000
1600 Mk II Cpe	550	1700	2800	5600	9800	14,000

1962
MG-Midget - (4-cyl) - (80" wb) - (50 hp)

| Rds | 350 | 750 | 1200 | 2350 | 4900 | 7000 |

MG-"A" - (4-cyl) - (94" wb) - (90 hp)

| 1600 Mk II Rds | 550 | 1800 | 3000 | 6000 | 10,500 | 15,000 |
| 1600 Mk II Cpe | 500 | 1550 | 2600 | 5200 | 9100 | 13,000 |

NOTE: Add 40 percent for 1600 Mark II Deluxe.

1963
MG-Midget - (4-cyl) - (80" wb) - (56 hp)

| Rds | 350 | 900 | 1550 | 3050 | 5900 | 8500 |

MG-B - (4-cyl) - (91" wb) - (95 hp)

| Rds | 400 | 1200 | 2000 | 3950 | 7000 | 10,000 |

1964
MG-Midget - (4-cyl) - (80" wb) - (56 hp)

| Rds | 350 | 900 | 1550 | 3050 | 5900 | 8500 |

MG-B - (4-cyl) - (91" wb) - (95 hp)

| Rds | 400 | 1250 | 2100 | 4200 | 7400 | 10,500 |

1965
MG-Midget Mark II - (4-cyl) - (80" wb) - (59 hp)

| Rds | 350 | 900 | 1550 | 3050 | 5900 | 8500 |

MG-B - (4-cyl) - (91" wb) - (95 hp)

| Rds | 400 | 1250 | 2100 | 4200 | 7400 | 10,500 |

1966
MG-Midget Mark III - (4-cyl) - (80" wb) - (59 hp)

| Rds | 350 | 900 | 1550 | 3050 | 5900 | 8500 |

MG-B - (4-cyl) - (91" wb) - (95 hp)

| Rds | 450 | 1100 | 1700 | 3650 | 6650 | 9500 |

1100 Sport - (4-cyl) - (93.5" wb) - (58 hp)

| 2d Sed | 200 | 650 | 1050 | 2250 | 4200 | 6000 |
| 4d Sed | 200 | 675 | 1050 | 2250 | 4350 | 6200 |

1967
MG Midget Mark III - (4-cyl) - (80" wb) - (59 hp)

| Rds | 350 | 900 | 1550 | 3050 | 5900 | 8500 |

MGB - (4-cyl) - (91" wb) - (98 hp)

| Rds | 450 | 1100 | 1700 | 3650 | 6650 | 9500 |
| GT Cpe | 450 | 1100 | 1800 | 3700 | 6700 | 9600 |

1100 Sport - (4-cyl) - (93.5" wb) - (58 hp)

| 2d Sed | 200 | 650 | 1050 | 2250 | 4200 | 6000 |
| 4d Sed | 200 | 675 | 1050 | 2250 | 4350 | 6200 |

1968
MG Midget - (4-cyl) - (80" wb) - (65 hp)

| Rds | 450 | 1100 | 1700 | 3650 | 6650 | 9500 |

MGB - (4-cyl) - (91" wb) - (98 hp)

| Conv | 450 | 1100 | 1800 | 3700 | 6700 | 9600 |
| Cpe GT | 450 | 1100 | 1700 | 3650 | 6650 | 9500 |

1969
MG Midget Mark III - (4-cyl) - (80" wb) - (65 hp)

| Rds | 450 | 1100 | 1700 | 3650 | 6650 | 9500 |

MGB/GT, Mark II - (4-cyl) - (91" wb) - (98 hp)

| Cpe | 450 | 1050 | 1650 | 3500 | 6400 | 9200 |

576 MG

	6	5	4	3	2	1
Rds 'B'	450	1050	1700	3550	6500	9300
MG-C - (6-cyl) - (91" wb) - (145 hp)						
Rds	400	1200	2000	3950	7000	10,000
Cpe GT	450	1000	1650	3350	6300	9000

1970
MG Midget - (4-cyl) - (80" wb) - (65 hp)

Rds	350	900	1550	3050	5900	8500
MGB-MGB/GT - (4-cyl) - (91" wb) - (78.5 hp)						
Rds	450	1000	1650	3400	6350	9100
Cpe GT	450	1000	1650	3350	6300	9000

NOTE: Add 10 percent for wire wheels.
Add 5 percent for overdrive.

1971
MG Midget - (4-cyl) - (80" wb) - (65 hp)

Rds	450	1100	1700	3650	6650	9500
MGB-MBG/GT - (4-cyl) - (91" wb) - (78.5 hp)						
Rds	450	1100	1700	3650	6650	9500
Cpe GT	450	1000	1650	3350	6300	9000

NOTE: Add 10 percent for wire wheels.
Add 5 percent for overdrive.

1972
MG Midget - (4-cyl) - (80" wb) - (54.5 hp)

Conv	350	900	1550	3050	5900	8500
MGB-MGB/GT - (4-cyl) - (91" wb) - (78.5 hp)						
Conv	450	1100	1700	3650	6650	9500
Cpe GT	450	1000	1650	3350	6300	9000

NOTE: Add 10 percent for wire wheels.
Add 5 percent for overdrive.

1973
MG Midget - (4-cyl) - (80" wb) - (54.5 hp)

Conv	350	900	1550	3050	5900	8500
MGB-MGB/GT - (4-cyl) - (91" wb) - (78.5 hp)						
Conv	450	1050	1650	3500	6400	9200
Cpe GT	450	1000	1650	3350	6300	9000

NOTE: Add 10 percent for wire wheels.
Add 5 percent for overdrive.

1974
MG Midget - (4-cyl) - (80" wb) - (54.5 hp)

Conv	350	900	1550	3100	6000	8600
MG-B - (4-cyl) - (91" wb) - (78.5 hp)						
Conv	450	1050	1700	3550	6500	9300
Cpe GT	450	1000	1650	3350	6300	9000
Interim MG-B - (4-cyl) - (91.125" wb) - (62.9 hp)						
Conv	350	900	1550	3050	5900	8500
Cpe GT	350	850	1500	2800	5650	8100

NOTE: Add 10 percent for wire wheels.
Add 5 percent for overdrive.

1975
MG Midget - (4-cyl) - (80" wb) - (50 hp)

Conv	350	800	1450	2750	5600	8000
MGB - (4-cyl) - (91.125" wb) - (62.9 hp)						
Conv	350	900	1550	3050	5900	8500

NOTE: Add 10 percent for wire wheels.
Add 5 percent for overdrive.

1976
MG Midget - (4-cyl) - (80" wb) - (50 hp)

Conv	350	800	1450	2750	5600	8000
MGB - (4-cyl) - (91.13" wb) - (62.5 hp)						
Conv	350	900	1550	3050	5900	8500

NOTE: Add 10 percent for wire wheels.
Add 5 percent for overdrive.

1977
MG Midget - (4-cyl) - (80" wb) - (50 hp)

Conv	350	800	1450	2750	5600	8000
MGB - (4-cyl) - (91.13" wb) - (62.5 hp)						
Conv	350	900	1550	3050	5900	8500

NOTE: Add 10 percent for wire wheels.
Add 5 percent for overdrive.

1978

Conv B	350	800	1450	2750	5600	8000
Conv Midget	350	900	1550	3050	5900	8500

1979

Conv B	350	800	1450	2750	5600	8000
Conv Midget	350	900	1550	3050	5900	8500

	6	**5**	**4**	**3**	**2**	**1**
1980						
Conv B	350	900	1550	3100	6000	8600

NASH-HEALEY

1951
Series 25 - (6-cyl) - (102" wb) - (3847cc)
162 2d Spt Rds	1450	4550	7600	15,200	26,600	38,000

1952
Series 25 - (6-cyl) - (102" wb) - (3847cc-4140cc)
262 2d Spt Rds	1450	4700	7800	15,600	27,300	39,000

1953-54
Series 25 - (6-cyl) - (102" wb) - (4140cc)
362 2d Spt Conv	1450	4700	7800	15,600	27,300	39,000

LeMans - (6-cyl) - (102" wb) - (4140cc)
367 2d HdTp Cpe	1050	3350	5600	11,200	19,600	28,000

OPEL

1947-52
Olympia - (4-cyl) - (94.3" wb) - (1488cc)
2d Sed	200	500	850	1900	3500	5000

Kapitan - (6-cyl) - (106.1" wb) - (2473cc)
4d Sed	200	500	850	1900	3500	5000

1953-57
Olympia Rekord - (4-cyl) - (97.9" wb) - (1488cc)
2d Sed	150	350	750	1350	2800	4000

Caravan - (4-cyl)
2d Sta Wag	150	350	750	1350	2800	4000

Kapitan - (6-cyl) - (108.3" wb) - (2473cc)
4d Sed	150	350	750	1350	2800	4000

1958-59
Olympia Rekord 28 - (4-cyl) - (100.4" wb) - (1488cc)
2d Sed	150	350	750	1350	2800	4000

Caravan 29 - (4-cyl) - (100.4" wb)
2d Sta Wag	150	350	750	1350	2800	4000

1960
Olympic Rekord 28 - (4-cyl) - (100.4" wb) - (1488cc)
2d Sed	150	350	750	1350	2800	4000

Caravan 29 - (4-cyl) - (100.4" wb)
2d Sta Wag	150	350	750	1350	2800	4000

1961-62
Olympic Rekord 11 - (4-cyl) - (100" wb) - (1680cc)
2d Sed	150	350	750	1350	2800	4000

Caravan 14 - (4-cyl) - (1680cc)
2d Sta Wag	150	350	750	1350	2800	4000

1964-65
Kadett - (4-cyl) - (91.5" wb) - (987cc)
31 2d Sed	150	350	750	1350	2800	4000
32 2d Spt Cpe	150	350	750	1350	2800	4000
34 2d Sta Wag	150	350	750	1350	2800	4000

1966-67
Kadett - (4-cyl) - (95.1" wb) - (1077cc)
31 2d Sed	150	350	750	1350	2800	4000
32 2d Spt Cpe	150	350	750	1350	2800	4000
38 2d DeL Sed	150	350	750	1450	3000	4200
37 4d DeL Sed	150	350	750	1450	3000	4200
39 2d DeL Sta Wag	150	350	750	1450	3000	4200

Rallye - (4-cyl) - (95.1" wb) - (1077cc)
32 2d Spt Cpe	150	400	750	1650	3150	4500

1968
Kadett - (4-cyl) - (95.1" wb) - (1077cc)
31 2d Sed	150	350	750	1450	3000	4200
39 2d Sta Wag	150	350	750	1350	2800	4000

Rallye - (4-cyl) - (95.1" wb) - (1491cc)
92 2d Spt Cpe	150	400	750	1650	3150	4500

Sport Series - (4-cyl) - (95.1" wb) - (1491cc)
91 2d Spt Sed	150	350	750	1350	2800	4000

	6	5	4	3	2	1
99 2d LS Cpe	150	350	750	1350	2800	4000
95 2d DeL Spt Cpe	150	350	750	1350	2800	4000

NOTE: Two larger engines were optional in 1968. The 4-cyl., 1491cc engine that was standard in the Rallye Cpe and the even larger 4-cyl., 1897cc.

1969
Kadett - (4-cyl) - (95.1" wb) - (1077cc)
31 2d Sed	150	350	750	1350	2800	4000
39 2d Sta Wag	150	350	750	1350	2800	4000

Rallye/Sport Series - (4-cyl) - (95.1" wb) - (1077cc)
92 Rallye Spe Cpe	150	400	750	1650	3150	4500
91 2d Spt Sed	150	350	750	1350	2800	4000
95 DeL Spt Cpe	150	350	750	1350	2800	4000

GT - (4-cyl) - (95.7" wb) - (1077cc)
2d Cpe	350	750	1200	2350	4900	7000

NOTE: Optional, 4-cyl, 1897cc engine.

1970
Kadett - (4-cyl) - (95.1" wb) - (1077cc)
31 2d Sed	150	350	750	1350	2800	4000
39 2d Sta Wag	150	350	750	1350	2800	4000

Rallye/Sport (FB) Series - (4-cyl) - (95.1" wb) - (1077cc)
92 Rallye Spt Cpe	150	350	750	1450	3000	4200
91 2d Spt Sed	150	350	750	1350	2800	4000
95 DeL Spt Cpe	150	350	750	1350	2800	4000

GT - (4-cyl) - (95.7" wb) - (1077cc)
93 2d Cpe	350	750	1200	2350	4900	7000

1971-72
Kadett - (4-cyl) - (95.1" wb) - (1077cc)
31 2d Sed	150	350	750	1350	2800	4000
31D DeL 2d Sed	150	350	750	1350	2800	4000
36 4d Sed	150	350	750	1350	2800	4000
36D DeL 4d Sed	150	350	750	1350	2800	4000
39 DeL 2d Sta Wag	150	350	750	1350	2800	4000

1900 Series - (4-cyl) - (95.7" wb) - (1897cc)
51 2d Sed	150	350	750	1350	2800	4000
53 4d Sed	150	350	750	1350	2800	4000
54 2d Sta Wag	150	350	750	1450	2900	4100
57 2d Spt Cpe	150	350	750	1450	3000	4200
57R 2d Rallye Cpe	150	400	750	1650	3150	4500

GT - (4-cyl) - (95.7" wb) - (1897cc)
77 2d Cpe	350	750	1200	2350	4900	7000

1973
1900 Series - (4-cyl) - (95.7" wb) - (1897cc)
51 2d Sed	150	350	750	1350	2800	4000
53 4d Sed	150	350	750	1350	2800	4000
54 2d Sta Wag	150	350	750	1350	2800	4000

Manta 57 - (4-cyl) - (95.7" wb) - (1897cc)
2d Spt Cpe	200	500	850	1900	3500	5000
Luxus 2d Spt Cpe	150	350	750	1350	2800	4000
R 2d Rallye Cpe	150	400	750	1650	3150	4500

GT - (4-cyl) - (95.7" wb) - (1897cc)
77 2d Cpe	350	750	1200	2350	4900	7000

1974-75
1900 - (4-cyl) - (95.7" wb) - (1897cc)
51 2d Sed	150	350	750	1350	2800	4000
54 2d Sta Wag	150	350	750	1450	2900	4100

Manta 57 - (95.7" wb) - (1897cc)
2d Spt Cpe	200	500	850	1900	3500	5000
Luxus Spt Cpe	150	350	750	1350	2800	4000
R, 2d Rallye Cpe	150	400	750	1650	3150	4500

NOTE: FI was available in 1975.

1976-79
Opel Isuzu (1976 models)
(4-cyl) - (94.3" wb) - (1817cc)
77 2d Cpe	125	250	700	1150	2450	3500
2d DeL Cpe	125	250	700	1150	2450	3500

Opel Isuzu (1979 models)
(4-cyl) - (94.3" wb) - (1817cc)
T77 2d Cpe	125	250	700	1150	2450	3500
Y77 2d DeL Cpe	125	250	700	1150	2450	3500
Y69 4d DeL Sed	125	250	700	1150	2450	3500
W77 2d Spt Cpe	125	250	700	1150	2450	3500

PEUGEOT

1945-48
202 - (4-cyl) - (1133cc)
Sed	200	600	950	2150	3850	5500

1949-54
203 - (4-cyl) - (102 or 110" wb) - (1290cc)
4d Sed	200	600	950	2150	3850	5500
4d Family Limo	200	500	850	1900	3500	5000
2d Cabr	400	1200	2000	3950	7000	10,000
4d Conv	450	1450	2400	4800	8400	12,000

1955-57
203 (minimal changes)
403 - (4-cyl) - (105" wb) - (1468cc)
4d Sed	200	600	950	2150	3850	5500
4d Sta Wag	200	500	850	1900	3500	5000
2d Conv Cpe	450	1450	2400	4800	8400	12,000

403L - (4-cyl) - (114" wb) - (1468cc)
4d Family Sed	150	400	750	1650	3150	4500

1958-59
403 - (4-cyl) - (105" wb) - (1468cc)
4d Sed	150	400	750	1650	3150	4500
L 4d Family Sed	200	600	950	2150	3850	5500
4d Sta Wag	350	800	1450	2750	5600	8000
2d Conv Cpe	450	1450	2400	4800	8400	12,000

1960
403 - (4-cyl) - (105" wb) - (1468cc)
4d Sed	150	400	750	1650	3150	4500

403 - (4-cyl) - (116" wb) - (1468cc)
4d Sta Wag	200	500	850	1900	3500	5000

1961-62
403 - (4-cyl) - (105" wb) - (1468cc)
4d Sed	150	400	750	1650	3150	4500

403 - (4-cyl) - (116" wb) - (1468cc)
4d Sta Wag	150	400	750	1650	3150	4500

404 - (4-cyl) - (104.3" wb) - (1618cc)
4d Sed	150	400	750	1650	3150	4500

1963-64
403 - (4-cyl) - (105" wb) - (1468cc)
4d Sed	150	400	750	1650	3150	4500

404 - (4-cyl) - (104.3" wb) - (1618cc)
4d Sed	150	400	750	1650	3150	4500
4d Sta Wag	200	500	850	1900	3500	5000

1965-67
403 - (4-cyl) - (105" wb) - (1468cc)
4d Sed	150	400	750	1650	3150	4500

404 - (4-cyl) - (104.3" wb) - (1618cc)
4d Sed	150	350	750	1350	2800	4000

404 - (4-cyl) - (111.8" wb) - (1618cc)
4d Sta Wag	150	400	750	1650	3150	4500

1968-69
404 - (4-cyl) - (104.3" wb) - (1618cc)
4d Sed	150	350	750	1350	2800	4000

404 - (4-cyl) - (111.8" wb) - (1618cc)
4d Sta Wag	150	400	750	1650	3150	4500

NOTE: Convertibles were available on a special order basis.

1970
404 - (4-cyl) - (111.8" wb) - (1796cc)
4d Sta Wag	150	350	750	1350	2800	4000

504 - (4-cyl) - (108" wb) - (1796cc)
4d Sed	150	350	750	1350	2800	4000

1971-72
304 - (4-cyl) - (101.9" wb) - (1288cc)
4d Sed	150	350	750	1350	2800	4000
4d Sta Wag	150	400	750	1650	3150	4500

504 - (4-cyl) - (108" wb) - (1971cc)
4d Sed	150	350	750	1350	2800	4000
4d Sta Wag	150	400	750	1650	3150	4500

1973-76
504 (1973 models)
(4-cyl) - (1971cc)
4d Sed	150	350	750	1350	2800	4000
4d Sta Wag	150	400	750	1650	3150	4500

504 (1974 models)
(4-cyl) - (1971cc)

	6	5	4	3	2	1
4d Sed	150	350	750	1350	2800	4000
4d Sta Wag	150	400	750	1650	3150	4500
Diesel - (2111cc)						
4d Sed	150	350	750	1350	2800	4000
4d Sta Wag	150	400	750	1650	3150	4500
504 (1975 models)						
(4-cyl) - (1971cc)						
4d Sed	150	350	750	1350	2800	4000
4d Sta Wag	150	400	750	1650	3150	4500
Diesel - (2111cc)						
4d Sed	150	350	750	1350	2800	4000
4d Sta Wag	150	400	750	1650	3150	4500
504 (1976 models)						
(4-cyl) - (1971cc)						
GL 4d Sed	150	350	750	1350	2800	4000
SL 4d Sed	150	350	750	1350	2800	4000
4d Sta Wag	150	400	750	1650	3150	4500
Diesel - (2111cc)						
4d Sed	150	350	750	1350	2800	4000
4d Sta Wag	150	400	750	1650	3150	4500

NOTE: The sedans had a 108" wb. The station wagons had a 114" wb.

1977-79
504 (1977 models)
(4-cyl) - (1971cc)

	6	5	4	3	2	1
SL 4d Sed	150	350	750	1350	2800	4000
4d Sta Wag	150	400	750	1650	3150	4500
Diesel - (2304cc)						
4d Sed	150	350	750	1350	2800	4000
4d Sta Wag	150	400	750	1650	3150	4500
604 (1977 models)						
(V-6) - (110.2" wb) - (2664cc)						
4d Sed	150	350	750	1350	2800	4000

NOTE: 504 sedans - 108" wb, 504 wagons - 114" wb.

1980-81
505/504 (1980 models)
(4-cyl) - (107.9" wb) - (1971cc)

	6	5	4	3	2	1
4d Sed	150	400	750	1650	3150	4500
Diesel - (2304cc)						
505 4d Sed	150	400	750	1650	3150	4500
504 4d Sta Wag	200	500	850	1900	3500	5000
505 Turbodiesel (1981 models)						
D 4d Sed	150	400	750	1650	3150	4500
604 (1980 models)						
(V-6) - (110.2" wb) - (2849cc)						
SL 4d Sed	150	400	750	1650	3150	4500

1982
505 - (4-cyl) - (107.9" wb) - (1971cc)

	6	5	4	3	2	1
4d Sed	200	500	850	1900	3500	5000
S 4d Sed	200	500	850	1900	3500	5000
STI 4d Sed	200	550	900	2100	3700	5300
Diesel - (2304cc)						
505 4d Sed	150	350	750	1350	2800	4000
504 4d Sta Wag	150	400	750	1550	3050	4300
505/604 Turbodiesel - (2304cc)						
505 4d Sed	150	400	750	1550	3050	4300
505S 4d Sed	150	400	750	1550	3050	4300
604TD 4d Sed	150	400	750	1650	3150	4500

1983
505/504

	6	5	4	3	2	1
505 4d Sed	200	500	850	1900	3500	5000
505S 4d Sed	200	500	850	1900	3500	5000
505 STI 4d Sed	200	500	850	1900	3500	5000
505 Dsl 4d Sed	150	350	750	1350	2800	4000
504 Dsl Sta Wag	150	400	750	1650	3150	4500
505/604 Turbodiesel						
505 4d Sed	200	500	850	1900	3500	5000
505 S 4d Sed	200	500	850	1900	3500	5000
604 4d Sed	200	500	850	1900	3500	5000

1984
505 Series

	6	5	4	3	2	1
GL 4d Sed	200	600	950	2150	3850	5500
S 4d Sed	200	600	950	2150	3850	5500
STI 4d Sed	200	600	950	2150	3850	5500

	6	5	4	3	2	1
GL 4d Sta Wag	200	650	1050	2250	4200	6000
S 4d Sta Wag	200	650	1050	2250	4200	6000
505/604 Turbodiesel						
GL 4d Sed	200	500	850	1900	3500	5000
S 4d Sed	200	500	850	1900	3500	5000
STI 4d Sed	200	500	850	1900	3500	5000
GL 4d Sta Wag	200	600	950	2150	3850	5500
S 4d Sta Wag	200	600	950	2150	3850	5500
604 4d Sed	200	600	950	2150	3850	5500
1985						
505						
GL 4d Sed	200	650	1050	2250	4200	6000
S 4d Sed	200	650	1050	2250	4200	6000
STI 4d Sed	200	650	1050	2250	4200	6000
Turbo 4d Sed	200	675	1100	2250	4400	6300
GL 4d Sta Wag	200	675	1100	2250	4400	6300
S 4d Sta Wag	200	675	1100	2250	4400	6300
505 Turbodiesel						
GL 4d Sed	200	600	950	2150	3850	5500
S 4d Sed	200	600	950	2150	3850	5500
STI 4d Sed	200	500	850	1900	3500	5000
GL 4d Sta Wag	200	650	1050	2250	4200	6000
S 4d Sta Wag	200	650	1050	2250	4200	6000

PORSCHE

1950
Model 356 - (40 hp) - (1100cc)
Cpe	1150	3700	6200	12,400	21,700	31,000

1951
Model 356 - (40 hp) - (1100cc)
Cpe	600	1900	3200	6400	11,200	16,000
Cabr	700	2300	3800	7600	13,300	19,000

1952
Model 356 - (40 hp) - (1100cc)
Cpe	600	1900	3200	6400	11,200	16,000
Cabr	700	2300	3800	7600	13,300	19,000

1953
Model 356 - (40 hp)
Cpe	600	1900	3200	6400	11,200	16,000
Cabr	700	2300	3800	7600	13,300	19,000

1954
Model 356, 1.5 litre - (55 hp)
Cpe	600	1900	3200	6400	11,200	16,000
Cabr	700	2300	3800	7600	13,300	19,000

Model 356, Super 1.5 litre
Cpe	800	2500	4200	8400	14,700	21,000
Cabr	950	3000	5000	10,000	17,500	25,000

1955
Model 356 - (4-cyl) - (55 hp)
Spds	900	2900	4800	9600	16,800	24,000
Cpe	600	1900	3200	6400	11,200	16,000
Cabr	700	2300	3800	7600	13,300	19,000

Model 356, Super 1.5 litre - (70 hp)
Spds	1000	3100	5200	10,400	18,200	26,000
Cpe	650	2050	3400	6800	11,900	17,000
Cabr	800	2500	4200	8400	14,700	21,000

1956
Model 356A, Standard 1.6 litre - (60 hp)
Spds	900	2900	4800	9600	16,800	24,000
Cpe	700	2150	3600	7200	12,600	18,000
Cabr	750	2400	4000	8000	14,000	20,000

Model 356A, Super 1.6 litre - (75 hp)
Spds	1000	3250	5400	10,800	18,900	27,000
Cpe	700	2300	3800	7600	13,300	19,000
Cabr	850	2650	4400	8800	15,400	22,000

Model 356A, Carrera, 1.5 litre - (100 hp)
Spds	1500	4800	8000	16,000	28,000	40,000
Cpe	1100	3500	5800	11,600	20,300	29,000
Cabr	1250	3950	6600	13,200	23,100	33,000

1957
Model 356A, Standard 1.6 litre - (60 hp)

	6	5	4	3	2	1
Spds	950	3000	5000	10,000	17,500	25,000
Cpe	700	2300	3800	7600	13,300	19,000
Cabr	750	2400	4000	8000	14,000	20,000

Model 356A, Super 1.6 litre - (70 hp)

Spds	1050	3350	5600	11,200	19,600	28,000
Cpe	700	2300	3800	7600	13,300	19,000
Cabr	850	2650	4400	8800	15,400	22,000

Model 356A, Carrera, 1.5 litre - (100 hp)

Spds	1500	4800	8000	16,000	28,000	40,000
Cpe	1150	3600	6000	12,000	21,000	30,000
Cabr	1250	3950	6600	13,200	23,100	33,000

1958
Model 356A, Standard 1.6 litre - (60 hp)

Spds	950	3000	5000	10,000	17,500	25,000
Cpe	700	2150	3600	7200	12,600	18,000
Cabr	750	2400	4000	8000	14,000	20,000
HdTp	750	2400	4000	8000	14,000	20,000

Model 356A, Super 1.6 litre - (75 hp)

Spds	1050	3350	5600	11,200	19,600	28,000
Cpe	700	2300	3800	7600	13,300	19,000
Cabr	850	2650	4400	8800	15,400	22,000
HdTp	850	2650	4400	8800	15,400	22,000

Model 356A, Carrera, 1.5 litre - (100 hp)

Spds	1500	4800	8000	16,000	28,000	40,000
Cpe	1150	3600	6000	12,000	21,000	30,000
Cabr	1150	3700	6200	12,400	21,700	31,000
HdTp	1150	3700	6200	12,400	21,700	31,000

1959
Model 356A, Standard - (60 hp)

Cpe	700	2150	3600	7200	12,600	18,000
Cpe/HdTp	850	2650	4400	8800	15,400	22,000
Conv D	800	2500	4200	8400	14,700	21,000
Cabr	850	2650	4400	8800	15,400	22,000

Model 356A, Super - (75 hp)

Cpe	800	2500	4200	8400	14,700	21,000
Cpe/HdTp	900	2900	4800	9600	16,800	24,000
Conv D	850	2750	4600	9200	16,100	23,000
Cabr	900	2900	4800	9600	16,800	24,000

Model 356A, Carrera, 1.6 litre - (105 hp)

Cpe	1100	3500	5800	11,600	20,300	29,000
Cpe/HdTp	1200	3850	6400	12,800	22,400	32,000
Cabr	1450	4700	7800	15,600	27,300	39,000

1960
Model 356B, Standard 1.6 litre - (60 hp)

Cpe	700	2300	3800	7600	13,300	19,000
Rds	850	2750	4600	9200	16,100	23,000
Cabr	800	2500	4200	8400	14,700	21,000
HdTp	850	2750	4600	9200	16,100	23,000

Model 356B, Super 1.6 litre - (75 hp)

Cpe	700	2300	3800	7600	13,300	19,000
Rds	850	2650	4400	8800	15,400	22,000
Cabr	800	2500	4200	8400	14,700	21,000
HdTp	850	2650	4400	8800	15,400	22,000

Model 356B, Super 90, 1.6 litre - (90 hp)

Cpe	800	2500	4200	8400	14,700	21,000
Rds	950	3000	5000	10,000	17,500	25,000
Cabr	850	2750	4600	9200	16,100	23,000
HdTp	950	3000	5000	10,000	17,500	25,000

1961
Model 356B, Standard 1.6 litre - (60 hp)

Cpe	700	2300	3800	7600	13,300	19,000
Rds	850	2750	4600	9200	16,100	23,000
Cabr	850	2650	4400	8800	15,400	22,000
HdTp	850	2750	4600	9200	16,100	23,000

Model 356B, Super 90, 1.6 litre - (90 hp)

Cpe	800	2500	4200	8400	14,700	21,000
Rds	950	3000	5000	10,000	17,500	25,000
Cabr	850	2750	4600	9200	16,100	23,000
HdTp	900	2900	4800	9600	16,800	24,000

Model 356B, Carrera, 2.0 litre - (130 hp)

Cpe	1200	3850	6400	12,800	22,400	32,000
Rds	1300	4200	7000	14,000	24,500	35,000
Cabr	1500	4800	8000	16,000	28,000	40,000

1962
Model 356B, Standard 1.6 litre - (60 hp)

	6	5	4	3	2	1
Cpe	700	2300	3800	7600	13,300	19,000
HdTp	850	2750	4600	9200	16,100	23,000

Model 356C - (4-cyl) - (95 hp)

Cpe SC	700	2300	3800	7600	13,300	19,000
Rds	850	2750	4600	9200	16,100	23,000
Cabr SC	800	2500	4200	8400	14,700	21,000
Cabr	850	2750	4600	9200	16,100	23,000

Model 356B, Super 90, 1.6 litre - (90 hp)

Cpe	800	2500	4200	8400	14,700	21,000
Rds	950	3000	5000	10,000	17,500	25,000
Cabr	850	2750	4600	9200	16,100	23,000
HdTp	900	2900	4800	9600	16,800	24,000

Model 356B, Carrera 2, 2.0 litre - (130 hp)

Cpe	1200	3850	6400	12,800	22,400	32,000
Rds	1300	4200	7000	14,000	24,500	35,000
Cabr	1500	4800	8000	16,000	28,000	40,000

1963
Model 356C, Standard 1.6 litre - (75 hp)

Cpe	700	2150	3600	7200	12,600	18,000
Cabr	750	2400	4000	8000	14,000	20,000

Model 356C, SC, 1.6 litre - (95 hp)

Cpe	700	2150	3600	7200	12,600	18,000
Cabr	800	2500	4200	8400	14,700	21,000

Model 356C, Carrera 2, 2.0 litre - (130 hp)

Cpe	1200	3850	6400	12,800	22,400	32,000
Cabr	1500	4800	8000	16,000	28,000	40,000

1964
Model 356C, Standard 1.6 litre - (75 hp)

Cpe	700	2150	3600	7200	12,600	18,000
Cabr	800	2500	4200	8400	14,700	21,000

Model 356C, SC, 1.6 litre - (95 hp)

Cpe	700	2300	3800	7600	13,300	19,000
Cabr	850	2750	4600	9200	16,100	23,000

Model 356C, Carrera 2, 2.0 litre - (130 hp)

Cpe	1350	4300	7200	14,400	25,200	36,000
Cabr	1500	4800	8000	16,000	28,000	40,000

1965
Model 356C, 1.6 litre - (75 hp)

Cpe	700	2150	3600	7200	12,600	18,000
Cabr	800	2500	4200	8400	14,700	21,000

Model 356SC, 1.6 litre - (95 hp)

Cpe	700	2300	3800	7600	13,300	19,000
Cabr	850	2650	4400	8800	15,400	22,000

1966
Model 912 - (4-cyl) - (90 hp)

Cpe	550	1800	3000	6000	10,500	15,000

Model 911 - (6-cyl) - (130 hp)

Cpe	650	2050	3400	6800	11,900	17,000

1967
Model 912 - (4-cyl) - (90 hp)

Cpe	550	1800	3000	6000	10,500	15,000
Targa	650	2050	3400	6800	11,900	17,000

Model 911 - (6-cyl) - (110 hp)

Cpe	650	2050	3400	6800	11,900	17,000
Targa	700	2300	3800	7600	13,300	19,000

Model 911S - (6-cyl) - (160 hp)

Cpe	800	2500	4200	8400	14,700	21,000
Targa	850	2650	4400	8800	15,400	22,000

1968
Model 912 - (4-cyl) - (90 hp)

Cpe	600	1900	3200	6400	11,200	16,000
Targa	700	2150	3600	7200	12,600	18,000

Model 911 - (6-cyl) - (130 hp)

Cpe	700	2300	3800	7600	13,300	19,000
Targa	750	2400	4000	8000	14,000	20,000

Model 911L - (6-cyl) - (130 hp)

Cpe	750	2400	4000	8000	14,000	20,000
Targa	800	2500	4200	8400	14,700	21,000

Model 911S - (6-cyl) - (160 hp)

Cpe	850	2650	4400	8800	15,400	22,000
Targa	900	2900	4800	9600	16,800	24,000

1969
Model 912 - (4-cyl) - (90 hp)

	6	5	4	3	2	1
Cpe	600	1900	3200	6400	11,200	16,000
Targa	650	2050	3400	6800	11,900	17,000

Model 911T - (6-cyl) - (110 hp)

Cpe	700	2300	3800	7600	13,300	19,000
Targa	800	2500	4200	8400	14,700	21,000

Model 911E - (6-cyl) - (140 hp)

Cpe	450	1450	2400	4800	8400	12,000
Targa	800	2500	4200	8400	14,700	21,000

Model 911S - (6-cyl) - (170 hp)

Cpe	850	2650	4400	8800	15,400	22,000
Targa	900	2900	4800	9600	16,800	24,000

1970
Model 914, 1.7 litre - (4-cyl) - (80 hp)

Cpe/Targa	500	1550	2600	5200	9100	13,000

Model 914/6, 2.0 litre - (6-cyl) - (110 hp)

Cpe/Targa	550	1800	3000	6000	10,500	15,000

Model 911T - (6-cyl) - (125 hp)

Cpe	600	1900	3200	6400	11,200	16,000
Targa	700	2150	3600	7200	12,600	18,000

Model 911E - (6-cyl) - (155 hp)

Cpe	650	2050	3400	6800	11,900	17,000
Targa	700	2300	3800	7600	13,300	19,000

Model 911S - (6-cyl) - (180 hp)

Cpe	800	2500	4200	8400	14,700	21,000
Targa	900	2900	4800	9600	16,800	24,000

1971
Model 914, 1.7 litre - (4-cyl) - (80 hp)

Cpe/Targa	500	1550	2600	5200	9100	13,000

Model 914/6, 2 litre - (6-cyl) - (110 hp)

Cpe/Targa	550	1800	3000	6000	10,500	15,000

Model 911T - (6-cyl) - (125 hp)

Cpe	600	1900	3200	6400	11,200	16,000
Targa	700	2150	3600	7200	12,600	18,000

Model 911E - (6-cyl) - (155 hp)

Cpe	650	2050	3400	6800	11,900	17,000
Targa	700	2300	3800	7600	13,300	19,000

Model 911S - (6-cyl) - (180 hp)

Cpe	850	2750	4600	9200	16,100	23,000
Targa	1000	3100	5200	10,400	18,200	26,000

1972
Model 914, 1.7 litre - (4-cyl) - (80 hp)

Cpe/Targa	500	1550	2600	5200	9100	13,000

Model 911T - (6-cyl) - (130 hp)

Cpe	600	1900	3200	6400	11,200	16,000
Targa	700	2150	3600	7200	12,600	18,000

Model 911E - (6-cyl) - (165 hp)

Cpe	550	1800	3000	6000	10,500	15,000
Targa	700	2150	3600	7200	12,600	18,000

Model 911S - (6-cyl) - (190 hp)

Cpe	800	2500	4200	8400	14,700	21,000
Targa	900	2900	4800	9600	16,800	24,000

1973
Model 914, 1.8 litre - (4-cyl) - (76 hp)

Cpe/Targa	500	1550	2600	5200	9100	13,000

Model 914, 2 litre - (4-cyl) - (95 hp)

Cpe/Targa	550	1800	3000	6000	10,500	15,000

Model 911T - (6-cyl) - (140 hp)

Cpe	650	2050	3400	6800	11,900	17,000
Targa	700	2300	3800	7600	13,300	19,000

Model 911E - (6-cyl) - (165 hp)

Cpe	650	2050	3400	6800	11,900	17,000
Targa	700	2300	3800	7600	13,300	19,000

Model 911S - (6-cyl) - (190 hp)

Cpe	800	2500	4200	8400	14,700	21,000
Targa	900	2900	4800	9600	16,800	24,000

1974
Model 914, 1.8 litre - (4-cyl) - (76 hp)

Cpe/Targa	500	1550	2600	5200	9100	13,000

Model 914, 2 litre - (4-cyl) - (95 hp)

Cpe/Targa	550	1800	3000	6000	10,500	15,000

Model 911 - (6-cyl) - (150 hp)

Cpe	700	2150	3600	7200	12,600	18,000
Targa	750	2400	4000	8000	14,000	20,000

Porsche 585

Model 911S - (6-cyl) - (175 hp)	6	5	4	3	2	1
Cpe	750	2400	4000	8000	14,000	20,000
Targa	850	2650	4400	8800	15,400	22,000
Model 911, Carrera - (6-cyl) (175 hp)						
Cpe	950	3000	5000	10,000	17,500	25,000
Targa	1000	3250	5400	10,800	18,900	27,000

NOTE: Add 10 percent for RS.
Add 20 percent for RSR.

1975

Model 914, 1.8 litre - (4-cyl) - (76 hp)						
Cpe/Targa	400	1300	2200	4400	7700	11,000
Model 914, 2 litre - (4-cyl) - (95 hp)						
Cpe/Targa	500	1550	2600	5200	9100	13,000
Model 911, 2 litre - (6-cyl) - (150 hp)						
Cpe	800	2500	4200	8400	14,700	21,000
Targa	850	2650	4400	8800	15,400	22,000
Model 911S - (6-cyl) - (175 hp)						
Cpe	800	2500	4200	8400	14,700	21,000
Targa	850	2650	4400	8800	15,400	22,000
Model 911, Carrera - (6-cyl) - (210 hp)						
Cpe	1000	3100	5200	10,400	18,200	26,000
Targa	1050	3350	5600	11,200	19,600	28,000

1976

Model 914, 2 litre - (4-cyl) - (95 hp)						
Cpe/Targa	500	1550	2600	5200	9100	13,000
Model 912E - (4-cyl) - (90 hp)						
Cpe	700	2150	3600	7200	12,600	18,000
Model 911S - (6-cyl) - (165 hp)						
Cpe	800	2500	4200	8400	14,700	21,000
Targa	850	2750	4600	9200	16,100	23,000
Model 930, Turbo & T. Carrera						
Cpe	1500	4800	8000	16,000	28,000	40,000

1977

Model 924 - (4-cyl) - (95 hp)						
Cpe	500	1550	2600	5200	9100	13,000
Model 911SC - (6-cyl) - (165 hp)						
Cpe	700	2300	3800	7600	13,300	19,000
Targa	800	2500	4200	8400	14,700	21,000
Model 930 Turbo - (6-cyl) - (245 hp)						
Cpe	1500	4800	8000	16,000	28,000	40,000

1978

Model 924						
Cpe	500	1550	2600	5200	9100	13,000
Model 911SC						
Cpe	750	2400	4000	8000	14,000	20,000
Cpe Targa	800	2500	4200	8400	14,700	21,000
Model 928						
Cpe	900	2900	4800	9600	16,800	24,000
Model 930						
Cpe	1600	5150	8600	17,200	30,100	43,000

1979

Model 924						
Cpe	450	1450	2400	4800	8400	12,000
Model 911SC						
Cpe	700	2300	3800	7600	13,300	19,000
Targa	800	2500	4200	8400	14,700	21,000
Model 928						
Cpe	850	2650	4400	8800	15,400	22,000

1980

Model 924						
Cpe	400	1300	2200	4400	7700	11,000
Cpe (Turbo)	550	1800	3000	6000	10,500	15,000
Model 911SC						
Cpe	800	2500	4200	8400	14,700	21,000
Cpe Targa	850	2650	4400	8800	15,400	22,000
Model 928						
Cpe	800	2500	4200	8400	14,700	21,000

1981

Model 924						
Cpe	400	1200	2000	3950	7000	10,000
Cpe (Turbo)	500	1550	2600	5200	9100	13,000
Model 911SC						
Cpe	750	2400	4000	8000	14,000	20,000
Cpe Targa	800	2500	4200	8400	14,700	21,000

Model 928

	6	5	4	3	2	1
Cpe	850	2650	4400	8800	15,400	22,000

1982
Model 924
| Cpe | 350 | 900 | 1550 | 3050 | 5900 | 8500 |
| Cpe (Turbo) | 400 | 1300 | 2200 | 4400 | 7700 | 11,000 |

Model 911SC
| Cpe | 700 | 2150 | 3600 | 7200 | 12,600 | 18,000 |
| Cpe Targa | 700 | 2300 | 3800 | 7600 | 13,300 | 19,000 |

Model 928
| Cpe | 800 | 2500 | 4200 | 8400 | 14,700 | 21,000 |

1983
Model 944
| Cpe | 450 | 1100 | 1700 | 3650 | 6650 | 9500 |

Model 911SC
Cpe	700	2150	3600	7200	12,600	18,000
Cpe Targa	700	2300	3800	7600	13,300	19,000
Conv	800	2500	4200	8400	14,700	21,000

Model 928
| Cpe | 800 | 2500 | 4200 | 8400 | 14,700 | 21,000 |

1984
Model 944
| 2d Cpe | 450 | 1100 | 1700 | 3650 | 6650 | 9500 |

Model 911
2d Cpe	700	2150	3600	7200	12,600	18,000
2d Cpe Targa	800	2500	4200	8400	14,700	21,000
2d Conv	900	2900	4800	9600	16,800	24,000

Model 928S
| 2d Cpe | 1150 | 3600 | 6000 | 12,000 | 21,000 | 30,000 |

1985
Model 944
| 2d Cpe | 400 | 1200 | 2000 | 3950 | 7000 | 10,000 |

Model 911
2d Cpe (Turbo)	750	2400	4000	8000	14,000	20,000
2d Cpe Targa	850	2750	4600	9200	16,100	23,000
2d Cpe Conv	950	3000	5000	10,000	17,500	25,000

Model 928S
| 2d Cpe | 1150 | 3700 | 6200 | 12,400 | 21,700 | 31,000 |

1986
Model 944
| 2d Cpe | 450 | 1450 | 2400 | 4800 | 8400 | 12,000 |
| 2d Cpe (Turbo) | 850 | 2650 | 4400 | 8800 | 15,400 | 22,000 |

Model 911
2d Cpe Carrera	1050	3350	5600	11,200	19,600	28,000
2d Cpe Targa	1100	3500	5800	11,600	20,300	29,000
2d Cpe Conv	1450	4550	7600	15,200	26,600	38,000

Model 928S
| 2d Cpe | 1200 | 3850 | 6400 | 12,800 | 22,400 | 32,000 |

ROLLS-ROYCE

1947-1951
Silver Wraith-(6-cyl)-(127" or 133" wb-1951)-(4257cc)
Freestone & Webb
Cpe	1900	6100	10,200	20,400	35,700	51,000
Limo	1400	4450	7400	14,800	25,900	37,000
Saloon	1150	3700	6200	12,400	21,700	31,000
Spt Saloon	1250	3950	6600	13,200	23,100	33,000

Hooper
DHC	2950	9350	15,600	31,200	54,600	78,000
Treviot	1400	4450	7400	14,800	25,900	37,000
Treviot II	1400	4500	7500	15,000	26,300	37,500
Treviot III	1450	4550	7600	15,200	26,600	38,000

H.J. Mulliner
| Sedanca DeV | 2550 | 8150 | 13,600 | 27,200 | 47,600 | 68,000 |
| Tr Limo | 1450 | 4550 | 7600 | 15,200 | 26,600 | 38,000 |

Park Ward
| Saloon | 1300 | 4200 | 7000 | 14,000 | 24,500 | 35,000 |

James Young
| Limo | 1450 | 4550 | 7600 | 15,200 | 26,600 | 38,000 |
| Saloon | 1350 | 4300 | 7200 | 14,400 | 25,200 | 36,000 |

Rolls-Royce 587

1949-1951
Silver Dawn - (6-cyl) - (120" wb) - (4257cc)

	6	5	4	3	2	1
Std Steel Saloon	1350	4300	7200	14,400	25,200	36,000
Farina						
Spl Saloon	1900	6100	10,200	20,400	35,700	51,000
Freestone & Webb						
Saloon	1450	4550	7600	15,200	26,600	38,000
Park Ward						
DHC	2100	6700	11,200	22,400	39,200	56,000
FHC	1550	4900	8200	16,400	28,700	41,000

1950-1956
Phantom IV - (8-cyl) - (145" wb) - (5675cc)

Park Ward Limo	5800	18,600	31,000	62,000	108,500	155,000

1951-1952
Silver Wraith - (6-cyl) - (127" wb) - (4566cc)
Freestone & Webb

Cpe	1450	4550	7600	15,200	26,600	38,000

1951-1955
Silver Wraith - (6-cyl) - (133" wb) - (4566cc)

Freestone & Webb						
Spt Saloon	1450	4550	7600	15,200	26,600	38,000
Hooper						
Tr Limo	1300	4200	7000	14,000	24,500	35,000
H.J. Mulliner						
Tr Limo	1450	4550	7600	15,200	26,600	38,000
Park Ward						
Limo	1400	4450	7400	14,800	25,900	37,000

1951-1955
Silver Dawn - (6-cyl) - (120" wb) - (4566cc)

Std Steel Saloon	1350	4300	7200	14,400	25,200	36,000
Park Ward						
DHC	2100	6700	11,200	22,400	39,200	56,000

1955-1959
Silver Cloud - (6-cyl) - (123" or 127" wb - 1957) - (4887cc)

Std Steel Saloon	1300	4100	6800	13,600	23,800	34,000
H.J. Mulliner						
DHC	2950	9350	15,600	31,200	54,600	78,000
Park Ward						
Saloon (LWB)	1300	4200	7000	14,000	24,500	35,000
James Young						
Saloon	1750	5500	9200	18,400	32,200	46,000

NOTE: Deduct 20 percent for Right-Hand Drive.

1955-1959
Silver Wraith - (6-cyl) - (133" wb) - (4887cc)

Hooper						
Limo (LWB)	1450	4550	7600	15,200	26,600	38,000
Saloon	1350	4300	7200	14,400	25,200	36,000
H.J. Mulliner						
Tr Limo	1550	4900	8200	16,400	28,700	41,000
Park Ward						
Limo	1300	4100	6800	13,600	23,800	34,000
Saloon	1250	3950	6600	13,200	23,100	33,000

NOTE: Deduct 20 percent for Right-Hand Drive.

1959-1962
Silver Cloud II - (V-8) - (123" or 127" wb - after 1960) - (6230cc)

Std Steel Saloon	1350	4300	7200	14,400	25,200	36,000
H.J. Mulliner						
DHC	3850	12,250	20,400	40,800	71,400	102,000
Radford						
Countryman	1550	4900	8200	16,400	28,700	41,000
James Young						
Limo (LWB)	1900	6100	10,200	20,400	35,700	51,000

NOTE: Deduct 20 percent for Right Hand Drive.

1960-1968
Phantom V - (V-8) - (144" wb) - (6230cc)

H.J. Mulliner-Park Ward						
Landaulette	5800	18,600	31,000	62,000	108,500	155,000
Limo	2350	7450	12,400	24,800	43,400	62,000
Park Ward						
Limo	1750	5500	9200	18,400	32,200	46,000
James Young						
Limo	2700	8650	14,400	28,800	50,400	72,000
Sedanca DeV	5800	18,600	31,000	62,000	108,500	155,000

NOTE: Deduct 20 percent for Right-Hand Drive.

1962-1966
Silver Cloud III - (V-8) - (123" or 127" wb) - (6230cc)

	6	5	4	3	2	1
Std Steel Saloon	2500	7900	13,200	26,400	46,200	66,000
H.J. Mulliner						
2d Saloon	1700	5400	9000	18,000	31,500	45,000
DHC	4800	15,350	25,600	51,200	89,600	128,000
Flying Spur	2950	9350	15,600	31,200	54,600	78,000

NOTE: Deduct 20 percent for Right-Hand Drive.

James Young

4d Spt Saloon	1350	4300	7200	14,400	25,200	36,000
Cpe	1750	5500	9200	18,400	32,200	46,000
Tr Limo (SWB)	2100	6700	11,200	22,400	39,200	56,000
Tr Limo (LWB)	2550	8150	13,600	27,200	47,600	68,000

Park Ward

DHC	1900	6100	10,200	20,400	35,700	51,000
Limo (LWB)	2100	6700	11,200	22,400	39,200	56,000

NOTE: Deduct 20 percent for Right-Hand Drive.

1965-1969
Silver Shadow - (V-8) - (119.5" or 123.5" wb) - (6230cc)

Std Steel Saloon	1350	4300	7200	14,400	25,200	36,000
Saloon (LWB)	1450	4700	7800	15,600	27,300	39,000

Mulliner-Park Ward

2d Saloon	1550	4900	8200	16,400	28,700	41,000
DHC	1650	5300	8800	17,600	30,800	44,000

James Young

2d Saloon	1550	4900	8200	16,400	28,700	41,000

NOTE: Deduct 20 percent for Right-Hand Drive.

1968-1977
Phantom VI - (V-8) - (145" wb) - (6230cc)

Lan	3300	10,550	17,600	35,200	61,600	88,000
Limo	2950	9350	15,600	31,200	54,600	78,000

Mulliner-Park Ward

Laudaulette	6750	21,600	36,000	72,000	126,000	180,000

NOTE: Deduct 20 percent for Right-Hand Drive.

1970-1976
Silver Shadow - (V-8) - (119.5" or 123.5" wb) - (6750cc)

Std Steel Saloon	1500	4800	8000	16,000	28,000	40,000
Saloon (LWB)	1700	5400	9000	18,000	31,500	45,000

Mulliner-Park Ward

2d Saloon	1850	5900	9800	19,600	34,300	49,000
DHC	2350	7450	12,400	24,800	43,400	62,000

NOTE: Deduct 20 percent for Right-Hand Drive.

1971-1977
Corniche - (V-8) - (119" wb) - (6750cc)

2d Saloon	2050	6600	11,000	22,000	38,500	55,000
Conv	2800	8900	14,800	29,600	51,800	74,000

NOTE: Deduct 20 percent for Right-Hand Drive.

1975-1978
(V-8) - (108.5" wb) - (6750cc)

Camarque	1700	5400	9000	18,000	31,500	45,000

NOTE: Deduct 20 percent for Right-Hand Drive.

1977-1978
(V-8) - (120" wb) - (6750cc)

Silver Shadow II	1500	4800	8000	16,000	28,000	40,000

(V-8) - (123.5" wb) - (6750cc)

Silver Wraith II	1700	5400	9000	18,000	31,500	45,000

NOTE: Add 10 percent for factory sunroof.
NOTE: Deduct 20 percent for Right-Hand Drive.

1979

4d Silver Spirit	2200	6950	11,600	23,200	40,600	58,000
4d Silver Spur	2400	7700	12,800	25,600	44,800	64,000
2d Corniche Conv	3000	9600	16,000	32,000	56,000	80,000
2d Camarque	2200	7100	11,800	23,600	41,300	59,000
4d Phantom VI	6200	19,800	33,000	66,000	115,500	165,000
4d Silver Shadow	2050	6600	11,000	22,000	38,500	55,000
4d Silver Wraith	2200	6950	11,600	23,200	40,600	58,000

1980

4d Silver Spirit	2200	6950	11,600	23,200	40,600	58,000
4d Silver Spur	2400	7700	12,800	25,600	44,800	64,000
2d Corniche Conv	3000	9600	16,000	32,000	56,000	80,000
2d Camarque	2400	7700	12,800	25,600	44,800	64,000
4d Phantom VI	6200	19,800	33,000	66,000	115,500	165,000
4d Silver Shadow	2050	6600	11,000	22,000	38,500	55,000
4d Silver Wraith	2200	6950	11,600	23,200	40,600	58,000

1981

	6	5	4	3	2	1
4d Silver Spirit	2200	6950	11,600	23,200	40,600	58,000
4d Silver Spur	2400	7700	12,800	25,600	44,800	64,000
2d Corniche Conv	3000	9600	16,000	32,000	56,000	80,000
2d Camarque	2200	7100	11,800	23,600	41,300	59,000
4d Phantom VI	6200	19,800	33,000	66,000	115,500	165,000

1982

4d Silver Spirit	2150	6850	11,400	22,800	39,900	57,000
4d Silver Spur	2400	7700	12,800	25,600	44,800	64,000
2d Corniche Conv	3100	9850	16,400	32,800	57,400	82,000
2d Camarque	2350	7450	12,400	24,800	43,400	62,000
4d Phantom VI	6200	19,800	33,000	66,000	115,500	165,000

1983

4d Silver Spirit	2150	6850	11,400	22,800	39,900	57,000
4d Silver Spur	2400	7700	12,800	25,600	44,800	64,000
2d Corniche Conv	3100	9850	16,400	32,800	57,400	82,000
2d Camarque	2350	7450	12,400	24,800	43,400	62,000
4d Phantom VI	6200	19,800	33,000	66,000	115,500	165,000

TOYOTA (TOYOPET)

1958-60
Crown - (4-cyl) - (99.6" wb) - (1453cc)

RSL 4d Sed	200	500	850	1900	3500	5000

1961-66
Tiara - (4-cyl) - (94.5" wb) - (1453cc)

4d Sed	150	400	750	1650	3150	4500

Crown - (4-cyl) - (99.6" wb) - (1879cc)

4d Cus Sed	150	350	750	1450	3000	4200
4d Cus Sta Wag	150	350	750	1450	3000	4200

TOYOTA

1967-68
Corona - (4-cyl) - (95.3" wb) - (1879cc)

4d Sed	150	350	750	1350	2800	4000
2d HdTp Cpe	150	400	750	1650	3150	4500

Crown - (6-cyl) - (105.9" wb) - (2254cc)

4d Sed	150	350	750	1350	2800	4000
4d Sta Wag	150	350	750	1450	3000	4200

2000 GT - (6-cyl) - (91.7" wb) - (1988cc)

2d FBk Cpe	2850	9100	15,200	30,400	53,200	76,000

1969-70
Corolla, 1969 - (4-cyl) - (90" wb) - (1079cc)
1970 - (4-cyl) - (90" wb) - (1166cc)

2d Sed	125	250	700	1150	2450	3500
2d FBk Cpe	150	300	700	1250	2650	3800
2d Sta Wag	150	300	700	1250	2650	3800

Corona - (4-cyl) - (95.3" wb) - (1879cc)

4d Sed	125	250	700	1150	2450	3500
2d HdTp Cpe	150	350	750	1350	2800	4000

Corona Mark II - (4-cyl) - (98.8" wb) - (1859cc)

4d Sed	150	350	750	1350	2800	4000
2d HdTp Cpe	150	400	750	1550	3050	4300
4d Sta Wag	150	400	750	1550	3050	4300

Crown - (6-cyl) - (105.9" wb) - (2254cc)

4d Sed	150	350	750	1350	2800	4000
4d Sta Wag	150	400	750	1650	3150	4500

1971-77
Corolla 1200 - (4-cyl) - (91.9" wb) - (1166cc)

2d Sed	125	250	700	1150	2450	3500
2d Cpe	125	250	700	1150	2450	3500
2d Sta Wag	150	300	700	1250	2650	3800

Corolla 1600 - (4-cyl) - (91.9" wb) - (1588cc)

2d Sed	125	250	700	1150	2450	3500
4d Sed	125	250	700	1150	2450	3500
2d Cpe	150	300	700	1250	2650	3800
2d Sta Wag	150	300	700	1250	2650	3800

Celica, 1971-74 - (4-cyl) - (1967cc)
1975-77 - (2189cc)

	6	5	4	3	2	1
2d Cpe	200	650	1050	2250	4200	6000

Corona - (4-cyl) - (95.7" wb) - (1859cc)
| 4d Sed | 150 | 350 | 750 | 1350 | 2800 | 4000 |
| 2d HdTp Cpe | 150 | 400 | 750 | 1650 | 3150 | 4500 |

Corona Mark II - (4-cyl) - (98.8" wb) - (1859cc)
4d Sed	150	350	750	1350	2800	4000
2d HdTp Cpe	150	400	750	1650	3150	4500
4d Sta Wag	150	400	750	1650	3150	4500

Crown, 1971 only - (6-cyl) - (105.9" wb) - (2254cc)
| 4d Sed | 150 | 350 | 750 | 1350 | 2800 | 4000 |
| 4d Sta Wag | 150 | 400 | 750 | 1650 | 3150 | 4500 |

1978-83

Corolla - (4-cyl) - (94.5" wb) - (1770cc)
2d Sed	125	250	700	1150	2450	3500
DeL 2d Sed	125	250	700	1150	2450	3500
DeL 4d Sed	125	250	700	1150	2450	3500
DeL Sta Wag	125	250	700	1150	2450	3500
DeL HdTp Cpe	150	300	700	1250	2650	3800
SR5 2d HdTp Cpe	150	350	750	1350	2800	4000
DeL 3d LBk	125	250	700	1150	2450	3500
DeL 2d Spt Cpe	150	300	700	1250	2650	3800
SR5 3d LBk	150	350	750	1350	2800	4000
SR5 2d Spt Cpe	150	350	750	1350	2800	4000

Tercel - (4-cyl) - (98.4" wb) - (1452cc)
2d Sed	150	350	750	1350	2800	4000
DeL 2d Sed	150	350	750	1350	2800	4000
4d Sed	150	350	750	1350	2800	4000
DeL 3d LBk	150	350	750	1350	2800	4000
SR5 3d LBk	150	400	750	1650	3150	4500

Starlet - (4-cyl) - (90.6" wb) - (1290cc)
| 3d LBk | 150 | 350 | 750 | 1350 | 2800 | 4000 |

Celica - (4-cyl) - (98.4" wb) - (2366cc)
ST 2d Spt Cpe	200	600	950	2150	3850	5500
GT 2d Spt Cpe	200	600	950	2200	3900	5600
GT 3d LBk	200	600	1000	2200	4000	5700

Celica Supra - (6-cyl) - (103.5" wb) - (2759cc)
| GT 2d Spt Cpe | 350 | 700 | 1150 | 2300 | 4550 | 6500 |

Corona - (4-cyl) - (99.4" wb) - (2366cc)
DeL 4d Sed	150	350	750	1350	2800	4000
DeL 5d Sta Wag	150	400	750	1650	3150	4500
LE 4d Sed	150	350	750	1350	2800	4000
LE 5d LBk	150	400	750	1650	3150	4500

Cressida - (6-cyl) - (104.1" wb) - (2759cc)
| Lux 4d Sed | 150 | 350 | 750 | 1350 | 2800 | 4000 |
| Lux 4d Sta Wag | 150 | 400 | 750 | 1650 | 3150 | 4500 |

NOTE: Specifications in this section are for 1981 models only. Prices are averages for the 1980-1981 model years.

TRIUMPH

1946-48

1800 - (4-cyl) - (108" wb) - (63 hp)
| T&C Saloon | 350 | 700 | 1150 | 2300 | 4550 | 6500 |

1800 - (4-cyl) - (100" wb) - (63 hp)
| Rds | 700 | 2150 | 3600 | 7200 | 12,600 | 18,000 |

1949

1800 - (4-cyl) - (108" wb) - (63 hp)
| T&C Saloon | 200 | 600 | 950 | 2150 | 3850 | 5500 |

2000 - (4-cyl) - (108" wb) - (68 hp)
| Saloon | 200 | 600 | 950 | 2200 | 3900 | 5600 |

2000 Renown - (4-cyl) - (108" wb) - (68 hp)
| Saloon | 350 | 700 | 1150 | 2300 | 4550 | 6500 |

Mayflower - (4-cyl) - (84" wb) - (38 hp)
| Saloon | 200 | 500 | 850 | 1900 | 3500 | 5000 |

2000 - (4-cyl) - (100" wb) - (68 hp)
| Rds | 700 | 2300 | 3800 | 7600 | 13,300 | 19,000 |

1950

2000 Renown - (4-cyl) - (108" wb) - (68 hp)
| Saloon | 200 | 600 | 950 | 2150 | 3850 | 5500 |

Mayflower - (4-cyl) - (84" wb) - (38 hp)
| Saloon | 200 | 500 | 850 | 1850 | 3350 | 4900 |

Triumph 591

	6	5	4	3	2	1
Conv	350	700	1150	2300	4550	6500

TRX (New Rds Prototype) - (4-cyl) - (94" wb) - (71 hp)
Rds   value inestimable
NOTE: Car was offered but none were ever delivered.

1951
2000 Renown - (4-cyl) - (108" wb) - (68 hp)
| Saloon | 200 | 600 | 950 | 2150 | 3850 | 5500 |

2000 - (4-cyl) - (111" wb) - (68 hp)
| Limo | 200 | 650 | 1050 | 2250 | 4200 | 6000 |

Mayflower - (4-cyl) - (84" wb) - (38 hp)
| Saloon | 200 | 500 | 850 | 1900 | 3500 | 5000 |

1952
2000 - (4-cyl) - (111" wb) - (68 hp)
| Limo | 200 | 650 | 1050 | 2250 | 4200 | 6000 |

Mayflower - (4-cyl) - (84" wb) - (38 hp)
| Saloon | 200 | 500 | 850 | 1900 | 3500 | 5000 |

20TS (prototype) - (4-cyl) - (130" wb) - (75 hp)
TR-1 Rds   value inestimable
NOTE: Only one prototype built.

2000 Renown - (4-cyl) - (111" wb) - (68 hp)
| Saloon | 200 | 600 | 950 | 2150 | 3850 | 5500 |

1953
2000 Renown - (4-cyl) - (108" wb) - (68 hp)
| Saloon | 200 | 600 | 950 | 2150 | 3850 | 5500 |

2000 - (4-cyl) - (111" wb) - (68 hp)
| Limo | 200 | 600 | 950 | 2200 | 3900 | 5600 |

Mayflower - (4-cyl) - (84" wb) - (38 hp)
| Saloon | 150 | 400 | 750 | 1650 | 3150 | 4500 |

TR-2 - (4-cyl) - (88" wb) - (90 hp)
| Rds | 450 | 1450 | 2400 | 4800 | 8400 | 12,000 |

1954
2000 Renown - (4-cyl) - (108" wb) - (68 hp)
| Saloon | 200 | 600 | 950 | 2150 | 3850 | 5500 |

TR-2 - (4-cyl) - (88" wb) - (90 hp)
| Rds | 400 | 1250 | 2100 | 4200 | 7400 | 10,500 |

1955
TR-2 - (4-cyl) - (88" wb) - (90 hp)
| Rds | 400 | 1250 | 2100 | 4200 | 7400 | 10,500 |

TR-3 - (4-cyl) - (88" wb) - (95 hp)
| Rds | 400 | 1300 | 2200 | 4400 | 7700 | 11,000 |

1956
TR-3 - (4-cyl) - (88" wb) - (95 hp)
| Rds | 400 | 1250 | 2100 | 4200 | 7400 | 10,500 |
| HdTp Rds | 400 | 1300 | 2200 | 4400 | 7700 | 11,000 |

1957
TR-3 - (4-cyl) - (88" wb) - (100 hp)
| Rds | 400 | 1250 | 2100 | 4200 | 7400 | 10,500 |
| HdTp Rds | 400 | 1300 | 2200 | 4400 | 7700 | 11,000 |

TR-10 - (4-cyl) - (84" wb) - (40 hp)
| Saloon | 450 | 1000 | 1650 | 3350 | 6300 | 9000 |

1958
TR-3 - (4-cyl) - (88" wb) - (100 hp)
| Rds | 400 | 1250 | 2100 | 4200 | 7400 | 10,500 |
| HdTp Rds | 400 | 1300 | 2200 | 4400 | 7700 | 11,000 |

TR-10 - (4-cyl) - (84" wb) - (40 hp)
| Saloon | 200 | 500 | 850 | 1900 | 3500 | 5000 |
| Sta Wag | 200 | 550 | 900 | 2000 | 3600 | 5200 |

1959
(NOTE: All cars registered after 9-15-58 are 1959 models).
TR-3 - (4-cyl) - (88" wb) - (100 hp)
| Rds | 400 | 1250 | 2100 | 4200 | 7400 | 10,500 |
| HdTp Rds | 400 | 1300 | 2200 | 4400 | 7700 | 11,000 |

TR-10 - (4-cyl) - (84" wb) - (40 hp)
| Saloon | 200 | 500 | 850 | 1900 | 3500 | 5000 |
| Sta Wag | 200 | 550 | 900 | 2000 | 3600 | 5200 |

1960
Herald - (4-cyl) - (84" wb) - (40 hp)
Sed	150	350	750	1450	2900	4100
Cpe	150	350	750	1450	3000	4200
Conv	200	650	1050	2250	4200	6000
Sta Wag	200	650	1050	2250	4200	4500

TR-3 - (4-cyl) - (88" wb) - (100 hp)
| Rds | 400 | 1250 | 2100 | 4200 | 7400 | 10,500 |
| HdTp Rds | 400 | 1300 | 2200 | 4400 | 7700 | 11,000 |

Triumph

1961
(NOTE: All cars registered after 9-15-60 are 1961 models).
Herald - (4-cyl) - (91.5" wb) - (40 hp)

	6	5	4	3	2	1
Sed	150	350	750	1450	3000	4200
Cpe	150	400	750	1550	3050	4300
Conv	200	650	1050	2250	4200	6000
Sta Wag	150	350	750	1450	3000	4200

TR-3 - (4-cyl) - (88" wb) - (100 hp)

| Rds | 400 | 1250 | 2100 | 4200 | 7400 | 10,500 |
| HdTp Rds | 400 | 1300 | 2200 | 4400 | 7700 | 11,000 |

1962
Herald - (4-cyl) - (91.5" wb) - (40 hp)

Sed	150	350	750	1450	2900	4100
Cpe	150	350	750	1450	3000	4200
Conv	200	650	1050	2250	4200	6000

TR-3 - (4-cyl) - (88" wb) - (100 hp)

| Rds | 400 | 1300 | 2200 | 4400 | 7700 | 11,000 |
| HdTp Rds | 450 | 1400 | 2300 | 4600 | 8100 | 11,500 |

TR-4 - (4-cyl) - (88" wb) - (105 hp)

| Rds | 450 | 1450 | 2400 | 4800 | 8400 | 12,000 |
| HdTp Rds | 450 | 1500 | 2500 | 5000 | 8800 | 12,500 |

Spitfire - (4-cyl) - (83" wb) - (100 hp)

| Conv | 350 | 750 | 1300 | 2450 | 5250 | 7500 |

1963
TR-3 - (4-cyl) - (88" wb) - (100 hp)

| Rds | 400 | 1250 | 2100 | 4200 | 7400 | 10,500 |
| HdTp Rds | 400 | 1300 | 2200 | 4400 | 7700 | 11,000 |

TR-4 - (4-cyl) - (88" wb) - (105 hp)

| Conv | 450 | 1000 | 1650 | 3350 | 6300 | 9000 |
| HdTp | 350 | 950 | 1600 | 3200 | 6050 | 8700 |

Four - (4-cyl) - (91.5" wb) - (40 hp)

| Sed | 200 | 500 | 850 | 1900 | 3500 | 5000 |
| Conv | 350 | 700 | 1150 | 2300 | 4550 | 6500 |

Spitfire - (4-cyl) - (83" wb) - (100 hp)

| Spt Conv | 350 | 750 | 1200 | 2350 | 4900 | 7000 |

Six - (6-cyl) - (91.5" wb) - (70 hp)

| Spt Conv | 350 | 750 | 1300 | 2450 | 5250 | 7500 |

1964
TR-4 - (4-cyl) - (88" wb) - (105 hp)

| HdTp Cpe | 400 | 1200 | 2000 | 3950 | 7000 | 10,000 |
| Conv | 450 | 1150 | 1800 | 3800 | 6800 | 9700 |

1965
TR-4 - (4-cyl) - (88" wb) - (105 hp)

| HdTp Cpe | 400 | 1250 | 2100 | 4200 | 7400 | 10,500 |
| Conv | 400 | 1200 | 2000 | 3950 | 7000 | 10,000 |

Spitfire Mark II - (4-cyl) - (83" wb) - (100 hp)

| Conv | 350 | 800 | 1450 | 2750 | 5600 | 8000 |

1966
TR-4 - (4-cyl) - (88" wb) - (105 hp)

| Conv | 400 | 1250 | 2100 | 4200 | 7400 | 10,500 |
| HdTp Cpe | 400 | 1200 | 2000 | 3950 | 7000 | 10,000 |

2000 - (6-cyl) - (106" wb) - (90 hp)

| Sed | 150 | 400 | 750 | 1650 | 3150 | 4500 |

Spitfire Mark II - (4-cyl) - (83" wb) - (100 hp)

| Conv | 350 | 800 | 1450 | 2750 | 5600 | 8000 |

1967
TR-4A - (4-cyl) - (88" wb) - (105 hp)

| HdTp Cpe | 400 | 1250 | 2100 | 4200 | 7400 | 10,500 |
| Conv | 400 | 1200 | 2000 | 3950 | 7000 | 10,000 |

2000

| Sed | 150 | 350 | 750 | 1350 | 2800 | 4000 |

Spitfire Mark II - (4-cyl) - (83" wb) - (68 hp)

| HdTp Cpe | 350 | 750 | 1300 | 2450 | 5250 | 7500 |
| Conv | 200 | 650 | 1050 | 2250 | 4200 | 6000 |

1200 Sport

| Sed | 150 | 450 | 800 | 1750 | 3250 | 4700 |
| Conv | 200 | 650 | 1050 | 2250 | 4200 | 6000 |

1968
TR-250 - (6-cyl) - (88" wb) - (104 hp)

| Conv | 450 | 1000 | 1650 | 3350 | 6300 | 9000 |

Spitfire Mark III - (4-cyl) - (83" wb) - (68 hp)

| Conv | 350 | 800 | 1450 | 2750 | 5600 | 8000 |

GT-6 Plus - (6-cyl) - (83" wb) - (95 hp)

| Cpe | 200 | 650 | 1050 | 2250 | 4200 | 6000 |

NOTE: Add 10 percent for wire wheels.
Add 10 percent for factory hardtop.
Add 5 percent for overdrive.

1969
TR-6 - (6-cyl) - (88" wb) - (104 hp)

	6	5	4	3	2	1
Conv	450	1000	1650	3350	6300	9000
Spitfire Mark III - (4-cyl) - (83" wb) - (68 hp)						
Conv	350	800	1450	2750	5600	8000
GT-6 Plus - (6-cyl) - (83" wb) - (95 hp)						
Cpe	200	650	1050	2250	4200	6000

NOTE: Add 10 percent for wire wheels.
Add 10 percent for factory hardtop.
Add 5 percent for overdrive.

1970
TR-6 - (6-cyl) - (88" wb) - (104 hp)

Conv	350	900	1550	3050	5900	8500
Spitfire Mark III - (4-cyl) - (83" wb) - (68 hp)						
Conv	350	700	1150	2300	4550	6500
GT-6 Plus - (6-cyl) - (83" wb) - (95 hp)						
Cpe	200	650	1050	2250	4200	6000
Stag - (8-cyl) - (100" wb) - (145 hp)						
Conv	400	1300	2200	4400	7700	11,000

NOTE: Add 10 percent for wire wheels.
Add 10 percent for factory hardtop.
Add 5 percent for overdrive.

1971
TR-6 - (6-cyl) - (88" wb) - (104 hp)

Conv	350	850	1500	2800	5650	8100
Spitfire Mark IV - (4-cyl) - (83" wb) - (58 hp)						
Conv	200	600	950	2150	3850	5500
GT-6 Mark III - (6-cyl) - (83" wb) - (90 hp)						
Cpe	200	500	850	1900	3500	5000
Stag - (8-cyl) - (100" wb) - (145 hp)						
Conv	450	1100	1700	3650	6650	9500

NOTE: Add 10 percent for wire wheels.
Add 10 percent for factory hardtop.
Add 5 percent for overdrive.

1972
TR-6 - (6-cyl) - (88" wb) - (106 hp)

Conv	350	800	1450	2750	5600	8000
Spitfire Mark IV - (4-cyl) - (83" wb) - (48 hp)						
Conv	200	650	1050	2250	4200	6000
GT-6 Mark III - (6-cyl) - (83" wb) - (79 hp)						
Cpe	200	500	850	1900	3500	5000
Stag - (8-cyl) - (100" wb) - (127 hp)						
Conv	450	1100	1700	3650	6650	9500

NOTE: Add 10 percent for wire wheels.
Add 10 percent for factory hardtop.
Add 5 percent for overdrive.

1973
TR-6 - (6-cyl) - (88" wb) - (106 hp)

Conv	350	800	1450	2750	5600	8000
Spitfire Mark IV - (4-cyl) - (83" wb) - (57 hp)						
Conv	200	650	1050	2250	4200	6000
GT-6 Mark III - (6-cyl) - (83" wb) - (79 hp)						
Cpe	200	500	850	1900	3500	5000
Stag - (8-cyl) - (100" wb) - (127 hp)						
Conv	450	1150	1900	3900	6900	9900

NOTE: Add 10 percent for wire wheels.
Add 10 percent for factory hardtop.
Add 5 percent for overdrive.

1974
TR-6 - (6-cyl) - (88" wb) - (106 hp)

Conv	350	800	1450	2750	5600	8000
Spitfire Mark IV - (4-cyl) - (83" wb) - (57 hp)						
Conv	200	650	1050	2250	4200	6000

NOTE: Add 10 percent for factory hardtop.
Add 5 percent for overdrive.

1975
TR-6 - (6-cyl) - (88" wb) - (106 hp)

Conv	350	800	1450	2750	5600	8000
TR-7 - (4-cyl) - (85" wb) - (92 hp)						
Cpe	200	650	1050	2250	4200	6000
Spitfire 1500 - (4-cyl) - (83" wb) - (57 hp)						
Conv	350	700	1150	2300	4550	6500

Triumph

NOTE: Add 10 percent for factory hardtop.
Add 5 percent for overdrive.

1976
TR-6 - (6-cyl) - (88" wb) - (106 hp)

	6	5	4	3	2	1
Conv	350	900	1550	3050	5900	8500
TR-7 - (4-cyl) - (85" wb) - (92 hp)						
Cpe	200	650	1050	2250	4200	6000
Spitfire 1500 - (4-cyl) - (83" wb) - (57 hp)						
Conv	200	650	1050	2250	4200	6000

NOTE: Add 10 percent for factory hardtop.
Add 5 percent for overdrive.

1977
TR-7 - (4-cyl) - (85" wb) - (92 hp)

Cpe	200	600	950	2150	3850	5500
Spitfire 1500 - (4-cyl) - (83" wb) - (57 hp)						
Conv	200	650	1050	2250	4200	6000

NOTE: Add 10 percent for factory hardtop.
Add 5 percent for overdrive.

1978
TR-7 - (4-cyl) - (85" wb) - (92 hp)

Cpe	200	600	950	2150	3850	5500
TR-8 - (8-cyl) - (85" wb) - (133 hp)						
(About 150 prototypes in USA)						
Cpe	400	1250	2100	4200	7400	10,500
Spitfire 1500 - (4-cyl) - (83" wb) - (57 hp)						
Conv	200	650	1050	2250	4200	6000

NOTE: Add 10 percent for factory hardtop.
Add 5 percent for overdrive.

1979
TR-7 - (4-cyl) - (85" wb) - (86 hp)

Conv	350	750	1200	2350	4900	7000
Cpe	200	650	1050	2250	4200	6000
Spitfire 1500 - (4-cyl) - (83" wb) - (53 hp)						
Conv	350	700	1150	2300	4550	6500

NOTE: Add 10 percent for factory hardtop.
Add 5 percent for overdrive.

1980
TR-7 - (4-cyl) - (85" wb) - (86 hp)

Conv	350	725	1200	2350	4850	6900
Spider Conv	350	750	1300	2500	5300	7600
Cpe	200	675	1100	2250	4400	6300
TR-8 - (8-cyl) - (85" wb) - (133 hp)						
Conv	450	1450	2450	4900	8500	12,200
Cpe	400	1250	2100	4200	7400	10,500
Spitfire 1500 - (4-cyl) - (83" wb) - (57 hp)						
Conv	350	750	1300	2400	5200	7400

NOTE: Add 10 percent for factory hardtop.
Add 5 percent for overdrive.

1981
TR-7 - (4-cyl) - (85" wb) - (89 hp)

Conv	350	800	1350	2700	5500	7900
TR-8 - (8-cyl) - (85" wb) - (148 hp)						
Conv	500	1600	2700	5400	9500	13,500

VOLKSWAGEN

1945
Standard - (4-cyl) - (94.5" wb) - (25 hp)

2d Sed	600	1850	3100	6200	10,800	15,400

1946
Standard - (4-cyl) - (94.5" wb) - (25 hp)

2d Sed	450	1500	2500	5000	8700	12,400

1947-1948
(4-cyl) - (94.5" wb) - (25 hp)

Std	400	1250	2100	4200	7300	10,400
Export	450	1350	2300	4600	8000	11,400

1949
Standard - (4-cyl) - (94.5" wb) - (25 hp)

2d Sed	450	1150	1900	3900	6900	9900

Volkswagen

DeLuxe - (4-cyl) - (94.5" wb) - (10 hp)

	6	5	4	3	2	1
2d Sed	400	1250	2100	4200	7300	10,400
Conv	600	1850	3100	6200	10,800	15,400
Heb Conv	700	2200	3700	7400	12,900	18,400

NOTE: Only 700 Hebmuller Cabriolet convertibles were built during 1949-1950. Add 10 percent for sunroof.

1950
DeLuxe - (4-cyl) - (94.5" wb) - (25 hp)

2d Sed	450	1150	1800	3800	6800	9700
Conv	500	1500	2550	5100	8900	12,700
Heb Conv	700	2200	3700	7400	12,900	18,400

NOTE: Add 10 percent for sunroof.

1951-1952
(Serial Nos. 170000-Up)
DeLuxe - (4-cyl) - (94.5" wb) - (25 hp)

2d Sed	450	1000	1650	3350	6300	9000
Conv	450	1350	2300	4600	8000	11,400

NOTE: Add 10 percent for sunroof.

1952-1953
(Serial Nos. 1-0264198-Up)
DeLuxe - (4-cyl) - (94.5" wb) - (25 hp)

2d Sed	450	1000	1650	3350	6300	9000
Conv	550	1700	2800	5600	9800	14,000

NOTE: Add 10 percent for sunroof.

1953
(Serial Nos. later than March 1953)
DeLuxe - (4-cyl) - (94.5" wb) - (25 hp)

2d Sed	350	900	1550	3000	5850	8400
Conv	400	1250	2100	4200	7300	10,400

NOTE: Add 10 percent for sunroof.

1954
DeLuxe - (4-cyl) - (94.5" wb) - (36 hp)

2d Sed	350	900	1550	3000	5850	8400
Conv	450	1150	1900	3900	6900	9900

NOTE: Add 10 percent for sunroof.

1955
DeLuxe - (4-cyl) - (94.5" wb) - (36 hp)

2d Sed	350	900	1550	3000	5850	8400
Conv	450	1150	1900	3900	6900	9900

NOTE: Add 10 percent for sunroof.

1956
DeLuxe - (4-cyl) - (94.5" wb) - (36 hp)

2d Sed	350	900	1550	3000	5850	8400
Conv	450	1150	1900	3900	6900	9900

NOTE: Add 10 percent for sunroof.

Karmann-Ghia - (4-cyl) - (94.5" wb) - (36 hp)

Cpe	400	1200	2000	3950	7000	10,000

1957
Beetle - (4-cyl) - (94.5" wb) - (36 hp)

2d Sed	350	900	1550	3000	5850	8400
Conv	450	1050	1700	3600	6600	9400

NOTE: Add 10 percent for sunroof.

Karmann-Ghia - (4-cyl) - (94.5" wb) - (36 hp)

Cpe	400	1200	2000	3950	7000	10,000

1958
Beetle - (4-cyl) - (94.5" wb) - (36 hp)

2d DeL Sed	350	800	1450	2750	5600	8000
Conv	450	1050	1700	3600	6600	9400

Karmann-Ghia - (4-cyl) - (94.5" wb) - (36 hp)

Cpe	400	1200	2000	3950	7000	10,000
Conv	400	1300	2200	4400	7700	11,000

1959
Beetle - (4-cyl) - (94.5" wb) - (36 hp)

2d Sed	350	800	1450	2750	5600	8000
Conv	450	1000	1650	3350	6300	9000

NOTE: Add 10 percent for sunroof.

Karmann-Ghia - (4-cyl) - (94.5" wb) - (36 hp)

Cpe	400	1200	2000	3950	7000	10,000
Conv	400	1300	2200	4400	7700	11,000

1960
Beetle - (4-cyl) - (94.5" wb) - (36 hp)

2d DeL Sed	350	800	1450	2750	5600	8000
Conv	450	1000	1650	3350	6300	9000

NOTE: Add 10 percent for sunroof.

Karmann-Ghia - (4-cyl) - (94.5" wb) - (36 hp)

	6	5	4	3	2	1
Cpe	400	1200	2000	3950	7000	10,000
Conv	400	1300	2200	4400	7700	11,000

1961
Beetle - (4-cyl) - (94.5" wb) - (40 hp)

	6	5	4	3	2	1
2d DeL Sed	350	750	1300	2450	5250	7500
Conv	350	800	1450	2750	5600	8000

NOTE: Add 10 percent for sunroof.

Karmann-Ghia - (4-cyl) - (94.5" wb) - (40 hp)

	6	5	4	3	2	1
Cpe	400	1200	2000	3950	7000	10,000
Conv	400	1300	2200	4400	7700	11,000

1962
Beetle - (4-cyl) - (94.5" wb) - (40 hp)

	6	5	4	3	2	1
2d DeL Sed	350	750	1200	2350	4900	7000
Conv	350	800	1450	2750	5600	8000

NOTE: Add 10 percent for sunroof.

Karmann-Ghia - (4-cyl) - (94.5" wb) - (40 hp)

	6	5	4	3	2	1
Cpe	450	1100	1700	3650	6650	9500
Conv	400	1250	2100	4200	7400	10,500

1963
Beetle - (4-cyl) - (94.5" wb) - (40 hp)

	6	5	4	3	2	1
2d DeL Sed	350	750	1200	2350	4900	7000
Conv	350	800	1450	2750	5600	8000

NOTE: Add 10 percent for sunroof.

Karmann-Ghia - (4-cyl) - (94.5" wb) - (40 hp)

	6	5	4	3	2	1
Cpe	450	1100	1700	3650	6650	9500
Conv	400	1250	2100	4200	7400	10,500

1964
Beetle - (4-cyl) - (94.5" wb) - (40 hp)

	6	5	4	3	2	1
2d DeL Sed	200	650	1050	2250	4200	7000
Conv	350	900	1550	3050	5900	8500

NOTE: Add 10 percent for sunroof.

Karmann-Ghia - (4-cyl) - (94.5" wb) - (40 hp)

	6	5	4	3	2	1
Cpe	350	900	1550	3050	5900	9500
Conv	400	1200	2000	3950	7000	10,500

1965
Beetle - (4-cyl) - (94.5" wb) - (40 hp)

	6	5	4	3	2	1
2d DeL Sed	350	750	1200	2350	4900	7000
Conv	350	800	1450	2750	5600	8000

NOTE: Add 10 percent for sunroof.

Karmann-Ghia - (4-cyl) - (94.5" wb) - (40 hp)

	6	5	4	3	2	1
Cpe	450	1000	1650	3350	6300	9000
Conv	400	1200	2000	3950	7000	10,000

1966
Beetle - (53 hp)

	6	5	4	3	2	1
2d DeL Sed	350	700	1150	2300	4550	6500
Conv	350	800	1450	2750	5600	8000

NOTE: Add 10 percent for sunroof.

Karmann Ghia - (53 hp)

	6	5	4	3	2	1
Cpe	450	1000	1650	3350	6300	9000
Conv	400	1300	2200	4400	7700	11,000

1600 Series - (65 hp)

	6	5	4	3	2	1
2d Sed FBk	150	300	700	1250	2600	3700
2d Sed SqBk	150	300	700	1250	2650	3800

NOTE: Add 10 percent for sunroof.

1967
Beetle - (53 hp)

	6	5	4	3	2	1
2d DeL Sed	350	700	1150	2300	4550	6500
2d SR DeL Sed	350	800	1450	2750	5600	8000
Conv	450	1450	2400	4800	8400	12,000

NOTE: Add 10 percent for sunroof.

Karmann Ghia - (53 hp)

	6	5	4	3	2	1
Cpe	450	1000	1650	3350	6300	9000
Conv	400	1200	2000	3950	7000	10,000

1600 Series - (65 hp)

	6	5	4	3	2	1
2d Sed FBk	150	400	750	1600	3100	4400
2d Sed SqBk	150	450	750	1700	3200	4600

NOTE: Add 10 percent for sunroof.

1968
Beetle - (53 hp)

	6	5	4	3	2	1
2d Sed	350	700	1150	2300	4550	6500
Conv	350	800	1450	2750	5600	8000

NOTE: Add 10 percent for sunroof.

Karmann Ghia - (53 hp)

	6	5	4	3	2	1
Cpe	450	1000	1650	3350	6300	9000

Volkswagen 597

	6	5	4	3	2	1
Conv	400	1200	2000	3950	7000	10,000
1600 Series - (65 hp)						
2d Sed FBk	150	400	750	1600	3100	4400
2d Sed SqBk	150	450	750	1700	3200	4600
NOTE: Add 10 percent for sunroof.						

1969
Beetle - (53 hp)

2d Sed	350	750	1200	2350	4900	7000
Conv	350	800	1450	2750	5600	8000

NOTE: Add 10 percent for sunroof.

Karmann Ghia - (53 hp)

Cpe	350	750	1300	2450	5250	7500
Conv	450	1000	1650	3350	6300	9000

1600 Series - (65 hp)

2d Sed FBk	125	250	700	1150	2500	3600
2d Sed SqBk	150	300	700	1250	2600	3700

NOTE: Add 10 percent for sunroof.

1970
Beetle - (60 hp)

2d Sed	350	700	1150	2300	4550	6500
Conv	350	800	1450	2750	5600	8000

NOTE: Add 10 percent for sunroof.

Karmann Ghia - (60 hp)

Cpe	350	750	1200	2350	4900	7000
Conv	450	1000	1650	3350	6300	9000

1600 Series - (65 hp)

2d Sed FBk	125	250	700	1150	2500	3600
2d Sed SqBk	150	300	700	1250	2600	3700

NOTE: Add 10 percent for sunroof.

1971
Beetle - (60 hp)

2d Sed	200	650	1050	2250	4200	6000
2d Sup Sed	350	700	1100	2300	4500	6400
Conv	350	800	1450	2750	5600	8000

NOTE: Add 10 percent for sunroof.

Karmann Ghia

Cpe	350	750	1200	2350	4900	7000
Conv	400	1200	2000	3950	7000	10,000

Type 3, Square Back or 411

2d Sed SqBk	125	250	700	1150	2400	3400
3d Sed 411	125	250	700	1150	2450	3500
4d Sed 411	125	250	700	1150	2450	3500
2d Sed Type 3	125	250	700	1150	2400	3400

1972
Beetle - (60 hp)

2d Sed	200	650	1050	2250	4200	6000
2d Sup Sed	350	700	1100	2300	4500	6400
Conv	350	800	1450	2750	5600	8000

NOTE: Add 10 percent for sunroof.

Karmann Ghia

Cpe	350	750	1200	2350	4900	7000
Conv	400	1200	2000	3950	7000	10,000

Type 3, Square Back or 411

2d Sed	125	250	700	1150	2400	3400
2d Sed Type 3	125	250	700	1150	2400	3400
2d Sed 411	125	250	700	1150	2450	3500
4d Sed AT 411	125	250	700	1150	2450	3500
3d Wag 411	125	250	700	1150	2450	3500

NOTE: Add 10 percent for sunroof.

1973
Beetle - (46 hp)

2d Sed	200	650	1050	2250	4200	6000
2d Sup Sed	350	700	1100	2300	4500	6400
Conv	350	800	1450	2750	5600	8000

Karmann Ghia

Cpe	350	750	1200	2350	4900	7000
Conv	400	1200	2000	3950	7000	10,000

Type 3, Square Back or 412

2d Sed SqBk	125	250	700	1150	2400	3400
2d Sed Type 3	125	250	700	1150	2400	3400
2d Sed 412	125	250	700	1150	2450	3500
4d Sed 412	125	250	700	1150	2450	3500
3d Sed 412	125	250	700	1150	2450	3500
Thing Conv	200	500	850	1850	3350	4900

Volkswagen

1974
Beetle

	6	5	4	3	2	1
2d Sed	200	600	950	2150	3850	5500
2d Sup Sed	200	600	950	2200	3900	5600
2d Sun Bug Sed	200	650	1000	2200	4100	5800
Conv	350	800	1450	2750	5600	8000

Karmann Ghia

Cpe	350	700	1150	2300	4550	6500
Conv	450	1000	1650	3350	6300	9000

Thing

Conv	200	500	850	1850	3350	4900

Dasher

2d Sed	125	200	600	1100	2250	3200
4d Sed	125	250	700	1150	2400	3400
4d Wag	150	300	700	1250	2600	3700

412

2d Sed	125	200	600	1100	2250	3200
4d Sed	125	200	600	1100	2250	3200
3d Sed	125	200	600	1100	2250	3200

1975
Beetle

2d Sed	200	600	1000	2200	4000	5700
2d Sup Sed	200	650	1050	2250	4200	6000
Conv	350	800	1450	2750	5600	8000

Rabbit (FWD)

2d Cus Sed	125	200	600	1100	2200	3100
4d Cus Sed	125	200	600	1100	2250	3200

NOTE: Add 5 percent for DeLuxe.

Dasher

2d Sed	125	200	600	1100	2200	3100
4d Sed	125	200	600	1100	2300	3300
HBk	125	250	700	1150	2400	3400
4d Wag	125	250	700	1150	2500	3600

Scirocco (FWD)

Cpe	150	400	750	1600	3100	4400

1976
Beetle

2d Sed	200	650	1050	2250	4200	6000
Conv	350	800	1450	2750	5600	8000

Rabbit (FWD)

2d Sed	125	200	600	1100	2200	3100
2d Cus Sed	125	200	600	1100	2250	3200
4d Cus Sed	125	200	600	1100	2250	3200

NOTE: Add 10 percent for DeLuxe.

Dasher

2d Sed	125	200	600	1100	2250	3200
4d Sed	125	250	700	1150	2400	3400
4d Sta Wag	150	300	700	1250	2600	3700

Scirocco (FWD)

Cpe	150	450	800	1800	3300	4800

1977
Beetle

2d Sed	200	650	1050	2250	4200	6000
Conv	350	800	1450	2750	5600	8000

Rabbit (FWD)

2d Sed	125	200	600	1100	2200	3100
2d Cus Sed	125	200	600	1100	2250	3200
4d Cus Sed	125	200	600	1100	2250	3200

NOTE: Add 10 percent for DeLuxe.

Dasher

2d Sed	125	200	600	1100	2250	3200
4d Sed	125	250	700	1150	2400	3400
4d Sta Wag	150	300	700	1250	2600	3700

Scirocco (FWD)

Cpe	200	500	850	1850	3350	4900

1978
Beetle

2d Conv	400	1300	2200	4400	7700	11,000

Rabbit (FWD)

2d Sed	100	175	525	1050	2100	3000
2d Cus Sed	125	200	600	1100	2200	3100
4d Cus Sed	125	200	600	1100	2200	3100
2d DeL Sed	125	200	600	1100	2250	3200
4d DeL Sed	125	200	600	1100	2250	3200

Volkswagen

	6	5	4	3	2	1
Dasher						
2d	125	250	700	1150	2450	3500
4d	125	250	700	1150	2450	3500
Dasher						
4d Sta Wag	125	250	700	1150	2500	3600
Scirocco (FWD)						
2d Cpe	150	350	750	1350	2800	4000
1979						
Beetle						
2d Conv	450	1400	2300	4600	8100	11,500
Rabbit (FWD)						
2d Sed	100	175	525	1050	2100	3000
2d Cus Sed	125	200	600	1100	2200	3100
4d Cus Sed	125	200	600	1100	2200	3100
2d DeL Sed	125	200	600	1100	2250	3200
4d DeL Sed	125	200	600	1100	2250	3200
Dasher						
2d HBk	125	250	700	1150	2450	3500
4d HBk	125	250	700	1150	2450	3500
4d Sta Wag	125	250	700	1150	2500	3600
Scirocco (FWD)						
2d Cpe	150	350	750	1350	2800	4000
1980						
Rabbit (FWD)						
2d Conv	350	700	1100	2300	4500	6400
2d Cus Sed	100	175	525	1050	2100	3000
4d Cus Sed	100	175	525	1050	2100	3000
2d DeL Sed	125	200	600	1100	2200	3100
4d DeL Sed	125	200	600	1100	2200	3100
Jetta (FWD)						
2d	125	250	700	1150	2400	3400
4d	125	250	700	1150	2400	3400
Dasher						
2d	125	200	600	1100	2300	3300
4d	125	200	600	1100	2300	3300
4d Sta Wag	125	250	700	1150	2400	3400
Scirocco (FWD)						
2d Cpe	125	250	700	1150	2500	3600
2d Cpe S	150	300	700	1250	2650	3800
1981						
Rabbit (FWD)						
2d Conv	200	675	1100	2250	4400	6300
2d	100	175	525	1050	2050	2900
2d L	100	175	525	1050	2100	3000
4d L	100	175	525	1050	2100	3000
2d LS	125	200	600	1100	2200	3100
4d LS	125	200	600	1100	2200	3100
2d S	125	200	600	1100	2250	3200
Jetta (FWD)						
2d	125	250	700	1150	2400	3400
4d	125	250	700	1150	2400	3400
Dasher						
4d	125	200	600	1100	2250	3200
Scirocco (FWD)						
2d Cpe	125	250	700	1150	2500	3600
2d S Cpe	150	300	700	1250	2600	3700
1982						
Rabbit (FWD)						
2d Conv	200	675	1050	2250	4300	6100
2d	100	175	525	1050	2050	2900
2d L	100	175	525	1050	2100	3000
4d L	100	175	525	1050	2100	3000
2d LS	125	200	600	1100	2200	3100
4d LS	125	200	600	1100	2200	3100
2d S	125	200	600	1100	2250	3200
Jetta (FWD)						
2d	125	200	600	1100	2300	3300
4d	125	200	600	1100	2300	3300
Scirocco (FWD)						
2d Cpe	150	300	700	1250	2600	3700
Quantum (FWD)						
2d Cpe	150	350	750	1350	2800	4000
4d	150	350	750	1350	2800	4000
4d Sta Wag	150	350	750	1450	2900	4100

Volkswagen

1983
Rabbit (FWD)

	6	5	4	3	2	1
2d Conv	350	725	1200	2350	4800	6800
2d L	100	175	525	1050	1950	2800
4d L	100	175	525	1050	1950	2800
2d LS	100	175	525	1050	2050	2900
4d LS	100	175	525	1050	2050	2900
2d GL	100	175	525	1050	2100	3000
4d GL	100	175	525	1050	2100	3000
2d GTi	125	250	700	1150	2450	3500

Jetta (FWD)

2d	125	250	700	1150	2400	3400
4d	125	250	700	1150	2400	3400

Scirocco (FWD)

2d Cpe	150	350	750	1450	2900	4100

Quantum (FWD)

2d Cpe	150	350	750	1450	2900	4100
4d	150	350	750	1450	2900	4100
4d Sta Wag	150	350	750	1450	3000	4200

1984
Rabbit (FWD)

2d Conv	350	725	1200	2350	4800	6800
2d L HBk	100	175	525	1050	2100	3000
4d L HBk	125	200	600	1100	2200	3100
4d GL HBk	125	250	700	1150	2450	3500
2d GTi HBk	150	350	750	1350	2800	4000

Jetta (FWD)

2d Sed	150	300	700	1250	2650	3800
4d Sed	150	300	750	1350	2700	3900
4d GL Sed	150	350	750	1350	2800	4000
4d GLi Sed	150	350	750	1450	3000	4200

Scirocco (FWD)

2d Cpe	150	350	750	1350	2800	4000

Quantum (FWD)

4d GL Sed	150	300	700	1250	2650	3800
4d GL Sta Wag	150	300	700	1250	2600	3700

1985
Cabriolet (FWD)

2d Conv	350	800	1450	2750	5600	8000

Golf (FWD)

2d HBk	150	350	750	1350	2800	4000
4d HBk	150	350	750	1450	3000	4200
2d GTi HBk	200	600	950	2150	3850	5500

Jetta (FWD)

2d Sed	150	400	750	1650	3150	4500
4d Sed	150	450	800	1750	3250	4700
4d GL Sed	200	500	850	1850	3350	4900
4d GLi Sed	200	600	950	2150	3850	5500

Scirocco (FWD)

2d Cpe	200	650	1050	2250	4200	6000
2d Cpe (16V)	350	750	1200	2350	4900	7000

Quantum (FWD)

4d GL Sed	350	700	1150	2300	4550	6500
4d Sta Wag	200	675	1050	2250	4350	6200
4d Sta Wag (4WD)	350	750	1200	2350	4900	7000

1986
Cabriolet (FWD)

2d Conv	350	900	1550	3050	5900	8500

Golf (FWD)

2d HBk	150	400	750	1650	3150	4500
4d HBk	150	450	800	1750	3250	4700
2d GTi HBk	200	650	1050	2250	4200	6000

Jetta (FWD)

2d Sed	200	500	850	1900	3500	5000
4d Sed	200	500	850	1950	3600	5100
4d GL Sed	200	600	950	2150	3850	5500
4d GLi Sed	350	700	1150	2300	4550	6500

Scirocco (FWD)

2d Cpe	200	675	1050	2250	4350	6200
2d Cpe (16V)	350	750	1200	2350	4900	7000

Quantum (FWD)

4d GL Sed	350	700	1150	2300	4550	6500
4d Sta Wag	200	650	1050	2250	4200	6000
4d Sta Wag (4WD)	350	700	1150	2300	4600	6600

VOLVO

1944-1950
PV444 - (4-cyl) - (102.4" wb) - (1414cc)

	6	5	4	3	2	1
2d Sed	350	750	1250	2400	5050	7200

1951
PV444 - (4-cyl) - (102.4" wb) - (1414cc)
| 2d Sed | 350 | 750 | 1200 | 2350 | 4900 | 7000 |

1952
PV444 - (4-cyl) - (104.4" wb) - (1414cc)
| 2d Sed | 350 | 750 | 1200 | 2350 | 4900 | 7000 |

1953
PV444 - (4-cyl) - (102.4" wb) - (1414cc)
| 2d Sed | 350 | 750 | 1200 | 2350 | 4900 | 7000 |

1954
(4-cyl) - (102.4" wb) - (1414cc)
| PV444 2d Sed | 350 | 750 | 1200 | 2350 | 4900 | 7000 |
| PV445 2d Sta Wag | 350 | 750 | 1300 | 2450 | 5250 | 7500 |

1955
(4-cyl) - (102.4" wb) - (1414cc)
| PV444 2d Sed | 350 | 750 | 1200 | 2350 | 4900 | 7000 |
| PV445 2d Sta Wag | 350 | 750 | 1300 | 2450 | 5250 | 7500 |

1956
(4-cyl) - (102.4" wb) - (1414cc)
| PV444 2d Sed | 350 | 750 | 1200 | 2350 | 4900 | 7000 |
| PV445 2d Sta Wag | 350 | 750 | 1300 | 2450 | 5250 | 7500 |

1957
(4-cyl) - (102.4" wb) - (1414cc)
| PV444 2d Sed | 350 | 750 | 1200 | 2350 | 4900 | 7000 |
| PV445 2d Sta Wag | 350 | 750 | 1300 | 2450 | 5250 | 7500 |

(4-cyl) - (104.4" wb) - (1583cc)
(4-cyl) - (94.5" wb) - (1414cc)
| P1900 Conv | 450 | 1450 | 2400 | 4800 | 8400 | 12,000 |

1958
(4-cyl) - (102.4" wb) - (1583cc)
| PV544 2d Sed | 350 | 750 | 1200 | 2350 | 4900 | 7000 |
| PV445 2d Sta Wag | 350 | 750 | 1300 | 2450 | 5250 | 7500 |

1959
(4-cyl) - (102.4" wb) - (1583cc)
PV544 2d Sed	350	750	1200	2350	4900	7000
PV445 2d Sta Wag	350	750	1300	2450	5250	7500
122S 4d Sed	200	500	850	1900	3500	5000

1960
(4-cyl) - (102.4" wb) - (1583cc)
PV544 2d Sed	350	700	1150	2300	4550	6500
PV445 2d Sta Wag	350	725	1200	2350	4800	6800
122S 4d Sed	200	500	850	1900	3500	5000

1961
(4-cyl) - (102.4" wb) - (1583cc)
PV544 2d Sed	350	700	1150	2300	4550	6500
P210 2d Sta Wag	350	725	1200	2350	4800	6800
122S 4d Sed	200	500	850	1900	3500	5000

P1800 - (4-cyl) - (96.5" wb) - (1778cc)
| Cpe | 350 | 750 | 1200 | 2350 | 4900 | 7000 |

1962
P210 - (4-cyl) - (102.4" wb) - (1583cc)
| 2d Sta Wag | 350 | 725 | 1150 | 2300 | 4700 | 6700 |

PV544 - (4-cyl) - (102.4" wb) - (1778cc)
| 2d Sed | 200 | 650 | 1050 | 2250 | 4200 | 6000 |

122S - (4-cyl) - (102.4" wb) - (1778cc)
2d Sed	200	500	850	1900	3500	5000
4d Sed	200	550	900	2000	3600	5200
4d Sta Wag	200	600	950	2150	3850	5500

P1800 - (4-cyl) - (96.5" wb) - (1778cc)
| Cpe | 350 | 700 | 1150 | 2300 | 4550 | 6500 |

1963
(4-cyl) - (102.4" wb) - (1778cc)
| PV544 2d Sed | 350 | 725 | 1150 | 2300 | 4700 | 6700 |
| 210 2d Sta Wag | 350 | 725 | 1200 | 2350 | 4800 | 6800 |

P122S - (4-cyl) - (102.4" wb) - (1778cc)
| 2d Sed | 200 | 500 | 850 | 1900 | 3500 | 5000 |

Volvo

	6	5	4	3	2	1
4d Sed	200	550	900	2000	3600	5200
4d Sta Wag	200	600	950	2150	3850	5500
1800S - (4-cyl) - (96.5" wb) - (1778cc)						
Cpe	350	700	1150	2300	4550	6500
1964						
(4-cyl) - (102.4" wb) - (1778cc)						
PV544 2d Sed	200	675	1050	2250	4350	6200
P210 2d Sta Wag	350	750	1200	2350	4900	7000
122S - (4-cyl) - (102.4" wb) - (1778cc)						
2d Sed	200	500	850	1900	3500	5000
4d Sed	200	550	900	2000	3600	5200
4d Sta Wag	200	600	950	2150	3850	5500
1800S - (4-cyl) - (96.5" wb) - (1778cc)						
Cpe	350	700	1150	2300	4550	6500
1965						
(4-cyl) - (102.4" wb) - (1778cc)						
PV544 2d Sed	200	650	1050	2250	4200	6000
P210 Sta Wag	350	700	1150	2300	4550	6500
122S - (4-cyl) - (102.4" wb) - (1778cc)						
2d Sed	200	500	850	1900	3500	5000
4d Sed	200	550	900	2000	3600	5200
4d Sta Wag	200	600	950	2150	3850	5500
1800S - (4-cyl) - (96.5" wb) - (1778cc)						
Cpe	350	750	1200	2350	4900	7000
1966						
210S - (4-cyl) - (102.4" wb) - (1778cc)						
2d Sta Wag	350	700	1150	2300	4550	6500
122S - (4-cyl) - (102.4" wb) - (1778cc)						
2d Sed	200	500	850	1900	3500	5000
4d Sed	200	550	900	2000	3600	5200
4d Sta Wag	200	600	950	2150	3850	5500
1800S - (4-cyl) - (96.5" wb) - (1778cc)						
Cpe	350	750	1300	2450	5250	7500
1967						
P210 - (4-cyl) - (102.4" wb) - (1778cc)						
2d Sta Wag	350	700	1150	2300	4550	6500
122S - (4-cyl) - (102.4" wb) - (1778cc)						
2d Sed	200	550	900	2000	3600	5200
4d Sed	200	500	850	1900	3500	5000
4d Sta Wag	200	600	950	2150	3850	5500
(4-cyl) - (96.5" wb) - (1778cc)						
123 GT	200	650	1050	2250	4200	6000
1800S Cpe	350	800	1450	2750	5600	8000
1968						
122S - (4-cyl) - (102.4" wb) - (1778cc)						
2d Sed	200	550	900	2000	3600	5200
4d Sta Wag	200	600	950	2150	3850	5500
(4-cyl) - (102.4" wb) - (1778cc)						
123 GT	200	650	1050	2250	4200	6000
142S 2d Sed	150	400	750	1650	3150	4500
144 4d Sed	150	400	750	1550	3050	4300
1800S - (4-cyl) - (96.5" wb) - (1778cc)						
Cpe	350	900	1550	3050	5900	8500
1969						
(4-cyl) - (102.4" wb) - (1986cc)						
142S 2d Sed	200	500	850	1950	3600	5100
144S 4d Sed	200	500	850	1900	3500	5000
145S 4d Sta Wag	200	550	900	2000	3600	5200
1800S - (4-cyl) - (96.5" wb) - (1986cc)						
Cpe	450	1000	1650	3350	6300	9000
1970						
(4-cyl) - (102.4" wb) - (1986cc)						
142 2d Sed	200	550	900	2000	3600	5200
144 4d Sed	200	500	850	1950	3600	5100
145 4d Sta Wag	200	500	850	1950	3600	5100
1800E - (4-cyl) - (96.5" wb) - (1986cc)						
Cpe	450	1100	1700	3650	6650	9500
164 - (6-cyl) - (106.3" wb) - (2978cc)						
4d Sed	200	500	850	1900	3500	5000
1971						
(4-cyl) - (103.2" wb) - (1986cc)						
142 2d Sed	200	550	900	2000	3600	5200
144 4d Sed	200	500	850	1900	3500	5000
145 4d Sta Wag	200	550	900	2150	3800	5400

Volvo 603

	6	5	4	3	2	1
1800E - (4-cyl) - (96.5" wb) - (1986cc)						
Cpe	400	1200	2000	3950	7000	10,000
164 - (6-cyl) - (107" wb) - (2978cc)						
4d Sed	200	500	850	1950	3600	5100
1972						
(4-cyl) - (103.2" wb) - (1986cc)						
142 2d Sed	200	550	900	2100	3700	5300
144 4d Sed	200	550	900	2000	3600	5200
145 4d Sta Wag	200	600	950	2150	3850	5500
(4-cyl) - (96.5" wb) - (1986cc)						
1800E Cpe	400	1200	2000	3950	7000	10,000
1800ES Spt Wag	400	1250	2100	4200	7400	10,500
164 - (6-cyl) - (107" wb) - (2978cc)						
4d Sed	200	500	850	1950	3600	5100
1973						
(4-cyl) - (103.2" wb) - (1986cc)						
142 2d Sed	200	500	850	1900	3500	5000
144 4d Sed	200	500	850	1850	3350	4900
145 4d Sta Wag	200	550	900	2000	3600	5200
1800ES - (4-cyl) - (96.5" wb) - (1986cc)						
Spt Wag	400	1300	2200	4400	7700	11,000
164E - (6-cyl) - (107" wb) - (2978cc)						
4d Sed	200	500	850	1900	3500	5000
1974						
(4-cyl) - (103.2" wb) - (1986cc)						
142 2d Sed	150	450	750	1700	3200	4600
144 4d Sed	150	450	750	1700	3200	4600
145 4d Sta Wag	150	450	800	1800	3300	4800
142GL 2d Sed	150	450	800	1750	3250	4700
144GL 4d Sed	150	450	800	1750	3250	4700
164E - (6-cyl) - (107" wb) - (2978cc)						
4d Sed	150	450	800	1750	3250	4700
1975						
(4-cyl) - (103.9" wb) - (2127cc)						
242 2d Sed	150	450	800	1750	3250	4700
244 4d Sed	150	450	800	1750	3250	4700
245 4d Sta Wag	200	500	850	1900	3500	5000
242GL 2d Sed	200	500	850	1850	3350	4900
244GL 4d Sed	200	500	850	1850	3350	4900
164 - (6-cyl) - (107" wb) - (2978cc)						
4d Sed	200	500	850	1850	3350	4900
1976						
(4-cyl) - (103.9" wb) - (2127cc)						
242 2d Sed	200	500	850	1900	3500	5000
244 4d Sed	200	500	850	1900	3500	5000
245 4d Sta Wag	200	550	900	2100	3700	5300
(6-cyl) - (103.9" wb) - (2664cc)						
262GL 2d Sed	200	550	900	2100	3700	5300
264 4d Sed	200	550	900	2100	3700	5300
265 4d Sta Wag	200	600	950	2200	3900	5600
264GL 4d Sed	200	600	950	2150	3850	5500
1977						
(4-cyl) - (103.9" wb) - (2127cc)						
242 2d Sed	200	600	950	2150	3850	5500
244 4d Sed	200	600	950	2150	3850	5500
245 4d Sta Wag	200	650	1000	2200	4150	5900
(6-cyl) - (103.9" wb) - (2664cc)						
264GL 4d Sed	200	650	1000	2200	4100	5800
265GL 4d Sta Wag	200	650	1050	2250	4200	6000
262C 2d Cpe	400	1200	2000	3950	7000	10,000
1978						
244 4d	150	450	800	1750	3250	4700
242GT 2d	150	450	800	1800	3300	4800
242 2d	200	500	850	1850	3350	4900
245 4d Sta Wag	200	500	850	1900	3500	5000
264GL 4d	200	500	850	1850	3350	4900
265GL 4d Sta Wag	200	500	850	1950	3600	5100
262C 2d	400	1200	2000	3950	7000	10,000
1979						
242DL 2d	150	450	800	1800	3300	4800
242GT 2d	200	500	850	1850	3350	4900
244DL 4d	200	500	850	1850	3350	4900
245DL 4d Sta Wag	200	500	850	1900	3500	5000
245GL 4d	200	500	850	1900	3500	5000

Volvo

	6	5	4	3	2	1
265GL 4d Sta Wag	200	500	850	1950	3600	5100
262C 2d Cpe	400	1250	2100	4200	7400	10,500

1980
DL
2d	150	350	750	1450	3000	4200
GT 2d	150	400	750	1600	3100	4400
4d	150	400	750	1600	3100	4400
4d Sta Wag	150	450	800	1750	3250	4700

GL
4d	150	450	800	1750	3250	4700

GLE
4d	150	450	800	1800	3300	4800
4d Sta Wag	200	500	850	1850	3350	4900
2d Cpe Bertone	400	1200	2000	4000	7100	10,100

1981
DL
2d	150	350	750	1450	3000	4200
4d	150	400	750	1600	3100	4400
4d Sta Wag	150	450	800	1750	3250	4700

GL
2d	150	400	750	1650	3150	4500
4d	150	400	750	1650	3150	4500

GLT
2d	150	400	750	1650	3150	4500
4d Sta Wag	150	450	800	1800	3300	4800
2d (Turbo)	200	500	850	1850	3350	4900
4d (Turbo)	200	500	850	1850	3350	4900

GLE
4d	200	500	850	1900	3500	5000

Bertone
2d Cpe	400	1250	2100	4200	7400	10,500

1982
DL
2d	150	350	750	1450	3000	4200
4d	150	350	750	1450	3000	4200
4d Sta Wag	150	400	750	1550	3050	4300

GL
4d	150	400	750	1550	3050	4300
4d Sta Wag	150	400	750	1600	3100	4400

GLT
2d	150	400	750	1550	3050	4300
2d (Turbo)	150	450	750	1700	3200	4600
4d (Turbo)	150	450	750	1700	3200	4600
4d Sta Wag (Turbo)	150	450	800	1750	3250	4700

GLE
4d	150	450	800	1750	3250	4700

1983
DL
2d	150	350	750	1450	3000	4200
4d	150	350	750	1450	3000	4200
4d Sta Wag	150	400	750	1550	3050	4300

GL
4d	150	400	750	1550	3050	4300
4d Sta Wag	150	400	750	1600	3100	4400

GLT (Turbo)
2d	150	400	750	1550	3050	4300
4d	150	450	750	1700	3200	4600
4d Sta Wag	150	450	800	1750	3250	4700

760 GLE
4d	150	450	800	1750	3250	4700
4d (Turbo Diesel)	150	450	800	1750	3250	4700

1984
DL
2d Sed	350	700	1150	2300	4550	6500
4d Sed	350	750	1200	2350	4900	7000
4d Sta Wag	350	750	1300	2450	5250	7500

GL
4d Sed	350	900	1550	3050	5900	8500
4d Sta Wag	450	1000	1650	3350	6300	9000

GLT (Turbo)
2d Sed	400	1200	2000	3950	7000	10,000
4d Sed	400	1250	2100	4200	7400	10,500
4d Sta Wag	400	1300	2200	4400	7700	11,000

760 GLE

	6	5	4	3	2	1
4d Sed	400	1200	2000	3950	7000	10,000
4d Sed (Turbo)	400	1250	2100	4200	7400	10,500
4d Sed (Turbo Diesel)	450	1000	1650	3350	6300	9000

1985
DL
| 4d Sed | 200 | 650 | 1050 | 2250 | 4200 | 6000 |
| 4d Sta Wag | 350 | 750 | 1300 | 2450 | 5250 | 7500 |

GL
| 4d Sed | 350 | 750 | 1300 | 2450 | 5250 | 7500 |
| 4d Sta Wag | 350 | 900 | 1550 | 3050 | 5900 | 8500 |

GLT (Turbo)
| 4d Sed | 400 | 1200 | 2000 | 3950 | 7000 | 10,000 |
| 4d Sta Wag | 400 | 1300 | 2200 | 4400 | 7700 | 11,000 |

740
4d Sed	450	1000	1650	3350	6300	9000
4d Sta Wag	400	1200	2000	3950	7000	10,000
4d Sed (Turbo Diesel)	350	800	1450	2750	5600	8000
4d Sta Wag (Turbo Diesel)	450	1000	1650	3350	6300	9000
4d Sed (Turbo)	400	1300	2200	4400	7700	11,000
4d Sta Wag (Turbo)	450	1450	2400	4800	8400	12,000

760 GLE
4d Sed	450	1450	2400	4800	8400	12,000
4d Sed (Turbo)	550	1700	2800	5600	9800	14,000
4d Sta Wag (Turbo)	550	1800	3000	6000	10,500	15,000

760 (Turbo Diesel)
| 4d Sed | 450 | 1000 | 1650 | 3350 | 6300 | 9000 |
| 4d Sta Wag | 400 | 1200 | 2000 | 3950 | 7000 | 10,000 |

1986
DL
| 4d Sed | 350 | 800 | 1450 | 2750 | 5600 | 8000 |
| 4d Sta Wag | 450 | 1000 | 1650 | 3350 | 6300 | 9000 |

GL
| 4d Sed | 450 | 1000 | 1650 | 3350 | 6300 | 9000 |
| 4d Sta Wag | 400 | 1200 | 2000 | 3950 | 7000 | 10,000 |

740
4d Sed	400	1300	2200	4400	7700	11,000
4d Sta Wag	450	1450	2400	4800	8400	12,000
4d Sed (Turbo Diesel)	450	1000	1650	3350	6300	9000
4d Sta Wag (Turbo Diesel)	400	1200	2000	3950	7000	10,000
4d Sed (Turbo)	450	1450	2400	4800	8400	12,000
4d Sta Wag (Turbo)	500	1550	2600	5200	9100	13,000

760 GLE
| 4d Sed | 500 | 1550 | 2600 | 5200 | 9100 | 13,000 |
| 4d Sed (Turbo) | 550 | 1700 | 2800 | 5600 | 9800 | 14,000 |

760
| 4d Sta Wag (Turbo) | 550 | 1800 | 3000 | 6000 | 10,500 | 15,000 |

YUGO

1986
| 2d HBk GV | 100 | 150 | 450 | 1000 | 1750 | 2500 |

Books for old car fans...

Imported Cars, 1946-1990
- 165 foreign car manufacturers profiled
ONLY $24.95

Guide to Automotive Restoration
- A detailed system-by-system hands-on manual
ONLY $24.95

Standard Catalog of 4x4s
- Includes trucks, vans, sports sedans and sports cars built from 1940-1992
ONLY $24.95

100 Years of American Cars
- 500 photo/profiles of America's superstar cars, 1893-1993
ONLY $18.95

American Cars, 1946-1975
- More than 1,000 vehicle listings, with pricing
ONLY $27.95

American Cars, 1976-1986
- Pinpoints tomorrow's collector cars today, with pricing
ONLY $19.95

Standard Catalog of Ford
- All data, codes, explanations, specifications and pricing
ONLY $19.95

Standard Catalog of Chevrolet
- Fascinating stories and historical profiles, with pricing
ONLY $19.95

Standard Catalog of Chrysler
- 1990 values through 1983 models, with pricing
ONLY $19.95

Standard Catalog of Buick
- Chassis specs, body types, shipping weights and pricing
ONLY $18.95

Standard Catalog of Cadillac
- All the photos, profiles, techs & specs, with pricing
ONLY $18.95

Police Cars: A Photographic History
- Profiles from the Keystone Cop cars to Corvette Cop cars
ONLY $14.95

The Fabulous 50s
- A photo-journey back to an unforgettable automotive era
ONLY $14.95

Standard Catalog of Military Vehicles
- Profiles all U.S. military vehicles built from 1940-1965
ONLY $29.95

American Light-Duty Trucks
- More than 500 truck listings from 1896-1986
ONLY $29.95

Krause Publications
700 E. State St., Iola, WI 54990-0001

MasterCard/VISA Cardholders Order Toll-Free By Calling... 800-258-0929
Dept. ZHK, Mon-Fri., 6:30 am - 8 pm, Sat. 8 am-2 pm, CST

Add $2.50 shipping for each book ordered.

MARQUE YOUR CHOICE!

OLD CARS
WEEKLY NEWS & MARKETPLACE
New Subscriber Offer

52 Weekly Issues...Only **$19⁵⁰**

OLD CARS
PRICE GUIDE

6 Bi-Monthly Issues...Only **$16⁹⁵**

CALL TOLL-FREE TO ORDER

(800) 258-0929 Dept. AEU2

Mon.-Fri., 6:30 a.m. - 8 p.m. • Sat., 8 a.m.-2 p.m., CST

**KRAUSE PUBLICATIONS
IOLA, WISCONSIN 54990-0001**